DAMA-DMBOK

VERİ YÖNETİMİ BİLGİ BİRİKİMİ
(DATA MANAGEMENT BODY OF KNOWLEDGE)
İKİNCİ BASKI

DAMA International

Technics Publications
BASKING RIDGE, NEW JERSEY

Patricia Cupoli, MLS, MBA, CCP, CDMP

(Mayıs 25, 1948 – Temmuz 28, 2015)

anısına adanmıştır

veri yönetimi mesleğine ömür boyu bağlılığı için ve bu yayına yaptığı katkılardan ötürü

Tarafından yayınlandı:

2 Lindsley Road
Basking Ridge, NJ 07920 USA

https://www.TechnicsPub.com

Kıdemli Editör:	Deborah Henderson, CDMP
Editör:	Susan Earley, CDMP
Prodüksiyon Editörü:	Laura Sebastian-Coleman, CDMP, IQCP
Bibliyografi Araştırmacısı:	Elena Sykora, DGSP
İş birliği Aracı Yöneticisi:	Eva Smith, CDMP

Lorena Molinari'nin kapak tasarımı

Her hakkı saklıdır. Bu kitabın hiçbir bölümü, inceleme amaçlı kısa alıntıların dahil edilmesi dışında, yayıncının yazılı izni olmaksızın, fotokopi, kayıt veya herhangi bir bilgi depolama ve erişim sistemi dahil olmak üzere elektronik veya mekanik hiçbir biçimde veya herhangi bir yolla çoğaltılamaz veya iletilemez.

Yazar ve yayıncı bu kitabın hazırlanmasına özen göstermiştir, ancak herhangi bir açık veya zımni garanti vermemekte ve hata veya eksikliklerden dolayı hiçbir sorumluluk kabul etmemektedir. Burada yer alan bilgilerin veya programların kullanımıyla bağlantılı veya bunlardan kaynaklanan arızi veya dolaylı zararlar için hiçbir sorumluluk kabul edilmez.

Tüm ticari ve ürün adları, ilgili şirketlerinin ticari markaları, tescilli ticari markaları veya hizmet markalarıdır ve ilgili sahiplerinin mülkiyetindedir ve bu şekilde ele alınmalıdır.

İkinci Baskı

İlk Baskı 2017

Telif Hakkı © 2017 DAMA International

ISBN, Baskı sürümü	9781634622912
ISBN, PDF sürümü	9781634622943
ISBN, Sunucu sürümü	9781634622486
ISBN, Kurumsal sürüm	9781634622479
Kongre Kütüphanesi Kontrol Numarası:	2017941854

İçindekiler

Önsöz	35
Türkçe için Önsöz	36
bölüm 1: Veri Yönetimi	**37**
1. Giriş	37
1.1 İş Etkenleri	38
1.2 Hedefler	38
2. Temel Kavramlar	38
2.1 Veri	38
2.2 Veri ve Bilgi	40
2.3 Kurumsal Varlık Olarak Veriler	40
2.4 Veri Yönetimi Prensipleri	41
2.5 Veri Yönetimi Zorlukları	43
2.5.1 Verilerin Diğer Varlıklardan Farklı	43
2.5.2 Veri Değerleme	44
2.5.3 Veri Kalitesi	45
2.5.4 Daha İyi Veriler için Planlama	46
2.5.5 Metaveri ve Veri Yönetimi	46
2.5.6 Veri Yönetimi Fonksiyonlararasıdır	47
2.5.7 Kurumsal Bir Bakış Açısı Oluşturma	47
2.5.8 Diğer Bakış Açılarının Hesaba Katılması	47
2.5.9 Veri Yaşam Döngüsü	47
2.5.10 Farklı Veri Türleri	49
2.5.11 Veri ve Risk	49
2.5.12 Veri Yönetimi ve Teknolojisi	50
2.5.13 Etkili Veri Yönetimi Liderlik ve Taahhüt Gerektirir	50
2.6 Veri Yönetimi Stratejisi	51
3. Veri Yönetimi Çerçeveleri	52
3.1 Stratejik Uyum Modeli	52
3.2 Amsterdam Bilgi Modeli	53
3.3 DAMA-DMBOK Çerçevesi	54
3.4 DMBOK Piramidi (Aiken)	58
3.5 Gelişmiş DAMA Veri Yönetimi Çerçevesi	59

    4. DAMA ve DMBOK 62
    5. Alıntılanan / Önerilen Çalışmalar 65

bölüm 2: Veri İşleme Etiği 67

    1. Giriş 67
    2. İş Etkenleri 69
    3. Temel Kavramlar 69
        3.1 Veriler İçin Etik İlkeler 69
        3.2 Veri Gizliliği Yasasının Arkasındaki İlkeler 71
        3.3 Etik Bağlamda Çevrimiçi Veriler 73
        3.4 Etik Olmayan Veri İşleme Uygulamalarının Riskleri 74
        3.4.1 Zamanlama 74
        3.4.2 Yanıltıcı Görselleştirmeler 74
        3.4.3 Belirsiz Tanımlar veya Geçersiz Karşılaştırmalar 75
        3.4.4 Önyargı 75
        3.4.5 Verileri Dönüştürme ve Entegre Etme 76
        3.4.6 Gizleme / Verilerin Redaksiyonu 77
        3.5 Etik Veri Kültürü Oluşturma 78
        3.5.1 Mevcut Durum Veri İşleme Uygulamalarının Gözden Geçirilmesi 78
        3.5.2 İlkeleri, Uygulamaları ve Risk Faktörlerini Belirleyin 78
        3.5.3 Etik Veri İşleme Stratejisi ve Yol Haritası Oluşturulması 79
        3.5.4 Sosyal Sorumlu Bir Etik Risk Modeli Benimsenmesi 80
        3.6 Veri Etiği ve Yönetişim 81
    4. Alıntılanan / Önerilen Çalışmalar 81

bölüm 3: Veri Yönetişimi 83

    1. Giriş 83
        1.1 İş Etkenleri 86
        1.2 Hedef ve Prensipler 87
        1.3 Temel Kavramlar 88
        1.3.1 Veri Merkezli Organizasyon 88
        1.3.2 Veri Yönetişimi Organizasyonu 89
        1.3.3 Veri Yönetişimi İşletim Modeli Türleri 91
        1.3.4 Veri Sorumluluğu 91
        1.3.5 Veri Sorumlusu Türleri 92
        1.3.6 Veri Politikaları 93
        1.3.7 Veri Varlığı Değerlemesi 93
    2. Faaliyetler 95
        2.1 Kurum için Veri Yönetişiminin Tanımlanması 95
        2.2 Hazırlık Değerlendirmesinin Gerçekleştirilmesi 95
        2.3 Keşif ve İş Uyumlanmasının Gerçekleştirilmesi 96

2.4 Kurumsal Temas Noktaları Geliştirilmesi — 96
2.5 Veri Yönetişimi Stratejisinin Geliştirilmesi — 97
2.6 Veri Yönetişimi İşletim Çerçevesinin Tanımlanması — 98
2.7 Hedefler, İlkeler ve Politikalar Geliştirilmesi — 99
2.8 Veri Yönetimi Projelerinin Güvenceye Alınması — 100
2.9 Değişim Yönetiminin Etkinleştirilmesi — 100
2.10 Sorun Yönetiminin Etkinleştirilmesi — 102
2.11 Mevzuata Uyum Gereksinimlerinin Değerlendirilmesi — 103
2.12 Veri Yönetişiminin Gerçeklenmesi — 104
2.13 Veri Standartları ve Prosedürlerinin Sponsor Edilmesi — 104
2.14 İş Sözlüğü Geliştirilmesi — 105
2.15 Mimari Grupları ile Koordinasyon — 106
2.16 Veri Varlık Değerlemesinin Sponsor Edilmesi — 106
2.17 Veri Yönetişiminin Yerleştirilmesi — 107

3. Araçlar ve Yöntemler — 107
　3.1 Çevrimiçi Varlık / Web Siteleri — 107
　3.2 İş Sözlüğü — 108
　3.3 İş Akışı Araçları — 108
　3.4 Doküman Yönetim Araçları — 108
　3.5 Veri Yönetişimi Puan Kartları — 108

4. Gerçekleme Yönergeleri — 108
　4.1 Organizasyon ve Kültür — 109
　4.2 Düzenleme ve İletişim — 109

5. Metrikler — 109

6. Alıntılanan / Önerilen Çalışmalar — 110

bölüm 4: Veri Mimarisi — 113

1. Giriş — 113
　1.1 İş Etkenleri — 115
　1.2 Veri Mimarisi Çıktıları ve Uygulamaları — 115
　1.3 Temel Kavramlar — 117
　1.3.1 Kurumsal Mimari Alanları — 117
　1.3.2 Kurumsal Mimari Çerçeveleri — 118
　1.3.2.1 Kurumsal Mimari için Zachman Çerçevesi — 118
　1.3.3 Kurumsal Veri Mimarisi — 119
　1.3.3.1 Kurumsal Veri Modeli — 120
　1.3.3.2 Veri Akışı Tasarımı — 122

2. Faaliyetler — 124
　2.1 Veri Mimarisi Uygulaması Oluşturulması — 125

- 2.1.1 Mevcut Veri Mimarisi Belirtimlerinin Değerlendirilmesi — 126
- 2.1.2 Bir Yol Haritası Geliştirilmesi — 126
- 2.1.3 Projelerdeki Kurumsal Gereksinimlerin Yönetilmesi — 127
- 2.2 Kurumsal Mimari ile Entegre Edilmesi — 129
- 3. Araçlar — 129
  - 3.1 Veri Modelleme Araçları — 129
  - 3.2 Varlık Yönetim Yazılımı — 130
  - 3.3 Grafiksel Tasarım Uygulamaları — 130
- 4. Yöntemler — 130
  - 4.1 Yaşam Döngüsü Projeksiyonları — 130
  - 4.2 Diyagram Netliği — 130
- 5. Gerçekleme Yönergeleri — 131
  - 5.1 Hazırlık Değerlendirmesi / Risk Değerlendirmesi — 132
  - 5.2 Organizasyonel ve Kültürel Değişim — 133
- 6. Veri Mimarisi Yönetişimi — 133
  - 6.1 Metrikler — 134
- 7. Alıntılanan / Önerilen Çalışmalar — 134

bölüm 5: Veri Modelleme ve Tasarımı — 137

- 1. Giriş — 137
  - 1.1 İş Etkenleri — 139
  - 1.2 Hedef ve Prensipler — 139
  - 1.3 Temel Kavramlar — 139
    - 1.3.1 Veri Modelleme ve Veri Modelleri — 140
    - 1.3.2 Modellenen Veri Türleri — 140
    - 1.3.3 Veri Modeli Bileşenleri — 141
      - 1.3.3.1 Varlık — 141
        - 1.3.3.1.1 Varlık Takma Adları — 142
        - 1.3.3.1.2 Varlıkların Grafik Gösterimi — 142
        - 1.3.3.1.3 Varlıkların Tanımı — 142
      - 1.3.3.2 İlişki — 143
        - 1.3.3.2.1 İlişki Takma Adları — 143
        - 1.3.3.2.2 İlişkilerin Grafiksel Gösterimi — 143
        - 1.3.3.2.3 İlişki Kardinalitesi — 144
        - 1.3.3.2.4 İlişkilerin İlişki Derecesi — 144
          - 1.3.3.2.4.1 Tekli (Özyinelemeli) İlişki — 144
          - 1.3.3.2.4.2 İkili İlişki — 145
          - 1.3.3.2.4.3 Üçlü İlişki — 145
        - 1.3.3.2.5 Yabancı Anahtar — 145
      - 1.3.3.3 Nitelik — 146

1.3.3.3.1 Niteliklerin Grafik Gösterimi — 146
1.3.3.3.2 Tanımlayıcılar — 146
1.3.3.3.2.1 Yapı Tipi Anahtarlar — 146
1.3.3.3.2.2 İşlev Tipi Anahtarlar — 147
1.3.3.3.2.3 Tanımlayıcı vs. Tanımlamayıcı İlişkiler — 147
1.3.3.4 Etki Alanı — 148
1.3.4 Veri Modelleme Şemaları — 148
1.3.4.1 İlişkisel — 150
1.3.4.2 Boyutsal — 150
1.3.4.2.1 Olgu Tabloları — 151
1.3.4.2.2 Boyut Tabloları — 151
1.3.4.2.3 Snowflaking — 152
1.3.4.2.4 Tanecik — 152
1.3.4.2.5 Uyumlu Boyutlar — 152
1.3.4.2.6 Uyumlu Olgular — 152
1.3.4.3 **Nesne Tabanlı** (UML) — 152
1.3.4.4 Olguya Dayalı Modelleme (FBM) — 153
1.3.4.4.1 Nesne Rol Modelleme (ORM ya da ORM2) — 154
1.3.4.4.2 Tamamen İletişim Odaklı Modelleme (FCO-IM) — 154
1.3.4.5 Zamana Dayalı — 154
1.3.4.5.1 Veri Kasası — 155
1.3.4.5.2 Çapa Modelleme — 155
1.3.4.6 NoSQL — 156
1.3.4.6.1 Doküman — 156
1.3.4.6.2 Anahtar-Değer — 156
1.3.4.6.3 Sütun Tabanlı — 156
1.3.4.6.4 Grafik — 156
1.3.5 Veri Modeli Ayrıntı Düzeyleri — 156
1.3.5.1 Kavramsal — 157
1.3.5.2 Mantıksal — 158
1.3.5.3 Fiziksel — 159
1.3.5.3.1 İlkesel — 160
1.3.5.3.2 Görünüm — 161
1.3.5.3.3 Bölümleme — 161
1.3.5.3.4 Denormalizasyon — 162
1.3.6 Normalizasyon — 162
1.3.7 Soyutlama — 163
2. Faaliyetler — 164
2.1 Veri Modelleme Planlaması — 164
2.2 Veri Modelinin Oluşturulması — 164

- 2.2.1 İleri Mühendislik — 165
  - 2.2.1.1 **Kavramsal Veri Modelleme** — 165
  - 2.2.1.2 **Mantıksal Veri Modelleme** — 166
    - 2.2.1.2.1 Bilgi Gereksinimlerinin Analiz Edilmesi — 166
    - 2.2.1.2.2 Mevcut Belgelerin Analiz Edilmesi — 166
    - 2.2.1.2.3 İlişkisel Varlıklar Eklenmesi — 166
    - 2.2.1.2.4 Niteliklerin Eklenmesi — 167
    - 2.2.1.2.5 Etki Alanları Atanması — 167
    - 2.2.1.2.6 Anahtarların Atanması — 167
  - 2.2.1.3 **Fiziksel Veri Modelleme** — 167
    - 2.2.1.3.1 Mantıksal Soyutlamaların Çözülmesi — 167
    - 2.2.1.3.2 Özellik Ayrıntıları Eklenmesi — 168
    - 2.2.1.3.3 Referans Veri Nesneleri Eklenmesi — 168
    - 2.2.1.3.4 Vekil Anahtarların Atanması — 168
    - 2.2.1.3.5 Performans için Denormalizasyon — 168
    - 2.2.1.3.6 Performans için Dizin — 168
    - 2.2.1.3.7 Performans için Bölümleme — 169
    - 2.2.1.3.8 Görünümler Oluşturulması — 169
- 2.2.2 Tersine Mühendislik — 169
- 2.3 Veri Modellerinin İncelenmesi — 169
- 2.4 Veri Modellerini Sürdürülmesi — 169

3. Araçlar — 170
   - 3.1 Veri Modelleme Araçları — 170
   - 3.2 Köken Araçları — 170
   - 3.3 Veri Profili Oluşturma Araçları — 170
   - 3.4 Metaveri Depoları — 171
   - 3.5 Veri Modeli Desenleri — 171
   - 3.6 Endüstri Veri Modelleri — 171

4. En İyi Uygulamalar — 171
   - 4.1 İsimlendirme Kurallarında En İyi Uygulamalar — 171
   - 4.2 Veritabanı Tasarımında En İyi Uygulamalar — 172

5. Veri Modeli Yönetişimi — 173
   - 5.1 Veri Modeli ve Tasarımı Kalite Yönetimi — 173
     - 5.1.1 Veri Modelleme ve Tasarım Standartlarının Geliştirilmesi — 173
     - 5.1.2 Veri Modeli ve Veritabanı Tasarım Kalitesinin Gözden Geçirilmesi — 173
     - 5.1.3 Veri Modeli Sürüm Oluşturulması ve Entegrasyonunun Yönetilmesi — 174
   - 5.2 Veri Modelleme Metrikleri — 174

6. Alıntılanan / Önerilen Çalışmalar — 176

bölüm 6: Veri Depolama ve Operasyonları — 179

1. Giriş — 179

1.1 İş Etkenleri ... 181
1.2 Hedef ve Prensipler ... 181
1.3 Temel Kavramlar ... 182
1.3.1 Veritabanı Terimleri ... 182
1.3.2 Veri Yaşam Döngüsü Yönetimi ... 182
1.3.3 Yöneticiler ... 183
1.3.3.1 Üretim Veritabanı Yöneticisi ... 183
1.3.3.2 Uygulama Veritabanı Yöneticisi ... 184
1.3.3.3 Prosedürel ve Geliştirme Veritabanı Yöneticileri ... 184
1.3.3.4 Ağ Depolama Yöneticileri (NSA) ... 184
1.3.4 Veritabanı Mimarisi Türleri ... 184
1.3.4.1 Merkezi Veritabanları ... 185
1.3.4.2 Dağıtık Veritabanları ... 185
1.3.4.2.1 Federe Veritabanları ... 185
1.3.4.2.2 Blokzincir Veritabanı ... 187
1.3.4.3 Sanallaştırma / Bulut Platformları ... 187
1.3.5 Veritabanı İşleme Türleri ... 188
1.3.5.1 ACID ... 188
1.3.5.2 BASE ... 188
1.3.5.3 CAP ... 189
1.3.6 Veri Depolama Ortamı ... 190
1.3.6.1 Disk ve Depolama Alanı Ağları (SAN) ... 190
1.3.6.2 Bellek İçi ... 190
1.3.6.3 Sütunsal Sıkıştırma Çözümleri ... 191
1.3.6.4 Flash Bellek ... 191
1.3.7 Veritabanı Ortamları ... 191
1.3.7.1 Üretim Ortamı ... 191
1.3.7.2 Üretim Öncesi Ortamlar ... 191
1.3.7.2.1 Geliştirme ... 192
1.3.7.2.2 Test ... 192
1.3.7.2.3 Korumalı Alan ya da Deneysel Ortamlar ... 192
1.3.8 Veritabanı Organizasyonu ... 193
1.3.8.1 Hiyerarşik ... 193
1.3.8.2 İlişkisel ... 194
1.3.8.2.1 Çok Boyutlu ... 194
1.3.8.2.2 Zamansal ... 194
1.3.8.3 İlişkisel Olmayan ... 194
1.3.8.3.1 Sütun Tabanlı ... 195
1.3.8.3.2 Uzamsal ... 195
1.3.8.3.3 Nesne / Çoklu Ortam ... 196

1.3.8.3.4 Dosya Veritabanı 196

1.3.8.3.5 Anahtar/Değer Çifti 196

1.3.8.3.6 Triplestore 196

1.3.9 Özelleştirilmiş Veritabanları 197

1.3.10 Ortak Veritabanı Süreçleri 197

1.3.10.1 Arşivleme 197

1.3.10.2 Kapasite ve Büyüme Öngörüleri 198

1.3.10.3 Fark Verisi Alma (CDC) 199

1.3.10.4 Temizleme 199

1.3.10.5 Replikasyon 199

1.3.10.6 Dayanıklılık ve Kurtarma 200

1.3.10.7 Tutulma 201

1.3.10.8 Parçalama 201

2. Faaliyetler 201

2.1 Veritabanı Teknolojisinin Yönetilmesi 202

2.1.1 Veritabanı Teknolojisi Özelliklerinin Anlaşılması 202

2.1.2 Veritabanı Teknolojisinin Değerlendirilmesi 202

2.1.3 Veritabanı Teknolojisinin Yönetilmesi ve İzlenmesi 203

2.2 Veritabanlarının Yönetilmesi 203

2.2.1 Gereksinimlerin Anlaşılması 204

2.2.1.1 Depolama Gereksinimlerinin Tanımlanması 204

2.2.1.2 Kullanım Modellerinin Tanımlanması 204

2.2.1.3 Erişim Gereksinimlerinin Tanımlanması 204

2.2.2 İş Sürekliliği için Planlama 205

2.2.2.1 Yedekleme Yapılması 205

2.2.2.2 Verilerin Kurtarılması 206

2.2.3 Veritabanı Örneklemlerinin Geliştirilmesi 206

2.2.3.1 Fiziksel Depolama Ortamının Yönetilmesi 207

2.2.3.2 Veritabanı Erişim Kontrollerinin Yönetilmesi 207

2.2.3.3 Depolama Konteynerleri Oluşturulması 208

2.2.3.4 Fiziksel Veri Modellerinin Uygulanması 208

2.2.3.5 Veri Yükleme 209

2.2.3.6 Veri Replikasyonunun Yönetilmesi 209

2.2.4 Veritabanı Performansının Yönetilmesi 209

2.2.4.1 Veritabanı Performansı Hizmet Düzeylerinin Ayarlanması 210

2.2.4.2 Veritabanı Kullanılabilirliğinin Yönetilmesi 211

2.2.4.3 Veritabanı Yürütülmesinin Yönetilmesi 212

2.2.4.4 Veritabanı Performansı Hizmet Düzeylerinin Korunması 212

2.2.4.4.1 İşlem Performansı ve Toplu Performans 212

2.2.4.4.2 Sorun Giderme 212

2.2.4.5 Alternatif Ortamların Bakımının Yapılması 214

2.2.5 Test Veri Kümelerinin Yönetilmesi _____214
2.2.6 Veri Taşımanın Yönetilmesi _____215
3. Araçlar _____215
   3.1 Veri Modelleme Araçları _____215
   3.2 Veritabanı İzleme Araçları _____216
   3.3 Veritabanı Yönetim Araçları _____216
   3.4 Geliştirici Destek Araçları _____216
4. Yöntemler _____216
   4.1 Alt Seviye Ortamlarda Test _____216
   4.2 Fiziksel Adlandırma Standartları _____216
   4.3 Tüm Değişiklikler için Betik Kullanımı _____217
5. Gerçekleme Yönergeleri _____217
   5.1 Hazırlık Değerlendirmesi / Risk Değerlendirmesi _____217
   5.2 Organizasyonel ve Kültürel Değişim _____217
6. Veri Depolama ve Operasyon Yönetişimi _____218
   6.1 Metrikler _____218
   6.2 Bilgi Varlıkları Takibi _____219
   6.3 Veri Denetimleri ve Veri Doğrulama _____219
7. Alıntılanan / Önerilen Çalışmalar _____220

bölüm 7: Veri Güvenliği _____223

1. Giriş _____223
   1.1 İş Etkenleri _____225
      1.1.1 Risk Azaltma _____226
      1.1.2 Ticari Büyüme _____227
      1.1.3 Varlık Olarak Güvenlik _____227
   1.2 Hedef ve Prensipler _____227
      1.2.1 Hedefler _____227
      1.2.2 Prensipler _____228
   1.3 Temel Kavramlar _____228
      1.3.1 Güvenlik Açığı _____228
      1.3.2 Tehdit _____228
      1.3.3 Risk _____229
      1.3.4 Risk Sınıflandırmaları _____229
      1.3.5 Veri Güvenliği Organizasyonu _____230
      1.3.6 Güvenlik Süreçleri _____230
      1.3.6.1 Dört A'lar _____230
      1.3.6.2 İzleme _____231
      1.3.7 Veri Bütünlüğü _____231

1.3.8 Şifreleme _____ 232
    1.3.8.1 Tek Yönlü Şifreleme _____ 232
    1.3.8.2 Özel Anahtar _____ 232
    1.3.8.3 Açık Anahtar _____ 232
1.3.9 Gizleme ve Maskeleme _____ 232
    1.3.9.1 Kalıcı Veri Maskeleme _____ 233
    1.3.9.2 Dinamik Veri Maskeleme _____ 233
    1.3.9.3 Maskeleme Yöntemleri _____ 233
1.3.10 Ağ Güvenliği Terimleri _____ 234
    1.3.10.1 Arkakapı _____ 234
    1.3.10.2 Bot veya Zombi _____ 234
    1.3.10.3 Web Çerezi _____ 235
    1.3.10.4 Güvenlik Duvarı _____ 235
    1.3.10.5 Çevre _____ 235
    1.3.10.6 DMZ _____ 235
    1.3.10.7 Süper Kullanıcı Hesabı _____ 236
    1.3.10.8 Tuş Kaydedici _____ 236
    1.3.10.9 Sızma Testi _____ 236
    1.3.10.10 Sanal Özel Ağ (VPN) _____ 237
1.3.11 Veri Güvenliği Türleri _____ 237
    1.3.11.1 Tesis Güvenliği _____ 237
    1.3.11.2 Cihaz Güvenliği _____ 237
    1.3.11.3 Kimlik Bilgisi Güvenliği _____ 238
        1.3.11.3.1 Kimlik Yönetim Sistemleri _____ 238
        1.3.11.3.2 E-posta Sistemleri için Kullanıcı Kimliği Standartları _____ 238
        1.3.11.3.3 Şifre Standartları _____ 238
        1.3.11.3.4 Çok Faktörlü Tanımlama _____ 238
    1.3.11.4 Elektronik Haberleşme Güvenliği _____ 239
1.3.12 Veri Güvenliği Kısıtlamalarının Türleri _____ 239
    1.3.12.1 Gizli Veri _____ 239
    1.3.12.2 Düzenlenmiş Veriler _____ 240
        1.3.12.2.1 Örnek Düzenleyici Grupları _____ 241
        1.3.12.2.2 Sektör veya Sözleşmeye Dayalı Düzenleme _____ 241
1.3.13 Sistem Güvenlik Riskleri _____ 242
    1.3.13.1 Aşırı Ayrıcalıkların Kötüye Kullanılması _____ 242
    1.3.13.2 Meşru Ayrıcalıkların Kötüye Kullanılması _____ 243
    1.3.13.3 Yetkisiz Ayrıcalık Yükseltme _____ 243
    1.3.13.4 Hizmet Hesabı veya Paylaşımlı Hesabın Kötüye Kullanımı _____ 244
        1.3.13.4.1 Hizmet Hesapları _____ 244
        1.3.13.4.2 Paylaşımlı Hesaplar _____ 244
    1.3.13.5 Platform İhlali Saldırıları _____ 244

1.3.13.6 SQL Enjeksiyon Güvenlik Açığı — 245
1.3.13.7 Varsayılan Parolalar — 245
1.3.13.8 Yedekleme Verilerini Kötüye Kullanma — 245
1.3.14 Bilgisayar Korsanlığı / Bilgisayar Korsanı — 245
1.3.15 Güvenliğe Yönelik Sosyal Tehditler / Oltalama — 246
1.3.16 Zararlı Yazılım — 246
1.3.16.1 Reklam Yazılımı — 247
1.3.16.2 Casus Yazılım — 247
1.3.16.3 Truva Atı — 247
1.3.16.4 Virüs — 247
1.3.16.5 Solucan — 247
1.3.16.6 Zararlı Yazılım Kaynakları — 248
1.3.16.6.1 Anlık Mesajlaşma (IM) — 248
1.3.16.6.2 Sosyal Medya Siteleri — 248
1.3.16.6.3 Spam (İstenmeyen E-posta) — 248

2. Faaliyetler — 249
2.1 Veri Güvenliği Gereksinimlerinin Belirlenmesi — 249
2.1.1 İş Gereksinimleri — 249
2.1.2 Düzenleme Gereksinimleri — 249
2.2 Veri Güvenliği Politikasının Tanımlanması — 250
2.2.1 Güvenlik Politikası İçeriği — 251
2.3 Veri Güvenliği Standartlarının Tanımlanması — 251
2.3.1 Veri Gizlilik Seviyelerinin Tanımlanması — 252
2.3.2 Veri Düzenleme Kategorilerinin Tanımlanması — 252
2.3.3 Güvenlik Rollerinin Tanımlanması — 252
2.3.3.1 Rol Atama Matrisi — 253
2.3.3.2 Rol Atama Hiyerarşisi — 253
2.3.4 Mevcut Güvenlik Risklerinin Değerlendirilmesi — 254
2.3.5 Kontrollerin ve Prosedürlerin Gerçeklenmesi — 254
2.3.5.1 Gizlilik Düzeylerinin Atanması — 255
2.3.5.2 Düzenleyici Kategorilerinin Atanması — 255
2.3.5.3 Veri Güvenliğini Yönetilmesi ve Sürdürülmesi — 256
2.3.5.3.1 Veri Kullanılabilirliği Kontrolü / Veri Odaklı Güvenlik — 256
2.3.5.3.2 Kullanıcı Kimlik Doğrulama ve Erişim Hareketlerinin İzlenmesi — 256
2.3.5.4 Güvenlik Politikası Uyumluluğunun Yönetilmesi — 257
2.3.5.4.1 Mevzuat Uyumunun Yönetilmesi — 258
2.3.5.4.2 Denetim Verileri Güvenliği ve Uyumluluğu Faaliyetleri — 258

3. Araçlar — 259
3.1 Anti-Virüs Yazılımı / Güvenlik Yazılımı — 259
3.2 HTTPS — 259

    3.3 Kimlik Yönetimi Teknolojisi _____ 259
    3.4 Saldırı Tespit ve Önleme Yazılımı _____ 260
    3.5 Güvenlik Duvarları (Önleme) _____ 260
    3.6 Metaveri İzleme _____ 260
    3.7 Veri Maskeleme / Şifreleme _____ 260
  4. Yöntemler _____ 260
    4.1 CRUD Matrisi Kullanımı _____ 261
    4.2 Acil Güvenlik Yaması Kurulumu _____ 261
    4.3 Metaverilerdeki Veri Güvenliği Nitelikleri _____ 261
    4.4 Metrikler _____ 261
      4.4.1 Güvenlik Gerçekleme Metrikleri _____ 262
      4.4.2 Güvenlik Bilinci Metrikleri _____ 262
      4.4.3 Veri Koruma Metrikleri _____ 263
      4.4.4 Güvenlik Olayı Metrikleri _____ 263
      4.4.5 Gizli Verilerin Yayılması _____ 263
    4.5 Proje Gereksinimlerinde Güvenlik İhtiyaçları _____ 264
    4.6 Şifrelenmiş Veriler için Etkili Arama Yöntemi _____ 264
    4.7 Belge Arındırma _____ 264
  5. Gerçekleme Yönergeleri _____ 264
    5.1 Hazırlık Değerlendirmesi / Risk Değerlendirmesi _____ 264
    5.2 Organizasyonel ve Kültürel Değişim _____ 265
    5.3 Kullanıcı Verileri Yetki Görünürlüğü _____ 265
    5.4 Dış Kaynaklı Bir Dünyada Veri Güvenliği _____ 266
    5.5 Bulut Ortamlarında Veri Güvenliği _____ 267
  6. Veri Güvenliği Yönetişimi _____ 267
    6.1 Veri Güvenliği ve Kurumsal Mimari _____ 267
  7. Alıntılanan / Önerilen Çalışmalar _____ 268

bölüm 8: Veri Entegrasyonu ve Uyumluluk _____ 269

  1. Giriş _____ 269
    1.1 İş Etkenleri _____ 270
    1.2 Hedef ve Prensipler _____ 272
    1.3 Temel Kavramlar _____ 272
    1.3.1 Çıkar, Dönüştür, Yükle _____ 272
    1.3.1.1 Çıkar _____ 273
    1.3.1.2 Dönüştür _____ 273
    1.3.1.3 Yükle _____ 274
    1.3.1.4 ELT _____ 274
    1.3.1.5 Eşleme _____ 275
    1.3.2 Gecikme _____ 275
    1.3.2.1 Toplu İş _____ 275

1.3.2.2 Fark Verisi Alma 276
1.3.2.3 Gerçek Zamanlıya Yakın ve Olay Odaklı 276
1.3.2.4 Asenkron 277
1.3.2.5 Gerçek Zamanlı, Senkronize 277
1.3.2.6 Düşük Gecikme veya Akış 277
1.3.3 Replikasyon 278
1.3.4 Arşivleme 279
1.3.5 Kurumsal Mesaj Formatı / İlkesel Model 279
1.3.6 Etkileşim Modelleri 279
1.3.6.1 Noktadan Noktaya 279
1.3.6.2 Hub-and-spoke 280
1.3.6.3 Yayınla / Abone Ol 280
1.3.7 Veri Entegrasyonu ve Uyumluluk Mimari Kavramları 281
1.3.7.1 Uygulama Bağlaşımı 281
1.3.7.2 Orkestrasyon ve Süreç Kontrolleri 281
1.3.7.3 Kurumsal Uygulama Entegrasyonu (EAI) 282
1.3.7.4 Kurumsal Hizmet Veriyolu (ESB) 282
1.3.7.5 Hizmet Odaklı Mimari (SOA) 282
1.3.7.6 Karmaşık Olay İşleme (CEP) 283
1.3.7.7 Veri Federasyonu ve Sanallaştırma 284
1.3.7.8 Hizmet Olarak Veri (DaaS) 284
1.3.7.9 Bulut Tabanlı Entegrasyon 284
1.3.8 Veri Değişimi Standartları 285
2. Veri Entegrasyon Faaliyetleri 285
2.1 Planlama ve Analiz 285
2.1.1 Veri Entegrasyonu ve Yaşam Döngüsü Gereksinimlerinin Tanımlanması 285
2.1.2 Veri Keşfinin Gerçekleştirilmesi 286
2.1.3 Veri Kökeninin Belgelenmesi 286
2.1.4 Veri Profili Oluşturma 287
2.1.5 İş Kurallarının Toplanması 287
2.2 Veri Entegrasyon Çözümleri Tasarımı 288
2.2.1 Veri Entegrasyon Mimarisi Tasarımı 288
2.2.1.1 Etkileşim Modelinin Seçilmesi 288
2.2.1.2 Veri Hizmetleri veya Değişim Desenleri Tasarımı 288
2.2.2 Veri Merkezleri, Arayüzler, Mesajlar ve Veri Hizmetlerinin Modellenmesi 289
2.2.3 Veri Kaynaklarının Hedeflerle Eşlenmesi 289
2.2.4 Veri Orkestrasyonu Tasarımı 289
2.3 Veri Entegrasyon Çözümlerinin Geliştirilmesi 290
2.3.1 Veri Hizmetlerinin Geliştirilmesi 290
2.3.2 Veri Akışlarının Geliştirilmesi 290

    2.3.3 Veri Taşıma Yaklaşımının Geliştirilmesi — 290
    2.3.4 Bir Yayınlama Yaklaşımının Geliştirilmesi — 291
    2.3.5 Karmaşık Olay İşleme Akışlarının Geliştirilmesi — 291
    2.3.6 Veri Entegrasyonu ve Uyumluluk Metaverilerinin Bakımının Yapılması — 291
  2.4 Gerçekleme ve İzleme — 292
3. Araçlar — 292
  3.1 Veri Dönüşüm Motoru/ETL Aracı — 292
  3.2 Veri Sanallaştırma Sunucusu — 292
  3.3 Kurumsal Hizmet Veriyolu — 293
  3.4 İş Kuralları Motoru — 293
  3.5 Veri ve Süreç Modelleme Araçları — 293
  3.6 Veri Profili Oluşturma Aracı — 294
  3.7 Metaveri Deposu — 294
4. Yöntemler — 294
5. Gerçekleme Yönergeleri — 294
  5.1 Hazırlık Değerlendirmesi / Risk Değerlendirmesi — 294
  5.2 Organizasyonel ve Kültürel Değişim — 295
6. Veri Entegrasyonu ve Uyumluluk (DII) Yönetişimi — 295
  6.1 Veri Paylaşım Sözleşmeleri — 296
  6.2 DII ve Veri Kökeni — 296
  6.3 Veri Entegrasyon Metrikleri — 297
7. Alıntılanan / Önerilen Çalışmalar — 297

bölüm 9: Doküman ve İçerik Yönetimi — 299

1. Giriş — 299
  1.1 İş Etkenleri — 300
  1.2 Hedef ve Prensipler — 301
  1.3 Temel Kavramlar — 302
  1.3.1 İçerik — 302
    1.3.1.1 İçerik Yönetimi — 302
    1.3.1.2 İçerik Metaverisi — 303
    1.3.1.3 İçerik Modelleme — 303
    1.3.1.4 İçerik Teslim Yöntemleri — 304
  1.3.2 Kontrollü Sözlükler — 304
    1.3.2.1 Sözlük Yönetimi — 305
    1.3.2.2 Sözlük Görünümleri ve Mikro Kontrollü Sözlük — 305
    1.3.2.3 Terimler ve Seçim Listeleri — 306
    1.3.2.4 Terim Yönetimi — 306
    1.3.2.5 Anlamdaş Halkaları ve Yetki Listeleri — 307
    1.3.2.6 Taksonomiler — 307

1.3.2.7 Sınıflandırma Şemaları ve Etiketleme ___308
1.3.2.8 Tesarus ___308
1.3.2.9 Ontoloji ___309
1.3.3 Dokümanlar ve Kayıtlar ___309
1.3.3.1 Doküman Yönetimi ___310
1.3.3.2 Kayıt Yönetimi ___311
1.3.3.3 Dijital Varlık Yönetimi ___312
1.3.4 Veri Haritası ___312
1.3.5 E-keşif ___312
1.3.6 Bilgi (Enformasyon) Mimarisi ___314
1.3.7 Arama Motoru ___315
1.3.8 Anlamsal (Semantik) Model ___315
1.3.9 Anlamsal Arama ___315
1.3.10 Yapılandırılmamış Veri ___316
1.3.11 İş Akışı ___316

2. Faaliyetler ___317
  2.1 Yaşam Döngüsü Yönetimi için Planlama ___317
    2.1.1 Kayıt Yönetimi için Planlama ___317
    2.1.2 İçerik Stratejisinin Geliştirilmesi ___317
    2.1.3 İçerik İşleme Politikalarının Oluşturulması ___318
      2.1.3.1 Sosyal Medya Politikaları ___318
      2.1.3.2 Cihaz Erişim Politikaları ___318
      2.1.3.3 Hassas Verileri İşleme ___319
      2.1.3.4 Dava Taleplerine Mukabele ___319
    2.1.4 İçerik Bilgi Mimarisinin Tanımlanması ___319
  2.2 Yaşam Döngüsünün Yönetilmesi ___319
    2.2.1 Kayıtların ve İçeriğin Yakalanması ___319
    2.2.2 Sürüm Oluşturma ve Kontrolünün Yönetilmesi ___320
    2.2.3 Yedekleme ve Kurtarma ___321
    2.2.4 Saklama ve Elden Çıkarmanın Yönetilmesi ___321
    2.2.5 Denetim Dokümanları / Kayıtları ___322
  2.3 İçeriğin Yayınlanması ve Teslim Edilmesi ___323
    2.3.1 Erişim, Arama ve Alım Sağlanması ___323
    2.3.2 Kabul Edilebilir Kanallardan Teslim Edilme ___323

3. Araçlar ___323
  3.1 Kurumsal İçerik Yönetimi Sistemleri ___323
    3.1.1 Doküman Yönetimi ___324
      3.1.1.1 Dijital Varlık Yönetimi ___325
      3.1.1.2 Görüntü İşleme ___325
      3.1.1.3 Kayıt Yönetim Sistemi ___325

3.1.2 İçerik Yönetim Sistemi _____ 325
3.1.3 İçerik ve Doküman İş Akışı _____ 326
3.2 İş Birliği Araçları _____ 326
3.3 Kontrollü Sözlük ve Metaveri Araçları _____ 326
3.4 Standart İşaretleme ve Değişim Formatları _____ 326
3.4.1 XML _____ 327
3.4.2 JSON _____ 327
3.4.3 RDF ve İlgili W3C Spesifikasyonları _____ 328
3.4.4 Schema.org _____ 328
3.5 E-keşif Teknolojisi _____ 329
4. Yöntemler _____ 329
4.1 Dava Müdahale Kılavuzu _____ 329
4.2 Dava Müdahale Veri Haritası _____ 330
5. Gerçekleme Yönergeleri _____ 330
5.1 Hazırlık Değerlendirmesi / Risk Değerlendirmesi _____ 330
5.1.1 Kayıt Yönetimi Olgunluğu _____ 331
5.1.2 E-keşif Değerlendirmesi _____ 331
5.2 Organizasyonel ve Kültürel Değişim _____ 332
6. Doküman ve İçerik Yönetişimi _____ 333
6.1 Bilgi Yönetişimi Çerçeveleri _____ 333
6.2 Bilginin Yayılması _____ 334
6.3 Kaliteli İçerik için Yönetişim _____ 334
6.4 Metrikler _____ 335
6.4.1 Kayıt Yönetimi _____ 335
6.4.2 E-keşif _____ 336
6.4.3 Kurumsal İçerik Yönetimi (ECM) _____ 336
7. Alıntılanan / Önerilen Çalışmalar _____ 336

bölüm 10: Referans ve Ana Veri _____ 339

1. Giriş _____ 339
1.1 İş Etkenleri _____ 341
1.2 Hedefler ve Prensipler _____ 341
1.3 Temel Kavramlar _____ 342
1.3.1 Ana ve Referans Veriler Arasındaki Farklar _____ 342
1.3.2 Referans Veri _____ 344
1.3.2.1 Referans Veri Yapısı _____ 344
1.3.2.1.1 Listeler _____ 345
1.3.2.1.2 Çapraz Referans Listeleri _____ 345
1.3.2.1.3 Taksonomiler _____ 346
1.3.2.1.4 Ontolojiler _____ 347
1.3.2.2 Özel veya Dahili Referans Verileri _____ 347

1.3.2.3 Sektörel Referans Verileri — 347
1.3.2.4 Coğrafi veya Jeo-istatistiksel Veriler — 348
1.3.2.5 Hesaplamalı Referans Verileri — 348
1.3.2.6 Standart Referans Veri Kümesi Metaverileri — 348
1.3.3 Ana Veri — 349
1.3.3.1 Kayıt Sistemi, Referans Sistemi — 349
1.3.3.2 Güvenilir Kaynak, Altın Kayıt — 349
1.3.3.3 Ana Veri Yönetimi — 350
1.3.3.4 Ana Veri Yönetimi Temel İşleme Adımları — 351
1.3.3.4.1 Veri Modeli Yönetimi — 352
1.3.3.4.2 Veri Toplama — 352
1.3.3.4.3 Veri Doğrulama, Standardizasyon ve Zenginleştirme — 353
1.3.3.4.4 Varlık Çözümleme ve Tanımlayıcı Yönetimi — 353
1.3.3.4.4.1 Eşleme — 354
1.3.3.4.4.2 Kimlik Çözümleme — 354
1.3.3.4.4.3 İş Akışlarını Eşleme / Mutabakat Türleri — 355
1.3.3.4.4.4 Ana Veri ID Yönetimi — 356
1.3.3.4.4.5 Üyelik Yönetimi — 356
1.3.3.4.5 Veri Paylaşımı ve Sorumluluğu — 357
1.3.3.5 Taraf Ana Verileri — 357
1.3.3.6 Finansal Ana Veriler — 357
1.3.3.7 Yasal Ana Veriler — 358
1.3.3.8 Ürün Ana Verileri — 358
1.3.3.9 Konum Ana Verileri — 359
1.3.3.10 Sektör Ana Verileri – Referans Dizinleri — 359
1.3.4 Veri Paylaşım Mimarisi — 359
2. Faaliyetler — 361
2.1 MDM Faaliyetleri — 361
2.1.1 MDM Etkenlerinin ve Gereksinimlerinin Tanımlanması — 361
2.1.2 Veri Kaynaklarının Değerlendirilmesi — 361
2.1.3 Mimari Yaklaşımın Tanımlanması — 362
2.1.4 Ana Veriyi Modelleme — 362
2.1.5 Sorumluluk ve Bakım Süreçlerinin Tanımlanması — 363
2.1.6 Ana Verilerin Kullanımını Sağlamak için Yönetişim Politikaları Oluşturulması — 363
2.2 Referans Veri Faaliyetleri — 363
2.2.1 Etkenlerin ve Gereksinimlerin Tanımlanması — 363
2.2.2 Veri Kaynaklarının Değerlendirilmesi — 363
2.2.3 Mimari Yaklaşımın Tanımlanması — 364
2.2.4 Referans Veri Kümelerinin Modellenmesi — 364
2.2.5 Sorumluluk ve Bakım Süreçlerinin Tanımlanması — 364

2.2.6 Referans Veri Yönetimi Politikalarının Oluşturulması _____ 365

3. Araç ve Yöntemler _____ 365

4. Gerçekleme Yönergeleri _____ 365

    4.1 Ana Veri Mimarisine Uyum _____ 365

    4.2 Veri Hareketinin İzlenmesi _____ 366

    4.3 Referans Veri Değişikliğinin Yönetilmesi _____ 366

    4.4 Veri Paylaşım Sözleşmeleri _____ 367

5. Organizasyonel ve Kültürel Değişim _____ 367

6. Referans ve Ana Veri Yönetişimi _____ 368

    6.1 Metrikler _____ 368

7. Alıntılanan / Önerilen Çalışmalar _____ 369

bölüm 11: Veri Ambarı ve İş Zekâsı _____ 371

1. Giriş _____ 371

    1.1 İş Etkenleri _____ 373

    1.2 Hedef ve Prensipler _____ 373

    1.3 Temel Kavramlar _____ 374

    1.3.1 İş Zekâsı _____ 374

    1.3.2 Veri Ambarı _____ 374

    1.3.3 Veri Depolama _____ 374

    1.3.4 Veri Depolama Yaklaşımları _____ 375

    1.3.5 Kurumsal Bilgi Fabrikası (Inmon) _____ 375

    1.3.6 Boyutsal DW (Kimball) _____ 377

    1.3.7 DW Mimari Bileşenleri _____ 379

    1.3.7.1 Kaynak Sistemler _____ 379

    1.3.7.2 Veri Entegrasyonu _____ 380

    1.3.7.3 Veri Depolama Alanları _____ 380

    1.3.8 Yük İşleme Türleri _____ 381

    1.3.8.1 Tarihsel Veri _____ 381

    1.3.8.2 Toplu Fark Verisi Alma _____ 382

    1.3.8.3 Gerçek zamanlıya yakın ve Gerçek zamanlı _____ 382

2. Faaliyetler _____ 383

    2.1 Gereksinimlerin Anlaşılması _____ 383

    2.2 DW/BI Mimarisinin Tanımlanması ve Sürdürülmesi _____ 384

    2.2.1 DW/BI Teknik Mimarisinin Tanımlanması _____ 384

    2.2.2 DW/BI Yönetim Süreçlerinin Tanımlanması _____ 384

    2.3 Veri Ambarı ve Veri Martlarının Geliştirilmesi _____ 385

    2.3.1 Kaynakların Hedeflerle Eşlenmesi _____ 385

    2.3.2 Verilerin Düzeltilmesi ve Dönüştürülmesi _____ 385

    2.4 Veri Ambarının Doldurulması _____ 386

2.5 İş Zekâsı Portföyünün Gerçeklenmesi — 386
2.5.1 Kullanıcıların İhtiyaçlara Göre Gruplandırılması — 386
2.5.2 Araçların Kullanıcı Gereksinimleriyle Eşleştirilmesi — 387
2.6 Veri Ürünlerinin Sürdürülmesi — 387
2.6.1 Yayın Yönetimi — 387
2.6.2 Veri Ürün Geliştirme Yaşam Döngüsünün Yönetilmesi — 388
2.6.3 Yük Süreçlerinin İzlenmesi ve Ayarlanması — 389
2.6.4 BI Faaliyetlerinin ve Performansının İzlenmesi ve Ayarlanması — 390
3. Araçlar — 390
   3.1 Metaveri Deposu — 390
   3.1.1 Veri Sözlüğü — 391
   3.1.2 Veri ve Veri Modeli Kökeni — 391
   3.2 Veri Entegrasyon Araçları — 391
   3.3 İş Zekâsı (BI) Araçları Türleri — 392
   3.3.1 Operasyonel Raporlama — 392
   3.3.2 İş Performansı Yönetimi — 393
   3.3.3 Operasyonel Analitik Uygulamalar — 393
   3.3.3.1 Çok Boyutlu Analiz – OLAP — 394
4. Yöntemler — 395
   4.1 Gereksinimleri Yönlendiren Prototipler — 395
   4.2 Self Servis İş Zekâsı — 396
   4.3 Sorgulanabilen Denetim Verileri — 396
5. Gerçekleme Yönergeleri — 396
   5.1 Hazırlık Değerlendirmesi / Risk Değerlendirmesi — 396
   5.2 Yayınlama Yol Haritası — 397
   5.3 Konfigürasyon Yönetimi — 397
   5.4 Organizasyonel ve Kültürel Değişim — 398
   5.4.1 Özel Amaçlı Ekip — 398
6. DW/BI Yönetişimi — 398
   6.1 Kullanıcı Kabulüne Olanak Sağlamak — 399
   6.2 Müşteri / Kullanıcı Memnuniyeti — 400
   6.3 Hizmet Düzeyi Sözleşmeleri — 400
   6.4 Raporlama Stratejisi — 400
   6.5 Metrikler — 401
   6.5.1 Kullanım Metrikleri — 401
   6.5.2 Konu Alanı Kapsama Yüzdeleri — 401
   6.5.3 Tepki ve Performans Metrikleri — 401
7. Alıntılanan / Önerilen Çalışmalar — 402

bölüm 12: Metaveri Yönetimi — 405

- 1. Giriş — 405
  - 1.1 İş Etkenleri — 407
  - 1.2 Hedef ve Prensipler — 408
  - 1.3 Temel Kavramlar — 409
    - 1.3.1 Veri ve Metaveri — 409
    - 1.3.2 Metaveri Türleri — 409
      - 1.3.2.1 İş Metaverisi — 410
      - 1.3.2.2 Teknik Metaveriler — 410
      - 1.3.2.3 Operasyonel Metaveri — 411
    - 1.3.3 ISO / IEC 11179 Metaveri Kayıt Standardı — 411
    - 1.3.4 Yapılandırılmamış Veriler için Metaveriler — 411
    - 1.3.5 Metaveri Kaynakları — 412
      - 1.3.5.1 Uygulama Metaveri Depoları — 413
      - 1.3.5.2 İş Sözlüğü — 413
      - 1.3.5.3 İş Zekâsı (BI) Araçları — 414
      - 1.3.5.4 Konfigürasyon Yönetim Araçları — 414
      - 1.3.5.5 Veri Sözlükleri — 414
      - 1.3.5.6 Veri Entegrasyon Araçları — 415
      - 1.3.5.7 Veritabanı Yönetimi ve Sistem Katalogları — 415
      - 1.3.5.8 Veri Eşleme Yönetimi Araçları — 415
      - 1.3.5.9 Veri Kalitesi Araçları — 416
      - 1.3.5.10 Dizinler ve Kataloglar — 416
      - 1.3.5.11 Olay Mesajlaşma Araçları — 416
      - 1.3.5.12 Modelleme Araçları ve Depoları — 416
      - 1.3.5.13 Referans Veri Depoları — 416
      - 1.3.5.14 Hizmet Kaydı — 417
      - 1.3.5.15 Diğer Metaveri Depoları — 417
    - 1.3.6 Metaveri Mimarisi Türleri — 417
      - 1.3.6.1 Merkezi Metaveri Mimarisi — 417
      - 1.3.6.2 Dağıtık Metaveri Mimarisi — 418
      - 1.3.6.3 Hibrit Metaveri Mimarisi — 419
      - 1.3.6.4 Çift Yönlü Metaveri Mimarisi — 420
- 2. Faaliyetler — 421
  - 2.1 Metaveri Stratejisinin Tanımlanması — 421
  - 2.2 Metaveri Gereksinimlerinin Anlaşılması — 421
  - 2.3 Metaveri Mimarisinin Tanımlanması — 422
    - 2.3.1 Metamodelin Oluşturulması — 422
    - 2.3.2 Metaveri Standartlarının Uygulanması — 423
    - 2.3.3 Metaveri Depolarının Yönetilmesi — 423

2.4 Metaveri Oluşturulması ve Bakımı — 424
2.4.1 Metaverilerin Entegrasyonu — 425
2.4.2 Metaverilerin Dağıtım ve Teslimatı — 425
2.5 Metaverileri Sorgulanması, Raporlaması ve Analizi — 426
3. Araçlar — 426
3.1 Metaveri Deposu Yönetim Araçları — 426
4. Yöntemler — 427
4.1 Veri Kökeni ve Etki Analizi — 427
4.2 Büyük Veri Beslemesi için Metaveriler — 429
5. Gerçekleme Yönergeleri — 429
5.1 Hazırlık Değerlendirmesi / Risk Değerlendirmesi — 430
5.2 Organizasyonel ve Kültürel Değişim — 430
6. Metaveri Yönetişimi — 431
6.1 Süreç Kontrolleri — 431
6.2 Metaveri Çözümlerinin Belgelenmesi — 431
6.3 Metaveri Standartları ve Yönergeleri — 432
6.4 Metrikler — 432
7. Alıntılanan / Önerilen Çalışmalar — 433

bölüm 13: Veri Kalitesi — 434

1. Giriş — 434
1.1 İş Etkenleri — 436
1.2 Hedefler ve Prensipler — 437
1.3 Temel Kavramlar — 438
1.3.1 Veri Kalitesi — 438
1.3.2 Kritik Veri — 439
1.3.3 Veri Kalitesi Boyutları — 439
1.3.4 Veri Kalitesi ve Metaveri — 444
1.3.5 Veri Kalitesi ISO Standardı — 446
1.3.6 Veri Kalitesi İyileştirme Yaşam Döngüsü — 447
1.3.7 Veri Kalitesi İş Kuralı Türleri — 448
1.3.8 Veri Kalitesi Sorunlarının Yaygın Nedenleri — 449
1.3.8.1 Liderlik Eksikliğinden Kaynaklanan Sorunlar — 450
1.3.8.2 Veri Giriş İşlemlerinden Kaynaklanan Sorunlar — 450
1.3.8.3 Veri İşleme Fonksiyonlarından Kaynaklanan Sorunlar — 452
1.3.8.4 Sistem Tasarımının Neden Olduğu Sorunlar — 452
1.3.8.5 Sorunları Düzeltmenin Neden Olduğu Sorunlar — 453
1.3.9 Veri Profili Oluşturma — 454
1.3.10 Veri Kalitesi ve Veri İşleme — 454

1.3.10.1 Veri Temizleme 455
1.3.10.2 Veri Geliştirme 455
1.3.10.3 Veri Ayrıştırma ve Biçimlendirme 456
1.3.10.4 Veri Dönüşümü ve Standardizasyon 456
2. Faaliyetler 457
2.1 Yüksek Kaliteli Verilerin Tanımlanması 457
2.2 Veri Kalitesi Stratejisinin Tanımlanması 457
2.3 Kritik Verilerin ve İş Kurallarının Tanımlanması 458
2.4 Ön Veri Kalitesi Değerlendirmesinin Gerçekleştirilmesi 459
2.5 Potansiyel İyileştirmelerin Belirlenmesi ve Önceliklendirilmesi 460
2.6 Veri Kalitesini İyileştirme Hedeflerinin Tanımlanması 460
2.7 Veri Kalitesi Operasyonlarının Geliştirilmesi ve Kurulması 461
2.7.1 Veri Kalitesi Kurallarının Yönetilmesi 461
2.7.2 Veri Kalitesini Ölçülmesi ve İzlenmesi 462
2.7.3 Veri Sorunlarını Yönetmek için Operasyonel Prosedürler Geliştirilmesi 464
2.7.4 Veri Kalitesi Hizmet Düzeyi Sözleşmelerinin Oluşturulması 466
2.7.5 Veri Kalitesi Raporlamasının Geliştirilmesi 467
3. Araçlar 467
3.1 Veri Profili Oluşturma Araçları 468
3.2 Veri Sorgulama Araçları 468
3.3 Modelleme ve ETL Araçları 468
3.4 Veri Kalitesi Kuralı Şablonları 468
3.5 Metaveri Depoları 468
4. Yöntemler 469
4.1 Önleyici Eylemler 469
4.2 Düzeltici Eylemler 469
4.3 Kalite Kontrol ve Denetim Kodu Modülleri 470
4.4 Etkili Veri Kalitesi Metrikleri 470
4.5 İstatiksel Süreç Kontrolü 471
4.6 Kök Neden Analizi 472
5. Gerçekleme Yönergeleri 473
5.1 Hazırlık Değerlendirmesi / Risk Değerlendirmesi 474
5.2 Organizasyonel ve Kültürel Değişim 475
6. Veri Kalitesi ve Veri Yönetişimi 475
6.1 Veri Kalitesi Politikası 476
6.2 Metrikler 476
7. Alıntılanan / Önerilen Çalışmalar 477

bölüm 14: Büyük Veri ve Veri Bilimi 479

1. Giriş 479

1.1 İş Etkenleri — 480
1.2 Prensipler — 481
1.3 Temel Kavramlar — 482
1.3.1 Veri Bilimi — 482
1.3.2 Veri Bilimi Süreci — 483
1.3.3 Büyük Veri — 484
1.3.4 Büyük Veri Mimarisi Bileşenleri — 484
1.3.5 Büyük Veri Kaynakları — 486
1.3.6 Veri Gölü — 486
1.3.7 Hizmet Tabanlı Mimari — 486
1.3.8 Makine Öğrenmesi — 487
1.3.9 Duygu Analizi — 488
1.3.10 Veri ve Metin Madenciliği — 488
1.3.11 Tahmine Dayalı Analitik — 489
1.3.12 Kurallara Dayalı Analitik — 490
1.3.13 Yapılandırılmamış Veri Analitiği — 490
1.3.14 Operasyonel Analitik — 491
1.3.15 Veri Görselleştirme — 491
1.3.16 Veri Karması — 492

2. Faaliyetler — 492
2.1 Büyük Veri Stratejisinin ve İş İhtiyaçlarının Tanımlanması — 492
2.2 Veri Kaynaklarının Seçilmesi — 493
2.3 Veri Kaynaklarını Edinme ve İçe Alımı — 494
2.4 Veri Hipotezleri ve Yöntemlerinin Geliştirilmesi — 494
2.5 Analiz için Verilerin Entegre Edilmesi ve Uyumlandırılması — 495
2.6 Modelleri Kullanarak Verilerin Keşfedilmesi — 495
2.6.1 Tahmine Dayalı Modelin Doldurulması — 495
2.6.2 Modelin Eğitilmesi — 495
2.6.3 Modelin Değerlendirilmesi — 496
2.6.4 Veri Görselleştirmelerinin Oluşturulması — 497
2.7 Kurulum ve İzleme — 497
2.7.1 İç Görülerin ve Bulguların Ortaya Çıkarılması — 497
2.7.2 Ek Veri Kaynaklarıyla Yineleme — 497

3. Araçlar — 497
3.1 Kitlesel Paralel İşleme Paylaşımsız Teknolojileri ve Mimarisi — 498
3.2 Dağıtık Dosya Tabanlı Veritabanları — 500
3.3 Veritabanı İçi Algoritmalar — 500
3.4 Büyük Veri Bulut Çözümleri — 500
3.5 İstatistiksel Hesaplama ve Grafiksel Diller — 501
3.6 Veri Görselleştirme Araçları — 501

4. Yöntemler — 501
4.1 Analitik Modelleme — 501
4.2 Büyük Veri Modelleme — 502
5. Gerçekleme Yönergeleri — 503
5.1 Strateji Uyumu — 503
5.2 Hazırlık Değerlendirmesi / Risk Değerlendirmesi — 504
5.3 Organizasyonel ve Kültürel Değişim — 504
6. Büyük Veri ve Veri Bilimi Yönetişimi — 505
6.1 Görselleştirme Kanalları Yönetimi — 505
6.2 Veri Bilimi ve Görselleştirme Standartları — 505
6.3 Veri Güvenliği — 506
6.4 Metaveri — 506
6.5 Veri Kalitesi — 506
6.6 Metrikler — 507
6.6.1 Teknik Kullanım Metrikleri — 507
6.6.2 Yükleme ve Tarama Metrikleri — 507
6.6.3 Öğrenimler ve Hikayeler — 508
7. Alıntılanan / Önerilen Çalışmalar — 508

Veri Yönetimi Olgunluk Değerlendirmesi — 510
1. Giriş — 510
1.1 İş Etkenleri — 512
1.2 Hedef ve Prensipler — 512
1.3 Temel Kavramlar — 513
1.3.1 Değerlendirme Seviyeleri ve Özellikleri — 513
1.3.2 Değerlendirme Kriterleri — 514
1.3.3 Mevcut DMMA Çerçeveleri — 516
1.3.3.1 CMMI Veri Yönetimi Olgunluk Modeli (DMM) — 516
1.3.3.2 Kurumsal Veri Yönetimi Konseyi DCAM — 516
1.3.3.3 IBM Veri Yönetişim Konseyi Olgunluk Modeli — 517
1.3.3.4 Stanford Veri Yönetişimi Olgunluk Modeli — 517
1.3.3.5 Gartner'ın Kurumsal Bilgi Yönetimi Olgunluk Modeli — 517
2. Faaliyetler — 517
2.1 Değerlendirme Faaliyetlerinin Planlanması — 518
2.1.1 Hedeflerin Tanımlanması — 518
2.1.2 Çerçeve Seçimi — 518
2.1.3 Organizasyonel Kapsamın Tanımlanması — 518
2.1.4 Etkileşim Yaklaşımının Tanımlanması — 519
2.1.5 İletişim Planlaması — 519
2.2 Olgunluk Değerlendirmesinin Gerçekleştirilmesi — 520
2.2.1 Bilgi Toplama — 520

2.2.2 Değerlendirmenin Gerçekleştirilmesi — 520
2.3 Sonuçların Yorumlanması — 521
2.3.1 Değerlendirme Sonuçlarının Raporlanması — 521
2.3.2 Yönetici Özetlerinin Geliştirilmesi — 521
2.4 İyileştirmeler için Hedefli Bir Program Oluşturulması — 522
2.4.1 Eylemleri Belirlenmesi ve Bir Yol Haritası Oluşturulması — 522
2.5 Olgunluğun Yeniden Değerlendirilmesi — 522
3. Araçlar — 523
4. Yöntemler — 523
4.1 Veri Olgunluk Modeli Çerçevesi Seçimi — 523
4.2 DAMA-DMBOK Çerçevesi Kullanımı — 524
5. Veri Yönetimi Olgunluk Değerlendirmesi için Yönergeler — 524
5.1 Hazırlık Değerlendirmesi / Risk Değerlendirmesi — 524
5.2 Organizasyonel ve Kültürel Değişim — 525
6. Olgunluk Yönetimi Yönetişimi — 525
6.1 Veri Yönetimi Olgunluk Değerlendirmesi Süreç Gözetimi — 525
6.2 Metrikler — 526
7. Alıntılanan / Önerilen Çalışmalar — 526

Veri Yönetimi Organizasyonu ve Rol Beklentileri — **529**

1. Giriş — 529
2. Mevcut Organizasyonel ve Kültürel Normların Anlaşılması — 529
3. Veri Yönetimi Organizasyon Yapıları — 531
3.1 Merkezi Olmayan İşletim Modeli — 531
3.2 Ağ İşletim Modeli — 532
3.3 Merkezi İşletim Modeli — 532
3.4 Hibrit İşletim Modeli — 533
3.5 Federe İşletim Modeli — 534
3.6 Organizasyon İçin En İyi Modeli Belirleme — 535
3.7 Veri Yönetimi Organizasyonu Alternatifleri ve Tasarım Hususları — 535
4. Kritik Başarı Faktörleri — 536
4.1 Üst Yönetim Sponsorluğu — 536
4.2 Net Vizyon — 537
4.3 Proaktif Değişim Yönetimi — 537
4.4 Liderlik Uyumu — 537
4.5 İletişim — 537
4.6 Paydaş Etkileşimi — 538
4.7 Oryantasyon ve Eğitim — 538
4.8 Benimseme Ölçümü — 538

- 4.9 Rehber İlkelere Bağlılık ___ 538
- 4.10 Devrim Değil Evrim ___ 539
- 5. Veri Yönetimi Organizasyonunun Oluşturulması ___ 539
  - 5.1 Mevcut Veri Yönetimi Katılımcılarının Belirlenmesi ___ 539
  - 5.2 Komite Katılımcılarının Belirlenmesi ___ 539
  - 5.3 Paydaşların Belirlenmesi ve Analiz Edilmesi ___ 540
  - 5.4 Paydaşların Dahil Edilmesi ___ 540
- 6. DMO ve Diğer Veri Odaklı Organizasyonlar Arasındaki Etkileşimler ___ 541
  - 6.1 Veri Direktörü ___ 541
  - 6.2 Veri Yönetişimi ___ 542
  - 6.3 Veri Kalitesi ___ 543
  - 6.4 Kurumsal Mimari ___ 543
  - 6.5 Küresel Bir Organizasyonu Yönetmek ___ 544
- 7. Veri Yönetimi Rolleri ___ 544
  - 7.1 Organizasyonel Roller ___ 544
  - 7.2 Bireysel Roller ___ 545
  - 7.2.1 Yönetici Rolleri ___ 545
  - 7.2.2 İş Birimi Rolleri ___ 545
  - 7.2.3 BT Rolleri ___ 546
  - 7.2.4 Hibrit Roller ___ 546
- 8. Alıntılanan / Önerilen Çalışmalar ___ 547

Veri Yönetimi ve Organizasyonel Değişim Yönetimi ___ 549

- 1. Giriş ___ 549
- 2. Değişim Yasaları ___ 550
- 3. Bir Değişimi Yönetmemek: Bir Geçişi Yönetmek ___ 550
- 4. Kotter'in Değişim Yönetiminin Sekiz Hatası ___ 553
  - 4.1 Hata #1: Çok Fazla Rehavete İzin Vermek ___ 553
    - 4.1.1 Bilgi Yönetimi Bağlamında Örnekler ___ 553
  - 4.2 Hata #2: Yeterince Güçlü Bir Rehber Koalisyon Oluşturmada Başarısızlık ___ 553
  - 4.3 Hata #3: Vizyonun Gücünü Hafife Almak ___ 554
    - 4.3.1 Bilgi Yönetimi Bağlamında Örnekler ___ 554
  - 4.4 Hata #4: Vizyon için Gereken İletişimin 10'da 100'de 1000'de 1'ini Gerçekleştirmek ___ 554
  - 4.5 Hata #5: Vizyona Mâni Olan Engellere Müsaade Etmek ___ 555
  - 4.6 Hata #6: Kısa Vadede Kazanımlar Yaratamamak ___ 555
    - 4.6.1 Bilgi Yönetimi Bağlamında Örnekler ___ 555
  - 4.7 Hata #7: Erken Zafer İlan Etmek ___ 556
    - 4.7.1 Bilgi Yönetimi Bağlamında Örnekler ___ 556
  - 4.8 Hata #8: Değişimleri Kurum Kültürüne Sağlam Bir Şekilde Demirlemeyi İhmal Etmek ___ 556
    - 4.8.1 Bilgi Yönetimi Bağlamında Örnekler ___ 557

5. Kotter'in Büyük Değişim İçin Sekiz Aşamalı Süreci … 557
   5.1 Aciliyet Duygusu Oluşturma … 558
   5.1.1 Rehavetin Kaynakları … 558
   5.1.2 Aciliyet Seviyesini Yükseltmek … 559
   5.1.3 Krizi Dikkatli Kullanmak … 560
   5.1.4 Orta ve Alt Düzey Yöneticilerin Rolü … 561
   5.1.5 Ne Kadar Aciliyet Yeterlidir? … 561
   5.2 Rehber Koalisyon … 561
   5.2.1 Koalisyonda Etkili Liderliğin Önemi … 563
   5.2.2 Bilgi Yönetimi Bağlamında Örnekler … 563
   5.2.3 Etkili Bir Ekip Oluşturma … 563
   5.2.4 Grup Düşüncesiyle Mücadele … 564
   5.2.5 Bilgi Yönetimi Bağlamında Örnekler … 564
   5.2.6 Ortak Hedefler … 564
   5.3 Vizyon ve Strateji Geliştirme … 565
   5.3.1 Vizyon Neden Önemlidir … 565
   5.3.2 Etkili Bir Vizyonun Doğası … 566
   5.3.3 Etkili Vizyon Oluşturma … 567
   5.4 Değişim Vizyonunun İletişimi … 568
   5.4.1 Bilgi Yönetimi Bağlamında Örnekler … 568
   5.4.2 Basit Tutmak … 569
   5.4.3 Birçok Farklı Forum Kullanın … 569
   5.4.4 Tekrar, Tekrar, Tekrar … 569
   5.4.5 Dediğini Yapmak … 570
   5.4.6 Bilgi Yönetimi Bağlamında Örnekler … 570
   5.4.7 Tutarsızlıkları Açıklamak … 570
   5.4.8 Bilgi Yönetimi Bağlamında Örnekler … 571
   5.4.9 Dinle ve Dinlen … 571
   5.4.10 Bilgi Yönetimi Bağlamında Örnekler … 571

6. Değişimin Formülü … 572

7. Yeniliklerin Yayılması ve Değişimi Sürdürmek … 572
   7.1 Yenilikler Yayılırken Üstesinden Gelinmesi Gereken Zorluklar … 574
   7.2 Yeniliğin Yayılmasındaki Temel Unsurlar … 574
   7.3 Benimsenmenin Beş Aşaması … 574
   7.4 Bir Yeniliğin veya Değişimin Kabulünü veya Reddini Etkileyen Faktörler … 575

8. Değişimi Sürdürmek … 576
   8.1 Aciliyet Duygusu / Memnuniyetsizlik … 577
   8.2 Vizyonu Çerçeveleme … 577
   8.3 Rehber Koalisyon … 577

8.4 Göreceli Avantaj ve Gözlenebilirlik — 577
9. Veri Yönetiminin Değerinin İletişimi — 578
   9.1 İletişim İlkeleri — 578
   9.2 Hedef Kitle Değerlendirmesi ve Hazırlığı — 579
   9.3 İnsan Öğesi — 580
   9.4 İletişim Planı — 580
   9.5 İletişiminin Sürdürülmesi — 581
10. Alıntılanan / Önerilen Çalışmalar — 581

Teşekkür — 583

Şekiller

Şekil 1 Veri Yönetimi Prensipleri — 42
Şekil 2 Veri Yaşam Döngüsü Temel Faaliyetleri — 48
Şekil 3 Stratejik Uyum Modeli — 53
Şekil 4 Amsterdam Bilgi Modeli — 54
Şekil 5 DAMA-DMBOK2 Veri Yönetimi Çerçevesi (DAMA Çarkı) — 55
Şekil 6 DAMA Çevresel Faktörler Altıgeni — 55
Şekil 7 Bilgi Alanı Bağlam Şeması — 56
Şekil 8 Satın Alınan veya Oluşturulan Veritabanı Yetkinliği — 59
Şekil 9 DAMA Fonksiyonel Alan Bağımlılıkları — 60
Şekil 10 DAMA Veri Yönetimi Fonksiyon Çerçevesi — 61
Şekil 11 Gelişmiş DAMA Çarkı — 63
Şekil 12 Bağlam Şeması: Veri İşleme Etiği — 68
Şekil 13 Örnekleme Projeleri için Etik Risk Modeli — 81
Şekil 14 Bağlam Şeması: Veri Yönetişimi ve Sorumluluğu — 85
Şekil 15 Veri Yönetişimi ve Veri Yönetimi — 88
Şekil 16 Veri Yönetişimi Organizasyon Bölümleri — 90
Şekil 17 Kurumsal Veri Yönetişimi İşletim Çerçevesi Örnekleri — 91
Şekil 18 CDO Organizasyonel Temas Noktaları — 97
Şekil 19 Bir İşletim Çerçevesi Örneği — 99
Şekil 20 Veri Sorunu Eskale Yolu — 102
Şekil 21 Bağlam Şeması: Veri Mimarisi — 116
Şekil 22 Sadeleştirilmiş Zachman Çerçevesi — 118
Şekil 23 Kurumsal Veri Modeli — 121
Şekil 24 Konu Alanı Modelleri Diyagramı Örneği — 122
Şekil 25 Matriste Gösterilen Veri Akışı — 123
Şekil 26 Veri Akış Şeması Örneği — 124
Şekil 27 İş Yetkinliklerinin Veri Bağımlılıkları — 127
Şekil 28 Bağlam Şeması: Veri Modelleme ve Tasarımı — 138
Şekil 29 Varlıklar — 142
Şekil 30 İlişkiler — 143
Şekil 31 Kardinalite Sembolleri — 144
Şekil 32 Tekli İlişki - Hiyerarşi — 144
Şekil 33 Tekli İlişki - Ağ — 145
Şekil 34 İkili İlişki — 145

Şekil 35 Üçlü İlişki	145
Şekil 36 Yabancı Anahtarlar	146
Şekil 37 Nitelikler	146
Şekil 38 Bağımsız ve Bağımlı Varlık	147
Şekil 39 IE Notasyonu	150
Şekil 40 Boyutsal Modeller için Eksen Notasyonu	151
Şekil 41 UML Sınıf Modeli	153
Şekil 42 ORM Modeli	154
Şekil 43 FCO-IM Modeli	154
Şekil 44 Veri Kasası Modeli	155
Şekil 45 Çapa Modeli	155
Şekil 46 İlişkisel Kavramsal Model	157
Şekil 47 Boyutsal Kavramsal Model	158
Şekil 48 İlişkisel Mantıksal Veri Modeli	158
Şekil 49 Boyutsal Mantıksal Veri Modeli	159
Şekil 50 İlişkisel Fiziksel Veri Modeli	160
Şekil 51 Boyutsal Fiziksel Veri Modeli	161
Şekil 52 Üst Tip ve Alt Tip İlişkileri	163
Şekil 53 Modelleme Yinelemelidir	165
Şekil 54 Bağlam Şeması: Veri Depolama ve Operasyonları	180
Şekil 55 Merkezi vs. Dağıtık	185
Şekil 56 Federe Veritabanları	186
Şekil 57 Bağlaşım	186
Şekil 58 CAP Teoremi	190
Şekil 59 Veritabanı Organizasyon Spektrumu	193
Şekil 60 Log Nakli vs. Yansıtma	200
Şekil 61 Sistem ve Veritabanı Performansı için SLA'ler	210
Şekil 62 Veri Güvenliği Gereksinimlerinin Kaynakları	224
Şekil 63 Bağlam Şeması: Veri Güvenliği	225
Şekil 64 DMZ Örneği	236
Şekil 65 Güvenlik Rolü Hiyerarşisi Örnek Şeması	254
Şekil 66 Bağlam Şeması: Veri Entegrasyonu ve Uyumluluk	271
Şekil 67 ETL Süreç Akışı	274
Şekil 68 ELT Süreç Akışı	275
Şekil 69 Uygulama Bağlaşımı	281
Şekil 70 Kurumsal Hizmet Veriyolu	282
Şekil 71 Bağlam Şeması: Doküman ve İçerik	300
Şekil 72 ISO 9001-4.2'ye dayalı Doküman Hiyerarşisi	312
Şekil 73 Elektronik Keşif Referans Modeli (EDRM)	313
Şekil 74 Bilgi Yönetişimi Referans Modeli	334
Şekil 75 Bağlam Şeması: Referans ve Ana Veriler	340
Şekil 76 MDM için Temel İşleme Adımları	352
Şekil 77 Ana Veri Paylaşım Mimarisi Örneği	360
Şekil 78 Referans Veri Değişikliği Talebi Süreci	367
Şekil 79 Bağlam Şeması: Veri Ambarı (DW) / İş Zekâsı (BI)	372
Şekil 80 Kurumsal Bilgi Fabrikası	377
Şekil 81 Kimball'ın Veri Ambarı Satranç Taşları	379
Şekil 82 Kavramsal DW/BI ve Büyük Veri Mimarisi	380
Şekil 83 Yayın Süreci Örneği	389
Şekil 84 Bağlam Şeması: Metaveri Yönetimi	406
Şekil 85 Merkezi Metaveri Mimarisi	418

Şekil 86 Dağıtık Metaveri Mimarisi _____ 419
Şekil 87 Hibrit Metaveri Mimarisi _____ 420
Şekil 88 Örnek Metaveri Deposu Metamodeli _____ 423
Şekil 89 Örnek Veri Öğesi Kökeni Akış Diyagramı _____ 428
Şekil 90 Örnek Sistem Kökeni Akış Şeması _____ 428
Şekil 91 Bağlam Şeması: Veri Kalitesi _____ 436
Şekil 92 Veri Kalitesi Boyutları Arasındaki İlişkiler _____ 445
Şekil 93 Shewhart Grafiği _____ 447
Şekil 94 İş Varlığı Olarak Bilginin Yönetiminin Önündeki Engeller _____ 451
Şekil 95 İstatistiksel Kontrolde Bir Sürecin Kontrol Şeması _____ 472
Şekil 96 Daralan Bilgi Üçgeni _____ 480
Şekil 97 Bağlam Şeması: Büyük Veri ve Veri Bilimi _____ 481
Şekil 98 Veri Bilimi Süreci _____ 483
Şekil 99 Veri Depolama Zorlukları _____ 485
Şekil 100 Kavramsal DW/BI ve Büyük Veri Mimarisi _____ 485
Şekil 101 Hizmet Tabanlı Mimari _____ 487
Şekil 102 Sütunsal Bütünleşik Sistem Mimarisi _____ 499
Şekil 103 Bağlam Şeması: Veri Yönetimi Olgunluk Değerlendirmesi _____ 511
Şekil 104 Veri Yönetimi Olgunluk Modeli Örneği _____ 514
Şekil 105 Örnek Veri Yönetimi Olgunluk Değerlendirmesi Görseli _____ 515
Şekil 106 Bir İşletim Modelini Oluşturmak için Mevcut Durumun Değerlendirilmesi _____ 530
Şekil 107 Merkezi Olmayan İşletim Modeli _____ 531
Şekil 108 Ağ İşletim Modeli _____ 532
Şekil 109 Merkezi İşletim Modeli _____ 533
Şekil 110 Hibrit İşletim Modeli _____ 534
Şekil 111 Federe İşletim Modeli _____ 535
Şekil 112 Paydaş İlgi Haritası _____ 541
Şekil 113 Bridges'in Geçiş Aşamaları _____ 551
Şekil 114 Kotter'in Büyük Değişim İçin Sekiz Aşamalı Süreci _____ 558
Şekil 115 Rehavetin Kaynakları _____ 560
Şekil 116 Vizyon, Statükoyu Aşar _____ 565
Şekil 117 Yönetim/Liderlik Tezatı _____ 567
Şekil 118 Everett Rogers Yeniliklerin Yayılması _____ 573
Şekil 119 Benimsenmenin Aşamaları _____ 575

Tablolar

Tablo 1 GDPR İlkeleri	71
Tablo 2 Kanada Gizlilik Yasal Yükümlülükleri	72
Tablo 3 Amerika Birleşik Devletleri Gizlilik Programı Kriterleri	73
Tablo 4 Tipik Veri Yönetişimi Komiteleri / Organları	90
Tablo 5 Veri Varlığı Muhasebesi İlkeleri	94
Tablo 6 Mimari Alanlar	117
Tablo 7 Yaygın Kullanılan Varlık Kategorileri	141
Tablo 8 Varlık, Varlık Türü ve Varlık Örneklemesi	142
Tablo 9 Modelleme Şemaları ve Notasyonları	148
Tablo 10 Veritabanı Çapraz Referans Şeması	149
Tablo 11 Veri Modeli Puan Kartı® Şablonu	174
Tablo 12 ACID vs BASE	189
Tablo 13 Örnek Yönetmelik Envanter Tablosu	250
Tablo 14 Rol Atama Matrisi Örneği	253
Tablo 15 ANSI-859'a Göre Dokümanlar için Kontrol Düzeyleri	320
Tablo 16 Örnek Denetim Önlemleri	322
Tablo 17 Basit Referans Listesi	345
Tablo 18 Basit Genişletilmiş Referans Listesi	345
Tablo 19 Çapraz Referans Listesi	345
Tablo 20 Çok Dilli Referans Listesi	346
Tablo 21 UNSPSC Evrensel Standart Ürünler ve Hizmetler Sınıflandırması	346
Tablo 22 NAICS (Kuzey Amerika Endüstri Sınıflandırma Sistemi)	347
Tablo 23 Kritik Referans Verisi Metaveri Nitelikleri	348
Tablo 24 MDM Sistemi Tarafından Alınan Kaynak Veriler	352
Tablo 25 Standartlaştırılmış ve Zenginleştirilmiş Girdi Verileri	353
Tablo 26 Aday Tanılama ve Kimlik Çözümleme	355
Tablo 27 DW-Veriyolu Matrisi Örneği	378
Tablo 28 CDC Teknik Karşılaştırması	382
Tablo 29 Veri Kalitesinin Ortak Boyutları	442
Tablo 30 Veri Kalitesi Metrikleri Örnekleri	463
Tablo 31 Veri Kalitesi İzleme Teknikleri	464
Tablo 32 Analitiğin İlerlemesi	482
Tablo 33 Bir DMMA için Riskler ve Hafifleticiler	524
Tablo 34 Bridges'in Geçiş Aşamaları	551
Tablo 35 Rehavet Senaryoları	553
Tablo 36 Erken Zafer İlan Etme Senaryoları	556
Tablo 37 Yeniliklerin Yayılması Kategorilerinin Bilgi Yönetimine Uyarlanması	573
Tablo 38 Benimsenmenin Aşamaları (Rogers, 1964'ten uyarlanmıştır)	575
Tablo 39 İletişim Planı Öğeleri	580

Önsöz

DAMA International, DAMA Guide to the Data Management Body of Knowledge'ın (DAMA-DMBOK2) ikinci baskısını yayınlamaktan mutluluk duyar. 2009 yılında ilk baskının yayınlanmasından bu yana, veri yönetimi alanında önemli gelişmeler yaşandı. Veri Yönetişimi birçok kurumda standart bir yapı haline geldi, yeni teknolojiler 'Büyük Veri'nin (çok çeşitli formatlarda yarı yapılandırılmış ve yapılandırılmamış veri) toplanmasını ve kullanılmasını sağladı ve veri etiğinin önemi, günlük hayatımızın bir parçası olarak üretilen büyük miktardaki veri ve bilgiyi keşfetme ve kullanma yeteneği bilgi birikimimiz ile birlikte büyüdü.

Bu değişimler heyecan verici. Ayrıca mesleğimize yeni ve artan talepler getiriyorlar. DAMA, DAMA Veri Yönetimi Çerçevesini (DAMA Çarkı) yeniden formüle ederek, ayrıntı ve açıklamalar ekleyerek ve DMBOK'un kapsamını genişleterek bu değişimlere yanıt verdi:

- Tüm Bilgi Alanları için bağlam şemaları iyileştirildi ve güncellendi.

- Veri Entegrasyonu ve Uyumluluğu, önemini vurgulamak için yeni bir Bilgi Alanı olarak eklenmiştir (Bölüm 8).

- Veri yönetiminin tüm yönlerine yönelik etik bir yaklaşımın artan gerekliliği nedeniyle Veri Etiği ayrı bir bölüm olarak eklendi (Bölüm 2).

- Yönetişimin rolü hem bir işlev (Bölüm 3) olarak hem de her bir Bilgi Alanıyla ilişkili olarak tanımlanmıştır.

- Bölüm 17'de açıklanan ve Bilgi Alanı bölümlerine dahil edilen organizasyonel değişim yönetimi için de benzer bir yaklaşım benimsenmiştir.

- Büyük Veri ve Veri Bilimi (Bölüm 14) ve Veri Yönetimi Olgunluk Değerlendirmesi (Bölüm 15) ile ilgili yeni bölümler, kurumların nereye gitmek istediklerini anlamalarına yardımcı olur ve onlara oraya ulaşmak için gerekli araçları sağlar.

- İkinci baskı ayrıca, kurumların verilerini etkin bir şekilde yönetme ve veri varlıklarından değer elde etme yeteneklerini desteklemek için yeni formüle edilmiş bir dizi veri yönetimi ilkelerini içerir (Bölüm 1).

DMBOK2'nin dünya çapında veri yönetimi uzmanlarına değerli bir kaynak ve rehber olarak hizmet edeceğini umuyoruz. Bununla birlikte, bunun sadece bir başlangıç noktası olduğunun da farkındayız. Bu fikirleri uyguladıkça ve öğrendikçe gerçek ilerleme gelecektir. DAMA, üyelerin fikirleri, eğilimleri, sorunları ve çözümleri paylaşarak sürekli öğrenmelerini sağlamak için vardır.

Sue Geuens
Başkan
DAMA International

Laura Sebastian-Coleman
Yayın Sorumlusu
DAMA International

Türkçe için Önsöz

DAMA Türkiye Bölümünün kurucu ortakları olarak, bu önemli bilgi birikimini Türkçeye kazandırmış olmaktan gurur ve mutluluk duymaktayız. Bu eserin içerdiği bilgilerin, veri yönetimi konusunda kapsayıcı bir yaklaşımla, tecrübeli veya tecrübesiz her ilgiliye okuduğunda yeni bir şeyler kattığı görüşünü paylaştığımız için, geniş kitlelere daha kolayca ulaşabilmesi maksadıyla tercümesini yapmayı seçtik.

Veri yönetimi uzmanlığı konusunda ülkemizdeki ihtiyacın farkında olan bireylerce, gönüllülük esasına dayalı olarak, ancak elimizden gelen gayreti de esirgemeden bu eserin Türkçe baskısının var olması adına çalıştık. Bu yolda emeği geçen tüm yoldaşlarımıza teşekkürlerimizi sunarız:

Türkçe çeviriyi yapan ve hazırlayanlara, yani bizlere; Mustafa Akgül, İpek Çebi, Y. Can Kar, CDMP,

koordinasyonumuzu sağlayan, bizi zinde tutma gayreti içerisinde olan Can Kavanoz ve KOMTAŞ Bilgi Yönetimi Danışmanlık ve Ticaret Anonim Şirketi ekibine,

nereden başlamalıyız sorusuyla başlayan silsileye cevap bulmamızı sağlayan değerli hocamız Ege Üniversitesi Bilgisayar Mühendisliği Bölüm Başkanı Prof. Dr. Murat Osman Ünalır'a,

Teşekkür ederiz!

BÖLÜM 1

Veri Yönetimi

1. Giriş

Birçok kuruluş, verilerinin hayati bir kurumsal varlık olduğunun farkındadır. Veriler ve bilgiler onlara müşterileri, ürünleri ve hizmetleri hakkında fikir verebilirler. Yenilikler yapmalarına ve stratejik hedeflerine ulaşmalarına yardımcı olabilirler. Bu tanıma rağmen, pek az sayıda kuruluş, verileri sürekli değer elde edebilecekleri bir varlık olarak aktif bir şekilde yönetir (Evans ve Price, 2012). Veriden değer elde etmek havadan veya tesadüfen gerçekleşmez. Niyet, planlama, koordinasyon ve adanmışlık gerektirir. Yönetim ve liderlik gerektirir.

Veri Yönetimi, yaşam döngüleri boyunca veri ve bilgi varlıklarının değerini sağlayan, denetleyen, koruyan ve artıran planların, politikaların, programların ve uygulamaların geliştirilmesi, yürütülmesi ve denetimidir.

Veri Yönetimi Uzmanı, stratejik kurumsal hedeflere ulaşmak için veri yönetiminin herhangi bir alanında (veri yaşam döngüsü boyunca verilerin teknik yönetiminden uygun şekilde kullanılmasını sağlamaya kadar) çalışan herhangi bir kişidir. Veri yönetimi uzmanları, son derece teknik olanlardan (örneğin, veritabanı yöneticileri, ağ yöneticileri, programcılar) stratejik işlere (örneğin, Veri Sorumluları, Veri Stratejistleri, Veri Direktörleri) kadar çok sayıda rolü üstlenirler.

Veri yönetimi faaliyetleri çok geniş kapsamlıdır. Verilerden stratejik değer elde etme konusunda tutarlı kararlar verme yeteneğinden veritabanlarının dağıtımına ve performansına kadar her şeyi içerirler. Bu nedenle veri yönetimi hem teknik hem de teknik olmayan (yani, 'iş') becerileri gerektirir. Verileri yönetme sorumluluğu iş ve bilgi teknolojisi rolleri arasında paylaşılmalı ve bir kuruluşun stratejik ihtiyaçlarını karşılayan yüksek kaliteli verilere sahip olmasını sağlamak için her iki alandaki kişiler iş birliği yapabilmelidir.

Veri ve bilgi, kuruluşların yalnızca gelecekte değer elde etmek algısıyla yatırım yapacakları varlıklar değildir. Veri ve bilgi, çoğu kuruluşun günlük operasyonları için de hayati öneme sahiptir.[1] Bunlara bilgi ekonomisinde "para", "can damarı" ve hatta "yeni petrol" adı verildi. Bir kuruluş analitiklerden değer kazansın ya da kazanmasın, veri olmadan iş bile yapamaz.

Çalışmayı yürüten veri yönetimi profesyonellerini desteklemek için DAMA International (The Data Management Association), The DAMA Guide to the Data Management Body of Knowledge'ın (DMBOK2) ikinci baskısı olan bu

---

[1] Çeşitli referanslar için Google ile 'data as currency', 'data as life blood', ve 'the new oil' diye aratabilirsiniz.

kitabı hazırlamıştır. Bu basım, 2009'da yayınlanan ve meslek ilerleyip olgunlaştıkça üzerine inşa edilecek temel bilgileri sağlayan ilk basım üzerine inşa edilmiştir.

Bu bölüm, veri yönetimi için bir dizi ilkeyi özetlemektedir. Bu ilkeleri takip etmeyle ilgili zorlukları tartışır ve bu zorlukların üstesinden gelmek için çeşitli yaklaşımlar önerir. Bu bölüm ayrıca, çeşitli Veri Yönetimi Bilgi Alanlarında veri yönetimi uzmanları tarafından yürütülen çalışmalara bağlam sağlayan DAMA Veri Yönetimi Çerçevesini de açıklar.

1.1 İş Etkenleri

Veri ve bilgi, rekabet avantajının anahtarıdır. Müşterileri, ürünleri, hizmetleri ve operasyonları hakkında güvenilir, yüksek kaliteli verilere sahip olan kuruluşlar, verileri olmayan veya güvenilir olmayan verilere sahip olanlardan daha iyi kararlar alabilirler. Verileri yönetememe, sermayeyi yönetememeye benzer. İsraf ve kaybedilen fırsatlarla sonuçlanır. Veri yönetimi için ana etken, kuruluşların veri varlıklarından değer elde etmelerini sağlamaktır, tıpkı finansal ve fiziksel varlıkların etkin yönetiminin kuruluşların bu varlıklardan değer elde etmesini sağlaması gibi.

1.2 Hedefler

Bir kuruluş içinde veri yönetimi hedefleri aşağıdakileri içerir:

- Müşteriler, çalışanlar ve iş ortakları da dahil olmak üzere kurumun ve paydaşlarının bilgi ihtiyaçlarının anlaşılması ve desteklenmesi
- Veri varlıklarının elde edilmesi, saklanması, korunması ve bütünlüğünün sağlanması
- Veri ve bilgi kalitesinin sağlanması
- Paydaş verilerinin güvenliğinin ve gizliliğinin sağlanması
- Yetkisiz veya uygunsuz erişimin, manipülasyonun veya bu veri ve bilgilerin kullanımının önlenmesi
- Verilerin kuruma değer katmak için etkin bir şekilde kullanılmasının sağlanması

2. Temel Kavramlar

2.1 Veri

Uzun süredir var olan veri tanımı, dünya hakkındaki gerçekleri temsil etmedeki rolünü vurgulamaktadır.[2] Bilgi teknolojisi ile ilgili olarak, veri aynı zamanda dijital biçimde saklanan bilgiler olarak da anlaşılır (ancak veriler

---

[2] Yeni Oxford Amerikan Sözlüğü, verileri "analiz için bir araya getirilen olgular ve istatistikler" olarak tanımlar. Amerikan Kalite Derneği (ASQ), verileri "toplanan olgular kümesi" olarak tanımlar ve iki tür sayısal veriyi tanımlar: ölçülen veya değişken ve sayılan veya atfedilen. Uluslararası Standartlar Organizasyonu (ISO) veriyi "iletişim, yorumlama veya işleme için uygun resmi bir şekilde bilginin yeniden yorumlanabilir temsili" olarak tanımlar (ISO 11179). Bu tanım, verilerin elektronik doğasını vurgular ve doğru bir şekilde, verinin bilgi teknolojisi sistemleri aracılığıyla yönetildiği için standartlar gerektirdiğini varsayar. Bununla birlikte, farklı sistemler arasında verileri tutarlı bir şekilde resmileştirmenin zorluklarından bahsetmiyor. Yapılandırılmamış veri kavramını da iyi açıklamıyor.

dijitalleştirilmiş bilgilerle sınırlı değildir ve veri yönetimi ilkeleri hem kâğıt üzerinde hem de veritabanlarında yakalanan veriler için geçerlidir). Yine de bugün elektronik olarak çok fazla bilgi yakalayabildiğimiz için, daha önceki zamanlarda 'veri' olarak adlandırılmayacak pek çok şeye 'veri' diyoruz- isimler, adresler, doğum tarihleri, cumartesi akşamı yemekte ne yenildi, satın alınan son kitap vb.

Bireysel kişilerle ilgili bu tür gerçekler bir araya getirilebilir, analiz edilebilir ve kâr elde etmek, sağlığı iyileştirmek veya kamu politikasını etkilemek için kullanılabilir. Ayrıca, (büyük patlamanın yansımalarından kendi kalp atışlarımıza kadar) çok çeşitli olay ve faaliyetleri ölçme ve daha önce veri olarak düşünülmemiş şeylerin (videolar, resimler, ses kayıtları, belgeler) elektronik versiyonlarını toplama, saklama ve analiz etme teknolojik kapasitemiz bu verileri kullanılabilir bilgiler halinde sentezleme yeteneğimizi aşmaya yakındır.[3] Veri çeşitliliğinden, hacmine ve hızına boğulmadan yararlanmak için güvenilir, genişletilebilir veri yönetimi uygulamaları gerekir.

Çoğu insan, verilerin gerçekleri temsil ettiği için, onun dünya hakkında bir hakikat biçimi olduğunu ve gerçeklerin birbirine uyacağını varsaymaktadır. Ancak 'gerçekler' her zaman basit veya anlaşılır değildir. Veri bir temsil aracıdır. Kendinden başka şeyleri ifade eder (Chisholm, 2010). Veri, hem temsil ettiği nesnelerin bir yorumu hem de yorumlanması gereken bir nesnedir (Sebastian-Coleman, 2013). Bu, verilerin anlamlı olması için bağlama ihtiyacımız olduğunu söylemenin başka bir yoludur. Bağlam, verilerin temsil sistemi olarak düşünülebilir; böyle bir sistem, ortak bir sözlük ve bileşenler arasındaki bir dizi ilişkiyi içerir. Böyle bir sistemin kurallarını biliyorsak, içindeki verileri yorumlayabiliriz.[4] Bu kurallar genellikle metaveri olarak adlandırılan belirli bir veri türünde belgelenirler.

Ancak, insanlar kavramları nasıl temsil edecekleri konusunda genellikle farklı seçimler yaptıklarından, aynı kavramları temsil etmenin farklı yollarını yaratırlar. Bu seçimlerden veriler farklı şekiller alır. Üzerinde anlaşmaya varılmış bir tanımı olan bir kavram olan takvim tarihlerini temsil etmek için sahip olduğumuz çeşitli yolları düşünün. Şimdi, temsil edilmesi gereken şeyin ayrıntı düzeyinin her zaman aşikâr olmadığı ve temsil sürecinin, bu bilgiyi yönetme süreci gibi daha karmaşık hale geldiği daha karmaşık kavramları (müşteri veya ürün gibi) düşünün (Bkz. Bölüm 10).

Tek bir organizasyon içinde bile, aynı fikri temsil etmenin çoğu zaman birden fazla yolu vardır. Bu nedenle, tüm insanların verileri anlamasına ve kullanmasına yardımcı olan Veri Mimarisi, modelleme, yönetişim ve yönetim ile metaveri ve Veri Kalitesi yönetimine ihtiyaç vardır. Ekipler arasında çoğulluk sorunu arttırır. Bu nedenle, verilere daha fazla tutarlılık getirebilecek endüstri düzeyinde veri standartlarına ihtiyaç vardır.

Kuruluşlar her zaman verilerini yönetme ihtiyacı duymuşlardır, ancak teknolojideki değişiklikler, insanların verilerin ne olduğu konusundaki anlayışlarını değiştirdiği için bu yönetim ihtiyacının kapsamını genişletmiştir. Bu değişiklikler, kuruluşların verileri yeni yollarla ürün oluşturma, bilgi paylaşma, bilgi oluşturma ve kurumsal başarıyı arttırma konusunda kullanmalarını sağlamıştır. Ancak teknolojinin hızlı büyümesi ve bununla birlikte insan kapasitesinin anlam için veri üretme, yakalama ve madencilik yapma kapasitesi, verileri etkin bir şekilde yönetme ihtiyacını yoğunlaştırmıştır.

---

[3] http://ubm.io/2c4yPOJ (Accessed 20016-12-04). http://bit.ly/1rOQkt1 (Accessed 20016-12-04).

[4] Verilerin yapısı hakkında ek bilgi için bakınız: Kent, *Data and Reality* (2012) ve Devlin, *Business Unintelligence* (2013).

2.2 Veri ve Bilgi

Veri ve bilgi arasındaki ilişki üzerine çok fazla mürekkep döküldü. Veriye "bilginin ham maddesi", bilgi ise "bağlamdaki veri" olarak adlandırılmıştır.[5] Çoğu zaman, veri (temelde), enformasyon, bilgi ve bilgelik (en üstte) arasındaki ilişkiyi tanımlamak için katmanlı bir piramit kullanılır. Piramit, verilerin neden iyi yönetilmesi gerektiğini açıklamada yardımcı olabilirken, bu gösterim, veri yönetimi için çeşitli zorluklar sunar.

- Verinin basitçe var olduğu varsayımına dayanır. Ancak veriler basitçe mevcut değildir. Veri oluşturulmalıdır.

- Veriden bilgeliğe doğru doğrusal bir diziyi tarif ederek, veriyi yaratmanın en başta bilgi gerektirdiğini fark edilemez.

- Veri ve bilginin ayrı şeyler olduğunu, gerçekte iki kavramın iç içe ve birbirine bağımlı olduğunu ima eder. Veri bir bilgi biçimidir ve bilgi bir veri biçimidir.

Bir kuruluş içinde, farklı paydaşlar tarafından farklı kullanımların gereksinimleri ve beklentileri hakkında açık iletişim amacıyla bilgi ve veri arasına bir çizgi çekmek faydalı olabilir ("İşte son çeyreğe ait bir satış raporu [bilgi]. Veri ambarımızdaki verilere [veri] dayanmaktadır. Gelecek çeyrekte bu sonuçlar [veri], çeyrekten çeyreğe performans ölçümlerimizi [bilgi] oluşturmak için kullanılacaktır."). Verinin ve bilginin farklı amaçlar için hazırlanması gerektiğinin farkına varmak, veri yönetiminin merkezi bir ilkesini ortaya çıkarır: Hem verilerin hem de bilgilerin yönetilmesi gerekir. Her ikisi de kullanımlar ve müşteri gereksinimleri göz önünde bulundurularak yönetilirse daha kaliteli olacaktır. DMBOK boyunca, bu terimler birbirinin yerine kullanılacaktır.

2.3 Kurumsal Varlık Olarak Veriler

Varlık, sahip olunan veya kontrol edilebilen ve değeri tutan veya üreten ekonomik bir kaynaktır. Varlıklar paraya çevrilebilir. Verileri bir varlık olarak yönetmenin ne anlama geldiğine dair anlayış hala gelişmekte olsa da, veriler yaygın olarak kurumsal bir varlık olarak kabul edilmektedir. 1990'ların başında, bazı kuruluşlar şerefiye değerine parasal bir değer verilip verilmemesi gerektiğini sorguladı. Şimdi, 'şerefiye değeri' genellikle Kar ve Zarar Tablosunda (P&L) bir kalem olarak görünür. Benzer şekilde, evrensel olarak benimsenmese de, verilerden para kazanma giderek yaygınlaşıyor. Bunu P&L'lerin bir özelliği olarak görmemiz çok uzun sürmeyecektir (Bkz. Bölüm 3.)

Günümüzün kuruluşları, daha etkili kararlar almak ve daha verimli çalışmak için veri varlıklarına güveniyor. Kuruluşlar, müşterilerini anlamak, yeni ürünler ve hizmetler yaratmak ve maliyetleri azaltarak ve riskleri kontrol ederek operasyonel verimliliği artırmak için verileri kullanır. Kamu kurumları, eğitim kurumları ve kar amacı gütmeyen kuruluşlar da operasyonel, taktik ve stratejik faaliyetlerini yönlendirmek için yüksek kaliteli verilere ihtiyaç duyar. Kuruluşlar giderek verilere bağımlı hale geldikçe, veri varlıklarının değeri daha net bir şekilde belirlenebilir.

Birçok kuruluş kendilerini "veri odaklı" olarak tanımlar. Rekabetçi kalmayı hedefleyen işletmeler, içgüdüsel duygulara veya içgüdülere dayalı kararlar vermeyi bırakmalı ve bunun yerine eylem tetikleyicileri kullanmalı ve eyleme geçirilebilir iç görü elde etmek için analitik uygulamalıdır. Veri odaklı olmak, iş liderliği ve teknik uzmanlık ortaklığı yoluyla verilerin verimli ve profesyonel bir disiplinle yönetilmesi gerektiğinin kabulünü içerir.

Ayrıca, günümüzün iş temposu, değişimin artık isteğe bağlı olmadığı anlamına geliyor; dijital değişim yeni normdur. Buna tepki vermek için kurumlar, iş kolu meslektaşlarıyla birlikte çalışan teknik veri uzmanlarıyla bilgi çözümlerini

---

[5] Bkz. English, 1999 ve DAMA, 2009.

birlikte oluşturmalıdır. İş stratejisini desteklemek için ihtiyaç duydukları verileri nasıl elde edeceklerini ve yöneteceklerini planlamalıdırlar. Ayrıca, verilerden yeni yollarla yararlanma fırsatlarından yararlanmak için kendilerini konumlandırmalıdırlar.

2.4 Veri Yönetimi Prensipleri

Veri yönetimi, Şekil 1'de görüldüğü gibi, diğer varlık yönetimi biçimleriyle aynı özellikleri paylaşır. Bir kuruluşun hangi verilere sahip olduğunu ve bunlarla neler başarılabileceğini bilmeyi ve ardından kurumsal hedeflere ulaşmak için veri varlıklarının en iyi nasıl kullanılacağını belirlemeyi içerir.

Diğer yönetim süreçleri gibi, stratejik ve operasyonel ihtiyaçları dengelemelidir. Bu dengeye en iyi şekilde, veri yönetiminin göze çarpan özelliklerini tanıyan ve veri yönetimi uygulamasına rehberlik eden bir dizi prensip izlenerek ulaşılabilir.

- **Veri, benzersiz özelliklere sahip bir varlıktır:** Veri bir varlıktır, ancak nasıl yönetildiği önemli şekillerde diğer varlıklardan farklılaştırır. Bu özelliklerden en belirgin olanı, finansal ve fiziksel varlıklar gibi verilerin kullanıldığı zaman tüketilmemesidir.

- **Verinin değeri ekonomik terimlerle ifade edilebilir ve ifade edilmelidir de:** Veriyi bir varlık olarak adlandırmak, değeri olduğu anlamına gelir. Verilerin nitel ve nicel değerini ölçmek için teknikler olsa da, bunu yapmak için henüz standartlar yoktur. Veri hakkında daha iyi kararlar almak isteyen kuruluşlar, bu değeri ölçmek için tutarlı yollar geliştirmelidir. Ayrıca hem düşük kaliteli verinin maliyetini hem de yüksek kaliteli verinin faydalarını ölçmelidirler.

- **Verileri yönetmek, veri kalitesini yönetmek anlamına gelir**: Verilerin amaca uygun olmasını sağlamak, veri yönetiminin ana hedefidir. Kaliteyi yönetmek için kuruluşlar, paydaşların kalite gereksinimlerini anladıklarından emin olmalı ve bu gereksinimlere göre verileri ölçmelidirler.

- **Verileri yönetmek için metaveri gerekir**: Herhangi bir varlığı yönetmek, o varlıkla ilgili verilere (çalışan sayısı, muhasebe kodları vb.) sahip olmayı gerektirir. Verileri yönetmek ve kullanmak için kullanılan verilere metaveri denir. Veriler tutulamayacağından veya dokunulamayacağından, ne olduğunu ve nasıl kullanılacağını anlamak metaveri şeklinde tanım ve bilgi gerektirir. Metaveriler, mimari, modelleme, yönetim, yönetişim, veri kalitesi yönetimi, sistem geliştirme, BT ve iş operasyonları ve analitik dahil olmak üzere veri oluşturma, işleme ve kullanımla ilgili bir dizi süreçten meydana gelir.

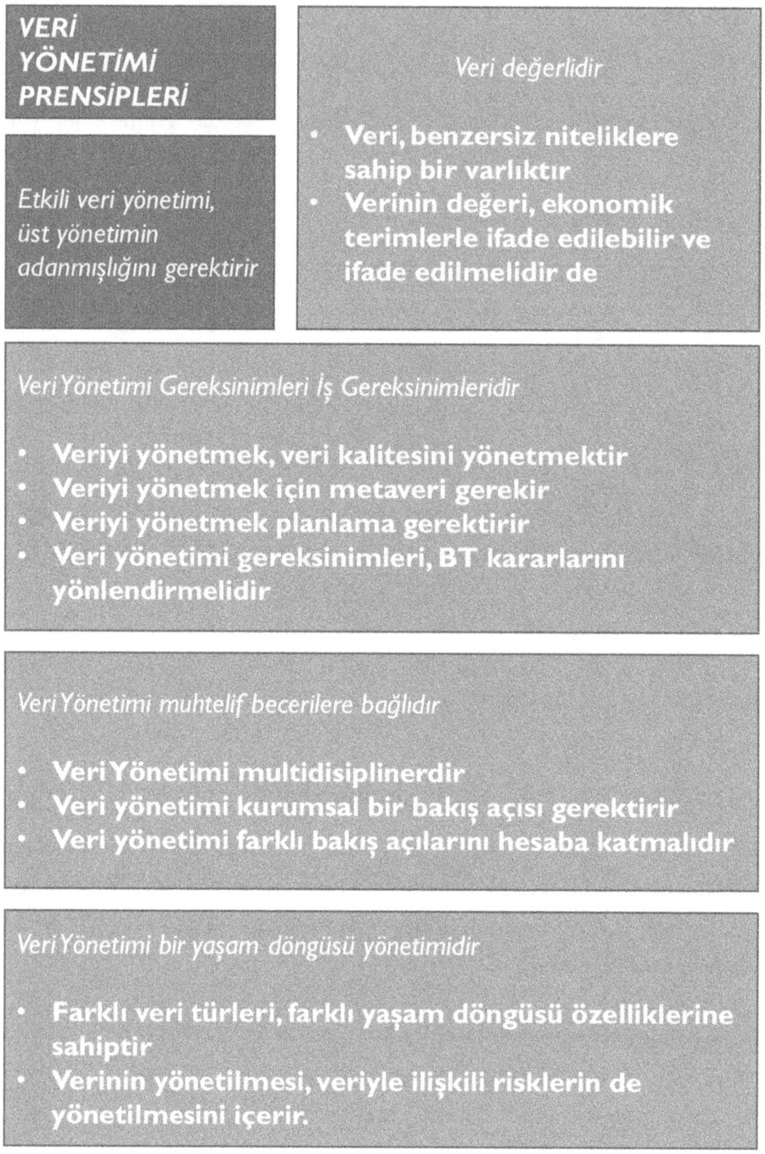

VERİ YÖNETİMİ PRENSİPLERİ

Etkili veri yönetimi, üst yönetimin adanmışlığını gerektirir

Veri değerlidir
- Veri, benzersiz niteliklere sahip bir varlıktır
- Verinin değeri, ekonomik terimlerle ifade edilebilir ve ifade edilmelidir de

Veri Yönetimi Gereksinimleri İş Gereksinimleridir
- Veriyi yönetmek, veri kalitesini yönetmektir
- Veriyi yönetmek için metaveri gerekir
- Veriyi yönetmek planlama gerektirir
- Veri yönetimi gereksinimleri, BT kararlarını yönlendirmelidir

Veri Yönetimi muhtelif becerilere bağlıdır
- Veri Yönetimi multidisiplinerdir
- Veri yönetimi kurumsal bir bakış açısı gerektirir
- Veri yönetimi farklı bakış açılarını hesaba katmalıdır

Veri Yönetimi bir yaşam döngüsü yönetimidir
- Farklı veri türleri, farklı yaşam döngüsü özelliklerine sahiptir
- Verinin yönetilmesi, veriyle ilişkili risklerin de yönetilmesini içerir.

Şekil 1 Veri Yönetimi Prensipleri

- **Verileri yönetmek planlama gerektirir:** Küçük kuruluşlar bile karmaşık teknik ve iş süreçlerine sahip olabilir. Veri birçok yerde oluşturulur ve kullanım için yerler arasında taşınır. İşi koordine etmek ve nihai sonuçları uyumlu tutmak için mimari ve süreç perspektifinden planlama gerektirir.

- **Veri yönetimi disiplinlerarasıdır; bir dizi beceri ve uzmanlık gerektirir:** Tek bir ekip, bir kuruluşun tüm verisini yönetemez. Veri yönetimi hem teknik hem de teknik olmayan beceriler ve işbirliği yapma becerisini gerektirir.

- **Veri yönetimi, kurumsal bir bakış açısı gerektirir:** Veri yönetiminin yerel uygulamaları vardır, ancak mümkün oldugunca etkili olması için kuruluş genelinde uygulanması gerekir. Bu, veri yönetimi ve veri yönetişiminin iç içe olmasının bir nedenidir.

- **Veri yönetimi farklı bakış açılarını hesaba katmalıdır:** Veri akışkandır. Veri yönetimi, verilerin oluşturulma ve kullanılma biçimlerine ve onu kullanan veri tüketicilerine ayak uydurmak için sürekli olarak gelişmelidir.

- **Veri yönetimi, yaşam döngüsü yönetimidir**: Verinin bir yaşam döngüsü vardır ve veriyi yönetmek, yaşam döngüsünü yönetmeyi gerektirir. Veri daha fazla veriyi doğurduğundan, veri yaşam döngüsünün kendisi çok karmaşık olabilir. Veri yönetimi uygulamalarının veri yaşam döngüsünü hesaba katması gerekir.

- **Farklı veri türleri, farklı yaşam döngüsü özelliklerine sahiptir**: Ve bu nedenle farklı yönetim gereksinimleri vardır. Veri yönetimi uygulamaları bu farklılıkları tanımalı ve farklı türde veri yaşam döngüsü gereksinimlerini karşılayacak kadar esnek olmalıdır.

- **Verilerin yönetilmesi, verilerle ilişkili risklerin de yönetilmesini içerir**: Bir varlık olmanın yanı sıra, veriler bir kuruluş için risk de temsil eder. Veriler kaybolabilir, çalınabilir veya kötüye kullanılabilir. Kuruluşlar, veri kullanımlarının etik sonuçlarını dikkate almalıdır. Veriyle ilgili riskler, veri yaşam döngüsünün bir parçası olarak yönetilmelidir.

- **Veri yönetimi gereksinimleri, Bilgi Teknolojisi kararlarını yönlendirmelidir**: Veri ve veri yönetimi, bilgi teknolojisi ve bilgi teknolojisi yönetimi ile derinden iç içedir. Veri yönetimi, teknolojinin bir kuruluşun stratejik veri ihtiyaçlarını yönlendirmek yerine hizmet etmesini sağlayan bir yaklaşım gerektirir.

- **Etkili veri yönetimi, liderlik taahhüdü gerektirir**: Veri yönetimi, etkili olması için koordinasyon, işbirliği ve taahhüt gerektiren karmaşık bir dizi süreci içerir. Oraya ulaşmak sadece yönetim becerilerini değil, aynı zamanda kararlı liderlikten gelen vizyon ve amacı da gerektirir.

2.5 Veri Yönetimi Zorlukları

Veri yönetimi, verilerin kendi özelliklerinden türetilen farklı özelliklere sahip olduğundan, bu prensiplerin izlenmesinde de zorluklar ortaya çıkar. Bu zorlukların ayrıntıları Bölüm 2.5.1'den 2.5.13'e kadar tartışılmaktadır. Bu zorlukların çoğu birden fazla prensibe atıfta bulunur.

2.5.1 Verilerin Diğer Varlıklardan Farklı [6]

Fiziksel varlıklar işaret edilebilir, dokunulabilir ve hareket ettirilebilir. Aynı anda sadece bir yerde olabilirler. Finansal varlıklar bir bilançoda muhasebeleştirilmelidir. Ancak veri farklıdır. Veri somut değildir. Yine de dayanıklıdır; zamanla verinin değeri değişse de eskimez. Verinin kopyalanması ve taşınması kolaydır. Ancak kaybolursa veya yok edilirse yeniden üretilmesi kolay değildir. Kullanıldığında tüketilmediğinden hatta kaybolmadığından çalınabilir. Veri dinamiktir ve birden çok amaç için kullanılabilir. Aynı veri, aynı anda birden fazla kişi tarafından bile kullanılabilir; bu, fiziksel veya finansal varlıklarla imkânsız olan bir şeydir. Birçok veri kullanımı daha fazla veriyi doğurur. Çoğu kuruluş, artan veri hacimlerini ve veri kümeleri arasındaki ilişkiyi yönetmelidir.

Bu farklılıklar veriye parasal bir değer koymayı zorlaştırmaktadır. Bu parasal değer olmadan, verinin kurumsal başarıya nasıl katkıda bulunduğunu ölçmek zordur. Bu farklılıklar, veri sahipliğini tanımlama, bir kuruluşun ne kadar veriye sahip olduğunun envanterini çıkarma, verinin yanlış kullanımına karşı koruma, veri tekrarı ilişkili riskleri yönetme ve Veri Kalitesi standartlarını tanımlama ve uygulama gibi veri yönetimini etkileyen diğer sorunları da gündeme getirir.

---

[6] Bu bölüm Thomas Redman'dan alınmıştır. *Data Quality for the Information Age* (1996) pp. 41-42, 232-36; ve *Data Driven* (2008), Bölüm 1, "The Wondrous and Perilous Properties of Data and Information."

Verinin değerini ölçmedeki zorluklara rağmen, çoğu insan verinin gerçek değeri olduğunu kabul ediyor. Bir kuruluşun verileri kendine özgüdür. Kurumsal olarak benzersiz veriler (müşteri listeleri, ürün envanterleri veya talep geçmişi gibi) kaybolacak veya yok edilecek olsaydı, değiştirilmesi imkânsız veya aşırı maliyetli olurdu. Veri aynı zamanda bir organizasyonun kendisini tanıma aracıdır- diğer varlıkları tanımlayan bir meta-varlıktır. Bu nedenle, organizasyonel iç görü için temel sağlar.

Kuruluşların içinde ve arasında, veri ve bilgi iş yapmak için gereklidir. Çoğu operasyonel ticari işlem, bilgi alışverişini içerir. Çoğu bilgi elektronik olarak değiş tokuş edilir ve bir veri izi oluşturulur. Bu veri izi, gerçekleşen alışverişleri işaretlemenin yanı sıra başka amaçlara hizmet edebilir. Bir organizasyonun nasıl çalıştığı hakkında bilgi sağlayabilir.

Verilerin herhangi bir kuruluşta oynadığı önemli rol nedeniyle, dikkatle yönetilmesi gerekir.

2.5.2 Veri Değerleme

Değer, bir şeyin maliyeti ile o şeyden elde edilen fayda arasındaki farktır. Hisse senedi gibi bazı varlıklar için değeri hesaplamak kolaydır. Hisse senedinin satın alındığında ne kadara alındığı ile ne kadara satıldığı arasındaki farktır. Ancak veri için bu hesaplamalar daha karmaşıktır, çünkü verinin ne maliyeti ne de faydaları standart değildir.

Her kuruluşun verileri kendine özgü olduğundan, bir kuruluş içinde tutarlı bir şekilde uygulanabilecek genel maliyet ve fayda kategorilerini açıklayarak veri değerleme yaklaşımının başlaması gerekir. Örnek kategoriler şunları içerir[7]:

- Veri edinme ve saklama maliyeti
- Kaybolduysa verileri güncelleme maliyeti
- Verilerin eksik olması durumunda kuruluşa etkisi
- Risk azaltma maliyeti ve verilerle ilişkili risklerin potansiyel maliyeti
- Verileri iyileştirme maliyeti
- Daha yüksek kaliteli verilerin faydaları
- Rakipler veri için ne kadar ödeyebilecekleri
- Verilerin ne için satılabileceği
- Verinin yenilikçi kullanımlarından beklenen gelir

Veri varlığı değerlemesinin ana zorluğu, verinin değerinin bağlamsal (bir kuruluş için değerli olan, başka bir kuruluş için değerli olmayabilir) ve genellikle geçici (dün değerli olanın bugün değerli olmayabilir) olmasıdır. Bununla birlikte, bir kuruluş içinde belirli veri türlerinin zaman içinde tutarlı bir şekilde değerli olması muhtemeldir. Örneğin, güvenilir müşteri bilgisi. Müşteri faaliyetleriyle ilgili daha fazla veri biriktiğinden, müşteri bilgileri zamanla daha da değerli hale gelebilir.

Veri yönetimiyle ilgili olarak, kuruluşların tutarlı kararlar alabilmek için varlıkları finansal terimlerle anlaması gerektiğinden, finansal değeri verilerle ilişkilendirmenin yollarını belirlemek çok önemlidir. Verilere değer vermek, veri yönetimi faaliyetlerine değer katmanın temeli haline gelir.[8] Veri değerlendirme süreci aynı zamanda bir değişim yönetimi aracı olarak da kullanılabilir. Veri yönetimi uzmanlarından ve destekledikleri paydaşlardan çalışmalarının mali

---

[7] DMBOK2 baskıya girmeye hazırlanırken, verileri değerlendirmenin başka bir yolu da haberlerde vardı: Wannacry fidye yazılımı saldırısı (17 Mayıs 2017), 150 ülkede 100.000'den fazla kuruluşu etkiledi. Suçlular, kurbanlar verilerini serbest bırakmak için fidye ödeyene kadar yazılımı verileri rehin tutmak için kullandılar. http://bit.ly/2tNoyQ7.

[8] Vaka çalışmaları ve örnekler için bkz. Aiken ve Billings, *Monetizing Data Management* (2014).

anlamını anlamalarını istemek, bir kuruluşun kendi verilerine ilişkin anlayışını ve bu sayede veri yönetimine yaklaşımını dönüştürmesine yardımcı olabilir.

2.5.3 Veri Kalitesi

Verinin yüksek kalitede olmasını sağlamak, veri yönetiminin merkezinde yer alır. Kuruluşlar verilerini kullanmak istedikleri için yönetirler. İş ihtiyaçlarını karşılamak için ona güvenemezlerse, onu toplama, saklama, güvenceye alma ve erişim sağlama çabası boşa gitmiş olur. Verinin iş ihtiyaçlarını karşıladığından emin olmak için, veriyi yüksek kalitede yapan özellikler de dahil olmak üzere bu ihtiyaçları tanımlamak için veri tüketicileriyle birlikte çalışmalıdırlar.

Büyük ölçüde veri bilgi teknolojisiyle çok yakından ilişkili olduğundan, Veri Kalitesini yönetmek geçmişte sonradan düşünülmüş bir düşünce olarak görülmüştür. BT ekipleri genellikle oluşturdukları sistemlerin depolaması gereken verileri görmezden gelir. Muhtemelen 'ne girerse o çıkar' ifadesini ilk kez gözlemleyen ve şüphesiz bunu bırakmak isteyen bir programcıydı. Ancak veriyi kullanmak isteyenler kaliteyi göz ardı edemezler. Bu şeylerden şüphe etmek için bir nedenleri olana kadar genellikle verilerin güvenilir ve güvenilir olduğunu varsayarlar. Güvenlerini bir kez kaybettiklerinde, yeniden kazanmaları zordur.

Verinin çoğu kullanımı, bu öğrenmeyi uygulamak ve değer yaratmak için ondan öğrenmeyi içerir. Örnekler arasında, bir ürünü veya hizmeti iyileştirmek için müşteri alışkanlıklarını anlamak ve daha iyi bir iş stratejisi geliştirmek için organizasyonel performansı veya pazar eğilimlerini değerlendirmek vb. sayılabilir. Düşük kaliteli veriler bu kararlar üzerinde olumsuz bir etkiye sahip olacaktır.

Daha da önemlisi, düşük kaliteli veri herhangi bir kuruluş için basitçe maliyetlidir. Tahminler farklılık gösterse de uzmanlar, kuruluşların gelirlerinin %10-30'unu veri kalitesi sorunlarını ele almak için harcadığını düşünüyor. IBM, 2016'da ABD'de kalitesiz verilerin maliyetinin 3,1 Trilyon Dolar olduğunu tahmin etti.[9] Düşük kaliteli verilerin maliyetlerinin çoğu gizlidir, dolaylıdır ve bu nedenle ölçülmesi zordur. Para cezaları gibi diğerleri doğrudandır ve hesaplanması kolaydır. Maliyetler şunlardan gelir:

- Hurdaya çıkarma ve yeniden işleme
- Geçici çözümler ve gizli düzeltme süreçleri
- Organizasyonel verimsizlikler veya düşük üretkenlik
- Kurumsal çatışma
- Düşük iş tatmini
- Müşteri memnuniyetsizliği
- Yenilik yapamama dahil fırsat maliyetleri
- Uyum maliyetleri veya para cezaları
- İtibar maliyetleri

Yüksek kaliteli verinin faydaları şunları içerir:

- İyileştirilmiş müşteri deneyimi
- Daha yüksek üretkenlik
- Azaltılmış risk

---

[9] Thomas Redman'dan bildirildi. "Bad Data Costs U.S. $3 Trillion per Year." Harvard Business Review. 22 September 2016. https://hbr.org/2016/09/bad-data-costs-the-u-s-3-trillion-per-year.

- Fırsatlara göre hareket etme yeteneği
- Gelir artışı
- Müşteriler, ürünler, süreçler ve fırsatlar hakkındaki iç görülerden elde edilen rekabet avantajı

Bu maliyet ve faydaların ima ettiği gibi, Veri Kalitesini yönetmek tek seferlik bir iş değildir. Yüksek kaliteli veri üretmek, planlama, taahhüt ve kaliteyi süreçlere ve sistemlere yerleştiren bir zihniyet gerektirir. Tüm veri yönetimi fonksiyonları, Veri Kalitesini iyi veya kötü yönde etkileyebilir, bu nedenle, işleri yürütürken hepsinin hesaba katılması gerekir (Bkz. Bölüm 13).

2.5.4 Daha İyi Veriler için Planlama

Bölüm girişinde belirtildiği gibi, veriden değer elde etmek tesadüfen gerçekleşmez. Birçok biçimde planlama gerektirir. Kuruluşların veriyi nasıl elde ettiklerini ve oluşturduklarını kontrol edebileceklerinin kabul etmesiyle başlar. Veriyi oluşturdukları bir ürün olarak görürlerse, yaşam döngüsü boyunca bu konuda daha iyi kararlar alacaklardır. Bu kararlar, aşağıdakileri içerdiğinden sistematik düşünce gerektirir:

- Ayrı olarak görülebilecek iş süreçlerini veri ile birbirine bağlama yolları
- İş süreçleri ve onları destekleyen teknoloji arasındaki ilişki
- Sistemlerin tasarımı ve mimarisi ile ürettikleri ve depoladıkları veriler
- Verinin kurumsal stratejiyi ilerletmek için kullanılabileceği yollar

Daha iyi veri için planlama, mimari, modelleme ve diğer tasarım fonksiyonları için stratejik bir yaklaşım gerektirir. Aynı zamanda iş ve BT liderliği arasındaki stratejik iş birliğine de bağlıdır. Ve elbette, bireysel projeler üzerinde etkili bir şekilde yürütme yeteneğine bağlıdır.

Buradaki zorluk, genellikle organizasyonel baskıların yanı sıra, daha iyi planlamanın önüne geçen sürekli zaman ve para baskılarının olmasıdır. Kuruluşlar, stratejilerini uygularken uzun ve kısa vadeli hedefleri dengelemelidir. Ödünleşimler hakkında netliğe sahip olmak daha iyi kararlara yol açar.

2.5.5 Metaveri ve Veri Yönetimi

Kuruluşlar, verileri bir varlık olarak yönetmek için güvenilir metaverilere ihtiyaç duyar. Bu anlamda metaveriler kapsamlı bir şekilde anlaşılmalıdır. Yalnızca Bölüm 12'de açıklanan iş, teknik ve operasyonel metaverileri değil, aynı zamanda Veri Mimarisi, veri modelleri, veri güvenliği gereksinimleri, veri entegrasyon standartları ve veri operasyonel süreçlerine yerleşik metaverileri de içerir (Bkz. Bölüm 4 – 11.).

Metaveri, bir kuruluşun hangi verilere sahip olduğunu, neyi temsil ettiğini, nasıl sınıflandırıldığını, nereden geldiğini, kuruluş içinde nasıl hareket ettiğini, kullanım yoluyla nasıl geliştiğini, kimlerin kullanabileceğini ve kullanamayacağını ve yüksek kalitede olup olmadığını açıklar. Veri soyuttur. Tanımlar ve bağlamın diğer açıklamaları onun anlaşılmasını sağlar. Veriyi, veri yaşam döngüsünü ve veri içeren karmaşık sistemleri anlaşılır kılarlar.

Buradaki zorluk, metaverilerin bir veri biçimi olması ve bu şekilde yönetilmesi gerektiğidir. Verilerini iyi yönetmeyen kuruluşlar genellikle metaverilerini hiç yönetmezler. Metaveri yönetimi, genel olarak veri yönetimindeki iyileştirmeler için genellikle bir başlangıç noktası sağlar.

2.5.6 Veri Yönetimi Fonksiyonlararasıdır

Veri yönetimi karmaşık bir süreçtir. Veri, bir kuruluş içinde farklı yerlerde, veri yaşam döngüsünün farklı aşamalarından sorumlu ekipler tarafından yönetilir. Veri yönetimi, sistemleri planlamak için tasarım becerileri gerektirir, donanımı yönetmek ve yazılım oluşturmak için yüksek düzeyde teknik beceriler, sorunları anlamak için veri analizi becerileri, verileri yorumlamak için analitik beceriler, tanımlara ve modellere fikir birliği sağlamak için dil becerileri ve stratejik düşünme, müşterilere hizmet etme ve hedeflere ulaşma fırsatlarını görme vb.

Buradaki zorluk, bu tür becerilere ve bakış açılarına sahip insanların, ortak hedeflere doğru çalışırken iyi iş birliği yapmaları için parçaların nasıl bir araya geldiğini fark etmelerini sağlamaktır.

2.5.7 Kurumsal Bir Bakış Açısı Oluşturma

Veriyi yönetmek, bir kuruluş içindeki veri kapsamını anlamayı gerektirir. Veri, bir organizasyonun 'yataylarından' biridir. Satış, pazarlama ve operasyonlar gibi sektörler arasında hareket eder... Ya da en azından öyle olmalıdır. Veri yalnızca bir kuruluşa özgü değildir; bazen bir departmana veya bir organizasyonun başka bir alt bölümüne özgüdür. Veri genellikle operasyonel süreçlerin bir yan ürünü olarak görüldüğünden (örneğin, satış işlem kayıtları satış sürecinin yan ürünüdür), her zaman acil ihtiyacın ötesinde planlanmaz.

Bir kuruluş içinde bile veriler farklı olabilir. Veri, bir kuruluş içinde birden çok yerden kaynaklanır. Farklı departmanlar aynı kavramı temsil etmenin farklı yollarına sahip olabilir (örneğin müşteri, ürün, tedarikçi). Bir veri entegrasyonuna veya Ana Veri Yönetimi projesine dahil olan herkesin tanıklık edebileceği gibi, temsili seçimlerdeki ince (veya bariz) farklılıklar, bir kuruluş genelinde verilerin yönetilmesinde zorluklar ortaya çıkarır. Aynı zamanda, paydaşlar bir kuruluşun verilerinin tutarlı olması gerektiğini varsaymaktadır ve verileri yönetmenin amacı, verileri çok çeşitli veri tüketicileri tarafından kullanılabilir olacak şekilde sağduyulu yollarla birbirine bağdaştırmaktır.

Veri yönetişiminin giderek daha önemli hale gelmesinin bir nedeni, kuruluşların dikeyler arasında veriler hakkında kararlar almasına yardımcı olmaktır (Bkz. Bölüm 3.)

2.5.8 Diğer Bakış Açılarının Hesaba Katılması

Günümüz organizasyonları, dış kaynaklardan elde ettikleri verilerin yanı sıra kendi içlerinde oluşturdukları verileri de kullanmaktadır. Ulusal ve endüstri dallarında farklı yasal ve uyumluluk gerekliliklerini hesaba katmak zorundadırlar. Verileri oluşturan kişiler, genellikle bu verileri daha sonra başka birinin kullanacağını unutur. Verilerin potansiyel kullanımlarına ilişkin bilgi, veri yaşam döngüsü ve bununla birlikte daha kaliteli veriler için daha iyi planlama sağlar. Veriler de kötüye kullanılabilir. Bu riskin hesaba katılması, kötüye kullanım olasılığını azaltır.

2.5.9 Veri Yaşam Döngüsü

Diğer varlıklar gibi, verilerin de bir yaşam döngüsü vardır. Veri varlıklarını etkin bir şekilde yönetmek için kuruluşların veri yaşam döngüsünü anlaması ve planlaması gerekir. İyi yönetilen veriler, kuruluşun verilerini nasıl kullanacağına dair bir vizyonla stratejik olarak yönetilir. Stratejik bir organizasyon, yalnızca veri içeriği gereksinimlerini değil, aynı zamanda veri yönetimi gereksinimlerini de tanımlayacaktır. Bunlar, kullanım için politikalar ve beklentiler, kalite, kontrol ve güvenlik, mimari ve tasarıma kurumsal bir yaklaşım ve hem altyapı hem de yazılım geliştirmeye sürdürülebilir bir yaklaşımdır.

Veri yaşam döngüsü, ürün yaşam döngüsüne dayanır. Sistem geliştirme yaşam döngüsü ile karıştırılmamalıdır. Kavramsal olarak, veri yaşam döngüsünün tanımlanması kolaydır (bkz. Şekil 2). Veriyi oluşturan veya elde eden, onu taşıyan, dönüştüren ve saklayan ve korunmasını ve paylaşılmasını sağlayan süreçleri ve onu kullanan veya uygulayan ve aynı zamanda onu elden çıkaran süreçleri içerir. Yaşam döngüsü boyunca veriler temizlenebilir, dönüştürülebilir, birleştirilebilir, geliştirilebilir veya toplanabilir. Veriler kullanıldıkça veya geliştikçe, genellikle yeni veriler oluşturulur, bu nedenle yaşam döngüsü, şemada gösterilmeyen dahili yinelemelere sahiptir. Veriler nadiren statiktir. Verileri yönetmek, veri yaşam döngüsü ile uyumlu bir dizi birbirine bağlı süreci içerir.

Belirli bir kuruluştaki veri yaşam döngüsünün özellikleri oldukça karmaşık olabilir, çünkü verinin yalnızca bir yaşam döngüsü değil, aynı zamanda kökeni (yani, başlangıç noktasından kullanım noktasına hareket ettiği bir yol, bazen veri zinciri de denir) vardır. Veri kökenini anlamak, veri kümelerinin kökeninin yanı sıra bunların erişildikleri ve kullanıldıkları sistemler aracılığıyla hareket ve dönüşümlerinin belgelenmesini gerektirir. Yaşam döngüsü ve soy kesişir ve birbirleriyle ilişkili olarak anlaşılabilir. Bir kuruluş, verilerinin yaşam döngüsünü ve kökenini ne kadar iyi anlarsa, verilerini o kadar iyi yönetebilir.

Veri yönetiminin veri yaşam döngüsüne odaklanmasının birkaç önemli sonucu vardır:

- **Üretmek ve kullanım, veri yaşam döngüsündeki en kritik noktalardır**: Veri yönetimi, verilerin nasıl üretildiğini veya elde edildiğini ve ayrıca verilerin nasıl kullanıldığını anlayarak yürütülmelidir. Veri üretmek paraya mal olur. Veriler yalnızca tüketildiğinde veya uygulandığında değerlidir (5, 6, 8, 11 ve 14. Bölümlere bakınız).

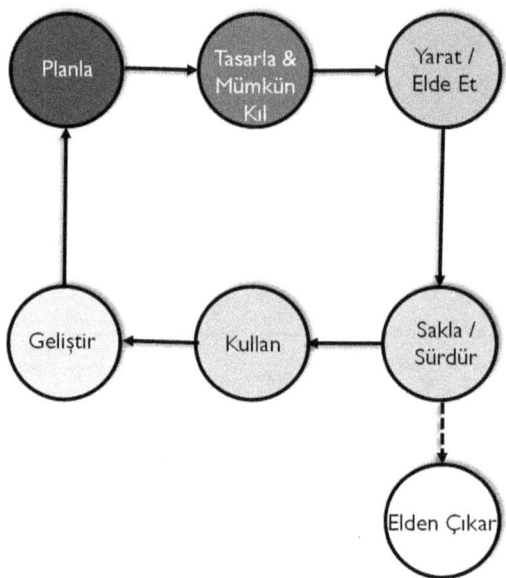

Şekil 2 Veri Yaşam Döngüsü Temel Faaliyetleri

- **Veri Kalitesi, veri yaşam döngüsü boyunca yönetilmelidir**: Veri Kalitesi Yönetimi, veri yönetiminin merkezinde yer alır. Düşük kaliteli veriler, değerden çok maliyet ve riski temsil eder. Kuruluşlar genellikle verilerin kalitesini yönetmekte zorlanırlar, çünkü daha önce açıklandığı gibi veriler genellikle bir yan ürün veya operasyonel süreçler olarak oluşturulur ve kuruluşlar genellikle kalite için açık standartlar belirlemez. Kalitenin kalitesi bir dizi yaşam döngüsü olayından etkilenebileceğinden, kalite veri yaşam döngüsünün bir parçası olarak planlanmalıdır (bkz. Bölüm 13).

- **Metaveri Kalitesi, veri yaşam döngüsü boyunca yönetilmelidir**: Metaveri bir veri biçimi olduğundan ve kuruluşlar diğer verileri yönetmek için ona güvendiğinden, metaveri kalitesi diğer verilerin kalitesiyle aynı şekilde yönetilmelidir (bkz. Bölüm 12).

- **Veri Güvenliği, veri yaşam döngüsü boyunca yönetilmelidir**: Veri yönetimi, verilerin güvenli olmasını ve verilerle ilişkili risklerin azaltılmasını da içerir. Koruma gerektiren veriler, oluşturmadan imhaya kadar yaşam döngüsü boyunca korunmalıdır (bkz. Bölüm 7 Veri Güvenliği).

- **Veri Yönetimi çalışmaları en kritik verilere odaklanmalıdır**: Kuruluşlar, büyük bir kısmı gerçekte hiç kullanılmayan çok sayıda veri üretir. Her veri parçasını yönetmeye çalışmak mümkün değildir. Yaşam döngüsü yönetimi, bir organizasyonun en kritik verilerine odaklanmayı ve veri ROT'unu (Redundant (Fazlalık), Obsolete (Eskimiş), Trivial (Önemsiz)) en aza indirmeyi gerektirir (Aiken, 2014).

2.5.10 Farklı Veri Türleri

Farklı yaşam döngüsü yönetimi gereksinimlerine sahip farklı veri türlerinin olması, verileri yönetmeyi daha karmaşık hale getirir. Herhangi bir yönetim sisteminin yönetilen nesneleri sınıflandırması gerekir. Veriler, veri türüne (örneğin, işlem verileri, Referans Veriler, Ana Veriler, metaveriler; alternatif olarak kategori verileri, kaynak verileri, olay verileri, ayrıntılı işlem verileri) veya içeriğe (örneğin, veri alanları, konu alanları) göre veya biçimine veya verilerin gerektirdiği koruma düzeyine göre. Veriler ayrıca nasıl ve nerede depolandığına veya erişildiğine göre de sınıflandırılabilirler (Bkz. Bölüm 5 ve 10).

Farklı veri türlerinin farklı gereksinimleri olduğundan, farklı risklerle ilişkilendirildiğinden ve bir kuruluş içinde farklı roller oynadığından, veri yönetimi araçlarının çoğu, sınıflandırma ve kontrol yönlerine odaklanır (Bryce, 2005). Örneğin, Ana Verilerin farklı kullanımları ve dolayısıyla işlem verilerinden farklı yönetim gereksinimleri vardır (Bkz. Bölüm 9, 10, 12 ve 14).

2.5.11 Veri ve Risk

Veriler yalnızca değeri değil, aynı zamanda riski de temsil eder. Düşük kaliteli veriler (yanlış, eksik veya güncel olmayan), bilgileri doğru olmadığı için açıkça risk teşkil ederler. Ancak veriler aynı zamanda yanlış anlaşılabileceği ve yanlış kullanılabileceği için de risklidirler.

Kuruluşlar, mevcut, ilgili, eksiksiz, doğru, tutarlı, zamanında, kullanılabilir, anlamlı ve anlaşılır olan en yüksek kaliteli verilerden en fazla değeri elde eder. Yine de birçok önemli karar için bilgi boşluklarımız vardır – etkili bir karar vermek için bildiklerimiz ile bilmemiz gerekenler arasındaki fark. Bilgi boşlukları, operasyonel etkinlik ve karlılık üzerinde potansiyel olarak derin etkileri olan kurumsal yükümlülükleri temsil eder. Yüksek kaliteli verilerin değerini tanıyan kuruluşlar, düzenleyici ve etik kültürel çerçeveler dahilinde veri ve bilgilerin kalitesini ve kullanılabilirliğini geliştirmek için somut, proaktif adımlar atabilir.

Tüm sektörlerde organizasyonel bir varlık olarak bilginin artan rolü, regülasyonlar ve yasa koyucular tarafından bilginin potansiyel kullanımları ve suistimalleri üzerinde artan bir odaklanmaya yol açmıştır. Sarbanes-Oxley'den (işlemden bilançoya kadar finansal işlem verilerinin doğruluğu ve geçerliliği üzerindeki kontrollere odaklanan) Solvency II'ye (sigorta sektöründe risk modellerini ve sermaye yeterliliğini destekleyen veri soyuna ve veri kalitesine odaklanan), hızlı büyümeye kadar Veri gizliliği düzenlemelerinin son on yılında (çeşitli endüstriler ve yargı alanlarındaki kişiler hakkındaki verilerin işlenmesini kapsayan), şu açıktır ki, biz hala Muhasebenin Bilgiyi bir varlık olarak bilançoya koymasını beklerken, düzenleyici ortam, uygun azaltımlar ve kontroller uygulanarak, giderek artan bir şekilde bunu risk kaydında görmeyi beklemektedir.

Aynı şekilde, tüketiciler verilerinin nasıl kullanıldığı konusunda daha bilinçli hale geldikçe, yalnızca süreçlerin daha sorunsuz ve verimli çalışmasını değil, aynı zamanda bilgilerinin korunmasını ve mahremiyetlerine saygı gösterilmesini de beklerler. Bu, veri yönetimi uzmanları olarak stratejik paydaşlarımızın kapsamının genellikle geleneksel durumda olduğundan daha geniş olabileceği anlamına gelir (Bkz. Bölüm 2 Veri İşleme Etiği ve 7 Veri Güvenliği).

Bilgi yönetiminin bilanço etkisi, ne yazık ki, giderek artan bir şekilde, bu riskler yönetilmediğinde ve hissedarlar hisse portföyleriyle oy kullandığında, düzenleyiciler operasyonlara para cezası veya kısıtlamalar getirdiğinde ve müşteriler cüzdanlarıyla oy kullandığında ortaya çıkmaktadır.

2.5.12 Veri Yönetimi ve Teknolojisi

Bölüm girişinde ve başka yerlerde belirtildiği gibi, veri yönetimi faaliyetleri geniş kapsamlıdır ve hem teknik hem de ticari beceriler gerektirir. Günümüz verilerinin neredeyse tamamı elektronik ortamda saklandığından, veri yönetimi taktikleri teknolojiden güçlü bir şekilde etkilenir. Başlangıcından bu yana, veri yönetimi kavramı, teknoloji yönetimi ile derinden iç içe geçmiştir. O miras devam etmektedir. Pek çok kuruluşta, yeni teknoloji oluşturma dürtüsü ile daha güvenilir verilere sahip olma arzusu arasında süregiden bir gerilim vardır- sanki ikisi birbirine gerekli değil de karşıtmış gibi.

Başarılı veri yönetimi, teknoloji hakkında sağlam kararlar almayı gerektirir, ancak teknolojiyi yönetmek, verileri yönetmekle aynı şey değildir. Teknolojik cazibenin verilerle ilgili kararlarını yönlendirmesini önlemek için kuruluşların teknolojinin veriler üzerindeki etkisini anlamaları gerekir. Bunun yerine, iş stratejisiyle uyumlu veri gereksinimleri, teknolojiyle ilgili kararları yönlendirmelidir.

2.5.13 Etkili Veri Yönetimi Liderlik ve Taahhüt Gerektirir

The Leader's Data Manifesto (2017), bir "organizasyonun organik büyüme için en iyi fırsatlarının verilerde yattığını" kabul etmiştir. Çoğu kuruluş, verilerini bir varlık olarak kabul etse de, veri odaklı olmaktan çok uzaktır. Birçoğu hangi verilere sahip olduklarını veya hangi verilerin işletmeleri için en kritik olduğunu bilmez. Veri ve bilgi teknolojisini karıştırıyorlar ve her ikisini de yanlış yönetiyorlardır. Verilere stratejik yaklaşmıyorlardır. Ve veri yönetimiyle ilgili çalışmaları küçümsüyorlardır. Bu koşullar, veri yönetiminin zorluklarını artırır ve bir kuruluşun başarı potansiyeli için kritik bir faktöre işaret eder: kararlı liderlik ve kuruluşun her seviyesindeki herkesin katılımı.[10]

Burada özetlenen zorluklar bu noktayı en başa taşımalıdır: Veri yönetimi ne kolay ne de basittir. Ancak çok az kuruluş bunu iyi yaptığı için, büyük ölçüde kullanılmayan bir fırsat kaynağıdır. Bunda daha iyi olmak için vizyon, planlama ve değişme isteği gerekir (Bölüm 15-17'ye bakın).

Veri Direktörünün (CDO) rolünün savunulması, veri yönetiminin benzersiz zorluklar içerdiğinin ve başarılı veri yönetiminin BT odaklı olmaktan ziyade iş odaklı olması gerektiğinin kabul edilmesinden kaynaklanmaktadır. Bir CDO,

---

[10] Liderlerin Veri Manifestosu'nun tam metni şu adreste bulunabilir: http://bit.ly/2sQhcy7.

veri yönetimi girişimlerine öncülük edebilir ve bir kuruluşun veri varlıklarından yararlanmasını ve bunlardan rekabet avantajı elde etmesini sağlayabilir. Bununla birlikte, bir CDO yalnızca girişimlere öncülük etmekle kalmaz. Ayrıca, bir kuruluşun verilerine daha stratejik bir yaklaşıma sahip olmasını sağlayan kültürel değişime öncülük etmelidir.

2.6 Veri Yönetimi Stratejisi

Strateji, üst düzey hedeflere ulaşmak için birlikte üst düzey bir eylem planı oluşturan bir dizi seçim ve karardır. Satranç oyununda strateji, matla kazanmak veya çıkmaza girerek hayatta kalmak için sıralı bir dizi hamledir. Stratejik plan, üst düzey hedeflere ulaşmak için üst düzey bir eylem planıdır.

Bir veri stratejisi, bilgiyi rekabet avantajı sağlamak ve kurumsal hedefleri desteklemek adına kullanmak için iş planlarını içermelidir. Veri stratejisi, iş stratejisinin doğasında bulunan veri ihtiyaçlarının anlaşılmasından gelmelidir: Kuruluşun hangi verilere ihtiyacı olduğu, verileri nasıl alacağı, bunları nasıl yöneteceği ve zaman içinde güvenilirliğini nasıl sağlayacağı ve bunu nasıl kullanacağı.

Bir veri stratejisi, destekleyici bir Veri Yönetimi program stratejisi gerektirir- bilinen ve zımni riskleri azaltırken veri kalitesini, veri bütünlüğünü, erişimi ve güvenliği sürdürmek ve iyileştirmek için bir plan. Strateji ayrıca veri yönetimiyle ilgili bilinen zorlukları da ele almalıdır.

Pek çok kuruluşta, veri yönetimi stratejisi CDO'nun mülkiyetindedir ve onun tarafından sürdürülür ve bir Veri Yönetişim Konseyi tarafından desteklenen bir veri yönetişim ekibi aracılığıyla yürürlüğe girer. Çoğu zaman, CDO, üst yönetimin veri sorumluluğu ve yönetişimi kurma taahhüdünü kazanmak için bir Veri Yönetim Konseyi oluşturulmadan önce bile bir başlangıç veri stratejisi ve veri yönetimi stratejisi hazırlayacaktır.

Bir veri yönetimi stratejisinin bileşenleri şunları içermelidir:

- Veri yönetimi için ikna edici bir vizyon
- Seçilen örneklerle birlikte veri yönetimi için özet bir iş gerekçesi
- Rehber prensipler, değerler ve yönetim perspektifleri
- Veri yönetiminin misyonu ve uzun vadeli yönelimli hedefleri
- Veri yönetimi başarısı için önerilen önlemler
- Kısa vadeli (12-24 ay) SMART olan Veri Yönetimi programı hedefleri (spesifik, ölçülebilir, eyleme geçirilebilir, gerçekçi, zamana bağlı)
- Sorumluluklarının ve karar haklarının bir özeti ile birlikte veri yönetimi rollerinin ve kuruluşlarının tanımlamaları
- Veri Yönetimi programı bileşenlerinin ve girişimlerinin tanımlamaları
- Kapsamının sınırları olan önceliklendirilmiş bir çalışma programı
- Projeler ve eylem öğeleri içeren bir taslak uygulama yol haritası

Veri yönetimi için stratejik planlamadan elde edilen çıktılar şunları içerir:

- **Bir Veri Yönetimi Tüzüğü**: Genel vizyon, iş gerekçesi, hedefler, rehber prensipler, başarı ölçüleri, kritik başarı faktörleri, tanınan riskler, işletim modeli vb.

- **Bir Veri Yönetimi Kapsam Beyanı**: Bazı planlama ufku (genellikle 3 yıl) için amaçlar ve hedefler ve bu hedeflere ulaşmaktan sorumlu roller, kuruluşlar ve liderler.

- **Bir Veri Yönetimi Gerçekleme Yol Haritası**: Belirli programları, projeleri, görev atamalarını ve teslimat kilometre taşlarını belirleme (bkz. Bölüm 15).

Veri yönetimi stratejisi, kuruluşla ilgili tüm DAMA Veri Yönetimi Çerçevesi Bilgi Alanlarını ele almalıdır (Bkz. Şekil 5, Şekil 5 DAMA-DMBOK2 Veri Yönetimi Çerçevesi (DAMA Çarkı) ve Bölüm 3.3 ve 4).

3. Veri Yönetimi Çerçeveleri

Veri yönetimi, her biri kendi amaçları, faaliyetleri ve sorumlulukları olan birbirine bağlı bir dizi fonksiyonu içerir. Veri yönetimi profesyonellerinin, stratejik ve operasyonel hedefleri, belirli iş ve teknik gereksinimleri, risk ve uyumluluk taleplerini ve verilerin neyi temsil ettiğine ve yüksek kalitede olup olmadığına dair çelişkili anlayışları dengelerken soyut bir kurumsal varlıktan değer elde etmeye çalışmanın doğasında bulunan zorlukları hesaba katmaları gerekir.

İzlenecek çok şey vardır, bu nedenle veri yönetimini kapsamlı bir şekilde anlamak ve bileşen parçaları arasındaki ilişkileri görmek için bir çerçeveye sahip olmak yardımcı olur. Fonksiyonlar birbirine bağlı olduğundan ve herhangi bir kuruluşta uyumlu hale getirilmesi gerektiğinden, kuruluş verilerinden değer elde etmek istiyorsa, veri yönetiminin farklı yönlerinden sorumlu kişilerin iş birliği yapması gerekir.

Farklı soyutlama seviyelerinde geliştirilen çerçeveler, veri yönetimine nasıl yaklaşılacağına dair bir dizi bakış açısı sağlar. Bu bakış açıları, stratejiyi netleştirmek, yol haritaları geliştirmek, ekipleri organize etmek ve fonksiyonları uyumlandırmak için kullanılabilecek bilgiler sağlar.

DMBOK2'de sunulan fikirler ve kavramlar, kuruluşlar arasında farklı şekilde uygulanacaktır. Bir kuruluşun veri yönetimine yaklaşımı, sektörü, kullandığı veri aralığı, kültürü, olgunluk düzeyi, stratejisi, vizyonu ve ele aldığı belirli zorluklar gibi temel faktörlere bağlıdır. Bu bölümde açıklanan çerçeveler, veri yönetimini görmek ve DMBOK'ta sunulan kavramları uygulamak için bazı mercekler sağlar.

- İlk ikisi, Stratejik Uyum Modeli ve Amsterdam Bilgi Modeli, bir organizasyonun verileri nasıl yönettiğini etkileyen üst düzey ilişkileri gösterir.

- DAMA DMBOK Çerçevesi (DAMA Çarkı, Altıgen ve Bağlam Şeması), DAMA tarafından tanımlanan Veri Yönetimi Bilgi Alanlarını açıklar ve bunların DMBOK içindeki görsel temsilinin nasıl olduğunu açıklar.

- Son ikisi, DAMA Çarkını başlangıç noktası olarak alır ve aralarındaki ilişkileri daha iyi anlamak ve tanımlamak için parçaları yeniden düzenler.

3.1 Stratejik Uyum Modeli

Stratejik Uyum Modeli (Henderson ve Venkatraman, 1999), herhangi bir veri yönetimi yaklaşımı için temel etkenleri özetler. Merkezinde veri ve bilgi arasındaki ilişki vardır. Bilgi, çoğunlukla iş stratejisi ve verilerin operasyonel kullanımı ile ilişkilendirilir. Veriler, veriyi kullanım için erişilebilir kılan sistemlerin fiziksel yönetimini destekleyen bilgi teknolojisi ve süreçlerle ilişkilidir. Bu kavramı çevreleyen stratejik seçimin dört temel alanı vardır: iş stratejisi, bilgi teknolojisi stratejisi, kurumsal altyapı ve süreçler ve bilgi teknolojisi altyapısı ve süreçleri.

Tam olarak ifade edilen Stratejik Uyum Modeli, Şekil 3'te gösterilenden daha karmaşıktır. Köşe altıgenlerinin her birinin kendi temel boyutları vardır. Örneğin hem İş hem de BT stratejisinde kapsam, yetkinlikler ve yönetişimin hesaba katılması gerekir. Operasyonlar altyapıyı, süreçleri ve becerileri hesaba katmalıdır. Parçalar arasındaki ilişkiler, bir kuruluşun hem farklı bileşenlerin stratejik uyumunu hem de parçaların fonksiyonel entegrasyonunu anlamasına yardımcı olur. Modelin üst düzey tasviri bile, veri ve veri yönetimine ilişkin kararları etkileyen organizasyonel faktörleri anlamada faydalıdır.

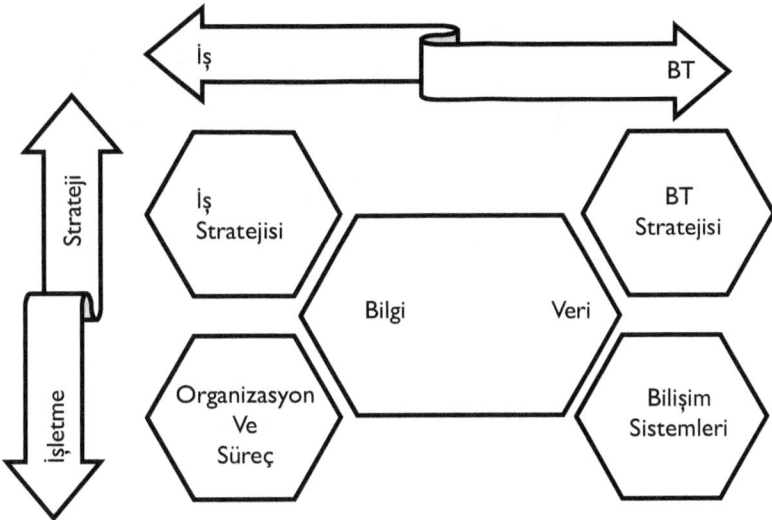

Şekil 3 Stratejik Uyum Modeli[11]

3.2 Amsterdam Bilgi Modeli

Amsterdam Bilgi Modeli, Stratejik Uyum Modeli gibi, iş ve BT uyumu konusunda stratejik bir bakış açısı alır (Abcouwer, Maes ve Truijens, 1997), 9 hücre olarak bilinir, yapı ve taktiklere odaklanan bir orta katmanı tanır, planlama ve mimari de bunlara dahildir. Ayrıca, bilgi iletişiminin gerekliliğini de kabul eder (Şekil 4'te bilgi yönetişimi ve veri kalitesi sütunu olarak ifade edilmiştir).

Hem Stratejik Uyum Modeli hem de Amsterdam Bilgi Modeli çerçevelerinin yaratıcıları, bileşenler arasındaki ilişkiyi hem yatay (İş / BT stratejisi) hem de dikey (İş Stratejisi / İş Operasyonları) perspektifinden ayrıntılı olarak açıklarlar.

---

[11] Henderson ve Venkatraman tarafından uyarlanmıştır.

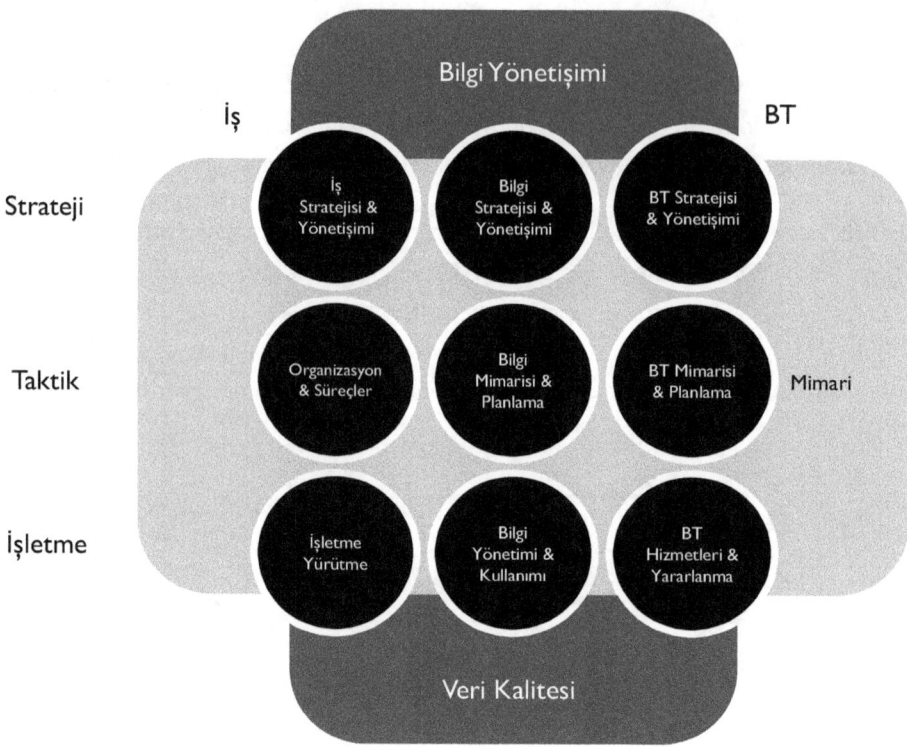

Şekil 4 Amsterdam Bilgi Modeli [12]

3.3 DAMA-DMBOK Çerçevesi

DAMA-DMBOK Çerçevesi, veri yönetiminin genel kapsamını oluşturan Bilgi Alanları hakkında daha derine iner. Üç görsel, DAMA'nın Veri Yönetimi Çerçevesini tasvir etmektedir:

- DAMA Çarkı (Şekil 5)
- Çevresel Faktörler altıgeni (Şekil 6)
- Bilgi Alanı Bağlam Şeması (Şekil 7)

DAMA Çarkı, Veri Yönetimi Bilgi Alanlarını tanımlar. Fonksiyonlar arasında tutarlılık ve denge için yönetişim gerektiğinden, veri yönetişimini veri yönetimi faaliyetlerinin merkezine yerleştirir. Diğer Bilgi Alanları (Veri Mimarisi, Veri Modelleme vb.) Çark etrafında dengelenmiştir. Bunların tümü, olgun bir veri yönetimi fonksiyonunun gerekli parçalarıdır, ancak kuruluşun gereksinimlerine bağlı olarak farklı zamanlarda gerçeklenebilirler. Bu Bilgi Alanları, DMBOK2'nin 3-13. Bölümlerinin odak noktasıdır (Bkz. Şekil 5).

Çevresel Faktörler altıgeni, insanlar, süreç ve teknoloji arasındaki ilişkiyi gösterir ve DMBOK bağlam şemalarını okumak için bir anahtar sunar. Hedefleri ve prensipleri merkeze koyar, çünkü bunlar, insanların faaliyetleri nasıl yürütmesi gerektiğine ve başarılı veri yönetimi için gerekli araçları nasıl etkin bir şekilde kullanması gerektiğine dair rehberlik sağlar (Bkz. Şekil 6).

---

[12] Maas tarafından uyarlanmıştır.

Şekil 5 DAMA-DMBOK2 Veri Yönetimi Çerçevesi (DAMA Çarkı)

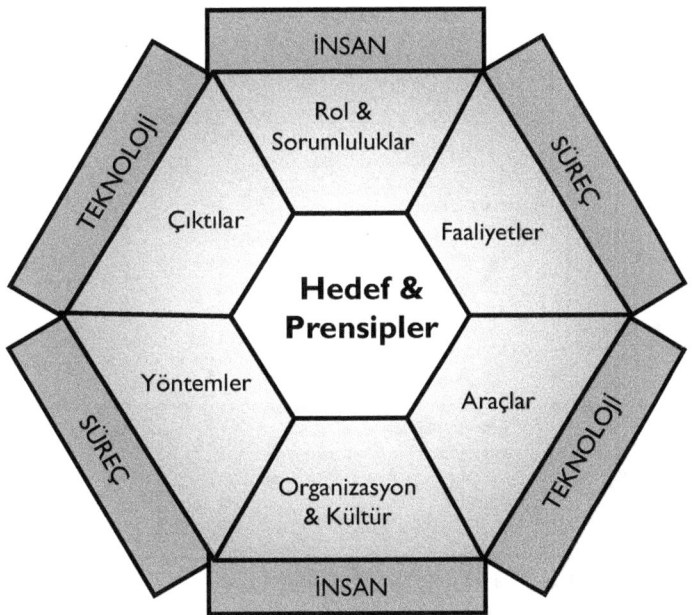

Şekil 6 DAMA Çevresel Faktörler Altıgeni

Bilgi Alanı Bağlam Şemaları, Diyagramları (Bkz. Şekil 7) insanlarla, süreçlerle ve teknolojiyle ilgili ayrıntılar dahil olmak üzere Bilgi Alanlarının ayrıntılarını tanımlar. Ürün yönetimi (Tedarikçiler (S), Girdiler (I), Süreçler (P), Çıktılar (O) ve Tüketiciler (C)) için kullanılan bir SIPOC diyagramı kavramına dayanırlar. Bağlam Diyagramları, paydaşların gereksinimlerini karşılayan çıktıları ürettikleri için faaliyetleri merkeze alır.

Her bağlam diyagramı, Bilgi Alanının tanımı ve hedefleri ile başlar. Hedefleri (merkez) yönlendiren faaliyetler dört aşamada sınıflandırılır: Planlama (P), Geliştirme (D), Operasyonlar (O) ve Kontrol (C). Sol tarafta (faaliyetlere akan)

Girdiler ve Tedarikçiler bulunur. Sağ tarafta (faaliyetlerden akan) Çıktılar ve Tüketiciler bulunur. Katılımcılar, Faaliyetlerin altında listelenmiştir. En altta, Bilgi Alanının özelliklerini etkileyen Araçlar, Yöntemler ve Metrikler bulunur.

Bağlam şemasındaki listeler tanımlayıcıdır, ayrıntılı değildir. Öğeler farklı kuruluşlara farklı şekilde uygulanacaktır. Üst düzey rol listeleri yalnızca en önemli rolleri içerir. Her kuruluş bu modeli kendi ihtiyaçlarına göre uyarlayabilir.

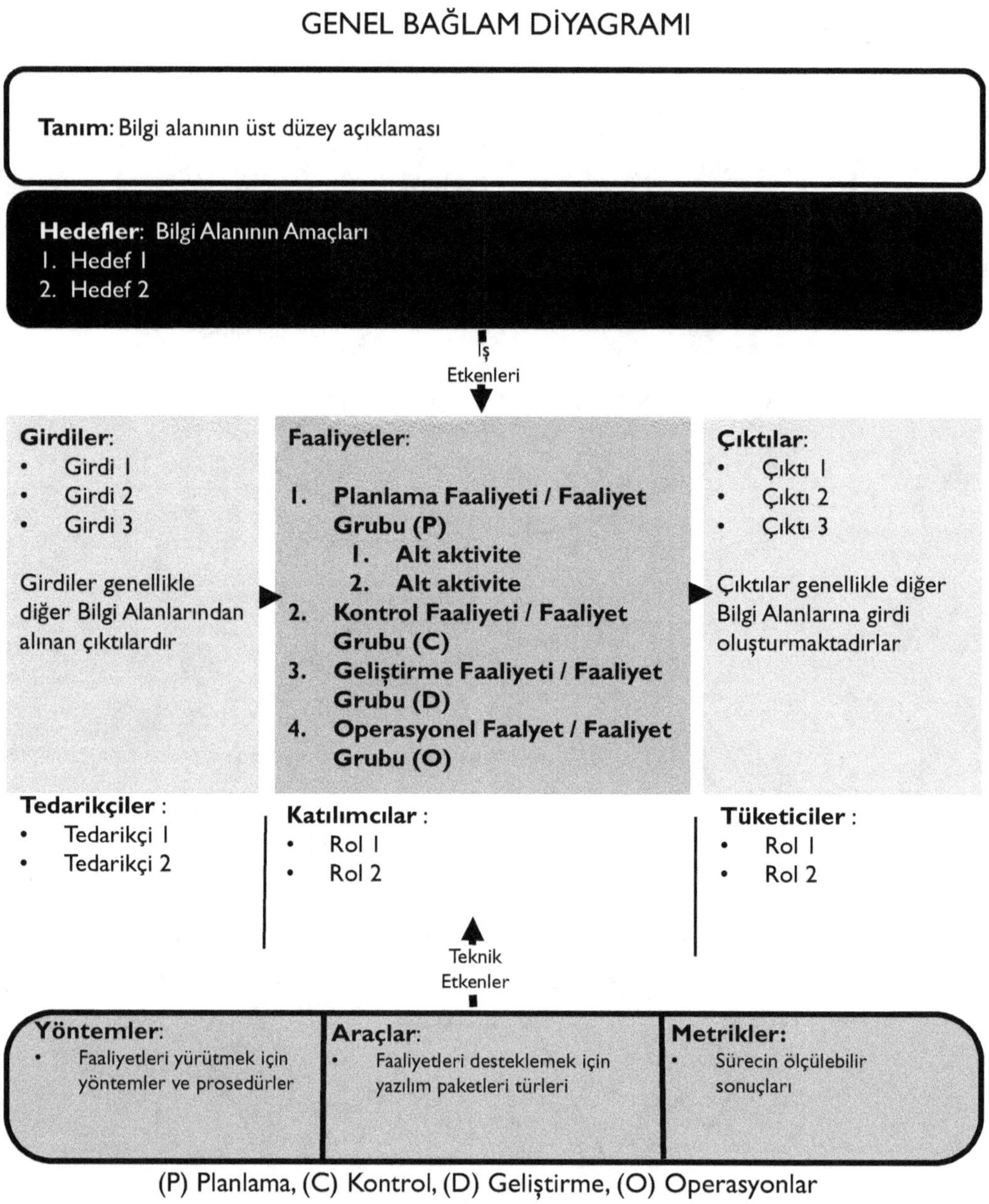

GENEL BAĞLAM DİYAGRAMI

Tanım: Bilgi alanının üst düzey açıklaması

Hedefler: Bilgi Alanının Amaçları
1. Hedef 1
2. Hedef 2

İş Etkenleri

Girdiler:
- Girdi 1
- Girdi 2
- Girdi 3

Girdiler genellikle diğer Bilgi Alanlarından alınan çıktılardır

Faaliyetler:
1. **Planlama Faaliyeti / Faaliyet Grubu (P)**
   1. Alt aktivite
   2. Alt aktivite
2. **Kontrol Faaliyeti / Faaliyet Grubu (C)**
3. **Geliştirme Faaliyeti / Faaliyet Grubu (D)**
4. **Operasyonel Faalyet / Faaliyet Grubu (O)**

Çıktılar:
- Çıktı 1
- Çıktı 2
- Çıktı 3

Çıktılar genellikle diğer Bilgi Alanlarına girdi oluşturmaktadırlar

Tedarikçiler:
- Tedarikçi 1
- Tedarikçi 2

Katılımcılar:
- Rol 1
- Rol 2

Tüketiciler:
- Rol 1
- Rol 2

Teknik Etkenler

Yöntemler:
- Faaliyetleri yürütmek için yöntemler ve prosedürler

Araçlar:
- Faaliyetleri desteklemek için yazılım paketleri türleri

Metrikler:
- Sürecin ölçülebilir sonuçları

(P) Planlama, (C) Kontrol, (D) Geliştirme, (O) Operasyonlar

Şekil 7 Bilgi Alanı Bağlam Şeması

Bağlam şemasının bileşen parçaları şunları içerir:

1. **Tanım**: Bu bölüm, Bilgi Alanını kısaca tanımlar.

2. **Hedefler**, Bilgi Alanının amacını ve her bir Bilgi Alanındaki faaliyetlerin performansına rehberlik eden temel prensipleri tanımlar.

3. **Faaliyetler**, Bilgi Alanının amaçlarına ulaşmak için gereken eylemler ve görevlerdir. Bazı faaliyetler, alt faaliyetler, görevler ve adımlar açısından tanımlanırlar. Faaliyetler dört kategoride sınıflandırılır: Planlama, Geliştirme, Operasyonlar ve Kontrol.

    a. **(P) Planlama Faaliyetleri**, veri yönetimi hedeflerine ulaşmak için stratejik ve taktik rotayı belirler. Planlama faaliyetleri sürekli olarak gerçekleşir.

    b. **(D) Geliştirme Faaliyetleri**, sistem geliştirme yaşam döngüsü (SDLC) (analiz, tasarım, oluşturma, test, hazırlık ve kurulum) etrafında düzenlenir.

    c. **(C) Kontrol Faaliyetleri**, verilerin sürekli kalitesini ve verilere erişilen ve kullanılan sistemlerin bütünlüğünü, güvenilirliğini ve güvenliğini sağlar.

    d. **(O) Operasyonel Faaliyetler**, verilere erişilen ve kullanılan sistemlerin ve süreçlerin kullanımını, bakımını ve geliştirilmesini destekler.

4. **Girdiler**, her Bilgi Alanının faaliyetlerini başlatmak için ihtiyaç duyduğu somut şeylerdir. Birçok faaliyet aynı girdileri gerektirir. Örneğin, çoğu girdi olarak İş Stratejisi bilgisini gerektirir.

5. **Çıktılar**, Bilgi Alanı içindeki faaliyetlerin çıktılarıdır, her fonksiyonun üretmekten sorumlu olduğu somut şeylerdir. Çıktılar kendi içlerinde son olabilir veya diğer faaliyetlere girdi olabilir. Birkaç ana çıktı, birden çok fonksiyon tarafından oluşturulur.

6. **Roller ve Sorumluluklar**, bireylerin ve ekiplerin Bilgi Alanı içindeki faaliyetlere nasıl katkıda bulunduğunu tanımlar. Roller, çoğu organizasyonda gerekli olan rol gruplarına odaklanılarak kavramsal olarak tanımlanır. Bireyler için roller, beceriler ve nitelik gereksinimleri açısından tanımlanır. Rol unvanlarının uyumlanmasına yardımcı olmak için Bilgi Çağı Beceri Çerçevesi (SFIA) kullanılmıştır. Birçok rol çapraz fonksiyonlu olacaktır[13] (Bkz. Bölüm 16).

7. **Tedarikçiler**, faaliyetler için girdilere erişim sağlamaktan veya bunlara erişim sağlamaktan sorumlu kişilerdir.

8. **Tüketiciler**, Veri yönetimi faaliyetleri tarafından oluşturulan ana çıktılardan doğrudan yararlananlardır.

9. **Katılımcılar**, Bilgi Alanındaki faaliyetleri gerçekleştiren, performansını yöneten veya onaylayan kişilerdir.

10. **Araçlar**, Bilgi Alanının hedeflerine ulaşılmasını sağlayan uygulamalar ve diğer teknolojilerdir.[14]

11. **Yöntemler**, bir Bilgi Alanı içinde faaliyetleri gerçekleştirmek ve çıktılar üretmek için kullanılan yöntem ve prosedürlerdir. Yöntemler, ortak sözleşmeleri, en iyi uygulama önerilerini, standartları ve protokolleri ve uygulanabilir olduğunda ortaya çıkan alternatif yaklaşımları içerir.

12. **Metrikler**, performans, ilerleme, kalite, verimlilik veya diğer etkilerin ölçülmesi veya değerlendirilmesi için standartlardır. Metrik bölümleri, her Bilgi Alanında yapılan işin ölçülebilir yönlerini tanımlar. Metrikler, iyileştirme veya değer gibi daha soyut özellikleri de ölçebilir.

---

[13] http://bit.ly/2sTusD0.

[14] DAMA International, sadece belirli araçları veya tedarikçileri destekleyen bir yapıda değildir.

DAMA Çarkı, Bilgi Alanları kümesini yüksek düzeyde sunarken, Altıgen, Bilgi Alanlarının yapısının bileşenlerini tanır ve Bağlam Şemaları, her Bilgi Alanındaki ayrıntıları sunar. Mevcut DAMA Veri Yönetimi çerçevesinin hiçbir parçası, farklı Bilgi Alanları arasındaki ilişkiyi tanımlamaz. Bu sorunu ele alma çabaları, sonraki iki bölümde açıklanan DAMA Çerçevesinin yeniden formüle edilmesiyle sonuçlanmıştır.

3.4 DMBOK Piramidi (Aiken)

Sorulduğunda, birçok kuruluş verilerinden en iyi şekilde yararlanmak istediklerini söyler- gelişmiş uygulamaların (veri madenciliği, analitik, vb.) altın piramidi için çaba gösterirler. Ancak bu piramit, daha büyük bir yapının yalnızca tepesi, bir temelin zirvesidir. Çoğu kuruluş, verileri yönetmeye başlamadan önce bir veri yönetimi stratejisi belirleme lüksüne sahip değildir. Bunun yerine, çoğu zaman optimal koşullardan daha zayıf koşullarda bu yeteneğe doğru gelişirler.

Peter Aiken'in çerçevesi, birçok organizasyonun içinde bulunduğu durumu tanımlamak için DMBOK fonksiyonel alanlarını kullanır. Bir kuruluş bunu, stratejik iş hedeflerini desteklemek için güvenilir veri ve süreçlere sahip oldukları bir duruma giden yolu tanımlamak için kullanabilir. Bu hedefe ulaşmaya çalışırken, birçok kuruluş benzer mantıksal adımlar dizisinden geçer (Bkz. Şekil 8):

- **Faz 1**: Kuruluş, veritabanı yetkinlikleri içeren bir uygulama satın alır. Bu, kuruluşun veri modelleme/tasarım, veri depolama ve veri güvenliği için bir başlangıç noktasına sahip olduğu anlamına gelir (örneğin, bazı kişilerin içeri girmesine ve diğerlerinin dışarıda kalmasına izin verin). Sistemin kendi ortamları içinde ve verileriyle çalışmasını sağlamak, entegrasyon ve uyumluluk üzerinde çalışmayı gerektirir.

- **Faz 2**: Uygulamayı kullanmaya başladıklarında, verilerinin kalitesiyle ilgili zorluklarla karşılaşacaklardır. Ancak daha yüksek kaliteli verilere ulaşmak, güvenilir metaverilere ve tutarlı Veri Mimarisine bağlıdır. Bunlar, farklı sistemlerden gelen verilerin birlikte nasıl çalıştığına dair netlik sağlar.

- **Faz 3**: Veri Kalitesi, metaveri ve mimariyi yönetmeye yönelik disiplinli uygulamalar, veri yönetimi faaliyetleri için yapısal destek sağlayan Veri Yönetişimini gerektirir. Veri Yönetişimi ayrıca, altın piramit içindeki gelişmiş uygulamaları tam olarak sağlayan Doküman ve İçerik Yönetimi, Referans Veri Yönetimi, Ana Veri Yönetimi, Veri Ambarı ve İş Zekâsı gibi stratejik girişimlerin yürütülmesini de sağlar.

- **Faz 4**: Kuruluş, iyi yönetilen verilerin avantajlarından yararlanır ve analitik yetkinliklerini geliştirir.

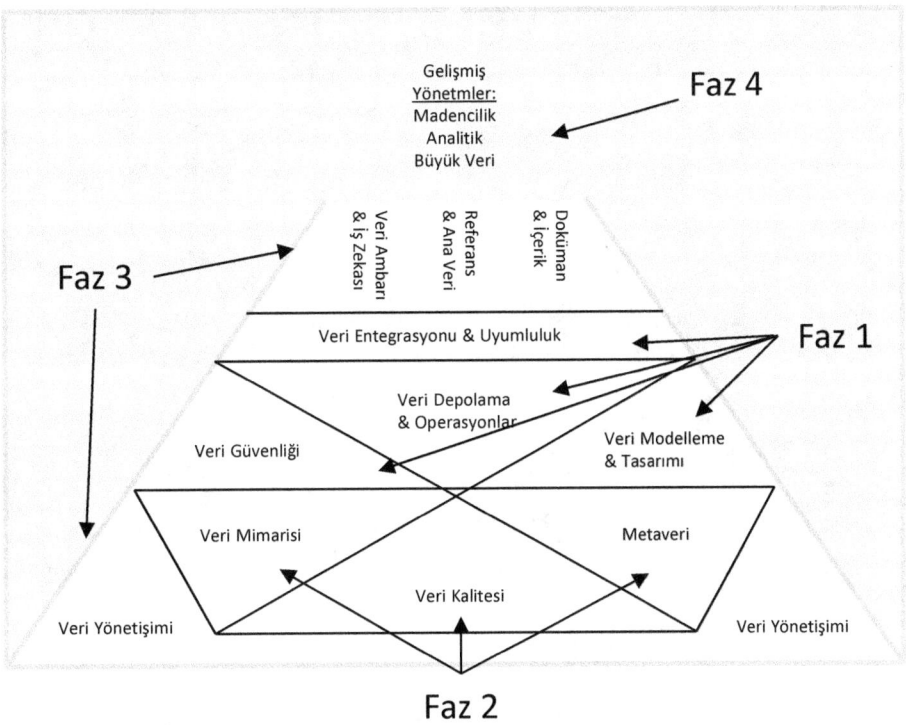

Şekil 8 Satın Alınan veya Oluşturulan Veritabanı Yetkinliği [15]

Aiken'in piramidi DAMA Çarkından yararlanır, ancak Bilgi Alanları arasındaki ilişkiyi göstererek onu geliştirir. Hepsi birbirinin yerine geçemez; çeşitli karşılıklı bağımlılıkları vardır. Piramit çerçevesinin iki etkeni vardır. Birincisi, birbirini desteklemek için doğru yerlerde olması gereken bileşenleri kullanarak bir temel üzerine inşa etme fikridir. İkincisi de bunların keyfi bir sıraya göre yerleştirilebileceğine dair biraz çelişkili fikirdir.

3.5 Gelişmiş DAMA Veri Yönetimi Çerçevesi

Aiken'in piramidi, kuruluşların daha iyi veri yönetimi uygulamalarına doğru nasıl geliştiğini açıklar. DAMA Bilgi Alanlarına bakmanın başka bir yolu, aralarındaki bağımlılıkları keşfetmektir. Sue Geuens tarafından geliştirilen Şekil 9'daki çerçeve, İş Zekâsı ve Analitik fonksiyonlarının diğer tüm veri yönetimi fonksiyonlarına bağımlı olduğunu kabul eder. Doğrudan Ana Verilere ve veri ambarı çözümlerine bağlıdırlar. Ancak bunlar sırayla besleme sistemlerine ve uygulamalarına da bağlıdırlar. Güvenilir Veri Kalitesi, veri tasarımı ve veri uyumluluğu uygulamaları, güvenilir sistem ve uygulamaların temelinde yer alır. Ayrıca bu model içerisinde Metaveri Yönetimi, Veri Güvenliği, Veri Mimarisi ve Referans Veri Yönetimini içeren veri yönetişimi, diğer tüm fonksiyonların bağlı olduğu bir temel sağlar.

---

[15] Altın Piramit figürü telif hakkı Data BluePrint izniyle kullanılmıştır.

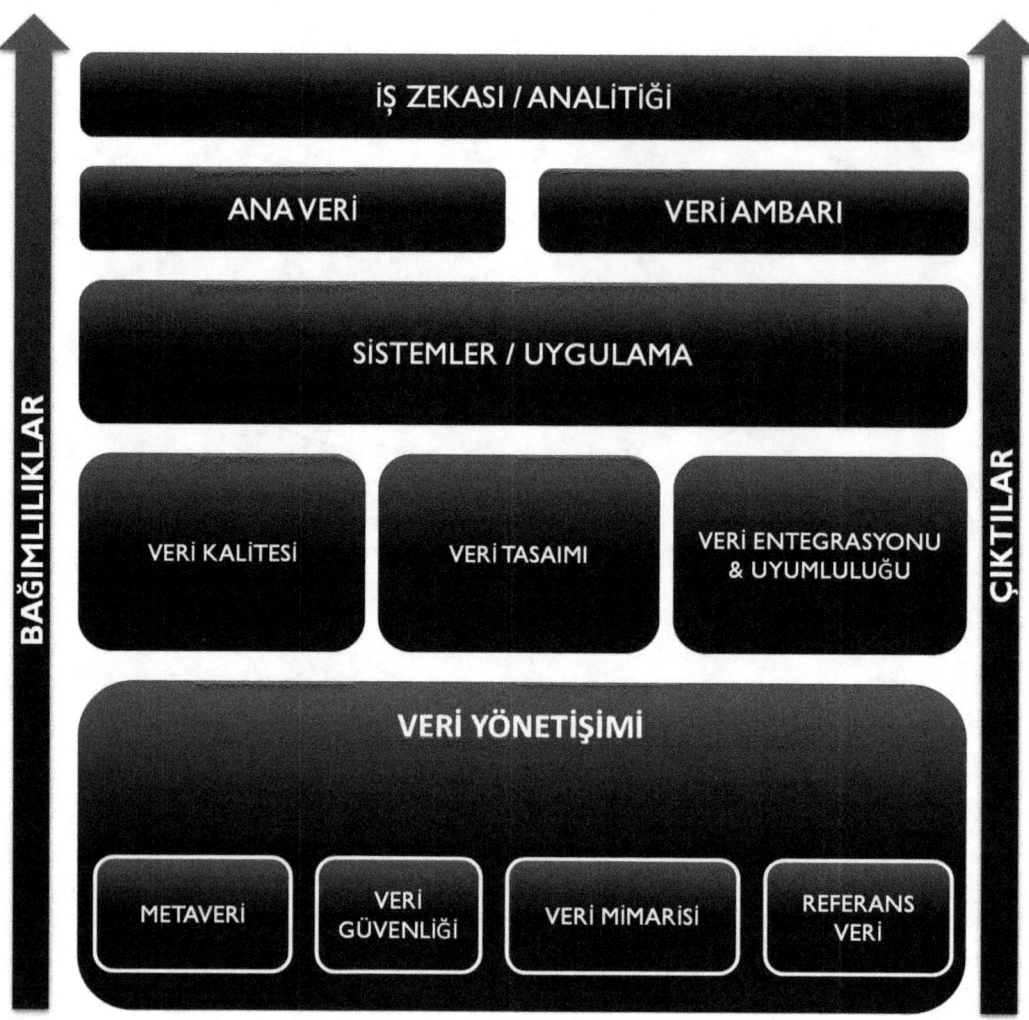

Şekil 9 DAMA Fonksiyonel Alan Bağımlılıkları

DAMA Çarkına üçüncü bir alternatif Şekil 10'da gösterilmektedir. Bu aynı zamanda DAMA Bilgi Alanları arasında bir dizi ilişki önermek için mimari konseptlerden yararlanır. Bu ilişkileri netleştirmek için bazı Bilgi Alanlarının içeriği hakkında ek ayrıntılar sağlar.

Çerçeve, veri yönetiminin yol gösterici amacı ile başlar: Kuruluşların diğer varlıklardan elde ettikleri gibi veri varlıklarından da değer elde etmelerini sağlamak. Değer elde etmek yaşam döngüsü yönetimini gerektirir, bu nedenle veri yaşam döngüsüyle ilgili veri yönetimi fonksiyonları diyagramın merkezinde gösterilir. Bunlar arasında güvenilir, yüksek kaliteli veriler için planlama ve tasarım; verilerin kullanım için etkinleştirilebileceği ve ayrıca korunabileceği süreçler ve fonksiyonlar oluşturmak ve son olarak, verileri çeşitli analiz türlerinde ve bu süreçler aracılığıyla kullanarak değerini artırmak yer alır.

Yaşam döngüsü yönetimi bölümü, verilerin geleneksel kullanımlarını (İş Zekâsı, doküman ve içerik yönetimi) desteklemek için gerekli olan veri yönetimi tasarımı ve operasyonel fonksiyonları (modelleme, mimari, depolama ve işlemler, vb.) tasvir eder. Ayrıca, ortaya çıkan veri kullanımlarını (Veri Bilimi, tahmine dayalı analitik, vb.) destekleyen yeni ortaya çıkan veri yönetimi fonksiyonlarını (Büyük Veri depolama) tanır. Verilerin gerçekten bir varlık olarak yönetildiği durumlarda, kuruluşlar verilerinden diğer kuruluşlara satarak (verilerden para kazanma) doğrudan değer elde edebilirler.

Şekil 10 DAMA Veri Yönetimi Fonksiyon Çerçevesi

Yalnızca doğrudan yaşam döngüsü fonksiyonlarına odaklanan kuruluşlar, verilerinden temel ve gözetim faaliyetleri yoluyla veri yaşam döngüsünü destekleyenler kadar değer alamayacaklardır. Veri risk yönetimi, metaveri ve veri kalitesi yönetimi gibi temel faaliyetler veri yaşam döngüsünü kapsar. Daha iyi tasarım kararları alınmasını sağlar ve verilerin kullanımını kolaylaştırır. Bunlar iyi yürütülürse, verilerin bakımı daha az maliyetli olur, veri tüketicileri veriye daha fazla güvenir ve onu kullanma fırsatları genişler.

Veri üretimini ve kullanımını başarılı bir şekilde desteklemek ve temel faaliyetlerin disiplinle yürütülmesini sağlamak için birçok kuruluş, veri yönetişimi biçiminde bir gözetim kurar. Bir veri yönetişim programı, kuruluşun verilerinden değer elde etme fırsatlarını tanımasını ve bu fırsatlar üzerinde hareket etmesini sağlayan strateji ve destekleyici ilkeleri, politikaları ve yönetim uygulamalarını devreye sokarak bir kuruluşun veri odaklı olmasını sağlar. Bir veri yönetişim programı, kuruluşu eğitmek ve verilerin stratejik kullanımlarını sağlayan davranışları teşvik etmek için kurumsal değişim yönetimi faaliyetlerine de dahil olmalıdır. Bu nedenle, kültür değişiminin gerekliliği, özellikle bir kuruluş veri yönetimi uygulamalarını olgunlaştırdıkça, veri yönetişim sorumluluklarının genişliğini kapsar.

DAMA Veri Yönetimi Çerçevesi, aynı zamanda, yönetişim sınırları içinde yer alan yaşam döngüsü ve kullanım etkinlikleriyle çevrelenen temel faaliyetlerle DAMA Çarkının bir evrimi olarak da tasvir edilebilir (Bkz. Şekil 11).

Metaveri Yönetimi, Veri Kalitesi Yönetimi ve veri yapısı tanımı (mimarisi) dahil olmak üzere temel faaliyetler, çerçevenin merkezinde yer alır.

Yaşam döngüsü yönetimi faaliyetleri, bir planlama perspektifinden (risk yönetimi, modelleme, veri tasarımı, Referans Veri Yönetimi) ve bir etkinleştirme perspektifinden (Ana Veri Yönetimi, veri teknolojisi geliştirme, veri entegrasyonu ve uyumluluk, veri ambarı ve veri depolama ve operasyonlar) tanımlanabilirler.

Kullanımlar, yaşam döngüsü yönetimi faaliyetlerinden ortaya çıkarlar: Ana veri kullanımı, Doküman ve İçerik Yönetimi, İş Zekâsı, Veri Bilimi, tahmine dayalı analitik, veri görselleştirme. Bunların çoğu, mevcut verilerle ilgili iç görüleri geliştirerek daha fazla veri oluşturur. Veriden para kazanma fırsatları, verinin bir kullanımı olarak da tanımlanabilir.

Veri yönetişimi faaliyetleri, strateji, prensipler, politika ve yönetim yoluyla gözetim ve sınırlama sağlar. Veri sınıflandırma ve veri değerlendirme yoluyla tutarlılık sağlarlar.

DAMA Veri Yönetimi Çerçevesinin farklı görsel tasvirlerini sunmanın amacı, ek bakış açısı sağlamak ve DMBOK'ta sunulan kavramların nasıl uygulanacağı hakkında tartışma açmaktır. Veri yönetiminin önemi arttıkça, bu tür çerçeveler hem veri yönetimi topluluğu içinde hem de veri yönetimi topluluğu ile paydaşlarımız arasında yararlı iletişim araçları haline gelirler.

4. DAMA ve DMBOK

Veri yönetimi birçok zorluğu ortaya çıkarırken, bunlardan çok azı yenidir. En azından 1980'lerden bu yana kuruluşlar, verileri yönetmenin başarılarının merkezinde olduğunu kabul ettiler. Veri yaratma ve kullanma yeteneğimiz ve arzumuz arttıkça, güvenilir veri yönetimi uygulamalarına olan ihtiyaç da artmıştır.

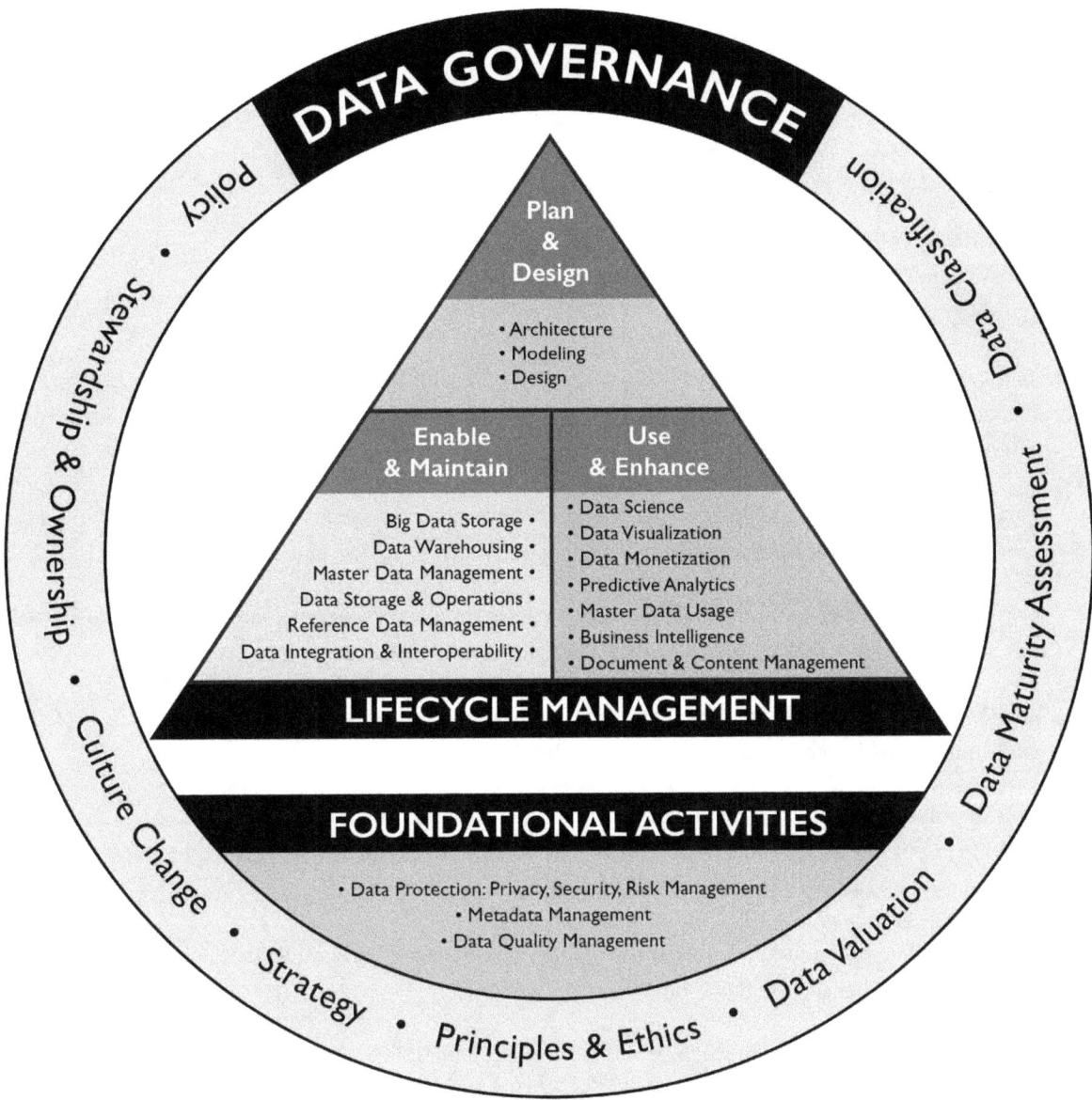

Şekil 11 Gelişmiş DAMA Çarkı

DAMA bu zorlukların üstesinden gelmek için kurulmuştur. Veri yönetimi uzmanları için erişilebilir, güvenilir bir referans kitabı olan DMBOK, DAMA'nın misyonunu şu şekilde desteklemektedir:

- Kurumsal veri yönetimi uygulamalarının gerçeklenmesi için fonksiyonel bir çerçeve sağlamak; rehber prensipler, yaygın olarak benimsenen uygulamalar, yöntemler, fonksiyonlar, roller, çıktılar ve ölçütler.

- Veri yönetimi kavramları için ortak bir sözlük oluşturmak ve veri yönetimi uzmanları için en iyi uygulamalarına temel teşkil etmek.

- CDMP (Certified Data Management Professional) ve diğer sertifika sınavları için temel başvuru kılavuzu olarak hizmet vermek.

DMBOK, DAMA-DMBOK Veri Yönetimi Çerçevesinin on bir Bilgi Alanı etrafında yapılandırılmıştır (DAMA Çarkı olarak da bilinir, bkz. Şekil 5). Bölüm 3 – 13 Bilgi Alanlarına odaklanmıştır. Her Bilgi Alanı bölümü ortak bir yapıyı takip eder:

1. Giriş
    - İş Etkenleri
    - Hedef ve Prensipler
    - Temel Kavramlar
2. Faaliyetler
3. Araçlar
4. Yöntemler
5. Gerçekleme Yönergeleri
6. Veri Yönetişimi ile İlişkisi
7. Metrikler

Bilgi Alanları, veri yönetimi etkinliklerinin kapsamını ve bağlamını tanımlar. Bilgi Alanlarında yerleşik, veri yönetiminin temel hedefleri ve prensipleri vardır. Veriler kuruluşlar içinde yatay olarak hareket ettiğinden, Bilgi Alanı etkinlikleri birbirleriyle ve diğer kurumsal fonksiyonlarla kesişirler.

1. **Veri Yönetişimi**, kurumun ihtiyaçlarını karşılayan veriler üzerinde bir karar alma hakları sistemi kurarak veri yönetimi için yönlendirme ve gözetim sağlar (Bölüm 3).

2. **Veri Mimarisi**, stratejik veri gereksinimleri ve bu gereksinimleri karşılamak için tasarımlar oluşturmak için kurumsal stratejiyle uyum sağlayarak veri varlıklarını yönetme planını tanımlar (Bölüm 4).

3. **Veri Modelleme ve Tasarımı**, veri gereksinimlerini veri modeli adı verilen kesin bir biçimde keşfetme, analiz etme, temsil etme ve iletme sürecidir (Bölüm 5).

4. **Veri Depolama ve Operasyonları**, değerini en üst düzeye çıkarmak için depolanan verilerin tasarımını, gerçeklenmesini ve desteğini içerir. Operasyonlar, verilerin planlanmasından elden çıkarılmasına kadar veri yaşam döngüsü boyunca destek sağlar (Bölüm 6).

5. **Veri Güvenliği**, veri gizliliğinin ve mahremiyetinin korunmasını, verilerin ihlal edilmemesini ve verilere uygun şekilde erişilmesini sağlar (Bölüm 7).

6. **Veri Entegrasyonu ve Uyumluluğu**, veri depoları, uygulamalar ve kuruluşlar arasında ve içinde verilerin hareketi ve konsolidasyonu ile ilgili süreçleri içerir (Bölüm 8).

7. **Doküman ve İçerik Yönetimi**, bir dizi yapılandırılmamış ortamda bulunan veri ve bilgilerin yaşam döngüsünü yönetmek için kullanılan planlama, gerçekleme ve kontrol faaliyetlerini, özellikle de yasal ve düzenleyici uyumluluk gereksinimlerini desteklemek için gereken dokümanları içerir (Bölüm 9).

8. **Referans ve Ana Veriler**, temel iş varlıkları hakkında en doğru, zamanında ve ilgili gerçeğin versiyonunun sistemler arasında tutarlı bir şekilde kullanılmasını sağlamak için temel kritik paylaşılan verilerin sürekli mutabakatını ve bakımını içerir (Bölüm 10).

9. **Veri Ambarı ve İş Zekâsı**, karar destek verilerini yönetmek ve bilgi çalışanlarının analiz ve raporlama yoluyla verilerden değer elde etmelerini sağlamak için planlama, gerçekleme ve kontrol süreçlerini içerir (Bölüm 11).

10. **Metaveri**, tanımlamalar, modeller, veri akışları ve verileri ve bunların oluşturulduğu, sürdürüldüğü ve erişildiği sistemleri anlamak için kritik olan diğer bilgiler dahil olmak üzere yüksek kaliteli, entegre metaverilere erişim sağlamak için planlama, gerçekleme ve kontrol faaliyetlerini içerir (Bölüm 12).

11. **Veri Kalitesi**, verilerin bir kuruluş içinde kullanım için uygunluğunu ölçmek, değerlendirmek ve geliştirmek için kalite yönetimi tekniklerinin planlanmasını ve gerçeklenmesini içerir (Bölüm 13).

Bilgi Alanlarıyla ilgili bölümlere ek olarak, DAMA-DMBOK aşağıdaki konularda da çeşitli bölümler içerir:

- **Veri İşleme Etiği**, veri ve kullanımları hakkında bilinçli, sosyal açıdan sorumlu kararlar almada veri etiğinin oynadığı merkezi rolü tanımlar. Veri toplama, analiz etme ve kullanma etiğine ilişkin farkındalık, tüm veri yönetimi uzmanlarına rehberlik etmelidir (Bölüm 2).

- **Büyük Veri ve Veri Bilimi**, büyük ve çeşitli veri kümelerini toplama ve analiz etme yeteneğimiz arttıkça ortaya çıkan teknolojileri ve iş süreçlerini tanımlar (Bölüm 14).

- **Veri Yönetimi Olgunluk Değerlendirmesi**, bir kuruluşun veri yönetimi yetkinliklerini değerlendirmeye ve geliştirmeye yönelik bir yaklaşımı özetler (Bölüm 15).

- **Veri Yönetimi Organizasyonu ve Rol Beklentileri**, veri yönetimi ekiplerini organize etmek ve başarılı veri yönetimi uygulamaları sağlamak için en iyi uygulamaları ve değerlendirmeleri sunar (Bölüm 16).

- **Veri Yönetimi ve Organizasyonel Değişim Yönetimi**, bir organizasyon içinde etkili veri yönetimi uygulamalarını yerleştirmek için gerekli olan kültürel değişimlerin nasıl planlanacağını ve başarılı bir şekilde ilerletileceğini açıklar (Bölüm 17).

Belirli bir kuruluşun verilerini nasıl yönettiği, hedeflerine, boyutuna, kaynaklarına ve karmaşıklığına ve ayrıca verilerin genel stratejisini nasıl desteklediğine ilişkin algısına bağlıdır. Çoğu işletme, her Bilgi Alanında açıklanan tüm faaliyetleri gerçekleştirmez. Bununla birlikte, veri yönetiminin daha geniş bağlamını anlamak, kuruluşların bu ilgili fonksiyonlar içinde ve genelinde uygulamaları iyileştirmeye çalışırken nereye odaklanacakları konusunda daha iyi kararlar vermelerini sağlayacaktır.

5. Alıntılanan / Önerilen Çalışmalar

Abcouwer, A. W., Maes, R., Truijens, J.: "Contouren van een generiek Model voor Informatienmanagement." Primavera Working Paper 97-07, 1997. http://bit.ly/2rV5dLx.

Adelman, Sid, Larissa Moss, and Majid Abai. *Data Strategy*. Addison-Wesley Professional, 2005. Print.

Aiken, Peter and Billings, Juanita. *Monetizing Data Management*. Technics Publishing, LLC, 2014. Print.

Aiken, Peter and Harbour, Todd. *Data Strategy and the Enterprise Data Executive*. Technics Publishing, LLC. 2017. Print.

APRA (Australian Prudential Regulation Authority). *Prudential Practice Guide CPG 234, Management of Security Risk in Information and Information Technology*. May 2013. http://bit.ly/2sAKe2y.

APRA (Australian Prudential Regulation Authority). *Prudential Practice Guide CPG 235, Managing Data Risk*. September 2013. http://bit.ly/2sVIFil.

Borek, Alexander et al. *Total Information Risk Management: Maximizing the Value of Data and Information Assets*. Morgan Kaufmann, 2013. Print.

Brackett, Michael. *Data Resource Design: Reality Beyond Illusion*. Technics Publishing, LLC. 2014. Print.

Bryce, Tim. *Benefits of a Data Taxonomy*. Blog 2005-07-11. http://bit.ly/2sTeU1U.

Chisholm, Malcolm and Roblyn-Lee, Diane. *Definitions in Data Management: A Guide to Fundamental Semantic Metadata*. Design Media, 2008. Print.

Devlin, Barry. *Business Unintelligence*. Technics Publishing, LLC. 2013. Print.

English, Larry. *Improving Data Warehouse and Business Information Quality: Methods For Reducing Costs And Increasing Profits*. John Wiley and Sons, 1999. Print.

Evans, Nina and Price, James. "Barriers to the Effective Deployment of Information Assets: An Executive Management Perspective." *Interdisciplinary Journal of Information, Knowledge, and Management* Volume 7, 2012. Accessed from http://bit.ly/2sVwvG4.

Fisher, Tony. *The Data Asset: How Smart Companies Govern Their Data for Business Success*. Wiley, 2009. Print. Wiley and SAS Business Ser.

Henderson, J.C., H Venkatraman, H. "Leveraging information technology for transforming Organizations." *IBM System Journal*. Volume 38, Issue 2.3, 1999. [1993 Reprint] http://bit.ly/2sV86Ay and http://bit.ly/1uW8jMQ.

Kent, William. *Data and Reality: A Timeless Perspective on Perceiving and Managing Information in Our Imprecise World*. 3d ed. Technics Publications, LLC, 2012. Print.

Kring, Kenneth L. *Business Strategy Mapping - The Power of Knowing How it All Fits Together*. Langdon Street Press (a division of Hillcrest Publishing Group, Inc.), 2009. Print.

Loh, Steve. *Data-ism: The Revolution Transforming Decision Making, Consumer Behavior, and Almost Everything Else*. HarperBusiness, 2015. Print.

Loshin, David. *Enterprise Knowledge Management: The Data Quality Approach*. Morgan Kaufmann, 2001. Print.

Maes, R.: "A Generic Framework for Information Management." PrimaVera Working Paper 99-02, 1999.

McGilvray, Danette. *Executing Data Quality Projects: Ten Steps to Quality Data and Trusted Information*. Morgan Kaufmann, 2008. Print.

McKnight, William. *Information Management: Strategies for Gaining a Competitive Advantage with Data*. Morgan Kaufmann, 2013. Print. The Savvy Manager's Guides.

Moody, Daniel and Walsh, Peter. "Measuring The Value Of Information: An Asset Valuation Approach." *European Conference on Information Systems (ECIS)*, 1999. http://bit.ly/29JucLO.

Olson, Jack E. *Data Quality: The Accuracy Dimension*. Morgan Kaufmann, 2003. Print.

Redman, Thomas. "Bad Data Costs U.S. $3 Trillion per Year." *Harvard Business Review*. 22 September 2016. Web.

Redman, Thomas. Data Driven: Profiting from Your Most Important Business Asset. *Harvard Business Review Press*. 2008. Print.

Redman, Thomas. *Data Quality: The Field Guide*. Digital Press, 2001. Print.

Reid, Roger, Gareth Fraser-King, and W. David Schwaderer. *Data Lifecycles: Managing Data for Strategic Advantage*. Wiley, 2007. Print.

Rockley, Ann and Charles Cooper. *Managing Enterprise Content: A Unified Content Strategy*. 2nd ed. New Riders, 2012. Print. Voices That Matter.

Sebastian-Coleman, Laura. *Measuring Data Quality for Ongoing Improvement: A Data Quality Assessment Framework*. Morgan Kaufmann, 2013. Print. The Morgan Kaufmann Series on Business Intelligence.

Simsion, Graeme. *Data Modeling: Theory and Practice*. Technics Publications, LLC, 2007. Print.

Surdak, Christopher. *Data Crush: How the Information Tidal Wave is Driving New Business Opportunities*. AMACOM, 2014. Print.

Waclawski, Janine. *Organization Development: A Data-Driven Approach to Organizational Change*. Pfeiffer, 2001. Print.

White, Stephen. *Show Me the Proof: Tools and Strategies to Make Data Work for the Common Core State Standards*. 2nd ed. Advanced Learning Press, 2011. Print.

BÖLÜM 2

Veri İşleme Etiği

1. Giriş

Basitçe tanımlanacak olursa, etik, doğru ve yanlış fikirlerine dayanan davranış ilkeleridir. Etik ilkeler genellikle adalet, saygı, sorumluluk, dürüstlük, kalite, güvenilirlik, şeffaflık ve güven gibi fikirlere odaklanır. Veri işleme etiği, verilerin etik ilkelerle uyumlu yollarla nasıl temin edileceği, depolanacağı, yönetileceği, kullanılacağı ve elden çıkarılacağı ile ilgilidir. Verilerinden değer elde etmek isteyen herhangi bir kurumun uzun vadeli başarısı için verileri etik bir şekilde ele alması gereklidir. Etik olmayan veri işleme, verileri ifşa olan kişileri riske attığı için itibar ve müşteri kaybına neden olabilir. Bazı durumlarda da, etik olmayan uygulamalar yasa dışıdır. Sonuç olarak, veri yönetimi uzmanları ve çalıştıkları kuruluşlar için veri etiği bir sosyal sorumluluk meselesidir.

Veri işleme etiği karmaşıktır, ancak birkaç temel kavram üzerinde odaklanır:

- **Kişiler üzerindeki etkisi:** Veriler, bireylerin özelliklerini temsil ettiğinden ve insanların hayatlarını etkileyen kararlar almak için kullanıldığından, kalitesini ve güvenilirliğini yönetmek bir zorunluluktur.

- **Kötüye kullanım potansiyeli:** Verilerin kötüye kullanılması insanları ve kuruluşları olumsuz etkileyebilir, bu nedenle verilerin kötüye kullanılmasını önlemek için etik bir zorunluluk vardır.

- **Verinin ekonomik değeri:** Verinin ekonomik bir değeri vardır. Veri sahipliği etiği, bu değere nasıl ve kim tarafından erişilebileceğini belirlemelidir.

Kuruluşlar, verileri büyük ölçüde yasalara ve düzenleyici gereksinimlere göre korurlar. Bununla birlikte, veriler bireyleri (müşteriler, çalışanlar, hastalar, tedarikçiler vb.) temsil ettiğinden, veri yönetimi uzmanları, verileri korumak ve kötüye kullanılmamasını sağlamak için etik (yasal olduğu kadar) nedenler olduğunu kabul etmelidir. Kişileri doğrudan temsil etmeyen veriler bile, insanların hayatlarını etkileyen kararlar almak için kullanılabilirler.

Yalnızca verileri korumak için değil, aynı zamanda kalitesini yönetmek için de etik bir zorunluluk vardır. Karar verenler ve alınan kararlardan etkilenenler, verilerin eksiksiz ve doğru olmasını beklerler. Hem ticari hem de teknik açıdan, veri yönetimi profesyonellerinin verileri yanlış temsil etme, yanlış kullanma veya yanlış anlaşılma riskini azaltacak şekilde yönetme konusunda etik bir sorumluluğu vardır. Bu sorumluluk, verinin oluşturulmasından imhasına kadar veri yaşam döngüsü boyunca uzanır.

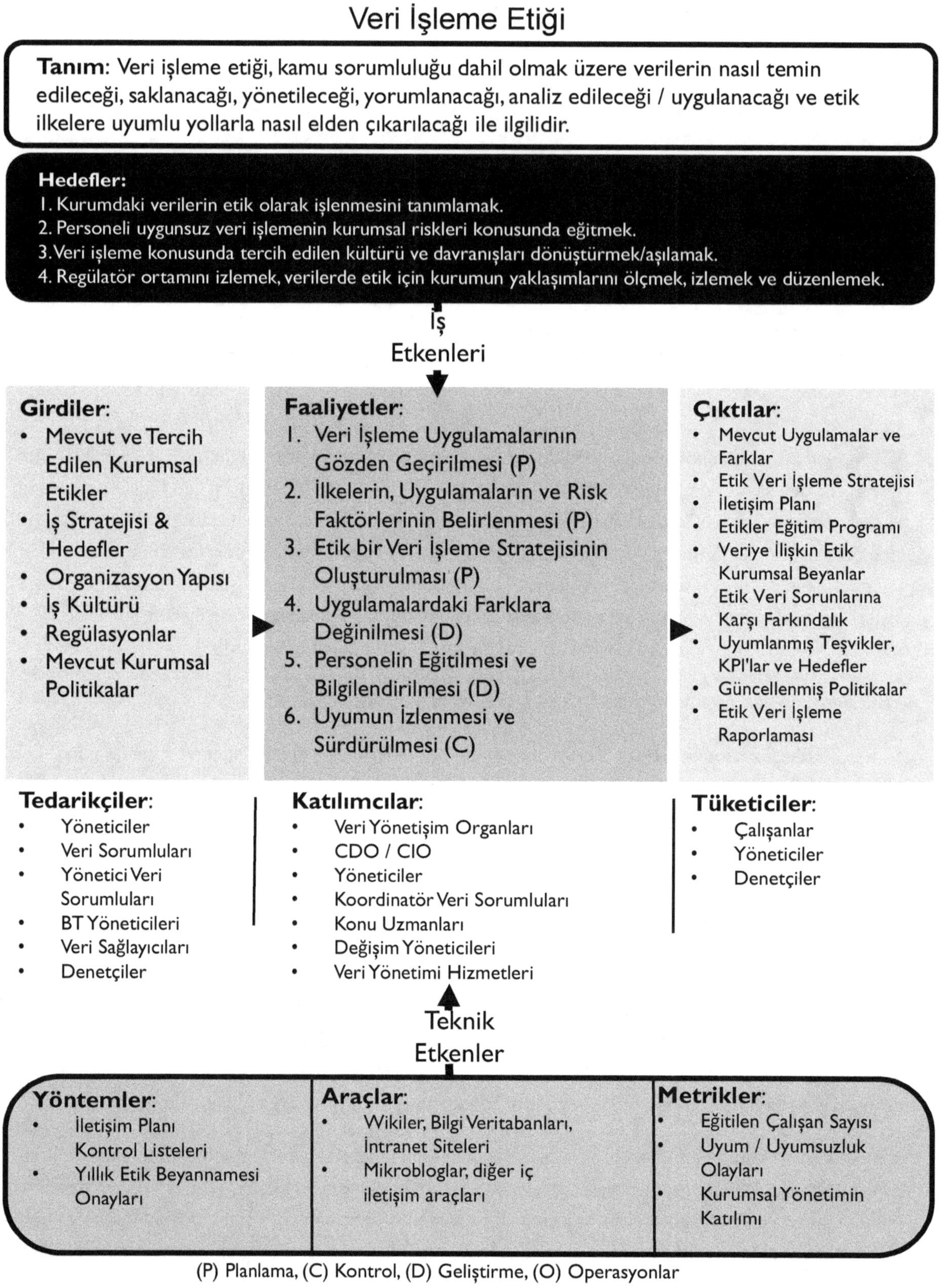

Veri İşleme Etiği

Tanım: Veri işleme etiği, kamu sorumluluğu dahil olmak üzere verilerin nasıl temin edileceği, saklanacağı, yönetileceği, yorumlanacağı, analiz edileceği / uygulanacağı ve etik ilkelere uyumlu yollarla nasıl elden çıkarılacağı ile ilgilidir.

Hedefler:
1. Kurumdaki verilerin etik olarak işlenmesini tanımlamak.
2. Personeli uygunsuz veri işlemenin kurumsal riskleri konusunda eğitmek.
3. Veri işleme konusunda tercih edilen kültürü ve davranışları dönüştürmek/aşılamak.
4. Regülatör ortamını izlemek, verilerde etik için kurumun yaklaşımlarını ölçmek, izlemek ve düzenlemek.

İş Etkenleri

Girdiler:
- Mevcut ve Tercih Edilen Kurumsal Etikler
- İş Stratejisi & Hedefler
- Organizasyon Yapısı
- İş Kültürü
- Regülasyonlar
- Mevcut Kurumsal Politikalar

Faaliyetler:
1. Veri İşleme Uygulamalarının Gözden Geçirilmesi (P)
2. İlkelerin, Uygulamaların ve Risk Faktörlerinin Belirlenmesi (P)
3. Etik bir Veri İşleme Stratejisinin Oluşturulması (P)
4. Uygulamalardaki Farklara Değinilmesi (D)
5. Personelin Eğitilmesi ve Bilgilendirilmesi (D)
6. Uyumun İzlenmesi ve Sürdürülmesi (C)

Çıktılar:
- Mevcut Uygulamalar ve Farklar
- Etik Veri İşleme Stratejisi
- İletişim Planı
- Etikler Eğitim Programı
- Veriye İlişkin Etik Kurumsal Beyanlar
- Etik Veri Sorunlarına Karşı Farkındalık
- Uyumlanmış Teşvikler, KPI'lar ve Hedefler
- Güncellenmiş Politikalar
- Etik Veri İşleme Raporlaması

Tedarikçiler:
- Yöneticiler
- Veri Sorumluları
- Yönetici Veri Sorumluları
- BT Yöneticileri
- Veri Sağlayıcıları
- Denetçiler

Katılımcılar:
- Veri Yönetişim Organları
- CDO / CIO
- Yöneticiler
- Koordinatör Veri Sorumluları
- Konu Uzmanları
- Değişim Yöneticileri
- Veri Yönetimi Hizmetleri

Tüketiciler:
- Çalışanlar
- Yöneticiler
- Denetçiler

Teknik Etkenler

Yöntemler:
- İletişim Planı
- Kontrol Listeleri
- Yıllık Etik Beyannamesi Onayları

Araçlar:
- Wikiler, Bilgi Veritabanları, İntranet Siteleri
- Mikrobloglar, diğer iç iletişim araçları

Metrikler:
- Eğitilen Çalışan Sayısı
- Uyum / Uyumsuzluk Olayları
- Kurumsal Yönetimin Katılımı

(P) Planlama, (C) Kontrol, (D) Geliştirme, (O) Operasyonlar

Şekil 12 Bağlam Şeması: Veri İşleme Etiği

Ne yazık ki, birçok kuruluş veri yönetiminin doğasında var olan etik yükümlülükleri tanımakta ve bunlara yanıt vermekte başarısız olmaktadır. Geleneksel bir teknik bakış açısı benimseyebilir ve verileri anlamadıklarını iddia edebilirler veya kanuna uygun hareket etmeleri halinde veri işleme ile ilgili herhangi bir risklerinin olmadığını varsayarlar. Bu tehlikeli bir varsayımdır.

Veri ortamı hızla gelişiyor. Kuruluşlar, verileri birkaç yıl önce hayal bile edemeyecekleri şekillerde kullanıyorlar. Yasalar bazı etik ilkeleri düzenlerken, mevzuat veri ortamının evrimiyle ilişkili risklere ayak uyduramaz. Kuruluşlar, bilginin etik olarak ele alınmasına değer veren bir kültürü geliştirerek ve sürdürerek kendilerine emanet edilen verileri korumaya yönelik etik yükümlülüklerini tanımalı ve bunlara yanıt vermelidirler.

2. İş Etkenleri

W. Edward Deming'in kalite konusundaki ifadeleri gibi, etik de "kimse bakmadığında doğru olanı yapmak" anlamına gelir. Veri kullanımına yönelik etik bir yaklaşım, giderek artan bir şekilde rekabetçi bir iş avantajı olarak kabul edilmektedir (Hasselbalch ve Tranberg, 2016). Etik veri işleme, bir kuruluşun güvenilirliğini, veri ve süreç çıktılarının değerini yükseltebilir. Bu, kuruluş ve paydaşları arasında daha iyi ilişkiler yaratabilir. Etik bir kültür oluşturmak, veri işlemenin hem amaçlanan hem de sonuçta ortaya çıkan sonuçlarının etik olmasını ve güveni ihlal etmemesini veya insan onurunu ihlal etmemesini sağlamak için kontrollerin kurulması da dahil olmak üzere uygun yönetişimin uygulanmasını gerektirir.

Veri işleme rastgele gerçekleşmez; müşteriler ile paydaşlar işletmelerden ve veri süreçlerinden etik davranış ve sonuçlar bekler. Kuruluşun sorumlu olduğu verilerin çalışanlar, müşteriler veya partnerleri tarafından kötüye kullanılması riskini azaltmak, bir kuruluşun veri işleme için etik ilkeler geliştirmesinin ana nedenidir. Verileri suçlulardan korumak da etik bir sorumluluktur (bilgisayar korsanlığına ve olası veri ihlallerine karşı koruma sağlamak için. Bkz. Bölüm 7)

Farklı veri sahipliği modelleri, veri işleme etiğini etkiler. Örneğin, teknoloji, kuruluşların verileri birbirleriyle paylaşma yeteneğini geliştirmiştir. Bu yetenek, kuruluşların kendilerine ait olmayan verileri paylaşma sorumlulukları hakkında etik kararlar almaları gerektiği anlamına gelir.

Chief Data Officer (Veri Direktörü - CDO), Chief Risk Officer (Risk Direktörü - CRO), Chief Privacy Officer (Gizlilik Direktörü - CPO) ve Chief Analytics Officer (Analitik Direktörü - CAO) rolleri, veri işleme için kabul edilebilir uygulamalar oluşturarak riski kontrol etmeye odaklanmıştır. Ancak sorumluluk, bu rollerdeki kişilerin ötesine geçer. Verilerin etik bir şekilde ele alınması, verilerin kötüye kullanılmasıyla ilişkili risklerin kuruluş çapında tanınmasını ve bireyleri koruyan ve veri sahipliğiyle ilgili zorunluluklara saygı gösteren ilkelere dayalı olarak verilerin işlenmesine yönelik kurumsal adanmışlığı gerektirir.

3. Temel Kavramlar

3.1 Veriler İçin Etik İlkeler

İnsan onurunu korumaya odaklı kabul edilen biyoetik ilkeleri, veri etiği ilkeleri için iyi bir temel başlangıç noktası sunar. Örneğin, tıbbi araştırmalar için Belmont İlkeleri, Bilgi Yönetimi disiplinlerine uyarlanabilir (US-HSS, 1979).

- **Kişilere Saygı**: Bu ilke, insanlara, bireyler olarak onurlarına ve özerkliklerine saygı duyulacak şekilde muamele edilmesinin temel etik gereğini yansıtır. Ayrıca, insanların "özerkliğinin azaldığı" durumlarda, onların haysiyetlerini ve haklarını korumak için ekstra özen gösterilmesini gerektirir.

Veriyi bir varlık olarak düşündüğümüzde, verinin insanları da etkilediğini, temsil ettiğini veya onlara dokunduğunu aklımızda mı tutuyoruz? Kişisel veriler, petrol veya kömür gibi diğer ham "varlıklar"dan farklıdır. Kişisel verilerin etik olmayan kullanımı, insanların etkileşimlerini, istihdam fırsatlarını ve toplumdaki yerlerini doğrudan etkileyebilir. Bilgi sistemlerini, özerkliği veya seçim özgürlüğünü sınırlayacak şekilde mi tasarlıyoruz? Verilerin işlenmesinin zihinsel veya fiziksel engelli kişileri nasıl etkileyebileceğini düşündük mü? Verilere nasıl erişeceklerini ve kullanacaklarını hesapladık mı? Veri işleme, bilgilendirilmiş, geçerli bir rıza temelinde mi gerçekleşiyor?

- **Yardımseverlik**: Bu ilkenin iki unsuru vardır: birincisi zarar vermemek; ikincisi, olası faydaları en üst düzeye çıkarmak ve olası zararları en aza indirmek.

'Zarar vermemek' etik ilkesinin tıp etiğinde uzun bir geçmişi vardır, ancak aynı zamanda veri ve bilgi yönetimi bağlamında net bir uygulaması vardır. Etik veri ve bilgi uzmanları, paydaşları belirlemeli ve veri işlemenin sonuçlarını dikkate almalı, tasarlanan süreçlerin neden olduğu faydayı en üst düzeye çıkarmak ve zarar riskini en aza indirmek için çalışmalıdır. Bir süreç, kazan-kazan durumu yerine sıfır toplamlı bir sonucu varsayan bir şekilde mi tasarlandı? Veri işleme gereksiz yere yayılmacı mı ve iş ihtiyacının gereksinimlerini karşılamanın daha az riskli bir yolu var mı? Söz konusu veri işleme, insanlara olası zararı gizleyebilecek şekilde şeffaflıktan yoksun mu?

- **Adalet**: Bu ilke, insanlara adil ve hakkaniyetli muameleyi dikkate alır.

Bu ilkeye ilişkin sorulabilecek bazı sorular: Kişiler veya gruplar, benzer koşullar altında eşit olmayan muamele görüyor mu? Bir süreç veya algoritmanın sonucu, belirli bir grup insana orantısız bir şekilde fayda veya zarar veren etkilerle mi sonuçlanıyor? Makine öğrenimi, yanlışlıkla kültürel önyargıları güçlendiren veriler içeren veri kümeleri kullanılarak mı eğitiliyor?

Amerika Birleşik Devletleri İç Güvenlik Bakanlığı'nın Menlo Raporu, Belmont İlkelerini, Bilgi ve İletişim Teknolojisi Araştırmalarına uyarlayarak dördüncü bir ilkeyi ekler: Hukuka ve Kamu Çıkarına Saygı (US-DHS, 2012).

2015 yılında Avrupa Veri Koruma Denetimi, veri işleme ve Büyük Verideki gelişmelerin "mühendislik, felsefi, yasal ve ahlaki sonuçlarını" vurgulayan dijital etik üzerine bir görüş yayınladı. İnsan onurunu koruyan veri işlemeye odaklanma çağrısında bulundu ve verilerin etik olarak işlenmesini sağlayan bir bilgi ekosistemi için gerekli dört maddeyi belirledi (EDPS, 2015):

- Veri işlemenin geleceğe yönelik düzenlenmesi, mahremiyet ve veri koruma haklarına saygı
- Kişisel bilgilerin işlenmesini belirleyen mükellef kontrolörler
- Gizlilik bilincine sahip mühendislik ile veri işleme ürün ve hizmetlerinin tasarımı
- Yetkilendirilmiş bireyler

Bu ilkeler, insan onurunu ve özerkliği geliştirmeye odaklanan Belmont Raporunda belirtilen ilkeyle yoğun bir şekilde eşleşir. Avrupa Veri Koruma Denetimi, gizliliğin temel bir insan hakkı olduğunu belirtir. Girişimcilere saygınlık, mahremiyet ve özerkliği kalkınmanın önünde bir engel olarak değil, sürdürülebilir bir dijital ortamın şekillendiği bir platform olarak görmeleri için meydan okur, paydaşlara şeffaflık ve iletişim çağrısında bulunur.

Veri Yönetişimi, kimin hangi verilerle ne yapabileceğine ve hangi koşullar altında işlemenin uygun veya gerekli olduğuna karar verirken bu ilkelerin dikkate alınmasını sağlamak için de hayati bir araçtır. Veri işlemenin tüm paydaşlar üzerindeki etik etkileri ve riskleri, uzmanlar tarafından dikkate alınmalı ve veri kalitesine benzer şekilde yönetilmelidir.

3.2 Veri Gizliliği Yasasının Arkasındaki İlkeler

Kamu politikası ve hukuk, doğruyu ve yanlışı etik ilkelere dayalı olarak sistematikleştirmeye çalışır. Ancak her durumu sistematikleştiremezler. Örneğin, Avrupa Birliği, Kanada ve Amerika Birleşik Devletleri'ndeki gizlilik yasaları, veri etiğini sistematikleştirmeye yönelik farklı yaklaşımlar göstermektedir. Bu ilkeler ayrıca kurumsal politika için bir çerçeve sağlayabilir.

Gizlilik yasası yeni değildir. Kavram olarak gizlilik, mahremiyet ve bilgi gizliliği, insan haklarına saygı göstermek için etik zorunlulukla sıkı bir şekilde bağlantılıdır. 1890'da Amerikalı hukuk bilginleri Samuel Warren ve Louis Brandeis, mahremiyet ve bilgi gizliliğini, ABD anayasasındaki çeşitli hakların temelini oluşturan ortak hukuktaki korumalarla insan hakları olarak tanımladılar. 1973'te, Adil Bilgi Uygulaması yasası önerildi ve temel bir hak olarak bilgi gizliliği kavramı, 1974 tarihli ABD Gizlilik Yasası'nda yeniden onaylandı; bu yasada, "mahremiyet hakkı, Birleşik Devletler Anayasası tarafından korunan kişisel ve temel bir haktır".

İkinci Dünya Savaşı sırasındaki insan hakları ihlallerinin ardından, Avrupa İnsan Hakları Sözleşmesi (1950) hem genel mahremiyet hakkını hem de özel bilgi gizliliği hakkını (veya kişinin kişisel verilerinin korunması hakkını) insan hakları olarak belirlemiştir. Bunlar, İnsan Onuru hakkının korunması için esastır. 1980 yılında, Ekonomik İşbirliği ve Kalkınma Örgütü (OECD), Avrupa Birliği'nin veri koruma yasalarının temeli haline gelen Adil Bilgi İşleme Yönergeleri ve İlkeleri oluşturdu.

OECD'nin sekiz temel ilkesi olan Adil Bilgi İşleme Standartları, kişisel verilerin bireylerin mahremiyet haklarına saygı duyacak şekilde işlenmesini sağlamayı amaçlamaktadır. Bunlar şu maddeleri içerir: veri toplamayla ilgili sınırlamalar; verilerin yüksek kalitede olması gerekliliği, veri toplandığında, belirli bir amaç için yapılmış olması gerekliliği; veri kullanımına ilişkin sınırlamalar, güvenlik önlemleri; açıklık ve şeffaflık beklentisi, bireyin kendisiyle ilgili verilerin doğruluğuna itiraz etme hakkı ve kuruluşların yönergeleri takip etme sorumluluğu.

OECD ilkelerinin yerini o zamandan beri AB'nin Genel Veri Koruma Yönetmeliği'nin (GDPR, 2016) temelindeki ilkeler almıştır (Tablo 1).

Tablo 1 GDPR İlkeleri

GDPR İlkeleri	İlkelerin Açıklamaları
Adalet, Yasallık, Şeffaflık	Kişisel veriler, ilgili kişiyle ilgili olarak hukuka uygun, adil ve şeffaf bir şekilde işlenir.
Amaç Sınırlaması	Kişisel veriler, belirli, açık ve meşru amaçlar için toplanmalı ve bu amaçlarla bağdaşmayacak şekilde işlenmemelidir.
Veri Minimizasyonu	Kişisel veriler, işlendikleri amaçlarla ilgili olarak yeterli, ilgili ve gerekli olanlarla sınırlandırılmış olmalıdır.
Doğruluk	Kişisel veriler doğru olmalı ve gerektiğinde güncel tutulmalıdır. İşlendikleri amaç dikkate alınarak doğruluğunu kaybetmiş olan kişisel verilerin gecikmeden silinmesini veya düzeltilmesini sağlamak için her makul adım atılmalıdır.
Depolama Sınırlaması	Veriler, kişisel verilerin işlenme amaçları için gerekli olan süreden daha uzun olmayacak şekilde, ilgili kişilerin tanımlanmasına izin verecek bir biçimde saklanmalıdır.
Bütünlük ve Gizlilik	Veriler, uygun teknik veya organizasyonel önlemler kullanılarak, yetkisiz veya yasa dışı işlemeye ve kazara kayıp, imha veya hasara karşı koruma da dahil olmak üzere, kişisel verilerin uygun güvenliğini sağlayacak şekilde işlenmelidir.

GDPR İlkeleri	İlkelerin Açıklamaları
Mükellefiyet	Veri Sorumluları, bu ilkelere uyulmasından sorumlu olacaktır ve bunlara uyulduğunu gösterebilecektir.

Bu ilkeler, bireylerin verilerine erişim, yanlış verilerin düzeltilmesi, taşınabilirlik, zarara veya sıkıntıya neden olabilecek kişisel verilerin işlenmesine itiraz etme ve silme hakları dahil olmak üzere kişilerin sahip olduğu belirli nitelikli haklar ile dengelenir ve destekler. Kişisel verilerin işlenmesi rızaya dayalı olarak yapıldığında, bu rıza özgürce verilen, belirli, bilgilendirilmiş ve açık bir olumlu eylem olmalıdır. GDPR, uyumluluğu sağlamak ve göstermek için etkili yönetişim ve dokümantasyon gerektirir ve tasarımdan gelen gizliliği zorunlu kılar.

Kanada gizlilik yasası, kapsamlı bir gizlilik koruma rejimini endüstrinin kendi kendini düzenlemesiyle birleştirir. PIPEDA (Kişisel Bilgilerin Korunması ve Elektronik Belgeleme Yasası), ticari faaliyetler sırasında kişisel bilgileri toplayan, kullanan ve yayan her kuruluş için geçerlidir. İstisnalar dışında, kuruluşların tüketicilerin kişisel bilgilerini kullanırken uyması gereken kuralları belirler. Tablo 2 PIPEDA'ya dayalı yasal yükümlülükleri açıklar. [16]

Kanada'da, kuruluşlara yönelik gizlilik şikayetlerini ele alma sorumluluğuna yalnızca Federal Gizlilik Vekili sahiptir. Ancak, bir soruşturmacı rolü üstlenirler; kararları yalnızca tavsiye niteliğindedir (yasal olarak bağlayıcı değildir ve vekilin ofisinde bile emsal değeri yoktur).

Tablo 2 Kanada Gizlilik Yasal Yükümlülükleri

PIPEDA İlkesi	İlkenin Açıklaması
Mükellefiyet	Bir kuruluş, kontrolü altındaki kişisel bilgilerden sorumludur ve kuruluşun ilkeye uyumundan sorumlu olacak bir kişiyi belirlemelidir.
Amaçları Belirleme	Bir kuruluş, kişisel bilgilerin toplanma amaçlarını, bilgilerin toplandığı sırada veya toplanmadan önce tanımlamalıdır.
Rıza	Bir kuruluş, uygun olmadığı durumlar dışında, kişisel bilgilerin toplanması, kullanılması veya ifşa edilmesi için bireyin bilgisini ve onayını almalıdır.
Toplama, Kullanım, İfşa ve Saklamayı Sınırlandırma	Kişisel bilgilerin toplanması, kuruluş tarafından belirlenen amaçlar için gerekli olanlarla sınırlı olmalıdır. Bilgiler adil ve yasal yollarla toplanacaktır. Kişisel bilgiler, bireyin rızası veya yasaların gerektirdiği durumlar dışında, toplanma amaçları dışında kullanılmayacak veya ifşa edilmeyecektir. Kişisel bilgiler, yalnızca bu amaçların yerine getirilmesi için gerekli olduğu sürece saklanacaktır.
Doğruluk	Kişisel bilgiler, kullanım amaçları için gerektiği kadar doğru, eksiksiz ve güncel olmalıdır.
Güvenlik Önemleri	Kişisel bilgiler, bilgilerin hassasiyetine uygun güvenlik önlemleri ile korunmalıdır.
Açıklık	Bir kuruluş, kişisel bilgilerinin yönetimine ilişkin politikaları ve uygulamaları hakkında belirli bilgileri bireylerin kullanımına hazır hale getirmelidir.
Bireysel Erişim	Talep üzerine, bir kişiye, kişisel bilgilerinin varlığı, kullanımı ve ifşası hakkında bilgi verilir ve bu bilgilere erişim hakkı verilir. Kişi, bilgilerin doğruluğuna ve eksiksizliğine itiraz edebilecek ve uygun şekilde değiştirtebilecektir.
Uyum Zorlukları	Bir kişi, yukarıda belirtilen ilkelere uyumla ilgili bir sorunu, adreslenmiş kişi veya kuruluşun uyumundan mükellef kişilerle çözebilmelidir.

[16] http://bit.ly/2tNM53c.

Mart 2012'de ABD Federal Ticaret Komisyonu (FTC), kuruluşların raporda açıklanan en iyi uygulamalara (yani Tasarımdan Gelen Gizlilik) (FTC 2012) dayalı olarak kendi gizlilik programlarını tasarlamalarını ve uygulamalarını tavsiye eden bir rapor yayınladı. Rapor, FTC'nin Adil Bilgi İşleme İlkelerine odaklandığını teyit eder (Bkz. Tablo 3).

Tablo 3 Amerika Birleşik Devletleri Gizlilik Programı Kriterleri

İlke	İlke Açıklamaları
Dikkat / Farkındalık	Veri toplayıcılar, tüketicilerden kişisel bilgi toplamadan önce bilgi uygulamalarını açıklamalıdır.
Seçim / Rıza	Tüketicilere, onlardan toplanan kişisel bilgilerin, bilgilerin sağlandığı amaçlar dışında kullanılıp kullanılmayacağı ve nasıl kullanılabileceği konusunda seçenekler sunulmalıdır.
Erişim / Katılım	Tüketiciler, kendileri hakkında toplanan verilerin doğruluğunu ve eksiksizliğini görüntüleyebilmeli ve bunlara itiraz edebilmelidir.
Bütünlük / Güvenlik	Veri toplayıcılar, tüketicilerden toplanan bilgilerin doğru ve yetkisiz kullanıma karşı güvenli olduğundan emin olmak için gereken adımları atmalıdır.
Yaptırım / Tazmin	Bu adil bilgi uygulamalarına uyulmaması durumunda yaptırım uygulamak için güvenilir bir mekanizmanın kullanılması.

Bu ilkeler, veri minimizasyonu (makul toplama sınırlaması) ve depolama sınırlaması (etkili tutulma), doğruluk ve şirketlerin tüketici verileri için makul güvenlik sağlama zorunluluğu da dahil olmak üzere OECD Adil Bilgi İşleme Kılavuzlarındaki kavramları somutlaştırmak için geliştirilmiştir. Adil bilgi uygulamalarına yönelik diğer odak noktaları şunlardır:

- Tüketicilere yüklenen yükü azaltmak için basitleştirilmiş tüketici seçenekleri
- Bilgi yaşam döngüsü boyunca kapsamlı veri yönetimi prosedürünü sürdürme önerisi
- İzlenmeme opsiyonu
- Olumlu açık rıza için gereksinimler
- Büyük platform sağlayıcılarının veri toplama yetenekleriyle ilgili endişeler; şeffaflık ve net gizlilik bildirimleri ve politikaları
- Kişilerin verilere erişimi
- Tüketicilerin veri gizliliği uygulamaları konusunda eğitilmesi
- Tasarımdan gelen gizlilik

AB mevzuatı tarafından belirlenen standartları izleyerek, bireylerin bilgi gizliliğinin yasal korumasını artırmaya yönelik küresel bir eğilim vardır. Dünyanın dört bir yanındaki yasalar, verilerin uluslararası sınırlar arasında hareketine farklı türde kısıtlamalar getirmektedir. Çok uluslu bir kuruluşta bile, küresel olarak bilgi paylaşımının yasal sınırları olacaktır. Bu nedenle kuruluşların, personelin yasal gerekliliklere uymasını ve ayrıca verileri kuruluşun risk iştahı dahilinde kullanmasını sağlayan politikalara ve yönergelere sahip olması önemlidir.

3.3 Etik Bağlamda Çevrimiçi Veriler

Şu anda Amerika Birleşik Devletleri'nde çevrimiçi olarak etik davranışları bilgilendirmek için hazırlanmış bir dizi ilke oluşturmak için tasarlanmış düzinelerce girişim ve program ortaya çıkıyor (Davis, 2012). Konular şunları içerir:

- **Veri sahipliği**: Sosyal medya siteleri ve veri aracıları ile ilgili olarak kişinin kişisel verilerini kontrol etme haklarıdır. Kişisel verilerin ileriki toplayıcıları, verileri bireylerin farkında olmadığı derin profillere yerleştirebilir.

- **Unutulma Hakkı**: Bir kişiyle ilgili bilgilerin özellikle çevrimiçi itibarı korumak için web'den silinmesini sağlamaktır. Bu konu, genel olarak veri saklama uygulamalarının bir parçasıdır.

- **Kimlik**: Tek, doğru bir kimlik bekleme ve özel kimliğini tercih etme hakkına sahip olmaktır.

- **Çevrimiçi konuşma özgürlüğü**: Zorbalık, terör kışkırtması, 'trolleme' veya hakarete karşı bireyin görüşlerini ifade etmesi.

3.4 Etik Olmayan Veri İşleme Uygulamalarının Riskleri

Verilerle çalışan çoğu kişi, verileri gerçekleri yanlış sunmak için kullanmanın mümkün olduğunu bilir. Darrell Huff (1954) tarafından yazılan *İstatistikle Nasıl Yalan Söylenir* adlı klasik kitap, verilerin bir gerçeklik kaplaması oluştururken gerçekleri yanlış temsil etmek için kullanılabileceği bir dizi yolu açıklar. Yöntemler, makul veri seçimini, ölçeğin manipülasyonunu ve bazı veri noktalarının atlanmasını içerir. Bu yaklaşımlar bugün halen çalışmaktadır.

Verilerin etik olarak ele alınmasının sonuçlarını anlamanın bir yolu, çoğu insanın etik olmadığı konusunda hemfikir olduğu uygulamaları incelemektir. Etik veri işleme, verileri güvenilirlik gibi etik ilkelere göre işlemek için pozitif bir sorumluluk gerektirir. Verilerin güvenilir olmasını sağlamak, doğruluk ve zamanlılık gibi Veri Kalitesi boyutlarına karşı ölçmeyi içerebilir. Ayrıca, temel düzeyde doğruluk ve şeffaflık içerir- verileri yalan söylemek veya yanlış yönlendirmek için kullanmamak ve bir kuruluşun veri işlemesinin arkasındaki kaynaklar, kullanımlar ve niyet konusunda şeffaf olmak. Aşağıdaki senaryolar, diğerlerinin yanı sıra bu ilkeleri ihlal eden etik olmayan veri uygulamalarını açıklamaktadır.

3.4.1 Zamanlama

Zamana dayalı olarak bir raporda veya faaliyette belirli veri noktalarının atlanması veya dahil edilmesi yoluyla yalan söylemek mümkündür. 'Gün sonu' hisse senedi alım satımları yoluyla hisse senedi piyasası manipülasyonu, piyasanın kapanışında hisse senedi fiyatını yapay olarak yükseltebilir ve hisse senedi değerinin yapay bir görünümünü verebilir. Buna piyasa zamanlaması denir ve yasa dışıdır.

İş Zekâsı personeli, anormallikleri ilk fark eden kişiler olabilir. Aslında kendileri, artık dünyanın hisse senedi alım satım merkezlerinde, bu tür sorunları arayan alım satım modellerini yeniden yaratan, raporları analiz eden ve kuralları ve uyarıları gözden geçiren ve izleyen değerli oyuncular olarak görülmektedirler. Etik İş Zekâsı personelinin uygun yönetişim veya yönetim fonksiyonlarını bu tür anormallikler konusunda uyarması gerekebilir.

3.4.2 Yanıltıcı Görselleştirmeler

Verileri yanıltıcı bir şekilde sunmak için çizelgeler ve grafikler kullanılabilir. Örneğin, ölçeği değiştirmek bir trend çizgisinin daha iyi veya daha kötü görünmesini sağlayabilir. Veri noktalarını bırakmak, aralarındaki ilişkiyi netleştirmeden iki gerçeği karşılaştırmak veya kabul edilen görsel kuralları göz ardı etmek (örneğin, yüzdeleri temsil eden bir pasta grafiğindeki sayıların toplamının 100 ve sadece 100 olması gerektiği gibi), insanları verilerin kendisi tarafından desteklenmeyen şekillerde görselleştirmeleri yorumlamaları için kandırmak için de kullanılabilir.[17]

3.4.3 Belirsiz Tanımlar veya Geçersiz Karşılaştırmalar

Bir ABD haber kuruluşu, 2011 ABD Sayım Bürosu verilerine dayanarak, ABD'de 108,6 milyon insanın refah içinde olduğunu, ancak yalnızca 101,7 milyon insanın tam zamanlı bir işte çalıştığını bildirdi ve bu da genel nüfusun orantısız bir yüzdesinin refah içinde olduğu izlenimini verdi. Media Matters bu çelişkiyi şöyle açıkladı: "Refah kapsamındaki kişilerin" sayısıyla ilgili 108,6 milyon rakamı, bir Sayım Bürosunun, "bir veya daha fazla kişinin yaşadığı bir hanede ikamet eden herhangi biri" de dahil olmak üzere, gelir testi yapılan programlara katılım hesabından geliyor. 2011'in dördüncü çeyreğinde, kendilerine devlet yardımı almayan bireyler de dahil edilmiştir. Öte yandan, "tam zamanlı bir işi olan insanlar" rakamı, en az bir kişinin çalıştığı bir hanede ikamet eden bireyleri değil, yalnızca çalışan bireyleri içeriyordu.[18]

Bilgiyi sunarken yapılacak etik şey, ölçülen nüfusun açık ve net bir tanımı ve "refah içinde" olmanın ne anlama geldiği gibi anlamını bildiren bağlam sağlamaktır. Gerekli bağlam dışarıda bırakıldığında, sunumun görüntüsü, verilerin desteklemediği anlamına gelebilir. Bu etkinin, aldatma niyetiyle mi yoksa sadece sakarlıkla mı elde edildiği, verilerin etik olmayan bir şekilde kullanılmasıdır.

Etik bir bakış açısından, istatistikleri kötüye kullanmamak da temelde gereklidir.

Bir dönem boyunca sayıların istatistiksel olarak "yumuşatılması", sayı algısını tamamen değiştirebilir. 'Veri madenciliği gözetleme', bir veri setinde kapsamlı korelasyonların, esasen bir istatistiksel modelin eğitiminin üzerinde gerçekleştirildiği veri madenciliği istatistiksel araştırmalarında bir olgu için yakın zamanda türetilmiş bir terimdir. 'İstatistiksel anlamlılık' davranışı nedeniyle, aslında rastgele sonuçlar olan istatistiksel olarak anlamlı görünen bazı sonuçları beklemek mantıklıdır. Eğitimsizler yanıltılabilir. Bu finans ve tıp sektörlerinde yaygındır (Jensen, 2000; ma.utexas.edu, 2012).[19]

3.4.4 Önyargı

Önyargı, bir bakış açısı eğilimini ifade eder. Kişisel düzeyde, terim mantıksız yargılar veya önyargılarla ilişkilidir. İstatistikte önyargı, beklenen değerlerden sapmaları ifade eder. Bunlar genellikle örnekleme veya veri seçimindeki sistematik hatalar yoluyla ortaya çıkar. Önyargı, veri yaşam döngüsünün farklı noktalarında ortaya çıkabilir: veriler toplandığında veya oluşturulduğunda, analize dahil edilmek üzere seçildiğinde, analiz edildiği yöntemlerle ve analiz sonuçlarının nasıl sunulduğunda.

---

[17] How To Statistics (Web sitesi). *Misleading Graphs: Real Life Examples.* 24 Ocak 2014. http://bit.ly/1jRLgRH Bkz. io9 (Web sitesi). *The Most Useless and Misleading Infographics on the Internet.* http://bit.ly/1YDgURl See http://bit.ly/2tNktve Ek örnekler için Google: "misleading data visualization". Karşıt örnekler, yani etik temelli görseller için bkz. Tufte (2001).

[18] http://mm4a.org/2spKToU Örnek ayrıca yanıltıcı görseller de göstermektedir, çünkü çubuk grafikte 108,6 milyon çubuk, 101,7 milyon sütundan yaklaşık 5 kat daha büyük olarak gösterilmiştir.

[19] Ayrıca W. Edwards Deming'in çok sayıda makalesi için: http://bit.ly/2tNnlZh

Etik adalet ilkesi, veri toplama, işleme, analiz veya yorumlamayı etkileyebilecek olası önyargıların farkında olmak için pozitif bir sorumluluk yaratır. Bu, tarihsel olarak önyargıya veya haksız muameleye maruz kalmış insan gruplarını orantısız bir şekilde etkileyebilecek büyük ölçekli veri işleme durumunda özellikle önemlidir. Verileri, yanlılığın ortaya çıkma yollarına değinmeden kullanmak, süreçte şeffaflığı azaltırken önyargıyı artırabilir ve sonuçta ortaya çıkan sonuçlara tarafsız olmadıklarında bile tarafsızlık verebilir. Birkaç türlü önyargı vardır:

- **Önceden tanımlanmış sonuçlar için Veri Toplama**: Analistler, nesnel bir sonuç çıkarma çabası yerine önceden tanımlanmış bir sonuca ulaşmak için veri toplamaya ve sonuçlar üretmeye zorlanır.

- **Toplanan verilerin taraflı kullanımı**: Veriler sınırlı bir önyargıyla toplanabilir, ancak bir analist, önceden belirlenmiş bir yaklaşımı doğrulamak için onu kullanmaya zorlanır. Hatta veriler bu amaçla manipüle edilebilir (yani, yaklaşımı doğrulamıyorsa, bazı veriler atılabilir).

- **Önsezi ve arama**: Analistin bir önsezisi vardır ve bu önseziyi tatmin etmek ister, ancak yalnızca önseziyi doğrulayan verileri kullanır ve verilerin ortaya çıkabileceği diğer olasılıkları hesaba katmaz.

- **Önyargılı örnekleme metodolojisi**: Örnekleme, genellikle veri toplamanın gerekli bir parçasıdır. Ancak, örnek kümesini seçmek için kullanılan yöntemle yanlılık ortaya çıkabilir. İnsanların bir tür önyargı olmadan örnek alması neredeyse imkansızdır. Önyargıyı sınırlamak için numuneleri seçmek ve yeterli numune boyutları oluşturmak için istatistiksel araçlar kullanılmalıdır. Eğitim için kullanılan veri setlerindeki yanlılığın farkındalığı özellikle önemlidir.

- **Bağlam ve Kültür**: Önyargılar genellikle kültürel veya bağlamsal temellidir, bu nedenle duruma tarafsız bir bakış için o kültürün veya bağlamın dışına çıkmak gerekir.

Önyargı sorunları, söz konusu veri işleme türü, dahil olan paydaşlar, veri setlerinin nasıl doldurulduğu, iş ihtiyacının karşılanması ve sürecin beklenen sonuçları gibi birçok faktöre bağlıdır. Bununla birlikte, tüm önyargıları ortadan kaldırmak her zaman mümkün ve hatta arzu edilen bir durum değildir. Zayıf müşterilere (daha fazla gelir beklenmeyen müşteriler) karşı işsel önyargı, iş analistleri tarafından oluşturulan birçok senaryonun temel bir parçasıdır; örneklerden seçilmezler veya analizde yok sayılırlar. Böyle bir durumda analistler, üzerinde çalıştıkları popülasyonu tanımlamak için kullandıkları kriterleri belgelemelidir. Buna karşılık, bireylerin 'cezai riskini' belirleyen tahmine dayalı algoritmalar veya belirli mahallelere kaynak gönderen tahmine dayalı polislik, adalet veya hakkaniyet etik ilkelerini ihlal etme riskine çok daha fazla sahip olacaktır ve algoritmik şeffaflık ve mükellefiyeti sağlamak ve önyargıya karşı koymak için herhangi bir tahmine dayalı algoritmayı eğiten veri kümelerinde daha büyük önlemlere sahip olmalıdır.[20]

3.4.5 Verileri Dönüştürme ve Entegre Etme

Veri entegrasyonu etik zorluklar taşır, çünkü veriler sistemden sisteme geçerken değişirler. Veriler özenle entegre edilmezse, etik olmayan ve hatta yasa dışı veri işleme riski taşır. Bu etik riskler, aşağıdakiler dahil olmak üzere veri yönetimindeki temel sorunlarla kesişir:

---

[20] Makine öğrenimi önyargı örnekleri için bkz. Brennan (2015) ve Ford Foundation ve ProPublica web siteleri. Önyargıya ek olarak, opaklık sorunu da vardır. Öğrenen makinelerin tahmine dayalı algoritmaları daha karmaşık hale geldikçe, kararlarının mantığını ve kökenini takip etmek zorlaşır. Bkz. Lewis ve Monett (2017). http://bit.ly/1Om41ap; http://bit.ly/2oYmNRu.

- **Verinin kökeni ve menşei hakkında sınırlı bilgi**: Bir kuruluş verilerin nereden geldiğini ve sistemler arasında hareket ederken nasıl değiştiğini bilmiyorsa, kuruluş verilerin temsil ettiğini iddia ettiklerini temsil ettiğini kanıtlayamaz.

- **Düşük kaliteli veriler**: Kuruluşlar, veri kalitesi için net, ölçülebilir standartlara sahip olmalı ve kalite standartlarını karşıladığını doğrulamak için verilerini ölçmelidirler. Bu onay olmadan, bir kuruluş veriler için kefil olamaz ve veri tüketicileri, verileri kullandıklarında risk altında olabilir veya başkalarını riske atabilir.

- **Güvenilir Olmayan Metaveriler**: Veri tüketicileri, tek tek veri öğelerinin tutarlı tanımları, verilerin kökenine ilişkin belgeler ve kökene ilişkin belgeler (örneğin, verilerin entegre edildiği kurallar) dahil olmak üzere güvenilir metaverilere bağlıdır. Güvenilir Metaveriler olmadan veriler yanlış anlaşılabilir ve potansiyel olarak yanlış kullanılabilir. Verilerin kuruluşlar arasında taşınabileceği ve özellikle sınırların ötesine geçebileceği durumlarda, metaveriler, kaynağını, kime ait olduğunu ve özel koruma gerektirip gerektirmediğini belirten etiketler içermelidir.

- **Veri düzeltme geçmişine ilişkin belge bulunmaması**: Kuruluşlar ayrıca verilerin değiştirilme biçimleriyle ilgili denetlenebilir bilgilere sahip olmalıdır. Veri düzeltmesinin amacı veri kalitesini iyileştirmek olsa bile, bunu yapmak yasa dışı olabilir. Veri düzeltmesi her zaman resmi, denetlenebilir bir değişiklik kontrol sürecini takip etmelidir.

3.4.6 Gizleme / Verilerin Redaksiyonu

Verileri gizleme veya düzeltme, bilgileri anonim hale getirme veya hassas bilgileri kaldırma uygulamasıdır. Ancak, bir aşağı akış etkinliği (analiz veya diğer veri kümeleriyle kombinasyon) verileri açığa çıkarabiliyorsa, tek başına gizleme verileri korumak için yeterli olmayabilir. Bu risk aşağıdaki durumlarda mevcuttur:

- **Veri birleştirme**: Bazı boyutlar genelinde verileri toplarken ve tanımlayıcı verileri kaldırırken, bir veri kümesi, kişisel tanımlayıcı bilgileri (PII) ifşa etme kaygısı olmaksızın analitik bir amaca hizmet edebilir. Coğrafi bölgelere göre birleştirme yaygın bir uygulamadır (bkz. Bölüm 7 ve 14).

- **Veri işaretleme**: Veri işaretleme, veri duyarlılığını (gizli, kişisel vb.) sınıflandırmak ve kamu veya tedarikçiler gibi uygun topluluklara ve hatta belirli ülkelerden tedarikçilere veya diğer topluluk değerlendirmelerine serbest bırakılmasını kontrol etmek için kullanılır.

- **Veri maskeleme**: Veri maskeleme, yalnızca uygun şekilde gönderilen verilerin, süreçleri çalıştırabileceği bir uygulamadır. Operatörler uygun verilerin ne olabileceğini göremezler; sadece kendilerine verilen yanıtları yazarlar ve bu yanıtlar doğruysa, başka faaliyetlere izin verilir. Veri maskeleme kullanan iş süreçleri, dış kaynaklı çağrı merkezlerini veya bilgiye yalnızca kısmi erişimi olması gereken alt yüklenicileri içerir.

Veri Bilimi analizlerinde son derece büyük veri kümelerinin kullanılması, anonimleştirmenin etkinliği hakkında yalnızca teorik olmaktan çok pratik kaygıları gündeme getirir. Büyük veri kümeleri içinde, girdi veri kümeleri anonimleştirilmiş olsa bile, verileri bireylerin özel olarak tanımlanmasını sağlayacak şekilde birleştirmek mümkündür. Veriler bir veri gölüne düştüğünde ilk endişe, onu hassas veriler için analiz etmek ve kabul edilen koruma yöntemlerini uygulamaktır. Ancak bunlar tek başına yeterli koruma sağlamayabilir; bu nedenle kuruluşların güçlü bir yönetişime sahip olması ve etik veri işleme taahhüdüne sahip olması hayati önem taşımaktadır (Bkz. Bölüm 14).

3.5 Etik Veri Kültürü Oluşturma

Bir etik veri işleme kültürü oluşturmak, mevcut uygulamaları anlamayı, beklenen davranışları tanımlamayı, bunları politikalarda ve etik kurallarda kodlamayı ve beklenen davranışları uygulamak için eğitim ve gözetim sağlamayı gerektirir. Veri yönetişimi ve değişen kültürle ilgili diğer girişimlerde olduğu gibi, bu süreç de güçlü bir liderlik gerektirir.

Verilerin etik olarak ele alınması, açıkça yasaya uymayı içerir, ancak aynı zamanda verilerin nasıl analiz edildiğini ve yorumlandığını ve ayrıca dahili ve harici olarak nasıl kullanıldığını da etkiler. Açıkça etik davranışa değer veren bir organizasyon kültürü, yalnızca davranış kurallarına sahip olmakla kalmayacak, aynı zamanda çalışanları sorgulamalar ve uygun yönlendirme yolları ile desteklemek için açık iletişim ve yönetişim kontrollerinin yürürlükte olmasını sağlayacaktır, böylece çalışanlar etik olmayan uygulamaların veya etik risklerin farkına varırlarsa, misilleme korkusu olmadan sorunu vurgulayabilir veya süreci durdurabilir. Bir organizasyonun verilerle ilgili etik davranışını geliştirmek, resmi bir Organizasyonel Değişim Yönetimi (OCM) sürecini gerektirir (Bkz. Bölüm 17).

3.5.1 Mevcut Durum Veri İşleme Uygulamalarının Gözden Geçirilmesi

İyileştirmenin ilk adımı mevcut durumu anlamaktır. Mevcut veri işleme uygulamalarını gözden geçirmenin amacı, bunların etik ve uyum faktörlerine doğrudan ve açık bir şekilde ne derece bağlı olduklarını anlamaktır. Bu gözden geçirme aynı zamanda çalışanların, müşterilerin, ortakların ve diğer paydaşların güvenini oluşturma ve koruma konusundaki mevcut uygulamaların etik sonuçlarını ne kadar iyi anladıklarını da belirlemelidir. İncelemeden elde edilen çıktılar, veri paylaşım faaliyetleri de dahil olmak üzere veri yaşam döngüsü boyunca kuruluşun veri toplaması, kullanması ve gözetiminin altında yatan etik ilkeleri belgelemelidir.

3.5.2 İlkeleri, Uygulamaları ve Risk Faktörlerini Belirleyin

Veri işleme ile ilgili etik uygulamaları resmileştirmenin amacı, verilerin kötüye kullanılması ve müşterilere, çalışanlara, tedarikçilere, diğer paydaşlara veya bir bütün olarak kuruluşa zarar verme riskini azaltmaktır. Uygulamalarını iyileştirmeye çalışan bir kuruluş, bireylerin mahremiyetini koruma gerekliliği gibi genel ilkelerin yanı sıra finansal veya sağlıkla ilgili bilgileri koruma ihtiyacı gibi sektöre özgü kaygıların da farkında olmalıdır.

Bir kuruluşun veri etiğine yaklaşımı, yasal ve düzenleyici uyumluluk gereksinimleriyle uyumlu olmalıdır. Örneğin, küresel olarak faaliyet gösteren kuruluşların, faaliyet gösterdikleri ülkelerin yasalarının temelindeki etik ilkeler hakkında geniş bir bilgiye ve ayrıca ülkeler arasındaki anlaşmalara ilişkin özel bilgilere sahip olmaları gerekir. Ek olarak, çoğu kuruluş, teknoloji ayak izleri, çalışan devir hızı, müşteri verilerini toplama yöntemleri veya diğer faktörlerle ilgili olabilecek belirli risklere sahiptir.

İlkeler, riskler (ilkelere uyulmadığında meydana gelebilecek tehditler) ve uygulamalar (risklerden kaçınmak için işleri yapmanın doğru yolları) ile uyumlu olmalıdır. Uygulamalar, aşağıdaki örnekte gösterildiği gibi kontrollerle desteklenmelidir:

- **Yol gösterici ilke**: İnsanlar, sağlıkları ile ilgili bilgilerle ilgili olarak mahremiyet hakkına sahiptir. Bu nedenle hastaların kişisel sağlık verilerine, hasta bakımı kapsamında erişim yetkisi verilen kişiler dışında erişilmemelidir.

- **Risk**: Hastaların kişisel sağlık verilerine geniş erişim varsa, o zaman bireyler hakkındaki bilgiler kamuya açık hale gelebilir ve bu da onların mahremiyet haklarını tehlikeye atabilir.

- **Uygulama**: Hastaların kişisel sağlık verilerine yalnızca hemşireler ve doktorlar tarafından ve yalnızca bakım sağlamak amacıyla erişilebilecektir.

- **Kontrol**: Hastaların kişisel sağlık bilgilerini içeren sistemlerin tüm kullanıcıları, yalnızca erişime ihtiyacı olan kişilerin erişebildiğinden emin olmak için yıllık olarak gözden geçirilecektir.

3.5.3 Etik Veri İşleme Stratejisi ve Yol Haritası Oluşturulması

Mevcut durumun gözden geçirilmesinden ve bir dizi ilkenin geliştirilmesinden sonra, bir kuruluş veri işleme uygulamalarını iyileştirmek için bir stratejiyi resmileştirebilir. Bu strateji hem etik ilkeleri hem de verilerle ilgili beklenen davranışı, değerler ifadelerinde ve bir etik davranış kodunda ifade edilmelidir. Böyle bir stratejinin bileşen parçaları şunları içerir:

- **Değer beyanları**: Değer beyanları, kuruluşun neye inandığını tanımlar. Örnekler arasında doğruluk, hakkaniyet veya adalet sayılabilir. Bu ifadeler, verilerin etik olarak ele alınması ve karar verme için bir çerçeve sağlar.

- **Etik veri işleme ilkeleri**: Etik veri işleme ilkeleri, bir kuruluşun verilerin sunduğu zorluklara nasıl yaklaştığını tanımlar; örneğin, bireylerin mahremiyet haklarına nasıl saygı gösterileceği. İlkeler ve beklenen davranışlar bir etik kodda özetlenebilir ve bir etik politikasıyla desteklenebilir. Kodun ve politikanın sosyalleştirilmesi, eğitim ve iletişim planına dahil edilmelidir.

- **Uyum çerçevesi**: Bir uyum çerçevesi, kurumsal yükümlülükleri yönlendiren faktörleri içerir. Etik davranışlar, kuruluşun uyumluluk gereksinimlerini karşılamasını sağlamalıdır. Uyumluluk gereksinimleri, coğrafi ve sektör kaygılarından etkilenir.

- **Risk değerlendirmeleri**: Risk değerlendirmeleri, kuruluş içinde ortaya çıkan belirli sorunların olasılığını ve sonuçlarını tanımlar. Bunlar, çalışanların etik ilkelere uyumu da dahil olmak üzere, risklerin azaltımıyla ilgili eylemlerin önceliklendirilmesi için kullanılmalıdır.

- **Eğitim ve iletişim**: Eğitim, etik kuralların gözden geçirilmesini içermelidir. Çalışan, koda ve verilerin etik olmayan şekilde işlenmesinin etkilerine aşina olduklarını beyan etmelidir. Eğitim süregelmelidir; örneğin, yıllık etik beyanı onayı için bir gereklilik yoluyla. İletişim tüm çalışanlara ulaşmalıdır.

- **Yol Haritası**: Yol haritası, yönetim tarafından onaylanabilecek faaliyetleri içeren bir zaman çizelgesi içermelidir. Faaliyetler, eğitim ve iletişim planının yürütülmesini, mevcut uygulamalardaki boşlukların belirlenmesini ve giderilmesini, risk azaltma ve izleme planlarını içerecektir. Verilerin uygun şekilde işlenmesi konusunda kuruluşun hedef konumunu yansıtan roller, sorumluluklar ve süreçler ile daha fazla bilgi için uzmanlara yapılan referansları içeren ayrıntılı beyanlar geliştirilmelidir. Yol haritası, geçerli tüm yasaları ve kültürel faktörleri kapsamalıdır.

- **Denetim ve izleme yaklaşımı**: Etik fikirler ve etik kurallar eğitim yoluyla güçlendirilebilir. Etik ilkelere uygun olarak yürütüldüğünden emin olmak için belirli faaliyetlerin izlenmesi de tavsiye edilir.

3.5.4 Sosyal Sorumlu Bir Etik Risk Modeli Benimsenmesi

İş Zekâsı, analitik ve Veri Biliminde yer alan veri uzmanları genellikle aşağıdakileri açıklayan verilerden sorumludur:

- Menşe ülkeleri ve ırksal, etnik ve dini özellikleri de dahil olmak üzere kişiler kimlerdir
- Siyasi, sosyal ve olası suç faaliyetleri dahil olmak üzere kişilerin yaptıkları
- Kişilerin nerede yaşadıkları ne kadar paraları olduğu ne satın aldıkları, kimlerle konuştukları, mesajlaştıkları veya e-posta gönderdikleri
- Onları gelecekteki işleri için ayrıcalıklı veya değil olarak etiketleyecek puanlama ve tercih takibi gibi analiz sonuçları da dahil olmak üzere kişilere nasıl davranıldığı

Bu veriler kötüye kullanılabilir ve veri etiğinin altında yatan ilkelere ters düşebilirler: saygı, ihsan ve adalet.

İş Zekâsı, analitik ve Veri Bilimi faaliyetlerini adil bir şekilde yürütmek, insanların çalıştığı organizasyonun sınırlarının ötesine bakan ve daha geniş topluluğa yönelik etkileri hesaba katan etik bir bakış açısı gerektirir. Etik bir bakış açısı, yalnızca verilerin kolayca kötüye kullanılabilecekleri için değil, aynı zamanda kuruluşların verilerine zarar vermemek için sosyal bir sorumluluğu olduğu için de gereklidir.

Örneğin, bir kuruluş, bu kişilerle iş yapmayı durdurmak için "kötü" müşteriler olarak gördüğü müşteriler için kriterler belirleyebilir. Ancak bu kuruluş belirli bir coğrafi alanda temel bir hizmet üzerinde tekele sahipse, o zaman bu kişilerden bazıları kendilerini bu temel hizmetten yoksun bulabilir ve kuruluşun kararı nedeniyle zarar görebilirler.

Kişisel verileri kullanan projeler, bu verilerin kullanımına yönelik disiplinli bir yaklaşıma sahip olmalıdır. Bkz. Şekil 13. Şunları hesaba katmalıdırlar:

- Çalışma için popülasyonlarını nasıl seçiyorlar (ok 1)
- Veriler nasıl toplanacak (ok 2)
- Analitikler hangi faaliyetlere odaklanacak (ok 3)
- Sonuçların nasıl erişilebilir hale getirilecek (ok 4)

Her bir değerlendirme alanında, müşteriler veya vatandaşlar üzerindeki olası olumsuz etkilere özellikle odaklanarak potansiyel etik riskleri ele almalıdırlar.

Projenin yürütülüp yürütülmeyeceğini belirlemek için bir risk modeli kullanılabilir. Ayrıca bu projenin nasıl yürütüleceğini de etkileyecektir. Örneğin, veriler anonim hale getirilecek, özel bilgiler dosyadan kaldırılacak, dosyalar üzerindeki güvenlik sıkılaştırılacak veya onaylanacak, yerel ve diğer geçerli gizlilik yasalarının gözden geçirilmesi yasal olarak gözden geçirilecektir. Kuruluş bir yargı bölgesinde tekel ise ve vatandaşların enerji veya su gibi başka tedarik seçenekleri yoksa, müşterilerin terki yasalara göre izin verilmeyebilir.

Veri analitiği projeleri karmaşık olduğundan, insanlar etik zorlukları görmeyebilir. Kuruluşların potansiyel riskleri aktif olarak belirlemesi gerekir. Ayrıca riskleri gören ve endişelerini dile getiren ihbarcıları da korumaları gerekir. Otomatik izleme, etik olmayan faaliyetlere karşı yeterli koruma sağlamaz. İnsanlar – analistlerin kendileri – olası önyargılar üzerinde düşünmeye ihtiyaç duyarlar. İşyerindeki kültürel normlar ve etik, kurumsal davranışı etkiler- etik risk modeli öğrenilmeli ve kullanılmalıdır. DAMA International, veri uzmanlarını profesyonel bir duruş sergilemeye ve risk durumunu, belirli veri kullanımlarının sonuçlarını ve işlerindeki bu etkileri fark etmemiş olabilecek yöneticilere sunmaya teşvik eder.

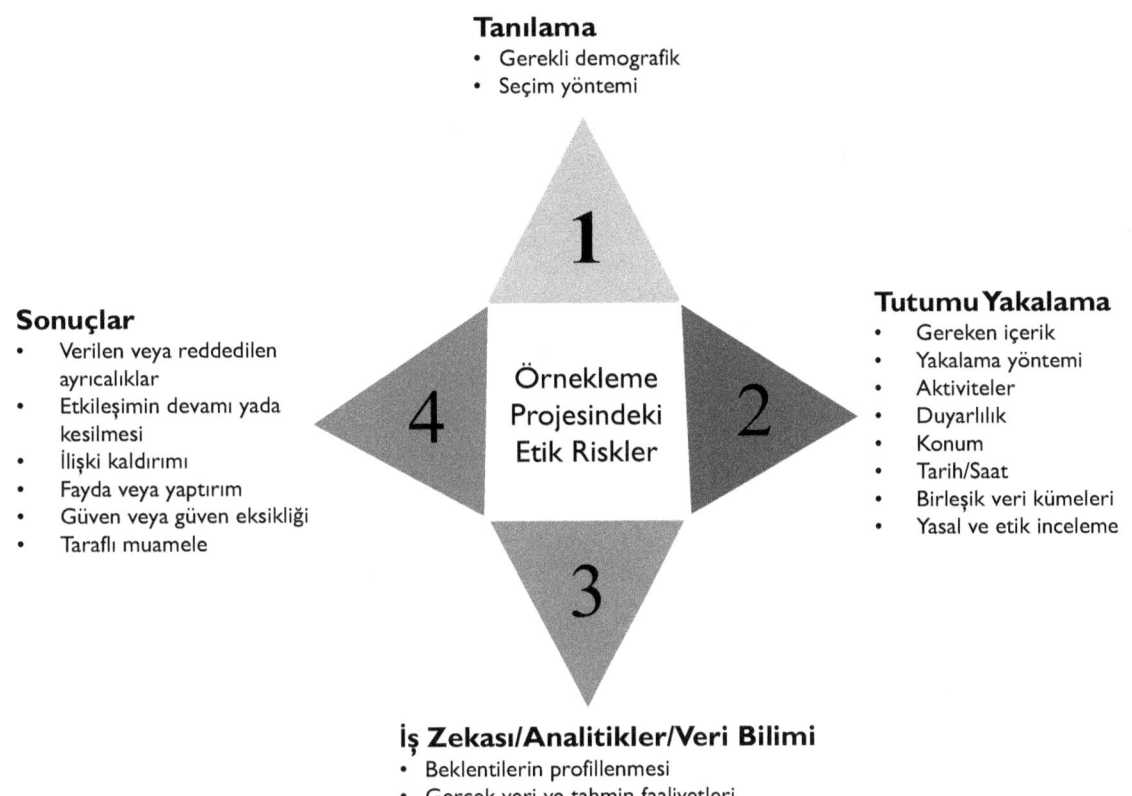

Şekil 13 Örnekleme Projeleri için Etik Risk Modeli

3.6 Veri Etiği ve Yönetişim

Verilerin uygun şekilde işlenmesine ilişkin gözetim hem veri yönetişimi hem de hukuk müşavirliği kapsamındadır. Birlikte yasal değişikliklerden haberdar olmaları ve çalışanların yükümlülüklerinin farkında olmalarını sağlayarak etik uygunsuzluk riskini azaltmaları gerekmektedir. Veri Yönetişimi, veri işleme uygulamaları için standartlar ve politikalar belirlemeli ve bunların gözetimini sağlamalıdır. Çalışanlar, adil muamele, olası ihlallerin bildiriminde korunma ve kişisel yaşamlarına müdahale edilmemesini beklerler. Veri Yönetişimi, BI, analitik ve Veri Bilimi çalışmaları tarafından önerilen planları ve kararları gözden geçirmek için özel bir gözetim gereksinimine sahiptir.

DAMA International'ın Sertifikalı Veri Yönetimi Uzmanı (CDMP) sertifikası, veri yönetimi profesyonelinin resmi etik kurallarına bağlı olmasını gerektirir; buna verileri kullanan kuruluşun ötesinde toplum adına etik olarak işleme yükümlülüğü de dahildir.

4. Alıntılanan / Önerilen Çalışmalar

Blann, Andrew. *Data Handling and Analysis*. Oxford University Press, 2015. Print. Fundamentals of Biomedical Science.

Council for Big Data, Ethics, and Society (website) http://bit.ly/2sYAGAq.

Davis, Kord. *Ethics of Big Data: Balancing Risk and Innovation*. O'Reilly Media, 2012. Print.

European Data Protection Supervisor (EDPS). Opinion 4/2015 "Towards a new digital ethics: Data, dignity and technology." http://bit.ly/2sTFVlI.

Federal Trade Commission, US (FTC). *Federal Trade Commission Report Protecting Consumer Privacy in an Era of Rapid Change*. March 2012. http://bit.ly/2rVgTxQ and http://bit.ly/1SHOpRB.

GDPR REGULATION (EU) 2016/679 OF THE EUROPEAN PARLIAMENT AND OF THE COUNCIL of 27 April 2016 on the protection of natural persons with regard to the processing of personal data and on the free movement of such data, and repealing Directive 95/46/EC (General Data Protection Regulation).

Hasselbalch, Gry and Pernille Tranberg. *Data Ethics: The New Competitive Advantage*. Publishare. 2016.

Huff, Darrell. *How to Lie with Statistics*. Norton, 1954. Print.

Jensen, David. "Data Snooping, Dredging and Fishing: The Dark Side of Data Mining A SIGKDD99 Panel Report." *SIGKDD Explorations*. ACM SIGKDD, Vol. 1, Issue 2. January 2000. http://bit.ly/2tNThMK.

Johnson, Deborah G. *Computer Ethics*. 4th ed. Pearson, 2009. Print.

Kaunert, C. and S. Leonard, eds. *European Security, Terrorism and Intelligence: Tackling New Security Challenges in Europe*. Palgrave Macmillan, 2013. Print. Palgrave Studies in European Union Politics.

Kim, Jae Kwan and Jun Shao. *Statistical Methods for Handling Incomplete Data*. Chapman and Hall/CRC, 2013. Chapman and Hall/CRC Texts in Statistical Science.

Lake, Peter. *A Guide to Handling Data Using Hadoop: An exploration of Hadoop, Hive, Pig, Sqoop and Flume*. Peter Lake, 2015.

Lewis, Colin and Dagmar Monett. *AI and Machine Learning Black Boxes: The Need for Transparency and Accountability*. KD Nuggets (website), April 2017. http://bit.ly/2q3jXLr.

Lipschultz, Jeremy Harris. *Social Media Communication: Concepts, Practices, Data, Law and Ethics*. Routledge, 2014. Print.

Mayfield, M.I. *On Handling the Data*. CreateSpace Independent Publishing Platform, 2015. Print.

Mazurczyk, Wojciech et al. *Information Hiding in Communication Networks: Fundamentals, Mechanisms, and Applications*. Wiley-IEEE Press, 2016. Print. IEEE Press Series on Information and Communication Networks Security.

Naes, T. and E. Risvik eds. *Multivariate Analysis of Data in Sensory Science*. Volume 16. Elsevier Science, 1996. Print. Data Handling in Science and Technology (Book 16).

Olivieri, Alejandro C. et al, eds. *Fundamentals and Analytical Applications of Multi-way Calibration*. Volume 29. Elsevier, 2015. Print. Data Handling in Science and Technology (Book 29).

ProPublica (website). "Machine Bias: Algorithmic injustice and the formulas that increasingly influence our lives." May 2016 http://bit.ly/2oYmNRu.

Provost, Foster and Tom Fawcett. *Data Science for Business: What you need to know about data mining and data-analytic thinking*. O'Reilly Media, 2013. Print.

Quinn, Michael J. *Ethics for the Information Age*. 6th ed. Pearson, 2014. Print.

Richards, Lyn. *Handling Qualitative Data: A Practical Guide*. 3 Pap/Psc ed. SAGE Publications Ltd, 2014. Print.

Thomas, Liisa M. *Thomas on Data Breach: A Practical Guide to Handling Data Breach Notifications Worldwide*. LegalWorks, 2015. Print.

Tufte, Edward R. *The Visual Display of Quantitative Information*. 2nd ed. Graphics Pr., 2001. Print.

University of Texas at Austin, Department of Mathematics (website). *Common Misteaks Mistakes in Using Statistics*. http://bit.ly/2tsWthM. Web.

US Department of Health and Human Services. *The Belmont Report*. 1979. http://bit.ly/2tNjb3u (US-HSS, 2012).

US Department of Homeland Security. "Applying Principles to Information and Communication Technology Research: A Companion to the Department of Homeland Security Menlo Report". January 3, 2012. http://bit.ly/2rV2mSR (US-DHS, 1979).

Witten, Ian H., Eibe Frank and Mark A. Hall. *Data Mining: Practical Machine Learning Tools and Techniques*. 3rd ed. Morgan Kaufmann, 2011. Print. Morgan Kaufmann Series in Data Management Systems.

BÖLÜM 3

Veri Yönetişimi

DAMA-DMBOK2 Veri Yönetimi Çerçevesi
Copyright © 2017 by DAMA International

1. Giriş

Veri Yönetişimi (VY/DG), veri varlıklarının yönetimi üzerinde yetki ve kontrolün (planlama, izleme ve uygulama) uygulanması olarak tanımlanır. Resmi bir Veri Yönetişimi işlevine sahip olup olmadıklarına bakılmaksızın, tüm kuruluşlar verilerle ilgili kararlar alırlar. Resmi bir Veri Yönetişimi programı oluşturanlar, yetki ve kontrolü daha bilinçli olarak kullanabilirler (Seiner, 2014). Bu tür kuruluşlar, veri varlıklarından elde ettikleri değeri artırmada daha iyidirler.

Veri Yönetişimi işlevi, diğer tüm veri yönetimi işlevlerine rehberlik eder. Veri Yönetişiminin amacı, verilerin politikalara ve en iyi uygulamalara göre uygun şekilde yönetilmesini sağlamaktır (Ladley, 2012). Genel olarak veri yönetiminin etkeni, bir kuruluşun verilerinden değer elde etmesini sağlamak olsa da Veri Yönetişimi, verilerle ilgili kararların nasıl alındığına ve kişilerin ve süreçlerin verilerle ilgili olarak nasıl davranmasının beklendiğine odaklanır. Belirli bir veri yönetişimi programının kapsamı ve odağı, kurumsal ihtiyaçlara bağlı olacaktır, ancak çoğu program şunları içerir:

- **Strateji**: Veri Stratejisi ve Veri Yönetişim Stratejisinin tanımlanması ve yürütülmesinin yönlendirilmesi

- **Politika**: Veri ve metaveri yönetimi, erişim, kullanım, güvenlik ve kalite ile ilgili politikaların belirlenmesi ve uygulanması

- **Standartlar ve kalite**: Veri Kalitesi ve Veri Mimarisi standartlarının belirlenmesi ve uygulanması

- **Gözetim**: Kalite, politika ve veri yönetiminin kilit alanlarında uygulamalı gözlem, denetim ve düzeltme sağlanması (genellikle stewardship-sorumluluk olarak anılır)

- **Uyumluluk**: Kurumun verilerle ilgili mevzuata uygunluk gereksinimlerini karşılayabilmesini sağlama

- **Sorun yönetimi**: Veri güvenliği, veri erişimi, veri kalitesi, mevzuata uygunluk, veri sahipliği, politika, standartlar, terminoloji veya veri yönetişim prosedürleriyle ilgili sorunları belirleme, tanımlama, eskale etme ve çözme

- **Veri yönetimi projeleri**: Veri yönetimi uygulamalarını iyileştirme çabalarına sponsor olunması

- **Veri varlığı değerlemesi**: Veri varlıklarının iş değerini tutarlı bir şekilde belirleyebilmek adına standartlar ve süreçler tanımlanması

Bu hedeflere ulaşmak için Veri Yönetişimi programı, politikalar ve prosedürler geliştirecek, kurum içinde birden çok düzeyde veri yönetimi uygulamalarını geliştirecek ve iyileştirilmiş veri yönetişiminin faydalarını ve verileri bir varlık olarak başarıyla yönetmek için gerekli davranışları kuruma aktif olarak paylaşan kurumsal değişim yönetimi çabalarına katılacaktır.

Çoğu kurum için, resmi Veri Yönetişimini benimsemek, kurumsal değişim yönetiminin desteğini (bkz. Bölüm 17) ve aynı zamanda Risk Yönetimi Direktörü (CRO), Finans Direktörü (CFO) veya Veri Direktörü (CDO) gibi yönetim kurulu düzeyindeki bir yöneticinin sponsorluğunu gerektirir.

Veri, bilgi oluşturma ve paylaşma yeteneği, kişisel ve ekonomik etkileşimlerimizi dönüştürmüştür. Dinamik piyasa koşulları ve rekabetçi bir farklılaştırıcı olarak artan veri farkındalığı, kurumların veri yönetimi sorumluluklarını yeniden düzenlemelerine neden olmaktadır. Bu tür bir değişiklik finans, e-ticaret, kamu ve perakende sektörlerinde açıkça görülmektedir. Kurumlar, strateji geliştirme, program planlama ve teknoloji uygulamanın bir parçası olarak veri gereksinimlerini proaktif olarak göz önünde bulundurarak, veri odaklılığa giderek daha fazla çabalamaktadırlar. Ancak, bunu yapmak çoğu zaman önemli kültürel zorlukları da beraberinde getirmektedir. Ayrıca, kültür herhangi bir stratejiyi rayından çıkarabileceğinden, Veri Yönetişimi çabalarının bir kültürel değişim bileşeni içermesi gerekir ve güçlü bir yönetim tarafından desteklenmelidir.

Kurumsal bir varlık olarak verilerden yararlanmak için organizasyon kültürü, verilere ve veri yönetimi faaliyetlerine değer vermeyi öğrenmelidir. En iyi veri stratejisiyle bile, kurum değişimi kabul edip yönetmedikçe veri yönetişimi ve veri yönetimi planları başarılı olmayacaktır. Birçok kurum için kültürel değişim büyük bir zorluktur. Değişim yönetiminin temel ilkelerinden biri, kurumsal değişimin bireysel değişim gerektirdiğidir (Hiatt ve Creasey, 2012). Veri yönetişimi ve veri yönetimi önemli davranış değişimleri gerektirdiğinde, başarı için resmi bir değişim yönetimi gereklidir.

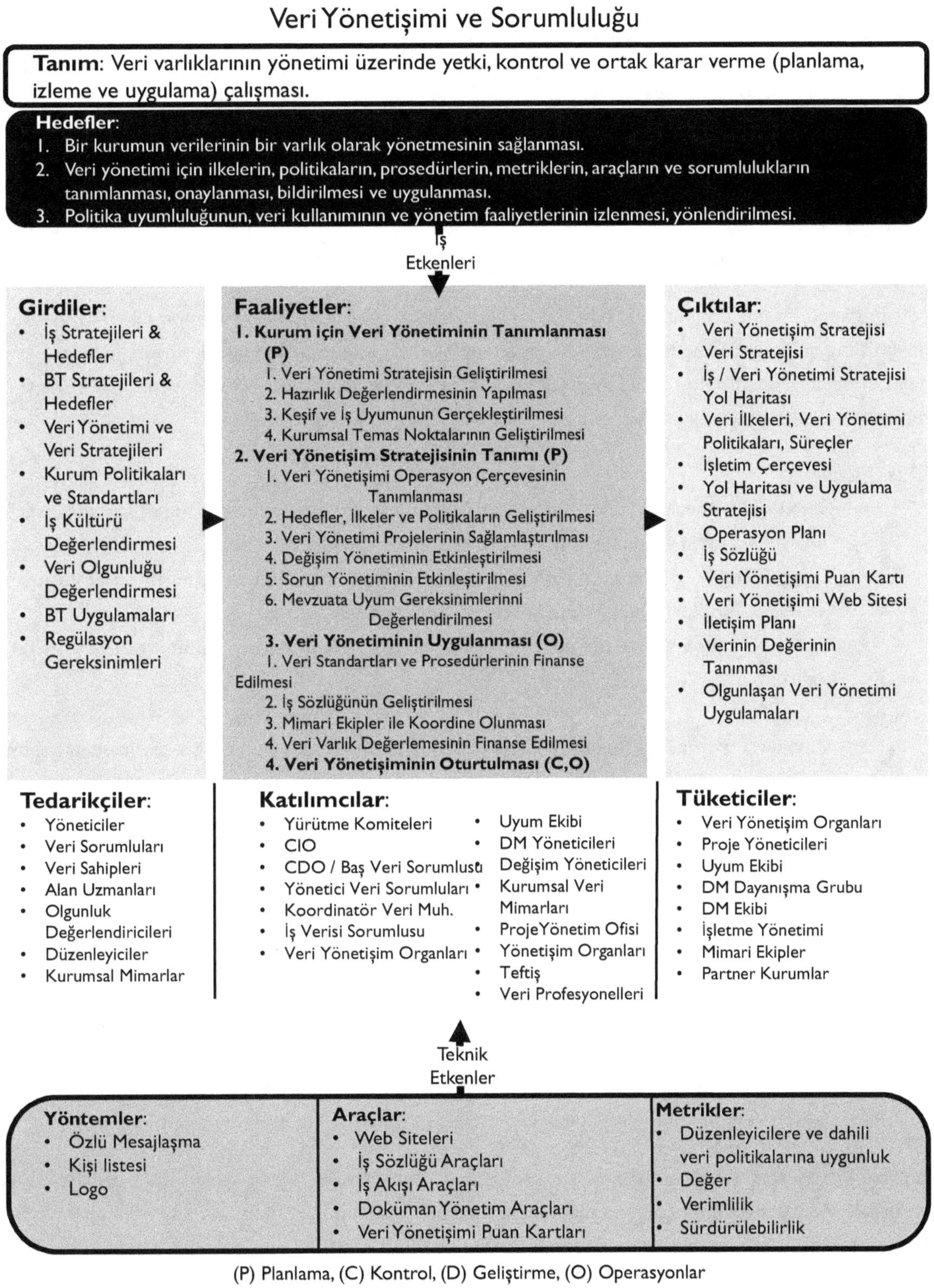

Veri Yönetişimi ve Sorumluluğu

Tanım: Veri varlıklarının yönetimi üzerinde yetki, kontrol ve ortak karar verme (planlama, izleme ve uygulama) çalışması.

Hedefler:
1. Bir kurumun verilerinin bir varlık olarak yönetmesinin sağlanması.
2. Veri yönetimi için ilkelerin, politikaların, prosedürlerin, metriklerin, araçların ve sorumlulukların tanımlanması, onaylanması, bildirilmesi ve uygulanması.
3. Politika uyumluluğunun, veri kullanımının ve yönetim faaliyetlerinin izlenmesi, yönlendirilmesi.

İş Etkenleri

Girdiler:
- İş Stratejileri & Hedefler
- BT Stratejileri & Hedefler
- Veri Yönetimi ve Veri Stratejileri
- Kurum Politikaları ve Standartları
- İş Kültürü Değerlendirmesi
- Veri Olgunluğu Değerlendirmesi
- BT Uygulamaları
- Regülasyon Gereksinimleri

Faaliyetler:
1. **Kurum için Veri Yönetiminin Tanımlanması (P)**
   1. Veri Yönetimi Stratejisin Geliştirilmesi
   2. Hazırlık Değerlendirmesinin Yapılması
   3. Keşif ve İş Uyumunun Gerçekleştirilmesi
   4. Kurumsal Temas Noktalarının Geliştirilmesi
2. **Veri Yönetişim Stratejisinin Tanımı (P)**
   1. Veri Yönetişimi Operasyon Çerçevesinin Tanımlanması
   2. Hedefler, İlkeler ve Politikaların Geliştirilmesi
   3. Veri Yönetimi Projelerinin Sağlamlaştırılması
   4. Değişim Yönetiminin Etkinleştirilmesi
   5. Sorun Yönetiminin Etkinleştirilmesi
   6. Mevzuata Uyum Gereksinimlerinni Değerlendirilmesi
3. **Veri Yönetiminin Uygulanması (O)**
   1. Veri Standartları ve Prosedürlerinin Finanse Edilmesi
   2. İş Sözlüğünün Geliştirilmesi
   3. Mimari Ekipler ile Koordine Olunması
   4. Veri Varlık Değerlemesinin Finanse Edilmesi
4. **Veri Yönetişiminin Oturtulması (C,O)**

Çıktılar:
- Veri Yönetişim Stratejisi
- Veri Stratejisi
- İş / Veri Yönetimi Stratejisi Yol Haritası
- Veri İlkeleri, Veri Yönetimi Politikaları, Süreçler
- İşletim Çerçevesi
- Yol Haritası ve Uygulama Stratejisi
- Operasyon Planı
- İş Sözlüğü
- Veri Yönetişimi Puan Kartı
- Veri Yönetişimi Web Sitesi
- İletişim Planı
- Verinin Değerinin Tanınması
- Olgunlaşan Veri Yönetimi Uygulamaları

Tedarikçiler:
- Yöneticiler
- Veri Sorumluları
- Veri Sahipleri
- Alan Uzmanları
- Olgunluk Değerlendiricileri
- Düzenleyiciler
- Kurumsal Mimarlar

Katılımcılar:
- Yürütme Komiteleri
- CIO
- CDO / Baş Veri Sorumlustı
- Yönetici Veri Sorumluları
- Koordinatör Veri Muh.
- İş Verisi Sorumlusu
- Veri Yönetişim Organları
- Uyum Ekibi
- DM Yöneticileri
- Değişim Yöneticileri
- Kurumsal Veri Mimarları
- Proje Yönetim Ofisi
- Yönetişim Organları
- Teftiş
- Veri Profesyonelleri

Tüketiciler:
- Veri Yönetişim Organları
- Proje Yöneticileri
- Uyum Ekibi
- DM Dayanışma Grubu
- DM Ekibi
- İşletme Yönetimi
- Mimari Ekipler
- Partner Kurumlar

Teknik Etkenler

Yöntemler:
- Özlü Mesajlaşma
- Kişi listesi
- Logo

Araçlar:
- Web Siteleri
- İş Sözlüğü Araçları
- İş Akışı Araçları
- Doküman Yönetim Araçları
- Veri Yönetişimi Puan Kartları

Metrikler:
- Düzenleyicilere ve dahili veri politikalarına uygunluk
- Değer
- Verimlilik
- Sürdürülebilirlik

(P) Planlama, (C) Kontrol, (D) Geliştirme, (O) Operasyonlar

Şekil 14 Bağlam Şeması: Veri Yönetişimi ve Sorumluluğu

1.1 İş Etkenleri

Veri yönetişimi için en bilinen etken, özellikle finansal hizmetler ve sağlık hizmetleri gibi yoğun şekilde düzenlemeye tabii endüstriler için genellikle regülasyonlara uyumdur. Değişen mevzuata yanıt vermek, katı veri yönetişim süreçlerini gerektirir. Gelişen analitik süreçler ve Veri Bilimindeki patlama da ek bir etken yaratmıştır.

Uyumluluk veya analitik yönetişimi yönlendirebilirken, birçok kurum, Ana Veri Yönetimi (MDM) gibi diğer iş gereksinimleri, büyük veri sorunları veya her ikisi tarafından yönlendirilen bir bilgi yönetimi programı aracılığıyla veri yönetişimine geri dönmektedir. Tipik bir senaryo: bir şirketin daha iyi müşteri verilerine ihtiyacı vardır, Müşteri MDM'sini geliştirmeyi tercih eder ve ardından başarılı MDM'nin veri yönetişimi gerektirdiğini fark eder.

Veri yönetişimi kendi başına bir amaç değildir. Doğrudan organizasyon stratejisiyle uyumlu olması gerekir. Kurumsal sorunların çözümüne ne kadar açık bir şekilde yardımcı olursa, insanların davranışlarını değiştirme ve yönetişim uygulamalarını benimseme olasılığı da o kadar yüksek olur. Veri yönetişimi için etkenler genellikle riskleri azaltmaya veya süreçleri iyileştirmeye odaklanırlar.

- Riski Azaltma
    - **Genel risk yönetimi**: Yasal (E-Keşif) ve düzenleyici konulara yanıt da dahil olmak üzere, verilerin finans veya itibar açısından oluşturduğu risklerin gözetimi.
    - **Veri güvenliği**: Verilerin kullanılabilirliği, bütünlüğü, tutarlılığı, denetlenebilirliği ve güvenliğine yönelik kontroller yoluyla veri varlıklarının korunması.
    - **Gizlilik**: Politika ve uyumluluk izleme yoluyla özel / gizli / Kişisel Tanımlayıcı Bilgilerin (PII) kontrolü.
- Süreçleri İyileştirme
    - **Mevzuata uygunluk**: Regülasyon gereksinimlerine verimli ve tutarlı bir şekilde yanıt verme yeteneği.
    - **Veri kalitesinin iyileştirilmesi**: Verileri daha güvenilir hale getirerek iş performansının iyileştirilmesine katkıda bulunma yeteneği.
    - **Metaveri Yönetimi**: Organizasyondaki verileri tanımlamak ve konumlandırmak için bir iş sözlüğünün oluşturulması; çok çeşitli diğer metaverilerin yönetilmesini ve kuruma sunulmasının sağlanması.
    - **Uygulama Geliştirme projelerinde verimlilik**: Veri yaşam döngüsünün yönetişimi yoluyla verilere özgü teknik borcun yönetimi de dahil olmak üzere, kurum genelinde veri yönetimindeki sorunları ve fırsatları ele almak için yazılım geliştirme yaşam döngüsü iyileştirmeleri.
    - **Tedarikçi yönetimi**: Bulut depolama, harici veri satınalma, verilerin bir ürün olarak satılması ve veri operasyonlarının dış kaynak kullanımı gibi verilerle ilgili sözleşmelerin kontrolü.

Bir kurum içinde veri yönetişimi için belirli iş etkenlerini netleştirmek ve bunları genel iş stratejisiyle uyumlu hale getirmek esastır. 'Veri Yönetişimi organizasyonuna' odaklanmak, genellikle görünür faydaları olmayan ve fazladan ek yük olarak algılayan üst yönetimi rahatsız eder. Program için doğru dili, işletim modelini ve rolleri belirlemek için organizasyon kültürüne karşı duyarlı olmak gereklidir. DMBoK2'nin yazıldığı andan itibaren, organizasyon terimi, işletme modeli veya işletim çerçevesi gibi terimlerle değiştirilebilmektedir.

İnsanlar bazen veri yönetişiminin ne olduğunu anlamanın zor olduğunu iddia etse de yönetişimin kendisi ortak bir kavramdır. Veri yönetimi uzmanları, yeni yaklaşımlar icat etmek yerine, diğer yönetişim türlerinin kavram ve ilkelerini veri yönetişimine uygulayabilir. Yaygın bir benzetme, veri yönetişimini denetim ve muhasebeye denkleştirmektir. Denetçiler ve kontrolörler, finansal varlıkların yönetimine ilişkin kuralları belirler. Veri yönetişimi uzmanları, veri varlıklarını yönetmek için kurallar belirler. Diğer uzmanlar da bu kuralları uygularlar.

Veri yönetişimi tek seferlik bir şey değildir. Verilerin yönetişimi, bir kuruluşun verilerinden değer elde etmesini ve verilerle ilgili riskleri azaltmasını sağlamaya odaklanan sürekli bir program gerektirir. Veri Yönetişimi ekibi, sanal bir kurum veya belirli sorumluluklara sahip bir iş birimi olabilir. Etkili olmak için, veri yönetişimi içindeki roller ve faaliyetlerin iyi anlaşılması gerekir. Organizasyonda iyi işleyen bir işletim çerçevesi etrafında inşa edilmelidirler. Bir veri yönetişimi programı, ayırt edici kurumsal ve kültürel sorunları ve kurum içindeki belirli veri yönetimi zorluklarını ve fırsatlarını dikkate almalıdır (1. ve 16. Bölümlere bakınız).

Veri yönetişimi, BT yönetişiminden farklıdır. BT yönetişimi, BT yatırımları, BT uygulama portföyü ve BT proje portföyü, diğer bir deyişle donanım, yazılım ve genel teknik mimari hakkında kararlar alır. BT yönetişimi, BT stratejilerini ve yatırımlarını kurumsal hedef ve stratejilerle uyumlu hale getirir. COBIT (Bilgi ve İlgili Teknoloji için Kontrol Hedefleri) çerçevesi, BT yönetişimi için standartlar sağlar, ancak COBIT çerçevesinin yalnızca küçük bir kısmı, veri ve bilgi yönetimini ele alır. Sarbanes-Oxley uyumluluğu (ABD) gibi bazı kritik konular kurumsal yönetişim, BT yönetişimi ve veri yönetişimi konularını kapsar. Buna karşılık, Veri Yönetişimi yalnızca veri varlıklarının ve bir varlık olarak kabul edilen verilerin yönetimine odaklanır.

1.2 Hedef ve Prensipler

Veri Yönetişiminin amacı, bir kurumun verileri bir varlık olarak yönetmesini sağlamaktır. Veri Yönetişimi (VY), verileri bir varlık olarak yönetmek ve her düzeyde veri yönetimi faaliyetlerine rehberlik etmek için ilkeler, politika, süreçler, çerçeve, metrikler ve gözetim sağlar. Bu genel hedefe ulaşmak için, bir VY programı şunları içermelidir:

- **Sürdürülebilir**: VY programının "yapışkan" olması gerekir. VY, sonu tanımlı bir proje değildir; kurumsal taahhüt gerektiren devam eden bir süreçtir. VY, verilerin nasıl yönetildiği ve kullanıldığı konusunda değişiklikler gerektirir. Bu her zaman büyük çaplı yeni organizasyonlar ve kargaşa anlamına gelmez. Bu, herhangi bir veri yönetişimi bileşeninin ilk uygulamasının ötesinde sürdürülebilir bir şekilde değişimi yönetmek anlamına gelir. Sürdürülebilir veri yönetişimi, yönetim sponsorluğu ve sahiplenmeye bağlıdır.

- **Yerleşik**: VY bir eklenti süreci değildir. VY faaliyetlerinin yazılım geliştirme yöntemlerine, analitik için veri kullanımı, Ana Verilerin yönetimi ve risk yönetimine dahil edilmesi gerekir.

- **Ölçülen**: İyi yapılan VY'nin olumlu mali etkisi vardır, ancak bu etkiyi göstermek, başlangıç noktasını anlamayı ve ölçülebilir iyileştirme için planlamayı gerektirir.

Bir VY programının uygulanması, değişim taahhüdünü gerektirir. 2000'li yılların başından beri geliştirilen aşağıdaki ilkeler, veri yönetişimi için güçlü bir temel oluşturmaya yardımcı olabilir.[21]

- **Liderlik ve strateji**: Başarılı Veri Yönetişimi, vizyoner ve kararlı liderlikle başlar. Veri yönetimi faaliyetleri, kurumsal iş stratejisi tarafından yönlendirilen bir veri stratejisi tarafından yönlendirilir.

- **İş odaklı**: Veri Yönetişimi bir iş programıdır ve bu nedenle verilerle iş etkileşimini yönettiği kadar verilerle ilgili BT kararlarını da yönetmelidir.

---

[21] The Data Governance Institute. http://bit.ly/1ef0tnb.

- **Paylaşımlı sorumluluk**: Tüm Veri Yönetimi Bilgi Alanlarında veri yönetişimi, iş veri sorumluları ve teknik veri yönetimi uzmanları arasında paylaşılan bir sorumluluktur.

- **Çok katmanlı**: Veri yönetişimi hem kurumsal hem de lokal düzeylerde ve genellikle de arasındaki düzeylerde gerçekleşir.

- **Çerçeveye dayalı**: Veri yönetişim faaliyetleri, işlevsel alanlar arasında koordinasyon gerektirdiğinden, VY programı, sorumlulukları ve etkileşimleri tanımlayan bir işletim çerçevesi oluşturmalıdır.

- **İlkeye dayalı**: Rehber ilkeler, VY faaliyetlerinin ve özellikle VY politikasının temelidir. Çoğu zaman, kurumlar resmi ilkeler olmadan politikalar geliştirerek belirli sorunları çözmeye çalışırlar. İlkeler bazen politikadan tersine mühendislik ile çıkarılabilir. Ancak, politika çalışmasının bir parçası olarak bir dizi temel ilkeyi ve en iyi uygulamaları ifade etmek en iyisidir. İlkelere atıfta bulunmak, potansiyel direnci azaltabilir. Bir organizasyon içinde zaman içinde ek yol gösterici ilkeler ortaya çıkacaktır. Bunlar, diğer veri yönetişimi yapılarıyla birlikte paylaşılan bir iç ortamda yayınlanmalıdır.

1.3 Temel Kavramlar

Bir denetçinin finansal süreçleri kontrol etmesi, ancak finansal yönetimi fiilen yürütmemesi gibi, veri yönetişimi de doğrudan veri yönetimini yürütmeden verilerin uygun şekilde yönetilmesini sağlar (Bkz. Şekil 15). Veri yönetişimi, gözetim ve yürütme arasında doğal bir görev ayrımını temsil eder.

Şekil 15 Veri Yönetişimi ve Veri Yönetimi

1.3.1 Veri Merkezli Organizasyon

Veri merkezli bir kurum, verilere bir varlık olarak değer verir, proje geliştirme ve süregelen operasyonlar da dahil olmak üzere yaşam döngüsünün tüm aşamalarında verileri yönetir. Veri merkezli olmak için bir kurum, stratejiyi eyleme dönüştürme şeklini değiştirmelidir. Veriler artık süreç ve uygulamaların bir yan ürünü olarak görülmemektedir. Verilerin yüksek kalitede olmasını sağlamak, iş süreçlerinin bir hedefidir. Kurumlar, analitikten elde edilen iç görülere dayalı kararlar almaya çalışırken, etkin veri yönetimi çok yüksek bir öncelik haline gelir.

İnsanlar veri ve bilgi teknolojisini birleştirme eğilimindedir. Veri merkezli olmak için kurumların farklı düşünmesi ve verileri yönetmenin BT'yi yönetmekten farklı olduğunu anlaması gerekir. Bu geçiş kolay değildir. İç politikaları, sahiplik konusundaki muğlaklığı, bütçe rekabeti ve eski sistemleri ile mevcut kültür, kurumsal bir veri yönetişimi ve veri yönetimi vizyonu oluşturmanın önünde büyük bir engel olabilir.

Her kuruluşun kendi ilkelerini geliştirmesi gerekse de verilerinden daha fazla değer elde etmek isteyenlerin aşağıdakileri paylaşması muhtemeldir:

- Veriler kurumsal bir varlık olarak yönetilmelidir
- Veri yönetimi en iyi uygulamaları kurum genelinde teşvik edilmelidir
- Kurumsal veri stratejisi, genel iş stratejisiyle doğrudan uyumlu olmalıdır
- Veri yönetimi süreçleri sürekli iyileştirilmelidir

1.3.2 Veri Yönetişimi Organizasyonu

Veri yönetişimi politik yönetişim açısından anlaşılabilir. Yasama benzeri işlevleri (politikaları, standartları ve Kurumsal Veri Mimarisini tanımlama), yargıya benzer işlevleri (sorun yönetimi ve eskalasyonu) ve yürütme işlevlerini (koruma ve hizmet etme, idari sorumluluklar) içerir. Riski daha iyi yönetmek için çoğu kurum, tüm paydaşların duyulabilmesi için temsili bir veri yönetişimi biçimi benimser.

Her kurum, iş stratejisini destekleyen ve kendi kültürel bağlamında başarılı olması muhtemel bir yönetişim modeli benimsemelidir. Kurumlar ayrıca bu modeli yeni zorluklarla başa çıkmak için geliştirmeye hazır olmalıdır. Modeller, organizasyonel yapıları, formalite düzeyleri ve karar verme yaklaşımlarına göre farklılık gösterir. Bazı modeller merkezi olarak organize edilirken diğerleri dağıtıktır.

Veri yönetişimi organizasyonları, bir kurum içinde yerel, birimsel ve kurum çapında farklı düzeylerdeki endişeleri ele almak için birden çok katmana sahip olabilir. Yönetişim işi genellikle, her biri diğerlerinden farklı bir amaca ve gözetim düzeyine sahip birden fazla komite arasında bölünür.

Şekil 16, kurum içindeki farklı düzeylerde (dikey eksen) faaliyetlerin yanı sıra kurumsal işlevler içinde ve teknik (BT) ve iş birimleri arasında yönetişim sorumluluklarının ayrılmasını içeren genel bir veri yönetişim modelini temsil etmektedir. Tablo 4, bir veri yönetişimi işletim çerçevesinde oluşturulabilecek tipik komiteleri açıklamaktadır. Bunun bir organizasyon şeması olmadığı unutulmamalıdır. Diyagram, organizasyon teriminin önemini azaltmak için yukarıda bahsedilen eğilime uygun olarak, çeşitli alanların VY'yi yürütmek için birlikte nasıl çalıştığını açıklar.

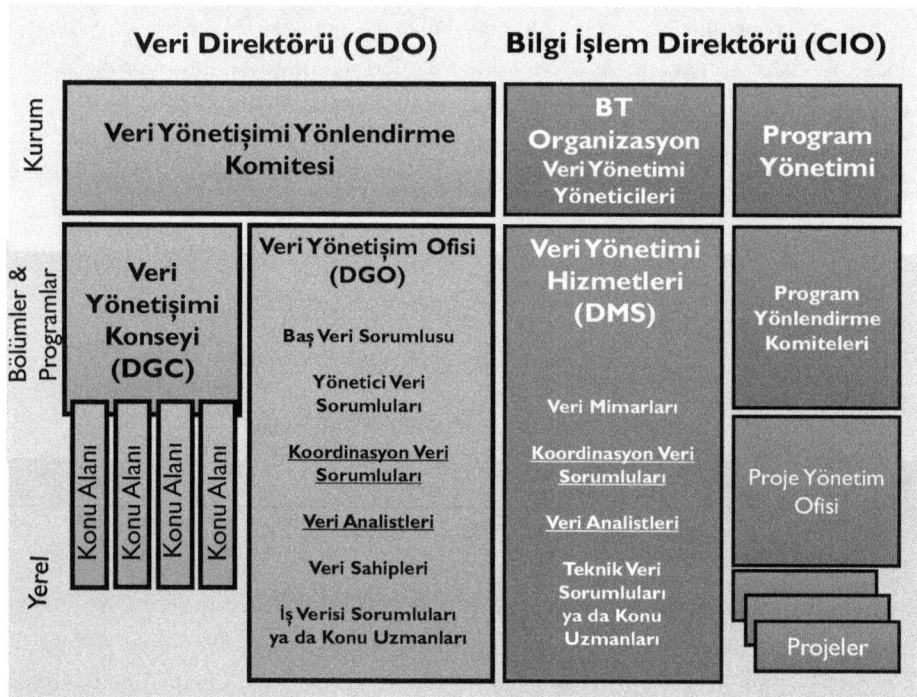

Şekil 16 Veri Yönetişimi Organizasyon Bölümleri

Tablo 4 Tipik Veri Yönetişimi Komiteleri / Organları

Veri Yönetişim Organı	Açıklama
Veri Yönetişimi Yönlendirme Komitesi	Bir kurumda veri yönetişimi faaliyetlerinin gözetimi, desteklenmesi ve finansmanından sorumlu ana ve en yüksek yetkili organizasyondur. Üst düzey yöneticilerden oluşan çapraz işlevli bir gruptan oluşur. Genel olarak, Veri Yönetişim Konseyi (DGC) ve Veri Direktörü (CDO) tarafından tavsiye edildiği şekilde veri yönetişimi ve veri yönetişimi destekli etkinlikler için fon sağlar. Bu komite, daha üst düzey finansman veya inisiyatif temelli yönlendirme komitelerinden denetime tabii olabilir.
Veri Yönetişim Konseyi (DGC)	Veri yönetişimi girişimlerini (örneğin, ilkelerin veya metriklerin geliştirilmesi), sorunları ve üst mercilere eskalasyonu yönetir. Kullanılan çalışma modeline göre belirlenen yöneticilerden oluşur. Bkz. Şekil 17.
Veri Yönetişim Ofisi (DGO)	Düzenli odak noktaları DAMA-DMBOK Bilgi Alanlarında kurumsal düzeyde veri tanımları ve veri yönetimi standartlarıdır. Veri sorumluları veya muhafızları ve veri sahipleri olarak etiketlenen koordinasyon rollerinden oluşur.
Veri Sorumluluğu Ekipleri	Bir veya daha fazla belirli konu alanına veya projeye odaklanan, odakla ilgili veri tanımları ve veri yönetimi standartları konusunda proje ekipleriyle iş birliği yapan veya danışmanlık yapan ilgili topluluklardır. İş ve teknik veri sorumluları ve veri analistlerinden oluşur.
Lokal Veri Yönetişimi Komitesi	Büyük kurumlar, bir Kurumsal DGC'nin himayesi altında çalışan birim veya departman özelinde veri yönetişim konseylerine sahip olabilir. Daha küçük kurumlar bu tür bir karmaşıklıktan kaçınmaya çalışmalıdır.

1.3.3 Veri Yönetişimi İşletim Modeli Türleri

Merkezi bir modelde, tek bir Veri Yönetişimi organizasyonu, tüm konu alanlarındaki tüm faaliyetleri denetler. Tekrarlanan bir modelde, her bir iş birimi tarafından aynı VY işletim modeli ve standartları benimsenir. Birleşik bir modelde, bir Veri Yönetişimi, kurumu tutarlı tanımları ve standartları sürdürmek için birden çok İş Birimi ile birlikte koordine eder (Bkz. Şekil 17 ve Bölüm 16).

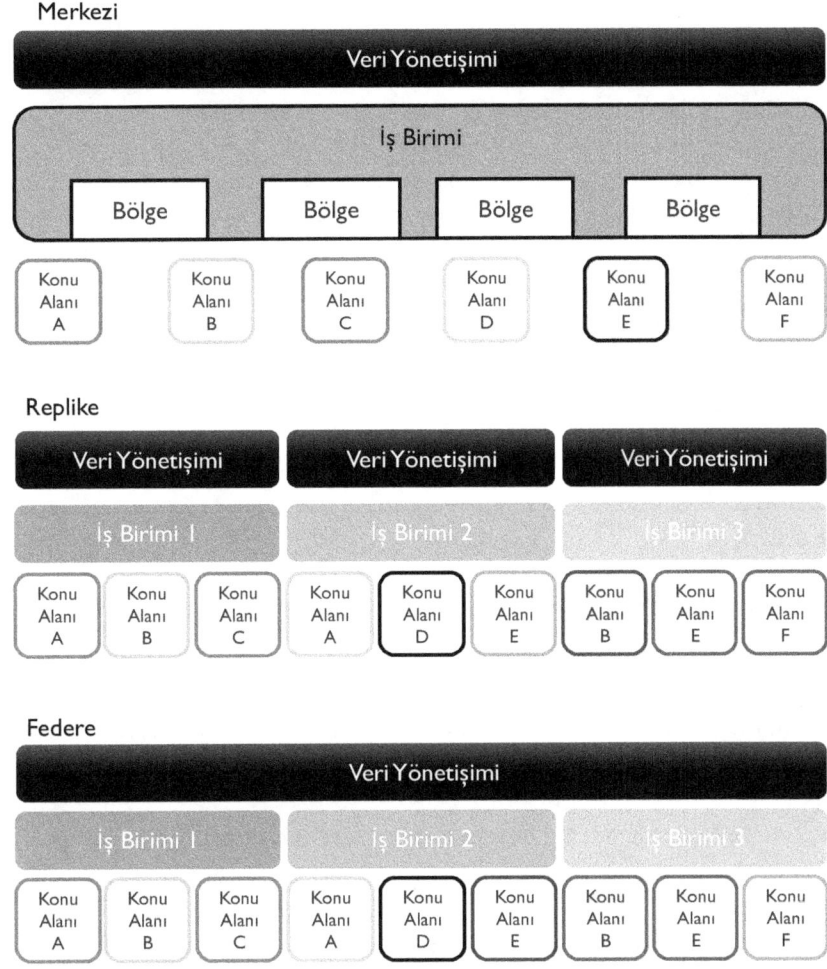

Şekil 17 Kurumsal Veri Yönetişimi İşletim Çerçevesi Örnekleri[22]

1.3.4 Veri Sorumluluğu

Veri Sorumluluğu (Data Stewardship), veri varlıklarının etkin kontrolünü ve kullanımını sağlayan veri ve süreçler için mükellefiyeti ve sorumluluğu tanımlayan en yaygın etikettir. Veri sorumluluğu, iş unvanları ve tanımları aracılığıyla resmileştirilebilir veya bir kurumun verilerinden değer elde etmesine yardımcı olmaya çalışan kişiler tarafından yönlendirilen daha az resmi bir işlev olabilir. Genellikle muhafız gibi terimler, sorumlu benzeri işlevleri yerine getirenlerle eş anlamlıdır.

---

[22] Ladley'den uyarlanmıştır (2012).

Sorumluluk faaliyetlerinin odak noktası, kurum stratejisine, kültüre, kurumun çözmeye çalıştığı sorunlara, veri yönetimi olgunluk düzeyine ve sorumluluk programının formalitesine bağlı olarak kurumdan kuruma farklılık gösterecektir. Bununla birlikte, çoğu durumda, veri sorumluluğu faaliyetleri aşağıdakilerin tümü olmasa da bazılarına odaklanacaktır:

- **Temel Metaverileri oluşturma ve yönetme**: İş terminolojisinin, geçerli veri değerlerinin ve diğer kritik Metaverilerin tanımı ve yönetimidir. Sorumlular genellikle bir kurumun, verilerle ilgili iş terimleri için kayıt sistemi haline gelen İş Sözlüğünden sorumludur.

- **Kuralları ve standartları belgeleme**: İş kurallarının, veri standartlarının ve veri kalitesi kurallarının tanımı/belgelenmesidir. Yüksek kaliteli verileri tanımlamak için kullanılan beklentiler, genellikle verileri oluşturan veya tüketen iş süreçlerinde yerleşik kurallar açısından formüle edilir. Sorumlular, kurum içinde onlar hakkında fikir birliği olmasını ve tutarlı bir şekilde kullanılmalarını sağlamak için bu kuralların ortaya çıkarılmasına yardımcı olurlar.

- **Veri kalitesi sorunlarının yönetimi**: Sorumlular genellikle veriyle ilgili problemlerin tanımlanması ve çözülmesiyle veya çözüm sürecinin kolaylaştırılmasıyla ilgilenirler.

- **Operasyonel veri yönetişim faaliyetlerini yürütülmesi**: Sorumlular, günlük ve proje bazında veri yönetişimi politikalarına ve girişimlerine uyulmasını sağlamaktan sorumludur. Verilerin kurumun genel hedeflerini destekleyecek şekilde yönetilmesini sağlamak için kararları etkilemelidirler.

1.3.5 Veri Sorumlusu Türleri

Bir sorumlu, işi başka bir kişinin mülkünü yönetmekte olan bir kişidir. Veri Sorumluları, veri varlıklarını başkaları adına ve kurumun çıkarları doğrultusunda yönetir (McGilvray, 2008). Veri Sorumluları, tüm paydaşların çıkarlarını temsil eder ve kurumsal verilerin yüksek kalitede olmasını ve etkin bir şekilde kullanılabilmesini sağlamak için kurumsal bir bakış açısı benimsemelidirler. Etkili Veri Sorumluları, veri yönetişim faaliyetlerinden mükellef ve sorumludur ve zamanlarının bir kısmını bu faaliyetlere ayırmaktadırlar.

Kuruluşun karmaşıklığına ve VY programının hedeflerine bağlı olarak, resmi olarak atanan Veri Sorumluları, kurum içindeki yerlerine, çalışmalarının odağına veya her ikisine göre farklılaştırılabilir. Örneğin:

- **Baş Veri Sorumluları**, CDO yerine veri yönetişim organlarına başkanlık edebilir veya sanal (komite tabanlı) veya dağıtık bir veri yönetişimi organizasyonunda bir CDO olarak hareket edebilir. Ayrıca üst yönetim sponsorları da olabilirler.

- **Yönetici Veri Sorumluları**, bir Veri Yönetişim Konseyinde hizmet veren üst düzey yöneticilerdir.

- **Kurumsal Veri Sorumluları**, iş fonksiyonları genelinde bir veri alanının gözetimine sahiptir.

- **İş Veri Sorumluları**, çoğu zaman bilinen konu uzmanları olan ve bir veri alt kümesinden sorumlu olan iş uzmanlarıdır. Verileri tanımlamak ve kontrol etmek için paydaşlarla birlikte çalışırlar.

- **Veri Sahibi**, kendi etki alanındaki verilerle ilgili kararlar için onay yetkisine sahip bir İş Veri Sorumlusudur.

- **Teknik Veri Sorumluları**, Veri Entegrasyon Uzmanları, Veritabanı Yöneticileri, İş Zekâsı Uzmanları, Veri Kalitesi Analistleri veya Metaveri Yöneticileri gibi Bilgi Alanlarından birinde faaliyet gösteren BT uzmanlarıdır.

- **Koordinatör Veri Sorumluları**, ekipler arasında ve yönetici Veri Sorumluları ile yapılan tartışmalarda iş ve teknik Veri Sorumlularından oluşan ekipleri temsil eder ve yönetir. Koordinatör Veri Sorumluları, büyük kuruluşlarda özellikle önemlidir.

DAMA-DMBOK'un ilk baskısı "en iyi Veri Sorumluları genellikle yapılmaz, bulunur" (DAMA, 2009). Bu iddia, çoğu kurumda, resmi bir veri yönetişim programının yokluğunda bile verileri yöneten insanlar olduğunu kabul eder. Bu tür kişiler, kurumun verilerle ilgili riskleri azaltmasına ve verilerinden daha fazla değer elde etmesine yardımcı olmaya zaten katılmaktadırlar. Sorumluluk mükellefiyetlerini resmileştirmek, yaptıkları işi bilmelerini ve daha başarılı olmalarını, daha fazla katkıda bulunmalarını sağlar. Veri Sorumluları 'yapılabilir'; insanlar Veri Sorumlusu olmak üzere eğitilebilir. Ve halihazırda verileri yöneten kişiler, sorumluluk işinde daha iyi hale gelmek için becerilerini ve bilgilerini geliştirebilirler (Plotkin, 2014).

1.3.6 Veri Politikaları

Veri politikaları, ilkelerin ve yönetim amacının veri ve bilgilerinin oluşturulmasını, toplanmasını, bütünlüğünü, güvenliğini, kalitesini ve kullanımını yöneten temel kurallara kodlayan yönergelerdir.

Veri politikaları küreseldir. Veri yönetimi ve kullanımının temel yönleriyle ilgili beklenen davranışların yanı sıra veri standartlarını da desteklerler. Veri politikaları kurumlar arasında büyük farklılıklar gösterirler. Veri politikaları, veri yönetişimlerinin "ne"sini (ne yapılıp ne yapılmayacağını) tanımlarken, standartlar ve prosedürler veri yönetişiminin "nasıl" yapılacağını tanımlar. Nispeten az sayıda veri politikası olmalı ve bunlar kısa ve yalın belirtilmelidirler.

1.3.7 Veri Varlığı Değerlemesi

Veri varlığı değerlemesi, bir kurum için verilerin ekonomik değerini anlama ve hesaplama sürecidir. Veri, bilgi ve hatta İş Zekâsı soyut kavramlar olduğundan, bunların ekonomik etkilerle uyumlu hale getirilmesinde güçlük çekilmektedir. Değiştirilemez bir öğenin (veri gibi) değerini anlamanın anahtarı, nasıl kullanıldığını ve kullanımının getirdiği değeri anlamaktır (Redman, 1996). Diğer birçok varlığın (örneğin, para, fiziksel ekipman) aksine, veri setleri birbirinin yerine geçemez (değişebilir) değildir. Bir kurulumun müşteri verileri, önemli şekillerde diğer kurumun müşterilerinden farklıdır; sadece müşterilerin kendileri değil, onlarla ilişkili veriler de (satın alma geçmişi, tercihler vb.) farklıdır. Bir kurumun müşteri verilerinden nasıl değer elde ettiği (yani, bu verilerden müşterileri hakkında ne öğrendiği ve öğrendiklerini nasıl uyguladığı) rekabet için bir farklılaştırıcı olarak görülmektedir.

Veri yaşam döngüsünün çoğu aşaması maliyetleri içerir (verilerin elde edilmesi, depolanması, yönetilmesi ve elden çıkarılması dahil). Veri yalnızca kullanıldığında değer getirir. Veriler kullanıldığında, risk yönetimi ile ilgili maliyetler de yaratır. Dolayısıyla değer, verileri kullanmanın ekonomik faydası, onu edinme ve depolamanın yanı sıra kullanımla ilgili riskleri yönetme maliyetlerinden daha ağır bastığında ortaya çıkar.

Değeri ölçmenin diğer bazı yolları şunlardır:

- **Yerine konma maliyeti**: Bir kurum içindeki işlemler, etki alanları, kataloglar, belgeler ve ölçümler dahil olmak üzere, bir olağanüstü durum veya veri ihlali durumunda kaybedilen verilerin yerine konma veya kurtarılma maliyeti.

- **Piyasa değeri**: Bir birleşme veya satın alma (M&A) sırasında bir işletme varlığı olarak değeri.

- **Belirlenen fırsatlar**: Verilerde (İş Zekâsında) tanımlanan fırsatlardan, verileri işlemler için kullanarak veya verileri satarak elde edilebilecek gelirin değeri.

- **Veri satışı**: Bazı kuruluşlar, verileri bir ürün olarak paketler veya verilerinden elde edilen bilgileri satar.

- **Risk maliyeti**: Aşağıdakilerden kaynaklanan yasal veya düzenleyici riskten türetilen olası cezalar, iyileştirme maliyetleri ve dava giderlerine dayalı bir değerleme:
    - Mevcutta olması gereken verilerin bulunmaması.
    - Mevcut olmaması gereken verilerin varlığı (örneğin, yasal denetim sırasında bulunan beklenmedik veriler; temizlenmesi gereken ancak tasfiye edilmemiş veriler).
    - Yukarıdaki maliyetlere ek olarak müşterilere, şirket finansmanına ve itibara zarar veren hatalı veriler.
    - Risk ve risk maliyetindeki azalma, verileri iyileştirmek ve onaylamak için operasyonel müdahale maliyetleriyle dengelenmesi

Bilgi varlığı değeri kavramını tanımlamak için, Genel Kabul Görmüş Muhasebe İlkeleri (GAAP), Genel Kabul Görmüş Bilgi İlkelerine çevrilebilir[23] (bkz. Tablo 5).

Tablo 5 Veri Varlığı Muhasebesi İlkeleri

İlke	Açıklama
Mükellefiyet İlkesi	Bir kurum, her türden veri ve içerikten nihai olarak sorumlu olan kişileri belirlemelidir.
Varlık İlkesi	Her türden veri ve içerik, varlıktır ve diğer varlıkların özelliklerini taşır. Bunlar, diğer maddi veya finansal varlıklar gibi yönetilmeli, güvence altına alınmalı ve muhasebeleştirilmelidir.
Denetim İlkesi	Verilerin ve içeriğin doğruluğu bağımsız bir kurum tarafından periyodik olarak denetlenir.
Durum Tespiti İlkesi	Bir risk biliniyorsa, raporlanmalıdır. Bir risk mümkünse, teyit edilmelidir. Veri riskleri, zayıf veri yönetimi uygulamalarıyla ilgili riskleri içermelidir.
Süreklilik İlkesi	Veriler ve içerik, süregelen ticari operasyonlar ve yönetimi için kritik öneme sahiptir (yani, sonuçlara ulaşmak için geçici araçlar veya yalnızca bir iş yan ürünü olarak görülmemelidirler).
Değerleme İlkesi Düzeyi	Verilere, en anlamlı veya ölçülmesi en kolay düzeyde bir varlık olarak değer verilmelidir.
Yükümlülük İlkesi	Etik olarak kötüye kullanım veya kötü yönetime dayalı veri veya içerikle bağlantılı bir mali yükümlülük vardır.
Kalite İlkesi	Veri ve içeriğin anlamı, doğruluğu ve yaşam döngüsü, kurulumun mali durumunu etkileyebilir.
Risk İlkesi	Veriyle ilişkili riskler vardır. Bu riskler ya bir yükümlülük olarak ya da yapısal riski yönetmek ve azaltmak için katlanılan maliyetler yoluyla resmi olarak kabul edilmelidir.
Değer İlkesi	Verilerin ve içeriğin, bunların bir kurumun amaçlarına ulaşmak için kullanılma biçimlerine, içsel pazarlanabilirliklerine ve/veya kurumun iyi niyet (bilanço) değerlemesine katkılarına dayalı olarak bir değeri vardır. Bilginin değeri, bakım ve hareket maliyeti ile dengelenen kuruma katkısını yansıtır.

---

[23] Ladley'den uyarlanmıştır (2010). Bkz. 108-09, Generally Accepted Information Principles.

2. Faaliyetler

2.1 Kurum için Veri Yönetişiminin Tanımlanması

Veri Yönetişimi çabaları, iş stratejisini ve hedeflerini desteklemelidir. Bir kurumun iş stratejisi ve hedefleri, hem kurumsal veri stratejisini hem de kurumdaki veri yönetişimi ve veri yönetimi faaliyetlerinin nasıl operasyonel hale getirilmesi gerektiğini belirtir.

Veri yönetişimi, verilerle ilgili kararlar için ortak sorumluluk sağlar. Veri yönetişimi faaliyetleri, verilerin entegre bir görünümünü desteklemek için organizasyonel ve sistemsel sınırlarını aşmalıdır. Başarılı veri yönetişimi, neyin yönetildiğinin ve kimin yönetildiğinin yanı sıra kimin yönettiğinin net bir şekilde anlaşılmasını gerektirir.

Veri yönetişimi, belirli bir işlevsel alanda izole edilmek yerine kurumsal bir çaba olduğunda etkilidir. Bir kurumda veri yönetişimi kapsamını tanımlamak, genellikle kurumun ne anlama geldiğini tanımlamayı gerektirir. Veri yönetişimi de kapsamı tanımlanan bu işletmeyi yönetir.

2.2 Hazırlık Değerlendirmesinin Gerçekleştirilmesi

Bir organizasyonun bilgi yönetimi yeteneklerinin, olgunluğunun ve etkinliğinin mevcut durumunu tanımlayan değerlendirmeler, bir VY programını planlamak için çok önemlidir. Programın etkinliğini ölçmek için kullanılabildikleri için, değerlendirmeler VY programının yönetilmesi ve sürdürülmesinde de değerlidir. Tipik değerlendirmeler şunları içerir:

- **Veri yönetimi olgunluğu**: Kurumun verilerle ne yaptığının anlaşılması; mevcut veri yönetimi yeteneklerinin ve kapasitesinin ölçülmesi. Odak noktası, işletme personelinin şirketin verileri ne kadar iyi yönettiği ve verileri kendi yararına kullandığı konusunda sahip olduğu izlenimlerin yanı sıra araçların kullanımı, raporlama seviyeleri vb. gibi nesnel kriterler üzerindedir (Bkz. Bölüm 15).

- **Değişim kapasitesi**: VY davranış değişimi gerektirdiğinden, organizasyonun VY'ye uyum sağlamak için gereken davranışları değiştirme kapasitesini ölçmek önemlidir. İkincil olarak, bu aktivite potansiyel direnç noktalarının belirlenmesine yardımcı olacaktır. VY genellikle resmi organizasyonel değişim yönetimi gerektirir. Değişim kapasitesini değerlendirirken, değişim yönetimi süreci mevcut organizasyon yapısını, kültür algılarını ve değişim yönetimi sürecinin kendisini değerlendirecektir (Hiatt and Creasey, 2012) (Bkz. Bölüm 17).

- **İşbirliğine hazır olma**: Bu değerlendirme, kurulumun veri yönetimi ve kullanımında iş birliği yapma yeteneğini karakterize eder. Sorumluluk, tanımı gereği işlevsel alanları aştığından, doğası gereği işbirlikçidir. Bir kurum nasıl iş birliği yapacağını bilmiyorsa, kültür, sorumluluğun önünde bir engel olacaktır. Asla bir organizasyonun nasıl iş birliği yapacağını bildiği varsayılmamalıdır. Değişim kapasitesi ile birlikte yapıldığında bu değerlendirme, VY'nin uygulanması için kültürel kapasite hakkında fikir verir.

- **İş uyumu**: Bazen değişim kapasitesine dahil edilen bir iş uyumu değerlendirmesi, kurumun veri kullanımlarını iş stratejisiyle ne kadar iyi uyumlu hale getirdiğini inceler. Verilerle ilgili faaliyetlerin nasıl geçici olabileceğini keşfetmek genellikle şaşırtıcıdır.

2.3 Keşif ve İş Uyumlanmasının Gerçekleştirilmesi

Bir VY programı, belirli faydaları belirleyerek ve sunarak (örneğin, düzenleyicilere ödenen para cezalarını azaltarak) kuruma katkıda bulunmalıdır. Keşif faaliyeti, mevcut politikaların ve yönergelerin etkinliğini- hangi riskleri ele aldıklarını, hangi davranışları teşvik ettiklerini ve ne kadar iyi uygulandıklarını belirleyecek ve değerlendirecektir. Keşif ayrıca VY'nin veri ve içeriğin kullanışlılığını iyileştirme fırsatlarını da belirleyebilir. İş uyumu, iş faydalarını VY program öğelerine bağlar.

Veri Kalitesi (DQ) analizi, keşfin bir parçasıdır. DQ değerlendirmesi, düşük kaliteli verilerle ilişkili etki ve risklerin yanı sıra mevcut sorunlar ve engeller hakkında fikir verecektir. DQ değerlendirmesi, düşük kaliteli veriler kullanılarak yürütülürse risk altında olan iş süreçlerinin yanı sıra veri yönetişim çabalarının bir parçası olarak bir Veri Kalitesi programı oluşturmanın finansal ve diğer faydalarını belirleyebilir (Bkz. Bölüm 13).

Veri yönetimi uygulamalarının değerlendirilmesi, veri yönetişimi keşif sürecinin bir diğer önemli yönüdür. Örneğin, devam eden VY etkinliği için potansiyel aracıların bir başlangıç listesini oluşturmak üzere uzman kullanıcıları belirlemek anlamına gelebilir.

Keşif ve uyumlanma faaliyetlerinden VY gereksinimlerinin bir listesi çıkarılmalıdır. Örneğin, düzenleyici riskler işletme için finansal bir endişe yaratıyorsa, risk yönetimini destekleyen VY faaliyetleri belirtilmelidir. Bu gereksinimler, VY stratejisini ve taktiklerini yönlendirecektir.

2.4 Kurumsal Temas Noktaları Geliştirilmesi

Uyumlanmanın bir kısmı, Veri Yönetişimi çalışması için kurumsal temas noktalarının geliştirilmesini içerir. Şekil 18, Veri Direktörünün (CDO) doğrudan yetkisi dışındaki alanlarda kurumsal veri yönetişimi ve veri yönetimi yaklaşımının uyumunu ve bütünlüğünü destekleyen temas noktalarının örneklerini göstermektedir.

- **Tedarik ve Sözleşmeler**: CDO, veri yönetimi sözleşmelerine kıyasla standart sözleşme dilini geliştirmek ve uygulamak için Tedarik/Partner Yönetimi ile birlikte çalışır. Bunlar, Hizmet Olarak Veri (DaaS) ve bulutla ilgili tedarikleri, diğer dış kaynak düzenlemelerini, üçüncü taraf geliştirme çabalarını veya içerik edinme/lisanslama anlaşmalarını ve muhtemelen veri merkezli BT araçları satınalım ve yükseltmelerini içerebilir.

- **Bütçe ve Finansman**: CDO, veri toplamayla ilgili tüm bütçelerin doğrudan kontrolünde değilse, veri yönetim ofisi mükerrer çabaların önlenmesi ve elde edilen veri varlıklarının optimizasyonunun sağlanması için bir odak noktası olabilir.

- **Mevzuata Uygunluk**: CDO, gerekli yerel, ulusal ve uluslararası düzenleyici ortamları ve bunların kurumu ve veri yönetimi faaliyetlerini nasıl etkilediğini anlar ve bu ortamlar dahilinde çalışır. Yeni ve potansiyel etkileri ve gereksinimleri belirlemek ve izlemek için sürekli izleme yapılır.

- **SDLC / geliştirme çerçevesi**: Veri yönetişim programı, sistem veya uygulama geliştirme yaşam döngülerinde kurumsal politikaların, süreçlerin ve standartların geliştirilebileceği kontrol noktalarını tanımlar.

CDO'nun etkilediği temas noktaları, kurumun verilerini yönetme konusundaki tutarlılığını destekler ve dolayısıyla verilerini kullanılma çevikliğini artırır. Özünde bu, VY'nin organizasyon tarafından nasıl algılanacağına dair bir vizyondur.

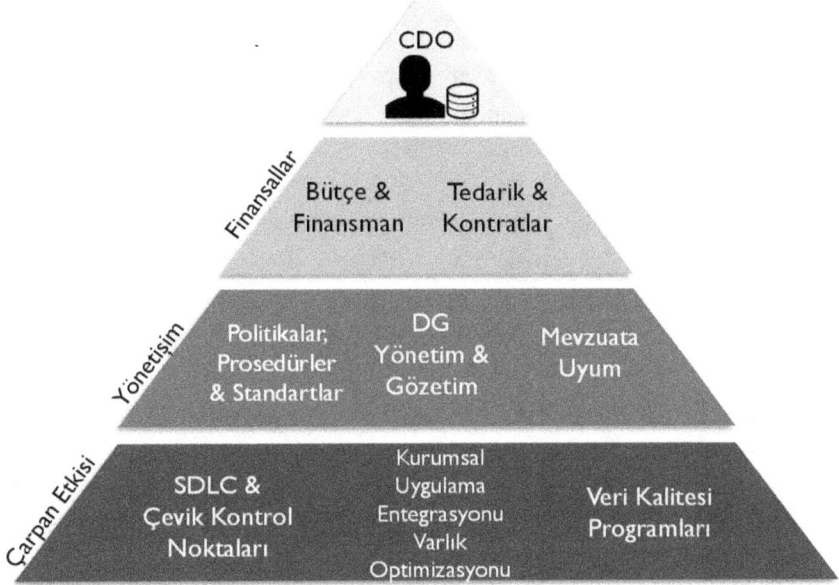

Şekil 18 CDO Organizasyonel Temas Noktaları

2.5 Veri Yönetişimi Stratejisinin Geliştirilmesi

Bir veri yönetişimi stratejisi, yönetişim çabalarının kapsamını ve yaklaşımını tanımlar. VY stratejisi, kapsamlı bir şekilde tanımlanmalı ve genel iş stratejisinin yanı sıra veri yönetimi ve BT stratejileriyle bağlantılı olarak ifade edilmelidir. Parçalar geliştirilip onaylandıkça yinelemeli olarak uygulanmalıdır. Spesifik içerik, her kuruma göre uyarlanmalıdır, ancak çıktılar şunları içerir:

- **Tüzük**: Hazırlık değerlendirmesi, dahili süreç keşfi ve mevcut sorunlar veya başarı kriterleri dahil olmak üzere veri yönetişimi için iş etkenlerini, vizyonu, misyonu ve ilkeleri tanımlar.

- **Çalışma çerçevesi ve mükellefiyetler**: Veri yönetişim faaliyetleri için yapı ve sorumluluğu tanımlar

- **Gerçekleme yol haritası**: Politikaların ve direktiflerin, iş sözlüğünün, mimarinin, varlık değerlemesinin, standartların ve prosedürlerin, iş ve teknoloji süreçlerinde beklenen değişimlerin ve denetim faaliyetlerini ve mevzuat uyumluluğunu destekleyip çıktıların kullanıma sunulması için zaman çizelgesi.

- **Operasyonel başarı planlaması**: Sürdürülebilir veri yönetişim faaliyetlerinin hedef durumunu tanımlama

2.6 Veri Yönetişimi İşletim Çerçevesinin Tanımlanması

Veri Yönetişiminin (VY) temel bir tanımını geliştirmek kolay olsa da bir organizasyonun benimseyeceği bir işletim modeli oluşturmak zor olabilir. Bir kurumun işletim modelini oluştururken şu alanlar göz önünde bulundurulmalıdır:

- **Verinin kurum için değeri**: Bir kurum veri satıyorsa, VY'nin büyük bir ticari etkisi olduğu açıktır. Verileri önemli bir meta olarak kullanan kurumlar (örneğin, Facebook, Amazon), verinin rolünü yansıtan bir işletim modeline ihtiyaç duyacaktır. Verilerin operasyonel bir kayganlaştırıcı olduğu kurumlar için VY'nin formu daha az yoğun olacaktır.

- **İş modeli**: Merkezi olmayan iş ile merkezi, yerel ile uluslararası vs. işin nasıl gerçekleştiğini ve dolayısıyla VY çalışma modelinin nasıl tanımlandığını etkileyen faktörlerdir. Belirli BT stratejisi, Veri Mimarisi ve uygulama entegrasyon işlevleriyle bağlantılar, hedef işletim çerçevesi tasarımına yansıtılmalıdır (Şekil 16'ya göre).

- **Kültürel faktörler**: Disiplini kabul etme ve değişime uyum sağlama gibi. Bazı kurumlar, politika ve ilke yoluyla yönetişimin dayatılmasına direnecektir. Yönetişim stratejisinin, değişimi ilerletirken organizasyon kültürüne uyan bir işletim modelini savunması gerekecektir.

- **Regülasyonların etkisi**: Yüksek düzeyde düzenlemeye tabi kurumlar, daha az düzenlemeye tabi olanlardan farklı bir VY zihniyetine ve çalışma modeline sahip olacaktır. Risk Yönetimi grubuna veya Hukuk bölümüne de bağlantılar olabilir.

Veri yönetişimi katmanları genellikle çözümün bir parçasıdır. Bu, sorumluluk faaliyetleri, verilerin sahibi vb. için mükellefiyetin nerede bulunması gerektiğini belirlemek anlamına gelir. İşletim modeli ayrıca yönetişim organizasyonu ile veri yönetimi projeleri veya girişimlerinden sorumlu kişiler arasındaki etkileşimi, bu yeniliği tanıtmak için değişim yönetimi faaliyetlerinin katılımını ve yönetişim yoluyla sorun yönetimi çözüm yolları modelini tanımlar. Şekil 19, bir işletim çerçevesi örneğini göstermektedir. Örnek amaçlıdır. Bu tür bir yapı, belirli bir organizasyonun ihtiyaçlarını karşılamak için özelleştirilmelidir.

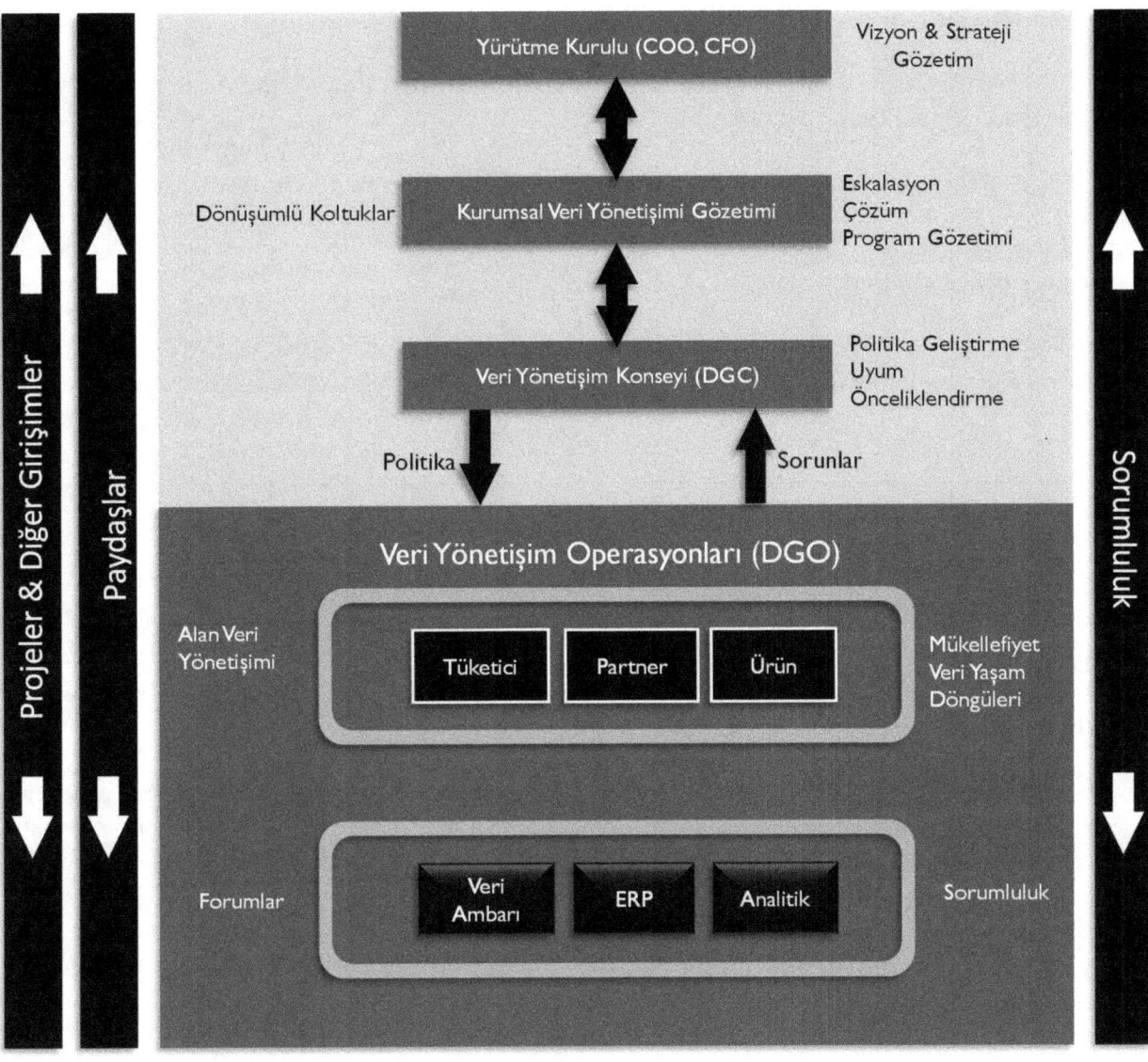

Şekil 19 Bir İşletim Çerçevesi Örneği

2.7 Hedefler, İlkeler ve Politikalar Geliştirilmesi

Veri Yönetişimi Stratejisinden türetilen hedeflerin, ilkelerin ve politikaların geliştirilmesi, kurumda istenen gelecekteki duruma rehberlik edecektir.

Hedefler, ilkeler ve politikalar tipik olarak veri yönetimi uzmanları, iş politikası personeli veya veri yönetişimi himayesinde bunların bir kombinasyonu tarafından hazırlanır. Ardından, Veri Sorumluları ve yönetim bunları inceler ve düzenler. Ardından, Veri Yönetişim Konseyi (veya benzeri bir organ) nihai incelemeyi, revizyonu ve kabulü gerçekleştirir.

Politikalar, aşağıdaki örneklerde olduğu gibi farklı şekiller alabilir:

- Veri Yönetişim Ofisi (DGO), kurum tarafından kullanılmak üzere verileri onaylayacaktır.
- İşletme sahipleri, Veri Yönetişim Ofisi tarafından onaylanacaktır.

- İşletme sahipleri, kendi iş yeterlilik alanlarından Veri Sorumlularını atayacaktır. Veri Sorumluları, veri yönetişim faaliyetlerini koordine etmede günlük sorumluluğa sahip olacaktır.

- Mümkün olduğunda, iş ihtiyaçlarının çoğuna hizmet etmek amacıyla standart raporlama ve/veya gösterge tabloları/puan kartları sağlanacaktır.

- Onaylı Kullanıcılara, özel/standart dışı raporlama için Onaylı Verilere erişim izni verilecektir.

- Tüm onaylı veriler, doğruluğunu, eksiksizliğini, tutarlılığını, erişilebilirliğini, benzersizliğini, uyumluluğunu ve verimliliğini ölçmek için düzenli olarak değerlendirilecektir.

Veri politikaları etkin bir şekilde bildirilmeli, izlenmeli, uygulanmalı ve periyodik olarak yeniden değerlendirilmelidir. Veri Yönetişimi Konseyi, bu yetkisini Veri Sorumluluğu Yönlendirme Komitesine devredebilir.

2.8 Veri Yönetimi Projelerinin Güvenceye Alınması

Veri yönetimi yeteneklerini geliştirmeye yönelik girişimler, kurumsal çapta faydalar sağlar. Bunlar genellikle çapraz işlevli sponsorluk veya Veri Yönetişimi Konseyinden (DGC) görünürlük gerektirir. İknaları zor olabilir, çünkü 'sadece işleri halletmenin' önündeki engeller olarak algılanabilirler. Bunları teşvik etmenin anahtarı, verimliliği artırma ve riski azaltma yollarını açıkça belirtmektir. Verilerinden daha fazla değer elde etmek isteyen kurumlar, veri yönetimi yeteneklerinin geliştirilmesine veya iyileştirilmesine öncelik vermelidir.

DGC, iş gerekçesinin tanımlanmasına yardımcı olur ve proje durumunu ve veri yönetimi iyileştirme projelerindeki ilerlemeyi denetler. DGC, çalışmalarını, varsa bir Proje Yönetim Ofisi (PMO) ile koordine eder. Veri yönetimi projeleri, genel BT proje portföyünün bir parçası olarak kabul edilebilir.

DGC ayrıca, kurumsal çapta kapsamlı büyük programlarla veri yönetimi iyileştirme çabalarını koordine edebilir. Kurumsal Kaynak Planlaması (ERP), Müşteri İlişkileri Yönetimi (CRM Ana Veri Yönetimi projeleri bu tür koordinasyon için iyi adaylardır.

Diğer projelerdeki veri yönetimi faaliyeti, dahili SDLC, hizmet sunum yönetimi, diğer Bilgi Teknolojisi Altyapı Kütüphanesi (ITIL) bileşenleri ve PMO süreçleri tarafından barındırılmalıdır. Önemli bir veri bileşenine sahip her proje (ve hemen hemen her projede bunlara sahiptir), SDLC'nin (planlama ve tasarım aşamaları) başlarında veri yönetimi gereksinimlerini karşılamalıdır. Bunlara mimari, mevzuata uygunluk, kayıt sistemi tanımlaması ve analizi, veri kalitesi denetimi ve iyileştirmeler dahildir. Standart test ortamları kullanılarak gereksinim doğrulama testleri de dahil olmak üzere veri yönetimi destek faaliyetleri de dahil olabilir.

2.9 Değişim Yönetiminin Etkinleştirilmesi

Organizasyonel Değişim Yönetimi (OCM), bir organizasyonun sistemlerinde ve süreçlerinde değişim meydana getirmek için kullanılan araçtır. Değişim Yönetimi Enstitüsü (CMI), organizasyonel değişim yönetiminin sadece 'projelerin insan tarafı'ndan daha fazlası olduğunu öne sürer. Değişimi iyi yönetmek için tüm organizasyonun kullandığı yaklaşım olarak görülmelidir. Organizasyonlar genellikle organizasyonun evriminden ziyade projelerin geçişlerini yönetir (Anderson ve Ackerson, 2012). Değişim yönetiminde olgunlaşmış bir organizasyon, net bir organizasyonel vizyon oluşturur, aktif olarak değişimi en baştan yönetir, izler ve daha küçük değişim çabalarını tasarlar ve yönetir. Tüm organizasyonun geri bildirimine ve iş birliğine dayalı değişim girişimlerini uyarlar (Change Management Institute, 2012) (Bkz. Bölüm 17).

Birçok kurum için, VY'nin içerdiği formalite ve disiplin, mevcut uygulamalardan farklıdır. Bunları benimsemek, kişilerin davranışlarını ve etkileşimlerini değiştirmesini gerektirir. Doğru üst yönetim sponsorluğuna sahip resmi bir OCM programı, VY'yi sürdürmek için gereken davranış değişimlerini yönlendirmek için kritik öneme sahiptir. Kurumlar aşağıdakilerden sorumlu bir ekip oluşturmalıdır:

- **Planlama**: Paydaş analizi gerçekleştirme, sponsor kazanma ve değişime karşı direncin üstesinden gelmek için bir iletişim yaklaşımı oluşturma dahil olmak üzere değişim yönetimini planlama.

- **Eğitim**: Veri yönetişimi programları için eğitim planları oluşturma ve yürütme.

- **Sistem geliştirmeyi etkileme**: SDLC'ye veri yönetişim adımları eklemek için PMO ile etkileşim kurma.

- **Politika gerçekleme**: Veri politikalarının iletilmesi ve kurumun veri yönetimi faaliyetlerine bağlılığı.

- **İletişim**: Veri Sorumlularının ve diğer veri yönetişimi profesyonellerinin rol ve sorumlulukları ile veri yönetimi projelerinin amaçları ve beklentileri hakkında farkındalığın artırılması.

İletişim, değişim yönetimi süreci için hayati öneme sahiptir. Resmi Veri Yönetimini destekleyen bir değişim yönetimi programı iletişimi aşağıdakilere odaklamalıdır:

- **Veri varlıklarının değerini destekleme**: Çalışanları, verilerin kurumsal hedeflere ulaşmada oynadığı rol hakkında eğitme ve bilgilendirme.

- **Veri yönetişim faaliyetleri hakkında geri bildirimi izleme ve bunlara göre hareket etme**: Bilgi paylaşımına ek olarak, iletişim planları hem VY programına hem de değişim yönetimi sürecine rehberlik edebilecek geri bildirimler sağlamalıdır. Paydaşlardan aktif olarak girdi aramak ve kullanmak, programın hedeflerine bağlılığı artırırken, aynı zamanda başarıları ve iyileştirme fırsatlarını da belirleyebilir.

- **Veri yönetimi eğitiminin uygulanması**: Kurumun tüm seviyelerinde verilen eğitim, veri yönetimi en iyi uygulamaları ve süreçlerine ilişkin farkındalığı artırır.

- Değişim yönetiminin etkilerinin beş temel alanda ölçüsü:[24]

    o Değişim ihtiyacının farkındalığı
    o Değişime katılma ve destekleme arzusu
    o Nasıl değişileceği hakkında bilgi
    o Yeni beceri ve davranışları uygulama becerisi
    o Değişimi sabitlemek için takviye

- **Yeni metriklerin ve KPI'ların uygulanması**: Veri yönetimi en iyi uygulamalarıyla bağlantılı davranışları desteklemek için çalışan teşvikleri yeniden düzenlenmelidir. Kurumsal veri yönetişimi, fonksiyonlararası iş birliği gerektirdiğinden, teşvikler birimlerarası faaliyetleri ve iş birliğini teşvik etmelidir.

---

[24] http://bit.ly/1qKvLyJ. Bkz. Hiatt ve Creasey (2012).

2.10 Sorun Yönetiminin Etkinleştirilmesi

Sorun yönetimi, aşağıdakiler de dahil olmak üzere veri yönetişimi ile ilgili sorunları belirleme, ölçme, önceliklendirme ve çözme sürecidir:

- **Yetki**: Karar hakları ve prosedürleri ile ilgili sorular
- **Değişim yönetimi eskalasyonları**: Değişim yönetimi sürecinden kaynaklanan sorunlar
- **Uyum**: Uyumluluk gereksinimlerinin karşılanmasıyla ilgili sorunlar
- **Fikir ayrılıkları**: Çatışan politikalar, prosedürler, iş kuralları, tanımlar, standartlar, mimari, veri mülkiyetleri ve veri ve bilgide çatışmakta olan paydaş çıkarları
- **Uygunluk**: Politikalara, standartlara, mimariye ve prosedürlere uygunlukla ilgili sorunlar
- **Sözleşmeler**: Veri paylaşım anlaşmalarının müzakere edilmesi ve gözden geçirilmesi, verilerin alınması, satılması ve bulut depolama
- **Veri güvenliği ve kimliği**: İhlal soruşturmaları dahil olmak üzere gizlilik sorunları
- **Veri kalitesi**: Güvenlik ihlalleri dahil olmak üzere veri kalitesi sorunlarının tespiti ve çözümü

Veri Sorumluluğu ekiplerinde birçok sorun yerel olarak çözülebilir. İletişim ve/veya eskalasyon gerektiren sorunlar loglara kaydedilmelidir ve Şekil 20'de gösterildiği gibi Veri Sorumluluğu ekiplerine veya DGC'ye daha yükseğe iletilebilir. Bir Veri Yönetişimi Puan Kartı, kurumun neresinde meydana geldiği, kök nedenlerinin neler olduğu vb. konularla ilgili eğilimleri belirlemek için kullanılabilir. VY tarafından çözülemeyen sorunlar kurumsal yönetişime ve/veya yönetime iletilmelidir.

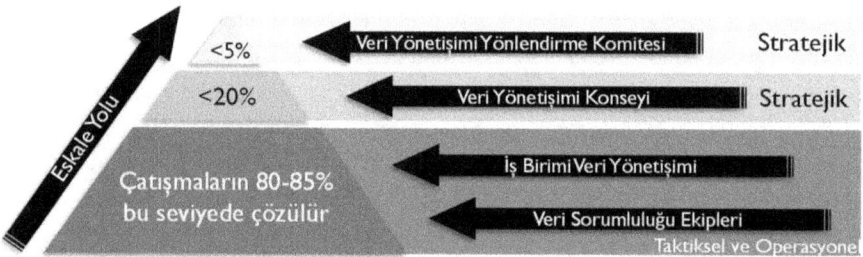

Şekil 20 Veri Sorunu Eskale Yolu

Veri yönetişimi, aşağıdakiler için kontrol mekanizmaları ve prosedürleri gerektirir:

- Sorunları belirleme, yakalama, loga kaydetme, izleme ve güncelleme
- Eylem öğelerinin atanması ve takibi
- Paydaşların bakış açılarının ve çözüm alternatiflerinin belgelenmesi
- Sorun çözümlerini belirleme, belgeleme ve bildirme
- Tüm bakış açılarının duyulduğu nesnel, tarafsız tartışmaları kolaylaştırma
- Sorunları daha yüksek otoritelere eskale etme

Veri sorunu yönetimi çok önemlidir. VY ekibi için güvenilirlik oluşturur, veri tüketicileri üzerinde doğrudan, olumlu etkileri vardır ve üretim destek ekiplerinin yükünü hafifletir. Sorunların çözülmesi, verilerin yönetilebileceğini ve kalitesinin iyileştirilebileceğini de kanıtlar. Başarılı sorun yönetimi, çalışma çabasını ve çözümün etkisini gösteren kontrol mekanizmalarını gerektirir.

2.11 Mevzuata Uyum Gereksinimlerinin Değerlendirilmesi

Her kurum, veri ve bilgilerin nasıl yönetileceğini belirleyen düzenlemeler de dahil olmak üzere kamu ve sektör düzenlemelerinden etkilenir. Veri yönetişimi işlevinin bir kısmı, mevzuata uygunluğu izlemek ve sağlamaktır. Mevzuata uygunluk, genellikle veri yönetişiminin uygulanmasının ilk nedenidir. Veri yönetişimi, verilerle ilgili düzenlemelere uygunluğu izlemek ve belgelemek için yeterli kontrollerin gerçeklenmesine rehberlik eder.

Çeşitli küresel regülasyonların veri yönetimi uygulamaları üzerinde önemli etkileri vardır. Örneğin:

- **Muhasebe Standartları**: Kamu Muhasebe Standartları Kurulu (GASB) ve Mali Muhasebe Standartları Kurulu (FASB) muhasebe standartlarının da bilgi varlıklarının nasıl yönetildiği üzerinde önemli etkileri vardır (ABD'de).

- **BCBS 239** (Basel Bankacılık Denetim Komitesi) ve **Basel II**, bankalar için çok çeşitli düzenlemeler olan Etkin Risk Veri Toplama ve risk raporlaması İlkelerine atıfta bulunur. 2006 yılından bu yana, Avrupa Birliği ülkelerinde iş yapan finansal kuruluşların likiditeyi kanıtlayan standart bilgileri raporlaması gerekmektedir.

- **CPG 235**: Avustralya İhtiyati Düzenleme Kurumu (APRA), bankacılık ve sigorta kuruluşlarının gözetimini sağlar. Bu standartların karşılanmasına yardımcı olmak için standartlar ve kılavuzlar yayınlar. Bunlar arasında, veri riskini yönetmek için bir standart olan CGP 235 bulunmaktadır. Veri riski kaynaklarını ele almaya ve yaşam döngüsü boyunca verileri yönetmeye odaklanır.

- **PCI-DSS**: Ödeme Kartı Sektörü Veri Güvenliği Standartları (PCI-DSS).

- **Solvency II**: Sigorta sektörü için Basel II'ye benzer Avrupa Birliği düzenlemeleri.

- **Gizlilik yasaları**: Yerel, ulusal ve uluslararası yasaların tümü geçerlidir.

Veri yönetişimi organizasyonları, düzenlemelerin etkilerini değerlendirmek için diğer iş ve teknik yöneticilerle birlikte çalışır. Organizasyon, örneğin şunları belirlemelidir:

- Bir regülasyon hangi açılardan kurumla ilgilidir?
- Uyumluluğu ne oluşturur? Uyumluluğu sağlamak için hangi politikalar ve prosedürler gerekli olacaktır?
- Uyum ne zaman gereklidir? Uyum nasıl ve ne zaman izlenir?
- Kurum, uyumluluğu sağlamak için endüstri standartlarını benimseyebiliyor mu?
- Uyum nasıl gösterilir?
- Uyumsuzluğun riski ve cezası nedir?
- Uyumsuzluk nasıl belirlenir ve raporlanır? Uyumsuzluk nasıl yönetilir ve düzeltilir?

VY, kurumun regülasyon gerekliliklere veya veri ve veri uygulamalarını içeren denetim taahhütlerine yanıtını izler (örneğin, regülatif raporlamada veri kalitesinin belgelenmesi) (Bkz. Bölüm 6).

2.12 Veri Yönetişiminin Gerçeklenmesi

Veri yönetişimi bir gecede uygulanamaz. Sadece organizasyonel değişimi hesaba katmak için değil, aynı zamanda koordine edilmesi gereken birçok karmaşık aktiviteyi içerdiği için planlama gerektirir. Farklı faaliyetler için zaman çerçevelerini ve aralarındaki ilişkiyi gösteren bir gerçekleme yol haritası oluşturmak en iyisidir. Örneğin, VY programı uyumluluğu geliştirmeye odaklanmışsa, öncelikler belirli regülastif gereksinimler tarafından yönlendirilebilir. Federe bir VY organizasyonunda, çeşitli iş kollarında gerçekleme, etkileşim ve olgunluk düzeylerine ve ayrıca finansmana bağlı olarak farklı programlarda gerçekleşebilir.

Bazı VY çalışmaları temeldir. Diğer işler bunlara bağlıdır. Bu çalışmaların ön sürümü ve devam eden yetiştirmeleri bulunmaktadır. Erken aşamalarda öncelikli faaliyetler şunları içerir:

- Yüksek öncelikli hedeflere ulaşmak için gereken veri yönetişim prosedürlerini tanımlama
- Bir iş sözlüğü oluşturma ve terminoloji ve standartları belgeleme
- Verilerin ve sistemlerin daha iyi anlaşılmasını desteklemek için Kurumsal Mimari ve Veri Mimarisi ile koordinasyon
- Daha iyi karar vermeyi sağlamak ve verilerin kurumsal başarıda oynadığı rolün daha iyi anlaşılmasını sağlamak için veri varlıklarına finansal değer atama

2.13 Veri Standartları ve Prosedürlerinin Sponsor Edilmesi

Bir standart, "çok iyi olan ve diğer şeylerin kalitesi hakkında kararda bulunmak için kullanılan bir şey" veya "otorite tarafından koyulan nicelik, ağırlık, kapsam, değer, ya da kalite." Standartlar kaliteyi tanımlamaya yardımcı olur çünkü bir karşılaştırma aracı sağlarlar. Ayrıca süreçleri basitleştirme potansiyeli sunarlar. Bir kurum, bir standardı benimseyerek bir kez karar verir ve bunu bir dizi iddiada (standart) kodlar. Her proje için tekrar aynı kararı vermesi gerekmez. Standartları uygulamak, bunları kullanan süreçlerden tutarlı sonuçları teşvik etmelidir.

Ne yazık ki, standartların oluşturulması veya benimsenmesi genellikle siyasallaştırılmış bir süreçtir ve bu hedefler kaybolmaktadır. Çoğu kurum, veri veya veri yönetişim standartlarını geliştirme veya uygulama konusunda tecrübeli değildir. Bazı durumlarda, bunları yapmanın değeri anlaşılmamıştır ve bu nedenle yapmak için zaman ayrılmamıştır. Diğer durumlarda da nasıl yapılacağı bilinmemiştir. Sonuç olarak, "standartlar", uygunluk beklentilerinde olduğu gibi, kurumlar içinde ve arasında büyük farklılıklar gösterir. VY standartları zorunlu olmalıdır.

Veri standartları, tanımladıklarına bağlı olarak farklı biçimler alabilir: bir alanın nasıl doldurulması gerektiğine dair fikirler, alanlar arasındaki ilişkileri yöneten kurallar, kabul edilebilir ve kabul edilemez değerlerin ayrıntılı dokümantasyonu, format, vb. Bunlar genellikle veri yönetimi uzmanları tarafından hazırlanır. Veri standartları, Veri Yönetişim Konseyi (DGC) veya Veri Standartları Yönlendirme Komitesi gibi yetkilendirilmiş bir çalışma grubu tarafından gözden geçirilmeli, onaylanmalı ve kabul edilmelidir. Veri standartları belgelerindeki ayrıntı düzeyi, kısmen kurum kültürüne bağlıdır. Veri standartlarını belgelemenin, aksi takdirde kaybolabilecek ayrıntıları ve bilgileri yakalama fırsatı sunduğunu unutulmamalıdır. Bu bilgiye erişmek için tersine mühendislik, önceden belgelendirmeye etmeye kıyasla çok pahalıdır.

Veri standartları etkin bir şekilde bildirilmeli, izlenmeli ve periyodik olarak gözden geçirilmeli ve güncellenmelidir. En önemlisi, bunları uygulamak için bir yol olmalıdır. Veriler standartlara göre ölçülebilir. Veri yönetimi faaliyetleri, belirli bir programa göre veya SDLC onay süreçlerinin bir parçası olarak DGC veya Veri Standartları Yönlendirme Komitesi tarafından standartlara uygunluk açısından denetlenebilirler.

Veri yönetimi prosedürleri, belirli sonuçları ve destekleyici yapıları üreten belirli faaliyetleri gerçekleştirmek için izlenen belgelenmiş yöntemler, teknikler ve adımlardır. Politikalar ve standartlar gibi prosedürler de kurumlar arasında büyük farklılıklar gösterirler. Veri standartlarında olduğu gibi, prosedürel belgeler kurumsal bilgiyi açık bir biçimde tutar. Prosedürel belgeler genellikle veri yönetimi uzmanları tarafından hazırlanır.

Veri Yönetimi Bilgi Alanlarında standartlaştırılabilecek kavram örnekleri şunları içerir:

- **Veri Mimarisi**: Kurumsal veri modelleri, araç standartları ve sistem adlandırma kuralları

- **Veri Modelleme ve Tasarımı**: Veri modeli yönetim prosedürleri, veri modelleme adlandırma kuralları, tanım standartları, standart etki alanları ve standart kısaltmalar

- **Veri Depolama ve Operasyonları**: Araç standartları, veri tabanı kurtarma ve iş sürekliliği standartları, veri tabanı performansı, veri saklama ve harici veri toplama

- **Veri Güvenliği**: Veri erişimi güvenlik standartları, izleme ve denetim prosedürleri, depolama güvenlik standartları ve eğitim gereksinimleri

- **Veri Entegrasyonu**: Veri entegrasyonu ve uyumluluğu için kullanılan standart yöntemler ve araçlar

- **Belgeler ve İçerik**: Kurumsal sınıflandırmaların kullanımı, yasal keşif desteği, belge ve e-posta saklama süreleri, elektronik imzalar ve rapor dağıtım yaklaşımları dahil olmak üzere içerik yönetimi standartları ve prosedürleri

- **Referans ve Ana Veriler**: Referans Veri Yönetimi kontrol prosedürleri, veri kaydı sistemleri, kullanımı kuran ve zorunlu kılan iddialar, varlık çözümleme için standartlar

- **Veri Ambarı ve İş Zekâsı**: Araç standardı, işleme standartları ve prosedürleri, rapor ve görselleştirme biçimlendirme standartları, Büyük Veri işleme standartları

- **Metaveri**: Yakalanacak standart iş ve teknik Metaverileri, Metaveri entegrasyon prosedürleri ve kullanımı

- **Veri Kalitesi**: Veri kalitesi kuralları, standart ölçüm metodolojileri, veri iyileştirme standartları prosedürü

- **Büyük Veri ve Veri Bilimi**: Veri kaynağı tanımlama, yetkilendirme, edinim, kayıt sistemi, paylaşım ve yenileme

2.14 İş Sözlüğü Geliştirilmesi

Veri Sorumluları genellikle iş sözlüğü içeriğinden sorumludur. Kişiler kelimeleri farklı kullandıkları için bir sözlük gereklidir. Veriler için net tanımlara sahip olmak özellikle önemlidir, çünkü veri kendisinden başka şeyleri temsil eder (Chisholm, 2010). Ek olarak, birçok kurum kendi iç kelime dağarcığını geliştirir. Sözlük, bu kelime dağarcığını kurum içinde paylaşmanın bir yoludur. Standart veri tanımlarının geliştirilmesi ve belgelenmesi, belirsizliği azaltır ve iletişimi iyileştirir. Tanımlar açık, net ve titiz olmalı ve istisnaları, eşanlamlıları veya varyantları açıklamalıdır. Terminolojiyi onaylayanlar, çekirdek kullanıcı gruplarından temsilcileri içermelidir. Veri Mimarisi, genellikle konu alanı modellerinden taslak tanımlar ve tür kesintileri sağlayabilir.

İş sözlükleri aşağıdaki amaçlara sahiptir:

- Temel iş kavramlarının ve terminolojinin ortak bir şekilde anlaşılmasını sağlama
- İş kavramlarının tutarsız anlaşılması nedeniyle verilerin kötüye kullanılması riskini azaltılması
- Teknoloji varlıkları (teknik adlandırma kurallarıyla) ile iş arasındaki uyumun iyileştirilmesi
- Araştırma yetkinliğinin en üst düzeye çıkarılması ve belgelenmiş kurumsal bilgiye erişim sağlanması

Bir iş sözlüğü, yalnızca terimlerin ve tanımların bir listesi değildir. Her terim aynı zamanda diğer değerli Metaverilerle ilişkilendirilecektir: eşanlamlılar, metrikler, köken, iş kuralları, terimden sorumlu görevliler, vb.

2.15 Mimari Grupları ile Koordinasyon

DGC, iş odaklı kurumsal veri modeli gibi veri mimarisi yapılarını destekler ve onaylar. DGC, programı ve yinelemeli projelerini denetlemek için bir Kurumsal Veri Mimarisi Yönlendirme Komitesi veya Mimari İnceleme Kurulu (ARB) atayabilir veya onunla etkileşimde bulunabilir. Kurumsal veri modeli, konu alanı ekiplerinde birlikte çalışan veri mimarları ve Veri Sorumluları tarafından ortaklaşa geliştirilmeli ve sürdürülmelidir. Organizasyona bağlı olarak, bu çalışma Kurumsal Veri Mimarı veya görevli tarafından koordine edilebilir. İş gereksinimleri geliştikçe, Veri Sorumluluğu ekipleri, kurumsal veri modeli için değişiklikler önermeli ve uzantılar geliştirmelidir.

Kurumsal veri modeli, VY tarafından gözden geçirilmeli, onaylanmalı ve resmi olarak kabul edilmelidir. Bu model, temel iş stratejileri, süreçleri, organizasyonları ve sistemleri ile uyumlu olmalıdır. Veri stratejisi ve Veri Mimarisi, veri varlıklarını yönetirken "İşleri doğru yapmak" ve "Doğru işleri yapmak" arasındaki koordinasyonun merkezinde yer alır.

2.16 Veri Varlık Değerlemesinin Sponsor Edilmesi

Veri ve bilgi, değere sahip oldukları veya değer yaratabilecekleri için varlıklardır. Günümüzün muhasebe uygulamaları, verileri yazılım, dokümantasyon, uzman bilgisi, ticari sırlar ve diğer fikri mülkiyet gibi maddi olmayan bir varlık olarak görmektedir. Bununla birlikte, kurumlar verilere parasal değer katmayı zor bulmaktalardır. DGC, çabayı organize etmeli ve bunu yapmak için standartlar belirlemelidir.

Bazı kurumlar işe yetersiz bilgiden kaynaklanan iş kayıplarının değerini tahmin ederek başlar. Bilgi boşlukları- hangi bilgilerin gerekli olduğu ve neyin mevcut olduğu arasındaki fark- ticari yükümlülükleri temsil eder. Boşlukları kapatmanın veya önlemenin maliyeti, eksik verilerin iş değerini tahmin etmek için kullanılabilir. O noktadan, kurumlar var olan bilgilerin değerini tahmin etmek için modeller geliştirebilir.

Değer tahminleri, kalite sorunlarına ve diğer yönetişim girişimlerine yönelik temel neden çözümleri için iş vakalarını haklı çıkaracak bir veri stratejisi yol haritasına yerleştirilebilir.

2.17 Veri Yönetişiminin Yerleştirilmesi

Veri yönetişimi organizasyonunun bir amacı, verileri bir varlık olarak yönetmekle ilgili bir dizi süreç davranışını yerleştirmektir. VY'nin devam eden işleyişi planlama gerektirir. İşletme planı, VY faaliyetlerini uygulamak ve işletmek için gerekli olayların listesini içerir. Başarıyı sürdürmek için gerekli faaliyetleri, zamanlamayı ve teknikleri ana hatlarıyla belirtir.

Sürdürülebilirlik, VY kurumsal çerçevesinin sürekli performansını sağlamak için süreçlerin ve finansmanın mevcut olmasını sağlamak için hareket etmek anlamına gelir. Bu gereksinimin merkezinde, kurumun veri yönetişimini kabul etmesi yer alır; fonksiyonun yönetilmesi, sonuçlarının izlenmesi ve ölçülmesi ve VY programlarının sık sık aksamasına veya başarısız olmasına neden olan engellerin üstesinden gelinmesidir.

Kurumun genel olarak veri yönetişimi anlayışını derinleştirmek, yerel olarak uygulamasını derinleştirmek ve birbirinden öğrenmek için bir Veri Yönetişimi Dayanışma Grubu (CoI) oluşturulmalıdır. Bu, özellikle yönetişimin ilk yıllarında faydalıdır ve VY operasyonları olgunlaştıkça muhtemelen zayıflayacaktır.

3. Araçlar ve Yöntemler

Veri yönetişimi temelde kurumsal davranışla ilgilidir. Bu, teknolojiyle çözülebilecek bir sorun değildir. Ancak, genel süreci destekleyen araçlar vardır. Örneğin, VY sürekli iletişimi gerektirir. Bir VY programı, temel mesajları tutarlı bir şekilde iletmek ve paydaşları politikalar, standartlar ve gereksinimler hakkında bilgilendirmek için mevcut iletişim kanallarından yararlanmalıdır.

Ayrıca, bir VY programı kendi işini ve kendi verilerini etkin bir şekilde yönetmelidir. Araçlar yalnızca bu görevlerde değil, aynı zamanda bunları destekleyen metriklerde de yardımcı olur. Bir işletme sözlüğü çözümü gibi belirli bir işlev için bir araç seçmeden önce, bir kurum, bir araç seti oluşturmaya yönelik genel yönetişim hedeflerini ve gereksinimlerini tanımlamalıdır. Örneğin, bazı sözlük çözümleri, ilke ve iş akışı yönetimi için ek bileşenler içerir. Böyle bir ek işlevsellik isteniyorsa, bir araç kabul edilmeden önce gereksinimler netleştirilmeli ve test edilmelidir. Aksi takdirde, kurum, hiçbiri ihtiyaçlarını karşılayamayacak birden fazla araca sahip olacaktır.

3.1 Çevrimiçi Varlık / Web Siteleri

Veri Yönetişimi programı çevrimiçi bir varlığa sahip olmalıdır. Temel belgeleri merkezi bir web sitesi veya bir iş birliği portalı aracılığıyla kullanılabilir hale getirebilir. Web siteleri belge kitaplıklarını barındırabilir, arama özelliklerine erişim sağlayabilir ve basit iş akışının yönetilmesine yardımcı olabilir. Bir web sitesi, logolar ve tutarlı bir görsel temsil aracılığıyla program için bir marka oluşturmaya da yardımcı olabilir. Bir VY programı web sitesi şunları içermelidir:

- Vizyon, faydalar, hedefler, ilkeler ve gerçekleme yol haritası dahil olmak üzere Veri Yönetişimi stratejisi ve program tüzüğü
- Veri politikaları ve veri standartları
- Veri sorumluluğu rollerinin ve sorumluluklarının açıklamaları
- Programın haber duyuruları
- Bir Veri Yönetişimi Dayanışma Grubu için forum bağlantıları

- Veri yönetişimi konularına ilişkin üst yönetim mesajlarına bağlantılar
- Veri Kalitesi ölçümlerine ilişkin raporlar
- Sorun tanımlama ve eskalasyon prosedürleri
- Hizmet talep etmek veya sorunları bildirmek için bağlantılar
- İlgili çevrimiçi kaynaklara bağlantılar içeren belgeler, sunumlar ve eğitim programları
- Veri Yönetişimi programı iletişim bilgileri

3.2 İş Sözlüğü

İş Sözlüğü, temel bir VY aracıdır. İş terimlerinin üzerinde anlaşmaya varılan tanımlarını barındırır ve bunları verilerle ilişkilendirir. Bazıları daha büyük ERP sistemlerinin, veri entegrasyon araçlarının veya metaveri yönetimi araçlarının bir parçası olarak ve bazıları da bağımsız araçlar olarak kullanılabilen birçok iş sözlüğü aracı vardır.

3.3 İş Akışı Araçları

Daha büyük kurumlar, yeni veri yönetişim politikalarının uygulanması gibi süreçleri yönetmek için sağlam bir iş akışı aracı düşünmek isteyebilir. Bu araçlar, süreçleri belgelere bağlar ve politika yönetiminde ve sorun çözümünde faydalı olabilir.

3.4 Doküman Yönetim Araçları

Çok sık olarak, yönetişim ekipleri tarafından politika ve prosedürlerin yönetilmesine yardımcı olmak için bir belge yönetim aracı kullanılır.

3.5 Veri Yönetişimi Puan Kartları

Veri yönetişim faaliyetlerini ve politikalara uyumu izlemek için metriklerin toplanması, otomatik bir puan kartı üzerinde Veri Yönetişim Konseyi (DGC) ve Veri Yönetişimi Yönlendirme Komitelerine bildirilebilir.

4. Gerçekleme Yönergeleri

Veri yönetişim programı tanımlandıktan, bir çalışma planı geliştirildikten ve veri olgunluğu değerlendirmesinde toplanan bilgilerin desteğiyle hazırlanan bir gerçekleme yol haritası (bkz. Bölüm 15) oluşturulduktan sonra, kurum süreçleri ve politikaları gerçeklemeye başlayabilir. Çoğu kullanıma sunma stratejisi, ya VY'yi önce Ana Veri Yönetimi gibi büyük bir çabaya ya da bir bölge veya bölümle artımlı olarak uygulanır. Nadiren VY, ilk çaba olarak kurumsal çapta kurulur.

4.1 Organizasyon ve Kültür

Bölüm 2.9'da belirtildiği gibi, veri yönetişiminin doğasında bulunan formalite ve disiplin, birçok kurum için yeni ve farklı olacaktır. Veri yönetişimi, davranışta değişimler meydana getirerek değer katar. Karar verme ve projelerin yönetişimi konusunda yeni yöntemler için değişime direnç ve öğrenme veya benimseme eğrisi olabilir.

Etkili ve uzun süreli veri yönetişim programları, kurumsal düşünce ve verilerle ilgili davranışta kültürel bir değişimin yanı sıra, gelecekte arzu edilen davranış durumuna ulaşmak için yeni düşünceyi, davranışları, politikaları ve süreçleri desteklemek için devam eden bir değişim yönetimi programını gerektirir. Veri yönetimi stratejisi ne kadar kesin veya egzotik olursa olsun, kültürü görmezden gelmek başarı şansını azaltacaktır. Değişimi yönetmeye odaklanmak, uygulama stratejisinin bir parçası olmalıdır.

Organizasyon değişiminin hedefi sürdürülebilirliktir. Sürdürülebilirlik, sürecin değer katmaya devam etmesinin ne kadar kolay olduğunu ölçen bir sürecin kalitesidir. Bir veri yönetişim programını sürdürmek, değişim için planlama gerektirir (Bkz. Bölüm 17).

4.2 Düzenleme ve İletişim

Veri Yönetişimi programları, daha geniş bir iş ve veri yönetimi stratejisi bağlamında aşamalı olarak uygulanır. Başarı, parçaları yerine koyarken daha geniş hedefleri akılda tutmayı gerektirir. VY ekibinin esnek olması ve koşullar değiştikçe yaklaşımını ayarlaması gerekecektir. Değişimleri yönetmek ve paylaşmak için gerekli araçlar şunları içerir:

- **İş / VY strateji haritası**: Bu harita, VY faaliyetini iş ihtiyaçları ile birleştirir. VY'nin işletmeye nasıl yardımcı olduğunu periyodik olarak ölçmek ve paylaşmak, program için sürekli destek almak için hayati önem taşır.

- **VY yol haritası**: VY'ye giden yol haritası katı olmamalıdır. İş ortamındaki veya önceliklerdeki değişimlere uyarlanmalıdır.

- **VY için devam eden iş gerekçesi**: İş gerekçesi, organizasyonun değişen önceliklerini ve finansal gerçeklerini yansıtacak şekilde periyodik olarak ayarlanmalıdır.

- **VY metrikleri**: VY programı olgunlaştıkça metriklerin büyümesi ve değişmesi gerekecektir.

5. Metrikler

Direnç veya uzun bir öğrenme eğrisinin zorluğuna karşı koymak için, bir VY programı, VY katılımcılarının iş değeri kattığını ve hedeflere nasıl ulaştığını gösteren metrikler aracılığıyla ilerlemeyi ve başarıyı ölçebilmelidir.

Gerekli davranış değişimlerini yönetmek için, veri yönetişiminin kullanıma sunulmasındaki ilerlemeyi, veri yönetişimi gereksinimleriyle uyumluluğu ve veri yönetişiminin kuruma getirdiği değeri ölçmek önemlidir. VY'nin değerini pekiştiren ve kurumun VY'yi kullanıma sunulduktan sonra desteklemek için gereken kaynaklara sahip olduğunu doğrulayan metrikler de bir VY programının sürdürülmesi için önemlidir. Örnek metrikler şunları içerir:

- Değer
    - İş hedeflerine katkılar
    - Riskin azaltılması
    - Operasyonlarda arttırılmış verimlilik
- Verimlilik
    - Amaç ve hedeflere ulaşılması
    - Kapsam sorumlularının ilgili araçları kullanıyor olması
    - İletişimin etkinliği
    - Eğitim/öğretimin etkinliği
    - Değişimin benimsenme hızı
- Sürdürülebilirlik
    - Politikaların ve süreçlerin performansı
    - Standartlara ve prosedürlere uygunluk

6. Alıntılanan / Önerilen Çalışmalar

Adelman, Sid, Larissa Moss and Majid Abai. *Data Strategy*. Addison-Wesley Professional, 2005. Print.

Anderson, Dean and Anderson, Linda Ackerson. *Beyond Change Management*. Pfeiffer, 2012.

Avramov, Lucien and Maurizio Portolani. *The Policy Driven Data Center with ACI: Architecture, Concepts, and Methodology*. Cisco Press, 2014. Print. Networking Technology.

Axelos Global Best Practice (ITIL website). http://bit.ly/1H6SwxC.

Brzezinski, Robert. *HIPAA Privacy and Security Compliance - Simplified: Practical Guide for Healthcare Providers and Practice Managers*. CreateSpace Independent Publishing Platform, 2014. Print.

Calder, Alan. *IT Governance: Implementing Frameworks and Standards for the Corporate Governance of IT*. IT Governance Publishing, 2009. Print.

Change Management Institute and Carbon Group. *Organizational Change Maturity Model*, 2012. http://bit.ly/1Q62tR1.

Change Management Institute (website). http://bit.ly/1Q62tR1.

Chisholm, Malcolm and Roblyn-Lee, Diane. *Definitions in Data Management: A Guide to Fundamental Semantic Metadata*. Design Media, 2008. Print.

Cokins, Gary et al. *CIO Best Practices: Enabling Strategic Value with Information Technology*, 2nd ed. Wiley, 2010. Print.

De Haes, Steven and Wim Van Grembergen. *Enterprise Governance of Information Technology: Achieving Alignment and Value, Featuring COBIT 5*. 2nd ed. Springer, 2015. Print. Management for Professionals.

DiStefano, Robert S. *Asset Data Integrity Is Serious Business*. Industrial Press, Inc., 2010. Print.

Doan, AnHai, Alon Halevy and Zachary Ives. *Principles of Data Integration*. Morgan Kaufmann, 2012. Print.

Fisher, Tony. *The Data Asset: How Smart Companies Govern Their Data for Business Success*. Wiley, 2009. Print.

Giordano, Anthony David. *Performing Information Governance: A Step-by-step Guide to Making Information Governance Work*. IBM Press, 2014. Print. IBM Press.

Hiatt, Jeff and Creasey, Timothy. *Change Management: The People Side of Change*. Prosci, 2012.

Huwe, Ruth A. *Metrics 2.0: Creating Scorecards for High-Performance Work Teams and Organizations*. Praeger, 2010. Print.

Ladley, John. *Data Governance: How to Design, Deploy and Sustain an Effective Data Governance Program*. Morgan Kaufmann, 2012. Print. The Morgan Kaufmann Series on Business Intelligence.

Ladley, John. *Making Enterprise Information Management (EIM) Work for Business: A Guide to Understanding Information as an Asset*. Morgan Kaufmann, 2010. Print.

Marz, Nathan and James Warren. *Big Data: Principles and best practices of scalable realtime data systems*. Manning Publications, 2015. Print.

McGilvray, Danette. *Executing Data Quality Projects: Ten Steps to Quality Data and Trusted Information*. Morgan Kaufmann, 2008. Print.

Osborne, Jason W. *Best Practices in Data Cleaning: A Complete Guide to Everything You Need to Do Before and After Collecting Your Data*. SAGE Publications, Inc, 2013. Print.

Plotkin, David. *Data Stewardship: An Actionable Guide to Effective Data Management and Data Governance*. Morgan Kaufmann, 2013. Print.

PROSCI (website). http://bit.ly/2tt1bf9.

Razavi, Behzad. *Principles of Data Conversion System Design*. Wiley-IEEE Press, 1994. Print.

Redman, Thomas C. *Data Driven: Profiting from Your Most Important Business Asset*. Harvard Business Review Press, 2008. Print.

Reinke, Guido. *The Regulatory Compliance Matrix: Regulation of Financial Services, Information and Communication Technology, and Generally Related Matters*. GOLD RUSH Publishing, 2015. Print. Regulatory Compliance.

Seiner, Robert S. *Non-Invasive Data Governance*. Technics Publications, LLC, 2014. Print.

Selig, Gad. *Implementing IT Governance: A Practical Guide to Global Best Practices in IT Management*. Van Haren Publishing, 2008. Print. Best Practice.

Smallwood, Robert F. *Information Governance: Concepts, Strategies, and Best Practices*. Wiley, 2014. Print. Wiley CIO.

Soares, Sunil. *Selling Information Governance to the Business: Best Practices by Industry and Job Function*. Mc Press, 2011. Print.

Tarantino, Anthony. *The Governance, Risk, and Compliance Handbook: Technology, Finance, Environmental, and International Guidance and Best Practices*. Wiley, 2008. Print.

The Data Governance Institute (website). http://bit.ly/1ef0tnb.

The KPI Institute and Aurel Brudan, ed. *The Governance, Compliance and Risk KPI Dictionary: 130+ Key Performance Indicator Definitions*. CreateSpace Independent Publishing Platform, 2015. Print.

BÖLÜM 4

Veri Mimarisi

DAMA-DMBOK2 Veri Yönetimi Çerçevesi
Copyright © 2017 by DAMA International

1. Giriş

Mimari, bir şeyleri (özellikle yaşanabilir yapıları) inşa etme sanatı ve bilimini ve inşa sürecinin sonuçlarını - binaların kendisini ifade eder. Daha genel anlamda mimari, genel bir yapı veya sistemin fonksiyonunu, performansını, fizibilitesini, maliyetini ve estetiğini optimize etmeyi amaçlayan bileşen öğelerinin organize bir düzenlemesini ifade eder.

Mimari terimi, bilgi sistemleri tasarımının çeşitli yönlerini tanımlamak için benimsenmiştir. ISO/IEC 42010:2007 Sistem ve Yazılım Mühendisliği – Mimari Tanımı (2011), mimariyi "bir sistemin bileşenlerinde, bunların birbirleriyle ve çevreyle olan ilişkilerinde ve tasarımını ve gelişimini yöneten ilkelerde somutlaşan temel organizasyonu" olarak tanımlar. Bununla birlikte, bağlama bağlı olarak, mimari kelimesi, sistemlerin mevcut durumunun, bir dizi sistemin bileşenlerinin, sistemlerin tasarlanması disiplininin (mimari uygulama), bir sistemin veya bir dizi sistemin tasarımının bir tanımına (gelecekteki durum veya önerilen mimari), bir sistemi tanımlayan yapıtlara (mimari dokümantasyon) veya tasarım işini yapan ekibe (Mimarlar veya Mimarlık ekibi) atıfta bulunabilir.

Mimari pratiği, bir organizasyon içinde farklı seviyelerde (kurum, konu alanı, proje vb.) ve farklı odak alanları (altyapı, uygulama ve veri) ile gerçekleştirilir. Mimarların tam olarak ne yaptığı, mimar olmayan ve bu seviyelerin ve odak alanlarının ima ettiği ayrımları tanımayan insanlar için kafa karıştırıcı olabilir. Mimari çerçevelerin değerli olmasının bir nedeni, mimar olmayanların bu ilişkileri anlamalarını sağlamalarıdır.

Kurumsal Mimari disiplini, iş, veri, uygulama ve teknoloji dahil olmak üzere konu alanı mimarilerini kapsar. İyi yönetilen kurumsal mimari uygulamaları, kuruluşların sistemlerinin mevcut durumunu anlamalarına, gelecekteki duruma yönelik arzu edilen değişimi teşvik etmelerine, mevzuat uyumluluğunu sağlamalarına ve etkinliği artırmalarına yardımcı olur. Verilerin depolandığı ve kullanıldığı sistemlerin etkin yönetimi, mimari disiplinlerin ortak amacıdır.

Bu bölümde, Veri Mimarisi aşağıdaki açılardan ele alınacaktır:

- Veri Mimarisi çıktıları; bu tür modeller, tanımlar ve çeşitli düzeylerdeki veri akışları, genellikle Veri Mimarisi yapıları olarak adlandırılırlar

- Veri Mimarisi amaçlarını oluşturmak, kurmak ve gerçekleştirmek için Veri Mimarisi faaliyetleri

- Kurumun Veri Mimarisini etkileyen çeşitli roller arasındaki iş birlikleri, zihniyetler ve beceriler gibi Veri Mimarisi davranışları

Bu üçü birlikte Veri Mimarisinin temel bileşenlerini oluştururlar.

Veri Mimarisi, veri yönetimi için bir temeldir. Çoğu kuruluş, bireylerin anlayabileceğinden daha fazla veriye sahip olduğundan, anlaşılabilmesi ve yönetimin bu konuda kararlar alabilmesi için kurumsal verileri farklı soyutlama seviyelerinde temsil etmek gerekir.

Veri Mimarisi yapıtları, bir veri stratejisinde ortaya konan mevcut durumu tanımlamak, veri gereksinimlerini tanımlamak, veri entegrasyonunu yönlendirmek ve veri varlıklarını kontrol etmek için kullanılan özellikleri içerirler. Bir kuruluşun Veri Mimarisi, verilerin nasıl toplandığını, depolandığını, düzenlendiğini, kullanıldığını ve kullanımdan kaldırıldığını yöneten standartlar dahil olmak üzere farklı soyutlama seviyelerinde entegre bir ana tasarım dokümanları koleksiyonu ile tanımlanır. Ayrıca, verilerin bir organizasyonun sistemlerinden geçtiği tüm depoların ve yolların açıklamalarına göre de sınıflandırılırlar.

En ayrıntılı Veri Mimarisi tasarım dokümanı, veri adlarını, kapsamlı verileri ve metaveri tanımlarını, kavramsal ve mantıksal varlıkları ve ilişkileri ve iş kurallarını içeren resmi bir kurumsal veri modelidir. Fiziksel veri modelleri de Veri Mimarisi yerine veri modelleme ve tasarımının bir ürünü olarak buna dahildir.

Veri Mimarisi, tüm kuruluşun ihtiyaçlarını tam olarak desteklediğinde en değerli haline gelir. Kurumsal Veri Mimarisi, kurum genelinde tutarlı veri standardizasyonu ve entegrasyonu sağlar.

Mimarların yarattığı yapıtlar, değerli metaverileri oluştururlar. İdeal olarak, mimari yapıtlar bir kurumsal mimari yapıt deposunda saklanmalı ve yönetilmelidirler.

Son müşteri dijitalleşmesinin üçüncü dalgasının ortasındayız. Bankalar ve finansal işlemler önce geldi; çeşitli dijital hizmet etkileşimleri ikinci dalgadaydı, üçüncüsü ise nesnelerin interneti ve telematiktir. Otomotiv, sağlık ekipmanı ve araçları gibi geleneksel sektörler bu üçüncü dalgada dijitalleşiyorlardır.

Bu hemen hemen her sektörde olur. Yeni Volvo otomobilleri artık yalnızca araçla ilgili konularda değil, aynı zamanda restoranları ve alışveriş yerlerini bulmak için de 7/24 hizmet veriyorlar. Gezer vinçler, paletli yükleyiciler ve anestezi ekipmanları, kesintisiz hizmet sağlayan operasyonel verileri topluyor ve iletiyor. Teklifler, ekipman tedarikinden kullanım başına ödeme veya kullanılabilirlik sözleşmelerine geçti. Bu şirketlerin çoğu, daha önce perakendeciler veya satış sonrası hizmet sağlayıcılar tarafından ilgilenildiğinden, bu alanlarda çok az deneyime sahiptirler.

İleriye dönük kuruluşlar, yeni pazar teklifleri tasarlarken veri yönetimi uzmanlarını (ör. Kurumsal Veri Mimarları veya stratejik Veri Sorumluları) içermelidirler, çünkü günümüzde bunlar genellikle verileri elde eden, veri erişimine bağımlı olan veya her ikisini de içeren donanım, yazılım ve hizmetleri içerirler.

1.1 İş Etkenleri

Veri Mimarisinin amacı, iş stratejisi ve teknoloji uygulama arasında bir köprü olmaktır. Kurumsal Mimarinin bir parçası olarak, Veri Mimarları:

- Kuruluşları, gelişen teknolojilerin doğasında bulunan iş fırsatlarından yararlanmak için ürünlerini, hizmetlerini ve verilerini hızla geliştirmeye yönelik stratejik olarak hazırlarlar
- Süreçlerin sürekli olarak ihtiyaç duydukları verilere sahip olması için iş ihtiyaçlarını veri ve sistem gereksinimlerine çevirirler
- Kuruluş genelinde karmaşık veri ve bilgi paylaşımını yönetirler
- İş ve BT arasındaki uyumu kolaylaştırırlar
- Değişim, dönüşüm ve çeviklik için temsilciler olarak hareket ederler

Bu iş etkenleri, Veri Mimarisi değerinin ölçümlerini etkilemelidir.

Veri mimarları, veriler ve içinde hareket ettiği sistemler hakkındaki kurumsal bilgiyi oluşturur ve sürdürürler. Bu bilgi, bir kuruluşun verilerini bir varlık olarak yönetmesini ve veri kullanımı, maliyet azaltma ve risk azaltma fırsatlarını belirleyerek verilerinden elde ettiği değeri artırmasını sağlar.

1.2 Veri Mimarisi Çıktıları ve Uygulamaları

Ana Veri Mimarisi çıktıları şunları içerir:

- Veri depolama ve işleme gereksinimleri
- Kurumun mevcut ve uzun vadeli veri gereksinimlerini karşılayan yapı ve plan tasarımları

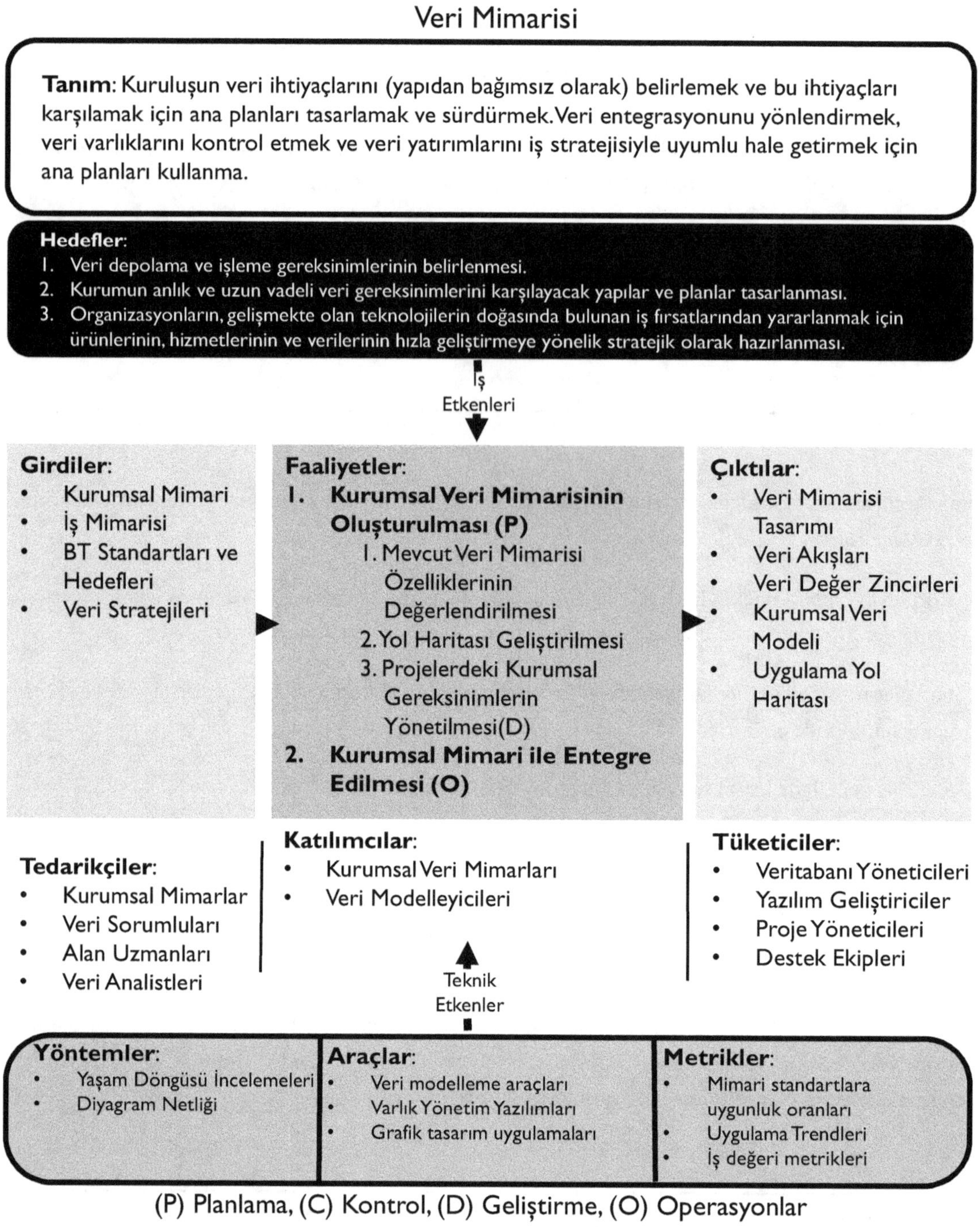

Veri Mimarisi

Tanım: Kuruluşun veri ihtiyaçlarını (yapıdan bağımsız olarak) belirlemek ve bu ihtiyaçları karşılamak için ana planları tasarlamak ve sürdürmek. Veri entegrasyonunu yönlendirmek, veri varlıklarını kontrol etmek ve veri yatırımlarını iş stratejisiyle uyumlu hale getirmek için ana planları kullanma.

Hedefler:
1. Veri depolama ve işleme gereksinimlerinin belirlenmesi.
2. Kurumun anlık ve uzun vadeli veri gereksinimlerini karşılayacak yapılar ve planlar tasarlanması.
3. Organizasyonların, gelişmekte olan teknolojilerin doğasında bulunan iş fırsatlarından yararlanmak için ürünlerinin, hizmetlerinin ve verilerinin hızla geliştirmeye yönelik stratejik olarak hazırlanması.

İş Etkenleri

Girdiler:
- Kurumsal Mimari
- İş Mimarisi
- BT Standartları ve Hedefleri
- Veri Stratejileri

Faaliyetler:
1. **Kurumsal Veri Mimarisinin Oluşturulması (P)**
   1. Mevcut Veri Mimarisi Özelliklerinin Değerlendirilmesi
   2. Yol Haritası Geliştirilmesi
   3. Projelerdeki Kurumsal Gereksinimlerin Yönetilmesi (D)
2. **Kurumsal Mimari ile Entegre Edilmesi (O)**

Çıktılar:
- Veri Mimarisi Tasarımı
- Veri Akışları
- Veri Değer Zincirleri
- Kurumsal Veri Modeli
- Uygulama Yol Haritası

Tedarikçiler:
- Kurumsal Mimarlar
- Veri Sorumluları
- Alan Uzmanları
- Veri Analistleri

Katılımcılar:
- Kurumsal Veri Mimarları
- Veri Modelleyicileri

Tüketiciler:
- Veritabanı Yöneticileri
- Yazılım Geliştiriciler
- Proje Yöneticileri
- Destek Ekipleri

Teknik Etkenler

Yöntemler:
- Yaşam Döngüsü İncelemeleri
- Diyagram Netliği

Araçlar:
- Veri modelleme araçları
- Varlık Yönetim Yazılımları
- Grafik tasarım uygulamaları

Metrikler:
- Mimari standartlara uygunluk oranları
- Uygulama Trendleri
- İş değeri metrikleri

(P) Planlama, (C) Kontrol, (D) Geliştirme, (O) Operasyonlar

Şekil 21 Bağlam Şeması: Veri Mimarisi

Mimarlar, organizasyona değer katacak şekilde tasarlamaya çalışırlar. Bu değer, optimum teknik yetkinlik, operasyonel ve proje verimlilikleri ve kuruluşun verilerini kullanma becerisinin artmasıyla elde edilir. Oraya ulaşmak için iyi tasarım, planlama ve tasarımların, planların etkili bir şekilde yürütülmesini sağlama becerisi gerekir.

Bu hedeflere ulaşmak için Veri Mimarları aşağıdaki özellikleri tanımlar ve sürdürürler:

- Kuruluştaki verilerin mevcut durumunu tanımlayın
- Veriler ve bileşenler için standart bir iş sözlüğü sağlayın
- Veri Mimarisini kurumsal strateji ve iş mimarisiyle uyumlandırın
- Stratejik veri gereksinimlerini ifade edin

- Bu gereksinimleri karşılamak için üst düzey entegre tasarımları ana hatlarıyla ortaya koyun
- Genel kurumsal mimari yol haritasıyla entegre edin

Genel bir Veri Mimarisi uygulaması şunları içerir:

- Veri gereksinimlerini tanımlamak, veri entegrasyonunu yönlendirmek, veri varlıklarını kontrol etmek ve veri yatırımlarını iş stratejisiyle uyumlu hale getirmek için Veri Mimarisi yapılarını kullanmak
- İş veya BT sistemlerinin geliştirilmesiyle ilgilenen çeşitli paydaşlarla iş birliği yapmak, onlardan öğrenmek ve onları etkilemek
- Ortak bir iş sözlüğü aracılığıyla bir kurumun anlambilimini oluşturmak için Veri Mimarisini kullanmak

1.3 Temel Kavramlar

1.3.1 Kurumsal Mimari Alanları

Veri Mimarisi, iş, uygulama ve teknik mimari dahil olmak üzere diğer mimari alanları bağlamında çalışır. Tablo 6, bu alanları tanımlar ve karşılaştırır. Farklı alanlardan mimarlar, her alan diğer alanları etkileyip kısıtlamalar getirdiğinden, geliştirme yönergelerini ve gereksinimleri iş birliği içinde ele almalıdır (Bkz. Şekil 22).

Tablo 6 Mimari Alanlar

Konu Alanı	Kurumsal İş Mimarisi	Kurumsal Veri Mimarisi	Kurumsal Uygulama Mimarisi	Kurumsal Teknoloji Mimarisi
Amaç	Bir kurumun müşteriler ve diğer paydaşlar için nasıl değer yarattığını belirlemek	Verilerin nasıl organize edilmesi ve yönetilmesi gerektiğini açıklamak	Bir kuruluştaki uygulamaların yapısını ve fonksiyonalitesini açıklamak	Sistemlerin işlemesini ve değer sunmasını sağlamak için gereken fiziksel teknolojiyi tanımlamak
Öğeler	İş modelleri, süreçler, yetkinlikler, hizmetler, olaylar, stratejiler, sözlük	Veri modelleri, veri tanımları, veri eşleme özellikleri, veri akışları, yapılandırılmış veri API'leri	İş sistemleri, yazılım paketleri, veri tabanları	Teknik platformlar, ağlar, güvenlik, entegrasyon araçları
Bağımlılıklar	Diğer alanlar için gereksinimleri belirler	İş mimarisi tarafından oluşturulan ve gereken verileri yönetir	İş gereksinimlerine göre belirtilen veriler üzerinde hareket eder	Uygulama mimarisini barındırır ve yürütür
Roller	İş mimarları ve analistleri, iş veri sorumluları	Veri mimarları ve modelleyicileri, veri sorumluları	Uygulama mimarları	Altyapı mimarları

1.3.2 Kurumsal Mimari Çerçeveleri

Bir mimari çerçeve, çok çeşitli ilgili mimarileri geliştirmek için kullanılan temel bir yapıdır. Mimari çerçeveler, mimari hakkında düşünmenin ve anlamanın yollarını sağlar. Genel bir "mimari mimarisi"ni temsil ederler.

IEEE Computer Society, Kurumsal Mimari Çerçeveleri, ISO/IEC/IEEE 42010:2011, Sistemler ve yazılım mühendisliği- Mimari açıklaması ve bir karşılaştırma tablosu için bir standart sağlar. Ortak çerçeveler ve yöntemler, mimari alanlardan biri olarak Veri Mimarisini içerir.

1.3.2.1 Kurumsal Mimari için Zachman Çerçevesi

En iyi bilinen kurumsal mimari çerçeve olan Zachman Çerçevesi, 1980'lerde John A. Zachman tarafından geliştirilmiştir (Bkz. Şekil 22). Gelişmeye devam etmiştir. Zachman, binalar, uçaklar, kurumlar, değer zincirleri, projeler veya sistemler yaratırken birçok izleyicinin olduğunu ve her birinin mimari hakkında farklı bir bakış açısına sahip olduğunu fark etti. Bu konsepti, bir kurumdaki farklı mimari türleri ve seviyeleri için gereksinimlere uyguladı.

Zachman Çerçevesi bir ontolojidir – 6x6 matrisi, bir kurumu ve aralarındaki ilişkileri tanımlamak için gereken eksiksiz model setini içerir. Modellerin nasıl oluşturulacağını tanımlamaz. Sadece hangi modellerin olması gerektiğini gösterir.

	Ne	Nasıl	Nerede	Kim	Ne Zaman	Niçin	
Üst Yönetim	Envanter Tanımlama	Süreç Tanımlama	Dağıtım Tanımlama	Sorumluluk Tanımlama	Zamanlama Tanımlama	Motivasyon Tanımlama	Bağlam Kapsamı
İş Yönetimi	Envanter Tanımı	Süreç Tanımı	Dağıtım Tanımı	Sorumluluk Tanımı	Zamanlama Tanımı	Motivasyon Tanımı	İş Kavramları
Mimar	Envanter Temsili	Süreç Temsili	Dağıtım Temsili	Sorumluluk Temsili	Zamanlama Temsili	Motivasyon Temsili	Sistem Mantığı
Mühendis	Envanter Belirtimi	Süreç Belirtimi	Dağıtım Belirtimi	Sorumluluk Belirtimi	Zamanlama Belirtimi	Motivasyon Belirtimi	Teknoloji Fiziği
Teknisyen	Envanter Yapılandırması	Süreç Yapılandırması	Dağıtım Yapılandırması	Sorumluluk Yapılandırması	Zamanlama Yapılandırması	Motivasyon Yapılandırması	Araç Bileşenleri
Kurum	Envanter Örneklemeleri	Süreç Örneklemeleri	Dağıtım Örneklemeleri	Sorumluluk Örneklemeleri	Zamanlama Örneklemeleri	Motivasyon Örneklemeleri	Operasyonel Örneklemler
	Envanter Kümeleri	Süreç Akışları	Dağıtım Ağları	Sorumluluk Atamaları	Zamanlama Döngüleri	Motivasyon Amaçları	

Şekil 22 Sadeleştirilmiş Zachman Çerçevesi

Matris çerçevesindeki iki boyut, sütunlar olarak iletişim sorgulayıcıları (yani, ne, nasıl, nerede, kim, ne zaman, neden) ve satırlar olarak şeyleştirme dönüşümleridir (Tanımlaması, Tanımı, Temsil, Belirtimi, Yapılandırması ve Örneklemesi). Çerçeve sınıflandırmaları hücreler tarafından temsil edilir (sorular ve dönüşümler arasındaki kesişim). Zachman Çerçevesindeki her hücre, benzersiz bir tasarım yapıtı türünü temsil eder.

İletişim soruları, herhangi bir varlık hakkında sorulabilecek temel sorulardır. Kurumsal mimariye çevrildiğinde sütunlar şu şekilde anlaşılabilirler:

- **Ne (envanter sütunu)**: Mimariyi oluşturmak için kullanılan varlıklar
- **Nasıl (süreç sütunu)**: Gerçekleştirilen faaliyetler
- **Nerede (dağıtım sütunu)**: İş konumu ve teknoloji konumu

- **Kim (sorumluluk sütunu)**: Roller ve kuruluşlar
- **Ne zaman (zamanlama sütunu)**: Aralıklar, olaylar, döngüler ve programlar
- **Neden (motivasyon sütunu)**: Hedefler, stratejiler ve araçlar

Şeyleştirme dönüşümleri, soyut bir fikri somut bir örneğe (bir somutlaştırmaya) dönüştürmek için gerekli adımları temsil eder. Bunlar satırlarda temsil edilir: planlayıcı, sahip, tasarımcı, oluşturucu, uygulayıcı ve kullanıcı. Her birinin genel sürece ve çözülmesi gereken farklı sorunlara ilişkin farklı bir bakış açısı vardır. Bu perspektifler satırlar halinde tasvir edilmiştir. Örneğin, her perspektifin Ne (envanter veya veri) sütunuyla farklı bir ilişkisi vardır:

- **Üst Yönetim bakış açısı (iş bağlamı)**: Tanımlama modellerinde kapsamı tanımlayan iş öğelerinin listeleri.

- **İş yönetimi perspektifi (iş kavramları)**: Tanım modellerinde Yönetici Liderler tarafından Sahipler olarak tanımlanan iş kavramları arasındaki ilişkilerin netleştirilmesi.

- **Mimar perspektifi (iş mantığı)**: Temsil modellerinde Mimarlar tarafından Tasarımcılar olarak temsil edilen sistem gereksinimlerini ve sınırlandırılmamış tasarımı detaylandıran sistem mantıksal modelleri.

- **Mühendis perspektifi (iş fiziği)**: Özel teknoloji, insanlar, maliyetler ve Mühendisler tarafından belirtim modellerinde yapıcılar olarak belirtilen zaman çerçevelerinin kısıtlamaları altında özel kullanım için tasarımı optimize eden fiziksel modeller.

- **Teknisyen perspektifi (bileşen düzenekleri)**: Teknisyenler tarafından konfigürasyon modellerinde Uygulayıcı olarak yapılandırılan bileşenlerin nasıl monte edildiğine ve çalıştığına ilişkin teknolojiye özgü, bağlam dışı bir görünüm.

- **Kullanıcı perspektifi (işlem sınıfları)**: Çalışanlar tarafından Katılımcı olarak kullanılan gerçek fonksiyonalite örnekleri. Bu perspektifte model yoktur.

Daha önce belirtildiği gibi, Zachman Çerçevesindeki her hücre, satır ve sütununun kesişimi tarafından tanımlanan benzersiz bir tasarım yapay nesnesi türünü temsil eder. Her yapıt, belirli bir bakış açısının temel soruları nasıl yanıtladığını temsil eder.

1.3.3 Kurumsal Veri Mimarisi

Kurumsal Veri Mimarisi, kuruluş için önemli olan öğeler için standart terimleri ve tasarımları tanımlar. Kurumsal Veri Mimarisi tasarımı, verilerin toplanması, depolanması, entegrasyonu, taşınması ve dağıtılması dahil olmak üzere iş verilerinin tasvirini içerir.

Veriler, beslemeler veya arayüzler aracılığıyla bir kuruluşta akarken, güvenli hale getirilir, entegre edilir, depolanır, kaydedilir, kataloglanır, paylaşılır, raporlanır, analiz edilir ve paydaşlara teslim edilir. Yol boyunca, veriler arşivlenene veya temizlenene kadar doğrulanabilir, geliştirilebilir, bağlanabilir, onaylanabilir, birleştirilebilir, anonim hale getirilebilir ve analitik amaçlı kullanılabilir. Bu nedenle Kurumsal Veri Mimarisi açıklamaları, hem Kurumsal Veri Modellerini (ör. veri yapıları ve veri belirtimleri) hem de Veri Akışı Tasarımını içermelidir:

- **Kurumsal Veri Modeli (EDM)**: EDM, kurum genelinde ortak ve tutarlı bir veri görünümü sağlayan bütünsel, kurumsal düzeyde, uygulamadan bağımsız kavramsal ve mantıksal bir veri modelidir. Bu terimi yüksek seviyeli, basitleştirilmiş bir veri modeli anlamında kullanmak yaygındır, ancak bu sunum için bir soyutlama sorunudur. Bir EDM, temel kurumsal veri varlıklarını (yani iş kavramlarını), bunların ilişkilerini, kritik yol gösterici iş kurallarını ve bazı kritik nitelikleri içerir. Tüm veri ve veri ile ilgili projelerin temelini oluşturur. Herhangi bir proje düzeyindeki veri modeli EDM'ye dayalı olmalıdır. EDM, işletmeyi etkin bir şekilde temsil ettiği konusunda fikir birliği olması için paydaşlar tarafından gözden geçirilmelidir.

- **Veri Akışı Tasarımı**: Veritabanları, uygulamalar, platformlar ve ağlar (bileşenler) arasında depolama ve işleme için gereksinimleri tanımlar. Bu veri akışları, verilerin iş süreçlerine, konumlara, iş rollerine ve teknik bileşenlere akışını eşler.

Bu iki tip belirtimin birbirine iyi uyması gerekir. Belirtildiği gibi, her ikisinin de mevcut durumda ve hedef durumda (mimari perspektif) ve ayrıca geçiş durumunda (proje perspektifi) yansıtılması gerekir.

1.3.3.1 Kurumsal Veri Modeli

Bazı kuruluşlar, bağımsız bir yapı olarak bir EDM oluşturur. Diğer kuruluşlarda, bir kuruluşun veri varlıklarını, veri özelliklerini ve bunların kuruluş genelindeki ilişkilerini tutarlı bir şekilde açıklayan, farklı perspektiflerden ve farklı ayrıntı düzeylerinde veri modellerinden oluştuğu anlaşılır. Bir EDM, hem evrensel (Kavramsal ve Mantıksal Modeller) hem de uygulamaya veya projeye özel veri modellerinin yanı sıra tanımlar, özellikler, eşlemeler ve iş kuralları içerir.

Bir endüstri standardı modeli benimsemek, bir EDM geliştirme sürecini hızlı bir şekilde başlatabilir. Bu modeller faydalı bir kılavuz ve referanslar sağlar. Ancak, bir kuruluş satın alınan bir veri modeliyle başlasa bile, kurumsal çapta veri modelleri üretmek önemli bir yatırım gerektirir. İş, bir kuruluşun sözlüğünü, iş kurallarını ve iş bilgilerini tanımlamayı ve belgelemeyi içerir. Bir EDM'yi sürdürmek ve zenginleştirmek, düzenli bir zaman ve çaba taahhüdü gerektirir.

Bir kurumsal veri modeline olan ihtiyacı tanıyan bir kuruluş, onu oluşturmak ve sürdürmek için ne kadar zaman ve çaba harcayacağına karar vermelidir. EDM'ler farklı ayrıntı seviyelerinde oluşturulabilir, bu nedenle kaynak kullanılabilirliği ilk kapsamı etkileyecektir. Zaman içinde, kurumun ihtiyaçları arttıkça, bir kurumsal veri modelinde yakalanan ayrıntı kapsamı ve düzeyi genişler. En başarılı kurumsal veri modelleri, katmanlar kullanılarak artımlı ve yinelemeli olarak oluşturulurlar. Şekil 23, farklı model türlerinin nasıl ilişkili olduğunu ve kavramsal modellerin nihai olarak fiziksel uygulama veri modellerine nasıl bağlanabileceğini göstermektedir. Aşağıdakileri ortaya koyar:

- Kurumun konu alanlarına ilişkin kavramsal bir genel bakış
- Her konu alanı için varlıkların ve ilişkilerin görünümleri
- Aynı konu alanlarının ayrıntılı, kısmen atfedilen mantıksal görünümleri
- Bir uygulamaya veya projeye özel mantıksal ve fiziksel modeller

Tüm düzeyler, Kurumsal Veri Modelinin bir parçasıdır ve bağlantılar, bir varlığı yukarıdan aşağıya ve aynı düzeydeki modeller arasında izlemek için yollar oluşturur.

- **Dikey**: Her seviyedeki modeller, diğer seviyelerdeki modellerle eşleşir. Model kökeni bu haritalar kullanılarak oluşturulur. Örneğin, projeye özel bir fiziksel modeldeki bir MobileDevice tablosu veya dosyası, projeye özgü mantıksal modeldeki bir MobileDevice varlığına, Kurumsal Mantıksal Modeldeki Ürün konu alanındaki bir MobileDevice varlığına, Konu Alanı Modeline ve Kurumsal Kavramsal Modeldeki Ürün varlığına, Üründeki bir Ürün kavramsal varlığına bağlanabilir.

- **Yatay**: Varlıklar ve ilişkiler, aynı düzeyde birden fazla modelde görünebilir; Mantıksal modellerde bir konuya odaklanan varlıklar, model görüntülerinde konu alanının dışında olarak işaretlenen veya not edilen diğer konulardaki varlıklarla ilgili olabilir. Ürün konu alanı modellerinde ve Müşteri Siparişi, Envanter ve Pazarlama konu alanlarında harici bağlantılar olarak ilişkili bir Ürün Parçası varlığı görünebilir.

Veri modelleme teknikleri kullanılarak her düzeyde bir kurumsal veri modeli geliştirilmiştir (Bkz. Bölüm 5).

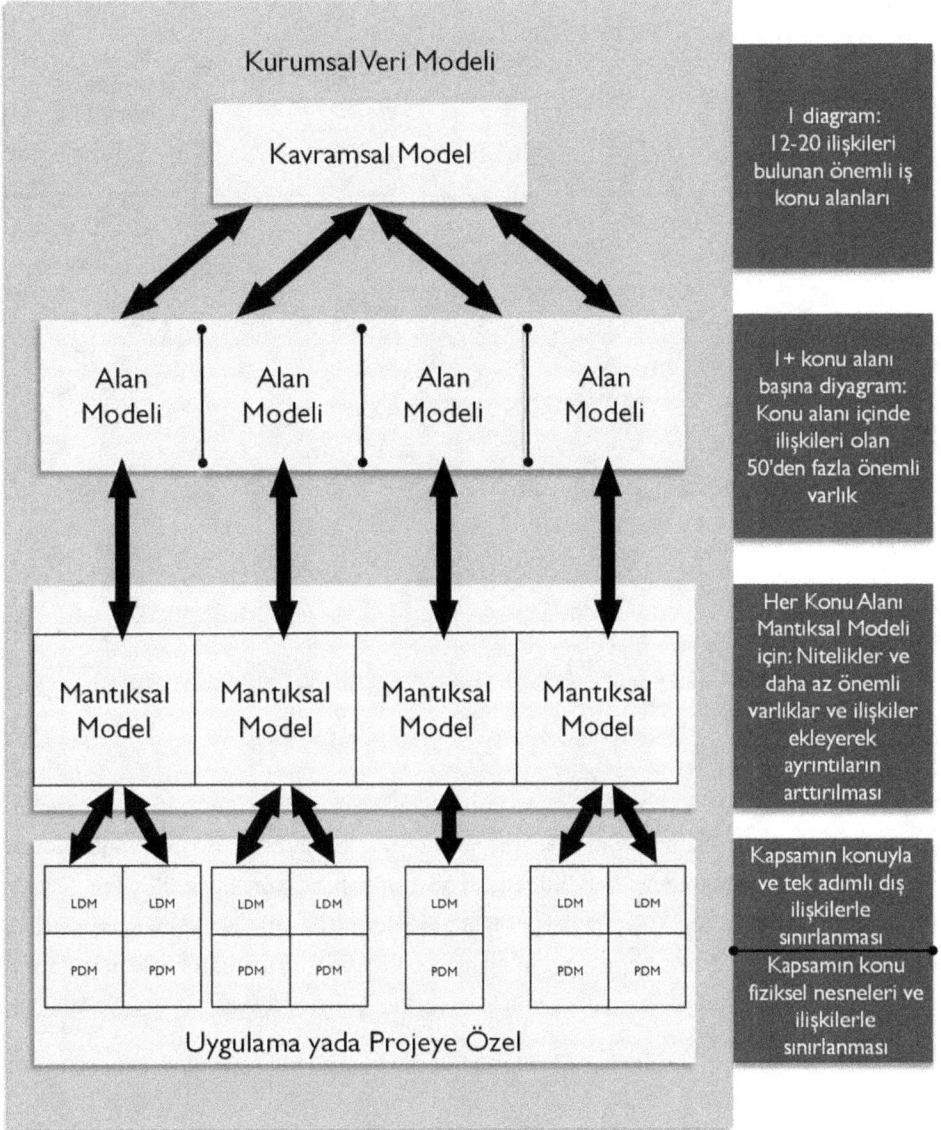

Şekil 23 Kurumsal Veri Modeli

Şekil 24, her biri bir dizi varlık içeren bir Kavramsal Veri Modeli içeren üç Konu Alanı diyagramını (basitleştirilmiş örnekler) göstermektedir. İlişkiler Konu Alanı sınırlarını geçebilir; bir kurumsal veri modelindeki her varlık yalnızca bir Konu Alanında bulunmalıdır, ancak başka herhangi bir Konu Alanındaki varlıklarla ilişkili de olabilir.

Bu nedenle, kavramsal kurumsal veri modeli, Konu Alanı modellerinin birleşimi ile oluşturulmuştur. Kurumsal veri modeli, yukarıdan aşağıya bir yaklaşım veya aşağıdan yukarıya bir yaklaşım kullanılarak oluşturulabilir. Yukarıdan aşağıya yaklaşım, Konu Alanlarını oluşturmakla başlamak ve daha sonra bunları modellerle doldurmak anlamına gelir. Aşağıdan yukarıya bir yaklaşım kullanıldığında, Konu Alanı yapısı mevcut veri modellerine dayanır. Genellikle yaklaşımların bir kombinasyonu önerilir; mevcut modelleri kullanarak aşağıdan yukarıya doğru başlamak ve Konu Alanı modellemesini projelere devrederek modelleri doldurarak kurumsal veri modelini tamamlamak gibi.

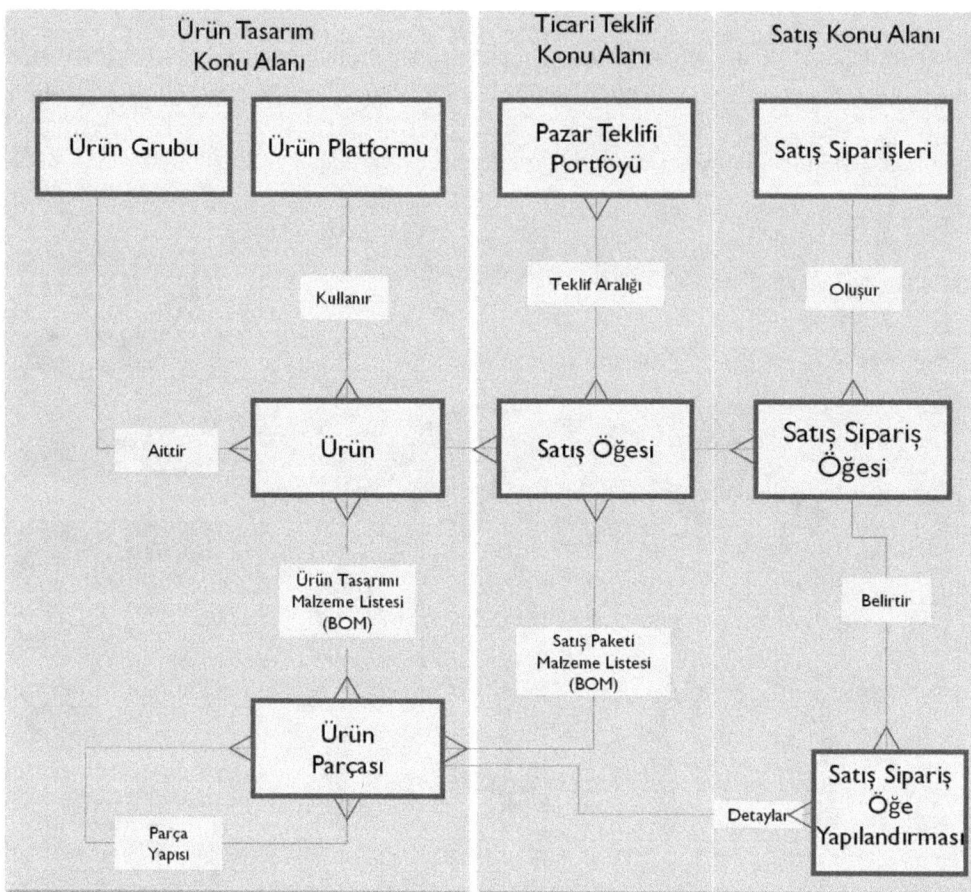

Şekil 24 Konu Alanı Modelleri Diyagramı Örneği

Konu Alanı ayrımı (yani, Konu Alanı yapısını oluşturan prensipler), kurumsal veri modeli boyunca tutarlı olmalıdır. Sık kullanılan konu alanı ayrımı prensipleri şunları içerir: normalizasyon kurallarını kullanmak, Konu Alanlarını sistem portföylerinden ayırmak (yani finansman), veri yönetişim yapısından ve veri sahipliğinden (organizasyonel) Konu Alanları oluşturmak, üst düzey süreçleri kullanmak (iş değer zincirlerine dayalı olarak)) veya iş yetkinliklerini kullanma (kurumsal mimari tabanlı). Konu Alanı yapısı, normalizasyon kuralları kullanılarak oluşturulmuşsa, Veri Mimarisi çalışması için genellikle en etkilisidir. Normalizasyon süreci, her bir Konu Alanını taşıyan/oluşturan ana varlıkları oluşturacaktır.

1.3.3.2 Veri Akışı Tasarımı

Veri akışları, verilerin iş süreçleri ve sistemler arasında nasıl hareket ettiğini gösteren bir tür veri kökeni dokümanıdır. Uçtan uca veri akışları, verilerin nereden geldiğini, nerede depolandığını ve kullanıldığını ve çeşitli süreçler ve sistemler arasında ve içinde hareket ederken nasıl dönüştürüldüğünü gösterir. Veri kökeni analizi, veri akışında belirli bir noktadaki verilerin durumunu açıklamaya da yardımcı olabilir.

Veri akışları, veriler arasındaki ilişkileri haritalar ve belgeler:

- Bir iş süreci içindeki uygulamalar
- Bir ortamdaki veri depoları veya veritabanları
- Ağ segmentleri (güvenlik eşlemesi için kullanışlıdır)

- Hangi rollerin veri oluşturma, güncelleme, kullanma ve silme sorumluluğuna sahip olduğunu gösteren iş rolleri (CRUD)
- Lokal farklılıkların meydana geldiği konumlar

Veri akışları farklı ayrıntı düzeylerinde belgelenebilir: Konu Alanı, iş varlığı ve hatta nitelik düzeyi. Sistemler, ağ bölümleri, platformlar, ortak uygulama kümeleri veya bireysel sunucular tarafından temsil edilebilir. Veri akışları, iki boyutlu matrisler (Şekil 25) veya veri akış diyagramları (Şekil 26) ile temsil edilebilir.

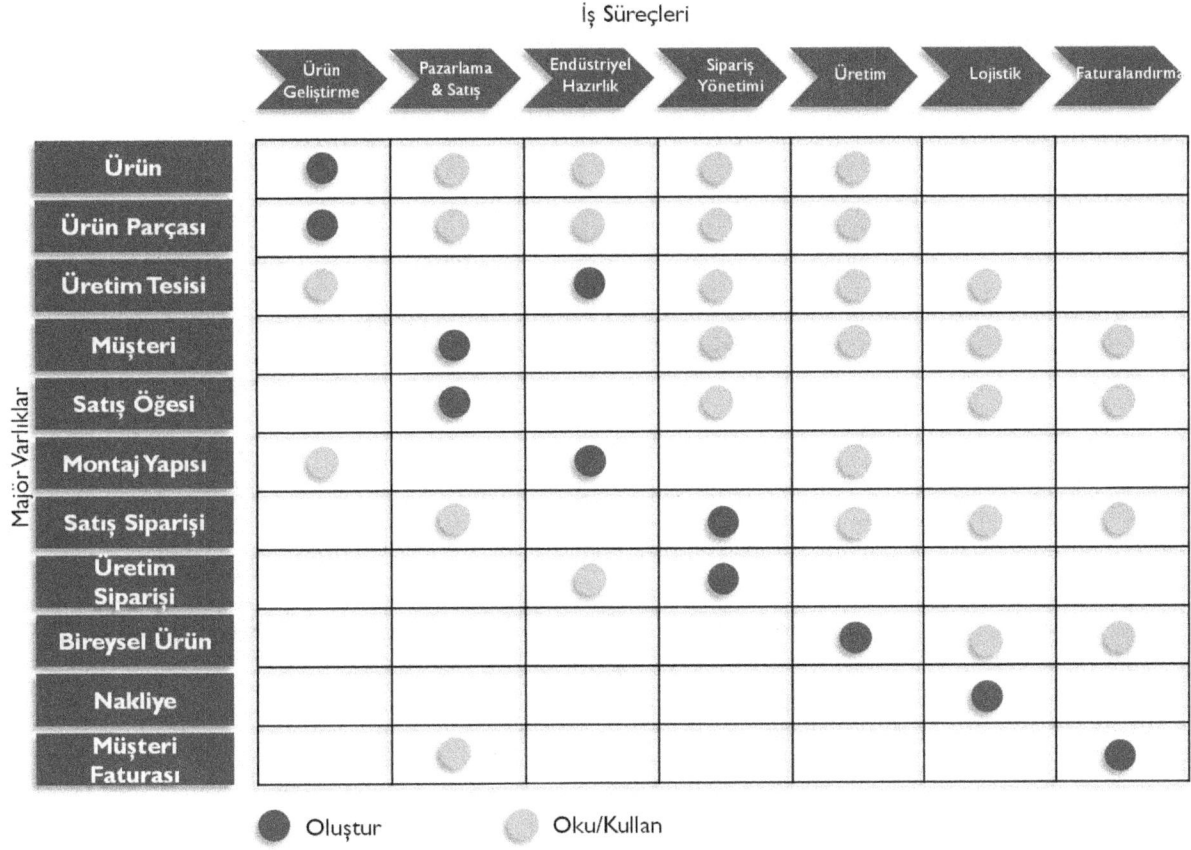

Şekil 25 Matriste Gösterilen Veri Akışı

Bir matris, süreçlerin hangi verileri oluşturduğuna ve kullandığına dair net bir genel bakış sağlar. Veri gereksinimlerini bir matriste göstermenin faydası, verilerin yalnızca bir yönde akmadığı; süreçler arasındaki veri alışverişinin, herhangi bir verinin herhangi bir yerde görünebileceği oldukça karmaşık bir şekilde çoktan çoğa olduğudur. Ek olarak, süreçlerin veri toplama sorumluluklarını ve süreçler arasındaki veri bağımlılıklarını netleştirmek için bir matris kullanılabilir ve bu da süreç belgelerini iyileştirir. İş yetkinlikleriyle çalışmayı tercih edenler de bunu aynı şekilde gösterebilir – sadece süreç eksenini yetkinliklerle değiştirirler. Bu tür matrisler oluşturmak, kurumsal modellemede uzun süredir devam eden bir uygulamadır. IBM, bu uygulamayı İş Sistemleri Planlaması (BSP) yönteminde tanıttı. James Martin daha sonra 1980'lerde Bilgi Sistemleri Planlaması (ISP) yöntemiyle bunu popüler hale getirdi.

Şekil 26'daki veri akışı, sistemler arasında ne tür veri akışının olduğunu gösteren geleneksel bir üst düzey veri akış diyagramıdır. Bu tür diyagramlar birçok formatta ve detay seviyesinde tanımlanabilirler.

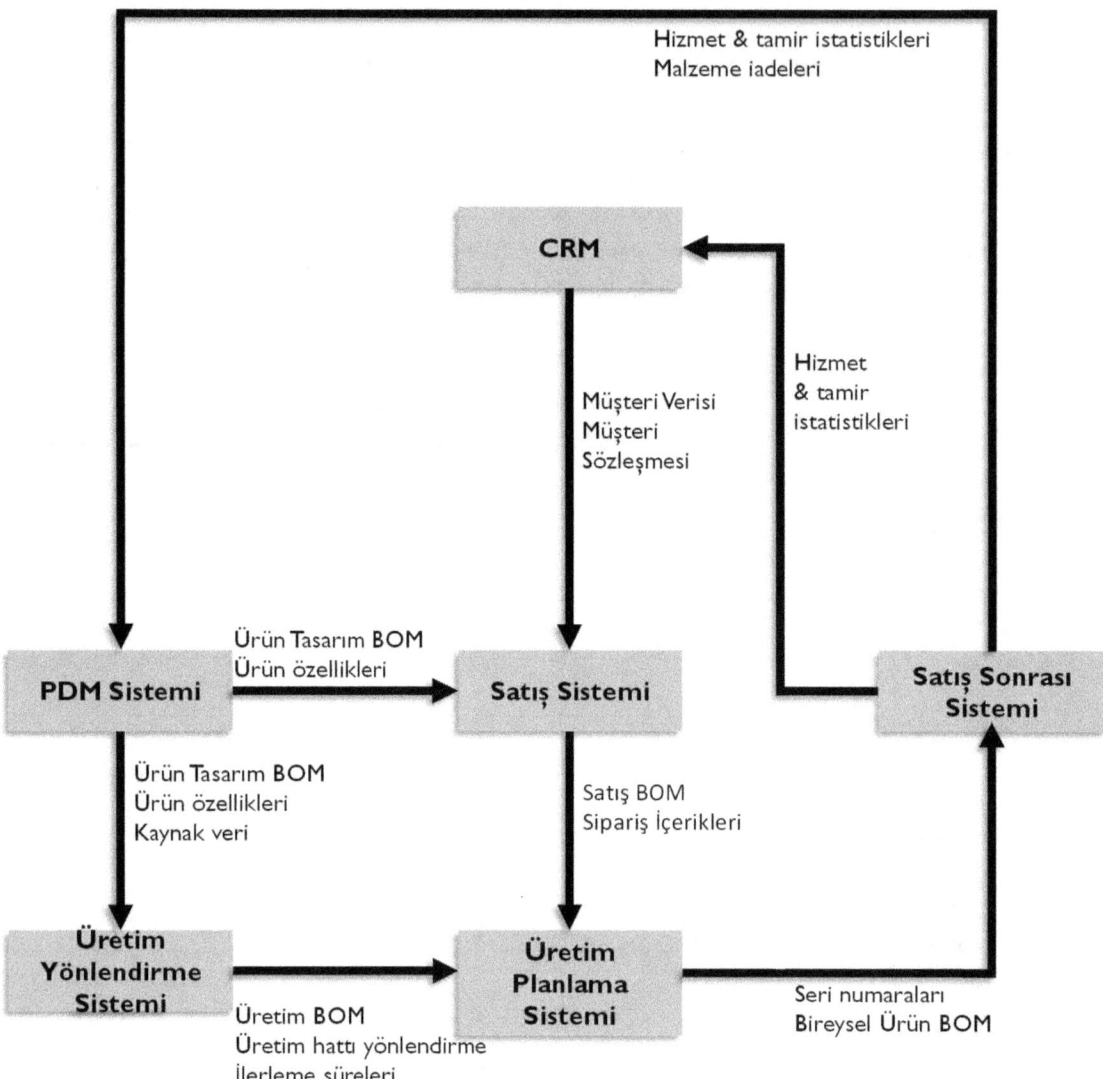

Şekil 26 Veri Akış Şeması Örneği

---

2. Faaliyetler

Veri ve kurumsal mimari, karmaşıklığı iki açıdan ele alır:

- **Kalite odaklı**: İş ve BT geliştirme döngüleri içinde yürütmeyi iyileştirmeye odaklanın. Mimari yönetilmezse mimari yapı bozulur. Sistemler giderek daha karmaşık olacak ve esnek olmayacak ve bir kuruluş için risk yaratacaktır. Kontrolsüz veri dağıtımı, veri kopyaları ve arayüz "spagetti" ilişkileri, kuruluşları daha az verimli hale getirir ve verilere olan güveni azaltır.

- **İnovasyon odaklı**: Yeni beklentilere ve fırsatlara hitap etmek için iş ve BT'yi dönüştürmeye odaklanın. Yıkıcı teknolojiler ve veri kullanımlarıyla yeniliği desteklemek, modern Kurumsal Mimarın bir rolü haline gelmiştir.

Bu iki etken ayrı yaklaşımlar gerektirir. Kalite odaklı yaklaşım, mimari kalite iyileştirmelerinin aşamalı olarak gerçekleştirildiği geleneksel Veri Mimarisi çalışmasıyla uyumludur. Mimari görevler, mimarların katıldığı veya projenin delegasyonla yürütüldüğü projelere dağıtılır. Tipik olarak mimar, mimarinin tamamını akılda tutar ve doğrudan yönetişim, standardizasyon ve yapısal gelişim ile bağlantılı uzun vadeli hedeflere odaklanır. Yenilik odaklı yaklaşım, daha kısa vadeli bir bakış açısına sahip olabilir ve kanıtlanmamış iş mantığı ve öncü teknolojileri kullanıyor olabilir. Bu yönelim, genellikle mimarların, BT uzmanlarının genellikle etkileşimde bulunmadığı kuruluş içindeki kişilerle (örneğin, ürün geliştirme temsilcileri ve iş tasarımcıları) iletişim kurmasını gerektirir.

2.1 Veri Mimarisi Uygulaması Oluşturulması

İdeal olarak, Veri Mimarisi kurumsal mimarinin ayrılmaz bir parçası olmalıdır. Kurumsal mimari fonksiyonu yoksa, yine de bir Veri Mimarisi ekibi oluşturulabilir. Bu koşullar altında bir kuruluş, Veri Mimarisi için hedefleri ve etkenleri ifade etmeye yardımcı olan bir çerçeve benimsemelidir. Bu etkenler yol haritasındaki yaklaşımı, kapsamı ve öncelikleri etkileyeceklerdir.

İş türüne uygun bir çerçeve seçin (örneğin, bir kamu kuruluşu için bir kamu çerçevesi kullanın). Çerçevedeki görüşler ve sınıflandırma, çeşitli paydaşlarla iletişimde faydalı olmalıdır. Bu, iş ve sistem terminolojisini ele aldıkları için Veri Mimarisi girişimleri için özellikle önemlidir. Veri Mimarisi, iş mimarisiyle doğası gereği yakın bir ilişkiye sahiptir.

Bir Kurumsal Veri Mimarisi uygulaması genellikle seri veya paralel olarak yürütülen aşağıdaki iş akışlarını içerir:

- **Strateji**: Çerçeveleri seçin, yaklaşımları belirtin, yol haritası geliştirin

- **Kabullenme ve kültür**: Davranıştaki değişimleri bilgilendirin ve motive edin

- **Organizasyon**: Mükellefiyetler ve sorumluluklar atayarak Veri Mimarisi çalışmasını organize edin

- **Çalışma yöntemleri**: En iyi uygulamaları tanımlayın ve Geliştirme projeleri dahilinde Kurumsal Mimari ile koordineli olarak Veri Mimarisi çalışmasını gerçekleştirin

- **Sonuçlar**: Genel bir yol haritası içinde Veri Mimarisi yapıtları üretin

Kurumsal Veri Mimarisi, projelerin ve sistemlerin kapsamlarının sınırlarını da etkiler:

- **Proje veri gereksinimlerini tanımlama**: Veri Mimarları, bireysel projeler için kurumsal veri gereksinimleri sağlar.

- **Proje veri tasarımlarının gözden geçirilmesi**: Tasarım incelemeleri, kavramsal, mantıksal ve fiziksel veri modellerinin mimariyle tutarlı olmasını ve uzun vadeli organizasyon stratejisini desteklemesini sağlar.

- **Veri kökeni etkisinin belirlenmesi**: Veri akışı boyunca uygulamalardaki iş kurallarının tutarlı ve izlenebilir olmasını sağlar.

- **Veri replikasyon kontrolü**: Replikasyon, uygulama performansını iyileştirmenin ve verileri daha kolay kullanılabilir hale getirmenin yaygın bir yoludur, ancak verilerde tutarsızlıklar da yaratabilir. Veri Mimarisi yönetimi, gerekli tutarlılığı sağlamak için yeterli replikasyon kontrolünün (yöntemler ve mekanizmalar) mevcut olmasını sağlar (Tüm uygulamaların katı tutarlılığa ihtiyacı yoktur).

- **Veri Mimarisi standartlarını uygulama**: Kurumsal Veri Mimarisi yaşam döngüsü için standartları formüle etme ve uygulama. Standartlar, prensipler ve prosedürler, kılavuzlar ve uyum beklentileri ile birlikte planlar olarak ifade edilebilirler.

- **Kılavuz veri teknolojisi ve yenileme kararları**: Veri Mimarı, veri teknolojisi için bir yol haritası olarak her uygulamanın kullandığı veri teknolojisi sürümlerini, yamaları ve prensipleri yönetmek için Kurumsal Mimarlar ile birlikte çalışır.

2.1.1 Mevcut Veri Mimarisi Belirtimlerinin Değerlendirilmesi

Her organizasyonun mevcut sistemleri için bir tür dokümantasyonu vardır. Bu belgeleri tanımlayın ve doğruluk, eksiksizlik ve ayrıntı düzeyi açısından değerlendirin. Gerekirse, mevcut durumu yansıtacak şekilde güncelleyin.

2.1.2 Bir Yol Haritası Geliştirilmesi

Bir kurum sıfırdan geliştirilseydi (mevcut süreçlere bağımlı olmadan), optimal bir mimari yalnızca kurumu çalıştırmak için gereken verilere dayanacak, öncelikler iş stratejisi tarafından belirlenecek ve kararlar geçmişin engeli olmaksızın alınabilecekti. Bu durumda olan çok az kurum vardır. İdeal bir durumda bile, veri bağımlılıkları hızla ortaya çıkar ve yönetilmeleri gerekir. Bir yol haritası, bu bağımlılıkları yönetmek ve ileriye dönük kararlar almak için bir araç sağlar. Bir yol haritası, bir kurumun ödünleşimleri görmesine ve iş ihtiyaçları ve fırsatları, dış gereksinimler ve mevcut kaynaklarla uyumlu pragmatik bir plan formüle etmesine yardımcı olur.

Kurumsal Veri Mimarisi için bir yol haritası, mimarinin 3-5 yıllık gelişim yolunu tanımlar. İş gereksinimleri, gerçek koşulların dikkate alınması ve teknik değerlendirmelerle birlikte yol haritası, hedef mimarinin nasıl gerçeğe dönüşeceğini açıklar. Kurumsal Veri Mimarisi yol haritası, iş yetkinliği iş akışlarına bölünmüş, üst düzey kilometre taşlarını, ihtiyaç duyulan kaynakları ve maliyet tahminlerini içeren genel bir kurumsal mimari yol haritasına entegre edilmelidir. Yol haritasına bir veri yönetimi olgunluk değerlendirmesi rehberlik etmelidir (Bkz. Bölüm 15).

Çoğu iş yetkinliği, girdi olarak veriler gerektirir; diğerleri de diğer iş yetkinliklerinin bağımlı olduğu verileri üretir. Kurumsal mimari ve Kurumsal Veri Mimarisi, bu veri akışını iş yetkinlikleri arasındaki bir bağımlılıklar zincirinde çözerek tutarlı bir şekilde oluşturulabilir.

İş verilerine dayalı bir yol haritası, en bağımsız olan (yani diğer faaliyetlerden en az bağımlı olan) iş yetkinlikleriyle başlar ve başkalarına en çok bağımlı olanlarla biter. Her bir iş yetkinliğiyle sırayla ilgilenmek, genel bir iş verisi oluşturma sırasını takip edecektir. Şekil 27, en düşük bağımlılık en üstte olacak şekilde örnek bir bağımlılık zincirini göstermektedir. Ürün Yönetimi ve Müşteri Yönetimi başka hiçbir şeye bağlı değildir ve bu nedenle Ana Veriyi oluşturur. En yüksek bağımlılık kalemleri, Müşterinin Fatura Yönetiminin Müşteri Yönetimine ve Satış Siparişi Yönetimine bağlı olduğu ve sırasıyla diğer ikisine bağlı olduğu alt kısımdadır.

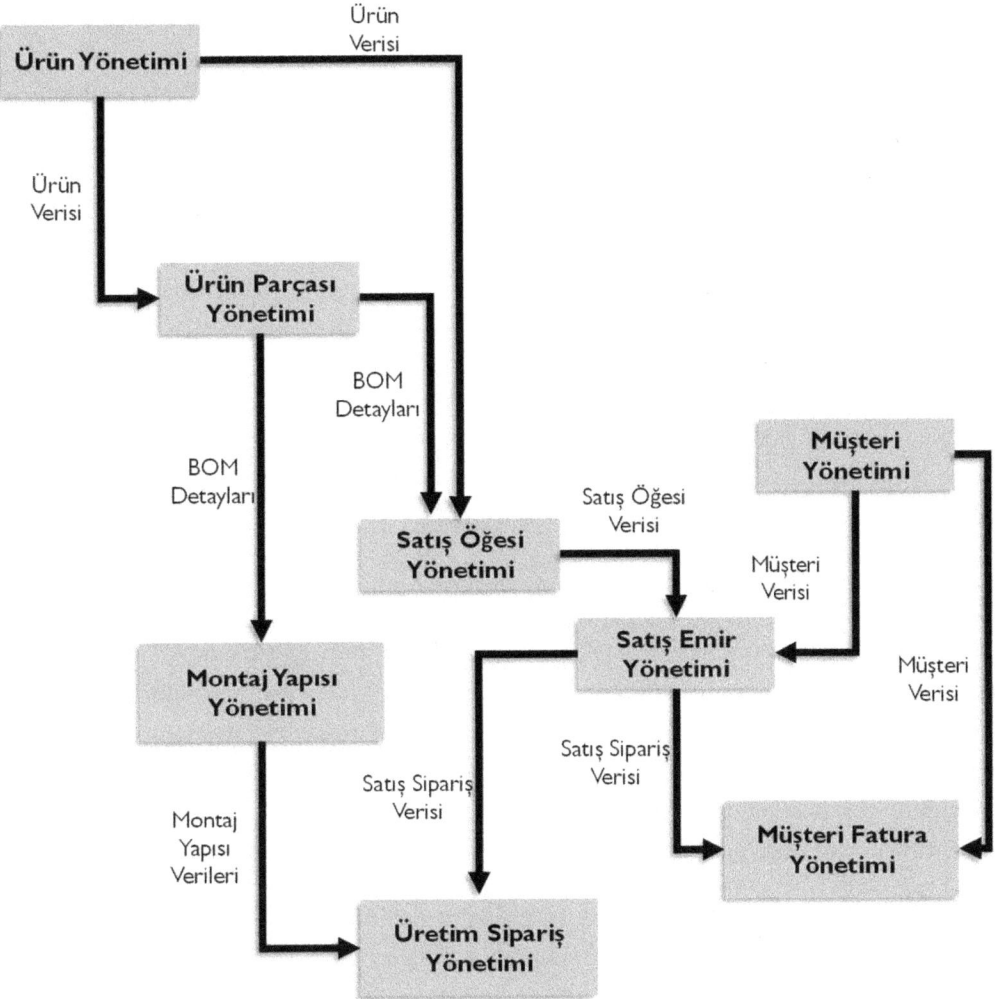

Şekil 27 İş Yetkinliklerinin Veri Bağımlılıkları

Bu nedenle, yol haritası ideal olarak Ürün Yönetimi ve Müşteri Yönetimi yetkinliklerinden başlamanızı ve ardından her bir bağımlılığı yukarıdan aşağıya doğru adım adım çözmenizi önerir.

2.1.3 Projelerdeki Kurumsal Gereksinimlerin Yönetilmesi

Mimari, geliştirildiği zaman diliminde geçerli olan sınırlamalara kilitlenmemelidir. Bir kuruluşun Veri Mimarisini tanımlayan veri modelleri ve diğer özellikler, gelecekteki gereksinimleri karşılayacak kadar esnek olmalıdır. Mimari düzeydeki bir veri modeli, kuruluş genelinde anlaşılabilecek net tanımlarla birlikte kuruluşun küresel bir görünümüne sahip olmalıdır.

Geliştirme projeleri, iş gereksinimlerine ve Kurumsal Veri Mimarisi tarafından belirlenen standartlara göre verilerin yakalanması, depolanması ve paylaşılması için çözümler gerçekler. Bu süreç, doğası gereği aşamalı olarak gerçekleştirilir.

Proje düzeyinde, bir veri modeli aracılığıyla gereksinimleri belirleme süreci, iş gereksinimlerinin gözden geçirilmesiyle başlar. Genellikle bu ihtiyaçlar projenin hedeflerine özel olacak ve kurumsal etkileri olmayacaktır. Süreç yine de terimlerin tanımlarının geliştirilmesini ve verilerin kullanımını destekleyen diğer faaliyetleri içermelidir.

Daha da önemlisi, veri mimarları, genel mimariyle ilgili gereksinimleri anlayabilmelidir. Bir proje belirtimi tamamlandığında, veri mimarları aşağıdakileri belirlemelidir:

- Belirtimde temsil edilen kurum çapındaki varlıkların üzerinde anlaşmaya varılan standartlara uyup uymadığı
- Gereksinim belirtimindeki hangi varlıkların genel Kurumsal Veri Mimarisine dahil edilmesi gerektiği
- Bu belirtimdeki varlıkların ve tanımların gelecekteki eğilimleri ele almak için genelleştirilmesi veya iyileştirilmesi gerekip gerekmediği
- Yeni veri paylaşım mimarilerinin gösterilip gösterilmeyeceği veya geliştiricilerin yeniden kullanım yönüne işaret edilip edilmeyeceği

Kuruluşlar genellikle projelerin veri depolama ve entegrasyon tasarımı gerekene kadar Veri Mimarisi endişelerini gidermek için beklerler. Ancak, bu hususların planlamaya erken aşamada ve tüm proje yaşam döngüsü boyunca dahil edilmesi tercih edilir.

Kurumsal Veri Mimarisi projelerle ilgili faaliyetleri aşağıdakileri içerir:

- **Kapsamı tanımlayın**: Kapsamın ve arayüzün kurumsal veri modeliyle uyumlu olduğundan emin olun. Projenin neyi modelleyeceği ve tasarlayacağı ve hangi mevcut bileşenlerin yeniden kullanılması gerektiği (veya yeniden kullanılabileceği) açısından, projenin genel Kurumsal Veri Mimarisine potansiyel katkısını anlayın. Tasarlanması gereken bu alanlarda, projenin, proje kapsamı dışındaki paydaşlarla olan alt süreçler gibi bağımlılıkları belirlemesi gerekir. Projenin paylaşılabilir veya yeniden kullanılabilir olduğunu belirlediği veri yapıtlarının kurumsal mantıksal veri modeline ve ilgili depolara dahil edilmesi gerekir.

- **İş gereksinimlerini anlayın**: Varlık, kaynak(lar), kullanılabilirlik, kalite ve sorunlu noktalar gibi verilerle ilgili gereksinimleri yakalayın ve bu gereksinimleri karşılamanın iş değerini tahmin edin.

- **Tasarlayın**: Veri yaşam döngüsü perspektifinde iş kuralları dahil olmak üzere ayrıntılı hedef özellikleri oluşturun. Sonucu doğrulayın ve gerektiğinde genişletilmiş ve geliştirilmiş standartlaştırılmış modellerin ihtiyaçlarını ele alın. Kurumsal mantıksal veri modeli ve kurumsal mimari deposu, proje veri mimarlarının kuruluş genelinde paylaşılabilir yapıtları araması ve yeniden kullanması için iyi yerlerdir. Veri teknolojisi standartlarını gözden geçirin ve kullanın.

- **Gerçekleyin**:
    - **Satın alırken**, satın alınmış uygulamaları (Ticari Kullanıma Hazır – COTS) tersine mühendislik yapın ve veri yapısına göre haritalayın. Yapılar, tanımlar ve kurallardaki boşlukları ve farklılıkları belirleyin ve belgeleyin. İdeal olarak, tedarikçiler ürünleri için veri modelleri sağlayacaktır; ancak, çoğu, bunları tescilli gördükleri için yapmazlar. Mümkünse, derinlemesine tanımları olan bir model için pazarlık yapın.
    - **Verileri yeniden kullanırken**, CRUD işlemlerini anlamak için uygulama veri modellerini ortak veri yapıları ve mevcut ve yeni süreçlerle eşleştirin. Kayıt sistemi kullanımını zorunlu tutun. Farkları belirleyin ve belgeleyin.
    - **Geliştirirken**, veri yapısına göre veri depolama gerçekleyin. Standartlaştırılmış veya tasarlanmış özelliklere göre entegre edin (Bkz. Bölüm 8).

Kurumsal Veri Mimarlarının projelerdeki rolü, geliştirme metodolojisine bağlıdır. Mimari faaliyetleri projelere dönüştürme süreci de metodolojiler arasında farklılık gösterir.

- **Şelale yöntemleri**: Gereksinimleri anlayın ve genel bir kurumsal tasarımın parçası olarak ardışık aşamalarda sistemler oluşturun. Bu yöntem, değişikliği kontrol etmek için tasarlanmış kontrolleri içerir. Bu tür modellere Veri Mimarisi etkinliklerini dahil etmek genellikle sorun değildir. Kurumsal bir bakış açısı eklediğinizden emin olun.

- **Artımlı yöntemler**: Kademeli adımlarla öğrenin ve geliştirin (yani, mini şelaleler). Bu yöntem, belirsiz genel gereksinimlere dayalı prototipler oluşturur. Başlangıç aşaması çok önemlidir; erken yinelemelerde kapsamlı bir veri tasarımı oluşturmak en iyisidir.

- **Çevik, yinelemeli yöntemler**: Yapılan işin atılması gerektiğinde çok fazla kayıp olmayacak kadar küçük olan ayrı teslimat paketlerinde ("sprintler" olarak adlandırılır) öğrenin, oluşturun ve test edin. Çevik yöntemler (Scrum, Rapid Development ve Unified Process), kullanıcı arayüzü tasarımı, yazılım tasarımı ve sistem davranışını vurgulayan nesne yönelimli modellemeyi destekler. Bu tür yöntemleri veri modelleri, veri yakalama, veri depolama ve veri paylaşımı için belirtimlerle tamamlayın. Gelişen ve popüler bir çevik yaklaşım olan DevOps'tan edinilen deneyim, programcılar ve veri mimarları arasında güçlü bir çalışma ilişkisi olduğunda ve her ikisi de standartlar ve yönergelerle uyumlu olduğunda, geliştirilmiş veri tasarımı ve etkili tasarım seçeneklerini doğrular.

2.2 Kurumsal Mimari ile Entegre Edilmesi

Konu alanı seviyesinden daha detaylı seviyelere Kurumsal Veri Mimarisi belirtimleri ve diğer mimari alanlarla ilgili geliştirme çalışmaları, genellikle finanse edilen projeler içinde gerçekleştirilirler. Finanse edilen projeler genellikle mimari öncelikleri yönlendirirler. Bununla birlikte, kurumsal çapta Veri Mimarisi konuları proaktif olarak ele alınmalıdır. Aslında, Veri Mimarisi projelerin kapsamını etkileyebilir. Bu nedenle, Kurumsal Veri Mimarisi konularını proje portföy yönetimi ile entegre etmek en iyisidir. Bunu yapmak, yol haritasının gerçeklenmesini sağlar ve daha iyi proje sonuçlarına katkıda bulunur.

Benzer şekilde, Kurumsal Veri Mimarlarının kurumsal uygulama geliştirme ve entegrasyon planlamasına dahil edilmesi gerekir. Hedef uygulama ortamına Veri Mimarisi görünümünü ve yol haritasını uygulayın.

3. Araçlar

3.1 Veri Modelleme Araçları

Kurumsal veri modelini her düzeyde yönetmek için veri modelleme araçları ve model depoları gereklidir. Çoğu veri modelleme aracı, mimarların farklı amaçlar için ve farklı soyutlama seviyelerinde oluşturulan modeller arasındaki bağlantıları yönetmesini sağlayan köken ve ilişki izleme fonksiyonlarını içerir (Bkz. Bölüm 5).

3.2 Varlık Yönetim Yazılımı

Varlık yönetimi yazılımı, sistemlerin envanterini çıkarmak, içeriklerini tanımlamak ve aralarındaki ilişkileri izlemek için kullanılır. Diğer şeylerin yanı sıra, bu araçlar bir kuruluşun yazılım lisanslarıyla ilgili sözleşme yükümlülüklerini yerine getirmesini ve maliyetleri en aza indirmek ve BT ihtiyaçlarını optimize etmek için kullanılabilecek varlıklarla ilgili verileri toplamasını sağlar. BT varlıklarının bir envanterini oluşturdukları için, bu tür araçlar, sistemler ve içerdikleri veriler hakkında değerli metaverileri toplar ve içerirler. Bu metaveriler, veri akışları oluştururken veya mevcut durumu araştırırken çok faydalıdırlar.

3.3 Grafiksel Tasarım Uygulamaları

Grafiksel tasarım uygulamaları, mimari tasarım diyagramları, veri akışları, veri değer zincirleri ve diğer mimari yapıtları oluşturmak için kullanılırlar.

4. Yöntemler

4.1 Yaşam Döngüsü Projeksiyonları

Mimari tasarımlar ilham verici veya geleceğe yönelik, gerçeklenmiş ve aktif kullanımda veya emekli etmeye yönelik olabilirler. Temsil ettikleri şey açıkça belgelendirilmelidir. Örneğin:

- **Güncel**: Şu anda desteklenen ve kullanılan ürünler
- **Kurulum dönemi**: Önümüzdeki 1-2 yıl içinde kullanılmak üzere kurulmuş ürünler
- **Stratejik dönem**: Önümüzdeki 2+ yıl içinde kullanımda kalması beklenen ürünler
- **Emeklilik**: Kuruluşun emekliye ayırdığı veya bir yıl içinde emekli etmeyi planladığı ürünler
- **Tercih Edilen**: Çoğu uygulama tarafından kullanım için tercih edilen ürünler
- **Muhafaza**: Belirli uygulamalar tarafından kullanımla sınırlandırılmış ürünler
- **Gelişen**: Gelecekteki olası kurulum için araştırılan ve denenen ürünler
- **İncelenen**: Değerlendirilen ürünler, değerlendirme sonuçları ve şu anda yukarıda başka bir statüde olmayan ürünler

Veri teknolojilerinin yönetimi hakkında daha fazla bilgi için Bölüm 6'ya bakın.

4.2 Diyagram Netliği

Modeller ve diyagramlar, yerleşik bir dizi görsel uzlaşıma dayalı olarak bilgi sunarlar. Bunların tutarlı bir şekilde kullanılması gerekir, aksi takdirde yanlış anlaşılırlar ve aslında yanlış da olabilirler. Dikkat dağıtıcı unsurları en aza indiren ve faydalı bilgileri en üst düzeye çıkaran özellikler şunları içerir:

- **Açık ve tutarlı bir açıklama**: Açıklama, lejant, tüm nesneleri ve çizgileri ve bunların ne anlama geldiğini tanımlamalıdır. Açıklama, tüm diyagramlarda aynı noktaya yerleştirilmelidir.

- **Tüm diyagram nesneleri ile açıklama arasında bir eşleşme**: Şablon olarak kullanılan açıklamalarda, diyagramda tüm açıklama nesneleri görünmeyebilir, ancak tüm diyagram nesneleri bir açıklama nesnesiyle eşleşmelidir.

- **Açık ve tutarlı bir çizgi yönü**: Tüm akışlar bir taraftan veya köşeden (genellikle soldan) başlamalı ve mümkün olduğunca karşı tarafa veya köşeye doğru akmalıdır. Döngüler ve daireler oluşacaktır, bu nedenle geriye doğru giden çizgilerin net olması için dışarı ve etrafa doğru akmasını sağlayın.

- **Tutarlı bir kesişen çizgi görüntüleme yöntemi**: Kesişme noktasının bir birleştirme olmadığı açık olduğu sürece çizgiler kesişebilir. Tüm satırlar için tek yönde satır atlamaları kullanın. Çizgileri çizgilerle birleştirmeyin. Kesişen çizgilerin sayısını en aza indirin.

- **Tutarlı nesne nitelikleri**: Boyutlar, renkler, çizgi kalınlıkları vb. 'deki herhangi bir farklılık bir anlam ifade etmelidir, aksi takdirde farklılıklar dikkati dağıtır.

- **Doğrusal simetri**: Nesnelerin satır ve sütunlara yerleştirildiği diyagramlar, rastgele yerleştirilmiş olanlardan daha okunabilirdirler. Tüm nesneleri hizalamak nadiren mümkün olsa da en az yarısını (yatay ve/veya dikey olarak) hizalamak herhangi bir diyagramın okunabilirliğini büyük ölçüde artıracaktır.

5. Gerçekleme Yönergeleri

Bölüm girişinde belirtildiği gibi, Veri Mimarisi yapıtlar, faaliyetler ve davranışlarla ilgilidir. Bu nedenle Kurumsal Veri Mimarisini gerçeklemek aşağıdakilerle ilgilidir:

- Kurumsal Veri Mimarisi ekiplerinin ve forumlarının düzenlenmesi
- Kurumsal veri modeli, kurum çapında veri akışı ve yol haritaları gibi Veri Mimarisi yapıtlarının ilk sürümlerinin ortaya çıkarılması
- Geliştirme projelerinde veri mimarisi çalışma yönteminin oluşturulması ve oturtulması
- Veri Mimarisi çabalarının değeri konusunda kurum genelinde farkındalık yaratılması

Bir Veri Mimarisi gerçeklemesi, aynı anda veya en azından paralel faaliyetler olarak başlatılmalarından yararlandıkları için bunlardan en az ikisini içermelidir. Gerçekleme, kuruluşun bir bölümünde veya ürün verileri veya müşteri verileri gibi bir veri alanında da başlayabilir. Öğrendikten ve olgunlaştıktan sonra gerçekleme daha da büyüyebilir.

Veri modelleri ve diğer Veri Mimarisi yapıtları genellikle geliştirme projeleri içinde toplanır ve ardından veri mimarları tarafından standartlaştırılır ve yönetilirler. Bu nedenle, ilk projeler, yeniden kullanılacak herhangi bir yapıt olmadan önce, Veri Mimarisi çalışmasının daha büyük bölümlerine sahip olacaktır. Bu erken projeler, özel mimari fonlardan yararlanabilirler.

Kurumsal Veri Mimarı, kurumsal etkinliği ve çevikliği iyileştirme ortak amacını paylaşan diğer iş ve teknoloji mimarlarıyla iş birliği yapar. Genel kurumsal mimarinin iş etkenleri, Kurumsal Veri Mimarisi gerçekleme stratejisini de önemli ölçüde etkiler.

Yıkıcı teknolojiler kullanılarak yeni buluşların denendiği, çözüm odaklı bir kültürde Kurumsal Veri Mimarisi oluşturmak, çevik bir gerçekleme yaklaşımı gerektirecektir. Bu, çevik sprintlere detay düzeyde katılırken genel düzeyde ana hatlarıyla belirlenmiş bir konu alanı modeline sahip olmayı içerebilir. Böylece, Kurumsal Veri Mimarisi aşamalı olarak gelişecektir. Bununla birlikte, bu çevik yaklaşımın, veri mimarlarının yaratıcı bir kültürde hızla geliştiğinden, geliştirme girişimlerine erken dahil olmalarını sağlaması gerekir.

Kurumsal mimari için kalite etkenine sahip olmak, planlı geliştirme projeleri için bazı başlangıç Veri Mimarisi çalışmalarını kurumsal düzeyde çalışmaya zorlayabilir. Tipik olarak, Kurumsal Veri Mimarisi, iyileştirmelere büyük ihtiyaç duyan Ana Veri alanlarıyla başlar ve bir kez oluşturulup kabul edildiğinde, iş etkinliğine yönelik verileri (yani işlem verilerini) içerecek şekilde genişler. Bu, Kurumsal Veri Mimarlarının sistem ortamında kullanılmak üzere planlar ve şablonlar ürettiği ve çeşitli yönetişim araçları kullanarak uyumluluğu sağladığı geleneksel gerçekleme yaklaşımıdır.

5.1 Hazırlık Değerlendirmesi / Risk Değerlendirmesi

Mimari başlangıç projeleri, özellikle kurum içindeki ilk denemede, diğer projelerden daha fazla riske maruz kalır. En önemli riskler şunlardır:

- **Yönetim desteği eksikliği**: Projenin planlanan yürütülmesi sırasında kurumdaki herhangi bir organizasyon şekillenmesi, mimari süreci etkileyecektir. Örneğin, yeni karar vericiler süreci sorgulayabilir ve katılımcıların Veri Mimarisi üzerindeki çalışmalarına devam etme fırsatlarından çekilme eğiliminde olabilirler. Bir mimari sürecin yeniden yapılanma sürecinde ayakta kalabilmesi, yönetimden destek alarak olur. Bu nedenle, Veri Mimarisi geliştirme sürecine, Veri Mimarisinin faydalarını anlayan birden fazla tepe yönetici veya en azından üst düzey yönetim üyesi dahil ettiğinizden emin olun.

- **Kanıtlanmış bir başarı kaydı olmaması**: Veri Mimarisi fonksiyonunu yürütenlere güvenen bir sponsora sahip olmak, çabanın başarısı için esastır. En önemli adımların gerçekleştirilmesine yardımcı olması için kıdemli bir mimar meslektaşınızdan yardım alın.

- **Kaygılı sponsor**: Sponsor tüm iletişimin kendilerinden geçmesini gerektiriyorsa, bu kişinin rolünden emin olmadığının, Veri Mimarisi sürecinin amaçlarından başka ilgi alanlarına sahip olduğunun veya veri mimarının kapasitesinden emin olmadığının bir göstergesi olabilir. Nedeni ne olursa olsun, sponsor proje yöneticisinin ve veri mimarının projede lider rolleri almasına izin vermelidir. Sponsorun güveniyle beraber işyerinde serbestlik oluşturmaya çalışın.

- **Üretken olmayan yönetim kararları**: Yönetim, iyi organize edilmiş bir Veri Mimarisinin değerini anlamasına rağmen, bunu nasıl başaracaklarını bilmiyor olabilir. Bu nedenle, veri mimarının çabalarına karşı koyan kararlar alabilirler. Bu, sadakatsiz yönetimin bir işareti değil, veri mimarının yönetimle daha açık veya daha sık iletişim kurması gerektiğinin bir göstergesidir.

- **Kültür şoku**: Veri Mimarisinden etkilenecek olanların çalışma kültürünün nasıl değişeceğini düşünün. Çalışanların organizasyon içindeki davranışlarını değiştirmenin ne kadar kolay veya zor olacağını hayal etmeye çalışın.

- **Deneyimsiz proje lideri**: Özellikle projede yoğun veri bileşeni varsa, proje yöneticisinin Kurumsal Veri Mimarisi konusunda deneyimli olduğundan emin olun. Durum böyle değilse, sponsoru proje yöneticisini eğitmeye veya değiştirmeye teşvik edin (Edvinsson, 2013).

- **Tek boyutlu bir görünümün baskınlığı**: Bazen bir iş uygulamasının sahibi/sahipleri, daha dengeli, kapsayıcı görünüm pahasına genel kurumsal düzeydeki Veri Mimarisi hakkındaki görüşlerini (örneğin, bir ERP sisteminin sahipleri) dikte etme eğiliminde olabilirler.

5.2 Organizasyonel ve Kültürel Değişim

Bir organizasyonun mimari uygulamaları benimseme hızı, kültürünün ne kadar uyumlu olduğuna bağlıdır. Tasarım çalışmasının doğası, mimarların kuruluş genelinde geliştiriciler ve diğer yaratıcı düşünürlerle iş birliği yapmasını gerektirir. Genellikle bu tür insanlar kendi yollarıyla çalışmaya alışkındır. Resmi mimari ilkelerini ve araçlarını benimsemek için gereken değişimi kucaklayabilir veya direnebilirler.

Sonuç odaklı, stratejik olarak uyumlu kuruluşlar, mimari uygulamaları benimsemek için en iyi konumdadırlar. Bu kuruluşlar çoğunlukla hedef odaklıdır, müşteri ve partner zorluklarının farkındadırlar ve ortak hedeflere dayalı olarak önceliklendirme yetkinliğine sahiptirler.

Bir kuruluşun Veri Mimarisi uygulamalarını benimseme yeteneği birkaç faktöre bağlıdır:

- Mimari yaklaşıma kültürel kabul (mimari dostu bir kültür geliştirme)
- Verilerin yalnızca bir BT sorunu değil, bir iş varlığı olarak kurumsal kabulü
- Yerel bakış açısını terk etme ve veriler üzerinde kurumsal bir bakış açısını benimseme konusundaki organizasyonel beceri
- Mimari çıktıları proje metodolojisine entegre etmek için gereken organizasyonel beceri
- Resmi veri yönetişiminin kabul düzeyi
- Yalnızca proje teslimine ve BT çözümüne odaklanmak yerine kuruluşa bütüncül olarak bakabilme (Edvinsson, 2013)

6. Veri Mimarisi Yönetişimi

Veri Mimarisi faaliyetleri, verilerin uyumlanmasını ve kontrolünü doğrudan destekler. Veri mimarları genellikle veri yönetişim faaliyetleri için iş liyezonu olarak hareket ederler. Bu nedenle, Kurumsal Veri Mimarisi ve Veri Yönetişimi organizasyonu iyi bir şekilde uyumlu olmalıdır. İdeal olarak, her konu alanına ve hatta bir konu alanındaki her bir varlığa hem bir veri mimarı hem de bir Veri Sorumlusu atanmalıdır. Ayrıca, iş gözetimi, süreç gözetimi ile uyumlu hale getirilmelidir. Her olay varlığı genellikle bir iş sürecine karşılık geldiğinden, iş olayı konu alanları iş süreci yönetişimi ile uyumlu olmalıdır. Veri Mimarisi yönetişim faaliyetleri aşağıdakileri içerir:

- **Projelerin Gözetimi**: Projelerin gerekli Veri Mimarisi faaliyetlerine uyumunu, mimari varlıkları kullanmasını ve geliştirmesini ve belirtilen mimari standartlara göre gerçeklenmesini sağlamayı içerir.
- **Mimari tasarımları, yaşam döngüsünü ve araçları yönetme**: Mimari tasarımlar tanımlanmalı, değerlendirilmeli ve sürdürülmelidir. Kurumsal Veri Mimarisi, uzun vadeli entegrasyonlar için bir 'şehir planlama' fonksiyonu görür. Gelecek durum mimarisi proje hedeflerini etkiler ve proje portföyündeki projelerin önceliğini etkiler.
- **Standartları tanımlama**: Verilerin kuruluş içinde nasıl kullanılacağına ilişkin kuralları, yönergeleri ve belirtimleri belirlemeyi içerir.

- **Veriyle ilgili yapıtlar oluşturma**: Yönetişim yönergeleriyle uyumluluğu sağlayan yapıtlardır.

6.1 Metrikler

Kurumsal Veri Mimarisi üzerindeki performans ölçümleri mimari hedefleri yansıtır: mimari uyumluluk, gerçekleme eğilimleri ve Veri Mimarisinden elde edilen iş değeri. Veri Mimarisi metrikleri, projelerle ilgili genel ticari müşteri memnuniyetinin bir parçası olarak genellikle yıllık olarak izlenirler.

- **Mimari standart uyumluluk oranı**, projelerin yerleşik Veri Mimarilerine ne kadar yakın olduğunu ve projelerin kurumsal mimariyle bağlantı kurma süreçlerine ne kadar iyi uyduğunu ölçer. Proje istisnalarını izleyen metrikler, benimsemenin önündeki engelleri anlamanın bir yolu olarak da faydalı olabilirler.

- **Gerçekleme eğilimleri**, kurumsal mimarinin, en az iki çizgide, kuruluşun projeleri gerçekleme becerisini ne ölçüde geliştirdiğini takip eder:
  - **Kullanma/yeniden kullanma/değiştirme/kullanımdan kaldırma ölçümleri**: Yeniden kullanılan, değiştirilen veya kullanımdan kaldırılan yapıtlara karşı yeni mimari yapıtlarının oranını belirler.
  - **Proje yürütme verimliliği ölçümleri**: Bunlar, projeler için teslim sürelerini ve yeniden kullanılabilir yapıtlar ve kılavuz yapıtlar ile teslimat iyileştirmeleri için kaynak maliyetlerini ölçer.

- **İş değeri ölçümleri**, beklenen iş etkilerine ve faydalarına yönelik ilerlemeyi takip eder.
  - **İş çevikliği iyileştirmeleri**: Yaşam döngüsü iyileştirmelerinin veya alternatiflerinin faydalarını, gecikme maliyetini hesaba katan ölçümlerdir.
  - **İş kalitesi**: İş durumlarının amaçlandığı gibi karşılanıp karşılanmadığına ilişkin ölçümlerdir; projelerin, yeni oluşturulan veya entegre verilere dayalı olarak iş iyileştirmelerine yol açan değişiklikleri gerçekten sağlayıp sağlamadığını ölçmektir.
  - **İş operasyon kalitesi**: İyileştirilmiş verimlilik ölçümleridir. Örnekler arasında doğruluğun artması ve veri hatalarından kaynaklanan hataların düzeltilmesi için harcanan zamanın ve maliyetin azaltılması yer alır.
  - **İş ortamı iyileştirmeleri**: Örnekler arasında, veri hatalarının azaltılmasıyla ilgili geliştirilmiş müşteri elde tutma oranı ve sunulan raporlarda yetkililerden gelen açıklamaların görülme sıklığının azalması sayılabilir.

7. Alıntılanan / Önerilen Çalışmalar

Ahlemann, Frederik, Eric Stettiner, Marcus Messerschmidt, and Christine Legner, eds. *Strategic Enterprise Architecture Management: Challenges, Best Practices, and Future Developments*. Springer, 2012. Print. Management for Professionals.

Bernard, Scott A. *An Introduction to Enterprise Architecture*. 2nd ed. Authorhouse, 2005. Print.

Brackett, Michael H. *Data Sharing Using a Common Data Architecture*. John Wiley and Sons, 1994. Print.

Carbone, Jane. *IT Architecture Toolkit*. Prentice Hall, 2004. Print.

Cook, Melissa. *Building Enterprise Information Architectures: Re-Engineering Information Systems*. Prentice Hall, 1996. Print.

Edvinsson, Hakan and Lottie Aderinne. *Enterprise Architecture Made Simple Using the Ready, Set, Go Approach to Achieving Information Centricity*. Technics Publications, LCC, 2013. Print.

Executive Office of the President of the United States. *The Common Approach to Federal Enterprise Architecture*. whitehouse.gov, 2012. Web.

Fong, Joseph. *Information Systems Reengineering and Integration*. 2nd ed. Springer, 2006. Print.

Gane, Chris and Trish Sarson. *Structured Systems Analysis: Tools and Techniques*. Prentice Hall, 1979. Print.

Hagan, Paula J., ed. *EABOK: Guide to the (Evolving) Enterprise Architecture Body of Knowledge*. mitre.org MITRE Corporation, 2004. Web.

Harrison, Rachel. *TOGAF Version 8.1.1 Enterprise Edition - Study Guide*. The Open Group. 2nd ed. Van Haren Publishing, 2007. Print. TOGAF.

Hoberman, Steve, Donna Burbank, and Chris Bradley. *Data Modeling for the Business: A Handbook for Aligning the Business with IT using High-Level Data Models*. Technics Publications, LLC, 2009. Print. Take It with You Guides.

Hoberman, Steve. *Data Modeling Made Simple: A Practical Guide for Business and Information Technology Professionals*. 2nd ed. Technics Publications, LLC, 2009. Print.

Hoogervorst, Jan A. P. *Enterprise Governance and Enterprise Engineering*. Springer, 2009. Print. The Enterprise Engineering Ser.

ISO (website). http://bit.ly/2sTp2rA, http://bit.ly/2ri8Gqk.

Inmon, W. H., John A. Zachman, and Jonathan G. Geiger. *Data Stores, Data Warehousing and the Zachman Framework: Managing Enterprise Knowledge*. McGraw-Hill, 1997. Print.

Lankhorst, Marc. Enterprise Architecture at Work: Modeling, Communication and Analysis. Springer, 2005. Print.

Martin, James and Joe Leben. *Strategic Information Planning Methodologies*, 2nd ed. Prentice Hall, 1989. Print.

Osterwalder, Alexander and Yves Pigneur. *Business Model Generation: A Handbook for Visionaries, Game Changers, and Challengers*. Wiley, 2010. Print.

Perks, Col and Tony Beveridge. *Guide to Enterprise IT Architecture*. Springer, 2003. Print. Springer Professional Computing.

Poole, John, Dan Chang, Douglas Tolbert, and David Mellor. *Common Warehouse Metamodel*. Wiley, 2001. Print. OMG (Book 17).

Radhakrishnan, Rakesh. *Identity and Security: A Common Architecture and Framework For SOA and Network Convergence*. futuretext, 2007. Print.

Ross, Jeanne W., Peter Weill, and David Robertson. *Enterprise Architecture As Strategy: Creating a Foundation For Business Execution*. Harvard Business School Press, 2006. Print.

Schekkerman, Jaap. *How to Survive in the Jungle of Enterprise Architecture Frameworks: Creating or Choosing an Enterprise Architecture Framework*. Trafford Publishing, 2006. Print.

Spewak, Steven and Steven C. Hill. *Enterprise Architecture Planning: Developing a Blueprint for Data, Applications, and Technology*. 2nd ed. A Wiley-QED Publication, 1993. Print.

Ulrich, William M. and Philip Newcomb. *Information Systems Transformation: Architecture-Driven Modernization Case Studies*. Morgan Kaufmann, 2010. Print. The MK/OMG Press.

BÖLÜM 5

Veri Modelleme ve Tasarımı

DAMA-DMBOK2 Veri Yönetimi Çerçevesi
Copyright © 2017 by DAMA International

1. Giriş

Veri modelleme, veri gereksinimlerinin keşfedilmesi, analiz edilmesi ve kapsamının belirlenmesi ve ardından bu veri gereksinimlerinin veri modeli adı verilen net bir biçimde temsil edilmesi ve paylaşılması sürecidir. Veri modelleme, veri yönetiminin kritik bir bileşenidir. Modelleme süreci, kurumların verilerinin nasıl bir araya geldiğini keşfetmesini ve belgelemesini gerektirir. Modelleme sürecinin kendisi, verilerin nasıl birbirine uyduğunu tasarlar (Simsion, 2013). Veri modelleri, bir kurumun kendi veri varlıklarını anlamasını sağlar.

Verileri temsil etmek için kullanılan bir dizi farklı şema vardır. En sık kullanılan altı şema şunlardır: İlişkisel, Boyutsal, Nesneye Dayalı, Olgulara Dayalı, Zamana Dayalı ve NoSQL. Bu şemaların modelleri üç ayrıntı düzeyinde mevcuttur: kavramsal, mantıksal ve fiziksel. Her model bir dizi bileşen içerir. Bileşen örnekleri; varlıklar, ilişkiler, olgular, anahtarlar ve niteliklerdir. Bir model oluşturulduktan sonra gözden geçirilmesi ve onaylandıktan sonra bakımının yapılmaya devam etmesi gerekir.

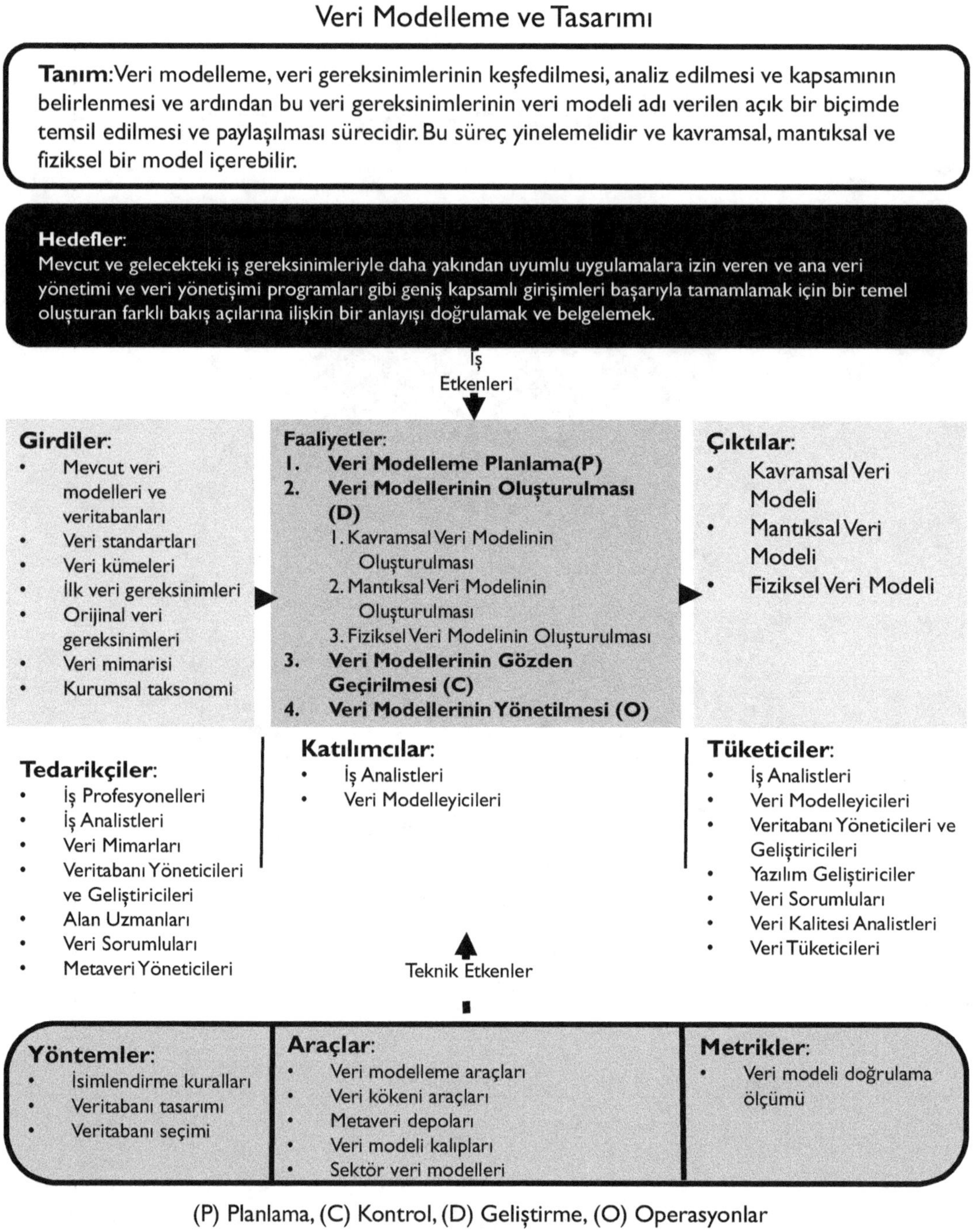

Veri Modelleme ve Tasarımı

Tanım: Veri modelleme, veri gereksinimlerinin keşfedilmesi, analiz edilmesi ve kapsamının belirlenmesi ve ardından bu veri gereksinimlerinin veri modeli adı verilen açık bir biçimde temsil edilmesi ve paylaşılması sürecidir. Bu süreç yinelemelidir ve kavramsal, mantıksal ve fiziksel bir model içerebilir.

Hedefler:
Mevcut ve gelecekteki iş gereksinimleriyle daha yakından uyumlu uygulamalara izin veren ve ana veri yönetimi ve veri yönetişimi programları gibi geniş kapsamlı girişimleri başarıyla tamamlamak için bir temel oluşturan farklı bakış açılarına ilişkin bir anlayışı doğrulamak ve belgelemek.

İş Etkenleri

Girdiler:
- Mevcut veri modelleri ve veritabanları
- Veri standartları
- Veri kümeleri
- İlk veri gereksinimleri
- Orijinal veri gereksinimleri
- Veri mimarisi
- Kurumsal taksonomi

Faaliyetler:
1. Veri Modelleme Planlama(P)
2. Veri Modellerinin Oluşturulması (D)
   1. Kavramsal Veri Modelinin Oluşturulması
   2. Mantıksal Veri Modelinin Oluşturulması
   3. Fiziksel Veri Modelinin Oluşturulması
3. Veri Modellerinin Gözden Geçirilmesi (C)
4. Veri Modellerinin Yönetilmesi (O)

Çıktılar:
- Kavramsal Veri Modeli
- Mantıksal Veri Modeli
- Fiziksel Veri Modeli

Tedarikçiler:
- İş Profesyonelleri
- İş Analistleri
- Veri Mimarları
- Veritabanı Yöneticileri ve Geliştiricileri
- Alan Uzmanları
- Veri Sorumluları
- Metaveri Yöneticileri

Katılımcılar:
- İş Analistleri
- Veri Modelleyicileri

Tüketiciler:
- İş Analistleri
- Veri Modelleyicileri
- Veritabanı Yöneticileri ve Geliştiricileri
- Yazılım Geliştiriciler
- Veri Sorumluları
- Veri Kalitesi Analistleri
- Veri Tüketicileri

Teknik Etkenler

Yöntemler:
- İsimlendirme kuralları
- Veritabanı tasarımı
- Veritabanı seçimi

Araçlar:
- Veri modelleme araçları
- Veri kökeni araçları
- Metaveri depoları
- Veri modeli kalıpları
- Sektör veri modelleri

Metrikler:
- Veri modeli doğrulama ölçümü

(P) Planlama, (C) Kontrol, (D) Geliştirme, (O) Operasyonlar

Şekil 28 Bağlam Şeması: Veri Modelleme ve Tasarımı

Veri modelleri, veri tüketicileri için gerekli olan Metaverileri içerir. Veri modelleme sürecinde ortaya çıkarılan bu Metaverilerin çoğu, diğer veri yönetimi işlevleri için gereklidir. Örneğin, veri ambarı ve analitik amaçlı veri yönetişimi ve veri kökeni tanımları.

Bu bölüm, veri modellerinin amacını, veri modellemede kullanılan temel kavramları, yaygın kelimeleri ve veri modelleme amaçlarını ve ilkelerini açıklayacaktır. Veri modellerinin nasıl çalıştığını ve aralarındaki farklılıkları göstermek için eğitim sektörüyle ilgili verilerden bir dizi örnek kullanacaktır.

1.1 İş Etkenleri

Veri modelleri, verilerin etkin yönetimi için kritik öneme sahiptir. Veri modelleri aşağıdaki konularda destek olur:

- Verilerle ilgili ortak bir kelime dağarcığının sağlanması
- Bir kuruluşun verileri ve sistemleri hakkında açık bilgilerin elde edilmesi ve belgelenmesi
- Projeler esnasında ana iletişim aracı olarak hizmet etmesi
- Bir uygulamanın özelleştirilmesi, entegrasyonu ve hatta değiştirilmesi için başlangıç noktası sağlanması

1.2 Hedef ve Prensipler

Veri modellemenin amacı, mevcut ve gelecekteki iş gereksinimleriyle daha uyumlu uygulamalara yol veren ve Ana Veri Yönetimi ve veri yönetişimi programları gibi geniş kapsamlı girişimleri başarıyla tamamlamak için bir temel oluşturan farklı bakış açılarının anlaşılmasını doğrulamak ve belgelemektir. Doğru veri modelleme, daha düşük destek maliyetlerine neden olur ve gelecekteki girişimler için yeniden kullanılabilirlik fırsatlarını artırır, böylece yeni uygulamalar oluşturma maliyetlerini azaltır. Veri modelleri, Metaverilerin önemli bir biçimidir.

Farklı bakış açılarının anlaşılmasının doğrulanması ve belgelenmesi aşağıdakileri kolaylaştırır:

- **Resmileştirme**: Bir veri modeli, veri yapılarının ve ilişkilerin kısa bir tanımını belgeler. Mevcut durumlar veya istenen hedef durumlar için verilerin uygulanan iş kurallarından nasıl etkilendiğinin değerlendirilmesini sağlar. Resmi tanım, verilere erişilirken ve verileri kalıcı hale getirirken meydana gelen veri anormalliklerinin olasılığını azaltarak, verilere disiplinli bir yapı yüklemiş olur. Bir veri modeli, verilerdeki yapıları ve ilişkileri göstererek verilerin daha kolay tüketilmesini sağlar.

- **Kapsam tanımı**: Bir veri modeli, veri bağlamı ve satın alınan uygulama paketlerinin, projelerin, girişimlerin veya mevcut sistemlerin gerçeklenmesinin sınırlarını belirtmeye yardımcı olabilir.

- **Bilgi saklama/belgeleme**: Bir veri modeli, bilgiyi açık bir biçimde kaydederek bir sistem veya projeyle ilgili kurumsal belleği koruyabilir. Mevcut sürüm diye kullanmak için gelecekteki projelere doküman görevi görür. Veri modelleri, bir organizasyonu veya iş alanını, mevcut bir uygulamayı veya mevcut bir veri yapısını değiştirmenin etkisini anlamamıza yardımcı olur. Veri modeli, iş profesyonellerinin, proje yöneticilerinin, analistlerin, modelleyicilerin ve geliştiricilerin ortam içindeki veri yapısını anlamalarına yardımcı olmak için yeniden kullanılabilir bir harita haline gelir. Haritacının başkalarının navigasyon için kullanması için coğrafi bir manzarayı öğrenmesi ve belgelemesi gibi, modelleyici de başkalarının bir bilgi manzarasını anlamasını sağlar (Hoberman, 2009).

1.3 Temel Kavramlar

Bu bölümde, modellenebilecek farklı veri türleri, veri modellerinin bileşen parçaları, geliştirilebilecek veri modelleri türleri ve farklı durumlarda farklı türlerin seçilmesinin nedenleri açıklanacaktır. Bu tanımlar dizisi kısmen kapsamlıdır, çünkü veri modellemenin kendisi tanımlama süreci ile ilgilidir. Çalışmayı destekleyen kelimeleri anlamak önemlidir.

1.3.1 Veri Modelleme ve Veri Modelleri

Veri modelleme en sık sistem geliştirme yaşam döngüsü (SDLC) olarak bilinen sistem geliştirme ve bakım çalışmaları bağlamında gerçekleştirilir. Veri modelleme, anında nihai sonucun bir veritabanı değil, kurumsal verilerin anlaşılması olduğu geniş kapsamlı girişimler için de gerçekleştirilebilir (örneğin İş ve Veri Mimarisi, Ana Veri Yönetimi ve veri yönetişimi girişimleri).

Model, var olan bir şeyin temsili veya yapılacak bir şeyin modelidir. Bir model bir veya daha fazla diyagram içerebilir. Model diyagramları, birinin içeriği anlamasını sağlayan standart sembollerden yararlanır. Haritalar, organizasyon şemaları ve bina planları her gün kullanılan modellere örnektir.

Bir veri modeli, bir kuruluşun verilerini, kuruluşun anladığı veya kuruluşun olmasını istediği şekilde tanımlar. Bir veri modeli, bir proje için küçükten büyüğe, bir kuruluş için boyut olarak değişebilen belirli bir veri kümesi için veri modelleyiciye iletilen veri gereksinimlerini görsel olarak temsil etmeye çalışan metin etiketli bir sembol kümesi içerir. Model, modelleme sürecinden kaynaklanan veri gereksinimleri ve veri tanımları için bir belgeleme biçimidir. Veri modelleri, veri gereksinimlerini işletmeden BT'ye ve BT içinde analistlerden, modelleyicilerden ve mimarlardan veritabanı tasarımcılarına ve geliştiricilerine kadar iletmek için kullanılan ana ortamdır.

1.3.2 Modellenen Veri Türleri

Dört ana veri türü modellenebilir (Edvinsson, 2013). Herhangi bir kuruluşta modellenen veri türleri, kuruluşun veya bir veri modeli gerektiren projenin önceliklerini yansıtır:

- **Kategori bilgisi**: Nesneleri sınıflandırmak ve tipini atamak için kullanılan verilerdir. Örneğin, pazar kategorilerine veya iş sektörlerine göre sınıflandırılan müşteriler; renk, model, beden vb. ile sınıflandırılan ürünler; açık veya kapalı olmalarına göre sınıflandırılan siparişler.

- **Kaynak bilgisi**: İhtiyaç duyulan kaynakların temel profilleri, Ürün, Müşteri, Tedarikçi, Tesis, Organizasyon ve Hesap gibi operasyonel süreçleri yürütür. BT uzmanları arasında kaynak varlıklara bazen Referans Verileri denir.

- **İş olay bilgileri**: Operasyonel süreçler devam ederken oluşturulan verilerdir. Örnekler arasında Müşteri Siparişleri, Tedarikçi Faturaları, Nakit Çekme ve İş Toplantıları sayılabilir. BT uzmanları arasında, olay varlıklarına bazen operasyonel iş verileri denir.

- **Ayrıntılı işlem bilgileri**: Ayrıntılı işlem bilgileri genellikle POS sistemleri (mağazalarda veya çevrimiçi) aracılığıyla üretilir. Ayrıca sosyal medya sistemleri, diğer İnternet etkileşimleri (tıklama akışı, vb.) ve gemilerin ve araçların parçası olabilen makinelerdeki sensörler, endüstriyel bileşenler veya kişisel cihazlar (GPS, RFID, Wi-Fi, vb.) aracılığıyla üretilir). Bu tür ayrıntılı bilgiler, iş bilgileri olaylarının nasıl kullanıldığına benzer şekilde, toplanabilir, başka veriler elde etmek için kullanılabilir ve eğilimler için analiz edilebilir. Bu tür veriler (büyük hacimli ve/veya hızla değişen) genellikle Büyük Veri olarak adlandırılır.

Bu türler, "durağan veriler" anlamına gelir. Hareket halindeki veriler, örneğin protokoller dahil sistem şemalarında ve mesajlaşma ve olay tabanlı sistemler için şemalarda da modellenebilir.

1.3.3 Veri Modeli Bileşenleri

Bölümün ilerleyen kısımlarında tartışılacağı gibi, farklı veri modelleri, verileri farklı kurallar aracılığıyla temsil eder (Bkz. Bölüm 1.3.4). Ancak çoğu veri modeli aynı temel yapı taşlarını içerir: varlıklar, ilişkiler, nitelikler ve etki alanları.

1.3.3.1 Varlık

Veri modellemenin dışında, varlık tanımı, diğer şeylerden ayrı olarak var olan bir şeydir. Veri modellemede varlık, bir kuruluşun hakkında bilgi topladığı bir şeydir. Varlıklar bazen bir kuruluşun isimleri olarak anılır. Bir varlık, temel bir sorunun – kim, ne, ne zaman, nerede, neden veya nasıl – veya bu soruların bir kombinasyonunun cevabı olarak düşünülebilir (bkz. Bölüm 4). Tablo 7, yaygın kullanılan varlık kategorilerini tanımlar ve örneklendirir (Hoberman, 2009).

Tablo 7 Yaygın Kullanılan Varlık Kategorileri

Kategori	Tanım	Örnekler
Kim	İlgili kişi veya kuruluş. Yani, iş için kim önemlidir? Genellikle bir 'kim', bir taraf genellemesi veya Müşteri veya Tedarikçi gibi bir rolle ilişkilendirilir. Kişiler veya kuruluşlar birden fazla role sahip olabilir veya birden fazla tarafa dahil edilebilir.	Çalışan, Hasta, Oyuncu, Şüpheli, Müşteri, Tedarikçi, Öğrenci, Yolcu, Rakip, Yazar
Ne	İşletmeyi ilgilendiren ürün veya hizmet. Genellikle kuruluşun ne yaptığına veya hangi hizmeti sağladığına atıfta bulunur. Yani, iş için önemli olan nedir? Kategoriler, türler vb. için nitelikler burada çok önemlidir.	Ürün, Hizmet, Hammadde, Mamul, Ders, Şarkı, Fotoğraf, Kitap
Ne Zaman	İşletmeyi ilgilendiren takvim veya zaman aralığı. Yani, işletme ne zaman faaliyete geçiyor?	Saat, Tarih, Ay, Çeyrek, Yıl, Takvim, Sömestr, Mali Dönem, Dakika, Hareket Saati
Nerede	İşletmenin ilgilendiği yer. Konum, elektronik yerlerin yanı sıra gerçek yerleri de ifade edebilir. Yani, İş nerede yapılır?	Posta Adresi, Dağıtım Noktası, Web Sitesi URL'si, IP Adresi
Niçin	İşletmeyi ilgilendiren olay veya işlem. Bu olaylar işletmeyi ayakta tutar. Yani, iş neden iş içinde?	Sipariş, İade, Şikâyet, Para Çekme, Para Yatırma, İltifat, Sorgulama, Alım Satım, Talep
Nasıl	İşletmeyi ilgilendiren olayın dokümantasyonu. Belgeler, bir Sipariş olayını kaydeden Satınalma Emri gibi olayların gerçekleştiğine dair kanıt sağlar. Yani, Bir olayın meydana geldiğini nasıl anlarız?	Fatura, Sözleşme, Sözleşme, Hesap, Satın Alma Emri, Hız Cezası, Sevk Fişi, Ticaret Teyidi
Ölçüm	Diğer kategorilerin (ne, nerede) zaman içinde veya üzerinde (ne zaman) sayımları, toplamları vb.	Satışlar, Ürün Sayısı, Ödemeler, Bakiye

1.3.3.1.1 Varlık Takma Adları

Genel terim varlık başka adlarla da geçebilir. Bir şeyin türü temsil edildiğinden en yaygın olanı varlık türüdür (örneğin, Jane Çalışan türündedir), bu nedenle Jane varlıktır ve Çalışan varlık türüdür. Bununla birlikte, günümüzde yaygın olarak kullanılan terim, Çalışan için varlık ve Jane için varlık örneklemesidir.

Tablo 8 Varlık, Varlık Türü ve Varlık Örneklemesi

Kullanım	Varlık	Varlık Türü	Varlık Örneği
Genel Kullanım	Jane	Çalışan	
Önerilen Kullanım	Çalışan		Jane

Varlık örnekleri, belirli bir varlığın oluşumları veya değerleridir. Öğrenci öğesinin Bob Jones, Joe Jackson, Jane Smith vb. adlarla birden çok öğrenci örneği olabilir. Ders varlığı, Veri Modellemenin Temelleri, İleri Jeoloji ve 17. Yüzyılda İngiliz Edebiyatı örneklerine sahip olabilir.

Varlık takma adları da şemaya göre değişebilir (Şemalar Bölüm 1.3.4'te tartışılacaktır). İlişkisel şemalarda varlık terimi sıklıkla kullanılır, boyutlu şemalarda boyut ve olgu tablosu terimleri sıklıkla kullanılır, nesne yönelimli şemalarda sınıf veya nesne terimleri, zamana dayalı şemalarda merkez, uydu ve bağlantı terimleri sıklıkla kullanılır ve NoSQL şemalarında belge veya düğüm gibi terimler kullanılır.

Varlık takma adları, ayrıntı düzeyine göre de değişebilir (Üç ayrıntı düzeyi Bölüm 1.3.5'te tartışılacaktır). Kavramsal düzeydeki bir varlığa kavram veya terim, mantıksal düzeydeki bir varlığa varlık (veya şemaya bağlı olarak farklı bir terim) denir ve fiziksel düzeyde terimler veritabanı teknolojisine göre değişir, en yaygın terim tablodur.

1.3.3.1.2 Varlıkların Grafik Gösterimi

Veri modellerinde varlıklar genellikle dikdörtgenler (veya kenarları yuvarlatılmış dikdörtgenler) olarak, isimleri içlerinde olacak şekilde tasvir edilir, örneğin Şekil 29'da olduğu gibi, burada üç varlık bulunur: Öğrenci, Ders ve Eğitmen.

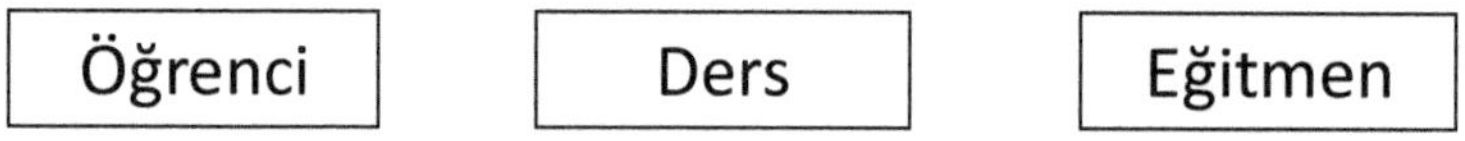

| Öğrenci | Ders | Eğitmen |

Şekil 29 Varlıklar

1.3.3.1.3 Varlıkların Tanımı

Varlık tanımları, herhangi bir veri modelinin iş değerine önemli katkılar sağlar. Bunlar temel Metaverilerdir. Yüksek kaliteli tanımlar, iş sözlüğünün anlamını netleştirir ve varlık ilişkilerini yöneten iş kurallarına titizlik sağlar. Akıllı iş ve uygulama tasarımı kararları vermede iş ve BT uzmanlarına yardımcı olurlar. Yüksek kaliteli veri tanımları üç temel özellik sergiler:

- **Netlik**: Tanımın okunması ve kavranması kolay olmalıdır. Belirsiz kısaltmalar veya *bazen* veya *normalde* gibi açıklanamayan belirsiz terimler içermeyen basit, iyi yazılmış cümlelerdir.

- **Doğruluk**: Tanım, varlığın kesin ve doğru açıklamasıdır. Tanımlar, doğru olduklarından emin olmak için ilgili iş alanlarındaki uzmanlar tarafından gözden geçirilmelidir.

- **Tamlık**: Tanımın tüm kısımları mevcuttur. Örneğin, bir kodu tanımlarken, kod değerlerinin örneklerine yer verilir. Bir tanımlayıcıyı tanımlarken, tanıma dahil edilen benzersizliğin kapsamıdır.

1.3.3.2 İlişki

Bir ilişki, varlıklar arasındaki bir çağrıştırmadır (Chen, 1976). Bir ilişki, kavramsal varlıklar arasındaki üst düzey etkileşimleri, mantıksal varlıklar arasındaki ayrıntılı etkileşimleri ve fiziksel varlıklar arasındaki kısıtlamaları tutar.

1.3.3.2.1 İlişki Takma Adları

Genel terim ilişkisi farklı isimler alabilir. İlişki takma adları şemaya göre değişebilir. İlişkisel şemalarda genellikle ilişki terimi kullanılır, boyutsal şemalarda genellikle gezinme yolu terimi kullanılır ve örneğin NoSQL şemalarında kenar veya bağlantı gibi terimler kullanılır. İlişki takma adları da ayrıntı düzeyine göre değişebilir. Kavramsal ve mantıksal seviyelerdeki bir ilişkiye ilişki denirken, fiziksel seviyedeki bir ilişki, veritabanı teknolojisine bağlı olarak kısıtlama veya referans gibi başka isimlerle çağrılabilir.

1.3.3.2.2 İlişkilerin Grafiksel Gösterimi

İlişkiler, veri modelleme diyagramında çizgiler olarak gösterilir. Bilgi Mühendisliği örneği için bkz. Şekil 30.

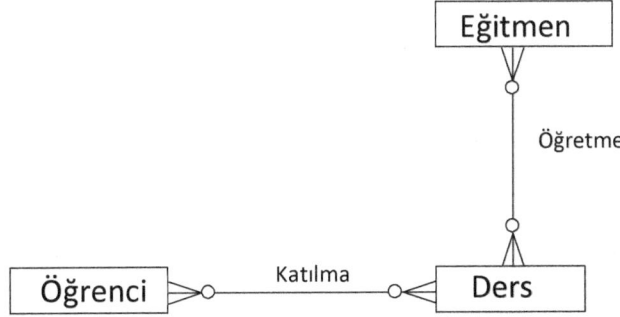

Şekil 30 İlişkiler

Bu örnekte, Öğrenci ve Ders arasındaki ilişki, bir Öğrencinin Derslere katılabileceği kuralını tutar. Eğitmen ve Ders arasındaki ilişki, bir Eğitmenin Dersler öğretebileceğinden daha fazla kuralı tutar. Satırdaki semboller (kardinalite olarak adlandırılır), kuralları kesin bir sözdiziminde yakalar (Tüm bunlar Bölüm 1.3.3.2.3'te açıklanacaktır). Bir ilişki, ilişkisel bir veritabanındaki yabancı anahtarlar aracılığıyla ve NoSQL veritabanları için kenarlar veya bağlantılar gibi alternatif yöntemler aracılığıyla temsil edilir.

1.3.3.2.3 İlişki Kardinalitesi

İki varlık arasındaki bir ilişkide, kardinalite, bir varlığın (varlık örneklerinin) kaçının diğer varlıkla ilişkiye katıldığını yakalar. Kardinalite, bir ilişki çizgisinin her iki ucunda görünen sembollerle temsil edilir. Veri kuralları, kardinalite aracılığıyla belirlenir ve uygulanır. Kardinalite olmadan, bir ilişki hakkında söylenebilecek en fazla şey, iki varlığın bir şekilde bağlantılı olduğudur.

Kardinalite için seçenekler basittir: sıfır, bir veya çok. Bir ilişkinin her iki tarafı, sıfır, bir veya birçok kombinasyonuna sahip olabilir ("çok", "bir"den fazla demektir). Sıfır veya bir belirtmek, bir ilişkide bir varlık örneğinin zorunlu olup olmadığını yakalamamızı sağlar. Bir veya daha fazlasını belirtmek, belirli bir örnekten kaç tanesinin belirli bir ilişkiye katıldığını tutmamızı sağlar.

Bu kardinalite sembolleri, aşağıdaki Öğrenci ve Ders bilgi mühendisliği örneğinde gösterilmektedir.

Şekil 31 Kardinalite Sembolleri

İş kuralları şunlardır:

- Her Öğrenci bir veya birden fazla Derse katılabilir.
- Her Derse bir veya daha fazla Öğrenci katılabilir.

1.3.3.2.4 İlişkilerin İlişki Derecesi

Bir ilişkideki varlıkların sayısı, ilişkinin ilişki derecesidir (arity). En yaygın olanları tekli, ikili ve üçlü ilişkilerdir.

1.3.3.2.4.1 Tekli (Özyinelemeli) İlişki

Tekli (özyinelemeli veya kendi kendine referans veren olarak da bilinir) ilişki yalnızca bir varlık içerir. Bire çok özyinelemeli ilişki bir hiyerarşiyi tanımlarken, çoktan çoğa ilişki bir ağı veya grafiği tanımlar. Bir hiyerarşide, bir varlık örneğinin en fazla bir üst öğesi (veya daha yüksek düzeyli varlık) vardır. İlişkisel modellemede, alt varlıklar ilişkinin çoklu tarafında, ana varlıklar ise ilişkinin birli tarafındadır. Bir ağda, bir varlık örneğinin birden fazla ebeveyni olabilir.

Örneğin, bir Ders önkoşullar gerektirebilir. Biyoloji Atölyesi almak için önce Biyoloji Dersini tamamlamamız gerekiyorsa, Biyoloji Dersi Biyoloji Atölyesi için ön koşuldur. Bilgi mühendisliği gösterimini kullanan aşağıdaki ilişkisel veri modellerinde, bu özyinelemeli ilişki bir hiyerarşi veya ağ olarak modellenebilir:

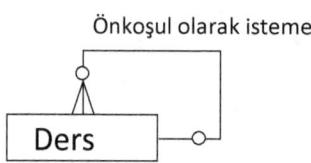

Şekil 32 Tekli İlişki - Hiyerarşi

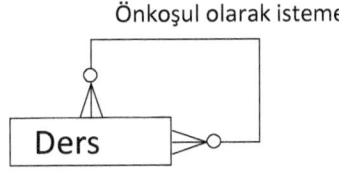

Şekil 33 Tekli İlişki - Ağ

Bu ilk örnek (Şekil 32) bir hiyerarşi ve ikincisi (Şekil 33) bir ağdır. İlk örnekte, Biyoloji Atölyesi önce Biyoloji Dersini ve Kimya Dersini almayı gerektirir. Biyoloji Atölyesi için Biyoloji Dersi ön koşul olarak seçildiğinde, Biyoloji Dersi diğer derslerin ön koşulu olamaz. İkinci örnek, Biyoloji Dersinin diğer dersler için de ön koşul olmasını sağlar.

1.3.3.2.4.2 İkili İlişki

İkili bir ilişki derecesi, ikili ilişki olarak da bilinir. Geleneksel bir veri modeli diyagramında en yaygın olan ikili ilişki, iki varlık içerir. Bir UML sınıf diyagramı olan Şekil 34, hem Öğrenci hem de Dersin ikili bir ilişkiye katılan varlıklar olduğunu gösterir.

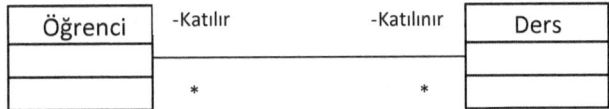

Şekil 34 İkili İlişki

1.3.3.2.4.3 Üçlü İlişki

Üçlü olarak bilinen üçlü birlik, üç varlığı içeren bir ilişkidir. Olguya dayalı modellemeye (nesne-rol notasyonu) bir örnek Şekil 35'te görülmektedir. Burada Öğrenci, belirli bir Dönemde belirli bir Derse kaydolabilir.

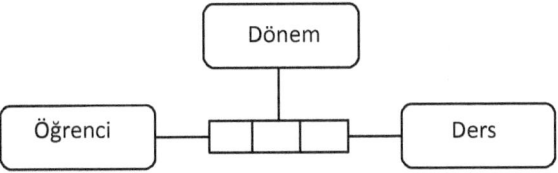

Şekil 35 Üçlü İlişki

1.3.3.2.5 Yabancı Anahtar

Bir ilişkiyi temsil etmek için fiziksel ve bazen mantıksal ilişkisel veri modelleme şemalarında bir yabancı anahtar kullanılır. Veritabanı teknolojisine veya veri modelleme aracına bağlı olarak iki varlık arasında bir ilişki tanımlandığında ve ilgili iki varlığın karşılıklı bağımlılıkları olup olmadığına bağlı olarak bir yabancı anahtar dolaylı olarak oluşturulabilir.

Şekil 36'da gösterilen örnekte Kayıt, Öğrenciden Öğrenci Numarası ve Dersten Ders Kodu olmak üzere iki yabancı anahtar içermektedir. Yabancı anahtarlar, genellikle alt varlık olarak adlandırılan, ilişkinin birçok tarafında varlıkta görünür. Öğrenci ve Ders üst varlıklardır ve Kayıt alt varlıktır.

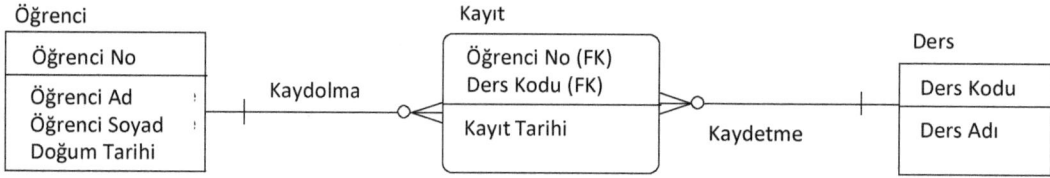

Şekil 36 Yabancı Anahtarlar

1.3.3.3 Nitelik

Nitelik, bir varlığı tanımlayan, açıklayan veya ölçen bir özelliktir. Nitelikler, Bölüm 1.3.3.4'te tartışılacak olan etki alanlarına sahip olabilir. Bir varlıktaki bir özniteliğin fiziksel karşılığı, bir tablo, görünüm, belge, grafik veya dosyadaki bir sütun, alan, etiket veya düğümdür.

1.3.3.3.1 Niteliklerin Grafik Gösterimi

Veri modellerinde nitelikler, Öğrenci varlığının niteliklerinin Öğrenci Numarası, Öğrenci Adı, Öğrenci Soyadı ve Öğrenci Doğum Tarihini içerdiği Şekil 37'de gösterildiği gibi genellikle varlık dikdörtgeni içinde bir liste olarak gösterilirler.

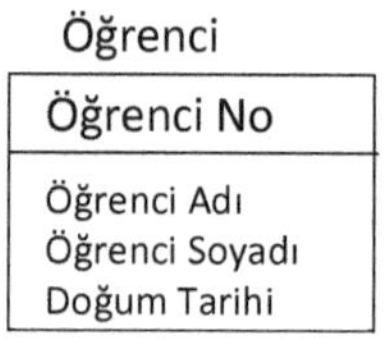

Öğrenci

Öğrenci No
Öğrenci Adı
Öğrenci Soyadı
Doğum Tarihi

Şekil 37 Nitelikler

1.3.3.3.2 Tanımlayıcılar

Bir tanımlayıcı (anahtar olarak da adlandırılır), bir varlığın bir örneğini benzersiz olarak tanımlayan bir veya daha fazla nitelik kümesidir. Bu bölüm, yapıya (basit, bileşik, kompozit, vekil) ve işleve (aday, birincil, alternatif) göre anahtar türlerini tanımlar.

1.3.3.3.2.1 Yapı Tipi Anahtarlar

Basit anahtar, bir varlık örneğini benzersiz şekilde tanımlayan bir niteliktir. Evrensel Ürün Kodları (UPC'ler) ve Araç Kimlik Numaraları (VIN'ler) basit anahtarlara örnektir. Bir vekil anahtar da basit bir anahtara örnektir. Bir yedek anahtar, bir tablo için benzersiz bir tanımlayıcıdır. Genellikle bir sayaçtır ve her zaman sistem tarafından oluşturulur, vekil anahtar, anlamı değeriyle ilgisi olmayan bir tamsayıdır (Başka bir deyişle, Ay Tanımlayıcısı olarak 1'in Ocak'ı temsil ettiği varsayılamaz). Yedek anahtarlar teknik işlevlere hizmet eder ve bir veritabanının son kullanıcıları tarafından görülmemelidir. Benzersizliğin korunmasına yardımcı olmak, yapılar arasında daha verimli gezinmeye izin vermek ve uygulamalar arasında entegrasyonu kolaylaştırmak için perde arkasında kalırlar.

Bileşik anahtar, birlikte bir varlık örneğini benzersiz şekilde tanımlayan iki veya daha fazla nitelik kümesidir. Örnekler ABD telefon numarası (alan kodu + santral + yerel numara) ve kredi kartı numarasıdır (verici kimliği + hesap kimliği + kontrol basamağı).

Kompozit anahtar, bir bileşik anahtar ve en az bir başka basit veya bileşik anahtar veya anahtar olmayan nitelik içerir. Örneğin, birkaç bileşik anahtar, basit anahtar ve isteğe bağlı olarak bir yükleme zaman damgası içerebilen çok boyutlu bir olgu tablosundaki bir anahtardır.

1.3.3.3.2.2 İşlev Tipi Anahtarlar

Süper anahtar, bir varlık örneğini benzersiz şekilde tanımlayan herhangi bir nitelik kümesidir. Aday anahtar, ait olduğu varlık örneğini tanımlayan bir veya daha fazla nitelikten (yani basit veya bileşik anahtar) oluşan minimal bir kümedir. Minimal, aday anahtarın hiçbir alt kümesinin varlık örneğini benzersiz şekilde tanımlamadığı anlamına gelir. Bir varlığın birden fazla aday anahtarı olabilir. Bir müşteri varlığı için aday anahtar örnekleri, e-posta adresi, cep telefonu numarası ve müşteri hesap numarasıdır. Aday anahtarlar, iş anahtarları olabilir (bazen doğal anahtarlar olarak da adlandırılır). İş anahtarı, bir iş uzmanının tek bir varlık örneğini almak için kullanacağı bir veya daha fazla özelliktir. İş anahtarları ve vekil anahtarlar birbirini dışlarlar.

Birincil anahtar, bir varlık için benzersiz tanımlayıcı olarak seçilen aday anahtardır. Bir varlık birden fazla aday anahtar içerebilse de, yalnızca bir aday anahtar, bir varlık için birincil anahtar görevi görebilir. Alternatif anahtar, benzersiz olmasına rağmen birincil anahtar olarak seçilmemiş bir aday anahtardır. Belirli varlık örneklerini bulmak için yine de alternatif bir anahtar kullanılabilir. Genellikle birincil anahtar bir vekil anahtardır ve alternatif anahtarlar iş anahtarlarıdır.

1.3.3.3.2.3 Tanımlayıcı vs. Tanımlamayıcı İlişkiler

Bağımsız bir varlık, birincil anahtarın yalnızca o varlığa ait nitelikleri içerdiği bir varlıktır. Bağımlı varlık, birincil anahtarın başka bir varlıktan en az bir nitelik içerdiği bir varlıktır. İlişkisel şemalarda, çoğu gösterim, veri modelleme diyagramındaki bağımsız varlıkları dikdörtgenler ve bağımlı varlıkları yuvarlatılmış köşeleri olan dikdörtgenler olarak gösterir.

Şekil 38 'de gösterilen öğrenci örneğinde, Öğrenci ve Ders bağımsız varlıklardır ve Kayıt bağımlı bir varlıktır.

Şekil 38 Bağımsız ve Bağımlı Varlık

Bağımlı varlıkların en az bir tanımlayıcı ilişkisi vardır. Tanımlayıcı bir ilişki, Öğrenci'den Kayıt'a ve Ders'ten ilişkide görülebileceği gibi, ebeveynin birincil anahtarının (ilişkinin bir tarafındaki varlık), çocuğun birincil anahtarına yabancı anahtar olarak taşındığı ilişkidir. Kayıt için. Tanımlayıcı olmayan ilişkilerde, ebeveynin birincil anahtarı, çocuğa birincil olmayan bir yabancı anahtar niteliği olarak taşınır.

1.3.3.4 Etki Alanı

Veri modellemede bir etki alanı, bir niteliğin atanabileceği olası değerlerin tamamıdır. Bir etki alanı farklı şekillerde ifade edilebilir (bu bölümün sonuna bakın). Bir alan, niteliklerin özelliklerini standartlaştırmanın bir yolunu sağlar. Örneğin, olası tüm geçerli tarihleri içeren Tarih etki alanı, mantıksal bir veri modelindeki herhangi bir tarih niteliğine veya bir fiziksel veri modelindeki tarih sütunlarına/alanlarına atanabilir, örneğin:

- EmployeeHireDate
- OrderEntryDate
- ClaimSubmitDate
- CourseStartDate

Etki alanı içindeki tüm değerler geçerli değerlerdir. Etki alanı dışındakilere geçersiz değerler denir. Bir nitelik, kendisine atanan etki alanının dışında değerler içermemelidir. Örneğin, EmployeeGenderCode, kadın ve erkek alanıyla sınırlı olabilir. EmployeeHireDate alan adı, yalnızca geçerli tarihler olarak tanımlanabilir. Bu kurala göre, EmployeeHireDate alan adı, herhangi bir yılın 30 Şubatını içermez.

Bir etki alanı, kısıtlama adı verilen ek kurallarla kısıtlanabilir. Kurallar biçim, mantık veya her ikisi ile ilgili olabilir. Örneğin, EmployeeHireDate alanını bugünün tarihinden önceki tarihlerle sınırlayarak, geçerli bir tarih olmasına rağmen 10 Mart 2050'yi geçerli değerler alanından elenebilir. EmployeeHireDate, tipik bir çalışma haftasındaki günlerle de sınırlandırılabilir (ör. Pazartesi, Salı, Çarşamba, Perşembe veya Cuma'ya denk gelen tarihler).

Etki alanları farklı şekillerde tanımlanabilir.

- **Veri Türü**: Bu etki alanına atanmış bir öznitelikte bulunabilecek standart veri türlerini belirten etki alanları. Örneğin, Integer, Character (30) ve Date, tümü veri türü etki alanlarıdır.

- **Veri Biçimi**: Geçerli değerleri tanımlamak için posta kodlarında ve telefon numaralarında bulunanlar gibi şablonlar ve maskeler ve karakter sınırlamaları (yalnızca alfanümerik, belirli özel karakterlere izin verilen alfanümerik vb.) gibi kalıpları kullanan etki alanları.

- **Liste**: Sonlu bir değerler kümesi içeren etki alanları. Bunlara açılır menüler gibi fonksiyonlardan birçok kişi aşinadır. Örneğin, OrderStatusCode için liste etki alanı, değerleri yalnızca {Açık, Sevk Edildi, Kapatıldı, İade Edildi} ile sınırlayabilir.

- **Aralık**: Bir veya daha fazla minimum ve/veya maksimum değer arasında bulunan aynı veri türündeki tüm değerlere izin veren etki alanları. Bazı aralıklar açık uçlu olabilir. Örneğin, SiparişTeslimTarihi, SiparişTarihi ile gelecek üç ay arasında olmalıdır.

- **Kural tabanlı**: Değerlerin geçerli olabilmesi için uyması gereken kurallarla tanımlanan etki alanları. Bunlar, bir ilişki veya kümedeki değerleri hesaplanan değerlerle veya diğer nitelik değerleriyle karşılaştıran kuralları içerir. Örneğin, ItemPrice, ItemCost'tan büyük olmalıdır.

1.3.4 Veri Modelleme Şemaları

Verileri temsil etmek için kullanılan en yaygın altı şema şunlardır: İlişkisel, Boyutsal, Nesneye Yönelik, Olguya Dayalı, Zamana Dayalı ve NoSQL. Her şema belirli diyagram gösterimlerini kullanır (bkz. Tablo 9).

Tablo 9 Modelleme Şemaları ve Notasyonları

Şema	Örnek Notasyon
İlişkisel	Bilgi Mühendisliği (IE)
	Bilgi Modellemesi için Entegrasyon Tanımı (IDEF1X)
	Barker Notasyonu
	Chen
Boyutsal	Boyutsal
Nesne Tabanlı	Birleştirilmiş Modelleme Dili (UML)
Olguya Dayalı	Nesne Rol Modelleme (ORM or ORM2)
	Tamamen İletişim Odaklı Modelleme (FCO-IM)
Zamana Dayalı	Veri Kasası
	Çapa Modelleme
NoSQL	Doküman
	Kolon
	Grafik
	Anahtar-Değer

Bu bölüm, şemaların ve gösterimlerin her birini kısaca açıklayacaktır. Tablo 10'da gösterildiği gibi, bazıları belirli teknolojilere uygun olduğundan, şemaların kullanımı kısmen oluşturulmakta olan veritabanına bağlıdır.

İlişkisel şema için, RDBMS için üç model seviyesinin tümü oluşturulabilir, ancak diğer veritabanları türleri için yalnızca kavramsal ve mantıksal modeller oluşturulabilir. Bu, gerçeklere dayalı şema için de geçerlidir. Boyut şeması için, hem RDBMS hem de MDBMS veritabanları için üç model seviyesinin tümü oluşturulabilir. Nesneye dayalı şema, RDBMS ve nesne veritabanları için iyi çalışır.

Zamana dayalı şema, öncelikle bir RDBMS ortamındaki veri ambarları için fiziksel bir veri modelleme tekniğidir. NoSQL şeması, temeldeki veritabanı yapısına (doküman, sütun, grafik veya anahtar/değer) büyük ölçüde bağlıdır ve bu nedenle fiziksel bir veri modelleme tekniğidir. Tablo 10, doküman tabanlı gibi geleneksel olmayan bir veritabanıyla bile ilişkisel bir CDM ve LDM'nin ve ardından bir doküman PDM'sinin oluşturulabilmesi dahil olmak üzere birkaç önemli noktayı göstermektedir.

Tablo 10 Veritabanı Çapraz Referans Şeması

Şema	İlişkisel Veritabanı Yönetim Sistemi (RDBMS)	Çok Boyutlu Veritabanı Yönetim Sistemi (MDBMS)	Nesne Veritabanları	Doküman	Kolon	Grafik	Anahtar-Değer
İlişkisel	CDM LDM PDM	CDM LDM	CDM LDM	CDM LDM	CDM LDM	CDM LDM	CDM LDM
Boyutsal	CDM LDM PDM	CDM LDM PDM					

Şema	İlişkisel Veritabanı Yönetim Sistemi (RDBMS)	Çok Boyutlu Veritabanı Yönetim Sistemi (MDBMS)	Nesne Veritabanları	Doküman	Kolon	Grafik	Anahtar-Değer
Nesne Tabanlı	CDM LDM PDM		CDM LDM PDM				
Olgu Tabanlı	CDM LDM PDM	CDM LDM	CDM LDM	CDM LDM	CDM LDM	CDM LDM	CDM LDM
Zamana Dayalı	PDM						
NoSQL			PDM	PDM	PDM	PDM	PDM

1.3.4.1 İlişkisel

İlk olarak 1970 yılında Dr. Edward Codd tarafından dile getirilen ilişkisel teori, verileri anlamlarını yansıtacak şekilde organize etmek için sistematik bir yol sağlar (Codd, 1970). Bu yaklaşım, veri depolamada fazlalığı azaltmanın ek etkisine sahiptir. Codd'un görüşü, verilerin en etkili şekilde iki boyutlu ilişkiler açısından yönetilebileceğiydi. İlişki terimi, yaklaşımının dayandığı matematikten (küme teorisi) türetilmiştir (Bkz. Bölüm 6).

İlişkisel modelin tasarım hedefleri, iş verilerinin tam bir ifadesine sahip olmak ve tek bir yerde tek bir olguya sahip olmaktır (fazlalığın kaldırılması). İlişkisel modelleme, bilgilerin hızlı bir şekilde girilmesini ve doğru bir şekilde saklanmasını gerektiren operasyonel sistemlerin tasarımı için idealdir (Hay, 2011).

Bilgi Mühendisliği (IE), Bilgi Modellemesi için Entegrasyon Tanımı (IDEF1X), Barker Notasyonu ve Chen Notasyonu dahil, ilişkisel modellemede varlıklar arasındaki ilişkiyi ifade etmek için birkaç farklı notasyon türü vardır. En yaygın biçim, kardinaliteyi betimleyen 3 dişli zıpkın veya "karga ayakları" ile IE sözdizimidir (Bkz. Şekil 39).

Şekil 39 IE Notasyonu

1.3.4.2 Boyutsal

Boyutsal modelleme kavramı, 1960'larda General Mills ve Dartmouth College tarafından yürütülen ortak bir araştırma projesinden başladı.[25] Boyutsal modellerde, veriler, büyük miktarda verinin sorgulanmasını ve analizini optimize etmek için yapılandırılırlar. Buna karşılık, işlemeyi destekleyen operasyonel sistemler, bireysel işlemlerin hızlı işlenmesi için optimize edilmiştir.

Boyutsal veri modelleri, belirli bir iş sürecine odaklanan iş sorularını tutar. Şekil 40'taki boyutlu modelde ölçülen süreç Kabullerdir. Kabuller, öğrencinin geldiği Bölge, Okul Adı, Dönem ve öğrencinin mali yardım alıp almadığı ile

---

[25] http://bit.ly/2tsSP7w.

görüntülenebilir. Bölgeden Bölgeye ve Ülkeye, Dönemden Yıla ve Okul Adından Okul Düzeyine kadar navigasyon yapılabilir.

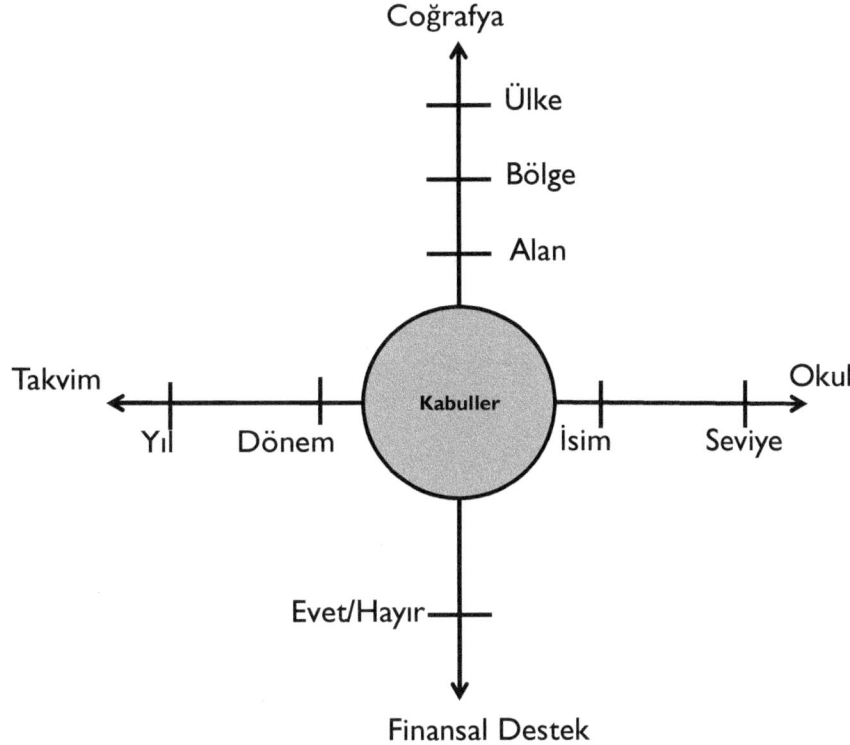

Şekil 40 Boyutsal Modeller için Eksen Notasyonu

Bu modeli oluşturmak için kullanılan diyagram gösterimi- 'eksen gösterimi'- geleneksel veri modelleme sözdizimini okumamayı tercih edenler için çok etkili bir iletişim aracı olabilir.

Hem ilişkisel hem de boyutsal kavramsal veri modelleri aynı iş sürecini temel alabilir (Kabuller ile ilgili bu örnekte olduğu gibi). Aradaki fark, ilişkisel modelde ilişki hatlarının iş kurallarını, boyutsal modelde ise işle ilgili soruları yanıtlamak için gereken navigasyon yollarını yakaladığı ilişkilerin anlamındadır.

1.3.4.2.1 Olgu Tabloları

Boyutsal bir şema içinde, bir olgu tablosunun satırları belirli ölçümlere karşılık gelir ve miktarlar, çokluklar veya sayımlar gibi sayısaldır. Bazı ölçümler, algoritmaların sonuçlarıdır; bu durumda Metaveriler, doğru anlama ve kullanım için kritik öneme sahiptir. Olgu tabloları veritabanında en fazla yeri kaplar (%90 makul bir kuraldır) ve çok sayıda satıra sahip olma eğilimindedirler.

1.3.4.2.2 Boyut Tabloları

Boyut tabloları, işletmenin önemli nesnelerini temsil eder ve çoğunlukla metinsel açıklamaları içerir. Boyutlar, olgu tablolarına giriş noktaları veya bağlantılar olarak işlev görerek, " sorgulama" veya "raporlama ölçütü" kısıtlamaları için ana kaynak görevi görür. Boyutlar tipik olarak yüksek oranda denormalize edilir ve tipik olarak toplam verilerin yaklaşık %10'unu oluşturur.

Boyutların her satır için benzersiz bir tanımlayıcısı olmalıdır. Boyut tabloları için anahtarları tanımlamaya yönelik iki ana yaklaşım, vekil anahtarlar ve doğal anahtarlardır.

Boyutların farklı oranlarda değişen özellikleri de vardır. Yavaşça değişen boyutlar (SCD'ler), değişikliğin hızına ve türüne göre değişiklikleri yönetir. Üç ana değişiklik türü bazen ORC (Overwrite, New Row, New Column) olarak bilinir.

- **Üzerine Yazma (Tip 1)**: Yeni değer, yerinde eski değerin üzerine yazar.
- **Yeni Satır (Tip 2)**: Yeni değerler yeni bir satıra yazılır ve eski satır güncel değil olarak işaretlenir.
- **Yeni Sütun (Tip 3)**: Bir değerin birden çok örneği aynı satırdaki sütunlarda listelenir ve yeni bir değer, yeni değer için önde yer açmak için dizideki değerleri bir nokta ileri yazmak anlamına gelir. Son değer atılır.

1.3.4.2.3 Snowflaking

Snowflaking, bir yıldız şemasındaki düz, tek tablolu, boyutlu yapının ilgili bileşen hiyerarşik veya ağ yapılarına normalleştirilmesi için verilen terimdir.

1.3.4.2.4 Tanecik

Tanecik terimi, bir olgu tablosundaki tek bir veri satırının anlamı veya açıklaması anlamına gelir; bu, herhangi bir satırın sahip olacağı en yüksek ayrıntıdır. Bir olgu tablosunun ana hatlarını tanımlamak, boyutsal tasarımdaki en önemli adımlardan biridir. Örneğin, öğrenci kayıt sürecini bir boyutsal model ölçüyorsa, tanecik öğrenci, gün ve sınıf olabilir.

1.3.4.2.5 Uyumlu Boyutlar

Uyumlu boyutlar, yalnızca belirli bir proje yerine tüm organizasyon düşünülerek oluşturulur; bu, tutarlı terminoloji ve değerler içermesi nedeniyle bu boyutların boyutsal modeller arasında paylaşılmasına izin verir. Örneğin, Takvim uyumlu bir boyutsa, Döneme göre öğrenci adaylarını saymak için oluşturulmuş bir boyutsal model, öğrenci mezunlarını saymak için oluşturulmuş bir boyutsal model olarak Dönemin aynı değerlerini ve tanımını içerecektir.

1.3.4.2.6 Uyumlu Olgular

Uyumlu olgular, bireysel veri martları arasında standartlaştırılmış terim tanımlarını kullanır. Farklı iş kullanıcıları aynı terimi farklı şekillerde kullanabilir. 'Müşteri eklemeleri', 'brüt eklemeler' veya 'düzeltilmiş eklemeler'den farklı olabilir. Geliştiricilerin, aynı adla adlandırılabilecek, ancak aslında kuruluşlar arasında farklı kavramları temsil eden veya tam tersine, farklı adlandırılmış ancak gerçekte kuruluşlar arasında aynı kavram olan şeylerin farkında olması gerekir.

1.3.4.3 Nesne Tabanlı (UML)

Birleşik Modelleme Dili (UML), modelleme yazılımları için grafiksel bir dildir. UML, biri (sınıf modeli) veritabanlarıyla ilgili olan çeşitli gösterimlere sahiptir. UML sınıf modeli, sınıfları (varlık türleri) ve bunların ilişki türlerini belirtir (Blaha, 2013).

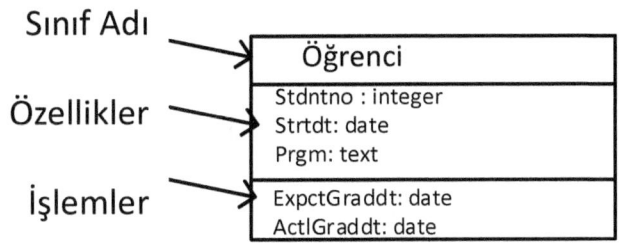

Şekil 41 UML Sınıf Modeli

Şekil 41 UML Sınıf Modelinin özelliklerini gösterir:

- Bir Sınıf diyagramı, ER'de İşlemler veya Yöntemler bölümünün bulunmaması dışında bir ER diyagramına benzer.
- ER'de İşlemlere en yakın eşdeğer Saklı Yordamlar (SP) olacaktır.
- Nitelik türleri (örneğin Tarih, Dakika) gerçeklenebilir uygulama kodu dilinde ifade edilir ve fiziksel veritabanı gerçeklenebilir terminolojisinde edilmezler.
- Varsayılan değerler isteğe bağlı olarak gösterilebilir.
- Verilere erişim, sınıfın açık arayüzü aracılığıyla sağlanır. Kapsülleme veya veri gizleme, bir "yerelleştirme etkisine" dayanır. Bir sınıf ve onun koruduğu örnekler, işlemler aracılığıyla açığa çıkar.

Sınıfın İşlemleri veya Yöntemleri ("davranışı" olarak da adlandırılır) vardır. Sınıf davranışı, iş mantığıyla yalnızca gevşek bir şekilde bağlantılıdır, çünkü yine de sıralanması ve zamanlanması gerekir. ER terimlerinde, tabloda saklı yordamlar/tetikleyiciler vardır.

Sınıf İşlemleri şunlar olabilir:

- Umumi: Dışarıdan görünür
- İçeriden Görünür: Alt Nesnelere görünür
- Özel: Gizli

Karşılaştırıldığında, ER Fiziksel modelleri yalnızca umumi erişim sunar; tüm veriler eşit olarak süreçlere, sorgulara veya manipülasyonlara maruz kalır.

1.3.4.4 Olguya Dayalı Modelleme (FBM)

Bir kavramsal modelleme dilleri ailesi olan Olguya Dayalı Modelleme, 1970'lerin sonlarında ortaya çıktı. Bu diller, iş alanında meydana gelebilecek doğal sözlü ifadelerin (makul cümleler) analizine dayanır. Olgulara dayalı diller dünyayı nesneler, bu nesneleri ilişkilendiren veya karakterize eden olgular ve her nesnenin her olguda oynadığı her bir rol açısından görür. Kapsamlı ve güçlü bir kısıtlama sistemi, akıcı otomatik sözlü anlatıma ve somut örneklere karşı otomatik kontrole dayanır. Olguya dayalı modeller öznitelikleri kullanmaz, nesneler (hem varlıklar hem de değerler) arasındaki kesin ilişkileri ifade ederek sezgisel veya uzman kararına olan ihtiyacı azaltır. FBM varyantlarının en yaygın olarak kullanılanı, 1989'da Terry Halpin tarafından birinci dereceden bir mantık olarak resmileştirilen Nesne Rol Modellemedir (ORM).

1.3.4.4.1 Nesne Rol Modelleme (ORM ya da ORM2)

Nesne Rol Modelleme (ORM), kullanıcıların aşina olduğu herhangi bir harici formülasyonda sunulan gerekli bilgi veya sorguların tipik örnekleriyle başlayan ve daha sonra bu örnekleri kavramsal düzeyde kontrollü bir doğal dil ile ifade edilen basit gerçekler açısından sözlü hale getiren model odaklı bir mühendislik yaklaşımıdır. Bu dil, doğal dilin muğlak olmayan sınırlı bir versiyonudur, dolayısıyla semantiği insanlar tarafından kolayca kavranabilir; aynı zamanda resmidir, bu nedenle yapıları uygulama için daha düşük seviyelere otomatik olarak eşlemek için kullanılabilir (Halpin, 2015).

Şekil 42 bir ORM modelini gösterir.

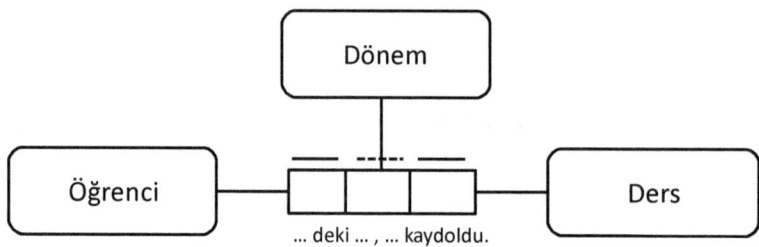

Şekil 42 ORM Modeli

1.3.4.4.2 Tamamen İletişim Odaklı Modelleme (FCO-IM)

FCO-IM, gösterim ve yaklaşım açısından ORM'ye benzer. Şekil 43 'teki sayılar, gerçeklerin sözlü anlatımlarına göndermedir. Örneğin, 2, "Öğrenci 1234'ün adı Bill'dir" de dahil olmak üzere çeşitli sözlü ifadelere atıfta bulunabilir.

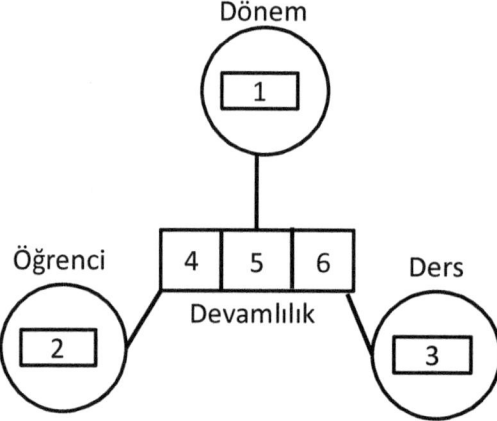

Şekil 43 FCO-IM Modeli

1.3.4.5 Zamana Dayalı

Zamana dayalı modeller, veri değerlerinin kronolojik sırada ve belirli zaman değerleriyle ilişkilendirilmesi gerektiğinde kullanılır.

1.3.4.5.1 Veri Kasası

Veri Kasası, bir veya daha fazla fonksiyonel iş alanını destekleyen, ayrıntı odaklı, zamana dayalı ve benzersiz bağlantılı normalleştirilmiş tablolar kümesidir. Üçüncü normal form (3NF, Bölüm 1.3.6'da tartışılacaktır) ile yıldız şeması arasında en iyi türü kapsayan melez bir yaklaşımdır. Veri Kasaları, kurumsal veri ambarlarının ihtiyaçlarını karşılamak için özel olarak tasarlanmıştır. Üç tür varlık vardır: hub'lar, bağlantılar ve uydular. Veri Kasası tasarımı, birincil anahtarı temsil eden hub ile fonksiyonel iş alanlarına odaklanır. Bağlantılar, hub'lar arasında işlem entegrasyonu sağlar. Uydular, hub birincil anahtarının bağlamını sağlar (Linstedt, 2012).

Şekil 44 'te Öğrenci ve Ders, bir konu içindeki ana kavramları temsil eden merkezlerdir. Derse katılım, iki merkezi birbiriyle ilişkilendiren bir bağlantıdır. Öğrenci İletişimi, Öğrenci Özellikleri ve Ders Açıklaması, hub kavramları hakkında açıklayıcı bilgiler sağlayan ve çeşitli tarih türlerini destekleyebilen uydulardır.

Çapa Modelleme hem yapı hem de içerik olarak zamanla değişen bilgiler için uygun bir tekniktir. Geleneksel veri modellemeye benzer kavramsal modelleme için kullanılan ve geçici verilerle çalışmaya yönelik uzantılarla birlikte grafiksel gösterim sağlar. Çapa Modellemenin dört temel modelleme kavramı vardır: çapalar, nitelikler, bağlar ve düğümler. Çapalar varlıkları ve olayları, nitelikler çapaların özelliklerini model alır, bağlar çapalar arasındaki ilişkileri modeller ve düğümler durumlar gibi paylaşılan özellikleri modellemek için kullanılır.

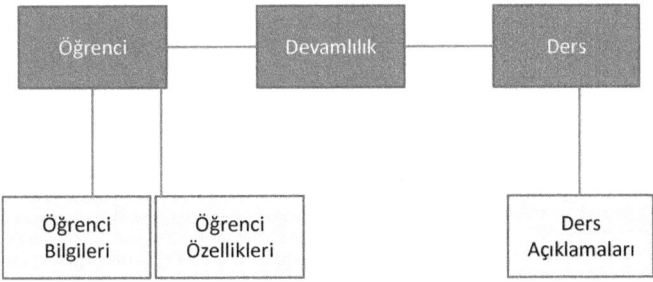

Şekil 44 Veri Kasası Modeli

1.3.4.5.2 Çapa Modelleme

Şekil 45 'teki çapa modelinde Öğrenci, Ders ve Katılım çapaları, gri elmaslar bağları, daireler ise nitelikleri temsil etmektedir.

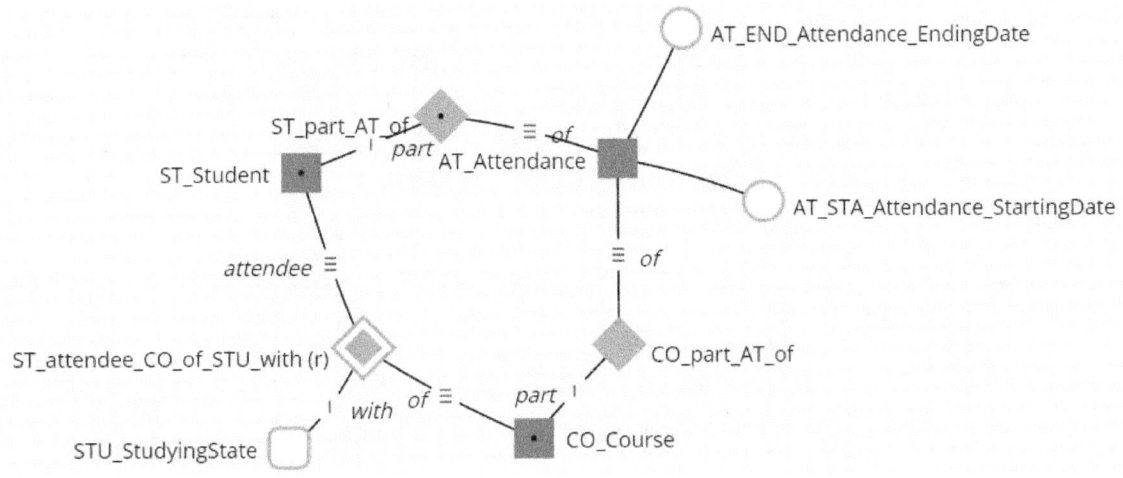

Şekil 45 Çapa Modeli

1.3.4.6 NoSQL

NoSQL, ilişkisel olmayan teknoloji üzerine kurulmuş veritabanları kategorisinin adıdır. Kimileri, veritabanının nasıl sorgulanacağı (SQL'in geldiği yer) ve verilerin nasıl depolandığı (ilişkisel yapıların geldiği yer) hakkında daha fazla ilgili olduğu için NoSQL'in temsil ettiği şey için iyi bir isim olmadığına inanmaktadır.

Dört ana NoSQL veritabanı türü vardır: doküman, anahtar/değer, sütun tabanlı ve grafiksel.

1.3.4.6.1 Doküman

Bir iş konusunu alıp birden çok ilişkisel yapıya bölmek yerine, doküman veritabanları genellikle iş konusunu doküman adı verilen tek bir yapıda depolar. Örneğin, Öğrenci, Kurs ve Kayıt bilgilerini üç farklı ilişkisel yapıda depolamak yerine, üçüne ait özellikler Kayıt adı verilen tek bir dokümanda bulunacaktır (ElasticSearch, MongoDB).

1.3.4.6.2 Anahtar-Değer

Anahtar/değer veritabanları, bir uygulamanın verilerini, hem basit (örneğin tarihler, sayılar, kodlar) hem de karmaşık bilgileri (biçimlendirilmemiş metin, video, müzik, belgeler, fotoğraflar, vb.) 'değer' sütununda saklar (Redis).

1.3.4.6.3 Sütun Tabanlı

Dört NoSQL veri tabanı türünden sütun tabanlı, RDBMS'ye en yakın olanıdır. Her ikisinin de verilere satırlar ve değerler olarak bakmanın benzer bir yolu vardır. Aradaki fark, RDBMS'lerin önceden tanımlanmış bir yapı ve miktarlar ve tarihler gibi basit veri türleri ile çalışması, Cassandra gibi sütun yönelimli veritabanlarının ise biçimlendirilmemiş metin ve görüntüler dahil daha karmaşık veri türleri ile çalışabilmesidir. Ayrıca sütun tabanlı veritabanları her sütunu kendi yapısında saklar.

1.3.4.6.4 Grafik

Bir grafik veritabanı, ilişkileri, bu düğümler arasında belirsiz sayıda bağlantıya sahip bir dizi düğüm olarak temsil edilen veriler için tasarlanmıştır. Bir grafik veri tabanının en iyi şekilde çalışabileceği örnekler, sosyal ilişkiler (düğümler kişilerdir), toplu taşıma bağlantıları (düğümlerin otobüs veya tren istasyonları olabileceği yerler) veya haritalarıdır (düğümlerin cadde kavşakları veya otoyol çıkışları olabileceği yerler). Genellikle gereksinimler, en kısa rotaları, en yakın komşuları vb. bulmak için grafiğin üzerinden geçilmesine yol verir; bunların tümü, geleneksel bir RDMBS ile gezinmek için karmaşık ve zaman alıcı olabilir. Grafik veritabanları Neo4J, Allegro ve Virtuoso'yu içerir.

1.3.5 Veri Modeli Ayrıntı Düzeyleri

1975'te Amerikan Ulusal Standartlar Enstitüsü'nün (ANSI) Standartlar Planlama ve Gereksinimler Komitesi (SPARC), veritabanı yönetimine yönelik üç şema yaklaşımını yayınladı. Üç temel bileşen şunlardı:

- **Kavramsal**: Bu, veri tabanında modellenen işletmenin 'gerçek dünya' görüşünü somutlaştırır. İşletme için mevcut "en iyi modeli" veya "iş yapma biçimini" temsil eder.

- **Harici**: Veritabanı yönetim sisteminin çeşitli kullanıcıları, toplam kurumsal modelin kendi özel ihtiyaçlarıyla ilgili alt kümeleri üzerinde çalışır. Bu alt kümeler 'harici şemalar' olarak temsil edilir.

- **Dahili**: Verilerin 'makine görünümü' dahili şema ile tanımlanır. Bu şema, işletmenin bilgilerinin saklanan temsilini tanımlar (Hay, 2011).

Bu üç düzey en yaygın olarak sırasıyla kavramsal, mantıksal ve fiziksel ayrıntı düzeylerine dönüşür. Projelerde kavramsal veri modelleme ve mantıksal veri modelleme, gereksinim planlama ve analiz faaliyetlerinin bir parçasıyken, fiziksel veri modelleme bir tasarım faaliyetidir. Bu bölüm kavramsal, mantıksal ve fiziksel veri modellemeye genel bir bakış sağlar. Ek olarak, her seviye iki şemadan örneklerle gösterilecektir: ilişkisel ve boyutsal.

1.3.5.1 Kavramsal

Kavramsal veri modeli, ilgili kavramların bir koleksiyonu olarak üst düzey veri gereksinimlerini tutar. Her bir varlığın ve varlıklar arasındaki ilişkilerin bir açıklamasıyla birlikte, yalnızca belirli bir alan ve işlev içindeki temel ve kritik iş varlıklarını içerir.

Örneğin, bir okul ile öğrenciler arasındaki ilişkiyi, IE notasyonunu kullanarak ilişkisel bir kavramsal veri modeli olarak modelleyecek olsaydık, Şekil 46'ya benzeyebilirdi.

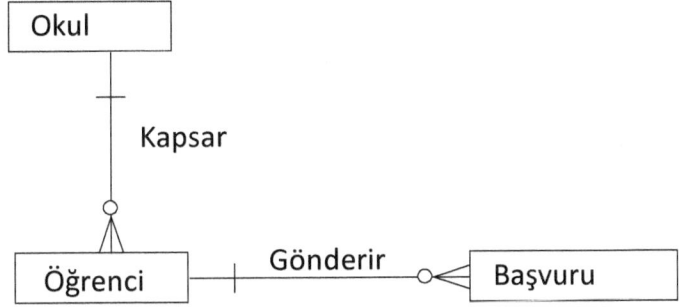

Şekil 46 İlişkisel Kavramsal Model

Her Okul bir veya daha fazla Öğrenci içerebilir ve her Öğrenci bir Okuldan gelmelidir. Ayrıca, her Öğrenci bir veya daha fazla Başvuru sunabilir ve her Başvuru bir Öğrenci tarafından sunulmalıdır.

İlişki çizgileri, bir ilişkisel veri modelinde iş kurallarını tutar. Örneğin öğrenci Bob, County High School veya Queens College'a gidebilir, ancak bu üniversiteye başvururken her ikisine birden gidemez. Ayrıca başvurunun iki veya sıfır değil, tek bir öğrenci tarafından yapılması gerekmektedir.

Aşağıda Şekil 47 olarak yeniden üretilen Şekil 40 verilmektedir. Eksen notasyonunu kullanan bu boyutsal kavramsal veri modeli, okulla ilgili kavramları göstermektedir:

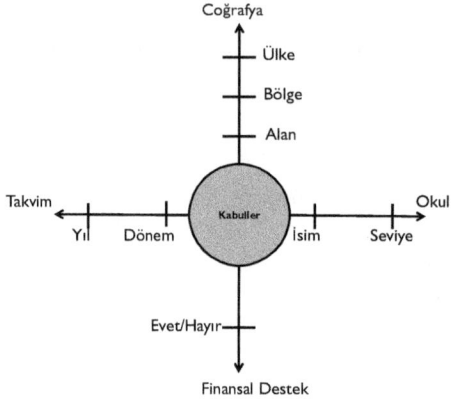

Şekil 47 Boyutsal Kavramsal Model

1.3.5.2 Mantıksal

Mantıksal veri modeli, genellikle uygulama gereksinimleri gibi belirli bir kullanım bağlamını destekleyen veri gereksinimlerinin ayrıntılı bir temsilidir. Mantıksal veri modelleri hala herhangi bir teknolojiden veya belirli gerçekleme kısıtlamalarından bağımsızdır. Mantıksal bir veri modeli genellikle kavramsal veri modelinin bir uzantısı olarak başlar.

İlişkisel mantıksal veri modelinde, kavramsal veri modeli, nitelikler eklenerek genişletilir. Nitelikler, Şekil 48'de gösterildiği gibi normalleştirme tekniği (bkz. Bölüm 1.3.6) uygulanarak varlıklara atanır. Her bir nitelik ile içinde bulunduğu varlığın birincil anahtarı arasında çok güçlü bir ilişki vardır. Örneğin, Okul Adının Okul Kodu ile güçlü bir ilişkisi vardır. Örneğin, bir Okul Kodunun her değeri, bir Okul Adının en fazla bir değerini geri getirir.

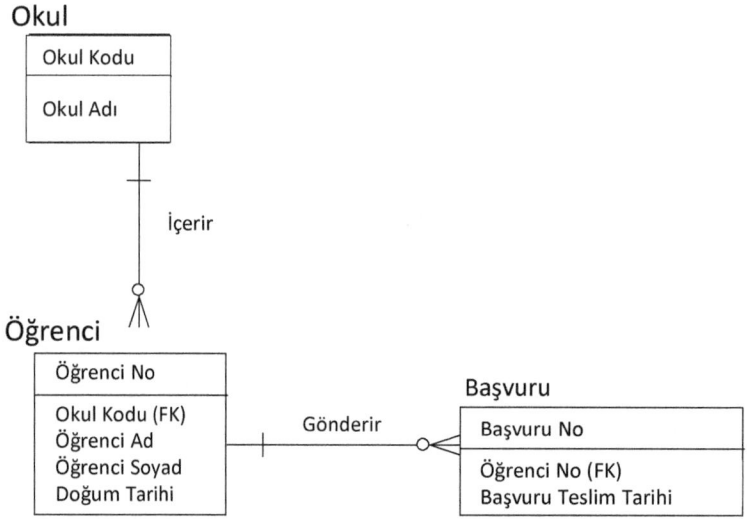

Şekil 48 İlişkisel Mantıksal Veri Modeli

Boyutsal bir mantıksal veri modeli, birçok durumda, Şekil 49'da gösterildiği gibi, boyutsal kavramsal veri modeline tam olarak atfedilen bir perspektiftir. Mantıksal ilişkisel veri modeli, bir iş sürecinin iş kurallarını tutarken, mantıksal boyut, iş sorularını tutar. Bir iş sürecinin sağlığını ve performansını belirler.

Şekil 49'daki Kabul Sayısı, Kabullerle ilgili iş sorularını yanıtlayan ölçüdür. Kabulleri çevreleyen varlıklar, Dönem ve Yıl gibi farklı ayrıntı düzeylerinde Kabul Sayısını görüntülemek için bağlam sağlar.

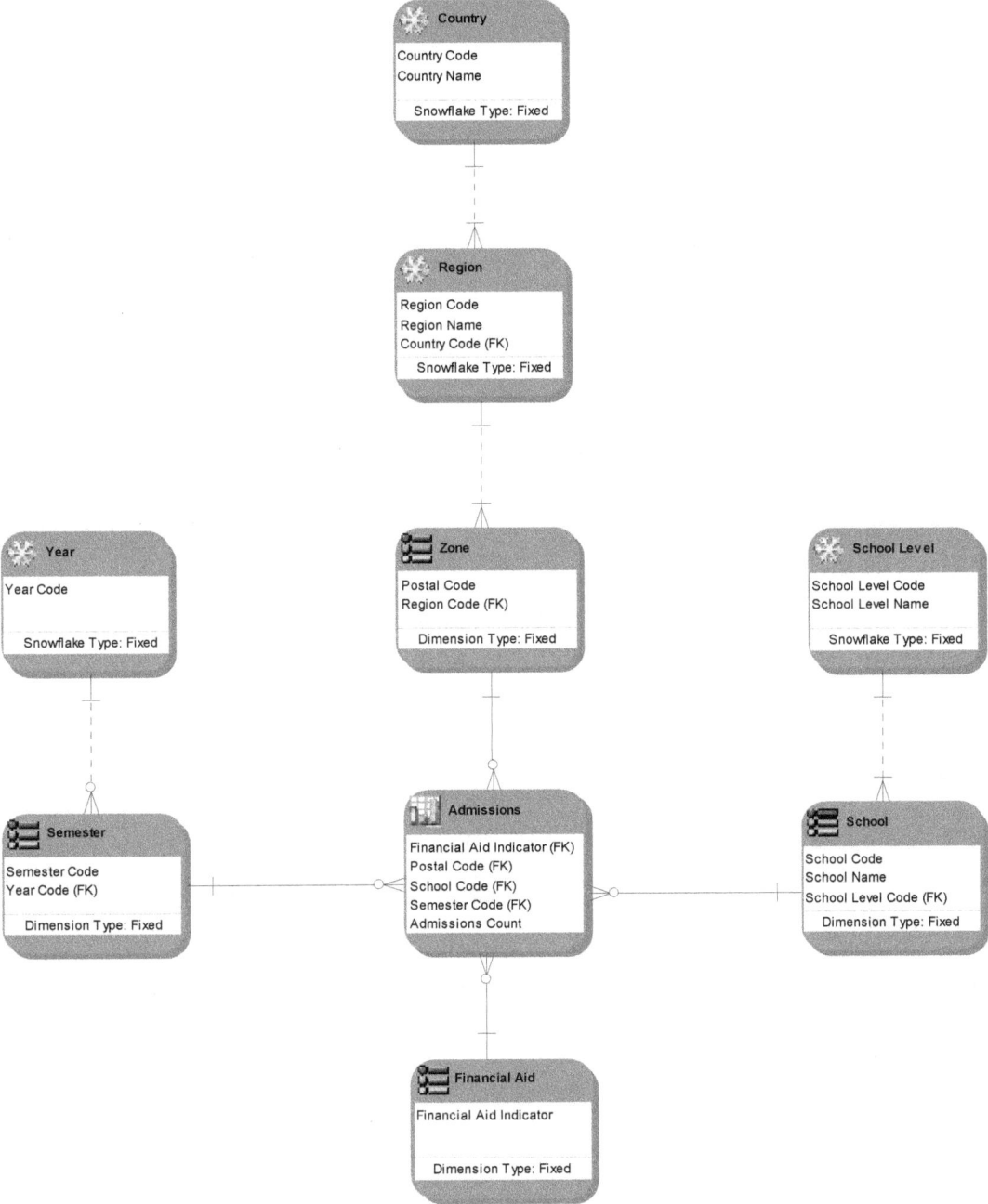

Şekil 49 Boyutsal Mantıksal Veri Modeli

1.3.5.3 Fiziksel

Fiziksel veri modeli (PDM), genellikle mantıksal veri modelini bir başlangıç noktası olarak kullanan ve daha sonra bir dizi donanım, yazılım ve ağ aracı içinde çalışmak üzere uyarlanan ayrıntılı bir teknik çözümü temsil eder. Fiziksel veri modelleri belirli bir teknoloji için oluşturulmuştur. Örneğin, İlişkisel DBMS'ler, bir veritabanı yönetim sisteminin belirli yetenekleri göz önünde bulundurularak tasarlanmalıdır (örneğin, IBM DB2, UDB, Oracle, Teradata, Sybase, Microsoft SQL Server veya Microsoft Access).

Şekil 50, ilişkisel fiziksel veri modelini göstermektedir. Bu veri modelinde Okul, belirli bir teknolojiyi barındırmak için Öğrenci varlığına denormalize edilmiştir. Belki bir Öğrenciye her erişildiğinde, Okul bilgilerine de erişiliyordur ve bu nedenle Okul bilgilerini Öğrenci ile depolamak iki ayrı yapıya sahip olmaktan daha performanslı bir yapıdır.

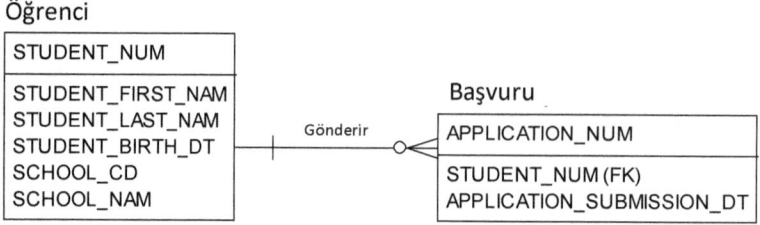

Şekil 50 İlişkisel Fiziksel Veri Modeli

Fiziksel veri modeli teknoloji sınırlamalarını barındırdığından, bu örnekte Öğrenci ve Okul ile gösterildiği gibi, sorgu performansını iyileştirmek için yapılar genellikle birleştirilir (denormalize edilir).

Şekil 51, boyutsal fiziksel veri modelini göstermektedir (genellikle bir yıldız şeması, yani her boyut için ayrı bir yapı vardır).

İlişkisel fiziksel veri modeline benzer şekilde, bu yapı, işle ilgili soruların basit ve hızlı bir şekilde yanıtlanabilmesini sağlamak için mantıksal muadilinden belirli bir teknolojiyle çalışacak şekilde değiştirilmiştir.

1.3.5.3.1 İlkesel

Fiziksel bir şemanın bir çeşidi, sistemler arasında hareket halindeki veriler için kullanılan bir İlkesel, Kanonik Modeldir. Bu model, sistemler arasında paketler veya mesajlar olarak geçirilen verilerin yapısını tanımlar. Web hizmetleri, Kurumsal Hizmet Veri Yolu (ESB) veya Kurumsal Uygulama Entegrasyonu (EAI) aracılığıyla veri gönderirken, ilkesel model, gönderen hizmetin ve herhangi bir alıcı hizmetin hangi veri yapısını kullanması gerektiğini açıklar. Bu yapılar, yeniden kullanım sağlamak ve arayüz gereksinimlerini basitleştirmek için mümkün olduğunca genel olacak şekilde tasarlanmalıdır.

Bu yapı, mesaj içeriklerini geçici olarak tutmak için yalnızca bir aracı mesajlaşma sisteminde (ara katman yazılımı) bir arabellek veya kuyruk yapısı olarak başlatılabilir.

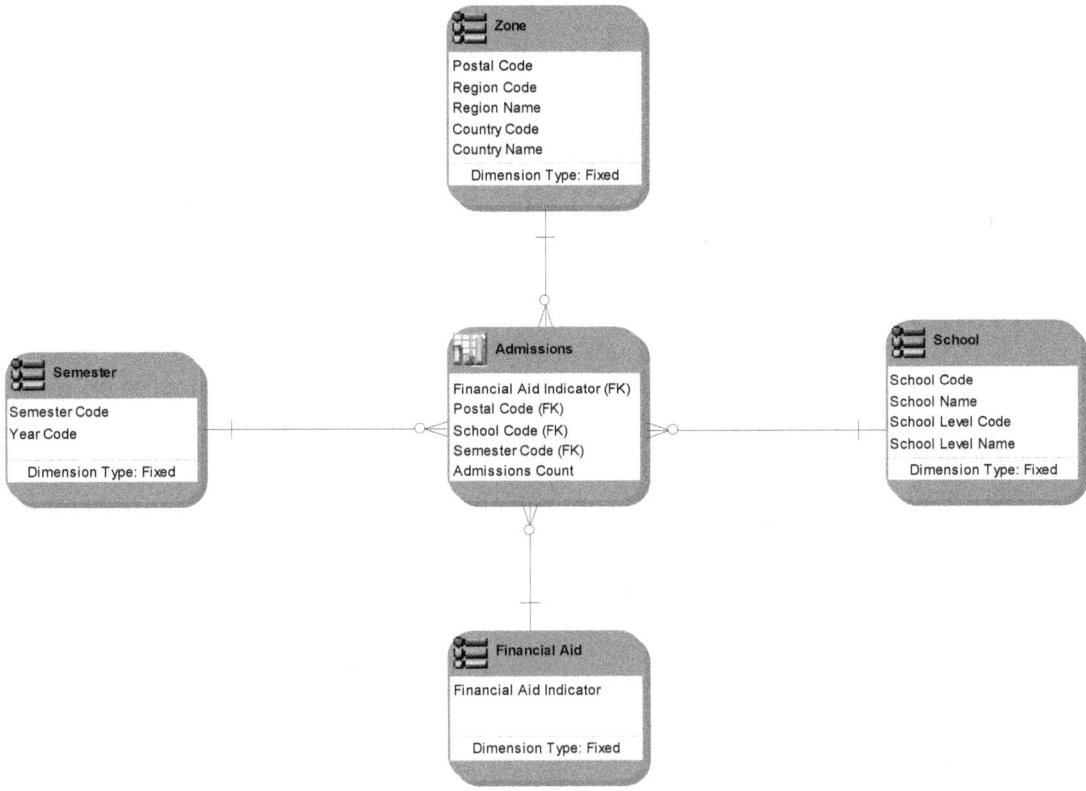

Şekil 51 Boyutsal Fiziksel Veri Modeli

1.3.5.3.2 Görünüm

Görünüm sanal bir tablodur. Görünümler, gerçek nitelikleri içeren veya bunlara referans veren bir veya daha fazla tablodaki verilere bakmak için bir araç sağlar. Standart bir görünüm, görünümdeki bir niteliğin istendiği noktada verileri almak için SQL çalıştırır. Örneklenmiş (genellikle 'materyalleştirilmiş' olarak adlandırılır) bir görünüm önceden belirlenmiş bir zamanda çalışır. Görünümler, denormalizasyon nedeniyle fazlalık ve referans bütünlüğü kaybı olmadan sorguları basitleştirmek, veri erişimini kontrol etmek ve sütunları yeniden adlandırmak için kullanılır.

1.3.5.3.3 Bölümleme

Bölümleme, bir tabloyu bölme işlemini ifade eder. Arşivlemeyi kolaylaştırmak ve erişim performansını iyileştirmek için yapılır. Bölümleme, dikey (sütun gruplarını ayıran) veya yatay (satır gruplarını ayıran) olabilir.

- **Dikey bölme**: Sorgu kümelerini azaltmak için, sütun alt kümelerini içeren alt küme tabloları oluşturulur. Örneğin, bir müşteri tablosunu, alanların çoğunlukla statik mi yoksa çoğunlukla değişken mi olduğuna (yük/dizin performansını iyileştirmek için) veya alanların sorgulara yaygın olarak mı yoksa nadiren dahil edilip edilmediğine (tablo tarama performansını iyileştirmek için) göre ikiye bölünür.

- **Yatay bölme**: Sorgu kümelerini azaltmak için, farklılaştırıcı olarak bir sütunun değerini kullanarak alt küme tabloları oluşturulur. Örneğin, yalnızca belirli bir bölgedeki müşterileri içeren bölgesel müşteri tabloları oluşturulabilir.

1.3.5.3.4 Denormalizasyon

Denormalizasyon, normalleştirilmiş mantıksal veri modeli varlıklarının, yedekli veya yinelenen veri yapılarıyla fiziksel tablolara kasıtlı olarak dönüştürülmesidir. Başka bir deyişle, denormalizasyon kasıtlı olarak bir özelliği birden çok yere koyar. Verileri denormalize etmenin birkaç nedeni vardır. İlki, performansı şu şekilde artırmaktır:

- Maliyetli çalışma sürelerinden kaçınmak için birden çok tablodan verileri önceden birleştirilmesi

- Maliyetli çalıştırma süresi hesaplamalarını ve/veya büyük tabloların tablo taramalarını azaltmak için daha küçük, önceden filtrelenmiş veri kopyaları oluşturulması

- Çalışma süresi sistem kaynağı rekabetinden kaçınmak için veri hesaplamalarının önceden yapılması

Denormalizasyon, verileri erişim gereksinimlerine göre birden çok görünüm veya tablo kopyasına ayırarak kullanıcı güvenliğini zorlamak için de kullanılabilir.

Bu işlem, duplikasyon nedeniyle veri hatası riski doğurur. Bu nedenle, görünümler ve bölümlemeler gibi yapıların verimli bir fiziksel tasarım üretmede yetersiz kalması durumunda denormalizasyon sıklıkla seçilir. Niteliklerin kopyalarının doğru bir şekilde saklandığından emin olmak için veri kalitesi kontrolleri uygulamak iyi bir yöntemdir. Genel olarak, yalnızca veritabanı sorgu performansını iyileştirmek veya kullanıcı güvenliğinin uygulanmasını kolaylaştırmak için denormalizasyon uygulanır.

Bu bölümde denormalizasyon terimi kullanılmasına rağmen, süreç sadece ilişkisel veri modelleri için geçerli değildir. Örneğin, bir doküman veritabanı da denormalize edilebilir, ancak buna farklı bir isim verilir – yerleştirme gibi.

Boyutsal veri modellemede denormalizasyona daraltma veya birleştirme denir. Her boyut tek bir yapıya daraltılırsa, elde edilen veri modeli Yıldız Şeması olarak adlandırılır (bkz. Şekil 51). Boyutlar daraltılmazsa, elde edilen veri modeline Kartanesi (snowflake) adı verilir (bkz. Şekil 49).

1.3.6 Normalizasyon

Normalizasyon, iş karmaşıklığını kararlı veri yapılarında organize etmek için belirli kuralları uygulama sürecidir. Normalizasyonun temel amacı, fazlalığı ve fazlalıktan kaynaklanabilecek tutarsızlıkları ortadan kaldırmak için her özelliği tek bir yerde tutmaktır. Süreç, her bir özelliğin ve her bir özelliğin birincil anahtarıyla ilişkisinin derinlemesine anlaşılmasını gerektirir.

Normalizasyon kuralları, nitelikleri birincil ve yabancı anahtarlara göre sıralar. Normalizasyon kuralları, doğru birincil ve yabancı anahtarların aranmasında her düzeyde ayrıntı düzeyi ve özgüllük uygulayan düzeylere ayrılır. Her seviye ayrı bir normal form içerir ve birbirini izleyen her seviyenin önceki seviyeleri içermesi gerekir. Normalizasyon seviyeleri şunları içerir:

- **Birinci normal form (1NF)**: Her varlığın geçerli bir birincil anahtara sahip olmasını ve her niteliğin birincil anahtara bağlı olmasını sağlar; yinelenen grupları kaldırır ve her niteliğin atomik olmasını sağlar (çok değerli değildir). 1NF, genellikle ilişkisel varlık olarak adlandırılan ek bir varlıkla çoktan çoğa ilişkilerin çözümlenmesini içerir.

- **İkinci normal form (2NF)**: Her varlığın minimum birincil anahtara sahip olmasını ve her özelliğin tam birincil anahtara bağlı olmasını sağlar.

- **Üçüncü normal form (3NF)**: Her varlığın gizli birincil anahtarı olmamasını ve her niteliğin anahtarın dışında hiçbir niteliğe bağlı olmamasını sağlar.

- **Boyce / Codd normal formu (BCNF)**: Çakışan kompozit aday anahtarları çözer. Aday anahtar, birincil veya alternatif anahtardır. "Kompozit", birden fazla (yani, bir varlığın birincil veya alternatif anahtarlarındaki iki veya daha fazla özellik) anlamına gelir ve "örtüşen", anahtarlar arasında gizli iş kuralları olduğu anlamına gelir.

- **Dördüncü normal form (4NF)**: Tüm çoktan çoğa-çoğa ilişkileri (ve ötesini) daha küçük parçalara ayrılamayana kadar çiftler halinde çözer.

- **Beşinci normal form (5NF)**: Varlıklar arası bağımlılıkları temel çiftlere kadar çözümler ve tüm birleştirme bağımlılıkları birincil anahtarların parçalarını kullanır.

Normalize model terimi genellikle verilerin 3NF'de olduğu anlamına gelir. BCNF, 4NF ve 5NF gerektiren durumlar nadiren ortaya çıkar.

1.3.7 Soyutlama

Soyutlama, kavramlarda veya konularda önemli özellikleri ve temel doğasını korurken, geniş bir senaryo kümesine uygulanabilirliği genişletecek şekilde ayrıntıların çıkarılmasıdır. Bir soyutlama örneği, insanların ve kuruluşların belirli rolleri (örneğin, çalışan ve müşteri) nasıl oynadığını yakalamak için kullanılabilen Taraf/Rol yapısıdır. Tüm modelleyiciler veya geliştiriciler, soyutlama konusunda rahat değildir veya soyutlama ile çalışma becerisine sahip değildir. Modelleyicinin, gelecekte soyut olmayan yapının değiştirilmesi gerekiyorsa, gerekli yeniden çalışma miktarına karşı soyut bir yapı geliştirme ve sürdürme maliyetini tartması gerekir (Giles 2011).

Soyutlama, genelleştirme ve özelleştirmeyi içerir. Genelleme, varlıkların ortak niteliklerini ve ilişkilerini üst tip varlıklar olarak gruplandırırken, özelleştirme, bir varlık içindeki ayırt edici nitelikleri alt tip varlıklara ayırır. Bu uzmanlık genellikle bir varlık örneği içindeki nitelik değerlerine dayanır.

Bir varlığın örneklerini fonksiyona göre gruplara ayırmak için roller veya sınıflandırma kullanılarak alt türler de oluşturulabilir. Örnek olarak, Kişi ve Kuruluşun alt türlerine sahip olabilen Taraf (Parti) verilebilir.

Alt tipleme ilişkisi, üst tipteki tüm özelliklerin alt tip tarafından miras alındığı anlamına gelir. Şekil 52'de gösterilen ilişkisel örnekte Üniversite ve Lise, Okulun alt türleridir.

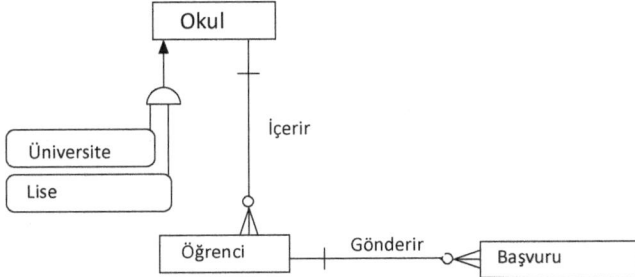

Şekil 52 Üst Tip ve Alt Tip İlişkileri

Alt tipleme, bir veri modelindeki fazlalığı azaltır. Aynı zamanda, aksi takdirde farklı ve ayrı varlıklar olarak görünecek şeyler arasında benzerlikleri iletmeyi de kolaylaştırır.

2. Faaliyetler

Bu bölüm, kavramsal, mantıksal ve fiziksel veri modelleri oluşturmanın yanı sıra veri modellerini koruma ve gözden geçirme adımlarını kısaca kapsayacaktır. Hem ileri mühendislik hem de tersine mühendislik tartışılacaktır.

2.1 Veri Modelleme Planlaması

Veri modelleme planlaması, kurumsal gereksinimlerin değerlendirilmesi, standartların oluşturulması ve veri modeli depolamasının belirlenmesi gibi görevleri içerir.

Veri modelleme sürecinin çıktıları şunları içerir:

- **Diyagram**: Bir veri modeli bir veya daha fazla diyagram içerir. Diyagram, gereksinimleri kesin bir biçimde tutabilen görseldir. Bir ayrıntı düzeyini (örneğin kavramsal, mantıksal veya fiziksel), bir şemayı (ilişkisel, boyutsal, nesne tabanlı, olgu tabanlı, zamana dayalı veya NoSQL) ve bu şema içindeki bir gösterimi (örneğin bilgi mühendisliği, birleşik modelleme dili, nesne-rol modelleme).

- **Tanımlar**: Varlıklar, nitelikler ve ilişkiler için tanımlar, bir veri modelinde kesinliği korumak için gereklidir.

- **Sorunlar ve bekleyen sorular**: Veri modelleme süreci, sıklıkla, veri modelleme aşamasında ele alınamayan sorunları ve soruları gündeme getirir. Ek olarak, genellikle bu sorunları çözmekten veya bu soruları yanıtlamaktan sorumlu kişi veya gruplar, veri modelini oluşturan grubun dışında bulunur. Bu nedenle, çoğu zaman mevcut sorunları ve cevaplanmamış soruları içeren bir belge sunulur. Öğrenci modeli için öne çıkan bir sorun örneği, "Bir Öğrenci ayrılır ve sonra geri dönerse, kendisine farklı bir Öğrenci Numarası mı atanır yoksa orijinal Öğrenci Numarasını mı geri alır?" olabilir.

- **Köken**: Fiziksel ve bazen mantıksal veri modelleri için veri kökenini, yani verinin nereden geldiğini bilmek önemlidir. Çoğu zaman köken, kaynak sistem niteliklerini ve bunların hedef sistem niteliklerini nasıl doldurduklarını tutabileceği bir kaynak/hedef eşleme biçimini alır. Köken, aynı modelleme çabası içinde kavramsaldan mantıksala ve fiziksele kadar veri modelleme bileşenlerini de izleyebilir. Veri modelleme sırasında kökenin tutulabilmesinin önemli olmasının iki nedeni vardır. İlk olarak, veri modelleyici veri gereksinimleri hakkında çok güçlü bir anlayış sunar ve bu nedenle kaynak niteliklerini belirlemek için en iyi konumdadır. İkincisi, kaynak niteliklerinin belirlenmesi, modelin ve haritalamanın doğruluğunu ölçmek için etkili bir araç olabilir (yani, bir gerçeklik kontrolü).

2.2 Veri Modelinin Oluşturulması

Modelleri oluşturmak için, modelciler genellikle önceki analiz ve modelleme çalışmalarına büyük ölçüde güvenirler. Mevcut veri modellerini ve veritabanlarını inceleyebilir, yayınlanmış standartlara atıfta bulunabilir ve herhangi bir veri gereksinimini dahil edebilirler. Bu girdileri inceledikten sonra modeli oluşturmaya başlarlar. Modelleme çok tekrarlı bir süreçtir (Şekil 53). Modelciler modeli hazırlar ve ardından terimleri ve iş kurallarını netleştirmek için iş uzmanlarına ve iş analistlerine döner. Daha sonra modeli günceller ve daha fazla soru sorarlar (Hoberman, 2014).

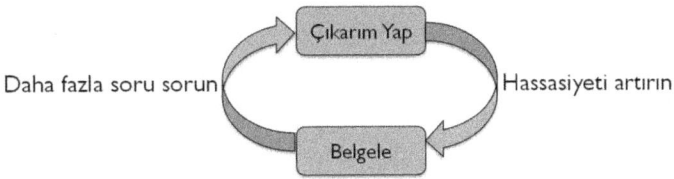

Şekil 53 Modelleme Yinelemelidir

2.2.1 İleri Mühendislik

İleri mühendislik, gereksinimlerle başlayan yeni bir uygulama oluşturma sürecidir. Girişimin kapsamını ve bu kapsamdaki anahtar terminolojiyi anlamak için önce CDM tamamlanır. Ardından, iş çözümünü belgelemek için LDM, ardından teknik çözümü belgelemek için PDM tamamlanır.

2.2.1.1 Kavramsal Veri Modelleme

CDM'nin oluşturulması aşağıdaki adımları içerir:

- **Şema Seçilir**: Veri modelinin ilişkisel, boyutsal, olgu tabanlı veya NoSQL şemasını izleyerek oluşturulup oluşturulmayacağına karar verilir. Şema ve her bir düzenin ne zaman seçileceğine ilişkin önceki tartışmaya bakılır (bkz. Bölüm 1.3.4).

- **Notasyon Seçilir**: Şema seçildikten sonra, bilgi mühendisliği veya nesne rol modelleme gibi uygun notasyon seçilir. Bir gösterimin seçilmesi, bir kuruluş içindeki standartlara ve belirli bir modelin kullanıcılarının belirli bir gösterime aşinalığına bağlıdır.

- **İlk CDM'in Tamamlanması**: İlk CDM, bir kullanıcı grubunun bakış açısını yakalamalıdır. Bakış açılarının diğer departmanlarla veya bir bütün olarak kuruluşla nasıl uyuştuğunu anlamaya çalışarak süreci karmaşıklaştırmamalıdır.

    o Kuruluş için var olan en üst düzey kavramlar (isimleri) toplanır. Ortak kavramlar Zaman, Coğrafya, Müşteri/Üye/Müşteri, Ürün/Hizmet ve İşlemdir.
    o Daha sonra bu kavramları birbirine bağlayan aktiviteler (fiiller) toplanır. İlişkiler her iki yöne de gidebilir veya ikiden fazla kavramı içerebilir. Örnekler şunlardır: Müşterilerin birden fazla Coğrafi Konumu (ev, iş vb.), Coğrafi Konumların çok sayıda Müşterisi vardır. İşlemler bir Zamanda, bir Tesiste, bir Ürün satan bir Müşteri için gerçekleşir.

- **Kurumsal Terminolojiyi Dahil Etme**: Veri modelleyici, kutular ve çizgilerde kullanıcıların görüşlerini yakaladıktan sonra, veri modelleyici, kurumsal terminoloji ve kurallarla tutarlılığı sağlayarak kurumsal perspektifi yakalar. Örneğin, hedef kitle kavramsal veri modelinin Müşteri adında bir varlığı varsa ve kurumsal bakış açısının aynı kavramı Tüketici olarak adlandırması durumunda, bazı mutabakat çalışmaları söz konusu olacaktır.

- **Onay Alınması**: İlk model tamamlandıktan sonra, modelin en iyi veri modelleme uygulamaları ve gereksinimleri karşılama yeteneği açısından gözden geçirildiğinden emin olunur. Genellikle modelin doğru göründüğüne dair e-posta doğrulaması yeterli olacaktır.

2.2.1.2 Mantıksal Veri Modelleme

Bir mantıksal veri modeli (LDM), CDM kapsamında ayrıntılı veri gereksinimlerini yakalar.

2.2.1.2.1 Bilgi Gereksinimlerinin Analiz Edilmesi

Bilgi gereksinimlerini belirlemek için, önce bir veya daha fazla iş süreci bağlamında iş bilgisi ihtiyaçlarının tanımlanması gerekir. İş süreçleri, girdileri olarak, kendileri diğer iş süreçlerinin çıktısı olan bilgi ürünlerine ihtiyaç duyar. Bu bilgi ürünlerinin adları genellikle veri modelleme için temel olarak hizmet eden temel bir iş kelimesini tanımlar. Süreçlerin veya verilerin sırayla (her iki sırayla) veya eşzamanlı olarak modellenmesinden bağımsız olarak, etkili analiz ve tasarım hem süreç hem de veri modellemeye eşit vurgu yaparak, verilerin (isimler) ve süreçlerin (fiiller) nispeten dengeli bir görünümünü sağlamalıdır.

Gereksinim analizi, iş gereksinimlerinin ortaya çıkarılması, düzenlenmesi, belgelenmesi, gözden geçirilmesi, iyileştirilmesi, onaylanması ve değişiklik kontrolünü içerir. Bu gereksinimlerin bazıları, veri ve bilgi için iş ihtiyaçlarını tanımlar. Gereksinim özellikleri hem kelimelerle hem de diyagramlarla ifade edilmelidir.

Mantıksal veri modelleme, iş verisi gereksinimlerini ifade etmenin önemli bir yoludur. Birçok kişi için, eski bir deyişte olduğu gibi, 'bir resim bin kelimeye bedeldir'. Ancak, bazı kişiler resimlerle kolayca ilişki kurmazlar; veri modelleme araçları tarafından oluşturulan raporlar ve tablolarla daha iyi ilişki kurarlar.

Birçok kuruluşun resmi gereksinimleri vardır. Yönetim, "Sistem … yapmalıdır" gibi resmi gereksinim beyanlarının hazırlanmasına ve düzeltilmesine rehberlik edebilir. Bu tür herhangi bir belgenin içeriği aracılığıyla toplanan spesifikasyonlar, etki analizini kolaylaştırmak için veri modelleriyle yakalanan gereksinimlerle dikkatli bir şekilde senkronize edilmelidir, böylece "Veri modellerimin hangi bölümleri Gereksinim X'i temsil eder veya uygular?" veya "Bu varlık neden buradadır?" gibi soruları yanıtlayabilir.

2.2.1.2.2 Mevcut Belgelerin Analiz Edilmesi

Halihazırda oluşturulmuş veri modelleri ve veritabanları dahil olmak üzere önceden var olan veri yapılarını kullanmak genellikle harika bir başlangıç olabilir. Veri modelleri güncelliğini yitirmiş olsa bile, yeni bir model başlatmak için parçaları yararlı olabilir. Bununla birlikte, mevcut belgelere dayalı olarak yapılan herhangi bir çalışmanın, doğruluk ve güncellik açısından uzmanlar tarafından doğrulandığından emin olunmalıdır. Şirketler genellikle kendi veri modellerine sahip Kurumsal Kaynak Planlama (ERP) sistemleri gibi paket uygulamalar kullanır. LDM'nin oluşturulması, bu veri modellerini dikkate almalı ve uygun olduğunda bunları kullanmalı veya bunları yeni kurumsal veri modeliyle eşlemelidir. Ayrıca, Parti Rolü kavramını modellemenin standart bir yolu gibi faydalı veri modelleme modelleri olabilir. Çok sayıda endüstri veri modeli, perakende veya imalat gibi genel bir endüstrinin nasıl modellenmesi gerektiğini anlatır. Bu modeller veya endüstri veri modelleri daha sonra belirli bir proje veya girişim için çalışmak üzere özelleştirilebilirler.

2.2.1.2.3 İlişkisel Varlıklar Eklenmesi

İlişkisel varlıklar, Çoktan Çoğa (veya Çoktan Çoktan Çoğa, vb.) ilişkilerini tanımlamak için kullanılır. İlişkisel bir varlık, ilişkiye dahil olan varlıklardan tanımlayıcı nitelikleri alır ve bunları yalnızca varlıklar arasındaki ilişkiyi tanımlayan yeni bir varlık içine yerleştirir. Bu, geçerlilik ve sona erme tarihlerinde olduğu gibi, bu ilişkiyi açıklamak için niteliklerin eklenmesine izin verir. İlişkili varlıkların ikiden fazla ebeveyni olabilir. İlişkili varlıklar, grafik veritabanlarında düğümler haline gelebilir. Boyutsal modellemede, ilişkisel varlıklar genellikle olgu tabloları halinde tutulur.

2.2.1.2.4 Niteliklerin Eklenmesi

Kavramsal varlıklara nitelikler eklenir. Mantıksal veri modelindeki bir nitelik atomik olmalıdır. Daha küçük parçalara bölünemeyecek tek bir veri (olgu) içermelidir. Örneğin, telefon numarası adı verilen kavramsal bir nitelik, telefon tipi kodu (ev, ofis, faks, cep, vb.), ülke kodu, (ABD ve Kanada için 1), alan kodu, önek, ana telefon numarası ve uzantısı için birkaç mantıksal niteliğe bölünür.

2.2.1.2.5 Etki Alanları Atanması

Bölüm 1.3.3.4'te tartışılan alanlar, projeler içinde ve arasında format ve değer kümelerinde tutarlılığa izin verir. Öğrenci Öğrenim Tutarı ve Eğitmen Maaş Tutarı, örneğin standart bir para birimi alanı olacak olan Tutar alanına atanabilir.

2.2.1.2.6 Anahtarların Atanması

Varlıklara atanan nitelikler, anahtar veya anahtar olmayan niteliklerdir. Bir anahtar niteliği, diğerlerinden tamamen (tek başına) veya kısmen (diğer temel öğelerle birlikte) benzersiz bir varlık örneğini tanımlamaya yardımcı olur. Anahtar olmayan nitelikler, varlık örneğini tanımlar ancak benzersiz bir şekilde tanımlanmasına yardımcı olmaz. Birincil ve alternatif anahtarlar tanımlanmalıdır.

2.2.1.3 Fiziksel Veri Modelleme

Mantıksal veri modelleri, elde edilen tasarımın depolama uygulamalarında iyi performans göstermesi için modifikasyonlar ve uyarlamalar gerektirir. Örneğin, Microsoft Access'i barındırmak için gereken değişiklikler, Teradata'yı barındırmak için gereken değişikliklerden farklı olacaktır. İleride, tablo terimi tablolara, dosyalara ve şemalara atıfta bulunmak için kullanılacaktır; sütunlar, alanlar ve öğelere atıfta bulunmak için sütun terimi ve satırlar, kayıtlar veya örneklere atıfta bulunmak için satır terimi kullanılacaktır.

2.2.1.3.1 Mantıksal Soyutlamaların Çözülmesi

Mantıksal soyutlama varlıkları (üst türler ve alt türler), iki yöntemden birini kullanarak fiziksel veritabanı tasarımında ayrı nesneler haline gelir.

- **Alt türün absorbe edilmesi**: Alt tür varlık nitelikleri, üst tür varlığını temsil eden bir tabloya null yapılabilir sütunlar olarak dahil edilir.
- **Süper tür bölümlemesi**: Üst tür varlığının nitelikleri, her bir alt tür için oluşturulan ayrı tablolara dahil edilir.

2.2.1.3.2 Özellik Ayrıntıları Eklenmesi

Fiziksel modele, her tablonun ve sütunun teknik adı (ilişkisel veritabanları) veya dosya ve alan (ilişkisel olmayan veritabanları) veya şema ve öğe (XML veritabanları) gibi ayrıntılar eklenir.

Her sütunun veya alanın fiziksel alanı, fiziksel veri türü ve uzunluğu tanımlanır. Sütunlar veya alanlar için, özellikle NOT NULL kısıtlamaları için uygun kurallar (örneğin, null yapılabilirlik ve varsayılan değerler) eklenir.

2.2.1.3.3 Referans Veri Nesneleri Eklenmesi

Mantıksal veri modelindeki Küçük Referans Veri değer kümeleri, fiziksel bir modelde üç yaygın yolla uygulanabilir:

- **Eşleşen ayrı bir kod tablosu oluşturulması**: Modele bağlı olarak yönetilemeyecek kadar çok olabilir.
- **Ana paylaşımlı kod tablosu oluşturulması**: Çok sayıda kod tablosuna sahip modeller için bu, onları tek bir tablo haline daraltabilir; ancak, bir referans listesindeki değişikliğin tüm tabloyu değiştireceği anlamına gelir. Kod değeri çakışmalarından da kaçınmaya özen gösterilmelidir.
- **Kuralların veya kodların uygun nesnenin tanımına yerleştirilmesi**: Nesne tanımı kodunda, kuralı veya listeyi yerleştiren bir kısıtlama oluşturulur. Yalnızca başka bir nesne için referans olarak kullanılan kod listeleri için bu iyi bir çözüm olabilir.

2.2.1.3.4 Vekil Anahtarların Atanması

İşletme tarafından görülmeyen ve eşleştirildikleri verilerle hiçbir anlamı veya ilişkisi olmayan benzersiz anahtar değerler atanmalıdır. Bu isteğe bağlı bir adımdır ve öncelikle doğal anahtarın büyük, kompozit olup olmadığına ve niteliklerine zaman içinde değişebilecek değerler atanmış olup olmadığına bağlıdır.

Bir tablonun birincil anahtarı olarak bir vekil anahtar atanmışsa, orijinal birincil anahtarda alternatif bir anahtar olduğundan emin olunmalıdır. Örneğin, LDM'de Öğrenci için birincil anahtar Öğrenci Adı, Öğrenci Soyadı ve Öğrenci Doğum Tarihi (yani bir kompozit birincil anahtar) ise, PDM'de Öğrenci için birincil anahtar vekil anahtar Öğrenci Kimliği olabilir. Bu durumda, Öğrenci Adı, Öğrenci Soyadı ve Öğrenci Doğum Tarihinin orijinal birincil anahtarında tanımlanmış bir alternatif anahtar olmalıdır.

2.2.1.3.5 Performans için Denormalizasyon

Bazı durumlarda, denormalizasyon veya artıklık ekleme, performansı o kadar artırabilir ki, yinelenen depolama ve eşitleme işleminin maliyetinden daha ağır basar. Boyutsal yapılar denormalizasyonun ana yoludur.

2.2.1.3.6 Performans için Dizin

Dizin, sorgu performansını optimize etmek için veritabanındaki verilere erişimin alternatif bir yoldur. Dizin oluşturma, birçok durumda sorgu performansını iyileştirebilir. Veritabanı yöneticisi veya veritabanı geliştiricisi, veritabanı tabloları için uygun dizinleri seçmeli ve tanımlamalıdır. Başlıca RDBMS ürünleri birçok dizini destekler. Dizinler benzersiz veya benzersiz olmayan, kümelenmiş veya kümelenmemiş, bölümlenmiş veya bölümlenmemiş, tek sütunlu veya çok sütunlu, b-ağacı veya bitmap veya karma olabilir. Uygun bir dizin olmadan, veritabanı herhangi bir veriyi almak için tablodaki her satırı okumaya (tablo taraması) geri döner. Büyük tablolarda bu çok maliyetlidir. En sık başvurulan sütunları, özellikle anahtarları (birincil, alternatif ve yabancı) kullanarak, en sık çalıştırılan sorguları desteklemek için büyük tablolarda dizinler oluşturmaya çalışılmalıdır.

2.2.1.3.7 Performans için Bölümleme

Genel veri modelinin (boyutsal) bölümleme stratejisine, özellikle olgular birçok isteğe bağlı boyutsal anahtar içerdiğinde (seyrek) büyük önem verilmelidir. İdeal olarak, bir tarih anahtarında bölümleme yapılması önerilir; bu mümkün olmadığında, sonraki bölümleme modelini önermek ve geliştirmek için profil sonuçlarına ve iş yükü analizine dayalı bir çalışma gereklidir.

2.2.1.3.8 Görünümler Oluşturulması

Görünümler, belirli veri öğelerine erişimi kontrol etmek veya ortak nesneleri veya sorguları standart hale getirmek için ortak birleştirme koşullarını veya filtreleri yerleştirmek için kullanılabilir. Görünümlerin kendileri gereksinimlere dayalı olmalıdır. Çoğu durumda, LDM ve PDM'nin gelişimini yansıtan bir süreç aracılığıyla geliştirilmeleri gerekecektir.

2.2.2 Tersine Mühendislik

Tersine mühendislik, mevcut bir veritabanını belgeleme sürecidir. Önce PDM, mevcut bir sistemin teknik tasarımını anlamak için tamamlanır, ardından mevcut sistemin karşıladığı iş çözümünü belgelemek için bir LDM, ardından mevcut sistem içindeki kapsamı ve anahtar terminolojiyi belgelemek için CDM tamamlanır. Çoğu veri modelleme aracı, çeşitli veritabanlarından tersine mühendisliği destekler; ancak, model öğelerinin okunabilir bir düzenini oluşturmak için yine de bir modelleyici gerekir. Süreci başlatmak için seçilebilecek birkaç ortak düzen (ortogonal, boyutsal ve hiyerarşik) vardır, ancak bağlamsal organizasyon (varlıkları konu alanına veya işleve göre gruplama) hala büyük ölçüde manuel bir süreçtir.

2.3 Veri Modellerinin İncelenmesi

BT'nin diğer alanlarında olduğu gibi, modeller de kalite kontrol gerektirir. Sürekli iyileştirme uygulamaları uygulanmalıdır. Değere dönüşme süresi, destek maliyetleri ve Data Model Scorecard® (Hoberman, 2009) gibi veri modeli kalite doğrulayıcıları gibi tekniklerin tümü, modeli doğruluk, eksiksizlik ve tutarlılık açısından değerlendirmek için kullanılabilir. CDM, LDM ve PDM tamamlandığında, iş analistlerinden geliştiricilere kadar modeli anlaması gereken tüm roller için çok yararlı araçlar haline gelirler.

2.4 Veri Modellerini Sürdürülmesi

Veri modelleri oluşturulduktan sonra güncel tutulmaları gerekir. Gereksinimler değiştiğinde ve iş süreçleri değiştiğinde sık sık veri modelinde güncellemeler yapılmalıdır. Belirli bir projede, genellikle bir model seviyesinin değişmesi gerektiğinde, buna karşılık gelen daha yüksek bir model seviyesinin değişmesi gerekir. Örneğin, bir fiziksel veri modeline yeni bir sütun eklenirse, bu sütunun sıklıkla karşılık gelen mantıksal veri modeline bir nitelik olarak eklenmesi gerekir. Her geliştirme yinelemesinin sonundaki iyi bir uygulama, en son fiziksel veri modelinde tersine mühendislik uygulamak ve onun karşılık gelen mantıksal veri modeliyle hala tutarlı olduğundan emin olmaktır. Birçok veri modelleme aracı, fiziksel ile mantıksal arasındaki karşılaştırma sürecini otomatikleştirmeye yardımcı olur.

3. Araçlar

Veri modelleme, köken, veri profili oluşturma araçları ve metaveri havuzları dahil olmak üzere, veri modelleyicilerin çalışmalarını tamamlamalarına yardımcı olabilecek birçok araç türü vardır.

3.1 Veri Modelleme Araçları

Veri modelleme araçları, veri modelleyicinin gerçekleştirdiği birçok görevi otomatikleştiren yazılımlardır. Giriş seviyesi veri modelleme araçları, kullanıcının varlıkları ve ilişkileri kolayca oluşturabilmesi için bir veri modelleme paleti dahil olmak üzere temel çizim işlevselliği sağlar. Bu giriş düzeyi araçlar, varlıklar taşındığında ilişki çizgilerinin otomatik olarak yeniden çizilmesi olan yapışık bantlamayı da destekler. Daha karmaşık veri modelleme araçları, kavramsaldan mantıksala, fiziksel veritabanı yapılarına kadar ileri mühendisliği destekleyerek veritabanı veri tanımlama dilinin (DDL) oluşturulmasına olanak tanır. Çoğu, veritabanından kavramsal veri modeline kadar tersine mühendisliği de destekleyecektir. Bu daha karmaşık araçlar genellikle adlandırma standartları doğrulaması, yazım denetleyicileri, metaverileri depolamak için bir yer (örneğin tanımlar ve köken) ve paylaşma özellikleri (Web'de yayınlama gibi) gibi işlevleri destekler.

3.2 Köken Araçları

Köken aracı, veri modelindeki her bir nitelik için kaynak yapıların tutulmasına ve korunmasına izin veren bir yazılımdır. Bu araçlar etki analizini mümkün kılar; yani, bir sistemdeki veya sistemin parçasındaki bir değişikliğin başka bir sistemde etkileri olup olmadığını görmek için bunları kullanabilir. Örneğin, Brüt Satış Tutarı niteliği birkaç uygulamadan alınabilir ve doldurulması için bir hesaplama gerektirebilir- köken araçları bu bilgiyi depolayacaktır. Microsoft Excel®, sık kullanılan bir köken aracıdır. Kullanımı kolay ve nispeten ucuz olmasına rağmen, Excel gerçek etki analizine olanak sağlamaz ve metaverilerin manuel olarak yönetilmesine neden olur. Köken ayrıca sıklıkla bir veri modelleme aracında, metaveri havuzunda veya veri entegrasyon aracında tutulabilir (Bkz. Bölüm 11 ve 12).

3.3 Veri Profili Oluşturma Araçları

Bir veri profili oluşturma aracı, veri içeriğinin keşfedilmesine, mevcut metaverilere göre doğrulanmasına ve Veri Kalitesi boşluklarının/eksiklerinin yanı sıra mantıksal ve fiziksel modeller, DDL ve model açıklamaları gibi mevcut veri yapılarındaki eksikliklerin belirlenmesine yardımcı olabilir. Örneğin, işletme bir Çalışanın aynı anda yalnızca bir iş pozisyonuna sahip olmasını bekliyorsa, ancak sistem Çalışanların aynı zaman diliminde birden fazla iş pozisyonuna sahip olduğunu gösteriyorsa, bu bir veri anomalisi olarak günlüğe kaydedilir (Bkz. Bölüm 8 ve 13).

3.4 Metaveri Depoları

Bir Metaveri deposu, diğer araçlardan ve süreçlerden (yazılım geliştirme ve BPM araçları, sistem katalogları, vb.) içe aktarılan Metaveriler ile birlikte diyagram ve eşlik eden metinler dahil olmak üzere veri modeli hakkında açıklayıcı bilgileri depolayan bir yazılım aracıdır. Deponun kendisi Metaveri entegrasyonunu ve değişimini etkinleştirmelidir. Metaverileri depolamaktan daha da önemli olan Metaverileri paylaşmaktır. Metaveri havuzları, insanların havuzun içeriğini görüntülemesi ve gezinmesi için kolay erişilebilir bir yola sahip olmalıdır. Veri modelleme araçları genellikle dar kapsamlı bir depo içerir (Bkz. Bölüm 13).

3.5 Veri Modeli Desenleri

Veri modeli desenleri, çok çeşitli durumlara uygulanabilen yeniden kullanılabilir modelleme yapılarıdır. Temel, birleştirme ve entegrasyon veri modeli desenleri vardır. Temel desenler, veri modellemenin "temelleri"dir. Çoktan çoğa ilişkileri çözmenin ve kendi kendine referans veren hiyerarşiler oluşturmanın yollarını içerirler. Birleştirme desenleri, iş ve veri modelleyici dünyalarını kapsayan yapı taşlarını temsil eder. İş adamları bunları anlayabilir- varlıklar, belgeler, insanlar ve kuruluşlar ve benzerleri. Aynı derecede önemli olarak, genellikle modelleyiciye kanıtlanmış, sağlam, genişletilebilir ve uygulanabilir tasarımlar verebilen yayınlanmış veri modeli desenlerinin konusudur. Entegrasyon desenleri, birleştirme desenlerini ortak yollarla bağlamak için çerçeve sunar (Giles, 2011).

3.6 Endüstri Veri Modelleri

Endüstri veri modelleri, sağlık, telekom, sigorta, bankacılık veya üretim gibi tüm bir sektör için önceden oluşturulmuş veri modelleridir. Bu modeller genellikle hem kapsam olarak geniş hem de çok ayrıntılıdır. Bazı endüstri veri modelleri binlerce varlık ve nitelik içerir. Endüstri veri modelleri, tedarikçiler aracılığıyla satın alınabilir veya ARTS (perakende için), SID (iletişim için) veya ACORD (sigorta için) gibi endüstri grupları aracılığıyla elde edilebilir.

Satın alınan herhangi bir veri modelinin bir kuruluşa uyacak şekilde özelleştirilmesi gerekecektir, çünkü bu model birden çok kuruluşun ihtiyaçlarından geliştirilmiştir. Gereken özelleştirme düzeyi, modelin bir kuruluşun ihtiyaçlarına ne kadar yakın olduğuna ve en önemli bölümlerin ne kadar ayrıntılı olduğuna bağlı olacaktır. Bazı durumlarda, modelcilerin daha eksiksiz modeller yapmasına yardımcı olmak için bir kuruluşun devam eden çabaları için bir referans olabilir. Diğerlerinde, açıklamalı ortak öğeler için veri modelleyiciyi yalnızca bazı veri giriş çabalarından kurtarabilir.

4. En İyi Uygulamalar

4.1 İsimlendirme Kurallarında En İyi Uygulamalar

Bir kuruluşta metaverileri temsil etmeye yönelik uluslararası bir standart olan ISO 11179 Metaveri Kayıt Defteri, niteliklerin adlandırılması ve tanımların yazılması dahil olmak üzere veri standartlarıyla ilgili çeşitli bölümler içerir.

Veri modelleme ve veritabanı tasarım standartları, iş verileri ihtiyaçlarını etkin bir şekilde karşılamak, Kurumsal Mimari ve Veri Mimarisine uymak (bkz. Bölüm 4) ve veri kalitesini sağlamak (bkz. Bölüm 14) için yol gösterici ilkeler olarak hizmet eder. Veri mimarları, veri analistleri ve veritabanı yöneticileri bu standartları ortaklaşa geliştirmelidir. İlgili BT standartlarını tamamlamalı ve bunlarla çelişmemelidirler.

Her bir modelleme nesnesi ve veritabanı nesnesi türü için veri modeli ve veritabanı adlandırma standartlarını yayınlanmalıdır. Adlandırma standartları, varlıklar, tablolar, nitelikler, anahtarlar, görünümler ve dizinler için özellikle önemlidir. İsimler benzersiz ve mümkün olduğunca açıklayıcı olmalıdır.

Mantıksal adlar, mümkün olduğunca tam sözcükleri kullanarak ve en tanıdık sözcükler dışında tüm kısaltmalardan kaçınarak, işletme kullanıcıları için anlamlı olmalıdır. Fiziksel adlar, DBMS tarafından izin verilen maksimum uzunluğa uygun olmalıdır, bu nedenle gerektiğinde kısaltmalar kullanılabilir. Mantıksal adlar sözcükler arasında ayırıcı olarak boşluk kullanırken, fiziksel adlar genellikle sözcük ayırıcı olarak alt çizgi kullanır.

Adlandırma standartları, ortamlar arasında ad değişikliklerini en aza indirmelidir. Adlar, test, kalite veya üretim gibi belirli ortam adlarını yansıtmamalıdır. Miktar, Ad ve Kod gibi öznitelik adlarındaki son terimler olan sınıf sözcükleri, nitelikleri varlıklardan ve sütun adlarını tablo adlarından ayırmak için kullanılabilir. Ayrıca hangi niteliklerin ve sütunların nitel değil nicel olduğunu gösterebilirler; bu, bu sütunların içeriğini analiz ederken önemli olabilir.

4.2 Veritabanı Tasarımında En İyi Uygulamalar

Veritabanını tasarlarken ve oluştururken, DBA aşağıdaki tasarım ilkelerini akılda tutmalıdır:

- **Performans ve kullanım kolaylığı**: Hem uygulamaların hem de verilerin iş değerini en üst düzeye çıkararak, onaylanmış kullanıcılar tarafından kullanılabilir ve işle ilgili bir biçimde verilere hızlı ve kolay erişim sağlanması.

- **Yeniden Kullanılabilirlik**: Veritabanı yapısı, uygun olduğunda, birden çok uygulamanın verileri kullanabilmesini ve verilerin birden çok amaca hizmet edebilmesini sağlamalıdır (örneğin, iş analizi, kalite iyileştirme, stratejik planlama, müşteri ilişkileri yönetimi ve süreç iyileştirme). Bir veritabanını, veri yapısını veya veri nesnesini tek bir uygulamaya bağlamaktan kaçınılmalıdır.

- **Bütünlük**: Veriler, bağlamdan bağımsız olarak her zaman geçerli bir ticari anlam ve değere sahip olmalı ve her zaman işin geçerli bir durumunu yansıtmalıdır. Veri bütünlüğü kısıtlamaları verilere mümkün olduğunca uygulanmalı ve veri bütünlüğü kısıtlamalarının ihlalleri tespit edilip raporlanmalıdır.

- **Güvenlik**: Doğru veriler her zaman yetkili kullanıcılar tarafından hemen erişilebilir olmalıdır, ancak yalnızca yetkili kullanıcılar tarafından kullanılabilmelidirler. Müşteriler, iş ortakları ve resmi düzenleyiciler dahil olmak üzere tüm paydaşların gizlilik endişeleri karşılanmalıdır. Veri bütünlüğü gibi veri güvenliğini verilere mümkün olduğunca uygulanmalı, güvenlik ihlalleri tespit edilip raporlanmalıdır.

- **Sürdürülebilirlik**: Tüm veri çalışmaları, veri yaratma, depolama, bakım, kullanma ve elden çıkarma maliyetlerinin kuruluş için değerini aşmamasını sağlayıp değer yaratan bir maliyetle gerçekleştirilmelidir. İş süreçlerindeki ve yeni iş gereksinimlerindeki değişikliklere mümkün olan en hızlı yanıt sağlanmalıdır.

5. Veri Modeli Yönetişimi

5.1 Veri Modeli ve Tasarımı Kalite Yönetimi

Veri analistleri ve tasarımcıları, bilgi tüketicileri (veri için iş gereksinimleri olan kişiler) ile verileri kullanılabilir biçimde tutan veri üreticileri arasında aracı görevi görürler. Veri uzmanları, bilgi tüketicilerinin veri gereksinimleri ile veri üreticilerinin uygulama gereksinimleri arasında denge kurmalıdır.

Veri uzmanları ayrıca kısa vadeli ve uzun vadeli ticari çıkarları dengelemelidir. Bilgi tüketicileri, kısa vadeli iş yükümlülüklerini yerine getirmek ve mevcut iş fırsatlarından yararlanmak için verilere zamanında ihtiyaç duyar. Sistem geliştirme proje ekipleri zaman ve bütçe kısıtlamalarını karşılamalıdır. Ancak, bir kuruluşun verilerinin güvenli, kurtarılabilir, paylaşılabilir ve yeniden kullanılabilir veri yapılarında bulunmasını ve bu verilerin mümkün olabildiğince doğru, zamanında, ilgili ve kullanılabilir olmasını sağlayarak tüm paydaşların uzun vadeli çıkarlarını da karşılamalıdırlar. Bu nedenle veri modelleri ve veritabanı tasarımları, işletmenin kısa vadeli ihtiyaçları ile uzun vadeli ihtiyaçları arasında makul bir dengede olmalıdır.

5.1.1 Veri Modelleme ve Tasarım Standartlarının Geliştirilmesi

Daha önce belirtildiği gibi (Bölüm 4.1'de) veri modelleme ve veritabanı tasarım standartları, iş verileri gereksinimlerini karşılamak, Kurumsal Mimari ve Veri Mimarisi standartlarına uymak ve veri kalitesini sağlamak için yol gösterici ilkeler sunar. Veri modelleme ve veritabanı tasarım standartları aşağıdakileri içermelidir:

- Standart veri modelleme ve veritabanı tasarımı çıktılarının bir listesi ve açıklaması
- Tüm veri modeli nesneleri için geçerli olan standart adlar, kabul edilebilir kısaltmalar ve yaygın olmayan sözcükler için kısaltma kuralları listesi
- Nitelik ve sütun sınıfı sözcükleri dahil tüm veri modeli nesneleri için standart adlandırma biçimlerinin bir listesi
- Bu çıktıları oluşturmak ve sürdürmek için standart yöntemlerin bir listesi ve açıklaması
- Veri modelleme ve veritabanı tasarımı rolleri ve sorumluluklarının bir listesi ve açıklaması
- Hem iş metaverileri hem de teknik metaveriler dahil olmak üzere, veri modelleme ve veritabanı tasarımında yakalanan tüm metaveri özelliklerinin bir listesi ve açıklaması. Örneğin, kılavuzlar, veri modelinin her bir nitelik için köken yakalaması beklentisini belirleyebilir.
- Metaveri kalite beklentileri ve gereksinimleri (bkz. Bölüm 13)
- Veri modelleme araçlarının nasıl kullanılacağına ilişkin yönergeler
- Tasarım incelemelerine hazırlanmak ve liderlik etmek için yönergeler
- Veri modellerinin versiyonlanması için yönergeler
- İstenmeyen yöntemler

5.1.2 Veri Modeli ve Veritabanı Tasarım Kalitesinin Gözden Geçirilmesi

Proje ekipleri, kavramsal veri modelinin, mantıksal veri modelinin ve fiziksel veritabanı tasarımının gereksinim incelemelerini ve tasarım incelemelerini yapmalıdır. Gözden geçirme toplantılarının gündemi, başlangıç modelini (varsa), modelde yapılan değişiklikleri ve değerlendirilen ve reddedilen diğer seçenekleri ve yeni modelin mevcut herhangi bir modelleme veya mimari standardına ne kadar iyi uyduğunu gözden geçirmeye yönelik maddeleri içermelidir.

Farklı geçmişleri, becerileri, beklentileri ve görüşleri temsil eden bir grup konu uzmanıyla tasarım incelemeleri yapılmalıdır. Bu incelemelere tahsis edilen uzman kaynakları elde etmek için yürütme yetkisi gerektirebilir. Tüm katılımcılar en pratik, en iyi performans gösteren ve en kullanışlı tasarımı teşvik etme ortak amacını paylaştığından, katılımcılar farklı bakış açılarını tartışabilmeli ve kişisel çatışma olmadan grup fikir birliğine varabilmelidir. Her tasarım incelemesine toplantıyı kolaylaştıran bir liderle başkanlık edilmelidir. Lider bir gündem oluşturur ve takip eder, gerekli tüm belgelerin mevcut olmasını ve dağıtılmasını sağlar, tüm katılımcılardan girdi bekler, düzeni sağlar ve toplantının ilerlemesini sağlar ve grubun fikir birliği bulgularını özetler. Birçok tasarım incelemesi, tartışma noktalarını yakalamak için ayrıca bir yazıcı da kullanır.

Onayın olmadığı incelemelerde, modelcinin sorunları çözmek için tasarımı yeniden çalışması gerekir. Modelcinin kendi başına çözemeyeceği sorunlar varsa, son söz modelin yansıttığı sistemin sahibi tarafından verilmelidir.

5.1.3 Veri Modeli Sürüm Oluşturulması ve Entegrasyonunun Yönetilmesi

Veri modelleri ve diğer tasarım spesifikasyonları, tıpkı gereksinim spesifikasyonları ve diğer SDLC çıktıları gibi dikkatli değişiklik kontrolü gerektirir. Zaman içindeki değişikliklerin kökenini korumak için bir veri modelinde yapılan her değişiklik kaydedilmelidir. Bir değişiklik, yeni veya değiştirilmiş bir iş verileri gereksinimi gibi mantıksal veri modelini etkiliyorsa, veri analisti veya mimar, modeldeki değişikliği gözden geçirmeli ve onaylamalıdır.

Her değişiklik şunları belirtmelidir:

- Proje veya durum **neden** değişiklik gerektirdi?
- Hangi tablolarda sütunların eklendiği, değiştirildiği veya kaldırıldığı vb. dahil olmak üzere nesnenin/nesnelerin **ne** ve **nasıl** değiştiği.
- Değişikliğin **ne zaman** onaylandığı ve modelde ne zaman değişiklik yapıldığı (değişiklik sadece bir sistemde uygulandığında değil)
- Değişikliği **kim**in yaptığı
- Değişikliğin **nerede** yapıldığı (hangi modellerde)

Bazı veri modelleme araçları, veri modeli sürüm oluşturma ve entegrasyon fonksiyonalitesi sağlayan depolar içerir. Aksi takdirde, veri modelleri DDL dışa aktarımlarıyla veya XML dosyalarında muhafaza edilebilir, bunlar da tıpkı uygulama kodu gibi standart bir kaynak kodu yönetim sistemindeki giriş ve çıkışları kontrol edilmelidir.

5.2 Veri Modelleme Metrikleri

Bir veri modelinin kalitesini ölçmenin birkaç yolu vardır ve bunların tümü karşılaştırma için bir standart gerektirir. Bir veri modeli doğrulama örneği sağlamak için kullanılacak bir yöntem, 11 veri modeli kalite metriği sağlayan Veri Modeli Puan Kartı®'dır: Puan Kartı'nı oluşturan on kategorinin her biri için bir tane ve on kategorinin tamamında bir genel puan (Hoberman, 2015). Tablo 11, Puan Kartı şablonunu içerir.

Tablo 11 Veri Modeli Puan Kartı® Şablonu

#	Kategori	Toplam Puan	Model Puanı	%	Yorumlar
1	Model gereksinimleri ne kadar iyi karşılıyor?	15			
2	Model ne kadar noksansız?	15			
3	Model, şemasına ne kadar uyuyor?	10			
4	Model yapısal olarak ne kadar sağlam?	15			
5	Model, genel yapıları ne kadar iyi kullanıyor?	10			
6	Model, adlandırma standartlarını ne kadar iyi takip ediyor?	5			
7	Model okunabilirlik için ne kadar iyi düzenlenmiştir?	5			
8	Tanımlamalar ne kadar iyi?	10			
9	Model, kurum ile ne kadar tutarlı?	5			
10	Metaveriler, verilerle ne kadar iyi eşleşiyor?	10			
	TOPLAM PUAN	100			

Model puanı sütunu, değerlendirenin belirli bir modelin puanlama ölçütlerini ne kadar iyi karşıladığına ilişkin değerlendirmesini içerir ve maksimum puan toplam puan sütununda görünen değerdir. Örneğin, bir değerlendirici, bir modele "Model gereksinimleri ne kadar iyi karşılıyor?" konusunda 10 puan verebilir. % sütunu, kategori için Model Puanını, kategori için Toplam Puana bölünerek sunar. Örneğin, 15 üzerinden 10 almak %66'ya yol açacaktır. Yorumlar sütunu, puanı daha ayrıntılı olarak açıklayan bilgileri belgelemeli veya modeli düzeltmek için gereken eylem öğelerini belirtmelidir. Son satır, modele atanan toplam puanı, sütunların her birinin toplamını içerir.

Her kategorinin kısa bir açıklaması aşağıdaki gibidir:

1. **Model gereksinimleri ne kadar iyi karşılıyor?** Burada veri modelinin gereksinimleri temsil etmesini sağlıyoruz. Sipariş bilgilerini tutma gereksinimi varsa, bu kategoride modelin sipariş bilgilerini tuttuğundan emin olmak için kontrol edilir. Bu kategoride Öğrenci Sayısının Yarıyıl ve Bölüm bazında görüntülenmesi isteniyorsa veri modelinin bu sorguyu desteklediğinden emin olunur.

2. **Model ne kadar noksansız?** Burada noksansızlık iki anlama gelir: gereksinimlerin noksansızlığı ve metaverilerin noksansızlığı. Gereksinimlerin noksansız olması, talep edilen her gereksinimin modelde görünmesi anlamına gelir. Ayrıca, veri modelinin yalnızca istenenleri içerdiği ve ekstra hiçbir şey içermediği anlamına gelir. Yakın gelecekte kullanılacağını öngörerek modele yapılar eklemek kolaydır; inceleme sırasında modelin bu bölümleri ayrıca kaydedilir. Modelleyici hiç istenmemiş bir şey eklediyse, proje teslimatı çok zor olabilir. Asla gerçekleşmemesi durumunda gelecekteki bir gereksinimi dahil etmenin olası maliyetinin göz önünde bulundurulması gerekir. Metaverilerin noksansız olması, modeli çevreleyen tüm tanımlayıcı bilgilerin de mevcut olduğu anlamına gelir; örneğin, bir fiziksel veri modeli inceleniyorsa, veri modelinde biçimlendirme ve sıfırlanabilmenin görünmesi beklenir.

3. **Model, şemasına ne kadar uyuyor?** Burada model ayrıntı düzeyinin (kavramsal, mantıksal veya fiziksel) ve incelenmekte olan modelin şemasının (örneğin, ilişkisel, boyutsal, NoSQL) bu tür bir modelin tanımıyla eşleşmesi sağlanır.

4. **Model yapısal olarak ne kadar sağlam?** Burada, sonunda veri modelinden bir veritabanı oluşturulabilmesini sağlamak için modeli oluşturmak için kullanılan tasarım uygulamaları doğrulanır. Bu, aynı varlıkta aynı tam ada sahip iki niteliğe sahip olmak veya bir birincil anahtarda boş bir niteliğe sahip olmak gibi tasarım sorunlarından kaçınmayı içerir.

5. **Model genel yapıları ne kadar iyi kullanıyor?** Burada uygun bir soyutlama kullanımı onaylanır. Örneğin, Müşteri Konumundan daha genel bir Konuma geçmek, tasarımın depolar ve dağıtım merkezleri gibi diğer konum türlerini daha kolay işlemesine olanak tanır.

6. **Model, adlandırma standartlarını ne kadar iyi takip ediyor?** Burada, veri modeline doğru ve tutarlı adlandırma standartlarının uygulandığından emin olunmalıdır. Standart yapı, terim ve stili adlandırmaya odaklanılır. Yapı, varlıklar, ilişkiler ve nitelikler için uygun yapı taşlarının kullanıldığı anlamına gelir. Örneğin, bir nitelik için bir yapı taşı, "Müşteri" veya "Ürün" gibi bir özelliğin konusu olabilir. Terim, niteliğe veya varlığa uygun adın verildiği anlamına gelir. Terim ayrıca uygun yazım ve kısaltmayı da içerir. Stil, büyük harf veya büyük harf gibi görünümün standart uygulamalarla tutarlı olduğu anlamına gelir.

7. **Model, okunabilirlik için ne kadar iyi düzenlenmiştir?** Burada veri modelinin okunmasının kolay olması sağlanır. Bu soru, on kategorinin en önemlisi değildir. Ancak, modelin okunması zorsa, puan kartındaki daha önemli kategoriler doğru bir şekilde ele alınamayabilirler. Ana varlıkları alt varlıkların üzerine yerleştirmek, ilgili varlıkları birlikte görüntülemek ve ilişki satırı uzunluğunu en aza indirmek, tüm modelin okunabilirliğini artırır.

8. **Tanımlamalar ne kadar iyi?** Burada tanımların açık, eksiksiz ve doğru olması sağlanır.

9. **Model kurum ile ne kadar tutarlı?** Burada, veri modelindeki yapıların geniş ve tutarlı bir bağlamda temsil edilmesi sağlanır, böylece kurumda bir dizi terminoloji ve kural karşılıklı konuşulabilir. Bir veri modelinde görünen yapılar, terminoloji ve kullanım açısından ilgili veri modellerinde görünen yapılarla ve ideal olarak varsa kurumsal veri modeliyle (EDM) tutarlı olmalıdır.

10. **Metaveriler verilerle ne kadar iyi eşleşiyor?** Burada, ortaya çıkan yapılar içinde saklanacak olan modelin ve gerçek verilerin tutarlı olduğu onaylanır. Örneğin, Customer_Last_Name sütunu gerçekten müşterinin soyadını içeriyor mu? Veri kategorisi, bu sürprizleri azaltmak ve modeldeki yapıların, bu yapıların tutacağı verilerle eşleşmesini sağlamaya yardımcı olmak için tasarlanmıştır.

Puan kartı, modelin kalitesinin genel bir değerlendirmesini sağlar ve iyileştirme için belirli alanları tanımlar.

---

6. Alıntılanan / Önerilen Çalışmalar

Ambler, Scott. *Agile Database Techniques: Effective Strategies for the Agile Software Developer*. Wiley and Sons, 2003. Print.

Avison, David and Christine Cuthbertson. *A Management Approach to Database Applications*. McGraw-Hill Publishing Co., 2002. Print. Information systems ser.

Blaha, Michael. *UML Database Modeling Workbook*. Technics Publications, LLC, 2013. Print.

Brackett, Michael H. *Data Resource Design: Reality Beyond Illusion*. Technics Publications, LLC, 2012. Print.

Brackett, Michael H. *Data Resource Integration: Understanding and Resolving a Disparate Data Resource*. Technics Publications, LLC, 2012. Print.

Brackett, Michael H. *Data Resource Simplexity: How Organizations Choose Data Resource Success or Failure*. Technics Publications, LLC, 2011. Print.

Bruce, Thomas A. *Designing Quality Databases with IDEF1X Information Models*. Dorset House, 1991. Print.

Burns, Larry. *Building the Agile Database: How to Build a Successful Application Using Agile Without Sacrificing Data Management*. Technics Publications, LLC, 2011. Print.

Carlis, John and Joseph Maguire. *Mastering Data Modeling - A User-Driven Approach*. Addison-Wesley Professional, 2000. Print.

Codd, Edward F. "A Relational Model of Data for Large Shared Data Banks". *Communications of the ACM*, 13, No. 6 (June 1970).

DAMA International. *The DAMA Dictionary of Data Management. 2nd Edition: Over 2,000 Terms Defined for IT and Business Professionals*. 2nd ed. Technics Publications, LLC, 2011. Print.

Daoust, Norman. *UML Requirements Modeling for Business Analysts: Steps to Modeling Success*. Technics Publications, LLC, 2012. Print.

Date, C. J. *An Introduction to Database Systems*. 8th ed. Addison-Wesley, 2003. Print.

Date, C. J. and Hugh Darwen. *Databases, Types and the Relational Model*. 3d ed. Addison Wesley, 2006. Print.

Date, Chris J. *The Relational Database Dictionary: A Comprehensive Glossary of Relational Terms and Concepts, with Illustrative Examples*. O'Reilly Media, 2006. Print.

Dorsey, Paul. *Enterprise Data Modeling Using UML*. McGraw-Hill Osborne Media, 2009. Print.

Edvinsson, Håkan and Lottie Aderinne. *Enterprise Architecture Made Simple: Using the Ready, Set, Go Approach to Achieving Information Centricity*. Technics Publications, LLC, 2013. Print.

Fleming, Candace C. and Barbara Von Halle. The Handbook of Relational Database Design. Addison Wesley, 1989. Print.

Giles, John. *The Nimble Elephant: Agile Delivery of Data Models using a Pattern-based Approach*. Technics Publications, LLC, 2012. Print.

Golden, Charles. *Data Modeling 152 Success Secrets - 152 Most Asked Questions On Data Modeling - What You Need to Know*. Emereo Publishing, 2015. Print. Success Secrets.

Halpin, Terry, Ken Evans, Pat Hallock, and Bill McLean. *Database Modeling with Microsoft Visio for Enterprise Architects*. Morgan Kaufmann, 2003. Print. The Morgan Kaufmann Series in Data Management Systems.

Halpin, Terry. *Information Modeling and Relational Databases*. Morgan Kaufmann, 2001. Print. The Morgan Kaufmann Series in Data Management Systems.

Halpin, Terry. *Information Modeling and Relational Databases: From Conceptual Analysis to Logical Design*. Morgan Kaufmann, 2001. Print. The Morgan Kaufmann Series in Data Management Systems.

Harrington, Jan L. *Relational Database Design Clearly Explained*. 2nd ed. Morgan Kaufmann, 2002. Print. The Morgan Kaufmann Series in Data Management Systems.

Hay, David C. *Data Model Patterns: A Metadata Map*. Morgan Kaufmann, 2006. Print. The Morgan Kaufmann Series in Data Management Systems.

Hay, David C. *Enterprise Model Patterns: Describing the World (UML Version)*. Technics Publications, LLC, 2011. Print.

Hay, David C. *Requirements Analysis from Business Views to Architecture*. Prentice Hall, 2002. Print.

Hay, David C. *UML and Data Modeling: A Reconciliation*. Technics Publications, LLC, 2011. Print.

Hernandez, Michael J. *Database Design for Mere Mortals: A Hands-On Guide to Relational Database Design*. 2nd ed. Addison-Wesley Professional, 2003. Print.

Hoberman, Steve, Donna Burbank, Chris Bradley, et al. *Data Modeling for the Business: A Handbook for Aligning the Business with IT using High-Level Data Models*. Technics Publications, LLC, 2009. Print. Take It with You Guides.

Hoberman, Steve. *Data Model Scorecard*. Technics Publications, LLC, 2015. Print.

Hoberman, Steve. *Data Modeling Made Simple with ER/Studio Data Architect*. Technics Publications, LLC, 2013. Print.

Hoberman, Steve. *Data Modeling Made Simple: A Practical Guide for Business and IT Professionals*. 2nd ed. Technics Publications, LLC, 2009. Print.

Hoberman, Steve. *Data Modeling Master Class Training Manual*. 7th ed. Technics Publications, LLC, 2017. Print.

Hoberman, Steve. *The Data Modeler's Workbench. Tools and Techniques for Analysis and Design*. Wiley, 2001. Print.

Hoffer, Jeffrey A., Joey F. George, and Joseph S. Valacich. *Modern Systems Analysis and Design*. 7th ed. Prentice Hall, 2013. Print.

IIBA and Kevin Brennan, ed. *A Guide to the Business Analysis Body of Knowledge (BABOK Guide)*. International Institute of Business Analysis, 2009. Print.

Kent, William. *Data and Reality: A Timeless Perspective on Perceiving and Managing Information in Our Imprecise World*. 3d ed. Technics Publications, LLC, 2012. Print.

Krogstie, John, Terry Halpin, and Keng Siau, eds. *Information Modeling Methods and Methodologies: Advanced Topics in Database Research*. Idea Group Publishing, 2005. Print. Advanced Topics in Database Research.

Linstedt, Dan. *Super Charge Your Data Warehouse: Invaluable Data Modeling Rules to Implement Your Data Vault*. Amazon Digital Services. 2012. Data Warehouse Architecture Book 1.

Muller, Robert. J. *Database Design for Smarties: Using UML for Data Modeling*. Morgan Kaufmann, 1999. Print. The Morgan Kaufmann Series in Data Management Systems.

Needham, Doug. *Data Structure Graphs: The structure of your data has meaning*. Doug Needham Amazon Digital Services, 2015. Kindle.

Newton, Judith J. and Daniel Wahl, eds. *Manual for Data Administration*. NIST Special Publications, 1993. Print.

Pascal, Fabian. *Practical Issues in Database Management: A Reference for The Thinking Practitioner*. Addison-Wesley Professional, 2000. Print.

Reingruber, Michael. C. and William W. Gregory. *The Data Modeling Handbook: A Best-Practice Approach to Building Quality Data Models*. Wiley, 1994. Print.

Riordan, Rebecca M. *Designing Effective Database Systems*. Addison-Wesley Professional, 2005. Print.

Rob, Peter and Carlos Coronel. *Database Systems: Design, Implementation, and Management*. 7th ed. Cengage Learning, 2006. Print.

Schmidt, Bob. *Data Modeling for Information Professionals*. Prentice Hall, 1998. Print.

Silverston, Len and Paul Agnew. *The Data Model Resource Book, Volume 3: Universal Patterns for Data Modeling*. Wiley, 2008. Print.

Silverston, Len. *The Data Model Resource Book, Volume 1: A Library of Universal Data Models for All Enterprises*. Rev. ed. Wiley, 2001. Print.

Silverston, Len. *The Data Model Resource Book, Volume 2: A Library of Data Models for Specific Industries*. Rev. ed. Wiley, 2001. Print.

Simsion, Graeme C. and Graham C. Witt. *Data Modeling Essentials*. 3rd ed. Morgan Kaufmann, 2004. Print.

Simsion, Graeme. *Data Modeling: Theory and Practice*. Technics Publications, LLC, 2007. Print.

Teorey, Toby, et al. *Database Modeling and Design: Logical Design*, 4th ed. Morgan Kaufmann, 2010. Print. The Morgan Kaufmann Series in Data Management Systems.

Thalheim, Bernhard. *Entity-Relationship Modeling: Foundations of Database Technology*. Springer, 2000. Print.

Watson, Richard T. *Data Management: Databases and Organizations*. 5th ed. Wiley, 2005. Print.

Veri Depolama ve Operasyonları

DAMA-DMBOK2 Veri Yönetimi Çerçevesi
Copyright © 2017 by DAMA International

1. Giriş

Veri Depolama ve Operasyonları, oluşturma/edinmeden elden çıkarmaya kadar tüm yaşam döngüsü boyunca değerini en üst düzeye çıkarmak için depolanan verilerin tasarımını, gerçeklenmesini ve desteğini içerir (bkz. Bölüm 1). Veri Depolama ve Operasyonları iki alt aktivite içerir:

- Veritabanı desteği, bir veritabanı ortamının ilk gerçeklemesinden verilerin alınmasına, yedeklenmesine ve temizlenmesine kadar, veri yaşam döngüsüyle ilgili faaliyetlere odaklanır. Ayrıca, veritabanının iyi performans göstermesini sağlamayı da içerir. İzleme ve ayarlama, veritabanı desteği için kritik öneme sahiptir.

- Veritabanı teknolojisi desteği, kurumsal ihtiyaçları karşılayacak teknik gereksinimlerin tanımlanmasını, teknik mimarinin tanımlanmasını, teknolojinin kurulmasını ve yönetilmesini ve teknoloji ile ilgili sorunların çözülmesini içerir.

Veritabanı yöneticileri (DBA'lar), veri depolama ve operasyonlarının her iki yönünde de kilit rol oynar. DBA'nın rolü, en yerleşik ve en yaygın olarak benimsenen veri profesyoneli rolüdür ve veritabanı yönetimi uygulamaları belki de tüm veri yönetimi uygulamalarının en olgunudur. DBA'lar ayrıca veri işlemlerinde ve veri güvenliğinde baskın roller oynarlar (Bkz. Bölüm 7).

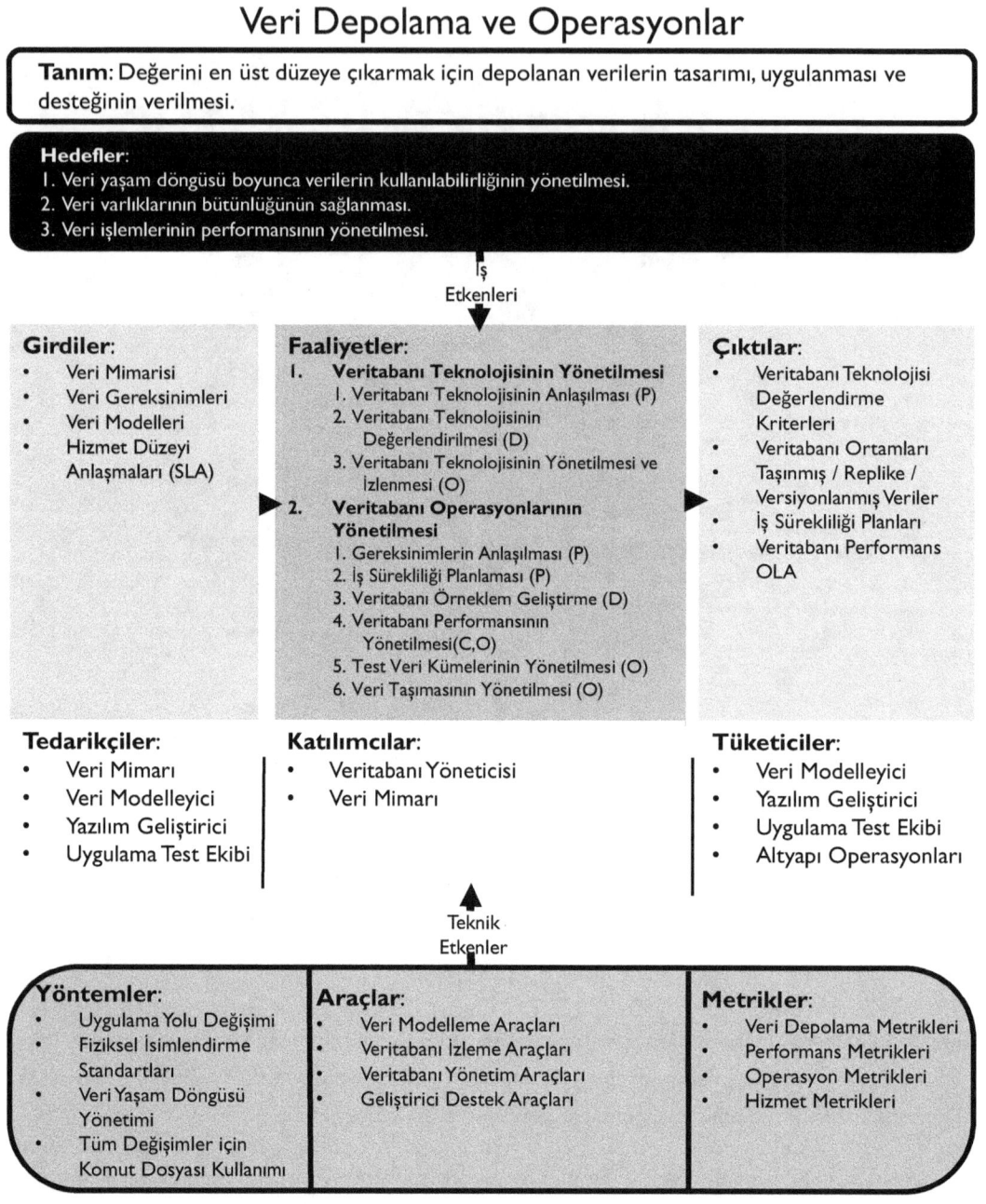

Şekil 54 Bağlam Şeması: Veri Depolama ve Operasyonları

1.1 İş Etkenleri

Şirketler operasyonlarını yürütmek için bilgi sistemlerine güvenirler. Veri Depolama ve Operasyonları faaliyetleri, verilere güvenen kuruluşlar için çok önemlidir. İş sürekliliği bu faaliyetlerin ana etkenidir. Bir sistem kullanılamaz hale gelirse şirket operasyonları bozulabilir veya tamamen durdurulabilir. BT operasyonları için güvenilir bir veri depolama altyapısı, kesinti riskini en aza indirir.

1.2 Hedef ve Prensipler

Veri depolama ve operasyonlarının amaçları şunları içerir:

- Veri yaşam döngüsü boyunca verilerin kullanılabilirliğinin yönetilmesi
- Veri varlıklarının bütünlüğünün sağlanması
- Veri işlemlerinin performansını yönetilmesi

Veri Depolama ve Operasyonları, veri yönetiminin oldukça teknik bir yönünü temsil eder. DBA'lar ve bu çalışmaya dahil olan diğerleri, aşağıdaki yol gösterici ilkeleri takip ettiklerinde işlerini daha iyi yapabilir ve genel veri yönetimi çalışmasına yardımcı olabilirler:

- **Otomasyon fırsatlarını belirleyin ve bunlara göre hareket edin**: Veritabanı geliştirme süreçlerini, geliştirme araçlarını ve her bir geliştirme döngüsünü kısaltan süreçleri otomatikleştirin, hataları ve iş tekrarını azaltın ve geliştirme ekibi üzerindeki etkiyi en aza indirin. Bu şekilde, DBA'lar uygulama geliştirmeye yönelik daha yinelemeli (çevik) yaklaşımlara uyum sağlayabilir. Bu iyileştirme çalışması, veri modelleme ve Veri Mimarisi ile işbirliği içinde yapılmalıdır.

- **Yeniden kullanımı göz önünde bulundurarak oluşturun**: Uygulamaların veritabanı şemalarına sıkı bir şekilde bağlaşmasını önleyen soyutlanmış ve yeniden kullanılabilir veri nesnelerinin kullanımını geliştirin ve teşvik edin ("nesne-ilişkisel empedans uyumsuzluğu" olarak adlandırılır). Bu amaçla, veritabanı görünümleri, tetikleyiciler, işlevler ve prosedürler, uygulama veri nesneleri ve veri erişim katmanları, XML ve XSLT, ADO.NET tipi veri kümeleri ve web hizmetleri dahil olmak üzere bir dizi mekanizma mevcuttur. DBA, verileri sanallaştırmaya yönelik en iyi yaklaşımı değerlendirebilmelidir. Nihai hedef, veritabanını olabildiğince hızlı, kolay ve ağrısız hale getirmektir.

- **En iyi uygulamaları anlayın ve uygun şekilde uygulayın**: DBA'lar gereksinimler olarak veritabanı standartlarını ve en iyi uygulamaları desteklemeli, ancak bu sapmalar için kabul edilebilir nedenler verildiğinde bunlardan dışarı çıkabilmek için yeterince esnek olmalıdır. Veritabanı standartları, bir projenin başarısı için asla bir tehdit olmamalıdır.

- **Gereksinimleri desteklemek için veritabanı standartlarını bağlayın**: Örneğin, Hizmet Düzeyi Sözleşmesi (SLA), veri bütünlüğünü ve veri güvenliğini sağlamaya yönelik DBA tarafından önerilen ve geliştirici tarafından kabul edilen yöntemleri yansıtabilir. Geliştirme ekibi kendi veritabanı güncelleme prosedürlerini veya veri erişim katmanını kodlayacaksa, SLA, sorumluluğun DBA'lardan geliştirme ekibine geçişini yansıtmalıdır. Bu, standartlara "ya hep ya hiç" yaklaşımını önler.

- **Proje çalışmasında DBA rolü için beklentileri belirleyin**: Proje metodolojisinin, proje tanımlama aşamasında DBA'yı dahil etmeyi içermesini sağlamak, SDLC boyunca yardımcı olabilir. DBA, proje ihtiyaçlarını ve destek gereksinimlerini önceden anlayabilir. Bu, proje ekibinin veri grubundan beklentilerini netleştirerek iletişimi geliştirecektir. Analiz ve tasarım sırasında özel bir birincil ve ikincil DBA'ya sahip olmak, DBA görevleri, standartları, çalışma çabası ve geliştirme çalışması için zaman çizelgeleri hakkındaki beklentileri netleştirir. Ekipler ayrıca uygulamadan sonra destek beklentilerini netleştirmelidir.

1.3 Temel Kavramlar

1.3.1 Veritabanı Terimleri

Veritabanı terminolojisi spesifik ve tekniktir. DBA olarak veya DBA'larla çalışırken, bu teknik dilin özelliklerini anlamak önemlidir:

- **Veritabanı**: Yapısı veya içeriği ne olursa olsun, saklanan verilerin herhangi bir koleksiyonu. Bazı büyük veritabanları örnekleme ve şemaya referans verir.
- **Örneklem**: Belirli bir depolama alanına erişimi kontrol eden veritabanı yazılımının yürütülmesi. Bir kuruluş genellikle, farklı depolama alanlarını kullanarak aynı anda yürütülen birden çok örnekleme sahip olacaktır. Her örneklem diğer tüm örneklerden bağımsızdır.
- **Şema**: Veritabanında veya bir örnekte bulunan bir veritabanı nesnelerinin alt kümesidir. Şemalar, nesneleri daha yönetilebilir parçalar halinde düzenlemek için kullanılır. Genellikle, bir şemanın bir sahibi ve şemanın içeriğine özel bir erişim listesi vardır. Şemaların yaygın kullanımları, genel kullanıcı tabanından hassas veriler içeren nesneleri veya ilişkisel veritabanlarındaki temel tablolardan salt okunur görünümleri izole etmektir. Şema, ortak bir şeye sahip bir veritabanı yapıları koleksiyonuna atıfta bulunmak için de kullanılabilir.
- **Düğüm**: Dağıtık bir veritabanının parçası olarak işleme veya verileri barındıran bireysel bir bilgisayar.
- Veritabanı soyutlaması, bir uygulamanın, programcının tüm olası veritabanları için tüm fonksiyon çağrılarını bilmesi gerekmeden birden çok farklı veritabanına bağlanabilmesi için, veritabanı fonksiyonlarını çağırmak için ortak bir uygulama arabiriminin (API) kullanılması anlamına gelir. ODBC (Açık Veritabanı Bağlantısı), veritabanı soyutlamasını sağlayan bir API örneğidir. Avantajı taşınabilirliktir; dezavantajı, veritabanlarında yaygın olmayan bazı veritabanı fonksiyonlarının kullanılamamasıdır.

1.3.2 Veri Yaşam Döngüsü Yönetimi

DBA'lar, verileri depolayan, işleyen veya alan herhangi bir sistemin tasarımı, gerçeklenmesi ve kullanımı yoluyla tüm yaşam döngüsü boyunca verilerin doğruluğunu ve tutarlılığını temin eder ve korur. DBA, tüm veritabanı değişikliklerinin sorumlusudur. Birçok taraf değişiklik talep edebilirken, DBA veritabanında yapılacak kesin değişiklikleri tanımlar, uygular ve kontrol eder.

Veri yaşam döngüsü yönetimi, verilerin alınması, taşınması, saklanması, süresinin dolması ve elden çıkarılması için politika ve prosedürlerin uygulanmasını içerir. Tüm görevlerin yüksek kalitede gerçekleştirildiğinden emin olmak için kontrol listeleri hazırlamak ihtiyatlı bir iştir. DBA'lar, uygulama veritabanı değişikliklerini Kalite Güvencesi veya Sertifikasyonu (QA) ve Üretim ortamlarına taşımak için kontrollü, belgelenmiş ve denetlenebilir bir süreç kullanmalıdır. Yönetici tarafından onaylanmış bir hizmet talebi veya değişiklik talebi genellikle süreci başlatır. DBA, sorun olması durumunda değişiklikleri tersine çevirmek için bir geri alma planına sahip olmalıdır.

1.3.3 Yöneticiler

Veritabanı Yöneticisi (DBA) rolü, en yerleşik ve en yaygın olarak benimsenen veri uzmanı rolüdür. DBA'lar, Veri Depolama ve Operasyonlarında baskın rolleri ve Veri Güvenliğinde (bkz. Bölüm 7), veri modellemenin fiziksel tarafında ve veritabanı tasarımında (bkz. Bölüm 5) kritik rolleri oynarlar. DBA'lar geliştirme, test, QA ve özel kullanım veritabanı ortamları için destek sağlar.

DBA'lar, Veri Depolama ve Operasyonlarının tüm faaliyetlerini münhasıran gerçekleştirmez. Veri görevlileri, veri mimarları, ağ yöneticileri, veri analistleri ve güvenlik analistleri performans, saklama ve kurtarma planlamasına katılır. Bu ekipler ayrıca harici kaynaklardan veri toplamaya ve işlemeye katılabilir.

Birçok DBA, Üretim, Uygulama, Prosedürel ve Geliştirme DBA'ları olarak uzmanlaşmıştır. Bazı kuruluşlar ayrıca, veri depolama uygulamalarını veya yapılarından ayrı olarak veri depolama sistemini destekleme konusunda uzmanlaşmış Ağ Depolama Yöneticilerine (NSA) sahiptir.

Bazı kuruluşlarda, her özel rol, BT içindeki farklı bir birime rapor verir. Üretim DBA'ları, üretim altyapısının veya uygulama operasyonları destek gruplarının parçası olabilir. Uygulama, Geliştirme ve Prosedürel DBA'lar bazen uygulama geliştirme organizasyonlarına entegre edilir. NSA'lar genellikle Altyapı kuruluşlarına bağlıdır.

1.3.3.1 Üretim Veritabanı Yöneticisi

Üretim DBA'ları, aşağıdakiler dahil olmak üzere veri operasyonları yönetimi için ana sorumluluğu alır:

- Performans ayarlama, izleme, hata raporlama ve diğer faaliyetler yoluyla veritabanının performansının ve güvenilirliğinin sağlanması

- Verilerin herhangi bir durumda kaybolması durumunda kurtarılabilmesini sağlamak için yedekleme ve kurtarma mekanizmalarının uygulanması

- Sürekli veri kullanılabilirliği verilerinin bir gereklilik olması durumunda, veritabanının kümelenmesi ve yedeğe yük devretmesi için mekanizmaların gerçeklenmesi

- Verileri arşivlemeye yönelik mekanizmaların uygulanması gibi diğer veritabanı bakım faaliyetlerini yürütülmesi

Veri operasyonlarını yönetmenin bir parçası olarak Üretim DBA'ları aşağıdaki çıktıları oluşturur:

- Destekleyici sunucudaki DBMS'nin (Veritabanı Yönetim Sistemi) bir örneğini içeren, yeterli performansı sağlamak için yeterli boyut ve kapasiteye sahip, uygun güvenlik, güvenilirlik ve kullanılabilirlik düzeyi için yapılandırılmış bir üretim veritabanı ortamı. Veritabanı Sistem Yönetimi, DBMS ortamından sorumludur.

- Üretim ortamında veritabanlarında yapılan değişikliklerin kontrollü gerçeklenmesi için süreçler

- Veri kaybı veya bozulmasıyla sonuçlanabilecek tüm koşullara yanıt olarak verilerin kullanılabilirliğini, bütünlüğünü ve kurtarılabilirliğini sağlamaya yönelik mekanizmalar

- Veritabanında, DBMS'de veya veri sunucusunda meydana gelen herhangi bir hatayı tespit etmek ve raporlamak için mekanizmalar

- Hizmet düzeyi Sözleşmelerine (SLA) uygun olarak veritabanı kullanılabilirliği, kurtarım ve performans
- İş yükleri ve veri hacimleri değişiklik gösterdiğinden veritabanı performansını izlemeye yönelik mekanizmalar ve süreçler

1.3.3.2 Uygulama Veritabanı Yöneticisi

Bir uygulama DBA'sı, bu ortamlardan herhangi biri için veritabanı sistemleri yönetiminin aksine, tüm ortamlarda (geliştirme / test, QA ve üretim) bir veya daha fazla veritabanından sorumludur. Bazen uygulama DBA'ları, veritabanları tarafından desteklenen uygulamaların geliştirilmesinden ve bakımından sorumlu iş birimlerine rapor verir. Uygulaması DBA'ları istihdam etmenin artıları ve eksileri vardır.

Uygulama DBA'ları, bir uygulama destek ekibinin ayrılmaz üyeleri olarak görülürler. Belirli bir veritabanına odaklanarak uygulama geliştiricilere daha iyi hizmet verebilirler. Bununla birlikte, uygulama DBA'ları kolayca izole edilebilir ve kuruluşun genel veri ihtiyaçlarını ve yaygın DBA uygulamalarının kontrolünü gözden kaçırabilirler. Uygulama DBA'ları veri analistleri, modelleyiciler ve mimarlarla yakın iş birliği içindedirler.

1.3.3.3 Prosedürel ve Geliştirme Veritabanı Yöneticileri

Prosedürel DBA'lar, prosedürel veritabanı nesnelerinin gözden geçirilmesine ve yönetilmesine öncülük ederler. Prosedürel bir DBA, DBMS tarafından kontrol edilen ve yürütülen prosedürel mantığın geliştirilmesi ve desteklenmesinde uzmanlaşmıştır: prosedürler, tetikleyiciler ve kullanıcı tanımlı işlevler (UDF'ler). Prosedürel DBA, bu prosedürel mantığın planlanmasını, uygulanmasını, test edilmesini ve paylaşılmasını (yeniden kullanılmasını) sağlar.

Geliştirme DBA'ları, "korumalı alan (sandbox)" veya keşif alanları gibi özel kullanım veritabanlarının oluşturulması ve yönetilmesi dahil olmak üzere veri tasarımı faaliyetlerine odaklanırlar.

Çoğu durumda, bu iki fonksiyon da tek bir konum altında birleştirilir.

1.3.3.4 Ağ Depolama Yöneticileri (NSA)

Ağ Depolama Yöneticileri, veri depolama dizilerini destekleyen donanım ve yazılımlarla ilgilenir. Çoklu ağ depolama dizisi sistemlerinin, basit veritabanı sistemlerinden farklı ihtiyaçları ve izleme gereksinimleri vardır.

1.3.4 Veritabanı Mimarisi Türleri

Bir veritabanı, merkezileştirilmiş veya dağıtık olarak sınıflandırılabilir. Merkezi bir sistem tek bir veritabanını yönetirken, dağıtık bir sistem birden fazla sistemdeki birden çok veritabanını yönetir. Dağıtık bir sistemin bileşenleri, bileşen sistemlerinin özerkliğine bağlı olarak iki türe ayrılabilir: federe (özerk) veya federe olmayan (özerk olmayan). Şekil 55, merkezileştirilmiş ve dağıtık arasındaki farkı göstermektedir.

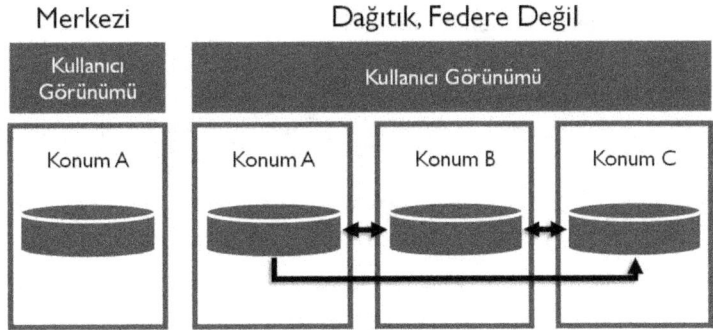

Şekil 55 Merkezi vs. Dağıtık

1.3.4.1 Merkezi Veritabanları

Merkezi veritabanları, tüm verileri tek bir sistemde tek bir yerde toplar. Tüm kullanıcılar verilere erişmek için tek bir sisteme gelir. Bazı kısıtlı veriler için merkezileştirme ideal olabilir, ancak yaygın olarak bulunması gereken veriler için merkezileştirilmiş veritabanlarının riskleri vardır. Örneğin, merkezi sistem kullanılamıyorsa, verilere erişim için başka bir alternatif yoktur.

1.3.4.2 Dağıtık Veritabanları

Dağıtık veritabanları, çok sayıda düğüm üzerinden verilere hızlı erişimi mümkün kılar. Popüler dağıtık veritabanı teknolojileri, emtia donanım sunucularının kullanımına dayanmaktadır. Tek sunuculardan her biri yerel hesaplama ve depolama sunan binlerce makineye ölçeklenmek üzere tasarlanmıştır. Yüksek düzeyde kullanılabilirlik sağlamak için donanıma güvenmek yerine, veritabanı yönetim yazılımının kendisi, verileri sunucular arasında çoğaltmak ve böylece bir bilgisayar kümesinin üzerinde yüksek düzeyde kullanılabilir bir hizmet sunmak üzere tasarlanmıştır. Veritabanı yönetim yazılımı ayrıca arızaları tespit etmek ve işlemek için tasarlanmıştır. Herhangi bir bilgisayar başarısız olsa da sistemin geneli için olası değildir.

Bazı dağıtık veritabanları, performansı daha da artırmak için MapReduce adlı bir hesaplama paradigması uygularlar. MapReduce'da, veri talebi, her biri kümedeki herhangi bir düğümde yürütülebilen birçok küçük iş parçasına bölünür. Ek olarak, veriler hesaplama düğümlerinde birlikte konumlandırılarak küme genelinde çok yüksek toplu bant genişliği sağlar. Hem dosya sistemi hem de uygulama, düğüm hatalarını otomatik olarak ele alacak şekilde tasarlanmıştır.

1.3.4.2.1 Federe Veritabanları

Federasyon, kaynak verilerin ek kalıcılığı veya yinelenmesi olmadan verileri sağlar. Federe bir veritabanı sistemi, birden çok özerk veritabanı sistemini tek bir federe veritabanına eşler. Bazen coğrafi olarak ayrılmış olan kurucu veritabanları, bir bilgisayar ağı aracılığıyla birbirine bağlanır. Verilerinin kısmi ve kontrollü paylaşımına izin vermek için özerk kalırlar, ancak bir federasyona katılırlar. Federasyon, farklı veritabanlarını birleştirmeye bir alternatif sunar. Veri federasyonu nedeniyle kurucu veri tabanlarında gerçek bir veri entegrasyonu yoktur; bunun yerine, veri uyumluluğu, birlikte çalışabilirliği, federe veritabanlarının görünümünü tek bir büyük nesne olarak yönetir (bkz. Bölüm 8). Buna karşılık, federe olmayan bir veritabanı sistemi, özerk olmayan bileşen DBMS'lerinin bir entegrasyonudur; merkezi bir DBMS tarafından kontrol edilir ve yönetilirler.

Federe veritabanları, kurumsal bilgi entegrasyonu, veri sanallaştırma, şema eşleştirme ve Ana Veri Yönetimi gibi heterojen ve dağıtık entegrasyon projeleri için en iyisidir.

Federe mimariler, bileşen veritabanı sistemleriyle entegrasyon düzeylerine ve federasyon tarafından sunulan hizmetlerin kapsamına göre farklılık gösterir. Bir FDBMS, gevşek veya sıkı bağlaşımlı olarak kategorize edilebilir.

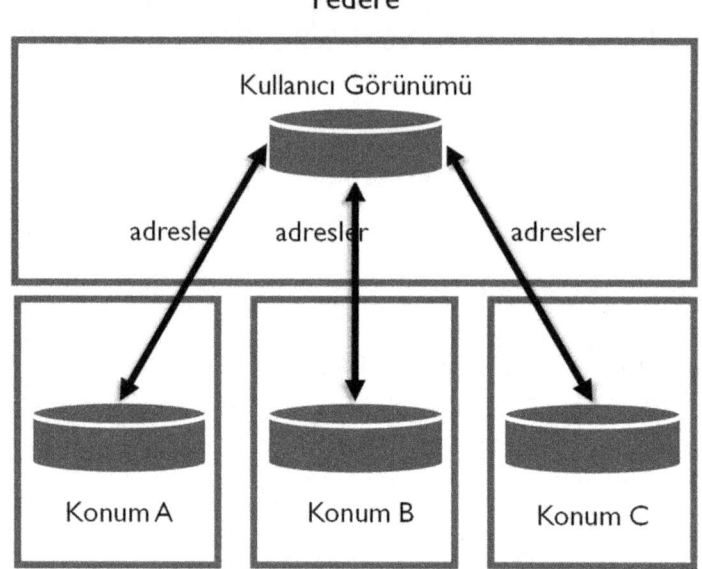

Şekil 56 Federe Veritabanları

Gevşek bağlaşımlı sistemler, kendi federe şemalarını oluşturmak için bileşen veritabanlarına ihtiyaç duyar. Bir kullanıcı tipik olarak bir çoklu veritabanı dili kullanarak diğer bileşen veritabanı sistemlerine erişecektir, ancak bu, herhangi bir konum şeffaflığı düzeyini ortadan kaldırarak kullanıcıyı federe şema hakkında doğrudan bilgi sahibi olmaya zorlar. Bir kullanıcı, diğer bileşen veritabanlarından gerekli verileri alır ve federe bir şema oluşturmak için bunları kendi veri tabanlarıyla entegre eder.

Sıkı bağlaşımlı sistemler, Şekil 57'de gösterildiği gibi, entegre bir federe şema oluşturmak ve yayınlamak için bağımsız süreçleri kullanan bileşen sistemlerinden oluşur. Aynı şema, veri replikasyonu olmadan federasyonun tüm bölümleri için geçerli olabilir.

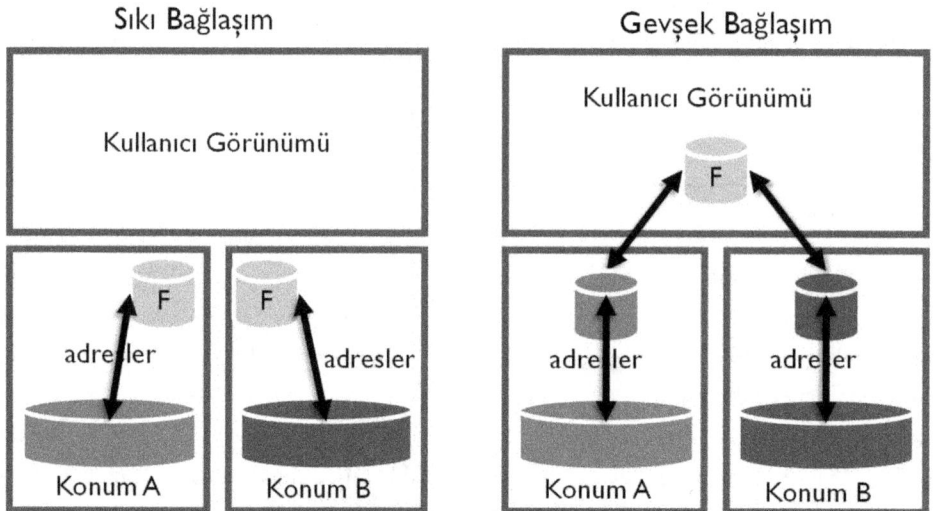

Şekil 57 Bağlaşım

1.3.4.2.2 Blokzincir Veritabanı

Blokzinciri veritabanları, finansal işlemleri güvenli bir şekilde yönetmek için kullanılan bir tür federe veritabanıdır. Ayrıca sözleşme yönetimi veya sağlık bilgilerinin değişimi için de kullanılabilirler. İki tür yapı vardır: bireysel kayıtlar ve bloklar. Her işlemin bir kaydı vardır. Veritabanı, zincirdeki önceki bloktan gelen bilgileri de içeren zamana bağlı işlem grupları (bloklar) zincirleri oluşturur. Tek yönlü şifreleme (hash) algoritmaları, blokzincirin sonunda bloklarda saklanacak işlemler hakkında bilgi oluşturmak için kullanılır. Yeni bir blok oluşturulduğunda, eski blok karması asla değişmemelidir, bu da o blokta yer alan hiçbir işlemin değişemeyeceği anlamına gelir. İşlemlerde veya bloklarda (kurcalama) herhangi bir değişiklik, tek yönlü şifreleme değerleri artık eşleşmediğinde görünür olacaktır.

1.3.4.3 Sanallaştırma / Bulut Platformları

Sanallaştırma ("bulut bilişim" olarak da adlandırılır), hizmetleri sunan sistemin fiziksel konumu ve yapılandırması hakkında son kullanıcı bilgisi gerektirmeyen hesaplama, yazılım, veri erişimi ve depolama hizmetleri sağlar. Bulut bilişim kavramı ile elektrik şebekesi arasında genellikle paralellikler kurulur: son kullanıcılar, hizmeti sağlamak için gereken bileşen cihazlarını veya altyapıyı anlamaya gerek duymadan güç tüketir. Ancak sanallaştırma şirket içi veya şirket dışı olabilir.

Bulut bilişim, sanallaştırmanın, hizmet odaklı mimarilerin ve yardımcı bilgi işlemin yaygın olarak benimsenmesinin doğal bir evrimidir. Bulutta veritabanları uygulamak için bazı yöntemler şunlardır:

- **Sanal makine görüntüsü**: Bulut platformları, kullanıcıların sınırlı bir süre için sanal makine örneklemleri satın almalarına olanak tanır. Bu sanal makineler üzerinde bir veritabanı çalıştırmak mümkündür. Kullanıcılar, üzerine kurulu bir veritabanı ile kendi makine imajlarını yükleyebilir veya halihazırda optimize edilmiş bir veritabanı kurulumunu içeren hazır makine imajlarını kullanabilirler.

- **Hizmet olarak veritabanı (DaaS)**: Bazı bulut platformları, veritabanı için bir sanal makine örneğini fiziksel olarak başlatmadan bir hizmet olarak veritabanını kullanma seçenekleri sunar. Bu yapılandırmada, uygulama sahiplerinin veritabanını kendi başlarına kurması ve bakımını yapması gerekmez. Bunun yerine, veritabanı hizmet sağlayıcısı, veritabanının kurulmasından ve bakımından sorumludur ve uygulama sahipleri, kullanımlarına göre ödeme yapar.

- **Bulut üzerinde yönetilen veritabanı barındırma**: Burada veritabanı bir hizmet olarak sunulmaz; bunun yerine, bulut sağlayıcısı veritabanını barındırır ve uygulama sahibi adına yönetir.

DBA'lar, ağ ve sistem yöneticileri ile koordineli olarak, veri yedekleme ve kurtarma fonksiyonlarının standardizasyonu, konsolidasyonu, sanallaştırılması ve otomasyonu ile bu fonksiyonların güvenliğini içerecek şekilde sistematik bir entegre proje yaklaşımı oluşturmalıdır.

- **Standardizasyon/konsolidasyon**: Konsolidasyon, bir veri merkezindeki veri depoları ve süreçleri de dahil olmak üzere bir kuruluşun sahip olduğu veri depolama konumlarının sayısını azaltır. Veri Yönetişimi ilkesine dayalı olarak, Veri Mimarları ve DBA'lar, kritik görev verilerinin, veri saklama süresinin, veri şifreleme prosedürlerinin ve veri replikasyonu ilkelerinin belirlenmesini içeren standart prosedürler geliştirebilir.

- **Sunucu sanallaştırma**: Sanallaştırma teknolojileri, birden çok veri merkezindeki sunucular gibi ekipmanların değiştirilmesine veya birleştirilmesine olanak tanır. Sanallaştırma, sermaye ve işletme giderlerini düşürür ve enerji tüketimini azaltır. Sanallaştırma teknolojileri, daha sonra veri merkezlerinde barındırılabilen ve abonelik temelinde kiralanabilen sanal masaüstleri oluşturmak için de kullanılır. Gartner, sanallaştırmayı modernizasyon için bir katalizör olarak görmektedir (Bittman, 2009). Sanallaştırma, veri depolama işlemlerine yerel veya bulut ortamında depolama sağlama konusunda çok daha fazla esneklik sağlar.

- **Otomasyon**: Veri otomasyonu, yapılandırma, yama, yayın yönetimi ve uyumluluk gibi görevlerin otomatikleştirilmesini içerir.

- **Güvenlik**: Sanal sistemlerdeki verilerin güvenliğinin, fiziksel altyapıların mevcut güvenliği ile entegre edilmesi gerekir (bkz. Bölüm 7).

1.3.5 Veritabanı İşleme Türleri

İki temel veritabanı işleme türü vardır. ACID ve BASE bir spektrumun zıt uçlarındadır, bu nedenle pH spektrumunun uçlarıyla eşleşen tesadüfi adlardan yararlanılmıştır. CAP Teoremi, dağıtık bir sistemin ACID veya BASE ile ne kadar yakından eşleşebileceğini tanımlamak için kullanılır.

1.3.5.1 ACID

ACID kısaltması, 1980'lerin başında, veritabanı işlemlerinde güvenilirliğin sağlanması için vazgeçilmez bir kısıtlama olarak ortaya çıktı. Onlarca yıldır, üzerine inşa edilecek güvenilir bir temel ile işlem işlemeyi sağlamıştır.[26]

- **Atomiklik**: Tüm işlemler yapılır veya hiçbiri yapılmaz, böylece işlemin bir kısmı başarısız olursa, tüm işlem başarısız olur.

- **Tutarlılık**: İşlem, sistem tarafından tanımlanan tüm kuralları her zaman karşılamalı ve yarı tamamlanmış işlemleri geçersiz kılmalıdır.

- **İzolasyon**: Her işlem kendisinden bağımsızdır.

- **Dayanıklılık**: İşlem tamamlandıktan sonra geri alınamaz.

İlişkisel ACID teknolojileri, ilişkisel veritabanı depolamasında baskın araçlardır; çoğu arayüz olarak SQL kullanır.

1.3.5.2 BASE

Veri hacimleri ve değişkenliğindeki benzeri görülmemiş artış, yapılandırılmamış verileri belgeleme ve depolama ihtiyacı, okuma için optimize edilmiş veri iş yüklerine duyulan ihtiyaç ve ardından ölçeklendirme, tasarım, işleme, maliyet ve felaket kurtarmada daha fazla esnekliğe duyulan ihtiyaç, ACID'in tam tersi BASE'in yükselmesine neden oldu:

- **Temelde Kullanılabilir**: Sistem, düğüm arızaları olduğunda bile verilere belirli bir düzeyde kullanılabilirliği garanti eder. Veriler eski olabilir, ancak sistem yine de yanıtlar verecek ve kabul edecektir.

---

[26] Jim Gray konsepti oluşturmuştur. Haerder ve Rueter (1983) ACID terimini ortaya atmıştır.

- **Sıvı Hal**: Veriler sabit bir akış halindedir; yanıt verilebilirken, verilerin güncel olduğu garanti edilmez.

- **Nihai Tutarlılık**: Veriler nihayetinde tüm düğümlerde ve tüm veritabanlarında tutarlı olacaktır, ancak her işlem her anda tutarlı olmayacaktır.

BASE tipi sistemler, Büyük Veri ortamlarında yaygındır. Büyük çevrimiçi kuruluşlar ve sosyal medya şirketleri, tüm veri öğelerinin her zaman anında doğruluğu gerekli olmadığından, BASE uygulamalarını yaygın olarak kullanır. Tablo 12, ACID ve BASE arasındaki farkları özetlemektedir.

Tablo 12 ACID vs BASE

Madde	ACID	BASE
Döküm (veri yapısı)	Şema mevcut	Dinamik
	Tablo yapısı var	Yolda düzenlenen
	Sütunlar veri tipleri	Farklı verileri depolar
Tutarlılık	Güçlü Tutarlılık Mevcut	Güçlü, Nihai veya Yok
İşleme Odağı	İşlemsel	Anahtar/değer depoları
İşleme Odağı	Satır/Sütun	Geniş sütunlu depolar
Tarih	1970'lerin uygulama depolaması	2000'lerin yapılandırılmamış depolaması
Ölçekleme	Ürüne Bağlı	Verileri emtia sunucuları arasında otomatik olarak yayar
Menşei	Karışık	Açık Kaynak
İşlem	Evet	Mümkün

1.3.5.3 CAP

CAP Teoremi (veya Brewer Teoremi), dağıtık sistemlere geçişe yanıt olarak geliştirildi (Brewer, 2000). Teorem, dağıtık bir sistemin ACID'in tüm alanlarıyla her zaman uyumlu olamayacağını iddia eder. Sistem ne kadar büyük olursa, uyumluluk o kadar düşük olur. Bunun yerine, dağıtık bir sistem niteliklerini arasında ödünleşimini bulmalıdır.

- **Tutarlılık**: Sistem her zaman tasarlandığı ve beklendiği gibi çalışmalıdır.
- **Kullanılabilirlik**: Sistem istendiğinde kullanılabilir olmalı ve her isteğe yanıt vermelidir.
- **Bölümleme Toleransı**: Sistem, veri kaybı veya kısmi sistem arızası durumlarında çalışmaya devam edebilmelidir.

CAP Teoremi, herhangi bir paylaşımlı veri sisteminde üç özellikten en fazla ikisinin bulunabileceğini belirtir. Bu genellikle Şekil 58'de gösterilen 'üçünden ikisini seç' ifadesi ile gösterilir.

Bu teoremin ilginç bir kullanımı, Bölüm 14'te tartışılan Lambda Mimarisi tasarımını yönlendirmiştir. Lambda Mimarisi, veriler için iki ayrı yol kullanır: kullanılabilirlik ve bölümleme toleransının en önemli olduğu bir Sürat Yolu ve tutarlılık ve kullanılabilirliğin en önemli olduğu bir Toplu İş Yolu.

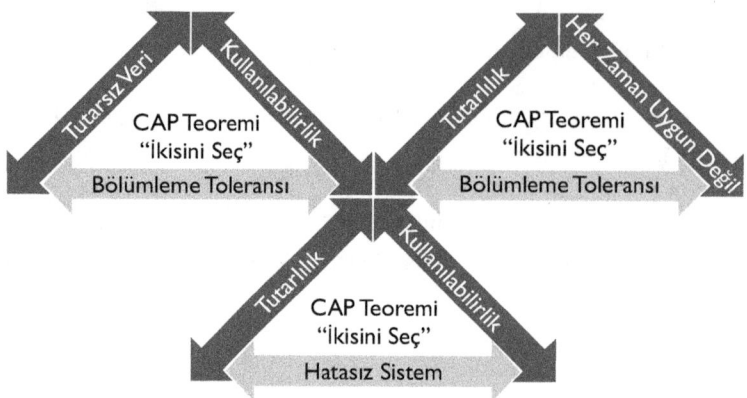

Şekil 58 CAP Teoremi

1.3.6 Veri Depolama Ortamı

Veriler, diskler, geçici bellek ve flash sürücüler dahil olmak üzere çeşitli ortamlarda saklanabilir. Bazı sistemler birden fazla depolama türünü birleştirebilir. En yaygın kullanılanları Disk ve Depolama Alan Ağları (SAN), Bellek İçi, Sütunsal Sıkıştırma Çözümleri, Sanal Depolama Alanı Ağı VSAN, Bulut tabanlı depolama çözümleri, Radyo Frekansı Tanımlama (RFID), Dijital cüzdanlar, Veri merkezleri ve Özel, Genel ve Hibrit Bulut Depolama (Bkz. Bölüm 14).

1.3.6.1 Disk ve Depolama Alanı Ağları (SAN)

Disk depolama, verileri kalıcı olarak depolamanın çok stabil bir yöntemidir. Aynı sistemde birden fazla disk türü bulunabilir. Veriler, genellikle yüksek performanslı disk sistemlerinden daha ucuz olan daha yavaş erişimli disklerde depolanan daha az kullanılan verilerle, kullanım şekillerine göre saklanabilir.

Disk dizileri, Depolama Alanı Ağlarında (SAN) toplanabilir. Veriler arka planda taşınabileceğinden, SAN üzerindeki veri hareketi bir ağ gerektirmeyebilir.

1.3.6.2 Bellek İçi

Bellek içi veritabanları (IMDB), sistem açıldığında kalıcı depolamadan geçici belleğe yüklenir ve tüm işlemler bellek dizisi içinde gerçekleşir ve disk tabanlı sistemlere göre daha hızlı yanıt süresi sağlar. Çoğu bellek içi veritabanları, beklenmedik kapanma durumunda dayanıklılığı ayarlama ve yapılandırma özelliklerine de sahiptir.

Uygulamanın çoğu/tüm veriyi belleğe sığdıracağından makul ölçüde emin olunursa, bellek içi veritabanı sistemlerinden önemli optimizasyon sağlanabilir. Bu IMDB'ler, verilere disk depolama mekanizmalarından daha öngörülebilir erişim süresi sağlar, ancak çok daha büyük bir yatırım gerektirirler. IMDB'ler, analitik sorguların gerçek zamanlı işlenmesi için işlevsellik sağlar ve gerekli yatırım nedeniyle genellikle bunun için ayrılmıştır.

1.3.6.3 Sütunsal Sıkıştırma Çözümleri

Sütun tabanlı veritabanları, veri değerlerinin büyük ölçüde tekrarlandığı veri kümelerini işlemek için tasarlanmıştır. Örneğin, 256 sütunlu bir tabloda, bir satırda bulunan bir değerin aranması, satırdaki tüm verileri alacaktır (ve bir şekilde diske bağlı olacaktır). Sütunsal depolama, sıkıştırma kullanarak sütun verilerini depolayarak bu bant genişliğini azaltır- burada veri (örneğin) bir durum tablosuna işaretçi olarak depolanır ve ana tabloyu önemli ölçüde sıkıştırır.

1.3.6.4 Flash Bellek

Bellek depolama alanındaki son gelişmeler, flash belleği veya katı hal sürücülerini (SSD'ler) disklere çekici bir alternatif haline getirdi. Flash bellek, bellek tabanlı depolamanın erişim hızını disk tabanlı depolamanın kalıcılığıyla birleştirir.

1.3.7 Veritabanı Ortamları

Veritabanları, sistem geliştirme yaşam döngüsü boyunca çeşitli ortamlarda kullanılır. Değişiklikleri test ederken, DBA'lar Geliştirme ortamındaki veri yapılarının tasarlanmasına dahil edilmelidir. DBA ekibi, test ortamındaki tüm değişiklikleri gerçeklemeli ve Üretim ortamında değişiklikleri gerçekleyen tek ekip olmalıdır. Üretim değişiklikleri, standart süreç ve prosedürlere sıkı sıkıya bağlı kalmalıdır.

Çoğu veri teknolojisi, genel amaçlı donanım üzerinde çalışan bir yazılım olsa da bazen benzersiz veri yönetimi gereksinimlerini desteklemek için özel donanımlar kullanılır. Özel donanım türleri arasında veri araçları, özellikle veri dönüştürme ve dağıtımı için oluşturulmuş sunucular bulunur. Bu sunucular, mevcut altyapı ile doğrudan bir eklenti olarak veya çevresel olarak bir ağ bağlantısı olarak entegre olur.

1.3.7.1 Üretim Ortamı

Üretim ortamı, tüm iş süreçlerinin gerçekleştiği teknik ortamdır. Üretim kritik öneme sahiptir- bu ortam çalışmayı durdurursa, iş süreçleri duracak ve bu da parasal kayıplara ve hizmetlere erişemeyen müşteriler üzerinde olumsuz bir etkiye neden olacaktır. Acil bir durumda veya kamu hizmeti sistemleri için beklenmeyen işlev kaybı felaket olabilir.

Üretim ortamı, iş perspektifinden "gerçek" ortamdır. Ancak güvenilir bir üretim ortamına sahip olmak için diğer üretim dışı ortamların da var olması ve uygun şekilde kullanılması gerekir. Örneğin, bu faaliyetler üretim süreçlerini ve verilerini riske attığından, üretim ortamları geliştirme ve test için kullanılmamalıdır.

1.3.7.2 Üretim Öncesi Ortamlar

Üretim ortamına değişiklikler uygulanmadan önce değişiklikleri geliştirmek ve test etmek için üretim öncesi ortamlar kullanılır. Üretim öncesi ortamlarda, normal iş süreçlerini etkilemeden değişikliklerle ilgili sorunlar tespit edilebilir ve ele alınabilir. Potansiyel sorunları tespit etmek için, üretim öncesi ortamların yapılandırması, üretim ortamına çok benzemelidir.

Alan ve maliyet gereksinimi nedeniyle, üretim öncesi ortamlarda üretimin tam olarak replikasyonu genellikle mümkün değildir. Geliştirme esnasında üretim dışı ortam üretim ortamına ne kadar yakınsa, üretim dışı ortamın üretim ortamına o kadar yakın olması gerekir. Üretim sistemi ekipmanından ve konfigürasyonundan herhangi bir sapma, değişiklikle ilgisi olmayan, sorun araştırmasını ve çözümünü karmaşıklaştıran sorunlar veya hatalar yaratabilir.

Yaygın üretim öncesi ortam türleri, geliştirme, test, destek ve özel kullanım ortamlarını içerir.

1.3.7.2.1 Geliştirme

Geliştirme ortamı, genellikle üretim ortamının daha küçük bir versiyonudur. Genellikle daha az disk alanına, daha az CPU'ya, daha az RAM'e vb. sahiptir. Geliştiriciler, farklı ortamlardaki değişiklikler için kod oluşturmak ve test etmek için bu ortamı kullanır ve bunlar daha sonra tam entegrasyon testi için test ortamında birleştirilir. Geliştirme, geliştirme projelerinin nasıl yönetildiğine bağlı olarak, birçok üretim veri modeli kopyasına sahip olabilir. Daha büyük kuruluşlar, bireysel geliştiricilere tüm uygun haklarla yönetmeleri için kendi ortamlarını verebilir.

Geliştirme ortamı, test için herhangi bir yama veya güncellemenin uygulandığı ilk yer olmalıdır. Bu ortam, üretim ortamlarından farklı fiziksel donanımlardan izole edilmelidir. İzolasyon nedeniyle, üretim sistemlerinden gelen verilerin geliştirme ortamlarına kopyalanması gerekebilir. Ancak birçok endüstride üretim verileri yönetmeliklerle korunmaktadır. Bunun için hangi kısıtlamaların olduğunu belirlemeden önce verileri üretim ortamlarından taşımayın (Bkz. Bölüm 7).

1.3.7.2.2 Test

Test ortamı, kalite güvencesi ve kullanıcı kabul testinin ve bazı durumlarda stres veya performans testlerinin yürütülmesi için kullanılır. Test sonuçlarının çevresel farklılıklar nedeniyle bozulmasını önlemek için ideal olarak test ortamı da üretim ortamıyla aynı yazılım ve donanıma sahiptir. Bu özellikle performans testi için önemlidir. Test, üretim verilerini okumak için ağ üzerinden üretim sistemlerine bağlanabilir veya bağlanmayabilir. Test ortamları asla üretim sistemlerine yazmamalıdır.

Test ortamları birçok kullanıma hizmet eder:

- **Kalite Güvence Testi (QA)**: Fonksiyonaliteyi gereksinimlere karşı test etmek için kullanılır.
- **Entegrasyon Testi**: Bağımsız olarak geliştirilmiş veya yükseltilmiş bir sistemin birden çok parçası olarak test etmek için kullanılır.
- **Kullanıcı Kabul Testi (UAT)**: Sistem işlevselliğini kullanıcı perspektifinden test etmek için kullanılır. Kullanım Durumları, bu ortamda gerçekleştirilen testler için en yaygın girdilerdir.
- **Performans Testi**: Yüksek hacimli veya yüksek karmaşıklıktaki testler, mesai saatleri dışını beklemek zorunda kalmadan veya üretim sistemi pik zamanını olumsuz yönde etkilemeden herhangi bir zamanda gerçekleştirmek için kullanılır.

1.3.7.2.3 Korumalı Alan ya da Deneysel Ortamlar

Korumalı alan, üretim verilerine salt okunur bağlantılara izin veren ve kullanıcılar tarafından yönetilebilen alternatif bir ortamdır. Korumalı alanlar, geliştirme seçeneklerini denemek ve verilerle ilgili hipotezleri test etmek veya üretim verilerini kullanıcı tarafından geliştirilen verilerle veya harici kaynaklardan elde edilen ek verilerle birleştirmek için kullanılır. Korumalı alanlar, örneğin bir Kavram Kanıtı (PoC) gerçekleştirirken değerlidir.

Korumalı alan ortamı, üretim sisteminin bir alt kümesi, üretim sürecinden ayrılmış veya tamamen ayrı bir ortam olabilir. Korumalı alan kullanıcıları, sistemdeki değişiklikler için fikirleri ve seçenekleri hızla doğrulayabilmeleri için genellikle kendi alanları üzerinde CRUD haklarına sahiptir. DBA'ların genellikle bu ortamlarla, onları kurmak, erişim vermek ve kullanımı izlemek dışında pek az ilgisi vardır. Sandbox alanları üretim veri tabanı sistemlerinde bulunuyorsa, üretim operasyonlarını olumsuz etkilemekten kaçınmak için izole edilmelidir. Bu ortamlar asla üretim sistemlerine geri yazmamalıdır.

Korumalı alan ortamları, ayrı örnekler için lisans maliyetleri engelleyici hale gelmedikçe sanal makineler (VM'ler) tarafından yönetilebilirler.

1.3.8 Veritabanı Organizasyonu

Veri depolama sistemleri, verileri disklere yerleştirmek ve işlemeyi yönetmek için gerekli talimatları kapsülleme için bir yol sağlar, böylece geliştiriciler verileri işlemek için talimatları kullanabilirler. Veritabanları üç genel şekilde düzenlenir: Hiyerarşik, İlişkisel ve İlişkisel Olmayan. Bu sınıflar birbirini dışlamaz (bkz. Şekil 59). Bazı veritabanı sistemleri, ilişkisel ve ilişkisel olmayan yapılarda düzenlenen verileri okuyabilir ve yazabilir. Hiyerarşik veritabanları ilişkisel tablolara eşlenebilir. Satır sınırlayıcılı düz dosyalar, satır içeren tablolar olarak okunabilir ve satır içeriklerini açıklamak için bir veya daha fazla sütun tanımlanabilir.

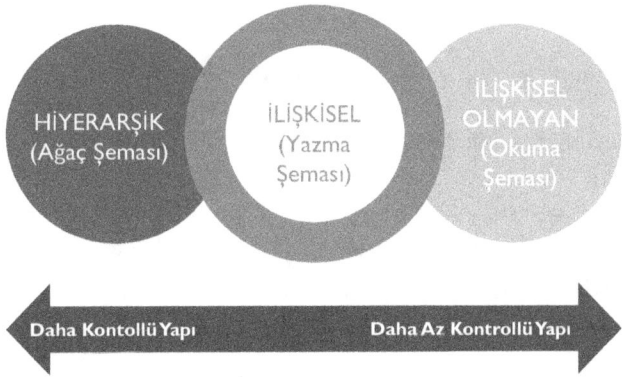

Şekil 59 Veritabanı Organizasyon Spektrumu

1.3.8.1 Hiyerarşik

Hiyerarşik veritabanı organizasyonu, erken anabilgisayar DBMS'lerinde kullanılan en eski veritabanı modelidir ve yapıların en katı olanıdır. Hiyerarşik veritabanlarında, veriler zorunlu ebeveyn/çocuk ilişkileriyle ağaç benzeri bir yapıda düzenlenir: her ebeveynin birçok çocuğu olabilir, ancak her çocuğun yalnızca bir ebeveyni vardır (bire çok ilişkisi olarak da bilinir). Dizin ağaçları bir hiyerarşi örneğidir. XML de hiyerarşik bir model kullanır. Gerçek yapı bir ağaç geçiş yolunun yapısı olmasına rağmen, ilişkisel bir veritabanı olarak temsil edilebilir.

1.3.8.2 İlişkisel

İnsanlar bazen ilişkisel veritabanlarının tablolar arasındaki ilişki için adlandırıldığını düşünürler. Durum bu değildir. İlişkisel veritabanları, veri öğelerinin veya niteliklerin (sütunların) demetler (satırlar) ile ilişkili olduğu küme teorisine ve ilişkisel cebire dayanır (Bkz. Bölüm 5). Tablolar, aynı yapıya sahip ilişki kümeleridir. Küme işlemleri (birleşim, kesişim ve fark gibi), ilişkisel veritabanlarından Yapılandırılmış Sorgu Dili (SQL) biçimindeki verileri düzenlemek ve almak için kullanılır. Veri yazmak için yapının (şema) önceden bilinmesi gerekir. İlişkisel veritabanları satır odaklıdır.

İlişkisel bir veritabanının veritabanı yönetim sistemine RDBMS denir. İlişkisel bir veritabanı, sürekli değişen verilerin depolanmasında baskın seçimdir. İlişkisel veritabanlarındaki varyasyonlar Çok Boyutlu ve Zamansal olabilirler.

1.3.8.2.1 Çok Boyutlu

Çok boyutlu veritabanı teknolojileri, verileri aynı anda birkaç veri öğesi filtresi kullanarak aramaya izin veren bir yapıda depolar. Bu tür yapılar, en sık Veri Ambarı ve İş Zekâsında kullanılır. Bu veritabanı türlerinin bazıları özeldir, ancak çoğu büyük veritabanlarında nesneler olarak yerleşik küp teknolojisi bulunur. Verilere erişim, MDX veya Çok Boyutlu ifade olarak adlandırılan bir çeşit SQL varyantını kullanır.

1.3.8.2.2 Zamansal

Zamansal bir veritabanı, zaman içeren verileri işlemek için yerleşik desteğe sahip ilişkisel bir veritabanıdır. Zamansal yönler genellikle geçerli zaman ve işlem zamanını içerir. Bu nitelikler, iki zamanlı veri oluşturmak için birleştirilebilir.

- **Geçerli zaman**, bir olgunun gerçek dünyada temsil ettiği varlıkla ilgili olarak doğru olduğu zaman dilimidir.
- **İşlem zamanı**, veri tabanında saklanan bir olgunun doğru olarak kabul edildiği süredir.

Veritabanında Karar Zamanı gibi Geçerli Zaman ve İşlem Zamanı dışında zaman çizelgeleri olması mümkündür. Bu durumda, veri tabanına iki zamanlı veri tabanının aksine çok zamanlı veri tabanı denir. Zamansal veritabanları, uygulama geliştiricilerin ve DBA'ların aynı veritabanındaki verilerin mevcut, önerilen ve geçmiş sürümlerini yönetmesine olanak tanır.

1.3.8.3 İlişkisel Olmayan

İlişkisel olmayan veritabanları, verileri basit dizeler veya tam dosyalar olarak depolayabilir. Bu dosyalardaki veriler, ihtiyaca göre farklı şekillerde okunabilir (bu özelliğe 'okunan şema' adı verilir). İlişkisel olmayan veritabanları satır tabanlı olabilir, ancak bu gerekli değildir.

İlişkisel olmayan bir veritabanı, geleneksel ilişkisel veritabanlarından daha az kısıtlı tutarlılık modelleri kullanan verilerin depolanması ve alınması için bir mekanizma sağlar. Bu yaklaşımın motivasyonları arasında tasarımın basitliği, yatay ölçeklendirme ve kullanılabilirlik üzerinde daha hassas kontrol yer alır.

İlişkisel olmayan veritabanlarına genellikle NoSQL ("Yalnızca SQL Değil" anlamına gelir) denir. Ana ayırt edici faktör, veri yapısının artık tablosal bir ilişkisel tasarıma bağlı olmadığı depolama yapısının kendisidir. Bir ağaç, grafik, ağ veya anahtar/değer çifti olabilir. NoSQL etiketi, bazı sürümlerin aslında geleneksel SQL yönergelerini destekleyebileceğini vurgular. Bu veritabanları, genellikle basit alma ve ekleme işlemleri için tasarlanmış, yüksek düzeyde optimize edilmiş veri depolarıdır. Amaç, özellikle gecikme ve verim açısından geliştirilmiş performanstır. NoSQL veritabanları, Büyük Veri ve gerçek zamanlı web uygulamalarında giderek daha fazla kullanılmaktadır (Bkz. Bölüm 5).

1.3.8.3.1 Sütun Tabanlı

Sütun tabanlı veritabanları, yedekli verileri sıkıştırabildikleri için çoğunlukla İş Zekâsı uygulamalarında kullanılır. Örneğin, bir durum kimliği sütunu, bir milyon satırın her biri için bir değer yerine yalnızca benzersiz değerlere sahiptir.

Sütun tabanlı (ilişkisel olmayan) ve satır tabanlı (genellikle ilişkisel) organizasyon arasında ödünleşimler vardır.

- Sütun tabanlı organizasyon, bir toplamın birçok satırda hesaplanması gerektiğinde daha verimlidir. Bu, yalnızca tüm veri sütunlarının önemli ölçüde daha küçük bir alt kümesi için geçerlidir, çünkü bu daha küçük veri alt kümesini okumak, tüm verileri okumaktan daha hızlı olabilir.

- Sütun tabanlı organizasyon, tüm satırlar için bir kerede bir sütunun yeni değerleri sağlandığında daha verimlidir, çünkü bu sütun verileri, satırlar için diğer sütunlara dokunmadan eski sütun verilerini değiştirmek için verimli bir şekilde yazılabilir.

- Satır tabanlı organizasyon, aynı anda tek bir satırın birçok sütununa ihtiyaç duyulduğunda ve tüm satır tek bir disk aramasıyla alınabileceğinden, satır boyutu nispeten küçük olduğunda daha verimlidir.

- Tüm satır verileri aynı anda sağlanırsa, satır tabanlı organizasyon yeni bir satır yazarken daha verimlidir; tüm satır tek bir disk aramasıyla yazılabilir.

- Uygulamada, satır tabanlı depolama düzenleri, etkileşimli işlemlerle daha yoğun olarak yüklenen Çevrimiçi İşlem İşleme (OLTP) benzeri iş yükleri için çok uygundur. Sütun tabanlı depolama düzenleri, genellikle tüm veriler (muhtemelen terabaytlar) üzerinde daha az sayıda yüksek düzeyde karmaşık sorgu içeren Çevrimiçi Analitik İşleme (OLAP) benzeri iş yükleri (ör. veri ambarları) için çok uygundur.

1.3.8.3.2 Uzamsal

Uzamsal bir veritabanı, geometrik bir alanda tanımlanan nesneleri temsil eden verileri depolamak ve sorgulamak için optimize edilmiştir. Uzamsal veritabanları birkaç ilkel türü (kutu, dikdörtgen, küp, silindir vb. gibi basit geometrik şekiller) ve nokta, çizgi ve şekillerden oluşan topluluklardan oluşan geometrileri destekler.

Uzamsal veritabanı sistemleri, değerleri hızla aramak için dizinleri kullanır; çoğu veri tabanının veri dizinleme şekli, uzamsal sorgular için optimal değildir. Bunun yerine, uzamsal veritabanları, veri tabanı işlemlerini hızlandırmak için uzamsal bir dizin kullanır.

Uzamsal veritabanları, çok çeşitli uzamsal işlemler gerçekleştirebilir. Açık Jeo-Uzamsal Konsorsiyum standardına göre, bir uzamsal veritabanı aşağıdaki işlemlerden bir veya daha fazlasını gerçekleştirebilir:

- **Uzamsal Ölçümler**: Çizgi uzunluğunu, çokgen alanını, geometriler arasındaki mesafeyi vb. hesaplar.

- **Uzamsal Fonksiyonlar**: Yenilerini oluşturmak için mevcut özellikleri değiştirir; örneğin, etraflarında bir arabellek sağlayarak, özellikleri kesiştirerek vb.

- **Uzamsal Tahminler**: Geometriler arasındaki uzamsal ilişkiler hakkında doğru/yanlış sorgularına izin verir. Örnekler arasında "İki çokgen örtüşüyor mu?" veya "Önerilen çöp depolama alanının bir mil yakınında bir konut bölgesi var mı?"

- **Geometri Oluşturucuları**: Genellikle şekli tanımlayan köşeleri (noktalar veya düğümler) belirterek yeni geometriler oluşturur.

- **Gözlemci Fonksiyonları**: Bir dairenin merkezinin konumu gibi bir özellik hakkında belirli bilgileri döndüren sorgulardır.

1.3.8.3.3 Nesne / Çoklu Ortam

Bir çoklu ortam veritabanı, bir manyetik ve optik depolama ortamı hiyerarşisinin verimli yönetimi için bir Hiyerarşik Depolama Yönetim sistemi içerir. Ayrıca, sistemin temelini temsil eden bir nesne sınıfları koleksiyonunu da içerir.

1.3.8.3.4 Dosya Veritabanı

Dosya veritabanı, bir veri kümesini tek bir dosya olarak kodlamanın çeşitli yollarından herhangi birini tanımlar. Dosya, düz metin dosyası veya ikili dosya olabilir. Kesin olarak, bir dosya veritabanı, verilerden başka hiçbir şeyden oluşmaz ve uzunluk ve sınırlayıcılar açısından değişebilen kayıtları içerir. Daha geniş anlamda, terim, yapı dışında kayıtlar ve alanlar arasında hiçbir ilişki veya bağlantı olmaksızın, satırlar ve sütunlar şeklinde tek bir dosyada bulunan herhangi bir veritabanını ifade eder. Düz metin dosyaları genellikle her satırda bir kayıt içerir. Bir kâğıda elle yazılmış adların, adreslerin ve telefon numaralarının listesi, dosya veritabanına bir örnektir. Dosyalar, DMBS sistemlerinde sadece veri depolama araçları olarak değil, aynı zamanda veri aktarım araçları olarak da kullanılmaktadır. Hadoop veritabanları dosya depolama kullanır.

1.3.8.3.5 Anahtar/Değer Çifti

Anahtar-Değer çifti veritabanları iki öğeden oluşan kümeler içerir: bir anahtar tanımlayıcı ve bir değer. Bu tür veritabanlarının birkaç özel kullanımı vardır.

- **Doküman Veritabanları**: Doküman odaklı veritabanları, hem yapı hem de veri içeren dosya koleksiyonlarını içerir. Her dokümana bir anahtar atanır. Daha gelişmiş doküman odaklı veritabanları, dokümanın içeriği için tarihler veya etiketler gibi nitelikleri de depolayabilir. Bu tür bir veritabanı hem tam hem de eksik dokümanları saklayabilir. Doküman veritabanları, XML veya JSON (JavaScript Nesne Notasyonu) yapılarını kullanabilir.

- **Grafik Veritabanları**: Grafik veritabanları, odak noktasının düğümlerin kendileri yerine düğümler arasındaki ilişki olduğu anahtar/değer çiftlerini depolar.

1.3.8.3.6 Triplestore

Özne-yüklem-nesneden oluşan bir veri varlığı, triplestore (üçlü depo) olarak bilinir. Kaynak Tanımlama Çerçevesi (RDF) terminolojisinde, bir üçlü depo, bir kaynağı ifade eden bir özneden, özne ile nesne arasındaki ilişkiyi ifade eden yüklemden ve nesnenin kendisinden oluşur. Üçlü depo, özne-yüklem-nesne ifadeleri biçiminde üçlülerin depolanması ve alınması için amaca yönelik oluşturulmuş bir veritabanıdır.

Üçlü depolar genel olarak üç kategoriye ayrılabilir: Yerel (Native) üçlü depolar, RDBMS destekli üç depolar ve NoSQL üçlü depoları.

- **Yerel üçlü depolar**, sıfırdan uygulanan ve RDF verilerini verimli bir şekilde depolamak ve bunlara erişmek için RDF veri modelinden yararlananlardır.
- **RDBMS destekli üçlü depolar**, mevcut bir RDBMS'ye RDF'ye özel bir katman eklenerek oluşturulur.
- **NoSQL üçlü depolar** şu anda RDF için olası depolama yöneticileri olarak araştırılmaktadır.

Triplestore veritabanları, taksonomi ve sözlük yönetimi, bağlantılı veri entegrasyonu ve bilgi portalları için idealdir.

1.3.9 Özelleştirilmiş Veritabanları

Bazı özel durumlar, geleneksel ilişkisel veritabanlarından farklı şekilde yönetilen özel veritabanları türlerini gerektirir. Örnekler şunları içerir:

- Bilgisayar Destekli Tasarım ve İmalat (CAD / CAM) uygulamaları, çoğu gömülü gerçek zamanlı uygulamada olduğu gibi bir Nesne veritabanı gerektirir.

- Coğrafi Bilgi Sistemleri (GIS), Referans Verilerinde en az yıllık güncellemeleri olan özel coğrafi veritabanlarından yararlanır. Bazıları, kamu hizmetleri (elektrik şebekesi, gaz hatları, vb.), ağ yönetiminde telekom için veya okyanus navigasyonu için kullanılır.

- Çoğu çevrimiçi perakende web sitesinde bulunan alışveriş sepeti uygulamaları, başlangıçta müşteri sipariş verilerini depolamak için XML veritabanlarını kullanır ve diğer web sitelerine reklam yerleştirmek için sosyal medya veritabanları tarafından gerçek zamanlı olarak kullanılabilir.

Bu verilerin bir kısmı daha sonra bir veya daha fazla geleneksel OLTP (Çevrimiçi İşlem İşleme) veritabanlarına veya veri ambarlarına kopyalanır. Ayrıca, birçok hazır tedarikçi uygulaması kendi özel veritabanlarını kullanabilir. En azından, şemaları özel olacak ve geleneksel ilişkisel DBMS'lerin üstüne otursalar bile çoğunlukla gizli olurlar.

1.3.10 Ortak Veritabanı Süreçleri

Tüm veritabanları, türü ne olursa olsun, aşağıdaki işlemleri bir şekilde paylaşır.

1.3.10.1 Arşivleme

Arşivleme, verileri hemen erişilebilir depolama ortamından daha düşük erişim performansına sahip bir ortama taşıma işlemidir. Arşivler, kısa süreli kullanım için kaynak sisteme geri yüklenebilir. Uygulama süreçlerini desteklemek için aktif olarak ihtiyaç duyulmayan veriler, daha ucuz olan disk, teyp veya CD / DVD kutusundaki bir arşive taşınmalıdır. Bir arşivden geri yükleme, verileri arşivden sisteme geri kopyalamaktan ibaret olmalıdır.

Optimal kullanılabilirliği ve saklamayı sağlamak için arşiv süreçleri bölümleme stratejisiyle uyumlu hale getirilmelidir. Sağlam bir yaklaşım şunları içerir:

- Tercihen ikincil bir veritabanı sunucusunda ikincil bir depolama alanı oluşturma
- Mevcut veritabanı tablolarını arşiv bloklarına bölümleme
- Ayrı bir veritabanına daha az ihtiyaç duyulan verilerin replikasyonu
- Teyp veya disk yedeklemeleri oluşturma
- Gereksiz verileri periyodik olarak temizleyen veritabanı süreçlerini oluşturma

Acil bir durumda sürprizlerden kaçınmak için düzenli arşiv restorasyon testleri planlamak akıllıca olacaktır.

Bir üretim sisteminin teknolojisinde veya yapısında değişiklik yapıldığında, arşivden mevcut depolamaya taşınan verilerin okunabilir olmasını sağlamak için arşivin de değerlendirilmesi gerekir. Senkronize olmayan arşivleri işlemenin birkaç yolu vardır:

- Arşivin korunmasının gerekip gerekmediğini veya ne kadarının gerekli olduğunu belirleyin. Gerekli olmayanlar temizlenmiş olarak kabul edilebilir.

- Teknolojideki büyük değişiklikler için, teknoloji değişikliğinden önce arşivleri kaynak sisteme geri yükleyin, yeni teknolojiye yükseltin veya yeni teknolojiye geçin ve yeni teknolojiyi kullanarak verileri yeniden arşivleyin.

- Kaynak veritabanı yapılarının değiştiği yüksek değerli arşivler için arşivi geri yükleyin, veri yapılarında değişiklik yapın ve verileri yeni yapı ile yeniden arşivleyin.

- Kaynak teknolojisinin veya yapısının değiştiği seyrek erişimli arşivler için, eski sistemin küçük bir sürümünü sınırlı erişimle çalışır durumda tutun ve gerektiğinde eski sistemi kullanarak arşivlerden çıkarın.

Mevcut teknolojiyle kurtarılamayan arşivler işe yaramaz ve başka türlü okunamayacak arşivleri okumak için eski makineleri etrafta tutmak verimli veya uygun maliyetli değildir.

1.3.10.2 Kapasite ve Büyüme Öngörüleri

Veritabanını bir kutu, verileri meyve ve diğer yükleri de (dizinler vb.) ambalaj malzemesi olarak düşünün. Kutunun ayırıcıları vardır ve meyve ve ambalaj malzemeleri hücrelere doldurulurlar:

- İlk olarak, tüm meyveleri ve ihtiyaç duyulan tüm ambalaj malzemelerini alacak kutunun boyutuna karar verin – Kapasite budur.
- Kutuya ne kadar meyve giriyor ve ne kadar çabuk?
- Kutudan ne kadar meyve çıkıyor ve ne kadar çabuk?

Kutunun zamanla aynı boyutta kalıp kalmayacağına veya daha fazla meyve tutmak için zaman içinde genişletilmesi gerekip gerekmediğine karar verin. Gelen meyveyi ve ambalaj malzemesini tutmak için kutunun ne kadar ve ne kadar hızlı genişlemesi gerektiğine dair bu projeksiyon, büyüme projeksiyonudur. Kutu genişleyemezse, meyvenin konduğu kadar hızlı çıkarılması gerekir ve büyüme projeksiyonu sıfırdır.

Meyve hücrelerde ne kadar kalmalı? Bir hücredeki meyve zamanla kurursa veya herhangi bir nedenle eskisi kadar kullanışlı olmazsa, o meyve daha uzun süreli depolama için ayrı bir kutuya mı konulmalı (yani arşivlenmeli)? Susuz kalmış meyveyi ana kutuya geri getirmeye hiç ihtiyaç olacak mı? Meyveyi ilk kutuya geri taşıma özelliği ile başka bir kutuya taşımak, arşivlemenin önemli bir parçasıdır. Bu, kutunun sık sık veya çok fazla genişletilmesine gerek kalmamasını sağlar.

Bir meyve kullanılamayacak kadar kurursa, o meyveyi atın (yani verileri temizleyin).

1.3.10.3 Fark Verisi Alma (CDC)

Fark verilerinin alınması, verilerin değiştiğini algılama ve değişiklikle ilgili bilgilerin uygun şekilde saklanmasını sağlama sürecini ifade eder. Genellikle log tabanlı replikasyon olarak adlandırılan CDC, veri değişikliklerini kaynağı etkilemeden bir hedefe replikasyonunun saldırgan olmayan bir yoludur. Basitleştirilmiş bir CDC bağlamında, bir bilgisayar sistemi, zaman içinde önceki bir noktadan değişmiş olabilecek verilere sahiptir ve ikinci bir bilgisayar sisteminin aynı değişikliği yansıtması gerekir. Sadece birkaç küçük değişikliği yansıtmak için tüm veritabanını ağ üzerinden göndermek yerine, fikir sadece farkları (deltaları) göndermektir, böylece alıcı sistem uygun güncellemeleri yapabilir.

Farkları algılamak ve almak için iki farklı yöntem vardır: değişen satırları tanımlayan sütunları değerlendiren veri sürümü oluşturma (örneğin, son güncelleme zaman damgası sütunları, sürüm numarası sütunları, durum göstergesi sütunları) veya logları okuyarak farkları bulma ve bunların ikincil sistemlerde replikasyonu.

1.3.10.4 Temizleme

Tüm verilerin sonsuza kadar birincil depolamada kalacağını varsaymak yanlıştır. Sonunda, veriler mevcut alanı dolduracak ve performans düşmeye başlayacaktır. Bu noktada, verilerin arşivlenmesi, temizlenmesi veya her ikisinin birden yapılması gerekecektir. Daha da önemlisi, bazı verilerin değeri düşecek ve saklanmaya değmeyecektir. Temizleme, verileri depolama ortamından kurtarılamayacak şekilde tamamen kaldırma işlemidir. Veri yönetiminin temel amacı, veriyi korumanın maliyetinin kuruluş için veri değerini aşmamasıdır. Verileri temizlemek, maliyetleri ve riskleri azaltır. Temizlenecek veriler, regülasyonel amaçlar için bile genellikle eski ve gereksiz olarak kabul edilir. Gerekenden uzun süre tutulursa veriler yükümlülük haline gelebilir. Temizlemek, hatalı kullanım risklerini azaltır.

1.3.10.5 Replikasyon

Veri replikasyonu, aynı verilerin birden çok depolama aygıtında depolanması anlamına gelir. Bazı durumlarda, iş yükünün farklı donanımlardaki özdeş veritabanları arasında veya hatta veri merkezlerinde dağıtılmasının en yoğun kullanım süreleri veya felaketler sırasında işlevselliği koruyabildiği yüksek kullanılabilirlikli bir ortamda olduğu gibi, duplike veritabanlarına sahip olmak yararlıdır.

Replikasyon aktif veya pasif olabilir:

- **Aktif replikasyon**, aynı verileri diğer her replikasyondan her replikasyonda yeniden oluşturup depolayarak gerçekleştirilir.
- **Pasif çoğaltma**, verileri tek bir birincil replikasyonda oluşturmayı ve depolamayı ve ardından bunun sonuç durumunu diğer ikincil replikasyonlara dönüştürmeyi içerir.

Replikasyonun iki ölçeklendirme boyutu vardır:

- Yatay veri ölçeklemede daha fazla veri kopyası bulunur.
- Dikey veri ölçekleme, coğrafi olarak daha uzakta bulunan veri replikasyonlarına sahiptir.

Güncellemelerin herhangi bir veritabanı düğümüne gönderilebildiği ve ardından diğer sunuculara aktarılabildiği çok başlı replikasyon genellikle istenir, ancak karmaşıklığı ve maliyeti de artırır.

Replikasyon şeffaflığı, veriler veritabanı sunucuları arasında çoğaltıldığında oluşur, böylece bilgiler veritabanı sistemi boyunca tutarlı kalır ve kullanıcılar hangi veritabanı kopyasını kullandıklarını bilemezler.

İki ana replikasyon modeli, yansıtma ve log naklidir (bkz. Şekil 60).

- Yansıtmada, birincil veritabanındaki güncellemeler, iki aşamalı kesinleştirme sürecinin bir parçası olarak (göreceli olarak) ikincil veritabanına hemen çoğaltılır.
- Log naklinde, ikincil bir sunucu, düzenli aralıklarla birincil veritabanının işlem loglarının kopyalarını alır ve uygular.

Replikasyon yönteminin seçimi, verilerin ne kadar kritik olduğuna ve ikincil sunucuya yük devretmenin hemen gerçekleşmesinin ne kadar önemli olduğuna bağlıdır. Yansıtma genellikle log naklinden daha pahalı bir seçenektir. İkincil bir sunucu için yansıtma etkilidir; ek ikincil sunucuları güncellemek için log nakli kullanılabilir.

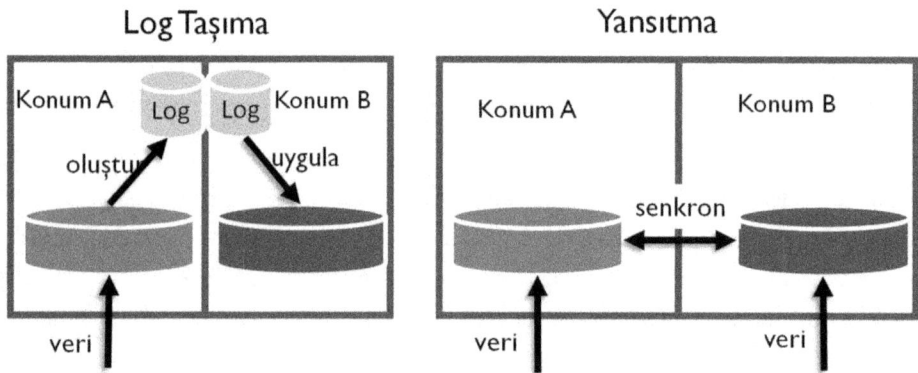

Şekil 60 Log Nakli vs. Yansıtma

1.3.10.6 Dayanıklılık ve Kurtarma

Veritabanlarında dayanıklılık, bir sistemin hata koşullarına ne kadar toleranslı olduğunun ölçümüdür. Bir sistem yüksek düzeyde işleme hatalarına tahammül edebiliyorsa ve yine de beklendiği gibi çalışıyorsa, oldukça dayanıklıdır. Bir uygulama ilk beklenmeyen koşulda çökerse, o sistem dayanıklı değildir. Veritabanı, yaygın işleme hatalarını algılayabilir ve iptal edebilir veya otomatik olarak kurtarabilirse (örneğin kaçak sorgu), dayanıklı kabul edilir. Elektrik kesintisi gibi hiçbir sistemin önceden tespit edemediği bazı durumlar her zaman vardır ve bu durumlar felaket olarak kabul edilir.

Üç kurtarma türü, kurtarmanın ne kadar hızlı gerçekleştiğine ve neye odaklandığına ilişkin yönergeler sağlar:

- Bazı sorunların anında giderilmesi bazen tasarım yoluyla çözülebilir; örneğin, yedekleme sistemine geçişten kaynaklanabilecek problemler gibi sorunları tahmin etmek ve otomatik olarak çözmek.

- Kritik kurtarma, iş süreçlerindeki gecikmeleri veya kapanmaları en aza indirmek için sistemi mümkün olduğunca çabuk geri yükleme planı anlamına gelir.

- Kritik olmayan kurtarma, daha kritik sistemler geri yüklenene kadar fonksiyonun geri yüklenmesinin ertelenebileceği anlamına gelir.

Veri işleme hataları, veri yükleme hatalarını, sorgu iade hatalarını ve ETL veya diğer süreçleri tamamlamanın önündeki engelleri içerir. Veri işleme sistemlerinde dayanıklılığı artırmanın yolları, hatalara neden olan verileri yakalayıp yeniden yönlendirmek, hatalara neden olan verileri tespit edip işaretlemek ve verilerin yeniden işlenmesini veya işlemi yeniden başlatırken tamamlanmış adımların tekrarlanmasını önlemek için işlem bayrakları kullanmaktır.

Her sistem belirli bir dayanıklılık düzeyi (yüksek veya düşük) gerektirmelidir. Bazı uygulamalar, herhangi bir hatanın tüm işlemleri durdurmasını (düşük dayanıklılık) gerektirebilirken, diğerleri, tamamen göz ardı edilmezse, yalnızca hataların yakalanmasını ve gözden geçirilmek üzere yeniden yönlendirilmesini gerektirebilir.

Çok kritik veriler için, DBA'nın, verilerin uzak bir sunucudaki veritabanının başka bir kopyasına taşındığı bir replikasyon modeli gerçeklemesi gerekecektir. Veritabanı hatası durumunda, uygulamalar uzak veritabanına "yük devredebilir" ve işlemlere devam edebilir.

1.3.10.7 Tutulma

Veri Tutma, verilerin ne kadar süreyle kullanılabilir durumda tutulacağını ifade eder. Veri tutulma planlaması, fiziksel veritabanı tasarımının bir parçası olmalıdır. Tutma gereksinimleri de kapasite planlamasını etkiler.

Bazı verilerin yasal nedenlerle belirli zaman dilimlerinde tutulması gerektiğinden, Veri Güvenliği veri tutma planlarını da etkiler. Verilerin uygun süre boyunca muhafaza edilmemesi yasal sonuçlar doğurabilir. Aynı şekilde, verilerin temizlenmesi ile ilgili düzenlemeler de vardır. Veriler belirtilenden daha uzun süre tutulursa yük haline gelebilir. Kuruluşlar, regülasyon gereksinimlerine ve risk yönetimi yönergelerine dayalı olarak tutma politikaları oluşturmalıdır. Bu politikalar, verilerin temizlenmesi ve arşivlenmesi için spesifikasyonları yönlendirmelidir.

1.3.10.8 Parçalama

Parçalama, veritabanının küçük parçalarının izole edildiği ve diğer parçalardan bağımsız olarak güncellenebildiği bir işlemdir, bu nedenle replikasyon yalnızca bir dosya kopyasıdır. Parçalar küçük olduğundan, yenilemeler/üzerine yazmalar optimal olabilir.

2. Faaliyetler

Veri Operasyonları ve Depolama alanındaki iki ana faaliyet, Veritabanı Teknolojisi Desteği ve Veritabanı Operasyonları Desteğidir. Veritabanı Teknolojisi Desteği, verileri depolayan ve yöneten yazılımın seçilmesine ve bakımına özeldir. Veritabanı Operasyon Desteği, yazılımın yönettiği verilere ve işlemlere özeldir.

2.1 Veritabanı Teknolojisinin Yönetilmesi

Veritabanı teknolojisini yönetmek, herhangi bir teknolojiyi yönetmek için aynı ilke ve standartları izlemelidir.

Teknoloji yönetimi için önde gelen referans modeli, Birleşik Karalık'ta geliştirilen bir teknoloji yönetimi süreç modeli olan Bilgi Teknolojisi Altyapı Kütüphanesi'dir (ITIL). ITIL ilkeleri, veri teknolojisini yönetmek için geçerlidir.[27]

2.1.1 Veritabanı Teknolojisi Özelliklerinin Anlaşılması

Teknolojinin nasıl çalıştığını ve belirli bir iş bağlamında nasıl değer sağlayabileceğini anlamak önemlidir. DBA, diğer veri hizmetleri ekipleriyle birlikte, işletmenin veri ve bilgi ihtiyaçlarını anlamak için işletme kullanıcıları ve yöneticileriyle yakın bir şekilde çalışır. DBA'lar ve Veritabanı Mimarları, kurumsal ihtiyaçları karşılamak için mümkün olan en iyi teknoloji uygulamalarını önermek için mevcut araçlar hakkındaki bilgilerini iş gereksinimleriyle birleştirir.

Veri uzmanları, çözüm olarak hangisini önereceklerine karar vermeden önce, aday bir veritabanı teknolojisinin özelliklerini anlamalıdır. Örneğin, işleme dayalı yeteneklere sahip olmayan veritabanı teknolojileri, POS süreçlerini destekleyen operasyonel durumlar için uygun değildir.

Tek tip bir veritabanı mimarisinin veya DBMS'nin her tür ihtiyaç için çalışabildiğini varsaymayın. Çoğu kuruluş, performans ayarından yedeklemeye ve veritabanının kendisini yönetmeye kadar çeşitli işlevleri gerçekleştirmek için birden fazla veritabanı aracına sahiptir. Bu araç setlerinden yalnızca birkaçı beklenen standartlara sahiptir.

2.1.2 Veritabanı Teknolojisinin Değerlendirilmesi

Stratejik DBMS yazılımının seçilmesi özellikle önemlidir. DBMS yazılımının veri entegrasyonu, uygulama performansı ve iş üretkenliği üzerinde büyük etkisi vardır. DBMS yazılımını seçerken göz önünde bulundurulması gereken faktörlerden bazıları şunlardır:

- Ürün mimarisi ve karmaşıklığı
- Akış hızı dahil hacim ve hız sınırları
- İşlem yürütme, İş Zekâsı gibi uygulama profilleri
- Zamansal hesaplama desteği gibi belirli fonksiyonlar
- Donanım platformu ve işletim sistemi desteği
- Destekleyici yazılım araçlarının mevcudiyeti
- Gerçek zamanlı istatistikler dahil olmak üzere performans değerlendirme ölçütlemeleri
- Ölçeklenebilirlik
- Yazılım, bellek ve depolama gereksinimleri
- Hata işleme ve raporlama dahil dayanıklılık

Bazı faktörler doğrudan teknolojinin kendisiyle değil, satın alma organizasyonu ve tedarikçilerle ilgilidir. Örneğin:

- Teknik riskler için kurumsal iştah
- Eğitimli teknik uzmanların mevcut arzı
- Lisanslama, bakım ve bilgi işlem kaynakları gibi sahip olma maliyeti

---

[27] http://bit.ly/1gA4mpr.

- Tedarikçi itibarı
- Tedarikçi destek politikası ve yayın planı
- Müşteri referansları

Yönetim, lisanslama ve destek dahil olmak üzere ürünün maliyeti, ürünün işletme için değerini aşmamalıdır. İdeal olarak, teknoloji mümkün olduğunca kullanıcı dostu, kendi kendini izleyen ve kendi kendini yöneten bir yapıda olmalıdır. Değilse, ürünü kullanma konusunda deneyimli personel getirmek gerekebilir.

Tam gelişmiş bir üretim uygulamasına geçmeden önce gerçek maliyetler ve faydalar hakkında iyi bir fikir edinmek için küçük bir pilot proje veya kavram kanıtı (PoC) ile başlamak iyi bir fikirdir.

2.1.3 Veritabanı Teknolojisinin Yönetilmesi ve İzlenmesi

DBA'lar, kullanıcı sorunlarını anlamak, analiz etmek ve çözmek için yardım masaları ve teknoloji tedarikçisi desteği ile birlikte çalışarak genellikle ikinci kademe teknik destek olarak hizmet ederler. Herhangi bir teknolojiyi etkili bir şekilde anlamanın ve kullanmanın anahtarı eğitimdir. Kuruluşlar, veri ve veritabanı teknolojisini uygulamaya, desteklemeye ve kullanmaya dahil olan herkes için eğitim planları ve bütçeleri olduğundan emin olmalıdır. Eğitim planları, uygulama geliştirmeyi, özellikle Çevik geliştirmeyi daha iyi desteklemek için uygun seviyelerde çapraz eğitimler içermelidir. DBA'lar, veri modelleme, kullanım senaryosu analizi ve uygulama veri erişimi gibi uygulama geliştirme becerileri konusunda çalışma bilgisine sahip olmalıdır.

DBA, veritabanlarının düzenli olarak yedeklenmesini sağlamaktan ve kurtarma testleri yapmaktan sorumludur. Ancak, bu veritabanlarından gelen verilerin bir veya daha fazla veritabanındaki diğer mevcut verilerle birleştirilmesi gerekiyorsa, bir veri entegrasyonu sorunu olabilir. DBA'lar sadece verileri birleştirmemelidir. Bunun yerine, verilerin doğru ve etkili bir şekilde entegre edilmesini sağlamak için diğer paydaşlarla birlikte çalışmalıdırlar.

Bir işletme yeni teknolojiye ihtiyaç duyduğunda, DBA'lar teknolojinin en etkin kullanımını sağlamak, teknolojinin yeni uygulamalarını keşfetmek ve kullanımından kaynaklanan problemleri veya sorunları ele almak için iş kullanıcıları ve uygulama geliştiricilerle birlikte çalışırlar. DBA'lar daha sonra üretim öncesi ve üretim ortamlarında yeni teknoloji ürünlerini devreye alır. Ürünü en az çaba ve masrafla yönetmek için süreç ve prosedürleri oluşturmaları ve belgelemeleri gerekecektir.

2.2 Veritabanlarının Yönetilmesi

DBA'lar ve Ağ Depolama Yöneticileri (NSA'lar) tarafından sağlanan veritabanı desteği, veri yönetiminin merkezinde yer alır. Veritabanları, yönetilen depolama alanlarında bulunur. Yönetilen depolama, kişisel bir bilgisayardaki (işletim sistemi tarafından yönetilen) bir disk sürücüsü kadar küçük veya bir depolama alanı ağı veya SAN üzerindeki RAID dizileri kadar büyük olabilir. Yedekleme ortamı da yönetilen depolamadır.

DBA'lar, depolama yapıları atayarak, fiziksel veritabanlarını koruyarak (fiziksel veri modelleri ve belirli dosyalara veya disk alanlarına atamalar gibi verilerin fiziksel yerleşimleri dahil) ve sunucular üzerinde DBMS ortamları kurarak çeşitli veri depolama uygulamalarını yönetir.

2.2.1 Gereksinimlerin Anlaşılması

2.2.1.1 Depolama Gereksinimlerinin Tanımlanması

DBA'lar, DBMS uygulamaları için depolama sistemleri ve NoSQL'i desteklemek için dosya depolama sistemleri kurar. NSA'lar ve DBA'lar birlikte dosya depolama sistemlerinin oluşturulmasında hayati bir rol oynar. Veriler, normal iş operasyonları sırasında depolama ortamına girer ve gereksinimlere bağlı olarak kalıcı veya geçici olarak kalabilirler. Bu alana gerçekten ihtiyaç duyulduğunda önceden ek alan eklemeyi planlamak önemlidir. Acil bir durumda herhangi bir bakım yapmak risklidir.

Tüm projelerin ilk faaliyet yılı için bir başlangıç kapasite tahmini ve sonraki birkaç yıl için bir büyüme projeksiyonu olmalıdır. Kapasite ve büyüme, yalnızca verinin sahip olduğu alan için değil, aynı zamanda dizinler, loglar ve artık imajlar için de tahmin edilmelidir.

Veri saklama gereksinimleri, veri saklamayla ilgili düzenlemeleri hesaba katmalıdır. Yasal nedenlerle, kuruluşların bazı verileri belirli süreler boyunca saklaması gerekir (bkz. Bölüm 9). Bazı durumlarda, belirli bir süre sonra verileri temizlemeleri de gerekebilir. Tasarım zamanında veri sahipleriyle veri saklama ihtiyaçlarını tartışmak ve verilerin yaşam döngüsü boyunca nasıl ele alınacağı konusunda anlaşmaya varmak iyi bir fikirdir.

DBA'lar, onaylanmış veri saklama planını uygulamak için uygulama geliştiricileri ve sunucu ve depolama yöneticileri dahil olmak üzere diğer operasyon personeli ile birlikte çalışırlar.

2.2.1.2 Kullanım Modellerinin Tanımlanması

Veritabanlarının öngörülebilir kullanım desenleri vardır. Temel desen türleri şunları içerir:

- İşlem tabanlı
- Büyük veri seti yazma veya çekme tabanlı
- Zamana dayalı (ay sonunda daha ağır, hafta sonları daha hafif, vb.)
- Konum bazlı (daha yoğun nüfuslu bölgelerde daha fazla işlem vb.)
- Önceliğe dayalı (bazı departmanlar diğerlerinden daha yüksek önceliğe sahiptir)

Bazı sistemler bu temel desenlerin bir kombinasyonuna sahip olacaktır. DBA'ların kullanım desenlerinin gelgitlerini ve akışlarını tahmin edebilmesi ve pikleri (sorgu yöneticileri veya öncelik yönetimi gibi) ele almak ve vadi desenlerinden yararlanmak (bir vadi gelene kadar büyük miktarda kaynağa ihtiyaç duyan süreçleri geciktirmek) için yerinde süreçlere sahip olması gerekir. Bu bilgi, veritabanı performansını korumak için kullanılabilir.

2.2.1.3 Erişim Gereksinimlerinin Tanımlanması

Veri erişimi, bir veritabanında veya başka bir depoda bulunan verilerin depolanması, alınması veya bunlara göre hareket edilmesiyle ilgili faaliyetleri içerir. Veri Erişimi, basitçe farklı veri dosyalarına erişim yetkisidir.

Veritabanlarından ve diğer depolardan verilere erişmek için çeşitli standart diller, yöntemler ve biçimler mevcuttur: SQL, ODBC, JDBC, XQJ, ADO.NET, XML, X Query, X Path ve ACID tipi sistemler için Web Servisleri. BASE tipi erişim yöntemi standartları arasında C, C++, REST, XML ve Java bulunur. Bazı standartlar, yapılandırılmamış (HTML veya metin dosyaları gibi) verilerin yapılandırılmış (XML veya SOL gibi) haline dönüştürülmesini sağlar.

Veri mimarları ve DBA'lar, kuruluşların veri erişimi için gerekli olan uygun yöntemleri ve araçları seçmelerine yardımcı olabilir.

2.2.2 İş Sürekliliği için Planlama

Kuruluşların, sistemlerini ve verilerini kullanma yeteneklerini etkileyen bir felaket veya olumsuz olay durumunda iş sürekliliği için planlama yapmaları gerekir. DBA'lar, tüm veritabanları ve veritabanı sunucuları için aşağıdakiler gibi verilerin kaybolmasına veya bozulmasına neden olabilecek senaryoları kapsayan bir kurtarma planının mevcut olduğundan emin olmalıdır:

- Fiziksel veritabanı sunucusunun kaybı
- Bir veya daha fazla disk depolama cihazının kaybı
- DBMS Ana Veritabanı, geçici depolama veritabanı, işlem log segmenti vb. dahil olmak üzere bir veritabanının kaybı.
- Veritabanı dizini veya veri sayfalarının bozulması
- Veritabanı veya log segmenti dosya sistemlerinin kaybı
- Veritabanı veya işlem logu yedekleme dosyalarının kaybı

Her bir veri tabanı, geri yüklemesine öncelik atanabilmesi için kritiklik açısından değerlendirilmelidir. Bazı veritabanları iş operasyonları için gerekli olacak ve hemen geri yüklenmesi gerekecektir. Daha az kritik veritabanları, ana sistemler kurulup çalışana kadar geri yüklenmeyecektir. Yine de diğerlerinin geri yüklenmesi gerekmeyebilir; örneğin, yalnızca yüklendiğinde yenilenen kopyalarsa.

Yönetim ve kuruluşun iş sürekliliği ekibi varsa, veri kurtarma planını gözden geçirmeli ve onaylamalıdır. DBA grubu, planları doğruluk ve anlaşılırlık açısından düzenli olarak gözden geçirmelidir. DBMS'yi kurmak ve yapılandırmak için gereken tüm yazılımlarla birlikte planın bir kopyasını, talimatları ve güvenlik kodlarını (ör. yönetici parolası) bir felaket durumunda güvenli, uzak bir yerde saklayın.

Yedekler mevcut değilse veya okunamıyorsa, hiçbir sistem bir felaketten kurtarılamaz. Düzenli yedeklemeler, herhangi bir kurtarma çabası için çok önemlidir, ancak okunamıyorlarsa, işe yaramazdan da beterdirler; okunamayan yedekleri yüklemek için işlem süresi boşa gitmiş olacak ve yedekleri okunamaz hale getiren sorunu çözme fırsatı da boşa gitmiş olacaktır. Tüm yedekleri güvenli, uzak bir yerde saklayın.

2.2.2.1 Yedekleme Yapılması

Veritabanlarının ve uygunsa veri tabanı işlem loglarının yedeklerini alın. Sistemin Hizmet Düzeyi Sözleşmesi (SLA), yedekleme sıklığını belirtmelidir. Verilerin önemini, onu koruma maliyetine karşı dengeleyin. Büyük veritabanları için sık yapılan yedeklemeler, büyük miktarda disk depolama ve sunucu kaynağı tüketebilir. Artımlı yedeklemelere ek olarak, periyodik olarak her bir veritabanının tam bir yedeğini alın. Ayrıca, veritabanları, yönetilen bir depolama alanında, ideal olarak bir depolama alanı ağı veya SAN üzerindeki bir RAID dizisi üzerinde, ayrı depolama ortamlarına günlük yedekleme ile yer almalıdır. OLTP veritabanları için, işlem loglarının yedeklemelerinin sıklığı, güncelleme sıklığına ve ilgili veri miktarına bağlı olacaktır. Sık güncellenen veritabanları için, daha sık log dökümleri yalnızca daha fazla koruma sağlamakla kalmayacak, aynı zamanda yedeklemelerin sunucu kaynakları ve uygulamaları üzerindeki etkisini de azaltacaktır.

Yedekleme dosyaları, veritabanlarından ayrı bir dosya sisteminde tutulmalı ve SLA'da belirtildiği gibi bazı ayrı depolama ortamlarına yedeklenmelidir. Günlük yedeklemelerin kopyalarını uzakta güvenli bir tesiste saklayın. Çoğu DBMS, veritabanının kesintisiz (hot) yedeklemelerini destekler- uygulamalar çalışırken alınan yedeklemeler. Aktarma sırasında bazı güncellemeler meydana geldiğinde, bunlar ya tamamlanmaya kadar ilerler ya da yedekleme yeniden yüklendiğinde geri alınır. Alternatif, veritabanı çevrimdışıyken alınan bir kesintili (cold) yedeklemedir. Bununla birlikte, uygulamaların sürekli olarak kullanılabilir olması gerekiyorsa, kesintili yedekleme uygun bir seçenek olmayabilir.

2.2.2.2 Verilerin Kurtarılması

Çoğu yedekleme yazılımı, yedekten sisteme yazma seçeneği içerir. DBA, yedeklemeyi içeren ortamı yeniden oluşturmak ve geri yüklemeyi yürütmek için altyapı ekibiyle birlikte çalışır. Verilerin geri yüklenmesini yürütmek için kullanılan belirli yardımcı programlar, veri tabanının türüne bağlıdır.

Dosya sistemi veritabanlarındaki verilerin geri yüklenmesi, özellikle kurtarma tam yedekleme yerine loglardan yapılıyorsa, veri kurtarma sırasında güncellenmesi gereken katalog bilgilerine sahip olabilecek ilişkisel veritabanı yönetim sistemlerinden daha kolay olabilir.

Verilerin kurtarılmasını periyodik olarak test etmek çok önemlidir. Bunu yapmak, bir afet veya acil durum sırasında kötü sürprizleri azaltacaktır. Uygulama çalıştırmaları, aynı altyapı ve konfigürasyona sahip üretim dışı sistem kopyalarında veya sistemin bir yük devretme varsa ikincil sistemde yürütülebilir.

2.2.3 Veritabanı Örneklemlerinin Geliştirilmesi

DBA'lar, veritabanı örneklemlerinin oluşturulmasından sorumludur. İlgili faaliyetler şunları içerir:

- **DBMS yazılımının kurulması ve güncellenmesi**: DBA'lar, DBMS yazılımının yeni sürümlerini kurar ve DBMS tedarikçisi tarafından sağlanan bakım yamalarını tedarikçi tarafından belirtildiği ve DBA uzmanları, güvenlik uzmanları tarafından incelenip önceliklendirildiği şekilde (geliştirmeden üretime kadar) tüm ortamlarda uygular. Bu, saldırılara karşı güvenlik açığına karşı koruma sağlamanın yanı sıra merkezi ve merkezi olmayan kurulumlarda sürekli veri bütünlüğünü sağlamak için kritik bir faaliyettir.

- **Farklı DBMS sürümleri dahil olmak üzere birden çok ortam kurulumunun sürdürülmesi**: DBA'lar, korumalı alanda, geliştirme, test, kullanıcı kabul testi, sistem kabul testi, kalite güvencesi, üretim öncesi, düzeltme, olağanüstü durum kurtarma ortamlarında birden çok DBMS yazılımı kurabilir ve bakımını yapar, DBMS yazılım sürümlerinin uygulamalar, sistem sürümleri ve değişikliklerle ilgili ortamlar aracılığıyla geçişlerini yönetirler.

- **İlgili veri teknolojisinin kurulması ve yönetilmesi**: DBA'lar, veri entegrasyon yazılımının ve üçüncü taraf veri yönetim araçlarının kurulumuna dahil olabilir.

2.2.3.1 Fiziksel Depolama Ortamının Yönetilmesi

Depolama ortamı yönetiminin, veritabanı yapılandırmasında, yapılarında, kısıtlamalarında, izinlerinde, eşiklerinde vb. değişiklikleri kaydetmek için geleneksel Yazılım Konfigürasyon Yönetimi (SCM) süreçlerini veya Bilgi Teknolojisi Altyapı Kütüphanesi (ITIL) yöntemlerini izlemesi gerekir. DBA'ların, standart bir yapılandırma yönetimi sürecinin parçası olarak depolama nesnelerindeki değişiklikleri yansıtması için fiziksel veri modelini güncellemesi gerekir. Çevik geliştirme ve ekstrem programlama yöntemleriyle, fiziksel veri modelindeki güncellemeler, tasarım veya geliştirme hatalarının önlenmesinde önemli roller oynar.

DBA'ların değişiklikleri izlemek ve geliştirme, test ve üretim ortamlarındaki veritabanlarının her sürümde bulunan tüm geliştirmelere sahip olduğunu doğrulamak için SCM sürecini uygulamaları gerekir- değişiklikler kozmetik veya yalnızca sanallaştırılmış bir veri katmanında olsa bile.

Sağlam bir SCM süreci sağlamak için gereken dört prosedür, konfigürasyon tanımlaması, konfigürasyon değişikliği kontrolü, konfigürasyon durumu muhasebesi ve konfigürasyon denetimleridir.

- Konfigürasyon tanımlama süreci sırasında, DBA'lar, son kullanıcı amaçları için bir konfigürasyonun her yönünü tanımlayan nitelikleri belirlemek için veri sorumluları, veri mimarları ve veri modelleyicilerle birlikte çalışacaklardır. Bu nitelikler, konfigürasyon belgelerine kaydedilir ve temel alınır. Bir nitelik temel alındığında, niteliği değiştirmek için resmi bir konfigürasyon değişikliği kontrol süreci gereklidir.

- Konfigürasyon değişiklik kontrolü, bir konfigürasyon öğesinin niteliklerini değiştirmek ve bunları yeniden temellendirmek için gereken bir dizi süreç ve onay aşamasıdır.

- Konfigürasyon durum muhasebesi, herhangi bir zamanda her konfigürasyon öğesiyle ilişkili konfigürasyon temel çizgisini kaydetme ve raporlama yeteneğidir.

- Konfigürasyon denetimleri hem teslimatta hem de bir değişikliği gerçekleştirirken yapılırlar. İki tip vardır. Fiziksel bir konfigürasyon denetimi, bir konfigürasyon öğesinin ayrıntılı tasarım belgelerinin gereksinimlerine uygun olarak kurulmasını sağlarken, fonksiyonel bir konfigürasyon denetimi, bir konfigürasyon öğesinin performans niteliklerine ulaşılmasını sağlar.

Veri yaşam döngüsü boyunca veri tutarlılığını ve izlenebilirliği korumak için DBA'lar, fiziksel veritabanı niteliklerindeki değişiklikleri modelleyicilere, geliştiricilere ve metaveri yöneticilerine iletirler.

DBA'lar ayrıca veri replikasyon ihtiyaçlarını, veri aktarım hacimlerini ve veri kurtarma kontrol noktalarını belirlemek için veri hacmi, kapasite projeksiyonları ve sorgu performansı ile fiziksel nesnelere ilişkin istatistiklerin metriklerini muhafaza etmelidir. Daha büyük veritabanlarında ayrıca nesnenin istenen veri dağıtımını sürdürmesini sağlamak için zaman içinde izlenmesi ve sürdürülmesi gereken nesne bölümleme olacaktır.

2.2.3.2 Veritabanı Erişim Kontrollerinin Yönetilmesi

DBA'lar, verilere erişimi sağlayan kontrolleri yönetmekten sorumludur. DBA'lar, veri varlıklarını ve veri bütünlüğünü korumak için aşağıdaki fonksiyonları denetler:

- **Kontrollü ortam**: DBA'lar, veri varlıkları için kontrollü bir ortamı yönetmek için NSA'larla birlikte çalışır; buna ağ rolleri ve izinleri yönetimi, 7x24 izleme, güvenlik duvarı yönetimi, yama yönetimi ve Microsoft Baseline Security Analyzer (MBSA) entegrasyonu dahildir.

- **Fiziksel güvenlik**: Veri varlıklarının fiziksel güvenliği, Basit Ağ Yönetim Protokolü (SNMP) tabanlı izleme, veri denetimi logları, felaket yönetimi ve veritabanı yedekleme planlaması ile yönetilir. DBA'lar bu protokolleri yapılandırır ve izler. İzleme özellikle güvenlik protokolleri için önemlidir.

- **İzleme**: Veritabanı sistemleri, kritik sunucuların sürekli donanım ve yazılım izlemesi ile sağlıklı tutulur.

- **Kontroller**: DBA'lar, erişim kontrolleri, veritabanı denetimi, izinsiz giriş tespiti ve güvenlik açığı değerlendirme araçları ile bilgi güvenliğini sağlar.

Veri güvenliğinin kurulmasıyla ilgili kavramlar ve faaliyetler Bölüm 7'de tartışılmaktadır.

2.2.3.3 Depolama Konteynerleri Oluşturulması

Tüm veriler fiziksel bir sürücüde saklanmalı ve yükleme, arama ve alma kolaylığı için düzenlenmelidir. Konteynerlerin kendileri, depolama nesneleri içerebilir ve her bir seviye, nesnenin seviyesine uygun olarak muhafaza edilmelidir. Örneğin, ilişkisel veritabanlarının tablolar içeren şemaları vardır ve ilişkisel olmayan veritabanlarının dosyaları içeren dosya sistemleri vardır.

2.2.3.4 Fiziksel Veri Modellerinin Uygulanması

DBA'lar tipik olarak, fiziksel veri modeline dayalı olarak fiziksel veri depolama ortamının oluşturulmasından ve yönetilmesinden sorumludur. Fiziksel veri modeli, veri kalitesi kurallarını uygulamak, veritabanı nesnelerini bağlamak ve veritabanı performansını elde etmek için gereken depolama nesnelerini, dizin oluşturma nesnelerini ve herhangi bir kod nesnesini içerir.

Kuruluşa bağlı olarak, veri modelleyiciler veri modelini sağlar ve DBA'lar veri modelinin depolamadaki fiziksel düzenini gerçekler. Diğer kuruluşlarda, DBA'lar fiziksel bir modelin iskeletini alabilir ve dizinler, kısıtlamalar, bölümlemeler veya kümeler, kapasite tahminleri ve depolama tahsisi ayrıntıları dahil olmak üzere tüm veritabanına özgü uygulama ayrıntılarını ekleyebilir.

Bir uygulamanın parçası olarak sağlanan üçüncü taraf veritabanı yapıları için, çoğu veri modelleme aracı, modelleme depolama aracı kataloğunu okuyabildiği sürece, Ticari Kullanıma Hazır (COTS) veya Kurumsal Kaynak Planlama (ERP) sistem veritabanlarının tersine mühendisliğine izin verir. Bunlar bir Fiziksel Model geliştirmek için kullanılabilir. DBA'ların veya veri modelleyicilerin, uygulamaya dayalı kısıtlamalar veya ilişkiler için fiziksel modeli gözden geçirmesi ve potansiyel olarak güncellemesi gerekecektir; tüm kısıtlamalar ve ilişkiler, özellikle veritabanı soyutlamasının istendiği eski uygulamalar için, veritabanı kataloglarına yüklenmez.

DBA'lar Hizmet Olarak Veri (DaaS) sağlarken iyi bakımlı fiziksel modeller gereklidir.

2.2.3.5 Veri Yükleme

İlk inşa edildiğinde, veritabanları boştur. DBA'lar onları doldurur. Yüklenecek veriler bir veritabanı yardımcı programı kullanılarak dışa aktarılmışsa, bunları yeni veritabanına yüklemek için bir veri entegrasyon aracının kullanılması gerekli olmayabilir. Çoğu veritabanı sistemi, verilerin hedef veritabanı nesnesiyle eşleşen bir biçimde olmasını veya kaynaktaki verileri hedef nesneye bağlamak için basit bir eşleme işlevine sahip olmasını gerektiren toplu yükleme yeteneklerine sahiptir.

Çoğu kuruluş ayrıca, bir bilgi tedarikçisinden satın alınan potansiyel müşterilerin listeleri, posta ve adres bilgileri veya bir tedarikçi tarafından sağlanan ürün verileri gibi harici üçüncü taraf kaynaklardan da bazı veriler elde eder. Veriler ücretsiz olarak lisanslanabilir veya açık veri hizmeti olarak sağlanabilir; bir dizi farklı biçimde sağlanır (CD, DVD, EDI, XML, RSS beslemeleri, metin dosyaları); istek üzerine sağlanabilir veya bir abonelik hizmeti aracılığıyla düzenli olarak güncellenebilir. Bazı satın almalar yasal anlaşmalar gerektirir. DBA'ların verileri yüklemeden önce bu kısıtlamaların farkında olması gerekir.

DBA'lardan bu tür yükleri işlemeleri ve ilk yükleme haritasını oluşturmaları istenebilir. Bu yüklerin manuel olarak yürütülmesini ilk kurulumlarla veya tek seferlik durumlarla sınırlayın veya bunların otomatikleştirilmiş ve programlanmış olduğundan emin olun.

Veri toplamaya yönelik yönetilen bir yaklaşım, veri aboneliği hizmetlerinin sorumluluğunu veri analistleriyle birlikte merkezileştirir. Veri analistinin, mantıksal veri modelinde ve veri sözlüğünde harici veri kaynağını belgelemesi gerekecektir. Bir geliştirici, verileri okumak ve bir veritabanına yüklemek için betikler veya programlar tasarlayabilir ve oluşturabilir. Verilerin veritabanına yüklenmesi ve/veya uygulamaya sunulması için gerekli işlemlerin gerçeklenmesinden DBA sorumlu olacaktır.

2.2.3.6 Veri Replikasyonunun Yönetilmesi

DBA'lar, aşağıdaki konularda tavsiyelerde bulunarak veri replikasyonu süreciyle ilgili kararları etkileyebilir:

- Aktif veya pasif replikasyon
- Dağıtık veri sistemlerinden dağıtık eşzamanlılık kontrolü
- Fark Verileri Kontrolü süreci altındaki zaman damgası veya sürüm numaraları aracılığıyla verilerdeki güncellemeleri tanımlamaya yönelik uygun yöntemler

Küçük sistemler veya veri nesneleri için tam veri yenilemeleri, eşzamanlılık gereksinimlerini karşılayabilir. Verilerin çoğunun değişmediği daha büyük nesneler için, farklılıkları veri nesnesinde birleştirmek, her değişiklik için tüm verileri tamamen kopyalamaktan daha verimlidir. Verilerin çoğunun değiştirildiği büyük nesneler için, bu kadar çok güncellemenin ek yüküne maruz kalmaktansa bir yenileme yapmak yine de daha iyi olabilir.

2.2.4 Veritabanı Performansının Yönetilmesi

Veritabanı performansı birbirine bağlı iki boyuta bağlıdır: kullanılabilirlik ve hız. Performans, alanın kullanılabilirliğini sağlamayı, sorgu optimizasyonunu ve bir veritabanının verileri verimli bir şekilde getirmesini sağlayan diğer faktörleri içerir. Kullanılabilirlik olmadan performans ölçülemez. Kullanılamayan bir veritabanının performans ölçüsü sıfırdır. DBA'lar ve NSA'lar, veritabanı performansını şu şekilde yönetir:

- İşletim sistemi ve uygulama parametrelerinin belirlenmesi ve ayarlanması.

- Veritabanı bağlantısının yönetilmesi. NSA'lar ve DBA'lar, kuruluşun standartları ve protokolleri aracılığıyla uygulanan politikalara dayalı olarak veritabanı bağlantısına ihtiyaç duyan BT ve iş kullanıcıları için teknik rehberlik ve destek sunar.

- İşletim sistemlerini, ağları ve işlem işleme ara katman yazılımını veritabanıyla çalışacak şekilde ayarlamak için sistem programcıları ve ağ yöneticileriyle birlikte çalışılması.

- Uygun depolamanın tahsisi ve veri tabanının depolama cihazları ve depolama yönetimi yazılımı ile çalışmasının sağlanması. Depolama yönetimi yazılımı, bu verileri daha ucuz depolama cihazlarına geçirerek eski, daha az sıklıkla başvurulan verilerin uygun maliyetli depolanması için farklı depolama teknolojilerinin kullanımını optimize eder. Bu, çekirdek veriler için daha hızlı alma süresi sağlar. DBA'lar, etkili depolama yönetimi prosedürlerini kurmak ve izlemek için depolama yöneticileriyle birlikte çalışır.

- Saklama, ayarlama, arşivleme, yedekleme, temizleme ve felaket kurtarmaya ilişkin depolama edinme ve veri yaşam döngüsü yönetimi etkinliklerini desteklemek için hacimsel büyüme çalışmaların sağlanması.

- SLA yönetimini, geri ödeme hesaplamalarını, sunucu kapasitesini ve öngörülen planlama ufku içinde yaşam döngüsü rotasyonunu destekleyen konuşlandırılmış veri varlıklarının işletim iş yüklerini ve kıyaslamalarını sağlamak için sistem yöneticileriyle birlikte çalışılması.

2.2.4.1 Veritabanı Performansı Hizmet Düzeylerinin Ayarlanması

Sistem performansı, veri kullanılabilirliği ve kurtarma beklentileri ve ekiplerin sorunları yanıtlama beklentileri genellikle BT veri yönetimi hizmetleri kuruluşları ve veri sahipleri arasındaki Hizmet Düzeyi Sözleşmeleri (SLA) aracılığıyla yönetilir (Şekil 61).

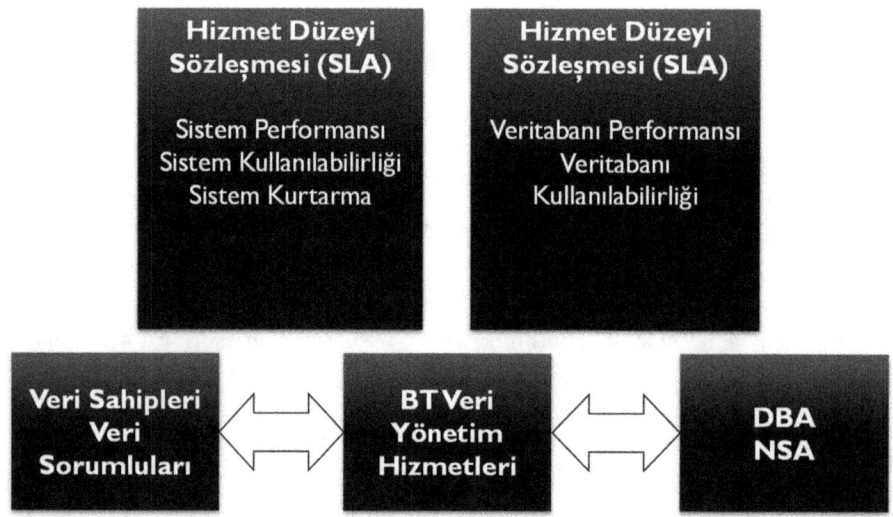

Şekil 61 Sistem ve Veritabanı Performansı için SLA'ler

Tipik olarak, bir SLA, veritabanının kullanıma hazır olması beklenen zaman dilimlerini belirleyecektir. Genellikle bir SLA, birkaç uygulama işlemi (karmaşık sorgular ve güncellemelerin bir karışımı) için belirli bir izin verilen maksimum yürütme süresini tanımlar. Veritabanı kararlaştırıldığı gibi mevcut değilse veya işlem yürütme süreleri SLA'yı ihlal ederse, veri sahipleri DBA'dan sorunun nedenlerini belirlemesini ve düzeltmesini isteyecektir.

2.2.4.2 Veritabanı Kullanılabilirliğinin Yönetilmesi

Kullanılabilirlik, bir sistemin veya veritabanının verimli çalışma için kullanılabileceği sürenin yüzdesidir. Kuruluşlar veri kullanımlarını artırdıkça, kullanılabilirlik gereksinimleri ve mevcut olmayan verilerin riskleri ve maliyetleri de artar. Daha yüksek talebi karşılamak için bakım aralıkları küçülmektedir. Kullanılabilirliği etkileyen dört ilgili faktör:

- **Yönetilebilirlik**: Bir ortam yaratma ve sürdürme yeteneği
- **Kurtarılabilirlik**: Kesintiden sonra hizmeti yeniden kurma ve öngörülemeyen olaylar veya bileşen arızalarından kaynaklanan hataları düzeltme yeteneği
- **Güvenilirlik**: Belirli bir süre boyunca belirli seviyelerde hizmet sunma yeteneği
- **Servis Kolaylığı**: Sorunların varlığını belirleme, nedenlerini teşhis etme ve bunları çözme yeteneği

Aşağıdakiler de dahil olmak üzere birçok şey veritabanlarının kullanılabilir olmasını engelleyebilir:

- Planlı kesintiler
    - Bakım için
    - Yükseltmeler için
- Plansız kesintiler
    - Sunucu donanım kaybı
    - Disk donanımı hatası
    - İşletim sistemi hatası
    - DBMS yazılımı hatası
    - Veri merkezi kaybı
    - Ağ hatası
- Uygulama problemleri
    - Güvenlik ve yetkilendirme sorunları
    - Ciddi performans problemleri
    - Kurtarma hataları
- Veri problemleri
    - Verilerin bozulması (hatalar, kötü tasarım veya kullanıcı hatası nedeniyle)
    - Veritabanı nesnelerinin kaybı
    - Veri kaybı
    - Veri replikasyon hatası
- İnsan hatası

DBA'lar, veritabanlarının çalışır durumda kalmasını sağlamak için mümkün olan her şeyi yapmaktan sorumludur:

- Veritabanı yedekleme yardımcı programlarını çalıştırma
- İstatistik toplama yardımcı programlarını çalıştırma
- Bütünlük denetimi yardımcı programlarını çalıştırma
- Bu yardımcı programların yürütülmesini otomatikleştirme
- Tablo alanı kümelemesinden ve bölümlemesinden yararlanma
- Yüksek kullanılabilirlik sunmak için verilerin yedek veritabanlarındaki replikasyonu

2.2.4.3 Veritabanı Yürütülmesinin Yönetilmesi

DBA'lar ayrıca veritabanı yürütmesini, veri değişiklik loglarının kullanımını ve yinelenen ortamların senkronizasyonunu kurar ve izler. Log boyutları ve konumları da alan gerektirir ve bazı durumlarda kendi başlarına dosya tabanlı veritabanları gibi ele alınabilir. Gerekli log kaydı düzeyinde doğru logların kullanılmasını sağlamak için logları tüketen diğer uygulamalar da yönetilmelidir. Loglara ne kadar çok ayrıntı kaydedilirse, o kadar fazla alan ve işlem gerekir, bu da performansı olumsuz etkileyebilir.

2.2.4.4 Veritabanı Performansı Hizmet Düzeylerinin Korunması

DBA'lar, performansı izleyerek ve sorunlara hızlı ve yetkin bir şekilde yanıt vererek veritabanı performansını hem proaktif hem de reaktif olarak optimize eder. Çoğu DBMS, performansı izleme yeteneği sağlayarak DBA'ların analiz raporları oluşturmasına olanak tanır. Çoğu sunucu işletim sistemi benzer izleme ve raporlama yeteneklerine sahiptir. DBA'lar, yoğun etkinlik dönemleri de dahil olmak üzere düzenli olarak hem DBMS'de hem de sunucuda aktivite ve performans raporları çalıştırmalıdır. Olumsuz eğilimleri belirlemek için bu raporları önceki raporlarla karşılaştırmalı ve zaman içindeki sorunları analiz etmeye yardımcı olmak için saklamalıdırlar.

2.2.4.4.1 İşlem Performansı ve Toplu Performans

Veri hareketi, çevrimiçi işlemler yoluyla gerçek zamanlı olarak gerçekleşebilir. Bununla birlikte, birçok veri taşıma ve dönüştürme işi, verileri sistemler arasında taşıyabilen veya yalnızca bir sistem içindeki veriler üzerinde işlem gerçekleştirebilen toplu programlar aracılığıyla gerçekleştirilir. Bu toplu işler, çalışma planında belirtilen sürelerde tamamlanmalıdır. DBA'lar ve veri entegrasyon uzmanları, istisnai tamamlanma sürelerini ve hataları not ederek, hataların temel nedenini belirleyerek ve bu sorunları çözerek toplu veri işlerinin performansını izlerler.

2.2.4.4.2 Sorun Giderme

Performans sorunları ortaya çıktığında, DBA, NSA ve Sunucu Yönetimi ekipleri, sorunun kaynağını belirlemeye yardımcı olmak için DBMS'nin izleme ve yönetim araçlarını kullanmalıdır. Zayıf veritabanı performansının yaygın nedenleri arasında şunlar yer alır:

- **Bellek tahsisi çekişmesi**: Veriler için bir arabellek veya önbellek.

- **Kilitleme ve bloklama**: Bazı durumlarda, veritabanında çalışan bir işlem, tablolar veya veri sayfaları gibi veritabanı kaynaklarını kilitleyebilir ve bunlara ihtiyaç duyan başka bir işlemi engelleyebilir. Sorun devam ederse, DBA bloklama işlemini sonlandırabilir. Bazı durumlarda, her biri diğerinin ihtiyaç duyduğu kaynakları kilitleyen iki süreç "kilitlenebilir". Çoğu DBMS, belirli bir zaman aralığından sonra bu işlemlerden birini otomatik olarak sonlandıracaktır. Bu tür sorunlar genellikle veritabanında veya uygulamada zayıf kodlamanın sonucudur.

- **Hatalı veritabanı istatistikleri**: Çoğu ilişkisel DBMS'de, belirli bir sorgunun en etkili şekilde nasıl yürütüleceğine ilişkin kararlar almak için veriler ve dizinler hakkında depolanan istatistiklere dayanan yerleşik bir sorgu iyileştirici bulunur. Bu istatistikler, özellikle aktif veri tabanlarında sık sık güncellenmelidir. Bunun yapılmaması, düşük performans gösteren sorgulara neden olur.

- **Zayıf kodlama**: Kötü veritabanı performansının belki de en yaygın nedeni kötü kodlanmış SQL'dir. Sorgu kodlayıcıları, SQL sorgu iyileştiricisinin nasıl çalıştığına dair temel bir anlayışa ihtiyaç duyar. SQL'i optimize edicinin yeteneklerinden maksimum düzeyde yararlanacak şekilde kodlamaları gerekir. Bazı sistemler, uygulama koduna veya betik dosyalarına gömülmek yerine önceden derlenebilen ve önceden optimize edilebilen prosedürlerde karmaşık SQL'lerin yazılmasına izin verir.

- **Verimsiz karmaşık tablo join'leri**: Karmaşık tablo birleşimlerini önceden tanımlamak için görünümleri kullanın. Ayrıca, veritabanı işlevlerinde karmaşık SQL (örneğin tablo birleşimleri) kullanmaktan kaçının; prosedürlerin aksine, bunlar sorgu iyileştiricide görünmezler.

- **Yetersiz dizinleme**: Büyük tablolar içeren karmaşık sorguları, tablolar üzerinde oluşturulmuş dizinleri kullanmak için kodlayın. Bu sorguları desteklemek için gerekli dizinleri oluşturun. Güncelleme işlemeyi yavaşlatacağından, yoğun şekilde güncellenen tablolarda çok fazla dizin oluşturmamaya dikkat edin.

- **Uygulama etkinliği**: İdeal olarak, uygulamalar kaynaklar için rekabet etmemeleri için DBMS'den ayrı bir sunucuda çalışıyor olmalıdır. Maksimum performans için veritabanı sunucularını yapılandırın ve ayarlayın. Ayrıca, yeni DBMS'ler Java ve .NET sınıfları gibi uygulama nesnelerinin veritabanı nesnelerinde kapsüllenmesine ve DBMS'de yürütülmesine izin verir. Bu yeteneği kullanırken dikkatli olun. Bazı durumlarda çok faydalı olabilir, ancak uygulama kodunun veritabanı sunucusunda yürütülmesi, uyumluluğu, birlikte çalışabilirliği, uygulama mimarisini ve veritabanı işlemlerinin performansını etkiler.

- **Aşırı yüklü sunucular**: Birden çok veritabanını ve uygulamayı destekleyen DBMS'ler için, daha fazla veritabanının eklenmesinin mevcut veritabanlarının performansı üzerinde olumsuz bir etkisi olduğu bir kırılma noktası olabilir. Bu durumda, yeni bir veritabanı sunucusu oluşturun. Ayrıca, çok büyüyen veya eskisinden daha yoğun olarak kullanılan veritabanlarını farklı bir sunucuya taşıyın. Bazı durumlarda, daha az kullanılan verileri başka bir konuma arşivleyerek veya süresi dolmuş veya eski verileri silerek büyük veritabanlarıyla ilgili sorunları giderin.

- **Veritabanı istikrarsızlığı**: Bazı durumlarda, kısa bir süre içinde çok sayıda tablo ekleme ve silme işlemi hatalı veritabanı dağıtım istatistikleri oluşturabilir. Bu durumlarda, yanlış istatistikler sorgu iyileştiriciyi olumsuz etkileyeceğinden, bu tablolar için veritabanı istatistiklerinin güncellenmesini kapatın.

- **Kontrolsüz sorgular**: Kullanıcılar, sistemin paylaşılan kaynaklarının çoğunu kullanan sorguları istemeden gönderebilir. Bu sorguları değerlendirilip iyileştirilinceye kadar öldürmek veya duraklatmak için sıralamaları veya sorgu düzenleyicilerini kullanın.

Sorunun nedeni belirlendikten sonra, DBA, veritabanı kodunu iyileştirmek ve optimize etmek için uygulama geliştiricilerle çalışmak ve uygulama süreçleri tarafından artık aktif olarak ihtiyaç duyulmayan verileri arşivlemek veya silmek de dahil olmak üzere, sorunu çözmek için gereken her türlü eylemi yapacaktır. OLTP tipi veritabanları için istisnai durumlarda, DBA, veri modelleyici ile çalışmayı, veri tabanının etkilenen kısmını yeniden yapılandırmayı düşünebilir. Bunu ancak diğer önlemler (örneğin, görünümlerin ve dizinlerin oluşturulması ve SQL kodunun yeniden yazılması) denendikten sonra ve yalnızca veri bütünlüğü kaybı veya SQL sorgularının denormalize tablolara karşı karmaşıklığındaki artış gibi olası sonuçların dikkatli bir şekilde değerlendirilmesinden sonra yapın.

Salt okunur raporlama ve analitik veritabanları için, performans ve erişim kolaylığı için denormalizasyon istisnadan ziyade kuraldır ve herhangi bir tehdit veya risk oluşturmaz.

2.2.4.5 Alternatif Ortamların Bakımının Yapılması

Veritabanları bir kez var olup ve değişmeden kalmaz. İş kuralları değişir, iş süreçleri değişir ve teknoloji değişir. Geliştirme ve test ortamları, değişikliklerin bir üretim ortamına getirilmeden önce test edilmesini sağlar. DBA'lar, sistem değişikliklerinin geliştirilmesini ve test edilmesini sağlamak için veritabanı yapılarının ve verilerin tam veya alt küme kopyalarını diğer ortamlara yapabilir. Birkaç çeşit alternatif ortam vardır:

- Geliştirme ortamları, üretimde gerçeklenecek değişiklikleri oluşturmak ve test etmek için kullanılır. Kaynakları küçültülmüş olsa da üretim ortamına yakından benzemek için geliştirme sürdürülmelidir.

- Test ortamları birkaç amaca hizmet eder: QA, entegrasyon testi, UAT ve performans testi. Test ortamı ideal olarak üretimle aynı yazılım ve donanıma sahiptir. Özellikle performans testi için kullanılan ortam kaynakları küçültülmemelidir.

- Hipotezleri test etmek ve yeni veri kullanımları geliştirmek için korumalı alanlar veya deneysel ortamlar kullanılır. DBA'lar genellikle bu ortamları kurar, bunlara erişim verir ve bu ortamların kullanımını izler. Ayrıca korumalı alanların izole edilmesini ve üretim operasyonlarını olumsuz etkilememesini sağlarlar.

- Çevrimdışı yedeklemeleri, yük devretme ve dayanıklılık destek sistemlerini desteklemek için alternatif üretim ortamları gereklidir. Bu sistemler, üretim sistemleriyle aynı olmalıdır, ancak yedekleme (ve kurtarma) sistemi, girdi/çıktı faaliyetlerine tahsis edildiğinden, hesaplama kapasitesinde küçültülebilir.

2.2.5 Test Veri Kümelerinin Yönetilmesi

Yazılım testi çok emek ister ve sistem geliştirme maliyetinin neredeyse yarısını oluşturur. Verimli test, yüksek kaliteli test verileri gerektirir ve bu veriler yönetilmelidir. Test verilerinin oluşturulması, yazılım testinde kritik bir adımdır.

Test verileri, bir sistemi test etmek için özel olarak tanımlanmış verilerdir. Test, belirli bir girdi setinin beklenen çıktıyı ürettiğini doğrulamayı veya olağandışı, aşırı, istisnai veya beklenmedik girdilere yanıt verme programlama yeteneğinin sorgulanmasını içerebilir. Test verileri tamamen üretilebilir veya anlamsız değerler kullanılarak oluşturulabilir veya örnek veriler olabilir. Örnek veriler, gerçek üretim verilerinin bir alt kümesi olabilir (içerik veya yapıya göre) veya üretim verilerinden oluşturulabilir. Üretim verileri, ihtiyaca bağlı olarak birden fazla örnek veri seti oluşturmak için filtrelenebilir veya toplanabilir. Üretim verilerinin korumalı veya kısıtlanmış veriler içerdiği durumlarda, numune verilerin maskelenmesi gerekir.

Test verileri, istatistikler veya filtreler kullanılarak veya daha az odaklı yaklaşımlar kullanılarak (genellikle yüksek hacimli randomize otomatik testlerde olduğu gibi) odaklanmış veya sistematik bir şekilde (fonksiyonalite testinde tipik olarak olduğu gibi) üretilebilir. Test verileri, test eden tarafından, test cihazına yardımcı olan bir program veya fonksiyon tarafından veya bu amaç için seçilmiş ve taranan üretim verilerinin bir kopyası tarafından üretilebilir. Test verileri kısa süreli yeniden kullanım için kaydedilebilir, regresyon testlerini desteklemek için oluşturulabilir ve yönetilebilir veya bir kez kullanılabilir ve sonra kaldırılabilir- ancak çoğu kuruluşta proje sonrası temizleme bu adımı içermez. DBA'lar proje test verilerini izlemeli ve kapasiteyi korumak için eski test verilerinin düzenli olarak temizlenmesini sağlamalıdır.

Bazı testler, özellikle performans testleri için yeterli veri üretmek her zaman mümkün değildir. Üretilecek test verilerinin miktarı, zaman, maliyet ve kalite gibi hususlarla belirlenir veya sınırlandırılır. Ayrıca, bir test ortamında üretim verilerinin kullanımını sınırlayan düzenlemelerden de etkilenir (Bkz. Bölüm 7).

2.2.6 Veri Taşımanın Yönetilmesi

Veri taşıma, depolama türleri, formatlar veya bilgisayar sistemleri arasında mümkün olduğunca az değişiklikle veri aktarma işlemidir. Taşıma sırasında verilerin değiştirilmesi Bölüm 8'de tartışılmaktadır.

Veri taşıma, herhangi bir sistem uygulaması, yükseltme veya konsolidasyon için önemli bir husustur. Kurallara göre otomatik hale getirilerek genellikle programlı olarak gerçekleştirilir. Ancak, kişilerin, kuralların ve programların doğru bir şekilde yürütülmesini sağlaması gerekir. Veri taşıması, sunucu veya depolama ekipmanı değiştirmeleri veya yükseltmeleri, web sitesi konsolidasyonu, sunucu bakımı veya veri merkezinin yeniden konumlandırılması dahil olmak üzere çeşitli nedenlerle gerçekleşir. Çoğu uygulama, bunun, örneğin ana bilgisayar mantıksal diske okuyup yazmasına devam ederken olduğu gibi, kesintiye yol açmayacak bir şekilde yapılmasına izin verir.

Eşleme ayrıntı düzeyi, metaverilerin ne kadar hızlı güncellenebileceğini, taşıma sırasında ne kadar ek kapasite gerektiğini ve önceki konumun ne kadar hızlı boş olarak işaretlendiğini belirler. Daha küçük ayrıntı düzeyi, daha hızlı güncelleme, daha az alan gereksinimi ve eski depolama alanını daha hızlı boşaltılması anlamına gelir.

Bir depolama yöneticisinin gerçekleştirmesi gereken birçok günlük görev, veri taşıma teknikleri kullanılarak basit ve aynı anda tamamlanabilir:

- Aşırı kullanılan bir depolama aygıtındaki verileri ayrı bir ortama taşıma
- Gerektiğinde verileri daha hızlı bir depolama cihazına taşıma
- Bir Bilgi Yaşam Döngüsü Yönetimi politikasının uygulanması
- Eski depolama cihazlarından (kullanılmayan veya kiralanan) çevrimdışı veya bulut depolamaya taşıma

Otomatik ve manuel veri iyileştirmeleri, veri kalitesini iyileştirmek, fazlalık veya eski bilgileri ortadan kaldırmak ve yeni sistemin gereksinimlerini karşılamak için genellikle taşıma sırasında gerçekleştirilir. Orta ila yüksek karmaşıklıktaki uygulamalar için veri taşıma aşamaları (tasarım, çıkarma, iyileştirme, yükleme, doğrulama), yeni sistem devreye alınmadan önce genellikle birkaç kez tekrarlanır.

3. Araçlar

Veritabanı yönetim sistemlerinin kendilerine ek olarak, DBA'lar veritabanlarını yönetmek için birden fazla başka araç kullanır. Örneğin, modelleme ve diğer uygulama geliştirme araçları, kullanıcıların sorgu yazmasına ve yürütmesine izin veren arayüzler, veri kalitesini iyileştirme için veri değerlendirme ve değiştirme araçları ve performans yükü izleme araçları.

3.1 Veri Modelleme Araçları

Veri modelleme araçları, veri modelleyicinin gerçekleştirdiği birçok görevi otomatikleştirir. Bazı veri modelleme araçları, veritabanı veri tanımlama dilinin (DDL) oluşturulmasına izin verir. Çoğu, veritabanından bir veri modeline tersine mühendisliği destekler. Daha karmaşık araçlar, adlandırma standartlarını doğrular, yazım denetimi yapar, tanımlar ve köken gibi metaverileri depolar ve hatta web'de yayınlamaya olanak tanır (Bkz. Bölüm 5).

3.2 Veritabanı İzleme Araçları

Veritabanı izleme araçları, kapasite, kullanılabilirlik, önbellek performansı, kullanıcı istatistikleri vb. gibi temel ölçümlerin izlenmesini otomatikleştirir ve veritabanı sorunlarına karşı DBA'ları ve NSA'ları uyarır. Bu tür araçların çoğu, birden çok veritabanı türünü aynı anda izleyebilir.

3.3 Veritabanı Yönetim Araçları

Veritabanı sistemleri genellikle yönetim araçlarını içerir. Ek olarak, birkaç üçüncü taraf yazılım paketi, DBA'ların birden çok veritabanını yönetmesine de izin verir. Bu uygulamalar, konfigürasyon, yamaların ve yükseltmelerin yüklenmesi, yedekleme ve geri yükleme, veritabanı klonlama, test yönetimi ve veri temizleme rutinlerini içerir.

3.4 Geliştirici Destek Araçları

Geliştirici Desteği araçları, bir veritabanına bağlanmak ve komutları yürütmek için görsel bir arabirim içerir. Bazıları veritabanı yönetim yazılımına dahildir. Diğerleri üçüncü taraf uygulamaları içerir.

4. Yöntemler

4.1 Alt Seviye Ortamlarda Test

İşletim sistemlerine, veritabanı yazılımına, veritabanı değişikliklerine ve kod değişikliklerine yönelik yükseltmeler ve yamalar için, önce en düşük seviyeli ortama yükleyin ve test edin – genellikle geliştirme. En düşük seviyede test edildikten sonra, bir sonraki daha yüksek seviyelere kurun ve en son üretim ortamına kurun. Bu, DBA'lerin yükseltme veya yama konusunda deneyim sahibi olmasını sağlar ve üretim ortamlarında kesintiyi azaltabilir.

4.2 Fiziksel Adlandırma Standartları

Adlandırmadaki tutarlılık, anlamayı hızlandırır. Veri mimarları, veritabanı geliştiricileri ve DBA'lar, metaverileri tanımlamak veya kuruluşlar arasında kurallar oluşturmak için adlandırma standartlarını kullanabilir.

ISO/IEC 11179 – Metaveri kayıt defterleri (MDR), verilerin anlamını, temsilini ve açıklamalarının kaydını ele alır. Bu tanımlamalar sayesinde anlamsallığının doğru bir şekilde anlaşılması ve verilerin yararlı bir tasviri bulunur.

Bu standartlardaki fiziksel veritabanları için önemli bölüm, veri öğelerini ve bileşenlerini adlandırma kurallarının nasıl oluşturulacağını açıklayan Bölüm 5 – Adlandırma ve Tanımlama İlkeleridir.

4.3 Tüm Değişiklikler için Betik Kullanımı

Bir veritabanındaki verileri doğrudan değiştirmek son derece risklidir. Ancak, talebin 'tek seferlik' olması ve/veya eksik olması nedeniyle, hesap planı yapılarının yıllık olarak değiştirilmesi, birleşme ve devralma veya acil durumlar gibi bir ihtiyaç olabilir. Bu koşullar için uygun araçlar. Güncelleme betik dosyalarına yapılacak değişiklikleri yerleştirmek ve üretime uygulamadan önce bunları üretim dışı ortamlarda kapsamlı bir şekilde test etmek yararlıdır.

5. Gerçekleme Yönergeleri

5.1 Hazırlık Değerlendirmesi / Risk Değerlendirmesi

Bir risk ve hazırlık değerlendirmesi, iki temel fikir etrafında döner: veri kaybı riski ve teknoloji hazırlığı ile ilgili riskler.

- **Veri kaybı**: Veriler, teknik veya prosedürel hatalar veya kötü niyetli amaçlarla kaybolabilir. Kuruluşların bu riskleri azaltmak için stratejiler oluşturması gerekir. Hizmet Seviyesi Sözleşmeleri (SLA) genellikle koruma için genel gereksinimleri belirtir. SLA'ların iyi belgelenmiş prosedürlerle desteklenmesi gerekir. Siber tehditler sürekli gelişirken, kötü niyetli amaçlarla veri kaybını önlemek için sağlam teknik yanıtların alındığından emin olmak için sürekli değerlendirme gereklidir. Risk azaltmalarını değerlendirmek ve planlamak için SLA denetimi ve veri denetimleri önerilir.

- **Teknoloji hazırlığı**: NoSQL, Büyük Veri, Triplestore ve FDMS gibi daha yeni teknolojiler, BT'de beceri ve deneyim hazırlığı gerektirir. Birçok kuruluş, bu yeni teknolojilerden yararlanmak için gereken becerilere sahip değildir. DBA'lar, sistem mühendisleri ve uygulama geliştiricileri ve iş kullanıcıları, bunlardan BI ve diğer uygulamalarda yararlanmaya hazır olmalıdır.

5.2 Organizasyonel ve Kültürel Değişim

DBA'lar genellikle çalışmalarının değerini kuruluşa etkili bir şekilde tanıtmazlar. Veri sahiplerinin ve veri tüketicilerinin meşru endişelerini tanımaları, kısa vadeli ve uzun vadeli veri ihtiyaçlarını dengelemeleri, kuruluştaki diğerlerini iyi veri yönetimi uygulamalarının önemi konusunda eğitmeleri ve veri geliştirme uygulamalarını en üst düzeyde fayda, organizasyon ve veri tüketicileri üzerinde minimum etki sağlamak için optimize etmeleri gerekir. Veri çalışmasını soyut bir ilkeler ve uygulamalar dizisi olarak kabul ederek ve ilgili insan unsurlarını göz ardı ederek, DBA'lar 'bize karşı onlar' zihniyetini yayma ve dogmatik, pratik olmayan, yararsız ve engelleyici olarak görülme riskiyle karşı karşıyadır.

Birçok iletişim kopukluğu bu soruna katkıda bulunur. Kuruluşlar genellikle bilgi teknolojisini veri olarak değil belirli uygulamalar açısından değerlendirir ve genellikle verileri uygulama merkezli bir bakış açısıyla görür. Kurumsal bir kaynak olarak veriler gibi güvenli, yeniden kullanılabilir, yüksek kaliteli verilerin kuruluşlar için uzun vadeli değeri, o kadar kolay tanınmaz veya takdir edilmez.

Uygulama geliştirme, genellikle veri yönetimini, ek fayda sağlamadan geliştirme projelerinin daha uzun sürmesine ve daha pahalıya mal olmasına neden olan bir şey olarak, uygulama geliştirmenin önündeki bir engel olarak görür. DBA'lar, teknolojideki ve yeni uygulama geliştirme yöntemlerindeki (örneğin, Çevik Geliştirme, XP ve Scrum) değişikliklere uyum sağlamakta yavaş olmuştur. Öte yandan geliştiriciler, genellikle iyi veri yönetimi uygulamalarının, uzun vadeli nesne ve uygulama yeniden kullanımı ve gerçek hizmet odaklı uygulama mimarisi hedeflerine ulaşmalarına nasıl yardımcı olabileceğini fark edemezler.

DBA'lar ve diğer veri yönetimi uygulayıcıları, bu organizasyonel ve kültürel engellerin üstesinden gelinmesine yardımcı olabilir. Otomasyon fırsatlarını belirlemek ve bunlara göre hareket etmek için yol gösterici ilkeleri takip ederek, yeniden kullanımı göz önünde bulundurarak, en iyi uygulamaları uygulayarak, gereksinimleri desteklemek için veri tabanına dayalı standartları birbirine bağlayarak ve proje çalışmasında DBA'lar için beklentileri belirleyerek kuruluşun veri ve bilgi ihtiyaçlarını karşılamaya yönelik daha yararlı ve işbirlikçi bir yaklaşımı teşvik edebilirler. Ek olarak, şunları yapmalıdırlar:

- **Proaktif iletişim kurun**: DBA'lar, sorunları olabildiğince erken tespit etmek ve çözmek için hem geliştirme sırasında hem de uygulama sonrasında proje ekipleriyle yakın iletişim içinde olmalıdır. Geliştirme ekipleri tarafından yazılan veri erişim kodunu, prosedürleri, görünümleri ve veritabanı işlevlerini gözden geçirmeli ve tasarımla ilgili sorunları ortaya çıkarmaya yardımcı olmalıdırlar.

- **İnsanlarla kendi seviyelerinde ve onların şartlarında iletişim kurun**: İş insanlarıyla iş ihtiyaçları ve yatırım getirisi açısından ve geliştiricilerle nesne tabanlılık, gevşek bağlaşım ve geliştirme kolaylığı açısından konuşmak daha iyidir.

- **İş odaklı kalın**: Uygulama geliştirmenin amacı, iş gereksinimlerini karşılamak ve projeden maksimum değer elde etmektir.

- **Yardımsever olun**: İnsanlara her zaman 'hayır' demek, onları standartları göz ardı etmeye ve başka bir yol bulmaya teşvik eder. İnsanların yapmaları gereken her şeyi yapmaları gerektiğini ve başarılı olmalarına yardımcı olmamanın karşılıklı olarak zarar verici hale geldiğini kabul edin.

- **Sürekli öğrenin**: Öğrenilmiş dersler için bir proje sırasında karşılaşılan aksaklıkları değerlendirin ve bunları gelecekteki projelere uygulayın. Bir şeyleri yanlış yapmaktan kaynaklanan sorunlar ortaya çıkarsa, bunları daha sonra işleri doğru yapmanın nedenleri olarak gösterin.

Özetlemek gerekirse, paydaşları ve ihtiyaçlarını anlayın. Mümkün olan en iyi işi mümkün olan en iyi şekilde yapmak için açık, özlü, pratik, iş odaklı standartlar geliştirin. Ayrıca, bu standartları paydaşlara maksimum değer sağlayacak ve onların saygısını kazanacak şekilde öğretin ve uygulayın.

6. Veri Depolama ve Operasyon Yönetişimi

6.1 Metrikler

Veri Depolama metrikleri şunları içerebilir:

- Türe göre veritabanlarının sayısı
- Birleştirilmiş işlem istatistikleri
- Kapasite ölçümleri, örneğin
    - Kullanılan depolama miktarı

- Depolama konteynerlerinin sayısı
- Commit edilen ve edilmeyen blok veya sayfalar açısından veri nesnelerinin sayısı
- Kuyruktaki veriler
- Depolama hizmeti kullanımı
- Depolama hizmetlerine karşı yapılan talepler
- Bir hizmeti kullanan uygulamaların performansındaki iyileştirmeler

Performans metrikleri aşağıdakileri ölçmek için kullanılabilir:

- İşlem sıklığı ve miktarı
- Sorgu performansı
- API (uygulama programlama arayüzü) hizmet performansı

Operasyonel metrikler şunlardan oluşabilir:

- Veri çekme süresi hakkında toplu istatistikler
- Yedek boyutu
- Veri kalitesi ölçümü
- Kullanılabilirlik

Hizmet metrikleri şunları içerebilir:

- Türe göre sorun gönderme, çözümleme ve eskalasyon sayısı
- Sorun çözüm süresi

DBA'ların metrik ihtiyaçlarını veri mimarları, Veri Kalitesi ekipleriyle tartışması gerekir.

6.2 Bilgi Varlıkları Takibi

Veri depolama yönetişiminin bir kısmı, bir kuruluşun tüm lisans anlaşmalarına ve düzenleyici gereksinimlere uymasını sağlamayı içerir. Yazılım lisansı ve yıllık destek maliyetlerinin yanı sıra sunucu kiralama sözleşmeleri ve diğer sabit maliyetlerin yıllık denetimlerini dikkatlice izleyin ve yürütün. Lisans anlaşmalarına uyulmaması, bir kuruluş için ciddi finansal ve yasal riskler oluşturur.

Denetim verileri, her bir teknoloji ve teknoloji ürünü türü için toplam sahip olma maliyetinin (TCO) belirlenmesine yardımcı olabilir. Eskiyen, desteklenmeyen, daha az kullanışlı veya çok pahalı hale gelen teknolojileri ve ürünleri düzenli olarak değerlendirin.

6.3 Veri Denetimleri ve Veri Doğrulama

Veri denetimi, tanımlanmış kriterlere dayalı olarak bir veri kümesinin değerlendirilmesidir. Tipik olarak, bir veri seti hakkındaki belirli endişeleri araştırmak için bir denetim gerçekleştirilir ve verilerin sözleşmeye dayalı ve metodolojik gerekliliklere uygun olarak saklanıp saklanmadığını belirlemek için tasarlanmıştır. Veri denetimi yaklaşımı, projeye özel ve kapsamlı bir kontrol listesi, gerekli çıktılar ve kalite kontrol kriterleri içerebilir.

Veri doğrulama, kalitesini ve kullanılabilirliğini belirlemek için verilerin belirlenmiş kabul kriterlerine göre değerlendirilmesi sürecidir. Veri doğrulama prosedürleri, Veri Kalitesi ekibi tarafından belirlenen kriterlere veya diğer tüketici gereksinimlerine bağlıdır. DBA'lar, veri denetimlerini ve doğrulayışı aşağıdaki şekilde destekler:

- Yaklaşımın geliştirilmesine ve gözden geçirilmesine yardımcı olmak
- Ön veri taraması ve incelemesinin yapılması
- Veri izleme yöntemlerinin geliştirilmesi
- Veri analizini optimize etmek için istatistiksel, jeo-istatistiksel ve biyo-istatistiksel teknikleri uygulamak
- Verilerin gözden geçirilmesi ve veri keşfi için destek
- Veritabanı yönetimi ile ilgili sorular için konu uzmanı olarak davranmak

7. Alıntılanan / Önerilen Çalışmalar

Amir, Obaid. *Storage Data Migration Guide*. 2012. Kindle.

Armistead, Leigh. *Information Operations Matters: Best Practices*. Potomac Books Inc., 2010. Print.

Axelos Global Best Practice (ITIL website). http://bit.ly/1H6SwxC.

Bittman, Tom. "Virtualization with VMWare or HyperV: What you need to know." Gartner Webinar, 25 November, 2009. http://gtnr.it/2rRl2aP, Web.

Brewer, Eric. "Toward Robust Distributed Systems." PODC Keynote 2000. http://bit.ly/2sVsYYv Web.

Dunham, Jeff. *Database Performance Tuning Handbook*. McGraw-Hill, 1998. Print.

Dwivedi, Himanshu. *Securing Storage: A Practical Guide to SAN and NAS Security*. Addison-Wesley Professional, 2005. Print.

EMC Education Services, ed. *Information Storage and Management: Storing, Managing, and Protecting Digital Information in Classic, Virtualized, and Cloud Environments*. 2nd ed. Wiley, 2012. Print.

Finn, Aidan, et al. *Microsoft Private Cloud Computing*. Sybex, 2013. Print.

Finn, Aidan. *Mastering Hyper-V Deployment*. Sybex. 2010. Print.

Fitzsimmons, James A. and Mona J. Fitzsimmons. *Service Management: Operations, Strategy, Information Technology*. 6th ed. Irwin/McGraw-Hill, 2007. Print with CDROM.

Gallagher, Simon, et al. *VMware Private Cloud Computing with vCloud Director*. Sybex. 2013. Print.

Haerder, T. and A Reuter. "Principles of transaction-oriented database recovery". *ACM Computing Surveys* 15 (4) (1983). https://web.stanford.edu/class/cs340v/papers/recovery.pdf Web.

Hitachi Data Systems Academy, *Storage Concepts: Storing and Managing Digital Data*. Volume 1. HDS Academy, Hitachi Data Systems, 2012. Print.

Hoffer, Jeffrey, Mary Prescott, and Fred McFadden. *Modern Database Management*. 7th Edition. Prentice Hall, 2004. Print.

Khalil, Mostafa. *Storage Implementation in vSphere 5.0*. VMware Press, 2012. Print.

Kotwal, Nitin. *Data Storage Backup and Replication: Effective Data Management to Ensure Optimum Performance and Business Continuity*. Nitin Kotwal, 2015. Amazon Digital Services LLC.

Kroenke, D. M. *Database Processing: Fundamentals, Design, and Implementation*. 10th Edition. Pearson Prentice Hall, 2005. Print.

Liebowitz, Matt et al. *VMware vSphere Performance: Designing CPU, Memory, Storage, and Networking for Performance-Intensive Workloads*. Sybex, 2014. Print.

Matthews, Jeanna N. et al. *Running Xen: A Hands-On Guide to the Art of Virtualization*. Prentice Hall, 2008. Print.

Mattison, Rob. *Understanding Database Management Systems*. 2nd Edition. McGraw-Hill, 1998. Print.

McNamara, Michael J. *Scale-Out Storage: The Next Frontier in Enterprise Data Management*. FriesenPress, 2014. Kindle.

Mullins, Craig S. *Database Administration: The Complete Guide to Practices and Procedures*. Addison-Wesley, 2002. Print.

Parsaye, Kamran and Mark Chignell. *Intelligent Database Tools and Applications: Hyperinformation Access, Data Quality, Visualization, Automatic Discovery*. John Wiley and Sons, 1993. Print.

Pascal, Fabian. *Practical Issues in Database Management: A Reference for The Thinking Practitioner*. Addison-Wesley, 2000. Print.

Paulsen, Karl. *Moving Media Storage Technologies: Applications and Workflows for Video and Media Server Platforms*. Focal Press, 2011. Print.

Piedad, Floyd, and Michael Hawkins. *High Availability: Design, Techniques and Processes*. Prentice Hall, 2001. Print.

Rob, Peter, and Carlos Coronel. *Database Systems: Design, Implementation, and Management*. 7th Edition. Course Technology, 2006. Print.

Sadalage, Pramod J., and Martin Fowler. *NoSQL Distilled: A Brief Guide to the Emerging World of Polyglot Persistence*. Addison-Wesley, 2012. Print. Addison-Wesley Professional.

Santana, Gustavo A. *Data Center Virtualization Fundamentals: Understanding Techniques and Designs for Highly Efficient Data Centers with Cisco Nexus, UCS, MDS, and Beyond*. Cisco Press, 2013. Print. Fundamentals.

Schulz, Greg. *Cloud and Virtual Data Storage Networking*. Auerbach Publications, 2011. Print.

Simitci, Huseyin. *Storage Network Performance Analysis*. Wiley, 2003. Print.

Tran, Duc A. *Data Storage for Social Networks: A Socially Aware Approach*. 2013 ed. Springer, 2012. Print. Springer Briefs in Optimization.

Troppens, Ulf, et al. *Storage Networks Explained: Basics and Application of Fibre Channel SAN, NAS, iSCSI, InfiniBand and FCoE*. Wiley, 2009. Print.

US Department of Defense. *Information Operations: Doctrine, Tactics, Techniques, and Procedures*. 2011. Kindle.

VMware. *VMware vCloud Architecture Toolkit (vCAT): Technical and Operational Guidance for Cloud Success*. VMware Press, 2013. Print.

Wicker, Stephen B. *Error Control Systems for Digital Communication and Storage*. US ed. Prentice-Hall, 1994. Print.

Zarra, Marcus S. *Core Data: Data Storage and Management for iOS, OS X, and iCloud*. 2nd ed. Pragmatic Bookshelf, 2013. Print. Pragmatic Programmers.

BÖLÜM 7

Veri Güvenliği

DAMA-DMBOK2 Veri Yönetimi Çerçevesi
Copyright © 2017 by DAMA International

1. Giriş

Veri Güvenliği, uygun kimlik doğrulama, yetkilendirme, erişim ve veri ile bilgi varlıklarının denetlenmesini sağlamak için güvenlik politikaları ve prosedürlerinin planlanmasını, geliştirilmesini ve yürütülmesini içerir. Veri güvenliğinin özellikleri (örneğin hangi verilerin korunması gerektiği) sektörler ve ülkeler arasında farklılıklar gösterir. Bununla birlikte, veri güvenliği uygulamalarının amacı aynıdır: Bilgi varlıklarını mahremiyet ve gizlilik düzenlemeleri, sözleşme anlaşmaları ve iş gereksinimleri ile uyumlu olarak korumak. Bu gereksinimler aşağıdakilerden kaynaklanır:

- **Paydaşlar**: Kuruluşlar, müşteriler, hastalar, öğrenciler, vatandaşlar, tedarikçiler veya iş ortakları dahil olmak üzere paydaşlarının gizlilik ve mahremiyet ihtiyaçlarını kabul etmelidir. Bir kuruluştaki herkes, paydaşlar hakkındaki verilerin sorumlu bir mütevellisi olmalıdır.

- **Kamu regülasyonları**: Bazı paydaşların çıkarlarını korumak için kamu regülasyonları mevcuttur. Regülasyonların farklı amaçları vardır. Bazıları bilgiye erişimi kısıtlarken, diğerleri açıklık, şeffaflık ve mükellefiyeti sağlar.

- **Özel ticari kaygılar**: Her kuruluşun korunması gereken özel verileri vardır. Bir kuruluşun verileri, müşterileri hakkında bilgiler sağlar ve etkin bir şekilde kullanıldığında rekabet avantajı sağlayabilir. Gizli veriler çalınırsa veya ihlal edilirse, bir kuruluş rekabet avantajını kaybedebilir.

- **Meşru erişim ihtiyaçları**: Verileri güvence altına alırken, kuruluşlar meşru erişimi de etkinleştirmelidirler. İş süreçleri, belirli rollerdeki bireylerin verilere erişebilmesini, kullanabilmesini ve bakımını yapabilmesini gerektirir.

- **Sözleşmesel yükümlülükler**: Gizlilik sözleşmeleri de veri güvenliği gereksinimlerini etkiler. Örneğin, kredi kartı şirketleri ve bireysel ticari işletmeler arasındaki bir anlaşma olan PCI Standardı, belirli veri türlerinin tanımlanmış yollarla korunmasını talep eder (örneğin, müşteri parolaları için zorunlu şifreleme).

Etkin veri güvenliği politikaları ve prosedürleri, verileri doğru kişilerin doğru şekilde kullanabilmesini ve güncelleyebilmesini, tüm uygunsuz erişim ve güncellemelerin kısıtlanmasını sağlar (Ray, 2012) (bkz. Şekil 62). Tüm paydaşların mahremiyet ve gizlilik çıkarlarını ve ihtiyaçlarını anlamak ve bunlara uymak her kuruluşun çıkarınadır. Müşteri, tedarikçi ve kurucu ilişkilerinin tümü, verilerin sorumlu kullanımına güvenirler.

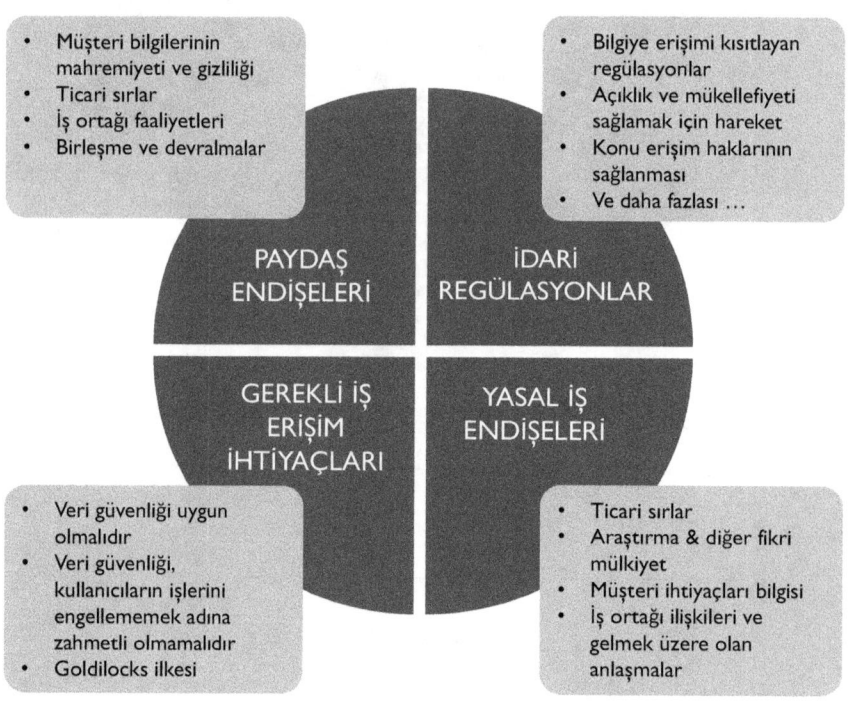

Şekil 62 Veri Güvenliği Gereksinimlerinin Kaynakları

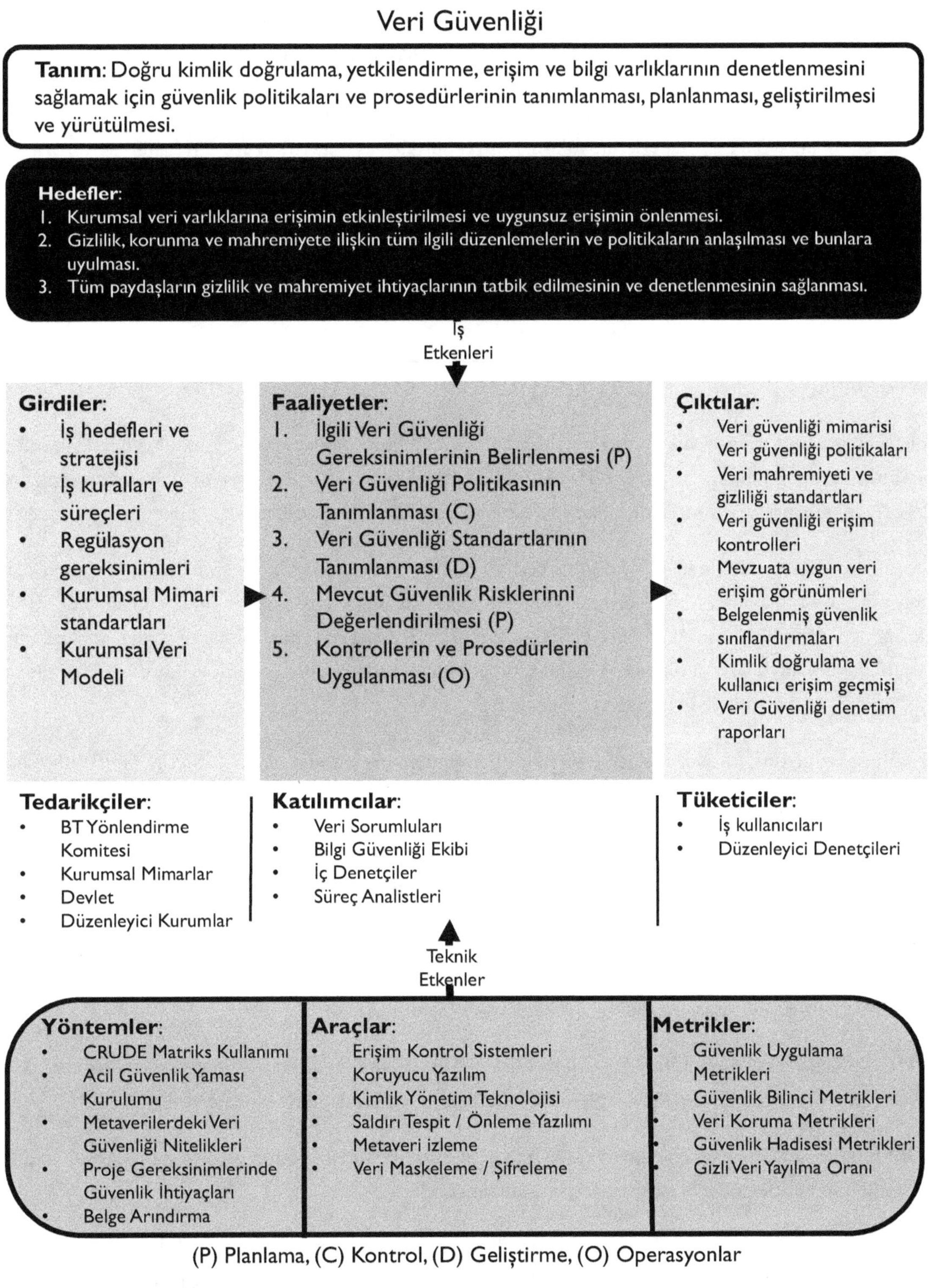

Veri Güvenliği

Tanım: Doğru kimlik doğrulama, yetkilendirme, erişim ve bilgi varlıklarının denetlenmesini sağlamak için güvenlik politikaları ve prosedürlerinin tanımlanması, planlanması, geliştirilmesi ve yürütülmesi.

Hedefler:
1. Kurumsal veri varlıklarına erişimin etkinleştirilmesi ve uygunsuz erişimin önlenmesi.
2. Gizlilik, korunma ve mahremiyete ilişkin tüm ilgili düzenlemelerin ve politikaların anlaşılması ve bunlara uyulması.
3. Tüm paydaşların gizlilik ve mahremiyet ihtiyaçlarının tatbik edilmesinin ve denetlenmesinin sağlanması.

İş Etkenleri

Girdiler:
- İş hedefleri ve stratejisi
- İş kuralları ve süreçleri
- Regülasyon gereksinimleri
- Kurumsal Mimari standartları
- Kurumsal Veri Modeli

Faaliyetler:
1. İlgili Veri Güvenliği Gereksinimlerinin Belirlenmesi (P)
2. Veri Güvenliği Politikasının Tanımlanması (C)
3. Veri Güvenliği Standartlarının Tanımlanması (D)
4. Mevcut Güvenlik Risklerinin Değerlendirilmesi (P)
5. Kontrollerin ve Prosedürlerin Uygulanması (O)

Çıktılar:
- Veri güvenliği mimarisi
- Veri güvenliği politikaları
- Veri mahremiyeti ve gizliliği standartları
- Veri güvenliği erişim kontrolleri
- Mevzuata uygun veri erişim görünümleri
- Belgelenmiş güvenlik sınıflandırmaları
- Kimlik doğrulama ve kullanıcı erişim geçmişi
- Veri Güvenliği denetim raporları

Tedarikçiler:
- BT Yönlendirme Komitesi
- Kurumsal Mimarlar
- Devlet
- Düzenleyici Kurumlar

Katılımcılar:
- Veri Sorumluları
- Bilgi Güvenliği Ekibi
- İç Denetçiler
- Süreç Analistleri

Tüketiciler:
- İş kullanıcıları
- Düzenleyici Denetçileri

Teknik Etkenler

Yöntemler:
- CRUDE Matriks Kullanımı
- Acil Güvenlik Yaması Kurulumu
- Metaverilerdeki Veri Güvenliği Nitelikleri
- Proje Gereksinimlerinde Güvenlik İhtiyaçları
- Belge Arındırma

Araçlar:
- Erişim Kontrol Sistemleri
- Koruyucu Yazılım
- Kimlik Yönetim Teknolojisi
- Saldırı Tespit / Önleme Yazılımı
- Metaveri izleme
- Veri Maskeleme / Şifreleme

Metrikler:
- Güvenlik Uygulama Metrikleri
- Güvenlik Bilinci Metrikleri
- Veri Koruma Metrikleri
- Güvenlik Hadisesi Metrikleri
- Gizli Veri Yayılma Oranı

(P) Planlama, (C) Kontrol, (D) Geliştirme, (O) Operasyonlar

Şekil 63 Bağlam Şeması: Veri Güvenliği

1.1 İş Etkenleri

Riski azaltma ve ticari büyüme, veri güvenliği faaliyetlerinin başlıca etkenleridir. Bir kuruluşun verilerinin güvende olmasını sağlamak, riski azaltır ve rekabet avantajı sağlar. Güvenliğin kendisi değerli bir varlıktır.

Veri güvenliği riskleri, mevzuata uygunluk, kurum ve hissedarlar için güvene dayalı sorumluluk, itibar ve çalışanların, iş ortaklarının ve müşterilerin özel ve hassas bilgilerinin korunmasına yönelik yasal ve ahlaki sorumluluk ile ilişkilidir. Kuruluşlar, regülasyonlara ve sözleşme yükümlülüklerine uymadıkları için para cezasına çarptırılabilirler. Veri ihlalleri, itibar ve müşteri güven kaybına neden olabilir (Bkz. Bölüm 2).

Ticari büyüme, operasyonel iş hedeflerine ulaşmayı ve sürdürmeyi içerir. Veri güvenliği sorunları, ihlaller ve çalışanların verilere erişimine ilişkin yersiz kısıtlamalar, operasyonel başarıyı doğrudan etkileyebilir.

Riskleri azaltma ve ticari büyüme hedefleri, tutarlı bir bilgi yönetimi ve koruma stratejisine entegre edilirlerse birbirini tamamlayıcı ve destekleyici olabilir.

1.1.1 Risk Azaltma

Veri regülasyonları arttıkça- genellikle veri hırsızlıklarına ve ihlallerine yanıt olarak- uyumluluk gereksinimleri de artar. Güvenlik birimlerine genellikle yalnızca BT uyumluluk gereksinimlerini değil, aynı zamanda kuruluş genelinde prensipleri, uygulamaları, veri sınıflandırmalarını ve erişim yetkilendirme kurallarını da yönetme görevi verilir.

Veri yönetiminin diğer yönlerinde olduğu gibi, veri güvenliğini kurumsal bir girişim olarak ele almak en iyisidir. Koordineli bir çaba olmadan, iş birimleri güvenlik ihtiyaçlarına farklı çözümler bularak toplam maliyeti artırırken tutarsız koruma nedeniyle güvenliği potansiyel olarak azaltırlar. Etkisiz güvenlik mimarisi veya süreçleri, kuruluşlarda ihlaller ve üretkenlik kaybına mal olabilir. Uygun şekilde finanse edilen, sistem odaklı ve kurum genelinde tutarlı olan bir operasyonel güvenlik stratejisi bu riskleri azaltacaktır.

Bilgi güvenliği, hangi verilerin korunması gerektiğini belirlemek için bir kuruluşun verilerini sınıflandırmakla başlar. Genel süreç aşağıdaki adımları içerir:

- **Hassas veri varlıklarını tanımlayın ve sınıflandırın**: Sektöre ve kuruluşa bağlı olarak, az veya çok sayıda varlık ve bir dizi hassas veri (kişisel kimlik, tıbbi, finansal ve daha fazlası dahil) olabilir.

- **Kuruluş genelinde hassas verileri bulun**: Güvenlik gereksinimleri, verilerin nerede depolandığına bağlı olarak farklılık gösterebilir. Tek bir konumda bulunan önemli miktarda hassas veri, tek bir ihlalden kaynaklanabilecek zararlar nedeniyle yüksek risk oluşturmaktadır.

- **Her varlığın nasıl korunması gerektiğini belirleyin**: Güvenliği sağlamak için gerekli önlemler, veri içeriğine ve teknolojinin türüne bağlı olarak varlıklar arasında değişiklik gösterebilir.

- **Bu bilgilerin iş süreçleriyle nasıl etkileşime girdiğini belirleyin**: Hangi erişime hangi koşullar altında izin verildiğini belirlemek için iş süreçlerinin analizi gereklidir.

Verilerin kendisini sınıflandırmaya ek olarak, dış tehditleri (bilgisayar korsanları ve suçlulardan gelenler gibi) ve iç riskleri (çalışanlar ve süreçler tarafından oluşturulan) değerlendirmek gerekir. Bilgilerin çok hassas olduğunu fark etmeyen veya güvenlik politikalarını atlayan çalışanların cehaleti nedeniyle birçok veri kaybolur veya açığa çıkar. Saldırıya uğrayan bir web sunucusunda bırakılan müşteri satış verileri, tedarikçinin dizüstü bilgisayarına indirilen çalışan veri tabanı, daha sonra çalınan ve bir yöneticinin bilgisayarında şifrelenmemiş olarak bırakılan ticari sırların tümü, eksik veya zorunlu olmayan güvenlik kontrollerinden kaynaklanmaktadır.

Son yıllarda köklü markalar üzerindeki güvenlik ihlallerinin etkisi, büyük finansal kayıplara ve müşteri güveninde düşüşe neden olmuştur. Bilgisayar korsanlığı topluluğundan gelen dış tehditler daha karmaşık ve hedefli hale gelmekle kalmamakta, aynı zamanda kasıtlı veya kasıtsız dış ve iç tehditlerin verdiği zararın miktarı da yıllar içinde istikrarlı bir şekilde artmaktadır (Kark, 2009).

İş altyapısının neredeyse tamamen elektronik olduğu bir dünyada, güvenilir bilgi sistemleri bir iş farklılaştırıcısı haline gelmiştir.

1.1.2 Ticari Büyüme

Global olarak, elektronik teknolojisi ofiste, pazarda ve evde yaygındır. Masaüstü ve dizüstü bilgisayarlar, akıllı telefonlar, tabletler ve diğer cihazlar, çoğu ticari ve kamu operasyonunun önemli unsurlarıdır. E-ticaretin büyümesi, kuruluşların mal ve hizmet sunma şeklini değiştirmiştir. Bireyler, kişisel yaşamlarında mal ve ürün sağlayıcılar, tıbbi kurumlar, kamu hizmetleri, devlet daireleri ve finans kurumları ile çevrimiçi iş yapmaya alışmışlardır. Güvenilir e-ticaret, kâr ve büyüme sağlar. Ürün ve hizmet kalitesi, bilgi güvenliği ile oldukça doğrudan ilişkilidir: Sağlam bilgi güvenliği, işlemleri mümkün kılar ve müşteri güvenini oluşturur.

1.1.3 Varlık Olarak Güvenlik

Hassas verileri yönetmeye yönelik bir yaklaşım metaverilerdir. Güvenlik sınıflandırmaları ve regülasyon hassasiyeti, veri öğesi ve veri kümesi düzeyinde tutulabilir. Verileri etiketlemek için teknolojiler mevcuttur, böylece metaveri, kurum içinde akarken bilgi ile birlikte hareket eder. Veri özelliklerinin ana deposunun geliştirilmesi, işletmenin tüm bölümlerinin hassas bilgilerin hangi düzeyde koruma gerektirdiğini tam olarak bilebilecekleri anlamına gelir.

Ortak bir standart uygulanırsa, bu yaklaşım birden çok departman, iş birimi ve tedarikçinin aynı metaverileri kullanmasını sağlar. Standart güvenlik metaverileri, veri korumasını optimize edebilir ve iş kullanımı ve teknik destek süreçlerine rehberlik ederek maliyetlerin düşmesini sağlar. Bu bilgi güvenliği katmanı, veri varlıklarına yetkisiz erişimin ve bunların kötüye kullanımının önlenmesine yardımcı olabilir. Hassas veriler bu şekilde doğru bir şekilde tanımlandığında, kuruluşlar müşterileri ve ortaklarıyla güven ortamı oluşturur. Güvenlikle ilgili metaverilerin kendisi stratejik bir varlık haline gelir ve işlemlerin, raporlamanın ve iş analizinin kalitesini artırırken, koruma maliyetini ve bilgilerin kaybolması veya çalınmasıyla ilişkili riskleri azaltır.

1.2 Hedef ve Prensipler

1.2.1 Hedefler

Veri güvenliği faaliyetlerinin hedefleri şunları içerir:

- Kurumsal veri varlıklarına uygun erişimi sağlama ve uygunsuz erişimi önleme
- Koruma ve gizliliğe ilişkin regülasyonlara ve politikalara uyumu sağlamak
- Gizlilik ve mahremiyet için paydaş gereksinimlerinin karşılanmasını sağlamak

1.2.2 Prensipler

Bir kuruluştaki veri güvenliği şu rehber prensipleri takip eder:

- **İş birliği**: Veri Güvenliği, BT güvenlik yöneticilerini, veri sorumlularını/veri yönetişimini, iç ve dış denetim ekiplerini ve hukuk departmanını içeren ortak bir çabadır.

- **Kurumsal yaklaşım**: Veri Güvenliği standartları ve politikaları, tüm kuruluşta tutarlı bir şekilde uygulanmalıdır.

- **Proaktif yönetim**: Veri güvenliği yönetiminde başarı, proaktif ve dinamik olmaya, tüm paydaşları dahil etmeye, değişimi yönetmeye ve bilgi güvenliği, bilgi teknolojisi, veri yönetimi ve iş paydaşları arasında geleneksel sorumlulukların ayrımı gibi kurumsal veya kültürel darboğazların üstesinden gelmeye bağlıdır.

- **Açık mükellefiyet**: Kuruluşlar ve roller arasındaki veriler için "gözetim zinciri" de dahil olmak üzere, roller ve sorumluluklar açıkça tanımlanmalıdır.

- **Metaveri odaklı**: Veri öğeleri için güvenlik sınıflandırması, veri tanımlarının önemli bir parçasıdır.

- **Maruziyeti azaltarak riski düşürün**: Özellikle üretim dışı ortamlarda hassas/gizli veri çoğalmasını en aza indirin.

1.3 Temel Kavramlar

Bilgi güvenliğinin kendine özgü bir sözlüğü vardır. Anahtar terimlerin bilgisi, yönetişim gereksinimlerinin daha net ifade edilmesini sağlar.

1.3.1 Güvenlik Açığı

Güvenlik açığı, bir sistemin başarılı bir şekilde saldırıya uğramasına ve tehlikeye atılmasına izin veren bir zayıflık veya kusurdur- esasen bir kuruluşun savunmasındaki bir deliktir. Bazı güvenlik açıklarına sömürü adı verilir.

Örnekler arasında, güncel olmayan güvenlik yamalarına sahip ağ bilgisayarları, sağlam parolalarla korunmayan web sayfaları, bilinmeyen göndericilerden gelen e-posta eklerini yok saymak için eğitilmemiş kullanıcılar veya saldırgana sistemin kontrolünü verecek teknik komutlara karşı korumasız kurumsal yazılımlar sayılabilir.

Çoğu durumda, üretim dışı ortamlar, tehditlere karşı üretim ortamlarına göre daha savunmasızdır. Bu nedenle, üretim verilerini üretim dışı ortamlarda tutmamak çok önemlidir.

1.3.2 Tehdit

Tehdit, bir kuruluşa karşı gerçekleştirilebilecek potansiyel bir saldırı eylemidir. Tehditler iç veya dış olabilir. Her zaman kötü niyetli değildirler. İçeriden bir çalışan, farkında bile olmadan kuruma karşı saldırgan eylemlerde bulunabilir. Tehditler, daha sonradan düzeltme için önceliklendirilebilecek belirli güvenlik açıklarıyla ilgili olabilirler. Her tehdit, tehdidi önleyen veya neden olabileceği hasarı sınırlayan bir yetkinlikle eşleşmelidir. Bir tehdidin meydana gelmesine saldırı yüzeyi de denir.

Tehdit örnekleri, kuruluşa gönderilen virüs bulaşmış e-posta eklerini, ağ sunucularını bunaltan ve ticari işlemlerin gerçekleştirilememesine (hizmet engelleme (DoS) saldırıları olarak da adlandırılır) neden olan süreçler ve bilinen güvenlik açıklarından yararlanmayı içerir.

1.3.3 Risk

Risk terimi hem kayıp olasılığını hem de potansiyel kaybı oluşturan şey veya durumu ifade eder. Risk, aşağıdaki faktörler kullanılarak olası her tehdit için hesaplanabilir.

- Tehdidin ortaya çıkma olasılığı ve muhtemel sıklığı
- İtibarın zedelenmesi de dahil olmak üzere, her olayın neden olabileceği hasarların türü ve miktarı
- Hasarın gelir veya ticari faaliyetler üzerindeki etkisi
- Bir olaydan sonra hasarı düzeltmenin maliyeti
- Güvenlik açıklarının düzeltilmesi de dahil olmak üzere tehdidi önlemenin maliyeti
- Muhtemel saldırganın hedefi veya niyeti

Riskler, şirketteki olası hasarın ciddiyetine göre veya daha yüksek bir gerçekleşme olasılığı yaratan kolayca yararlanılan güvenlik açıklarıyla gerçekleşme olasılığına göre önceliklendirilebilirler. Genellikle bir öncelik listesi her iki ölçümü de birleştirir. Riskin önceliklendirilmesi, paydaşlar arasında resmi bir süreç olmalıdır.

1.3.4 Risk Sınıflandırmaları

Risk sınıflandırmaları, verilerin hassasiyetini ve kötü niyetli amaçlarla aranma olasılığını tanımlar. Sınıflandırmalar, verilere kimin (yani, hangi rollerdeki kişilerin) erişebileceğini belirlemek için kullanılır. Bir kullanıcı yetkisi dahilindeki herhangi bir verinin en yüksek güvenlik sınıflandırması, tüm toplamanın güvenlik sınıflandırmasını belirler. Örnek sınıflandırmalar şunları içerir:

- **Kritik Risk Verileri (CRD)**: Yüksek mali değeri nedeniyle hem dahili hem de harici taraflarca yetkisiz kullanım için agresif bir şekilde araştırılan kişisel bilgilerdir. CRD'den taviz verilmesi yalnızca bireylere zarar vermekle kalmaz, aynı zamanda önemli cezalar, müşterileri ve çalışanları elde tutma maliyetleri ve ayrıca marka ve itibara zarar vererek şirkete mali zarar verir.

- **Yüksek Riskli Veriler (HRD)**: Potansiyel mali değeri nedeniyle HRD, yetkisiz kullanım açısından aktif olarak araştırılır. HRD, şirkete rekabet avantajı sağlar. Eğer tehlikeye girerse, şirketi fırsat kaybı yoluyla finansal zarara maruz bırakabilir. HRD kaybı, iş kaybına yol açacak güvensizliğe neden olabilir ve yasal maruziyet, regülasyonel para cezaları ve cezaların yanı sıra marka ve itibarın zarar görmesiyle de sonuçlanabilir.

- **Orta Dereceli Risk Verileri (MRD)**: Yetkisiz taraflar için çok az somut değeri olan şirket bilgileridir; ancak bu kamuya açık olmayan bilgilerin izinsiz kullanılmasının şirket üzerinde olumsuz bir etkisi olabilir.

1.3.5 Veri Güvenliği Organizasyonu

Kuruluşun büyüklüğüne bağlı olarak, genel Bilgi Güvenliği fonksiyonu, genellikle Bilgi Teknolojisi (BT) alanı içinde özel bir Bilgi Güvenliği grubunun ana sorumluluğu olabilir. Daha büyük işletmelerde genellikle, CIO'ya veya CEO'ya rapor veren bir Bilgi Güvenliği Direktörü (CISO) bulunur. Özel Bilgi Güvenliği personeli olmayan kuruluşlarda, veri güvenliğinin sorumluluğu veri yöneticilerine düşer. Her durumda, veri yöneticilerinin de veri güvenliği çabalarına dahil olması gerekir.

Büyük kuruluşlarda bilgi güvenliği personeli, belirli veri yönetişimi ve kullanıcı yetkilendirme fonksiyonlarının yöneticileri tarafından yönlendirilmesine izin verebilir. Örnekler, kullanıcı yetkilerinin verilmesini ve veri düzenlemelerine uyumluluğu içerir. Bilgi Güvenliği personeli, genellikle, kötü amaçlı yazılımlarla ve sistem saldırılarıyla mücadele gibi bilgi korumasının teknik yönleriyle ilgilenir. Ancak, geliştirme veya kurulum projesi sırasında iş birliği de yaparlar.

Bu sinerji fırsatı, iki yönetişim birimi olan BT ve Veri Yönetimi, regülasyon ve güvenlik gereksinimlerini paylaşmak için organize bir süreçten yoksun olduğunda genellikle kaçırılır. Veri regülasyonları, veri kaybı tehditleri ve veri koruma gereksinimleri hakkında birbirlerini bilgilendirmek ve bunu her yazılım geliştirme veya kurulum projesinin başlangıcında yapmak için standart bir prosedüre ihtiyaçları vardır.

Örneğin, NIST (Ulusal Standartlar ve Teknoloji Enstitüsü) Risk Yönetimi Çerçevesindeki ilk adım, tüm kurumsal bilgileri kategorilere ayırmaktır. Bir kurumsal veri modeli oluşturmak bu hedef için çok önemlidir. Tüm hassas bilgilerin konumunun net bir şekilde görülebilmesi olmadan, kapsamlı ve etkili bir veri koruma programı oluşturmak mümkün değildir.

Regülasyona dayalı verilerin tanımlanabilmesi, hassas sistemlerin uygun şekilde korunabilmesi ve kullanıcı erişim kontrollerinin gizliliği, bütünlüğü ve veri regülasyonlarına uyumluluğunu sağlamak üzere tasarlanabilmesi için veri yöneticilerinin bilgi teknolojisi geliştiricileri ve siber güvenlik uzmanlarıyla aktif olarak iletişim kurması gerekir. Kurum ne kadar büyükse, ekip çalışmasına duyulan ihtiyaç ve doğru ve güncel bir kurumsal veri modeline güvenmek o kadar önemli hale gelir.

1.3.6 Güvenlik Süreçleri

Veri güvenliği gereksinimleri ve prosedürleri, dört A olarak bilinen dört gruba ayrılır: Access (Erişim), Audit (Denetim), Authentication (Kimlik Doğrulama) ve Authorization (Yetkilendirme). Son zamanlarda, etkin veri regülasyon uyumluluğu için bir E, Entitlement (Hak) dahil edilmiştir. Bilgi sınıflandırması, erişim hakları, rol grupları, kullanıcılar ve parolalar, politikayı gerçeklemenin ve dört A'yı karşılamanın araçlarıdır. Güvenlik İzleme, diğer süreçlerin başarısını kanıtlamak için de gereklidir. Hem izleme hem de denetim sürekli veya aralıklı olarak yapılabilir. Resmi denetimlerin geçerli sayılabilmesi için üçüncü bir tarafça yapılması gerekir. Üçüncü taraf dahili veya harici olabilir.

1.3.6.1 Dört A'lar

- **Access (Erişim)**: Yetki sahibi kişilerin sistemlere zamanında erişmesini sağlayın. Fiil olarak kullanıldığında, erişim, bir bilgi sistemine aktif olarak bağlanmak ve verilerle çalışmak anlamına gelir. Bir isim olarak kullanıldığında erişim, kişinin verilere geçerli bir yetkisi olduğunu gösterir.

- **Audit (Denetim)**: Düzenlemelere ve şirket politikası ve standartlarına uygunluğu sağlamak için güvenlik eylemlerini ve kullanıcı etkinliğini gözden geçirin. Bilgi güvenliği uzmanları, güvenlik düzenlemeleri, politikaları ve standartlarına uygunluğu doğrulamak için logları ve belgeleri düzenli olarak gözden geçirirler. Bu denetimlerin sonuçları periyodik olarak yayınlanmaktadır.

- **Authentication (Kimlik Doğrulama)**: Kullanıcıların erişimini doğrulayın. Bir kullanıcı bir sisteme giriş yapmaya çalıştığında, sistemin kişinin iddia ettiği kişi olduğunu doğrulaması gerekir. Şifreler bunu yapmanın bir yoludur. Daha katı kimlik doğrulama yöntemleri arasında, kişinin bir güvenlik kullanıcı anahtarına sahip olması, soruları yanıtlaması veya parmak izi göndermesi yer alır. Kimlik doğrulama sırasındaki tüm aktarımlar, kimlik doğrulama bilgilerinin çalınmasını önlemek için şifrelenir.

- **Authorization (Yetkilendirme)**: Bireylere, rollerine uygun belirli veri görünümlerine erişim ayrıcalıkları verin. Yetkilendirme kararından sonra, Erişim Kontrol Sistemi, bir kullanıcı oturum açtığında, geçerli bir yetki kullanıcı anahtarına sahip olup olmadığını kontrol eder. Teknik olarak bu, kurumsal Active Directory'deki bir veri alanına, kişinin verilere erişmesi için biri tarafından yetkilendirildiğini belirten bir giriştir. Ayrıca, kullanıcının işi veya kurumsal statüsü nedeniyle bu yetkiye sahip olması nedeniyle sorumlu bir kişinin bu yetkiyi verme kararını verdiğini belirtir.

- **Entitlement (Hak)**: Hak, tek bir erişim yetkilendirme kararıyla bir kullanıcıya sunulan tüm veri öğelerinin toplamıdır. Sorumlu bir yönetici, bir yetkilendirme talebi oluşturulmadan önce bir kişinin bu bilgilere erişim "hakkına" sahip olduğuna karar vermelidir. Hak alma kararları için düzenleyici ve gizlilik gereksinimlerinin belirlenmesinde, her bir hak tarafından ifşa edilen tüm verilerin bir envanteri gereklidir.

1.3.6.2 İzleme

Sistemler, olası güvenlik ihlalleri de dahil olmak üzere beklenmeyen olayları tespit eden izleme kontrollerini içermelidir. Maaş veya finansal veriler gibi gizli bilgileri içeren sistemler, genellikle güvenlik yöneticisini şüpheli etkinlik veya uygunsuz erişim konusunda uyaran aktif, gerçek zamanlı izleme uygularlar.

Bazı güvenlik sistemleri, belirli erişim profillerini takip etmeyen faaliyetleri aktif olarak keser. Güvenlik destek personeli ayrıntıları değerlendirene kadar hesap veya faaliyet kilitli kalır.

Buna karşılık, pasif izleme, düzenli aralıklarla sistemin anlık görüntülerini alarak ve eğilimleri bir kıyaslama veya diğer kriterlere göre karşılaştırarak zaman içindeki değişiklikleri izler. Sistem, verilerden mükellef veri sorumlularına veya güvenlik yöneticisine raporlar gönderir. Aktif izleme bir tespit mekanizması iken, pasif izleme bir değerlendirme mekanizmasıdır.

1.3.7 Veri Bütünlüğü

Güvenlikte, *veri bütünlüğü* bir bütün olma durumudur- uygunsuz değişiklik, silme veya eklemeden korunmadır. Örneğin, ABD'de Sarbanes-Oxley düzenlemeleri çoğunlukla finansal bilgilerin nasıl oluşturulabileceği ve düzenlenebileceğine ilişkin kuralları tanımlayarak finansal bilgi bütünlüğünü korumakla ilgilenir.

1.3.8 Şifreleme

Şifreleme, ayrıcalıklı bilgileri gizlemek, tam iletimi doğrulamak veya gönderenin kimliğini doğrulamak için düz metni karmaşık kodlara çevirme işlemidir. Şifrelenmiş veriler, genellikle ayrı olarak depolanan ve aynı veri kümesindeki diğer veri öğelerine dayalı olarak hesaplanamayan şifre çözme anahtarı veya algoritması olmadan okunamaz. Karma, simetrik, özel-anahtar ve açık-anahtar olmak üzere, farklı seviyelerde karmaşıklık ve anahtar yapısı ile dört ana şifreleme yöntemi vardır.

1.3.8.1 Tek Yönlü Şifreleme

Tek yönlü şifreleme, verileri matematiksel bir temsile dönüştürmek için algoritmalar kullanır. Şifreleme sürecini tersine çevirmek ve orijinal verileri ortaya çıkarmak için kullanılan kesin algoritmalar ve uygulama sırası bilinmelidir. Bazen tek yönlü şifreleme, iletim bütünlüğünün veya kimliğinin doğrulanması olarak kullanılır. Yaygın tek yönlü şifreleme algoritmaları, Message Digest 5 (MD5) ve Secure Hashing Algorithm'dir (SHA).

1.3.8.2 Özel Anahtar

Özel anahtar şifrelemesi, verileri şifrelemek için bir anahtar kullanır. Hem gönderici hem de alıcı, orijinal verileri okumak için anahtara sahip olmalıdır. Veriler, her seferinde bir karakter (bir akışta olduğu gibi) veya bloklar halinde şifrelenebilir. Yaygın özel anahtar algoritmaları arasında Veri Şifreleme Standardı (DES), Üçlü DES (3DES), Gelişmiş Şifreleme Standardı (AES) ve Uluslararası Veri Şifreleme Algoritması (IDEA) bulunur. Cyphers Twofish ve Serpent da güvenli kabul edilir. Basit DES kullanımı pek çok kolay saldırıya açık olduğundan akıllıca değildir.

1.3.8.3 Açık Anahtar

Açık anahtarlı şifrelemede gönderici ve alıcının farklı anahtarları vardır. Gönderici, serbestçe kullanılabilen bir açık anahtar kullanır ve alıcı, orijinal verileri ortaya çıkarmak için özel bir anahtar kullanır. Bu tür şifreleme, örneğin takas odalarına veri gönderirken olduğu gibi, birçok veri kaynağının yalnızca birkaç alıcıya korumalı bilgi göndermesi gerektiğinde kullanışlıdır. Açık anahtar yöntemleri arasında Rivest-Shamir-Adelman (RSA) Anahtar Değişimi ve Diffie-Hellman Anahtar Sözleşmesi bulunur. PGP (Pretty Good Privacy), açık anahtarlı şifrelemenin ücretsiz olarak kullanılabilen bir uygulamasıdır.

1.3.9 Gizleme ve Maskeleme

Verinin anlamını veya diğer nesneler veya sistemlerle yabancı anahtar ilişkileri gibi verinin diğer veri kümeleriyle olan ilişkilerini kaybetmeden, gizleme (belirsiz veya net olmayan hale getirme) veya verilerin görünümünü kaldıran ya da karıştıran veya başka bir şekilde değiştiren maskeleme yoluyla veriler daha az açık hale getirilebilir. Nitelikler içindeki değerler değişebilir, ancak yeni değerler bu nitelikler için hala geçerlidir. Gizleme, referans için ekranlarda hassas bilgileri görüntülerken veya üretim verilerinden beklenen uygulama mantığına uygun test veri setleri oluştururken kullanışlıdır.

Veri maskeleme, bir tür veri merkezli güvenliktir. Kalıcı ve dinamik olmak üzere iki tür veri maskeleme vardır. Kalıcı maskeleme, veri akışı esnasında veya yerinde yürütülebilir.

1.3.9.1 Kalıcı Veri Maskeleme

Kalıcı veri maskeleme, verileri kalıcı ve geri döndürülemez biçimde değiştirir. Bu tür maskeleme tipik olarak üretim ortamlarında değil, üretim ortamı ile geliştirme veya test ortamları arasında kullanılır. Kalıcı maskeleme verileri değiştirir, ancak verilerin, süreçleri, uygulamayı, raporu vb. test etmek için kullanılmaya devam etmesi gerekir.

- **Akış esnasında kalıcı maskeleme**, kaynak (tipik olarak üretim) ve hedef (tipik olarak üretim dışı) ortam arasında hareket ederken veriler maskelendiğinde veya karıştırıldığında meydana gelir. Akış esnasında maskeleme, maskelenmemiş veriler içeren bir ara dosya veya veritabanı bırakmadığından, düzgün bir şekilde yürütüldüğünde çok güvenlidir. Diğer bir fayda ise, maskelemenin bir kısmında sorunlarla karşılaşılırsa yeniden çalıştırılabilir olmasıdır.

- Kaynak ve hedef aynı olduğunda **yerinde kalıcı maskeleme** kullanılır. Maskelenmemiş veriler kaynaktan okunur, maskelenir ve ardından maskelenmemiş verilerin üzerine yazmak için kullanılır. Yerinde maskeleme, hassas verilerin olmaması gereken ve riskin azaltılması gereken bir konumda olduğunu veya verilerin güvenli olmayan bir konuma taşınmadan önce maskelenecek güvenli bir konumda fazladan bir kopyasının bulunduğunu varsayar. Bu sürecin riskleri vardır. Maskeleme işlemi, maskelemenin ortasında başarısız olursa, verileri kullanılabilir bir biçime geri yüklemek zor olabilir. Bu tekniğin birkaç niş kullanımı vardır, ancak genel olarak, akış esnasında maskeleme proje ihtiyaçlarını daha güvenli bir şekilde karşılayacaktır.

1.3.9.2 Dinamik Veri Maskeleme

Dinamik veri maskeleme, temel verileri değiştirmeden verilerin görünümünü son kullanıcıya veya sisteme değiştirir. Bu, kullanıcıların tümüne değil de bazı hassas üretim verilerine erişmesi gerektiğinde son derece yararlı olabilir. Örneğin, bir veritabanında sosyal güvenlik numarası 123456789 olarak saklanır, ancak kiminle konuştuğunu doğrulaması gereken çağrı merkezi çalışanına veriler ***-**-6789 olarak görünür.

1.3.9.3 Maskeleme Yöntemleri

Verileri maskelemek veya gizlemek için birkaç yöntem vardır.

- **Değiştirme**: Karakterleri veya tüm değerleri bir aramadaki veya standart bir kalıptakilerle değiştirin. Örneğin, adlar bir listeden rastgele değerlerle değiştirilebilir.

- **Karıştırma**: Bir kayıt içindeki aynı türdeki veri öğelerini değiştirin veya satırlar arasında bir niteliğin veri öğelerini değiştirin. Örneğin, orijinal tedarikçinin bir faturada farklı bir geçerli tedarikçi ile değiştirileceği şekilde tedarikçi faturaları arasında satıcı adlarının karıştırılması.

- **Zamansal saptırma**: Tarihleri +/– birkaç gün arasında hareket ettirin – trendleri korumak için yeterince küçük, ancak onları tanımlanamaz hale getirmek için yeterince önemlidir.

- **Değer saptırması**: Yine eğilimleri korumak için yeterince küçük, ancak tanımlanamayacak kadar önemli olan bir rastgele faktör +/– yüzde uygulayın.

- **Sıfırlama veya silme**: Bir test sisteminde olmaması gereken verileri kaldırın.

- **Rastgeleleştirme**: Veri öğelerinin bir kısmını veya tamamını rastgele karakterlerle veya tek bir karakter dizisiyle değiştirin.

- **Şifreleme**: Bir şifre kodu aracılığıyla tanınabilir şekilde anlamlı bir karakter akışını tanınmaz bir karakter akışına dönüştürün. Yerinde şaşırtmanın aşırı bir versiyonudur.

- **İfadeyle maskeleme**: Tüm değerleri bir ifade ile değiştirin. Örneğin, basit bir ifade, büyük bir serbest biçimli veritabanı alanındaki (gizli veriler içerebilecek potansiyel olarak) tüm değerleri 'Bu bir yorum alanıdır' olarak kodlayacaktır.

- **Anahtar maskeleme**: Bir veritabanı anahtar alanını (veya benzerini) maskelemek için kullanıldığından, maskeleme algoritmasının/işlemin sonucunun benzersiz ve tekrarlanabilir olması gerektiğini belirtin. Bu tür maskeleme, kuruluş genelinde bütünlüğü korumak için testler için son derece önemlidir.

1.3.10 Ağ Güvenliği Terimleri

Veri güvenliği hem hareketsiz verileri hem de hareket halindeki verileri içerir. Hareket halindeki veriler, sistemler arasında hareket etmek için bir ağ gerektirir. Bir kuruluşun güvenlik duvarını kötü amaçlı yazılımlardan, zehirli e-postalardan veya sosyal mühendislik saldırılarından korumak için tamamen güvenmesi artık yeterli değildir. Ağdaki her makinenin bir savunma hattına sahip olması gerekir ve web sunucuları sürekli olarak İnternetteki tüm dünyaya maruz kaldıkları için gelişmiş korumaya ihtiyaç duyarlar.

1.3.10.1 Arkakapı

Arkakapı, bir bilgisayar sistemine veya uygulamasına gözden kaçan veya gizli bir girişi ifade eder. Yetkisiz kullanıcıların erişim elde etmek için parola gereksinimini atlamasını sağlar. Arka kapılar genellikle geliştiriciler tarafından bakım amacıyla oluşturulur. Herhangi bir arka kapı bir güvenlik riskidir. Diğer arka kapılar, ticari yazılım paketlerinin yaratıcıları tarafından oraya yerleştirilirler.

Herhangi bir yazılım sistemi veya web sayfası paketi kurulurken değişmeden bırakılan varsayılan şifreler bir arkakapıdır ve şüphesiz bilgisayar korsanları tarafından bilinecektir. Herhangi bir arkakapı bir güvenlik riskidir.

1.3.10.2 Bot veya Zombi

Bot (robotun kısaltması) veya *Zombi*, kötü niyetli bir bilgisayar korsanı tarafından Truva Atı, Virüs, Oltalama veya virüslü bir dosyanın indirilmesi kullanılarak ele geçirilen bir bilgisayardır. Uzaktan kontrol edilen botlar, büyük miktarda istenmeyen e-posta göndermek, ağları tıkayan İnternet paketleriyle işletmelere saldırmak, yasa dışı para transferleri yapmak ve sahte web sitelerini barındırmak gibi kötü niyetli görevleri gerçekleştirmek için kullanılırlar. Bot-Net, robot bilgisayarlar (enfekte makineler) ağıdır.[28]

2012 yılında tüm bilgisayarların %17'sinin (yaklaşık 1,1 Milyar bilgisayarın yaklaşık 187 milyonu) anti-virüs korumasına sahip olmadığı tahmin edilmektedir. O yıl ABD'de, kullanıcıların %19,32'si korumasız olarak sörf yapmıştır. Bunların büyük bir yüzdesi Zombilerdir. Tahminler 2016 yılı itibarıyla iki milyar bilgisayarın çalışır durumda olduğu yönündedir. Masaüstü ve dizüstü bilgisayarların sayısının akıllı telefonlar, tabletler, giyilebilir cihazlar ve birçoğu ticari işlemler için kullanılan diğer cihazlar tarafından gölgede bırakıldığı göz önüne alındığında, verilerin açığa çıkma riskleri sadece artacaktır.[29]

1.3.10.3 Web Çerezi

Çerez, geri dönen ziyaretçileri belirlemek ve tercihlerinin profilini çıkarmak için bir web sitesinin bilgisayarın sabit diskine yüklediği küçük bir veri dosyasıdır. Çerezler e-ticaret için de kullanılır. Ancak, casus yazılımlar bazen bunları kullandığından gizlilikle ilgili soruları gündeme getirdiklerinden tartışmalıdırlar.

1.3.10.4 Güvenlik Duvarı

Güvenlik duvarı, tek bir bilgisayarı veya tüm ağı, sisteme yetkisiz erişim veya sisteme saldırma girişimlerinden korumak için ağ trafiğini filtreleyen yazılım ve/veya donanımdır. Bir güvenlik duvarı hem gelen hem de giden iletişimleri kısıtlı veya düzenlenmiş bilgiler için tarayabilir ve izinsiz geçişini engelleyebilir (Veri Kaybı Önleme). Bazı güvenlik duvarları ayrıca belirli harici web sitelerine erişimi de kısıtlar.

1.3.10.5 Çevre

Çevre, bir organizasyonun çevreleri ile dış sistemleri arasındaki sınırdır. Tipik olarak, tüm dahili ve harici ortamlar arasında bir güvenlik duvarı bulunur.

1.3.10.6 DMZ

Askerden arındırılmış bölgenin kısaltması olan DMZ, bir kuruluşun sınırında veya çevresinde, kendisi ile kuruluş arasında bir güvenlik duvarı bulunan bir alandır. Bir DMZ ortamı, kendisi ile internet arasında her zaman bir güvenlik duvarına sahip olacaktır (bkz. Şekil 64). DMZ ortamları, kuruluşlar arasında hareket eden verileri iletmek veya geçici olarak depolamak için kullanılırlar.

---

[28] http://bit.ly/1FrKWR8, http://bit.ly/2rQQuWJ.

[29] Cisco Corporation, "2018 yılına kadar, 8,2 milyar el tipi veya kişisel mobil kullanıma hazır cihaz ve 2 milyar makineden makineye (örneğin, arabalardaki GPS sistemleri, nakliye ve imalat sektörlerindeki varlık izleme sistemleri veya hasta kayıtlarını ve sağlık durumunu daha kolay erişilebilir hale getiren tıbbi uygulamalar) bağlantı olacağını" tahmin ediyor. http://bit.ly/Msevdw (gelecekteki bilgisayar ve cihaz sayısı)

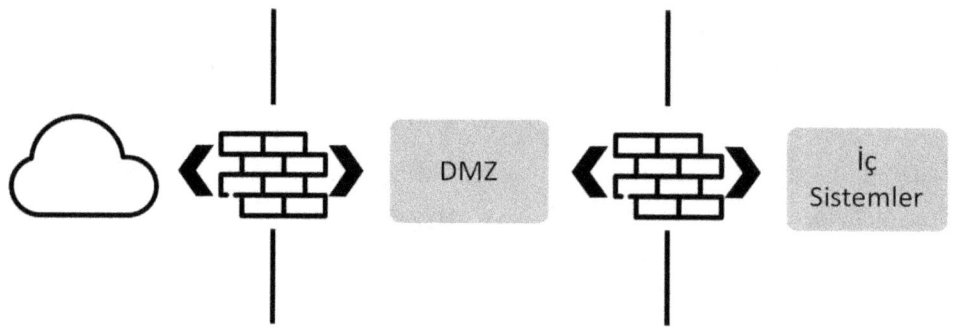

Şekil 64 DMZ Örneği

1.3.10.7 Süper Kullanıcı Hesabı

Süper Kullanıcı Hesabı, yalnızca acil durumlarda kullanılmak üzere bir sisteme yönetici veya root erişimi olan bir hesaptır. Bu hesapların kimlik bilgileri son derece güvenlidir, yalnızca uygun belgeler ve onaylarla acil bir durumda serbest bırakılır ve kısa sürede sona erer. Örneğin, üretim denetimine atanan personel, birden çok büyük sisteme erişim yetkileri gerektirebilir, ancak bu yetkiler, kötüye kullanımı önlemek için zaman, kullanıcı kimliği, konum veya diğer gereksinimler tarafından sıkı bir şekilde kontrol edilmelidirler.

1.3.10.8 Tuş Kaydedici

Tuş Kaydediciler (Key Logger), bir kişinin klavyesine yazdığı tüm tuş vuruşlarını kaydeden ve ardından bunları İnternet'te başka bir yere gönderen bir tür saldırı yazılımıdır. Böylece her şifre, not, formül, belge ve web adresi yakalanır. Genellikle virüslü bir web sitesi veya kötü amaçlı yazılım indirmesi bir anahtar kaydedici yükler. Bazı belge indirme türleri de bunun olmasına izin verir.

1.3.10.9 Sızma Testi

Güvenli bir ağ ve web sitesi kurmak, gerçekten güvenli olduğundan emin olmak için test edilmeden tamamlanmış sayılmaz. Sızma Testinde (bazen 'pentest' olarak da adlandırılır), kuruluşun kendisinden veya harici bir güvenlik firmasından kiralanan etik bir bilgisayar korsanı, sistem açıklarını belirlemek için kötü niyetli bir bilgisayar korsanı gibi sisteme dışarıdan girmeye çalışır. Sızma testleri yoluyla bulunan güvenlik açıkları, uygulama yayınlanmadan önce ele alınabilir.

Bazı insanlar, bu denetimlerin yalnızca birilerini suçlamakla sonuçlanacağına inandıkları için etik bilgisayar korsanlığı denetimlerinden hoşlanmazlar. Gerçek şu ki, iş güvenliği ve bilgisayar korsanlığı arasındaki hızlı hareket eden çatışmada, satın alınan ve dahili olarak geliştirilen tüm yazılımlar, oluşturuldukları sırada bilinmeyen potansiyel güvenlik açıklarını içerir. Bu nedenle, tüm yazılım uygulamalarının periyodik olarak sorgulanması gerekir. Güvenlik açıklarını bulmak devam eden bir prosedürdür ve hiçbir suçlama yapılmamalıdır- yalnızca güvenlik yamaları yapılmalıdır.

Sürekli yazılım güvenlik açığı azaltma ihtiyacının kanıtı olarak, yazılım tedarikçilerinden gelen sürekli bir güvenlik yaması akışını gözlemleyin. Bu sürekli güvenlik düzeltme, güncelleme süreci, bu tedarikçilerden gerekli özenin ve profesyonel müşteri desteğinin verildiğinin bir işaretidir. Bu yamaların çoğu, tedarikçiler adına gerçekleştirilen etik korsanlığın sonucudur.

1.3.10.10 Sanal Özel Ağ (VPN)

VPN bağlantıları, bir kuruluşun ortamına güvenli bir yol veya "tünel" oluşturmak için güvenli olmayan interneti kullanır. Tünel yüksek oranda şifrelenmiştir. Bir kuruluşun ortamının çevresinde bir güvenlik duvarına bağlanmak için birden çok kimlik doğrulama öğesi kullanarak kullanıcılar ve dahili ağ arasında iletişime olanak tanır. Ardından, iletilen tüm verileri güçlü bir şekilde şifreler.

1.3.11 Veri Güvenliği Türleri

Veri güvenliği, yalnızca uygun olmayan erişimin önlenmesini değil, aynı zamanda verilere uygun erişimin sağlanmasını da içerir. Hassas verilere erişim, izinler verilerek kontrol edilmelidir. İzin olmadan, bir kullanıcının sistem içinde verileri görmesine veya işlem yapmasına izin verilmemelidir. 'Minimum Ayrıcalık' önemli bir güvenlik ilkesidir. Bir kullanıcının, işlemin veya programın yalnızca meşru amacının izin verdiği bilgilere erişmesine izin verilmelidir.

1.3.11.1 Tesis Güvenliği

Tesis güvenliği, kötü aktörlere karşı ilk savunma hattıdır. Tesisler, en azından, yetkili çalışanlarla sınırlı erişime sahip kilitli bir veri merkezine sahip olmalıdır. Güvenliğe yönelik sosyal tehditler (Bkz. Bölüm 1.3.15), insanları tesis güvenliğinin en zayıf noktası olarak kabul ederler. Çalışanların tesislerdeki verileri korumak için araçlara ve eğitime sahip olduğundan emin olun.

1.3.11.2 Cihaz Güvenliği

Dizüstü bilgisayarlar, tabletler ve akıllı telefonlar dahil olmak üzere mobil cihazlar, kaybolabilecekleri, çalınabilecekleri ve suçlu bilgisayar korsanları tarafından fiziksel ve elektronik olarak saldırıya uğrayabilecekleri için doğası gereği güvensizdir. Genellikle kurumsal e-postalar, elektronik tablolar, adresler ve ifşa olursa kuruluşa, çalışanlarına veya müşterilerine zarar verebilecek belgeler içerirler.

Taşınabilir cihazların büyümesiyle, bu cihazların (hem şirkete ait hem de kişisel) güvenliğini yönetme planı, herhangi bir şirketin genel stratejik güvenlik mimarisinin bir parçası olmalıdır. Bu plan hem yazılım hem de donanım araçlarını içermelidir.

Cihaz güvenlik standartları şunları içerir:

- Mobil cihazları kullanan bağlantılarla ilgili erişim politikaları
- Verilerin dizüstü bilgisayarlar, DVD'ler, CD'ler veya USB sürücüler gibi taşınabilir cihazlarda depolanması
- Verilerin silinmesi ve cihazların kayıt yönetimi politikalarına uygun olarak imha edilmesi
- Kötü amaçlı yazılımdan koruma ve şifreleme yazılımlarının yüklenmesi
- Güvenlik açıklarına ilişkin farkındalık

1.3.11.3 Kimlik Bilgisi Güvenliği

Her kullanıcıya, bir sisteme erişim elde ederken kullanmak üzere kimlik bilgileri atanır. Çoğu kimlik bilgisi, bir Kullanıcı Kimliği ve bir Parolanın birleşimidir. Sistem verilerinin hassasiyetine ve sistemin kimlik bilgileri depolarına bağlanma yeteneklerine bağlı olarak, kimlik bilgilerinin bir ortamdaki sistemler arasında nasıl kullanıldığına dair bir spektrum vardır.

1.3.11.3.1 Kimlik Yönetim Sistemleri

Geleneksel olarak, kullanıcıların her bir kaynak, platform, uygulama sistemi veya bilgisayar için farklı hesapları ve parolaları olmuştur. Bu yaklaşım, kullanıcıların birkaç parola ve hesabı yönetmesini gerektirir. Kurumsal kullanıcı dizinleri olan kuruluşlar, kullanıcı parolası yönetimini kolaylaştırmak için heterojen kaynaklar arasında kurulmuş bir senkronizasyon mekanizmasına sahip olabilir. Bu gibi durumlarda, kullanıcının parolayı yalnızca bir kez, genellikle bilgisayarlarında oturum açarken girmesi gerekir, bundan sonra tüm kimlik doğrulama ve yetkilendirme, kurumsal kullanıcı dizinine bir referans yoluyla yürütülür. Bu yeteneği uygulayan bir kimlik yönetim sistemi, "tek oturum açma (SSO)" olarak bilinir ve kullanıcı açısından en uygunudur.

1.3.11.3.2 E-posta Sistemleri için Kullanıcı Kimliği Standartları

Kullanıcı kimlikleri, e-posta etki alanı içinde benzersiz olmalıdır. Çoğu şirket, çakışmaları ayırt etmek için bir numara ile e-posta veya ağ kimliği olarak bir ad veya ilk ad ve tam veya kısmi soyadı kullanır. İsimler genellikle bilinir ve iş bağlantısı nedenleriyle daha kullanışlıdır.

Sistem çalışanı kimlik numaralarını içeren e-posta veya ağ kimlikleri, bu bilgiler genellikle kuruluş dışında mevcut olmadığından ve sistemler içinde güvenli olması gereken veriler sağladığından önerilmez.

1.3.11.3.3 Şifre Standartları

Parolalar, verilere erişimi korumada ilk savunma hattıdır. Her kullanıcı hesabının, genellikle "güçlü" parolalar olarak adlandırılan, güvenlik standartlarında tanımlanan yeterli düzeyde parola karmaşıklığına sahip kullanıcı (hesap sahibi) tarafından belirlenen bir parolaya sahip olması gerekir.

Yeni bir kullanıcı hesabı oluştururken, oluşturulan geçici şifre ilk kullanımdan hemen sonra sona erecek şekilde ayarlanmalı ve kullanıcı sonraki erişim için yeni bir şifre seçmelidir. Boş parolalara izin vermeyin.

Çoğu güvenlik uzmanı, sistemin doğasına, veri türüne ve kurumun hassasiyetine bağlı olarak, kullanıcıların şifrelerini her 45 ila 180 günde bir değiştirmelerini önermektedirler. Ancak, parolaları çok sık değiştirmek, çalışanların yeni parolalarını yazmalarına neden olduğu için risk oluşturur.

1.3.11.3.4 Çok Faktörlü Tanımlama

Bazı sistemler ek tanımlama prosedürleri gerektirir. Bunlar, kullanıcının bir kod içeren mobil cihazına yapılan bir geri aramayı, oturum açmak için kullanılması gereken bir donanım öğesinin kullanımını veya parmak izi, yüz tanıma veya retina taraması gibi biyometrik bir faktörü içerebilir. İki faktörlü tanımlama, bir hesaba girmeyi veya bir kullanıcının cihazında oturum açmayı çok daha zor hale getirir. Son derece hassas bilgilere yetkilendirme yetkisine sahip tüm kullanıcılar, ağda oturum açmak için iki faktörlü tanımlama kullanmalıdır.

1.3.11.4 Elektronik Haberleşme Güvenliği

Kullanıcılar, kişisel bilgilerini veya kısıtlı veya gizli şirket bilgilerini e-posta veya doğrudan iletişim uygulamaları üzerinden göndermekten kaçınmak için eğitilmelidir. Bu güvensiz iletişim yöntemleri, dış kaynaklar tarafından okunabilir veya engellenebilir. Bir kullanıcı bir e-posta gönderdiğinde, içindeki bilgileri artık kontrol etmez. Gönderenin bilgisi veya onayı olmadan diğer kişilere iletilebilir.

Sosyal medya kuralları burada da geçerlidir. Bloglar, portallar, wiki'ler, forumlar ve diğer İnternet veya İntranet sosyal medyası güvensiz olarak kabul edilmeli ve gizli bilgi içermemelidir.

1.3.12 Veri Güvenliği Kısıtlamalarının Türleri

Güvenlik kısıtlamalarını iki kavram tetikler: verilerin gizlilik düzeyi ve verilerle ilgili düzenlemeler.

- **Gizlilik düzeyi**: Gizli veya özel anlamına gelir. Kuruluşlar, hangi tür verilerin kuruluş dışında, hatta kuruluşun belirli bölümlerinde bilinmemesi gerektiğini belirler. Gizli bilgiler yalnızca "bilinmesi gerekenler" temelinde paylaşılır. Gizlilik seviyeleri, kimin belirli bilgi türlerini bilmesi gerektiğine bağlıdır.

- **Regülasyon**: Regülasyonel kategoriler, yasalar, anlaşmalar, gümrük anlaşmaları ve sektör düzenlemeleri gibi dış kurallara dayalı olarak atanır. Regülasyonel bilgiler "bilinmesine izin verilir" esasına göre paylaşılır. Verilerin nasıl paylaşılabileceği yönetmeliğin detaylarına tabidir.

Gizli ve regülasyonel kısıtlamalar arasındaki temel fark, kısıtlamanın nereden kaynaklandığıdır: gizlilik kısıtlamaları dahili olarak kaynaklanırken, regülasyonel kısıtlamalar harici olarak tanımlanırlar.

Diğer bir fark, belge veya veritabanı görünümü gibi herhangi bir veri kümesinin yalnızca bir gizlilik düzeyine sahip olabilmesidir. Bu seviye, veri setindeki en hassas (ve en yüksek sınıflandırılmış) öğeye göre belirlenir. Bununla birlikte, regülasyonel kategorizasyonlar katkı maddesidir. Tek bir veri kümesi, birden çok regülasyonel kategoriye dayalı olarak kısıtlanmış verilere sahip olabilir. Regülasyona, mevzuata uygunluğu sağlamak için, gizlilik gereklilikleriyle birlikte her kategori için gereken tüm eylemleri uygulayın.

Kullanıcı yetkisine (bir kullanıcı yetkisinin erişim sağladığı belirli veri öğelerinin toplamı) uygulandığında, dahili veya harici kaynaklı olmalarına bakılmaksızın tüm koruma politikalarına uyulmalıdır.

1.3.12.1 Gizli Veri

Gizlilik gereksinimleri, yüksek (örneğin, çalışan ücretlerine ilişkin verilere çok az kişinin erişimi vardır) ile düşük (herkesin ürün kataloglarına erişimi vardır) arasında değişir. Tipik bir sınıflandırma şeması, burada listelenen beş gizlilik sınıflandırma seviyesinden iki veya daha fazlasını içerebilir:

- **Genel hedef kitle için**: Halk dahil herkesin erişebileceği bilgiler.

- **Yalnızca dahili kullanım**: Bilgiler, çalışanlar veya üyelerle sınırlıdır, paylaşıldığında minimum risk içerir. Dahili kullanım için; kuruluş dışında gösterilebilir veya tartışılabilir, ancak kopyalanamaz.

- **Gizli**: Uygun şekilde yürütülmüş bir gizlilik sözleşmesi veya benzeri bir yerde bulunmadan kuruluş dışında paylaşılamayan bilgilerdir. Müşterinin gizli bilgileri de diğer müşterilerle paylaşılamaz.

- **Kısıtlı gizli**: Bilgi, 'bilme ihtiyacı' ile belirli rolleri yerine getiren kişilerle sınırlıdır. Kısıtlı gizlilik, bireylerin izin yoluyla hak kazanmasını gerektirebilir.

- **Kayıtlı gizli**: Bilgiye erişen herkesin verilere erişmek için yasal bir sözleşme imzalaması ve gizliliğinin sorumluluğunu üstlenmesi gereken çok gizli bilgilerdir.

Gizlilik seviyesi, regülasyonel gereklilikler nedeniyle kısıtlamalar hakkında herhangi bir ayrıntıyı ima etmez. Örneğin, veri yöneticisine verilerin menşe ülkesi dışında ifşa edilemeyebileceği veya bazı çalışanların HIPAA gibi düzenlemelere dayalı olarak belirli bilgileri görmelerinin yasak olduğu konusunda bilgi vermez.

1.3.12.2 Düzenlenmiş Veriler

Belirli bilgi türleri, verilerin nasıl kullanılabileceğini ve bunlara kimlerin ve hangi amaçlarla erişebileceğini etkileyen harici yasalar, endüstri standartları veya sözleşmelerle düzenlenir. Birbiriyle örtüşen birçok düzenleme olduğundan, veri yöneticilerini düzenleyici gereksinimler hakkında daha iyi bilgilendirmek için bunları konu alanına göre birkaç düzenleyici kategoride veya ailede toplamak daha kolaydır.

Elbette her işletme, kendi uyumluluk ihtiyaçlarını karşılayan düzenleyici kategoriler geliştirmelidir. Ayrıca, eyleme geçirilebilir bir koruma kapasitesine izin vermek için bu sürecin ve kategorilerin mümkün olduğunca basit olması önemlidir. Kategori koruyucu eylemler benzer olduğunda, bunlar bir grup düzenlemesinde birleştirilmelidir. Her düzenleyici kategori, denetlenebilir koruyucu eylemleri içermelidir. Bu bir organizasyon aracı değil, bir yaptırım yöntemidir.

Farklı endüstriler farklı düzenlemelerden etkilendiğinden, kuruluşun operasyonel ihtiyaçlarını karşılayan düzenleyici gruplandırmalar geliştirmesi gerekir. Örneğin, kendi ülkeleri dışında hiçbir işi olmayan şirketlerin ihracata ilişkin düzenlemeleri dahil etmesi gerekmeyebilir.

Ancak, tüm ülkelerde kişisel veri gizliliği yasalarının bir karışımı olduğundan ve müşterilerin dünyanın herhangi bir yerinden olması muhtemel olduğundan, tüm müşteri veri gizliliği düzenlemelerini tek bir düzenleyici ailede toplamak ve gereksinimlere uymak akıllıca ve daha kolay olabilir. Bunu yapmak her yerde uyumluluğu sağlar ve uygulanması için tek bir standart sunar.

Mevzuata uygunluğun olası ayrıntılarına bir örnek, veri tabanındaki tek bir veri öğesinin kaynak ülkenin fiziksel sınırlarının dışına seyahat etmesini kanunen yasaklayan bir örnektir. Hem yerel hem de uluslararası çeşitli düzenlemeler bunu bir gereklilik olarak görmektedir.

Optimal düzenleyici eylem kategorisi sayısı dokuz veya daha azdır. Örnek düzenleyici kategoriler aşağıdadır.

1.3.12.2.1 Örnek Düzenleyici Grupları

Bazı hükümet düzenlemeleri, veri öğelerini ada göre belirtir ve belirli şekillerde korunmalarını talep eder. Her öğenin farklı bir kategoriye ihtiyacı yoktur; bunun yerine, özel olarak hedeflenen tüm veri alanlarını korumak için tek bir eylem grubu kullanın. Bazı PCI verileri, bir hükümet düzenlemesi değil, sözleşmeden doğan bir yükümlülük olmasına rağmen bu kategorilere dahil edilebilir. PCI sözleşme yükümlülükleri dünya çapında çoğunlukla tek tiptir.

- **Kişisel Tanımlama Bilgileri (PII)**: Kişisel Özel Bilgiler (PPI) olarak da bilinir; ad, adres, telefon numaraları, program, devlet kimlik numarası, hesap numaraları, yaş, ırk, din, etnik köken, doğum günü, aile üyelerinin veya arkadaşlarının adları, istihdam bilgileri (İK verileri) ve birçok durumda ücret. Son derece benzer koruyucu eylemler, AB Gizlilik Direktiflerini, Kanada Gizlilik yasasını (PIPEDA), Japonya'daki PIP Yasası 2003'ü, PCI standartlarını, ABD FTC gerekliliklerini, GLB, FTC standartlarını ve çoğu Güvenlik Bilgi İhlali Yasasını karşılayacaktır.

- **Mali Açıdan Hassas Veriler**: Henüz kamuya açıklanmamış tüm güncel mali bilgiler dahil, "hissedar" veya "içeriden" olarak adlandırılabilecek veriler de dahil olmak üzere tüm mali bilgilerdir. Ayrıca, kamuya açıklanmamış gelecekteki tüm iş planlarını, planlanan birleşmeleri, satın almaları veya bölünmeleri, önemli şirket sorunlarına ilişkin kamuya açık olmayan raporları, üst yönetimde beklenmeyen değişiklikleri, kapsamlı satışları, siparişleri ve fatura verilerini içerir. Bunların tümü bu tek kategori içinde toplanabilir ve aynı politikalarla korunabilir. ABD'de bu, İçeriden Öğrenenlerin Ticareti Yasaları, SOX (Sarbanes-Oxley Yasası) veya GLBA (Gramm-Leach-Bliley/Financial Services Modernization Act) kapsamındadır. Not: Sarbanes-Oxley yasası, finansal verileri kimlerin değiştirebileceğini kısıtlar ve yönetir, böylece veri bütünlüğünü sağlarken, İçeriden Öğrenenlerin Ticareti yasaları finansal verileri görebilen herkesi etkiler.

- **Tıbben Hassas Veriler/Kişisel Sağlık Bilgileri (PHI)**: Bir kişinin sağlığı veya tıbbi tedavileri ile ilgili tüm bilgilerdir. ABD'de bu, HIPAA (Sağlık Bilgi Taşınabilirliği ve Sorumluluk Yasası) kapsamındadır. Diğer ülkelerde de kişisel ve tıbbi bilgilerin korunmasına ilişkin kısıtlayıcı yasalar vardır. Bunlar gelişirken, Kurumsal Danışmanın, kuruluşun iş yaptığı veya müşterilerinin bulunduğu bir ülkedeki yasal gerekliliklere uyma ihtiyacının farkında olduğundan emin olun.

- **Eğitim Kayıtları**: Bir kişinin eğitimi ile ilgili tüm bilgiler. ABD'de bu, FERPA (Aile Eğitim Hakları ve Mahremiyeti Yasası) kapsamındadır.

1.3.12.2.2 Sektör veya Sözleşmeye Dayalı Düzenleme

Bazı sektörlerin, bilgilerin nasıl kaydedileceği, saklanacağı ve şifreleneceği konusunda belirli standartları vardır. Bazıları ayrıca silmeye, düzenlemeye veya yasak konumlara dağıtmaya da izin vermez. Örneğin, ilaç firmaları, diğer tehlikeli maddeler, gıda, kozmetik ve ileri teknoloji ile ilgili düzenlemeler, belirli bilgilerin menşe ülke dışına iletilmesini veya saklanmasını engeller veya taşıma sırasında verilerin şifrelenmesini gerektirir.

- **Ödeme Kartı Sektörü Veri Güvenliği Standardı (PCI-DSS)**: PCI-DSS, en yaygın olarak bilinen sektör veri güvenliği standardıdır. Ad, kredi kartı numarası (kart üzerindeki herhangi bir numara), banka hesap numarası veya hesap son kullanma tarihi gibi bir finansal kuruluşta hesabı olan bir kişiyi tanımlayabilecek her türlü bilgiyi ele alır. Bu veri alanlarının çoğu yasalar ve politikalarla düzenlenir. Metaveri tanımında bu sınıflandırmaya sahip herhangi bir veri, herhangi bir veritabanına, uygulamaya, rapora, gösterge tablosuna veya kullanıcı görünümüne dahil edildiğinde otomatik olarak veri sorumluları tarafından dikkatlice gözden geçirilmelidir.

- **Rekabet avantajı veya ticari sırlar**: Rekabet avantajı elde etmek için özel yöntemler, karışımlar, formüller, kaynaklar, tasarımlar, araçlar, reçeteler veya operasyonel teknikler kullanan şirketler, sektör düzenlemeleri ve/veya fikri mülkiyet yasalarıyla korunabilir.

- **Sözleşmesel kısıtlamalar**: Bir kuruluş, tedarikçiler ve ortaklarla yaptığı sözleşmelerde, belirli bilgi parçalarının nasıl kullanılabileceğini veya kullanılamayacağını ve hangi bilgilerin paylaşılıp paylaşılamayacağını şart koşabilir. Örneğin, çevre kayıtları, tehlikeli madde raporları, parti numaraları, pişirme süreleri, menşe noktaları, müşteri şifreleri, hesap numaraları ve ABD vatandaşı olmayanların belirli ulusal kimlik numaralarıdır. Belirli teknik şirketlerin bu kategoriye belirli kısıtlanmış ürünleri veya içerikleri dahil etmesi gerekebilir.

1.3.13 Sistem Güvenlik Riskleri

Riski belirlemenin ilk adımı, hassas verilerin nerede saklandığını ve bu veriler için hangi korumaların gerekli olduğunu belirlemektir. Ayrıca, sistemlerin doğasında bulunan riskleri belirlemek de gereklidir. Sistem güvenlik riskleri, bir ağ veya veritabanını tehlikeye atabilecek unsurları içerir. Bu tehditler, meşru çalışanların kasıtlı veya kazara bilgileri kötüye kullanmasına ve kötü niyetli bilgisayar korsanlarının başarısına olanak tanır.

1.3.13.1 Aşırı Ayrıcalıkların Kötüye Kullanılması

Verilere erişim verilirken minimum ayrıcalık ilkesi uygulanmalıdır. Bir kullanıcının, işlemin veya programın yalnızca meşru amacının izin verdiği bilgilere erişmesine izin verilmelidir. Risk, iş fonksiyonlarının gereksinimlerini aşan ayrıcalıklara sahip kullanıcıların bu ayrıcalıkları kötü niyetli amaçlarla veya kazara kötüye kullanmalarıdır. Kullanıcı yetkilerini yönetmek zor olduğu için kullanıcılara olması gerekenden daha fazla erişim (aşırı ayrıcalık) verilebilir. DBA, her kullanıcı yetkisi için ayrıntılı erişim ayrıcalığı kontrol mekanizmalarını tanımlamak ve güncellemek için zamana veya gerekli metaverilere sahip olmayabilir. Sonuç olarak, birçok kullanıcı, belirli iş gereksinimlerini çok aşan genel varsayılan erişim ayrıcalıkları alır. Kullanıcı yetkilerine yönelik bu gözetim eksikliği, birçok veri düzenlemesinin veri yönetimi güvenliğini belirtmesinin bir nedenidir.

Aşırı ayrıcalıklara çözüm, veritabanı ayrıcalıklarını minimum gerekli SQL işlemleri ve verileriyle sınırlayan bir mekanizma olan sorgu düzeyinde erişim denetimidir. Veri erişim denetiminin ayrıntı düzeyi, tablonun ötesinde, bir tablo içindeki belirli satırlara ve sütunlara kadar uzanmalıdır. Sorgu düzeyinde erişim denetimi, kötü niyetli çalışanlar tarafından aşırı ayrıcalık kötüye kullanımını tespit etmek için kullanışlıdır.

Çoğu veritabanı yazılımı uygulaması, belli bir düzeyde sorgu düzeyinde erişim kontrolünü (tetikleyiciler, satır düzeyinde güvenlik, tablo güvenliği, görünümler) entegre eder, ancak bu "yerleşik" özelliklerin manuel yapısı, onları en sınırlı dağıtımlar dışında herkes için pratik hale getirir. Veritabanı satırları, sütunları ve işlemleri genelinde tüm kullanıcılar için sorgu düzeyinde bir erişim denetimi ilkesini manuel olarak tanımlama süreci zaman alıcıdır. Daha da kötüsü, kullanıcı rolleri zaman içinde değiştikçe, sorgu ilkelerinin bu yeni rolleri yansıtacak şekilde güncellenmesi gerekir. Çoğu veritabanı yöneticisi, zaman içinde yüzlerce kullanıcı yerine, tek bir noktada bir avuç kullanıcı için yararlı bir sorgu politikası tanımlamakta zorlanır. Sonuç olarak, çok sayıda kuruluşta, gerçek sorgu düzeyinde erişim kontrolünü fonksiyonel hale getirmek için genellikle otomatik araçlar gereklidir.

1.3.13.2 Meşru Ayrıcalıkların Kötüye Kullanılması

Kullanıcılar, yetkisiz amaçlar için meşru veritabanı ayrıcalıklarını kötüye kullanabilir. Özel bir Web uygulaması aracılığıyla bireysel hasta kayıtlarını görüntüleme ayrıcalığına sahip, suça meyilli bir sağlık çalışanını düşünün.

Kurumsal Web uygulamalarının yapısı normalde kullanıcıları, birden fazla kaydın aynı anda görüntülenemediği ve elektronik kopyalara izin verilmediği durumlarda, bireysel bir hastanın sağlık bakım geçmişini görüntülemeyle sınırlar. Ancak çalışan, MS-Excel gibi alternatif bir sistem kullanarak veritabanına bağlanarak bu sınırlamaları aşabilir. Çalışan, MS-Excel ve meşru oturum açma bilgilerini kullanarak tüm hasta kayıtlarını alabilir ve kaydedebilir.

Göz önünde bulundurulması gereken iki risk vardır: kasıtlı ve kasıtsız suistimal. Kasıtlı suistimal, bir çalışan kasıtlı olarak kurumsal verileri kötüye kullandığında ortaya çıkar. Örneğin, hasta kayıtlarını para karşılığında veya hassas bilgileri kamuya açıklamak (veya ifşa etmekle tehdit etmek) gibi kasıtlı zararlar karşılığında takas etmek isteyen hatalı bir çalışan. Kasıtsız suistimal daha yaygın bir risktir: Meşru iş amaçları için bir iş makinesine büyük miktarda hasta bilgisi alan ve depolayan gayretli çalışan. Veriler bir uç nokta makinesinde bulunduğunda, dizüstü bilgisayar hırsızlığına ve kaybına karşı savunmasız hale gelirler.

Meşru ayrıcalığın kötüye kullanılmasına yönelik kısmi çözüm, yalnızca belirli sorgular için geçerli olmakla kalmayıp aynı zamanda günün saatini, konum izlemeyi ve indirilen bilgi miktarını kullanan uç nokta makineleri için politikalar uygulayan ve herhangi bir yeteneği azaltan veritabanı erişim kontrolüdür. Kullanıcı, işi tarafından özel olarak talep edilmedikçe ve amirleri tarafından onaylanmadıkça, hassas bilgileri içeren tüm kayıtlara sınırsız erişim hakkına sahiptir. Örneğin, bir saha temsilcisinin müşterilerinin kişisel kayıtlarına erişmesi gerekli olsa da, yalnızca 'zamandan tasarruf etmek' için tüm müşteri veritabanını dizüstü bilgisayarlarına indirmelerine izin verilmeyebilir.

1.3.13.3 Yetkisiz Ayrıcalık Yükseltme

Saldırganlar, erişim ayrıcalıklarını sıradan bir kullanıcınınkilerden bir yöneticininkilere dönüştürmek için veritabanı platformu yazılım güvenlik açıklarından yararlanabilir. Yordamlarda, yerleşik fonksiyonlarda, protokol uygulamalarında ve hatta SQL deyimlerinde güvenlik açıkları oluşabilir. Örneğin, bir finans kuruluşundaki bir yazılım geliştiricisi, veritabanı yönetim ayrıcalığını kazanmak için savunmasız bir fonksiyondan yararlanabilir. Yönetici ayrıcalığı ile, kusurlu geliştirici denetim mekanizmalarını kapatabilir, sahte hesaplar oluşturabilir, para transfer edebilir veya hesapları kapatabilir.

Geleneksel saldırı önleme sistemleri (IPS) ve sorgu düzeyinde erişim denetimi izinsiz giriş önleme kombinasyonu ile ayrıcalık yükseltme istismarlarını önleyin. Bu sistemler, bilinen güvenlik açıklarına karşılık gelen desenleri belirlemek için veritabanı trafiğini denetler. Örneğin, belirli bir işlev bir saldırıya açıksa, bir IPS ya prosedüre tüm erişimi engelleyebilir ya da gömülü saldırılara izin veren bu prosedürleri engelleyebilir.

Saldırıları belirlemede doğruluğu artırmak için IPS'yi sorgu erişim denetimi gibi alternatif saldırı göstergeleriyle birleştirin. IPS, bir veritabanı isteğinin güvenlik açığı bulunan bir işleve erişip erişmediğini algılarken sorgu erişim denetimi, isteğin normal kullanıcı davranışıyla eşleşip eşleşmediğini algılar. Tek bir istek hem savunmasız bir işleve erişimi hem de olağandışı davranışı gösteriyorsa, neredeyse kesinlikle bir saldırı meydana geliyordur.

1.3.13.4 Hizmet Hesabı veya Paylaşımlı Hesabın Kötüye Kullanımı

Hizmet hesaplarının (toplu ID'ler) ve paylaşımlı hesapların (genel ID'ler) kullanılması, veri güvenliği ihlalleri riskini artırır ve ihlalin kaynağına kadar izlenmesini zorlaştırır. Bazı kuruluşlar, izleme sistemlerini bu hesaplarla ilgili uyarıları yok sayacak şekilde yapılandırdıklarında risklerini daha da artırır. Bilgi güvenliği yöneticileri, hizmet hesaplarını güvenli bir şekilde yönetmek için araçlar benimsemeyi düşünmelidir.

1.3.13.4.1 Hizmet Hesapları

Hizmet hesapları, bunları kullanan işlemler için gelişmiş erişimi özelleştirebildikleri için kullanışlıdır. Ancak, başka amaçlar için kullanılırlarsa, belirli bir kullanıcı veya yönetici tarafından izlenemezler. Şifre çözme anahtarlarına erişimleri olmadığı sürece, hizmet hesapları şifrelenmiş verileri tehdit etmez. Bu, özellikle yasal belgeleri, tıbbi bilgileri, ticari sırları veya gizli yönetici planlamasını depolayan sunucularda tutulan veriler için önemli olabilirler.

Hizmet hesaplarının kullanımını belirli sistemlerdeki belirli görevlerle veya komutlarla sınırlandırın ve kimlik bilgilerinin dağıtılması için belge ve onay isteyin. Süper Kullanıcı hesapları için geçerli olan işlemler gibi işlemleri kullanarak dağıtım her gerçekleştiğinde yeni bir parola atamayı düşünün.

1.3.13.4.2 Paylaşımlı Hesaplar

Paylaşımlı hesaplar, bir uygulama gereken kullanıcı hesabı sayısını kaldıramadığında veya belirli kullanıcıların eklenmesi büyük çaba gerektirdiğinde veya ek lisans maliyetleri gerektirdiğinde oluşturulur. Paylaşımlı hesaplar için, birden fazla kullanıcıya kimlik bilgileri verilir ve tüm kullanıcıları bilgilendirme çabası nedeniyle şifre nadiren değiştirilir. Esasen yönetilmeyen erişim sağladıkları için, paylaşımlı hesapların her türlü kullanımı dikkatle değerlendirilmelidir. Asla varsayılan olarak kullanılmamalıdırlar.

1.3.13.5 Platform İhlali Saldırıları

Veritabanı varlıklarının yazılım güncellemeleri ve izinsiz giriş önleme koruması, düzenli yazılım güncellemelerinin (yamalar) ve özel bir Saldırı Önleme Sistemlerinin (IPS) uygulanmasının bir kombinasyonunu gerektirir. Bir IPS genellikle, ancak her zaman değil, bir Saldırı Tespit Sisteminin (IDS) yanında uygulanır. Amaç, ağ saldırı girişimlerinin büyük çoğunluğunu önlemek ve bir önleme sistemini aşmayı başaran herhangi bir saldırıya hızlı bir şekilde yanıt vermektir. Saldırıya karşı korumanın en ilkel biçimi bir güvenlik duvarıdır, ancak mobil kullanıcılar, web erişimi ve mobil bilgi işlem ekipmanlarının çoğu kurumsal ortamın bir parçası olduğu için basit bir güvenlik duvarı gerekli olmakla birlikte artık yeterli değildir.

Tedarikçi tarafından sağlanan güncellemeler, zaman içinde veritabanı platformlarında bulunan güvenlik açıklarını azaltır. Ne yazık ki, yazılım güncellemeleri, yamalar kullanıma sunulduktan sonra mümkün olan en kısa sürede değil, işletmeler tarafından genellikle periyodik bakım döngülerine göre gerçeklenmektedirler. Güncelleme döngüleri arasında veritabanları korunmaz. Ayrıca, uyumluluk sorunları bazen yazılım güncellemelerini tamamen engeller. Bu sorunları gidermek için IPS'yi gerçekleyin.

1.3.13.6 SQL Enjeksiyon Güvenlik Açığı

Bir SQL enjeksiyon saldırısında, fail, yordamlar ve Web uygulaması giriş alanları gibi savunmasız bir SQL veri kanalına yetkisiz veritabanı ifadeleri ekler (veya "enjekte eder"). Bu enjekte edilen SQL ifadeleri, genellikle meşru komutlar olarak yürütüldükleri veritabanına iletilir. Saldırganlar SQL enjeksiyonunu kullanarak tüm veritabanına sınırsız erişim elde edebilir.

SQL enjeksiyonları ayrıca bir fonksiyonun veya yordamın bir parametresi olarak SQL komutlarını ileterek DBMS'ye saldırmak için kullanılır. Örneğin, yedekleme işlevi sağlayan bir bileşen genellikle yüksek ayrıcalıkta çalışır; söz konusu bileşende bir SQL enjeksiyonu savunmasız işlevi çağırmak, normal bir kullanıcının ayrıcalıklarını yükseltmesine, bir DBA olmasına ve veritabanını devralmasına izin verebilir.

Tüm girdileri sunucuya geri göndermeden önce temizleyerek bu riski azaltın.

1.3.13.7 Varsayılan Parolalar

Yazılım paketlerinin kurulumu sırasında varsayılan hesaplar oluşturmak yazılım endüstrisinde uzun süredir devam eden bir uygulamadır. Bazıları kurulumun kendisinde kullanılır. Diğerleri, kullanıcılara yazılımı kutudan çıkar çıkmaz test etmeleri için bir araç sağlar.

Varsayılan parolalar birçok demo paketinin parçasıdır. Üçüncü taraf yazılımların yüklenmesi başkalarını oluşturur. Örneğin, bir CRM paketi veritabanında yükleme, test ve yönetici ve normal kullanıcılar için birkaç hesap oluşturabilir. SAP, kurulum sırasında bir dizi varsayılan veritabanı kullanıcısı oluşturur. DBMS endüstrisi de bu uygulamaya katılmaktadır.

Saldırganlar sürekli olarak hassas verileri çalmanın kolay bir yolunu ararlar. Gerekli kullanıcı adı ve parola kombinasyonlarını oluşturarak ve DBMS'de hiçbir varsayılan parolanın kalmadığından emin olarak hassas verilere yönelik tehditleri azaltın. Varsayılan parolaların ortadan kaldırılması, her uygulamadan sonra önemli bir güvenlik adımıdır.

1.3.13.8 Yedekleme Verilerini Kötüye Kullanma

Yedeklemeler, veri kaybıyla ilişkili riskleri azaltmak için yapılır, ancak yedeklemeler aynı zamanda bir güvenlik riskini de temsil eder. Haberler, kayıp yedekleme dosyaları hakkında birçok hikâye sunuyor. Tüm veritabanı yedeklerini şifreleyin. Şifreleme, somut ortamda veya elektronik geçişte bir yedeğin kaybolmasını önler. Yedek şifre çözme anahtarlarını güvenli bir şekilde yönetin. Olağanüstü durum kurtarma için yararlı olması için anahtarların tesis dışında mevcut olması gerekir.

1.3.14 Bilgisayar Korsanlığı / Bilgisayar Korsanı

Bilgisayar korsanlığı terimi, bazı bilgisayar görevlerini gerçekleştirmenin akıllıca yollarını bulmanın hedef olduğu bir çağdan geldi. Bilgisayar korsanı, karmaşık bilgisayar sistemlerinde bilinmeyen işlemler ve yollar bulan kişidir. Bunlar iyi veya kötü olabilir.

Etik veya "Beyaz Şapkalı" bir bilgisayar korsanı, bir sistemi geliştirmek için çalışır ("Beyaz Şapka", kahramanın her zaman beyaz bir şapka taktığı Amerikan western filmlerini ifade eder). Etik korsanlar olmadan, düzeltilebilecek sistem açıkları ancak kazayla keşfedilebilirdi. Etik bilgisayar korsanlığından kaynaklanan güvenlik sonuçlarını artırmak için bilgisayarların sistematik olarak yamalanması (güncellenmesi) gerekmektedir.

Kötü niyetli bir bilgisayar korsanı, gizli bilgileri çalmak veya hasara neden olmak için kasıtlı olarak bir bilgisayar sistemine "saldıran" kişidir. Kötü Amaçlı Bilgisayar Korsanları genellikle para veya kimlikleri çalmak için finansal veya kişisel bilgileri ararlar. Basit parolaları tahmin etmeye çalışırlar ve mevcut sistemlerde belgelenmemiş zayıflıkları ve arka kapıları bulmaya çalışırlar. Bazen 'Siyah Şapkalı Bilgisayar Korsanı' olarak adlandırılırlar (Kahramanların beyaz şapka taktığı aynı Amerikan westernlerinde kötü adamlar siyah şapka takıyordu).

1.3.15 Güvenliğe Yönelik Sosyal Tehditler / Oltalama

Güvenliğe yönelik sosyal tehditler genellikle, korunan verilere erişimi olan kişileri, bu bilgileri (veya bilgilere erişimi) suç amaçlı kullanacak kişilere sağlamaya kandırmak için tasarlanmış doğrudan iletişimleri (şahsen, telefonla veya internet üzerinden) içerir.

Sosyal mühendislik, kötü niyetli bilgisayar korsanlarının insanları onlara bilgi veya erişim vermeleri için nasıl kandırmaya çalıştığını ifade eder. Bilgisayar korsanları, diğer çalışanları meşru talepleri olduğuna ikna etmek için elde ettikleri bilgileri kullanır. Bazen bilgisayar korsanları sırayla birkaç kişiyle iletişim kurarak her adımda bir sonraki üst düzey çalışanın güvenini kazanmak için yararlı bilgiler toplar.

Oltalama, alıcıları farkında olmadan değerli veya özel bilgileri vermeye ikna etmek amacıyla yapılan bir telefon görüşmesi, anlık mesaj veya e-posta anlamına gelir. Bu aramalar veya mesajlar genellikle meşru bir kaynaktan geliyormuş gibi görünür. Örneğin, bazen indirimler veya düşük faiz oranları için satış sahaları olarak çerçevelenirler. Ancak adlar, şifreler, Sosyal Güvenlik numaraları veya kredi kartı bilgileri gibi kişisel bilgiler isterler. Şüpheyi azaltmak için, bu mesajlar genellikle alıcıdan bilgileri "güncelleştirmesini" veya "onaylamasını" ister. Oltalama anlık iletileri ve e-postaları, kullanıcıları kişisel bilgileri sağlamaları için kandırmak için sahte web sitelerine de yönlendirebilir. Özellikle üst düzey yöneticileri isimleriyle hedef alan sahte e-postalar özellikle tehlikelidir. Telefon ve sahtekarlığa ek olarak, bilgisayar korsanlarının hassas bilgilere erişmek için fiziksel olarak hedef sitelere gittikleri ve bazen kılık değiştirerek veya tedarikçi kılığında çalışanlarla doğrudan konuştukları bilinmektedir.[30]

1.3.16 Zararlı Yazılım

Zararlı Yazılım, bir bilgisayara veya ağa zarar vermek, değiştirmek veya uygunsuz bir şekilde erişmek için oluşturulan herhangi bir kötü amaçlı yazılım anlamına gelir. Bilgisayar virüsleri, solucanlar, casus yazılımlar, tuş kaydediciler ve reklam yazılımlarının tümü kötü amaçlı yazılım örnekleridir. Yetkisiz olarak yüklenen herhangi bir yazılım, başka bir nedenden dolayı diskte yer kaplıyorsa ve muhtemelen sistem sahibinin yetki vermediği işlem döngülerini kaplıyorsa, kötü amaçlı yazılım olarak kabul edilebilir. Kötü amaçlı yazılım, amacına bağlı olarak (replikasyon, imha, bilgi veya işlem hırsızlığı veya davranış izleme) birçok biçimde olabilir.

---

[30] 2016 ABD Başkanlık Seçimleri sırasında Rus Bilgisayar Korsanlığına ilişkin FBI raporu, bu tekniklerin o durumda nasıl kullanıldığını özetliyor. http://bit.ly/2iKStXO.

1.3.16.1 Reklam Yazılımı

Reklam yazılımı, bir İnternet yüklemesinden bilgisayara giren bir casus yazılım biçimidir. Reklam Yazılımı, hangi web sitelerinin ziyaret edildiği gibi bir bilgisayarın kullanımını izler. Reklam Yazılımı ayrıca kullanıcının tarayıcısına nesneler ve araç çubukları ekleyebilir. Reklam Yazılımı yasa dışı değildir, ancak diğer pazarlama firmalarına satış yapmak için kullanıcının tarama ve satın alma alışkanlıklarının tam profillerini geliştirmek için kullanılır. Ayrıca, kimlik hırsızlığı için kötü amaçlı yazılımlar tarafından kolayca kullanılabilir.

1.3.16.2 Casus Yazılım

Casus yazılım, çevrimiçi etkinliği izlemek için izinsiz olarak bilgisayara giren herhangi bir yazılım programını ifade eder. Bu programlar, diğer yazılım programlarına geri dönme eğilimindedir. Bir kullanıcı İnternet'teki bir siteden ücretsiz yazılım indirip kurduğunda, genellikle kullanıcının bilgisi olmadan casus yazılım da yüklenebilir. Farklı casus yazılım biçimleri, farklı etkinlik türlerini izler. Bazı programlar hangi web sitelerinin ziyaret edildiğini izler, diğerleri ise kredi kartı numaraları, banka hesap bilgileri ve şifreler gibi kişisel bilgileri çalmak için kullanıcının tuş vuruşlarını kaydeder.

Arama motorları da dahil olmak üzere birçok yasal web sitesi, bir Reklam Yazılımı türü olan izleme casus yazılımlarını yüklerler.

1.3.16.3 Truva Atı

Truva atı, Yunanlıların Truva halkına verdiği ve onu çabucak şehir surlarının içine getiren atın büyük bir ahşap 'hediye heykeli' idi. Ne yazık ki onlar için, Truva'ya girdikten sonra dışarı çıkıp şehre saldıran Yunan askerlerini gizledi.

Bilgisayar güvenliği açısından, Truva atı, yasal bir yazılıma gizlenmiş veya gömülü olarak bir bilgisayar sistemine giren kötü amaçlı bir program anlamına gelir. Truva atı kurulduktan sonra dosyaları siler, kişisel bilgilere erişir, kötü amaçlı yazılım yükler, bilgisayarı yeniden yapılandırır, bir tuş kaydedici kurar ve hatta bilgisayar korsanlarının bilgisayarı ağdaki diğer bilgisayarlara karşı bir silah (Bot veya Zombi) olarak kullanmasına izin verir.

1.3.16.4 Virüs

Virüs, kendisini yürütülebilir bir dosyaya veya güvenlik açığı bulunan bir uygulamaya ekleyen ve can sıkıcı ile son derece yıkıcı arasında değişen bir yük veren bir programdır. Bir dosya virüsü, virüslü bir dosya açıldığında yürütülür. Bir virüsün her zaman başka bir programa eşlik etmesi gerekir. İndirilen ve virüslü programları açmak bir virüs salabilir.

1.3.16.5 Solucan

Bilgisayar solucanı, bir ağda kendi kendine çoğalmak ve yayılmak için oluşturulmuş bir programdır. Solucan bulaşmış bir bilgisayar, sürekli bir virüslü mesaj akışı gönderir. Ana işlevi, büyük miktarlarda bant genişliği tüketerek ağlara zarar vermek ve potansiyel olarak ağı kapatmak olsa da, bir solucan birkaç farklı kötü amaçlı etkinlik gerçekleştirebilir.

1.3.16.6 Zararlı Yazılım Kaynakları

1.3.16.6.1 Anlık Mesajlaşma (IM)

IM, kullanıcıların mesajları gerçek zamanlı olarak birbirlerine iletmesine olanak tanır. IM ayrıca ağ güvenliği için yeni bir tehdit haline gelmektedir. Birçok IM sistemi güvenlik özellikleri eklemekte yavaş olduğundan, kötü niyetli bilgisayar korsanları IM'yi virüsleri, casus yazılımları, oltalama dolandırıcılıklarını ve çok çeşitli solucanları yaymak için yararlı bir araç olarak bulmuşlardır. Tipik olarak, bu tehditler, kirlenmiş ekler ve mesajlar yoluyla sistemlere sızarlar.

1.3.16.6.2 Sosyal Medya Siteleri

Kullanıcıların çevrimiçi profiller oluşturduğu ve kişisel bilgileri, görüşleri, fotoğrafları, blog girişlerini ve diğer bilgileri paylaştığı Facebook, Twitter, Vimeo, Google+, LinkedIn, Xanga, Instagram, Pinterest veya MySpace gibi sosyal medya siteleri, çevrimiçi yırtıcılar, spam göndericileri ve kimlik hırsızlarının hedefi haline gelmiştir.

Bu siteler, kötü niyetli kişilerden gelen bir tehdidi temsil etmenin yanı sıra, kuruluşa duyarlı bilgileri veya bir kamu kuruluşunun hisse senedinin fiyatını etkileyebilecek "içeriden" bilgileri yayınlayabilecek çalışanlardan kaynaklanan riskler de oluşturur. Kullanıcıları tehlikeler ve yayınladıkları her şeyin İnternette kalıcı olacağı gerçeği hakkında bilgilendirin. Daha sonra verileri kaldırsalar bile, çoğu kopya edilmiş olacaktır. Bazı şirketler güvenlik duvarlarında bu siteleri engeller.

1.3.16.6.3 Spam (İstenmeyen E-posta)

Spam (istenmeyen e-posta), birkaçının yanıt verebileceği umuduyla, genellikle on milyonlarca kullanıcıya toplu olarak gönderilen istenmeyen, ticari e-posta iletilerini ifade eder. %1'lik bir getiri oranı net milyonlarca dolar sağlayabilir. Çoğu e-posta yönlendirme sisteminde, dahili trafiği azaltmak için bilinen spam mesaj kalıplarını filtrelemek için tuzaklar bulunur. Bu hariç tutma desenleri şunları içerir:

- İstenmeyen posta iletimiyle bilinen etki alanları
- CC: veya BCC: belirli sınırların üzerindeki adres sayısı
- E-posta gövdesinde köprü olarak yalnızca bir görüntü olması
- Belirli metin dizileri veya sözcükleri

Bir spam mesajına yanıt vermek, göndericiye meşru bir e-posta adresine ulaştığını teyit edecek ve geçerli e-posta listeleri diğer spam göndericilere satılabileceğinden gelecekteki istenmeyen postaları artıracaktır.

İstenmeyen posta mesajları ayrıca İnternet aldatmacaları olabilir veya yasal bir iletişim görünümü veren ek adları ve uzantıları, mesaj metni ve resimler içeren kötü amaçlı yazılım ekleri içerebilir. İstenmeyen e-postayı algılamanın bir yolu, işaretçiyi metinde gösterilen şirketle hiçbir ortak yanı olmayan gerçek bağlantıyı gösterecek olan herhangi bir köprünün üzerine getirmektir. Başka bir yol, abonelikten çıkmanın bir yolunun olmamasıdır. ABD'de, reklam e-postalarında daha fazla e-postayı durdurmak için bir abonelikten çıkma bağlantısı zorunludur.

2. Faaliyetler

Gerekli tüm gizlilik gereksinimlerini karşılamak için veri güvenliğini gerçeklemenin önceden belirlenmiş bir yolu yoktur. Düzenlemeler güvenliğin amaçlarına odaklanır, onu elde etmenin araçlarına değil. Kuruluşlar kendi güvenlik kontrollerini tasarlamalı, kontrollerin yasa veya yönetmeliklerin gerekliliklerini karşıladığını veya aştığını göstermeli, bu kontrollerin gerçeklenmesini belgelemeli ve zaman içinde bunları izlemeli ve ölçmelidir. Diğer Bilgi Alanlarında olduğu gibi, faaliyetler, gereksinimlerin belirlenmesini, farklar veya riskler için mevcut ortamın değerlendirilmesini, güvenlik araçlarının ve süreçlerinin gerçeklenmesi ve etkili olmalarını sağlamak için veri güvenliği önlemlerinin denetlenmesini içerir.

2.1 Veri Güvenliği Gereksinimlerinin Belirlenmesi

İş gereksinimleri, harici düzenleyici kısıtlamalar ve uygulama yazılım ürünleri tarafından dayatılan kurallar arasında ayrım yapmak önemlidir. Uygulama sistemleri iş kuralları ve prosedürlerini uygulamak için araçlar olarak hizmet ederken, bu sistemlerin iş süreçleri için gerekli olandan daha fazla kendi veri güvenliği gereksinimlerine sahip olması yaygındır. Bu gereksinimler, paketlenmiş ve kullanıma hazır sistemlerde daha yaygın hale gelmektedir. Ancak kurumsal veri güvenliği standartlarını da desteklediklerini görmek gerekir.

2.1.1 İş Gereksinimleri

Bir kuruluş içinde veri güvenliğini gerçeklemek, iş gereksinimlerinin kapsamlı bir şekilde anlaşılmasıyla başlar. Bir işletmenin iş ihtiyaçları, misyonu, stratejisi ve büyüklüğü ve ait olduğu sektör, veri güvenliği için gereken sertlik derecesini tanımlar. Örneğin, Amerika Birleşik Devletleri'ndeki finans ve menkul kıymetler işletmeleri, yüksek düzeyde düzenlemelere tabidirler ve katı veri güvenliği standartlarını sürdürmeleri gerekir. Buna karşılık, küçük ölçekli bir perakende işletmesi, her ikisi de benzer temel iş faaliyetlerine sahip olsa bile, büyük bir perakendecinin sahip olduğu türde veri güvenliği fonksiyonuna sahip olmamayı tercih edebilir.

Güvenlik temas noktalarını belirlemek için iş kurallarını ve süreçlerini analiz edin. İş akışındaki her olayın kendi güvenlik gereksinimleri olabilir. Veriden sürece ve veriden role ilişki matrisleri, bu ihtiyaçları eşleştirmek ve veri güvenliği rol grupları, parametreleri ve izinlerinin tanımını yönlendirmek için yararlı araçlardır. Dengeli ve etkili bir veri güvenliği fonksiyonu elde etmek için kısa ve uzun vadeli hedefleri ele almayı planlayın.

2.1.2 Düzenleme Gereksinimleri

Günümüzün hızla değişen küresel ortamı, kuruluşların büyüyen bir dizi yasa ve düzenlemeye uymasını gerektiriyor. Bilgi Çağında kuruluşların karşılaştığı etik ve yasal sorunlar, hükümetleri yeni yasalar ve standartlar oluşturmaya yönlendiriyor. Bunların hepsi, bilgi yönetimine sıkı güvenlik kontrolleri getirmektedir (Bkz. Bölüm 2).

İlgili tüm veri düzenlemelerinin ve her düzenlemeden etkilenen veri konusu alanlarının merkezi bir envanterini oluşturun. Bu düzenlemelere (bkz. Tablo 13) uyum için geliştirilen ilgili güvenlik politikalarına ve uygulanan kontrollere bağlantılar ekleyin. Düzenlemeler, politikalar, gerekli eylemler ve etkilenen veriler zamanla değişecektir, bu nedenle bu envanter yönetimi ve bakımı basit bir biçimde olmalıdır.

Tablo 13 Örnek Yönetmelik Envanter Tablosu

İlgili Yönetmelik	Etkilenen Konu Alanı	Güvenlik Politikası Bağlantıları	Gerçeklenen Kontroller

Veri güvenliğini etkileyen yasa örnekleri aşağıdakileri içerir:

- ABD
    - 2002 Sarbanes-Oxley Yasası
    - 2009 tarihli Amerikan İyileştirme ve Yeniden Yatırım Yasası'nın bir parçası olarak yürürlüğe giren Ekonomik ve Klinik Sağlık için Sağlık Bilgi Teknolojileri (HITECH) Yasası
    - 1996 tarihli Sağlık Sigortası Taşınabilirlik ve Mükellefiyet Yasası (HIPAA) Güvenlik Düzenlemeleri
    - Gramm-Leach-Bliley I ve II
    - SEC yasaları ve Kurumsal Bilgi Güvenliği Mükellefiyet Yasası
    - Ulusal Güvenlik Yasası ve ABD Vatanseverlik Yasası
    - Federal Bilgi Güvenliği Yönetim Yasası (FISMA)
    - California: SB 1386, California Güvenlik İhlali Bilgileri Yasası
- AB
    - Veri Koruma Direktifi (EU DPD 95/46/) AB 1901, Elektronik dosya veya veritabanlarının çalınması
- Kanada
    - Canadian Bill 198
- Avustralya
    - Avustralya CLERP Yasası

Veri güvenliğini etkileyen düzenlemeler aşağıdakileri içerir:

- Kredi kartlarıyla çalışan tüm şirketler için Ödeme Kartı Sektörü Veri Güvenliği Standardı sözleşmesi (PCI DSS)
- AB: İlgili ülkelerde iş yapan tüm finansal kurumlar için bilgi kontrollerini uygulayan Basel II Anlaşması
- ABD: Müşteri Bilgilerini Korumaya Yönelik FTC Standartları

Şirket politikalarına veya düzenleyici kısıtlamalara uyum, genellikle iş süreçlerinde de ayarlamalar yapılmasını gerektirecektir. Örneğin, HIPAA'ya uyum sağlamak için birden çok benzersiz kullanıcı grubuna sağlık bilgilerine (düzenlenmiş veri öğeleri) erişim yetkisi verme ihtiyacı bulunur.

2.2 Veri Güvenliği Politikasının Tanımlanması

Kuruluşlar, iş ve yasal gerekliliklere dayalı olarak veri güvenliği politikaları oluşturmalıdır. Politika, bir dizi hedefe ulaşmak için seçilen bir eylem planının ve istenen davranışın üst düzey tanımının bir ifadesidir. Veri güvenliği politikaları, verilerini korumak isteyen bir kuruluşun çıkarlarına en uygun olduğu belirlenen davranışları tanımlar. Politikaların ölçülebilir bir etkiye sahip olması için denetlenebilir olması gerekir.

Kurumsal politikaların genellikle yasal sonuçları bulunur. Bir mahkeme, bir yasal düzenleme gereksinimini desteklemek için oluşturulmuş bir politikayı, kuruluşun bu yasal gereksinime uyma çabasının ayrılmaz bir parçası olarak değerlendirebilir. Bir şirket politikasına uyulmaması, bir veri ihlali sonrasında olumsuz yasal sonuçlar doğurabilir.

Güvenlik politikasının tanımlanması, BT güvenlik yöneticileri, Güvenlik Mimarları, Veri Yönetimi komiteleri, Veri Sorumluları, iç ve dış denetim ekipleri ve hukuk departmanı arasında iş birliği gerektirir. Veri Sorumluları ayrıca regülasyonel kategorideki metaverileri geliştirmek ve tutarlı bir şekilde doğru güvenlik sınıflandırmalarını uygulamak için tüm Gizlilik Sorumluları (Sarbanes-Oxley denetçileri, HIPAA Görevlileri vb.) ve veri uzmanlığına sahip yöneticiler ile iş birliği yapmalıdırlar. Maliyetleri, çalışma yönergeleri karışıklıklarını ve gereksiz kişisel çatışmaları azaltmak için tüm veri düzenleme uyumluluk eylemleri koordine edilmelidir.

2.2.1 Güvenlik Politikası İçeriği

Kurumsal güvenlikle ilgili davranışları yönetmek için farklı politika seviyeleri gerekir. Örneğin:

- **Kurumsal Güvenlik Politikası**: Çalışanların tesislere ve diğer varlıklara erişimi, e-posta standartları ve politikaları, pozisyon veya unvana dayalı güvenlik erişim seviyeleri ve güvenlik ihlali raporlama politikaları için genel politikalar

- **BT Güvenlik Politikası**: Klasör yapıları standartları, parola ilkeleri ve bir kimlik yönetimi çerçevesi

- **Veri Güvenliği Politikası**: Bireysel uygulamalar, veritabanı rolleri, kullanıcı grupları ve bilgi duyarlılığı için kategoriler

Genellikle, BT Güvenlik Politikası ve Veri Güvenliği Politikası, birleşik bir güvenlik politikasının parçasıdır. Ancak tercih, onları ayırmak olmalıdır. Veri güvenliği politikaları, doğası gereği daha ayrıntılıdır, içeriğe özeldir ve farklı kontroller ve prosedürler gerektirir. Veri Yönetişim Konseyi, Veri Güvenliği Politikasını gözden geçirmeli ve onaylamalıdır. Veri Yönetimi Yöneticisi, politikanın sahibidir ve bu politikayı sürdürmekle yükümlüdür.

Çalışanların güvenlik politikalarını anlaması ve bunlara uyması gerekir. Gerekli süreçlerin ve bunların arkasındaki nedenlerin net bir şekilde tanımlanması ve ulaşılabilir olması için güvenlik politikaları geliştirin. Uyum, uyumsuzluktan daha kolay bir hale getirilmelidir. Politikaların, kullanıcı erişimini engellemeden verileri koruması ve güvenliğini sağlaması gerekir.

Güvenlik politikaları tedarikçiler, tüketiciler ve diğer paydaşların kolayca erişebileceği bir formatta olmalıdır. Bunlar şirket intranetinde veya benzer bir iş birliği portalında bulunmalı ve güncel kalmaları sağlanmalıdır.

Veri güvenliği politikaları, prosedürleri ve faaliyetleri, tüm paydaşların veri güvenliği gereksinimleri arasında mümkün olan en iyi dengeyi sağlamak için periyodik olarak yeniden değerlendirilmelidirler.

2.3 Veri Güvenliği Standartlarının Tanımlanması

Politikalar, istenen davranış için yönergeler sağlarlar. Her olası senaryonun detaylarını belirtmezler. Standartlar, politikaları tamamlar ve politikaların amacının nasıl karşılanacağına dair ek ayrıntılar sağlarlar. Örneğin, bir prensip, tüm parolaların güçlü parola yönergelerine uyması gerektiğini belirtebilir; güçlü parolalar için standartlar ayrı ayrı detaylandırılacaktır ve politika, güçlü parolalar için standartları karşılamadıkları takdirde parolaların oluşturulmasını önleyen teknoloji aracılığıyla uygulanacaktır.

2.3.1 Veri Gizlilik Seviyelerinin Tanımlanması

Gizlilik sınıflandırması, kullanıcılara erişim ayrıcalıklarının nasıl verildiğine rehberlik eden önemli bir metaveri özelliğidir. Her kuruluş, iş gereksinimlerini karşılayan bir sınıflandırma şeması oluşturmalı veya benimsemelidir. Herhangi bir sınıflandırma yöntemi açık ve uygulaması kolay olmalıdır. En küçüğünden en gizlisine (örneğin, "genel kullanım için"den "gizli"ye kadar) bir dizi seviye içerecektir (Bkz. Bölüm 1.3.12.1).

2.3.2 Veri Düzenleme Kategorilerinin Tanımlanması

Hassas kişisel bilgilerin tehlikeye atıldığı, giderek artan sayıda kamuya açık veri ihlali, verilere özel yasaların getirilmesiyle sonuçlanmıştır. Finansal odaklı veri olayları, dünya genelinde hükümetleri ek düzenlemeler uygulamaya teşvik etmiştir.

Bu, 'Düzenlenmiş Bilgi' olarak adlandırılabilecek yeni bir veri sınıfı yarattı. Düzenleyici gereksinimler, bilgi güvenliğinin bir uzantısıdır. Mevzuat gerekliliklerini etkin bir şekilde yönetmek için ek önlemler gereklidir. Kurumsal danışmanla istişare, belirli düzenlemelerin kuruluştan hangi eylemleri gerektirdiğini belirlemede genellikle yardımcı olur. Düzenlemeler genellikle bir amacı ima eder ve bu bilgi koruma hedefine ulaşmanın yollarını belirlemek şirkete bağlıdır. Denetlenebilir eylemler, yasal uygunluk kanıtı sağlarlar.

Verilere özel düzenlemeleri ele almanın yararlı bir yolu, çeşitli riskleri birkaç güvenlik sınıflandırmasında gruplayarak yapıldığı gibi, benzer düzenlemeleri analiz etmek ve kategoriler halinde gruplandırmaktır.

Dünya çapında yüzden fazla farklı veriye özgü yönetmelikle, her yönetmelik için farklı bir kategori geliştirmek anlamsız olacaktır. Farklı yasal organlar tarafından dayatılan çoğu veri düzenlemesi aynı şeyi yapmaya çalışır. Örneğin, gizli müşteri verilerini korumaya yönelik sözleşmeden doğan yükümlülükler, Kişisel Olarak Tanımlanabilir Bilgileri korumaya yönelik ABD, Japonya ve Kanada hükümetinin düzenlemelerine ve AB gizlilik gereksinimlerine uyum açısından benzerdirler. Bu model, her bir düzenleme için denetlenebilir uyum eylemleri listelenip karşılaştırıldığında kolayca görülebilir. Böylece hepsi aynı koruyucu eylem kategorisi kullanılarak düzgün bir şekilde yönetilebilirler.

Hem güvenlik sınıflandırması hem de düzenleyici sınıflandırması için temel bir prensip, çoğu bilginin daha fazla veya daha az duyarlılığa sahip olacak şekilde toplanabilmesidir. Geliştiricilerin, toplamaların genel güvenlik sınıflandırmasını ve düzenleyici kategorilerini nasıl etkilediğini bilmeleri gerekir. Bir gösterge panosu, rapor veya veritabanı görünümünün geliştiricisi, gerekli verilerin bir kısmının kişisel olarak özel veya içeriden veya rekabet avantajıyla ilgili olabileceğini bildiğinde, sistem, yetkilendirmeden bu hususları ortadan kaldıracak şekilde veya verilerin kullanıcı yetkilendirmesinde kalması gerekiyorsa, kullanıcı yetkilendirmesi sırasında tüm güvenlik ve düzenleyici gereklilikleri uygulamak için tasarlanabilir.

Bu sınıflandırma çalışmasının sonuçları, resmi olarak onaylanmış bir dizi güvenlik sınıflandırması, düzenleyici kategorileri ve ilgili metaverileri merkezi bir depoda tutma süreci olacaktır, böylece hem iş birimleri hem de teknik çalışanlar, işledikleri, ilettikleri ve yetkilendirdikleri verilerin hassaslığını bilebileceklerdir.

2.3.3 Güvenlik Rollerinin Tanımlanması

Veri erişim kontrolü, ihtiyaca göre bireysel veya grup olarak düzenlenebilir. Bununla birlikte, bireysel kullanıcı hesaplarına erişim ve güncelleme ayrıcalıkları vermek, çok fazla gereksiz çaba gerektirir. Daha küçük kuruluşlar, veri erişimini bireysel düzeyde yönetmeyi kabul edilebilir bulabilir. Bununla birlikte, daha büyük kuruluşlar, rol gruplarına ve dolayısıyla her bir grup üyesine izin vererek, rol tabanlı erişim kontrolünden büyük ölçüde faydalanacaktır.

Rol grupları, güvenlik yöneticilerinin role göre ayrıcalıklar tanımlamasına ve kullanıcıları uygun rol grubuna kaydederek bu ayrıcalıkları atamasına olanak tanır. Bir kullanıcıyı birden fazla gruba kaydetmek teknik olarak mümkün olsa da, bu uygulama, belirli bir kullanıcıya verilen ayrıcalıkların anlaşılmasını zorlaştırabilir. Mümkün olduğunda, her kullanıcıyı yalnızca bir rol grubuna atamaya çalışın. Bu, düzenlemelere uymak için belirli veri yetkilerinin farklı kullanıcı görünümlerinin oluşturulmasını gerektirebilir.

Kullanıcı ve rol yönetiminde veri tutarlılığı zorlu bir iştir. Ad, unvan ve çalışan kimliği gibi kullanıcı bilgileri, birkaç yerde yedekli olarak saklanmalıdır. Bu veri adacıkları genellikle birbiriyle çatışır ve 'gerçeğin' birden çok versiyonunu temsil ederler. Veri bütünlüğü sorunlarından kaçınmak için kullanıcı kimliği verilerini ve rol grubu üyeliğini merkezi olarak yönetin. Bu, etkin erişim kontrolü için kullanılan verilerin kalitesi için bir gerekliliktir. Güvenlik yöneticileri, kullanıcı hesapları ve rol grupları oluşturur, değiştirir ve siler. Grup sınıflandırmasında ve üyeliğinde yapılan değişiklikler uygun onay almalıdır. Değişiklikler, bir değişiklik yönetim sistemi aracılığıyla izlenmelidirler.

Bir kuruluş içinde veri güvenliği önlemlerinin tutarsız veya uygunsuz bir şekilde uygulanması, çalışan memnuniyetsizliğine ve kuruluş için önemli risklere yol açabilir. Rol tabanlı güvenlik, açıkça tanımlanmış, tutarlı bir şekilde atanan rollere bağlıdır.

Rolleri tanımlamanın ve düzenlemenin iki yolu vardır: matris şeklinde (verilerden başlayarak) veya bir hiyerarşi içinde (kullanıcıdan başlayarak).

2.3.3.1 Rol Atama Matrisi

Veri gizliliğine, düzenlemelerine ve kullanıcı fonksiyonlarına dayalı olarak, verilere erişim rollerini belirlemek için bir matris yararlı olabilir. Genel Kullanıcı rolü, Genel Kitle için sıralanan ve herhangi bir düzenlemeye tabi olmayan tüm verilere erişebilir. Bir Pazarlama rolü, kampanya geliştirmede kullanılmak üzere bazı PII bilgilerine erişebilir, ancak herhangi bir kısıtlı veriye veya Müşterinin Gizli verilerine erişemez. Tablo 14, çok basitleştirilmiş bir örnek göstermektedir.

Tablo 14 Rol Atama Matrisi Örneği

	Gizlilik Seviyesi		
	Genel Kitle	**Müşteri Gizli Bilgisi**	**Kısıtlanmış Gizli**
Regülasyona tabi değil	Genel Kullanıcı Rolü	Müşteri Yönetici Rolü	Kısıtlı Erişim Rolü
PII	Pazarlama Rolü	Müşteri Pazarlama Rolü	İK Rolü
PCI	Finansal Rol	Müşteri Finansal Rolü	Kısıtlı Finansal Rol

2.3.3.2 Rol Atama Hiyerarşisi

Bir çalışma grubu veya iş birimi düzeyinde grup tanımları oluşturun. Bu rolleri bir hiyerarşide düzenleyin, böylece alt roller üst rollerin ayrıcalıklarını daha da kısıtlayabilirler. Bu hiyerarşilerin sürdürülmesi, bireysel kullanıcı ayrıcalıklarına ayrıntılı olarak inebilen raporlama sistemleri gerektiren karmaşık bir süreçtir. Bir güvenlik rolü hiyerarşisi örneği, Şekil 65'te verilmiştir.

2.3.4 Mevcut Güvenlik Risklerinin Değerlendirilmesi

Güvenlik riskleri, bir ağı ve/veya veritabanını tehlikeye atabilecek unsurları içerir. Riski belirlemenin ilk adımı, hassas verilerin nerede saklandığını ve bu veriler için hangi korumaların gerekli olduğunu belirlemektir. Her sistemi aşağıdakiler açısından değerlendirin:

- Depolanan veya aktarılan verilerin hassasiyeti
- Bu verileri korumaya yönelik gereksinimler
- Yürürlükteki mevcut güvenlik korumaları

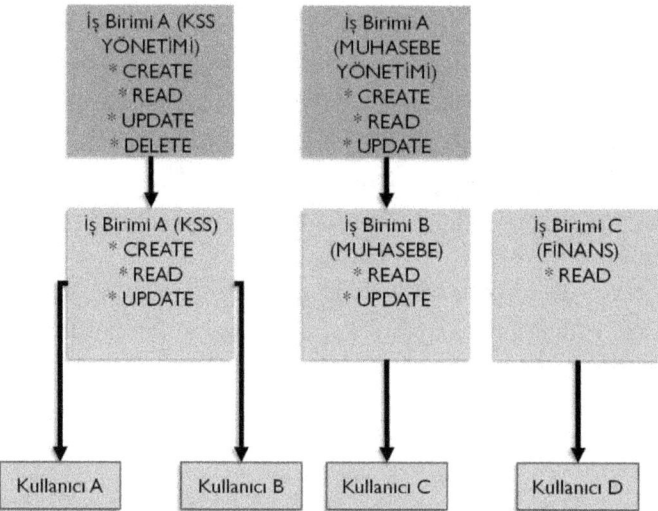

Şekil 65 Güvenlik Rolü Hiyerarşisi Örnek Şeması

Gelecekteki değerlendirmeler için bir temel oluşturdukları için bulguları belgeleyin. Bu belgeler, Avrupa Birliği'nde olduğu gibi, gizlilik uyumluluğu için de bir gereklilik olabilir. Farklar, teknoloji tarafından desteklenen geliştirilmiş güvenlik süreçleri aracılığıyla giderilmelidir. Risklerin azaltılmasını sağlamak için iyileştirmelerin etkisi ölçülmeli ve izlenmelidir.

Daha büyük kuruluşlarda, güvenlik açıklarını değerlendirmek için beyaz şapkalı bilgisayar korsanları işe alınabilir. Beyaz şapkalı bilgisayar korsanı kullanımı, bir kuruluşun pazar itibarı için tanıtımda kullanılabilecek güvenlik kanıtı olarak kullanılabilir.

2.3.5 Kontrollerin ve Prosedürlerin Gerçeklenmesi

Veri güvenliği politikasının gerçeklenmesi ve yönetimi, veri sorumluları ve teknik ekiplerle koordineli olarak öncelikle güvenlik yöneticilerinin sorumluluğundadır. Örneğin, veritabanı güvenliği genellikle bir DBA sorumluluğundadır.

Kuruluşlar, güvenlik politikası gereksinimlerini karşılamak için uygun kontrolleri gerçeklemelidirler. Kontroller ve prosedürler (en azından) aşağıdakileri kapsamalıdır:

- Kullanıcıların sistemlere ve/veya uygulamalara nasıl erişim kazanıp kaybettiği
- Kullanıcıların rollere nasıl atandığı ve rollerden nasıl kaldırıldığı
- Ayrıcalık seviyelerinin nasıl izlendiği
- Erişim değişikliği taleplerinin nasıl işlendiği ve izlendiği
- Gizliliğe ve yürürlükteki düzenlemelere göre verilerin nasıl sınıflandırıldığı

- Bir kez tespit edildikten sonra veri ihlallerinin nasıl işlendiği

Bu koşullar artık geçerli olmadığında yetkilendirmenin kaldırılabilmesi için orijinal kullanıcı yetkilerine izin verme gereksinimlerini belgeleyin.

Örneğin, "uygun kullanıcı ayrıcalıklarını korumaya" yönelik bir politika, "DBA'yı ve Kullanıcı haklarını ve ayrıcalıklarını aylık olarak gözden geçirme" kontrol hedefine sahip olabilir. Kuruluşun bu kontrolü sağlama prosedürü, aşağıdakilere yönelik süreçleri gerçeklemek ve sürdürmek olabilir:

- Tüm kullanıcı izin isteklerini izlemek için kullanılan bir değişiklik yönetim sistemine göre atanan izinleri doğrulama
- Her değişiklik talebini kaydetmek ve belgelemek için bir iş akışı onay süreci veya imzalı kağıt form
- İş pozisyonu veya bulunduğu birimleri artık belirli erişim haklarına sahip olmalarını sağlayamayan kişiler için yetkileri ortadan kaldıracak bir prosedür eklenmesi

Bazı yönetim seviyeleri, tüm ilk yetkilendirmeleri ve kullanıcı ve grup yetkilerinde sonraki değişiklikleri resmi olarak talep etmeli, izlemeli ve onaylamalıdırlar.

2.3.5.1 Gizlilik Düzeylerinin Atanması

Veri Sorumluları, kuruluşun sınıflandırma şemasına dayalı olarak veriler için uygun gizlilik düzeyini değerlendirmek ve belirlemekten sorumludurlar.

Belgeler ve raporlar için sınıflandırma, belgede bulunan herhangi bir bilgi için en yüksek gizlilik düzeyine dayanmalıdır (Bkz. Bölüm 9). Her sayfayı veya ekranı, üstbilgi veya altbilgideki sınıflandırma ile etiketleyin. En az gizli olarak sınıflandırılan bilgi ürünlerinin (örneğin, "Genel Kullanıcılar İçin") etiketlere ihtiyacı yoktur. Etiketlenmemiş tüm ürünlerin Genel Kullanıcılar için olduğunu varsayın.

Belge yazarları ve bilgi ürünleri tasarımcıları, ilişkisel tablolar, sütunlar ve kullanıcı yetkilendirme görünümleri dahil olmak üzere her belgenin yanı sıra her bir veritabanı için uygun gizlilik düzeyini değerlendirmekten, doğru şekilde sınıflandırmaktan ve etiketlemekten sorumludurlar.

Daha büyük kuruluşlarda, güvenlik sınıflandırmasının ve koruma çabalarının çoğu, özel bir bilgi güvenliği kuruluşunun sorumluluğunda olacaktır. Bilgi Güvenliği, Veri Sorumlularının bu sınıflandırmalarla çalışmasından memnun olsa da, genellikle uygulama ve ağın fiziksel olarak korunması sorumluluğu onlardadır.

2.3.5.2 Düzenleyici Kategorilerinin Atanması

Kuruluşlar, mevzuata uygunluk taleplerini karşılayabilmelerini sağlamak için bir sınıflandırma yaklaşımı oluşturmalı veya benimsemelidir (Bkz. Bölüm 3.3). Bu sınıflandırma şeması, iç ve dış denetimlere yanıt vermek için bir temel sağlar. Yerleştirildikten sonra, bilgilerin şema içinde değerlendirilmesi ve sınıflandırılması gerekir. Güvenlik personeli, bireysel veri düzenlemeleri ile değil, altyapı sistemleri ile çalıştıkları için bu kavrama aşina olmayabilirler. Gerçekleyebilecekleri eylemleri tanımlayan bu kategorilerle ilgili veri koruma için belgelenmiş gereksinimlere sahip olmaları gerekecektir.

2.3.5.3 Veri Güvenliğini Yönetilmesi ve Sürdürülmesi

Tüm gereksinimler, politikalar ve prosedürler yerine getirildikten sonra asıl görev, güvenlik ihlallerinin meydana gelmemesini sağlamak ve oluşursa bunları mümkün olan en kısa sürede tespit etmektir. Sistemlerin sürekli izlenmesi ve güvenlik prosedürlerinin yürütülmesinin denetlenmesi, veri güvenliğini korumak adına çok önemlidir.

2.3.5.3.1 Veri Kullanılabilirliği Kontrolü / Veri Odaklı Güvenlik

Veri kullanılabilirliği kontrolü, kullanıcı yetkilerinin ve yetkilere dayalı olarak erişimi teknik olarak kontrol eden yapıların (veri maskeleme, görünüm oluşturma, vb.) yönetimini gerektirir. Bazı veritabanları, depolamadaki verileri korumak adına yapılar ve süreçler sağlamada diğerlerinden daha iyidirler (Bkz. Bölüm 3.7).

Güvenlik Uyumluluğu yöneticileri, ilgili kısıtlamaları takip ederken, işletmenin sorunsuz çalışmasına izin veren kullanıcı yetkilendirme profillerini tasarlama konusunda doğrudan sorumluluğa sahip olabilirler.

Yetkilerin tanımlanması, atanması, verilerin bir envanterini, veri ihtiyaçlarının dikkatli bir şekilde analizini ve her bir kullanıcı yetkisinde açığa çıkan verilerin belgelenmesini gerektirir. Genellikle çok hassas bilgiler, hassas olmayan bilgilerle karıştırılırlar. Bir kurumsal veri modeli, hassas verileri belirlemek ve bulmak için gereklidir (Bkz. Bölüm 1.1.1).

Veri maskeleme, yanlışlıkla açığa çıksa bile verileri koruyabilir. Bazı veri düzenlemeleri, yerinde maskelemenin uç bir versiyonu olan şifreleme gerektirir. Şifre çözme anahtarlarına yetkilendirme, kullanıcı yetkilendirme sürecinin bir parçası olabilir. Şifre çözme anahtarlarına erişim yetkisi olan kullanıcılar, şifrelenmemiş verileri görebilirken, diğerleri sadece rastgele karakterleri görebilirler.

İlişkisel veritabanı görünümleri, veri güvenliği düzeylerini uygulamak için kullanılabilirler. Görünümler, veri değerlerine dayalı olarak belirli satırlara erişimi kısıtlayabilir veya gizli veya düzenlenmiş alanlara erişimi sınırlayarak belirli sütunlara erişimi kısıtlayabilir.

2.3.5.3.2 Kullanıcı Kimlik Doğrulama ve Erişim Hareketlerinin İzlenmesi

Erişim hakkında raporlama, uyumluluk denetimleri için temel bir gerekliliktir. Kimlik doğrulama ve erişim hareketlerinin izlenmesi, bilgi varlıklarına kimin bağlandığı ve bunlara kimin eriştiği hakkında bilgiler sağlar. İzleme ayrıca, soruşturma gerektiren olağandışı, öngörülemeyen veya şüpheli işlemlerin tespit edilmesine de yardımcı olur. Bu şekilde, veri güvenliği planlaması, tasarımı ve gerçeklemesindeki boşlukları telafi eder.

Neyin, ne kadar süreyle izlenmesi gerektiğine ve bir uyarı durumunda hangi eylemlerin gerçekleştirileceğine karar vermek, iş ve düzenleyici gereksinimleri tarafından yönlendirilen dikkatli bir analiz gerektirir. İzleme, çok çeşitli faaliyetleri içerir. Belirli veri kümelerine, kullanıcılara veya rollere özel olabilir. Veri bütünlüğünü, konfigürasyonları veya temel metaverileri doğrulamak için kullanılabilir. Bir sistem içinde veya bağımlı heterojen sistemler arasında gerçeklenebilir. Büyük veri setlerini indirme veya mesai saatleri dışında verilere erişim gibi belirli ayrıcalıklara odaklanabilir.

İzleme, otomatikleştirilebilir veya manuel olarak yürütülebilir veya bir otomasyon ve gözetim kombinasyonu yoluyla yürütülebilir. Otomatik izleme, sistemlere ek yük getirir ve sistem performansını etkileyebilir. Periyodik etkinlik anlık görüntüleri, eğilimleri anlamada ve standart kriterleriyle karşılaştırmada faydalı olabilir. Uygun izleme adına en optimal parametreleri elde etmek için yinelemeli konfigürasyon değişiklikleri gerekebilir.

Hassas veya olağandışı veritabanı işlemlerinin otomatik olarak kaydedilmesi, herhangi bir veritabanı kurulumunun bir parçası olmalıdır. Otomatik izleme eksikliği ciddi riskleri temsil eder:

- **Düzenleyici riskleri**: Zayıf veritabanı denetim mekanizmalarına sahip kuruluşlar, giderek artan bir şekilde kamusal düzenleyici gereksinimleriyle çeliştiklerini göreceklerdir. Finansal hizmetler sektöründeki Sarbanes-Oxley (SOX) ve sağlık sektöründeki Sağlık Hizmetleri Bilgi Taşınabilirliği ve Mükellefiyet Yasası (HIPAA), net veri tabanı denetim gereksinimleri olan ABD hükümet düzenlemelerinin sadece iki örneğidir.

- **Tespit ve kurtarma riskleri**: Denetim mekanizmaları son savunma hattını temsil eder. Bir saldırgan diğer savunmaları atlatırsa, denetim verileri en azından olaydan sonra bir ihlalin varlığını belirleyebilir. Denetim verileri, bir ihlali belirli bir kullanıcıya bağlamak veya sistemi onarmak için bir kılavuz olarak da kullanılabilir.

- **İdari ve denetim görevleri riskleri**: Veritabanı sunucusuna yönetici erişimi olan kullanıcılar- bu erişim meşru veya kötü amaçla elde edilmiş olsun- dolandırıcılık faaliyetlerini gizlemek için denetimi kapatabilirler. Denetim görevleri ideal olarak hem veritabanı yöneticilerinden hem de veritabanı sunucusu platformu destek personelinden ayrı olmalıdır.

- **Yetersiz yerel denetim araçlarının oluşturduğu riskler**: Veritabanı yazılım platformları genellikle temel denetim yetkinliklerini entegre etmeye çalışır, ancak çoğu zaman kurulumu sınırlayan veya engelleyen birden çok zayıflıktan muzdaritpirler. Kullanıcılar veritabanına Web uygulamaları (SAP, Oracle E-Business Suite veya PeopleSoft gibi) aracılığıyla eriştiğinde, yerel denetim mekanizmaları belirli kullanıcı kimliklerinin farkında değildir ve tüm kullanıcı etkinlikleri Web uygulaması hesap adıyla ilişkilendirilir. Bu nedenle, yerel denetim logları hileli veritabanı işlemlerini ortaya çıkardığında, sorumlu olan kullanıcıyla ilişkilendirilemezler.

Riskleri azaltmak için, yerel denetim araçlarıyla ilişkili zayıflıkların çoğunu giderebilen, ancak eğitimli denetçiler tarafından yapılan düzenli denetimlerin yerini almayan ağ tabanlı bir denetim aracı gerçekleyin. Bu tür bir bütünleşik çözüm aşağıdaki avantajlara sahiptir:

- **Yüksek performans**: Ağ tabanlı denetim araçları, veritabanı performansı üzerinde çok az etkiyle yüksek hızda çalışabilirler.

- **Görevlerin ayrılığı**: Ağ tabanlı denetim araçları, denetim görevlerini idari görevlerden uygun şekilde ayırmayı mümkün kılacak şekilde veritabanı yöneticilerinden bağımsız olarak çalışmalıdırlar.

- **Parçalı işlem takibi**, gelişmiş dolandırıcılık tespiti, iz sürmeyi ve kurtarmayı destekler. Loglar, kaynak uygulama adı, tam sorgu metni, sorgu yanıtı nitelikleri, kaynak işletim sistemi, zaman ve kaynak adı gibi ayrıntıları içerir.

2.3.5.4 Güvenlik Politikası Uyumluluğunun Yönetilmesi

Güvenlik politikası uyumluluğunun yönetilmesi, politikaların takip edilmesini ve kontrollerin etkin bir şekilde sürdürülmesini sağlamak adına süregelen faaliyetleri içerir. Yönetim ayrıca yeni gereksinimleri karşılamak için önerilerde bulunmayı da içerir. Çoğu durumda, Veri Sorumluları, operasyonel politikaların ve teknik kontrollerin uyumlu hale getirilmesi için Bilgi Güvenliği ve Kurumsal Danışmanlar ile birlikte hareket edecektir.

2.3.5.4.1 Mevzuat Uyumunun Yönetilmesi

Mevzuat uyumunun yönetilmesi aşağıdakileri içerir:

- Yetkilendirme standartlarına ve prosedürlerine uyumluluğun ölçülmesi
- Tüm veri gereksinimlerinin ölçülebilir ve dolayısıyla denetlenebilir olmasını sağlamak (yani, "dikkatli olun" gibi iddialar ölçülebilir değildir)
- Depolamada ve hareket halindeki düzenlenmiş verilerin standart araçlar ve süreçler kullanılarak korunmasını sağlamak
- Potansiyel uyumsuzluk sorunları keşfedildiğinde ve mevzuata uyum ihlali durumunda, eskalasyon prosedürleri ve bildirim mekanizmalarını kullanmak

Uyumluluk kontrolleri, denetim izleri gerektirir. Örneğin, politika, kullanıcıların belirli verilere erişmeden önce eğitim alması gerektiğini belirtiyorsa, kuruluş herhangi bir kullanıcının eğitimi aldığını kanıtlayabilmelidir. Denetim izi olmadan, uyumluluk kanıtı olmaz. Kontroller, denetlenebilir olmalarını sağlayacak şekilde tasarlanmalıdır.

2.3.5.4.2 Denetim Verileri Güvenliği ve Uyumluluğu Faaliyetleri

Veri güvenliği ve mevzuata uyumluluk politikalarının takip edilmesini sağlamaya yönelik faaliyetlerin iç denetimleri düzenli ve tutarlı bir şekilde yapılmalıdır. Yeni veri düzenlemesi yürürlüğe girdiğinde, mevcut düzenleme değiştiğinde ve kullanışlılığı sağlamak adına periyodik olarak uyumluluk kontrollerinin kendileri yeniden gözden geçirilmelidir. İç veya dış denetçiler denetim yapabilirler. Her durumda denetçiler, herhangi bir çıkar çatışmasını önlemek ve denetim faaliyeti ve sonuçlarının bütünlüğünü sağlamak için denetime dahil olan verilerden ve/veya süreçten bağımsız olmalıdırlar.

Denetim bir hata bulma görevi değildir. Denetimin amacı, yönetime ve veri yönetişimi konseyine nesnel, tarafsız değerlendirmeler ve rasyonel, pratik öneriler sunmaktır.

Veri güvenliği politikası beyanları, standart dokümanları, gerçekleme yönergeleri, değişiklik talepleri, erişim izleme logları, rapor çıktıları ve diğer kayıtlar (elektronik veya basılı kopya) bir denetimin girdisini oluşturur. Mevcut kanıtları incelemeye ek olarak, denetimler genellikle aşağıdakiler gibi testler ve kontroller yapmayı da içerir:

- Uyum kontrollerinin net bir şekilde tanımlandığından ve düzenleyici gerekliliklerinin yerine getirildiğinden emin olmak için politika ve standartların analiz edilmesi
- Mevzuatsal hedeflere, politikalara, standartlara ve istenen sonuçlara uyumluluğu sağlamak adına gerçekleme prosedürlerinin ve kullanıcı yetkilendirme uygulamalarının analiz edilmesi
- Yetkilendirme standartlarının ve prosedürlerinin yeterli olup olmadığının ve teknoloji gereksinimleriyle uyumlu olup olmadığının değerlendirilmesi
- Potansiyel uyumsuzluk sorunları keşfedildiğinde veya mevzuata uyum ihlali durumunda yürütülecek eskalasyon prosedürlerinin ve bildirim mekanizmalarının değerlendirilmesi

- Partnerlerin yükümlülüklerini yerine getirmesi ve kuruluşun düzenlenmiş verileri korumaya yönelik yasal yükümlülüklerini yerine getirmesini sağlayan, dış kaynak ve tedarikçilerin sözleşmelerinin, veri paylaşım sözleşmelerinin ve mevzuata uyumluluk yükümlülüklerinin gözden geçirilmesi

- Kurum içindeki güvenlik uygulamalarının olgunluğunun değerlendirilmesi ve üst yönetime ve diğer paydaşlara 'Düzenlemeye Uyum Durumu' hakkında rapor verilmesi

- Mevzuata Uyum politikası değişiklikleri ve operasyonel uyumluluk iyileştirmeleri önerilmesi

Veri güvenliğinin denetlenmesi, veri güvenliğinin yönetiminin yerine geçmez. Ancak, yönetimin hedeflere ulaşıp ulaşmadığını objektif olarak değerlendiren destekleyici bir süreçtir.

3. Araçlar

Bilgi güvenliğini yönetmek için kullanılan araçlar büyük ölçüde organizasyonun büyüklüğüne, ağ mimarisine ve güvenlik organizasyonu tarafından kullanılan politika ve standartlara bağlıdır.

3.1 Anti-Virüs Yazılımı / Güvenlik Yazılımı

Anti-virüs yazılımı, bilgisayarları Web'de karşılaşılan virüslerden korur. Her gün yeni virüsler ve diğer kötü amaçlı yazılımlar ortaya çıkmaktadır, bu nedenle güvenlik yazılımını düzenli olarak güncellemek önemlidir.

3.2 HTTPS

Bir Web adresi https:// ile başlıyorsa, web sitesinin şifreli bir güvenlik katmanıyla donatıldığını gösterir. Tipik olarak, kullanıcıların siteye erişmek için bir parola veya başka bir kimlik doğrulama yöntemi sağlaması gerekir. Çevrimiçi ödeme yapılacağı veya sınıflandırılmış bilgilere erişileceği zaman bu şifreleme koruması kullanılır. Kullanıcıları, İnternet üzerinden veya hatta kuruluş içinde hassas işlemler gerçekleştirirken URL adresinde bunu beklemeleri için eğitin. Şifreleme olmadan, aynı ağ segmentindeki kişiler düz metin bilgilerini okuyabilirler.

3.3 Kimlik Yönetimi Teknolojisi

Kimlik yönetimi teknolojisi, atanan kimlik bilgilerini depolar ve istek üzerine, örneğin bir kullanıcı bir sistemde oturum açtığında olduğu gibi, bunları sistemlerle paylaşır. Bazı uygulamalar kendi kimlik bilgileri depolarını yönetirler, ancak kullanıcıların uygulamaların çoğunun veya tamamının merkezi bir kimlik bilgisi deposu kullanması daha uygun olur. Kimlik bilgilerini yönetmek için protokoller vardır: Hafif Dizin Erişim Protokolü (LDAP) bunlardan biridir.

Bazı şirketler, her kullanıcının bilgisayarında şifreli bir parola dosyası oluşturan, kurumsal onaylı bir "Parola Kasası" ürünü sağlar. Kullanıcıların programı açabilmeleri için tek bir uzun parola öğrenmeleri yeterlidir ve tüm parolalarını güvenli bir şekilde şifrelenmiş dosyada saklayabilirler. Tekli oturum açma sistemi de bu rolü gerçekleştirebilir.

3.4 Saldırı Tespit ve Önleme Yazılımı

Saldırıları algılayabilen ve erişimi dinamik olarak reddedebilen araçlar, bilgisayar korsanlarının güvenlik duvarlarına veya diğer güvenlik önlemlerine sızması durumunda gereklidir.

Saldırı Tespit Sistemi (IDS), uygunsuz bir olay meydana geldiğinde uygun kişileri bilgilendirecektir. IDS, bilinen saldırılara ve mantıksız kullanıcı komut kombinasyonlarına otomatik olarak yanıt veren bir Saldırı Önleme Sistemi (IPS) ile en iyi şekilde entegre edilmelidir. Tespit, genellikle organizasyon içindeki desenlerin analizi ile gerçekleştirilir. Beklenen desenlerin bilgisi, olağan dışı olayların tespit edilmesini sağlar. Bunlar gerçekleştiğinde, sistem uyarı gönderebilir.

3.5 Güvenlik Duvarları (Önleme)

Yine de ayrıntılı paket analizi gerçekleştirirken tam hızda veri aktarımına izin verme kapasitesine sahip güvenli ve karmaşık güvenlik duvarları, kurumsal ağ geçidine yerleştirilmelidir. İnternete maruz kalan web sunucuları için daha karmaşık bir güvenlik duvarı yapısı önerilir, çünkü birçok kötü niyetli bilgisayar korsanı saldırısı, veritabanı ve web sunucusu güvenlik açıklarından yararlanabilmek için kasıtlı olarak hatalı biçimlendirilmiş ancak meşru görünen trafiği kullanırlar.

3.6 Metaveri İzleme

Metaverileri izleyen araçlar, bir kuruluşun hassas verilerin hareketini izlemesine yardımcı olabilir. Bu araçlar, dış etkenlerin belgelerle ilişkili metaverilerden dahili bilgileri algılayabilmesi riskini oluşturur. Metaveriler kullanılarak hassas bilgilerin tanımlanması, verilerin doğru şekilde korunmasını sağlamanın en iyi yoludur. En fazla sayıda veri kaybı olayı, hassasiyetinin bilinmemesi nedeniyle hassas veri koruma eksikliğinden kaynaklandığından, metaveri belgeleri, metaverilerin metaveri deposundan bir şekilde açığa çıkması durumunda oluşabilecek herhangi bir varsayımsal riski tamamen gölgede bırakır. Deneyimli bir bilgisayar korsanının ağ üzerinde korumasız hassas verileri bulması çok kolay olduğundan, bu risk daha göz ardı edilebilirdir. Hassas verileri koruma ihtiyacının büyük olasılıkla farkında olmayan kişiler, çalışanlar ve yöneticiler gibi görünmektedir.

3.7 Veri Maskeleme / Şifreleme

Maskeleme veya şifreleme gerçekleştiren araçlar, hassas verilerin hareketini kısıtlamak için kullanışlıdır (Bkz. Bölüm 1.3.9).

4. Yöntemler

Bilgi güvenliğini yönetme teknikleri, organizasyonun büyüklüğüne, ağın mimarisine, güvenliği sağlanması gereken veri tiplerine ve güvenlik organizasyonu tarafından kullanılan politika ve standartlara bağlıdır.

4.1 CRUD Matrisi Kullanımı

Veri-süreç ve veri-rol ilişkisi (CRUD–Create (Oluştur), Read (Oku), Update (Güncelle), Delete (Sil)) matrislerinin oluşturulması ve kullanılması, veri erişim ihtiyaçlarının eşlenmesine yardımcı olur ve veri güvenliği rol grupları, parametreleri ve izinlerinin tanımına rehberlik eder. Bazı sürümler, CRUDE yapmak için Execute (Çalıştır) için bir E ekler.

4.2 Acil Güvenlik Yaması Kurulumu

Güvenlik yamalarının mümkün olan en kısa sürede tüm makinelere yüklenmesine yönelik bir süreç mevcut olmalıdır. Kötü niyetli bir bilgisayar korsanı, saldırısını ağda başarılı bir şekilde gerçekleştirmek için yalnızca bir makineye root erişimine ihtiyaç duyar. Kullanıcılar bu güncellemeleri geciktirememelidirler.

4.3 Metaverilerdeki Veri Güvenliği Nitelikleri

Bir Kurumsal Veri Modelinin iş süreçleri genelinde bütünlüğünü ve tutarlı kullanımını sağlamak için bir metaveri deposu gereklidir. Metaveriler, veriler için güvenlik ve düzenleyici sınıflandırmalarını içermelidir (Bkz. Bölüm 1.1.3). Güvenlik metaverilerinin yerli yerinde olması, bir kuruluşu, verileri hassas olarak tanıyamayabilecek çalışanlara karşı korur. Veri Sorumluları, verileri gizliliğe ve düzenleyici kategorilerine göre kategorilendirdiğinde, kategori bilgileri metaveri deposunda belgelenmeli ve teknoloji izin veriyorsa verilere etiketlenmelidirler (Bkz. Bölüm 3.3.1 ve 3.3.2). Bu sınıflandırmalar, kullanıcı yetkilerini tanımlamak, yönetmek ve ayrıca geliştirme ekiplerini hassas verilerle ilgili riskler hakkında bilgilendirmek için kullanılabilirler.

4.4 Metrikler

Gerektiği gibi çalıştıklarından emin olmak için bilgi koruma süreçlerini ölçmek önemlidir. Metrikler ayrıca bu süreçlerin iyileştirilmesini sağlar. Bazı ölçütler süreçlerdeki ilerlemeyi ölçer: gerçekleştirilen denetimlerin sayısı, kurulu güvenlik sistemleri, bildirilen olaylar ve sistemlerdeki incelenmemiş veri miktarı. Daha karmaşık ölçümler, denetimlerden elde edilen bulgulara veya kuruluşun bir olgunluk modeli boyunca hareketine odaklanacaktır.

Mevcut bilgi güvenliği personeli bulunan daha büyük kuruluşlarda, bu ölçümlerin önemli bir kısmı halihazırda mevcut olabilir. Genel bir tehdit yönetimi ölçüm sürecinin bir parçası olarak mevcut ölçümleri yeniden kullanmak ve eforların tekrarını önlemek için yararlıdır. Zaman içindeki ilerlemeyi göstermek için her metriğin bir temel çizgisini (ilk okuma) oluşturun.

Çok sayıda güvenlik faaliyeti ve koşulu ölçülebilir ve izlenebilir olsa da eyleme geçirilebilir ölçümlere odaklanın. Organize gruplardaki birkaç temel ölçümün yönetimi, görünüşte alakasız göstergelerden oluşan sayfalardan daha kolaydır. İyileştirme eylemleri, veri düzenleme politikaları ve uyumluluk eylemleri hakkında farkındalık eğitimini de içerebilir.

Birçok kuruluş benzer veri güvenliği sorunlarıyla karşı karşıyadır. Aşağıdaki listeler, uygun metriklerin seçilmesine yardımcı olabilir.

4.4.1 Güvenlik Gerçekleme Metrikleri

Bu genel güvenlik metrikleri, yüzdeler olarak belirtilebilirler:

- En son güvenlik düzeltme yamalarının yüklü olduğu kurumsal bilgisayarların yüzdesi
- Güncel kötü amaçlı yazılımdan koruma yazılımı yüklü ve çalışan bilgisayarların yüzdesi
- Geçmiş sicil sorgulaması kontrollerinden başarıyla geçen yeni işe başlayanların yüzdesi
- Yıllık güvenlik uygulamaları testinde %80'den fazla puan alan çalışanların yüzdesi
- Resmi bir risk değerlendirme analizinin tamamlandığı iş birimlerinin yüzdesi
- Yangın, deprem, fırtına, sel, patlama veya başka bir felaket durumunda olağanüstü durum kurtarma için başarıyla test edilen iş süreçlerinin yüzdesi
- Başarıyla çözümlenen denetim bulgularının yüzdesi

Trendler, listeler veya istatistikler olarak çerçevelenen metriklerde izlenebilirler:

- Tüm güvenlik sistemlerinin performans ölçümleri
- Geçmiş sicil sorgulamaları, araştırmaları ve sonuçları
- Acil durum planlaması ve iş sürekliliği planlama durumu
- Suç teşkil eden olaylar ve soruşturmalar
- Uyum için durum tespiti incelemeleri ve ele alınması gereken bulguların sayısı
- Gerçekleştirilen bilgi risk yönetimi analizi ve eyleme geçirilebilir değişikliklerle sonuçlananların sayısı
- Akşam vardiyası güvenlik görevlileri tarafından atılan turlar sırasında gerçekleştirilen temiz masa politika kontrolleri gibi politika denetimi sonuçları
- Güvenlik operasyonları, fiziksel güvenlik ve mülki koruma istatistikleri
- Belgelenmiş, erişilebilir güvenlik standartlarının sayısı (diğer adıyla politikalar)
- İlgili tarafların güvenlik politikalarına uyum motivasyonu da ölçülebilir
- Çalışan eğitimi de dahil olmak üzere iş idaresi ve itibar riski analizi
- Mali, tıbbi, ticari sırlar ve içeriden bilgi gibi belirli veri türlerine dayalı içeriden risk potansiyeli
- Veri bilgi güvenliği çabalarının ve politikalarının nasıl algılandığının bir göstergesi olarak yöneticiler ve çalışanlar arasındaki güven ve etkileşim göstergeleri

Uyumluluğu sağlamak, sorunları kriz haline gelmeden önce tespit etmek ve üst yönetime değerli kurumsal bilgileri koruma kararlılığını göstermek için zaman içinde uygun kategorilerde makul sayıda eyleme dönüştürülebilir metrikler seçin ve bunları sürdürün.

4.4.2 Güvenlik Bilinci Metrikleri

Uygun metrikleri seçmek için şu genel alanları göz önünde bulundurun:

- **Risk değerlendirme bulguları**, mükellefiyetlerinden daha fazla haberdar olmalarını sağlamak adına uygun iş birimlerine geri verilmesi gereken nitel veriler sağlarlar.

- **Risk olayları ve profilleri**, düzeltilmesi gereken yönetilmeyen riskleri tanımlar. Mesajların ne kadar iyi karşılandığını görmek için farkındalık girişiminin takip testlerini gerçekleştirerek riske maruz kalma veya politikaya uyumlulukta ölçülebilir iyileşmenin varlığını / yokluğunu veya varsa seviyesine belirleyin.

- **Resmi geri bildirim anketleri ve mülakatlar**, güvenlik farkındalığının seviyesini belirler. Ayrıca, hedeflenen kitleler içinde güvenlik bilinci eğitimini başarıyla tamamlayan çalışan sayısını ölçün.

- **Olay otopsileri, öğrenilmiş dersler ve mağdur görüşmeleri**, güvenlik bilincindeki boşluklar hakkında zengin bir bilgi kaynağı sağlar. Önlemler, güvenlik açığının ne kadar azaltıldığını içerebilirler.

- **Yama etkinliği denetimleri**, güvenlik yamalarının etkinliğini değerlendirmek için gizli ve regülasyonel bilgilerle çalışan belirli bilgisayarları içerir (Mümkünse otomatik bir yama sistemi önerilir).

4.4.3 Veri Koruma Metrikleri

Gereksinimler, bunlardan hangisinin kurumla ilgili olduğunu belirleyecektir:

- Çalışmaz hale getirildiğinde işletme üzerinde derin etkileri olabilecek belirli veri türlerinin ve bilgi sistemlerinin önemlilik açısından sıralaması.

- Veri kaybı, zayıflığı veya bozulmasıyla ilgili aksiliklerin, korsanlığın, hırsızlıkların veya felaketlerin yıllık kayıp beklentisi.

- Regülasyonel bilgilerin belirli kategorileriyle ilgili belirli veri kayıpları riski ve düzeltme öncelik sıralaması.

- Verilerin belirli iş süreçleriyle risk eşlemesi. POS cihazlarıyla ilişkili riskler, finansal ödeme sisteminin risk profiline dahil edilecektir.

- Belirli değerli veri kaynaklarına ve bunların aktarıldıkları cihazlara yönelik bir saldırı olasılığına dayalı olarak gerçekleştirilen tehdit değerlendirmeleri.

- Hassas bilgilerin kazara veya kasıtlı olarak açığa çıkabileceği iş süreçlerinin belirli bölümlerinin güvenlik açığı değerlendirmeleri.

- Hassas verilerin kuruluş genelinde yayıldığı yerlerin denetlenebilir listesi.

4.4.4 Güvenlik Olayı Metrikleri

- Tespit edilen ve önlenen izinsiz giriş denemeleri
- Güvenlik maliyetlerinin engellenen izinsiz girişler sayesindeki tasarruflardan kaynaklanan yatırım getirisi.

4.4.5 Gizli Verilerin Yayılması

Bu yayılmayı azaltmak için gizli verilerin kopya sayısı ölçülmelidir. Gizli veriler ne kadar çok yerde saklanırsa, ihlal riski o kadar daha yüksek olur.

4.5 Proje Gereksinimlerinde Güvenlik İhtiyaçları

Veri içeren her proje, sistem ve veri güvenliğini ele almalıdır. Analiz aşamasında ayrıntılı veri ve uygulama güvenliği gereksinimlerini belirleyin. Önden tanımlama, tasarımı yönlendirir ve güvenlik süreçlerini daha sonra yeniden ele alma zorunluluğunu ortadan kaldırır. Uygulama ekipleri en başından veri koruma gereksinimlerini anlarlarsa, sistemin temel mimarisine de uyum sağlayabilirler. Bu bilgi ayrıca uygun tedarikçi / satın alınan yazılım paketlerini seçmek için de kullanılabilir.

4.6 Şifrelenmiş Veriler için Etkili Arama Yöntemi

Şifrelenmiş verileri aramak, verilerin şifresini çözme ihtiyacını içerir. Şifrenin çözülmesi gereken veri miktarını azaltmanın bir yolu, arama kriterlerini veriler için kullanılanla aynı şifreleme yöntemini kullanarak şifrelemek ve ardından eşleşmeleri aramaktır. Şifrelenmiş arama kriterleriyle eşleşen veri miktarı çok daha az olacak ve bu nedenle şifresini çözmek daha az maliyetli (ve riskli) olacaktır. Ardından, tam eşleşmeler elde etmek için sonuç kümesinde açık metin kullanarak tekrar arama yapın.

4.7 Belge Arındırma

Belge arındırma, izlenen değişiklik geçmişi gibi metaverileri paylaşmadan önce belgelerden arındırma işlemidir. Arındırma, yorumlarda yerleşik olarak bulunabilecek gizli bilgilerin paylaşılması riskini azaltır. Özellikle sözleşme süreçlerinde bu bilgilere erişim müzakereleri olumsuz etkileyebilir.

5. Gerçekleme Yönergeleri

Veri güvenliği uygulamalarının gerçeklenmesi, kurum kültürüne, risklerin doğasına, şirketin yönettiği verilerin hassasiyetine ve mevcut sistem türlerine bağlıdır. Gerçekleme sistemi bileşenleri, stratejik bir güvenlik planı ve destekleyici mimari tarafından yönlendirilmelidir.

5.1 Hazırlık Değerlendirmesi / Risk Değerlendirmesi

Verileri güvende tutmak, kurum kültürüne derinden bağlıdır. Kuruluşlar, proaktif olarak mükellefiyeti yönetmek ve denetlenebilirliği sağlamak yerine, genellikle krizlere tepki verirler. Mükemmel veri güvenliği neredeyse imkânsız olsa da, veri güvenliği ihlallerinden kaçınmanın en iyi yolu güvenlik gereksinimleri, politikaları ve prosedürleri hakkında farkındalık ve anlayış oluşturmaktır. Kuruluşlar uyumluluğu aşağıdaki yollarla artırabilirler:

- **Eğitim**: Kuruluşun tüm seviyelerinde güvenlik inisiyatifleri konusunda eğitim yoluyla standartların teşvik edilmesidir. Çalışan farkındalığını artırmaya odaklanan çevrimiçi testler gibi değerlendirme mekanizmalarıyla eğitimleri takip edin. Bu tür eğitim ve testler zorunlu olmalı ve çalışan performans değerlendirmesi için bir ön koşul olmalıdır.

- **Tutarlı politikalar:** Kurumsal politikaları tamamlayan ve bunlarla uyumlu olan çalışma grupları ve departmanlar için veri güvenliği politikalarının ve mevzuata uygunluk politikalarının tanımıdır. 'Herkes elini taşın altına sokacak' zihniyetini benimsemek, insanların daha aktif katılımına yardımcı olur.

- **Güvenliğin faydalarını ölçün:** Veri güvenliği faydalarını kurumsal girişimlerle ilişkilendirin. Kuruluşlar, dengeli puan kartı ölçümlerinde ve proje değerlendirmelerinde veri güvenliği faaliyetlerine ilişkin objektif ölçütlere yer vermelidirler.

- **Tedarikçiler için güvenlik gereksinimlerini belirleyin:** Hizmet düzeyi sözleşmelerine (SLA) ve dış kaynak kullanımı sözleşme yükümlülüklerine veri güvenliği gereksinimlerini de dahil edin. Hizmet düzeyi sözleşmeleri, tüm veri koruma eylemlerini içermelidir.

- **Aciliyet duygusu oluşturun:** Aciliyet duygusu ve veri güvenliği yönetimi için dahili bir çerçeve oluşturmak için yasal, sözleşmeye dayalı ve regülasyonel gereksinimleri vurgulayın.

- **Süregelen iletişimler:** Çalışanları güvenli bilgi işlem uygulamaları ve mevcut tehditler hakkında bilgilendiren sürekli bir çalışan güvenlik eğitimi programını desteklemektir. Süregelen bir program, güvenli bilgi işlemin, yönetimin onu desteklemesi için yeterince önemli olduğunu anlatır.

5.2 Organizasyonel ve Kültürel Değişim

Kuruluşların, hassas ve düzenlenmiş bilgileri kötüye kullanımdan veya yetkisiz ifşadan korurken hedeflerine ulaşmalarını sağlayan veri politikaları geliştirmesi gerekir. Riskleri, erişim kolaylığı ile dengeledikleri için tüm paydaşların çıkarlarını hesaba katmalıdırlar. Genellikle teknik mimarinin, etkili ve güvenli bir elektronik ortam yaratmak için bu ihtiyaçları dengelemek için Veri Mimarisini barındırması gerekir. Çoğu kuruluşta, verilerini başarılı bir şekilde korumak için hem yönetimin hem de çalışanların davranışlarının değişmesi gerekecektir.

Birçok büyük şirkette, mevcut bilgi güvenliği grubu, yerinde politikalara, korumalara, güvenlik araçlarına, erişim kontrol sistemlerine ve bilgi koruma cihazları ve sistemlerine sahip olacaktır. İşbu unsurların, Veri Sorumluları ve veri yöneticileri tarafından yapılan işi tamamladığı durumlar net bir şekilde takdir görmelidir. Veri Sorumluları genellikle veri sınıflandırmasından sorumludurlar. Bilgi güvenliği ekipleri, uyumluluk uygulamalarına yardımcı olur ve veri koruma politikalarına, güvenlik ve düzenleyici sınıflandırmalarına dayalı operasyonel prosedürler oluştururlar.

Müşterilerin ve çalışanların beklentileri dikkate alınmadan veri güvenliği önlemlerinin gerçeklenmesi, çalışan memnuniyetsizliği, müşteri memnuniyetsizliği ile sonuçlanabilir ve organizasyonel riskler doğurabilirler. Uyumluluğu teşvik etmek için, veri güvenliği önlemleri, veri ve sistemlerle çalışacak kişilerin bakış açısını hesaba katmalıdır. İyi planlanmış ve kapsamlı teknik güvenlik önlemleri, paydaşlar için güvenli erişimi kolaylaştırmalıdır.

5.3 Kullanıcı Verileri Yetki Görünürlüğü

Tek bir yetki ile sağlanan tüm verilerin toplamı olan her kullanıcı verisi yetkisi, regülasyonel herhangi bir bilgi içerip içermediğini belirlemek için sistemin gerçeklenmesi sırasında gözden geçirilmelidir. Hangi verileri kimin görebileceğini bilmek, verilerin gizliliğini ve düzenleyici sınıflandırmalarını açıklayan metaverilerin yönetimini ve ayrıca yetkilerin kendilerinin de yönetimini gerektirir. Regülasyonel duyarlılığın sınıflandırılması, veri tanımlama sürecinin standart bir parçası olmalıdır.

5.4 Dış Kaynaklı Bir Dünyada Veri Güvenliği

Sorumluluk dışında her şey dış kaynaklardan temin edilebilir.

BT operasyonlarının dış kaynak kullanımı, ek veri güvenliği zorlukları ve sorumluluklarını beraberinde getirir. Dış kaynak kullanımı, kurumsal ve coğrafi sınırlar boyunca veriler için mükellefiyeti paylaşan kişilerin sayısını artırır. Önceden resmi olmayan roller ve sorumluluklar, sözleşmeye dayalı yükümlülükler olarak açıkça tanımlanmalıdır. Dış kaynak kullanımı sözleşmeleri, her rolün sorumluluklarını ve beklentilerini belirtmelidir.

Her türlü dış kaynak kullanımı, teknik ortam ve kuruluşun verileriyle çalışan kişiler üzerindeki kontrol kaybı da dahil olmak üzere kuruluş için riski artırır. Veri güvenliği önlemleri ve süreçleri, dış kaynak tedarikçisinden gelen riske hem harici hem de dahili bir risk olarak bakmalıdırlar.

BT dış kaynak kullanımının olgunluğu, kuruluşların dış kaynaklı hizmetlere yeniden bakmalarını sağlamıştır. Veri güvenliği mimarisini içeren BT mimarisinin ve sahipliğinin, içeride konumlandırılmış bir fonksiyon olması gerektiği konusunda geniş bir fikir birliği ortaya çıkmıştır. Başka bir deyişle, kurum ve güvenlik mimarisinin sahibi ve yöneticisi iç organizasyondur. Dış kaynaklı partner ancak mimariyi gerçekleme sorumluluğunu alabilir.

Mükellefiyetin değilse de kontrolün devredilmesi, daha sıkı risk yönetimi ve kontrol mekanizmaları gerektirir. Bu mekanizmalardan bazıları şunlardır:

- Hizmet Düzeyi Sözleşmeleri (SLA)
- Dış kaynak kullanımı sözleşmesindeki sorumluluk sınırları hükümleri
- Sözleşmedeki denetim hakkı maddeleri
- Sözleşme yükümlülüklerini ihlal etmenin açıkça tanımlanmış sonuçları
- Hizmet tedarikçisinden sık sık alınan veri güvenliği raporları
- Tedarikçi sistem faaliyetlerinin bağımsız izlenmesi
- Sık ve kapsamlı veri güvenliği denetimi
- Hizmet sağlayıcı ile sürekli iletişim
- Tedarikçinin başka bir ülkede bulunması ve bir anlaşmazlık çıkması durumunda sözleşme hukukundaki yasal farklılıkların bilinmesi

Dış kaynaklı bir ortamda, bir "gözetim zincirini" sürdürmek için sistemler ve bireyler arasındaki verinin kökenini veya akışını izlemek kritik bir önem taşır. Dış kaynak kullanımı organizasyonları, özellikle veri sorumluluklarını iş süreçleri, uygulamalar, roller ve kuruluşlar arasında eşleştiren, dönüşüm, köken ve veri saklama zincirini izleyen CRUD (Oluştur, Oku, Güncelle ve Sil) matrisleri geliştirmekten yararlanırlar. Ek olarak, iş kararlarını yürütme yeteneği veya faturaları veya siparişleri onaylama gibi uygulama fonksiyonalitesi, matrisin bir parçası olarak dahil edilmelidir.

Sorumlu, Mükellef, Danışılan ve Bilgilendirilen (RACI) matrisleri ayrıca, veri güvenliği yükümlülükleri de dahil olmak üzere rollerin, görevler ayrılığının ve farklı rollerin sorumluluklarının netleştirilmesine yardımcı olur.

RACI matrisi, sözleşmeye dayalı anlaşmaların ve veri güvenliği politikalarının bir parçası olabilir. RACI gibi sorumluluk matrislerinin tanımlanması, dış kaynak kullanımına dahil olan taraflar arasında net bir mükellefiyet ve sahiplik oluşturacaktır ve genel veri güvenliği politikalarının ve bunların gerçeklenmesinin desteklenmesine yol verecektir.

Bilgi teknolojileri operasyonlarında dış kaynak kullanımında, verilerin korunmasına ilişkin sorumluluk her zaman kuruma aittir. Uygun uyum mekanizmalarına sahip olmak ve dış kaynak kullanımı anlaşmalarına giren taraflardan gerçekçi beklentilere sahip olmak çok önemlidir.

5.5 Bulut Ortamlarında Veri Güvenliği

Web tabanlı bilgi işlemin ve işletmeden işletmeye ve işletmeden tüketiciye etkileşimin hızla ortaya çıkması, verilerin sınırlarının organizasyonun dört duvarının ötesine geçmesine neden oldu. Bulut bilişimdeki son gelişmeler, sınırları bir adım daha genişletti. "Hizmet olarak" terminolojisi artık tüm teknoloji ve işlerde ortaktır. "Hizmet Olarak Veri", "Hizmet Olarak Yazılım", "Hizmet Olarak Platform", günümüzde yaygın olarak kullanılan terimlerdir. Bulut bilişim ya da diğer bir deyişle veri ve bilgileri işlemek için internet üzerinden dağıtık kaynaklara sahip olmak, "Hizmet Olarak X" tedariğini tamamlamaktadır.

Veri güvenliği politikalarının, verilerin farklı hizmet modelleri arasında dağılımını hesaba katması gerekir. Bu da harici veri güvenliği standartlarından yararlanma ihtiyacını içerir.

Paylaşımlı sorumluluk, verilerin gözetim zincirini tanımlayan ve mülkiyet ve saklama haklarını tanımlayan bulut bilişimde özellikle önemlidir. Altyapı konularının (örneğin, bulut sağlayıcı yazılımı web üzerinden teslim ettiğinde güvenlik duvarından kim sorumludur? Sunucular üzerindeki erişim haklarından kim sorumludur?) veri güvenliği yönetimi ve veri politikaları üzerinde doğrudan etkileri vardır.

Her büyüklükteki kuruluş için bulut bilişime yönelik yeni bir veri güvenliği yönetimi politikasının özel olarak ayarlanması ve hatta baştan oluşturulması gereklidir. Bir kuruluş buluttaki kaynakları doğrudan gerçeklememiş olsa bile, partnerleri olabilir. Bağlantılı bir veri dünyasında, bir partnerin bulut bilişim kullanması, kuruluşun verilerini buluta koymak anlamına gelir. Aynı veri yayılma güvenlik prensipleri, hassas / gizli üretim verileri için de geçerlidir.

Potansiyel olarak daha güvenli olan sanal makineler de dahil olmak üzere dahili bulut veri merkezi mimarisi, kuruluşun geri kalanıyla aynı güvenlik politikasını izlemelidir.

6. Veri Güvenliği Yönetişimi

Kurumsal sistemlerin ve depoladıkları verilerin güvenliğini sağlamak, BT ve iş paydaşları arasında iş birliğini gerektirir. Güçlü, net politikalar ve prosedürler, güvenlik yönetişiminin temelinde yer alır.

6.1 Veri Güvenliği ve Kurumsal Mimari

Kurumsal Mimari, bir işletmenin bilgi varlıklarını ve bileşenlerini, aralarındaki ilişkileri ve dönüşüm, prensipler ve yönergelerle ilgili iş kurallarını tanımlar. Veri Güvenliği mimarisi, iş kurallarını ve dış düzenlemeleri karşılamak için kuruluş içinde veri güvenliğinin nasıl gerçeklendiğini açıklayan kurumsal mimarinin bileşenidir. Kurumsal mimari aşağıdakileri etkiler:

- Veri güvenliğini yönetmek için kullanılan araçlar
- Veri şifreleme standartları ve mekanizmaları
- Harici tedarikçilere ve yüklenicilere yönelik erişim yönergeleri
- İnternet üzerinden veri iletim protokolleri
- Dokümantasyon gereksinimleri
- Uzaktan erişim standartları
- Güvenlik ihlali olay raporlama prosedürleri

Güvenlik mimarisi, aşağıdakiler arasındaki verilerin entegrasyonu için özellikle önemlidir:

- Dahili sistemler ve iş birimleri
- Bir kuruluş ve onun harici iş ortakları
- Bir kuruluş ve düzenleyici kurumlar

Örneğin, dahili ve harici taraflar arasında hizmet odaklı bir entegrasyon mekanizmasının mimari modeli, geleneksel elektronik veri alışverişi (EDI) entegrasyon mimarisinden farklı bir veri güvenliği gerçeklemesini gerektirecektir.

Büyük bir işletme için, bu disiplinler arasındaki resmi irtibat işlevi, bilgiyi kötüye kullanım, hırsızlık, ifşa ve kayıptan korumak için esastır. Her bir taraf diğerlerini ilgilendiren unsurların farkında olmalıdır, böylece ortak bir dil konuşabilir ve ortak hedefler doğrultusunda çalışabilirler.

7. Alıntılanan / Önerilen Çalışmalar

Andress, Jason. *The Basics of Information Security: Understanding the Fundamentals of InfoSec in Theory and Practice*. Syngress, 2011. Print.

Calder, Alan, and Steve Watkins. *IT Governance: An International Guide to Data Security and ISO27001/ISO27002*. 5th ed. Kogan Page, 2012. Print.

Fuster, Gloria González. *The Emergence of Personal Data Protection as a Fundamental Right of the EU*. Springer, 2014. Print. Law, Governance and Technology Series / Issues in Privacy and Data Protection.

Harkins, Malcolm. *Managing Risk and Information Security: Protect to Enable (Expert's Voice in Information Technology)*. Apress, 2012. Kindle.

Hayden, Lance. *IT Security Metrics: A Practical Framework for Measuring Security and Protecting Data*. McGraw-Hill Osborne Media, 2010. Print.

Kark, Khalid. "Building A Business Case for Information Security". *Computer World*. 2009-08-10 http://bit.ly/2rCu7QQ Web.

Kennedy, Gwen, and Leighton Peter Prabhu. *Data Privacy: A Practical Guide*. Interstice Consulting LLP, 2014. Kindle. Amazon Digital Services.

Murdoch, Don GSE. *Blue Team Handbook: Incident Response Edition: A condensed field guide for the Cyber Security Incident Responder*. 2nd ed. CreateSpace Independent Publishing Platform, 2014. Print.

National Institute for Standards and Technology (US Department of Commerce website) http://bit.ly/1eQYolG.

Rao, Umesh Hodeghatta and Umesha Nayak. *The InfoSec Handbook: An Introduction to Information Security*. Apress, 2014. Kindle. Amazon Digital Services.

Ray, Dewey E. *The IT professional's merger and acquisition handbook*. Cognitive Diligence, 2012.

Schlesinger, David. *The Hidden Corporation: A Data Management Security Novel*. Technics Publications, LLC, 2011. Print.

Singer, P.W. and Allan Friedman. *Cybersecurity and Cyberwar: What Everyone Needs to Know®*. Oxford University Press, 2014. Print. What Everyone Needs to Know.

Watts, John. *Certified Information Privacy Professional Study Guide: Pass the IAPP's Certification Foundation Exam with Ease!* CreateSpace Independent Publishing Platform, 2014. Print.

Williams, Branden R., Anton Chuvakin Ph.D. *PCI Compliance: Understand and Implement Effective PCI Data Security Standard Compliance*. 4th ed. Syngress, 2014. Print.

BÖLÜM 8

Veri Entegrasyonu ve Uyumluluk

DAMA-DMBOK2 Veri Yönetimi Çerçevesi
Copyright © 2017 by DAMA International

1. Giriş

Veri Entegrasyonu ve Uyumluluk-Birlikte Çalışabilirlik (DII), veri depoları, uygulamalar ve organizasyonlar içinde ve arasında verilerin hareketi ve konsolidasyonu ile ilgili süreçleri tanımlar. Entegrasyon, verileri fiziksel veya sanal olarak tutarlı formlarda birleştirir. Veri Uyumluluğu-Birlikte Çalışabilirliği, birden çok sistemin iletişim kurma yeteneğidir. DII çözümleri, çoğu kuruluşun bağlı olduğu temel veri yönetimi işlevlerini sağlar:

- Veri taşıma ve dönüştürme
- Veri merkezleri veya veri martları halinde veri konsolidasyonu
- Bir kuruluşun uygulama portföyüne tedarikçi paketlerinin entegrasyonu
- Uygulamalar arasında ve kuruluşlar arasında veri paylaşımı
- Veri depoları ve veri merkezleri arasında veri dağıtma
- Veri arşivleme

- Veri arayüzlerini yönetme
- Harici verileri edinme ve tüketme
- Yapılandırılmış ve yapılandırılmamış verileri entegre etme
- Operasyonel istihbarat ve yönetim karar desteği sağlama

DII, veri yönetiminin şu diğer alanlarına bağlıdır:

- **Veri Yönetişimi**: Dönüşüm kurallarını ve mesaj yapılarını yönetmek için
- **Veri Mimarisi**: Çözümü tasarlamak için
- **Veri Güvenliği**: Çözümlerin, kalıcı, sanal veya uygulamalar ve kuruluşlar arasında hareket halinde olan verilerin güvenliğini uygun şekilde korumasını sağlamak için
- **Metaveriler**: Verilerin teknik envanterini (kalıcı, sanal ve hareket halinde), verilerin ticari anlamını, verileri dönüştürmek için iş kurallarını ve verilerin operasyonel geçmişi ve kökenini izlemek için
- **Veri Depolama ve Operasyonlar**: Çözümlerin fiziksel somutlaştırılmasını yönetmek için
- **Veri Modelleme ve Tasarımı**: Veritabanlarındaki fiziksel kalıcılığı, sanal veri yapılarını ve uygulamalar ve kuruluşlar arasında bilgi aktaran mesajları içeren veri yapılarının tasarlanması için

Veri Entegrasyonu ve Uyumluluk, Veri Ambarı ve İş Zekâsı ile Referans Verileri ve Ana Veri Yönetimi için kritik öneme sahiptir, çünkü bunların tümü, verileri kaynak sistemlerden konsolide veri merkezlerine ve merkezlerden mümkün olan yerlerde hedef sistemlere dönüştürmeye ve hem sistem hem de insan olmak üzere veri tüketicilerine iletimi entegre etmeye odaklanırlar.

Veri Entegrasyonu ve Uyumluluk, gelişmekte olan Büyük Veri yönetimi alanının merkezinde yer almaktadır. Büyük Veri, veritabanlarında yapılandırılmış ve saklanan veriler, belgelerdeki veya dosyalardaki yapılandırılmamış metin verileri, ses, video ve akış verileri gibi diğer yapılandırılmamış veri türleri dahil olmak üzere çeşitli veri türlerini entegre etmeye çalışır. Bu bütünleşik veriler kazılabilir, tahmine dayalı modeller geliştirmek için kullanılabilir ve operasyonel istihbarat faaliyetlerinde kullanılabilir.

1.1 İş Etkenleri

Veri hareketini verimli bir şekilde yönetme ihtiyacı, DII için ana etkendir. Çoğu kuruluşun yüzlerce veya binlerce veritabanı ve deposu olduğundan, kuruluş içindeki veri depoları arasında ve diğer kuruluşlara ve kuruluşlardan veri taşıma süreçlerini yönetmek, her bilgi teknolojisi kuruluşunun merkezi bir sorumluluğu haline gelmiştir. Düzgün yönetilmezse, veri taşıma süreci BT kaynaklarını ve yeteneklerini bunaltabilir ve geleneksel uygulama ve veri yönetimi alanlarının destek gereksinimlerini gölgede bırakabilir.

Özel uygulamalar geliştirmek yerine yazılım tedarikçilerinden uygulama satın alan kuruluşların ortaya çıkması, kurumsal veri entegrasyonu ve uyumluluk ihtiyacını artırdı. Satın alınan her uygulama, kuruluştaki diğer veri depolarıyla bütünleşmesi gereken kendi Ana Veri depoları, işlem veri depoları ve raporlama veri depolarıyla birlikte gelir. Kuruluşun ortak işlevlerini çalıştıran Kurumsal Kaynak Planlama (ERP) sistemleri bile, nadiren ve hatta nadiren kuruluştaki tüm veri depolarını kapsar. Onlar da verilerini diğer kurumsal verilerle entegre etmek zorundadırlar.

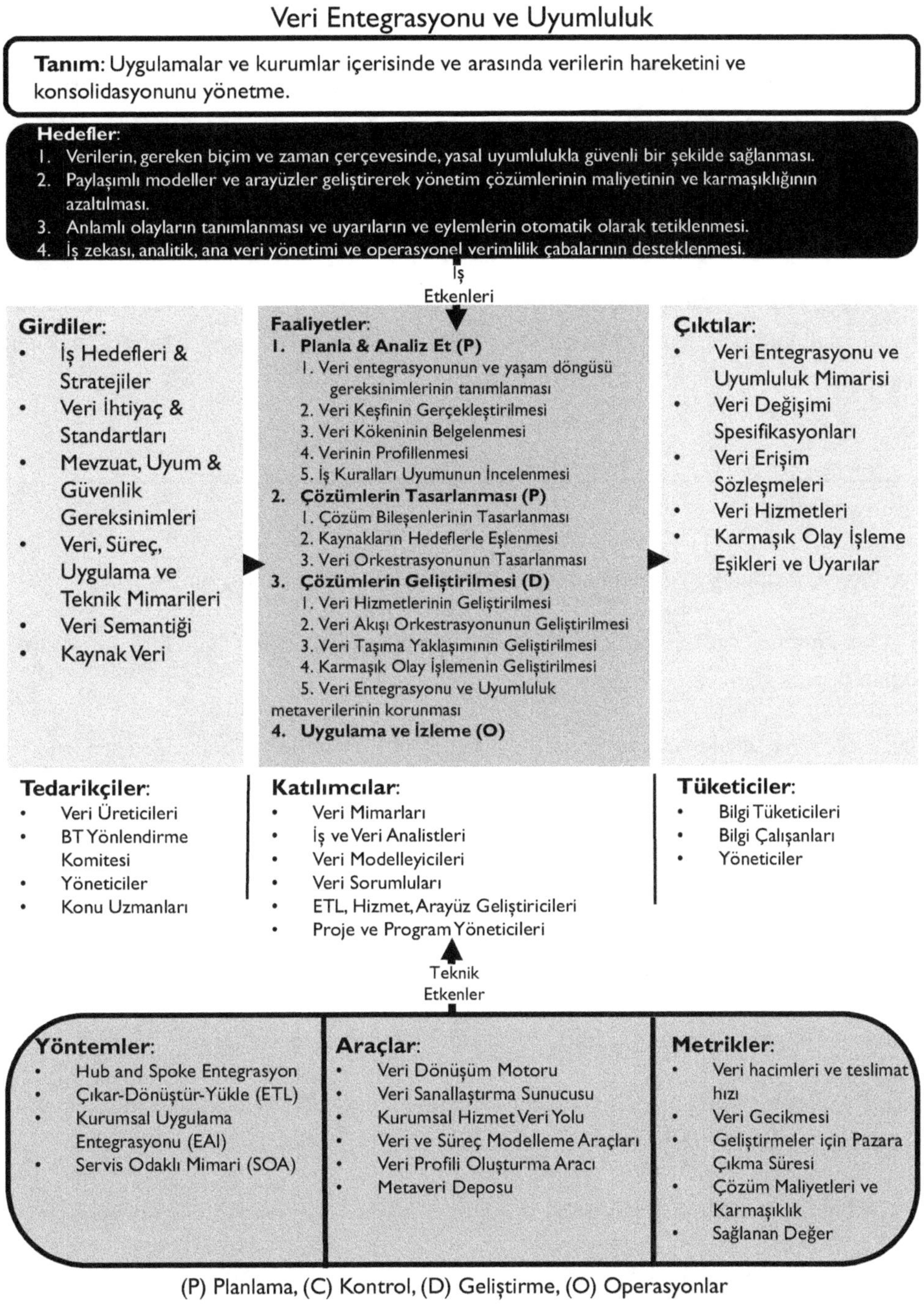

Veri Entegrasyonu ve Uyumluluk

Tanım: Uygulamalar ve kurumlar içerisinde ve arasında verilerin hareketini ve konsolidasyonunu yönetme.

Hedefler:
1. Verilerin, gereken biçim ve zaman çerçevesinde, yasal uyumlulukla güvenli bir şekilde sağlanması.
2. Paylaşımlı modeller ve arayüzler geliştirerek yönetim çözümlerinin maliyetinin ve karmaşıklığının azaltılması.
3. Anlamlı olayların tanımlanması ve uyarıların ve eylemlerin otomatik olarak tetiklenmesi.
4. İş zekası, analitik, ana veri yönetimi ve operasyonel verimlilik çabalarının desteklenmesi.

İş Etkenleri

Girdiler:
- İş Hedefleri & Stratejiler
- Veri İhtiyaç & Standartları
- Mevzuat, Uyum & Güvenlik Gereksinimleri
- Veri, Süreç, Uygulama ve Teknik Mimarileri
- Veri Semantiği
- Kaynak Veri

Faaliyetler:
1. **Planla & Analiz Et (P)**
   1. Veri entegrasyonunun ve yaşam döngüsü gereksinimlerinin tanımlanması
   2. Veri Keşfinin Gerçekleştirilmesi
   3. Veri Kökeninin Belgelenmesi
   4. Verinin Profillenmesi
   5. İş Kuralları Uyumunun İncelenmesi
2. **Çözümlerin Tasarlanması (P)**
   1. Çözüm Bileşenlerinin Tasarlanması
   2. Kaynakların Hedeflerle Eşlenmesi
   3. Veri Orkestrasyonunun Tasarlanması
3. **Çözümlerin Geliştirilmesi (D)**
   1. Veri Hizmetlerinin Geliştirilmesi
   2. Veri Akışı Orkestrasyonunun Geliştirilmesi
   3. Veri Taşıma Yaklaşımının Geliştirilmesi
   4. Karmaşık Olay İşlemenin Geliştirilmesi
   5. Veri Entegrasyonu ve Uyumluluk metaverilerinin korunması
4. **Uygulama ve İzleme (O)**

Çıktılar:
- Veri Entegrasyonu ve Uyumluluk Mimarisi
- Veri Değişimi Spesifikasyonları
- Veri Erişim Sözleşmeleri
- Veri Hizmetleri
- Karmaşık Olay İşleme Eşikleri ve Uyarılar

Tedarikçiler:
- Veri Üreticileri
- BT Yönlendirme Komitesi
- Yöneticiler
- Konu Uzmanları

Katılımcılar:
- Veri Mimarları
- İş ve Veri Analistleri
- Veri Modelleyicileri
- Veri Sorumluları
- ETL, Hizmet, Arayüz Geliştiricileri
- Proje ve Program Yöneticileri

Tüketiciler:
- Bilgi Tüketicileri
- Bilgi Çalışanları
- Yöneticiler

Teknik Etkenler

Yöntemler:
- Hub and Spoke Entegrasyon
- Çıkar-Dönüştür-Yükle (ETL)
- Kurumsal Uygulama Entegrasyonu (EAI)
- Servis Odaklı Mimari (SOA)

Araçlar:
- Veri Dönüşüm Motoru
- Veri Sanallaştırma Sunucusu
- Kurumsal Hizmet Veri Yolu
- Veri ve Süreç Modelleme Araçları
- Veri Profili Oluşturma Aracı
- Metaveri Deposu

Metrikler:
- Veri hacimleri ve teslimat hızı
- Veri Gecikmesi
- Geliştirmeler için Pazara Çıkma Süresi
- Çözüm Maliyetleri ve Karmaşıklık
- Sağlanan Değer

(P) Planlama, (C) Kontrol, (D) Geliştirme, (O) Operasyonlar

Şekil 66 Bağlam Şeması: Veri Entegrasyonu ve Uyumluluk

Karmaşıklığı yönetme ihtiyacı ve karmaşıklıkla ilişkili maliyetler, kurumsal bir perspektiften veri entegrasyonunu tasarlamanın nedenleridir. Kurumsal bir veri entegrasyonu tasarımı, dağıtık veya noktadan noktaya çözümlerden gözle görülür şekilde daha verimli ve uygun maliyetlidir. Uygulamalar arasında noktadan noktaya çözümler geliştirmek, binlerce ila milyonlarca arabirimle sonuçlanabilir ve en etkili ve verimli BT destek organizasyonunun bile yeteneklerini hızla alt edebilir.

Veri ambarları ve Ana Veri çözümleri gibi veri merkezleri, birçok uygulamanın ihtiyaç duyduğu verileri konsolide ederek ve bu uygulamalara verilerin tutarlı görünümlerini sağlayarak bu sorunun hafifletilmesine yardımcı olur. Benzer şekilde, kuruluş genelinde paylaşılması gereken operasyonel ve işlemsel verileri yönetmenin karmaşıklığı, hub-and-spoke entegrasyonu ve kurallı mesaj modelleri gibi kurumsal veri entegrasyon teknikleri kullanılarak büyük ölçüde basitleştirilebilir.

Diğer bir iş etkeni, destek maliyetini yönetmektir. Her biri belirli geliştirme ve bakım becerileri gerektiren birden çok teknolojiyi kullanarak verileri taşımak, destek maliyetlerini artırabilir. Standart araç uygulamaları, destek ve personel maliyetlerini azaltabilir ve sorun giderme çabalarının verimliliğini artırabilir. Arayüz yönetiminin karmaşıklığını azaltmak, arayüz bakım maliyetini düşürebilir ve destek kaynaklarının diğer kurumsal öncelikler üzerinde daha etkin bir şekilde konuşlandırılmasına izin verebilir.

DII ayrıca bir kuruluşun veri işleme standartları ve yönetmeliklerine uyma yeteneğini de destekler. Kurumsal düzeyde DII sistemleri, uyumluluk kurallarını uygulamak ve uyumluluğun doğrulanmasını basitleştirmek için kodun yeniden kullanılmasını sağlar.

1.2 Hedef ve Prensipler

Veri Entegrasyonu ve Uyumluluk uygulamalarının ve çözümlerinin uygulanması şunları amaçlar:

- Verileri hem insan hem de sistem olarak veri tüketicilerinin ihtiyaç duyduğu formatta ve zaman çerçevesinde kullanılabilir hale getirme
- Verileri fiziksel ve sanal olarak veri merkezlerinde konsolide etme
- Paylaşılan modeller ve arayüzler geliştirerek daha düşük maliyet ve yönetim çözümlerinin azalan karmaşıklığı
- Anlamlı olayların (fırsatlar ve tehditler) belirlenmesi ve uyarıların eylemlerin otomatik olarak tetiklenmesi
- İş Zekâsı, analitik, Ana Veri Yönetimi ve operasyonel verimlilik eforlarının desteklenmesi

Veri Entegrasyonu ve Uyumluluğunu uygularken, bir kuruluş şu ilkeleri izlemelidir:

- Gelecekte genişletilebilirliği sağlamak için tasarımda kurumsal bir bakış açısı benimsenmesi, ancak yinelemeli ve artımlı teslimat yoluyla uygulanması
- Destek ve bakım dahil olmak üzere yerel veri ihtiyaçlarının kurumsal veri ihtiyaçları ile dengelenmesi.
- Veri Entegrasyonu ve Uyumluluk tasarımı ve etkinliği için iş mükellefiyeti sağlanmalıdır. İş uzmanları hem kalıcı hem de sanal veri dönüştürme kurallarının tasarımında ve değiştirilmesinde yer almalıdır.

1.3 Temel Kavramlar

1.3.1 Çıkar, Dönüştür, Yükle

Veri Entegrasyonu ve Uyumluluk alanındaki tüm alanların merkezinde, Çıkar, Dönüştür ve Yükle (ETL) temel süreci yer alır. İster fiziksel ister sanal olarak, toplu olarak veya gerçek zamanlı olarak yürütülsün, bunlar, uygulamalar ve kuruluşlar arasında ve arasında veri taşımanın temel adımlarıdır.

Veri entegrasyonu gereksinimlerine bağlı olarak ETL, periyodik olarak programlanmış bir olay (toplu) olarak veya yeni veya güncellenmiş veriler mevcut olduğunda (gerçek zamanlı veya olay odaklı) gerçekleştirilebilir. Operasyonel veri işleme, gerçek zamanlı veya neredeyse gerçek zamanlı olma eğilimindeyken, analiz veya raporlama için gereken veriler genellikle toplu işlerde planlanır.

Veri bütünleştirme gereksinimleri, ayıklanan ve dönüştürülen verilerin fiziksel olarak evreleme yapılarında depolanıp depolanmadığını da belirler. Fiziksel evreleme, verilerle meydana gelen adımların bir denetim izine ve bir ara noktadan potansiyel süreç yeniden başlatmalarına izin verir. Ancak, evreleme yapıları diskte yer kaplar ve yazma ve okuma işlemleri zaman alır. Çok düşük gecikme süresi gerektiren veri bütünleştirme ihtiyaçları, genellikle ara veri bütünleştirme sonuçlarının fiziksel aşamalandırmasını içermez.

1.3.1.1 Çıkar

Çıkarma işlemi, gerekli verilerin seçilmesini ve kaynağından çıkarılmasını içerir. Çıkarılan veriler daha sonra diskteki veya bellekteki fiziksel bir veri deposunda sahnelenir. Disk üzerinde fiziksel olarak hazırlanılıyorsa, hazırlama veri deposu kaynak veri deposuyla veya hedef veri deposuyla veya her ikisiyle birlikte konumlandırılabilir.

İdeal olarak, bu süreç operasyonel bir sistem üzerinde yürütülüyorsa, operasyonel süreçleri olumsuz etkilememek için mümkün olduğunca az kaynak kullanacak şekilde tasarlanmıştır. Yoğun olmayan saatlerde toplu işleme, seçimi gerçekleştirmek veya çıkarılacak değiştirilen verileri belirlemek için karmaşık işleme içeren alıntılar için bir seçenektir.

1.3.1.2 Dönüştür

Dönüştürme işlemi, seçilen verileri hedef veri deposunun yapısıyla uyumlu hale getirir. Dönüşüm, verilerin hedefe taşındığında kaynaktan kaldırıldığı, verilerin birden çok hedefe kopyalandığı ve verilerin olayları tetiklemek için kullanıldığı ancak kalıcı olmadığı durumları içerir.

Dönüşüm örnekleri şunları içerebilir:

- **Format değişiklikleri**: Verilerin teknik formatının dönüştürülmesi; örneğin, EBCDIC'den ASCII formatına

- **Yapı değişiklikleri**: Veri yapısındaki değişiklikler; örneğin, denormalize edilmiş kayıtlardan normalize edilmiş kayıtlara

- **Anlamsal dönüştürme**: Tutarlı semantik gösterimi sürdürmek için veri değerlerinin dönüştürülmesi. Örneğin, kaynak cinsiyet kodları 0, 1, 2 ve 3'ü içerebilirken hedef cinsiyet kodları UNKNOWN, FEMALE, MALE veya NOT PROVIDED olarak gösterilebilir.

- **Tekilleştirme**: Kuralların benzersiz anahtar değerleri veya kayıtları gerektirmesi durumunda, hedefi taramak ve yinelenen satırları tespit etmek ve kaldırmak için bir aracın dahil edilmesinin sağlanması

- **Yeniden sıralama**: Tanımlanmış bir modele uyması için veri öğelerinin veya kayıtların sırasının değiştirilmesi

Dönüştürme toplu olarak veya gerçek zamanlı olarak gerçekleştirilebilir, ya sonucu bir aşamalandırma alanında fiziksel olarak saklanabilir ya da dönüştürülmüş veriyi yükleme adımına geçmeye hazır olana kadar sanal olarak bellekte saklanabilir. Dönüşüm aşamasından elde edilen veriler, hedef yapıdaki verilerle bütünleşmeye hazır olmalıdır.

1.3.1.3 Yükle

ETL'nin yükleme aşaması, hedef sistemdeki dönüşümlerin sonucunu fiziksel olarak depolamak veya sunmaktır. Gerçekleştirilen dönüşümlere, hedef sistemin amacına ve kullanım amacına bağlı olarak, verilerin diğer verilerle entegre edilmesi için daha fazla işlem yapılması gerekebilir veya nihai formda tüketicilere sunulmaya hazır olabilir.

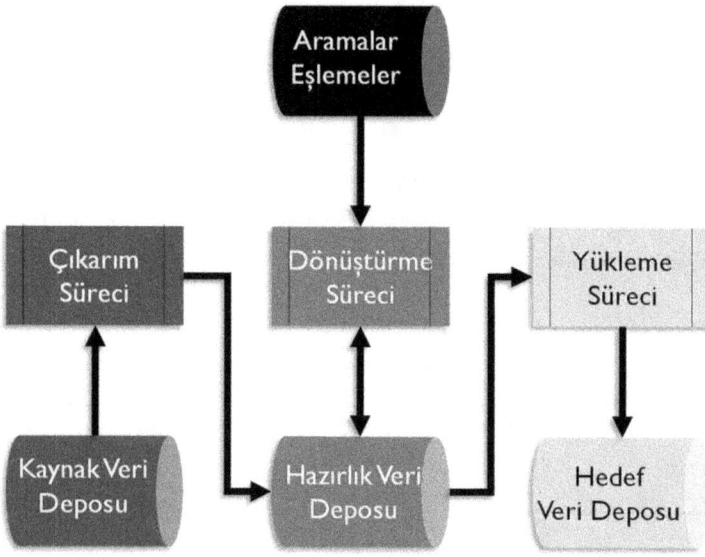

Şekil 67 ETL Süreç Akışı

1.3.1.4 ELT

Hedef sistem, kaynak veya aracı uygulama sisteminden daha fazla dönüştürme yeteneğine sahipse, işlemlerin sırası ELT'ye çevrilebilir- Çıkar, Yükle ve Dönüştür. ELT, genellikle sürecin bir parçası olarak, hedef sisteme yüklendikten sonra dönüşümlerin gerçekleşmesine izin verir. ELT, diğer süreçler için faydalı olabilecek kaynak verilerin hedef sistemde ham veri olarak somutlaştırılmasına izin verir. Bu, ELT'nin veri gölünü yüklediği Büyük Veri ortamlarında yaygındır (Bkz. Bölüm 14).

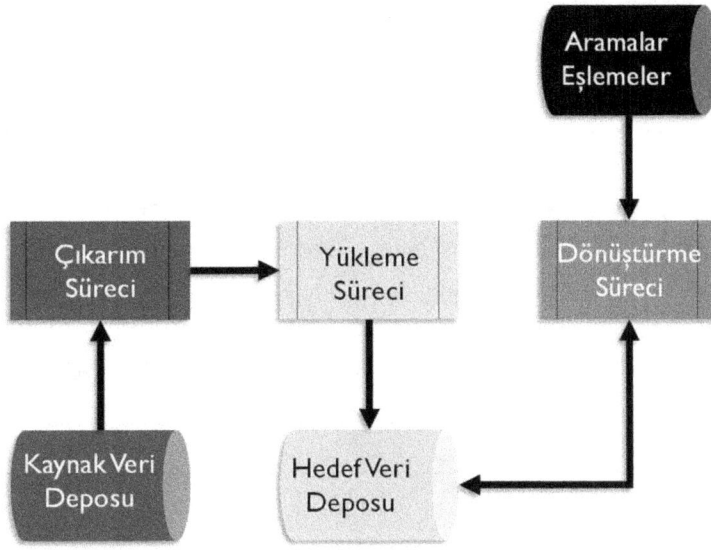

Şekil 68 ELT Süreç Akışı

1.3.1.5 Eşleme

Dönüşümün eş anlamlısı olan eşleme, hem kaynaktan hedef yapılara arama matrisini geliştirme süreci hem de bu sürecin sonucudur. Bir eşleme, ayıklanacak kaynakları, çıkarılacak verileri tanımlama kurallarını, yüklenecek hedefleri, güncelleme için hedef satırları (varsa) tanımlama kurallarını ve uygulanacak tüm dönüştürme kurallarını veya hesaplamaları tanımlar. Birçok veri entegrasyon aracı, geliştiricilerin dönüşüm kodu oluşturmak için grafik arayüzleri kullanmasını sağlayan eşlemelerin görselleştirmelerini sunar.

1.3.2 Gecikme

Gecikme, verilerin kaynak sistemde oluşturulduğu zaman ile hedef sistemde kullanıma hazır olduğu zaman arasındaki zaman farkıdır. Veri işlemeye yönelik farklı yaklaşımlar, farklı derecelerde veri gecikmesine neden olur. Gecikme, yüksek (toplu) veya düşük (olay odaklı) ile çok düşük (gerçek zamanlı senkronize) arasında olabilir.

1.3.2.1 Toplu İş

Çoğu veri, bir veri tüketicisi tarafından talep edildiğinde veya periyodik bir programa göre otomatik olarak kümeler veya dosyalar halinde uygulamalar ve kuruluşlar arasında hareket eder. Bu tür etkileşime toplu iş veya ETL denir.

Toplu modda hareket eden veriler, bir dönemin sonundaki hesap bakiyeleri gibi belirli bir zaman noktasındaki tam veri kümesini veya bir günde yapılan adres değişiklikleri gibi verilerin son gönderildiği zamandan bu yana değerleri değişen verileri temsil edecektir. Değiştirilen veri kümesine delta, bir zaman noktasından gelen verilere ise anlık görüntü adı verilir.

Toplu veri entegrasyon çözümlerinde, kaynakta veri değiştiği zaman ile hedefte güncellendiği zaman arasında genellikle önemli bir gecikme olur ve bu da yüksek gecikmeye neden olur. Toplu işleme, çok yüksek hacimli verilerin kısa bir zaman aralığında işlenmesi için çok kullanışlıdır. Daha düşük gecikmeli çözümler mevcut olsa bile, veri ambarı veri entegrasyon çözümleri için kullanılma eğilimindedirler.

Hızlı işleme ve daha düşük gecikme süresi elde etmek için, bazı veri entegrasyon çözümleri, toplu işlemeyi her beş dakikada bir gibi, günlükten çok daha yüksek bir sıklıkta çalışacak şekilde programlayan mikro toplu işlemeyi kullanır.

Toplu veri entegrasyonu, veri dönüştürmeleri, geçişler ve arşivlemenin yanı sıra veri ambarlarından ve veri martlarından ayıklamak ve bunları yüklemek için kullanılır. Toplu işlemenin zamanlaması ile ilgili riskler vardır. Uygulama güncellemeleriyle ilgili sorunları en aza indirmek için, iş günü için mantıksal işlemenin sonunda veya verilerin özel işlenmesi gece gerçekleştikten sonra uygulamalar arasında veri hareketini planlanmalıdır. Eksik veri kümelerinden kaçınmak için, verileri bir veri ambarına taşıyan işler günlük, haftalık veya aylık raporlama planına göre planlanmalıdır.

1.3.2.2 Fark Verisi Alma

Fark Verisi Alma, yalnızca tanımlanmış bir zaman çerçevesinde değiştirilen verileri içerecek şekilde filtreleyerek bant genişliğini azaltma yöntemidir. Fark verisi alma, bir veri kümesini değişiklikler (eklemeler, değişiklikler, silmeler) için izler ve ardından bu değişiklikleri (deltalar) verileri tüketen diğer veri kümelerine, uygulamalara ve kuruluşlara iletir. Veriler, sürecin bir parçası olarak bayraklar veya zaman damgaları gibi tanımlayıcılarla da etiketlenebilir. Fark verisi alma, veri tabanlı veya günlük tabanlı olabilir (Bkz. Bölüm 6).

Veriye dayalı fark verisi almak için üç teknik vardır.

- Kaynak sistem, bir aralık içindeki zaman damgaları veya değişiklik göstergeleri olarak hizmet eden kodlar veya bayraklar gibi belirli veri öğelerini doldurur. Çıkarma işlemi, ayıklanacak satırları belirlemek için kuralları kullanır.

- Kaynak sistem süreçleri, verileri değiştirirken basit bir nesneler ve tanımlayıcılar listesine eklenir ve bu daha sonra çıkarma için veri seçimini kontrol etmek için kullanılır.

- Kaynak sistem, işlemin bir parçası olarak ayrı bir nesneye dönüşen kopya verilerini işler ve bu daha sonra ayıklama işlemi için kullanılır. Bu nesnenin veritabanı yönetim sistemi içinde olması gerekmez.

Bu tür ayıklama, kaynak uygulamada yerleşik olarak bulunan, kaynak yoğun olabilen ve kaynak uygulamayı değiştirme becerisi gerektiren yetenekleri kullanır.

Log tabanlı fark verisi almalarda, veritabanı yönetim sistemi tarafından oluşturulan veri etkinliği logları kopyalanır ve işlenir, daha sonra çevrilen ve hedef veritabanına uygulanan belirli farklar aranır. Karmaşık çeviriler zor olabilir, ancak kaynak nesneye benzeyen ara yapılar, farkları daha sonraki işlemler için hazırlamanın bir yolu olarak kullanılabilir.

1.3.2.3 Gerçek Zamanlıya Yakın ve Olay Odaklı

Gruplar halinde gerçekleştirilmeyen çoğu veri entegrasyonu çözümü, gerçek zamanlıya yakın veya olay odaklı bir çözüm kullanır. Veriler, tanımlanmış bir programa göre gün boyunca yayılan daha küçük kümeler halinde işlenir veya veri güncellemesi gibi bir olay meydana geldiğinde veriler işlenir. Gerçek zamanlıya yakın işleme, toplu işlemeye göre daha düşük bir gecikme süresine ve iş zaman içinde dağıtıldığı için genellikle daha düşük sistem yüküne sahiptir, ancak genellikle senkronize bir veri tümleştirme çözümünden daha yavaştır. Gerçek zamanlıya yakın veri entegrasyon çözümleri genellikle bir kurumsal hizmet veri yolu kullanılarak uygulanır.

Durum bilgileri ve işlem bağımlılıkları, hedef uygulama yükleme işlemi tarafından izlenmelidir. Hedefe gelen veriler, hedefin doğru hedef verileri oluşturması için ihtiyaç duyduğu sırayla mevcut olmayabilir. Örneğin, Ana Verileri veya boyutsal verileri, bu Ana Verileri kullanan işlem verilerinden önce işlenmelidir.

1.3.2.4 Asenkron

Asenkron, eşzamansız bir veri akışında, veri sağlayan sistem, işlemeye devam etmeden önce alıcı sistemin güncellemeyi onaylamasını beklemez. Asenkron, gönderen veya alan sistemin, diğer sistem de çevrimdışı olmadan bir süre çevrimdışı olabileceği anlamına gelir.

Asenkron veri entegrasyonu, kaynak uygulamanın işlemeye devam etmesini engellemez veya hedef uygulamalardan herhangi birinin kullanılamaması durumunda kaynak uygulamanın kullanılamamasına neden olmaz. Asenkron konfigürasyondaki uygulamalarda yapılan veri güncellemeleri hemen yapılmadığı için entegrasyona gerçek zamanlıya yakın denir. Kaynakta yapılan ve neredeyse gerçek zamanlı bir ortamda hedef veri kümelerine aktarılan güncellemeler arasındaki gecikme genellikle saniye veya dakika olarak ölçülür.

1.3.2.5 Gerçek Zamanlı, Senkronize

Kaynak ve hedef veriler arasında hiçbir zaman gecikmesi veya diğer farklılıkların kabul edilemez olduğu durumlar vardır. Bir veri kümesindeki verilerin başka bir veri kümesindeki verilerle mükemmel bir şekilde senkronize tutulması gerektiğinde, gerçek zamanlı, senkronize, eşzamanlı bir çözüm kullanılmalıdır.

Senkronize bir entegrasyon çözümünde, yürütme işlemi, bir sonraki etkinliğini veya işlemini gerçekleştirmeden önce diğer uygulamalardan veya işlemlerden onay almayı bekler. Bu, veri senkronizasyonunun onaylanmasını beklemek için zaman harcaması gerektiğinden çözümün daha az işlem gerçekleştirebileceği anlamına gelir. Güncellemeye ihtiyaç duyan uygulamalardan herhangi biri mevcut değilse, işlem ana uygulamada tamamlanamaz. Bu durum verileri senkronize tutar ancak stratejik uygulamaları daha az kritik uygulamalara bağımlı hale getirme potansiyeline sahiptir.

Bu tür mimariyi kullanan çözümler, veri kümeleri arasında ne kadar farkın mümkün olabileceğine ve böyle bir çözümün ne kadar değerli olduğuna bağlı olarak bir süreklilik üzerinde var olur. Veri kümeleri, bir ticari işlemdeki tüm güncellemelerin başarılı olmasını veya hiçbirinin yapılmamasını sağlayan iki aşamalı kesinleştirmeler gibi veritabanı yetenekleri aracılığıyla senkronize tutulabilir. Örneğin finansal kuruluşlar, finansal işlem tablolarının finansal denge tabloları ile tam olarak senkronize olmasını sağlamak için iki aşamalı taahhüt çözümlerini kullanır. Çoğu programlama iki aşamalı taahhüt kullanmaz. Bir uygulama beklenmedik bir şekilde kesintiye uğrarsa, çok küçük bir olasılık vardır, o zaman bir veri seti güncellenebilir, ancak diğeri güncellenmeyebilir.

Gerçek zamanlı, senkron çözümler, asenkron çözümlere göre daha az durum yönetimi gerektirir çünkü işlemlerin işlenme sırası güncelleme uygulamaları tarafından net bir şekilde yönetilir. Ancak, diğer işlemlerin engellenmesine ve gecikmesine de yol açabilirler.

1.3.2.6 Düşük Gecikme veya Akış

Son derece hızlı veri entegrasyon çözümlerinin geliştirilmesinde muazzam ilerlemeler kaydedilmiştir. Bu çözümler, donanım ve yazılıma büyük bir yatırım gerektirir. Bir kuruluş büyük mesafeler arasında son derece hızlı veri hareketine ihtiyaç duyuyorsa, düşük gecikmeli çözümlerin ekstra maliyetleri haklı çıkar. "Akış verileri", olaylar meydana gelir gelmez gerçek zamanlı olarak bilgisayar sistemlerinden akar. Veri akışları, mal veya finansal menkul kıymetlerin satın alınması, sosyal medya yorumları ve konum, sıcaklık, kullanım veya diğer değerleri izleyen sensörlerden alınan okumalar gibi olayları yakalar.

Düşük gecikmeli veri entegrasyon çözümleri, olaylara tepki süresini en aza indirecek şekilde tasarlanmıştır. SSD gibi donanım çözümlerinin veya bellek içi veritabanları gibi yazılım çözümlerinin kullanımını içerebilir, böylece işlemin geleneksel diske okuma veya yazma için yavaşlaması gerekmez. Geleneksel disk sürücülerine okuma ve yazma işlemleri, bellekteki veya SSD sürücülerindeki verileri işlemekten binlerce kat daha yavaştır.

Asenkron çözümler genellikle düşük gecikmeli çözümlerde kullanılır, böylece işlemlerin bir sonraki veri parçasını işlemeden önce sonraki süreçlerden onay beklemesi gerekmez.

Devasa çoklu işlem veya eşzamanlı işlem, aynı zamanda düşük gecikmeli çözümlerde yaygın bir yapılandırmadır, böylece gelen verilerin işlenmesi aynı anda birçok işlemciye yayılabilir ve tek veya az sayıda işlemci tarafından darboğaz olmaz.

1.3.3 Replikasyon

Dünyanın her yerindeki kullanıcılar için daha iyi yanıt süresi sağlamak için bazı uygulamalar, birden çok fiziksel konumda veri kümelerinin tam kopyalarını tutar. Replikasyon çözümleri, analizlerin ve sorguların ana işlemsel işletim ortamı üzerindeki performans etkisini en aza indirir.

Böyle bir çözüm, fiziksel olarak dağıtık veri seti kopyalarını senkronize etmelidir. Çoğu veritabanı yönetim sistemi, bu işi yapmak için replikasyon yardımcı programlarına sahiptir. Bu yardımcı programlar, veri kümelerinin tümü aynı veritabanı yönetim sistemi teknolojisinde tutulduğunda en iyi şekilde çalışır. Replikasyon çözümleri genellikle veri kümesinin kendisini değil, veri kümesindeki değişikliklerin loglarını izler. Veri setine erişim için uygulamalarla rekabet etmedikleri için herhangi bir operasyonel uygulama üzerindeki etkiyi en aza indirirler. Çoğaltılan kopyalar arasında yalnızca değişiklik loglarındaki veriler geçer. Standart replikasyon çözümleri neredeyse gerçek zamanlıdır; veri kümesinin bir kopyasındaki değişiklik ile diğerindeki değişiklik arasında küçük bir gecikme vardır.

Replikasyon çözümlerinin faydaları- kaynak veri kümesi üzerinde minimum etki ve geçirilen minimum miktarda veri- çok arzu edildiğinden, uzun mesafeli fiziksel dağıtımı içermeyenlerde bile, birçok veri entegrasyon çözümünde replikasyon kullanılır. Veritabanı yönetimi yardımcı programları kapsamlı programlama gerektirmez, bu nedenle birkaç programlama hatası bulunma eğilimindedir.

Kaynak ve hedef veri kümeleri birbirinin tam kopyaları olduğunda, replikasyon yardımcı programları en iyi şekilde çalışır. Kaynak ve hedef arasındaki farklılıklar, senkronizasyon için riskler getirir. Nihai hedef, kaynağın tam bir kopyası değilse, o zaman kaynakların tam bir kopyasını barındırmak için bir hazırlama alanı sağlamak gerekir. Bu, ekstra disk kullanımı ve muhtemelen ekstra veritabanı teknolojisi gerektirir.

Birden çok kopyalama noktasında verilerde değişiklikler meydana geliyorsa, veri replikasyon çözümleri optimal değil demektir. Aynı veri parçasının iki farklı noktada değiştirilmesi mümkünse, verilerin senkronize edilmemesi veya noktalardan birinin değişikliklerinin uyarı yapılmadan üzerine yazılması riski vardır (Bkz. Bölüm 6).

1.3.4 Arşivleme

Nadiren kullanılan veya aktif olarak kullanılmayan veriler, kuruluş için daha az maliyetli olan alternatif bir veri yapısına veya depolama çözümüne taşınabilir. ETL işlevleri, arşiv verilerini arşiv ortamındaki veri yapılarına taşımak ve muhtemelen dönüştürmek için kullanılabilir. Operasyonel verimliliği artırmak için kullanımdan kaldırılan uygulamalardan ve uzun süredir kullanılmayan üretim operasyonel sistemlerinden gelen verileri depolamak için arşivler kullanılır.

Teknoloji değiştiğinde verilere hala erişilebilir olduğundan emin olmak için arşiv teknolojisini izlemek çok önemlidir. Daha eski bir yapıda veya yeni teknoloji tarafından okunamayan formatta bir arşive sahip olmak, özellikle hala yasal olarak gerekli olan veriler için bir risk olabilir (Bkz. Bölüm 9).

1.3.5 Kurumsal Mesaj Formatı / İlkesel Model

İlkesel veri modeli, verilerin paylaşılacağı formatı standartlaştıran bir kuruluş veya veri değişim grubu tarafından kullanılan ortak bir modeldir. Bir hub-and-spoke veri etkileşimi tasarım modelinde, veri sağlamak veya almak isteyen tüm sistemler yalnızca merkezi bir bilgi merkezi ile etkileşime girer. Veriler, kuruluş için ortak veya kurumsal bir mesaj formatına (ilkesel bir model) dayalı olarak bir gönderen veya alan sisteme dönüştürülür (Bkz. Bölüm 5). İlkesel bir modelin kullanımı, veri alışverişi yapan herhangi bir sistem veya kuruluşun ihtiyaç duyduğu veri dönüştürmelerinin sayısını sınırlar. Her sistemin, veri alışverişi yapmak isteyebileceği çok sayıda sistemin formatına değil, yalnızca merkezi ilkesel modele ve bu modelden veri dönüştürmesi gerekir.

Paylaşılan bir mesaj formatı geliştirmek ve üzerinde anlaşmaya varmak büyük bir girişim olsa da, standart bir modele sahip olmak, bir kuruluşta veri birlikte çalışabilirliğinin karmaşıklığını önemli ölçüde azaltabilir ve böylece destek maliyetini büyük ölçüde azaltabilir. Tüm veri etkileşimleri için ortak ilkesel veri modelinin oluşturulması ve yönetimi, bir hub-and-spoke etkileşim modeli kullanan bir kurumsal veri tümleştirme çözümünün uygulanmasında gerekli olan karmaşık bir ek yük öğesidir. Üçten fazla sistem arasındaki veri etkileşimlerini yönetmeyi desteklemek için mantıklıdır ve 100'den fazla uygulama sisteminin ortamlarında veri etkileşimlerini yönetmek için kritik öneme sahiptir.

1.3.6 Etkileşim Modelleri

Etkileşim modelleri, verileri aktarmak için sistemler arasında bağlantı kurmanın yollarını tanımlar.

1.3.6.1 Noktadan Noktaya

Verileri paylaşan sistemler arasındaki etkileşimlerin büyük çoğunluğu bunu "noktadan noktaya" yapar; verileri doğrudan birbirlerine iletirler. Bu model, küçük bir sistem kümesi bağlamında anlamlıdır. Ancak, birçok sistem aynı kaynaklardan aynı verilere ihtiyaç duyduğunda hızla verimsiz hale gelir ve kurumsal riski artırır.

- **İşleme üzerindeki etkiler**: Kaynak sistemler çalışır durumdaysa, veri sağlama iş yükü işlemeyi etkileyebilir.

- **Arabirimleri yönetme**: Noktadan noktaya etkileşim modelinde ihtiyaç duyulan arabirim sayısı, karesi alınan sistem sayısına (s^2) yaklaşır. Bir kez oluşturulduktan sonra, bu arabirimlerin bakımının yapılması ve desteklenmesi gerekir. Sistemler arasındaki arayüzleri yönetmek ve desteklemek için gereken iş yükü, sistemlerin kendilerini desteklemekten hızla daha büyük hale gelebilir.

- **Tutarsızlık potansiyeli**: Birden çok sistem farklı veri sürümleri veya biçimleri gerektirdiğinde tasarım sorunları ortaya çıkar. Veri elde etmek için birden fazla arabirimin kullanılması, aşağı akış sistemlerine gönderilen verilerde tutarsızlıklara yol açacaktır.

1.3.6.2 Hub-and-spoke

Noktadan noktaya bir alternatif olan hub-and-spoke modeli, paylaşılan verileri (fiziksel veya sanal olarak) birçok uygulamanın kullanabileceği merkezi bir veri merkezinde birleştirir. Veri alışverişi yapmak isteyen tüm sistemler, bunu doğrudan birbirleriyle (noktadan noktaya) yerine merkezi bir ortak veri kontrol sistemi aracılığıyla yapar. Veri Ambarı, Veri Mart'ları, Operasyonel Veri Depoları ve Ana Veri Yönetimi hub'ları, veri merkezlerinin en iyi bilinen örnekleridir.

Hub'lar, kaynak sistemler üzerinde sınırlı performans etkisi ile verilerin tutarlı görünümlerini sağlar. Veri merkezleri, veri kaynaklarına erişmesi gereken sistem ve özütlerin sayısını bile en aza indirerek kaynak sistem kaynakları üzerindeki etkiyi en aza indirir. Portföye yeni sistemler eklemek, yalnızca veri merkezine arabirimler oluşturmayı gerektirir. Hub-and-spoke etkileşimi daha verimlidir ve ilgili sistemlerin sayısı nispeten az olsa bile maliyet açısından haklı olabilir, ancak yüzlerce veya binlerce sistem portföyünü yönetmek kritik hale gelir.

Kurumsal Hizmet Veriyolu (ESB), hub'ın kuruluşta veri paylaşımı için standart formatın sanal bir konsepti veya kurallı model olduğu birçok sistem arasında neredeyse gerçek zamanlı veri paylaşımı için veri entegrasyon çözümüdür.

Hub-and-spoke her zaman en iyi çözüm olmayabilir. Bazı gecikmeler kabul edilemez veya performans açısından yetersizdir. Hub'ın kendisi bir Hub-and-spoke mimarisinde ek yük oluşturur. Noktadan noktaya bir çözüm, hub, merkez gerektirmez. Bununla birlikte, veri paylaşımına üç veya daha fazla sistem dahil olur olmaz, hub'ın faydaları ek yükün dezavantajlarından daha ağır basar. Veri alışverişi için hub-and-spoke tasarım modelinin kullanılması, veri dönüştürme ve entegrasyon çözümlerinin çoğalmasını büyük ölçüde azaltabilir ve böylece gerekli kurumsal desteği önemli ölçüde basitleştirebilir.

1.3.6.3 Yayınla / Abone Ol

Yayınla ve abone ol modeli, verileri dışarı iten (yayınlayan) sistemleri ve verileri içeri çeken (abone olma) diğer sistemleri içerir. Veri sağlayan sistemler bir veri hizmetleri kataloğunda listelenir ve veri tüketmek isteyen sistemler bu hizmetlere abone olur. Veriler yayınlandığında, veriler otomatik olarak abonelere gönderilir.

Birden fazla veri tüketicisi belirli bir veri seti veya belirli bir formatta veri istediğinde, bu veri setini merkezi olarak geliştirmek ve ihtiyacı olan herkesin kullanımına sunmak, tüm bileşenlerin zamanında tutarlı bir veri seti almasını sağlar.

1.3.7 Veri Entegrasyonu ve Uyumluluk Mimari Kavramları

1.3.7.1 Uygulama Bağlaşımı

Bağlaşım, iki sistemin birbirine dolanma derecesini tanımlar. Sıkıca bağlaşmış iki sistem, genellikle bir sistemin diğerinden yanıt beklediği senkron bir arayüze sahiptir. Sıkı bağlaşım, daha riskli bir işlemi temsil eder: bir sistem kullanılamıyorsa, ikisi de fiilen kullanılamaz durumdadır ve her ikisi için de iş sürekliliği planı aynı olmalıdır (Bkz. Bölüm 6).

Mümkün olduğunda, verilerin sistemler arasında yanıt beklemeden geçirildiği ve bir sistemin diğerinin kullanılamamasına neden olmadan kullanılamadığı, gevşek bağlaşım tercih edilen bir arayüz tasarımıdır. Gevşek bağlaşım, hizmetler, API'ler veya mesaj kuyrukları ile çeşitli teknikler kullanılarak uygulanabilir. Şekil 69, olası bir gevşek bağlaşım tasarımını göstermektedir.

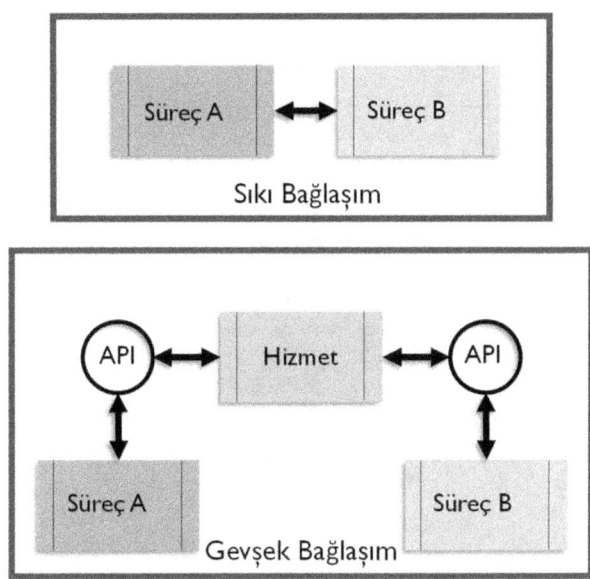

Şekil 69 Uygulama Bağlaşımı

Kurumsal Hizmet Veriyolu (ESB) kullanan Hizmet Odaklı Mimari (SOA), gevşek bağlaşımlı bir veri etkileşimi tasarım modelinin bir örneğidir.

Sistemlerin gevşek bağlaşımlı olduğu durumlarda, etkileşim noktaları iyi tanımlandığından, uygulama envanterindeki sistemlerin değiştirilmesi, etkileşimde bulundukları sistemler yeniden yazılmadan teorik olarak gerçekleştirilebilir.

1.3.7.2 Orkestrasyon ve Süreç Kontrolleri

Orkestrasyon, bir sistemde birden çok işlemin nasıl organize edildiğini ve yürütüldüğünü açıklamak için kullanılan terimdir. Mesajları veya veri paketlerini işleyen tüm sistemler, tutarlılığı ve sürekliliği korumak için bu işlemlerin yürütme sırasını yönetebilmelidir.

Süreç Kontrolleri, verilerin sevkiyatını, teslimatını, çıkarılmasını ve yüklenmesini doğru ve eksiksiz olmasını sağlayan bileşenlerdir. Temel veri hareketi mimarisinin sıklıkla gözden kaçan bir yönü olan kontroller şunları içerir:

- Veritabanı aktivite logları
- Toplu iş logları
- Alarmlar
- İstisna logları
- Düzeltme seçenekleri, standart yanıtlar içeren iş bağımlılığı çizelgeleri
- Bağımlı işlerin zamanlaması, işlerin beklenen uzunluğu ve hesaplama işlem süresi gibi bilgiler

1.3.7.3 Kurumsal Uygulama Entegrasyonu (EAI)

Kurumsal uygulama entegrasyon modelinde (EAI), yazılım modülleri birbirleriyle yalnızca iyi tanımlanmış arayüz çağrıları (uygulama programlama arayüzleri – API'ler) aracılığıyla etkileşime girer. Veri depoları sadece kendi yazılım modülleri tarafından güncellenir ve diğer yazılımlar bir uygulamadaki verilere ulaşamaz, sadece tanımlı API'ler üzerinden erişim sağlar. EAI, yeniden kullanımı ve herhangi bir modülü diğerini etkilemeden değiştirme yeteneğini vurgulayan nesne tabanlı kavramlar üzerine inşa edilmiştir.

1.3.7.4 Kurumsal Hizmet Veriyolu (ESB)

Kurumsal Hizmet Veriyolu, sistemler arasında aracı görevi gören ve aralarında mesaj ileten bir sistemdir. Uygulamalar, ESB'yi kullanarak mesaj veya dosya gönderip alabilir ve ESB'de bulunan diğer işlemlerden ayrıştırılır. Gevşek bağlaşıma bir örnek olan ESB, uygulamalar arasında hizmet görevi görür (Bkz. Şekil 70).

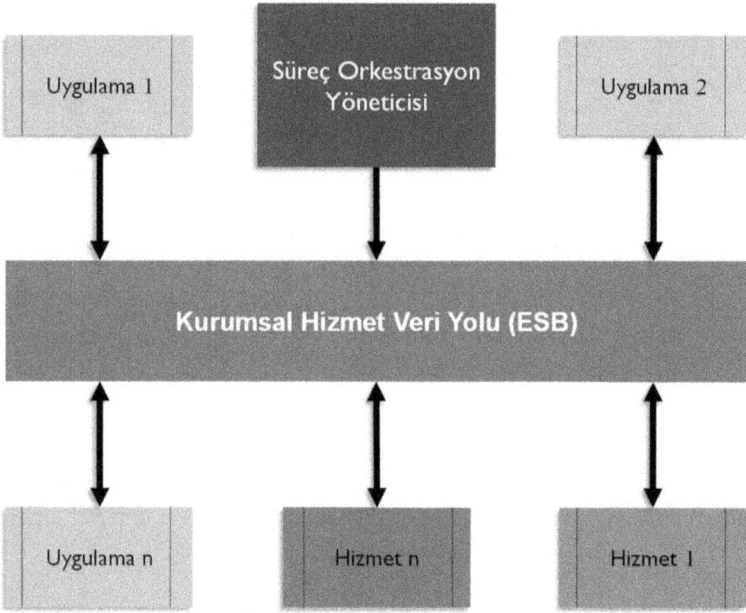

Şekil 70 Kurumsal Hizmet Veriyolu

1.3.7.5 Hizmet Odaklı Mimari (SOA)

En olgun kurumsal veri entegrasyon stratejileri, veri sağlama veya veri güncelleme (veya diğer veri hizmetleri) işlevselliğinin uygulamalar arasında iyi tanımlanmış hizmet çağrıları yoluyla sağlanabildiği hizmet odaklı mimari (SOA) fikrini kullanır. Bu yaklaşımla, uygulamaların diğer uygulamaların iç işleyişiyle doğrudan etkileşime veya bilgiye sahip olması gerekmez. SOA, uygulama bağımsızlığını ve bir kuruluşun, sistemlerle arabirim oluşturan sistemlerde önemli değişiklikler yapmasına gerek kalmadan sistemleri değiştirme becerisini sağlar.

Hizmet odaklı mimarinin amacı, bağımsız yazılım modülleri arasında iyi tanımlanmış bir etkileşime sahip olmaktır. Her modül, diğer yazılım modüllerine veya tüketicilere fonksiyonlar gerçekleştirir (hizmet sağlar). Anahtar kavram, SOA mimarisinin bağımsız hizmetler sağlamasıdır: hizmetin çağıran uygulama hakkında önceden bilgisi yoktur ve hizmetin uygulanması, çağrı yapan uygulamaya yönelik bir kara kutudur. Web servisleri, mesajlaşma, RESTful API'ler vb. dahil olmak üzere çeşitli teknolojilerle hizmet odaklı bir mimari uygulanabilir. Hizmetler genellikle uygulama sistemleri (veya tüketiciler) tarafından çağrılabilen API'ler (uygulama programlama arayüzleri) olarak gerçeklenir. İyi tanımlanmış bir API kaydı, hangi seçeneklerin mevcut olduğunu, sağlanması gereken parametreleri ve sağlanan bilgileri açıklar.

Verilerin eklenmesini, silinmesini, güncellenmesini ve alınmasını içerebilen veri hizmetleri, mevcut hizmetler kataloğunda belirtilir. Ölçeklenebilirlik (bunu yapmak için makul olmayan miktarda kaynak kullanmadan kuruluştaki tüm uygulamalar arasındaki entegrasyonları desteklemek) ve yeniden kullanım (bir tür verinin tüm talep sahipleri tarafından kullanılan hizmetlere sahip olmak) kurumsal hedeflerine ulaşmak için hizmetlerin ve API'lerin tasarımı ve kaydı etrafında kurulmuş güçlü bir yönetişim modeli olmalıdır. Yeni veri hizmetleri geliştirmeden önce, istenen verileri sağlayabilecek hiçbir hizmetin mevcut olmadığından emin olmak gerekir. Ek olarak, yeni hizmetlerin, acil ihtiyaçla sınırlı kalmayacak, yeniden kullanılabilecek şekilde geniş gereksinimleri karşılayacak şekilde tasarlanması gerekir.

1.3.7.6 Karmaşık Olay İşleme (CEP)

Olay işleme, gerçekleşen şeyler (olaylar) hakkında bilgi (veri) akışlarını izleme ve analiz etme (işleme) ve bunlardan bir sonuç çıkarma yöntemidir. Karmaşık olay işleme (CEP), davranışı veya etkinliği tahmin etmek ve bir tüketicinin satın alması için bir ürün önermek gibi gerçek zamanlı yanıtı otomatik olarak tetiklemek için anlamlı olayları (fırsatlar veya tehditler gibi) belirlemek için birden çok kaynaktan gelen verileri birleştirir. Kurallar, olay işlemeyi ve yönlendirmeyi yönlendirmek için ayarlanır.

Kuruluşlar, davranışı veya etkinliği tahmin etmek ve gerçek zamanlı yanıtı otomatik olarak tetiklemek için karmaşık olay işlemeyi kullanabilir. Satış fırsatları, web tıklamaları, siparişler veya müşteri hizmetleri aramaları gibi olaylar, bir organizasyonun çeşitli katmanlarında gerçekleşebilir. Alternatif olarak, haberler, metin mesajları, sosyal medya gönderileri, borsa beslemeleri, trafik raporları, hava durumu raporları veya diğer veri türlerini içerebilirler. Bir olay, bir ölçümün önceden tanımlanmış bir zaman, sıcaklık veya başka bir değer eşiğini aşması durumunda bir durum değişikliği olarak da tanımlanabilir.

CEP bazı veri zorlukları sunar. Çoğu durumda, olayların meydana gelme hızı, olayı meydana geldiği gibi yorumlamak için gerekli olan ek verileri almayı zorlaştırır. Verimli işleme, tipik olarak, bazı verilerin CEP motorunun belleğinde önceden konumlandırılmasını zorunlu kılar.

Karmaşık olay işlemeyi desteklemek, çeşitli türden çok miktarda veriyi entegre edebilen bir ortam gerektirir. Genellikle tahmin oluşturmaya dahil olan verilerin hacmi ve çeşitliliği nedeniyle, karmaşık olay işleme genellikle Büyük Veriye bağlıdır. Genellikle, gerçek zamanlı akış verilerinin ve bellek içi veritabanlarının işlenmesi gibi ultra düşük gecikme süresi gereksinimlerini destekleyen teknolojilerin kullanılmasını gerektirir (Bkz. Bölüm 14).

1.3.7.7 Veri Federasyonu ve Sanallaştırma

Veriler, farklı veri depolarında bulunduğunda, fiziksel entegrasyon dışındaki yollarla bir araya getirilebilir. Veri Federasyonu, yapıdan bağımsız olarak ayrı veri depolarının bir kombinasyonuna erişim sağlar. Veri Sanallaştırma, dağıtık veritabanlarının yanı sıra birden çok heterojen veri deposuna tek bir veri tabanı olarak erişilmesini ve görüntülenmesini sağlar (Bkz. Bölüm 6).

1.3.7.8 Hizmet Olarak Veri (DaaS)

Hizmet olarak yazılım (SaaS), bir teslimat ve lisanslama modelidir. Bir uygulama, hizmet sağlamak üzere lisanslanmıştır, ancak yazılım ve veriler, lisans veren kuruluşun veri merkezinde değil, yazılım tedarikçisi tarafından kontrol edilen bir veri merkezinde bulunur. Hizmet olarak bilgi işlem altyapısının çeşitli katmanlarını (hizmet olarak BT, hizmet olarak platform, hizmet olarak veritabanı) sağlamak için benzer kavramlar vardır.

Hizmet olarak Veri'nin (DaaS) bir tanımı, lisanslama kuruluşunun veri merkezinde depolanıp muhafaza edilmek yerine, bir tedarikçiden lisanslanan ve talep üzerine sağlanan verilerdir. Yaygın bir örnek, bir borsa aracılığıyla satılan menkul kıymetler ve ilgili fiyatlar (güncel ve tarihsel) hakkındaki bilgileri içerir.

Hizmet olarak Veri, bir sektördeki paydaşlara veri satan tedarikçilere kesinlikle uygun olsa da, 'hizmet' kavramı bir kuruluşta çeşitli işlevlere ve operasyonel sistemlere kurumsal veri veya veri hizmetleri sağlamak için de kullanılır. Hizmet kuruluşları, mevcut hizmetlerin bir kataloğunu, hizmet düzeylerini ve fiyatlandırma planlarını sağlar.

1.3.7.9 Bulut Tabanlı Entegrasyon

Bulut tabanlı entegrasyon (hizmet olarak entegrasyon platformu veya IPaaS olarak da bilinir), veri, süreç, hizmet odaklı mimari (SOA) ve uygulama entegrasyonu kullanım durumlarını ele alan bir bulut hizmeti olarak sunulan bir sistem entegrasyonu biçimidir.

Bulut bilişimin ortaya çıkmasından önce entegrasyon, dahili veya işletmeden işletmeye (B2B) olarak kategorize edilebilirdi. Dahili entegrasyon gereksinimlerine şirket içi bir ara katman yazılımı platformu aracılığıyla hizmet verilir ve sistemler arasında veri alışverişini yönetmek için genellikle bir hizmet veriyolu (ESB) kullanılır. İşletmeler arası entegrasyon, EDI (elektronik veri değişimi) ağ geçitleri veya katma değerli ağlar (VAN) veya pazaryeri aracılığıyla sağlanır.

SaaS uygulamalarının ortaya çıkışı, bir kuruluşun veri merkezinin dışında bulunan verileri entegre etmek için bulut tabanlı entegrasyon yoluyla karşılanan yeni bir tür talep yarattı. Ortaya çıktıklarından bu yana, bu tür birçok hizmet, EDI ağ geçitleri olarak işlev görmenin yanı sıra şirket içi uygulamaları entegre etme yeteneğini de geliştirdi.

Bulut tabanlı entegrasyon çözümleri, genellikle, entegre edilen verilere sahip olan kuruluşların değil, tedarikçilerin veri merkezlerinde SaaS uygulamaları olarak çalıştırılır. Bulut tabanlı entegrasyon, SOA etkileşim hizmetleri kullanılarak entegre edilecek SaaS uygulama verileriyle etkileşimi içerir (Bkz. Bölüm 6).

1.3.8 Veri Değişimi Standartları

Veri Değişimi Standartları, veri öğelerinin yapısı için resmi kurallardır. ISO (Uluslararası Standartlar Organizasyonu), birçok endüstride olduğu gibi veri alışverişi standartları geliştirmiştir. Veri alışverişi belirtimi, verilerin paylaşılacağı biçimi standartlaştıran bir kuruluş veya veri alışverişi grubu tarafından kullanılan ortak bir modeldir. Bir değişim modeli, veri alışverişi yapan herhangi bir sistem veya kuruluşun ihtiyaç duyduğu veri dönüşümleri için bir yapı tanımlar. Verilerin değişim spesifikasyonuna eşlenmesi gerekir.

Paylaşılan bir mesaj formatı geliştirmek ve üzerinde anlaşmaya varmak büyük bir girişim olsa da, sistemler arasında üzerinde anlaşmaya varılmış bir değişim formatı veya veri düzenine sahip olmak, bir kuruluşta veri birlikte çalışabilirliğini önemli ölçüde basitleştirebilir, destek maliyetini düşürür ve verilerin daha iyi anlaşılmasını sağlar.

Ulusal Bilgi Değişim Modeli (NIEM), Amerika Birleşik Devletleri'ndeki devlet kurumları arasında belge ve işlem alışverişi yapmak için geliştirilmiştir. Amaç, bilgiyi gönderen ve alan kişinin, bu bilginin anlamı hakkında ortak, açık bir anlayışa sahip olmasıdır. NIEM'e uygunluk, temel bir bilgi setinin iyi anlaşılmasını ve çeşitli topluluklar arasında aynı tutarlı anlamı taşımasını sağlar, böylece uyumluluğa, birlikte çalışabilirliğe izin verir.

NIEM, şema tanımları ve öğe gösterimi için, verilerin yapısının ve anlamının basit, ancak dikkatle tanımlanmış XML sözdizimi kuralları aracılığıyla tanımlanmasına olanak tanıyan Genişletilebilir İşaretleme Dili (XML) kullanır.

2. Veri Entegrasyon Faaliyetleri

Veri Entegrasyonu ve Uyumluluk, verilerin ihtiyaç duyulan yerde, ihtiyaç duyulduğunda ve ihtiyaç duyulan biçimde elde edilmesini içerir. Veri bütünleştirme faaliyetleri bir geliştirme yaşam döngüsünü takip eder. Planlama ile başlarlar ve tasarım, geliştirme, test ve uygulama boyunca ilerlerler. Bir kez uygulandıktan sonra, entegre sistemler yönetilmeli, izlenmeli ve geliştirilmelidir.

2.1 Planlama ve Analiz

2.1.1 Veri Entegrasyonu ve Yaşam Döngüsü Gereksinimlerinin Tanımlanması

Veri entegrasyon gereksinimlerinin tanımlanması, kuruluşun iş hedeflerinin yanı sıra gerekli verileri ve bu hedeflere ulaşmak için önerilen teknoloji girişimlerini anlamayı içerir. Ayrıca kullanılacak verilerle ilgili ilgili yasa veya yönetmeliklerin toplanması da gereklidir. Bazı etkinliklerin veri içeriği nedeniyle kısıtlanması gerekebilir ve önceden bilmek daha sonra sorunları önleyecektir. Gereksinimler, veri saklama ve veri yaşam döngüsünün diğer bölümlerine ilişkin kurumsal politikayı da hesaba katmalıdır. Genellikle veri saklama gereksinimleri, veri alanı ve türüne göre farklılık gösterir.

Veri entegrasyonu ve yaşam döngüsü gereksinimleri, genellikle veriyi belirli bir yerde, belirli bir formatta ve diğer verilerle entegre etme arzusu olan BT dahil olmak üzere çeşitli işlevlerdeki iş analistleri, veri sorumluları ve mimarlar tarafından tanımlanır. Gereksinimler, onları karşılamak için gerekli teknoloji ve hizmetleri belirleyen DII etkileşim modelinin türünü belirleyecektir.

Gereksinimleri tanımlama süreci, değerli metaveriler ortaya çıkarır. Bu metaveriler, keşiften operasyonlara kadar veri yaşam döngüsü boyunca yönetilmelidir. Bir kuruluşun metaverileri ne kadar eksiksiz ve doğru olursa, veri entegrasyonunun risklerini ve maliyetlerini yönetme yeteneği o kadar iyi olur.

2.1.2 Veri Keşfinin Gerçekleştirilmesi

Veri keşfi tasarımdan önce yapılmalıdır. Veri keşfinin amacı, veri entegrasyon çabası için potansiyel veri kaynaklarını belirlemektir. Keşif, verilerin nereden alınabileceğini ve nereye entegre edilebileceğini belirleyecektir. Süreç, bir kuruluşun veri kümelerindeki metaverileri ve/veya gerçek içerikleri tarayan araçları kullanarak, konu uzmanlığıyla (yani, ilgilenilen verilerle çalışan kişilerle görüşme) teknik araştırmayı birleştirir.

Keşif ayrıca, verilerin entegrasyon girişiminin amaçlarına uygun olup olmadığını belirlemek için veri kalitesinin üst düzey değerlendirmesini de içerir. Bu değerlendirme, yalnızca mevcut belgeleri gözden geçirmeyi, konu uzmanlarıyla görüşmeyi değil, aynı zamanda veri profili oluşturma veya diğer analizler yoluyla gerçek verilere karşı toplanan bilgilerin doğrulanmasını da gerektirir (Bkz. Bölüm 2.1.4). Hemen hemen tüm durumlarda, bir veri seti hakkında inanılan ile gerçekte doğru bulunan arasında farklılıklar olacaktır.

Veri keşfi, kuruluş verilerinin bir envanterini üretir veya var olanlara ekler. Bu envanter bir metaveri deposunda tutulmalıdır. Bu envanterin entegrasyon çabalarının standart bir parçası olarak muhafaza edildiğinden emin olunmalıdır: veri depoları eklenir veya kaldırılır, yapı değişiklikleri belgelenir.

Çoğu kuruluşun, kendi iç sistemlerinden gelen verileri entegre etme ihtiyacı vardır. Bununla birlikte, veri entegrasyon çözümleri, kurum dışından veri alınmasını da içerebilir. Ücretsiz olarak veya veri tedarikçilerinden sağlanan çok sayıda ve sürekli artan miktarda değerli bilgi vardır. Dış kaynaklardan gelen veriler, bir kuruluş içindeki verilerle entegre edildiğinde son derece değerli olabilir. Ancak, harici verileri elde etmek ve entegre etmek planlama gerektirir.

2.1.3 Veri Kökeninin Belgelenmesi

Veri keşfi süreci, verilerin bir kuruluşta nasıl aktığı hakkında da bilgiler ortaya çıkaracaktır. Bu bilgi, üst düzey veri kökenini belgelemek için kullanılabilir: analiz edilen verilerin kuruluş tarafından nasıl elde edildiği veya oluşturulduğu, kuruluş içinde nereye taşındığı ve değiştirildiği ve verilerin kuruluş tarafından analizi ve karar verme için nasıl kullanıldığı. Ayrıntılı köken, verilerin değiştirildiği kuralları ve değişiklik sıklığını içerebilir.

Köken analizi, kullanılan sistemlerin dokümantasyonu için gerekli güncellemeleri belirleyebilir. Kuruluşun veri akışındaki herhangi bir değişikliğin etkisini analiz edebilmesini sağlamak için özel olarak kodlanmış ETL ve diğer eski veri işleme nesneleri belgelenmelidir.

Analiz süreci ayrıca mevcut veri akışındaki iyileştirme fırsatlarını da belirleyebilir. Örneğin, bir kodun, araçtaki bir fonksiyona yapılan basit bir çağrıya yükseltilebildiği fark edilebilir veya artık alakalı olmadığı için silinebilir. Bazen eski bir araç, süreçte daha sonra geri alınacak bir dönüşüm gerçekleştirebilir. Bu verimsizlikleri bulmak ve ortadan kaldırmak, projenin başarısına ve bir kuruluşun verilerini kullanma konusundaki genel becerisine büyük ölçüde yardımcı olabilir.

2.1.4 Veri Profili Oluşturma

Veri içeriğini ve yapısını anlamak, verilerin başarılı bir şekilde entegrasyonu için esastır. Veri profilleme bu amaca katkıda bulunur. Gerçek veri yapısı ve içerikleri her zaman varsayılandan farklıdır. Bazen farklılıklar küçüktür; diğer zamanlarda, bir entegrasyon çabasını raydan çıkaracak kadar büyüktürler. Profil oluşturma, entegrasyon ekiplerinin bu farklılıkları keşfetmesine ve bu bilgileri kaynak bulma ve tasarım hakkında daha iyi kararlar almak için kullanmasına yardımcı olabilir. Veri profili oluşturma atlanırsa, tasarımı etkilemesi gereken bilgiler test veya işlemlere kadar keşfedilmeyecektir.

Temel profil oluşturma, aşağıdakilerin analizini içerir:

- Veri yapılarında tanımlanan ve gerçek verilerden çıkarılan veri formatı
- Null, boş veya varsayılan veri düzeyleri dahil veri doldurma
- Veri değerleri ve bunların tanımlanmış bir dizi geçerli değere ne kadar yakın karşılık geldiği
- İlgili alanlar ve kardinalite kuralları gibi veri kümesinin içindeki desenler ve ilişkiler
- Diğer veri kümeleriyle olan ilişkiler

Verilerin belirli veri entegrasyonu girişiminin gereksinimlerini ne kadar iyi karşıladığını anlamak için potansiyel kaynak ve hedef veri kümelerinin daha kapsamlı bir profilinin çıkarılması gerekir. Verileri gereksinimlere uyacak şekilde nasıl dönüştüreceğinizi anlamak için hem kaynaklar hem de hedefler profillenmelidir.

Profil oluşturmanın bir amacı, verilerin kalitesini değerlendirmektir. Belirli bir kullanım için verilerin uygunluğunu değerlendirmek, iş kurallarının belgelenmesini ve verilerin bu iş kurallarını ne kadar iyi karşıladığının ölçülmesini gerektirir. Doğruluğu değerlendirmek, doğru olduğu belirlenmiş kesin bir veri seti ile karşılaştırmayı gerektirir. Bu tür veri setleri her zaman mevcut değildir, bu nedenle özellikle profil oluşturma çabasının bir parçası olarak ölçüm doğruluğu mümkün olmayabilir.

Üst düzey veri keşfinde olduğu gibi, veri profili oluşturma, verilerle ilgili varsayımların gerçek verilere karşı doğrulanmasını içerir. Daha sonraki projelerde kullanılmak üzere bir metaveri deposundaki veri profili oluşturma sonuçları kaydedilmeli ve mevcut metaverilerin doğruluğunu geliştirmek için süreçten öğrenilenler kullanılmalıdır (Olson, 2003) (Bkz. Bölüm 13).

Veri profili oluşturma gereksinimleri, güvenlik ve gizlilik regülasyonlarıyla dengelenmelidir (Bkz. Bölüm 7).

2.1.5 İş Kurallarının Toplanması

İş kuralları, gereksinimlerin kritik bir alt kümesidir. İş kuralı, süreçlerin bir yönünü tanımlayan veya kısıtlayan bir ifadedir. İş kuralları, iş yapısını ortaya koymayı veya işin davranışını kontrol etmeyi veya etkilemeyi amaçlar. İş kuralları dört kategoriden birine girer: iş terimlerinin tanımları, terimleri birbirine bağlayan olgular, kısıtlamalar veya eylem savları ve türevleri.

Çeşitli noktalarda Veri Entegrasyonu ve Uyumluluğu desteklemek için iş kuralları kullanılır:

- Potansiyel kaynak ve hedef veri kümelerindeki verilerin değerlendirilmesi
- Kuruluştaki veri akışının yönlendirilmesi
- Kuruluşun operasyonel verilerinin izlenmesi
- Olayların ve alarmların ne zaman otomatik olarak tetikleneceğinin yönlendirilmesi

Ana Veri Yönetimi için iş kuralları, eşleşme kurallarını, birleştirme kurallarını, hayatta kalma kurallarını ve güven kurallarını içerir. Veri arşivleme, veri ambarlama ve bir veri deposunun kullanımda olduğu diğer durumlar için iş kuralları ayrıca veri saklama kurallarını da içerir.

İş kurallarının toplanması, kural toplama veya iş kuralı madenciliği olarak da adlandırılır. İş analisti veya veri sorumlusu, kuralları mevcut belgelerden (kullanım senaryoları, spesifikasyonlar veya sistem kodu gibi) çıkarabilir veya konu uzmanlarıyla veya her ikisi ile de çalıştaylar ve görüşmeler düzenleyebilir.

2.2 Veri Entegrasyon Çözümleri Tasarımı

2.2.1 Veri Entegrasyon Mimarisi Tasarımı

Veri entegrasyon çözümleri hem kurumsal düzeyde hem de bireysel çözüm düzeyinde belirtilmelidir (bkz. Bölüm 4). Kuruluş, kurumsal standartlar oluşturarak, bireysel çözümleri gerçeklemede zamandan tasarruf sağlar, çünkü değerlendirmeler ve müzakereler ihtiyaçtan önce gerçekleştirilmiştir. Kurumsal bir yaklaşım, grup indirimleri aracılığıyla lisans maliyetinde ve tutarlı ve daha az karmaşık bir dizi çözümü çalıştırma maliyetlerinde tasarruf sağlar. Birbirini destekleyen ve yedekleyen operasyonel kaynaklar, paylaşılan bir havuzun parçası olabilir.

Mevcut Veri Entegrasyonu ve Uyumluluk bileşenlerinin mümkün olduğu kadar çoğunu yeniden kullanarak gereksinimleri karşılayacak bir çözüm tasarlanmalıdır. Bir çözüm mimarisi, kullanılacak teknikleri ve teknolojileri gösterir. İlgili veri yapılarının bir envanterini (hem kalıcı hem de geçişli, mevcut ve gerekli), veri akışının düzenlenmesi ve sıklığının bir göstergesini, düzenleyici ve güvenlikle ilgili endişeleri ve iyileştirmeyi ve yedekleme ve kurtarma, kullanılabilirlik ve veri arşivleme ve saklamayı içerecektir.

2.2.1.1 Etkileşim Modelinin Seçilmesi

Hub-and-spoke, noktadan noktaya veya yayınla-abone ol gibi hangi etkileşim modelinin veya kombinasyonunun gereksinimleri karşılayacağı belirlenmelidir. Gereksinimler halihazırda uygulanmış mevcut bir etkileşim modeliyle eşleşiyorsa, geliştirme çabalarını azaltmak için mevcut sistemi mümkün olduğunca yeniden kullanılmalıdır.

2.2.1.2 Veri Hizmetleri veya Değişim Desenleri Tasarımı

Verileri taşımak için entegrasyon akışları oluşturulmalı veya mevcuttakiler yeniden kullanılmalıdır. Bu veri hizmetleri, mevcut benzer veri hizmetlerine eşlik etmelidir, ancak hizmetler çoğaldığında sorun giderme ve destek giderek daha zor hale geleceğinden, neredeyse aynı olan birden çok hizmet oluşturmamaya dikkat edilmelidir. Mevcut bir veri akışı birden fazla ihtiyacı destekleyecek şekilde değiştirilebilirse, yeni bir hizmet oluşturmak yerine bu değişikliği yapmak faydalı olabilir.

Herhangi bir veri alışverişi spesifikasyonu tasarımı, endüstri standartlarıyla veya halihazırda mevcut olan diğer değişim desenleriyle başlamalıdır. Mümkün olduğunca diğer sistemlere faydalı olacak kadar genel olan mevcut desenlerde değişiklik yapılmalıdır; yalnızca bir değişimle ilgili belirli değişim desenlerine sahip olmak, noktadan noktaya bağlantılarla aynı sorunlara sahiptir.

2.2.2 Veri Merkezleri, Arayüzler, Mesajlar ve Veri Hizmetlerinin Modellenmesi

Veri Entegrasyonu ve Uyumluluğunda ihtiyaç duyulan veri yapıları, Ana Veri Yönetimi hub'ları, veri ambarları ve martları ve operasyonel veri depoları gibi verilerin kalıcı olduğu ve geçici olan ve arabirimler, mesaj düzenleri ve ilkesel modeller gibi yalnızca verileri taşımak veya dönüştürmek için kullanılanları içerir. Her iki tip de modellenmelidir (Bkz. Bölüm 5).

2.2.3 Veri Kaynaklarının Hedeflerle Eşlenmesi

Hemen hemen tüm veri entegrasyon çözümleri, verileri kaynaktan hedef yapılara dönüştürmeyi içerir. Kaynakları hedeflere eşlemek, verileri bir konumdan ve biçimden diğerine dönüştürmek için kuralların belirlenmesini içerir.

Eşlenen her nitelik için bir eşleme belirtimi:

- Kaynak ve hedefin teknik formatını belirtir
- Kaynak ve hedef arasındaki tüm ara aşamalandırma noktaları için gereken dönüşümleri belirtir
- Nihai veya ara hedef veri deposundaki her niteliğin nasıl doldurulacağını açıklar
- Veri değerlerinin dönüştürülmesi gerekip gerekmediğini açıklar; örneğin, uygun hedef değeri gösteren bir tabloda kaynak değerin aratılması
- Hangi hesaplamaların gerekli olduğunu açıklar

Dönüşüm, toplu bir program üzerinde gerçekleştirilebilir veya gerçek zamanlı bir olayın meydana gelmesiyle tetiklenebilir. Hedef formatın fiziksel olarak kalıcılığı veya verilerin hedef formatta sanal sunumu yoluyla gerçekleştirilebilir.

2.2.4 Veri Orkestrasyonu Tasarımı

Bir veri entegrasyon çözümündeki veri akışı tasarlanmalı ve belgelendirilmelidir. Veri orkestrasyonu, dönüştürmeyi ve/veya işlemi tamamlamak için gereken ara adımlar da dahil olmak üzere baştan sona veri akışlarının modelidir.

Toplu veri entegrasyonu orkestrasyonu, veri hareketinin ve dönüşümünün sıklığını gösterecektir. Toplu veri entegrasyonu genellikle belirli bir zamanda, periyodiklikte veya bir olay meydana geldiğinde başlangıcı tetikleyen bir zamanlayıcıya kodlanır. Program, bağımlılıkları olan birden çok adım içerebilir.

Gerçek zamanlı veri entegrasyonu orkestrasyonu, genellikle yeni veya güncellenmiş veriler gibi bir olay tarafından tetiklenir. Gerçek zamanlı veri entegrasyonu orkestrasyonu genellikle daha karmaşıktır ve birden çok araçta uygulanır. Doğal olarak tekdüze olmayabilir.

2.3 Veri Entegrasyon Çözümlerinin Geliştirilmesi

2.3.1 Veri Hizmetlerinin Geliştirilmesi

Seçilen etkileşim modeliyle eşleşen, belirtilen şekilde verilere erişmek, bunları dönüştürmek ve sunmak için hizmetler geliştirilir. Araçlar veya tedarikçi paketleri, veri dönüştürme, Ana Veri Yönetimi, veri ambarı vb. gibi veri entegrasyon çözümlerini uygulamak için çok sık kullanılır. Bu çeşitli amaçlar için kuruluş genelinde tutarlı araçlar veya standart tedarikçi takımları kullanmak, paylaşılan destek çözümlerini etkinleştirerek operasyonel desteği basitleştirebilir ve işletme maliyetlerini azaltabilir.

2.3.2 Veri Akışlarının Geliştirilmesi

Entegrasyon veya ETL veri akışları, genellikle bu akışları özel bir şekilde yönetmek için uzmanlaşmış araçlar içinde geliştirilecektir. Toplu veri akışları, geliştirilmiş veri bütünleştirme parçalarının yürütülmesinin sırasını, sıklığını ve bağımlılığını yönetecek bir zamanlayıcıda (genellikle kurumsal standart planlayıcıda) geliştirilecektir.

Uyumluluk, birlikte çalışabilirlik gereksinimleri, veri depoları arasında eşlemeler veya koordinasyon noktaları geliştirmeyi içerebilir. Bazı kuruluşlar, kuruluşta oluşturulan veya değiştirilen verilere abone olmak için bir ESB ve verilerdeki değişiklikleri yayınlamak için diğer uygulamalar kullanırlar. Kurumsal hizmet veriyolu, yayınlayacak herhangi bir verisi olup olmadığını görmek için uygulamaları sürekli olarak yoklayacak ve abone oldukları yeni veya değiştirilmiş verileri onlara teslim edecektir.

Gerçek zamanlı veri entegrasyonu akışları geliştirmek, verilerin alınması, dönüştürülmesi veya yayınlanması için hizmetlerin yürütülmesini tetiklemesi gereken olayların izlenmesini içerir. Bu, genellikle bir veya birden fazla özel teknoloji içinde uygulanır ve en iyi şekilde, teknolojiler arası işlemi yönetebilen bir çözümle uygulanır.

2.3.3 Veri Taşıma Yaklaşımının Geliştirilmesi

Yeni uygulamalar uygulandığında veya uygulamalar kullanımdan kaldırıldığında veya birleştirildiğinde verilerin taşınması gerekir. Bu süreç, verilerin alıcı uygulamanın formatına dönüştürülmesini içerir. Hemen hemen tüm uygulama geliştirme projeleri, ilgili tek şey Referans Veri popülasyonu olsa bile, bir miktar veri geçişi içerir. Taşıma, test aşamaları ve nihai uygulama için yürütülmesi gerektiğinden, tek seferlik bir süreç değildir.

Yazılımcılara basitçe verileri taşımaları söylendiği için, veri taşıma projeleri genellikle eksik tahmin edilir veya eksik tasarlanır; veri entegrasyonu için gerekli analiz ve tasarım faaliyetlerinde bulunmazlar. Veriler uygun analiz yapılmadan taşındığında, normal işleme yoluyla gelen verilerden genellikle farklı görünür. Veya taşınan veriler uygulamayla beklendiği gibi çalışmayabilir. Temel operasyonel uygulamaların profil oluşturma verileri, genellikle önceki işletim sistemlerinin bir veya daha fazla neslinden taşınan ve mevcut uygulama kodu aracılığıyla veri kümesine giren verilerin standartlarını karşılamayan verileri vurgulayacaktır (Bkz. Bölüm 6).

2.3.4 Bir Yayınlama Yaklaşımının Geliştirilmesi

Kritik verilerin oluşturulduğu veya korunduğu sistemler, bu verileri kuruluştaki diğer sistemlere sunmalıdır. Yeni veya değiştirilmiş veriler, veri üreten uygulamalar tarafından diğer sistemlere (özellikle veri merkezlerine ve kurumsal veri yollarına) ya veri değişikliği sırasında (olay odaklı) veya periyodik bir programda gönderilmelidir.

En iyi uygulama, kuruluştaki çeşitli veri türleri için ortak mesaj tanımları (ilkesel model) tanımlamak ve uygun erişim yetkisine sahip veri tüketicilerinin (uygulamalar veya bireyler) ilgilenilen verilerde herhangi bir değişiklik bildirimi almasına izin vermektir.

2.3.5 Karmaşık Olay İşleme Akışlarının Geliştirilmesi

Karmaşık olay işleme çözümlerinin geliştirilmesi şunları gerektirir:

- Bir kişi, kuruluş, ürün veya pazar hakkında geçmiş verilerin hazırlanması ve tahmine dayalı modellerin önceden doldurulması
- Tahmine dayalı modeli tam olarak doldurmak ve anlamlı olayları (fırsatlar veya tehditler) belirlemek için gerçek zamanlı veri akışını işlemek
- Tahmine yanıt olarak tetiklenen eylemi yürütmek

Tahmine dayalı modelde ihtiyaç duyulan geçmiş verilerin hazırlanması ve işlenmesi, gecelik toplu işlemlerle veya neredeyse gerçek zamanlı olarak gerçekleştirilebilir. Genellikle, hangi ürünlerin genellikle birlikte satın alındığını belirlemek ve satın almak için ek bir öğe önermek için hazırlık yapmak gibi, tahmine dayalı modelin bir kısmı tetikleyici olaydan önce doldurulabilir.

Bazı işleme akışları, bir alışveriş sepetine öğe eklemek gibi gerçek zamanlı akıştaki her olaya bir yanıtı tetikler; diğer işleme akışları, bir kredi kartından şüpheli bir sahte ödeme girişimi gibi eylemi tetikleyen özellikle anlamlı olayları belirlemeye çalışır.

Anlamlı bir olayın tanımlanmasına verilen yanıt, gönderilen bir uyarı kadar basit veya silahlı kuvvetlerin otomatik olarak konuşlandırılması kadar karmaşık olabilir.

2.3.6 Veri Entegrasyonu ve Uyumluluk Metaverilerinin Bakımının Yapılması

Daha önce belirtildiği gibi (bkz. Bölüm 2.1), bir kuruluş, DII çözümlerini geliştirme sürecinde değerli metaverileri oluşturacak ve ortaya çıkaracaktır. Bu metaveriler, sistemdeki verilerin doğru şekilde anlaşılmasını sağlamak ve gelecekteki çözümler için yeniden keşfetme ihtiyacını önlemek için yönetilmeli ve bakımları yapılmalıdır. Güvenilir metaveriler, bir kuruluşun riskleri yönetme, maliyetleri düşürme ve verilerinden daha fazla değer elde etme yeteneğini geliştirir.

Veri entegrasyonuna dahil olan tüm sistemlerin veri yapıları kaynak, hedef veya aşama olarak belgelenmelidir. Kalıcı veri depoları arasında verilerin dönüştürülmesinin yanı sıra iş tanımları ve teknik tanımlar (yapı, biçim, boyut) dahil edilmelidir. Veri entegrasyonu metaveri, ister dokümanlarda ister bir metaveri deposunda saklanıyor olsun, hem iş hem de teknik paydaşlardan bir inceleme ve onay süreci olmadan değiştirilmemelidir.

Çoğu ETL aracı tedarikçisi, metaveri havuzlarını yönetişim ve yönetim gözetimi sağlayan ek işlevlerle paketler. Metaveri deposu operasyonel bir araç olarak kullanılıyorsa, verilerin sistemler arasında ne zaman kopyalandığı ve dönüştürüldüğü hakkında operasyonel metaveriler bile içerebilir.

DII çözümleri için özellikle önemli olan, bir uygulamadaki verilere ve işlevselliğe erişmek ve bunları kullanmak için mevcut hizmetler hakkında gelişen bir bilgi kataloğuna kontrollü erişim sağlayan SOA kayıt defteridir.

2.4 Gerçekleme ve İzleme

Geliştirilmiş ve test edilmiş veri hizmetleri etkinleştirilmelidir. Gerçek zamanlı veri işleme, sorunlar için gerçek zamanlı izleme gerektirir. Sorunların doğrudan bildiriminin yanı sıra işlemeyle ilgili olası sorunları gösteren parametreler oluşturulmalıdır. Özellikle tetiklenen yanıtların karmaşıklığı ve riski arttıkça, sorunlar için otomatik ve insan izlemesi kurulmalıdır. Örneğin, otomatikleştirilmiş finansal menkul kıymet alım satım algoritmalarıyla ilgili sorunların, tüm piyasaları veya iflas eden kuruluşları etkileyen eylemleri tetiklediği durumlar vardır.

Veri etkileşim yetenekleri, en zorlu hedef uygulama veya veri tüketicisi ile aynı hizmet düzeyinde izlenmeli ve hizmete sunulmalıdır.

3. Araçlar

3.1 Veri Dönüşüm Motoru/ETL Aracı

Bir veri dönüşüm motoru (veya ETL aracı), her kurumsal veri entegrasyon programının merkezinde yer alan veri entegrasyonu araç kutusundaki ana araçtır. Bu araçlar genellikle veri dönüştürme faaliyetlerinin tasarımının yanı sıra operasyonunu da desteklerler.

İster toplu ister gerçek zamanlı ister fiziksel ister sanal olsun, ETL geliştirmek ve gerçekleştirmek için son derece karmaşık araçlar mevcuttur. Tek kullanımlık noktadan noktaya çözümler için, veri bütünleştirme işlemi sıklıkla özel kodlama yoluyla gerçeklenir. Kurumsal düzeydeki çözümler, genellikle bu işlemeyi kuruluş genelinde standart bir şekilde gerçekleştirmek için araçların kullanılmasını gerektirir.

Bir veri dönüşüm motoru seçerken bakılacak temel hususlar, toplu işlerin yanı sıra gerçek zamanlı fonksiyonalitenin gerekli olup olmadığını ve toplu işler için en olgun araçlar yalnızca yapılandırılmış veriler için mevcut olduğundan, yapılandırılmamış ve yapılandırılmış verilerin barındırılması gerekip gerekmediğini içermelidir.

3.2 Veri Sanallaştırma Sunucusu

Veri dönüşüm motorları genellikle verileri fiziksel olarak çıkarma, dönüştürme ve yükleme işlemlerini gerçekleştirir; ancak, veri sanallaştırma sunucuları, verileri sanal olarak çıkarır, dönüştürür ve entegre eder. Veri sanallaştırma sunucuları, yapılandırılmış ve yapılandırılmamış verileri birleştirebilir. Bir veri ambarı genellikle bir veri sanallaştırma sunucusuna bir girdidir, ancak bir veri sanallaştırma sunucusu, kurumsal bilgi mimarisindeki veri ambarının yerini almaz.

3.3 Kurumsal Hizmet Veriyolu

Kurumsal hizmet veriyolu (ESB), aynı kuruluş içinde bulunan heterojen veri depoları, uygulamalar ve sunucular arasında gerçek zamanlıya yakın mesajlaşmayı uygulamak için kullanılan hem bir yazılım mimarisi modeli hem de bir tür mesaj odaklı ara katman yazılımı anlamına gelir. Günlükten daha sık yürütülmesi gereken dahili veri entegrasyon çözümlerinin çoğu bu mimariyi ve bu teknolojiyi kullanır. En yaygın olarak, bir ESB, serbest veri akışını sağlamak için asenkron biçimde kullanılır. Bir ESB, belirli durumlarda eşzamanlı olarak da kullanılabilir.

Kurumsal hizmet veriyolu, her ortamda kurulu bir bağdaştırıcı veya aracı ile mesaj alışverişine katılan sistemlerin her biri üzerinde gelen ve giden mesaj kuyruklarını gerçekler. ESB için merkezi işlemci genellikle diğer katılan sistemlerden ayrı bir sunucuda gerçeklenir. İşlemci, hangi sistemlerin ne tür mesajlarla ilgilendiğini takip eder. Merkezi işlemci, giden mesajlar için her katılan sistemi sürekli olarak yoklar ve gelen mesajları, abone olunan mesaj türleri ve doğrudan bu sisteme yönlendirilmiş mesajlar için mesaj kuyruğuna ekler.

Verilerin gönderici sistemden alıcı sisteme geçmesi birkaç dakika sürebildiği için bu modele 'gerçek zamanlıya yakın' denir. Bu, gevşek bağlaşımlı bir modeldir ve veri gönderen sistem, işleme devam etmeden önce alıcı sistemden alındı veya güncellendi onayını beklemeyecektir.

3.4 İş Kuralları Motoru

Birçok veri entegrasyon çözümü, iş kurallarına bağlıdır. Önemli bir metaveri biçimi olan bu kurallar, temel entegrasyonda ve bir kuruluşun olaylara neredeyse gerçek zamanlı olarak yanıt vermesini sağlamak için karmaşık olay işlemeyi içeren çözümlerde kullanılabilir. Teknik olmayan kullanıcıların yazılım tarafından uygulanan iş kurallarını yönetmesine olanak tanıyan bir iş kuralları motoru, çözümün daha düşük bir maliyetle geliştirilmesini sağlayacak çok değerli bir araçtır, çünkü bir iş kuralları motoru, teknik kod değişiklikleri olmaksızın tahmine dayalı modellerdeki değişiklikleri destekleyebilir. Örneğin, bir müşterinin ne satın almak isteyebileceğini tahmin eden modeller, kod değişiklikleri yerine iş kuralları olarak tanımlanabilir.

3.5 Veri ve Süreç Modelleme Araçları

Veri entegrasyon çözümlerinde ihtiyaç duyulan sadece hedefin değil, ara veri yapılarının da tasarlanması için veri modelleme araçları kullanılmalıdır. Sistemler ve kuruluşlar arasında geçen ve genellikle kalıcı olmayan mesajların veya veri akışlarının yapısı yine de modellenmelidir. Sistemler ve organizasyonlar arasındaki veri akışı, karmaşık olay süreçleri gibi tasarlanmalıdır.

3.6 Veri Profili Oluşturma Aracı

Veri profili oluşturma, verilerin biçimini, eksiksizliğini, tutarlılığını, geçerliliğini ve yapısını anlamak için veri seti içeriğinin istatistiksel analizini içerir. Tüm veri entegrasyonu ve uyumluluk geliştirmesi, gerçek verilerin önerilen çözümün ihtiyaçlarını karşılayıp karşılamadığını belirlemek için potansiyel veri kaynaklarının ve hedeflerin ayrıntılı değerlendirmesini içermelidir. Çoğu entegrasyon projesi önemli miktarda veri içerdiğinden, bu analizi yürütmenin en verimli yolu bir veri profili oluşturma aracı kullanmaktır (Bkz. Bölüm 2.1.4 ve Bölüm 13).

3.7 Metaveri Deposu

Metaveri deposu, veri yapısı, içerik ve veri yönetimine ilişkin iş kuralları dahil olmak üzere bir kuruluştaki veriler hakkında bilgiler içerir. Veri entegrasyonu projeleri sırasında, elde edilen, dönüştürülen ve hedeflenen verilerin teknik yapısını ve ticari anlamını belgelemek için bir veya daha fazla metaveri deposu kullanılabilir.

Genellikle, veri entegrasyonu araçları tarafından kullanılan veri dönüştürme, köken ve işleme ile ilgili kurallar, tetikleyiciler gibi zamanlanmış işlemler için talimatlar gibi bir metaveri deposunda da saklanır.

Her aracın genellikle kendi metaveri deposu vardır. Aynı tedarikçiye ait araç takımları bir metaveri deposunu paylaşabilir. Bir metaveri deposu, çeşitli operasyonel araçlardan gelen verileri birleştirmek için merkezi bir nokta olarak belirlenebilir (Bkz. Bölüm 12).

4. Yöntemler

Veri entegrasyon çözümlerini tasarlamaya yönelik önemli tekniklerin birçoğu bu bölümdeki Temel Kavramlarda açıklanmıştır. Temel hedefler, uygulamaları gevşek bağlaşımlı tutmak, geliştirilen ve yönetim gerektiren arabirimlerin sayısını bir hub-and-spoke yaklaşımı kullanarak sınırlamak ve standart (veya ilkesel) arabirimler oluşturmaktır.

5. Gerçekleme Yönergeleri

5.1 Hazırlık Değerlendirmesi / Risk Değerlendirmesi

Tüm kuruluşlarda halihazırda bir çeşit DII vardır- bu nedenle hazırlık/risk değerlendirmesi, kurumsal entegrasyon aracının gerçeklenmesi veya uyumluluğa, birlikte çalışabilirliğe izin vermek için yeteneklerin geliştirilmesi etrafında olmalıdır.

Kurumsal veri entegrasyon çözümlerini gerçeklemek, genellikle birçok sistem arasındaki gerçeklemeye dayalı olarak maliyet açısından doğrudur. Verilerin yalnızca ilk gerçeklenecek olanı değil, birçok uygulama ve kuruluş arasında hareketini desteklemek için bir kurumsal veri entegrasyon çözümü tasarlanmalıdır.

Birçok kuruluş, ekstra değer katmak yerine mevcut çözümleri yeniden çalışmak için zaman harcar. Çalışan veri entegrasyon çözümlerini kuruluş genelinde ortak bir kurumsal çözümle değiştirmek yerine, şu anda hiç veya sınırlı entegrasyonun olmadığı durumlarda veri entegrasyon çözümlerini gerçeklemeye odaklanılmalıdır.

Belirli veri projeleri, yalnızca veri ambarı veya Ana Veri Yönetimi merkezi gibi belirli bir uygulamaya odaklanan bir veri entegrasyon çözümünü haklı çıkarabilir. Bu durumlarda, veri entegrasyon çözümünün herhangi bir ek kullanımı yatırıma değer katar, çünkü ilk sistem kullanımı zaten gerekçeye ulaşmıştır.

Uygulama destek ekipleri, veri entegrasyonu çözümlerini yerel olarak yönetmeyi tercih eder. Bunu yapmanın maliyetinin, kurumsal bir çözümden yararlanmaktan daha düşük olduğu algılanmaktadır. Bu tür ekipleri destekleyen yazılım tedarikçileri de sattıkları veri entegrasyon araçlarından yararlanmayı tercih edeceklerdir. Bu nedenle, BT kurumsal mimari gibi, çözüm tasarımı ve teknoloji satın alma konusunda yeterli yetkiye sahip bir düzeyden bir kurumsal veri entegrasyon programının uygulanmasına sponsor olmak gerekir. Ek olarak, veri entegrasyon teknolojisini merkezi olarak finanse etmek gibi olumlu teşvikler yoluyla ve yeni alternatif veri entegrasyon teknolojilerinin gerçeklenmesini onaylamayı reddetme gibi olumsuz teşvikler yoluyla uygulama sistemlerini katılmaya teşvik etmek gerekebilir.

Yeni veri entegrasyon teknolojisini gerçekleyen geliştirme projeleri, sıklıkla teknolojiye ve iş hedeflerine odaklanır. Her projedeki bazı katılımcıların yalnızca veri entegrasyon aracı uzmanları değil, iş veya uygulama odaklı olduğundan emin olmak da dahil olmak üzere, veri entegrasyonu çözümü gerçeklemesinin iş hedeflerine ve gereksinimlerine odaklanmasını sağlamak gerekir.

5.2 Organizasyonel ve Kültürel Değişim

Kuruluşlar, veri entegrasyonu gerçeklemelerini yönetme sorumluluğunun merkezileştirilmiş olup olmadığını veya merkezi olmayan uygulama ekiplerine ait olup olmadığını belirlemelidir. Yerel ekipler, uygulamalarındaki verileri anlarlar. Merkezi ekipler, araçlar ve teknolojiler hakkında derin bilgi birikimi oluşturabilir. Birçok kuruluş, kurumsal veri entegrasyonu çözümlerinin tasarımı ve kurulumunda uzmanlaşmış bir Mükemmelliyet Merkezi oluşturur. Yerel ve merkezi ekipler, bir uygulamayı kurumsal veri entegrasyonu çözümüne bağlayan çözümler geliştirmek için iş birliği yaparlar. Yerel ekip, çözümü yönetmek ve herhangi bir sorunu çözmek için ana sorumluluğu üstlenmeli ve gerekirse Mükemmelliyet Merkezi'ne iletmelidir.

Veri entegrasyon çözümleri genellikle tamamen teknik olarak algılanır; ancak başarılı bir şekilde değer sağlamak için derin iş bilgisine dayalı olarak geliştirilmeleri gerekir. Veri analizi ve modelleme faaliyetleri, iş odaklı kaynaklar tarafından gerçekleştirilmelidir. İlkesel bir mesaj modelinin veya verilerin kuruluşta nasıl paylaşıldığına ilişkin tutarlı bir standardın geliştirilmesi, teknik kaynakların yanı sıra iş modelleme kaynaklarını da içermesi gereken büyük bir kaynak taahhüdü gerektirir. İlgili her sistemde iş konu uzmanları tarafından tüm veri dönüşüm eşleme tasarımı ve değişiklikler gözden geçirilmelidir.

6. Veri Entegrasyonu ve Uyumluluk (DII) Yönetişimi

Veri mesajlarının, veri modellerinin ve veri dönüştürme kurallarının tasarımına ilişkin kararlar, bir kuruluşun verilerini kullanma becerisi üzerinde doğrudan bir etkiye sahiptir. Bu kararlar iş odaklı olmalıdır. İş kurallarının uygulanmasında pek çok teknik husus olsa da DII'ye tamamen teknik bir yaklaşım, bir kuruluşun içine, içinden ve dışından veri akışı sırasında veri eşlemelerinde ve dönüşümlerinde hatalara yol açabilir.

İş paydaşları, verilerin nasıl modellenmesi ve dönüştürülmesi gerektiğine ilişkin kuralların tanımlanmasından sorumludur. İş paydaşları, bu iş kurallarından herhangi birinde yapılan değişiklikleri onaylamalıdır. Kurallar metaveri olarak alınmalı ve kurumlar arası analiz için konsolide edilmelidir. Tahmine dayalı modellerin belirlenmesi ve doğrulanması ve tahminler tarafından otomatik olarak hangi eylemlerin tetiklenmesi gerektiğinin tanımlanması da iş fonksiyonlarıdır.

Entegrasyonun veya uyumlu, birlikte çalışabilir tasarımın söz verildiği gibi, güvenli ve güvenilir bir şekilde çalışacağına dair güven olmadan, etkin bir iş değeri olamaz. DII'de, güveni desteklemek için yönetişim kontrollerinin ortamı karmaşık ve ayrıntılı olabilir. Bir yaklaşım, hangi olayların yönetişim incelemelerini tetiklediğini (istisnalar veya kritik olaylar) belirlemektir. Her bir tetikleyiciyi, yönetişim organları ile etkileşime giren incelemelerle eşleştirilir. Olay tetikleyicileri, bir aşamadan diğerine geçerken veya Kullanıcı Hikayelerinin bir parçası olarak Sistem Geliştirme Yaşam Döngüsünün (SDLC) bir bölümü olabilir. Örneğin, mimari tasarım uygunluğu kontrol listeleri aşağıdaki gibi soruları içerebilir: Gerektiğinde ESB ve araçları kullanılıyor mu? Yeniden kullanılabilir hizmetler için bir arama yapıldı mı?

Kontroller, modellerin zorunlu incelemeleri, metaverilerin denetimi, çıktıların teftişi ve dönüşüm kurallarında yapılan değişiklikler için gerekli onaylar gibi yönetişim güdümlü yönetim rutinlerinden gelebilir.

Hizmet Düzeyi Sözleşmelerinde ve İş Sürekliliği/Felaket Kurtarma planlarında, gerçek zamanlı operasyonel veri entegrasyon çözümleri, veri sağladıkları en kritik sistem olarak aynı yedekleme ve kurtarma katmanına dahil edilmelidir.

Kuruluşun DII'ye yönelik kurumsal bir yaklaşımdan faydalanmasını sağlamak için politikalar oluşturulmalıdır. Örneğin, SOA ilkelerine uyulmasını, yeni hizmetlerin yalnızca mevcut hizmetlerin gözden geçirilmesinden sonra oluşturulmasını ve sistemler arasında akan tüm verilerin kurumsal hizmet veriyolundan geçmesini sağlamak için politikalar uygulanabilir.

6.1 Veri Paylaşım Sözleşmeleri

Arayüzlerin geliştirilmesinden veya verilerin elektronik olarak sağlanmasından önce, söz konusu verilerin iş veri sorumluları tarafından onaylanan, değiş tokuş edilecek verilerin sorumluluklarını ve kabul edilebilir kullanımını şart koşan bir veri paylaşım anlaşması veya uzlaşı belgesi (MoU) geliştirilmelidir. Veri paylaşım anlaşmaları, beklenen kullanım ve verilere erişimi, kullanım kısıtlamalarını ve ayrıca gerekli sistem çalışma süreleri ve yanıt süreleri dahil olmak üzere beklenen hizmet seviyelerini belirtmelidir. Bu anlaşmalar, özellikle düzenlemeye tabi endüstriler için veya kişisel veya güvenli bilgiler söz konusu olduğunda kritik öneme sahiptir.

6.2 DII ve Veri Kökeni

Veri kökeni, DII çözümlerinin geliştirilmesi için faydalıdır. Veri tüketicilerinin verileri kullanması da sıklıkla gereklidir, ancak veriler kuruluşlar arasında entegre edildiğinden daha da önemli hale gelmektedirler. Veri kaynakları ve hareket bilgisinin belgelenmesini sağlamak için yönetişim önemlidir. Veri paylaşım sözleşmeleri, verilerin kullanımına sınırlamalar getirebilir ve bunlara uymak için verilerin nereye taşındığını ve devam ettiğini bilmek gerekir. Kuruluşların, verilerinin nereden geldiğini ve çeşitli sistemlerden geçerken nasıl değiştiğini tanımlayabilmelerini gerektiren yeni ortaya çıkan uyumluluk standartları (örneğin, Avrupa'daki Solvency II düzenlemesi) bulunmaktadır.

Ek olarak, veri akışlarında değişiklik yaparken veri kökeni bilgileri gereklidir. Bu bilgiler, çözüm metaverilerinin kritik bir parçası olarak yönetilmelidir. Veri yapılarında, veri akışlarında veya veri işlemede değişiklik yapılırken ihtiyaç duyulan etki analizinin bir parçası olarak ileriye ve geriye doğru veri kökeni (yani, veriler nerede kullanıldı ve nereden geldi) kritik öneme sahiptir.

6.3 Veri Entegrasyon Metrikleri

Veri Entegrasyon çözümlerini uygulamanın ölçeğini ve faydalarını ölçmek için kullanılabilirlik, hacim, hız, maliyet ve kullanıma ilişkin ölçümler dahil edilir:

- Veri Kullanılabilirliği
    - İstenen verilerin kullanılabilirliği
- Veri Hacimleri ve Hızı
    - Taşınan ve dönüştürülen veri hacimleri
    - Analiz edilen veri hacimleri
    - İletim hızı
    - Veri güncelleme ve kullanılabilirliği arasındaki gecikme
    - Olay ve tetiklenen eylem arasındaki gecikme
    - Yeni veri kaynaklarının kullanılabilirlik süresi
- Çözüm Maliyetleri ve Karmaşıklığı
    - Çözüm geliştirme ve yönetme maliyeti
    - Yeni veri edinme kolaylığı
    - Çözümlerin ve işlemlerin karmaşıklığı
    - Veri entegrasyon çözümlerini kullanan sistem sayısı

7. Alıntılanan / Önerilen Çalışmalar

Aiken, P. and Allen, D. M. *XML in Data Management*. Morgan Kaufmann, 2004. Print.

Bahga, Arshdeep, and Vijay Madisetti. *Cloud Computing: A Hands-On Approach*. CreateSpace Independent Publishing Platform, 2013. Print.

Bobak, Angelo R. *Connecting the Data: Data Integration Techniques for Building an Operational Data Store (ODS)*. Technics Publications, LLC, 2012. Print.

Brackett, Michael. *Data Resource Integration: Understanding and Resolving a Disparate Data Resource*. Technics Publications, LLC, 2012. Print.

Carstensen, Jared, Bernard Golden, and JP Morgenthal. *Cloud Computing - Assessing the Risks*. IT Governance Publishing, 2012. Print.

Di Martino, Beniamino, Giuseppina Cretella, and Antonio Esposito. *Cloud Portability and Interoperability: Issues and Current Trend*. Springer, 2015. Print. SpringerBriefs in Computer Science.

Doan, AnHai, Alon Halevy, and Zachary Ives. *Principles of Data Integration*. Morgan Kaufmann, 2012. Print.

Erl, Thomas, Ricardo Puttini, and Zaigham Mahmood. *Cloud Computing: Concepts, Technology and Architecture*. Prentice Hall, 2013. Print. The Prentice Hall Service Technology Ser. from Thomas Erl.

Ferguson, M. *Maximizing the Business Value of Data Virtualization*. Enterprise Data World, 2012. Web. http://bit.ly/2sVAsui.

Giordano, Anthony David. *Data Integration Blueprint and Modeling: Techniques for a Scalable and Sustainable Architecture*. IBM Press, 2011. Print.

Haley, Beard. *Cloud Computing Best Practices for Managing and Measuring Processes for On-demand Computing*, Applications and Data Centers in the Cloud with SLAs. Emereo Publishing, 2008. Print.

Hohpe, Gregor and Bobby Woolf. *Enterprise Integration Patterns: Designing, Building, and Deploying Messaging Solutions*. Addison-Wesley Professional, 2003. Print.

Inmon, W. *Building the Data Warehouse*. 4th ed. Wiley, 2005. Print.

Inmon, W., Claudia Imhoff, and Ryan Sousa. *The Corporate Information Factory*. 2nd ed. Wiley 2001, Print.

Jamsa, Kris. *Cloud Computing: SaaS, PaaS, IaaS, Virtualization, Business Models, Mobile, Security and More*. Jones and Bartlett Learning, 2012. Print.

Kavis, Michael J. *Architecting the Cloud: Design Decisions for Cloud Computing Service Models (SaaS, PaaS, and IaaS)*. Wiley, 2014. Print. Wiley CIO.

Kimball, Ralph and Margy Ross. *The Data Warehouse Toolkit: The Complete Guide to Dimensional Modeling*. 2nd ed. Wiley, 2002. Print.

Linthicum, David S. *Cloud Computing and SOA Convergence in Your Enterprise: A Step-by-Step Guide*. Addison-Wesley Professional, 2009. Print.

Linthicum, David S. *Enterprise Application Integration*. Addison-Wesley Professional, 1999. Print.

Linthicum, David S. *Next Generation Application Integration: From Simple Information to Web Services*. Addison-Wesley Professional, 2003. Print.

Loshin, David. *Master Data Management*. Morgan Kaufmann, 2009. Print.

Majkic, Zoran. *Big Data Integration Theory: Theory and Methods of Database Mappings, Programming Languages, and Semantics*. Springer, 2014. Print. Texts in Computer Science.

Mather, Tim, Subra Kumaraswamy, and Shahed Latif. *Cloud Security and Privacy: An Enterprise Perspective on Risks and Compliance*. O'Reilly Media, 2009. Print. Theory in Practice.

Reese, George. *Cloud Application Architectures: Building Applications and Infrastructure in the Cloud*. O'Reilly Media, 2009. Print. Theory in Practice (O'Reilly).

Reeve, April. *Managing Data in Motion: Data Integration Best Practice Techniques and Technologies*. Morgan Kaufmann, 2013. Print. The Morgan Kaufmann Series on Business Intelligence.

Rhoton, John. *Cloud Computing Explained: Implementation Handbook for Enterprises*. Recursive Press, 2009. Print.

Sarkar, Pushpak. *Data as a Service: A Framework for Providing Reusable Enterprise Data Services*. Wiley-IEEE Computer Society Pr, 2015. Print.

Sears, Jonathan. *Data Integration 200 Success Secrets - 200 Most Asked Questions On Data Integration - What You Need to Know*. Emereo Publishing, 2014. Kindle.

Sherman, Rick. *Business Intelligence Guidebook: From Data Integration to Analytics*. Morgan Kaufmann, 2014. Print.

U.S. Department of Commerce. *Guidelines on Security and Privacy in Public Cloud Computing*. CreateSpace Independent Publishing Platform, 2014. Print.

Van der Lans, Rick. *Data Virtualization for Business Intelligence Systems: Revolutionizing Data Integration for Data Warehouses*. Morgan Kaufmann, 2012. Print. The Morgan Kaufmann Series on Business Intelligence.

Zhao, Liang, Sherif Sakr, Anna Liu, and Athman Bouguettaya. *Cloud Data Management*. Springer; 2014. Print.

BÖLÜM 9

Doküman ve İçerik Yönetimi

DAMA-DMBOK2 Veri Yönetimi Çerçevesi
Copyright © 2017 by DAMA International

1. Giriş

Doküman ve İçerik Yönetimi, ilişkisel veritabanlarının dışında depolanan veri ve bilgilerin tutulmasını, depolanmasını, erişimini ve kullanımını kontrol etmeyi gerektirir. Odak noktası, onu ilişkisel veritabanları için veri operasyonları yönetimine kabaca eşdeğer kılan, dokümanların ve diğer yapılandırılmamış veya yarı yapılandırılmış bilgilerin bütünlüğünü korumak ve bunlara erişim sağlamaktır. Ancak, aynı zamanda stratejik etkenlere de sahiptir. Birçok kuruluşta, yapılandırılmamış verilerin yapılandırılmış verilerle doğrudan bir ilişkisi vardır. Bu tür içerikle ilgili yönetim kararları tutarlı bir şekilde uygulanmalıdır. Ayrıca, diğer veri türleri gibi, dokümanların ve yapılandırılmamış içeriğin de güvenli ve yüksek kalitede olması beklenir. Güvenlik ve kaliteyi sağlamak için yönetişim, güvenilir mimari ve iyi yönetilen metaveriler gerekir.

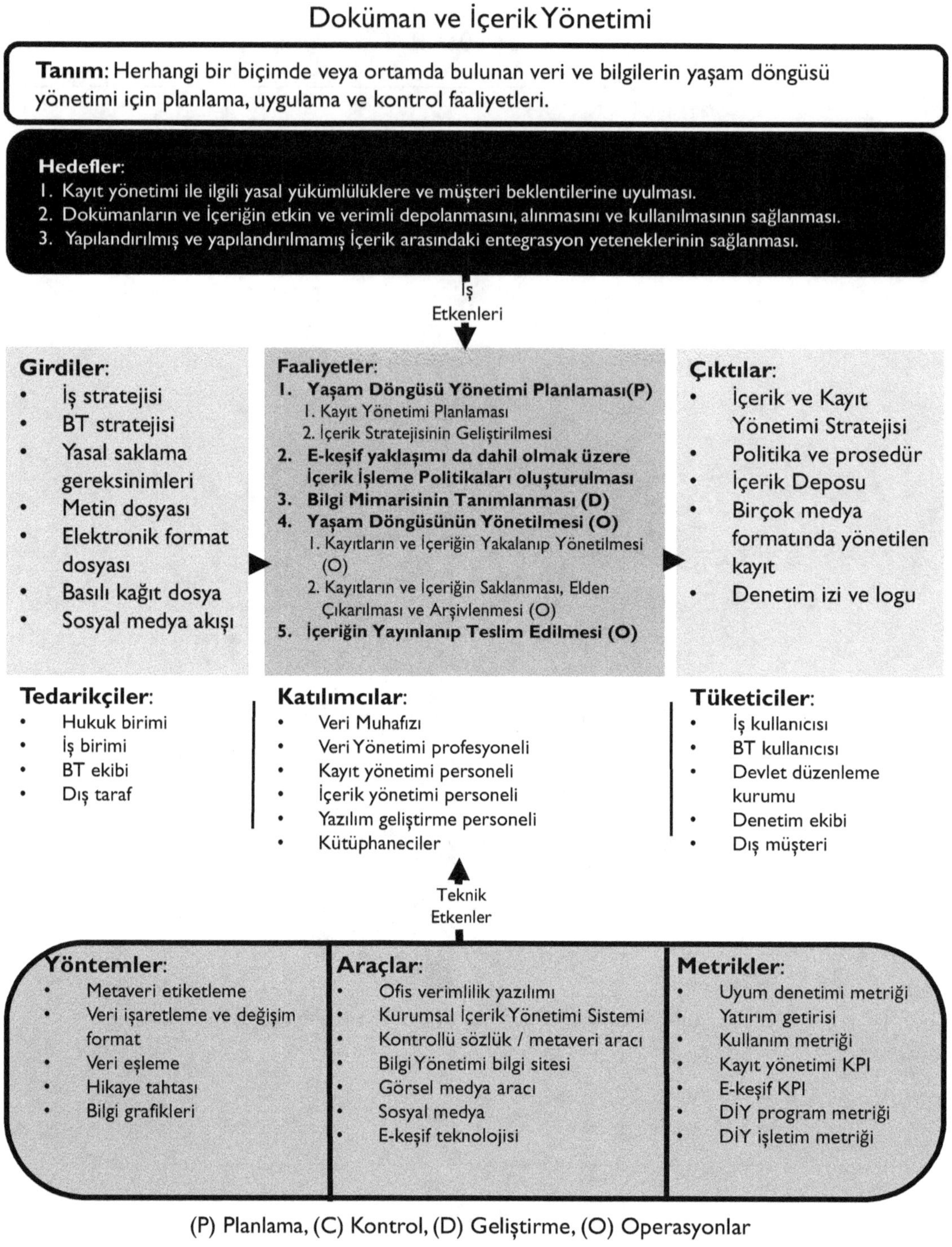

Doküman ve İçerik Yönetimi

Tanım: Herhangi bir biçimde veya ortamda bulunan veri ve bilgilerin yaşam döngüsü yönetimi için planlama, uygulama ve kontrol faaliyetleri.

Hedefler:
1. Kayıt yönetimi ile ilgili yasal yükümlülüklere ve müşteri beklentilerine uyulması.
2. Dokümanların ve İçeriğin etkin ve verimli depolanmasını, alınmasını ve kullanılmasının sağlanması.
3. Yapılandırılmış ve yapılandırılmamış İçerik arasındaki entegrasyon yeteneklerinin sağlanması.

İş Etkenleri

Girdiler:
- İş stratejisi
- BT stratejisi
- Yasal saklama gereksinimleri
- Metin dosyası
- Elektronik format dosyası
- Basılı kağıt dosya
- Sosyal medya akışı

Faaliyetler:
1. Yaşam Döngüsü Yönetimi Planlaması (P)
   1. Kayıt Yönetimi Planlaması
   2. İçerik Stratejisinin Geliştirilmesi
2. E-keşif yaklaşımı da dahil olmak üzere İçerik İşleme Politikaları oluşturulması
3. Bilgi Mimarisinin Tanımlanması (D)
4. Yaşam Döngüsünün Yönetilmesi (O)
   1. Kayıtların ve İçeriğin Yakalanıp Yönetilmesi (O)
   2. Kayıtların ve İçeriğin Saklanması, Elden Çıkarılması ve Arşivlenmesi (O)
5. İçeriğin Yayınlanıp Teslim Edilmesi (O)

Çıktılar:
- İçerik ve Kayıt Yönetimi Stratejisi
- Politika ve prosedür
- İçerik Deposu
- Birçok medya formatında yönetilen kayıt
- Denetim izi ve logu

Tedarikçiler:
- Hukuk birimi
- İş birimi
- BT ekibi
- Dış taraf

Katılımcılar:
- Veri Muhafızı
- Veri Yönetimi profesyoneli
- Kayıt yönetimi personeli
- İçerik yönetimi personeli
- Yazılım geliştirme personeli
- Kütüphaneciler

Tüketiciler:
- İş kullanıcısı
- BT kullanıcısı
- Devlet düzenleme kurumu
- Denetim ekibi
- Dış müşteri

Teknik Etkenler

Yöntemler:
- Metaveri etiketleme
- Veri işaretleme ve değişim format
- Veri eşleme
- Hikaye tahtası
- Bilgi grafikleri

Araçlar:
- Ofis verimlilik yazılımı
- Kurumsal İçerik Yönetimi Sistemi
- Kontrollü sözlük / metaveri aracı
- Bilgi Yönetimi bilgi sitesi
- Görsel medya aracı
- Sosyal medya
- E-keşif teknolojisi

Metrikler:
- Uyum denetimi metriği
- Yatırım getirisi
- Kullanım metriği
- Kayıt yönetimi KPI
- E-keşif KPI
- DİY program metriği
- DİY işletim metriği

(P) Planlama, (C) Kontrol, (D) Geliştirme, (O) Operasyonlar

Şekil 71 Bağlam Şeması: Doküman ve İçerik

1.1 İş Etkenleri

Doküman ve içerik yönetimi için ana iş etkenleri, mevzuata uygunluk, hukuk ve e-keşif taleplerine yanıt verme yeteneği ve iş sürekliliği gerekliliklerini içerir. İyi kayıt yönetimi, kuruluşların daha verimli olmasına da yardımcı olabilir. Ontolojilerin ve aramayı kolaylaştıran diğer yapıların etkin yönetiminden kaynaklanan iyi organize edilmiş, aranabilir web siteleri, müşteri ve çalışan memnuniyetini artırmaya yardımcı olur.

Kanunlar ve yönetmelikler, kuruluşların belirli türdeki faaliyetlerin kayıtlarını tutmasını gerektirir. Çoğu kuruluşun ayrıca kayıt tutmayla ilgili politikaları, standartları ve en iyi uygulamaları vardır. Kayıtlar hem kağıt belgeleri hem de elektronik olarak saklanan bilgileri (ESI) içerir. İş sürekliliği için iyi bir kayıt yönetimi gereklidir. Ayrıca, bir kuruluşun dava durumunda yanıt vermesini sağlar.

E-keşif, yasal bir işlemde kanıt olarak hizmet edebilecek elektronik kayıtları bulma sürecidir. Veri oluşturma, depolama ve kullanma teknolojisi geliştikçe, ESI'nin hacmi katlanarak arttı. Bu verilerin bir kısmı şüphesiz dava veya regülasyonel taleplerle sonuçlanacaktır.

Bir kuruluşun bir e-keşif talebine yanıt verme yeteneği, e-posta, sohbetler, web siteleri ve elektronik belgeler gibi kayıtların yanı sıra ham uygulama verileri ve metaveriler gibi kayıtları ne kadar proaktif bir şekilde yönettiğine bağlıdır. Büyük Veri, daha verimli e-keşif, kayıt tutma ve güçlü bilgi yönetimi için bir etken haline gelmiştir.

Verimlilik kazanmak, doküman yönetimini iyileştirmek için bir etkendir. Doküman yönetimindeki teknolojik gelişmeler, kuruluşların süreçleri düzenlemesine, iş akışını yönetmesine, tekrarlayan manuel görevleri ortadan kaldırmasına ve iş birliğini etkinleştirmesine yardımcı oluyor. Bu teknolojilerin, insanların dokümanları daha hızlı bulmasını, erişmesini ve paylaşmasını sağlama gibi ek faydaları vardır. Ayrıca dokümanların kaybolmasını da önleyebilirler. Bu, e-keşif için çok önemlidir. Dosya alanını küçülterek ve doküman işleme maliyetlerini azaltarak da paradan tasarruf edilir.

1.2 Hedef ve Prensipler

Doküman ve İçerik Yönetimi çevresinde en iyi uygulamaları gerçeklemenin hedefleri şunları içerir:

- Yapılandırılmamış formatlarda veri ve bilgilerin etkin ve verimli bir şekilde alınmasını ve kullanılmasını sağlamak
- Yapılandırılmış ve yapılandırılmamış veriler arasında entegrasyon yetkinliğinin sağlanması
- Yasal yükümlülüklere ve müşteri beklentilerine uyumluluk

Dokümanların ve İçeriğin Yönetimi aşağıdaki yol gösterici prensipleri takip eder:

- Bir kuruluştaki herkesin, kuruluşun geleceğini korumada oynayacağı bir rolü vardır. Herkes, yerleşik politika ve prosedürlere uygun olarak kayıtları oluşturmalı, kullanmalı ve imha etmelidir.
- Kayıtların ve içeriğin ele alınmasında uzmanlar, politika ve planlamaya tamamen dahil olmalıdır. Regülasyonlar ve en iyi uygulamalar, sektöre ve yasalara bağlı olarak önemli ölçüde değişebilir.

Kayıt yönetimi uzmanları kuruluşta bulunmasa bile, herkes zorlukları, en iyi uygulamaları ve sorunları anlamak için eğitilebilir. Bir kez eğitildikten sonra, iş sorumluları ve diğerleri, kayıt yönetimine yönelik etkili bir yaklaşım üzerinde iş birliği yapabilir.

2009'da kayıtları ve bilgileri yönetmek için kâr amacı gütmeyen bir profesyonel birlik olan ARMA International, iş kayıtlarının nasıl tutulması gerektiğini açıklayan bir dizi Genel Kabul Görmüş Kayıt Tutma İlkeleri® (GARP) yayınlamıştır. Ayrıca ilgili ölçümlerle birlikte bir kayıt tutma ve bilgi yönetişimi çerçevesi sağlar. Her ilkenin ilk cümlesi aşağıda belirtilmiştir. Daha fazla açıklama ARMA web sitesinde bulunabilir.

- **Mükellefiyet Prensibi**: Bir kuruluş, uygun kişilere bir üst düzey yönetici atamalı, personele rehberlik edecek politika ve süreçleri benimsemeli ve programın denetlenebilirliğini sağlamalıdır.

- **Bütünlük Prensibi**: Bir bilgi yönetişim programı, kuruluş tarafından veya kuruluş için oluşturulan veya yönetilen kayıtların ve bilgilerin makul ve uygun bir özgünlük ve güvenilirlik garantisine sahip olacağı şekilde oluşturulmalıdır.

- **Korunma Prensibi**: Kişisel veya başka bir şekilde korunma gerektiren bilgilere makul düzeyde koruma sağlamak için bir bilgi yönetişim programı oluşturulmalıdır.

- **Uyumluluk Prensibi**: Yürürlükteki yasalara ve diğer bağlayıcı otoritelere ve ayrıca kuruluşun politikalarına uymak için bir bilgi yönetişim programı oluşturulmalıdır.

- **Kullanılabilirlik Prensibi**: Bir kuruluş, bilgilerini zamanında, verimli ve doğru bir şekilde almasını sağlayacak şekilde muhafaza etmelidir.

- **Saklama Prensibi**: Bir kuruluş, tüm operasyonel, yasal, düzenleyici ve mali gereklilikleri ve ilgili tüm bağlayıcı otoritelerinkileri dikkate alarak bilgilerini uygun bir süre boyunca muhafaza etmelidir.

- **Elden Çıkarma Prensibi**: Bir kuruluş, politikalarına ve yürürlükteki yasalara, düzenlemelere ve diğer bağlayıcı otoritelere uygun olarak bilgilerin güvenli ve uygun şekilde elden çıkarılmasını sağlamalıdır.

- **Şeffaflık Prensibi**: Bir kuruluş, bilgi yönetişim programı da dahil olmak üzere politikalarını, süreçlerini ve faaliyetlerini, personelin ve ilgili ilgili tarafların erişebileceği ve anlayabileceği bir şekilde belgelendirmelidir.

1.3 Temel Kavramlar

1.3.1 İçerik

Bir kova su için ne ise, bir doküman da içerik için öyledir: bir kap. İçerik, dosya, doküman veya web sitesindeki veri ve bilgileri ifade eder. İçerik, genellikle dokümanların temsil ettiği kavramlara ve ayrıca dokümanların türü veya durumuna göre yönetilir. İçeriğin de bir yaşam döngüsü vardır. Tamamlanmış haliyle, bazı içerikler bir kuruluş için kayıt konusu haline gelir. Resmi kayıtlar diğer içeriklerden farklı şekilde ele alınırlar.

1.3.1.1 İçerik Yönetimi

İçerik yönetimi, depolanabilmeleri, yayınlanabilmeleri ve birden çok şekilde yeniden kullanılabilmeleri için bilgi kaynaklarını organize etme, kategorize etme ve yapılandırmaya yönelik süreçleri, teknikleri ve teknolojileri içerir.

İçeriğin yaşam döngüsü, oluşturma ve değiştirme için kontrollü süreçler aracılığıyla günlük değişikliklerle aktif olabilir veya yalnızca küçük, ara sıra yapılan değişikliklerle daha pasif olabilir. İçerik resmi olarak yönetilebilir (kesinlikle depolanabilir, yönetilebilir, denetlenebilir, elde tutulabilir veya elden çıkarılabilir) veya geçici güncellemeler yoluyla gayri resmi olarak yönetilebilir.

İçerik yönetimi özellikle web sitelerinde ve portallarda önemlidir, ancak anahtar kelimelere dayalı dizin oluşturma ve sınıflandırmalara dayalı düzenleme teknikleri tüm teknoloji platformlarında uygulanabilir. İçerik yönetimi kapsamı tüm işletmeyi kapsadığında Kurumsal İçerik Yönetimi (ECM) olarak adlandırılır.

1.3.1.2 İçerik Metaverisi

Metaveri, hem geleneksel olarak içerik ve doküman olarak düşünülen hem de şimdi "Büyük Veri" olarak anladığımız yapılandırılmamış verileri yönetmek için gereklidir. Metaveri olmadan içeriğin envanterini çıkarmak ve düzenlemek mümkün değildir. Yapılandırılmamış veri içeriği için metaveriler şunlara dayanır:

- **Format**: Genellikle verinin formatını ve verilere erişim yöntemini belirler (yapılandırılmamış sanal veriler için sanal dizin gibi).

- **Arama yeteneği**: İlgili yapılandırılmamış verilerle kullanım için arama araçlarının mevcut olup olmadığı.

- **Kendi kendine belgeleme**: Metaverinin kendi kendini belgeleyip belgelemediği (dosya sistemlerinde olduğu gibi). Bu durumda, mevcut araç basitçe benimsendiği için geliştirme minimum düzeydedir.

- **Mevcut desenler**: Mevcut metotların ve desenlerin benimsenip benimsenmeyeceği veya uyarlanıp uyarlanamayacağı (kütüphane kataloglarında olduğu gibi).

- **İçerik konuları**: Aranma olasılığı yüksek olan şeyler.

- **Gereksinimler**: Erişimde noksansızlık ve detay ihtiyacı (ilaç veya nükleer endüstrilerde olduğu gibi). Bu nedenle, içerik düzeyinde ayrıntılı metaveri gerekli olabilir ve içerik etiketleme yeteneğine sahip bir araç gerekli olabilir.

Genel olarak, yapılandırılmamış veriler için metaverilerin bakımı, çok çeşitli yerel desenler ile resmi kurumsal metaveri seti arasındaki ilişkisel referansın bakımı haline gelmektedir. Kayıt yöneticileri ve metaveri uzmanları, uzun yıllar boyunca saklanması gereken dokümanlar, kayıtlar ve diğer içerikler için kuruluş genelinde uzun vadeli yerleşik yöntemlerin bulunduğunu, ancak bu yöntemlerin yeniden organize edilmesinin genellikle maliyetli olduğunu kabul ederler. Bazı kuruluşlarda, merkezi bir ekip, kayıt yönetimi dizinleri, sınıflandırmalar ve hatta değişkenler sözlüğü arasında ilişkisel referans modellerini korur.

1.3.1.3 İçerik Modelleme

İçerik modelleme, mantıksal içerik kavramlarını içerik türlerine, niteliklere ve ilişkileri olan veri türlerine dönüştürme sürecidir. Nitelik, ilgili olduğu içerik hakkında belirli ve ayırt edilebilir bir şeyi tanımlar. Bir veri türü, niteliğin tutabileceği veri türünü kısıtlayarak doğrulama ve işlemeyi mümkün kılar. Bir içerik modelinin geliştirilmesinde metaveri yönetimi ve veri modelleme teknikleri kullanılır.

İçerik modellemenin iki seviyesi vardır. Birincisi, bir web sitesi gibi gerçek bir çıktı oluşturan bilgi ürünü düzeyindedir. İkincisi, bilgi ürün modelini oluşturan unsurları daha fazla ayrıntılandıran bileşen düzeyindedir. Modeldeki ayrıntı düzeyi, yeniden kullanım için istenen ayrıntı düzeyine bağlıdır.

İçerik modelleri, içerik oluşturmaya rehberlik ederek ve yeniden kullanımı teşvik ederek içerik stratejisini destekler. Formatsız ve cihazdan bağımsız uyarlanabilir içeriği desteklerler. Modeller, XML şema tanımı (XSD'ler), formlar veya stil şablonları (CSS) gibi yapılarda uygulanan içeriğin belirtimleri haline gelir.

1.3.1.4 İçerik Teslim Yöntemleri

İçeriğin modüler, yapılandırılmış, yeniden kullanılabilir ve cihazdan ve platformdan bağımsız olması gerekir. Teslim yöntemleri arasında web sayfaları, baskı ve mobil uygulamaların yanı sıra etkileşimli video ve sesli e-Kitaplar bulunur. İçeriğin iş akışının başlarında XML'e dönüştürülmesi, farklı medya kanallarında yeniden kullanımı destekler.

İçerik dağıtım sistemleri "push", "pull" veya etkileşimli olarak tanımlanırlar.

- **Push**: Push (itme) dağıtım sisteminde, kullanıcılar önceden belirlenmiş bir programa göre kendilerine teslim edilen içeriğin türünü seçerler. Sendikasyon, birçok yerde yayınlanan içeriği oluşturan bir tarafı içerir. Çok Basit Besleme (RSS), push içerik teslim mekanizmasının bir örneğidir. Talep üzerine haberleri ve diğer web içeriğini birleştirmek için içeriği (yani bir beslemeyi) dağıtır.

- **Pull**: Pull (çekme) dağıtım sisteminde, kullanıcılar içeriği İnternet üzerinden çekerler. Pull sistemine bir örnek, alışveriş yapanların çevrimiçi perakende mağazalarını ziyaret etmesidir.

- **Etkileşimli**: Üçüncü taraf elektronik satış noktası (EPOS) uygulamaları veya müşteriye yönelik web siteleri (ör. kayıt için) gibi etkileşimli içerik teslim yöntemlerinin kurumsal uygulamalar arasında yüksek hacimli gerçek zamanlı veri alışverişi yapması gerekir. Uygulamalar arasında veri paylaşımına yönelik seçenekler arasında Kurumsal Uygulama Entegrasyonu (EAI), Fark Verisi Alma, Veri Entegrasyonu ve Kurumsal Bilgi Entegrasyonu (EII) bulunur (Bkz. Bölüm 8).

1.3.2 Kontrollü Sözlükler

Kontrollü bir sözlük, tarama ve arama yoluyla içeriği dizinlemek, kategorilere ayırmak, etiketlemek, sıralamak ve almak için kullanılan açıkça izin verilen terimlerin tanımlı bir listesidir. Dokümanları, kayıtları ve içeriği sistematik olarak düzenlemek için kontrollü bir sözlük gereklidir. Sözlük, basit listeler veya seçim listelerinden anlamdaş halkasına veya yetki listelerine, taksonomilere ve en karmaşık, sözlük ve ontolojilere kadar karmaşıklık bakımından çeşitlilik gösterir. Kontrollü sözlüğe bir örnek, yayınları kataloglamak için kullanılan Dublin Core'dur.

Tanımlanmış politikalar, sözlüğe kimin terim eklediğini kontrol eder (örneğin, bir taksonomist veya dizin oluşturucu veya kütüphaneci). Kütüphaneciler özellikle kontrollü sözlük teorisi ve geliştirilmesi konusunda eğitilmiştir. Listenin kullanıcıları, listedeki terimleri yalnızca kapsamına giren konu alanı için uygulayabilirler (Bkz. Bölüm 10).

İdeal olarak, kontrollü sözlükler, bir kurumsal kavramsal veri modelindeki varlık adları ve tanımları ile uyumlu olmalıdır. Terimleri ve kavramları toplamaya yönelik aşağıdan yukarıya bir yaklaşım, onları sosyal etiketleme yoluyla elde edilen terim ve kavramların bir koleksiyonu olan bir folksonomide derlemektir.

Kontrollü sözlükler bir tür Referans Verisi oluşturur. Diğer Referans Veriler gibi, değerleri ve tanımları da noksansızlık ve geçerlilik açısından yönetilmelidir. Diğer verilerin kullanımını açıklamaya ve desteklemeye yardımcı oldukları için metaveri olarak da düşünülebilirler. Doküman ve İçerik Yönetimi, kontrollü sözlükler için ana kullanım durumları olduğu için bu bölümde açıklanmıştır.

1.3.2.1 Sözlük Yönetimi

Sözlük zamanla geliştiğinden, yönetim gerektirir. ANSI/NISO Z39.19-2005, Tek Dilli Kontrollü Sözlüklerin Oluşturulması, Biçimlendirilmesi ve Yönetimi için kılavuzlar sağlayan bir Amerikan standardıdır ve sözlük yönetimini "bilgi depolama ve erişim sistemlerinin etkinliğini, web navigasyonunu dil kullanarak bir tür açıklama yoluyla istenen içeriği hem tanımlamaya hem de konumlandırmaya çalışan sistemleri ve diğer ortamları iyileştirmenin bir yolu" olarak tanımlar. Sözlük kontrolünün ana amacı, içerik nesnelerinin tanımında tutarlılığı sağlamak ve geri almayı kolaylaştırmaktır.[31]

Sözlük yönetimi, verilen herhangi bir sözlüğü tanımlama, kaynak bulma, içe aktarma ve sürdürme işlevidir. Sözlük yönetiminin kullanımlara, tüketicilere, standartlara ve bakıma odaklanmasını sağlamak için anahtar sorular:

- Bu sözlük hangi bilgi kavramlarını destekleyecek?

- Bu sözlüğüm hedef kitlesi kimdir? Hangi süreçleri destekliyorlar? Hangi rolleri oynuyorlar?

- Sözlük neden gerekli? Bir uygulamayı, içerik yönetimini veya analitiği destekleyecek mi?

- Tercih edilen terimlerin belirlenmesinden hangi karar alma organı sorumludur?

- Farklı gruplar bu bilgileri sınıflandırmak için hangi mevcut sözlükleri kullanıyor? Nerede bulunuyorlar? Nasıl yaratıldılar? Konularının uzmanları kimlerdir? Bunlardan herhangi biri için herhangi bir güvenlik veya gizlilik endişesi var mı?

- Bu ihtiyacı karşılayabilecek mevcut bir standart var mı? Harici ya da dahili bir standart kullanma endişesi var mı? Standart ne sıklıkla güncellenir ve her güncellemenin değişiklik derecesi nedir? Standartlara, içe aktarması/koruması kolay bir formatta, maliyet açısından etkin bir şekilde erişilebilir mi?

Bu değerlendirmenin sonuçları veri entegrasyonunu sağlayacaktır. Ayrıca, terim ve terim ilişki yönetimi işlevleri aracılığıyla ilişkili tercih edilen sözlükler dahil olmak üzere dahili standartların oluşturulmasına yardımcı olacaklardır.

Bu tür bir değerlendirme yapılmazsa, bir kuruluşta tercih edilen sözlükler silolarda projeden projeye tanımlanmaya devam eder ve daha yüksek entegrasyon maliyetine ve daha yüksek veri kalitesi sorunları olasılığına yol açarlar (Bkz. Bölüm 13).

1.3.2.2 Sözlük Görünümleri ve Mikro Kontrollü Sözlük

Sözlük görünümü, kontrollü sözlüğün alanı içinde sınırlı bir konu yelpazesini kapsayan, kontrollü bir sözlüğün bir alt kümesidir. Amaç çok sayıda terim içeren standart bir sözlük kullanmak olduğunda sözlük görünümleri gereklidir, ancak tüm terimler bazı bilgi tüketicileri için geçerli değildir. Örneğin, yalnızca Pazarlama İş Birimi ile ilgili terimleri içeren bir görünüm, yalnızca Finans ile ilgili terimleri içermez.

Sözlük görünümleri, içeriği kullanıcılar için uygun olanla sınırlayarak bilginin kullanılabilirliğini artırır. Tercih edilen terimlerin bir sözlük görünümünü manuel olarak veya tercih edilen terim verileri veya metaveriler üzerinde çalışan eden

---

[31] http://bit.ly/2sTaI2h.

iş kuralları aracılığıyla oluşturun. Her bir sözlük görünümüne hangi terimlerin dahil edileceğine ilişkin kuralları tanımlayın.

Mikro-kontrollü sözlük, genel sözlükte bulunmayan oldukça özel terimleri içeren bir sözlük görünümüdür. Mikro kontrollü sözlüğe bir örnek, tıp disiplinleri için alt kümeleri olan bir tıp sözlüğüdür. Bu tür terimler, geniş kontrollü sözlüğün hiyerarşik yapısıyla eşleşmelidir. Mikro kontrollü bir sözlük, terimler arasındaki ilişkilere göre içsel olarak tutarlıdır.

Amaç standart bir sözlükten yararlanmak olduğunda, ancak içerik yeterli olmadığında ve belirli bir bilgi tüketicisi grubu için eklemeleri/uzantıları yönetmeye ihtiyaç duyulduğunda mikro kontrollü sözlük gereklidir. Mikro kontrollü bir sözlük oluşturmak, sözlük görünümüyle aynı adımlarla başlar, ancak farklı bir kaynak göstererek önceden var olan tercih edilen terimlerden farklılaşan ek tercih edilen terimlerin eklenmesini veya ilişkilendirilmesini de içerir.

1.3.2.3 Terimler ve Seçim Listeleri

Terim listeleri sadece listelerdir. Terimler arasındaki ilişkileri açıklamazlar. Bilgi sistemlerindeki seçim listeleri (pick lists), web açılır listeleri ve menü seçenekleri listeleri terim listelerini kullanır. Kullanıcıya çok az rehberlik sağlarlar veya hiç rehberlik etmezler, ancak değerler alanını azaltarak belirsizliği kontrol etmeye yardımcı olurlar.

Seçim listeleri genellikle uygulamalara gömülür. İçerik yönetimi yazılımı, seçim listelerini ve kontrollü sözlükleri, ana sayfadan aranabilen seçim listelerine dönüştürmeye yardımcı olabilir. Bu seçim listeleri, yazılım içinde çok yönlü taksonomiler olarak yönetilirler.

1.3.2.4 Terim Yönetimi

ANSI/NISO Z39.19-2005 standardı, bir terimi "Bir kavramı belirten bir veya daha fazla sözcük" olarak tanımlar. Sözlükler gibi, bireysel terimler de yönetim gerektirir. Terim Yönetimi, terimlerin başlangıçta nasıl tanımlandığını ve sınıflandırıldığını ve bu bilgilerin farklı sistemlerde kullanılmaya başlandığında nasıl muhafaza edildiğini belirlemeyi içerir. Terimler yönetişim süreçleri aracılığıyla yönetilmelidir. Şartlar değiştirilmeden önce paydaş geri bildirimlerinin dikkate alındığından emin olmak için sorumluların hakemlik yapması gerekebilir. Z39.19, tercih edilen bir terimi, kontrollü bir sözlüğe dahil edilmek üzere bir terim olarak seçilen iki veya daha fazla anlamdaş veya sözlüksel varyanttan biri olarak tanımlar.

Terim yönetimi, kontrollü bir sözlük içinde terimler arasında ilişkiler kurmayı içerir. Üç tür ilişki vardır:

- **Eşdeğer terim ilişkisi**: Referansın verildiği terim yerine bir veya daha fazla terimin kullanılmasına yol açan kontrollü bir sözlükteki terimler arasındaki ilişki. Bu, BT fonksiyonlarında en sık kullanılan terim eşlemedir ve bir sistemden veya sözlükten bir terim veya değerin diğeriyle aynı olduğunu belirtir, böylece entegrasyon teknolojileri eşlemelerini ve standardizasyonlarını gerçekleştirebilir.

- **Hiyerarşik ilişki**: Daha geniş (genel) ila daha dar (özel) veya tam-kısmen ilişkileri tasvir eden kontrollü bir sözlükteki terimler arasındaki ilişki.

- **İlgili terim ilişkisi**: Kontrollü bir sözlükte başka bir terimle çağrışımsal olarak ancak hiyerarşik olmayarak bağlantılı olan bir terim.

1.3.2.5 Anlamdaş Halkaları ve Yetki Listeleri

Anlamdaş halka, kabaca eşdeğer anlama sahip bir dizi terimdir. Anlamdaş halka, terimlerden birinde arama yapan kullanıcıların herhangi bir terimle ilgili içeriğe erişmesine olanak tanır. Anlamdaş halkaların manuel olarak geliştirilmesi, dizinleme için değil, erişim içindir. Eşanlamlı denetimi sunarlar ve eş anlamlılara ve neredeyse eşanlamlılara yakın terimlere denk davranırlar. Kullanım, dizinleme ortamının kontrolsüz bir sözlüğe sahip olduğu veya dizinlemenin olmadığı durumlarda gerçekleşir. Arama motorları ve farklı metaveri kayıtları anlamdaş halkalara sahiptir (Bkz. Bölüm 13). Kullanıcı arayüzlerinde uygulanmaları zor olabilir.

Bir otorite listesi, belirli bir alan veya kapsam dahilindeki bilgilerin alınmasını kolaylaştırmak için tasarlanmış, tanımlayıcı terimlerin kontrollü bir sözlüğüdür. Bir anlamdaş halka terimine denk değildir; bunun yerine, bir terim tercih edilir ve diğerleri varyantlardır. Bir otorite dosyası, kullanıcıyı tercih edilmeyen bir terimden tercih edilen bir terime yönlendirmek için her terimin eşanlamlıları ve türevlerine referanslar verir. Liste, bu terimlerin tanımlarını içermek zorunda değildir. Otorite listelerinde atanmış yöneticilerin olduğu yapıya sahip olabilirler. Örneğin, ABD Kongre Kütüphanesi'nin Konu Başlıklarıdır (Bkz. Bölüm 1.3.2.1).

1.3.2.6 Taksonomiler

Taksonomi, herhangi bir sınıflandırma veya kontrollü sözlüğe atıfta bulunan bir şemsiye terimdir. Taksonominin en bilinen örneği İsveçli biyolog Linnaeus tarafından geliştirilen tüm canlılar için sınıflandırma sistemidir.

İçerik yönetiminde taksonomi, konuların ana hatlarını belirlemek ve gezinme ve arama sistemlerini etkinleştirmek için kullanılan kontrollü bir sözlüğü içeren bir isimlendirme yapısıdır. Taksonomiler, belirsizliği azaltmaya ve eş anlamlıları kontrol etmeye yardımcı olur. Hiyerarşik bir taksonomi hem dizin oluşturucular hem de arama yapanlar için yararlı olan farklı türde üst/alt ilişkileri içerebilir. Bu tür taksonomiler, detaya inme tipi arayüzler oluşturmak için kullanılır.

Taksonomiler farklı yapılara sahip olabilir:

- Düz bir taksonominin, kontrol edilen kategoriler kümesi arasında hiçbir ilişkisi yoktur. Tüm kategoriler eşittir. Bu bir listeye benzer; örneğin, bir ülke listesi.

- Hiyerarşik bir taksonomi, düğümlerin bir kuralla ilişkilendirildiği bir ağaç yapısıdır. Bir hiyerarşinin en az iki düzeyi vardır ve iki yönlüdür. Hiyerarşide yukarı çıkmak kategoriyi genişletir; aşağı hareket etmek kategoriyi iyileştirir. Bir örnek, kıtadan sokak adresine kadar coğrafyadır.

- Bir polihiyerarşi, birden fazla düğüm ilişkisi kuralına sahip ağaç benzeri bir yapıdır. Alt düğümlerin birden fazla ebeveyni olabilir. Bu ebeveynler aynı zamanda büyükanne ve büyükbabaları da paylaşabilirler. Bu nedenle, geçiş yolları karmaşık olabilir ve olası geçersiz geçişlerden kaçınmak için dikkatli olunmalıdır: büyükanne ve büyükbabalardan biriyle değil, üst öğeyle ilgili olan bir düğümden ağacı oluşturun. Karmaşık polihiyerarşi yapılarına bir yönlü taksonomi ile daha iyi hizmet edilebilir.

- Yönlü taksonomi, her düğümün merkez düğümle ilişkilendirildiği bir yıldıza benzer. Yönler, merkezdeki nesnenin nitelikleridir. Her niteliğin (yaratıcı, başlık, erişim hakları, anahtar sözcükler, sürüm vb.) bir içerik nesnesinin bir yönü olduğu metaveriler buna bir örnektir.

- Bir ağ taksonomisi hem hiyerarşik hem de yönlü yapıları kullanır. Ağ taksonomisindeki herhangi iki düğüm, ilişkilerine dayalı olarak bağlantılar kurar. Bir örnek, bir tavsiye motorudur (…bunu beğendiyseniz, bunu da beğenebilirsiniz…). Başka bir örnek bir anlamdaşlar sözlüğüdür.

Üretilen veri miktarıyla, en iyi tanımlanmış taksonomilerde bile otomatik işaretleme, düzeltme ve yönlendirme kuralları gerekir. Taksonomiler sürdürülmezse, yetersiz kullanılacak veya yanlış sonuçlar üretecektir. Bu, geçerli düzenlemelere tabi olan kuruluşların ve personelin uyum dışı kalma riskini yaratır. Örneğin, bir finansal taksonomide tercih edilen terim 'İstihdam Sonrası' olabilir. İçerik, onu "İstihdam-Sonrası", "İstihdamsonrası" ve hatta Emeklilik Sonrası olarak sınıflandıran sistemlerden gelebilir. Bu gibi durumları desteklemek için uygun anlamdaş halka ve ilgili terim ilişkileri tanımlanmalıdır (US GAAP, 2008).

Kuruluşlar, işlerine özgü konular hakkında kolektif düşünceleri resmileştirmek için kendi taksonomilerini geliştirirler. Taksonomiler, web sitelerinde bilgi sunmak ve bulmak için özellikle önemlidir, çünkü birçok arama motoru tam kelime eşleşmelerine dayanır ve yalnızca etiketlenmiş veya aynı kelimeleri aynı şekilde kullanan öğeleri bulabilir.

1.3.2.7 Sınıflandırma Şemaları ve Etiketleme

Sınıflandırma şemaları, kontrollü sözlüğü temsil eden kodlardır. Bu şemalar genellikle hiyerarşiktir ve Dewey Ondalık Sistemi ve ABD Kongre Kütüphanesi Sınıflandırması (ana sınıflar ve alt sınıflar) gibi kendileriyle ilişkili sözcüklere sahip olabilirler. Sayı tabanlı bir taksonomi olan Dewey Ondalık Sistemi, sayıların herhangi bir dilde 'kodunun çözülmesi' mümkün olduğundan, konu kodlaması için çok dilli bir ifadedir.

Folksonomiler, sosyal etiketleme yoluyla elde edilen çevrimiçi içerik terimleri ve adları için sınıflandırma şemalarıdır. Bireysel kullanıcılar ve gruplar, bunları dijital içeriğe açıklama eklemek ve kategorilere ayırmak için kullanır. Tipik olarak hiyerarşik yapıları veya tercih edilen terimleri yoktur. Uzmanlar bunları derlemediği için folksonomiler genellikle yetkili olarak kabul edilmez veya doküman dizinleme için kullanılmaz. Ancak, kullanıcıların kelime dağarcığını doğrudan yansıttıkları için bilgi erişimini geliştirme potansiyeli sunarlar. Folksonomi terimleri, yapılandırılmış kontrollü sözlüklerle ilişkilendirilebilirler.

1.3.2.8 Tesarus

Tesarus (Thesaurus), içerik getirmek için kullanılan kontrollü sözlük türüdür. Anlamdaş listelerin ve taksonomilerin özelliklerini birleştirirler. Bir tesarus, her terim ve diğer terimlerle ilişkisi hakkında bilgi sağlar. İlişkiler ya hiyerarşik (ebeveyn/çocuk veya geniş/dar), ilişkisel ('ayrıca bakınız') veya eşdeğerdir (eş anlamlı veya kullanan/kullanılan). Eşanlamlılar, tüm bağlam senaryolarında kabul edilebilir şekilde eşdeğer olmalıdır. Bir tesarus ayrıca tanımlar, alıntılar vb. içerebilir.

Tesarus, yapılandırılmamış içeriği düzenlemek, farklı ortamlardan gelen içerikler arasındaki ilişkileri ortaya çıkarmak, web sitesinde gezinmeyi iyileştirmek ve aramayı optimize etmek için kullanılabilir. Bir kullanıcı bir terim girdiğinde, bir sistem, aramayı otomatik olarak benzer bir terime yönlendirmek için açık olmayan bir tesarus (kullanıcı tarafından doğrudan mevcut olmayan) kullanabilir. Alternatif olarak sistem, kullanıcının aramaya devam edebileceği ilgili terimler önerebilir.

Sözlük oluşturma konusunda rehberlik sağlayan standartlar arasında ISO 25964 ve ANSI/NISO Z39.19 yer alır. 10.2.2.1.5 Ontolojiler.

1.3.2.9 Ontoloji

Bir ontoloji, bir alan içindeki bir dizi kavramı ve ilişkilerini temsil eden bir taksonomi türüdür. Ontolojiler, Semantik Web'de ana bilgi temsilini sağlar ve Semantik Web uygulamaları arasında bilgi alışverişinde kullanılır.[32]

Kaynak Açıklama Çerçeve Şeması (RDFS) gibi ontoloji dilleri, belirli etki alanları hakkındaki bilgileri kodlayarak ontolojiler geliştirmek için kullanılır. Bu bilginin işlenmesini desteklemek için akıl yürütme kuralları içerebilirler. RDFS'nin bir uzantısı olan OWL (Web Ontology Language), ontolojileri tanımlamak için resmi bir sözdizimidir.

Ontolojiler sınıfları (kavramları), bireyleri (örnekleri), nitelikleri, ilişkileri ve olayları tanımlar. Bir ontoloji, bilgi temsili ve bilgi alışverişi için bir taksonomi ve ortak sözlük koleksiyonu olabilir. Ontolojiler genellikle, akıllı davranışı daha basit davranış modüllerine ve ardından katmanlara ayrıştırmak gibi, kapsama ilişkisine sahip sınıfların ve tanımların taksonomik bir hiyerarşisi ile ilgilidir.

Taksonomi (veri modeli gibi) ile ontoloji arasında iki temel fark vardır:

- Bir taksonomi, belirli bir kavram alanı için veri içeriği sınıflandırmaları sağlar. Bir veri modeli, bir niteliğin ait olduğu ve bu nitelik için geçerli olan varlığa işaret eder. Bir ontolojide varlık, nitelik ve içerik kavramları tamamen karıştırılabilir. Farklılıklar, metaveriler veya diğer ilişkiler aracılığıyla tanımlanırlar.

- Bir taksonomi veya veri modelinde tanımlanan şey bilinen şeydir – başka bir şey değildir. Buna kapalı dünya varsayımı denir. Bir ontolojide, olası ilişkiler mevcut ilişkilerin doğasına dayalı olarak çıkarılır, bu nedenle açıkça bildirilmeyen bir şey doğru olabilir. Buna açık dünya varsayımı denir.

Taksonomi yönetimi Kütüphane Bilimleri altında gelişirken, bugün taksonomi ve ontoloji yönetimi sanatı ve bilimi anlamsal, semantik yönetim alanına girmektedir (Bkz. Bölüm 10).

Ontolojileri modelleme süreci biraz öznel olduğundan, belirsizliğe ve karışıklığa neden olan yaygın tuzaklardan kaçınmak önemlidir:

- Bir ilişki örneklemi ile bir ilişki alt sınıfı arasında ayrım yapamama
- Olayları ilişkiler olarak modelleme
- Netlik eksikliği ve terimlerin benzersizliği
- Rolleri sınıflar olarak modelleme
- Yeniden kullanılamama
- Modelleme dili ve kavramlarının anlambilimini karıştırma
- Ontoloji doğrulaması için web tabanlı, platformdan bağımsız bir aracın (örneğin, OOPS! – OntOlogy Pitfall Scanner) kullanılması, tuzakların teşhisine ve onarılmasına yardımcı olur

1.3.3 Dokümanlar ve Kayıtlar

Dokümanlar, görevler için talimatlar, bir görevin veya işlevin nasıl ve ne zaman gerçekleştirileceğine ilişkin gereksinimler ve görev yürütme ve kararların günlüklerini içeren elektronik veya kâğıt nesnelerdir. Dokümanlar

---

[32] Bağlantılı Veri Web veya Web 3.0 olarak da bilinen Semantik Web, anlamın (yani anlambilimin) makine tarafından işlenebilir olduğu mevcut Web'in bir geliştirmesidir. Bir makinenin (bilgisayarın) daha fazla anlaması, verileri/bilgileri daha kolay bulmayı, paylaşmayı ve birleştirmeyi kolaylaştırır.

enformasyon ve bilgiyi iletebilir ve paylaşabilir. Doküman örnekleri, prosedürleri, protokolleri, yöntemleri ve spesifikasyonları içerir.

Dokümanların yalnızca bir alt kümesi kayıt olarak atanacaktır. Kayıtlar, işlemlerin yapıldığına ve kararların prosedürlere uygun olarak alındığına dair kanıt sağlar; kuruluşun iş faaliyetlerinin ve mevzuata uygunluğunun kanıtı olarak hizmet edebilirler. Genellikle insanlar kayıt oluşturur, ancak araçlar ve izleme ekipmanı da kayıtları otomatik olarak oluşturmak için veri sağlayabilir.

1.3.3.1 Doküman Yönetimi

Doküman yönetimi, yaşam döngüleri boyunca doküman ve kayıtları kontrol etmek ve düzenlemek için süreçleri, teknikleri ve teknolojileri kapsar. Hem elektronik hem de kâğıt dokümanlar için depolama, envanter ve kontrolünü içerir. Bugün oluşturulan dokümanların %90'ından fazlası elektroniktir. Kağıtsız dokümanlar daha yaygın olarak kullanılırken, dünya hala tarihi kâğıt dokümanlarla doludur.

Genel olarak, doküman yönetimi, dosya içeriğine çok az dikkat etse de dosyalarla ilgilidir. Bir dosyadaki bilgi içeriği, o dosyanın nasıl yönetileceği konusunda rehberlik edebilir, ancak doküman yönetimi dosyayı tek bir varlık olarak ele alır.

Hem piyasa hem de regülasyonel baskılar, kayıt tutma programlarına, konumuna, nakliyesine ve imhasına odaklanıyorlardır. Örneğin, bireylerle ilgili bazı veriler uluslararası sınırları aşamaması gibi.

ABD Sarbanes-Oxley Yasası (SOX) ve Federal Hukuk Muhakemeleri Kurallarında E-Keşif Değişiklikleri ve Kanada Yasa Tasarısı 198 gibi düzenlemeler ve tüzükler, artık kendi kuruluşlarında kayıt yönetimi uygulamalarının standardizasyonu için baskı yapan kurumsal uyum görevlilerinin endişeleri haline geldiler. Dokümanların ve kayıtların yaşam döngüsünü yönetmek şunları içerir:

- **Envanter**: Mevcut ve yeni oluşturulan doküman/kayıtların tanımlanması.
- **Politika**: Bir doküman/kayıt saklama politikası dahil olmak üzere doküman/kayıt politikalarının oluşturulması, onaylanması ve uygulanması.
- Dokümanların / kayıtların sınıflandırılması.
- **Depolama**: Fiziksel ve elektronik dokümanların/kayıtların kısa ve uzun süreli depolanması.
- **Erişim ve Dolaşım**: Politikalara, güvenlik ve kontrol standartlarına ve yasal gerekliliklere uygun olarak dokümanlara/kayıtlara erişimin ve dolaşımının sağlanması.
- **Muhafaza ve İmha**: Doküman/kayıtların kurumsal ihtiyaçlara, tüzük ve yönetmeliklere uygun olarak arşivlenmesi ve imha edilmesi.

Veri yönetimi uzmanları, doküman sınıflandırma ve saklama konusundaki kararlarda paydaşlardır. Temel yapılandırılmış veriler ile belirli yapılandırılmamış veriler arasındaki tutarlılığı desteklemeleri gerekir. Örneğin, bitmiş çıktı raporları uygun tarihi dokümanlar olarak kabul edilirse, bir OLTP veya depolama ortamındaki yapılandırılmış veriler, raporun temel verilerini depolamaktan kurtulabilir.

Dokümanlar genellikle bazı dokümanlar diğerlerinden daha ayrıntılı olacak şekilde bir hiyerarşi içinde geliştirilirler. Şekil 72, ISO 9000 Giriş ve Destek Paketi: ISO 9001 Dokümantasyon Gereksinimlerine İlişkin Kılavuz, Madde 4.2'deki metne dayalıdır, hükümet veya ordu için uygun, dokümantasyon merkezli bir paradigmayı tasvir eder. ISO 9001, temel bir kalite yönetim sisteminin minimum bileşenlerini tanımlar. Ticari kuruluşlar, iş uygulamalarını desteklemek için farklı doküman hiyerarşilerine veya akışlarına sahip olabilirler.

1.3.3.2 Kayıt Yönetimi

Doküman yönetimi, kayıt yönetimini içerir. Kayıtları yönetmenin özel gereksinimleri vardır. Kayıt yönetimi, tüm yaşam döngüsünü içerir: kaydın oluşturulmasından veya alınmasından işleme, dağıtım, organizasyon ve erişime ve elden çıkarmaya kadar. Kayıtlar fiziksel olabilir (ör. belgeler, notlar, sözleşmeler, raporlar veya mikrofiş); elektronik (ör. e-posta içeriği, ekler ve anlık mesajlaşma); bir web sitesindeki içerik, her türlü medya ve donanımla ilgili dokümanlar ve her türlü veritabanlarında yakalanan veriler. Delik kartları gibi hibrit kayıtlar (gömülü bir mikroçip pencereli delikli kâğıt kayıt), formatları birleştirir. Hayati Kayıt, bir felaket durumunda bir kuruluşun operasyonlarını sürdürebilmesi için gereken bir kayıt türüdür.

Güvenilir kayıtlar sadece kayıt tutma için değil, aynı zamanda mevzuata uygunluk için de önemlidir. Kayıtta imzaların bulunması kaydın bütünlüğüne katkıda bulunur. Diğer bütünlük eylemleri, olayın doğrulanmasını (yani, gerçek zamanlı olarak tanık olmak) ve olaydan sonra bilgilerin iki kez kontrol edilmesini içerir.

İyi hazırlanmış kayıtlar aşağıdaki gibi özelliklere sahiptir:

- **İçerik**: İçerik doğru, eksiksiz ve gerçeğe uygun olmalıdır.

- **Bağlam**: Kaydın yaratıcısı, oluşturulma tarihi veya diğer kayıtlarla ilişkisi hakkında açıklayıcı bilgiler (metaveriler), kayıt oluşturma sırasında kayıtla birlikte toplanmalı, yapılandırılmalı ve muhafaza edilmelidir.

- **Zamanlılık**: Bir olay, eylem veya karar gerçekleştikten hemen sonra bir kayıt oluşturulmalıdır.

- **Kalıcılık**: Kayıt olarak belirlendikten sonra, kayıtlar yasal varlıkları süresince değiştirilemezler.

- **Yapı**: Bir kaydın içeriğinin görünümü ve düzeni açık olmalıdır. Doğru formlara veya şablonlara kaydedilmelidirler. İçerik okunaklı olmalı, terminoloji tutarlı bir şekilde kullanılmalıdır.

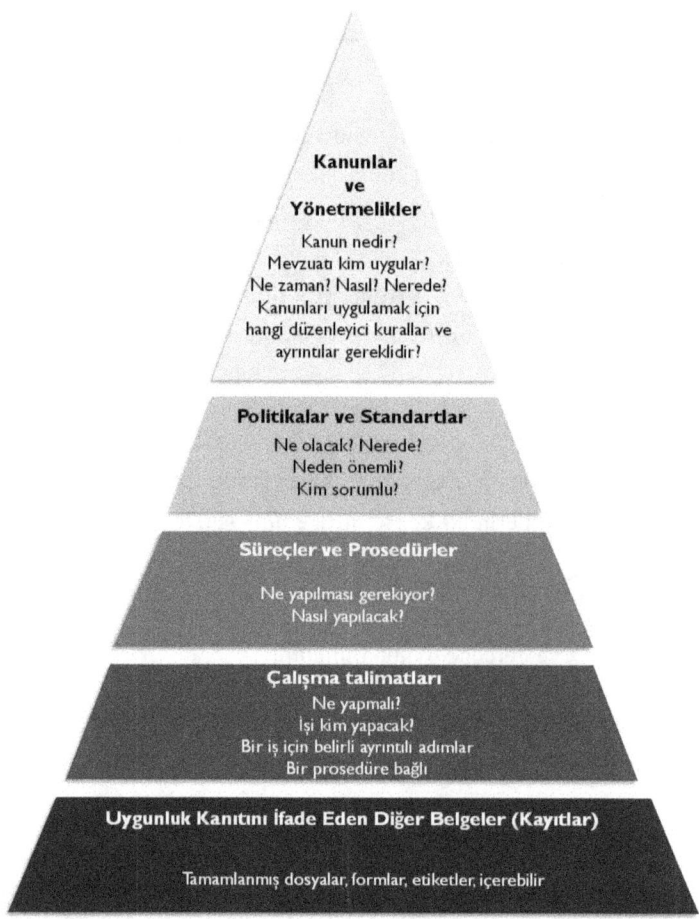

Şekil 72 ISO 9001-4.2'ye dayalı Doküman Hiyerarşisi

Birçok kayıt hem elektronik hem de kâğıt formatlarında mevcuttur. Kayıt Yönetimi, kuruluşun kayıt tutma yükümlülüklerini yerine getirmek için hangi kopyanın (elektronik veya kâğıt) resmi 'kayıt kopyası' olduğunu bilmesini gerektirir. Kaydın kopyası belirlendikten sonra, diğer kopya güvenli bir şekilde imha edilebilir.

1.3.3.3 Dijital Varlık Yönetimi

Dijital Varlık Yönetimi (DAM), video, logo, fotoğraf gibi zengin medya içeriğinin depolanması, izlenmesi ve kullanılmasına odaklanan doküman yönetimine benzer bir süreçtir.

1.3.4 Veri Haritası

Bir Veri Haritası, uygulamaların sahiplerini, sorumluları, ilgili coğrafi konumları ve veri türlerini içeren tüm ESI veri kaynaklarının, uygulamalarının ve BT ortamlarının bir envanteridir.

1.3.5 E-keşif

Keşif, her iki tarafın da davaya ilişkin gerçekleri bulmak ve her iki taraftaki argümanların ne kadar güçlü olduğunu görmek için birbirinden bilgi talep ettiği bir davanın duruşma öncesi aşamasını ifade eden yasal bir terimdir. ABD

Federal Hukuk Muhakemeleri Usul Kuralları (FRCP), 1938'den bu yana davalarda ve diğer hukuki işlerde kanıtların bulunmasını yönetmektedir. On yıllar boyunca, e-keşif için kâğıt tabanlı keşif kuralları uygulanmıştır. 2006 yılında, FRCP'de yapılan değişiklikler, dava sürecinde keşif uygulamasına ve ESI'nin gereksinimlerine uyum sağlatmıştır. Diğer küresel düzenlemelerin, kuruluşların elektronik kanıt üretme yeteneğine özel gereksinimleri vardır. Örnekler arasında Birleşik Krallık Rüşvet Yasası, Dodd-Frank Yasası, Yabancı Hesap Vergi Uyum Yasası (FATCA), Yabancı Yolsuzluk Uygulamaları Yasası, AB Veri Koruma Düzenlemeleri ve Kuralları, küresel tekelcilik karşıtı düzenlemeleri, sektöre özel düzenlemeler ve yerel mahkeme usul ve kuralları sayılabilir.

Elektronik dokümanlar genellikle, kanıtta önemli bir rol oynayan metaverilere (kâğıt dokümanlar için mevcut olmayabilir) sahiptir. Yasal gereklilikler, e-keşif gibi temel yasal süreçlerin yanı sıra veri ve kayıt saklama uygulamaları, yasal bekletme bildirimi (LHN) süreci ve yasal olarak savunulabilir elden çıkarma uygulamalarından gelir. LHN, yasal bir takibatta talep edilebilecek tanımlayıcı bilgileri, düzenleme veya silmeyi önlemek için bu veri veya dokümanı kilitlemeyi ve ardından bir kuruluştaki tüm tarafları söz konusu veri veya dokümanın yasal olarak askıya alındığını bildirmeyi içerir. Şekil 73, e-keşif için bir standartlar ve yönergeler organizasyonu olan EDRM tarafından geliştirilen üst düzey bir Elektronik Keşif Referans Modelini göstermektedir. Bu çerçeve, ilgili dahili verilerin nasıl ve nerede saklandığını, hangi saklama politikalarının uygulandığını, hangi verilere erişilemediğini ve tanımlama sürecine yardımcı olmak için hangi araçların mevcut olduğunu belirlemeye dahil olan kişiler için kullanışlı olan bir e-keşif yaklaşımı sağlar.

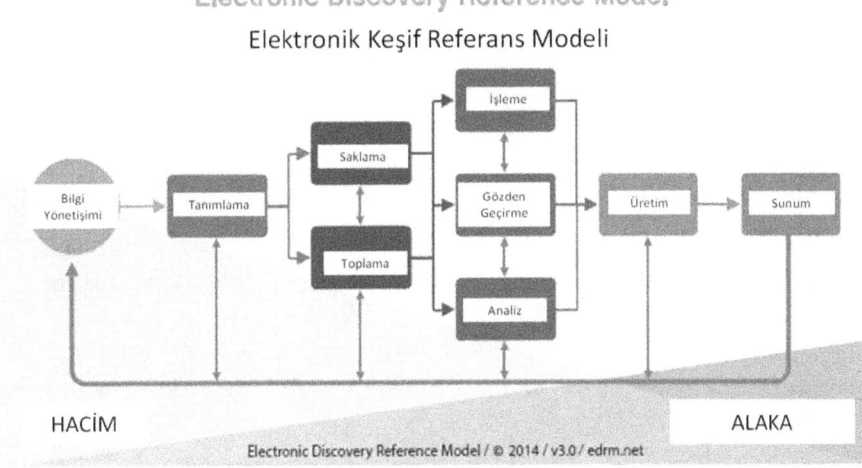

Şekil 73 Elektronik Keşif Referans Modeli (EDRM)[33]

EDRM modeli, veri veya bilgi yönetiminin yürürlükte olduğunu varsayar. Model, yinelemeli olabilen sekiz e-keşif aşaması içerir. E-keşif ilerledikçe, uygunluk büyük ölçüde arttığından keşfedilebilir veri ve bilgilerin hacmi büyük ölçüde azalır.

İlk aşama olan Tanımlamanın iki alt aşaması vardır: Erken Vaka Değerlendirmesi ve Erken Veri Değerlendirmesi (şemada gösterilmemiştir). Erken Vaka Değerlendirmesinde, yasal vakanın kendisi, tanımlayıcı bilgiler veya metaveriler (ör. anahtar kelimeler, tarih aralıkları vb.) adı verilen ilgili bilgiler için değerlendirilir. Erken Veri Değerlendirmesinde, vakayla ilgili verilerin türleri ve konumu değerlendirilir. Veri değerlendirmesi, ESI'nin korunabilmesi için ilgili verilerin saklanması veya yok edilmesiyle ilgili politikaları belirlemelidir. İlgili bilgileri elde etmek için kayıt yönetimi personeli, veri saklama görevlileri veya veri sahipleri ve bilgi teknolojisi personeli ile

---

[33] EDRM (edrm.net). EDRM.net'te yayınlanan içerik, Creative Commons Attribution 3.0 Unported Lisansı ile lisanslanmıştır.

görüşmeler yapılmalıdır. Ayrıca, ilgili personelin davanın arka planını, hukuki durumu ve davadaki rollerini anlaması gerekir.

Modeldeki sonraki aşamalar Koruma ve Toplamadır. Koruma, potansiyel olarak alakalı olduğu belirlenen verilerin yok edilmemesi için yasal bir muhafazaya alınmasını sağlar. Toplama, belirlenen verilerin şirketten yasal olarak savunulabilir bir şekilde alınmasını ve hukuk müşavirine aktarılmasını içerir.

İşleme süreci sırasında, hangi veri öğelerinin İnceleme aşamasına ilerleyeceğini belirlemek için veriler tekilleştirilir, aranır ve analiz edilir. İnceleme aşamasında, talebe yanıt olarak sunulmak üzere dokümanlar belirlenir. İnceleme ayrıca alıkonulacak ayrıcalıklı dokümanları da tanımlar. Seçimlerin çoğu, dokümanlarla ilişkili metaverilere bağlıdır. İşleme süreci, dava veya soruşturmadaki koşulları, gerçekleri ve olası kanıtları anlamak ve arama ve inceleme süreçlerini geliştirmek için içerik analizini ele aldığı için İnceleme aşamasından sonra gerçekleşir.

İşleme ve İnceleme, analize bağlıdır, ancak Analiz, içeriğe odaklanan ayrı bir aşama olarak adlandırılır. İçerik analizinin amacı, yasal duruma yanıt olarak bir strateji formüle etmek için dava veya soruşturmadaki koşulları, gerçekleri ve potansiyel kanıtları anlamaktır.

Üretim aşamasında, veriler ve bilgiler, üzerinde anlaşmaya varılan spesifikasyonlara dayalı olarak karşı danışmana teslim edilir. Orijinal bilgi kaynakları dosyalar, elektronik tablolar, e-posta, veritabanları, çizimler, fotoğraflar, özel uygulamalardan veriler, web sitesi verileri, sesli posta ve çok daha fazlası olabilir. ESI toplanabilir, işlenebilir ve çeşitli biçimlerde çıktı alınabilir. Yerel üretim, dosyaların orijinal biçimini korur. Yerele yakın üretim, çıkarım ve dönüştürme yoluyla orijinal formatı değiştirir. ESI, bir görüntü veya kâğıda yakın bir formatta üretilebilir. Alan ile belirtilmiş veriler, ESI işlendiğinde ve metinle sınırlandırılmış bir dosyada veya XML yükleme dosyasında üretildiğinde yerel dosyalardan çıkarılan metaveriler ve diğer bilgilerdir. Üretim aşamasında sağlanan içeriklerin kökeni önemlidir, çünkü hiç kimse sağlanan verileri veya bilgileri değiştirmekle suçlanmak istemez.

İfadelerde, duruşmalarda ESI'nin gösterilmesi Sunum aşamasının bir parçasıdır. ESI sunumu, vakanın unsurlarını desteklemek veya çürütmek için kâğıt üzerinde, kâğıda yakın, yerele yakın ve yerel formatlarda sunulabilir. Daha fazla bilgi ortaya çıkarmak, mevcut gerçekleri veya konumları doğrulamak veya bir izleyiciyi ikna etmek için kullanılabilirler.

1.3.6 Bilgi (Enformasyon) Mimarisi

Bilgi Mimarisi, bir bilgi veya içerik gövdesi için yapı oluşturma sürecidir. Aşağıdaki bileşenleri içerir:

- Kontrollü sözlükler
- Taksonomiler ve ontolojiler
- Navigasyon haritaları
- Metaveri haritaları
- Arama işlevi özellikleri
- Kullanım durumları
- Kullanıcı akışları

Bilgi mimarisi ve içerik stratejisi birlikte "ne"yi- hangi içeriğin bir sistemde yönetileceğini tanımlar. Tasarım aşamaları, içerik yönetimi stratejisinin 'nasıl' uygulanacağını açıklar.

Bir doküman veya içerik yönetim sistemi için bilgi mimarisi, dokümanlar ve içerik arasındaki bağlantıları ve ilişkileri tanımlar, doküman gereksinimlerini ve niteliklerini belirtir ve bir doküman veya içerik yönetim sistemindeki içeriğin yapısını tanımlar. Bilgi mimarisi, etkili web siteleri geliştirmenin merkezinde yer alır. Storyboard (film şeridi), bir web projesi için bir tasarım planı sunar. Tasarım yaklaşımının bir taslağı olarak hizmet eder, her web sayfasında olması gereken öğeleri tanımlar ve sayfaların birlikte nasıl çalışacağına dair gezinme ve bilgi akışını gösterir. Bu, sitenin yönetimi ve kullanımı için gerekli olan gezinme modellerinin, menülerin ve diğer bileşenlerin geliştirilmesini sağlar.

1.3.7 Arama Motoru

Arama motoru, terimlere dayalı olarak bilgi arayan ve içeriğinde bu terimleri içeren web sitelerini alan bir yazılımdır. Örnek olarak Google'dır. Arama işlevi birkaç bileşen gerektirir: Uygun arama motoru yazılımı, Web'de dolaşan ve bulduğu içeriğin Tekdüzen Kaynak Bulucu (URL'ler) saklayan örümcek yazılımı, karşılaşılan anahtar sözcüklerin ve metnin dizinlenmesi ve sıralama kuralları.

1.3.8 Anlamsal (Semantik) Model

Anlamsal modelleme, bir kavramlar ağını (fikirler veya ilgilenilen konular) ve bunların ilişkilerini tanımlayan bir tür bilgi modellemesidir. Bilgi sistemlerine dahil edilen anlamsal modeller, kullanıcıların teknik olmayan bir şekilde sorularını sormalarını sağlar. Örneğin, semantik bir model, veritabanı tablolarını ve görünümlerini iş kullanıcıları için anlamlı olan kavramlarla eşleyebilir.

Anlamsal modeller, anlamsal nesneler ve bağları içerir. Anlamsal nesneler, modelde temsil edilen şeylerdir. Kardinalite, etki alanları ve tanımlayıcılar gibi sahip niteliklere sahip olabilirler. Yapıları basit, bileşik, kompozit, hibrit, ilişkisel, ebeveyn/alt tip veya arketip/versiyon olabilir. Bağlar, UML'deki ilişkileri veya ilişki sınıflarını temsil eder. Bu modeller, desenleri ve trendleri belirlemeye ve aksi takdirde farklı görünebilecek bilgi parçaları arasındaki ilişkileri keşfetmeye yardımcı olur. Bunu yaparken, farklı bilgi alanları veya konu alanları arasında verilerin entegrasyonunu sağlamaya yardımcı olurlar. Ontolojiler ve kontrollü sözlükler, anlamsal modelleme için kritik öneme sahiptir.

Veri entegrasyonu, ontolojileri birkaç farklı şekilde kullanır. Tek bir ontoloji referans modeli olabilir. Birden fazla veri kaynağı varsa, her bir veri kaynağı bir ontoloji kullanılarak modellenir ve daha sonra diğer ontolojilerle eşlenir. Hibrit yaklaşım, ortak bir genel sözlükle bütünleşen çoklu ontolojiler kullanır.

1.3.9 Anlamsal Arama

Anlamsal (semantik) arama, önceden belirlenmiş anahtar kelimelerden ziyade anlam ve bağlama odaklanır. Anlamsal bir arama motoru, sözcüklere ve bağlamlarına dayalı olarak sorgu eşleşmelerini belirlemek için yapay zekayı kullanabilir. Böyle bir arama motoru, konum, amaç, kelime varyasyonları, anlamdaşlar ve kavram eşleşmesine göre analiz edebilir.

Anlamsal arama için gereksinimler, kullanıcıların ne istediğini bulmayı içerir, bu da kullanıcılar gibi düşünmek anlamına gelir. Kullanıcılar arama motorlarının doğal dil gibi çalışmasını istiyorsa, büyük olasılıkla web içeriğinin bu şekilde davranmasını isteyeceklerdir. Pazarlama organizasyonları için zorluk, markalarıyla olduğu kadar kullanıcıları ile de alakalı olan çağrışımları ve anahtar kelimeleri bir araya getirmektir.

Anlamsallık için optimize edilmiş web içeriği, katı anahtar kelime eklemeye bağlı olmak yerine doğal anahtar kelimeleri içerir. Anlamsal anahtar sözcük türleri şunları içerir: Varyasyonlar içeren temel anahtar sözcükler; kavramsal olarak ilgili terimler için tematik anahtar kelimeler ve insanların ne sorabileceğini tahmin eden kök anahtar kelimeler. İçerik uygunluğu ve 'paylaşılabilirlik' ve sosyal medya entegrasyonu yoluyla içerik paylaşımı yoluyla içerik daha da optimize edilebilir.

İş Zekâsı (BI) ve analitik araçlarının kullanıcıları genellikle anlamsal arama gereksinimlerine sahiptir. İş kullanıcılarının analiz, raporlar ve gösterge tabloları için ihtiyaç duydukları bilgileri bulabilmeleri için BI araçlarının esnek olması gerekir. Büyük Veri kullanıcıları, farklı formatlardaki verilerde ortak bir anlam bulmaya benzer bir ihtiyaç duyar.

1.3.10 Yapılandırılmamış Veri

Depolanan tüm verilerin %80 kadarının ilişkisel veritabanlarının dışında tutulduğu tahmin edilmektedir. Bu yapılandırılmamış veriler, kullanıcıların içeriğini veya nasıl düzenlendiğini anlamalarını sağlayan bir veri modeline sahip değildir; satırlar ve sütunlar halinde etiketlenmez veya yapılandırılmazlar. Yapılandırılmamış terimi, dokümanlarda, grafiklerde ve örneğin bölümler veya başlıklar gibi diğer biçimlerde genellikle yapı olduğundan, biraz yanıltıcıdır. Bazıları ilişkisel veritabanlarının dışında depolanan verilere tablo şeklinde olmayan veya yarı yapılandırılmış veriler olarak atıfta bulunur. Tek bir terim, günümüz dünyasında yaratılan ve saklanan elektronik bilginin geniş hacmini ve çeşitli biçimini yeterince tanımlayamaz.

Yapılandırılmamış veriler çeşitli elektronik formatlarda bulunur: Word dokümanları, elektronik posta, sosyal medya, sohbetler, elektronik tablolar, XML dosyaları, işlem mesajları, raporlar, grafikler, dijital görüntüler, video kayıtları ve ses kayıtları. Kâğıt dosyalarda da çok büyük miktarda yapılandırılmamış veri bulunmaktadır.

Veri yönetiminin temel ilkeleri hem yapılandırılmış hem de yapılandırılmamış veriler için geçerlidir. Yapılandırılmamış veriler, değerli bir kurumsal varlıktır. Depolama, bütünlük, güvenlik, içerik kalitesi, erişim ve etkin kullanım, yapılandırılmamış verilerin yönetimine rehberlik eder. Yapılandırılmamış veriler, veri yönetimi, mimari, güvenlik metaverileri ve veri kalitesi gerektirir.

Yapılandırılmamış ve yarı yapılandırılmış veriler, veri ambarı ve İş Zekâsı için daha önemli hale gelmiştir. Veri ambarları ve bunların veri modelleri, kullanıcıların yapılandırılmamış verileri bulmasına ve analiz etmesine yardımcı olmak için yapılandırılmış dizinler içerebilir. Bazı veritabanları, veritabanı tablosundan alındığında köprü görevi gören yapılandırılmamış verilere yönelik URL'leri işleme kapasitesini içerir. Veri göllerindeki yapılandırılmamış veriler, Bölüm 14'te açıklanmıştır.

1.3.11 İş Akışı

İçerik geliştirme, içeriğin zamanında oluşturulmasını ve uygun onayların alınmasını sağlayan bir iş akışı aracılığıyla yönetilmelidir. İş akışı bileşenleri, oluşturma, işleme, yönlendirme, kurallar, yönetim, güvenlik, elektronik imza, son tarih, (sorun oluşursa) eskalasyon, raporlama ve teslimatı içerebilir. Manuel süreçler yerine bir içerik yönetim sistemi (CMS) veya bağımsız bir sistem kullanılarak otomatikleştirilmelidir.

Bir CMS, sürüm kontrolü sağlama avantajına sahiptir. İçerik bir CMS'ye teslim edildiğinde, zaman damgası olacak, bir sürüm numarası atanacak ve güncellemeleri yapan kişinin adıyla etiketlenecektir.

İş akışının tekrarlanabilir olması, ideal olarak çeşitli içeriklerde ortak olan işlem adımlarını içermesi gerekir. İçerik türleri arasında önemli farklılıklar varsa, bir dizi iş akışı ve şablon gerekli olabilir. Paydaşların ve dağıtım noktalarının (teknoloji dahil) uyumu önemlidir. İş akışlarını iyileştirmek için son teslim tarihlerinin iyileştirilmesi gerekir, aksi takdirde iş akışlarınızın güncel olmadığını veya hangi parçadan hangi paydaşın sorumlu olduğu konusunda kafa karışıklığı olduğunu hemen görebilirsiniz.

2. Faaliyetler

2.1 Yaşam Döngüsü Yönetimi için Planlama

Doküman yönetimi uygulaması, bir dokümanın oluşturulmasından veya alınmasından dağıtımına, depolanmasına, arşivlenmesine ve olası imhasına kadar bir dokümanın yaşam döngüsünün planlanmasını içerir. Planlama, dokümanların saklanmasını ve alınmasını sağlayan sınıflandırma / dizinleme sistemleri ve taksonomilerin geliştirilmesini içerir. Daha da önemlisi, yaşam döngüsü planlaması, özellikle kayıtlar için ilke oluşturmayı gerektirir.

İlk olarak, dokümanları ve kayıtları yönetmekten sorumlu organizasyon birimini belirleyin. Bu birim, dahili ve harici olarak erişim ve dağıtımı koordine eder ve en iyi uygulamaları ve süreç akışlarını kuruluş genelindeki diğer departmanlarla bütünleştirir. Ayrıca, hayati dokümanlar ve kayıtlar için bir iş sürekliliği planı içeren genel bir doküman yönetim planı geliştirir. Birim, şirket standartları ve hükümet düzenlemeleriyle uyumlu saklama politikaları izlemesini sağlar. Uzun vadeli ihtiyaçlar için gerekli olan kayıtların uygun şekilde arşivlenmesini ve diğerlerinin yaşam döngülerinin sonunda kurumsal gereklilikler, tüzük ve yönetmeliklere uygun olarak uygun şekilde imha edilmesini sağlar.

2.1.1 Kayıt Yönetimi için Planlama

Kayıt yönetimi, kaydı neyin oluşturduğunun net bir tanımıyla başlar. İşlevsel bir alan için kayıtları tanımlayan ekip, o alandaki uzmanları ve kayıtların yönetimini sağlayan sistemleri anlayan kişileri içermelidir.

Elektronik kayıtların yönetimi, mevcut, aktif kayıtların nerede saklanacağına ve eski kayıtların nasıl arşivleneceğine ilişkin kararları gerektirir. Elektronik medyanın yaygın olarak kullanılmasına rağmen, kâğıt kayıtlar yakın vadede ortadan kalkmıyor. Bir kayıt yönetimi yaklaşımı, kâğıt kayıtları ve yapılandırılmamış verileri olduğu kadar yapılandırılmış elektronik kayıtları da hesaba katmalıdır.

2.1.2 İçerik Stratejisinin Geliştirilmesi

İçerik yönetimi planlaması, kuruluşun ilgili ve faydalı içeriği verimli ve kapsamlı bir şekilde sağlama yaklaşımını doğrudan desteklemelidir. Bir plan, içerik etkenlerini (içeriğin gerekli olmasının nedenlerini), içerik oluşturma ve dağıtımını hesaba katmalıdır. İçerik gereksinimleri, içerik yönetim sisteminin seçimi gibi teknoloji kararlarını yönlendirmelidir.

Bir içerik stratejisi, mevcut durumun bir envanteri ve bir fark değerlendirmesi ile başlamalıdır. Strateji, içeriğin nasıl önceliklendirileceğini, organize edileceğini ve erişileceğini tanımlar. Değerlendirme genellikle içerik oluşturma için üretim, iş akışı ve onay süreçlerini kolaylaştırmanın yollarını ortaya çıkarır. Birleşik bir içerik stratejisi, bağımsız içerik oluşturmak yerine yeniden kullanılabilirlik için modüler içerik bileşenleri tasarlamayı vurgular.

İnsanların metaveri kategorizasyonu ve arama motoru optimizasyonu (SEO) aracılığıyla farklı içerik türlerini bulmasını sağlamak, herhangi bir içerik stratejisi için kritik öneme sahiptir. İçerik oluşturma, yayınlama ve yönetişim konusunda önerilerde bulunun. İçeriğe ve yaşam döngüsüne uygulanan politikalar, standartlar ve yönergeler, bir kuruluşun içerik stratejisini sürdürmek ve geliştirmek için yararlıdır.

2.1.3 İçerik İşleme Politikalarının Oluşturulması

Politikalar, eylem için ilkeleri, yönü ve yönergeleri tanımlayarak gereksinimleri belirtirler. Çalışanların doküman ve kayıt yönetimi gereksinimlerini anlamalarına ve bunlara uymalarına yardımcı olurlar.

Çoğu doküman yönetimi programının aşağıdakilerle ilgili politikaları vardır:

- Kapsam ve denetimlere uygunluk
- Hayati kayıtların tanımlanması ve korunması
- Kayıtları saklamanın amacı ve programı (diğer adıyla retention programı)
- Bilgi tutma emirlerine nasıl cevap verilir (özel koruma emirleri); bunlar, saklama süreleri sona ermiş olsa bile, bir dava için bilgi saklama gereksinimleridir
- Kayıtların yerinde veya dışarıda saklanması için gereksinimler
- Sabit sürücü ve paylaşılan ağ sürücülerinin kullanımı ve bakımı
- İçerik yönetimi perspektifinden ele alınan e-posta yönetimi
- Kayıtlar için uygun imha yöntemleri (örneğin, önceden onaylanmış tedarikçiler ve imha sertifikalarının alınması ile)

2.1.3.1 Sosyal Medya Politikaları

Bu standart konularına ek olarak, birçok kuruluş yeni medyalara yanıt vermek için politikalar geliştirmektedir. Örneğin, bir kuruluş, Facebook, Twitter, LinkedIn, sohbet odaları, bloglar, wikiler veya çevrimiçi forumlarda yayınlanan sosyal medya içeriğinin bir kayıt oluşturup oluşturmadığını, özellikle de çalışanlar kurumsal hesapları kullanarak iş yapma sürecinde yayınlıyorsa, tanımlamalıdır.

2.1.3.2 Cihaz Erişim Politikaları

Trend BYOD (kendi cihazlarınızı getirin), BYOA (kendi uygulamalarınızı getirin) ve WYOD (kendi cihazlarınızı giyin) ile kullanıcı odaklı BT'ye doğru kaydığından, içerik ve kayıt yönetimi işlevleri uyumluluk, güvenlik ve gizliliği sağlamak için bu senaryolarla çalışması gerekir.

Politikalar, resmi içerik üzerinde kontroller koymak için resmi olmayan içerik (ör. Dropbox veya Evernote) ile resmi içerik (ör. sözleşmeler ve anlaşmalar) arasında ayrım yapmalıdır. Politikalar ayrıca gayri resmi içerik konusunda rehberlik sağlayabilirler.

2.1.3.3 Hassas Verileri İşleme

Kuruluşların, hassas verileri belirleyerek ve koruyarak gizliliği korumaları yasal olarak zorunludur. Veri Güvenliği ve/veya Veri Yönetişimi genellikle gizlilik planlarını oluşturur ve hangi varlıkların gizli veya kısıtlı olduğunu belirler. İçerik üreten veya bir araya getiren kişiler bu sınıflandırmaları uygulamalıdır. Dokümanlar, web sayfaları ve diğer içerik bileşenleri, politikalara ve yasal gerekliliklere göre hassas olarak işaretlenmelidir. İşaretlendikten sonra, gizli veriler uygun olduğunda maskelenir veya silinir (Bkz. Bölüm 7).

2.1.3.4 Dava Taleplerine Mukabele

Kuruluşlar, proaktif e-keşif yoluyla dava talepleri olasılığına hazırlıklı olmalıdır (En iyisini umut edin; en kötüsüne hazırlanın). Veri kaynaklarının ve her biriyle ilişkili risklerin bir envanterini oluşturmalı ve yönetmelidirler. İlgili bilgilere sahip olabilecek veri kaynaklarını belirleyerek, davaya yönelik bir bekletme bildirimine zamanında yanıt verebilir ve veri kaybını önleyebilirler. E-keşif süreçlerini otomatikleştirmek için uygun teknolojiler kullanılmalıdır.

2.1.4 İçerik Bilgi Mimarisinin Tanımlanması

Semantik web, arama motorları, web sosyal madenciliği, kayıt uyumu ve risk yönetimi, coğrafi bilgi sistemleri (GIS) ve İş Zekâsı uygulamaları gibi birçok bilgi sistemi yapılandırılmış ve yapılandırılmamış veri, doküman, metin, resim vb. bu sistemlerden bilgi almak için ihtiyaçlarını sistem geri alma mekanizmasının anlayabileceği bir biçimde sunarlar. Benzer şekilde, dokümanların, yapılandırılmış ve yapılandırılmamış verilerin envanterinin, erişim mekanizmasının ilgili eşleşen verileri ve bilgileri hızlı bir şekilde tanımlamasına olanak tanıyan bir biçimde tanımlanması / dizine eklenmesi gerekir. Kullanıcı sorguları hem ilgili hem de alakasız bilgileri almaları veya ilgili tüm bilgileri almamaları nedeniyle kusurlu olabilir.

Aramalar, içerik tabanlı dizinlemeyi veya metaverileri kullanır. Dizinleme tasarımları, kullanıcıların ihtiyaç ve tercihlerine göre dizinlerin kilit yönleri veya nitelikleri için karar seçeneklerine bakar. Ayrıca, tek tek terimleri başlıklarda veya arama ifadesinde birleştirmek için sözlük yönetimine ve sözdizimine de bakarlar.

Veri yönetimi uzmanları, Kontrollü sözlükler ve Referans Verileri (bkz. Bölüm 1.3.2.1) ve yapılandırılmamış veri ve içerik için metaverilerin işlenmesiyle ilgili terimlerle ilgilenebilirler (Bkz. Bölüm 12). Kontrollü sözlükler, dizinler, bilgi erişimi için sınıflandırma şemaları ve veri yönetimi projeleri ve uygulamalarının bir parçası olarak yürütülen veri modelleme ve metaveri çalışmaları oluşturma çabalarıyla koordinasyon olmasını sağlamalıdırlar.

2.2 Yaşam Döngüsünün Yönetilmesi

2.2.1 Kayıtların ve İçeriğin Yakalanması

İçeriği yakalamak, onu yönetmenin ilk adımıdır. Elektronik içerik genellikle elektronik depolarda saklanacak bir formattadır. Kayıtların kaybolması veya zarar görmesi riskini azaltmak için, kâğıt içeriğinin taranması ve ardından kurumsal sisteme yüklenmesi, dizinlenmesi ve depoda saklanması gerekir. Mümkünse elektronik imza kullanın.

İçerik yakalandığında, (en azından) bir doküman veya resim tanımlayıcı, veri ve kayıt zamanı, başlık ve yazar(lar) gibi uygun metaverilerle etiketlenmelidir (dizine eklenmelidir). Metaveriler, bilgilerin alınması ve içeriğin bağlamının anlaşılması için gereklidir. Otomatikleştirilmiş iş akışları ve tanıma teknolojileri, denetim izleri sağlayarak kayıt ve içeri alım sürecine yardımcı olabilir.

Bazı sosyal medya platformları kayıt yakalama özelliği sunar. Sosyal medya içeriğinin bir depoya kaydedilmesi, onu inceleme, meta etiketleme ve sınıflandırma ve kayıt olarak yönetim için kullanılabilir hale getirir. Web gezginleri, web sitelerinin sürümlerini yakalayabilir. Web yakalama araçları, uygulama programlama arabirimleri (API'ler) ve RSS beslemeleri, içerik veya sosyal medya dışa aktarma araçlarını yakalayabilir. Sosyal medya kayıtları ayrıca manuel olarak veya önceden tanımlanmış, otomatikleştirilmiş iş akışları aracılığıyla da yakalanabilir.

2.2.2 Sürüm Oluşturma ve Kontrolünün Yönetilmesi

ANSI Standardı 859, verilerin kritikliğine ve verilerin bozulması veya başka bir şekilde kullanılamaması durumunda ortaya çıkacak algılanan zarara bağlı olarak üç veri kontrolü düzeyine sahiptir: resmi, revizyon ve gözetim:

- **Resmi kontrol**, resmi değişikliğin başlatılmasını, etkinin kapsamlı bir şekilde değerlendirilmesini, bir değişiklik yetkilisi tarafından karar verilmesini ve gerçeklemenin tam olarak mükellefiyetini ve paydaşlara doğrulanmasını gerektirir

- **Revizyon kontrolü daha az resmidir**, paydaşları bilgilendirir ve bir değişiklik gerektiğinde sürümleri günceller

- **Gözetim kontrolü en az resmi olanıdır**, yalnızca güvenli saklama ve bulup getirme aracı gerektirir

Tablo 15, veri varlıklarının ve olası kontrol düzeylerinin örnek bir listesini gösterir.

ANSI 859, bir veri varlığına hangi kontrol düzeyinin uygulanacağını belirlerken aşağıdaki kriterlerin dikkate alınmasını önerir:

- Varlığı tedarik etme ve güncelleme maliyeti
- Projeye etkisi, değişikliklerin önemli maliyet veya zamanlama sonuçları olacaksa
- Kurum veya projedeki değişikliğin diğer sonuçları
- Varlığın güncel veya eski sürümlerinin yeniden kullanılması ihtiyacı
- Bir değişiklik geçmişinin tutulması (kurum veya proje tarafından istendiğinde)

Tablo 15 ANSI-859'a Göre Dokümanlar için Kontrol Düzeyleri

Veri Varlığı	Resmi	Revizyon	Gözetim
Eylem öğesi listeleri		x	
Gündemler			x
Denetim bulguları		x	x
Bütçeler	x		
Nihai Teklif			x
Finansal veriler ve raporlar	x	x	x
İnsan Kaynakları verileri		x	
Toplantı notları			x
Toplantı duyuruları ve katılım listeleri		x	x

Veri Varlığı	Resmi	Revizyon	Gözetim
Proje planları (veri yönetimi ve konfigürasyon yönetimi planları dahil)	x		
Teklif (devam eden)		x	
Takvimler	x		
İş Beyanları	x		
Karşılaştırma keşfi		x	
Eğitim içeriği	x	x	
Çalışma kağıtları			x

2.2.3 Yedekleme ve Kurtarma

Doküman / kayıt yönetim sisteminin, iş sürekliliği ve felaket kurtarma planlaması dahil olmak üzere kuruluşun genel kurumsal yedekleme ve kurtarma faaliyetlerine dahil edilmesi gerekir. Hayati bir kayıt programı, kuruluşa bir afet sırasında işlerini yürütmek ve sonrasında normal işlerine devam etmek için gerekli kayıtlara erişim sağlar. Hayati kayıtlar tanımlanmalı ve bunların korunması ve kurtarılması için planlar geliştirilmeli ve sürdürülmelidir. Bir kayıt yöneticisi, bu faaliyetlerin hayati kayıtların güvenliğini hesaba katmasını sağlamak için risk azaltma ve iş sürekliliği planlamasına dahil edilmelidir.

Afetler, elektrik kesintileri, insan hatası, ağ ve donanım arızası, yazılım arızası, kötü niyetli saldırılar ve doğal afetleri içerebilir. Bir İş Sürekliliği Planı (veya Felaket Kurtarma Planı), dokümanlar da dahil olmak üzere bir kuruluşun verilerine yönelik tehditlerin etkisini azaltmak ve herhangi bir felaket durumunda minimum kesinti ile mümkün olduğunca çabuk kurtarmak için tasarlanmış yazılı politikalar, prosedürler ve bilgiler içerir.

2.2.4 Saklama ve Elden Çıkarmanın Yönetilmesi

Etkin doküman/kayıt yönetimi, özellikle kayıtların saklanması ve elden çıkarılmasıyla ilgili açık politikalar ve prosedürler gerektirir. Bir saklama ve elden çıkarma politikası, operasyonel, yasal, mali veya tarihi değere ilişkin dokümanların muhafaza edilmesi gereken zaman dilimlerini tanımlayacaktır. Etkin olmayan dokümanların, saha dışı depolama gibi ikincil bir depolama tesisine ne zaman aktarılabileceğini tanımlar. Politika, uygunluk süreçlerini ve dokümanların elden çıkarılmasına yönelik yöntemleri ve programları belirtir. Saklama programları oluşturulurken yasal ve düzenleyici gereksinimler dikkate alınmalıdır.

Kayıt yöneticileri veya bilgi varlığı sahipleri, ekiplerin gizlilik ve veri koruma gereksinimlerini hesaba katmasını ve kimlik hırsızlığını önlemek için önlemler almasını sağlamaya yönelik gözetim sağlar.

Doküman saklama, yazılımla ilgili önemli noktaları sunar. Elektronik kayıtlara erişim, yazılım ve işletim sistemlerinin belirli sürümlerini gerektirebilir. Yeni yazılımın kurulumu kadar basit teknolojik değişiklikler, dokümanları okunamaz veya erişilemez hale getirebilir.

Katma değeri olmayan bilgiler, fiziksel ve elektronik alan israfını ve ayrıca bakımıyla ilişkili maliyeti önlemek için kuruluşun elinde bulundurduklarından çıkarılmalı ve imha edilmelidirler. Ayrıca, yasal olarak gerekli zaman dilimlerini aşan kayıtların tutulmasıyla ilişkili riskler de vardır. Bu bilgiler dava için keşfedilebilir durumda kalırlar.

Yine de birçok kuruluş, katma değeri olmayan bilgilerin kaldırılmasına öncelik vermez çünkü:

- Politikalar yeterli değildir

- Bir kişinin katma değeri olmayan bilgisi, diğerinin değerli bilgisidir

- Mevcut katma değeri olmayan fiziksel ve/veya elektronik kayıtlar için gelecekteki olası ihtiyaçları öngörülemiyordur

- Kayıt Yönetimi için uzlaşma yoktur

- Hangi kayıtların silineceğine karar verilemiyordur

- Bir karar vermenin ve fiziksel ve elektronik kayıtları kaldırmanın algılanan maliyetinden dolayıdır

- Elektronik alan ucuzdur. Gerektiğinde daha fazla alan satın almak, arşivleme ve kaldırma işlemlerinden daha kolaydır

2.2.5 Denetim Dokümanları / Kayıtları

Doküman / kayıt yönetimi, karar verme veya operasyonel faaliyetlerin yürütülmesi için doğru bilginin doğru zamanda doğru kişilere ulaştığından emin olmak için periyodik denetim gerektirir. Tablo 16, denetim önlemlerinin örneklerini içerir.

Bir denetim genellikle aşağıdaki adımları içerir:

- Doküman/kayıt yönetiminin 'nedenini' oluşturan kurumsal etkenlerin tanımlanması ve paydaşların belirlenmesi
- Neyin inceleneceği / ölçüleceği ve hangi araçların kullanılacağı (standartlar, kıyaslamalar, anketler gibi) belirlendikten sonra süreç hakkında veri toplama ("nasılı")
- Sonuçların raporlanması
- Sonraki adımların ve zaman çerçevelerinin bir eylem planının geliştirilmesi

Tablo 16 Örnek Denetim Önlemleri

Doküman / Kayıt Yönetimi Bileşeni	Örnek Denetim Ölçütü
Envanter	Envanterdeki her konum benzersiz bir şekilde tanımlanır.
Depo	Fiziksel dokümanlar / kayıtlar için depolama alanları, büyümeye uyum sağlamak için yeterli alana sahiptir.
Güvenilirlik ve Doğruluk	Dokümanların / kayıtların oluşturulan veya alınanların yeterli bir yansıması olduğunu doğrulamak için yerinde kontroller yapılır.
Sınıflandırma ve Dizinleme Şemaları	Metaveri ve doküman dosya planları iyi tanımlanmıştır.
Erişim ve Alım	Son kullanıcılar kritik bilgileri kolayca bulur ve alır.
Saklama Süreçleri	Saklama programı, departmansal, fonksiyonel veya ana organizasyonel fonksiyonlara göre mantıklı bir şekilde yapılandırılmıştır
Elden Çıkarma Yöntemleri	Dokümanlar/kayıtlar tavsiye edildiği şekilde elden çıkarılır.
Güvenlik ve Gizlilik	Doküman/kayıt gizliliği ihlalleri ve doküman/kayıt kayıpları güvenlik olayları olarak kaydedilir ve uygun şekilde yönetilir.
Dokümanların / kayıt yönetiminin kurumsal kavranışı	Paydaşlara ve personele doküman/kayıt yönetimi ile ilgili görev ve sorumluluklar konusunda uygun eğitimler verilir.

2.3 İçeriğin Yayınlanması ve Teslim Edilmesi

2.3.1 Erişim, Arama ve Alım Sağlanması

İçerik, metaveri / anahtar kelime etiketleme ile tanımlandıktan ve uygun bilgi içeriği mimarisi içinde sınıflandırıldıktan sonra, erişim ve kullanım için hazır hale gelir. Kullanıcı profillerini koruyan portal teknolojisi, yapılandırılmamış verileri bulmalarına yardımcı olabilir. Arama motorları, anahtar kelimelere dayalı olarak içerik döndürebilir. Bazı kuruluşlar, dahili arama araçları aracılığıyla bilgi almak için profesyonellere sahiptir.

2.3.2 Kabul Edilebilir Kanallardan Teslim Edilme

İçerik kullanıcıları artık kendi seçtikleri bir cihazda içerik tüketmek veya kullanmak istediğinden, teslim beklentilerinde bir kayma vardır. Birçok kuruluş hala MS Word gibi bir şeyde içerik oluşturuyor ve onu HTML'ye taşıyor veya belirli bir platform, belirli bir ekran çözünürlüğü veya ekranda belirli bir boyut için içerik sunuyor. Başka bir dağıtım kanalı isteniyorsa, bu içeriğin o kanal için hazırlanması gerekir (örneğin baskı). Değiştirilen herhangi bir içeriğin orijinal formata geri getirilmesi gerekmesi potansiyeli vardır.

Veritabanlarından gelen yapılandırılmış veriler HTML olarak biçimlendirildiğinde, verileri biçimlendirmeden ayırmak her zaman kolay olmadığı için orijinal yapılandırılmış verileri kurtarmak zorlaşır.

3. Araçlar

3.1 Kurumsal İçerik Yönetimi Sistemleri

Bir Kurumsal İçerik Yönetimi Sistemi (ECM), temel bileşenlerden oluşan bir platformdan veya tamamen entegre edilebilen veya ayrı olarak kullanılabilen bir dizi uygulamadan oluşabilir. Aşağıda tartışılan bu bileşenler, kurum içinde veya kurum dışında bulutta olabilir.

Raporlar, yazıcılar, e-posta, web siteleri, portallar ve mesajlaşma dahil olmak üzere bir dizi araç ve ayrıca bir doküman yönetim sistemi arayüzü aracılığıyla iletilebilirler. Araca bağlı olarak, kullanıcılar detaya inerek arama yapabilir, görüntüleyebilir, indirebilir / giriş ve çıkış yapabilir ve talep üzerine raporları yazdırabilir. Klasörlerde düzenlenen raporları ekleme, değiştirme veya silme yeteneği, rapor yönetimini kolaylaştırır. Rapor saklama, otomatik temizleme veya disk, CD-ROM, COLD (Bilgisayar Çıkışından Lazer Diske) vb. gibi diğer ortamlara arşivleme için ayarlanabilir. Raporlar ayrıca bulutta tutulabilir. Belirtildiği gibi, içeriği okunamayan, modası geçmiş biçimlerde tutmak, kuruluş için risk oluşturur (Bkz. Bölüm 6 ve 8 ve Bölüm 3.1.8).

İş süreçleri ve roller iç içe geçtikçe ve tedarikçiler ürünleri için pazarları genişletmeye çalıştıkça, doküman yönetimi ve içerik yönetimi arasındaki sınırlar bulanıklaşmaktadır.

3.1.1 Doküman Yönetimi

Doküman yönetim sistemi, elektronik dokümanlar ve kâğıt dokümanların elektronik görüntülerini izlemek ve depolamak için kullanılan bir uygulamadır. Doküman kitaplığı sistemleri, elektronik posta sistemleri ve görüntü yönetim sistemleri, uzmanlaşmış doküman yönetim sistemleridir. Doküman yönetim sistemleri genellikle depolama, sürüm oluşturma, güvenlik, metaveri yönetimi, içerik dizinleme ve alma yetenekleri sağlar. Bazı sistemlerin genişletilmiş yetenekleri, dokümanların metaveri görünümlerini içerebilir.

Dokümanlar, bir doküman yönetim sistemi içinde oluşturulur veya tarayıcılar veya OCR yazılımı aracılığıyla yakalanır. Bu elektronik dokümanların, bulunabilmesi için yakalama işlemi sırasında anahtar kelimeler veya metin yoluyla dizinlenmesi gerekir. Oluşturanın adı ve dokümanın oluşturulduğu, değiştirildiği, depolandığı tarihler gibi metaveriler genellikle her doküman için saklanır. Dokümanlar, benzersiz bir doküman tanımlayıcısı kullanılarak veya doküman tanımlayıcısını ve / veya beklenen metaverilerin bölümlerini içeren kısmi arama terimleri belirtilerek geri alınmak üzere kategorilere ayrılabilir. Metaveriler dokümandan otomatik olarak çıkarılabilir veya kullanıcı tarafından eklenebilir. Dokümanların bibliyografik kayıtları, tipik olarak, yerel olarak kitaplık veritabanlarında depolanan ve gizlilik ve izinlerin izin verdiği ölçüde, dünya çapında paylaşılan kataloglar aracılığıyla sağlanan Makine Tarafından Okunabilir Kataloglama (MARC) standart biçiminde, tanımlayıcı yapılandırılmış verilerdir.

Bazı sistemler, bileşik doküman desteği ve içerik replikasyonu gibi gelişmiş yeteneklere sahiptir. Metin işlem yazılımı, bileşik dokümanı oluşturur ve elektronik tablolar, videolar, ses ve diğer multimedya türleri gibi metin olmayan öğeleri entegre eder. Ek olarak, bir bileşik doküman, tek bir entegre görünüm oluşturmak için organize edilmiş bir kullanıcı arabirimleri koleksiyonu olabilir.

Doküman depolama, dokümanları yönetmek için fonksiyonlar içerir. Bir doküman deposu, teslim etme ve teslim alma özelliklerini, sürüm oluşturma, iş birliği, karşılaştırma, arşivleme, durum durumu/durumları, bir depolama ortamından diğerine geçiş ve düzenleme sağlar. Kendi deposunun dışında (örneğin, bir dosya paylaşımında veya bulut ortamında) dokümanların bir miktar erişim ve sürüm yönetimini sunabilir.

Bazı doküman yönetim sistemleri, aşağıdakiler gibi farklı iş akış türlerini destekleyebilecek bir modüle sahiptir:

- Kullanıcının dokümanı nereye gönderdiğini gösteren manuel iş akışları
- Bir kuruluş içinde dokümanın akışını dikte eden kuralların oluşturulduğu, kurallara dayalı iş akışı
- İçeriğe göre farklı iş akışlarına izin veren dinamik kurallar

Doküman yönetim sistemleri, yöneticinin doküman türüne ve kullanıcı kimlik bilgilerine göre erişim izni verdiği bir hak yönetimi modülüne sahiptir. Kuruluşlar, belirli doküman türlerinin ek güvenlik veya kontrol prosedürleri gerektirdiğini belirleyebilir. Gizlilik kısıtlamaları dahil olmak üzere güvenlik kısıtlamaları, dokümanın oluşturulması ve yönetimi ile teslimat sırasında da geçerlidir. Elektronik imza, diğer şeylerin yanı sıra dokümanı gönderenin kimliğini ve mesajın doğruluğunu sağlar.

Bazı sistemler, özellikle istihbarat, askeri ve bilimsel araştırma sektörlerinde, erişim, kullanım veya geri alınmasından çok, veri ve bilgilerin kontrolü ve güvenliğine odaklanır. İlaç ve finans sektörleri gibi oldukça rekabetçi veya yüksek düzeyde düzenlenmiş endüstriler de kapsamlı güvenlik ve kontrol önlemleri uygular.

3.1.1.1 Dijital Varlık Yönetimi

İhtiyaç duyulan işlevsellik benzer olduğundan, birçok doküman yönetim sistemi dijital varlık yönetimini içerir. Bu, ses, video, müzik ve dijital fotoğraflar gibi dijital varlıkların yönetimidir. Görevler, dijital varlıkların kataloglanmasını, depolanmasını ve alınmasını içerir.

3.1.1.2 Görüntü İşleme

Bir görüntü işleme sistemi, kâğıt ve elektronik dokümanların görüntülerini yakalar, dönüştürür ve yönetir. Yakalama yeteneği, tarama, optik ve akıllı karakter tanıma veya form işleme gibi teknolojileri kullanır. Kullanıcılar sisteme metaverileri dizinleyebilir veya girebilir ve sayısallaştırılmış görüntüyü bir depoya kaydedebilir.

Tanıma teknolojileri, taranmış (sayısallaştırılmış) basılı veya el yazısı metnin bilgisayar yazılımı tarafından tanınabilecek bir forma mekanik veya elektronik olarak dönüştürülmesi olan optik karakter tanımayı (OCR) içerir. Akıllı karakter tanıma (ICR), basılı ve bitişik el yazısıyla başa çıkabilen daha gelişmiş bir OCR sistemidir. Her ikisi de büyük miktarlardaki formları veya yapılandırılmamış verileri bir CMS formatına dönüştürmek için önemlidir.

Form işleme, basılı formların tarama veya tanıma teknolojileri aracılığıyla yakalanmasıdır. Bir web sitesi aracılığıyla gönderilen formlar, sistem düzeni, yapıyı, mantığı ve içeriği tanıdığı sürece yakalanabilir.

Doküman görüntülerinin yanı sıra, dijital fotoğraflar, infografikler, uzamsal veya uzamsal olmayan veri görüntüleri gibi diğer sayısallaştırılmış görüntüler depolarda saklanabilir. Bazı ECM sistemleri, COLD bilgileri, .wav ve .wmv (ses) dosyaları, XML ve sağlık HL7 mesajları gibi çeşitli sayısallaştırılmış doküman ve görüntüleri entegre bir depoya alabilir.

Görüntüler genellikle kâğıt yerine bilgisayar yazılımı veya kameralar kullanılarak oluşturulur. İkili dosya biçimleri, vektör ve raster (bitmap) türlerinin yanı sıra MS Word .DOC biçimini içerir. Vektör görüntüleri, tek tek renkli bloklar yerine matematiksel formüller kullanır ve sıklıkla yeniden boyutlandırma gerektiren grafikler oluşturmak için çok iyidir. Dosya biçimleri arasında .EPS, .AI veya .PDF bulunur. Raster görüntüler, tam bir görüntü oluşturmak için sabit sayıda renkli piksel kullanır ve çözünürlüklerinden ödün vermeden kolayca yeniden boyutlandırılamaz. Raster dosyalarına örnek olarak .JPEG, .GIF, .PNG veya .TIFF dahildir.

3.1.1.3 Kayıt Yönetim Sistemi

Bir kayıt yönetim sistemi, yasal ve düzenleyici gereksinimlere uymak için saklama ve elden çıkarma otomasyonu, e-keşif desteği ve uzun vadeli arşivleme gibi yetenekler sunabilir. Kritik iş kayıtlarını tutmak için hayati bir kayıt programını desteklemelidir. Bu tür bir sistem, bir doküman yönetim sistemi ile entegre edilebilir.

3.1.2 İçerik Yönetim Sistemi

Bir içerik yönetim sistemi, bileşenler arasındaki bağlantıları korurken içeriği toplamak, düzenlemek, dizinlemek ve almak, onu bileşenler veya bütün dokümanlar olarak depolamak için kullanılır. Bir CMS, dokümanlardaki içeriğin gözden geçirilmesi için kontroller de sağlayabilir. Bir doküman yönetim sistemi, kontrolü altındaki dokümanlar üzerinde içerik yönetimi işlevselliği sağlayabilirken, bir içerik yönetim sistemi esasen dokümanların nerede ve nasıl saklandığından bağımsızdır.

İçerik yönetim sistemleri, içeriği yaşam döngüsü boyunca yönetir. Örneğin, bir web içerik yönetim sistemi, temel veri deposuna dayalı yazma, iş birliği ve yönetim araçları aracılığıyla web sitesi içeriğini kontrol eder. Kullanıcı dostu içerik oluşturma, iş akışı ve değişiklik yönetimi ve intranet, İnternet ve extranet uygulamalarını işlemek için dağıtım işlevleri içerebilir. Teslim işlevleri, bir dizi istemci cihazını desteklemek için duyarlı tasarım ve uyarlanabilir yetenekler içerebilir. Ek bileşenler, arama, e-imza, içerik analitiği ve mobil uygulamaları içerebilir.

3.1.3 İçerik ve Doküman İş Akışı

İş akışı araçları, iş süreçlerini destekler, içerik ve dokümanları yönlendirir, iş görevleri atar, durumu takip eder ve denetim izleri oluşturur. Bir iş akışı, içeriğin yayınlanmadan önce gözden geçirilmesini ve onaylanmasını sağlar.

3.2 İş Birliği Araçları

Ekip iş birliği araçları, ekip etkinlikleriyle ilgili dokümanların toplanmasına, depolanmasına, iş akışına ve yönetimine olanak tanır. Sosyal ağ, bireylerin ve ekiplerin ekip içinde dokümanları ve içeriği paylaşmasına ve bloglar, wiki'ler, RSS ve etiketleme kullanarak girdi için harici bir gruba ulaşmasına olanak tanır.

3.3 Kontrollü Sözlük ve Metaveri Araçları

Kontrollü sözlüklerin ve metaverilerin geliştirilmesine veya yönetilmesine yardımcı olan araçlar, ofis üretkenlik yazılımı, metaveri depoları ve BI araçlarından doküman ve içerik yönetim sistemlerine kadar uzanır. Örneğin:

- Bir kuruluştaki verilere kılavuz olarak kullanılan veri modelleri
- Doküman yönetim sistemleri ve ofis üretkenlik yazılımı
- Metaveri depoları, sözlükler veya dizinler
- Taksonomiler ve taksonomiler arasındaki çapraz referans şemaları
- Koleksiyonlara (örneğin belirli bir ürün, pazar veya kurulum), dosya sistemlerine, kamuoyu yoklamalarına, arşivlere, konumlara veya tesis dışı varlıklara yönelik dizinler
- Arama motorları
- Yapılandırılmamış verileri içeren BI araçları
- Kurumsal ve departmansal tesarus
- Yayınlanmış rapor kitaplıkları, içerikler ve bibliyografyalar ve kataloglar

3.4 Standart İşaretleme ve Değişim Formatları

Bilgisayar uygulamaları yapılandırılmamış verileri/içerikleri doğrudan işleyemez. Standart biçimlendirme ve değişim biçimleri, bilgi sistemleri ve İnternet arasında veri paylaşımını kolaylaştırır.

3.4.1 XML

Genişletilebilir İşaretleme Dili (XML), hem yapılandırılmış hem de yapılandırılmamış veri ve bilgileri temsil etmek için bir dil sağlar. XML, herhangi bir dokümanın veya veritabanının içeriğini, yapısını ve iş kurallarını açıklamak için metaverileri kullanır.

XML, veri alışverişi için veri yapısının bir doküman yapısına çevrilmesini gerektirir. XML, verilerin anlamını tanımlamak için veri öğelerini etiketler. Basit iç içe yerleştirme ve referanslar, veri öğeleri arasındaki ilişkileri sağlar.

XML ad alanları, iki farklı doküman aynı öğe adlarını kullandığında ad çakışmasını önlemek için bir yöntem sağlar. Eski işaretleme yöntemleri, birkaçını belirtmek istersek HTML ve SGML'yi içerir.

XML özellikli içerik yönetimi ihtiyacı birkaç nedenden dolayı artmıştır:

- XML, yapılandırılmış verileri yapılandırılmamış verilerle ilişkisel veritabanlarına entegre etme yeteneği sağlar. Yapılandırılmamış veriler, ilişkisel bir DBMS BLOB'da (ikili büyük nesne) veya XML dosyalarında saklanabilir.

- XML, yapılandırılmış verileri dokümanlar, raporlar, e-posta, resimler, grafikler, ses ve video dosyalarındaki yapılandırılmamış verilerle bütünleştirebilir. Veri modelleme, yapılandırılmış verilerden yapılandırılmamış raporların oluşturulmasını hesaba katmalı ve bunları hata düzeltme iş akışları, yedekleme, kurtarma ve arşivleme oluşturmaya dahil etmelidir.

- XML ayrıca, kullanıcılara çeşitli içeriklere tek bir erişim noktası sağlayan kurumsal portallar (İşletmelerarası [B2B], İşletmeden Tüketiciye [B2C]) oluşturabilir.

- XML, bilgisayar uygulamalarının bunları anlayabilmesi ve işleyebilmesi için yapılandırılmamış verilerin / içeriğin tanımlanmasını ve etiketlenmesini sağlar. Bu şekilde, yapılandırılmış veriler yapılandırılmamış içeriğe eklenir. Bir Genişletilebilir İşaretleme Arayüzü (XMI) belirtimi, gerçek metaverileri içeren XML dokümanını oluşturmaya yönelik kurallardan oluşur ve bu nedenle XML için bir "yapı"dır.

3.4.2 JSON

JSON (JavaScript Nesne Gösterimi), veri alışverişi için açık, hafif bir standart biçimdir. Metin biçimi dilden bağımsızdır ve ayrıştırılması kolaydır, ancak C-dil ailesinden gelen kuralları kullanır. JSON'un iki yapısı vardır: nesneler olarak bilinen sırasız ad/değer çiftlerinin bir koleksiyonu ve bir dizi olarak gerçekleştirilen sıralı bir değerler listesi. Web merkezli NoSQL veritabanlarında tercih edilen format olarak ortaya çıkmaktadır.

XML'e bir alternatif olan JSON, bir sunucu ile web uygulaması arasında veri iletmek için kullanılır. JSON, verileri temsil etmenin, iletmenin ve yorumlamanın XML'e göre benzer ancak daha kompakt bir yoludur. REST teknolojisi kullanılırken XML veya JSON içeriği döndürülebilir.

3.4.3 RDF ve İlgili W3C Spesifikasyonları

Herhangi bir Web kaynağı hakkındaki bilgileri tanımlamak için kullanılan ortak bir çerçeve olan Kaynak Tanımlama Çerçevesi (RDF), Web'de veri alışverişi için standart bir modeldir. RDF kaynakları, SPARQL kullanarak anlamsal sorguları depolamak ve almak için kullanılan bir veritabanı olan bir triplestore'a kaydedilir.

RDF, bir kaynak hakkında özne (kaynak)-yüklem (özellik adı)-nesne (özellik değeri) ifadeleri veya üçlüleri şeklinde açıklamalar yapar. Genellikle özne-yüklem-nesnesinin her biri bir URI (Tekdüzen Kaynak Tanımlayıcı) tarafından tanımlanır, ancak özne ve nesne boş düğümler olabilir ve nesne bir hazır bilgi olabilir (boş değerler ve boş dizeler desteklenmez). Bir URI, kaynaklar arasındaki ilişkinin yanı sıra bağlantının veya üçlünün iki ucunu da adlandırır. URI'nin en yaygın biçimi bir URL'dir (tekdüzen kaynak bulucu). Bu, yapılandırılmış ve yarı yapılandırılmış verilerin uygulamalar arasında paylaşılmasına olanak tanır.

Semantik Web'in hem verilere hem de veri kümeleri arasındaki ilişkilere erişmesi gerekir. Birbiriyle ilişkili veri kümelerinin toplanması, Bağlantılı Veri olarak da bilinir. URI'ler, var olan herhangi bir varlığı tanımlamanın genel bir yolunu sağlar. HTML, Web'deki dokümanları yapılandırmak ve bağlamak için bir araç sağlar. RDF, açıklama verilerini bağlamak için genel, grafik tabanlı bir veri modeli sağlar.

RDF, kodlama sözdizimi olarak XML kullanır. Metaverileri veri olarak görüntüler (ör. yazar, oluşturulma tarihi vb.). Tanımlanan RDF kaynakları, anlamsal anlamların kaynaklarla ilişkilendirilmesine izin verir. RDFS (RDF Şeması), RDF verileri için bir veri modelleme sözlüğü sağlar ve temel RDF sözlüğünün bir uzantısıdır.

SKOS (Basit Bilgi Organizasyon Sistemi), bir RDF sözlüğüdür (yani, kavramlar hiyerarşisi olarak gösterilen verileri yakalamak için RDF veri modelinin bir uygulaması). Herhangi bir sınıflandırma, taksonomi veya tesarus SKOS'ta temsil edilebilir.

OWL (W3C Web Ontoloji Dili), RDF'nin bir sözlük uzantısıdır. OWL dokümanlarını (ontolojileri) Web'de yayınlamak ve paylaşmak için anlamsal bir biçimlendirme dilidir. Dokümanlarda yer alan bilgilerin insanlar yerine uygulamalar tarafından işlenmesi gerektiğinde kullanılır. Hem RDF hem de OWL, Web'de veri entegrasyonu ve uyumluluğu, birlikte çalışabilirliği sağlamanın yanı sıra verilerin paylaşımı ve yeniden kullanımı için bir çerçeve sağlayan Semantik Web standartlarıdır.

RDF, Büyük Verinin "çeşitlilik" özelliği konusunda yardımcı olabilir. Verilere RDF üçlü modeli kullanılarak erişilebilirse, farklı kaynaklardan gelen veriler karıştırılabilir ve SPARQL sorgu dili, bir şema önceden tanımlamadan bağlantıları ve kalıpları bulmak için kullanılabilir. W3C'nin tanımladığı gibi, "RDF, temel alınan şemalar farklılık gösterse bile veri birleştirmeyi kolaylaştıran özelliklere sahiptir ve tüm veri tüketicilerinin değiştirilmesini gerektirmeden zaman içinde şemaların gelişimini özellikle destekler." Pek çok kaynaktan ve biçimden farklı verileri entegre edebilir ve ardından anlamsal uyum yoluyla veri kümelerini (veri birleştirme olarak bilinir) azaltabilir veya değiştirebilir (Bkz. Bölüm 14).

3.4.4 Schema.org

İçeriği anlamsal işaretleme ile etiketlemek (ör. açık kaynak Schema.org tarafından tanımlandığı gibi), anlamsal arama motorlarının içeriği dizine eklemesini ve web tarayıcılarının içeriği bir arama sorgusuyla eşleştirmesini kolaylaştırır. Schema.org, büyük arama motorlarının bunları anlayabilmesi için sayfa işaretlemesi için bir paylaşımlı sözlükler veya şemalar koleksiyonu sunar. Web sayfalarındaki kelimelerin anlamlarının yanı sıra terimler ve anahtar kelimelere odaklanır.

Snippet, her arama sonucunun altında görünen metindir. Zengin snippet'ler, belirli aramalarla ilgili ayrıntılı bilgilerdir (ör. bağlantının altındaki altın yıldız derecelendirmeleri). Zengin snippet'ler oluşturmak için web sayfalarındaki içeriğin Mikro veriler (HTML5 ile tanıtılan bir etiket kümesi) ve Schema.org'dan paylaşılan sözlükler gibi yapılandırılmış verilerle düzgün bir şekilde biçimlendirilmesi gerekir.

Schema.org sözlük koleksiyonu, yapılandırılmış veri birlikte çalışabilirliği (örneğin, JSON ile) için de kullanılabilir.

3.5 E-keşif Teknolojisi

E-keşif genellikle büyük hacimli dokümanların gözden geçirilmesini içerir. E-keşif teknolojileri, erken vaka değerlendirmesi, toplama, tanımlama, koruma, işleme, optik karakter tanıma (OCR), ayırma, benzerlik analizi ve e-posta analizi gibi birçok yetenek ve teknik sunar. Teknoloji destekli inceleme (TAR), bir ekibin seçilen dokümanları inceleyebileceği ve ilgili olup olmadığını işaretleyebileceği bir iş akışı veya süreçtir. Bu kararlar, kalan dokümanları uygunluğuna göre gözden geçiren ve sıralayan tahmine dayalı kodlama motoru için girdi haline gelir. Bilgi yönetişimi desteği de bir özellik olabilir.

4. Yöntemler

4.1 Dava Müdahale Kılavuzu

E-keşif, bir davanın başlangıcında başlar. Bununla birlikte, bir kuruluş, büyük bir keşif projesi başlamadan önce hedefleri, ölçütleri ve sorumlulukları içeren bir kılavuzun geliştirilmesi yoluyla davaya müdahale için plan yapabilir.

Kılavuz, e-keşif için hedef ortamı tanımlar ve mevcut ve hedef ortamlar arasında boşluk olup olmadığını değerlendirir. E-keşif faaliyetlerinin yaşam döngüsü için iş süreçlerini belgeler ve e-keşif ekibinin rollerini ve sorumluluklarını tanımlar. Bir kılavuz ayrıca bir kuruluşun riskleri belirlemesine ve davayla sonuçlanabilecek durumları proaktif olarak önlemesine olanak sağlayabilir.

Bir kılavuzu derlemek için,

- Belirli departmanlar (Hukuk, Kayıt Yönetimi, BT) için bir politika ve prosedür envanteri oluşturun.
- Davaya yönelik bekletmeler, doküman saklama, arşivleme ve yedeklemeler gibi konular için ilkeler çıkarın.
- E-keşif dizinleme, arama ve toplama, veri ayırma ve koruma araçlarının yanı sıra yapılandırılmamış ESI kaynakları/sistemleri gibi BT aracı yeteneklerini değerlendirin.
- İlgili yasal sorunları belirleyin ve analiz edin.
- Beklenenler konusunda çalışanları eğitmek için bir iletişim ve eğitim planı geliştirin.
- Hukuki bir davaya uyarlamak için önceden hazırlanabilecek içerikleri belirleyin.
- Dış hizmetlerin gerekli olması durumunda tedarikçi hizmetlerini analiz edin.
- Bir bildirimin nasıl ele alınacağına ilişkin süreçler geliştirin ve kılavuzu güncel tutun.

4.2 Dava Müdahale Veri Haritası

E-keşif genellikle sınırlı bir zaman dilimine sahiptir (ör. 90 gün). Avukatlara mevcut BT ve ESI ortamının bir veri haritasının sağlanması, bir kuruluşun daha etkili bir şekilde yanıt vermesini sağlayabilir. Veri haritası, bilgi sistemlerinin bir kataloğudur. Sistemleri ve kullanımlarını, içerdikleri bilgileri, saklama ilkelerini ve diğer özellikleri açıklar. Kataloglar genellikle kayıt sistemlerini, kaynak uygulamaları, arşivleri, olağanüstü durum kurtarma kopyalarını veya yedekleri ve her biri için kullanılan ortamı tanımlar. Bir veri haritası, tüm sistemleri içerecek şekilde kapsamlı olmalıdır. E-posta genellikle davalarda inceleme konusu olduğundan, harita ayrıca e-postanın nasıl depolandığını, işlendiğini ve tüketildiğini de açıklamalıdır. İş süreçlerinin sistem listesiyle eşleştirilmesi ve kullanıcı rollerinin ve ayrıcalıklarının belgelenmesi, bilgi akışlarının değerlendirilmesini ve belgelenmesini sağlayacaktır.

Veri haritası oluşturma süreci, doküman yönetimi sürecinin bir parçası olarak metaveri oluşturmanın değerini gösterecektir. Metaveriler, arama için kritik öneme sahiptir. Ayrıca ESI dokümanlarının bağlamını verir ve davaların, transkriptlerin, taahhütlerin vb. destekleyici dokümanlarla ilişkilendirilmesini sağlar.

Bir e-keşif veri haritası, hangi kayıtların kolayca erişilebilir olduğunu ve hangilerinin erişilebilir olmadığını göstermelidir. Bu iki kategori için farklı e-keşif kuralları bulunmaktadır. Erişilemeyen veriler tanımlanmalı ve erişilmemesinin nedenleri belgelenmelidir. Davaya uygun şekilde yanıt verebilmek için bir kuruluşun, harici bulut depolama dahil olmak üzere dışarıdaki depolamadaki kayıtların bir envanterine sahip olması gerekir.

Çoğu zaman, sistem envanterleri zaten mevcuttur. Örneğin, Veri Mimarisi, Metaveri Yönetimi veya BT Varlık Yönetimi tarafından korunabilirler. Yasal ve/veya kayıt yönetimi işlevleri, bunların e-keşif amaçları için genişletilip genişletilemeyeceğini belirlemelidir.

5. Gerçekleme Yönergeleri

ECM'yi gerçeklemek, pahalı olarak algılanabilecek uzun vadeli bir çabadır. İşletme çapındaki herhangi bir çabada olduğu gibi, çok çeşitli paydaşların katılımını ve finansman için bir yürütme komitesinden finansman desteğini gerektirir. Büyük bir projede, bütçe kesintilerine, iş dalgalanmalarına, yönetim değişikliklerine veya atalete kurban gitme riski vardır. Riskleri en aza indirmek için, ECM uygulamasına ilişkin kararları teknolojinin değil içeriğin yönlendirmesini sağlayın. Değer göstermek için iş akışını kurumsal ihtiyaçlar etrafında yapılandırın.

5.1 Hazırlık Değerlendirmesi / Risk Değerlendirmesi

Bir ECM hazırlık değerlendirmesinin amacı, içerik yönetimi iyileştirmesinin gerekli olduğu alanları belirlemek ve kuruluşun bu ihtiyaçları karşılamak için süreçlerini değiştirmeye ne kadar iyi adapte olduğunu belirlemektir. Bir Veri Yönetimi Olgunluk Değerlendirmesi modeli bu süreçte yardımcı olabilir (Bkz. Bölüm 15).

Bazı ECM kritik başarı faktörleri, BT projelerindekilere benzerdir (örneğin, üst yönetim desteği, kullanıcıların katılımı, kullanıcı eğitimi, değişim yönetimi, kurumsal kültür ve iletişim). Spesifik ECM kritik başarı faktörleri, mevcut içerik için içerik denetimi ve sınıflandırması, uygun bilgi mimarisi, içerik yaşam döngüsünün desteği, uygun metaveri etiketlerinin tanımları ve bir ECM çözümünde işlevleri özelleştirme becerisini içerir. ECM çözümleri teknik ve süreç karmaşıklığı içerdiğinden, kuruluşun süreci desteklemek için uygun kaynaklara sahip olduğundan emin olması gerekir.

Proje boyutu, diğer yazılım uygulamalarıyla entegrasyondaki karmaşıklık, süreç ve organizasyon sorunları ve içeriği taşımak için gereken çaba nedeniyle ECM gerçeklemeleriyle ilgili riskler ortaya çıkabilir. Çekirdek ekip üyeleri ve dahili personel için eğitim eksikliği, düzensiz kullanıma yol açabilir. Diğer riskler arasında politikaların, süreçlerin ve prosedürlerin uygulanmaması veya paydaşlarla iletişim eksikliği sayılabilir.

5.1.1 Kayıt Yönetimi Olgunluğu

ARMA'nın Genel Kabul Görmüş Kayıt Tutma İlkeleri® (Bkz. Bölüm 1.2), bir kuruluşun Kayıt Yönetimine ilişkin politika ve uygulamalarına ilişkin değerlendirmesine rehberlik edebilir. GARP ile birlikte ARMA International, bir kuruluşun kayıt tutma programını ve uygulamalarını değerlendirmeye yardımcı olabilecek bir Bilgi Yönetişimi Olgunluk Modeline sahiptir. Bu Olgunluk Modeli, sekiz GARP ilkesinin her biri için beş olgunluk düzeyinde bilgi yönetişimi ve kayıt tutma ortamının özelliklerini açıklar:

- **Düzey 1 Standart Altı**: Bilgi yönetişimi ve kayıt tutma endişeleri ele alınmıyordur veya minimum düzeydedir

- **Düzey 2 Geliştirmede**: Bilgi yönetişimi ve kayıt tutmanın kuruluş üzerinde bir etkisi olabileceğinin kabul edilmesi ve geliştirilmesi

- **Düzey 3 Temel**: Yasal ve düzenleyici gereksinimleri karşılamak için ele alınması gereken minimum gereksinimler

- **Düzey 4 Proaktif**: Sürekli iyileştirmeye odaklanan proaktif bir bilgi yönetişim programı oluşturulmuştur

- **Düzey 5 Dönüştürücü**: Bilgi yönetimi, kurumsal altyapıya ve iş süreçlerine entegre edilmiştir

Kayıt yönetim sistemleri ve uygulamalarının teknik değerlendirmeleri için çeşitli standartlar uygulanabilir. Örneğin,

- DoD 5015.2 Elektronik Belge Yönetimi Yazılım Uygulamaları Tasarım Kriterleri Standardı
- ISO 16175, Elektronik Ofis Ortamlarında Kayıtlar İçin İlkeler ve Fonksiyonel Gereksinimler
- Elektronik Kayıtların Yönetimi için Model Gereksinimleri (MoReq2)
- Object Management Group'tan (OMG) Kayıt Yönetim Hizmetleri (RMS) spesifikasyonu

Kayıt yönetimi hazırlık değerlendirmelerinde tanımlanan farklar ve riskler, bunların kuruluş üzerindeki potansiyel etkileri analiz edilmelidir. İşletmeler, kayıtların korunmasını ve güvenli bir şekilde imha edilmesini gerektiren yasalara tabidir. Bir kuruluş kayıtlarının envanterini çıkarmazsa, kayıtların çalınıp çalınmadığını veya yok edilip edilmediğini bilemediği için zaten risk altındadır. Bir kuruluş, fonksiyonel bir kayıt tutma programına sahip değilse, kayıtları bulmaya çalışırken çok fazla zaman ve para harcayabilir. Yasal ve düzenleyici gerekliliklere uymaması, maliyetli para cezalarına yol açabilir. Hayati kayıtların belirlenmemesi ve korunmaması, bir şirketi iflas ettirebilir.

5.1.2 E-keşif Değerlendirmesi

Bir hazırlık değerlendirmesi, davaya müdahale programı için iyileştirme fırsatlarını incelemeli ve belirlemelidir. Olgun bir program, net roller ve sorumluluklar, koruma protokolleri, veri toplama metodolojileri ve ifşa süreçleri belirleyecektir. Hem program hem de sonuçta ortaya çıkan süreçler belgelenmiş, savunulabilir ve denetlenebilir olmalıdır.

Programın, kuruluşun bilgi yaşam döngüsünü anlaması ve veri kaynakları için bir ESI veri haritası geliştirmesi gerekir (bkz. Bölüm 2.1.3.4). Veri koruma kritik bir yasal gereklilik olduğundan, veri saklama politikaları dava beklentisiyle proaktif olarak gözden geçirilmeli ve değerlendirilmelidir. Davaya yönelik bekletmelerin gerektiği gibi hızla gerçeklenmesi için BT ile birlikte çalışmak için bir plan olmalıdır.

Proaktif bir dava yanıtı tanımlamamış olmanın riskleri değerlendirilmeli ve ölçülmelidir. Bazen kuruluşlar, yalnızca dava açılması bekleniyorsa yanıt verir ve ardından incelenecek ilgili dokümanları ve bilgileri bulmak için bir mücadele olur. Büyük olasılıkla, bu tür bir kuruluş, tutulacak veri miktarını (yani her şeyi) aşırı belirtir veya veri silme ilkelerine sahip değildir. E-keşif için daha eski temizlenmemiş kayıtlar gerekliyse, ancak mevcut değilse, veri ve bilgiler için bir saklama planına sahip olmamak yasal yükümlülüklere yol açabilir.

5.2 Organizasyonel ve Kültürel Değişim

İnsanlar teknolojiden daha büyük bir meydan okuma olabilir. Yönetim uygulamalarının günlük faaliyetlere uyarlanmasında ve insanların ECM'yi kullanmasında sorunlar olabilir. Bu gibi durumlarda, ECM daha fazla işe yol açabilir; örneğin, kâğıt dokümanların taranması ve gerekli metaverilerin tanımlanması.

Çoğu zaman kuruluşlar, kayıtlar da dahil olmak üzere bilgileri, departmanlar halinde yönetir ve verilerin paylaşımını ve uygun şekilde yönetilmesini engelleyen bilgi siloları oluşturur. İçerik ve kayıt yönetimine yönelik bütünsel bir kurumsal yaklaşım, kullanıcıların içeriğin kopyalarını saklamaları gerektiği algısını ortadan kaldırabilir. İdeal çözüm, kuruluş genelinde uygulanan açıkça tanımlanmış politikalar ve süreçlerle merkezi ve güvenli bir şekilde yönetilen tek bir depodur. Süreçler, politikalar ve araçlar hakkında eğitim ve iletişim, bir kayıt yönetimi veya ECM programının başarısı için kritik öneme sahiptir.

Gizlilik, veri koruma, fikri mülkiyet, şifreleme, etik kullanım ve kimlik, doküman ve içerik yönetimi uzmanlarının diğer çalışanlar, yönetim ve düzenleyicilerle iş birliği içinde ilgilenmesi gereken önemli konulardır. Merkezi bir kuruluş genellikle bilgiye erişimi iyileştirmek, ofis alanını harcayan malzemelerin büyümesini kontrol etmek, işletme maliyetlerini azaltmak, dava risklerini en aza indirmek, hayati bilgileri korumak ve daha iyi karar vermeyi desteklemek için süreçlerle ilgilenir.

Hem içerik hem de kayıt yönetiminin kurumsal olarak geliştirilmesi ve düşük seviyeli veya düşük öncelikli işlevler olarak görülmemesi gerekir. Ağır düzenlemelere tabi sektörlerde, Kayıtlar ve Bilgi Yönetimi (RIM) işlevinin, e-keşif işleviyle birlikte kurumsal yasal işlevle yakından uyumlu olması gerekir. Kuruluşun, bilgiyi daha iyi yöneterek operasyonel verimliliği artırma hedefleri varsa, RIM, pazarlama veya operasyonel destek grubu ile uyumlu hale getirilmelidir. Kuruluş RIM'i BT'nin bir parçası olarak görüyorsa, RIM işlevi doğrudan CIO'ya veya CDO'ya rapor vermelidir. RIM işlevi genellikle ECM programında veya Kurumsal Bilgi Yönetimi (EIM) programında bulunur.

6. Doküman ve İçerik Yönetişimi

6.1 Bilgi Yönetişimi Çerçeveleri

Dokümanlar, kayıtlar ve diğer yapılandırılmamış içerik, bir kuruluş için risk oluşturur. Hem bu riski yönetmek hem de bu bilgilerden değer elde etmek yönetişim gerektirir. Etkenler şunları içerir:

- Yasal ve mevzuata uyum
- Kayıtların savunulabilir şekilde düzenlenmesi
- E-keşif için proaktif hazırlık
- Hassas bilgilerin güvenliği
- E-posta ve Büyük Veri gibi risk alanlarının yönetimi

Başarılı Bilgi Yönetişimi programlarının ilkeleri ortaya çıkmaktadır. İlkelerden birisi, ARMA GARP® ilkeleridir (bkz. Bölüm 1.2). Diğer ilkeler şunları içerir:

- Mükellefiyet için üst yönetim sponsorluğu atayın
- Çalışanları bilgi yönetişimi sorumlulukları konusunda eğitin
- Bilgileri doğru grup veya taksonomi kategorisi altında sınıflandırın
- Bilgilerin doğruluğunu ve bütünlüğünü sağlayın
- Farklı bir şekilde belirtilmedikçe resmi kaydın elektronik olduğunu belirleyin
- İş sistemlerinin ve üçüncü tarafların bilgi yönetişimiyle uyumlu hale getirilmesi için politikalar geliştirin
- Kayıtlar ve içerik için onaylanmış kurumsal depoları ve sistemleri depolayın, yönetin, erişilebilir kılın, izleyin ve denetleyin
- Gizli veya kişisel olarak tanımlanabilir bilgileri koruyun
- Bilginin gereksiz büyümesini kontrol altına alın
- Yaşam döngüsünün sonuna ulaşan bilgileri imha edin
- Bilgi taleplerine uyun (ör. keşif, mahkeme celbi, vb.)
- Sürekli iyileştirin

Bilgi Yönetişimi Referans Modeli (IGRM) (Şekil 74), Bilgi Yönetişiminin diğer kurumsal fonksiyonlarla ilişkisini gösterir. Dış halka, bilgileri yönetmek için politikaları, standartları, süreçleri, araçları ve altyapıyı yerleştiren paydaşları içerir. Merkez, her bir yaşam döngüsü bileşenini, o bileşeni yürüten paydaş(lar)ın rengi veya renkleri dahilinde bir yaşam döngüsü diyagramını gösterir. IGRM, ARMA'nın GARP®'ını tamamlar.

Üst yönetime yakın veya içinde bulunan birinin sponsorluğu, Bilgi Yönetişimi programının oluşturulması ve sürdürülebilirliği için kritik bir gerekliliktir. Düzenli olarak toplanan, fonksiyonlararası üst düzey bir Bilgi Konseyi veya Yönlendirme Komitesi kurulur. Konsey, bir kurumsal Bilgi Yönetişimi stratejisinden, işletim prosedürlerinden, teknoloji ve standartlar hakkında rehberlikten, iletişim ve eğitimden, izleme ve finansmandan sorumludur. Paydaş alanları için Bilgi Yönetişimi politikaları yazılır ve daha sonra ideal olarak teknoloji uygulanır.

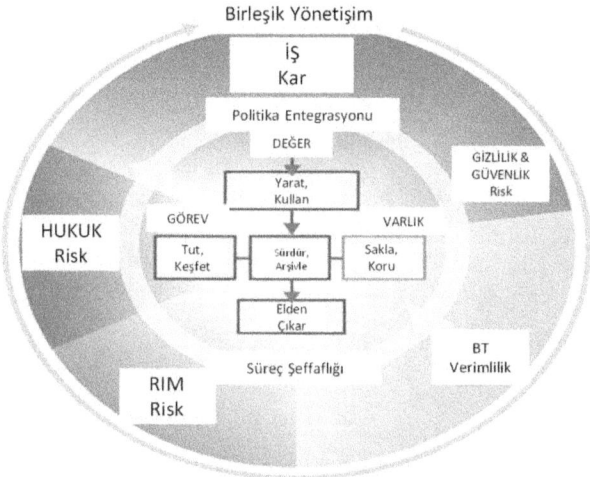

Şekil 74 Bilgi Yönetişimi Referans Modeli[34]

6.2 Bilginin Yayılması

Genel olarak, yapılandırılmamış veriler, yapılandırılmış verilerden çok daha hızlı büyür. Bu, yönetimin zorluğuna katkıda bulunur. Yapılandırılmamış veriler, mutlaka bir iş fonksiyonuna veya departmana bağlı değildir. Sahipliğini tespit etmek zor olabilir. İçeriğin iş amacı her zaman sistemden çıkarılamayacağından, yapılandırılmamış verilerin içeriğini sınıflandırmak da zor olabilir. Yönetilmeyen yapılandırılmamış veriler, gerekli metaveriler olmadan riski temsil eder. Yanlış yorumlanabilir ve içerik bilinmiyorsa yanlış kullanılabilir veya gizlilik endişeleri doğurabilir (Bkz. Bölüm 14).

6.3 Kaliteli İçerik için Yönetişim

Yapılandırılmamış verileri yönetmek, veri sorumluları ile diğer veri yönetimi uzmanları ve kayıt yöneticileri arasında etkili bir ortaklık gerektirir. Örneğin, iş verileri sorumluları web portallarını, kurumsal sınıflandırmaları, arama motoru dizinlerini ve içerik yönetimi konularını tanımlamaya yardımcı olabilir.

Doküman ve içerik yönetişimi, saklama, elektronik imzalar, raporlama biçimleri ve rapor dağıtımıyla ilgili politikalara odaklanır. Politikalar kalite ile ilgili beklentileri ima edecek veya belirtecektir. Doğru, eksiksiz ve güncel bilgiler karar

---

[34] EDRM (edrm.net). EDRM.net'te yayınlanan içerik, Creative Commons Atıf 3.0 Aktarılmamış Lisansı ile lisanslanmıştır.

vermede yardımcı olacaktır. Yüksek kaliteli bilgi, rekabet avantajını geliştirir ve kurumsal etkinliği artırır. Kaliteli içeriğin tanımlanması, üretim ve kullanımının bağlamını anlamayı gerektirir.

- **Yapımcılar**: İçeriği kim ve neden yaratıyor?

- **Tüketiciler**: Bilgileri kim ve hangi amaçlarla kullanır?

- **Zamanlama**: Bilgi ne zaman gereklidir? Ne sıklıkla güncellenmesi veya erişilmesi gerekiyor?

- **Format**: Tüketicilerin amaçlarına ulaşmak için belirli bir formatta içeriğe ihtiyacı var mı? Kabul edilemez formatlar var mı?

- **Teslimat**: Bilgi nasıl teslim edilecek? Tüketiciler bilgiye nasıl erişecek? Elektronik içeriğe uygunsuz erişimi önlemek için güvenlik nasıl sağlanacak?

6.4 Metrikler

Temel Performans Göstergeleri (KPI), kurumsal performansı hedeflerine göre kıyaslamak için kullanılan hem nicel hem de nitel ölçütlerdir. KPI'lar stratejik ve operasyonel seviyelerde geliştirilebilir. Bazı KPI'lar, özellikle yaşam döngüsü fonksiyonlarını veya riskleri ölçüyorlarsa, her iki düzey için de uygun olabilir.

6.4.1 Kayıt Yönetimi

Stratejik düzeyde, KPI'lar, yasal gerekliliklere (örneğin, gereksinimlerin karşılanması için geçen süre) ve/veya yönetişime (örneğin politikalara uyum) ilişkin kayıt yönetimi uyumluluğu gibi alanlarda geliştirilebilirler. Operasyonel düzeyde, KPI'lar, kayıt yönetimi kaynakları (örneğin, işletim ve sermaye maliyetleri), eğitim (örneğin, verilen sınıf sayısı, eğitilen çalışan sayısı ve hangi seviyede), günlük kayıt yönetimi hizmetlerinin sağlanması ve operasyonlar (örneğin, toplantı kullanıcı SLA'larının yüzdesi) ve/veya kayıt yönetimi fonksiyonlarının diğer iş sistemleriyle entegrasyonu (örneğin, entegrasyon yüzdesi) gibi alanlarda geliştirilebilirler.

Bir kayıt yönetim sistemi gerçeklemesinin başarısını ölçmek için kriterler aşağıdaki yüzdeleri içerebilir:

- Kurumsal kayıtlar olarak tanımlanan kullanıcı başına düşen toplam doküman ve e-posta yüzdesi
- Bu şekilde beyan edilip kayıt kontrolü altına alınan ve tespit edilen kurumsal kayıtların yüzdesi
- Uygun saklama kurallarının uygulandığı toplam depolanmış kayıtların yüzdesi

Bu yüzdeler daha sonra en iyi uygulama yüzdelerini belirlemek için karşılaştırılabilirler.

Bazen, kayıt yönetimi uygulama başarısını ölçmek basit bir bütçe meselesidir. Mali bir belirleme, elektronik kayıt yönetim sisteminin gerçeklenmesinin hangi noktada kâğıt kayıtları depolamak için daha fazla alan elde etmekten daha ucuz hale geldiğini inceler.

ARMA'nın GARP ilke kategorileri ve olgunluk modeli, KPI'ların tanımına rehberlik edebilir. ARMA'nın Bilgi Yönetişimi Değerlendirme yazılım platformu, bilgi ile ilgili uyumluluk risklerini belirleyebilir ve e-kayıtlar, e-keşif gibi alanlarda yönetişim programı olgunluğu için ölçütler geliştirebilir.

6.4.2 E-keşif

E-keşif için ortak bir KPI, maliyet düşürmedir. Diğer bir KPI, bilgileri önceden oldukça reaktif bir şekilde toplamada kazanılan verimliliktir (örneğin, e-keşif isteklerini karşılamak için gün cinsinden ortalama süre). Bir kuruluşun yasal bekletme bildirim sürecini (LHN) ne kadar hızlı uygulayabileceği üçüncü KPI türüdür.

E-keşfin ölçümü, daha iyi bir dava kazanma oranı için kritik öneme sahiptir. EDRM modeli, her aşamanın gerektirdiği şeylere dayalı olarak KPI'ların geliştirilmesine rehberlik edebilir. ERDM ayrıca e-keşif metrikleri için bir Metrik Modeli yayınlar. Hacim, Zaman ve Maliyet, ana unsurları merkez unsurların sonucunu etkileyen e-keşif çalışmasının yedi yönü (Etkinlikler, Sorumlular, Sistemler, Medya, Durum, Format ve QA) ile çevrili merkezdedir.

6.4.3 Kurumsal İçerik Yönetimi (ECM)

ECM'nin hem maddi hem de maddi olmayan faydalarını ölçmek için KPI'lar geliştirilmelidir. Somut faydalar arasında artan üretkenlik, maliyet azaltma, iyileştirilmiş bilgi kalitesi ve iyileştirilmiş uyumluluk sayılabilir. Maddi olmayan faydalar arasında gelişmiş iş birliği ve iş rutinlerinin ve iş akışının basitleştirilmesi yer alır.

ECM oluşturulurken, KPI'lar operasyonel ve program metriklerine odaklanacaktır. Program ölçümleri, ECM projelerinin sayısını, benimsemeyi ve kullanıcı memnuniyet düzeylerini içerir. Operasyonel metrikler, kesinti süresi miktarı, kullanıcı sayısı vb. gibi tipik sistem tipi KPI'ları içerir.

Depolama kullanımı (örneğin, ECM uygulamasıyla kullanılan miktarın ECM'den önce kullanılan miktarla karşılaştırılması) ve arama alma performansı gibi belirli ECM metrikleri de KPI'lar olarak kullanılabilir. Bilgi alımı, kesinlik ve geri çağırma ile ölçülür. Kesinlik, alınan dokümanların gerçekten alakalı olma oranıdır. Geri çağırma, fiilen alınan tüm ilgili dokümanların bir oranıdır.

Zamanla, iş çözümlerinin değeriyle ilgili KPI'lar geliştirilebilir.

- Finansal KPI'lar, ECM sisteminin maliyetini, fiziksel depolamayla ilgili azalan maliyetleri ve operasyonel maliyetlerdeki yüzde cinsinden azalmayı içerebilir.

- Müşteri KPI'ları, ilk temasta çözülen olayların yüzdesini ve müşteri şikayetlerinin sayısını içerebilir.

- Daha etkili ve üretken iş süreçlerini temsil eden KPI'lar, azaltılan evrak yüzdesini, iş akışı ve süreç otomasyonunu kullanarak hata azaltma yüzdesini içerebilir.

- Eğitim KPI'ları, yönetim ve yönetim dışı için eğitim oturumlarının sayısını içerebilir.

- Risk azaltma KPI'ları, keşif maliyetlerinin azaltılmasını ve e-keşif taleplerini izleyen denetim izlerinin sayısını içerebilir.

7. Alıntılanan / Önerilen Çalışmalar

Boiko, Bob. *Content Management Bible*. 2nd ed. Wiley, 2004. Print.

Diamond, David. *Metadata for Content Management: Designing taxonomy, metadata, policy and workflow to make digital content systems better for users*. CreateSpace, 2016. Print.

Hedden, Heather. *The Accidental Taxonomist*. Information Today, Inc., 2010. Print.

Lambe, Patrick. *Organising Knowledge: Taxonomies, Knowledge and Organisational Effectiveness*. Chandos Publishing, 2007. Print. Chandos Knowledge Management.

Liu, Bing. *Web Data Mining: Exploring Hyperlinks, Contents, and Usage Data*. 2nd ed. Springer, 2011. Print. Data-Centric Systems and Applications.

Nichols, Kevin. *Enterprise Content Strategy: A Project Guide*. XML Press, 2015. Print.

Read, Judith and Mary Lea Ginn. *Records Management*. 9th ed. Cengage Learning, 2015. Print. Advanced Office Systems and Procedures.

Rockley, Ann and Charles Cooper. *Managing Enterprise Content: A Unified Content Strategy*. 2nd ed. New Riders, 2012. Print. Voices That Matter.

Smallwood, Robert F. *Information Governance: Concepts, Strategies, and Best Practices*. Wiley, 2014. Print. Wiley CIO.

US GAAP Financial Statement Taxonomy Project. *XBRL US GAAP Taxonomies*. v1.0 Technical Guide Document Number: SECOFM-USGAAPT-TechnicalGuide. Version 1.0. April 28, 2008 http://bit.ly/2rRauZt.

BÖLÜM 10

Referans ve Ana Veri

DAMA-DMBOK2 Veri Yönetimi Çerçevesi
Copyright © 2017 by DAMA International

1. Giriş

Herhangi bir kuruluşta, iş alanları, süreçler ve sistemler genelinde belirli veriler gereklidir. Bu veriler paylaşılırsa ve tüm iş birimleri aynı müşteri listelerine, coğrafi konum kodlarına, iş birimi listelerine, teslimat seçeneklerine, parça listelerine, muhasebe maliyet merkezi kodlarına, devlet vergi kodlarına ve işi yürütmek için kullanılan diğer verilere erişebilirse, genel kuruluş ve müşterileri bundan fayda sağlar. Verileri kullanan kişiler, genellikle farklı verileri görene kadar kuruluş genelinde bir tutarlılık düzeyi olduğunu varsayarlar.

Çoğu kuruluşta, sistemler ve veriler, veri yönetimi uzmanlarının isteyeceğinden daha organik bir şekilde gelişirler. Özellikle büyük organizasyonlarda, çeşitli projeler ve girişimler, birleşmeler ve satın almalar ve diğer ticari faaliyetler, birbirinden izole edilmiş, temelde aynı fonksiyonları yürüten birden fazla sistemle sonuçlanır. Bu koşullar kaçınılmaz olarak veri yapısında ve sistemler arasında veri değerlerinde tutarsızlıklara yol açmaktadır. Bu değişkenlikler maliyetleri ve riskleri artırır. Ancak her ikisi de Ana Veri ve Referans Verilerinin yönetimi yoluyla azaltılabilir.

Referans ve Ana Veri

Tanım: Kurumsal hedeflere ulaşmak, veri fazlalığı ile ilişkili riskleri azaltmak, daha yüksek kalite sağlamak ve veri entegrasyonu maliyetlerini azaltmak için paylaşılan verileri yönetmek.

Hedefler:
1. Bir kurum içindeki iş alanları ve uygulamalar arasında bilgi varlıklarının paylaşılmasının sağlanması.
2. Mutabık kılınan ve kalite açısından değerlendirilen ana ve referans veriler için yetkili kaynak sağlanması.
3. Standartların, ortak veri modellerinin ve entegrasyon modellerinin kullanımı yoluyla maliyet ve karmaşıklığın azaltılması.

İş Etkenleri

Girdiler:
- İş Yönlendiricileri
- İşlevlerarası Gereksinimler
- Endüstri Standartları
- Veri Sözlüğü
- Satın Alınan Veriler ve/veya Açık Veriler ve Kod Setleri
- İş Kuralları

Faaliyetler:
1. **Yönlendirici ve Gereksinimlerin Belirlenmesi (P)**
   1. Veri Tanımlarının Doğrulanması (C)
2. **Veri Kaynaklarının Değerlendirilmesi (P)**
3. **Mimari Yaklaşımın Tanımlanması (D)**
4. **Verinin Modellenmesi (D)**
5. **Sorumluluk ve Bakım Süreçlerinin Tanımlanması (C)**
6. **Yönetim Politikalarının Oluşturulması (C)**
7. **Veri Paylaşımı/Entegrasyon Hizmetlerinin Uygulanması (D,O)**
   1. Paylaşım için Veri Kaynakların Edinilmesi
   2. Referans ve Ana Verilerin Yayınlanması

Çıktılar:
- Ana ve Referans Veri Gereksinimleri
- Veri Modelleri ve Entegrasyon Desenleri
- Güvenilir Referans ve Ana Veri
- Yeniden Kullanılabilir Veri Hizmetleri

Tedarikçiler:
- Konu Alan Uzmanı
- Veri Sorumlusu
- Uygulama Geliştiriciler
- Veri Sağlayıcılar
- İş Analistleri
- Altyapı Sistemleri Analistleri

Katılımcılar:
- Veri Analistleri
- Veri Modelleyicileri
- Veri Sorumluları
- Veri Entegratörleri
- Veri Mimarları
- Veri Kalite Analistleri

Tüketiciler:
- Ana Veri Analistleri
- Veri Entegratörleri
- Veri Mimarları
- Uygulama Kullanıcıları
- Uygulama Geliştiriciler
- Çözüm Mimarları

Teknik Etkenler

Yöntemler:
- Kullanım koşulları sözleşmeleri
- Referanslararası İş anahtarı
- İşleme Logu analizi

Araçlar:
- Veri Modelleme Araçları
- Metaveri Depoları
- Veri Profili Oluşturma ve Kalite Araçları
- Veri Entegrasyon Araçları
- MDM Uygulama Platformları
- Veri Paylaşımı/Entegrasyon Mimarisi

Metrikler:
- Veri Kalitesi ve Uyumu
- Veri Değişim Etkinliği
- Veri Tüketimi ve Hizmetleri
- Veri Paylaşımı Kullanılabilirliği
- Veri Sorumlusu Kapsamı
- Veri Paylaşım Hacmi ve Kullanımı

(P) Planlama, (C) Kontrol, (D) Geliştirme, (O) Operasyonlar

Şekil 75 Bağlam Şeması: Referans ve Ana Veriler

1.1 İş Etkenleri

Bir Ana Veri Yönetimi programını başlatmak için en yaygın etkenler şunlardır:

- **Kurumsal veri gereksinimlerinin karşılanması**: Bir kuruluş içindeki birden çok alanın, veri kümelerinin eksiksiz, güncel ve tutarlı olduğundan emin olarak aynı veri kümelerine erişmesi gerekir. Ana Veriler genellikle bu veri kümelerinin temelini oluşturur (örneğin, bir analizin tüm müşterileri kapsayıp kapsamadığının belirlenmesi, tutarlı bir şekilde uygulanan bir müşteri tanımına sahip olmaya bağlıdır).

- **Veri kalitesinin yönetilmesi**: Veri tutarsızlıkları, kalite sorunları ve farklar, yanlış kararlara veya fırsatların kaybolmasına yol açarlar; Ana Veri Yönetimi, kuruluş için kritik olan varlıkların tutarlı bir şekilde temsil edilmesini sağlayarak bu riskleri azaltır.

- **Veri entegrasyonu maliyetlerinin yönetilmesi**: Yeni veri kaynaklarını zaten karmaşık bir ortama entegre etmenin maliyeti, Ana Verilerin yokluğunda daha yüksektir, bu da kritik varlıkların nasıl belirlendiği ve tanımlandığı konusundaki farklılığı azaltır.

- **Riskin azaltılması**: Ana Veriler, karmaşık bir ortamla ilişkili maliyetleri ve riski azaltmak için veri paylaşım mimarisinin basitleştirilmesini sağlayabilir.

Referans Verilerini yönetmek için kullanılan etkenler benzerdir. Merkezi olarak yönetilen Referans Verileri, kuruluşların şunları yapmasını sağlar:

- Birden fazla girişim için veri gereksinimlerini karşılayın ve tutarlı Referans Verileri kullanarak veri entegrasyonunun risklerini ve maliyetlerini azaltın

- Referans Verilerin kalitesini yönetin

Veriye dayalı kurumsal girişimler, işlem verilerine (satışları veya pazar payını artırma, maliyetleri düşürme, uyumluluğu gösterme) odaklanırken, bu tür işlemsel verilerden yararlanma yeteneği, büyük ölçüde Referans ve Ana Verilerin kullanılabilirliğine ve kalitesine bağlıdır. Referans ve Ana Verilerin kullanılabilirliğini ve kalitesini iyileştirmenin, verilerin genel kalitesi ve verilere olan iş güveni üzerinde çarpıcı bir etkisi vardır. Bu süreçlerin, BT ortamının basitleştirilmesi, geliştirilmiş verimlilik ve üretkenlik ve bunlarla birlikte müşteri deneyimini iyileştirme potansiyeli de dahil olmak üzere bir kuruluşa ek faydaları vardır.

1.2 Hedefler ve Prensipler

Referans ve Ana Veri Yönetimi programının hedefleri şunları içerir:

- Kuruluşun, süreçlerinde eksiksiz, tutarlı, güncel, yetkili Ana ve Referans Verilerine sahip olmasını sağlamak

- Ana ve Referans Verilerinin kurumsal fonksiyonlar ve uygulamalar arasında paylaşılmasını sağlamak

- Standartlar, ortak veri modelleri ve entegrasyon desenleri yoluyla maliyeti düşürmek ve veri kullanımı ve entegrasyonunun karmaşıklığını azaltmak

Referans ve Ana Veri Yönetimi aşağıdaki rehber prensipleri takip eder:

- **Paylaşılan Veriler**: Referans ve Ana Veriler, kuruluş genelinde paylaşılabilir olacak şekilde yönetilmelidir.

- **Sahiplik**: Referans ve Ana Veriler, belirli bir uygulamaya veya bölüme değil, kuruluşa aittir. Yaygın olarak paylaşıldıkları için, yüksek düzeyde bir sorumluluk gerektirirler.

- **Kalite**: Referans ve Ana Veri Yönetimi, sürekli Veri Kalitesi izleme ve yönetişimi gerektirir.

- **Sorumluluk**: İş Verileri Sorumluları, Referans Verilerinin kalitesini kontrol etmek ve sağlamaktan mükelleftirler.

- **Kontrollü Değişim:**

    - Herhangi bir anda, Ana Veri değerleri, kuruluşun neyin doğru ve güncel olduğuna dair en iyi anlayışını temsil etmelidir. Değerleri değiştiren eşleştirme kuralları dikkatli bir şekilde uygulanmalıdır. Birleştirilmiş veya bölünmüş herhangi bir tanımlayıcı geri alınabilir olmalıdır.
    - Referans Veri değerlerinde yapılan değişiklikler tanımlı bir süreci takip etmelidir; değişiklikler gerçeklenmeden önce onaylanmalı ve paylaşılmalıdırlar.

- **Otorite**: Ana Veri değerleri yalnızca kayıt sisteminden çoğaltılmalıdır. Ana Verilerin bir kuruluş içinde paylaşılmasını sağlamak için bir referans sistemi gerekebilir.

1.3 Temel Kavramlar

1.3.1 Ana ve Referans Veriler Arasındaki Farklar

Farklı veri türleri, bir kuruluş içinde farklı roller oynar. Ayrıca farklı yönetim gereksinimleri vardır. Genellikle İşlem Verileri ve Ana Veriler ile Ana Veriler ve Referans Veriler arasında ayrım yapılır. Malcolm Chisholm, metaveriler, Referans Verileri, kurumsal yapı verileri, işlem yapısı verileri, işlem faaliyet verileri ve işlem denetim verilerini içeren altı katmanlı bir veri sınıflandırması önermiştir (Chisholm, 2008; Talburt ve Zhou, 2015). Bu sınıflandırma içinde, Ana Verileri Referans Verileri, kurumsal yapı verileri ve işlem yapısı verilerinin bir toplamı olarak tanımlar:

- **Referans Veriler**, örneğin kod ve açıklama tabloları, yalnızca bir kuruluştaki diğer verileri karakterize etmek veya yalnızca veritabanındaki verileri kuruluşun sınırlarının ötesindeki bilgilerle ilişkilendirmek için kullanılan verilerdir.

- **Kurumsal Yapı Verileri**, örneğin bir hesap planı, iş faaliyetinin iş sorumluluğuna göre raporlanmasını sağlar.

- **İşlem Yapısı Verileri**, örneğin müşteri tanımlayıcıları, bir işlemin gerçekleşmesi için olması gerekenleri tanımlar: ürünler, müşteriler, tedarikçiler.

Chisholm'un tanımı, Ana Verileri, işlemlerle ilgili ayrıntıları kaydeden işlem etkinliği verilerinden ve işlemlerin durumunu tanımlayan işlem denetim verilerinden ve ayrıca diğer verileri açıklayan metaverilerden ayırır (Chisholm, 2008). Bu açıdan Chisholm'un tanımı, DAMA Sözlüğünün tanımına benzer: Ana Veri, "iş faaliyeti verilerinin bağlamını, faaliyetle ilgili ortak ve soyut kavramlar biçiminde sağlayan verilerdir. Müşteriler, ürünler, çalışanlar, tedarikçiler ve kontrol edilen alanlar (kod değerleri) gibi ticari işlemlerde yer alan dahili ve harici nesnelerin ayrıntılarını (tanımları ve tanımlayıcıları) içerir" (DAMA, 2009).

Birçok kişi, Ana Verileri hem işlem yapısı verilerini hem de kurumsal yapı verilerini içerecek şekilde anlar. David Loshin'in Ana Veri tanımı, büyük ölçüde bu türlerle uyumludur. Ana Veri nesnelerini, ilişkili metaverileri, nitelikleri, tanımları, rolleri, bağlantıları ve sınıflandırmalarıyla birlikte bir kuruluş genelinde farklı uygulamalarda kullanılan temel iş nesneleri olarak tanımlar. Ana Veri nesneleri, bir kuruluş için en önemli olan "şeyleri" temsil eder- işlemlerde loglanan, raporlanan, ölçülen, analiz edilenler gibi (Loshin, 2008).

Ana Veri, ürün, yer, hesap, kişi veya kuruluş gibi kavramsal varlıkların her bir örneği için gerçeğin güvenilir bir sürümünün belirlenmesini ve/veya geliştirilmesini ve bu sürümün geçerliliğinin korunmasını gerektirir. Ana Verilerle ilgili ana zorluk, farklı sistem ve süreçlerden gelen veriler arasındaki ilişkileri ayırt etme ve yönetme süreci olan varlık çözümlemesidir (kimlik yönetimi olarak da adlandırılır). Ana Veri satırları tarafından temsil edilen varlık örnekleri, sistemler arasında farklı şekilde temsil edilecektir. Ana Veri Yönetimi, farklı bağlamlarda bireysel varlık örneklerini (yani belirli müşteriler, ürünler vb.) tutarlı bir şekilde tanımlayarak bu farklılıkları çözmek için çalışır. Bu süreç ayrıca, bu Ana Veri varlık örneklerinin tanımlayıcılarının tutarlı kalması için sürekli olarak yönetilmelidir.[35]

Referans Veriler ve Ana Veriler, kavramsal olarak benzer amaçları paylaşır. Her ikisi de işlem verilerinin oluşturulması ve kullanılması için kritik olan bağlamı sağlar (Referans Veriler ayrıca Ana Veriler için de bağlam sağlar). Verilerin anlamlı bir şekilde anlaşılmasını sağlarlar. Daha da önemlisi, her ikisi de kurumsal düzeyde yönetilmesi gereken paylaşılan kaynaklardır. Aynı Referans Verilerinin birden çok örneğine sahip olmak verimsizdir ve kaçınılmaz olarak bunlar arasında tutarsızlığa yol açar. Tutarsızlık belirsizliğe yol açar ve belirsizlik bir organizasyonda risk yaratır. Başarılı bir Referans Veri veya Ana Veri Yönetimi programı, tüm veri yönetimi fonksiyonlarını (Veri Yönetimi, Veri Kalitesi, Metaveri Yönetimi, Veri Entegrasyonu, vb.) içerir.

Referans Veriler ayrıca, onu diğer Ana Veri türlerinden (ör. kurumsal ve işlemsel yapı verileri) ayıran özelliklere sahiptir. Daha az değişkendir. Referans Veri kümeleri genellikle İşlemsel veya Ana Veri kümelerinden daha az karmaşık ve daha küçüktür. Daha az sütunları ve daha az satırı var. Varlık çözümlemesinin zorlukları, Referans Veri Yönetiminin bir parçası değildir.

Veri yönetiminin odağı, Referans ve Ana Veriler arasında farklılık gösterir:

- **Ana Veri Yönetimi** (MDM), temel iş varlıkları hakkında en doğru şekilde ve zamanında verilerin sistemler arasında tutarlı bir şekilde kullanılmasını sağlayan Ana Veri değerleri ve tanımlayıcıları üzerinde kontrol gerektirir. MDM'nin hedefleri, belirsiz tanımlayıcılarla (bir varlığın birden fazla örneğiyle tanımlananlar ve birden fazla varlığa referansta bulunanlar) ilişkili riskleri azaltırken doğru, güncel değerlerin kullanılabilirliğini sağlamayı içerir.

- **Referans Veri Yönetimi** (RDM), tanımlanmış konu alanı değerleri ve tanımları üzerinde kontrol gerektirir. RDM'nin amacı, organizasyonun temsil edilen her kavram için eksiksiz, doğru ve güncel değerler setine erişimini sağlamaktır.

Referans Veri Yönetiminin bir zorluğu, tanımlama ve bakım için sahiplik veya sorumluluk sorunudur. Bazı Referans Verileri, onu kullanan kuruluşların dışından gelir. Bazıları iç organizasyonel sınırları aşar ve tek bir departmana ait olmayabilir. Diğer Referans Veriler bir departman içinde oluşturulabilir ve muhafaza edilebilir, ancak bir organizasyonun başka yerlerinde potansiyel değere sahiptir. Veri alma ve güncellemeleri yönetme sorumluluğunu

---

[35] John Talburt ve Yinle Zhou (2015), ER'deki iki adımlı süreci açıklar: önce, iki kaydın aynı varlığa referansta bulunup bulunmadığını belirleyin, ardından bir ana kayıt oluşturmak için kayıtlardaki verileri birleştirin ve bağdaştırın. Entity Identity Information Management'tan (EIIM) "MDM sisteminde yönetilen bir varlığın süreçten sürece sürekli olarak aynı benzersiz tanımlayıcıyla etiketlenmesini" sağlama süreci olarak bahsederler.

belirlemek RDM'nin bir parçasıdır. Referans Verilerindeki farklılıklar veri bağlamının yanlış anlaşılmasına neden olabileceğinden (aynı kavramı sınıflandırmak için iki iş biriminin farklı değerlere sahip olması gibi), mükellefiyet eksikliği riski beraberinde getirir. Ana ve Referans Verileri, işlemler için bağlam sağladığından, işlemler sırasında (örneğin, CRM ve ERP sistemlerinde) bir kuruluşa giren işlem verilerini şekillendirir. Ayrıca İşlem Verileri üzerinde yapılan çerçeve analizini de yaparlar.

1.3.2 Referans Veri

Referans Veri, diğer verileri karakterize etmek veya sınıflandırmak veya verileri bir organizasyonun dışındaki bilgilerle ilişkilendirmek için kullanılan herhangi bir veridir (Chisholm, 2001). En temel Referans Veriler, kodlardan ve açıklamalardan oluşur, ancak bazı Referans Veriler daha karmaşık olabilir ve eşlemeler ve hiyerarşiler içerebilir. Referans Veriler hemen hemen her veri deposunda bulunur. Sınıflandırmalar ve kategoriler, durumları veya türleri içerebilir (örneğin, Sipariş Durumu: Yeni, Devam Ediyor, Kapatıldı, İptal Edildi). Dış bilgiler, coğrafi veya standart bilgileri içerebilir (ör. Ülke Kodu: DE, US, TR).

Referans Veriler, farklı ihtiyaçları karşılamak için farklı şekillerde saklanabilir. Örneğin, veri entegrasyonu (örneğin, standartlaştırma veya veri kalitesi kontrolleri için veri eşlemeleri) veya diğer uygulama fonksiyonları (örneğin, arama ve keşfi etkinleştirmek için anlamdaş halkaları). Ayrıca, cihaza özel kullanıcı arabirimi konularına da sahip olabilir (örneğin, birden çok dil). Yaygın depolama teknikleri şunları kullanır:

- Veritabanı yönetim sistemi içinde referans bütünlük fonksiyonlarını sürdürmek için yabancı anahtarlar aracılığıyla diğer tablolara bağlanan ilişkisel veritabanlarındaki kod tabloları

- Daha geniş uygulama ve veri entegrasyonu kullanımını desteklemek için ticari varlıkların, izin verilen, gelecekteki veya kullanımdan kaldırılan değerleri ve terim eşleme kurallarını koruyan Referans Veri Yönetimi sistemleri

- API veya kullanıcı arayüzü erişimine odaklanarak izin verilen değerleri belirtmek için nesne niteliğine özel metaveriler

Referans Veri Yönetimi, tanımlanmış konu alanı değerlerinin, tanımların ve konu alanı değerleri içindeki ve arasındaki ilişkilerin kontrolünü ve bakımını gerektirir. Referans Veri Yönetiminin amacı, değerlerin farklı fonksiyonlarda tutarlı ve güncel olmasını ve verilere kuruluş tarafından erişilebilir olmasını sağlamaktır. Diğer veriler gibi, Referans Verileri de metaveri gerektirir. Referans Veriler için önemli metaveri nitelikleri, kaynağını da içerir. Örneğin, endüstri standardı Referans Verileri için yönetişim organı.

1.3.2.1 Referans Veri Yapısı

Referans Verilerinin temsil ettiği şeyin ayrıntı düzeyine ve karmaşıklığına bağlı olarak, basit bir liste, çapraz referans veya bir sınıflandırma olarak yapılandırılabilir. Referans Verilerini kullanma ve koruma yeteneği, bir veritabanı veya Referans Veri Yönetim sistemi içinde yapılandırılırken hesaba katılmalıdır.

1.3.2.1.1 Listeler

Referans Verilerinin en basit biçimi, Tablo 17'deki gibi bir listedeki bir açıklama ile bir kod değerini eşleştirir. Kod değeri, diğer bağlamlarda görünen kısa biçimli referans değeri olan ana tanımlayıcıdır. Açıklama, kodun neyi temsil ettiğini belirtir. Açıklama, ekranlarda, sayfalarda, açılır listelerde ve raporlarda kodun yerine görüntülenebilir. Bu örnekte, Birleşik Krallık için kod değerinin uluslararası standartlara göre GB olduğuna ve UK'nin pek çok iletişim biçiminde kullanılan yaygın bir kısa biçim olmasına rağmen UK olmadığına dikkat edin. Referans Veri gereksinimlerini tanımlarken standartlara uygunluk ve kullanılabilirlik arasında denge kurun.

Tablo 17 Basit Referans Listesi

Kod Değeri	Açıklama
US	Amerika Birleşik Devletleri
GB	Birleşik Krallık (Büyük Britanya)

Referans Verilerinin içeriğine ve karmaşıklığına bağlı olarak, kodun anlamını tanımlamak için ek nitelikler gerekebilir. Tanımlar, etiketin tek başına sağlamadığı bilgileri sağlar. Tanımlar nadiren raporlarda veya açılır listelerde görünür. Ancak, bağlam içinde kodların uygun kullanımına rehberlik eden uygulamalar için Yardım menüleri gibi yerlerde görünürler.

Listeler, herhangi bir Referans Verisi gibi, uygun ayrıntı düzeyi gereksinimleri de dahil olmak üzere veri tüketicilerinin gereksinimlerini karşılamalıdır. Bir değerler listesinin sıradan kullanıcılar tarafından veri sınıflandırmasını desteklemesi amaçlanıyorsa, oldukça ayrıntılı bir liste büyük olasılıkla veri kalitesi sorunlarına ve benimseme zorluklarına neden olacaktır. Benzer şekilde, çok genel bir değerler listesi, bilgi çalışanlarının yeterli düzeyde ayrıntıyı yakalamasını engelleyecektir. Bu tür durumlara uyum sağlamak için, tüm kullanıcı toplulukları için standart olan tek bir listeye sahip olmaya çalışmak yerine birbiriyle ilişkili ayrı listeler tutmak daha iyidir. Tablo 18, yardım masası biletleri için durum kodlarıyla ilgili bir örnek sağlar. Tanım tarafından sağlanan bilgiler olmadan, sistem hakkında bilgisi olmayan herkes için bilet durumu belirsiz olacaktır. Bu farklılaştırma, performans ölçümlerini veya diğer İş Zekâsı analizlerini yönlendiren sınıflandırmalar için özellikle gereklidir.

Tablo 18 Basit Genişletilmiş Referans Listesi

Kod	Açıklama	Tanım
1	Yeni	Atanmış bir kaynak olmadan yeni oluşturulan bileti gösterir
2	Atanmış	Atanmış bir adlandırılmış kaynağa sahip bir bileti gösterir
3	Devam Eden Çalışma	Atanan kaynağın bilet üzerinde çalışmaya başladığını gösterir
4	Çözüldü	Atanan kaynak başına isteğin yerine getirildiğinin varsayıldığını gösterir
5	İptal Edildi	İstekte bulunana dayalı olarak isteğin iptal edildiğini gösterir
6	Bekleyen	Ek bilgi olmadan isteğin devam edemeyeceğini gösterir
7	Tamamlandı	İsteğin yerine getirildiğini ve istek sahibi tarafından doğrulandığını gösterir

1.3.2.1.2 Çapraz Referans Listeleri

Farklı uygulamalar, aynı kavramı temsil etmek için farklı kod kümeleri kullanabilir. Bu kod kümeleri farklı ayrıntı düzeylerinde veya farklı değerlerle aynı ayrıntı düzeyinde olabilir. Çapraz referans veri kümeleri, kod değerleri arasında çeviri yaparlar. Tablo 19, bir ABD Eyalet Kodu çapraz referansını gösterir (aynı granül seviyesinde çoklu gösterimlerin bir örneği). ABD Posta Servisi Eyalet Kodları iki karakterli harf kodlarıdır. FIPS, aynı kavramı ifade etmek için bir sayı kullanır. ISO Eyalet Kodu ayrıca ülkeye de bir referans içerir.

Tablo 19 Çapraz Referans Listesi

USPS Eyalet Kodu	ISO Eyalet Kodu	FIPS Sayısal Eyalet Kodu	Eyalet Kısaltması	Eyalet Adı	Resmi Eyalet Adı
CA	US-CA	06	Calif.	California	State of California
KY	US-KY	21	Ky.	Kentucky	Commonwealth of Kentucky
WI	US-WI	55	Wis.	Wisconsin	State of Wisconsin

Dil gereksinimleri Referans Veri yapısını etkileyebilir. Çok dilli listeler, çapraz referans listesinin özel bir örneğidir. Kod listeleri standart, makine tarafından okunabilir bir biçim sağlarken, dile özgü sözlükler kullanılabilir içerikler sağlar. Tablo 20, ISO 3166 standardından bir örnek sağlar. Kaç dilin ve karakter kümesinin dahil olduğuna bağlı olarak, çok dilli listeleri işlemenin farklı yolları vardır. Listelerin etkili olması için normalleştirilmesi gerekmez. Denormalize yapı, ilişkileri anlamayı biraz daha kolaylaştırır.

Tablo 20 Çok Dilli Referans Listesi

ISO 3166-1 Alpha 2 Ülke Kodu	İngilizce Adı	Yerel Adı	Yerel Adı (Yerel Alfabe)	Fransızca Adı	...
CN	China	Zhong Guo	中国/中國	Chine	

1.3.2.1.3 Taksonomiler

Taksonomik Referans Veri yapıları, farklı özgünlük seviyelerinde bilgi tutar. Örneğin, ABD Posta Kodu kendi başına anlamlı bir kategori olabilir ve bir kasaba, ilçe ve eyalette bulunur. Bu ilişkiler referans tablosunda ifade edilebilir ve bir etken olarak Posta kodu kullanılarak çoklu analiz seviyeleri yapılabilir.

Taksonomiler, İş Zekasını desteklemek için içerik sınıflandırmasına ve çok yönlü gezinmeye olanak tanır. Taksonomik Referans Verileri özyinelemeli bir ilişki içinde saklanabilir. Taksonomi yönetim araçları da hiyerarşik bilgileri korur. Tablo 21 ve Tablo 22, iki yaygın hiyerarşik taksonominin örneklerini göstermektedir. Her iki durumda da hiyerarşi bir kod, açıklama ve bireysel kodları sınıflandıran bir üst koda referans içerir. Örneğin, Tablo 21'de Çiçek bitkileri (10161600), Gül bitkileri, Atatürk çiçeği ve Orkideler için bir ana koddur. Tablo 22'de Perakende Ticaret (440000), Özel Gıda Mağazalarının (445200) ana kodu olan Yiyecek ve İçecek Mağazalarının (445000) ana kodudur.

Tablo 21 UNSPSC Evrensel Standart Ürünler ve Hizmetler Sınıflandırması[36]

Kod Değeri	Açıklama	Üst Kod
10161600	Çiçek bitkileri	10160000
10161601	Gül bitkileri	10161600
10161602	Atatürk çiçeği bitkileri	10161600
10161603	Orkide bitkileri	10161600
10161700	Kesme çiçek	10160000
10161705	Kesme gül	10161700

---

[36] http://bit.ly/2sAMU06.

Tablo 22 NAICS (Kuzey Amerika Endüstri Sınıflandırma Sistemi)[37]

Kod Değeri	Açıklama	Üst Kod
440000	Perakende Ticaret	440000
445000	Yiyecek ve İçecek Mağazaları	440000
445200	Özel Gıda Mağazaları	445000
445210	Et Pazarları	445200
445220	Balık ve Deniz Ürünleri Pazarları	445200
445290	Diğer Özel Gıda Mağazaları	445200
445291	Unlu Mamül Mağazaları	445290
445292	Şekerleme ve Kuruyemiş Mağazaları	445290

1.3.2.1.4 Ontolojiler

Bazı kuruluşlar, Referans Verilerinin bir parçası olarak web sitesi içeriğini yönetmek için kullanılan ontolojileri içerir. Diğer verileri karakterize etmek veya organizasyonel verileri organizasyonun sınırlarının ötesindeki bilgilerle ilişkilendirmek için kullanıldıkları için bu kategoriye uyarlar. Ontolojiler ayrıca bir metaveri biçimi olarak da anlaşılabilir. Ontolojilerin ve diğer karmaşık sınıflandırmaların, Referans Verilerinin yönetilmesine benzer şekillerde yönetilmesi gerekir. Değerlerin eksiksiz, güncel ve açıkça tanımlanmış olması gerekir. Ontolojilerin bakımına yönelik en iyi uygulamalar, Referans Veri Yönetimine benzer. Ontolojiler için ana kullanım durumlarından biri içerik yönetimidir. Bölüm 9'da daha ayrıntılı olarak açıklanmaktadırlar.

1.3.2.2 Özel veya Dahili Referans Verileri

Birçok kuruluş, dahili süreçleri ve uygulamaları desteklemek için Referans Verileri oluşturur. Genellikle bu özel referans verileri genellikle zaman içinde organik olarak büyür. RDM'nin bir kısmı, bu veri setlerini yönetmeyi ve ideal olarak, bu tutarlılığın kuruluşa hizmet ettiği yerlerde bunlar arasında tutarlılık yaratmayı içerir. Örneğin, farklı iş birimleri bir hesabın durumunu açıklamak için farklı terimler kullanıyorsa, kuruluştaki herhangi birinin belirli bir zamanda hizmet verdiği toplam müşteri sayısını belirlemesi zordur. Veri Sorumluları, dahili Referans Veri kümelerinin yönetilmesine yardımcı olurken, aynı bilgi için ortak kelimelere sahip olma ihtiyacı ile süreçlerin birbirinden farklı olduğu durumlarda esneklik ihtiyacı arasında denge kurmalıdırlar.

1.3.2.3 Sektörel Referans Verileri

Sektörel Referans Verileri, önemli kavramların kodlanması için ortak bir standart sağlamak amacıyla tek tek kuruluşlar yerine sektör birlikleri veya kamu kurumları tarafından oluşturulan ve sürdürülen veri kümelerini tanımlayan geniş bir terimdir. Bu kodlama, verileri anlamanın ortak bir yolunu sağlar ve veri paylaşımı ve uyumluluk için bir ön koşuldur. Örneğin, Uluslararası Hastalık Sınıflandırması (ICD) kodları, sağlık koşullarını (teşhisler) ve tedavileri (prosedürler) sınıflandırmak için ortak bir yol sağlar ve böylece sağlık hizmeti sunma ve sonuçları anlama konusunda tutarlı bir yaklaşıma sahip olur. Her doktor ve hastane hastalıklar için kendi kod setini yaratsa, eğilimleri ve desenleri anlamak neredeyse imkânsız olurdu.

---

[37] http://bit.ly/1mWACqg.

Sektör Referans Verileri, onu kullanan kuruluşların dışında üretilir ve korunur, ancak bu kuruluşlar içindeki işlemleri de anlamak gerekir. Belirli Veri Kalitesi Yönetimi çabalarını (örneğin, üçüncü taraf iş dizinleri), iş hesaplamalarını (örneğin, döviz kurları) veya iş verilerini artırmayı (örneğin, pazarlama verileri) desteklemek için gerekli olabilirler. Bu veri kümeleri, sektöre ve bireysel kod kümesine bağlı olarak büyük ölçüde değişebilirler (Bkz. Bölüm 10).

1.3.2.4 Coğrafi veya Jeo-istatistiksel Veriler

Coğrafi veya jeo-istatistiksel referans, coğrafyaya dayalı sınıflandırma veya analiz sağlar. Örneğin, nüfus sayımı bürosu raporları, pazar planlaması ve araştırmasını destekleyen nüfus yoğunluğunu ve demografik değişimleri tanımlar. Sıkı coğrafi sınıflandırmayla eşlenen hava durumu geçmişi, envanter yönetimini ve promosyon planlamasını destekleyebilir.

1.3.2.5 Hesaplamalı Referans Verileri

Birçok ticari faaliyet, ortak, tutarlı hesaplamalara erişime dayanır. Örneğin, döviz hesaplamaları, yönetilen, zaman damgalı döviz değeri tablolarına dayanır. Hesaplamalı Referans Verileri, değişme sıklığı nedeniyle diğer türlerden farklıdır. Birçok kuruluş, bu tür verileri, eksiksiz ve doğru olmasını sağlayan üçüncü taraflardan satın alır. Bu verileri dahili olarak korumaya çalışmak, gecikme sorunları yaratabilir.

1.3.2.6 Standart Referans Veri Kümesi Metaverileri

Referans Veriler, diğer veriler gibi zamanla değişebilir. Herhangi bir kuruluştaki yaygınlığı göz önüne alındığında, kökenlerinin ve geçerliliklerinin anlaşılmasını ve sürdürülmesini sağlamak için Referans Veri kümeleriyle ilgili temel metaverileri korumak önemlidir. Tablo 23, bu metaverilerin örneklerini gösterir.

Tablo 23 Kritik Referans Verisi Metaveri Nitelikleri

Referans Veri Kümesi Anahtar Bilgisi	Açıklama
Resmi Ad	Resmi, özellikle Referans Veri setinin harici adı (örneğin, ISO 3166-1991 Ülke Kodu Listesi)
Dahili Ad	Kuruluş içindeki veri seti ile ilişkili ad (ör. Ülke Kodları – ISO)
Veri Sağlayıcı	Referans Veri setini sağlayan ve bakımını yapan taraf. Bu, harici (ISO), dahili (belirli bir departman) veya harici – genişletilmiş (harici bir taraftan elde edilmiş ancak daha sonra dahili olarak genişletilmiş ve değiştirilmiş) olabilir.
Veri Sağlayıcı Veri Kümesi Kaynağı	Veri sağlayıcının veri kümelerinin nereden alınabileceğinin açıklaması. Bu, büyük olasılıkla kurumsal ağ içinde veya dışında bir Evrensel Kaynak Tanımlayıcısı (URI) olabilir.
Veri Sağlayıcı Son Sürüm Numarası	Varsa ve sürdürülüyorsa, bu, kuruluştaki sürümden bilgilerin eklenebileceği veya bu sürümde kullanımdan kaldırılabileceği harici veri sağlayıcının veri kümesinin en son sürümünü açıklar.
Veri Sağlayıcı Son Sürüm Tarihi	Varsa ve sürdürülüyorsa, standart listenin en son ne zaman güncellendiğini açıklar
Dahili Sürüm Numarası	Geçerli Referans Veri kümesinin sürüm numarası veya veri kümesine karşı uygulanan son güncellemenin sürüm numarası
Dahili Sürüm Mutabakat Tarihi	Veri kümesinin dış kaynağa göre en son güncellendiği tarih
Dahili Sürüm Son Güncelleme Tarihi	Veri setinin en son değiştirilmiş olduğu tarihtir. Bu, harici bir sürümle mutabakat anlamına gelmez.

1.3.3 Ana Veri

Ana Veriler, ticari işlemler ve analiz için bağlam sağlayan ticari varlıklar (örneğin çalışanlar, müşteriler, ürünler, finansal yapılar, varlıklar ve konumlar) hakkındaki verilerdir. Bir varlık, gerçek bir dünya nesnesidir (kişi, organizasyon, yer veya şey). Varlıklar, veri/kayıt biçiminde varlık örnekleriyle temsil edilirler. Ana Veriler, kilit ticari kuruluşlar hakkında mevcut olan yetkili, en doğru verileri temsil etmelidir. İyi yönetildiğinde, Ana Veri değerleri güvenilirdir ve güvenle kullanılabilirler.

İş kuralları, genellikle, Ana Veri değerlerinin formatını ve izin verilen aralıklarını belirler. Ortak kurumsal Ana Veriler aşağıdakilerle ilgili verileri içerir:

- Müşteriler, vatandaşlar, hastalar, satıcılar, tedarikçiler, acenteler, iş ortakları, rakipler, çalışanlar veya öğrenciler gibi bireyler ve kuruluşlardan oluşan taraflar ve rolleri
- Hem dahili hem de harici Ürünler ve Hizmetler
- Sözleşmeler, defteri kebir hesapları, maliyet merkezleri veya kâr merkezleri gibi mali yapılar
- Adresler ve GPS koordinatları gibi konumlar

1.3.3.1 Kayıt Sistemi, Referans Sistemi

'Gerçeğin' potansiyel olarak farklı versiyonları olduğunda, aralarında ayrım yapmak gerekir. Bunu yapmak için, verilerin nereden geldiğini veya bunlara erişildiğini ve hangi verilerin belirli kullanımlar için hazırlandığını bilmek gerekir. Kayıt Sistemi, verilerin belirli bir dizi kural ve beklenti aracılığıyla oluşturulduğu/yakalandığı ve/veya sürdürüldüğü yetkili bir sistemdir (örneğin, bir ERP sistemi, müşterilere satış için Kayıt Sistemi olabilir). Referans Sistemi, bilgi referans sisteminden kaynaklanmasa bile, veri tüketicilerinin işlemleri ve analizi desteklemek için güvenilir veriler elde edebileceği yetkili bir sistemdir. MDM uygulamaları, Veri Paylaşım Merkezleri ve Veri Ambarları genellikle referans sistemleri olarak hizmet ederler.

1.3.3.2 Güvenilir Kaynak, Altın Kayıt

Güvenilir Kaynak, otomatikleştirilmiş kurallar ve veri içeriğinin manuel yönetimi kombinasyonuna dayalı olarak "gerçeğin en iyi versiyonu" olarak kabul edilir. Güvenilir bir kaynak, Tek Görünüm, 360° Görünüm olarak da adlandırılabilir. Herhangi bir MDM sistemi, güvenilir bir kaynak olacak şekilde yönetilmelidir. Güvenilir bir kaynak içinde, varlık örnekleriyle ilgili en doğru verileri temsil eden kayıtlar Altın Kayıtlar olarak adlandırılabilir.

Altın Kayıt terimi yanıltıcı olabilir. Tech Target, Altın Kayıt'ı "gerçeğin tek versiyonu" olarak tanımlar; burada "gerçeğin", kullanıcıların bir bilginin doğru versiyonuna sahip olduklarından emin olmak istediklerinde veriye başvurabilecekleri referans anlamına geldiği anlaşılır. Altın kayıt, belirli bir organizasyondaki her kayıt sistemindeki (SOR) tüm verileri kapsar.[38]

Bununla birlikte, farklı sistemlerdeki veriler 'gerçeğin tek bir versiyonu' ile aynı hizada olmayabileceğinden, bu kavramın iki tanımını da sorgulamaktadır.

---

[38] http://bit.ly/2rRJI3b.

Herhangi bir Ana Veri çabası içinde, birden fazla kaynaktan gelen verilerin bir 'Altın Kayıt'ta birleştirilmesi, bunun her zaman organizasyon içindeki tüm varlıkların %100 eksiksiz ve %100 doğru bir temsili olduğu anlamına gelmez (özellikle Ana Veri ortamına veri sağlayan birden fazla SOR bulunuyorsa). Verinin "Altın" olmadığı durumda, olduğunu vadetmek, veri tüketicilerinin güvenlerini sarsabilir.

Bu nedenle bazıları, Ana Verilerin "sahip olduğumuz en iyi versiyonu"na atıfta bulunmak için Güvenilir Kaynak terimini tercih eder. Bunu yapmak, verilerin en iyi sürüme ulaşmak için nasıl tanımlandığına ve yönetildiğine vurgu yapar. Ayrıca, farklı veri tüketicilerinin kendileri için önemli olan "tek versiyonun" bileşen parçalarını görmelerine yardımcı olur. Finans ve Sigorta sektörleri genellikle Pazarlama alanından farklı bir Müşteri 'tek versiyonu' perspektifine sahiptirler. Güvenilir Kaynak, Veri Sorumluları tarafından belirlenen ve tanımlanan ticari varlıklara ilişkin birden çok bakış açısı sağlar.

1.3.3.3 Ana Veri Yönetimi

Bölüm girişinde açıklandığı gibi, Ana Veri Yönetimi, temel iş varlıkları hakkında en doğru ve zamanında verilerin sistemler arasında tutarlı bir şekilde kullanılmasını sağlayan Ana Veri değerleri ve tanımlayıcıları üzerinde kontrol gerektirir. Hedefler, belirsiz tanımlayıcı riskini azaltırken doğru, güncel değerlerin kullanılabilirliğini sağlamayı içerir.

Gartner, Ana Veri Yönetimini "şirketin resmi olarak paylaşılan Ana Veri varlıklarının tekilliğini, doğruluğunu, sorumluluğunu, anlamsal tutarlılığını ve mükellefiyetini sağlamak için iş birimleri ve BT'nin birlikte çalıştığı, teknoloji destekli bir disiplin" olarak tanımlar. Ana Veri, müşteriler, potansiyel müşteriler, vatandaşlar, tedarikçiler, siteler, hiyerarşiler ve hesap planları dahil olmak üzere işletmenin temel varlıklarını tanımlayan tutarlı ve tek tip tanımlayıcılar ve genişletilmiş niteliklerdir.[39]

Gartner'ın tanımı, MDM'nin insanlardan, süreçlerden ve teknolojiden oluşan bir disiplin olduğunu vurgular. Spesifik bir uygulama çözümü değildir. Ne yazık ki, MDM (Ana Veri Yönetimi) kısaltması genellikle Ana Verileri yönetmek için kullanılan sistemlere veya ürünlere atıfta bulunmak için kullanılır.[40] MDM uygulamaları süreçleri kolaylaştırabilir ve bazen oldukça etkili de olabilir, ancak bir MDM uygulaması kullanmak, Ana Verilerin kurumsal ihtiyaçları karşılayacak şekilde yönetildiğini garanti etmez. Bir kuruluşun MDM gereksinimlerinin değerlendirilmesi aşağıdakileri içerir:

- Hangi rollere, organizasyonlara, yerlere ve şeylere tekrar tekrar atıfta bulunulduğu
- Kişileri, kuruluşları, yerleri ve nesneleri tanımlamak için hangi verilerin kullanıldığı
- Verilerin ayrıntı düzeyi de dahil olmak üzere verilerin nasıl tanımlandığı ve yapılandırıldığı
- Verilerin oluşturulduğu/kaynaklandığı, depolandığı, kullanıma sunulduğu ve erişildiği yerler
- Veriler, kuruluş içindeki sistemler arasında hareket ederken nasıl değiştiği
- Verileri kimin ve hangi amaçlarla kullandığı
- Verilerin ve kaynaklarının kalitesini ve güvenilirliğini anlamak için hangi kriterlerin kullanıldığı

Ana Veri Yönetimi zorludur. Verilerle ilgili temel bir zorluğu betimlemektedir: İnsanlar benzer kavramları temsil etmek için farklı yollar seçerler ve bu temsiller arasında uzlaşma her zaman kolay değildir; Daha da önemlisi, bilgi zaman içinde değişir ve bu değişikliklerin sistematik olarak muhasebeleştirilmesi planlama, veri bilgisi ve teknik beceriler gerektirir. Kısacası emek ister.

---

[39] http://gtnr.it/2rQOT33.

[40] DAMA-DMBOK boyunca MDM'nin yalnızca bu verileri yönetmek için kullanılan araçlardan ziyade Ana Verileri yönetmeye yönelik genel süreci ifade ettiğini unutmayın.

MDM'ye duyulan ihtiyacı fark eden herhangi bir kuruluş, muhtemelen, gerçek dünya varlıklarına referansları tutmanın ve saklamanın birçok yolu olan karmaşık bir sistem ortamına sahiptir. Hem zaman içindeki organik büyüme hem de birleşme ve satın almalar nedeniyle, MDM sürecine girdi sağlayan sistemler, varlıkların kendilerine ilişkin farklı tanımlara sahip olabilir ve büyük olasılıkla Veri Kalitesi için farklı standartlara sahip olabilir. Bu karmaşıklık nedeniyle, Ana Veri Yönetimine her seferinde bir veri alanına yaklaşmak en iyisidir. Bir avuç nitelikle küçük küçük başlayın ve zamanla geliştirin.

Ana Veri Yönetimi için Planlama yapmak, birkaç temel adımı içerir. Bir konu alanı içinde:

- Ana Veri varlıklarının kapsamlı bir görünümünü sağlayacak aday kaynakları belirleyin
- Varlık örneklerini doğru şekilde eşleştirmek ve birleştirmek için kurallar geliştirin
- Uygun olmayan şekilde eşleştirilen ve birleştirilen verileri belirlemek ve geri yüklemek için bir yaklaşım oluşturun
- Güvenilir verileri kuruluş genelindeki sistemlere dağıtmak için bir yaklaşım oluşturun

MDM bir yaşam döngüsü yönetimi süreci olduğundan, süreci yürütmek bu adımların ima ettiği kadar basit değildir. Yaşam döngüsü için kritik olan faaliyetler aşağıdakileri içerir:

- İlişkili niteliklerin tanımları ve bunların kullanım koşulları dahil olmak üzere Ana Veri varlıklarının bağlamını oluşturmak. Bu süreç yönetişim gerektirir.
- Veri kaynakları içinde ve genelinde temsil edilen aynı varlığın birden çok örneğini tanımlamak; bilgi entegrasyonunu sağlamak için tanımlayıcılar ve çapraz referanslar oluşturmak ve bunları sürdürmek.
- Bir ana kayıt veya gerçeğin en iyi versiyonunu sağlamak için kaynaklar arasında verilerin uzlaştırılması ve birleştirilmesi. Birleştirilmiş kayıtlar, sistemler arasında birleştirilmiş bir bilgi görünümü sağlar ve nitelik adlandırma ve veri değeri tutarsızlıklarını ele alır.
- Uygun olmayan şekilde eşleştirilen veya birleştirilen örnekleri belirlemek ve bunların çözümlenmesini ve tanımlayıcılarla doğru şekilde ilişkilendirilmesini sağlamak.
- Doğrudan okumalar, veri hizmetleri veya işlemsel, veri ambarı veya analitik veri depolarına replikasyon beslemeleri yoluyla uygulamalar genelinde güvenilir verilere erişim sağlamak.
- Kuruluş içinde Ana Veri değerlerinin kullanımını zorlamak. Bu süreç aynı zamanda ortak bir kurumsal bakış açısı sağlamak adına yönetişim ve değişim yönetimi de gerektirir.

1.3.3.4 Ana Veri Yönetimi Temel İşleme Adımları

MDM için temel işleme adımları Şekil 76'da gösterilmektedir. Veri modeli yönetimini içerirler; veri toplama, veri doğrulama, standardizasyon ve zenginleştirme; varlık çözümleme ve sorumluluk ve paylaşım. Kapsamlı bir MDM ortamında, mantıksal veri modeli, birden çok platformda fiziksel olarak somutlaştırılacaktır. Veri entegrasyon hizmetlerinin temelini sağlayarak MDM çözümünün gerçeklenmesine rehberlik eder. Uygulamaların veri mutabakatı ve veri kalitesi doğrulama özelliklerinden yararlanmak için nasıl yapılandırıldığına da rehberlik etmelidir.

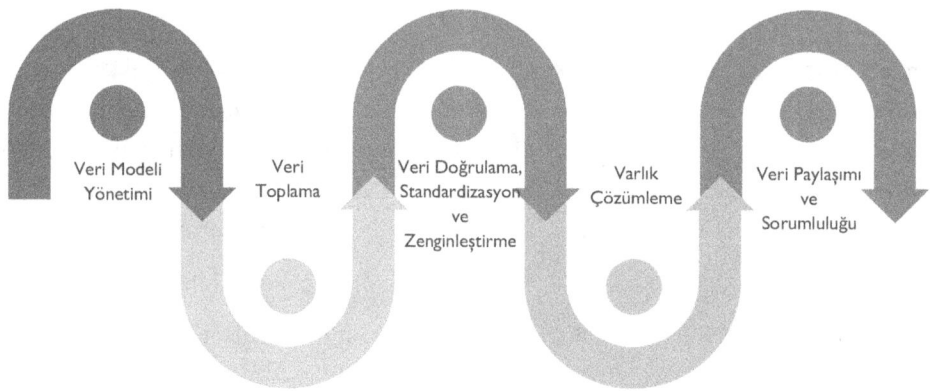

Şekil 76 MDM için Temel İşleme Adımları

1.3.3.4.1 Veri Modeli Yönetimi

Ana Veri çalışması, açık ve tutarlı mantıksal veri tanımlarının önemini ortaya çıkarır. Model, kuruluşun teknik terimleri aşmasına yardımcı olmalıdır. Bir kaynak sistemde kullanılan terimler ve tanımlar, o sistemin sınırları içinde anlamlı olabilir, ancak kurumsal düzeyde her zaman anlamlı değildir. Ana Veriler için, bir işletme düzeyinde kullanılan terimler ve tanımlar, kuruluş genelinde yürütülen iş bağlamında olmalı ve veri değerlerine katkıda bulunan kaynak sisteme bağlı olmamalıdır.

Ana Verileri oluşturan nitelikler için, tanımın ayrıntı düzeyi ve ilişkili veri değerleri de kuruluş genelinde anlamlı olmalıdır. Kaynak sistemler aynı nitelik adını sunabilir, ancak veri değerleri kurumsal düzeyde tamamen farklı bağlamlardadır. Benzer şekilde, kaynak sistemler, işletme düzeyinde tek bir nitelikte birleşen ve veri değerleri uygun bağlamda olan farklı adlandırılmış nitelikler sunabilir. Bazen birden çok nitelik tek bir kaynaktan sunulur ve bunların ilgili veri değerleri, kurumsal düzeyde tanımlanan bir öznitelik için tek bir veri değeri türetmek için kullanılır.

1.3.3.4.2 Veri Toplama

Belirli bir kaynak içinde bile, aynı varlık örneğini temsil eden veriler, isimlerin, adreslerin ve telefon numaralarının sunulma biçiminde tutarsızlıkların olduğu Tablo 24'te gösterildiği gibi farklı görünebilir. Bu örneğe daha sonra atıfta bulunulacaktır.

Tablo 24 MDM Sistemi Tarafından Alınan Kaynak Veriler

Kaynak ID	Ad	Adres	Telefon
123	John Smith	123 Main, Dataland, SQ 98765	
234	J. Smith	123 Main, Dataland, DA	2345678900
345	Jane Smith	123 Main, Dataland, DA	234-567-8900

Ana Veri Yönetimi çözümüne yeni veri kaynaklarının planlanması, değerlendirilmesi ve dahil edilmesi, güvenilir, tekrarlanabilir bir süreç olmalıdır. Veri toplama faaliyetleri aşağıdakileri içerir:

- Yeni veri kaynağı edinme isteklerini alma ve yanıtlama
- Veri temizleme ve veri profili oluşturma araçlarını kullanarak hızlı, geçici, eşleştirme ve üst düzey veri kalitesi değerlendirmeleri gerçekleştirme
- Fayda-Maliyet analizlerinde onlara yardımcı olmak için veri entegrasyonunun karmaşıklığını değerlendirme ve talep edenlere iletme

- Veri toplama pilot uygulaması ve bunun eşleşme kuralları üzerindeki etkisi
- Yeni veri kaynağı için veri kalitesi metriklerini sonuçlandırma
- Yeni bir kaynağın verilerinin kalitesini izlemek ve sürdürmekten kimin sorumlu olacağını belirleme
- Genel veri yönetimi ortamına entegrasyonu tamamlama

1.3.3.4.3 Veri Doğrulama, Standardizasyon ve Zenginleştirme

Varlık çözümlemesini etkinleştirmek için verilerin mümkün olduğunca tutarlı olması gerekir. Bu, asgari olarak, formattaki farklılığın azaltılmasını ve değerlerin uzlaştırılmasını gerektirir. Tutarlı girdi verileri, kayıtları ilişkilendirme şansını artırır veya hataları azaltır. Hazırlık süreçleri aşağıdakileri içerir:

- **Doğrulama**: Büyük olasılıkla hatalı verileri belirleme (örneğin, açıkça sahte olan e-posta adreslerinin kaldırılması)
- **Standardizasyon**: Veri içeriğinin standart Referans Veri değerlerine (örneğin ülke kodları), formatlara (örneğin telefon numaraları) veya alanlara (örneğin adresler) uymasını sağlama
- **Zenginleştirme**: Varlık çözümleme hizmetlerini iyileştirebilecek nitelikler ekleme (örneğin, ilgili şirket kayıtları için Dunn ve Bradstreet DUNS Numarası ve Ultimate DUNS Numarası, bireysel kayıtlar için Acxiom veya Experian Tüketici Kimlikleri)

Tablo 25, Tablo 24'teki örnek üzerinde temizleme ve standardizasyon işleminin sonuçlarını göstermektedir. Farklı biçimlere sahip olan adresler artık tanınabilir şekilde aynıdır. Telefon numaraları standart biçimlendirme içerir.

Tablo 25 Standartlaştırılmış ve Zenginleştirilmiş Girdi Verileri

Kaynak ID	Ad	Adres (Temizlenmiş)	Telefon (Temizlenmiş)
123	John Smith	123 Main, Dataland, SQ 98765	
234	J. Smith	123 Main, Dataland, SQ 98765	+1 234 567 8900
345	Jane Smith	123 Main, Dataland, SQ 98765	+1 234 567 8900

1.3.3.4.4 Varlık Çözümleme ve Tanımlayıcı Yönetimi

Varlık çözümlemesi, gerçek dünya nesnelerine yapılan iki referansın aynı nesneye mi yoksa farklı nesnelere mi atıfta bulunduğunu belirleme sürecidir (Talburt, 2011). Varlık çözümlemesi bir karar verme sürecidir. Süreci yürütmek için modeller, iki referans arasındaki benzerliği belirlemek için aldıkları yaklaşıma göre farklılıklar gösterir. Çözümleme her zaman referans çiftleri arasında gerçekleşirken, süreç sistematik olarak büyük veri kümelerini içerecek şekilde genişletilebilir. Kayıtları eşleştirme ve birleştirme süreci Ana Veri kümesinin oluşturulmasını sağladığından varlık çözümlemesi MDM için kritik öneme sahiptir.

Varlık çözümlemesi, varlık örneklerinin kimliğinin ve varlık örnekleri arasındaki ilişkinin zaman içinde yönetilmesini sağlayan bir dizi faaliyeti (referans çıkarma, referans hazırlama, referans çözümleme, kimlik yönetimi, ilişki analizi) içerir. Referans çözümleme süreci içinde, denklik belirleme süreci ile aynı varlığı temsil eden iki referans tanımlanabilir.

Bu referanslar daha sonra eşdeğer olduklarını gösteren bir değer (global bir tanımlayıcı) aracılığıyla bağlanabilirler (Talburt, 2011).

1.3.3.4.4.1 Eşleme

Eşleme veya aday belirleme, farklı kayıtların tek bir varlıkla nasıl ilişkili olabileceğini belirleme sürecidir. Bu işlemle ilgili riskler şunlardır:

- **Hatalı pozitifler**: Aynı varlığı temsil etmeyen iki referans, tek bir tanımlayıcı ile bağlantılıdır. Bu, birden fazla gerçek dünya varlık örneğine atıfta bulunan bir tanımlayıcı ile sonuçlanır.

- **Hatalı negatifler**: İki referans aynı varlığı temsil eder ancak tek bir tanımlayıcı ile bağlantılı değildir. Bu, her örneğin bir ve yalnızca bir tanımlayıcıya sahip olması beklendiğinde, aynı gerçek dünya varlığına atıfta bulunan birden çok tanımlayıcıyla sonuçlanır.

Her iki durum da, benzerlik analizi veya eşleme adı verilen ve herhangi iki kayıt arasındaki benzerlik derecesinin, genellikle karşılık gelen nitelik değerleri arasındaki ağırlıklı yaklaşık eşleşmeye dayalı olarak puanlandığı bir süreç aracılığıyla ele alınır. Skor belirli bir eşiğin üzerindeyse, iki kaydın aynı varlığı (bir eşleşme) temsil ettiği kabul edilir. Benzerlik analizi sayesinde verilerdeki küçük farklılıklar tespit edilebilir ve veri değerleri konsolide edilebilir. Birlikte kullanılabilen iki temel yaklaşım deterministik ve olasılıksaldır:

- Ayrıştırma ve standardizasyon gibi deterministik algoritmalar, benzerliği belirlemek adına ağırlıklı puanları atamak için tanımlanmış desenlere ve kurallara dayanırlar. Deterministik algoritmalar, eşleşen desenlerin ve uygulanan kuralların her zaman aynı sonuçları vereceği için tahmin edilebilirlerdir. Bu tür eşleştirme, nispeten iyi bir performansla alışılmışın dışında çalışır, ancak yalnızca kuralları geliştiren kişilerin öngördüğü durumlar kadar iyidir.

- Olasılıksal algoritmalar, herhangi bir kayıt çiftinin aynı varlığı temsil etme olasılığını değerlendirmek için istatistiksel tekniklere dayanır. Bu, kayıtların bir alt kümesi için beklenen sonuçlara bakarak ve eşleştiriciyi istatistiksel analize dayalı olarak kendi kendini ayarlayacak şekilde ayarlayarak eğitim amacıyla veri örnekleri alma yeteneğine dayanır. Bu eşleştiriciler kurallara bağlı değildir, bu nedenle sonuçlar kesin belirleyici olmayabilir. Bununla birlikte, olasılıklar deneyime dayalı olarak iyileştirilebildiğinden, olasılıksal eşleştiriciler, daha fazla veri analiz edildikçe eşleştirme kesinliklerini geliştirebilirler.

1.3.3.4.4.2 Kimlik Çözümleme

Bazı eşleşmeler, birden çok alandaki kesin veri eşleşmelerine dayalı olarak büyük bir güvenle gerçekleşir. Diğer eşleşmeler, çelişen değerler nedeniyle daha az güvenlidir. Örneğin:

- İki kayıt aynı soyadı, adı, doğum tarihi ve sosyal güvenlik numarasını paylaşıyor ancak sokak adresi farklıysa, bunların posta adresini değiştiren aynı kişiye atıfta bulunduğunu varsaymak güvenli midir?

- İki kayıt aynı sosyal güvenlik numarasını, sokak adresini ve adı paylaşıyorsa ancak soyadı farklıysa, bunların soyadını değiştiren aynı kişiye atıfta bulunduğunu varsaymak güvenli midir? Cinsiyet ve yaşa bağlı olarak olasılık artar mı yoksa azalır mı?

- Bir kayıt için sosyal güvenlik numarası bilinmiyorsa bu örnekler nasıl değişir? Bir eşleşme olasılığını belirlemek için başka hangi tanımlayıcılar yararlıdır? Kuruluşun bir eşleşme iddia etmesi için ne kadar güven gereklidir?

Tablo 26, Tablo 24 ve Tablo 25'teki örnek kayıtlar için sürecin sonucunu göstermektedir. Burada ikinci iki varlık örneğinin (Kaynak ID 234 ve 345) aynı kişiyi (Jane Smith) temsil ettiği belirlenirken, birincisinin (Kaynak ID 123) farklı bir kişiyi (John Smith) temsil ettiği belirlenmiştir.

Tablo 26 Aday Tanılama ve Kimlik Çözümleme

Kaynak ID	Ad	Adres (Temizlenmiş)	Telefon (Temizlenmiş)	Aday ID	Taraf ID
123	John Smith	123 Main, Dataland, SQ 98765		XYZ	1
234	J. Smith	123 Main, Dataland, SQ 98765	+1 234 567 8900	XYZ, ABC	2
345	Jane Smith	123 Main, Dataland, SQ 98765	+1 234 567 8900	ABC	2

En iyi çabalara rağmen, eşleşme kararları bazen yanlış çıkmaktadır. Eşleşmelerin yanlış olduğu tespit edildiğinde geri alınabilmesi için eşleşmelerin geçmişini korumak önemlidir. Eşleşme oranı metrikleri, kuruluşların eşleşen çıkarım kurallarının etkisini ve etkinliğini izlemesini sağlar. Eşleşme kurallarının yeniden işlenmesi, varlık çözümleme süreci tarafından yeni bilgiler alındığından daha iyi eşleşme adaylarının belirlenmesine yardımcı olabilir.

1.3.3.4.4.3 İş Akışlarını Eşleme / Mutabakat Türleri

Farklı senaryolar için eşleşme kuralları, farklı iş akışları gerektirir:

- Tekrarlayan tanılama eşleşme kuralları, bir varlığı benzersiz şekilde tanımlayan ve otomatik işlem yapmadan birleştirme fırsatlarını belirleyen belirli bir veri öğeleri kümesine odaklanır. İş Veri Sorumluları bu olayları inceleyebilir ve duruma göre işlem yapmaya karar verebilir.

- Eşleştirme bağlama kuralları, çapraz referans verilen kaydın içeriğini güncellemeden bir ana kayıtla ilgili gibi görünen kayıtları tanımlar ve bir çapraz referans verir. Eşleştirme bağlama kurallarının gerçeklenmesi ve tersine çevrilmesi çok daha kolaydır.

- Eşleştirme birleştirme kuralları kayıtları eşleştirir ve bu kayıtlardan gelen verileri tek, birleşik, uyumlu ve kapsamlı bir kayıtta birleştirir. Kurallar veri kaynakları arasında geçerliyse, her veri deposunda tek, benzersiz ve kapsamlı bir kayıt oluşturun. Asgari olarak, diğer veri depolarındaki verileri tamamlamak için bir veri deposundaki güvenilir verileri kullanın, eksik değerleri veya yanlış olduğu düşünülen değerleri değiştirin.

Eşleştirme birleştirme kuralları karmaşıktır ve birden çok kayıt ve veri kaynağı arasında bilgilerin birleştirilmiş, uzlaştırılmış bir sürümünü sağlamaya çalışır. Karmaşıklık, bir dizi kurala dayalı olarak hangi kaynaktan hangi alana güvenilebileceğini belirleme ihtiyacından kaynaklanmaktadır. Her yeni kaynağın tanıtılması bu kuralları zaman içinde değiştirebilir. Eşleştirme kurallarıyla ilgili zorluklar, verileri uzlaştırmanın operasyonel karmaşıklığını ve yanlış bir birleştirme varsa işlemi tersine çevirmenin maliyetini içerir.

Eşleştirme bağlama, birden çok kayıttan kapsamlı bilgi sunmak daha zor olsa da birleştirilmiş Ana Veri kaydının bireysel nitelikleri üzerinde değil, çapraz referans kayıt defteri üzerinde hareket ettiği için daha basit bir işlemdir.

Güven seviyeleri zaman içinde değiştiğinden eşleştirme birleştirme ve eşleştirme bağlama kurallarını periyodik olarak yeniden değerlendirin. Birçok veri eşleştirme motoru, güven seviyelerinin oluşturulmasına yardımcı olmak için veri değerlerinin istatistiksel korelasyonlarını sağlar (Bkz. Bölüm 13).

1.3.3.4.4.4 Ana Veri ID Yönetimi

Ana Verileri yönetmek, tanımlayıcıları yönetmeyi içerir. Bir MDM ortamındaki veri kaynakları arasında yönetilmesi gereken iki tür tanımlayıcı vardır: Global ID'ler ve Çapraz Referans (x-Ref) bilgileri.

Global ID, uzlaştırılan kayıtlara eklenen MDM çözümü tarafından atanan ve sürdürülen benzersiz tanımlayıcıdır. Amacı, varlık örneğini benzersiz şekilde tanımlamaktır. Tablo 26'daki örnekte, birden fazla kaydın aynı varlık örneğini temsil ettiği belirlendiğinde, aday ID'si olarak her ikisine de 'ABC' değeri atanmıştır. Kayıtlar, '2' tek Taraf ID'sinde çözümlenmiştir.

Global ID'ler, herhangi bir yinelenen değer riskinden kaçınmak için, Ana Veri entegrasyon faaliyetlerini hangi teknolojinin gerçekleştirdiğinden bağımsız olarak yalnızca bir yetkili çözüm tarafından oluşturulmalıdır. Global ID'ler, benzersizlik korunabildiği sürece sayılar veya GUID'ler (Global Benzersiz Tanımlayıcılar) olabilir. Global ID üretimi için ele alınması gereken temel karmaşıklık, ayırma-yeniden birleştirme nedeniyle doğru global ID'nin (uygun alt akış veri güncellemelerini gerçekleştirmek için) nasıl korunacağıdır. Çapraz referans yönetimi, kaynak kimlikleri ile Global ID arasındaki ilişkinin yönetimidir. Çapraz referans yönetimi, eşleşme oranı ölçümlerini desteklemek için bu tür eşlemelerin geçmişini koruma ve veri entegrasyonunu sağlamak için arama hizmetlerini ortaya çıkarma yeteneklerini içermelidir.

1.3.3.4.4.5 Üyelik Yönetimi

Üyelik Yönetimi, gerçek dünya ilişkileri olan varlıkların Ana Veri kayıtları arasında ilişkiler kurmak ve sürdürmektir. Örnekler arasında mülkiyet bağlantıları (ör. X Şirketi, Y Şirketinin bir yan kuruluşu, bir ana-çocuk ilişkisi) veya diğer dernekler (ör. XYZ Kişisi X Şirketinde çalışır) sayılabilir.

Bir MDM çözümünün veri mimarisi tasarımı, belirli bir varlık için üst-alt ilişkilerinden, ilişki ilişkilerinden veya her ikisinden de yararlanılıp yararlanılmayacağına karar vermelidir.

- **Üyelik ilişkileri**, programlama mantığı yoluyla en büyük esnekliği sağlar. İlişki türü, bu tür verileri bir üst-alt hiyerarşisinde göstermek için kullanılabilir. Raporlama veya hesap gezinme araçları gibi birçok alt çözüm, bilgilerin hiyerarşik bir görünümünü görmek ister.

- **Üst-Ast ilişkileri**, navigasyon yapısı ima edildiğinden daha az programlama mantığı gerektirir. Ancak, ilişki değişirse ve uygun bir ilişki yapısı yoksa, bu durum verilerin kalitesini ve İş Zekâsı boyutlarını etkileyebilir.

1.3.3.4.5 Veri Paylaşımı ve Sorumluluğu

Ana Veri Yönetimi çalışmalarının çoğu, çok sayıda kaydın işlenmesini sağlayan araçlar aracılığıyla otomatikleştirilebilse de verilerin yanlış eşleştirildiği durumları çözmek için yine de sorumluluk gerektirir. İdeal olarak, sorumluluk sürecinden öğrenilen dersler, eşleştirme algoritmalarını geliştirmek ve manuel çalışma örneklerini azaltmak için de kullanılabilirler (Bölüm 3 ve 8'e bakınız).

1.3.3.5 Taraf Ana Verileri

Taraf Ana Verileri, bireyler, kuruluşlar ve iş ilişkilerinde oynadıkları roller hakkındaki verileri içerir. Ticari ortamda taraflar arasında müşteriler, çalışanlar, tedarikçiler, ortaklar ve rakipler bulunur. Kamu sektöründe taraflar genellikle vatandaştır. Kolluk kuvvetleri, şüpheliler, tanıklar ve mağdurlara odaklanır. Kâr amacı gütmeyen kuruluşlar, üyelere ve bağışçılara odaklanır. Sağlık hizmetlerinde odak noktası hastalar ve hizmet sağlayıcılardır; eğitimde ise öğrenci ve öğretim üyesi üzerindedir.

Müşteri İlişkileri Yönetimi (CRM) sistemleri, müşterilerle ilgili Ana Verileri yönetir. CRM'in amacı, her müşteri hakkında eksiksiz ve doğru bilgi sağlamaktır.

CRM'nin önemli bir yönü, farklı sistemlerden gelen tekrarlayan, fazlalık veya çelişkili verileri tanımlamak ve verilerin bir veya birden fazla müşteriyi temsil edip etmediğini belirlemektir. CRM, çelişen değerleri çözebilmeli, farklılıkları uzlaştırabilmeli ve müşterinin mevcut bilgilerini doğru bir şekilde sunabilmelidir. Bu süreç, sağlam kuralların yanı sıra veri kaynaklarının yapısı, ayrıntı düzeyi, kökeni ve kalitesi hakkında bilgi gerektirir.

Uzmanlaşmış MDM sistemleri, bireyler, kuruluşlar ve onların rolleri, çalışanları ve tedarikçileri için benzer fonksiyonları yerine getirir. Sektör veya odak ne olursa olsun, iş partisi Ana Verilerini yönetmek benzersiz zorluklar doğurur:

- Bireyler ve kuruluşlar tarafından oynanan rollerin ve ilişkilerin karmaşıklığı
- Benzersiz tanımlamalardaki zorluklar
- Veri kaynaklarının sayısı ve aralarındaki farklılıklar
- Çoklu mobil ve sosyal iletişim kanalları
- Verilerin önemi
- Müşterilerin nasıl etkileşime girmek istediklerine ilişkin beklentiler

Ana Veriler, bir kuruluşta birden fazla rol oynayan (örneğin aynı zamanda müşteri olan bir çalışan) ve farklı temas noktaları veya etkileşim yöntemleri kullanan taraflar için özellikle zordur (örneğin, bir sosyal medya sitesine bağlı mobil cihaz uygulaması aracılığıyla etkileşim).

1.3.3.6 Finansal Ana Veriler

Finansal Ana Veriler, iş birimleri, maliyet merkezleri, kar merkezleri, genel muhasebe hesapları, bütçeler, projeksiyonlar ve projeler hakkındaki verileri içerir. Tipik olarak, bir Kurumsal Kaynak Planlama (ERP) sistemi, bir veya daha fazla bağlantılı uygulamada oluşturulan ve sürdürülen proje ayrıntıları ve işlemlerle finansal Ana Veriler (hesap planı) için genel bir merkez görevi görür. Bu, özellikle dağıtık kurum içi fonksiyonlara sahip kuruluşlarda yaygındır.

Finansal Ana Veri çözümleri yalnızca bilgileri oluşturmak, sürdürmek ve paylaşmakla kalmaz; birçoğu, mevcut finansal verilerde yapılan değişikliklerin kuruluşun kârlılığını nasıl etkileyebileceğini de simüle edebilirler. Finansal Ana Veri simülasyonları genellikle İş Zekâsı raporlama, analiz ve planlama modüllerinin yanı sıra daha basit bütçeleme ve projelendirmenin de bir parçasıdır. Bu uygulamalar sayesinde, potansiyel finansal etkileri anlamak için finansal yapıların versiyonları modellenebilir. Bir karar verildikten sonra, üzerinde anlaşmaya varılan yapısal değişiklikler tüm sistemlere yayılabilir.

1.3.3.7 Yasal Ana Veriler

Yasal Ana Veriler, sözleşmeler, regülasyonlar ve diğer hukuki konular hakkındaki verileri içerir. Yasal Ana Veriler, daha iyi müzakere sağlamak veya sözleşmeleri Ana Sözleşmelerde birleştirmek için aynı ürünleri veya hizmetleri sağlayan farklı kuruluşlar için sözleşmelerin analizine olanak tanır.

1.3.3.8 Ürün Ana Verileri

Ürün Ana Verileri, bir kuruluşun dahili ürünlerine ve hizmetlerine veya sektör genelindeki (rakipler dahil) ürün ve hizmetlerine odaklanabilir. Farklı ürün Ana Veri çözümleri türleri, farklı iş fonksiyonlarını destekler.

- **Ürün Yaşam Döngüsü Yönetimi (PLM)**, bir ürün veya hizmetin tasarım aşamasından geliştirme, üretim, satış/teslimat, hizmet ve elden çıkarma yoluyla yaşam döngüsünü yönetmeye odaklanır. Kuruluşlar, pazara sunma süresini azaltmak için PLM sistemlerini uygular. Uzun ürün geliştirme döngüleri olan sektörlerde (ilaç sektöründe 8 ila 12 yıl kadar), PLM sistemleri, ürün konseptleri fikirlerden farklı isimler ve potansiyel olarak farklı lisans sözleşmeleri altında potansiyel ürünlere dönüşürken, kuruluşların süreçler arası maliyeti ve yasal anlaşmaları takip etmelerini sağlar.

- **Ürün Veri Yönetimi (PDM)**, tasarım belgeleri (örneğin, CAD çizimleri), tasarımlar (üretim talimatları), standart işletim prosedürleri ve malzeme listeleri gibi ürün bilgilerinin güvenli paylaşımını sağlayarak mühendislik ve üretim fonksiyonlarını destekler. PDM fonksiyonalitesi, özel sistemler veya ERP uygulamaları aracılığıyla etkinleştirilebilir.

- **Kurumsal Kaynak Planlama (ERP)** sistemlerindeki ürün verileri, bireysel birimlerin çeşitli tekniklerle tanımlanabileceği envanter düzeyine kadar sipariş girişini desteklemek için stok tutma birimlerine (SKU) odaklanır.

- **Üretim Yürütme Sistemlerindeki (MES)** ürün verileri, bitmiş ürünlerin ERP sistemi aracılığıyla depolanabilen ve sipariş edilebilen ürünlere bağlı olduğu ham envanter, yarı bitmiş ürünler ve bitmiş ürünlere odaklanır. Bu veriler, tedarik zinciri ve lojistik sistemleri genelinde de önemlidir.

- Pazarlama, satış ve destek etkileşimlerini destekleyen bir Müşteri İlişkileri Yönetimi (CRM) sistemindeki ürün verileri, pazarlama kampanyalarının yanı sıra ürün ailesini ve markaları, satış temsilcisi ilişkilendirmesini ve müşteri bölge yönetimini içerebilir.

Birçok ürün ana verileri, Referans Veri Yönetimi sistemlerine yakından bağlıdırlar.

1.3.3.9 Konum Ana Verileri

Konum Ana Verileri, coğrafi bilgileri izleme ve paylaşma ve coğrafi bilgilere dayalı olarak hiyerarşik ilişkiler veya bölgeler oluşturma yeteneği sağlar. Konum verileri için referans ve Ana Veri arasındaki ayrım bulanıklaşır. Farkı:

- **Konum Referans Verileri**, tipik olarak ülkeler, eyaletler veya iller, ilçeler, şehirler veya kasabalar, posta kodları ve enlem, boylam ve yükseklik gibi coğrafi konumlandırma koordinatları gibi jeopolitik verileri içerir. Bu veriler nadiren değişir ve değişiklikler dış kuruluşlar tarafından ele alınır. Konum Referans Verileri, kuruluş tarafından tanımlanan coğrafi bölgeleri ve satış bölgelerini de içerebilir.

- **Konum Ana Verileri**, tarafların adreslerini ve konumlarını ve ayrıca kuruluşa ait konumlar için tesis adreslerini içerir. Kuruluşlar büyüdükçe veya küçüldükçe, bu adresler diğer Konum Referans Verilerinden daha sık değişir.

Farklı endüstriler, genellikle dış kaynaklardan sağlanan özel yerbilimi verilerini (sismik faylar, taşkın yataklarını, toprak, yıllık yağış ve şiddetli hava riski alanları hakkında coğrafi veriler) ve ilgili sosyolojik verileri (nüfus, etnik köken, gelir ve terör riski) gerektirir.

1.3.3.10 Sektör Ana Verileri – Referans Dizinleri

Referans Dizinler, kuruluşların satın alabileceği ve işlemlerinin temeli olarak kullanabileceği Ana Veri varlıklarının (şirketler, kişiler, ürünler vb.) yetkili listeleridir. Referans dizinleri harici kuruluşlar tarafından oluşturulurken, bilgilerin yönetilen ve uzlaştırılan bir versiyonu kuruluşun kendi sistemlerinde tutulur.

Lisanslı referans dizinlerinin örnekleri arasında Dun ve Bradstreet'in (D&B) dünya çapındaki Şirket Genel Merkezi, Bağlı Kuruluşları ve Şube konumlarını içeren Şirket Rehberi ve Amerikan Tabipler Birliği'nin Doktor Veritabanı sayılabilir.

Referans dizinleri, Ana Veri kullanımını aşağıdaki şekilde etkinleştirir:

- Yeni kayıtları eşleştirmek ve bağlamak için bir başlangıç noktası sağlanması: Örneğin, beş veri kaynağının bulunduğu bir ortamda, her kaynak dizinle (5 karşılaştırma noktası) ve birbiriyle (10 karşılaştırma noktası) karşılaştırılabilir.
- Kayıt oluşturma sırasında kolayca bulunamayacak ek veri öğelerinin sağlanması (örneğin, bir doktor için bu, tıbbi lisans durumunu içerebilir; bir şirket için bu, altı haneli bir NAICS endüstri sınıflandırmasını içerebilir).

Bir kuruluşun kayıtları referans dizinlerle eşleşip mutabıklaştıkça, güvenilir kayıtlar, izlenebilirlik ile diğer kaynak kayıtlara katkıda bulunan niteliklere ve dönüşüm kurallarına göre referans dizininden sapacaklardır.

1.3.4 Veri Paylaşım Mimarisi

Referans ve Ana Veri entegrasyonu için birkaç temel mimari yaklaşım vardır. Her Ana Veri konu alanı muhtemelen kendi kayıt sistemine sahip olacaktır. Örneğin, insan kaynakları sistemi genellikle personel verileri için kayıt sistemi olarak hizmet eder. Bir CRM sistemi, müşteri verileri için kayıt sistemi olarak hizmet ederken, bir ERP sistemi, finansal ve ürün verileri için kayıt sistemi olarak hizmet verebilir.

Şekil 77'de gösterilen veri paylaşım merkezi mimarisi modeli, Ana Veriler için bir merkezi ve bağlı bileşen mimarisini temsil eder. Ana Veri merkezi, entegrasyon noktalarının sayısını en aza indirirken kaynak sistemler, iş uygulamaları ve veri depoları gibi bağlı öğelerle etkileşimleri yönetebilir. Yerel bir veri merkezi, Ana Veri merkezini genişletebilir ve ölçeklendirebilir (Bkz. Bölüm 8).

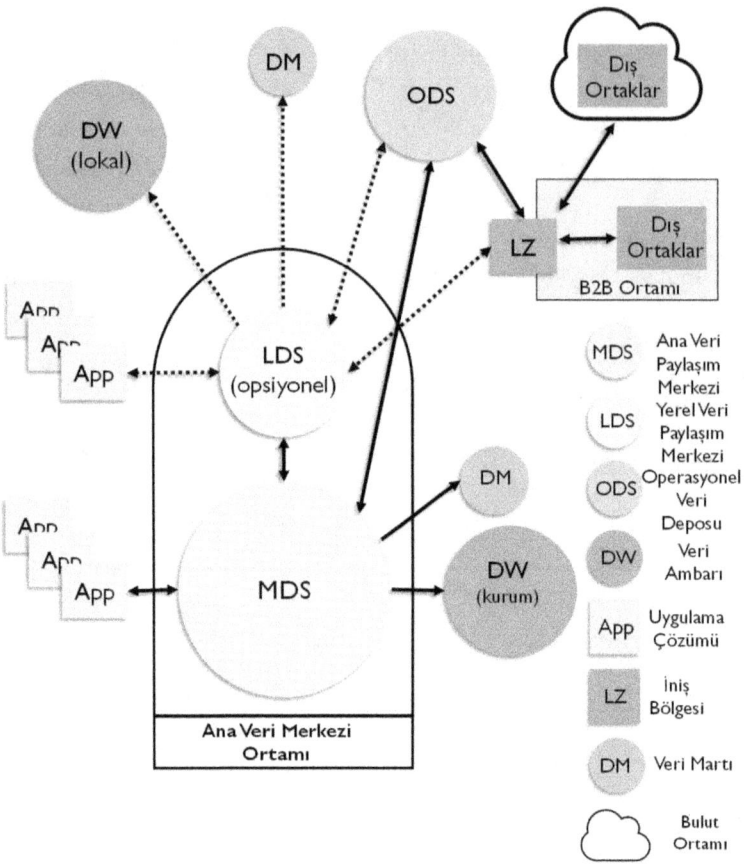

Şekil 77 Ana Veri Paylaşım Mimarisi Örneği

Bir Ana Veri merkezi ortamını gerçeklemeye yönelik üç temel yaklaşımın her birinin artıları ve eksileri vardır:

- Kayıt defteri, çeşitli kayıt sistemlerinde Ana Verilere işaret eden bir dizindir. Kayıt sistemleri, uygulamalarındaki yerel Ana Verileri yönetir. Ana Verilere erişim, ana dizinden gelir. Bir kayıt sisteminin gerçeklenmesi nispeten kolaydır çünkü kayıt sistemlerinde az değişiklik gerektirir. Ancak çoğu zaman, birden çok sistemden Ana Verileri birleştirmek için karmaşık sorgular gerektirir. Ayrıca, birden çok yerde sistemler arasındaki anlamsal farklılıkları ele almak için birden çok iş kuralının uygulanması gerekir.

- Bir İşlem Merkezinde, uygulamalar Ana Verilere erişmek ve bunları güncellemek için merkeze arayüz sağlar. Ana Veriler, İşlem Merkezinde bulunur ve başka hiçbir uygulamada bulunmazlar. İşlem Merkezi, Ana Veriler için kayıt sistemidir. İşlem Merkezleri, daha iyi yönetişime olanak tanır ve tutarlı bir Ana Veri kaynağı sağlar. Ancak, mevcut kayıt sistemlerinden Ana Verileri güncelleme fonksiyonunu kaldırmak maliyetlidir. İş kuralları tek bir merkezi sistemde uygulanırlar.

- Konsolide yaklaşım, Kayıt Defteri ve İşlem Merkezinin bir karışımıdır. Kayıt sistemleri, uygulamalarında yerel olarak Ana Verileri yönetir. Ana Veriler, ortak bir depoda birleştirilir ve Ana Veriler için referans sistemi olan bir veri paylaşım merkezinden kullanıma sunulurlar. Bu, doğrudan kayıt sistemlerinden erişim ihtiyacını ortadan kaldırır. Konsolide yaklaşım, kayıt sistemleri üzerinde sınırlı etkiye sahip bir kurumsal görünüm sağlar. Ancak, verilerin replikasyonunu gerektirir ve Merkez ile kayıt sistemleri arasında bir gecikme olacaktır.

2. Faaliyetler

Bölüm 1.3.1'de vurgulandığı gibi, Ana Veriler ve Referans Veriler belirli özellikleri paylaşırlar (diğer veriler için bağlam ve anlam sağlayan paylaşılan kaynaklardır ve kurumsal düzeyde yönetilmelidirler), ancak aynı zamanda önemli şekillerde farklılık gösterirler (Referans Veri setleri daha küçüktür, daha az değişkendir, eşleştirme, birleştirme ve bağlantı vb. gerektirmez). Faaliyetler bölümü, önce MDM ile ilgili faaliyetleri ve ardından Referans Verileri ile ilgili faaliyetleri tanımlayacaktır.

2.1 MDM Faaliyetleri

2.1.1 MDM Etkenlerinin ve Gereksinimlerinin Tanımlanması

Her kuruluşun, sistemlerin sayısı ve türünden, yaşlarından, destekledikleri iş süreçlerinden ve verilerin hem işlemler hem de analitik için nasıl kullanıldığından etkilenen farklı MDM etkenleri ve engelleri vardır. Etkenler genellikle müşteri hizmetlerini ve/veya operasyonel verimliliği artırmanın yanı sıra gizlilik ve uyumlulukla ilgili riskleri azaltma fırsatlarını içerirler. Engeller, sistemler arasındaki veri anlamı ve yapısındaki farklılıkları içerirler. Bunlar genellikle kültürel engellere bağlıdır- bazı iş birimleri, değişim bir bütün olarak işletme için iyi olarak sunulsa bile, süreçlerini değiştirme maliyetlerine katlanmak istemeyebilir.

Bir uygulama içinde Ana Veriler için gereksinimleri tanımlamak nispeten kolaydır. Uygulamalar arasında standart gereksinimleri tanımlamak daha zordur. Çoğu kuruluş, her seferinde bir Ana Veri konu alanına, hatta bir varlığa yaklaşmak isteyecektir. Önerilen iyileştirmelerin faydasına/maliyetine ve Ana Veri konu alanının göreceli karmaşıklığına dayalı olarak Ana Veri çabalarına öncelik verin. Süreci öğrenmek için en basit kategoriyle başlayın.

2.1.2 Veri Kaynaklarının Değerlendirilmesi

Mevcut uygulamalardaki veriler, bir Ana Veri Yönetimi çabasının temelini oluşturur. Bu verilerin yapısını ve içeriğini ve bunların toplandığı veya oluşturulduğu süreçleri anlamak önemlidir. Bir MDM çalışmasının sonucu, mevcut verilerin kalitesini değerlendirme çabası yoluyla oluşturulan metaverilerde iyileştirmeler olabilir. Değerlendirmenin bir amacı, Ana Verileri oluşturan niteliklere göre verilerin ne kadar eksiksiz olduğunu anlamaktır. Bu süreç, bu niteliklerin tanımlarının ve ayrıntı düzeyinin netleştirilmesini içerir. Nitelikleri belirlerken ve tanımlarken bir noktada anlamsal sorunlar ortaya çıkacaktır. Veri Sorumlularının, nitelik adlandırma ve kurumsal düzeydeki tanımlar konusunda mutabakat ve anlaşma konusunda iş alanlarıyla iş birliği yapması gerekecektir (Bölüm 3 ve 13'e bakın).

Kaynakları değerlendirmenin diğer kısmı, verilerin kalitesini anlamaktır. Veri kalitesi sorunları, bir Ana Veri projesini karmaşıklaştıracaktır, bu nedenle değerlendirme süreci, veri sorunlarının temel nedenlerini ele almayı içermelidir.

Verilerin yüksek kalitede olacağını asla varsaymayın – yüksek kalitede olmadığını varsaymak daha güvenlidir. Her zaman kalitesini ve Ana Veri ortamına uygunluğunu değerlendirin.

En büyük zorluk, belirtildiği gibi, kaynaklar arasındaki eşitsizlik olacaktır. Veriler herhangi bir kaynakta yüksek kalitede olabilir, ancak yapısal farklılıklar ve benzer niteliklerin temsil edildiği değerlerdeki farklılıklar nedeniyle yine de diğer kaynaklardan gelen verilerle uyumlu olmayabilir. Ana Veri girişimleri, verilerin oluşturulduğu veya toplandığı uygulamalarda standartları tanımlama ve gerçekleme fırsatı sunar.

Müşteri veya tedarikçi gibi bazı Ana Veri varlıkları için, MDM çabasını etkinleştirmek için standartlaştırılmış verileri (Referans Dizinleri gibi) satın almak mümkündür. Bazı tedarikçiler, kişiler veya kuruluşlar veya meslekler (örneğin sağlık uzmanları) ile ilgili, iletişim bilgilerini, adresleri ve adları iyileştirmek için bir kuruluşun dahili verileriyle karşılaştırılabilecek temizlenmiş veriler sağlayacak hizmetlere sahiptir (bkz. Bölüm 10). Mevcut verilerin kalitesini değerlendirmeye ek olarak, bir MDM çabası için girdilerin toplanmasını destekleyen teknolojiyi anlamak da gereklidir. Mevcut teknoloji, MDM'ye mimari yaklaşımı etkileyecektir.

2.1.3 Mimari Yaklaşımın Tanımlanması

MDM'ye mimari yaklaşım, iş stratejisine, mevcut veri kaynaklarının platformlarına ve verilerin kendisine, özellikle kökenine ve değişkenliğine ve yüksek veya düşük gecikmenin etkilerine bağlıdır. Mimari, veri tüketimini ve paylaşım modellerini hesaba katmalıdır. Bakım araçları hem iş gereksinimlerine hem de mimari seçeneklere bağlıdır. Araçlar, yönetim ve bakım yaklaşımını tanımlamaya yardımcı olurlar.

Ana Veri çözümüne entegre edilecek kaynak sistemlerin sayısı ve bu sistemlerin platformları, entegrasyon yaklaşımı belirlenirken hesaba katılmalıdır. Bir organizasyonun büyüklüğü ve coğrafi dağılımı da entegrasyon yaklaşımını etkileyecektir. Küçük kuruluşlar, bir işlem merkezini etkili bir şekilde kullanabilirken, birden çok sistemi olan küresel bir kuruluşun bir kayıt defteri kullanması daha olasıdır. "Silolu" iş birimlerine ve çeşitli kaynak sistemlerine sahip bir kuruluş, izlenecek doğru yolun konsolide bir yaklaşım olduğuna karar verebilir. İş alanı uzmanları, Veri Mimarları ve Kurumsal Mimarlar, yaklaşım konusunda perspektif sağlamalıdırlar.

Veri paylaşım merkezi mimarisi, Ana Veriler için net bir kayıt sistemi olmadığında özellikle yararlıdır. Bu durumda, birden fazla sistem veri sağlar. Bir sistemden gelen yeni veriler veya güncellemeler, halihazırda başka bir sistem tarafından sağlanan verilerle uzlaştırılabilir. Veri paylaşım merkezi, veri ambarları veya veri martları için Ana Veri içeriğinin kaynağı haline gelerek, özetlerin karmaşıklığını ve veri dönüştürme, iyileştirme ve mutabakat için işlem süresini azaltır. Elbette veri ambarları, geçmiş amaçlar için veri paylaşım merkezinde yapılan değişiklikleri yansıtmalıdır, veri paylaşım merkezinin kendisinin ise yalnızca mevcut durumu yansıtması gerekebilir.

2.1.4 Ana Veriyi Modelleme

Ana Veri Yönetimi bir veri entegrasyon sürecidir. Tutarlı sonuçlar elde etmek ve bir organizasyon genişledikçe yeni kaynakların entegrasyonunu yönetmek için, konu alanlarındaki verileri modellemek gerekir. Veri paylaşım merkezi içindeki konu alanları üzerinden mantıksal veya ilkesel bir model tanımlanabilir. Bu, konu alanı varlıklarının ve niteliklerinin işletme düzeyinde tanımlarının oluşturulmasına izin verecektir (Bkz. Bölüm 5 ve 8).

2.1.5 Sorumluluk ve Bakım Süreçlerinin Tanımlanması

Teknik çözümler, ana kayıtlar için tanımlayıcıları eşleştirme, birleştirme ve yönetme konusunda dikkate değer işler yapabilirler. Bununla birlikte, süreç aynı zamanda, yalnızca sürecin dışında kalan kayıtları ele almak için değil, aynı zamanda ilk etapta bozulmalarına neden olan süreçleri iyileştirmek ve düzeltmek için de sorumluluk gerektirir. MDM projeleri, devam eden Ana Veri kalitesini desteklemek için gereken kaynakları hesaba katmalıdır. Kayıtları analiz etmeye, kaynak sistemlere geri bildirim sağlamaya ve MDM çözümünü yönlendiren algoritmaları ayarlamak ve geliştirmek için kullanılabilecek girdiler sağlamaya ihtiyaç vardır.

2.1.6 Ana Verilerin Kullanımını Sağlamak için Yönetişim Politikaları Oluşturulması

Bir Ana Veri çalışmasının ilk lansmanı zorludur ve çok fazla odaklanma gerektirir. Gerçek faydalar (operasyonel verimlilik, daha yüksek kalite, daha iyi müşteri hizmeti), insanlar ve sistemler Ana Verileri kullanmaya başladığında ortaya çıkar. Genel çaba, sistemlerin süreçlere girdi olarak ana değerleri ve tanımlayıcıları benimsemesi için bir yol haritası içermelidir. Sistemler arasında değerlerin tutarlılığını korumak için sistemler arasında tek yönlü kapalı döngüler oluşturun.

2.2 Referans Veri Faaliyetleri

2.2.1 Etkenlerin ve Gereksinimlerin Tanımlanması

Referans Veri Yönetimi için ana etkenler, operasyonel verimlilik ve daha yüksek veri kalitesidir. Referans Verilerini merkezi olarak yönetmek, birden fazla iş biriminin kendi veri kümelerini yönetmesinden daha uygun maliyetlidir. Ayrıca sistemler arasında tutarsızlık riskini de azaltır. Bununla birlikte, bazı Referans Veri kümeleri diğerlerinden daha önemlidir; karmaşık Referans Veri kümelerinin kurulumu ve bakımı basit olanlara göre daha fazla efor gerektirir. En önemli Referans Veri setleri, Referans Veri Yönetim sistemi için gereksinimleri yönlendirmelidir. Böyle bir sistem kurulduğunda, projelerin bir parçası olarak yeni Referans Veri setleri kurulabilir. Mevcut Referans Veri setlerinin bakımı önceden belirlenmiş bir programa göre yapılmalıdır.

2.2.2 Veri Kaynaklarının Değerlendirilmesi

Çoğu endüstri standardı Referans Veri seti, onları oluşturan ve bakımını yapan kuruluşlardan elde edilebilir. Bazı kuruluşlar bu tür verileri ücretsiz olarak sağlar. Diğerleri ücretlidir. Aracılar ayrıca Referans Verilerini genellikle katma değerli özelliklerle paketler ve öyle satar. Bir organizasyonun ihtiyaç duyduğu Referans Veri setlerinin sayısına ve tipine bağlı olarak, özellikle söz konusu tedarikçi güncellemelerin belirli bir programda teslim edilmesini garanti edecekse ve veriler üzerinde temel kalite kontrolü yapacaksa, bir tedarikçiden satın almak daha iyi olabilir.

Çoğu kuruluş, dahili olarak oluşturulan ve sürdürülen Referans Verilerine de güvenir. Dahili veya yerel referans verilerinin kaynağını belirlemek, genellikle endüstri standardı Referans Verileri için yapmaktan daha zordur. Ana Verilerde olduğu gibi, Referans Verileri için dahili kaynaklar tanımlanmalı, karşılaştırılmalı ve değerlendirilmelidir.

Mevcut verilerin sahipleri, merkezi yönetimin faydalarını anlamalı ve verileri işletmenin iyiliği için yönetmeye yönelik süreçleri desteklemeyi kabul etmelidirler.

2.2.3 Mimari Yaklaşımın Tanımlanması

Referans Verileri yönetmek için bir araç satın almadan veya oluşturmadan önce, yönetilecek Referans Verileri tarafından ortaya konan gereksinimleri ve zorlukları hesaba katmak çok önemlidir. Örneğin, verilerin değişkenliği (çoğu Referans Veri nispeten sabittir, ancak bazıları oldukça değişkendir), güncelleme sıklığı ve tüketim modelleri. Değerlerdeki değişikliklere veya değerlerin tanımlarına ilişkin geçmiş verilerin tutulmasının gerekli olup olmadığını belirleyin. Kuruluş bir tedarikçiden veri satın alacaksa, teslimat ve entegrasyon yöntemini hesaba katın.

Mimari yaklaşımın, her zaman bazı Referans Verilerinin manuel olarak güncellenmesi gerekeceğini kabul etmesi gerekir. Güncellemeler için arabirimin basit olduğundan ve üst/alt ilişkilerinin hiyerarşileri içeren Referans Verilerinde sürdürülmesini sağlamak gibi temel veri girişi kurallarını uygulamak üzere yapılandırılabildiğinden emin olun. RDM aracı, Sorumluların teknik desteğe ihtiyaç duymadan geçici güncellemeler yapmasına olanak sağlamalı ve onayların ve bildirimlerin otomatikleştirilmesini sağlamak için iş akışlarını içermelidir. Veri Sorumluları, bilinen güncellemeleri yeni kodların yayınlanmasıyla uyumlu olacak şekilde planlamalıdır. Veri tüketicileri tüm değişikliklerden haberdar edilmelidir. Referans Verilerinin programlama mantığını yönlendirdiği durumlarda, değişikliklerin potansiyel etkisi, değişiklikler uygulanmadan önce değerlendirilmeli ve hesaba katılmalıdır.

2.2.4 Referans Veri Kümelerinin Modellenmesi

Birçok kişi Referans Verilerini basit kodlar ve açıklamalar olarak düşünür. Ancak, çoğu Referans Veri bundan daha karmaşıktır. Örneğin, bir Posta Kodu veri seti genellikle eyalet ve ilçe bilgilerinin yanı sıra diğer jeopolitik özellikleri de içerecektir. Uzun süreli kullanım sağlamak ve doğru metaveri oluşturmak için ve ayrıca bakım sürecinin kendisi için Referans Veri setlerinin veri modellerini oluşturmak değerlidir. Modeller, veri tüketicilerinin Referans Veri kümesi içindeki ilişkileri anlamasına yardımcı olur ve veri kalitesi kuralları oluşturmak için kullanılabilirler.

2.2.5 Sorumluluk ve Bakım Süreçlerinin Tanımlanması

Referans Veriler, değerlerin eksiksiz ve güncel olmasını ve tanımların açık ve anlaşılır olmasını sağlamak için sorumluluk gerektirir. Bazı durumlarda, sorumlular Referans Verilerinin uygulamalı bakımından doğrudan sorumlu olacaktır; diğer durumlarda, süreci kolaylaştırabilirler. Örneğin, birkaç farklı iş birimi aynı konsepti desteklemek için Referans Verilere ihtiyaç duyuyorsa, bir sorumlu, ortak değerleri tanımlayan tartışmaları kolaylaştırabilir.

Sorumluluk sürecinin bir parçası olarak, her Referans Veri seti hakkında temel metaverileri tutmak faydalıdır. Bu, şunları içerebilir: sorumlu adı, kaynak kuruluş, beklenen güncelleme sıklığı, güncellemeler için zamanlama, Referans Verileri kullanan süreçler, verilerin geçmiş sürümlerinin saklanması gerekip gerekmediği ve daha fazlası (bkz. Bölüm 1.3.2.6). Hangi süreçlerin Referans Verileri kullandığını belgelemek, verilerdeki değişikliklerle ilgili daha etkili iletişim sağlayacaktır.

Birçok Referans Veri Yönetimi aracı, Referans Verilerinde yapılan değişikliklerin gözden geçirilmesini ve onaylanmasını yönetmek için iş akışları içerir. Bu iş akışlarının kendisi, bir kuruluş içinde Referans Veri içeriğinden kimin sorumlu olduğunu belirlemeye bağlıdır.

2.2.6 Referans Veri Yönetimi Politikalarının Oluşturulması

Bir kuruluş, yalnızca insanlar bu depodaki verileri gerçekten kullanıyorsa, merkezi olarak yönetilen bir Referans Veri deposundan değer kazanır. Doğrudan o depodan yayın yoluyla veya dolaylı olarak merkezi depodan verilerle doldurulmuş bir referans sisteminden olsun, o depodaki Referans Verilerinin kalitesini yöneten ve kullanımını zorunlu kılan politikaların olması önemlidir.

3. Araç ve Yöntemler

MDM, kimlik yönetimini etkinleştirmek için özel olarak tasarlanmış araçlar gerektirir. Ana Veri Yönetimi, veri entegrasyon araçları, veri iyileştirme araçları, operasyonel veri depoları (ODS), veri paylaşım merkezleri (DSH) veya özel MDM uygulamaları aracılığıyla uygulanabilir. Birkaç tedarikçi, bir veya daha fazla Ana Veri konu alanını kapsayabilecek çözümler sunar. Diğer tedarikçiler, özel Ana Veri çözümleri oluşturmak için veri entegrasyon yazılım ürünlerinin ve uygulama hizmetlerinin kullanımını teşvik ederler.

Ürün, hesap ve taraf için paketlenmiş çözümler ve ayrıca paketlenmiş veri kalite kontrol hizmetleri, büyük programları hızlı bir şekilde başlatabilir. Bu tür hizmetlerin dahil edilmesi, kuruluşların türünün en iyisi çözümleri kullanmasını sağlarken, belirli ihtiyaçları karşılamak için bunları genel iş mimarilerine entegre edebilir.

4. Gerçekleme Yönergeleri

Ana ve Referans Veri Yönetimi, veri entegrasyonu biçimleridir. Veri entegrasyonu ve uyumluluğu için geçerli olan gerçekleme ilkeleri MDM ve RDM için de geçerlidir (Bkz. Bölüm 8).

MDM ve RDM yetenekleri bir gecede gerçeklenemezler. Çözümler, özel iş ve teknik bilgileri gerektirir. Kuruluşlar, bir gerçekleme yol haritasında tanımlanan, iş ihtiyaçlarına göre öncelik verilen ve genel bir mimari tarafından yönlendirilen bir dizi proje aracılığıyla Referans ve Ana Veri çözümlerini aşamalı olarak gerçeklemeyi beklemelidir.

MDM programlarının uygun yönetişim olmadan başarısız olacağını unutmayın. Veri yönetişimi uzmanları, MDM ve RDM'nin zorluklarını anlamalı ve kuruluşun olgunluğunu ve bunları karşılama yeteneğini değerlendirmelidir (Bkz. Bölüm 15).

4.1 Ana Veri Mimarisine Uyum

Uygun referans mimarisini oluşturmak ve takip etmek, Ana Verileri bir kuruluşta yönetmek ve paylaşmak için çok önemlidir. Entegrasyon yaklaşımı, işletmenin organizasyon yapısını, farklı kayıt sistemlerinin sayısını, veri yönetişim uygulamasını, erişim ve veri değerlerinin gecikmesinin önemini ve tüketen sistem ve uygulamaların sayısını dikkate almalıdır.

4.2 Veri Hareketinin İzlenmesi

Ana ve Referans Veriler için veri entegrasyon süreçleri, verilerin kuruluş genelinde zamanında çıkarılmasını ve paylaşılmasını sağlamak için tasarlanmalıdır. Veriler bir Referans veya Ana Veri paylaşım ortamında akarken, aşağıdakiler için veri akışı izlenmelidir:

- Verilerin kuruluş genelinde nasıl paylaşıldığını ve kullanıldığını gösterin
- İdari sistemlerden ve uygulamalardan gelen / bunlara giden verilerin veri kökenini tanımlayın
- Sorunların kök neden analizine yardımcı olun
- Veri içe alımı ve veri tüketimi entegrasyon tekniklerinin etkinliğini gösterin
- Kaynak sistemlerden tüketime kadar veri değerlerinin gecikmelerini belirtin
- Entegrasyon bileşenleri içinde yürütülen iş kurallarının ve dönüşümlerin geçerliliğini belirleyin

4.3 Referans Veri Değişikliğinin Yönetilmesi

Referans Veriler paylaşılan bir kaynak olduğundan keyfi olarak değiştirilemez. Başarılı Referans Veri Yönetiminin anahtarı, paylaşılan verilerin yerel kontrolünden vazgeçmeye yönelik kurumsal istekliliktir. Bu desteği sürdürmek için, Referans Verilerinde değişiklik taleplerini alacak ve yanıtlayacak kanallar sağlayın. Veri Yönetişim Konseyi, referans ve Ana Veri ortamlarındaki verilerde yapılan değişiklikleri ele almak için politika ve prosedürlerin gerçeklenmesini sağlamalıdır.

Referans Verilerindeki değişikliklerin yönetilmesi gerekecektir. Küçük değişiklikler birkaç veri satırını etkileyebilir. Örneğin, Sovyetler Birliği bağımsız devletlere bölündüğünde, Sovyetler Birliği terimi kullanımdan kaldırıldı ve yeni kodlar eklendi. Sağlık sektöründe, prosedür ve teşhis kodları, mevcut kodların iyileştirilmesi, kodların kullanımdan kaldırılması ve yeni kodların tanıtılması için yıllık olarak güncellenmektedir. Referans Verilerinde yapılan büyük revizyonlar veri yapısını etkiler. Örneğin, ICD-10 Tanı Kodları, ICD-9'dan çok farklı şekillerde yapılandırılmıştır. ICD10'un farklı bir formatı vardır. Aynı kavramlar için farklı değerler vardır. Daha da önemlisi, ICD-10'un ek organizasyon ilkeleri vardır. ICD10 kodları farklı bir ayrıntı düzeyine sahiptir ve çok daha spesifiktir, bu nedenle tek bir kodda daha fazla bilgi sunulur. Sonuç olarak, çok daha fazla sayıdadırlar (2015 itibariyle, 13.000 ICD-9'a kıyasla 68.000 ICD-10 kodu vardı).[41]

2015 yılında ABD'de ICD-10 kodlarının zorunlu kullanımı önemli bir planlama gerektiriyordu. Sağlık şirketleri, yeni standardı hesaba katmak için sistem değişikliklerinin yanı sıra etkilenen raporlamalarda ayarlamalar yapmak zorundaydı.

Değişiklik türleri şunları içerir:

- Harici Referans Veri kümelerinde satır düzeyinde değişiklikler
- Harici Referans Veri kümelerinde yapısal değişiklikler
- Dahili Referans Veri kümelerinde satır düzeyinde değişiklikler
- Dahili Referans Veri kümelerinde yapısal değişiklikler
- Yeni Referans Veri kümelerinde oluşturulması

Değişiklikler planlanabilir / programlanabilir veya geçici de olabilir. Endüstri standardı kodlarında aylık veya yıllık güncellemeler gibi planlı değişiklikler, geçici güncellemelerden daha az yönetişim gerektirir. Yeni Referans Veri

---

[41] http://bit.ly/1SSpds9 (8/13/16'te erişilmiştir).

kümelerini talep etme süreci, orijinal talep sahibinin kullanımlarının ötesindeki potansiyel kullanımları hesaba katmalıdır.

Değişiklik istekleri, Şekil 78'de gösterildiği gibi tanımlı bir süreci takip etmelidir. Etkilerin değerlendirilebilmesi için talepler alındığında paydaşlar bilgilendirilmelidir. Değişikliklerin onaylanması gerekiyorsa, bu onayı almak için tartışmalar yapılmalıdır. Değişiklikler bildirilmelidir.

Şekil 78 Referans Veri Değişikliği Talebi Süreci

4.4 Veri Paylaşım Sözleşmeleri

Referans ve Ana Verilerin bir kuruluş genelinde paylaşılması ve kullanılması, kuruluş içindeki birden çok taraf ve bazen de kuruluş dışındaki taraflar arasında iş birliğini gerektirir. Uygun erişim ve kullanımı sağlamak için, hangi verilerin hangi koşullar altında paylaşılabileceğini şart koşan paylaşım sözleşmeleri oluşturun. Bu sözleşmelerin yürürlükte olması, veri paylaşım ortamına getirilen verilerin içindeki verilerin kullanılabilirliği veya kalitesi ile ilgili sorunlar ortaya çıktığında yardımcı olacaktır. Bu çaba, Veri Yönetişimi programı tarafından yürütülmelidir. Veri Mimarlarını, Veri Sağlayıcıları, Veri Sorumlularını, Uygulama Geliştiricilerini, İş Analistlerini ve ayrıca Uyum / Gizlilik Görevlilerini ve Güvenlik Görevlilerini de içerebilir.

Veri paylaşım ortamından sorumlu olanlar, yüksek kaliteli veri sağlamak için aşağı akıştaki veri tüketicilerine karşı yükümlülüğe sahiptirler. Bu sorumluluğu yerine getirmek için de yukarı akış sistemlerine bağımlıdırlar. Paylaşılan verilerin kullanılabilirliğini ve kalitesini ölçmek için SLA'lar ve metrikler oluşturulmalıdır. Veri kalitesi veya kullanılabilirliği ile ilgili sorunların kök nedenlerini ele almak için süreçler oluşturulmalıdır. Etkilenen tüm tarafları sorunların varlığı ve iyileştirme çabalarının durumu hakkında bilgilendirmek için standart bir iletişim yaklaşımı uygulanmalıdır (Bkz. Bölüm 8).

5. Organizasyonel ve Kültürel Değişim

Referans ve Ana Veri Yönetimi, paylaşılan kaynaklar oluşturmak için insanların bazı verilerinin ve süreçlerinin denetiminden vazgeçmelerini gerektirir. Bunu yapmak her zaman kolay değildir. Veri yönetimi uzmanları, yerel olarak yönetilen verilerin riskli olduğunu görebilirken, onu yerel olarak yöneten kişilerin işlerini halletmeleri gerekiyordur ve MDM, RDM çabalarını onların süreçlerine ek karmaşıklık ekleme olarak algılayabilirler.

Neyse ki, çoğu insan bu çabaların temel bir anlam ifade ettiğini kabul etmektedir. Birden çok kısmi görünüme sahip olmaktansa, tek bir müşterinin doğru ve eksiksiz bir görünümüne sahip olmak daha iyidir.

Referans ve Ana Verilerin mevcudiyetinin ve kalitesinin iyileştirilmesi, şüphesiz prosedürlerde ve geleneksel uygulamalarda değişimler yapılmasını gerektirecektir. Çözümler, mevcut organizasyonel hazırlık ve organizasyonun misyon ve vizyonuna bağlı gelecekteki ihtiyaçlara dayalı olarak kapsamlandırılmalı ve uygulanmalıdır.

Belki de en zorlu kültürel değişim yönetişimin merkezinde yer alır: Hangi bireylerin hangi kararlardan sorumlu olduğunu (iş Veri Sorumluları, Mimarlar, Yöneticiler) ve hangi kararları veri yönetim ekipleri, program yönlendirme komiteleri ve Veri Yönetişim Konseyi'nin iş birliği içinde alması gerektiğini belirlemek.

6. Referans ve Ana Veri Yönetişimi

Referans ve Ana Veriler, paylaşılan kaynaklar oldukları için yönetişim ve sorumluluk gerektirir. Tüm veri tutarsızlıkları otomasyon yoluyla çözülemez. Bazıları insanların birbirleriyle konuşmasını gerektirir. Yönetişim olmadan, Referans ve Ana Veri çözümleri, tam potansiyellerini sunamayan ek veri entegrasyonu yardımcı programları olacaktır.

Yönetim süreçleri aşağıdakileri belirleyecektir:

- Entegre edilecek veri kaynakları
- Uygulanacak veri kalitesi kuralları
- Uyulması gereken kullanım kuralları koşulları
- İzlenecek faaliyetler ve izleme sıklığı
- Veri sorumluluğu çabalarının öncelik ve tepki düzeyleri
- Paydaş ihtiyaçlarını karşılamak için bilgilerin nasıl temsil edileceği
- Standart onay süreçleri, RDM ve MDM kurulumundaki beklentiler

Yönetişim süreçleri ayrıca, gizlilik, güvenlik ve saklama politikalarının tanımlanması ve dahil edilmesi yoluyla kurumsal risklerin azaltılmasını sağlamak için bilgi tüketicileri ile uyum ve yasal konularındaki paydaşları bir araya getirir.

Süregelen bir süreç olarak, veri yönetişimi, Referans ve Ana Veri kullananlara ilkeleri, kuralları ve yönergeleri sunarken, yeni gereksinimleri ve mevcut kurallardaki değişimleri gözden geçirme, alma ve değerlendirme yeteneğine sahip olmalıdır.

6.1 Metrikler

Belirli metrikler, Referans ve Ana Veri kalitesine ve bu çabaları destekleyen süreçlere bağlanabilirler:

- **Veri kalitesi ve uyumluluğu**: Veri kalitesi gösterge panelleri, Referans ve Ana Verilerin kalitesini tanımlayabilir. Bu metrikler, bir konu alanı varlığının veya ilişkili özelliğin güvenini (yüzde olarak) ve kuruluş genelinde kullanım için amaca uygunluğunu göstermelidir.

- **Veri değişimi faaliyeti**: Bir veri paylaşım ortamında veri kalitesini iyileştirmek için güvenilir veri kökenini denetlemek zorunludur. Metrikler, veri değerlerinin değişim oranını göstermelidir. Bu metrikler, paylaşım ortamına veri sağlayan sistemlere iç görü sağlamak ve MDM süreçlerinde algoritmaları ayarlamak için kullanılabilirler.

- **Veri içe alımı ve tüketimi**: Veriler, yukarı akıştaki sistemler tarafından sağlanır ve aşağı akıştaki sistemler ve süreçler tarafından kullanılırlar. Bu ölçümler, hangi sistemlerin verilere katkıda bulunduğunu ve hangi iş alanlarının paylaşım ortamından veri abone olduğunu göstermeli ve izlemelidir.

- **Hizmet Düzeyi Sözleşmeleri**: Veri paylaşım ortamının kullanılmasını ve benimsenmesini sağlamak için SLA'lar oluşturulmalı ve katkıda bulunanlara ve abonelere iletilmelidir. SLA'lara bağlılık düzeyi hem destek süreçleri hem de MDM uygulamasını yavaşlatabilecek teknik ve veri sorunları hakkında fikir verebilir.

- **Veri Sorumlusu kapsayıcılığı**: Bu metrikler, veri içeriğinden sorumlu adı veya grubu ve kapsayıcılığın ne sıklıkla değerlendirildiğini belirtmelidir. Destekteki boşlukları belirlemek için kullanılabilirler.

- **Toplam Sahip Olma Maliyeti**: Bu metriğin birden çok faktörü ve onu temsil etmenin farklı yolları vardır. Çözüm açısından maliyetler, ortam altyapısını, yazılım lisanslarını, destek personelini, danışmanlık ücretlerini, eğitimi vb. içerebilir. Bu metriğin etkinliği, büyük ölçüde kuruluş genelinde tutarlı uygulanmasına bağlıdır.

- **Veri paylaşım hacmi ve kullanımı**: Veri paylaşım ortamının etkinliğini belirlemek için veri alımı ve tüketim hacimlerinin izlenmesi gerekir. Bu metrikler, veri paylaşım ortamından tanımlanan, alınan ve abone olunan verilerin hacmini ve hızını belirtmelidirler.

7. Alıntılanan / Önerilen Çalışmalar

Abbas, June. *Structures for Organizing Knowledge: Exploring Taxonomies, Ontologies, and Other Schema*. Neal-Schuman Publishers, 2010. Print.

Abernethy, Kenneth and J. Thomas Allen. *Exploring the Digital Domain: An Introduction to Computers and Information Fluency*. 2nd ed., 2004. Print.

Allen Mark and Dalton Cervo. *Multi-Domain Master Data Management: Advanced MDM and Data Governance in Practice*. Morgan Kaufmann, 2015. Print.

Bean, James. *XML for Data Architects: Designing for Reuse and Integration*. Morgan Kaufmann, 2003. Print. The Morgan Kaufmann Series in Data Management Systems.

Berson, Alex and Larry Dubov. *Master Data Management and Customer Data Integration for a Global Enterprise*. McGraw-Hill, 2007. Print.

Brackett, Michael. *Data Sharing Using a Common Data Architecture*. Wiley, 1994. Print. Wiley Professional Computing.

Cassell, Kay Ann and Uma Hiremath. *Reference and Information Services: An Introduction*. 3d ed. ALA Neal-Schuman, 2012. Print.

Cervo, Dalton and Mark Allen. *Master Data Management in Practice: Achieving True Customer MDM*. Wiley, 2011. Print.

Chisholm, Malcolm. "What is Master Data?" BeyeNetwork, February 6, 2008. http://bit.ly/2spTYOA Web.

Chisholm, Malcolm. *Managing Reference Data in Enterprise Databases: Binding Corporate Data to the Wider World*. Morgan Kaufmann, 2000. Print. The Morgan Kaufmann Series in Data Management Systems.

Dreibelbis, Allen, et al. *Enterprise Master Data Management: An SOA Approach to Managing Core Information*. IBM Press, 2008. Print.

Dyche, Jill and Evan Levy. *Customer Data Integration: Reaching a Single Version of the Truth*. John Wiley and Sons, 2006. Print.

Effingham, Nikk. *An Introduction to Ontology*. Polity, 2013. Print.

Finkelstein, Clive. *Enterprise Architecture for Integration: Rapid Delivery Methods and Techniques*. Artech House Print on Demand, 2006. Print. Artech House Mobile Communications Library.

Forte, Eric J., et al. *Fundamentals of Government Information: Mining, Finding, Evaluating, and Using Government Resources*. Neal-Schuman Publishers, 2011. Print.

Hadzic, Fedja, Henry Tan, Tharam S. Dillon. *Mining of Data with Complex Structures*. Springer, 2013. Print. Studies in Computational Intelligence.

Lambe, Patrick. *Organising Knowledge: Taxonomies, Knowledge and Organisational Effectiveness*. Chandos Publishing, 2007. Print. Chandos Knowledge Management.

Loshin, David. *Enterprise Knowledge Management: The Data Quality Approach*. Morgan Kaufmann, 2001. Print. The Morgan Kaufmann Series in Data Management Systems.

Loshin, David. *Master Data Management*. Morgan Kaufmann, 2008. Print. The MK/OMG Press.

Menzies, Tim, et al. *Sharing Data and Models in Software Engineering*. Morgan Kaufmann, 2014. Print.

Millett, Scott and Nick Tune. *Patterns, Principles, and Practices of Domain-Driven Design*. Wrox, 2015. Print.

Stewart, Darin L. *Building Enterprise Taxonomies*. Mokita Press, 2011. Print.

Talburt, John and Yinle Zhou. *Entity Information Management Lifecycle for Big Data*. Morgan Kauffman, 2015. Print.

Talburt, John. *Entity Resolution and Information Quality*. Morgan Kaufmann, 2011. Print.

BÖLÜM 11

Veri Ambarı ve İş Kâsı

DAMA-DMBOK2 Veri Yönetimi Çerçevesi
Copyright © 2017 by DAMA International

1. Giriş

Veri Ambarı kavramı, 1980'lerde teknolojinin kuruluşların bir dizi kaynaktan gelen verileri ortak bir veri modeline entegre etmesini sağladığı için ortaya çıkmıştır. Entegre veriler, operasyonel süreçlere ilişkin iç görü sağlamayı ve kararlar almak ve kurumsal değer yaratmak için verilerden yararlanmak adına yeni olanaklar açmayı vadetmiştir. Daha da önemlisi, veri ambarları, çoğu aynı temel kurumsal verilere dayanan karar destek sistemlerinin (DSS) yayılmasını azaltmanın bir yolu olarak görülüyordu. Kurumsal ambar kavramı, veri fazlalığını azaltmanın, bilgi tutarlılığını iyileştirmenin ve bir kuruluşun verilerini daha iyi kararlar almak için kullanmasını sağlamanın bir yolunu vadetmekteydi.

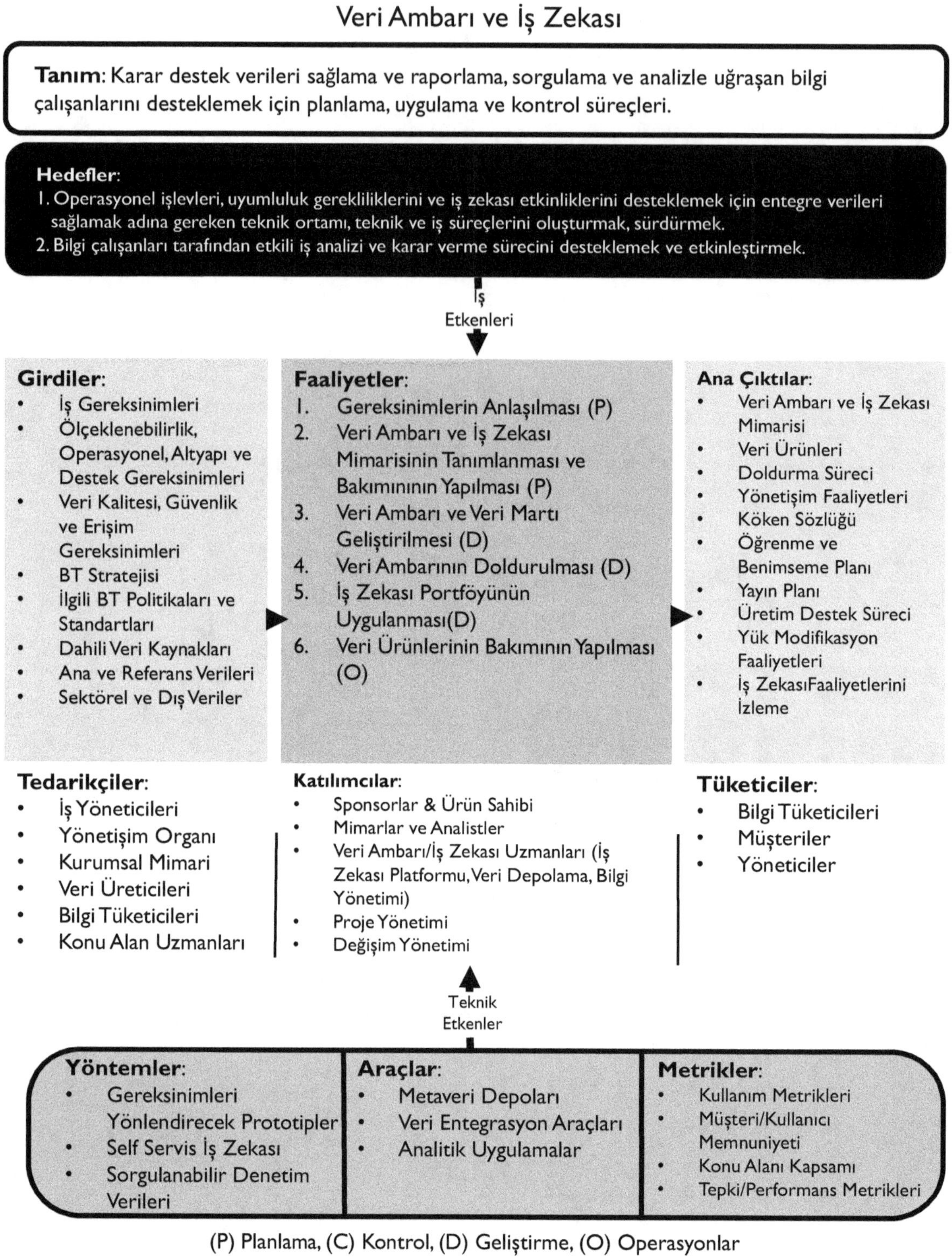

Veri Ambarı ve İş Zekası

Tanım: Karar destek verileri sağlama ve raporlama, sorgulama ve analizle uğraşan bilgi çalışanlarını desteklemek için planlama, uygulama ve kontrol süreçleri.

Hedefler:
1. Operasyonel işlevleri, uyumluluk gerekliliklerini ve iş zekası etkinliklerini desteklemek için entegre verileri sağlamak adına gereken teknik ortamı, teknik ve iş süreçlerini oluşturmak, sürdürmek.
2. Bilgi çalışanları tarafından etkili iş analizi ve karar verme sürecini desteklemek ve etkinleştirmek.

İş Etkenleri

Girdiler:
- İş Gereksinimleri
- Ölçeklenebilirlik, Operasyonel, Altyapı ve Destek Gereksinimleri
- Veri Kalitesi, Güvenlik ve Erişim Gereksinimleri
- BT Stratejisi
- İlgili BT Politikaları ve Standartları
- Dahili Veri Kaynakları
- Ana ve Referans Verileri
- Sektörel ve Dış Veriler

Faaliyetler:
1. Gereksinimlerin Anlaşılması (P)
2. Veri Ambarı ve İş Zekası Mimarisinin Tanımlanması ve Bakımının Yapılması (P)
3. Veri Ambarı ve Veri Martı Geliştirilmesi (D)
4. Veri Ambarının Doldurulması (D)
5. İş Zekası Portföyünün Uygulanması (D)
6. Veri Ürünlerinin Bakımının Yapılması (O)

Ana Çıktılar:
- Veri Ambarı ve İş Zekası Mimarisi
- Veri Ürünleri
- Doldurma Süreci
- Yönetişim Faaliyetleri
- Köken Sözlüğü
- Öğrenme ve Benimseme Planı
- Yayın Planı
- Üretim Destek Süreci
- Yük Modifikasyon Faaliyetleri
- İş Zekası Faaliyetlerini İzleme

Tedarikçiler:
- İş Yöneticileri
- Yönetişim Organı
- Kurumsal Mimari
- Veri Üreticileri
- Bilgi Tüketicileri
- Konu Alan Uzmanları

Katılımcılar:
- Sponsorlar & Ürün Sahibi
- Mimarlar ve Analistler
- Veri Ambarı/İş Zekası Uzmanları (İş Zekası Platformu, Veri Depolama, Bilgi Yönetimi)
- Proje Yönetimi
- Değişim Yönetimi

Tüketiciler:
- Bilgi Tüketicileri
- Müşteriler
- Yöneticiler

Teknik Etkenler

Yöntemler:
- Gereksinimleri Yönlendirecek Prototipler
- Self Servis İş Zekası
- Sorgulanabilir Denetim Verileri

Araçlar:
- Metaveri Depoları
- Veri Entegrasyon Araçları
- Analitik Uygulamalar

Metrikler:
- Kullanım Metrikleri
- Müşteri/Kullanıcı Memnuniyeti
- Konu Alanı Kapsamı
- Tepki/Performans Metrikleri

(P) Planlama, (C) Kontrol, (D) Geliştirme, (O) Operasyonlar

Şekil 79 Bağlam Şeması: Veri Ambarı (DW) / İş Zekâsı (BI)

Veri ambarları 1990'larda ciddi bir şekilde inşa edilmeye başlandı. O zamandan beri (ve özellikle İş Zekâsının ticari karar almanın ana etkeni olarak birlikte gelişmesiyle birlikte), veri ambarları 'ana akım' haline geldi. Çoğu kuruluşun veri ambarları vardır ve ambarlar, kurumsal veri yönetiminin kabul edilen çekirdeğidir.[42] İyi kurulmuş olmasına rağmen,

---

[42] http://bit.ly/2sVPIYr.

veri ambarı gelişmeye devam etmektedirler. Artan bir hızla yeni veri biçimleri oluşturuldukça, veri ambarının geleceğini etkileyecek veri gölleri gibi yeni kavramlar ortaya çıkmaktadır. 8. ve 15. Bölümlere bkz.

1.1 İş Etkenleri

Veri ambarı için ana etken, operasyonel işlevleri, uyumluluk gereksinimlerini ve İş Zekâsı (BI) etkinliklerini desteklemektir (ancak tüm BI etkinlikleri ambar verilerine bağlı değildir). Giderek artan bir şekilde kuruluşlardan yasal gerekliliklere uyduklarına dair kanıt olarak veri sağlamaları istenmektedir. Geçmiş verileri içerdiklerinden, ambarlar genellikle bu tür taleplere yanıt vermenin yoludur. Yine de İş Zekâsı desteği bir deponun ana nedeni olmaya devam etmektedir. BI, kurumun müşterileri ve ürünleri hakkında fikir verir. BI'dan edinilen bilgiyle hareket eden bir kuruluş, operasyonel verimliliği ve rekabet avantajını iyileştirebilir. Daha fazla veri daha hızlı bir şekilde erişilebilir hale geldikçe, BI geriye dönük değerlendirmeden tahmine dayalı analitiklere dönüşmüştür.

1.2 Hedef ve Prensipler

Kuruluşlar, aşağıdakileri yapmak için veri ambarları kurarlar:

- İş Zekâsı aktivitelerini desteklemek
- Etkili iş analizi ve karar vermeyi etkinleştirmek
- Verilerinden elde edilen iç görülere dayalı olarak yenilik yapmanın yollarını bulmak

Bir Veri Ambarı uygulaması şu yol gösterici prensipleri izlemelidir:

- **İş hedeflerine odaklanın**: DW'nin kurumsal önceliklere hizmet ettiğinden ve iş problemlerini çözdüğünden emin olun.

- **Sonunu göz önünde bulundurarak başlayın**: İş zekâsı alanındaki tüketici verileri dağıtımının iş önceliği ve kapsamının DW içeriğinin oluşturulmasını yönlendirmesine izin verin.

- **Küresel olarak düşünün ve tasarlayın; yerel olarak hareket ve inşa edin**: Vizyonun mimariyi yönlendirmesine izin verin, ancak daha hızlı yatırım getirisi sağlayan odaklanmış projeler veya sprintler aracılığıyla aşamalı olarak inşa edin ve teslim edin.

- **Önce değil, en son özetleyin ve optimize edin**: Atomik veriler üzerine inşa edin. Ayrıntıları değiştirmek için değil, gereksinimleri karşılamak ve performansı sağlamak için toplayın ve özetleyin.

- **Şeffaflığı ve self servisi teşvik edin**: Ne kadar çok bağlam (her türden metaveri) sağlanırsa, veri tüketicilerinin verilerden değer elde etmesi o kadar iyi olacaktır. Paydaşları veriler ve entegre edildiği süreçler hakkında bilgilendirin.

- **Ambar ile metaveriler Oluşturun**: DW'nin başarısı için kritik olan, verileri açıklama yeteneğidir. Örneğin, "Bu toplam neden X?" gibi temel soruları yanıtlayabilmek. "Bu nasıl hesaplandı?" ve "Veriler nereden geldi?" Metaveriler, geliştirme döngüsünün bir parçası olarak tutulmalı ve devam eden operasyonların bir parçası olarak yönetilmelidir.

- **İş birliği:** Diğer veri girişimleriyle, özellikle Veri Yönetişimi, Veri Kalitesi ve metaveri için olanlar ile iş birliği yapın.
- **Tek beden herkese uymaz:** Her bir veri tüketicisi grubu için doğru araçları ve ürünleri kullanın.

1.3 Temel Kavramlar

1.3.1 İş Zekâsı

İş Zekâsı (BI) teriminin iki anlamı vardır. Birincisi, kurumsal faaliyetleri ve fırsatları anlamaya yönelik bir tür veri analizine atıfta bulunur. Bu tür analizlerin sonuçları, organizasyonel başarıyı artırmak için kullanılır. İnsanlar, rekabet avantajının anahtarının veri olduğunu söylediğinde, İş Zekâsı faaliyetinin doğasında var olan vaadi dile getiriyorlar: Bir kuruluş kendi verileriyle ilgili doğru soruları sorarsa, stratejik hedeflerini nasıl yerine getireceği konusunda daha iyi kararlar almak için ürünleri, hizmetleri ve müşterileri hakkında bilgi edinebilir. İkincisi, İş Zekâsı, bu tür veri analizini destekleyen bir dizi teknolojiyi ifade eder. Karar destek araçlarının evrimi, BI araçları sorgulama, veri madenciliği, istatistiksel analiz, raporlama, senaryo modelleme, veri görselleştirme ve gösterge tablosu oluşturmayı mümkün kılar. Bütçelemeden gelişmiş analitiklere kadar her şey için kullanılırlar.

1.3.2 Veri Ambarı

Veri Ambarı (DW), iki temel bileşenin birleşimidir: Entegre bir karar destek veritabanı ve çeşitli operasyonel ve harici kaynaklardan veri toplama, temizleme, dönüştürme ve depolama için kullanılan ilgili yazılım programları. Tarihsel, analitik ve BI gereksinimlerini desteklemek için bir veri ambarı, ambardaki verilerin alt küme kopyaları olan bağımlı veri martlarını da içerebilir. En geniş bağlamında, bir veri ambarı, BI amaçları için verilerin teslimini desteklemek için kullanılan tüm veri depolarını veya alıntıları içerir.

Kurumsal Veri Ambarı (EDW), tüm organizasyonun BI ihtiyaçlarına hizmet etmek için tasarlanmış merkezi bir veri ambarıdır. Bir EDW, kuruluş genelinde karar destek faaliyetlerinin tutarlılığını sağlamak için bir kurumsal veri modeline bağlıdır.

1.3.3 Veri Depolama

Veri Depolama, verileri bir veri ambarında tutan operasyonel ayıklama, temizleme, dönüştürme, kontrol ve yükleme işlemlerini tanımlar. Veri depolama süreci, iş kurallarını uygulayarak ve uygun iş verisi ilişkilerini sürdürerek operasyonel veriler üzerinde entegre ve tarihsel bir iş bağlamı sağlamaya odaklanır. Veri depolama, metaveri havuzlarıyla etkileşime giren süreçleri de içerir.

Geleneksel olarak, veri depolama yapılandırılmış verilere odaklanır: veri modellerinde belgelendiği gibi dosyalarda veya tablolarda tanımlanmış alanlardaki öğeler. Teknolojideki son gelişmelerle birlikte, BI ve DW alanı artık yarı yapılandırılmış ve yapılandırılmamış verileri benimsemektedir. Gerekli nitelik yakınlığı olmayan anlamsal varlıklar olarak düzenlenen elektronik öğelerce tanımlanan yarı yapılandırılmış veriler, HTML'den değil, XML'den önce gelir; bir EDI transferi örnek teşkil edebilir. Yapılandırılmamış veriler, bir veri modeli aracılığıyla önceden tanımlanmayan verileri ifade eder. Yapılandırılmamış veriler çeşitli biçimlerde mevcut olduğundan ve e-posta, serbest biçimli metin, iş belgeleri, videolar, fotoğraflar ve web sayfaları gibi öğeleri kapsadığından, depolama yönetişimi içinde analitik iş yüklerini sürdüren uygun bir depolama yapısı tanımlamak, henüz aşılamamış gereken bir zorluk olmuştur.

1.3.4 Veri Depolama Yaklaşımları

Bir veri ambarını neyin oluşturduğuna ilişkin konuşmaların çoğu, ambarları modelleme ve geliştirme konusunda farklı yaklaşımları olan iki etkili kanaat önderi – Bill Inmon ve Ralph Kimball – tarafından yönlendirilmiştir. Inmon, veri ambarını "yönetimin karar verme sürecini destekleyen konu odaklı, entegre, zaman değişkenli ve kalıcı bir veri koleksiyonu" olarak tanımlar.[43] Verileri depolamak ve yönetmek için normalize bir ilişkisel model kullanılır. Kimball, bir ambarı "sorgu ve analiz için özel olarak yapılandırılmış işlem verilerinin bir kopyası" olarak tanımlar. Kimball'un yaklaşımı boyutsal bir model gerektirir (Bkz. Bölüm 5).

Inmon ve Kimball, ambar inşa etmek için farklı yaklaşımları savunurken, tanımları benzer temel fikirleri kabul eder:

- Ambarlar, diğer sistemlerden gelen verileri depolar
- Depolama eylemi, verilerin değerini artıracak şekilde organize edilmesini içerir
- Ambarlar, verileri analiz için erişilebilir ve kullanılabilir hale getirir
- Kurumlar, güvenilir, entegre verileri yetkili paydaşlara sunmaları gerektiğinden ambarlar oluşturur
- Ambar verileri, iş akışı desteğinden operasyonel yönetime ve tahmine dayalı analitiklere kadar birçok amaca hizmet ederler

1.3.5 Kurumsal Bilgi Fabrikası (Inmon)

Bill Inmon'un Kurumsal Bilgi Fabrikası (CIF), veri ambarı için iki temel modelden biridir. Inmon'un "konu odaklı, entegre, zaman değişkenli ve kalıcı özet ve ayrıntılı geçmiş veriler koleksiyonu" olan veri ambarı tanımının bileşen bölümleri, CIF'yi destekleyen ve ambarlar ile operasyonel sistemler arasındaki farklara işaret eden kavramları tanımlar.

- **Konu odaklı**: Veri ambarı, bir işleve veya uygulamaya odaklanmak yerine büyük iş varlıklarına göre düzenlenir.

- **Entegre**: Depodaki veriler entegre ve birbirine bağlıdır. Aynı anahtar yapılar, yapıların kodlanması ve kodunun çözülmesi, veri tanımları, adlandırma kuralları tüm ambarda tutarlı bir şekilde uygulanır. Veriler entegre olduğundan, ambar verileri yalnızca operasyonel verilerin bir kopyası değildir. Bunun yerine, ambar, veriler için bir kayıt sistemi haline gelir.

- **Zaman değişkenli**: Veri ambarı, verileri belirli bir zaman noktasında olduğu gibi depolar. DW'deki kayıtlar anlık görüntüler gibidir. Her biri, verilerin bir andaki durumunu yansıtır. Bu, belirli bir zaman aralığına dayalı olarak verilerin sorgulanmasının, sorgunun ne zaman gönderildiğine bakılmaksızın her zaman aynı sonucu üreteceği anlamına gelir.

- **Kalıcı**: DW'de, kayıtlar operasyonel sistemlerde olduğu gibi normal olarak güncellenmez. Bunun yerine, mevcut verilere yeni veriler eklenir. Bir dizi kayıt, aynı işlemin farklı durumlarını temsil edebilir.

---

[43] http://bit.ly/1FtgeIL, en son 2/27/2016'da erişilmiştir.

- **Toplu ve ayrıntılı veriler**: DW'deki veriler, özetlenmiş verilerin yanı sıra atomik düzeydeki işlemlerin ayrıntılarını içerir. Operasyonel sistemler nadiren veri toplar. Depolar ilk kurulduğunda, maliyet ve saklama alanı konuları, verileri özetleme ihtiyacını doğurdu. Özetlenen veriler, güncel DW ortamlarında kalıcı (bir tabloda depolanmış) veya kalıcı olmayabilirler (bir görünümde işlenebilir). Verilerin kalıcı olup olmayacağına karar veren faktör genellikle performanstır.

- **Tarihsel**: Operasyonel sistemlerin odak noktası güncel verilerdir. Ambarlar geçmiş verileri de içerir. Genellikle büyük miktarda barındırırlar.

Inmon, Claudia Imhoff ve Ryan Sousa, Kurumsal Bilgi Fabrikası (CIF) bağlamında veri ambarını açıklar. Bkz. Şekil 80. CIF bileşenleri şunları içerir:

- **Uygulamalar**: Uygulamalar operasyonel süreçleri gerçekleştirir. Uygulamalardan gelen ayrıntılı veriler, veri ambarına ve analiz edilebileceği operasyonel veri depolarına (ODS) getirilir.

- **Hazırlama Alanı**: Operasyonel kaynak veritabanları ile hedef veritabanları arasında duran bir veri tabanı. Veri hazırlama alanı, çıkarma, dönüştürme ve yükleme çabasının gerçekleştiği yerdir. Son kullanıcılar tarafından kullanılmaz. Tipik olarak nispeten az miktarda kalıcı veri olmasına rağmen, veri hazırlama alanındaki çoğu veri geçicidir.

- **Entegrasyon ve dönüşüm**: Entegrasyon katmanında, farklı kaynaklardan gelen veriler, DW ve ODS'deki standart kurumsal temsil / modele entegre edilebilmesi için dönüştürülür.

- **Operasyonel Veri Deposu (ODS)**: Bir ODS, operasyonel verilerin entegre veritabanıdır. Doğrudan uygulamalardan veya diğer veritabanlarından kaynaklanabilir. ODS'ler genellikle mevcut veya yakın vadeli verileri (30-90 gün) içerirken, bir DW geçmiş verileri de (genellikle birkaç yıllık verileri) içerir. ODS'lerdeki veriler değişkendir, ambar verileri ise sabittir. Tüm kuruluşlar ODS'leri kullanmaz. Düşük gecikmeli veri ihtiyacını karşılayacak şekilde geliştiler. Bir ODS, bir veri ambarı için birincil kaynak olarak hizmet edebilir; bir veri ambarını denetlemek için de kullanılabilir.

- **Veri martları**: Veri martları, analiz için hazırlanmış verileri sağlar. Bu veriler genellikle belirli analiz türlerini veya belirli bir veri tüketicisi grubunu desteklemek için tasarlanmış bir ambar verilerinin alt kümesidir. Örneğin, martlar daha hızlı analizi desteklemek için verileri toplayabilir. Boyutsal modelleme (denormalizasyon tekniklerini kullanarak) genellikle kullanıcı odaklı veri martlarını tasarlamak için kullanılır.

- **Operasyonel Veri Merkezi (OpDM)**: Bir OpDM, taktiksel karar desteğine odaklanan bir veri martıdır. Bir DW'den ziyade doğrudan bir ODS'den kaynaklanır. ODS'nin özelliklerini paylaşır: mevcut veya yakın vadeli verileri içerir. İçeriği değişkendir.

- **Veri Ambarı**: DW, yönetim karar vermesini ve stratejik analiz ve planlamayı desteklemek için kurumsal verilere tek bir entegrasyon noktası sağlar. Veriler, uygulama sistemlerinden ve ODS'den bir DW'ye akar ve genellikle sadece bir yönde veri martlarına akar. Düzeltilmesi gereken veriler reddedilir, kaynağında düzeltilir ve ideal olarak sistem üzerinden yeniden beslenir.

- **Operasyonel raporlar**: Raporlar, veri depolarından çıkarılır.

- **Referans, Ana ve harici veriler**: Uygulamalardan gelen işlemsel verilere ek olarak, CIF ayrıca referans ve Ana Veriler gibi işlemleri anlamak için gereken verileri de içerir. Ortak verilere erişim, DW'deki entegrasyonu basitleştirir. Uygulamalar mevcut ana ve Referans Verileri tüketirken, DW ayrıca tarihsel değerleri ve bunların geçerli olduğu zaman dilimlerini de gerektirir (bkz. Bölüm 10).

Şekil 80, uygulamalar aracılığıyla veri toplama ve oluşturmadan (solda) martlar ve analiz yoluyla bilgi oluşturmaya (sağda) kadar CIF içindeki hareketi göstermektedir. Soldan sağa hareket diğer değişiklikleri içerir. Örneğin,
- Amaç, operasyonel işlevlerin yürütülmesinden analize kayar
- Sistemlerin son kullanıcıları ön saflarda çalışanlardan karar vericilere geçer
- Sistem kullanımı, sabitlenmiş işlemlerden anlık kullanımlara geçer
- Tepki süresi gereksinimleri gevşetilir (stratejik kararlar, günlük operasyonlardan daha fazla zaman alır)
- Her işlem, sorgu veya süreçte çok daha fazla veri yer alır

DW ve martlardaki veriler, uygulamalardakinden farklıdır:
- Veriler, işlevden çok özneye göre düzenlenir
- Veriler, 'silolanmış' değil entegre verilerdir
- Veriler yalnızca güncel değerler yerine zaman değişkenlidir
- Veriler, DW'de uygulamalara göre daha yüksek gecikmeye sahiptir
- DW'de uygulamalara kıyasla önemli ölçüde daha fazla geçmiş veri mevcuttur

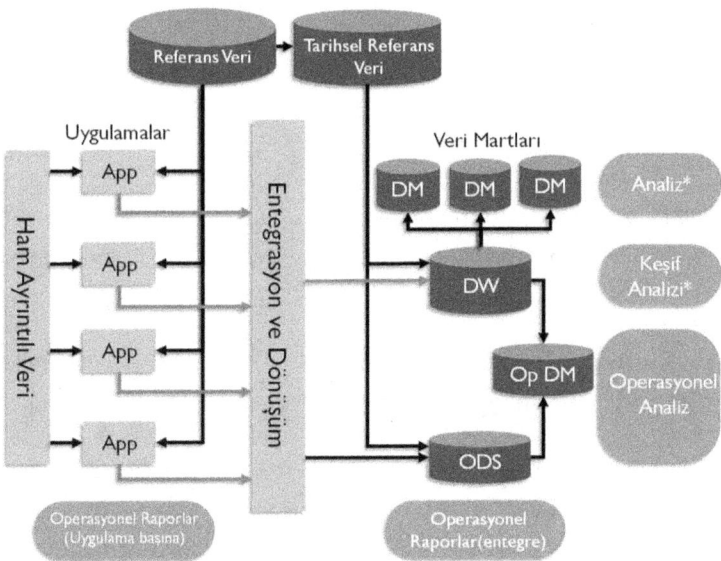

Şekil 80 Kurumsal Bilgi Fabrikası

1.3.6 Boyutsal DW (Kimball)

Kimball'ın Boyutsal Veri Ambarı, DW geliştirme için diğer ana modeldir. Kimball, bir veri ambarını basitçe "sorgu ve analiz için özel olarak yapılandırılmış işlem verilerinin bir kopyası" olarak tanımlar (Kimball, 2002). Bununla birlikte, "kopya" birebir aynı değildir. Ambar verileri, boyutsal bir veri modelinde depolanır. Boyutsal model, veri tüketicilerinin verileri anlamasını ve kullanmasını sağlamak ve aynı zamanda sorgu performansını arttırmak için tasarlanmıştır. Bir varlık ilişkisi modelinin olduğu gibi normalize edilmemiştir.

Genellikle Yıldız Şeması olarak anılan boyutsal modeller, iş süreçleri (örneğin satış numaraları) hakkında nicel veriler ve olgu verileriyle ilgili tanımlayıcı nitelikleri tutan ve veri tüketicilerinin olgular hakkındaki soruları yanıtlamasına olanak tanıyan boyutlar içeren olgulardan oluşur (örneğin bu çeyrekte kaç birim X ürünü satıldı?) Bir olgu tablosu birçok boyut tablosuyla birleşir ve bir diyagram olarak bakıldığında bir yıldız olarak görünür (Bkz. Bölüm 5). Çoklu olgu tabloları, bilgisayardaki bir veri yoluna benzer şekilde, bir "veriyolu" aracılığıyla ortak veya uyumlu boyutları paylaşacaktır.[44] Çoklu veri martları, uyumlu boyutların veriyoluna bağlanarak kurumsal düzeyde entegre edilebilir.

DW veri yolu matrisi, olgu verilerini oluşturan iş süreçlerinin ve boyutları temsil eden veri konusu alanlarının kesişimini gösterir. Birden çok işlemin aynı verileri kullandığı durumlarda, uyumlu boyutlar için fırsatlar mevcuttur. Tablo 27, bir örnek veriyolu matrisidir. Bu örnekte, Satışlar, Envanter ve Siparişler için iş süreçlerinin tümü Tarih ve Ürün verilerini gerektirir. Satışlar ve Envanter, Mağaza verilerini gerektirirken Envanter ve Siparişler, Tedarikçi verilerini gerektirir. Tarih, Ürün, Mağaza ve Tedarikçi, uyumlu boyutlar için adaydır. Buna karşılık, Depo paylaşılmaz; sadece Envanter tarafından kullanılır.

Tablo 27 DW-Veriyolu Matrisi Örneği

İş Süreçleri	Konu Alanları				
	Tarih	Ürün	Mağaza	Tedarikçi	Ambar
Satışlar	X	X	X		
Envanter	X	X	X	X	X
Siparişler	X	X		X	
Uyumlu Boyut Adayı	*Evet*	*Evet*	*Evet*	*Evet*	*Hayır*

Kurumsal DW veri yolu matrisi, teknolojiden bağımsız olarak DW/BI sistemi için uzun vadeli veri içeriği gereksinimlerini temsil etmek için kullanılabilir. Bu araç, bir kuruluşun yönetilebilir geliştirme çabalarını kapsamasını sağlar. Her uygulama, genel mimarinin bir artımını oluşturur. Bir noktada, entegre bir kurumsal veri ambarı ortamı vaadini yerine getirmek için yeterli boyutsal şemalar mevcuttur.

Şekil 81, DW/BI mimarisinin Kimball'un Veri Ambarı Satranç Taşları görünümünü temsil etmektedir. Kimball'un Veri Ambarı'nın Inmon'unkinden daha geniş olduğu unutulmamalıdır. DW, veri hazırlama ve veri sunum alanlarındaki tüm bileşenleri kapsar.

- **Operasyonel kaynak sistemleri**: İşletmenin operasyonel / fonksiyonel uygulamaları. Bunlar, ODS ve DW'ye entegre edilen verileri oluşturur. Bu bileşen, CIF diyagramındaki uygulama sistemlerine eşdeğerdir.

- **Veri hazırlama alanı**: Kimball'un hazırlama alanı, sunum için verileri entegre etmek ve dönüştürmek adına gereken bir dizi süreci içerir. CIF'nin entegrasyonu, dönüşümü ve DW bileşenlerinin bir kombinasyonu ile karşılaştırılabilir. Kimball'un odak noktası, Inmon'un kurumsal veri yönetiminden daha küçük bir kapsam olan analitik verilerin verimli bir şekilde teslimidir. Kimball'un kurumsal DW'si, veri hazırlama alanının mimarisine uyabilir.

- **Veri sunum alanı**: CIF'deki Veri Martlarına benzerdir. Temel mimari fark, çoklu veri martlarını birleştiren paylaşılan veya uyumlu boyutlar gibi bir 'DW Veriyolu'nun entegre eden paradigmasıdır.

- **Veri erişim araçları**: Kimball'un yaklaşımı, son kullanıcıların veri gereksinimlerine odaklanır. Bu ihtiyaçlar, uygun veri erişim araçlarının benimsenmesini sağlar.

---

[44] Bus (veriyolu) terimi, bir bus'ın bir dizi elektrikli bileşene ortak güç sağlayan bir şey olduğu Kimball'un elektrik mühendisliği geçmişinden gelmiştir.

1.3.7 DW Mimari Bileşenleri

Veri ambarı ortamı, kuruluşun ihtiyaçlarını karşılamak için düzenlenmesi gereken bir mimari bileşenler koleksiyonunu içerir. Şekil 82, bu bölümde tartışılan DW/BI ve Büyük Veri Ortamının mimari bileşenlerini göstermektedir. Büyük Verinin evrimi, verilerin bir kuruluşa getirilebileceği başka bir yol ekleyerek DW/BI ortamını değiştirmiştir.

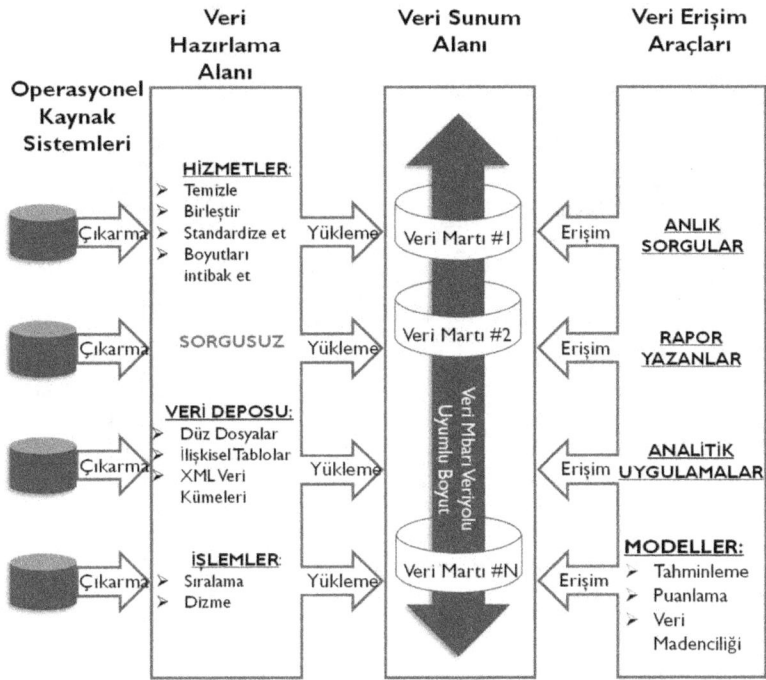

Şekil 81 Kimball'ın Veri Ambarı Satranç Taşları[45]

Şekil 82 ayrıca veri yaşam döngüsünün özelliklerini de göstermektedir. Veriler, kaynak sistemlerden, DW ve/veya bir ODS'ye entegre edildiği ve depolandığı için temizlenebileceği ve zenginleştirilebileceği bir hazırlama alanına taşınır. DW'den martlar veya küpler aracılığıyla erişilebilir ve çeşitli raporlama türleri için kullanılabilir. Büyük Veri benzer bir süreçten geçer, ancak önemli bir farkla: Çoğu ambar, verileri tablolara yerleştirmeden önce entegre ederken, Büyük Veri çözümleri, verileri entegre etmeden önce içeri alır. Büyük veri iş zekâsı, tahmine dayalı analitik ve veri madenciliğinin yanı sıra daha geleneksel raporlama biçimlerini de içerebilir (Bkz. Bölüm 14).

1.3.7.1 Kaynak Sistemler

Şekil 82'nin sol tarafında bulunan Kaynak Sistemler, DW/BI ortamına getirilecek operasyonel sistemleri ve harici verileri içerir. Bunlar genellikle CRM, Muhasebe ve İnsan Kaynakları uygulamaları gibi operasyonel sistemlerin yanı sıra sektöre göre farklılık gösteren operasyonel sistemleri içerir. DaaS, web içeriği ve herhangi bir Büyük Veri hesaplama sonucu gibi tedarikçilerden ve harici kaynaklardan gelen veriler de dahil edilebilir.

---

[45] Kimball ve Ross'tan (2002) uyarlanmıştır. İzin alınarak kullanılmıştır.

1.3.7.2 Veri Entegrasyonu

Veri entegrasyonu, ETL, veri sanallaştırmayı ve verileri ortak bir biçime ve konuma getirmeye yönelik diğer teknikleri kapsar. SOA ortamında, veri hizmetleri katmanları bu bileşenin bir parçasıdır. Şekil 82'de tüm oklar veri entegrasyon süreçlerini temsil etmektedir (Bkz. Bölüm 8).

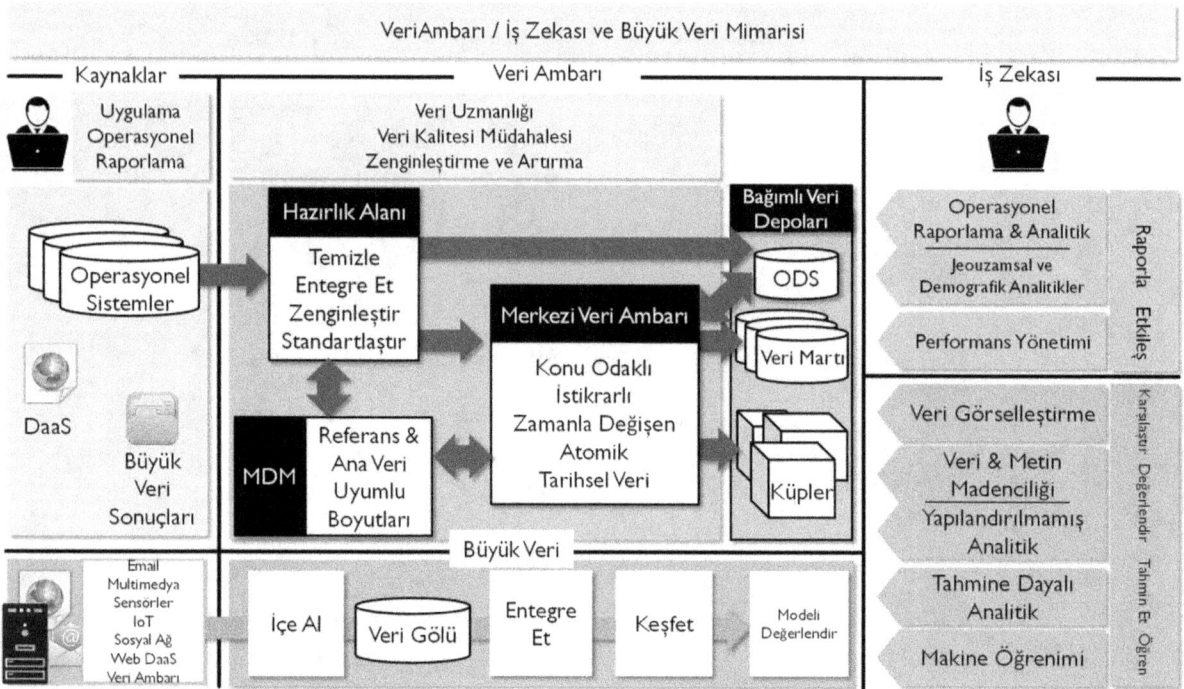

Şekil 82 Kavramsal DW/BI ve Büyük Veri Mimarisi

1.3.7.3 Veri Depolama Alanları

Ambarın bir dizi depolama alanı vardır:

- **Hazırlama alanı**: Hazırlama alanı, orijinal veri kaynağı ile merkezi veri deposu arasında bir ara veri deposudur. Veriler dönüştürülebilmesi, entegre edilebilmesi ve ambara yüklenmek üzere hazırlanabilmesi için sahnelenir.

- **Referans ve Ana Veri uyumlu boyutları**: Referans ve Ana Veriler ayrı depolarda saklanabilir. Veri ambarı, yeni Ana Verileri besler ve ayrı depolardan uyumlu boyut içerikleriyle beslenir.

- **Merkezi Ambar**: Dönüştürüldükten ve hazırlandıktan sonra DW verileri genellikle merkezi veya atomik katmanda kalır. Bu katman, tüm geçmiş atomik verileri ve toplu çalıştırmaların en son örneğini korur. Bu alanın veri yapısı, performans ihtiyaçları ve kullanım kalıplarına dayalı olarak geliştirilir ve etkilenir. Birkaç tasarım öğesi ele alınmaktadır:
    - Performans için iş anahtarı ve vekil anahtarlar arasındaki ilişki
    - Boyutları desteklemek için dizinlerin ve yabancı anahtarların oluşturulması
    - Tarihi verileri tespit etmek, bakımını yapmak ve depolamak için kullanılan Fark Verisi Alma (CDC) teknikleri

- **Operasyonel Veri Deposu (ODS)**: ODS, daha düşük gecikmeleri ve dolayısıyla operasyonel kullanımı destekleyen bir merkezi kalıcı deponun bir versiyonudur. ODS, geçmişi değil, bir veri zaman bölümünü içerdiğinden, bir ambardan çok daha hızlı yenilenebilir. Bazen gerçek zamanlı akışlar, entegre raporlama ve analize olanak sağlamak için önceden tanımlanmış aralıklarla ODS'ye anlık olarak alınır. Zaman içinde, iş gereksinimleri tarafından yönlendirilen güncellemelerin artan sıklığı ve gerçek zamanlı verileri DW'ye entegre etmek için gelişen teknoloji ve tekniklerle birlikte, birçok kurulum ODS'lerini mevcut DW veya Veri Mart'ı mimarisiyle birleştirmiştir.

- **Veri mart'ları**: Veri martı, genellikle veri ambarı ortamının sunum katmanlarını desteklemek için kullanılan bir veri deposu türüdür. Ayrıca entegre raporlama, sorgulama ve tarihsel bilgilerin analizi için DW'nin bir departman veya işlevsel alt kümesini sunmak için kullanılır. Veri martı belirli bir konu alanına, tek bir departmana veya tek bir iş sürecine yöneliktir. Aynı zamanda, birleştirilmiş martların sonuçta ortaya çıkan ambar varlığını oluşturduğu sanallaştırılmış bir ambarın temelini oluşturabilir. Veri entegrasyon süreçleri, kalıcılık katmanından çeşitli martların içeriğini yenileyecek, güncelleyecek veya genişletecektir.

- **Küpler**: Üç klasik uygulama yaklaşımı Çevrimiçi Analitik İşlemeyi (OLAP) destekler. Adları, İlişkisel, Çok Boyutlu ve Hibrit gibi temel veritabanı türleriyle ilgilidir.

1.3.8 Yük İşleme Türleri

Veri ambarı, iki ana tür veri entegrasyon sürecini içerir: tarihsel yüklemeler ve süregelen güncellemeler. Geçmiş veriler genellikle yalnızca bir kez veya veri sorunları çözülürken birkaç kez yüklenir ve ardından bir daha asla yüklenmez. Ambardaki verileri güncel tutmak için sürekli güncellemeler düzenli olarak planlanır ve yürütülür.

1.3.8.1 Tarihsel Veri

Bir veri ambarının bir avantajı, depoladığı verilerin ayrıntılı geçmişini yakalayabilmesidir. Bu ayrıntıyı yakalamak için farklı yöntemler vardır. Geçmişi yakalamak isteyen bir kuruluş, gereksinimlere göre tasarım yapmalıdır. Anlık görüntüleri yeniden üretebilmek, yalnızca mevcut durumu sunmaktan farklı bir yaklaşım gerektirir.

Inmon veri ambarı, tüm verilerin tek bir veri ambarı katmanında depolanmasını önerir. Bu katman, temizlenmiş, standartlaştırılmış ve yönetilen atomik düzeydeki verileri depolayacaktır. Ortak bir entegrasyon ve dönüşüm katmanı, uygulamalarda yeniden kullanımı kolaylaştırır. Başarı için bir kurumsal veri modeli gereklidir. Doğrulandıktan sonra, bu tek depo, yıldız yapılı bir veri martı aracılığıyla farklı veri tüketicilerinin kullanımına sunulur.

Kimball veri ambarı, veri ambarının temizlenmiş, standartlaştırılmış ve yönetilen verileri içeren departman veri martlarının bir kombinasyonundan oluştuğunu ileri sürer. Veri martları, geçmişi atomik düzeyde saklayacaktır. Uyumlu boyutlar ve uyumlu olgular, kurumsal düzeyde bilgi sağlayacaktır.

Diğer bir yaklaşım olan Veri Kasası da hazırlama sürecinin bir parçası olarak temizler ve standartlaştırır. Geçmiş, normalize edilmiş bir atomik yapıda saklanır, boyutsal vekil, birincil ve alternatif anahtarlar tanımlanır. İş ve vekil anahtar ilişkisinin bozulmadan kalmasını sağlamak, kasanın ikincil rolü haline gelir – bu, veri martının geçmişidir. Olgular burada atomik yapılar olarak varlıklarını sürdürürler. Daha sonra kasa, veri martları aracılığıyla çeşitli veri tüketicilerinin kullanımına sunulur. Geçmişi kasanın içinde tutarak, sonraki artımlar tanecik değişiklikleri getirdiğinde olguları yeniden yüklemek mümkündür. Sunum katmanını sanallaştırmak, iş dünyası ile çevik artımlı teslimatı ve işbirlikçi geliştirmeyi kolaylaştırmak mümkündür. Nihai bir gerçekleştirme süreci, üretim son kullanıcı tüketimi için daha geleneksel bir yıldız veri martını gerçekleyebilir.

1.3.8.2 Toplu Fark Verisi Alma

Veri Ambarları genellikle günlük olarak yüklenir ve bir gecelik toplu iş süreciyle hizmet görür. Her bir kaynak sistem farklı fark alma teknikleri gerektirebileceğinden, yükleme işlemi çeşitli fark algılamalarını barındırabilir.

Veritabanı log teknikleri, tedarikçi tarafından satın alınan uygulamaların tetikleyicilerle veya ek yüklerle modifikasyona tolerans gösterme olasılığı düşük olduğundan, şirket içi geliştirilen uygulamalar için olası adaylardır. Zaman damgalı veya log tablosu yüklemeleri en yaygın olanlarıdır. Tam yüklemeler, yerel zaman damgalama yetenekleri olmayan eski sistemlerle uğraşırken (evet, veritabanları olmayan uygulamalar vardır) veya belirli toplu kurtarma koşulları geçerli olduğunda gerçekleşirler.

Tablo 28, göreceli karmaşıklıkları ve hızları dahil olmak üzere, fark verisi alma teknikleri arasındaki farkı özetlemektedir. Çakışma sütunu, kaynak sistem değişiklikleri ile hedef ortam arasında veri yinelemesi olup olmadığını tanımlar. Örtüşme "Evet" olduğunda, bu fark verileri zaten mevcut olabilir. Sil göstergesi 'Evet' olarak ayarlandığında, Veri Değiştirme Yöntemi kaynak sistemde meydana gelen tüm silmeleri izleyecektir- artık kullanımda olmayan süresi dolan boyutlar için kullanışlıdır. Silmeler kaynak sistem tarafından izlenmediğinde, ne zaman meydana geldiklerini belirlemek için ek çaba gerektirir (Bkz. Bölüm 8).

Tablo 28 CDC Teknik Karşılaştırması

Yöntem	Kaynak Sistem Gereksinimi	Zorluk	Olgu Yükleme	Boyut Yükleme	Çakışma	Silmeler
Zaman damgalı Delta Yükü	Kaynak sistemdeki değişiklikler, sistem tarihi ve saati ile damgalanır	Düşük	Hızlı	Hızlı	Evet	Hayır
Log Tablosu Delta Yükü	Kaynak sistem değişiklikleri yakalanır ve log tablolarında saklanır	Orta	Nominal	Nominal	Evet	Evet
Veritabanı İşlem Logu	Veritabanı, işlem loglarındaki değişiklikleri yakalar	Yüksek	Nominal	Nominal	Hayır	Evet
Mesaj Deltası	Kaynak sistem değişiklikleri [yakın] gerçek zamanlı mesajlar olarak yayınlanır	Aşırı	Yavaş	Yavaş	Hayır	Evet
Tam Yükleme	Tam olarak çıkarılan ve farkları tanımlamak için karşılaştırılan tablolar (fark belli değil)	Basit	Yavaş	Nominal	Evet	Evet

1.3.8.3 Gerçek zamanlıya yakın ve Gerçek zamanlı

Operasyonel BI (veya Operasyonel Analitik)'in daha düşük gecikme süresi ve gerçek zamanlı veya gerçek zamanlıya yakın verilerin veri ambarına daha fazla entegrasyonu için baskı yapmasıyla birlikte, geçici verilerin dahil edilmesiyle başa çıkmak için yeni mimari yaklaşımlar ortaya çıkmıştır. Örneğin, operasyonel BI'ın yaygın bir uygulaması, otomatikleştirilmiş bankacılık makinesi veri provizyonudur. Bir bankacılık işlemi yaparken, anında bankacılık işlemlerinden kaynaklanan geçmiş bakiyeler ve yeni bakiyeler, bankacılık müşterisine gerçek zamanlı olarak sunulmalıdır. Verileri neredeyse gerçek zamanlı olarak sağlamak için gerekli olan iki anahtar tasarım konsepti, değişimin izolasyonu ve toplu işleme alternatifleridir.

Yeni geçici verilerden yapılan değişikliklerin etkisi, geçmiş, kalıcı DW verilerinin büyük bölümünden izole edilmelidir. Yalıtım için tipik mimari yaklaşımlar, bina bölümlerinin bir kombinasyonunu ve farklı bölümler için birleşim sorgularını kullanmayı içerir. Toplu işleme alternatifleri, DW'de veri kullanılabilirliği için giderek daha kısa olan gecikme gereksinimlerini karşılar. Üç ana tür vardır: işlenmeyi beklerken verilerin nerede biriktiğine göre farklılık gösteren yavaş akışlar, mesajlaşma ve akış (Bkz. Bölüm 8).

- **Damlama besleme (Kaynak birikimi)**: Gecelik bir programda çalıştırmak yerine, damlama beslemeler toplu yüklemeleri daha sık bir programda (örneğin, saatlik, her 5 dakikada bir) veya bir eşiğe ulaşıldığında (örneğin, 300 işlem, 1G veri) yürütür. Bu, gün içinde bazı işlemlerin gerçekleşmesine izin verir, ancak, özel bir gece toplu işlemindeki kadar yoğun değildir. Bir damlama besleme toplu işinin tamamlanması beslemeler arasındaki süreden daha uzun sürerse, verilerin hala doğru sırada yüklenmesi için bir sonraki beslemenin ertelendiğinden emin olmak için özen gösterilmelidir.

- **Mesajlaşma (Veriyolu birikimi)**: Gerçek zamanlı veya neredeyse gerçek zamanlı mesaj etkileşimi, çok küçük veri paketleri (mesajlar, olaylar veya işlemler) oluştukları anda bir veri yolunda yayınlandığında faydalıdır. Hedef sistemler veri yoluna abone olur ve paketleri gerektiği gibi kademeli olarak depoya işler. Kaynak sistemler ve hedef sistemler birbirinden bağımsızdır. Hizmet Olarak Veri (DaaS) sıklıkla bu yöntemi kullanır.

- **Akış (Hedef birikimi)**: Kaynak tabanlı bir program veya eşik üzerinde beklemek yerine, hedef sistem verileri bir arabellek alanına veya kuyruğa alınırken toplar ve sırayla işler. Sonuç etkileşimi veya bazı kümeler daha sonra depoya ek bir besleme olarak görünebilir.

2. Faaliyetler

2.1 Gereksinimlerin Anlaşılması

Bir veri ambarı geliştirmek, operasyonel bir sistem geliştirmekten farklıdır. Operasyonel sistemler kesin, spesifik gereksinimlere bağlıdır. Veri ambarları, çeşitli şekillerde kullanılacak verileri bir araya getirir. Ayrıca, kullanıcılar verileri analiz edip keşfettikçe kullanım zaman içinde gelişecektir. Bu yetenekleri desteklemek için yetkinlikler ve veri kaynaklarıyla ilgili sorular sormak için ilk aşamalarda zaman ayırın. Bu tasarım zamanı, daha sonra veri işleme gerçek veri kaynakları kullanılarak test edildiğinde daha düşük yeniden işleme maliyetlerinde karşılığını verir.

DW/BI projeleri için gereksinimleri toplarken, işe iş hedefleri ve stratejisiyle başlayın. İş alanlarını belirleyin ve kapsamını belirleyin, ardından uygun iş insanlarını belirleyin ve onlarla görüşün. Ne yaptıklarını ve neden yaptıklarını sorun. Şu anda sordukları belirli soruları ve verilerden sormak istediklerini yakalayın. Bilginin önemli yönlerini nasıl ayırt ettiklerini ve kategorize ettiklerini belgeleyin. Mümkün olduğunda, temel performans ölçümlerini ve hesaplamalarını tanımlayın ve yakalayın. Bunlar, veri kalitesi beklentilerinin otomasyonu için temel sağlayan iş kurallarını ortaya çıkarabilir.

Katalog gereksinimlerini üretimin başlatılması ve ambarın benimsenmesi için gerekli olanlar ve bekleyebilecek olanlar arasında önceliklendirin. İlk proje sürümünün üretkenliğini hızlı bir şekilde başlatmak için basit ve değerli öğeleri çıkartın. Bir DW/BI proje gereksinimleri yazımı, kapsam dahilindeki iş alanlarının ve/veya süreçlerin tüm bağlamını çerçevelemelidir.

2.2 DW/BI Mimarisinin Tanımlanması ve Sürdürülmesi

DW/BI mimarisi, verilerin nereden geldiğini, nereye gittiğini, ne zaman gittiğini, neden ve nasıl bir ambara girdiğini açıklamalıdır. 'Nasıl', tüm faaliyetleri bir araya getirmek için donanım ve yazılım ayrıntılarını ve düzenleme çerçevesini içerir. Teknik gereksinimler performans, kullanılabilirlik ve zamanlama ihtiyaçlarını içermelidir (Bkz. Bölüm 4 ve 8).

2.2.1 DW/BI Teknik Mimarisinin Tanımlanması

En iyi DW/BI mimarileri, bir atomik DW'de işlem düzeyine ve operasyonel düzey raporlara geri bağlanmak için bir mekanizma tasarlayacaktır. Bu mekanizma, DW'yi her işlem detayını taşımak zorunda kalmaktan koruyacaktır. Bir örnek, Fatura Numarası gibi bir işlem anahtarına dayalı temel operasyonel raporlar veya formlar için bir görüntüleme mekanizması sağlamaktır. Müşteriler her zaman tüm ayrıntıların mevcut olmasını isteyecektir, ancak uzun açıklama alanları gibi bazı operasyonel veriler yalnızca orijinal rapor bağlamında değere sahiptir ve analitik değer sağlamaz.

Kavramsal mimari bir başlangıç noktasıdır. Fonksiyonel olmayan gereksinimleri iş gereksinimleriyle doğru bir şekilde uyumlamak için birçok faaliyet gereklidir. Prototipleme, teknolojilere veya mimarilere pahalı taahhütlerde bulunmadan önce kilit noktaları hızlı bir şekilde kanıtlayabilir veya çürütebilir. Ayrıca, onaylanmış bir değişim yönetimi ekibi aracılığıyla desteklenen bilgi ve benimseme programlarıyla iş komünitesinin güçlendirilmesi, geçişe ve devam eden operasyonel başarıya yardımcı olacaktır.

Bu dönüşüm sürecinin doğal bir uzantısı, kurumsal veri modeliyle bakım veya en azından doğrulamadır. Hangi veri yapılarının hangi organizasyonel alanlar tarafından kullanıldığına odaklanıldığından, mantıksal modele göre fiziksel dağıtımı kontrol edin. Eksikler veya hatalar ortaya çıkarsa güncellemeleri yapın.

2.2.2 DW/BI Yönetim Süreçlerinin Tanımlanması

Koordine ve entegre bir bakım süreciyle üretim yönetimini ele alın ve iş komünitesine düzenli yayınlar sağlayın.

Standart bir sürüm planı oluşturmak çok önemlidir (bkz. Bölüm 2.6). İdeal olarak, ambar proje ekibi, ek işlevsellik sağlayan bir yazılım sürümü olarak kurulan veri ürününe yönelik her güncellemeyi yönetmelidir. Sürümler için bir program oluşturmak, yıllık bir talep ve kaynak planına ve standart teslimat planına izin verir. Bu standartlaştırılmış zamanlamayı, kaynak beklentilerini ve bunun için türetilen tahmin sayfalarını değiştirmek için dahili sürümü kullanın.

İşleyen bir sürüm süreci oluşturmak, yönetimin reaktif sorun çözümü yoluyla ele alınan kurulu bir ürün değil, veri ürünü merkezli proaktif bir süreç olduğunu anlamasını sağlar. Sürekli büyümek ve özellikleri geliştirmek için fonksiyonlar arası bir ekipte proaktif ve iş birliği içinde çalışmak kritik öneme sahiptir- reaktif destek sistemleri benimsenmeyi azaltmaktadırlar.

2.3 Veri Ambarı ve Veri Martlarının Geliştirilmesi

Tipik olarak, DW/BI projelerinin üç eşzamanlı geliştirme yolu vardır:

- **Veri**: İşletmenin yapmak istediği analizi desteklemek için gereken verilerdir. Bu iz, veriler için en iyi kaynakların belirlenmesini ve verilerin nasıl düzeltileceğine, dönüştürüleceğine, entegre edildiğine, depolandığına ve uygulamalar tarafından kullanım için nasıl kullanıma sunulduğuna ilişkin kurallar tasarlamayı içerir. Bu adım, beklentilere uymayan verilerin nasıl ele alınacağına karar vermeyi de içerir.

- **Teknoloji**: Veri depolama ve hareketini destekleyen iç sistemler ve süreçleri içerir. Ambar kendi başına bir ada olmadığı için mevcut işletmeyle entegrasyon esastır. Kurumsal Mimariler, özellikle Teknoloji ve Uygulama uzmanlıkları genellikle bu yolu yönetir.

- **İş Zekâsı araçları**: Veri tüketicilerinin konuşlandırılan veri ürünlerinden anlamlı bilgiler elde etmesi için gerekli olan uygulamalar paketidir.

2.3.1 Kaynakların Hedeflerle Eşlenmesi

Kaynaktan hedefe eşleme, varlıklar ve veri öğeleri için tek tek kaynaklardan bir hedef sisteme dönüşüm kuralları oluşturur. Bu tür eşleme aynı zamanda BI ortamında mevcut olan her bir veri öğesinin kökenini ilgili kaynak(lar)ına kadar belgeler.

Herhangi bir eşleme çabasının en zor kısmı, birden çok sistemdeki veri öğeleri arasındaki geçerli bağlantıları veya eşdeğerleri belirlemektir. Birden çok faturalandırma veya sipariş yönetim sisteminden gelen verileri bir DW'de birleştirme çabasını düşünün. Eşdeğer verileri içeren tablo ve alanların aynı adlara veya yapılara sahip olmama olasılığı vardır.

Farklı sistemlerdeki veri öğelerini DW'de tutarlı bir yapıya eşlemek için sağlam bir taksonomi gereklidir. Çoğu zaman, bu taksonomi mantıksal veri modelidir. Eşleme süreci aynı zamanda farklı yapılardaki verilerin eklenip eklenmeyeceğini, yerinde değiştirilip değiştirilmeyeceğini veya eklenip eklenmeyeceğini ele almalıdır.

2.3.2 Verilerin Düzeltilmesi ve Dönüştürülmesi

Veri iyileştirme veya temizleme faaliyetleri, standartları uygular ve bireysel veri öğelerinin etki alanı değerlerini düzeltir ve geliştirir. İyileştirme, özellikle önemli bir geçmişin söz konusu olduğu ilk yükleme için gereklidir. Hedef sistemin karmaşıklığını azaltmak için, veri iyileştirme ve düzeltmeden kaynak sistemler sorumlu hale getirilmelidir.

Yüklenen ancak hatalı olduğu tespit edilen veri satırları için stratejiler geliştirin. Eski kayıtları silme politikası, ilgili tablolarda ve vekil anahtarlarda bazı hasarlara neden olabilir, bir satırın süresinin dolması ve yeni verilerin tamamen yeni bir satır olarak yüklenmesi daha iyi bir seçenek olabilir.

İyimser bir yükleme stratejisi, olgu verilerini barındırmak için boyut kayıtları oluşturmayı içerebilir. Bu tür bir süreç, bu tür girişlerin nasıl güncelleneceğini ve sona erdirileceğini hesaba katmalıdır. Kötümser yük stratejileri, karşılık gelen boyut anahtarlarıyla ilişkilendirilemeyen olgu verileri için bir geri dönüşüm alanı içermelidir. Bu girişler, izlenmelerini ve daha sonra yeniden yüklenmesini sağlamak için uygun bildirim, uyarı ve raporlama gerektirir. Olgu işleri, önce geri dönüştürülmüş girdileri yüklemeyi, ardından yeni gelen içeriği işlemeyi göz ardı etmemelidir.

Veri dönüşümü, teknik bir sistem içinde iş kurallarını uygulayan faaliyetlere odaklanır. Veri dönüşümü, veri entegrasyonu için çok önemlidir. Verileri entegre etmek için doğru kuralların tanımlanması, genellikle Veri Sorumlularının ve diğer konu uzmanlarının doğrudan katılımını gerektirir. Kurallar, yönetişim için dokümante edilmelidir. Veri entegrasyon araçları bu görevleri yerine getirir (Bkz. Bölüm 8).

2.4 Veri Ambarının Doldurulması

Herhangi bir DW/BI çalışmasında işin en büyük kısmı, verilerin hazırlanması ve işlenmesidir. DW'nin içerdiği veri ayrıntılarına ilişkin tasarım kararları ve ilkeleri, DW/BI mimarisi için önemli bir tasarım önceliğidir. DW/BI çabalarının başarısı için yalnızca operasyonel raporlama yoluyla (örneğin DW dışı olanlar gibi) hangi verilerin mevcut olacağına ilişkin net kurallar yayınlamak kritik önem taşır.

Bir doldurma yaklaşımı tanımlarken dikkate alınması gereken temel faktörler, gerekli gecikme süresi, kaynakların kullanılabilirliği, toplu iş pencereleri veya yükleme aralıkları, hedef veritabanları, boyutsal yönler ve veri ambarı ve veri martının zaman çerçevesi tutarlılığıdır. Yaklaşım ayrıca veri kalitesi işlemeyi, dönüşümleri gerçekleştirme süresini ve geç gelen boyutları ve veri redlerini de ele almalıdır.

Bir doldurma yaklaşımı tanımlamanın bir başka yönü, fark verisi alma süreci etrafında odaklanır- kaynak sistemdeki farkları tespit etmek, bu değişiklikleri bir araya getirmek ve farkları zaman içinde uyumlandırmaktır. Bazı veritabanları artık veri entegrasyon araçlarının doğrudan üzerinde çalışabileceği log alma işlevselliği sağlıyor, böylece veri tabanı kullanıcıya neyin değiştiğini söylüyor. Bu işlevin kullanılamadığı durumlarda betik oluşturma işlemleri yazılabilir veya oluşturulabilir. Heterojen akışlar arasında entegrasyon ve gecikme hizalaması için ekipler tasarlamak ve oluşturmak için çeşitli teknikler mevcuttur.

İlk artım, ek yetkinlik geliştirmenin ve yeni iş birimlerinin dahil edilmesinin yolunu açar. Dikkatli planlama ve ayrıntılara dikkat etmenin yanı sıra birçok yeni teknoloji, süreç ve beceri de gereklidir. Aşağı yönlü artımlar bu temel unsurun üzerine inşa edilecektir, bu nedenle yüksek kalitede verileri, teknik mimariyi ve üretime geçişi sürdürmek için daha fazla yatırım yapılması önerilir. Son kullanıcı iş akışı entegrasyonu ile veri hatalarının zamanında tanımlanmasını kolaylaştırmak ve otomatikleştirmek için süreçler oluşturun.

2.5 İş Zekâsı Portföyünün Gerçeklenmesi

İş Zekâsı Portföyünü uygulamak, iş birimleri içinde veya genelinde doğru kullanıcı toplulukları için doğru araçları belirlemekle ilgilidir. Ortak iş süreçlerinin, performans analizinin, yönetim tarzlarının ve gereksinimlerin hizalanması yoluyla benzerlikleri bulun.

2.5.1 Kullanıcıların İhtiyaçlara Göre Gruplandırılması

Hedef kullanıcı gruplarını tanımlarken, bir BI ihtiyaçları yelpazesi vardır. Önce kullanıcı gruplarını tanıyın ve ardından aracı şirketteki kullanıcı gruplarıyla eşleştirin. Yelpazenin bir ucunda, veri çıkarmakla ilgilenen ve gelişmiş işlevselliğe odaklanan BT geliştiricileri bulunur. Öte yandan, bilgi tüketicileri daha önce geliştirilmiş ve yürütülen raporlara hızlı erişim isteyebilir. Bu tüketiciler, detaylandırma, filtreleme, sıralama gibi bir dereceye kadar etkileşim isteyebilir veya yalnızca statik bir rapor görmek isteyebilir.

Kullanıcılar, becerileri arttıkça veya farklı işlevleri yerine getirdikçe bir sınıftan diğerine geçebilirler. Örneğin bir tedarik zinciri yöneticisi, finansallar hakkında statik bir rapor isterken, envanteri analiz etmek için oldukça etkileşimli bir rapor görüntülemek isteyebilir. Bir finansal analist ve harcamalardan sorumlu bir birim yöneticisi, toplam harcamaları analiz ederken uzman kullanıcılar olabilir, ancak bir telefon faturasının statik raporundan memnun olabilirler. Yöneticiler, sabit raporların, gösterge tablolarının ve puan kartlarının bir kombinasyonunu kullanırlar. Yöneticiler ve uzman kullanıcılar, sorunların temel nedenlerini belirlemek için bu raporların detayına inmek ve verileri parçalara ayırmak isteme eğilimindedir. Dış müşteriler, deneyimlerinin bir parçası olarak bu araçlardan herhangi birini kullanabilirler.

2.5.2 Araçların Kullanıcı Gereksinimleriyle Eşleştirilmesi

Pazar, etkileyici bir raporlama ve analiz araçları yelpazesi sunar. Başlıca BI tedarikçileri, bir zamanlar uygulama raporlarının alanı olan klasik mükemmel raporlama yetenekleri sunarlar. Birçok uygulama tedarikçisi, önceden doldurulmuş küplerden veya toplu tablolardan alınan standart içerikle yerleşik analitik sunar. Sanallaştırma, şirket içi veri kaynakları ile dışarıdan satın alınan veya halka açık veriler arasındaki çizgileri bulanıklaştırmıştır ve bazı durumlarda isteğe bağlı olarak kullanıcı kontrollü rapor merkezli entegrasyon sağlamaktadır. Başka bir deyişle, şirketlerin ortak altyapı ve dağıtım mekanizmalarını kullanmaları ihtiyatlıdır. Bunlar, DW/BI'ın bir alt kümesi olduğu her türlü bilgi ve raporun teslimi için web, e-posta ve uygulamaları içerir.

Birçok tedarikçi şimdi birleşme ve satın almalar veya net yeni geliştirme yoluyla ilgili BI Araçlarını birleştiriyor ve BI Paketleri sunuyor. Paketler, Kurumsal Mimari düzeyinde birincil seçenektir, ancak çoğu kuruluşun zaten ayrı araçlar satın aldığı veya açık kaynak araçlarını benimsediği göz önüne alındığında, değiştirme ile birlikte var olma ile ilgili soruların ortaya çıkması muhtemeldir. Her BI aracının sistem kaynakları, destek, eğitim ve mimari entegrasyon gerektiren bir bedeli olduğunu unutmayın.

2.6 Veri Ürünlerinin Sürdürülmesi

Gerçeklenen bir ambar ve müşteriye yönelik BI araçları bir veri ürünüdür. Mevcut bir DW platformuna yönelik geliştirmeler (uzantılar, güçlendirmeler veya modifikasyonlar) aşamalı olarak uygulanmalıdır.

Bir artım kapsamını korumak ve önemli iş öğeleri için kritik bir yol belirlemek, dinamik bir çalışma ortamında zor olabilir. İş ortaklarıyla öncelikleri belirleyin ve zorunlu iyileştirmelere odaklanın.

2.6.1 Yayın Yönetimi

Yayın Yönetimi, yeni yetenekler geliştiren, üretim dağıtımını iyileştiren ve dağıtılan varlıklar arasında düzenli bakım sağlanmasını sağlayan artımlı geliştirme süreçleri için kritik öneme sahiptir. Bu süreç, ambarı güncel, temiz ve en iyi şekilde çalışır durumda tutacaktır. Ancak, bu süreç, Veri Ambarı modeli ve BI yetenekleri arasında olduğu gibi BT ve İş arasında da aynı uyumlanmayı gerektirir. Bir sürekli iyileştirme çabasıdır.

Şekil 83, üç aylık bir programa dayalı olarak örnek bir yayın sürecini göstermektedir. Yıl boyunca, iş odaklı üç sürüm ve bir teknoloji tabanlı sürüm (depodaki gereksinimleri karşılamak için) vardır. Süreç, deponun aşamalı olarak geliştirilmesini ve birikmiş gereksinimlerin yönetimini sağlamalıdır.

2.6.2 Veri Ürün Geliştirme Yaşam Döngüsünün Yönetilmesi

Veri tüketicileri mevcut DW'yi kullanırken, DW ekibi tüm öğelerin üretime geçmeyeceği anlayışıyla bir sonraki artıma hazırlanır. İş birimleri tarafından önceliklendirilen bir ön sipariş iş listesiyle sürümlere göre artımlar uyumlandırılmalıdır. Her artım, bir iş birimini dahil ederek mevcut bir artımı genişletecek veya yeni işlevler ekleyecektir. Sürümler, işlevselliği iş birimiyle uyumlu hale getirirken, artım, işlevselliği ürün yöneticisi tarafından yönetilen yapılandırmanın kendisiyle hizalayacaktır.

İşletmenin daha fazla araştırma için hazır ve uygulanabilir olduğuna inandığı öğeler gözden geçirilebilir, gerekirse ayarlanabilir ve ardından işletme kullanıcılarının yeni yaklaşımları araştırdığı, yeni teknikler denediği veya yeni modeller veya öğrenme algoritmaları geliştirdiği bir pilot veya sanal alan ortamına yükseltilebilir. Bu alan, işle ilgili diğer alanlara göre daha az yönetişim ve denetim görebilir, ancak bir tür sanal alan önceliklendirmesi gereklidir.

Geleneksel kalite güvencesi veya test ortamına benzer şekilde, üretim ortamına uyum sağlamak için pilot alandaki öğeleri inceleyin. Pilot öğelerin ne kadar iyi performans gösterdiği sonraki adımları belirler. Veri kalitesi veya yönetişim konularını dikkate almadan körü körüne tanıtım yapmamaya özen gösterin. Üretimdeki ömür sadece varoluşsal bir ölçüdür: üretimde olmak için en yüksek pratik kaliteye sahip olunmalıdır.

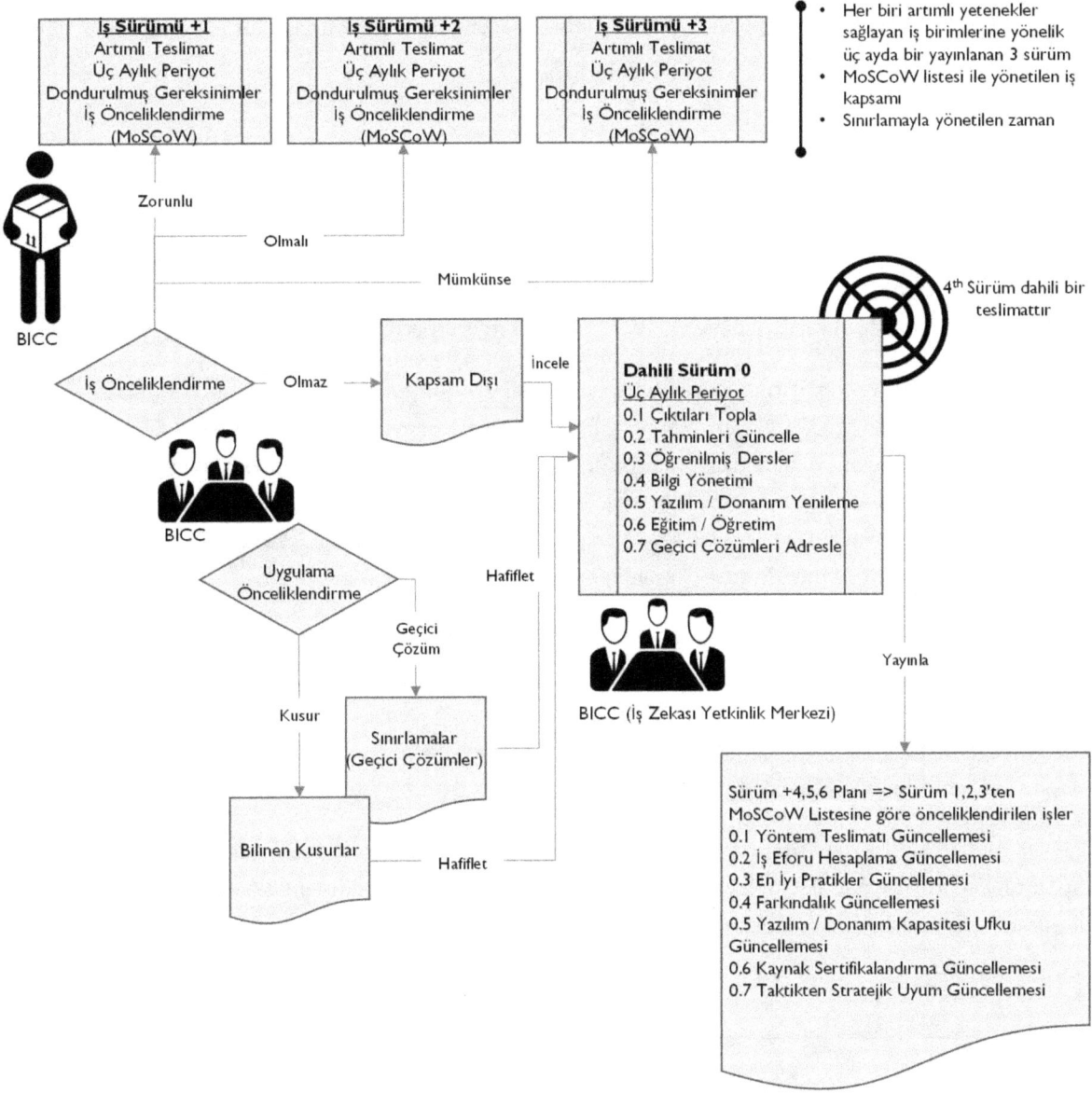

Şekil 83 Yayın Süreci Örneği

Pilot aşamayı geçen ve hem iş hem de BT temsilcileri tarafından üretime hazır kabul edilen öğeler, yeni veri ürünleri olarak üretime yükseltilebilir. Bu, bir artımı tamamlar.

Pilotu geçemeyen öğeler tamamen reddedilebilir veya ince ayar için geliştirmeye iade edilebilir. Belki de bir sonraki yükseltme artımında öğeyi ilerletmek için DW ekibinden ek desteğe ihtiyaç vardır.

2.6.3 Yük Süreçlerinin İzlenmesi ve Ayarlanması

Darboğazlar ve bağımlılıklar için sistem genelinde yükleme sürecini izleyin. Bölümleme, ayarlanmış yedekleme ve kurtarma stratejileri dahil olmak üzere, gerektiğinde veritabanı ayarlama tekniklerini kullanın. Arşivleme, veri ambarında zor bir konudur.

Kullanıcılar, özellikle Çevrimiçi Analitik İşleme (OLAP) kaynakları, veri ambarının arşivlemeyle meşgul olduğunu görmek için kayıtları düşürdüyse, oluşturulan uzun geçmişler nedeniyle veri ambarını aktif bir arşiv olarak görür (Bkz. Bölüm 6).

2.6.4 BI Faaliyetlerinin ve Performansının İzlenmesi ve Ayarlanması

BI izleme ve ayarlama için en iyi uygulama, bir dizi müşteriye yönelik memnuniyet metriğini tanımlamak ve görüntülemektir. Ortalama sorgu yanıt süresi ve günlük, haftalık veya aylık kullanıcı sayısı, faydalı metriklere örnektir. Sistemlerden sağlanan istatistiksel ölçümlere ek olarak, DW/BI müşterilerini düzenli olarak araştırmak yararlıdır.

Kullanım istatistiklerinin ve trendlerinin düzenli olarak gözden geçirilmesi esastır. Verilerin, sorguların ve raporların sıklığını ve kaynak kullanımını sağlayan raporlar, ihtiyatlı iyileştirmeye izin verir. BI etkinliğinin ayarlanması, darboğazların nerede olduğunu ve optimizasyon çabalarının nerede uygulanacağını bilmek için uygulamaların profilini çıkarma ilkesine benzer. Dizinlerin ve birleştirmelerin oluşturulması, kullanım trendlerine ve istatistiklere göre yapıldığında en etkilidir. Tamamlanan günlük sonuçları günde yüzlerce veya binlerce kez çalışan bir rapora göndermek gibi basit çözümlerden muazzam performans kazanımları elde edilebilir.

Şeffaflık ve görünürlük, DW/BI izlemeyi yönlendirmesi gereken temel ilkelerdir. DW/BI etkinliklerinin ayrıntıları ne kadar çok açığa çıkarsa, tüketiciler neler olup bittiğini o kadar çok görebilir ve anlayabilir (ve iş zekâsına güvenebilir) ve daha az doğrudan son müşteri desteğini gerekli kılar. Detaya inme yeteneği ile veri teslim etkinliklerinin üst düzey durumunu ortaya çıkaran bir pano sağlamak hem destek personeli hem de müşteriler tarafından isteğe bağlı bilgi çekilmesine izin veren en iyi uygulamadır.

Veri kalitesi ölçütlerinin eklenmesi, performansın hız ve zamanlamadan daha fazlası olduğu bu gösterge panosunun değerini artıracaktır. Altyapı üzerindeki iş yükünü, veri akışını ve işletim anlaşması seviyelerine uygunluğu görselleştirmek için ısı haritalarını kullanın.

3. Araçlar

İlk araç setini seçmek uzun bir süreç olabilir. Yakın vadeli gereksinimleri, fonksiyonel olmayan özellikleri ve henüz oluşturulmamış yeni nesil gereksinimleri karşılamaya çalışmayı içerir. Karar kriterleri araç setleri, süreç uygulama araçları ve profesyonel hizmet teklifleri bu faaliyeti kolaylaştırabilir ve hızlandırabilir. Yalnızca geleneksel inşa etme veya satın alma pozisyonlarını değil, Hizmet Olarak Yazılım (SaaS) olarak sağlanan kiralama seçeneğini de değerlendirmek çok önemlidir. SaaS araçlarını kiralamak ve ilgili uzmanlık, sıfırdan oluşturma veya tedarikçilerden satın alınan ürünleri devreye alma maliyetine karşı tartılır. Devam eden yükseltme ve olası değiştirme maliyetlerini de göz önünde bulundurun. Belirli bir OLA'ya (İşletme Düzeyi Sözleşmesi) uyum, tahmin edilen maliyetler arasında köprü kurabilir ve dönem ihlalleri için zorlayıcı ücretlerin ve cezaların belirlenmesine girdi sağlayabilir.

3.1 Metaveri Deposu

Büyük kuruluşlar genellikle kendilerini farklı tedarikçilerden, her biri potansiyel olarak farklı sürümlerde konuşlandırılmış birçok araçla bulurlar. Bu çabanın anahtarı, metaverileri çeşitli kaynaklardan bir araya getirme yeteneğidir. Bu havuzun popülasyonunun otomatikleştirilmesi ve entegre edilmesi, çeşitli tekniklerle gerçekleştirilebilir (Bkz. Bölüm 13).

3.1.1 Veri Sözlüğü

DW kullanımını desteklemek için bir veri sözlüğü gereklidir. Sözlük, verileri iş terimleriyle tanımlar ve verileri kullanmak için gereken diğer bilgileri içerir (örneğin, veri türleri, yapı ayrıntıları, güvenlik kısıtlamaları). Genellikle veri sözlüğünün içeriği doğrudan mantıksal veri modelinden gelir. Modelleyicilerin modelleme sürecinin bir parçası olarak tanımları yönetmek için disiplinli bir yaklaşım benimsemelerini sağlayarak yüksek kaliteli metaveriler için planlama yapın.

Bazı kuruluşlarda, iş kullanıcıları, konu alanı veri öğelerinin tanımlarına yönelik düzeltmeleri sağlayarak, tanımlayarak ve daha sonra yöneterek veri sözlüğünün geliştirilmesine aktif olarak katılırlar. Bu etkinliği bir iş birliği aracı aracılığıyla benimseyin, bir Mükemmelliyet Merkezi aracılığıyla etkinlikleri izleyin ve bu etkinlik aracılığıyla oluşturulan içeriğin mantıksal modelde tutulmasını sağlayın. İşe yönelik içerik ile teknik açıdan bakan fiziksel veri modeli arasındaki anlaşmanın sağlanması, aşağı yönlü hata ve yeniden çalışma riskini azaltacaktır (Bkz. Bölüm 13).

3.1.2 Veri ve Veri Modeli Kökeni

Birçok veri entegrasyon aracı hem geliştirilen yükleme kodunu hem de fiziksel veri modelini ve veritabanını dikkate alan köken analizi sunar. Bazıları, tanımları ve diğer metaverileri izlemek ve güncellemek için web arayüzleri sunar. Dokümante edilmiş veri kökeni birçok amaca hizmet eder:

- Veri sorunlarının temel nedenlerinin araştırılması
- Sistem değişiklikleri veya veri sorunları için etki analizi
- Kaynağına bağlı olarak verilerin güvenilirliğini belirleme yeteneği

Son kullanıcı raporlaması ve analitiğinin yanı sıra yükleme sürecine dahil olan tüm hareketli parçaları anlayabilen entegre bir etki ve köken aracı uygulamaya çalışın. Etki analizi raporları, olası bir değişiklikten hangi bileşenlerin etkilendiğini, tahmin ve bakım görevlerini hızlandırır ve kolaylaştırır.

Birçok önemli iş süreci, ilişki ve terminoloji, veri modelinin geliştirilmesi sırasında yakalanır ve açıklanır. Mantıksal veri modeli, geliştirme veya üretim dağıtımı sırasında genellikle kaybolan veya göz ardı edilen bu bilgilerin çoğunu tutar. Bu bilgilerin atılmadığından ve dağıtımdan sonra mantıksal ve fiziksel modellerin güncellendiğinden ve senkronize olduğundan emin olmak çok önemlidir.

3.2 Veri Entegrasyon Araçları

Bir veri ambarını doldurmak için veri entegrasyon araçları kullanılır. Verileri entegrasyonu işini yapmaya ek olarak, işlerin birden çok kaynaktan karmaşık veri teslimini hesaba katacak şekilde zamanlanmasını sağlarlar. Bir araç seçerken, sistemin yönetimini sağlayan şu özellikleri de hesaba katın:

- Süreç denetimi, kontrol, yeniden başlatma ve programlama

- Yürütme zamanında veri öğelerini seçici olarak çıkarma ve bu ayıklamayı denetim amacıyla bir alt sisteme geçirme yeteneği
- Hangi işlemlerin gerçekleştirilip gerçekleştirilemeyeceğini kontrol etme ve başarısız veya iptal edilmiş bir çalışmayı yeniden başlatma (bkz. Bölüm 8)

Çeşitli veri entegrasyon araçları ayrıca iş akışı mesajlarının, e-postanın ve hatta anlamsal katmanların içe ve dışa aktarılmasını destekleyen BI portföyüyle entegrasyon yetenekleri sunar. İş akışı entegrasyonu, veri kalitesi kusurlarının belirlenmesi, çözülmesi ve iletilmesi süreçlerini yönlendirebilir. E-posta yoluyla mesajlaşma veya e-postadan kaynaklanan uyarı işleme, özellikle mobil cihazlar için yaygın bir uygulamadır. Ek olarak, anlamsal bir katman olarak bir veri hedefi sağlama yeteneği, çevik uygulamalar için bir veri sanallaştırma adayı olabilir.

3.3 İş Zekâsı (BI) Araçları Türleri

BI pazarının olgunluğu ve çok çeşitli mevcut BI araçları, şirketlerin kendi BI araçlarını oluşturmasını nadir hale getirir.[46] Bu bölümün amacı, BI pazarında mevcut olan araç türlerini tanıtmak ve araçları uygun müşteri düzeyinde yeteneklerle eşleştirmeye yardımcı olacak bilgilerle birlikte temel özelliklerine genel bir bakış sağlamaktır. İş Zekâsı araçları hızla gelişiyor ve BT liderliğindeki, standartlaştırılmış raporlamadan self servis, iş odaklı veri keşfine geçişi mümkün kılıyor.[47]

- **Operasyonel raporlama**, hem kısa vadeli (aydan aya) hem de uzun vadeli (yıldan yıla) iş trendlerini analiz etmek için BI araçlarının uygulanmasıdır. Operasyonel raporlama, eğilimleri ve kalıpları keşfetmeye de yardımcı olabilir. Kısa vadeli iş kararlarını desteklemek için Taktiksel BI kullanın.

- **İş performansı yönetimi (BPM)**, kurumsal hedeflerle uyumlu metriklerin resmi değerlendirmesini içerir. Bu değerlendirme genellikle yönetici düzeyinde gerçekleşir. Uzun vadeli kurumsal amaç ve hedefleri desteklemek için Stratejik İş Zekâsını kullanın.

- **Tanımlayıcı, self servis analitik**, analitik yeteneklerin operasyonel kararları yönlendirdiği, işin ön saflarına iş zekâsı sağlar. Operasyonel analitik, kararları neredeyse gerçek zamanlı olarak yönlendirmek için BI uygulamalarını operasyonel işlevler ve süreçlerle birleştirir. Düşük gecikme süresi (gerçek zamanlıya yakın veri yakalama ve veri teslimi) gereksinimi, operasyonel analitik çözümlerine mimari yaklaşımı yönlendirecektir. Hizmete Yönelik Mimari (SOA) ve Büyük Veri, operasyonel analitiği tam olarak desteklemek için gerekli hale gelir (bkz. Bölüm 8 ve 15).

3.3.1 Operasyonel Raporlama

Operasyonel Raporlama, doğrudan işlem yapan sistemlerden, operasyonel uygulamalardan veya bir veri ambarından raporlar üreten iş kullanıcılarını içerir. Bu genellikle bir uygulama fonksiyonalitesidir. Genellikle iş alanları, özellikle DW/BI yönetişimi zayıfsa veya DW, operasyonel, işlem verilerini geliştiren ek veriler içeriyorsa, operasyonel raporlama

---

[46] Bu bölümdeki içerikler öncelikle Cindi Howson, BIScorecard®, http://bit.ly/2tNirv5 tarafından yazılan "The Business Intelligence Market"ten; izin alınarak, küçük değişiklikler ve eklemelerle kullanılmıştır.

[47] Dataversity, bu trendi "veri teknolojilerinin demokratikleşmesi" olarak adlandırıyor. Paramita Ghosh'a bakın. "A Comparative Study of Business Intelligence and Analytics Market Trends." Dataversity. 17 Ocak 2017. http://bit.ly/2sTgXTJ (2017-01-22'te erişildi).

için bir DW kullanmaya başlayacaktır. Raporlar, aslında basit raporlar olduklarında veya iş akışını başlatmak için kullanıldıklarında, genellikle geçici sorgular olarak görünür. Veri yönetimi perspektifinden bakıldığında esas olan, bu raporlama için gerekli verilerin uygulamanın kendisinde olup olmadığını veya DW'den veya operasyonel veri deposundan veri geliştirmeleri gerektirip gerektirmediğini anlamaktır.

Bazen geçici sorgu (ad-hoc) araçları olarak da adlandırılan veri araştırma ve raporlama araçları, kullanıcıların kendi raporlarını yazmasına veya başkaları tarafından kullanılmak üzere çıktılar oluşturmasına olanak tanır. Düzen ile daha az ilgilenirler çünkü bir fatura veya benzerini oluşturmaya çalışmazlar. Ancak, çizelgeleri ve tabloları hızlı ve sezgisel bir şekilde dahil etmek isterler. Genellikle iş kullanıcıları tarafından oluşturulan raporlar, yalnızca geçici iş soruları için kullanılmayan standart raporlar haline gelir.

İş operasyonları raporlamasındaki ihtiyaçlar, genellikle iş sorgulama ve raporlamadaki ihtiyaçlardan farklıdır. İş sorgusu ve raporlama ile veri kaynağı genellikle bir veri ambarı veya veri martıdır (her zaman olmasa da). BT, üretim raporları geliştirirken, ileri düzey kullanıcılar ve geçici iş kullanıcıları, iş sorgulama araçlarıyla kendi raporlarını geliştirir. İş sorgulama araçlarıyla oluşturulan raporları tek tek, departman bazında veya kuruluş genelinde kullanın.

Üretim raporlaması, DW/BI sınırını aşar ve genellikle faturalar veya banka hesap özetleri gibi operasyonel kalemler üretmek için işlem sistemlerini sorgular. Üretim raporlarının geliştiricileri BT personeli olma eğilimindedir.

Geleneksel BI araçları, örnekler olarak tablolar, pasta grafikler, çizgi grafikler, alan grafikleri, çubuk grafikler, histogramlar, kutu grafikleri (mum grafiği) gibi bazı veri görselleştirme yöntemlerini oldukça iyi kapsar. Veri görselleştirmeleri, yayınlanmış bir rapor gibi statik bir biçimde veya daha etkileşimli bir çevrimiçi biçimde sunulabilir ve bazıları, detaylandırma veya filtreleme yeteneklerinin görselleştirme içindeki verilerin analizini kolaylaştırdığı durumlarda son kullanıcı etkileşimini destekler. Diğerleri, görselleştirmenin isteğe bağlı olarak kullanıcı tarafından değiştirilmesine izin verir (Bkz. Bölüm 14).

3.3.2 İş Performansı Yönetimi

Performans yönetimi, iş stratejisinin yürütülmesini optimize etmek için tasarlanmış bir dizi entegre organizasyonel süreç ve uygulamadır; uygulamalar bütçeleme, planlama ve finansal konsolidasyonu içerir. ERP tedarikçileri ve BI tedarikçileri burada büyük büyüme fırsatları gördüğünden ve BI ile Performans Yönetiminin yakınlaştığına inandığından, bu segmentte bir dizi büyük satın alma olmuştur. Müşterilerin aynı tedarikçiden BI ve performans yönetimini ne sıklıkla satın aldığı, ürün özelliklerine bağlıdır.

Genel olarak, Performans Yönetimi teknolojisi, süreçlerin kurumsal hedeflere ulaşılmasına yardımcı olmasını sağlar. Ölçüm ve pozitif takviyeli bir geri besleme döngüsü kilit unsurlardır. BI alanı içinde bu, bütçeleme, tahmin veya kaynak planlaması gibi birçok stratejik kurumsal uygulama şeklini almıştır. Bu alanda başka bir uzmanlık oluşmuştur: kullanıcı etkileşimi için gösterge tabloları tarafından yönlendirilen puan kartları oluşturmak. Gösterge panoları, otomobillerde bulunanlar gibi, en son güncellemelerle son kullanıcıya gerekli özet veya toplu bilgileri sağlar (Eckerson, 2005).

3.3.3 Operasyonel Analitik Uygulamalar

IDC'den Henry Morris, Analitik Uygulamalar terimini 1990'larda genel OLAP ve BI araçlarından nasıl farklı olduklarını açıklayarak ortaya attı (Morris, 1999). Analitik uygulamalar, tedarikçi ERP sistemleri, veri martı için bir veri modeli ve önceden oluşturulmuş raporlar ve panolar gibi iyi bilinen kaynak sistemlerden veri çıkarmak için mantık ve süreçleri içerir. İşletmelere bir fonksiyonel alanı (örneğin insan yönetimi) veya sektör alanını (örneğin perakende analitiği) optimize etmek için önceden oluşturulmuş bir çözüm sunarlar. Farklı analitik uygulama türleri arasında müşteri, finans, tedarik zinciri, üretim ve insan kaynakları uygulamaları yer alır.

3.3.3.1 Çok Boyutlu Analiz – OLAP

Çevrimiçi Analitik İşleme (OLAP), çok boyutlu analitik sorgular için hızlı performans sağlamaya yönelik bir yaklaşımı ifade eder. OLAP terimi, kısmen OLTP, Çevrimiçi İşlem İşlemeden net bir ayrım yapmak için ortaya çıkmıştır. OLAP sorgularının tipik çıktısı matris biçimindedir. Boyutlar, matrisin satırlarını ve sütunlarını oluşturur ve faktörler veya ölçüler, matris içindeki değerlerdir. Kavramsal olarak, bu bir küp olarak gösterilir. Küplerle çok boyutlu analiz, analistlerin veri özetlerine bakmak istedikleri iyi bilinen yolların olduğu durumlarda özellikle yararlıdır.

Geleneksel bir uygulama, analistlerin verileri analiz etmek için bilinen hiyerarşileri tekrar tekrar geçmek istedikleri finansal analizdir; örneğin, tarih (Yıl, Çeyrek, Ay, Hafta, Gün gibi), organizasyon (Bölge, Ülke, İş Birimi, Departman gibi) ve ürün hiyerarşisi (Ürün Kategorisi, Ürün Yelpazesi, Ürün gibi). Günümüzde birçok araç, OLAP küplerini yazılım ayak izine yerleştiriyor ve hatta bazıları tanımlama ve yerleştirme sürecini sorunsuz bir şekilde otomatikleştirip entegre ediyorlardır. Bu, herhangi bir iş sürecindeki herhangi bir kullanıcının verilerini kesip parçalayabileceği anlamına gelir. Bu yeteneği, söz konusu topluluklardaki yetkili kullanıcılarla uyumlu hale getirin ve bunu, bu seçilmiş kullanıcıların verilerini kendi yöntemleriyle analiz etmelerini sağlayan bir self servis kanal üzerinden sunun.

Tipik olarak, OLAP araçlarında hem bir sunucu bileşeni hem de masaüstünde kurulu veya web'de bulunan bir son kullanıcı istemciye yönelik bileşen bulunur. Bazı masaüstü bileşenlerine, yerleşik bir menü veya işlev öğesi olarak görünen bir elektronik tablodan erişilebilir. Seçilen mimari (ROLAP, MOLAP, HOLAP) geliştirme çabalarına rehberlik edecek, ancak hepsinde ortak olan, küp yapısının tanımı, toplu ihtiyaçlar, metaveri takviye ve veri aralığının analizi olacaktır.

Küpün istenen fonksiyonel gereksinimleri sağlayacak şekilde yapılandırılması, depolama, yükleme veya hesaplama gereksinimlerine uyum sağlamak için daha büyük boyutların ayrı küplere bölünmesini gerektirebilir. İstenen formüllerin hesaplanmasının ve alınmasının, üzerinde anlaşmaya varılan yanıt süreleri içinde gerçekleşmesini sağlamak için birleştirme seviyelerini kullanın. Hiyerarşilerin son kullanıcı takviyesi, birleştirme, hesaplama veya yükleme gereksinimlerinin yerine getirilmesini sağlar. Ek olarak, küp verilerinin aralığı, toplu yapıların eklenmesini veya kaldırılmasını gerektirebilir veya ambar veri katmanında bunu sağlayan somutlaştırma ihtiyaçlarını iyileştirebilir.

Küp içinde rol tabanlı güvenlik veya çok dilli metin sağlamak, ekstra boyutlar, ek işlevler, hesaplamalar veya bazen ayrı küp yapıları oluşturmayı gerektirebilir. Son kullanıcı esnekliği, performans ve sunucu iş yükleri arasında bir denge kurmak, bazı pazarlıkların beklendiği anlamına gelir. Müzakereler, tipik olarak yükleme süreçleri sırasında gerçekleşir ve hiyerarşi değişiklikleri, toplu yapı değişiklikleri veya ek ambarda gerçekleştirilmiş veri nesneleri gerektirebilir. Yenilemenin zamanında gerçekleşmesi ve küplerin yüksek depolama veya sunucu kullanım maliyetleri olmadan güvenilir ve tutarlı sorgular sağlaması için küp sayısı, sunucu iş yükü ve sağlanan esneklik arasında doğru dengeyi sağlayın.

Çevrimiçi Analitik İşleme (OLAP) Araçlarının ve küplerinin değeri, veri içeriğini analistin zihinsel modeliyle uyumlayarak, karışıklık ve hatalı yorumlama olasılığını azaltmaktır. Analist veri tabanında gezinebilir ve verinin belirli bir alt kümesini tarayabilir, verinin yönünü değiştirebilir ve analitik hesaplamaları tanımlayabilir. Kesip biçme (slice and dice), rotasyonlar ve detaya girme/detaydan çıkma yoluyla dilimlerin belirtilmesi yoluyla etkileşimli olarak sayfa görüntülerini çağırarak kullanıcı tarafından başlatılan gezinme sürecidir. Yaygın OLAP işlemleri, kesip biçme, detaya girme, detaydan çıkma, rotasyon ve pivot işlemlerini içerir.

- **Dilim**: Bir dilim, alt kümede olmayan boyutların bir veya daha fazla üyesi için tek bir değere karşılık gelen çok boyutlu bir dizinin alt kümesidir.

- **Küp küp doğrama (dice)**: Küp küp doğrama işlemi, bir veri küpünün ikiden fazla boyutunda veya ikiden fazla ardışık diliminde bir dilimdir.

- **Detaya girme / detaydan çıkma**: Detaya girme veya detaydan çıkma, kullanıcının en özetlenenden (yukarı) en ayrıntılıya (aşağı) kadar değişen veri seviyeleri arasında gezindiği özel bir analitik tekniktir.

- **Yukarı yuvarlama**: Yukarı yuvarlama, bir veya daha fazla boyut için tüm veri ilişkilerinin hesaplanmasını içerir. Bunu yapmak için bir hesaplama ilişkisi veya formül tanımlayın.

- **Pivot**: Bir pivot, bir raporun veya sayfa görüntüsünün boyutsal yönünü değiştirir.

Üç klasik uygulama yaklaşımı Çevrimiçi Analitik İşlemeyi destekler.

- **İlişkisel Çevrimiçi Analitik İşleme (ROLAP)**: ROLAP, ilişkisel veritabanı yönetim sistemlerinin (RDBMS) iki boyutlu tablolarında çok boyutluluğu uygulayan teknikleri kullanarak OLAP'ı destekler. Yıldız şema birleşimleri, ROLAP ortamlarında kullanılan yaygın bir veritabanı tasarım tekniğidir.

- **Çok Boyutlu Çevrimiçi Analitik İşleme (MOLAP)**: MOLAP, özelleştirilmiş çok boyutlu veritabanı teknolojisini kullanarak OLAP'ı destekler.

- **Hibrit Çevrimiçi Analitik İşleme (HOLAP)**: Bu, ROLAP ve MOLAP'ın basit bir birleşimidir. HOLAP gerçeklemeleri, verilerin bir kısmının MOLAP formunda saklanmasına ve verilerin bir kısmının ROLAP'ta saklanmasına izin verir. Gerçeklemeler, bir tasarımcının bölümleme karışımını değiştirmesi gereken kontrole göre değişir.

4. Yöntemler

4.1 Gereksinimleri Yönlendiren Prototipler

Bir gösterim veri seti oluşturarak ve ortak bir prototip çabasında keşif adımlarını uygulayarak gerçekleme faaliyetleri başlamadan önce gereksinimleri hızla önceliklendirin. Veri sanallaştırma teknolojilerindeki ilerlemeler, iş birliğine dayalı prototipleme teknikleri aracılığıyla geleneksel uygulama sıkıntılarından bazılarını hafifletebilir.

Verilerin profilini çıkarmak, prototip oluşturmaya katkıda bulunur ve beklenmeyen verilerle ilişkili risklerin azaltılmasına yardımcı olur. DW, genellikle kaynak sistemlerdeki veya veri giriş işlevlerindeki düşük kaliteli verilerin acısının belirgin hale geldiği ilk yerdir. Profil oluşturma, veri entegrasyonuna engel teşkil edebilecek kaynaklar arasındaki farklılıkları da ifşa eder. Veriler, kaynakları içinde yüksek kalitede olabilir, ancak kaynaklar farklı olduğu için veri entegrasyon süreci daha karmaşık hale gelir.

Kaynak verilerin durumunun değerlendirilmesi, fizibilite ve proje kapsamı için daha doğru ön tahminlere yol açar. Değerlendirme, uygun beklentileri belirlemek için de önemlidir. Veri Kalitesi ve Veri Yönetişimi ekipleriyle iş birliği yapmayı ve veri tutarsızlıklarını ve riskleri anlamak için diğer alan uzmanlarının uzmanlığından yararlanmayı planlayın (Bkz. Bölüm 11 ve 13).

4.2 Self Servis İş Zekâsı

Self servis, iş zekâsı portföyünde temel bir dağıtım kanalıdır. Bu, tipik olarak, kullanıcının ayrıcalıklarına bağlı olarak, mesajlaşma, uyarılar, planlanmış üretim raporlarını görüntüleme, analitik raporlarla etkileşim, geçici raporlama geliştirme, skor kartları ve elbette hızlı giriş gibi çeşitli işlevlerin sağlandığı yönetilen bir portal içinde kullanıcı etkinliğini yönlendirir. Raporlar, kullanıcılar tarafından kendi istekleri doğrultusunda çekilebilmek üzere standart programlarla portala gönderilebilir. Kullanıcılar ayrıca portal içinden raporlar çalıştırarak veri çekebilir. Bu portallar, içeriği kurumsal sınırların ötesinde paylaşır. İş birliği aracını kullanıcı topluluğuna doğru genişletmek, self servis ipuçları ve püf noktaları, yükleme durumu, genel performans ve sürüm ilerlemesi hakkında entegre tebliğ ve diyalog forumları da sağlayabilir. Destek kanalı aracılığıyla forum içeriğine aracılık edin ve ardından bakım kanalı aracılığıyla kullanıcı grubu oturumlarını kolaylaştırın.

Görselleştirme ve istatistiksel analiz araçları, hızlı veri aramasına ve keşfine olanak tanır. Bazı araçlar, hızla paylaşılabilen, gözden geçirilebilen ve yeniden canlandırılabilen, gösterge panosu benzeri nesnelerin iş merkezli oluşturulmasına izin verir. Bir zamanlar yalnızca BT ve geliştiricilerin alanı olan birçok veri şekillendirme, hesaplama ve görselleştirme tekniği artık iş dünyası tarafından kullanılabilir. Bu, bir dereceye kadar iş yükü dağıtımı ve entegrasyon çabalarının iş kanalları aracılığıyla uygulanabilir bir şekilde prototiplenmesi ve ardından BT tarafından somutlaştırılıp optimize edilmesini sağlar.

4.3 Sorgulanabilen Denetim Verileri

Kökeni sürdürmek için, tüm yapılar ve süreçler, izleme ve raporlama için yararlı bir detay seviyesinde denetim bilgilerini oluşturma ve saklama yeteneğine sahip olmalıdır. Kullanıcıların bu denetim verilerini sorgulamasına izin vermek, kullanıcıların, verilerin durumunu ve gelişini kendileri için doğrulamasını sağlar, bu da kullanıcı güvenini artırır. Denetim bilgileri, veri sorunları ortaya çıktığında daha ayrıntılı sorun gidermeye de olanak tanır.

5. Gerçekleme Yönergeleri

Gelecekteki gereksinimleri karşılamak için ölçeklenebilen istikrarlı bir mimari, bir veri ambarının başarısı için çok önemlidir. Günlük yükleme, analiz ve son kullanıcı geri bildirimleriyle ilgilenebilecek bir üretim destek ekibi zorunludur. Ayrıca, başarıyı sürdürmek için ambar ve iş birimi ekiplerinin uyumlu olmasını sağlayın.

5.1 Hazırlık Değerlendirmesi / Risk Değerlendirmesi

Bir kuruluşun yeni bir girişimi benimsemesi ile bu girişimi sürdürme yeteneğine sahip olması arasında bir fark olabilir. Başarılı projeler bir Önkoşul Kontrol Listesi ile başlar. Tüm BT projeleri iş desteğine sahip olmalı, stratejiyle uyumlu olmalı ve tanımlanmış bir mimari yaklaşıma sahip olmalıdır. Ek olarak, bir DW şunları yapmalıdır:

- Veri hassasiyetinin ve güvenlik kısıtlamalarının tanımlanması
- Araç seçiminin gerçekleştirilmesi
- Kaynakların sağlanması
- Kaynak verileri değerlendirmek ve almak için bir içe alım süreci oluşturulması

Ambardaki hassas veya sınırlandırılmış veri öğelerini tanımlayın ve envanterini çıkarın. Yetkisiz personelin erişimini önlemek için bu verilerin maskelenmesi veya karıştırılması gerekecektir. Gerçekleme veya bakım faaliyetleri için dış kaynak kullanımı düşünüldüğünde ek kısıtlamalar geçerli olabilir.

Araçları seçmeden ve kaynakları atamadan önce güvenlik kısıtlamalarını hesaba katın. İnceleme ve onay için veri yönetişim süreçlerinin takip edildiğinden emin olun. DW/BI projeleri, bu kapsayıcı faktörler nedeniyle değiştirilme veya tamamen iptal riski taşır.

5.2 Yayınlama Yol Haritası

Büyük bir geliştirme çabası gerektirdiğinden, ambarlar artımlı olarak inşa edilir. Gerçekleme için seçilen yöntem ne olursa olsun, şelale, artımlı veya çevik olsun, istenen son durumu hesaba katmalıdır. Bu nedenle bir yol haritası değerli bir planlama aracıdır. Bakım süreçleriyle birleştirilen yöntem, bireysel proje tesliminin baskılarını yeniden kullanılabilir veri ve altyapının genel hedefleriyle dengelemek için hem esnek hem de uyarlanabilir olabilir.

Bir iletişim ve pazarlama aracı olarak DW veri yolu matrisinden yararlanan artımlı bir yaklaşım önerilmektedir. Her artıma ne kadar titizlik ve ek yük uygulanacağını belirlemek için maruz kalma metriklerine bağlı, iş kolu tarafından belirlenen öncelikleri kullanın; küçük bir tek kaynaklı teslimat, özellikle bu sorunların kuruluş tarafından gerçekleştirilmesi durumunda sınırlı maruziyet hissedildiğinde, kurallarda gevşemeyi sağlayabilir. Her artım, mevcut yetenekleri değiştirecek veya tipik olarak yeni dahil edilen bir iş birimiyle uyumlu yepyeni yetenekler ekleyecektir. Bir sonraki iş birimini belirlemek için tutarlı bir ihtiyaç ve yetenek süreci uygulayın. Olağanüstü yetenekleri ve işle ilgili öncelikleri belirlemek için bir tedarik veya iş öğesi listesi oluşturun. Farklı bir sırada teslimat gerektiren tüm teknik bağımlılıkları belirleyin. Ardından bu çalışmayı bir yazılım sürümünde paketleyin. Her sürüm, üzerinde anlaşmaya varılan bir hızda teslim edilebilir: üç aylık, aylık, haftalık veya uygun olduğunda daha da hızlı olabilir. Bir yol haritası oluşturarak iş ortaklarıyla birlikte yayınları yönetin: yetkinliklere ve tarihe göre yayınların bir listesi.

5.3 Konfigürasyon Yönetimi

Konfigürasyon yönetimi, yayınlama yol haritasıyla uyumludur ve geliştirme, test etme ve üretime taşımayı otomatikleştirmek için gerekli yönetimsel birleştirme ve betiklerini sağlar. Ayrıca modeli veritabanı düzeyinde sürümle işaretler ve kod tabanını bu işarete otomatik bir şekilde bağlar, böylece manuel olarak kodlanmış, oluşturulmuş programlar ve semantik katman içeriği ortam genelinde uyumlu hale getirilir ve sürüm kontrollü hale getirilir.

5.4 Organizasyonel ve Kültürel Değişim

Başarı için başlamak ve DW/BI yaşam döngüsü boyunca tutarlı bir iş odağı sürdürmek esastır. İşletmenin değer zincirine bakmak, iş bağlamını anlamanın iyi bir yoludur. Bir şirketin değer zincirindeki belirli iş süreçleri, analiz alanlarını çerçevelemek için doğal bir iş odaklı bağlam sağlar.

En önemlisi, projeleri gerçek iş gereksinimlerine göre uyumlandırın ve aşağıdaki kritik başarı faktörlerini göz önünde bulundurarak gerekli iş desteğini değerlendirin:

- **İş sponsorluğu**: Uygun yönetici sponsorluğu, yani belirlenmiş ve görevlendirilmiş bir yönlendirme komitesi ve orantılı finansman var mı? DW/BI projeleri güçlü yönetici sponsorluğu gerektirir.

- **İş hedefleri ve kapsamı**: Çaba için açıkça tanımlanmış bir iş ihtiyacı, amacı ve kapsamı var mı?

- **İş kaynakları**: İş yönetimi tarafından uygun iş konusu uzmanlarının mevcudiyeti ve katılımına ilişkin bir taahhüt var mı? Taahhüt eksikliği, ortak bir başarısızlık noktasıdır ve taahhüt onaylanana kadar bir DW/BI projesini durdurmak için yeterince iyi bir nedendir.

- **İşe hazırlık**: İş ortağı, uzun vadeli artımlı teslimat için hazır mı? Ürünü gelecekteki sürümlerde sürdürmek için mükemmelliyet merkezleri kurmaya kendilerini adadılar mı? Hedef topluluk içindeki ortalama bilgi veya beceri farkı ne kadar geniş ve bu, tek bir artımla aşılabilir mi?

- **Vizyon uyumu**: BT Stratejisi İş Vizyonunu ne kadar iyi destekliyor? İstenen fonksiyonel gereksinimlerin, anlık BT yol haritasında sürdürülen veya sürdürülebilen iş yeteneklerine karşılık gelmesini sağlamak hayati önem taşır. Yetkinlik uyumlandırmasındaki herhangi bir önemli sapma veya maddi fark, bir DW/BI programını geciktirebilir veya durdurabilir.

5.4.1 Özel Amaçlı Ekip

Birçok kuruluş, üretim ortamının devam eden operasyonlarını yönetmek için kurulmuş özel amaçlı bir ekibe sahiptir (Bkz. Bölüm 6). Teslim edilen veri ürününü çalıştıran ayrı bir grup, bu grubun bir takvim döngüsünde tekrar eden görevleri olduğundan ve daha sonra herhangi bir yükseltme öğesi için kullanılabildiğinden, bakım kanalı belirli teslimatlara göre ayarlanmış iş yükü artışlarını göreceğinden iş yükü optimizasyonu için faydalıdır.

Bir ön destek grubu, departmanlar arası ilişkileri geliştirmek ve gelecek sürümlerde kritik faaliyetlerin ele alınmasını sağlamak için bakım ekibiyle etkileşime girer. Ele alınması gereken eksiklikleri ekibe bildirir. Operasyonlarda bir yönetim destek ekibi, üretim yapılandırmasının gerektiği gibi yürütülmesini sağlayacaktır. Uyarıları yükseltecek ve verim durumu hakkında rapor verecekler.

6. DW/BI Yönetişimi

Yüksek düzeyde regülasyona maruz kalan ve uyum odaklı raporlamaya ihtiyaç duyan sektörler, iyi yönetilen bir veri ambarından büyük ölçüde faydalanacaktır. Devam eden destek için kritik olan ve planlamayı yayınlamak için hayati olan, yönetişim faaliyetlerinin uygulama sırasında tamamlanmasını ve ele alınmasını sağlamaktır. Gittikçe daha fazla kuruluş, Yazılım Geliştirme Yaşam Döngüsünü yönetişim ihtiyaçlarını karşılamayı amaçlayan belirli çıktılarla genişletmektedir. Ambar yönetişim süreçleri risk yönetimi ile uyumlu hale getirilmelidir. Farklı türden işletmelerin farklı ihtiyaçları olduğundan (örneğin, pazarlama ve reklam şirketleri verilerini finansal kurumlardan farklı şekilde kullanacaklardır) iş odaklı olmalıdırlar. Yönetişim süreçleri riski azaltmalı, yürütmeyi kısıtlamamalıdır.

En kritik fonksiyonlar, işletme tarafından yürütülen keşif veya iyileştirme alanını yöneten ve ambarın kendi içinde yüksek kaliteyi sağlayan fonksiyonlardır. İyileştirme alanı tüm girişim sınırlarına öncülük ettiğinden, bu alanlardaki verileri somutlaştırmak, işletmek, aktarmak ve atmak için el sıkışma ve iyi işleyen prosedürler gereklidir. Veri arşivleme ve zaman sınırları, yayılmayı önlemeye yardımcı oldukları için sınır anlaşmalarında kilit unsurlardır. Bu ortamların izlenmesi ve uzun ömür koşullarının belirlenmesi için programlar, yönetim toplantılarının yanı sıra kullanıcı grubu oturumlarına dahil edilir. Verileri ambara yüklemek, düzeltilmiş, güvenilir, yüksek kaliteli verilerin son kullanıcı topluluğuna elbette zamanında ulaştığını görmek için zaman, kaynak ve programlama çabalarının atanması anlamına gelir.

Tek seferlik veya sınırlı kullanımlı olayları yaşam döngüsünün bir parçası olarak düşünün ve belki de bunları pilot alanın kendisinde veya kullanıcı tarafından kontrol edilen bir "korumalı alan" alanı içinde daraltın. Gerçek zamanlı analiz süreçleri, otomatikleştirilmiş bir süreç aracılığıyla zamana göre ayarlanmış toplu sonuçları veri ambarına geri besleyebilir. Politikalar, gerçek zamanlı ortamda yürürlüğe konan prosedürler için tanımlanır ve yönetişim, sonuçların kurumsal tüketim için ambara aracılık edilmesi için uygulanır.

Risklere maruz kalmayı azaltma matrisi aracılığıyla yönetilen bilinen veya kataloglanmış öğelerin verilerini ayrıştırın. Yüksek riske maruz kalındığı ve zayıf azaltma veya erken tespitin zor olduğu kabul edilen kalemler, ilişkili riski azaltmak için yönetişim işlevlerini zorunda bırakır. İncelenen verilerin hassasiyetine bağlı olarak, seçilen yerel personel için ayrı bir çalışma alanı da gerekebilir. Politika oluşturma sırasında kurumsal güvenlik ve hukuk personeli ile kapsamlı bir inceleme, nihai bir güvenlik ağı oluşturur.

6.1 Kullanıcı Kabulüne Olanak Sağlamak

Anahtar başarı faktörü, verilerin anlaşılabilir olması, doğrulanabilir kaliteye sahip olması ve kanıtlanabilir bir kökene sahip olması dahil olmak üzere verilerin iş tarafından kabul edilmesidir. Veriler üzerinde kurum tarafından onaylanma, Kullanıcı Kabul Testinin bir parçası olmalıdır. İlk yüklemede ve birkaç güncelleme yükleme döngüsünden sonra, onay kriterlerini karşılamak için BI aracındaki verilerin kaynak sistemlerdeki verilere karşı yapılandırılmış rastgele testleri gerçekleştirin. Bu gereksinimlerin karşılanması, her DW/BI uygulaması için çok önemlidir. Destekleyici faaliyetleriyle birlikte, kritik öneme sahip birkaç mimari alt bileşeni önceden düşünün:

- **Kavramsal Veri Modeli**: Kuruluş için hangi bilgiler esastır? Temel iş kavramları nelerdir ve birbirleriyle nasıl ilişkilidir?

- **Veri kalitesi geri bildirim döngüsü**: Veri sorunları nasıl belirlenir ve giderilir? Sorunların ortaya çıktığı sistemlerin sahipleri sorunlar hakkında nasıl bilgilendiriliyor ve bunları düzeltmekten nasıl sorumlu tutuluyor? DW veri entegrasyon süreçlerinden kaynaklanan sorunlar için iyileştirme süreci nedir?

- **Uçtan uca metaveriler**: Mimari, metaverilerin entegre uçtan uca akışını nasıl destekler? Özellikle, anlam ve bağlama erişim mimaride tasarlanmış mı? Veri tüketicileri, "Bu rapor ne anlama geliyor?" gibi temel soruları nasıl yanıtlıyor? veya "Bu metrik ne anlama geliyor?"

- **Uçtan uca doğrulanabilir veri kökeni:** İş kullanıcılarına sunulan öğeler, otomatik ve sürekli bir şekilde kaynak sistemlere kadar izlenebilir mi? Tüm veriler için bir kayıt sistemi tanımlanmış mı?

6.2 Müşteri / Kullanıcı Memnuniyeti

Veri kalitesine ilişkin algılar müşteri memnuniyetini artıracaktır ancak memnuniyet, veri tüketicilerinin verileri anlaması ve operasyon ekibinin belirlenen sorunlara yanıt verme hızı gibi diğer faktörlere de bağlıdır. Müşteri geri bildirimlerinin toplanması, anlaşılması ve bunlara göre hareket edilmesi, kullanıcı temsilcileriyle düzenli olarak planlanmış toplantılar yoluyla kolaylaştırılabilir. Bu tür bir etkileşim, ambar ekibinin sürüm yol haritası hakkında bilgi paylaşmasına ve veri tüketicilerinin ambarı nasıl kullandığını anlamasına da yardımcı olabilir.

6.3 Hizmet Düzeyi Sözleşmeleri

Ortamlara yönelik iş ve teknik beklentiler, Hizmet Düzeyi Sözleşmelerinde (SLA'lar) belirtilmelidir. Genellikle yanıt süresi, veri depolama ve kullanılabilirlik gereksinimleri, iş gereksinimleri sınıfları ve ilgili destek sistemleri arasında büyük ölçüde farklılık gösterir (örneğin, ODS, DW ve veri martları).

6.4 Raporlama Stratejisi

İş Zekâsı Portföyü içinde ve genelinde bir raporlama stratejisinin mevcut olduğundan emin olun. Bir raporlama stratejisi, standartları, süreçleri, yönergeleri, en iyi uygulamaları ve prosedürleri içerir. Kullanıcıların açık, doğru ve zamanında bilgiye sahip olmasını sağlar. Raporlama stratejisi şunları ele almalıdır:

- Yalnızca yetkili kullanıcıların hassas veri öğelerine erişmesini sağlamak için güvenlik erişimi
- Kullanıcıların verilerini nasıl etkileşimde bulunmak, raporlamak, incelemek veya görüntülemek istediklerini açıklamak için erişim mekanizmaları
- Kullanıcı topluluğu türünün tüketimine uygun araçlar
- Raporların niteliği, özet, ayrıntılı, istisna ve ayrıca sıklık, zamanlama, dağıtım ve depolama biçimleri
- Grafiksel çıktılar sağlamak için görselleştirme özelliklerinin potansiyel kullanımları
- Dakiklik ve performans arasındaki ödünleşimler

Standart raporlar, yalnızca raporların yürütülmesi, depolama ve işlemede maliyet gerektirdiğinden, hala değer sağladıklarından emin olmak için periyodik olarak değerlendirilmelidir. Uygulama ve bakım süreçleri ve yönetim faaliyetleri kritik öneme sahiptir. Uygun raporlama araçlarını iş dünyasına uyumlu hale getirmek kritik bir başarı faktörüdür. Organizasyonun büyüklüğüne ve doğasına bağlı olarak, muhtemelen çeşitli süreçlerde kullanılan birçok farklı raporlama aracı vardır. Hedef kitlenin raporlama araçlarını en iyi şekilde kullanma becerisine sahip olduğundan emin olun; daha sofistike kullanıcıların giderek daha karmaşık talepleri olacaktır. Yükseltmeleri veya gelecekteki araç seçimini belirlemek için bu taleplere dayalı bir karar matrisi oluşturun.

Veri kaynağı yönetişimi izleme ve kontrolü de hayati öneme sahiptir. Yetkili personel için uygun veri düzeylerinin güvenli bir şekilde sağlandığından ve verilerin üzerinde anlaşılan düzeylere göre erişilebilir olduğundan emin olun.

Bir Mükemmelliyet Merkezi, iş kullanıcılarını self servis bir modele doğru güçlendirmeye yardımcı olmak için eğitim, başlangıç setleri, tasarım en iyi uygulamaları, veri kaynağı ipuçları ve püf noktaları ve diğer nokta çözümleri veya yapıtları sağlayabilir. Bilgi yönetimine ek olarak, bu merkez geliştirici, tasarımcı, analist ve abone kullanıcı toplulukları arasında zamanında iletişim sağlayabilir.

6.5 Metrikler

6.5.1 Kullanım Metrikleri

DW kullanım ölçümleri tipik olarak kayıtlı kullanıcıların sayısını ve ayrıca eşzamanlı bağlı kullanıcıları içerir. Bu metrikler, kuruluştaki kaç kişinin veri ambarını kullandığını gösterir. Her bir araç için kaç kullanıcı hesabının lisanslandığı, özellikle denetçiler için harika bir başlangıçtır. Bununla birlikte, kaç kişinin bu araçla gerçekten bağlantı kurduğu daha iyi bir ölçümdür ve bir kullanıcı topluluğu tarafından ilgili zaman dilimi başına kaç sorgunun (veya sorgu eşdeğerinin) gönderildiği, özellikle kapasite planlaması için daha da iyi bir teknik ölçümdür. Denetim kullanıcıları, oluşturulan kullanıcı sorgu kapasitesi ve tüketen kullanıcılar gibi çoklu analiz ölçümlerine izin verin.

6.5.2 Konu Alanı Kapsama Yüzdeleri

Konu alanı kapsama yüzdeleri, her departman tarafından ambarın ne kadarına (veri topolojisi perspektifinden) erişildiğini ölçer. Ayrıca hangi verilerin departmanlar arasında paylaşıldığını, hangilerinin paylaşılmadığını, ancak paylaşılabileceğini vurgularlar.

Operasyonel kaynak(lar)ı hedeflerle eşleştirmek, hali hazırda toplanmış olan kökeni ve metaverileri zorlayan ve doğrulayan ve hangi kaynak sistemlerinin hangi departmanlar tarafından analitik kullanımda olduğuna dair penetrasyon analizi sağlayabilen başka bir doğal uzantıdır. Bu, yoğun olarak kullanılan kaynak nesnelerdeki değişiklikleri azaltarak, bu yüksek etkili analitik sorgular üzerinde ayarlama çabalarına odaklanmaya yardımcı olabilir.

6.5.3 Tepki ve Performans Metrikleri

Çoğu sorgu aracı yanıt süresini ölçer. Araçlardan yanıt veya performans ölçümleri alın. Bu veriler, kullanıcı sayısı ve türü hakkında metrikleri bilgilendirecektir.

Yükleme süreçlerinden ham formatta her veri ürünü için yükleme sürelerini toplayın. Bunlar ayrıca beklenen desteğin yüzdesi olarak da ifade edilmelidir: bu nedenle günlük olarak yenilenmesi ve dört saatlik bir pencerede yüklenmesi beklenen bir mart, dört saatte yüklendiğinde %100 desteklenir. Bu işlemi, aşağı akış işleme için oluşturulan tüm çıktılara da uygulayın.

Çoğu araç, bir log veya depoda, kullanıcılara sağlanan nesneler için sorgu kayıtları, veri yenileme ve veri çıkarma sürelerini tutacaktır. Bu verileri zamanlanmış ve yürütülen nesnelere bölün ve hem denenmiş hem de başarılı olmuş ham sayımlar olarak ifade edin. Çok sorgulanan nesneler veya düşük performans gösteren sorgular, memnuniyet metrikleri zarar görmeden önce muhtemelen ilgiye muhtaçtır. Bu, bir grup nesne düzenli olarak arızalanıyorsa, hata analizine, bakım planlamasına ve kapasite planlamasına rehberlik edebilir. Düzeltme, araca bağlı olarak değişebilir, ancak bazen bir dizin oluşturmak veya bırakmak, büyük iyileştirmelerle sonuçlanabilir (Bkz. Bölüm 6).

Bunun doğal bir sonucu, hizmet düzeylerinin doğrulanması ve ayarlanmasıdır. Bir sonraki sürümde sürekli olarak başarısız olan öğeler ayarlanmalı veya gerekli finansmanın yokluğunda destek seviyesi düşürülmelidir.

7. Alıntılanan / Önerilen Çalışmalar

Adamson, Christopher. *Mastering Data Warehouse Aggregates: Solutions for Star Schema Performance*. John Wiley and Sons, 2006. Print.

Adelman, Sid and Larissa T. Moss. *Data Warehouse Project Management*. Addison-Wesley Professional, 2000. Print.

Adelman, Sid, Larissa Moss and Majid Abai. *Data Strategy*. Addison-Wesley Professional, 2005. Print.

Adelman, Sid, et al. *Impossible Data Warehouse Situations: Solutions from the Experts*. Addison-Wesley, 2002. Print.

Aggarwal, Charu. *Data Mining: The Textbook*. Springer, 2015. Print.

Biere, Mike. *Business Intelligence for the Enterprise*. IBM Press, 2003. Print.

Biere, Mike. *The New Era of Enterprise Business Intelligence: Using Analytics to Achieve a Global Competitive Advantage*. IBM Press, 2010. Print. IBM Press.

Brown, Meta S. *Data Mining for Dummies*. For Dummies, 2014. Print. For Dummies.

Chorianopoulos, Antonios. *Effective CRM using Predictive Analytics*. Wiley, 2016. Print.

Delmater, Rhonda and Monte Hancock Jr. *Data Mining Explained; A Manager's Guide to Customer-Centric Business Intelligence*. Digital Press, 2001. Print.

Dyche, Jill. E-Data: *Turning Data Into Information With Data Warehousing*. Addison- Wesley, 2000. Print.

Eckerson, Wayne W. *Performance Dashboards: Measuring, Monitoring, and Managing Your Business*. Wiley, 2005. Print.

Han, Jiawei, Micheline Kamber and Jian Pei. *Data Mining: Concepts and Techniques*. 3rd ed. Morgan Kaufmann, 2011. Print. The Morgan Kaufmann Ser in Data Management Systems.

Hastie, Trevor, Robert Tibshirani, and Jerome Friedman. *The Elements of Statistical Learning: Data Mining, Inference, and Prediction*. 2nd ed. Springer, 2011. Print. Springer Series in Statistics.

Hill, Thomas, and Paul Lewicki. *Statistics: Methods and Applications*. Statsoft, Inc., 2005. Print.

Howson, Cindi. *Successful Business Intelligence: Unlock the Value of BI and Big Data*. 2nd ed. Mcgraw-Hill Osborne Media, 2013. Print.

Imhoff, Claudia, Lisa Loftis, and Jonathan G. Geiger. *Building the Customer-Centric Enterprise: Data Warehousing Techniques for Supporting Customer Relationship Management*. John Wiley and Sons, 2001. Print.

Imhoff, Claudia, Nicholas Galemmo, and Jonathan G. Geiger. *Mastering Data Warehouse Design: Relational and Dimensional Techniques*. John Wiley and Sons, 2003. Print.

Inmon, W. H., Claudia Imhoff, and Ryan Sousa. *The Corporate Information Factory*. 2nd ed. John Wiley and Sons, 2000. Print.

Inmon, W.H., and Krish Krishnan. *Building the Unstructured Data Warehouse*. Technics Publications, LLC., 2011. Print.

Josey, Andrew. *TOGAF Version 9.1 Enterprise Edition: An Introduction*. The Open Group, 2011. Kindle. Open Group White Paper.

Kaplan, Robert S and David P. Norton. *The Balanced Scorecard: Translating Strategy into Action*. Harvard Business Review Press, 1996. Kindle.

Kimball, Ralph, and Margy Ross. *The Data Warehouse Toolkit: The Definitive Guide to Dimensional Modeling*. 3d ed. Wiley, 2013. Print.

Kimball, Ralph, et al. *The Data Warehouse Lifecycle Toolkit*. 2nd ed. Wiley, 2008. Print.

Kimball, Ralph. *The Data Warehouse ETL Toolkit: Practical Techniques for Extracting, Cleaning, Conforming, and Delivering Data*. Amazon Digital Services, Inc., 2007. Kindle.

Linoff, Gordon S. and Michael J. A. Berry. *Data Mining Techniques: For Marketing, Sales, and Customer Relationship Management*. 3rd ed. Wiley, 2011. Print.

Linstedt, Dan. *The Official Data Vault Standards Document (Version 1.0) (Data Warehouse Architecture)*. Amazon Digital Services, Inc., 2012. Kindle.

Loukides, Mike. *What Is Data Science?* O'Reilly Media, 2012. Kindle.

Lublinsky, Boris, Kevin T. Smith, and Alexey Yakubovich. *Professional Hadoop Solutions*. Wrox, 2013. Print.

Malik, Shadan. *Enterprise Dashboards: Design and Best Practices for IT*. Wiley, 2005. Print.

Morris, Henry. "Analytic Applications and Business Performance Management." *DM Review Magazine*, March, 1999. http://bit.ly/2rRrP4x.

Moss, Larissa T., and Shaku Atre. *Business Intelligence Roadmap: The Complete Project Lifecycle for Decision-Support Applications*. Addison-Wesley Professional, 2003. Print.

Ponniah, Paulraj. *Data Warehousing Fundamentals: A Comprehensive Guide for IT Professionals*. Wiley-Interscience, 2001. Print.

Provost, Foster and Tom Fawcett. *Data Science for Business: What you need to know about data mining and data-analytic thinking*. O'Reilly Media, 2013. Print.

Reeves, Laura L. *A Manager's Guide to Data Warehousing*. Wiley, 2009. Print.

Russell, Matthew A. *Mining the Social Web: Data Mining Facebook, Twitter, LinkedIn, Google+, GitHub, and More*. 2nd ed. O'Reilly Media, 2013. Print.

Silverston, Len, and Paul Agnew. *The Data Model Resource Book Volume 3: Universal Patterns for Data Modeling*. Wiley, 2008. Print.

Simon, Alan. *Modern Enterprise Business Intelligence and Data Management: A Roadmap for IT Directors, Managers, and Architects*. Morgan Kaufmann, 2014. Print.

Thomsen, Erik. *OLAP Solutions: Building Multidimensional Information Systems*. 2nd ed. Wiley, 2002. Print.

Vitt, Elizabeth, Michael Luckevich and Stacia Misner. *Business Intelligence*. Microsoft Press, 2008. Print. Developer Reference.

WAGmob. *Big Data and Hadoop*. WAGmob, 2013. Kindle.

Wremble, Robert and Christian Koncilia. *Data Warehouses and Olap: Concepts, Architectures and Solutions*. IGI Global, 2006. Print.

BÖLÜM 12

Metaveri Yönetimi

DAMA-DMBOK2 Veri Yönetimi Çerçevesi
Copyright © 2017 by DAMA International

1. Giriş

Metaverinin en yaygın tanımı olan "veri hakkındaki veriler" yanıltıcı derecede basittir. Metaveri olarak sınıflandırılabilecek bilgi türü çok çeşitlidir. Metaveriler, teknik ve iş süreçleri, veri kuralları ve kısıtlamaları ile mantıksal ve fiziksel veri yapıları hakkında bilgileri içerir. Verinin kendisini (örneğin veri tabanları, veri öğeleri, veri modelleri), verilerin temsil ettiği kavramları (örneğin iş süreçleri, uygulama sistemleri, yazılım kodu, teknoloji altyapısı) ve veri ile kavramlar arasındaki bağlantıları (ilişkileri) tanımlar. Metaveriler, bir kuruluşun verilerini, sistemlerini ve iş akışlarını anlamasına yardımcı olur. Veri kalitesi değerlendirmesini mümkün kılar ve veritabanlarının ve diğer uygulamaların yönetiminin ayrılmaz bir parçasıdır. Türlü verileri işleme, sürdürme, entegre etme, güvenli hale getirme, denetleme ve yönetme yeteneğine katkıda bulunur.

405

Metaverinin veri yönetimindeki hayati rolünü anlamak için, yüz binlerce kitap ve dergi içeren, ancak kataloğu olmayan büyük bir kütüphane hayal edin. Kataloğu olmadan okuyucular belirli bir kitabı veya belirli bir konuyu aramaya nasıl başlayacaklarını bilemeyebilirler. Katalog sadece gerekli bilgileri (kütüphanenin hangi kitap ve içeriklere sahip olduğu ve nerede rafa konulduğu) sağlamakla kalmaz, aynı zamanda kullanıcıların içerikleri farklı başlangıç noktaları (konu alanı, yazar veya başlık) kullanarak bulmasını sağlar. Katalog olmadan belirli bir kitabı bulmak imkânsız değilse de zor olurdu. Metaverileri olmayan bir organizasyon, kataloğu olmayan bir kütüphaneye benzer.

Metaveri Yönetimi

Tanım: Yüksek kaliteli, entegre metaverilere erişim sağlamak için Planlama, Uygulama ve kontrol faaliyetleri.

Hedefler:
1. İş terimleri ve kullanım hakkında organizasyonel anlayış sağlanması.
2. Çeşitli kaynaklardan metaverilerin toplanıp entegre edilmesi.
3. Metaverilere erişmek için standart bir yol sağlanması.
4. Metaveri kalitesinin ve güvenliğinin sağlanması.

İş Etkenleri

Girdiler:
- İş Gereksinimleri
- Metaveri Sorunları
- Veri Mimarisi
- İş Metaverisi
- Teknik Metaveri
- Süreç Metaverisi
- Operasyonel Metaveri
- Veri Yönetişim Metaverisi

Faaliyetler:
1. Metaveri Stratejisinin Tanımlanması (P)
2. Metaveri Gereksinimlerinin Anlaşılması (P)
   1. İş Kullanıcısı Gereksinimleri
   2. Teknik Kullanıcısı Gereksinimleri
3. Metaveri Mimarisinin Tanımlanması (P)
   1. Meta Modelin oluşturulması (D)
   2. Metadata Standartlarının Uygulanması (C)
   3. Metadata Depolarının Yönetilmesi (C)
4. Metaverinin Oluşturulması ve Bakımının Yapılması (O)
   1. Metaverinin Entegre Edilmesi (O)
   2. Metaverinin Dağıtılması ve Teslim Edilmesi (O)
5. Metaverinin Sorgulanması, Raporlanması ve Analiz Edilmesi (O)

Çıktılar:
- Metaveri Stratejisi
- Metaveri Standartları
- Metaveri Mimarisi
- Meta Model
- Birleşik Metaveri
- Metaveri Depoları
- Veri Kökeni
- Etki Analizi
- Bağımlılık Analizi
- Metaveri Kontrol Süreci

Tedarikçiler:
- İş Veri Sorumluları
- Veri Yöneticileri
- Veri Yönetişim Organları
- Veri Modelleyicileri
- Veritabanı Yöneticileri

Katılımcılar:
- Veri Sorumluları
- Proje Yöneticileri
- Veri Mimarları
- İş Analistleri
- Sistem Analistleri

Tüketiciler:
- Uygulama Geliştirme Analisti
- Veri Entegratörü
- İş Kullanıcıları
- Bilgi Çalışanları
- Müşteriler & İşbirlikçiler
- Veri Bilimcileri
- Veri Gazetecileri

Teknik Etkenler

Yöntemler:
- Veri Kökeni ve Etki Analiz
- Büyük Veri Alımı için Metaveri

Araçlar:
- Metaveri Depo Yönetim Araçları
- Diğer Araçlardaki Metaveri Depoları

Metrikler:
- Metaveri Kapsam Puan Kartı
- Metaveri Depo Katkısı
- Metaveri Kullanım Raporları
- Metaveri Kalite Puan Kartı

(P) Planlama, (C) Kontrol, (D) Geliştirme, (O) Operasyonlar

Şekil 84 Bağlam Şeması: Metaveri Yönetimi

Metaveriler, verinin kullanımı kadar veri yönetimi için de gereklidir (DAMA-DMBOK boyunca Metaverilere yönelik referanslara bakın). Tüm büyük kuruluşlar çok fazla veri üretir ve kullanırlar. Bir kuruluşta, farklı kişiler farklı düzeylerde veri bilgisine sahip olacaktır, ancak hiç kimse veriler hakkında her şeyi bilemeyecektir. Bu bilgiler belgelenmelidir, aksi takdirde kuruluş kendisi hakkında değerli bilgileri kaybetme riskiyle karşı karşıya kalır. Metaveriler, verilerle ilgili kurumsal bilgileri yakalamanın ve yönetmenin ana yolunu sağlarlar. Ancak, metaveri yönetimi yalnızca bir bilgi yönetimi sorunu değildir; aynı zamanda bir risk yönetimi gerekliliğidir. Metaveriler, bir kuruluşun özel veya hassas verileri tanımlayabilmesini ve veri yaşam döngüsünü kendi yararına yönetebilmesini sağlamak ve uyumluluk gereksinimlerini karşılamak ve riske maruz kalmayı en aza indirmek için gereklidir.

Güvenilir metaveri olmadan, bir kuruluş hangi verilere sahip olduğunu, verilerin neyi temsil ettiğini, nereden geldiğini, sistemlerde nasıl hareket ettiğini, ona kimin erişimi olduğunu veya verilerin yüksek kalitede olmasının ne anlama geldiğini bilemez. Metaveri olmadan, bir kuruluş verilerini varlık olarak yönetemez. Aslında, metaveri olmadan bir kuruluş verilerini hiçbir şekilde yönetemeyebilir. Teknoloji geliştikçe, verilerin üretilme hızı da artmıştır. Teknik Metaveri, verilerin taşınma ve entegre edilme şeklinin ayrılmaz bir parçası haline gelmiştir. ISO'nun metaveri Kayıt Standardı, ISO/IEC 11179, verilerin kesin tanımlarına dayalı olarak, heterojen bir ortamda metaveriye dayalı veri alışverişini sağlamayı amaçlamaktadır. XML ve diğer formatlarda bulunan metaveriler, verilerin kullanılabilmesini sağlarlar. Diğer metaveri etiketleme türleri, mülkiyet, güvenlik gereksinimleri vb. göstergelerini korurken verilerin alışverişine izin verirler (Bkz. Bölüm 8).

Diğer veriler gibi metaveriler de yönetim gerektirir. Kuruluşların veri toplama ve saklama kapasitesi arttıkça, metaverilerin veri yönetimindeki rolü de artmaktadır. Veri odaklı olmak için bir organizasyonun metaveri odaklı olması gerekir.

1.1 İş Etkenleri

Veriler metaveri olmadan yönetilemez. Ayrıca, metaverinin kendisi de yönetilmelidir. Güvenilir, iyi yönetilen metaveriler aşağıdakilere yardımcı olur:

- Bağlam sunarak ve veri kalitesinin ölçülmesini sağlayarak verilere olan güveni artırın
- Farklı kullanımları etkinleştirerek stratejik bilgilerin (örneğin Ana Veriler) değerini artırın
- Gereksiz veri ve süreçleri belirleyerek operasyonel verimliliği artırın
- Güncel olmayan veya yanlış verilerin kullanımını önleyin
- Veri odaklı araştırma süresini azaltın
- Veri tüketicileri ve BT uzmanları arasındaki iletişimi iyileştirin
- Doğru etki analizi oluşturun, böylece proje başarısızlığı riskini azaltın
- Sistem geliştirme yaşam döngüsü süresini azaltarak pazara sunma süresini iyileştirin
- Veri bağlamı, geçmişi ve kaynağının kapsamlı bir şekilde belgelenmesi yoluyla eğitim maliyetlerini azaltın ve personel devrinin etkisini azaltın
- Mevzuata uygunluğu destekleyin

Metaveriler, bilgilerin tutarlı bir şekilde temsil edilmesine, iş akışı yeteneklerinin düzenlenmesine ve özellikle mevzuata uygunluk gerektiğinde hassas bilgilerin korunmasına yardımcı olur.

Kuruluşların verileri yüksek kalitede ise veri varlıklarından daha fazla değer elde ederler. Kaliteli veriler yönetişime bağlıdır. Kuruluşların çalışmasını sağlayan verileri ve süreçleri açıkladığı için metaveriler, veri yönetişimi için kritik öneme sahiptir. Metaveri bir kuruluştaki verilere rehberlik ediyorsa, iyi yönetilmesi gerekir. Kötü yönetilen metaveriler şunlara yol açar:

- Gereksiz veri ve veri yönetimi süreçleri
- Çoklanmış ve gereksiz sözlükler ve metaveri depoları
- Veri öğelerinin tutarsız tanımlamaları ve verilerin kötüye kullanımıyla ilişkili riskler
- Veri tüketicilerinin güvenini azaltan, birbiriyle çelişen metaveri kaynakları ve sürümleri
- Metaverilerin ve verilerin güvenilirliği konusunda şüpheler

İyi yürütülen metaveri yönetimi, veri kaynaklarının tutarlı bir şekilde anlaşılmasını ve daha verimli birimlerarası geliştirme sağlar.

1.2 Hedef ve Prensipler

Metaveri yönetiminin hedefleri şunları içerir:

- Veri içeriğinin anlaşılmasını ve verilerin tutarlı bir şekilde kullanabilmesini sağlamak için verilerle ilgili iş terminolojisine ilişkin kurumsal bilgileri belgeleyin ve yönetin
- Organizasyonun farklı birimlerinden gelen veriler arasındaki benzerliklerin ve farklılıkların anlaşılmasını sağlamak için çeşitli kaynaklardan metaveri toplayın ve entegre edin
- Metaveri kalitesini, tutarlılığını, güncelliğini ve güvenliğini sağlayın
- Metaveri tüketicilerinin (kişiler, sistemler ve süreçler) metaverilere erişilebilir hale getlmesi için standart yollar sunun
- Veri alışverişini sağlamak için teknik metaveri standartlarının kullanımını oluşturun ve uygulayın

Başarılı bir metaveri çözümünün gerçeklenmesi şu yol gösterici prensipleri takip eder:

- **Kurumsal taahhüt**: Verileri bir kurumsal varlık olarak yönetmek için genel bir stratejinin parçası olarak metaveri yönetimine kurumsal taahhüt sağlayın (üst düzey yönetim desteği ve finansman).

- **Strateji**: Metaverilerin nasıl oluşturulacağını, sürdürüleceğini, entegre edileceğini ve erişileceğini açıklayan bir metaveri stratejisi geliştirin. Strateji, metaveri yönetim ürünlerini değerlendirmeden, satın almadan ve kurmadan önce tanımlanması gereken gereksinimleri yönlendirmelidir. Metaveri stratejisi, iş önceliklerinle uyumlu olmalıdır.

- **Kurumsal bakış açısı**: Gelecekte genişletilebilirliği sağlamak için kurumsal bir bakış açısı benimseyin, ancak değer yaratmak için yinelemeli ve artımlı teslimat yoluyla uygulayın.

- **İletişim**: Metaverilerin gerekliliğini ve her bir metaveri türünün amacını bildirin; metaveri değerinin iletişimi, kullanımı ve daha da önemlisi, uzmanların katkısını teşvik edecektir.

- **Erişim**: Çalışanların metaverilere nasıl erişeceklerini ve kullanacaklarını bilmelerini sağlayın.

- **Kalite**: Metaverilerin genellikle mevcut süreçler (veri modelleme, SDLC, iş süreç tanımı) yoluyla üretildiğini kabul edin ve süreç sahiplerini metaverilerin kalitesinden mükellef tutun.

- **Denetim**: Entegrasyonu basitleştirmek ve kullanımı sağlamak için metaveri standartlarını belirleyin, uygulayın ve denetleyin.

- **İyileştirme**: Tüketicilerin metaveri yönetimi ekibini yanlış veya güncel olmayan metaveriler konusunda bilgilendirebilmeleri için bir geri bildirim mekanizması oluşturun.

1.3 Temel Kavramlar

1.3.1 Veri ve Metaveri

Bölüm girişinde belirtildiği gibi, Metaveri bir tür veridir ve bu şekilde yönetilmelidir. Bazı kuruluşların karşılaştığı bir soru, metaveri olmayan veriler ile metaveri olan veriler arasındaki çizginin nereye çekileceğidir. Kavramsal olarak, bu çizgi, veriler tarafından temsil edilen soyutlama düzeyi ile ilgilidir. Örneğin, ABD Ulusal Güvenlik İdaresi'nin ABD'deki kişilerin telefon kullanımı araştırmasını yayınlanmasıyla ilgili raporlarda, telefon numaraları ve arama süreleri rutin olarak "metaveri" olarak adlandırılmıştır, bu da "gerçek" verilerin yalnızca telefon konuşmalarının içeriğinden oluştuğunu ima etmiştir. Sağduyu, telefon numaralarının ve telefon görüşmelerinin süresinin de yalnızca normal veriler olduğunun farkındadır.[48]

Temel bir kural, birisinin metaverisinin bir başkasının verisi olması olabilir. Metaveri gibi görünen bir şey bile (örneğin, bir sütun adları listesi) yalnızca düz veri olabilir- örneğin, özellikle bu veriler farklı kuruluşlardaki veri içeriğini anlamaya yönelik bir analizin girdisiyse.

Kuruluşlar metaverilerini yönetmek için görüş ayrılıkları hakkında endişelenmemelidir. Bunun yerine, metaveriye ne için ihtiyaç duyduklarına (yeni veriler oluşturmak, mevcut verileri anlamak, sistemler arasında hareketi sağlamak, verilere erişmek, verileri paylaşmak için) ve bu gereksinimleri karşılamak için kaynak verilere odaklanan metaveri gereksinimlerini tanımlamalıdırlar.

1.3.2 Metaveri Türleri

Metaveriler genellikle üç türe ayrılır: iş, teknik ve operasyonel. Bu kategoriler, insanların metaverinin genel şemsiyesi altına giren bilgi yelpazesini ve ayrıca metaverinin üretildiği fonksiyonları anlamalarını sağlar. Bununla birlikte, özellikle insanlar bir metaveri kümesinin hangi kategoriye ait olduğu veya onu kimin kullanması gerektiği konusunda sorulara kapılırsa, kategoriler de kafa karışıklığına yol açabilir. Bu kategorileri metaverinin nasıl kullanıldığı yerine nereden kaynaklandığına göre düşünmek en iyisidir. Kullanımla ilgili olarak, metaveri türleri arasındaki ayrımlar katı değildir. Teknik ve operasyonel personel, "iş" metaverileri kullanır ve bunun tersi de geçerlidir.

Bilgi teknolojisinin dışında, örneğin kütüphane veya enformasyon biliminde, metaveriler farklı bir kategori seti kullanılarak tanımlanır:

- Tanımlayıcı metaveriler (ör. başlık, yazar ve konu) bir kaynağı tanımlar ve tanımlama ve geri çağırmayı sağlar.
- Yapısal metaveriler, kaynaklar ve bunları oluşturan parçalar arasındaki ve içindeki ilişkileri tanımlar (ör. sayfa sayısı, bölüm sayısı).

---

[48] Cole, David. "We kill people based on metadata." New York Review of Books. 10 Mayıs 2014. http://bit.ly/2sV1ulS.

- İdari metaveriler (örneğin sürüm numaraları, arşiv tarihleri) yaşam döngüleri boyunca kaynakları yönetmek için kullanılır.

Bu kategoriler, metaveri gereksinimlerini tanımlama sürecini desteklemeye yardımcı olabilir.

1.3.2.1 İş Metaverisi

İş Metaverileri, büyük ölçüde verilerin içeriğine ve durumuna odaklanır ve veri yönetişimiyle ilgili ayrıntıları içerir. İş metaverileri, kavramların, konu alanlarının, varlıkların ve niteliklerin teknik olmayan adlarını ve tanımlarını içerir; nitelik veri türleri ve diğer nitelik özellikleri; aralık açıklamaları, hesaplamalar; algoritmalar ve iş kuralları, geçerli alan değerleri ve tanımları. İş metaverilerinin örnekleri şunları içerir:

- Veri kümelerinin, tabloların ve sütunların tanımları ve açıklamaları
- İş kuralları, dönüşüm kuralları, hesaplamalar ve türevler
- Veri modelleri
- Veri kalitesi kuralları ve ölçüm sonuçları
- Verilerin güncellendiği çizelgeler
- Veri kaynağı ve veri kökeni
- Veri standartları
- Veri öğeleri için kayıt sisteminin tanımları
- Geçerli değer aralığı kısıtlamaları
- Paydaş iletişim bilgileri (ör. veri sahipleri, veri sorumluları)
- Verilerin güvenlik/gizlilik düzeyi
- Verilerle ilgili mevcutta bilinen sorunlar
- Veri kullanım notları

1.3.2.2 Teknik Metaveriler

Teknik metaveriler, verilerin teknik ayrıntıları, verileri depolayan sistemler ve bunları sistemler içinde ve arasında hareket ettiren süreçler hakkında bilgiler sağlar. Teknik metaveri örnekleri şunları içerir:

- Fiziksel veritabanı tablo ve sütun adları
- Sütun özellikleri
- Veritabanı nesne özellikleri
- Erişim izinleri
- Veri CRUD (oluşturma, okuma, güncelleme ve silme) kuralları
- Tablo adları, anahtarlar ve dizinler dahil olmak üzere fiziksel veri modelleri
- Veri modelleri ve fiziksel varlıklar arasındaki ilişkiler
- ETL işleri ayrıntıları
- Dosya formatı şema tanımları
- Kaynaktan hedefe eşleme belgeleri
- Yukarı ve aşağı yönde değişiklik etki bilgileri dahil olmak üzere veri kökeni belgeleri
- Program ve uygulama adları ve açıklamaları
- İçerik güncelleme döngüsü iş zamanlayıcıları ve bağımlılıkları
- Kurtarma ve yedekleme kuralları

- Veri erişim hakları, gruplar, roller

1.3.2.3 Operasyonel Metaveri

Operasyonel metaveriler, verilerin işlenmesi ve bunlara erişilmesinin ayrıntılarını açıklar. Örneğin:

- Toplu işler için iş yürütme logları
- Alınan verilerin ve sonuçların geçmişi
- Program anomalileri
- Denetim, bilanço, kontrol ölçümlerinin sonuçları
- Hata Logları
- Raporlar ve sorgu erişim desenlerinin, sıklığı ve yürütme süresi
- Yamalar ve sürüm bakım ve yürütme planı, mevcut yama düzeyi
- Yedekleme, saklama, oluşturulma tarihi, felaket kurtarma destekleri
- SLA gereksinimleri ve destekleri
- Hacim ve kullanım desenleri
- Veri arşivleme ve saklama kuralları, ilgili arşivler
- Veri temizleme kriterleri
- Veri paylaşım kuralları ve sözleşmeleri
- Teknik roller ve sorumluluklar, kişiler

1.3.3 ISO / IEC 11179 Metaveri Kayıt Standardı

ISO'nun Metaveri Kayıt Standardı, ISO/IEC 11179, bir metaveri kaydı tanımlamak için bir çerçeve sağlar. Veri öğelerinden başlayarak, verilerin kesin tanımlarına dayalı olarak metaveriye dayalı veri alışverişini sağlamak için tasarlanmıştır. Standart birkaç bölümden oluşmaktadır:

- Bölüm 1: Veri Öğelerinin Üretimi ve Standardizasyonu için Çerçeve
- Bölüm 3: Veri Öğelerinin Temel Nitelikleri
- Bölüm 4: Veri Tanımlarının Oluşturulmasına İlişkin Kurallar ve Yönergeler
- Bölüm 5: Veri Öğeleri için Adlandırma ve Tanımlama İlkeleri
- Bölüm 6: Veri Öğelerinin Kaydedilmesi

1.3.4 Yapılandırılmamış Veriler için Metaveriler

Doğası gereği, tüm verilerin bir yapısı vardır, ancak tümü ilişkisel veritabanlarının tanıdık satırlarında, sütunlarında ve kayıtlarında resmi olarak yapılandırılmamışlardır. Belgeler veya diğer ortamlar da dahil olmak üzere bir veritabanında veya veri dosyasında olmayan tüm veriler yapılandırılmamış veri olarak kabul edilir (Bkz. Bölüm 9 ve 14).

Metaveriler, yapılandırılmış verilerin yönetimi için olduğu kadar yapılandırılmamış verilerin yönetimi için de önemlidir- belki daha da fazla. Bölüm girişindeki katalog analojisini tekrar düşünün. Bir kütüphanedeki kitaplar ve dergiler yapılandırılmamış verilere iyi örneklerdir. Bir katalogdaki metaverilerin ana kullanımı, biçimleri ne olursa olsun, aranan içerikleri bulmaktır.

Yapılandırılmamış veriler için metaveriler, katalog bilgileri ve anlamdaş sözlüğü anahtar sözcükleri gibi açıklayıcı metaverileri içerir; etiketler, alan yapıları, format gibi yapısal metaveri; kaynaklar, güncelleme programları, erişim hakları ve gezinme bilgileri gibi idari metaveriler; kütüphane katalog girişleri gibi bibliyografik metaveriler; saklama ilkeleri gibi metaveriler; ve depolama, arşiv durumu ve koruma kuralları gibi koruma metaverileri (Bkz. Bölüm 9).

Yapılandırılmamış veriler için metaveriler hakkındaki çoğu iddia, geleneksel içerik yönetimi endişeleriyle bağlantılı olsa da veri göllerindeki yapılandırılmamış verilerin yönetimi konusunda yeni uygulamalar ortaya çıkmaktadır. Hadoop gibi Büyük Veri platformlarını kullanan veri göllerinden yararlanmak isteyen kuruluşlar, daha sonra erişim sağlamak için alınan verileri kataloglamaları gerektiğini fark etmektedirler. Çoğu, veri ediniminin bir parçası olarak metaveri toplamak için süreçlerini devreye sokar. Veri gölünde alınan her nesne hakkında minimum bir metaveri niteliği kümesinin toplanması gerekir (ör. ad, biçim, kaynak, sürüm, alınma tarihi vb.). Bu, veri gölü içeriklerinin bir kataloğunu üretir.

1.3.5 Metaveri Kaynakları

Metaveri türlerinden de anlaşılacağı gibi, Metaveriler birçok farklı kaynaktan toplanabilir. Ayrıca, uygulamalardan ve veritabanlarından gelen metaveriler iyi yönetilirse, kolayca toplanabilir ve entegre edilebilir. Bununla birlikte, çoğu kuruluş metaverileri uygulama düzeyinde iyi yönetmez, çünkü metaveriler genellikle bir son üründen ziyade uygulama işlemenin bir yan ürünü olarak oluşturulur (yani tüketim düşünülerek oluşturulmaz). Diğer veri formlarında olduğu gibi, metaverinin entegre edilebilmesi için hazırlanmasında çok miktarda iş vardır.

Operasyonel metaverilerin çoğu, veriler işlenirken oluşturulur. Bu metaveriyi kullanmanın anahtarı, onu kullanılabilir bir biçimde toplamak ve yorumlamaktan sorumlu kişilerin bunu yapmak için ihtiyaç duydukları araçlara sahip olmasını sağlamaktır. Hata logları gibi yerlerdeki verileri yorumlamanın, logları açıklayan metaveriler gerektirdiğini unutmayın. Benzer şekilde, teknik metaverilerin büyük bir kısmı veritabanı nesnelerinden toplanabilirler.

Mevcut sistemlerden elde edilen veriler hakkında tersine mühendislik yapmak ve mevcut veri sözlüklerinden, modellerden ve süreç belgelerinden iş metaverileri toplamak mümkündür (Loshin, 2001; Aiken, 1995), ancak bunu yapmanın riskleri vardır. En büyük risk, ilk etapta tanımları geliştirmeye ve iyileştirmeye ne kadar özen gösterildiğini bilmemektir. Tanımlar az gelişmiş veya belirsiz ise, veri tüketicilerine kullandıkları verileri anlamaları için ihtiyaç duydukları bilgileri sağlamayacaktır.

Tanımları geliştirme konusunda kasıtlı olmak, mevcut olanları kabul etmekten daha iyidir. Tanımların geliştirilmesi zaman ve doğru beceri seti gerektirir (örneğin, yazma ve kolaylaştırma becerileri). Bu nedenle iş metaverilerinin geliştirilmesi sorumluluk gerektirir (Bkz. Bölüm 3).

Veritabanlarını yönetmek için gereken teknik metaverilerin çoğu ve verileri kullanmak için gereken iş metaverileri, proje çalışmasının bir parçası olarak toplanabilir ve geliştirilebilir. Örneğin, verileri modelleme süreci, veri öğelerinin anlamı ve aralarındaki ilişki hakkında tartışmalar yapmayı gerektirir. Bu tür tartışmalar sırasında paylaşılan bilgiler, Veri Sözlüklerinde, İş Sözlüklerinde ve diğer depolarda kullanılmak üzere yakalanmalı ve hazırlanmalıdır. Veri modellerinin kendileri, verilerin fiziksel özellikleri hakkında önemli ayrıntıları içerir. Proje yapılarının kurumsal standartlarla uyumlu yüksek kaliteli metaveriler içermesini sağlamak için zaman ayrılmalıdır.

İyi tanımlanmış iş metaverileri, projeden projeye yeniden kullanılabilir ve iş kavramlarının farklı veri kümelerinde nasıl temsil edildiğine dair tutarlı bir anlayış sağlayabilirler. Yeniden kullanılabilecek şekilde kasıtlı olarak metaveri geliştirmenin bir parçası olarak, bir kuruluş metaverilerin entegrasyonunu da planlayabilir. Örneğin, bir sistem envanteri geliştirebilir ve belirli bir sistemle ilgili tüm metaveriler aynı sistem tanımlayıcısı ile etiketlenebilir.

Kendi çıkarları için metaveri oluşturmak nadiren iyi sonuçlar verir. Çoğu kuruluş bu tür bir çabayı finanse etmeyecektir ve yapsalar bile bakım için gereken süreçleri uygulamaya koymaları pek olası değildir. Bu açıdan diğerlerinde olduğu gibi metaveri de diğer veriler gibidir: İyi tanımlanmış bir sürecin ürünü olarak, genel kalitesini destekleyecek araçlar kullanılarak oluşturulmalıdır. Sorumlular ve diğer veri yönetimi uzmanları, bu süreçlerle ilgili metaverileri sürdürmek için süreçlerin mevcut olduğundan emin olmalıdır. Örneğin, bir kuruluş veri modellerinden kritik metaverileri toplarsa, modelleri güncel tutmak için bir değişiklik yönetimi sürecinin mevcut olduğundan emin olmalıdır.

Herhangi bir kuruluştaki metaverilerin genişliği hakkında bir fikir vermek için, burada bir dizi kaynak öncelik sırasına göre değil alfabetik olarak özetlenmiştir.

1.3.5.1 Uygulama Metaveri Depoları

Bir metaveri deposu, metaverilerin depolandığı fiziksel tablolara referans verir. Bunlar genellikle modelleme araçlarına, BI araçlarına ve diğer uygulamalara yerleştirilmiştir. Bir kuruluş olgunlaştıkça, veri tüketicilerinin bilgi genişliğine bakmasını sağlamak için depolardan metaverileri bu uygulamalara entegre etmek isteyecektir.

1.3.5.2 İş Sözlüğü

Bir iş sözlüğünün amacı, bir kuruluşun iş kavramlarını ve terminolojisini, tanımlarını ve bu terimler arasındaki ilişkileri belgelemek ve saklamaktır.

Birçok kuruluşta iş sözlüğü yalnızca bir tablodur. Bununla birlikte, kuruluşlar olgunlaştıkça, genellikle sağlam bilgiler ve bunları zaman içinde yönetme yeteneği içeren sözlükler satın alır veya oluştururlar. Tüm veri odaklı sistemlerde olduğu gibi, iş sözlükleri de donanım, yazılım, veri tabanı, süreçler ve farklı rol ve sorumluluklara sahip insan kaynaklarını hesaba katacak şekilde tasarlanmalıdır. İş sözlüğü uygulaması, üç temel hedef kitlenin işlevsel gereksinimlerini karşılayacak şekilde yapılandırılmıştır:

- **İş kullanıcıları**: Veri analistleri, araştırma analistleri, yöneticiler ve üst yönetim, terminolojiyi ve verileri anlamak için iş sözlüğünü kullanırlar.

- **Veri Sorumluları**: Veri Sorumlusu, terimlerin ve tanımların yaşam döngüsünü yönetmek ve veri varlıklarını sözlük terimleriyle ilişkilendirerek kurumsal bilgiyi geliştirmek için iş sözlüğü kullanırlar; örneğin, terimleri iş ölçütlerine, raporlara, veri kalitesi analizine veya teknoloji bileşenlerine bağlama. Veri sorumluları terminoloji ve kullanım sorunlarını gündeme getirir ve kuruluş genelinde farklılıkların çözülmesine yardımcı olur.

- **Teknik kullanıcılar**: Teknik kullanıcılar, mimari, sistem tasarımı ve geliştirme kararları vermek ve etki analizi yapmak için iş sözlüğünü kullanırlar.

İş sözlüğü, aşağıdakiler gibi iş terimleri özelliklerini içermelidir:

- Terim adı, tanımı, kısaltması ve eş anlamlıları
- Terminolojiyle ilişkili verileri yönetmekten sorumlu iş birimi ve/veya uygulama
- Terimi tanımlayan kişinin adı ve güncellenme tarihi
- Terim için kategorizasyon veya taksonomi ilişkisi (fonksiyonel ilişki)
- Çözüm gerektiren çelişkili tanımlar, sorunun doğası, eylem zaman çizelgesi

- Terimlerle ilgili yaygın yanlış anlaşılmalar
- Tanımları destekleyen algoritmalar
- Köken
- Terimleri destekleyen veriler için resmi veya yetkili kaynak

Her iş sözlüğü uygulaması, yönetişim süreçlerini desteklemek için temel bir rapor setine sahip olmalıdır. Sözlük içeriği statik olmadığı için kuruluşların 'sözlüğü yazdırmamaları' önerilir. Veri sorumluları genellikle sözlük geliştirme, kullanım, işlemler ve raporlamadan sorumludur. Raporlamalar, henüz gözden geçirilmemiş yeni terim ve tanımları, bekleme durumunda olanları ve eksik tanımları veya diğer özellikleri olan terimleri ve tanımları izlemeyi içerir (Bkz. Bölüm 6.4).

Kullanım kolaylığı ve işlevsellik büyük ölçüde değişebilir. İş sözlüğü araması ne kadar basit ve kolay olursa, sözlük içeriğinin kullanılma olasılığı o kadar artar. Ancak bir sözlüğün en önemli özelliği sağlam içerik barındırmasıdır.

1.3.5.3 İş Zekâsı (BI) Araçları

İş Zekâsı araçları, genel bakış bilgileri, sınıflar, nesneler, türetilmiş ve hesaplanmış öğeler, filtreler, raporlar, rapor alanları, rapor düzeni, rapor kullanıcıları, rapor dağıtım sıklığı ve rapor dağıtım kanalları dahil olmak üzere İş Zekâsı tasarımıyla ilgili çeşitli metaveri türleri üretir.

1.3.5.4 Konfigürasyon Yönetim Araçları

Konfigürasyon yönetim araçları veya veritabanları (CMDB), özellikle BT varlıklarıyla, bunlar arasındaki ilişkilerle ve varlığın sözleşmeden doğan ayrıntılarıyla ilgili metaverileri yönetme ve sürdürme yeteneği sunar. CMDB veritabanındaki her varlığa bir konfigürasyon öğesi (CI) adı verilir. Her CI türü için standart metaveriler toplanır ve yönetilir. Birçok kuruluş, belirli bir varlıkta yapılan bir değişiklikten etkilenen ilgili varlıkları veya uygulamaları belirlemek için CMDB'yi değişiklik yönetimi süreçleriyle bütünleştirir. Depolar, verilerin ve platformların tam bir resmini vermek için metaveri deposundaki varlıkları CMDB'deki gerçek fiziksel uygulama ayrıntılarına bağlamak için mekanizmalar sağlarlar.

1.3.5.5 Veri Sözlükleri

Bir veri sözlüğü, genellikle tek bir veritabanı, uygulama veya ambar için veri kümelerinin yapısını ve içeriğini tanımlar. Sözlük, bir modeldeki her veri öğesinin adlarını, açıklamalarını, yapısını, özelliklerini, depolama gereksinimlerini, varsayılan değerlerini, ilişkilerini, benzersizliğini ve diğer niteliklerini yönetmek için kullanılabilir. Ayrıca tablo veya dosya tanımlarını da içermelidir. Veri sözlükleri, içlerinde bulunan verilerin oluşturulması, çalıştırılması ve işlenmesi için veritabanı araçlarına gömülüdür. Bu metaveriyi veri tüketicilerinin kullanımına sunmak için, veri tabanından veya modelleme araçlarından çıkarılması gerekir. Veri sözlükleri ayrıca iş terminolojisinde topluluk için hangi veri öğelerinin mevcut olduğunu, hangi güvenlik kısıtlamaları altında sağlandığını ve hangi iş sürecinde uygulandığını açıklayabilir. İçerikten doğrudan mantıksal modelden yararlanarak raporlama ve analiz için anlamsal bir katman tanımlarken, yayınlarken ve bakımını yaparken zamandan tasarruf edilebilir. Ancak, daha önce belirtildiği gibi, özellikle metaveri yönetimi konusunda olgunluk düzeyi düşük olan bir kuruluşta, mevcut tanımlar dikkatli kullanılmalıdır.

Veri modelinin geliştirilmesi sırasında birçok önemli iş süreci, ilişki ve terminoloji açıklanmaktadır. Mantıksal veri modelinde yakalanan bu bilgiler, fiziksel yapılar üretimde kurulduğunda genellikle kaybolur. Bir veri sözlüğü, bu bilgilerin tamamen kuruluşta kaybolmamasını ve üretim dağıtımından sonra mantıksal ve fiziksel modellerin anlaşma içinde tutulmasını sağlamaya yardımcı olabilir.

1.3.5.6 Veri Entegrasyon Araçları

Verileri bir sistemden diğerine veya aynı sistem içindeki çeşitli modüller arasında taşıması için birçok veri entegrasyon aracı kullanılır. Bu araçların çoğu, verilerin kopyalarını veya türetilmiş kopyalarını içerebilecek geçici dosyalar oluşturur. Bu araçlar, çeşitli kaynaklardan veri yükleme ve daha sonra gruplama, düzeltme, yeniden biçimlendirme, birleştirme, filtreleme veya diğer işlemler yoluyla yüklenen veriler üzerinde çalışma ve ardından hedef konumlara dağıtılan çıktı verileri üretme yeteneğine sahiptir. Kökeni, sistemler arasında hareket ederken veriler olarak kaydederler. Başarılı herhangi bir metaveri çözümü, köken metaverisini entegrasyon araçları boyunca ilerlerken ve onu gerçek kaynaklardan nihai hedeflere kadar bütünsel bir köken olarak ortaya çıkarırken kullanabilmelidir.

Veri entegrasyon araçları, harici metaveri depolarının köken bilgilerinin metaverilerini çıkarmasına izin vermek için uygulama arabirimleri (API) sağlar. Metaveri deposu bilgileri topladıktan sonra, bazı araçlar herhangi bir veri öğesi için bütünsel bir köken şeması oluşturabilir. Veri entegrasyon araçları ayrıca, son başarılı çalıştırma, süre ve durum bilgisi dahil olmak üzere çeşitli veri entegrasyon işlerinin yürütülmesi hakkında metaveriler sunar. Bazı metaveri depoları, veri entegrasyonu çalışma zamanı istatistiklerini ve metaverileri çıkarabilir ve veri öğelerinin yanında gösterebilir (Bkz. Bölüm 6 ve 8).

1.3.5.7 Veritabanı Yönetimi ve Sistem Katalogları

Veritabanı katalogları önemli bir metaveri kaynağıdır. Boyutlandırma bilgileri, yazılım sürümleri, dağıtım durumu, ağ çalışma süresi, altyapı çalışma süresi, kullanılabilirlik ve diğer birçok operasyonel metaveri niteliği ile birlikte veritabanlarının içeriğini açıklarlar. Veritabanının en yaygın biçimi ilişkiseldir. İlişkisel veritabanları, verileri bir veya daha fazla sütun, dizin, kısıtlama, görünüm ve prosedür içeren bir tablo ve sütun kümesi olarak yönetir. Bir metaveri çözümü, çeşitli veritabanlarına ve veri kümelerine bağlanabilmeli ve veri tabanının sunduğu tüm metaverileri okuyabilmelidir. Metaveri deposu araçlarından bazıları, yakalanan fiziksel varlıklar hakkında daha bütünsel bir resim sağlamak için sistem yönetimi araçlarından açığa çıkan metaverileri entegre edebilir.

1.3.5.8 Veri Eşleme Yönetimi Araçları

Eşleme yönetimi araçları, bir projenin analiz ve tasarım aşamasındaki gereksinimleri, daha sonra doğrudan bir veri entegrasyon aracı tarafından tüketilebilen veya geliştiriciler tarafından veri entegrasyon kodu oluşturmak için kullanılabilen eşleme özelliklerine dönüştürmek için kullanılırlar. Eşleme dokümanları da genellikle kuruluş genelinde Microsoft Excel belgelerinde tutulur. Tedarikçiler artık sürüm kontrolü ve sürümler arasında değişiklik analizi gerçekleştirme yeteneklerine sahip eşleme spesifikasyonları için merkezi depolar düşünmektedirler. Birçok eşleme aracı, veri entegrasyon programlarının oluşturulmasını otomatikleştirmek için veri entegrasyon araçlarıyla entegredir ve çoğu, diğer metaveri ve referans veri depoları ile veri alışverişi yapabilirler (Bkz. Bölüm 8).

1.3.5.9 Veri Kalitesi Araçları

Veri kalitesi araçları, doğrulama kuralları aracılığıyla verilerin kalitesini değerlendirir. Bu araçların çoğu, kalite puanlarını ve profil modellerini diğer metaveri depolarıyla değiş tokuş etme yeteneği sağlayarak metaveri deposunun kalite puanlarını ilgili fiziksel varlıklara eklemesini sağlar.

1.3.5.10 Dizinler ve Kataloglar

Veri sözlükleri, terminoloji, tablolar ve alanlar hakkında ayrıntılı bilgiler içerirken, bir dizin veya katalog, sistemler, kaynaklar ve bir kuruluş içindeki verilerin konumları hakkında bilgiler içerir. Bir metaveri dizini, özellikle geliştiriciler ve veri sorumluları ve veri analistleri gibi veri süper kullanıcıları için, kuruluştaki verilerin kapsamını anlamak, sorunları araştırmak veya yeni uygulamalara kaynak bulma hakkında bilgi bulmak için özellikle yararlıdır.

1.3.5.11 Olay Mesajlaşma Araçları

Olay mesajlaşma araçları, verileri çeşitli sistemler arasında taşır. Bunu yapmak için çok fazla metaveriye ihtiyaç duyarlar. Ayrıca bu hareketi tanımlayan metaveriler üretirler. Bu araçlar, veri hareketinin mantığını yönettikleri grafik arayüzleri içerir. Arayüz uygulama ayrıntılarını, hareket mantığını ve işleme istatistiklerini diğer metaveri depolarına aktarabilirler.

1.3.5.12 Modelleme Araçları ve Depoları

Veri modelleme araçları, çeşitli veri modelleri türlerini oluşturmak için kullanılır: kavramsal, mantıksal ve fiziksel. Bu araçlar, konu alanları, mantıksal varlıklar, mantıksal nitelikler, varlık ve nitelik ilişkileri, süper tipler ve alt tipler, tablolar, sütunlar, dizinler, birincil ve yabancı anahtarlar, bütünlük kısıtlamaları ve modellerdeki diğer ilişkilendirme türleri gibi uygulamanın veya sistem modelinin tasarımıyla ilgili metaveriler üretir. Metaveri depoları, bu araçlar tarafından oluşturulan modelleri alabilir ve içe aktarılan metaverileri depoya entegre edebilir. Modelleme araçları genellikle veri sözlüğü içeriğinin kaynağıdır.

1.3.5.13 Referans Veri Depoları

Referans Verileri, çeşitli numaralandırılmış veri türlerinin (etki alanları) ve bunların bir sistemdeki bağlamsal kullanımlarının iş değerlerini ve açıklamalarını belgeler. Referans Verilerini yönetmek için kullanılan araçlar, aynı veya etki alanları arasında çeşitli kodlanmış değerler arasındaki ilişkileri yönetme yeteneğine de sahiptir. Bu araç takımları normalde, toplanan Referans Verilerini bir metaveri deposuna gönderme yetenekleri sağlar; bu da, Referans Verilerini iş sözlüğüyle ve sütunlar veya alanlar gibi fiziksel olarak uygulandığı konumlarla ilişkilendirmek için mekanizmalar sunar.

1.3.5.14 Hizmet Kaydı

Hizmet (WebServis) kaydı, hizmetler ve hizmet uç noktaları hakkındaki teknik bilgileri hizmet odaklı mimari (SOA) perspektifinden yönetir ve depolar. Örneğin tanımlar, arayüzler, işlemler, giriş ve çıkış parametreleri, ilkeler, sürümler ve örnek kullanım senaryoları. Hizmetle ilgili en önemli metaverilerden bazıları hizmet sürümü, hizmetin konumu, veri merkezi, kullanılabilirlik, dağıtım tarihi, hizmet bağlantı noktası, IP adresi, durum bağlantı noktası, bağlantı zaman aşımı ve bağlantı yeniden deneme zaman aşımını içerir. Hizmet kayıtları, mevcut tüm hizmetlerin bir listesini, belirli bir sürüme sahip hizmetleri, eski hizmetleri veya belirli bir hizmetle ilgili ayrıntıları görüntülemek gibi çeşitli ihtiyaçları karşılamak için sorgulanabilir. Hizmetler ayrıca potansiyel yeniden kullanım için gözden geçirilebilir. Bu havuzlarda yer alan bilgiler, hangi verilerin var olduğu ve çeşitli sistemler veya uygulamalar arasında nasıl hareket ettiği hakkında önemli bilgiler sağlar. Hizmet depolarındaki metaveriler çıkarılabilir ve verilerin çeşitli sistemler arasında nasıl hareket ettiğinin tam bir resmini sağlamak için diğer araçlardan toplanan metaverilerle birleştirilebilir.

1.3.5.15 Diğer Metaveri Depoları

Diğer metaveri depoları, olay kayıtları, kaynak listeleri veya arayüzler, kod kümeleri, sözlükler, uzamsal ve zamansal şemalar, uzamsal referans ve dijital coğrafi veri kümelerinin dağıtımı, depoların depoları ve iş kuralları gibi özel listeleri içerirler.

1.3.6 Metaveri Mimarisi Türleri

Diğer veri biçimleri gibi metaverilerin de bir yaşam döngüsü vardır. Kavramsal olarak, tüm metaveri yönetimi çözümleri, metaveri yaşam döngüsündeki bölümlere karşılık gelen mimari katmanları içerir:

- Metaveri oluşturma ve kaynaklandırma
- Bir veya daha fazla depoda metaveri saklama
- Metaveri entegrayonu
- Metaveri teslimi
- Metaveri kullanımı
- Metaveri kontrolü ve yönetimi

Metaveriyi tüketiciler için kaynaklandırmak, depolamak, entegre etmek, sürdürmek ve erişilebilir kılmak için farklı mimari yaklaşımlar kullanılabilir.

1.3.6.1 Merkezi Metaveri Mimarisi

Merkezileştirilmiş bir mimari, çeşitli kaynaklardan metaveri kopyalarını içeren tek bir metaveri deposundan oluşur. Sınırlı BT kaynaklarına sahip olan veya mümkün olduğunca otomasyonu hedefleyen kuruluşlar, bu mimari seçeneğinden kaçınmayı tercih edebilir. Ortak metaveri deposu içinde yüksek derecede tutarlılık arayan kuruluşlar, merkezi bir mimariden yararlanabilir.

Merkezi bir deponun avantajları şunları içerir:

- Kaynak sistemlerden bağımsız olduğu için yüksek kullanılabilirlik

- Depo ve sorgular birlikte bulunduğundan, hızlı metaveri alımı
- Üçüncü taraf veya ticari sistemlerin özel yapısından etkilenmeyen çözümlenmiş veritabanı yapıları
- Çıkarılan metaveriler dönüştürülebilir, özelleştirilebilir veya kaynak sistemde bulunmayabilecek ek metaveriler ile geliştirilebilir, bu da kaliteyi artırır

Merkezi yaklaşımın bazı sınırlamaları şunları içerir:

- Kaynak metaverilerdeki değişikliklerin hızlı bir şekilde depoya replikasyonunu sağlamak için karmaşık süreçler gereklidir
- Merkezi bir deponun bakımı maliyetli olabilir
- Veriyi çıkarma, özel modüller veya ara katman yazılımları gerektirebilir
- Özelleştirilmiş kodun doğrulanması ve bakımı hem dahili BT personeli hem de yazılım tedarikçileri üzerindeki talepleri artırabilir

Şekil 85, kendi dahili metaveri deposuna sahip bağımsız bir metaveri deposunda metaverilerin nasıl toplandığını gösterir. Dahili depo, çeşitli araçlardan metaverilerin planlanmış içe aktarımı (oklar) aracılığıyla doldurulur. Buna karşılık, merkezileştirilmiş depo, son kullanıcıların sorgularını göndermeleri için bir portal sunar. Metaveri portalı, isteği merkezi metaveri deposuna iletir. Merkezileştirilmiş depo, toplanan metaverilerden gelen talebi yerine getirecektir. Bu tür bir uygulamada, kullanıcıdan gelen talebi doğrudan çeşitli araçlara iletme yeteneği desteklenmez. Merkezi depoda çeşitli metaverilerin toplanması nedeniyle, çeşitli araçlardan toplanan metaveriler arasında genel arama yapmak mümkündür.

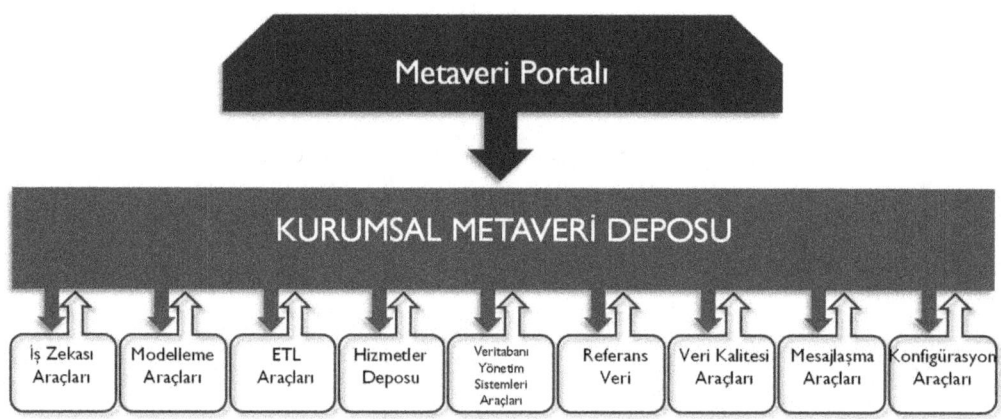

Şekil 85 Merkezi Metaveri Mimarisi

1.3.6.2 Dağıtık Metaveri Mimarisi

Tamamen dağıtık bir mimari, tek bir erişim noktası sağlar. Metaveri alma motoru, kaynak sistemlerden gerçek zamanlı olarak veri alarak kullanıcı isteklerine yanıt verir; kalıcı bir depo yoktur. Bu mimaride, Metaveri yönetim ortamı, kullanıcı sorgularını ve aramalarını etkin bir şekilde işlemek için gerekli olan kaynak sistem kataloglarını ve arama bilgilerini korur. Ortak bir nesne istek aracısı veya benzer bir ara yazılım protokolü bu kaynak sistemlere erişir.

Dağıtık metaveri mimarisinin avantajları şunları içerir:

- Metaveri, kaynağından alındığı için her zaman mümkün olduğunca güncel ve geçerlidir
- Sorgular dağıtılır, bu muhtemelen yanıt ve işlem süresini iyileştirir

- Özel sistemlerden gelen metaveri talepleri, özel veri yapılarının ayrıntılı bir şekilde anlaşılmasını gerektirmek yerine sorgu işleme ile sınırlıdır, bu nedenle gerekli uygulama ve bakım çabasını en aza indirir
- Otomatik metaveri sorgu işlemenin geliştirilmesi, muhtemelen daha basittir ve minimum manuel müdahale gerektirir
- Metaveri replikasyonu veya senkronizasyon işlemleri olmadığından yapılan toplu işlemler azalır

Dağıtık mimarilerin de sınırlamaları vardır:

- Bu eklemelerin yerleştirileceği bir depo olmadığından, kullanıcı tanımlı veya manuel olarak eklenen metaveri girişlerini destekleme yeteneği yoktur
- Çeşitli sistemlerden metaveri sunmanın standardizasyonu
- Sorgu yetkinliği, katılan kaynak sistemlerin kullanılabilirliğinden doğrudan etkilenir
- Metaverilerin kalitesi yalnızca katılan kaynak sistemlere bağlıdır

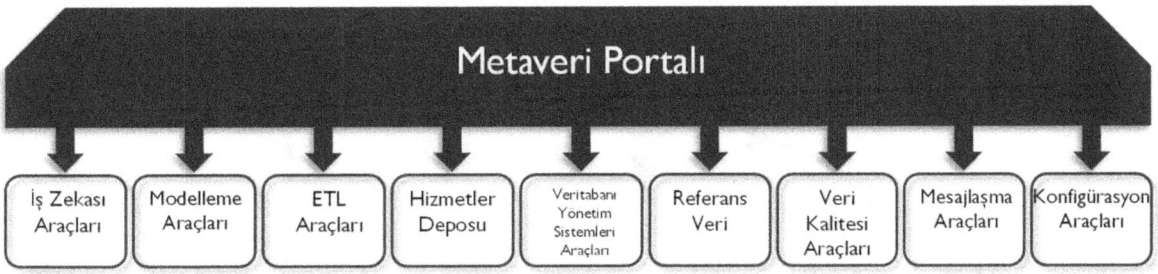

Şekil 86 Dağıtık Metaveri Mimarisi

Şekil 86, dağıtık bir metaveri mimarisini göstermektedir. Merkezi bir metaveri deposu yoktur ve portal, kullanıcıların isteklerini yürütülecek uygun araca iletir. Çeşitli araçlardan toplanacak metaveriler için merkezi bir depolama olmadığından, her talebin kaynaklara devredilmesi gerekir; bu nedenle, çeşitli metaveri kaynakları arasında küresel bir arama için hiçbir yetenek yoktur.

1.3.6.3 Hibrit Metaveri Mimarisi

Hibrit bir mimari, merkezi ve dağıtık mimarilerin özelliklerini birleştirir. Metaveriler hala doğrudan kaynak sistemlerden merkezi bir depoya taşınır. Ancak, depo tasarımı yalnızca kullanıcı tarafından eklenen metaverileri, kritik standartlaştırılmış öğeleri ve manuel kaynaklardan yapılan eklemeleri hesaba katar.

Mimari, gerektiğinde, kullanıcı ihtiyaçlarını en etkili şekilde karşılamak için metaverilerin kaynağından ve geliştirilmiş metaverilerden neredeyse gerçek zamanlı olarak alınmasından yararlanır. Hibrit yaklaşım, manuel BT müdahalesi ve özel sistemlere göre kodlanmış erişim işlevselliği için harcanan çabayı azaltır. Metaveriler, kullanıcı önceliklerine ve gereksinimlerine dayalı olarak, kullanım sırasında mümkün olduğunca güncel ve geçerlidir. Hibrit mimari, sistem kullanılabilirliğini iyileştirmez.

Kaynak sistemlerin kullanılabilirliği bir sınırlamadır, çünkü iç sistemlerin dağıtık yapısı sorguların işlenmesini yönetir. Sonuç kümesini son kullanıcıya sunmadan önce, bu ilk sonuçları merkezi depodaki metaveri büyütmesi ile ilişkilendirmek ek yük gerektirir.

Hızla değişen operasyonel metaverilere sahip olanlar, tutarlı, tek tip metaverilere ihtiyaç duyanlar ve metaveri kaynaklarında önemli bir büyüme yaşayanlar dahil olmak üzere birçok kuruluş hibrit bir mimariden yararlanabilir. Daha statik metaverilere ve daha küçük metaveri büyüme profillerine sahip kuruluşlar, bu mimariden maksimum verim alamayabilir.

1.3.6.4 Çift Yönlü Metaveri Mimarisi

Diğer bir gelişmiş mimari yaklaşım, metaverilerin mimarinin herhangi bir bölümünde (kaynak, veri entegrasyonu, kullanıcı arayüzü) değişmesine ve daha sonra depodan orijinal kaynağına geri bildirimin koordine edilmesine izin veren çift yönlü metaveri mimarisidir.

Bu yaklaşımda çeşitli zorluklar göze çarpmaktadır. Tasarım, metaveri deposunu metaveri kaynağının en son sürümünü içermeye ve aynı zamanda kaynaktaki farklılıkları yönetmeye zorlar. Farklılıklar sistematik olarak yakalanmalı ve ardından güncellenmelidir. Depoyu metaveri kaynağına/kaynaklarına geri bağlamak için ek süreç arabirimi setleri oluşturulmalı ve sürdürülmelidir.

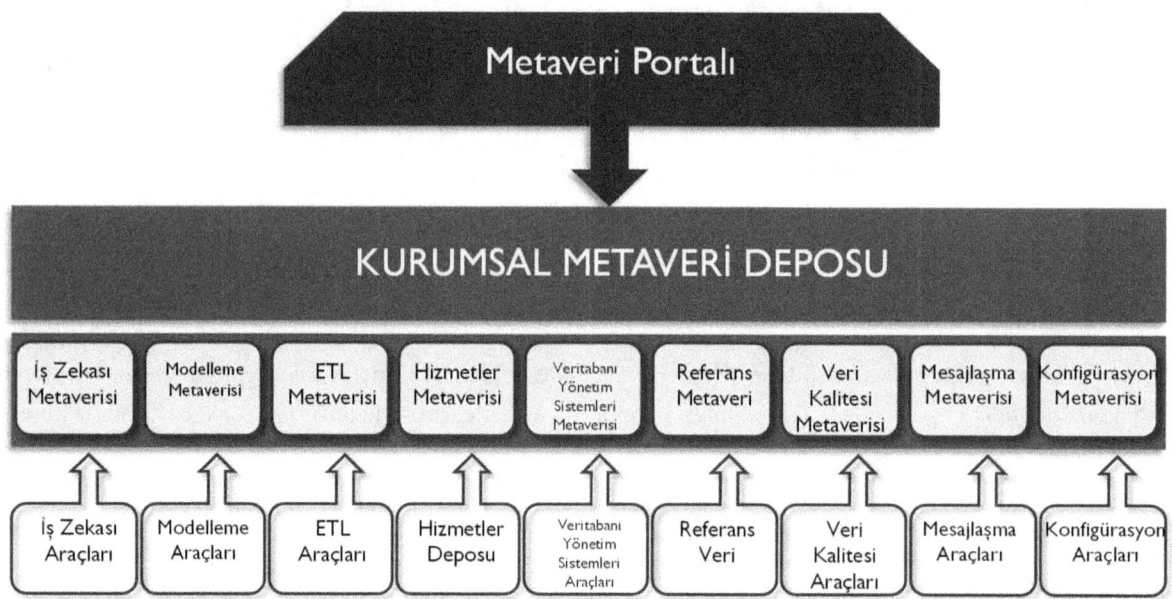

Şekil 87 Hibrit Metaveri Mimarisi

Şekil 87, farklı kaynaklardan gelen ortak metaverilerin merkezi bir metaveri deposunda nasıl toplandığını gösterir. Kullanıcılar, sorgularını, talebi merkezi bir depoya ileten metaveri portalına gönderir. Merkezileştirilmiş depo, başlangıçta çeşitli kaynaklardan toplanan ortak metaverilerden gelen kullanıcı talebini yerine getirmeye çalışacaktır. İstek daha spesifik hale geldikçe veya kullanıcının daha ayrıntılı metaverilere ihtiyacı olduğunda, merkezileştirilmiş depo, belirli ayrıntıları araştırmak için belirli kaynağa yetki verecektir. Merkezi depoda toplanan ortak metaveriler sayesinde çeşitli araçlarda genel aramalar yapılabilir.

2. Faaliyetler

2.1 Metaveri Stratejisinin Tanımlanması

Bir metaveri stratejisi, bir kuruluşun metaverilerini nasıl yönetmeyi planladığını ve mevcut durumdan gelecekteki duruma nasıl geçeceğini açıklar. Bir metaveri stratejisi, geliştirme ekiplerinin metaveri yönetimini iyileştirmesi için bir çerçeve sağlamalıdır. Metaveri gereksinimlerinin geliştirilmesi, stratejinin etkenlerini netleştirmeye ve onu yürürlüğe koymanın önündeki olası engelleri netleştirmeye yardımcı olacaktır.

Strateji, kuruluşun gelecekteki metaveri mimarisini ve stratejik hedeflere ulaşmak için gereken gerçekleme aşamalarını tanımlamayı içerir. Adımlar şunlardan oluşmaktadır:

- **Metaveri strateji planlamasını başlatma**: Planlamayı başlatmanın amacı, metaveri strateji ekibinin kısa ve uzun vadeli hedeflerini tanımlamasını sağlamaktır. Planlama, genel yönetişim çabalarıyla uyumlu bir tüzük, kapsam ve hedefler taslağı hazırlamayı ve bu çabayı desteklemek için bir iletişim planı oluşturmayı içerir. Anahtar paydaşlar planlamaya dahil edilmelidir.

- **Kilit paydaş görüşmelerini yapın**: İş ve teknik odaklı paydaşlarla yapılan görüşmeler, metaveri stratejisi için bir bilgi temeli sağlar.

- **Mevcut metaveri kaynaklarını ve bilgi mimarisini değerlendirin**: Değerlendirme, görüşmelerde ve dokümantasyon incelemesinde tanımlanan metaveri ve sistem sorunlarını çözmedeki göreceli zorluk derecesini belirler. Bu aşamada, kilit BT personeliyle ayrıntılı görüşmeler yapın ve sistem mimarileri, veri modelleri vb. dokümanları gözden geçirin.

- **Gelecekteki metaveri mimarisini geliştirin**: Gelecek vizyonunu iyileştirin, onaylayın ve bu aşamada yönetilen metaveri ortamı için uzun vadeli hedef mimariyi geliştirin. Bu aşama, organizasyon yapısı, veri yönetişimi ve sorumluluğu ile uyum, yönetilen metaveri mimarisi, metaveri teslim mimarisi, teknik mimari ve güvenlik mimarisi gibi stratejik bileşenleri hesaba katmalıdır.

- **Aşamalı bir gerçekleme planı geliştirin**: Görüşmelerden ve veri analizlerinden elde edilen bulguları doğrulayın, entegre edin ve önceliklendirin. Metaveri stratejisini belgeleyin ve mevcut olandan gelecekteki yönetilen metaveri ortamına geçmek için aşamalı bir gerçekleme yaklaşımı tanımlayın.

Metaveri gereksinimleri, mimarisi ve metaverilerin yaşam döngüsü daha iyi anlaşıldıkça strateji zaman içinde gelişecektir.

2.2 Metaveri Gereksinimlerinin Anlaşılması

Metaveri gereksinimleri içerikle başlar: Hangi metaverilerin hangi düzeyde gerekli olduğu. Örneğin hem sütunlar hem de tablolar için fiziksel ve mantıksal adların yakalanması gerekir. Metaveri içeriği geniş kapsamlıdır ve gereksinimler hem işhem de teknik veri tüketicilerinden gelecektir (Bkz. Bölüm 1.3.2).

Kapsamlı bir metaveri çözümüyle ilişkili birçok fonksiyonalite odaklı gereksinim de vardır:

- **İstikrar**: Metaveri niteliklerinin ve kümelerinin ne sıklıkta güncelleneceği
- **Zamanlama**: Kaynak değişiklikleriyle ilgili güncellemelerin zamanlaması
- **Geçmiş**: Metaverilerin geçmiş sürümlerinin saklanması gerekip gerekmediği
- **Erişim hakları**: Belirli kullanıcı arabirimi fonksiyonlarıyla birlikte metaverilere kimlerin nasıl erişebileceği
- **Yapı**: Metaverinin depolama için nasıl modelleneceği
- **Entegrasyon**: Farklı kaynaklardan gelen metaverilerin entegrasyon derecesi; entegrasyon kuralları
- **Bakım**: Metaverileri güncellemek için süreçler ve kurallar (loglama ve onay süreci)
- **Yönetim**: Metaverileri yönetmeye yönelik roller ve sorumluluklar
- **Kalite**: Metaveri kalite gereksinimleri
- **Güvenlik**: Bazı metaveriler, yüksek düzeyde korunan verilerin varlığını ortaya çıkaracağı için açığa çıkarılamazlar

2.3 Metaveri Mimarisinin Tanımlanması

Bir Metaveri Yönetim sistemi, birçok kaynaktan metaveri alabilmelidir. Mimariyi, çeşitli metaveri kaynaklarını tarayabilecek ve depoyu periyodik olarak güncelleyecek şekilde tasarlayın. Sistem, çeşitli kullanıcı grupları tarafından metaverilerin manuel güncellemelerini, taleplerini, aramaları desteklemelidir.

Yönetilen bir metaveri ortamı, son kullanıcıyı farklı farklı metaveri kaynaklarından izole etmelidir. Mimari, metaveri deposu için tek bir erişim noktası sağlamalıdır. Erişim noktası, ilgili tüm metaveri kaynaklarını kullanıcıya şeffaf bir şekilde sağlamalıdır. Kullanıcılar, veri kaynaklarının farklı ortamlarının farkında olmadan metaverilere erişebilmelidir. Analitik ve Büyük Veri çözümlerinde, arayüz, çeşitli veri kümelerinden yararlanmak için büyük ölçüde kullanıcı tanımlı fonksiyonlara (UDF) sahip olabilir ve son kullanıcıya metaveri maruziyeti bu özelleştirmelere özgüdür. Çözümlerde UDF'ye daha az bağlı olunmasıyla, son kullanıcılar veri kümelerini daha doğrudan toplayacak, denetleyecek, kullanacak ve çeşitli destekleyici metaveriler daha fazla açığa çıkacaktır.

Mimarinin tasarımı, organizasyonun özel gereksinimlerine bağlıdır. Ortak bir metaveri deposu oluşturmaya yönelik üç teknik mimari yaklaşım, veri ambarları tasarlama yaklaşımlarını taklit eder: merkezi, dağıtık ve hibrit (bkz. Bölüm 1.3.6). Bu yaklaşımlar, depoların gerçeklenmesini ve güncelleme mekanizmalarının nasıl çalıştığını dikkate alır.

2.3.1 Metamodelin Oluşturulması

Metaveri stratejisi tamamlandıktan ve iş gereksinimleri anlaşıldıktan sonra ilk tasarım adımlarından biri olarak metaveri deposu veya metamodel için bir veri modeli oluşturun. Gerektiğinde farklı metamodel seviyeleri geliştirilebilir; sistemler arasındaki ilişkileri açıklayan üst düzey bir kavramsal model ve bir modelin öğelerini ve süreçlerini tanımlamak için nitelikleri ayrıntılandıran alt düzey bir metamodel. Bir planlama aracı ve gereksinimleri ifade etmenin bir yolu olmasının yanı sıra, metamodel kendi içinde değerli bir metaveri kaynağıdır.

Şekil 88, örnek bir metaveri deposu metamodelini göstermektedir. Kutular, verileri içeren üst düzey ana varlıkları temsil eder.

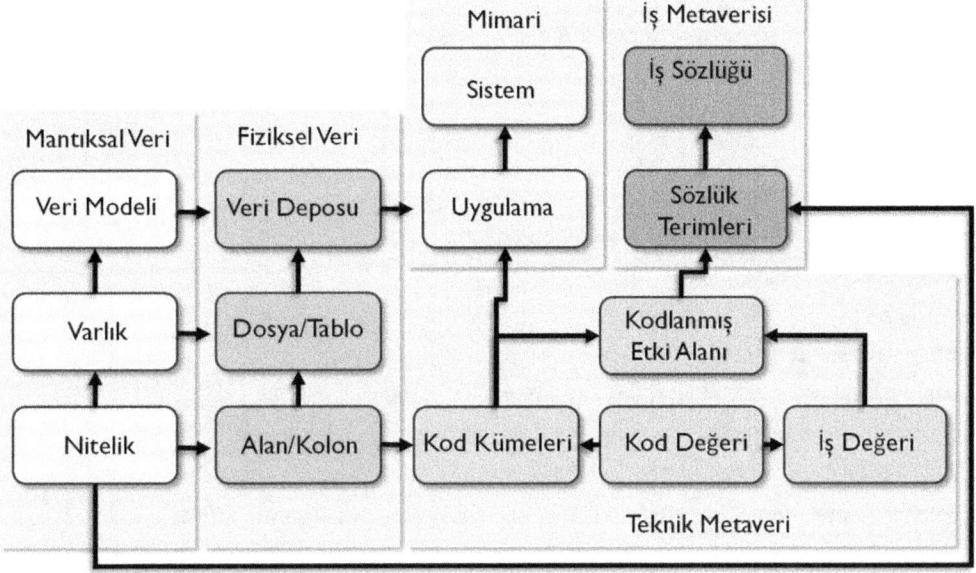

Şekil 88 Örnek Metaveri Deposu Metamodeli

2.3.2 Metaveri Standartlarının Uygulanması

Metaveri çözümü, metaveri stratejisinde tanımlandığı gibi üzerinde anlaşmaya varılan dahili ve harici standartlara uymalıdır. Metaveriler, yönetişim faaliyetleri tarafından uyumluluk açısından izlenmelidir. Kuruluşun dahili metaveri standartları, adlandırma kurallarını, özel niteliklerini, güvenliği, görünürlüğü ve işlem dokümanlarını içerir. Organizasyon harici metaveri standartları, veri alışverişi formatlarını ve uygulama programlama arayüzleri tasarımını içerir.

2.3.3 Metaveri Depolarının Yönetilmesi

Metaveri ortamını yönetmek için kontrol faaliyetlerini gerçekleyin. Depoların kontrolü, metaveri uzmanı tarafından gerçekleştirilen metaveri hareketinin ve depo güncellemelerinin kontrolüdür. Bu faaliyetler, doğası gereği idaridir ve raporların, uyarıların, logların izlenmesini ve bunlara yanıt verilmesini ve uygulanan depo ortamındaki çeşitli sorunların çözülmesini içerir. Birçok kontrol faaliyeti, veri operasyonları ve arayüz bakımı için standarttır. Kontrol faaliyetleri, veri yönetişimi gözetimine sahip olmalıdır.

Kontrol faaliyetleri şunları içerir:

- İş planlama ve izleme
- İstatistiksel yük analizi
- Yedekleme, kurtarma, arşivleme, temizleme
- Konfigürasyon değişiklikleri
- Performans ayarlama
- Sorgu istatistikleri analizi
- Sorgu ve rapor oluşturma

- Güvenlik Yönetimi

Kalite kontrol faaliyetleri şunları içerir:
- Kalite Güvence / Kalite Kontrol
- Veri güncelleme sıklığı – setleri zaman dilimleriyle eşleştirme
- Eksik metaveri raporlamaları
- Yaşlanmış metaverilerin raporlamaları

Metaveri yönetimi faaliyetleri şunları içerir:
- Varlıkları yükleme, tarama, içe aktarma ve etiketleme
- Kaynak eşleme ve akışı
- Versiyonlama
- Kullanıcı arayüzü yönetimi
- Veri kümelerini bağlama Metaveri bakımı – NOSQL sağlama için
- Verileri dahili veri toplamaya bağlama – özel bağlantılar ve iş Metaverileri
- Harici veri kaynakları ve beslemeler için lisanslama
- Veri geliştirme metaverisi, örneğin, Coğrafi Bilgi Sistemlerine bağlantı

Ve aşağıdakileri içeren eğitimler:
- Kullanıcıların ve veri sorumlularının eğitim ve öğretimi
- Yönetim metriklerinin oluşturulması ve analizi
- Kontrol faaliyetleri ve sorgulama ve raporlama konusunda eğitimler

2.4 Metaveri Oluşturulması ve Bakımı

Bölüm 1.3.5'te açıklandığı gibi, metaveriler bir dizi süreç aracılığıyla oluşturulur ve bir kuruluş içinde birçok yerde saklanır. Metaverinin yüksek kalitede olması için bir ürün olarak yönetilmesi gerekir. İyi metaveriler tesadüfen oluşturulmaz. Planlama gerektirirler (Bkz. Bölüm 13).

Metaveri yönetiminin birkaç genel prensibi, metaverileri kaliteli yönetmenin araçlarını tanımlar:

- **Mükellefiyet**: Metaverilerin genellikle mevcut süreçler (veri modelleme, SDLC, iş süreci tanımı) yoluyla üretildiğini kabul edin ve süreç sahiplerini metaverilerin kalitesinden sorumlu tutun.

- **Standartlar**: Entegrasyonu basitleştirmek ve kullanımı etkinleştirmek adına metaveriler için standartlar belirleyin, uygulayın ve denetleyin.

- **İyileştirme**: Tüketicilerin Metaveri Yönetimi ekibini yanlış veya güncel olmayan metaveriler konusunda bilgilendirebilmeleri için bir geri bildirim mekanizması oluşturun.

Diğer veriler gibi, metaveriler de kalite açısından profillenebilir ve denetlenebilir. Bakımı, proje çalışmasının denetlenebilir bir parçası olarak planlanmalı veya tamamlanmalıdır.

2.4.1 Metaverilerin Entegrasyonu

Entegrasyon süreçleri, kurum dışından elde edilen verilerden alınan metaveriler de dahil olmak üzere, kurum genelindeki metaverileri toplar ve birleştirir. Metaveri deposu, ayıklanan teknik metaverileri ilgili iş, süreçler ve yönetim metaverileri ile entegre etmelidir. Metaveriler, adaptörler, tarayıcılar, köprü uygulamaları kullanılarak veya bir kaynak veri deposundaki metaverilere doğrudan erişilerek çıkarılabilir. Bağdaştırıcılar, birçok üçüncü taraf yazılım aracıyla ve metaveri entegrasyon araçlarından temin edilebilir. Bazı durumlarda, araç API'leri kullanılarak adaptörler geliştirilecektir.

Yönetişim gerektirecek entegrasyonlarda zorluklar ortaya çıkar. Dahili veri kümelerini, kamu istatistikleri gibi harici verileri ve bültenler, dergilerdeki makaleler veya raporlar gibi elektronik olmayan formlardan elde edilen verileri entegre etmek, kalite ve anlambilim hakkında sayısız soruyu gündeme getirebilir.

Depo taramasını iki farklı yaklaşımla gerçekleştirin.

- **Özel arabirim**: Tek adımlı bir tarama ve yükleme işleminde, bir tarayıcı bir kaynak sistemden metaverileri toplar, ardından metaverileri depoya yüklemek için doğrudan biçime özgü yükleyici bileşenini çağırır. Bu süreçte, formata özel dosya çıktısı yoktur ve metaverinin toplanması ve yüklenmesi tek bir adımda gerçekleşir.
- **Yarı-özel arayüz**: İki aşamalı bir süreçte, bir tarayıcı bir kaynak sistemden metaverileri toplar ve bunu formata özel bir veri dosyasına verir. Tarayıcı, yalnızca alıcı deponun uygun şekilde okuyabilmesi ve yükleyebilmesi için ihtiyaç duyduğu bir veri dosyası üretir. Dosya birçok yöntemle okunabilir olduğundan arayüz daha açık bir mimaridir.

Bir tarama işlemi, işlem sırasında çeşitli dosya türleri üretir ve kullanır.

- **Kontrol dosyası**: Veri modelinin kaynak yapısını içerir
- **Yeniden kullanım dosyası**: İşlem yüklerinin yeniden kullanımını yönetme kurallarını içerir
- **Log dosyaları**: Sürecin her aşamasında üretilir, her tarama veya ayıklama için birer tane ve her yük döngüsü için bir tanedir
- **Geçici ve yedek dosyalar**: İşlem sırasında veya izlenebilirlik için kullanın

Geçici ve yedek dosyaları depolamak için kalıcı olmayan bir metaveri hazırlama alanı kullanın. Hazırlama alanı, geri alma ve kurtarma işlemlerini destekler ve metaveri kaynağı veya kalite sorunlarını araştırırken depo yöneticilerine yardımcı olmak için bir ara denetim izi sağlar. Hazırlama alanı, bir dosya dizini veya bir veritabanı şeklini alabilir.

Veri ambarı için kullanılan Veri Entegrasyon araçları ve İş Zekâsı uygulamaları metaveri entegrasyon süreçlerinde sıklıkla etkin bir şekilde kullanılmaktadır (Bkz. Bölüm 8).

2.4.2 Metaverilerin Dağıtım ve Teslimatı

Metaveriler, veri tüketicilerine ve metaveri akışları gerektiren uygulamalara veya araçlara teslim edilir. Teslimat mekanizmaları şunları içerir:

- Arama, araştırma, sorgulama, raporlama ve analiz için metaveri intranet web siteleri
- Raporlar, sözlükler ve diğer belgeler
- Veri ambarları, veri martları ve BI (İş Zekâsı) araçları

- Modelleme ve yazılım geliştirme araçları
- Mesajlaşma ve işlemler
- Web servisleri ve Uygulama Programlama Arayüzleri (API'ler)
- Dış organizasyon arayüzü çözümleri (ör. tedarik zinciri çözümleri)

Metaveri çözümü genellikle bir İş Zekâsı çözümüne bağlanır, böylece metaverilerin hem kapsamı hem de para birimi BI içeriğiyle senkronize olur. Bir bağlantı, BI'nın son kullanıcıya teslimine yönelik bir entegrasyon aracı sağlar. Benzer şekilde, bazı CRM (Müşteri İlişkileri Yönetimi) veya diğer ERP (Kurumsal Kaynak Planlama) çözümleri, uygulama teslim katmanında metaveri entegrasyonu gerektirebilir.

Metaveriler, dosyalar (düz, XML veya JSON) veya web servisler aracılığıyla harici kuruluşlara iletilir.

2.5 Metaverileri Sorgulanması, Raporlaması ve Analizi

Metaveriler, veri varlıklarının kullanımına rehberlik eder. Metaverileri İş Zekâsı (raporlama ve analiz), iş kararlarında (operasyonel, taktik, stratejik) ve iş semantiğinde (ne dedikleri, ne anlama geldikleri – iş dili) kullanın. Bir metaveri deposu, tüm bu rehberlik ve veri varlıklarının yönetimi için gerekli arama ve alma fonksiyonunu destekleyen bir arayüz uygulamasına sahip olmalıdır. İş kullanıcılarına sağlanan arabirim, teknik kullanıcılar ve geliştiriciler için olduğundan farklı bir dizi fonksiyonel gereksinime sahip olabilir. Bazı raporlar, değişiklik etki analizi gibi gelecekteki geliştirmeleri kolaylaştırır veya veri ambarı ve veri kökeni raporları gibi İş Zekâsı projeleri için değişen tanımlarda sorunları giderirler.

3. Araçlar

Metaverileri yönetmek için kullanılan ana araç metaveri deposudur. Bu, bir entegrasyon katmanı ve genellikle manuel güncellemeler için bir arayüz içerecektir. Metaveri üreten ve kullanan araçlar, bir metaveri deposuna entegre edilebilen metaveri kaynakları haline gelir.

3.1 Metaveri Deposu Yönetim Araçları

Metaveri Yönetimi araçları, Metaverileri merkezi bir konumda (depo) yönetmek için yetenekler sağlar. Metaveriler, özel bağlayıcılar aracılığıyla manuel olarak girilebilir veya çeşitli diğer kaynaklardan çıkarılabilir. Metaveri depoları, metaverileri diğer sistemlerle değiş tokuş etme yetenekleri de sağlar.

Metaveri yönetimi araçları ve depolarının kendileri de özellikle hibrit bir metaveri mimari modelinde veya büyük kurumsal uygulamalarda bir metaveri kaynağıdır. Metaveri yönetimi araçları, toplanan metaverilerin diğer metaveri depoları ile değiş tokuşuna izin vererek, farklı kaynaklardan çeşitli metaverilerin merkezi bir depoda toplanmasını veya depolar arasında hareket ederken çeşitli metaverilerin zenginleştirilmesini ve standartlaştırılmasını sağlar.

4. Yöntemler

4.1 Veri Kökeni ve Etki Analizi

Fiziksel varlıklarla ilgili metaverileri keşfetmenin ve belgelemenin önemli bir getirisi, verilerin sistemler arasında hareket ederken nasıl dönüştürüldüğü hakkında bilgi sağlamaktır. Çoğu metaveri aracı, ortamlarındaki verilere ne olduğu hakkında bilgi taşır ve arabirim oluşturdukları sistemler veya uygulamalar arasındaki geçmişi görüntüleme yetenekleri sağlarlar. Programlama koduna dayalı kökenin mevcut versiyonu, 'gerçeklenmiş köken' olarak adlandırılır. Buna karşılık, eşleme belgelerinde açıklanan köken, 'tasarlanmış köken' olarak anılır.

Bir köken yapısının sınırlamaları, metaveri yönetim sisteminin kapsamına dayanır. Fonksiyona özgü metaveri depoları veya veri görselleştirme araçları, etkileşimde bulundukları ortamlar kapsamındaki veri kökeni hakkında bilgiye sahiptir, ancak ortamlarının dışındaki verilere ne olduğuna dair görünürlük sağlamayacaktır.

Metaveri yönetim sistemleri, bu köken ayrıntısını sağlayabilen çeşitli araçlardan 'gerçeklendiği gibi' kökenini içe aktarır ve ardından gerçek uygulama ayrıntılarının çıkarılamadığı yerlerden veri kökenini 'tasarlandığı gibi' ile genişletir. Veri kökeninin parçalarını birleştirme işlemi dikiş olarak adlandırılır. Orijinal konumlarından (resmi kaynak veya kayıt sistemi) nihai varış noktasına inene kadar hareket ederken verilerin bütünsel bir görselleştirilmesiyle sonuçlanır.

Şekil 89, örnek bir veri öğesi kökenini gösterir. Bunu okurken, fiziksel olarak zz_total sütunu olarak gerçeklenen 'Total Backorder' iş verisi öğesi, diğer 3 veri öğesine bağlıdır: Fiziksel olarak 'yy_unit_cost' olarak gerçeklenen 'Units Cost in Cents', 'yy_qty' içinde gerçeklenen 'yy_tax' ve Back Order Quantity'.

Şekil 89'daki gibi bir köken grafiği belirli bir veri öğesine ne olduğunu açıklasa da tüm iş kullanıcıları bunu anlamayacaktır. Daha yüksek köken seviyeleri (örneğin, 'Sistem Kökeni'), sistem veya uygulama seviyesindeki hareketi özetler. Birçok görselleştirme aracı, sistem kökeni bağlamında veri öğesi kökenini göstermek için yakınlaştırma / uzaklaştırma yeteneği sağlar. Örneğin, Şekil 90, bir bakışta genel veri hareketinin bir sistem veya uygulama düzeyinde anlaşıldığı ve görselleştirildiği örnek bir sistem kökenini gösterir.

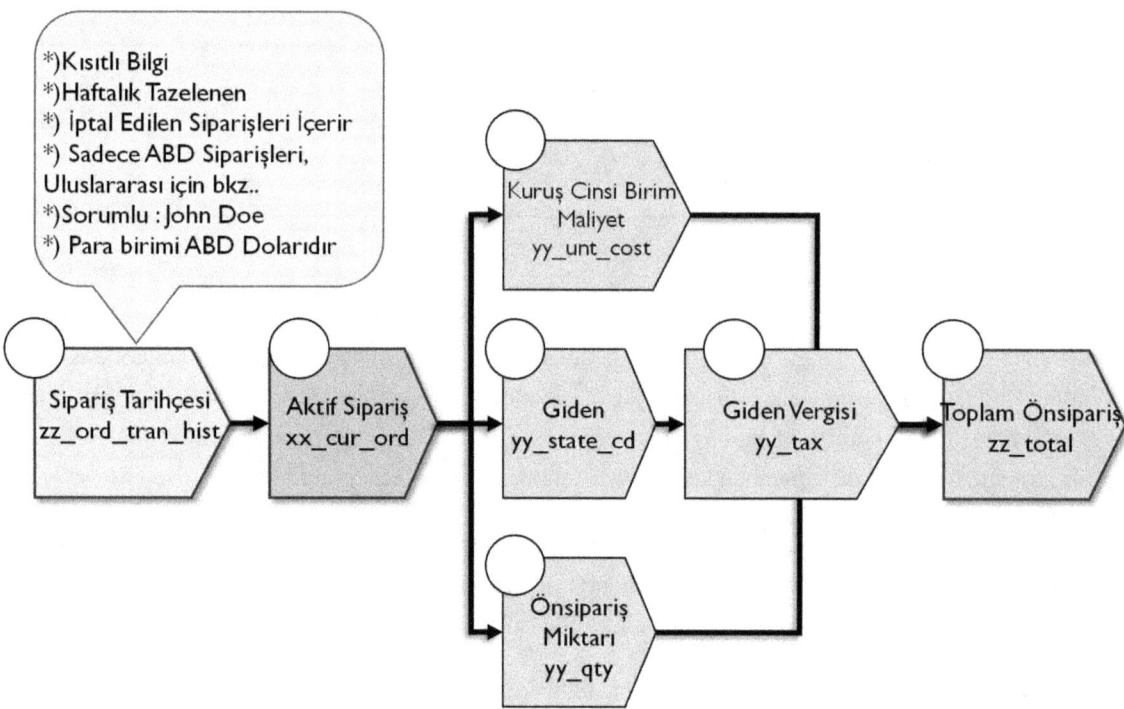

Şekil 89 Örnek Veri Öğesi Kökeni Akış Diyagramı

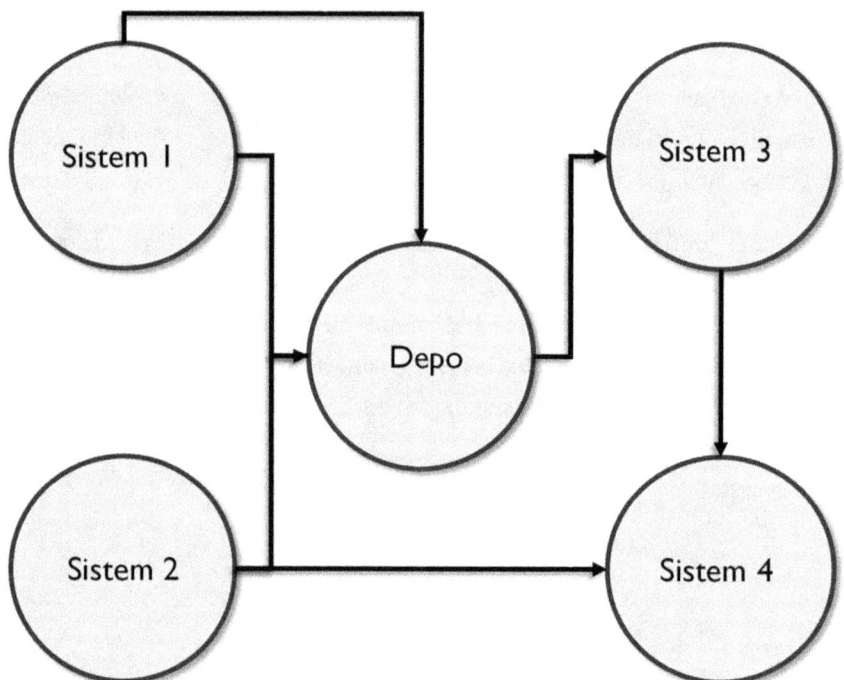

Şekil 90 Örnek Sistem Kökeni Akış Şeması

Bir sistemdeki veri öğelerinin sayısı arttıkça, köken keşfi karmaşık hale gelir ve yönetilmesi zorlaşır. İş hedeflerine başarılı bir şekilde ulaşmak için, varlıkların keşfi ve metaveri deposuna aktarım stratejisi, planlama ve tasarım gerektirir. Başarılı köken keşfinin hem iş hem de teknik odağı hesaba katması gerekir:

- **İş odağı**: Köken keşfini iş tarafından öncelik verilen veri öğeleriyle sınırlayın. Hedef konumlardan başlayın ve belirli verilerin kaynaklandığı kaynak sistemlere kadar takip edin. Bu yaklaşım, taranan varlıkları seçilen veri öğelerini taşıyan, aktaran veya güncelleyenlerle sınırlayarak, iş verileri tüketicilerinin sistemlerde hareket ederken belirli veri öğesine ne olduğunu anlamalarını sağlayacaktır. Veri kalitesi ölçümleriyle birleştirilirse, sistem tasarımının veri kalitesini olumsuz etkilediği yerleri saptamak için köken kullanılabilir.

- **Teknik odak**: Kaynak sistemlerden başlayın ve tüm acil tüketicileri tanımlayın, ardından tanımlanan ilk kümenin sonraki tüm tüketicilerini belirleyin ve tüm sistemler tanımlanana kadar bu adımları tekrarlamaya devam edin. Teknoloji kullanıcıları, verilerle ilgili çeşitli soruları yanıtlamaya yardımcı olmak için sistem keşif stratejisinden daha fazla yararlanır. Bu yaklaşım, teknoloji ve iş kullanıcılarının, "Sosyal güvenlik numarası nerede?" veya "Belirli bir sütunun genişliği değiştirilirse hangi sistemler etkilenir?" gibi etki raporları oluşturması ve kurum genelinde veri öğelerini keşfetmeyle ilgili soruları yanıtlamasına olanak tanıyacaktır. Ancak bu stratejinin yönetilmesi karmaşık olabilir.

Birçok veri entegrasyon aracı, yalnızca geliştirilen yükleme kodunu değil, aynı zamanda veri modelini ve fiziksel veritabanını da dikkate alan köken analizi sunar. Bazıları, tanımları izlemek ve güncellemek için iş kullanıcısına yönelik web arayüzleri sunar. Bunlar iş sözlükleri gibi görünmeye başlarlar.

Belgelenmiş köken hem iş hem de teknik kişilerin verileri kullanmasına yardımcı olur. Onsuz, anormallikleri, olası değişiklik etkilerini veya bilinmeyen sonuçları araştırmak için çok zaman harcanır. Son kullanıcı raporlaması ve analitiğinin yanı sıra yükleme sürecine dahil olan tüm hareketli parçaları anlayabilen entegre bir etki ve köken aracı gerçeklemeye çalışın. Etki raporları, tahmin ve bakım görevlerini hızlandıran ve kolaylaştıran olası bir değişiklikten hangi bileşenlerin etkilendiğini ana hatlarıyla belirtir.

4.2 Büyük Veri Beslemesi için Metaveriler

Birçok veri yönetimi uzmanı, her öğenin açıkça tanımlanıp etiketlenebildiği yapılandırılmış veri depolarına aşinadır. Ancak günümüzde pek çok veri daha az yapılandırılmış biçimlerde gelmektedir. Bazı yapılandırılmamış kaynaklar kuruluş içinde, bazıları ise kuruluş dışındadır. Her iki durumda da verileri fiziksel olarak tek bir yere getirmeye artık gerek yoktur. Yeni teknolojiler sayesinde, verileri programa taşımak yerine program verilere gidecek, veri hareket miktarını azaltacak ve sürecin yürütülmesini hızlandıracaktır. Bununla birlikte, bir veri gölünde başarılı veri yönetimi, metaverilerin yönetilmesine bağlıdır.

Metaveri etiketleri, besleme sırasında verilere uygulanmalıdır. Metaveriler daha sonra veri gölünde erişim için mevcut olan veri içeriğini tanımlamak için kullanılabilirler. Birçok besleme motoru, verileri alındıkça profillendirir. Veri profili oluşturmak, veri alanlarını, ilişkileri ve veri kalitesi sorunlarını tanımlayabilir. Ayrıca etiketlemeyi sağlayabilir. Besleme sırasında, örneğin hassas veya özel verileri tanımlamak için metaveri etiketleri eklenebilir. Veri bilimcileri, davranış kümelerini temsil eden güven, metinsel tanımlayıcılar ve kodlar ekleyebilir (Bkz. Bölüm 14).

5. Gerçekleme Yönergeleri

Kuruluşa yönelik riskleri en aza indirmek ve kabulü kolaylaştırmak için artımlı adımlarla yönetilen bir metaveri ortamı gerçekleyin. Açık bir ilişkisel veritabanı platformu kullanarak metaveri depolarını gerçekleyin. Bu, bir depo geliştirme projesinin başlangıcında beklenmeyen çeşitli kontrollerin ve arayüzlerin geliştirilmesine ve gerçeklenmesine izin verir.

Depo içeriği, yalnızca kaynak sistem veritabanı tasarımlarını yansıtmakla kalmayıp, tasarımda kapsayıcı olmalıdır. İçeriği kurumsal konu alanı uzmanlarıyla uyumlu ve kapsamlı bir metaveri modeline dayalı olarak tasarlayın. Planlama, veri tüketicilerinin farklı veri kaynakları arasında görebilmesi için metaverilerin entegrasyonunu hesaba katmalıdır. Bunu yapabilme yeteneği, deponun en değerli özelliklerinden biri olacaktır. Metaverilerin güncel, planlı ve geçmiş sürümlerini de içermelidir.

Genellikle ilk gerçekleme, kavramları kanıtlamak ve metaveri ortamını yönetme hakkında bilgi edinmek için bir pilot uygulamadır. Metaveri projelerinin BT geliştirme metodolojisine entegrasyonu gereklidir. Mimari ve depolama türlerine bağlı olarak farklılıklar olacaktır.

5.1 Hazırlık Değerlendirmesi / Risk Değerlendirmesi

Sağlam bir metaveri stratejisine sahip olmak, herkesin daha etkili kararlar almasına yardımcı olur. Her şeyden önce, insanlar metaverileri yönetmemenin risklerinin farkında olmalıdır. Yüksek kaliteli metaveri eksikliğinin aşağıdakilere ne derece yol açabileceğini değerlendirin:

- Yanlış, eksik veya geçersiz varsayımlardan veya verilerin bağlamı hakkında bilgi eksikliğinden kaynaklanan karar hataları

- Müşterileri veya çalışanları riske atabilecek veya işletmenin güvenilirliğini etkileyebilecek ve yasal masraflara yol açabilecek hassas verilerin ifşa edilmesi

- Verileri bilen konu alanı uzmanlarının ayrılıp bilgilerini yanlarında götürme riski

Bir kuruluş sağlam bir metaveri stratejisi benimsediğinde risk azalır. Organizasyonel hazırlık, metaveri faaliyetlerindeki mevcut olgunluğun resmi bir değerlendirmesiyle ele alınır. Değerlendirme, kritik iş verileri öğelerini, mevcut metaveri sözlüklerini, köken, veri profili oluşturma ve veri kalitesi süreçlerini, MDM (Ana Veri Yönetimi) olgunluğunu ve diğer hususları içermelidir. İş öncelikleriyle uyumlu değerlendirmeden elde edilen bulgular, Metaveri Yönetimi uygulamalarının iyileştirilmesine yönelik stratejik bir yaklaşımın temelini oluşturacaktır. Resmi bir değerlendirme ayrıca bir iş gerekçesi, sponsorluk ve finansman için temel sağlar.

Metaveri stratejisi, genel bir veri yönetişim stratejisinin parçası olabilir veya etkili veri yönetişiminin uygulanmasında ilk adım olabilir. Kilit paydaşlarla yapılan görüşmelerin yanı sıra mevcut metaverilerin nesnel olarak incelenmesi yoluyla bir metaveri değerlendirmesi yapılmalıdır. Bir risk değerlendirmesinin çıktıları bir strateji ve yol haritasını içerir.

5.2 Organizasyonel ve Kültürel Değişim

Diğer veri yönetimi çabaları gibi, metaveri girişimleri de genellikle kültürel dirençle karşılaşır. Yönetilmeyen bir ortamdan yönetilen bir metaveri ortamına geçmek, efor ve disiplin gerektirir. Çoğu insan güvenilir metaverilerin değerini bilse bile bunu yapmak kolay değildir. Yönetişim ve kontrol yöntemleri gibi, kurumsal hazırlık da önemli bir endişe kaynağıdır.

Metaveri Yönetimi, birçok kuruluşta düşük bir önceliğe sahiptir. Temel bir metaveri seti, bir organizasyonda koordinasyon ve taahhüt gerektirir. Çalışan kimlik verilerinin, sigorta poliçe numaralarının, araç kimlik numaralarının veya ürün spesifikasyonlarının çeşitli yapıları olabilir ve bunlar değiştirilirse birçok kurumsal sistemde büyük revizyonlar gerektirecektir. Kontrolün şirketteki veriler için anında kalite faydaları sağlayacağı o iyi örneği arayın. Argümanları işle ilgili somut örneklerden oluşturun.

Bir kurumsal veri yönetişimi stratejisinin uygulanması, üst yönetimin desteğini ve katılımını gerektirir. İş ve teknoloji personelinin, işlevler arası bir şekilde birlikte yakın çalışabilmesini gerektirir.

6. Metaveri Yönetişimi

Kuruluşlar, metaveri yaşam döngüsünün yönetimi için kendi özel gereksinimlerini belirlemeli ve bu gereksinimleri etkinleştirmek için yönetişim süreçleri oluşturmalıdır. Özellikle büyük veya iş açısından kritik alanlarda, özel kaynaklara resmi rol ve sorumlulukların atanması önerilir. Metaveri yönetişim süreçlerinin kendisi güvenilir metaverilere bağlıdır, bu nedenle metaverileri yönetmekten sorumlu ekip, oluşturdukları ve kullandıkları metaveriler üzerindeki ilkeleri test edebilirler.

6.1 Süreç Kontrolleri

Veri yönetişimi ekibi, metaveriler için standartları tanımlamaktan ve durum değişikliklerini yönetmekten – genellikle iş akışı veya iş birliği yazılımlarıyla – sorumlu olmalıdır ve kuruluş genelinde tanıtım faaliyetleri ve eğitim geliştirme veya fiili eğitimden sorumlu olabilir.

Daha olgun metaveri yönetişimi, değişen durum değişiklikleri veya yönetişim yoluyla ilerlemek için iş terimleri ve tanımları gerektirecektir; örneğin, bir aday döneminden, onaylanana, yayınlanana ve değiştirilen veya emekli olanın yaşam döngüsündeki son noktaya kadar. Yönetişim ekibi, ilgili terimler gibi iş terimi ilişkilendirmelerinin yanı sıra, terimlerin sınıflandırılması ve gruplandırılmasını da yönetebilir.

Metaveri stratejisinin SDLC'ye entegrasyonu, değiştirildiğinde değiştirilen metaverinin toplanmasını sağlamak için gereklidir. Bu, metaverilerin güncel kalmasını sağlamaya yardımcı olur.

6.2 Metaveri Çözümlerinin Belgelenmesi

Bir metaveri ana kataloğu, halihazırda kapsam dahilindeki kaynakları ve hedefleri içerecektir. Bu, BT ve iş kullanıcıları için bir kaynaktır ve "neyin nerede" olduğuna dair bir kılavuz olarak ve ne bulacaklarına ilişkin beklentileri belirlemek için kullanıcı topluluğuna yayınlanabilir:

- Metaveri gerçekleme durumu
- Kaynak ve hedef Metaveri deposu
- Güncellemeler için zamanlama bilgileri
- Tutma ve tutulan sürümler
- İçerikler
- Kalite beyanları veya uyarıları (örneğin, eksik değerler)
- Kayıt sistemi ve diğer veri kaynağı durumları
- Araçlar, mimariler ve ilgili kişiler

- Kaynak içindeki hassas bilgiler için silme veya maskeleme stratejisi

Doküman ve içerik yönetiminde, veri haritaları benzer bilgileri gösterir. Genel metaveri entegrasyon sistemleri ortamının görselleştirmeleri de metaveri dokümanlarının bir parçası olarak sürdürülürler (Bkz. Bölüm 9).

6.3 Metaveri Standartları ve Yönergeleri

Operasyonel iş ortakları ile veri alışverişinde metaveri standartları esastır. Şirketler, müşteriler, tedarikçiler, ortaklar ve düzenleyici kurumlarla bilgi paylaşımının değerini bilirler. Paylaşılan bilgilerin optimal kullanımını desteklemek için ortak metaverilerin paylaşılması ihtiyacı, sektöre dayalı birçok standardı ortaya çıkarmıştır.

Planlama döngüsünün başlarında sektöre dayalı ve sektöre duyarlı metaveri standartlarını benimseyin. Metaveri Yönetimi teknolojilerini değerlendirmek için standartları kullanın. Birçok önde gelen tedarikçi birden fazla standardı destekler ve bazıları sektöre dayalı ve sektöre duyarlı standartların özelleştirilmesine yardımcı olabilirler.

Araç tedarikçileri, veri yönetimi ürünlerinde veri alışverişi için XML ve JSON veya REST desteği sağlar. Araçlarını bir dizi çözümde birleştirmek için aynı stratejiyi kullanırlar. Veri entegrasyonu, ilişkisel ve çok boyutlu veritabanları, gereksinim yönetimi, İş Zekâsı raporlaması, veri modelleme ve iş kuralları dahil olmak üzere teknolojiler, XML kullanarak veriler ve metaveriler için içe ve dışa aktarma yetenekleri sunar. Tedarikçiler, özel XML şemalarını ve doküman türü tanımlarını (DTD) veya daha yaygın olarak XML şema tanımlarını (XSD) korur. Bunlara özel arayüzler aracılığıyla erişilir. Bu araçları bir metaveri yönetimi ortamına entegre etmek için özel geliştirme gereklidir.

Yönergeler, şablonları ve ilgili örnekleri ve "terimi kullanarak yeni bir terim tanımlamayın" ve noksansızlık ifadeleri gibi kurallar dahil olmak üzere beklenen girdiler ve güncellemeler hakkında eğitimi içerir. Farklı metaveri türleri için farklı şablonlar geliştirilir ve kısmen seçilen metaveri çözümü tarafından yönlendirilir. Gerekli güncellemeler için kılavuzların sürekli izlenmesi bir yönetişim sorumluluğudur.

Metaveriler için ISO standartları, araç geliştiriciler için rehberlik sağlar, ancak araçların standartları karşılaması gerektiğinden, ticari araçları kullanan kuruluşlar için bir endişe kaynağı olması muhtemel değildir. Ne olursa olsun, bu standartları ve bunların yansımalarını iyi anlamak yardımcı olabilir.

6.4 Metrikler

Öncelikle metaveri eksikliğinin etkisini ölçmeden metaverilerin etkisini ölçmek zordur. Risk değerlendirmesinin bir parçası olarak, metaveri çözümü uygulamaya konduktan sonra iyileşmeyi göstermek için tüketicilerin bilgi aramak için harcadıkları süreye ilişkin ölçümler edinin. Metaveri gerçeklemesinin etkinliği, metaverinin kendisinin, onunla ilişkili yönetim rutinlerinin ve metaveri kullanımının bütünlüğü açısından da ölçülebilir. Metaveri ortamlarında önerilen ölçümler şunları içerir:

- **Metaveri deposu bütünlüğü**: Kurumsal metaverilerin ideal kapsamını (kapsam içindeki tüm yapılar ve tüm örnekler) gerçek kapsamla karşılaştırın. Kapsam tanımları için stratejiye başvurun.

- **Metaveri Yönetimi Olgunluğu**: Olgunluk değerlendirmesine yönelik Yetkinlik Olgunluk Modeli (CMM-DMM) yaklaşımına dayalı olarak, işletmenin metaveri olgunluğunu denetlemek için geliştirilmiş metrikler (Bkz. Bölüm 15).

- **Sorumlu temsili**: Sorumluların atanması, sorumluluk için kuruluş genelindeki kapsama ve iş tanımlarındaki rollerin belgelenmesi ile değerlendirilen metaverilere kurumsal taahhüt.

- **Metaveri kullanımı**: Metaveri deposu kullanımına ilişkin kullanıcı kavrayışı, depodaki oturum açma sayıları ile ölçülebilir. İş uygulamalarında kullanıcıların metaverilere referans vermesi, izlenmesi daha zor bir ölçüdür. Bu ölçümü yakalamak için nitel araştırmalarda anekdot ölçütleri gerekebilir.

- **İş Sözlüğü faaliyeti**: Kullanım, güncelleme, tanımların çözümlenmesi, kapsam.

- **Ana Veri hizmeti veri uyumluluğu**: SOA çözümlerinde verilerin yeniden kullanımını gösterir. Veri hizmetlerine ilişkin metaveriler, geliştiricilere, yeni geliştirmenin mevcut bir hizmeti ne zaman kullanabileceğine karar vermede yardımcı olabilir.

- **Metaveri dokümantasyon kalitesi**: Hem otomatik hem de manuel yöntemlerle metaveri dokümantasyonunun kalitesini değerlendirin. Otomatik yöntemler, iki kaynak üzerinde çalışma mantığı gerçekleştirmeyi, bunların ne kadar eşleştiğini ve zaman içindeki eğilimi ölçmeyi içerir. Başka bir metrik, zaman içinde trend tanımları olan özelliklerin yüzdesini ölçecektir. Manuel yöntemler, kurumsal kalite tanımlarına dayalı yapılacak rastgele veya tam kadro anketleri içerir. Kalite ölçüleri, depodaki metaverilerin noksansızlığını, güvenilirliğini, güncelliğini vb. gösterir.

- **Metaveri deposu kullanılabilirliği**: Çalışma süresi, işlem süresi (toplu iş ve sorgu).

7. Alıntılanan / Önerilen Çalışmalar

Aiken, Peter. *Data Reverse Engineering: Slaying the Legacy Dragon*. 1995.

Foreman, John W. Data Smart: *Using Data Science to Transform Information into Insight*. Wiley, 2013. Print.

Loshin, David. *Enterprise Knowledge Management: The Data Quality Approach*. Morgan Kaufmann, 2001.

Marco, David. *Building and Managing the Meta Data Repository: A Full Lifecycle Guide*. Wiley, 2000. Print.

Milton, Nicholas Ross. *Knowledge Acquisition in Practice: A Step-by-step Guide*. Springer, 2007. Print. Decision Engineering.

Park, Jung-ran, ed. *Metadata Best Practices and Guidelines: Current Implementation and Future Trends*. Routledge, 2014. Print.

Pomerantz, Jeffrey. *Metadata*. The MIT Press, 2015. Print. The MIT Press Essential Knowledge ser.

Schneier, Bruce. *Data and Goliath: The Hidden Battles to Collect Your Data and Control Your World*. W. W. Norton and Company, 2015. Print.

Tannenbaum, Adrienne. *Implementing a Corporate Repository: The Models Meet Reality*. Wiley, 1994. Print. Wiley Professional Computing.

Warden, Pete. *Big Data Glossary*. O'Reilly Media, 2011. Print.

Zeng, Marcia Lei and Jian Qin. *Metadata*. 2nd ed. ALA Neal-Schuman, 2015. Print.

BÖLÜM 13

Veri Kalitesi

DAMA-DMBOK2 Veri Yönetimi Çerçevesi
Copyright © 2017 by DAMA International

1. Giriş

Etkili veri yönetimi, bir kuruluşun verilerini stratejik hedeflere ulaşmak için kullanmasını sağlayan bir dizi karmaşık, birbiriyle ilişkili süreçtir. Veri yönetimi, uygulamalar için veri tasarlama, bu verileri güvenli bir şekilde depolama ve erişme, uygun şekilde paylaşma, ondan öğrenme ve iş ihtiyaçlarını karşılamasını sağlama becerisini içerir. Verinin değeri hakkındaki iddiaların altında yatan varsayım, verinin kendisinin güvenli ve güvenilir olduğudur. Başka bir deyişle, yüksek kalitede olmasıdır.

Bununla birlikte, pek çok faktör, düşük kaliteli verilerin oluşmasına katkıda bulunarak bu varsayımı baltalayabilir: Düşük kaliteli verilerin kurumsal başarı üzerindeki etkilerine anlayış eksikliği, kötü planlama, 'silolardan' oluşan sistem tasarımı, tutarsız geliştirme süreçleri, eksik dokümantasyon, standartların eksikliği, ya da yönetim eksikliği gibi faktörler neden olmaktadır. Birçok kuruluş, verileri amaca uygun kılan şeyleri tanımlayamamaktadır.

Tüm veri yönetimi disiplinleri, veri kalitesine katkıda bulunur ve organizasyonu destekleyen yüksek kaliteli veriler, veri yönetimi disiplinlerinin hedefinde olmalıdır. Verilerle etkileşime giren herhangi birinin bilgisiz kararları veya eylemleri düşük kaliteli verilerle sonuçlanabileceğinden, yüksek kaliteli veri üretmek, fonksiyonlararası taahhüt ve koordinasyon gerektirir. Kuruluşlar ve ekipler bunun farkında olmalı ve verilerdeki beklenmeyen veya kabul edilemez koşullarla ilgili riskleri hesaba katan şekillerde süreçler ve projeler yürüterek yüksek kaliteli veriler için planlama yapmalıdırlar.

Hiçbir kuruluş mükemmel iş süreçlerine, mükemmel teknik süreçlere veya mükemmel veri yönetimi uygulamalarına sahip olmadığı için, tüm kuruluşlar verilerinin kalitesiyle ilgili sorunlar yaşar. Veri kalitesini resmi olarak yöneten kuruluşlar, veri kalitesini şansa bırakanlardan daha az sorun yaşarlar.

Resmi veri kalitesi yönetimi, diğer ürünlerin süregelen kalite yönetimine benzer. Standartlar belirleyerek yaşam döngüsü boyunca verileri yönetmeyi, verileri oluşturan, dönüştüren ve depolayan süreçlere kalite inşa etmeyi ve verileri standartlara göre ölçmeyi içerir. Verileri bu düzeyde yönetmek genellikle bir Veri Kalitesi program ekibi gerektirir. Veri Kalitesi program ekibi hem iş hem de teknik veri yönetimi profesyonellerini görevlendirmekten ve verilerin çeşitli amaçlar için tüketime uygun olmasını sağlamak için verilere kalite yönetimi tekniklerini uygulama çalışmalarını yürütmekten sorumludur. Ekip, yüksek öncelikli veri sorunlarını ele alırken süreçleri ve en iyi uygulamaları oluşturabilecekleri bir dizi projede yer alacaktır.

Veri kalitesini yönetmek, veri yaşam döngüsünü yönetmeyi içerdiğinden, Veri Kalitesi programının veri kullanımıyla ilgili operasyonel sorumlulukları da olacaktır. Veri kalitesi düzeyleri hakkında raporlama ve veri sorunlarının analizi, nicelleştirilmesi ve önceliklendirilmesiyle meşgul olmak örnek verilebilir. Bu ekip ayrıca, verilerin ihtiyaçlarını karşıladığından emin olarak işlerini yapmak için verilere ihtiyaç duyanlarla çalışmaktan ve verileri doğru şekilde işlediklerinden emin olmak için işleri sırasında verileri oluşturan, güncelleyen veya silen kişilerle çalışmaktan da sorumludur. Veri kalitesi, yalnızca veri yönetimi uzmanlarına değil, verilerle etkileşime giren herkese bağlıdır.

Veri Yönetişiminde ve bir bütün olarak veri yönetiminde olduğu gibi, Veri Kalitesi Yönetimi de bir proje değil, bir programdır. İletişim ve eğitim taahhüdü ile birlikte hem proje hem de bakım çalışmalarını içerecektir. En önemlisi, veri kalitesi iyileştirme programının uzun vadeli başarısı, bir organizasyonun kültürünün değişmesine ve kalite zihniyetini benimsemesine bağlıdır. *Liderlerin Veri Manifestosu*'nda belirtildiği gibi: temel, kalıcı değişim, bir kuruluştaki her seviyedeki insanların kararlı liderliğini ve katılımını gerektirir. İşlerini yapmak için verileri kullanan kişilerin – ki çoğu kuruluşta bu, çalışanların çok büyük bir yüzdesidir – değişimi yönlendirmesi gerek. Odaklanması gereken en kritik değişimlerden biri, kuruluşlarının verilerinin kalitesini nasıl yönettiği ve iyileştirdiğidir.[49]

---

[49] Liderlerin Veri Manifestosu'nun tam metni için, bkz. http://bit.ly/2sQhcy7.

Veri Kalitesi Yönetimi

Tanım: Tüketime uygun olmasını ve veri tüketicilerinin ihtiyaçlarını karşılamasını sağlamak için verilere kalite yönetimi tekniklerini uygulayan faaliyetlerin planlanması, uygulanması ve kontrolü.

Hedefler:
1. Veri tüketicilerinin gereksinimlerine dayalı olarak verileri amaca uygun hale getirmek için yönetilen bir yaklaşım geliştirilmesi.
2. Veri yaşam döngüsünün bir parçası olarak veri kalitesi kontrolleri için standartların, gereksinimlerin ve spesifikasyonların tanımlanması.
3. Veri kalitesi düzeylerini ölçmek, izlemek ve raporlamak için süreçlerin tanımlanması ve uygulanması.
4. Süreç ve sistem iyileştirmeleri yoluyla veri kalitesinin iyileştirme fırsatlarının belirlenmesi ve savunulması.

İş Etkenleri

Girdiler:
- Veri Politikaları ve Standartları
- Veri Kalitesi Beklentileri
- İş Gereksinimleri
- İş Kuralları
- Veri Gereksinimleri
- İş Metaverisi
- Teknik Metaveri
- Veri Kaynakları ve Veri Depoları
- Veri Kökeni

Faaliyetler:
1. Yüksek Kaliteli Verinin Tanımlanması (P)
2. Veri Kalitesi Stratejisinin Tanımlanması (P)
3. İlk Değerlendirmenin Kapsamının Tanımlanması (P)
   1. Kritik Verileri Tanımlanması
   2. Mevcut Kuralların ve Desenlerin Tanımlanması
4. İlk Veri Kalitesi Değerlendirmesinin Gerçekleştirilmesi (P)
   1. Sorunların tanımlanması ve önceliklendirilmesi
   2. Sorunların kök neden analizinin gerçekleştirilmesi
5. İyileştirmeleri Belirlenmesi ve Önceliklendirilmesi
   1. İş Etkilerine Dayalı Eylemlere Öncelik Verilmesi
   2. Önleyici ve Düzeltici Faaliyetler Geliştirilmesi
   3. Planlanan Eylemlerin Onaylanması
6. Veri Kalitesi Operasyonlarının Geliştirilmesi ve Yerleştirilmesi (D)
   1. Veri Kalitesi Operasyonel Prosedürlerinin Geliştirilmesi
   2. Veri Kalitesi Hatalarının Doğrulanması
   3. Veri Kalitesinin Ölçülmesi ve İzlenmesi
   4. Veri Kalitesi düzeyleri ve bulguları hakkında raporlama yapılması

Çıktılar:
- Veri Kalitesi Stratejisi & Çerçevesi
- Veri Kalitesi Program Organizasyonu
- Veri Profilinden Analizler
- Sorunların kök neden analizine dayalı öneriler
- Veri Kalitesi Yönetim Prosedürleri
- Veri Kalitesi Raporları
- Veri Kalitesi Yönetim Raporları
- Veri Kalitesi Hizmet Seviyesi Anlaşmaları (SLA)
- Veri Kalitesi Politikaları ve Yönergeleri

Tedarikçiler:
- İş Yönetimi
- Konu Alan Uzmanları
- Veri Mimarları
- Veri Modelleyiciler
- Sistem Uzmanları
- Veri Sorumluları
- İş Süreç Analistleri

Katılımcılar:
- CDO
- Veri Kalitesi Analistleri
- Veri Sorumluları
- Veri Sahipleri
- Veri Analistleri
- Veritabanı Yöneticileri
- Veri Uzmanları
- Veri Kalitesi Yöneticileri
- BT Operasyonları
- Veri Entegrasyon Mimarları
- Uyum Ekibi

Tüketiciler:
- İş Verisi Tüketicileri
- Veri Sorumluları
- Veri Uzmanları
- BT Uzmanları
- Bilgi Çalışanları
- Veri Yönetişim Organları
- Ortak Kurumlar
- Mükemmeliyet Merkezleri (CoE)

Teknik Etkenler

Yöntemler:
- Çoklu alt kümelere yapılan ani denetimler
- Veri Sorunlarını İşaretlemek için Etiketler ve Notlar
- Kök Neden Analizi
- İstatiksel Süreç Kontrolü

Araçlar:
- Profil oluşturma motorları, sorgu araçları
- Veri Kalitesi Kuralı Şablonları
- Kalite Kontrol ve Denetim Kodu Modülleri

Metrikler:
- Yönetişim ve Uyum Metrikleri
- Veri Kalitesi Ölçüm Sonuçları
- İyileştirme eğilimleri
- Sorun Yönetimi Metrikleri

(P) Planlama, (C) Kontrol, (D) Geliştirme, (O) Operasyonlar

Şekil 91 Bağlam Şeması: Veri Kalitesi

1.1 İş Etkenleri

Resmi bir Veri Kalitesi Yönetimi programı oluşturmak için iş etkenleri aşağıdakileri içerir:

- Kurumsal verilerin değerini ve onu kullanma fırsatlarını artırmak
- Düşük kaliteli verilerle ilişkili riskleri ve maliyetleri azaltmak
- Kurumsal verimliliği ve üretkenliği artırmak
- Kuruluşun itibarını korumak ve geliştirmek

Verilerinden değer elde etmek isteyen kuruluşlar, yüksek kaliteli verilerin düşük kaliteli verilerden daha değerli olduğunun farkındadırlar. Düşük kaliteli veriler risklidir (bkz. Bölüm 1). Bir kuruluşun itibarına zarar vererek para cezalarına, gelir kaybına, müşteri kaybına ve medyanın olumsuz etkilenmesine neden olabilir. Regülatif gereksinimler genellikle yüksek kaliteli veriler gerektirir. Ek olarak, birçok doğrudan maliyet, düşük kaliteli verilerle ilişkilidir. Örneğin;

- Doğru fatura kesememe
- Artan müşteri hizmetleri aramaları ve bunları çözüm yeteneğinin azalması
- Kaçırılan iş fırsatlarından kaynaklanan gelir kaybı
- Birleşme ve devralmalar sırasında entegrasyonun gecikmesi
- Dolandırıcılığa daha fazla maruz kalma
- Kötü verilerden etkilenerek alınan kötü iş kararlarından kaynaklanan kayıp
- Kurumsal itibarın iyi olmaması nedeniyle iş kaybı

Yine de yüksek kaliteli veriler kendi içinde bir son değildir. Kurumsal başarı için bir araçtır. Güvenilir veriler yalnızca riski azaltmak ve maliyetleri azaltmakla kalmaz, aynı zamanda verimliliği de artırır. Çalışanlar, güvenilir verilerle çalışırken soruları daha hızlı ve tutarlı bir şekilde yanıtlayabilirler. Verilerin doğru olup olmadığını anlamaya çalışmak için daha az zaman harcarlar ve iç görü kazanmak, karar vermek ve müşterilere hizmet etmek için verileri kullanmaya daha fazla zaman harcarlar.

1.2 Hedefler ve Prensipler

Veri Kalitesi programları şu genel hedeflere odaklanır:

- Veri tüketicilerinin gereksinimlerine dayalı olarak verileri amaca uygun hale getirmek için yönetilen bir yaklaşım geliştirmek
- Veri yaşam döngüsünün bir parçası olarak veri kalitesi kontrolleri için standartları ve gereksinimleri tanımlamak
- Veri kalitesi seviyelerini ölçmek, izlemek ve raporlamak için süreçleri tanımlama ve gerçekleme
- Süreçlerde ve sistemlerde yapılan değişiklikler yoluyla veri kalitesini iyileştirme fırsatlarını belirlemek ve veri tüketici gereksinimlerine dayalı olarak veri kalitesini ölçülebilir şekilde iyileştiren faaliyetlerde bulunmak

Veri Kalitesi programları aşağıdaki prensiplere göre yönlendirilmelidir:

- **Kritiklik**: Bir Veri Kalitesi programı, kuruluş ve müşterileri için en kritik olan verilere odaklanmalıdır. İyileştirme öncelikleri, verilerin kritikliğine ve veriler doğru değilse risk düzeyine dayanmalıdır.

- **Yaşam döngüsü yönetimi**: Verilerin kalitesi, oluşturma veya tedarikten imhaya kadar veri yaşam döngüsü boyunca yönetilmelidir. Bu, sistemler içinde ve arasında hareket ederken verilerin yönetilmesini içerir (yani, veri zincirindeki her bağlantı, veri çıktısının yüksek kalitede olmasını sağlamalıdır).

- **Önleme**: Bir Veri Kalitesi programının odak noktası, veri hatalarının ve verilerin kullanılabilirliğini azaltan koşulların önlenmesi olmalıdır; sadece kayıtları düzeltmeye odaklanmamalıdır.

- **Kök nedenden düzeltme**: Veri kalitesinin iyileştirilmesi, hataları düzeltmenin ötesine geçer. Veri kalitesiyle ilgili sorunlar, yalnızca semptomlarından ziyade kök nedenlerinde anlaşılmalı ve ele alınmalıdır. Bu nedenler genellikle süreç veya sistem tasarımı ile ilgili olduğundan, veri kalitesinin iyileştirilmesi genellikle süreçlerde ve bunları destekleyen sistemlerde değişiklik yapılmasını gerektirir.

- **Yönetişim**: Veri Yönetişimi faaliyetleri, yüksek kaliteli verilerin geliştirilmesini desteklemeli ve Veri Kalitesi programı etkinlikleri, yönetilen bir veri ortamını desteklemeli ve sürdürmelidir.

- **Standartlara dayalı**: Veri yaşam döngüsündeki tüm paydaşların veri kalitesi gereksinimleri vardır. Mümkün olduğu ölçüde, bu gereksinimler, verilerin kalitesinin ölçülebileceği standartlar ve beklentiler şeklinde tanımlanmalıdır.

- **Objektif ölçümler ve şeffaflık**: Veri kalitesi seviyelerinin objektif ve tutarlı bir şekilde ölçülmesi gerekir. Ölçümler ve ölçüm metodolojisi kalitenin söz sahibi olduğu için paydaşlarla paylaşılmalıdır.

- **İş süreçlerine yerleşik**: İş süreci sahipleri, süreçleri aracılığıyla üretilen verilerin kalitesinden sorumludur. Süreçlerinde veri kalitesi standartlarını uygulamalıdırlar.

- **Sistematiksel olarak uygulanan**: Sistem sahipleri, veri kalitesi gereksinimlerini sistematik bir biçimde uygulamalıdırlar.

- **Hizmet düzeylerine bağlı**: Veri kalitesi raporlaması ve sorun yönetimi, Hizmet Düzeyi Sözleşmelerine (SLA) dahil edilmelidir.

1.3 Temel Kavramlar

1.3.1 Veri Kalitesi

Veri kalitesi terimi, hem yüksek kaliteli verilerle ilişkili özellikleri hem de veri kalitesini ölçmek veya iyileştirmek için kullanılan süreçleri ifade eder. Bu ikili kullanımlar kafa karıştırıcı olabilir, bu nedenle onları ayırmaya ve yüksek kaliteli verileri neyin oluşturduğunu netleştirmeye yardımcı olur.[50]

Veri, veri tüketicilerinin beklenti ve ihtiyaçlarını karşıladığı ölçüde yüksek kalitededir. Yani, veriler uygulanmak istedikleri amaçlara uygunsa kalitelidirler. Bu amaçlara uygun değilse düşük kalitededir. Veri kalitesi bu nedenle bağlama ve veri tüketicisinin ihtiyaçlarına bağlıdır.

Veri kalitesini yönetmedeki zorluklardan biri, kalite ile ilgili beklentilerin her zaman bilinmemesidir. Müşteriler bunları dile getiremeyebilir. Çoğu zaman, verileri yöneten kişiler bu gereksinimleri bile sormazlar. Ancak, verilerin güvenli ve güvenilir olması gerekiyorsa, veri yönetimi profesyonellerinin müşterilerinin kalite gereksinimlerini ve bunları nasıl

---

[50] DAMA-DMBOK2'de, bağlamlarını netleştirmeden veri kalitesi kelimelerini kullanmaktan kaçınmaya çalıştık, örneğin; yüksek kaliteli verilere veya düşük kaliteli verilere ve veri kalitesi çalışma çabalarına veya veri kalitesi faaliyetlerine atıfta bulunurken.

ölçeceklerini daha iyi anlamaları gerekir. İş ihtiyaçları ve dış güçler geliştikçe gereksinimler zaman içinde değiştiğinden, bunun süregelen bir tartışma olması gerekmektedir.

1.3.2 Kritik Veri

Çoğu kuruluş, hepsi eşit öneme sahip olmayan çok fazla veriye sahiptir. Veri Kalitesi Yönetiminin bir ilkesi, iyileştirme çabalarını kuruluş ve müşterileri için en önemli olan verilere odaklamaktır. Bunu yapmak, programın kapsamını ve odağını verir ve iş ihtiyaçları üzerinde doğrudan, ölçülebilir bir etki yaratmasını sağlar.

Kritiklik için belirli etkenler sektöre göre farklılık gösterse de kuruluşlar arasında ortak özellikler vardır. Veriler, aşağıdakiler tarafından gerekli olup olmadığına göre değerlendirilebilirler:

- Regülasyonel raporlama
- Finansal raporlama
- İş politikaları
- Süregelen operasyonlar
- İş stratejisi, özellikle rekabetçi farklılaşma çabaları

Ana Veriler tanım gereği kritiktir. Veri kümeleri veya bireysel veri öğeleri, onları tüketen süreçlere, göründükleri raporların doğasına veya verilerde bir şeyler ters giderse kuruluş için finansal, regülatif veya itibar riskine dayalı olarak kritiklik açısından değerlendirilebilirler.[51]

1.3.3 Veri Kalitesi Boyutları

Veri Kalitesi Boyutu, verilerin ölçülebilir bir özelliği veya niteliğidir. Boyut terimi, fiziksel nesnelerin (örneğin uzunluk, genişlik, yükseklik) ölçümünde boyutlarla bağlantı kurmak için kullanılır. Veri kalitesi boyutları, veri kalitesi gereksinimlerini tanımlamak için bir veri sözlüğü sağlar. Oradan, devam eden ölçümün yanı sıra ilk veri kalitesi değerlendirmesinin sonuçlarını tanımlamak için kullanılabilirler. Verilerin kalitesini ölçmek için bir kuruluşun hem iş süreçleri için önemli (ölçülemeye değer) ve ölçülebilir özellikler oluşturması gerekir. Boyutlar, kritik süreçlerdeki potansiyel risklerle doğrudan bağlantılı olması gereken ölçülebilir kurallar için bir temel sağlar.

Örneğin, müşteri e-posta adresi alanındaki veriler eksikse, müşterilerimize e-posta yoluyla ürün bilgisi gönderemeyeceğiz ve potansiyel satışları kaybedeceğiz. Bu nedenle, kullanılabilir e-posta adreslerine sahip müşterilerimizin yüzdesini ölçeceğiz ve müşterilerimizin en az %98'i için kullanılabilir bir e-posta adresi elde edene kadar süreçlerimizi iyileştireceğiz.

Veri kalitesi alanında önde gelen pek çok düşünür, bir dizi boyut yayınlamıştır. En etkili üç tanesi burada açıklanmıştır, çünkü bunlar, yüksek kaliteli verilere sahip olmanın ne anlama geldiği ve veri kalitesinin nasıl ölçülebileceği hakkında nasıl düşünüleceği konusunda fikir vermektedir.

Strong-Wang çerçevesi (1996), veri tüketicilerinin veri algılarına odaklanır. Dört genel veri kalitesi kategorisinde 15 boyutu tanımlar:

---

[51] Bkz. Jugulum (2014), kritik verileri rasyonelleştirmeye yönelik bir yaklaşım için Bölüm 6 ve 7.

- İçsel Veri Kalitesi
    - Doğruluk
    - Nesnellik
    - İnanılırlık
    - İtibar
- Bağlamsal Veri Kalitesi
    - Katma değer
    - Uygunluk
    - Zamanlılık
    - Noksansızlık
    - Uygun veri miktarı
- Temsili Veri Kalitesi
    - Yorumlanabilirlik
    - Anlama kolaylığı
    - Temsil tutarlılığı
    - Özlü temsil
- Ulaşılabilirlik Veri Kalitesi
    - Ulaşılabilirlik
    - Erişim güvenliği

Data Quality for the Information Age'de (1996), Thomas Redman, veri yapısında kök salmış bir dizi veri kalitesi boyutu formüle etmiştir. Redman, bir veri öğesini "temsil edilebilir üçlü" olarak tanımlar: bir varlık içindeki bir niteliğin konu alanından bir değer. Boyutlar, herhangi bir veri bileşeni parçasıyla – model (varlıklar ve nitelikler) ve değerlerle ilişkilendirilebilir. Redman, veri öğelerini kaydetmek için bir dizi kural olarak tanımladığı temsil boyutunu da ekler. Bu üç genel kategori (veri modeli, veri değerleri, temsili) içinde iki düzineden fazla boyutu tanımlar. Aşağıdakileri içerirler:

Veri Modeli:

- İçerik:
    - Verinin uygunluğu
    - Değerleri elde etme yeteneği
    - Tanımların netliği
- Detay seviyesi:
    - Nitelik ayrıntı düzeyi
    - Nitelik alanlarının kesinliği
- Bileşim:
    - Doğallık: Her niteliğin gerçek dünyada basit bir karşılığı olması gerektiği ve her niteliğin varlıkla ilgili tek bir gerçeğe dayanması gerektiği fikri
    - Tanımlama yeteneği: Her varlık diğer tüm varlıklardan ayırt edilebilir olmalıdır
    - Homojenlik
    - Minimum gereken tekrar
- Tutarlılık:
    - Modelin bileşenlerinin anlamsal tutarlılığı
    - Varlık türleri karşısında niteliklerin yapısal tutarlılığı
- Değişime tepki:
    - Sağlamlık
    - Esneklik

Veri Değerleri:

- Doğruluk
- Noksansızlık
- Güncellik
- Tutarlılık

Temsil:

- Uygunluk
- Yorumlanabilirlik
- Taşınabilirlik
- Format hassasiyeti
- Format esnekliği
- Boş değerleri temsil etme yeteneği
- Depolamanın verimli kullanımı
- Verilerin formatlarıyla uyumlu olduğu fiziksel örneklemler

Redman, varlıkların, değerlerin ve temsilin tutarlılığının kısıtlamalar açısından anlaşılabileceğini kabul eder. Farklı tutarlılık türleri, farklı türde kısıtlamalara tabidir.

Improving Data Warehouse and Business Information Quality'de (1999), Larry English iki geniş kategoriye ayrılmış kapsamlı bir boyut seti sunar: doğal ve pragmatik. Doğal özellikler veri kullanımından bağımsızdır. Pragmatik özellikler ise veri sunumu ile ilişkilidir ve dinamiktir; değerleri (kalitesi) verilerin kullanımına bağlı olarak değişebilir.

- İçsel kalite özellikleri
    - Tanımsal uygunluk
    - Değerlerin noksansızlığı
    - Geçerlilik veya iş kurallarına uyum
    - Bir vekil kaynağa doğruluk
    - Gerçekliğe doğruluk
    - Kesinlik
    - Tekrarsızlık
    - Yedekli veya dağıtık verilerin denkliği
    - Yedekli veya dağıtık verilerin eşzamanlılığı
- Pragmatik kalite özellikleri
    - Erişilebilirlik
    - Zamanlılık
    - Bağlamsal netlik
    - Kullanılabilirlik
    - Türetim bütünlüğü
    - Doğruluk veya olgu noksansızlığı

2013'te DAMA UK, veri kalitesinin altı temel boyutunu açıklayan bir teknik inceleme yayınlamıştır:

- **Noksansızlık**: %100 potansiyeline karşı saklanan verilerin oranı.

- **Benzersizlik**: Hiçbir varlık örneği (şey), o şeyin nasıl tanımlandığına bağlı olarak bir kereden fazla kaydedilmeyecektir.
- **Zamanlılık**: Verilerin zaman içindeki doğru noktadan gerçekliği temsil edebilme derecesi.
- **Geçerlilik**: Veri, tanımının sözdizimine (format, tür, aralık) uygunsa geçerlidir.
- **Doğruluk**: Verilerin, açıklanan 'gerçek dünya' nesnesini veya olayını doğru olarak tanımlama derecesi.
- **Tutarlılık**: Bir şeyin iki veya daha fazla temsilini bir tanımla karşılaştırırken farkının olmaması.

DAMA UK teknik incelemesi, kalite üzerinde etkisi olan diğer özellikleri de açıklar. İlgili yazı bu boyutları adlandırmasa da Strong ve Wang'ın bağlamsal ve temsili veri kalitesine ve English'in pragmatik özelliklerine benzer bir şekilde çalışırlar.

- **Kullanılabilirlik**: Veriler anlaşılır, basit, ilgili, erişilebilir, sürdürülebilir ve doğru hassasiyet düzeyinde mi?
- **Zamanlama sorunları (zamanlamanın ötesinde)**: İstikrarlı, aynı zamanda meşru değişiklik taleplerine karşı duyarlı mı?
- **Esneklik**: Veriler diğer verilerle karşılaştırılabilir halde ve uyumlu mu? Yararlı gruplamaları ve sınıflandırmaları var mı? Yeniden kullanılabilir mi? Manipüle etmek kolay mı?
- **Güven**: Veri Yönetişimi, Veri Koruma ve Veri Güvenliği süreçleri mevcut mu? Verilerin itibarı nedir ve bu itibar doğrulanmış veya doğrulanabilir durumda mı?
- **Değer**: Veriler için iyi bir maliyet/fayda durumu var mı? Optimum şekilde kullanılıyor mu? İnsanların güvenliğini veya mahremiyetini veya işletmenin yasal sorumluluklarını tehlikeye atıyor mu? Kurumsal imajı veya kurumsal mesajı destekliyor veya çelişiyor mu?

Üzerinde mutabık kalınan tek bir veri kalitesi boyutu seti olmasa da bu formülasyonlar ortak fikirleri içerir. Boyutlar, nesnel olarak ölçülebilen bazı özellikleri (bütünlük, geçerlilik, format uygunluğu) ve büyük ölçüde bağlama veya öznel yoruma (kullanılabilirlik, güvenilirlik, itibar) bağlı olan diğerlerini içerir. Hangi ad kullanılırsa kullanılsın, boyutlar yeterli veri olup olmadığına (noksansızlık), doğru olup olmadığına (doğruluk, geçerlilik), birbirine ne kadar iyi uyduğuna (tutarlılık, bütünlük, benzersizlik), güncel olup olmadığına (zamanlılık), erişilebilir, kullanılabilir ve güvenli olmasına odaklanır. Tablo 29, hakkında genel bir anlayışın olduğu bir dizi veri kalitesi boyutunun tanımlarını içerir ve bunları ölçmeye yönelik yaklaşımları açıklar.

Tablo 29 Veri Kalitesinin Ortak Boyutları

Kalite Boyutu	Açıklama
Doğruluk	Doğruluk, verilerin 'gerçek hayattaki' varlıkları doğru bir şekilde temsil etme derecesini ifade eder. Bir kuruluş verileri yeniden toplayamazsa veya kayıtların doğruluğunu manuel olarak onaylayamazsa, doğruluğu ölçmek zordur. Çoğu doğruluk ölçüsü, bir kayıt sistemi veya güvenilir bir kaynaktan (örneğin, Dun ve Bradstreet Referans Verileri) gelen veriler gibi, doğru olduğu doğrulanmış bir veri kaynağıyla karşılaştırmaya dayanır.
Noksansızlık	Noksansızlık, gerekli tüm verilerin mevcut olup olmadığını ifade eder. Noksansızlık, veri seti, kayıt veya sütun düzeyinde ölçülebilir. Veri seti beklenen tüm kayıtları içeriyor mu? Kayıtlar doğru dolduruluyor mu? (Farklı statülere sahip kayıtların noksansızlık için farklı beklentileri de olabilir.) Sütunlar/nitelikler beklenen düzeyde dolduruluyor mu? (Bazı sütunlar zorunludur. İsteğe bağlı sütunlar yalnızca belirli koşullar altında doldurulur.) Değişken kısıtlama düzeyleriyle bir veri kümesine noksansızlık kuralları atayın: Bir değer gerektiren zorunlu nitelikler, koşullu ve isteğe bağlı değerlere sahip veri öğeleri ve uygulanamayan nitelik değerleri. Veri seti seviyesi ölçümleri, bir kayıt kaynağı ile karşılaştırma gerektirebilir veya geçmiş veri seviyelerine dayalı olabilir.

Kalite Boyutu	Açıklama
Tutarlılık	Tutarlılık, veri değerlerinin bir veri kümesi içinde ve veri kümeleri arasında tutarlı bir şekilde temsil edilmesini ve veri kümeleri arasında tutarlı bir şekilde ilişkilendirilmesini sağlama anlamına gelebilir. Ayrıca, sistemler arasındaki veya zaman içindeki veri kümelerinin boyutuna ve bileşimine de atıfta bulunabilir. Tutarlılık, bir nitelik değerleri seti ile aynı kayıt içindeki başka bir nitelik seti (kayıt düzeyinde tutarlılık), bir nitelik değerleri seti ile farklı kayıtlardaki başka bir nitelik seti (kayıtlar arası tutarlılık) arasında veya bir dizi nitelik ile nitelik değerleri ve zaman içinde farklı noktalarda aynı kayıt içinde aynı nitelik kümesi (geçici tutarlılık) arasında tanımlanabilir. Tutarlılık, formatın tutarlılığına atıfta bulunmak için de kullanılabilir. Tutarlılığı doğrulukla karıştırmamaya dikkat edin. Veri kümeleri içinde ve genelinde tutarlı olması beklenen özellikler, verilerin standartlaştırılması için temel olarak kullanılabilir. Veri Standardizasyonu, verilerin içerik ve biçim için kuralları karşılamasını sağlamak için girdi verilerinin koşullandırılması anlamına gelir. Verilerin standartlaştırılması, daha etkili eşleştirme sağlar ve tutarlı çıktıyı kolaylaştırır. Tutarlılık kısıtlamalarını, bir kayıt veya ileti genelinde veya tek bir niteliğin tüm değerleri (bir aralık veya geçerli değerler listesi gibi) boyunca niteliklerin değerleri arasındaki tutarlı ilişkileri belirten bir kurallar kümesi olarak belirleyin. Örneğin, her gün yapılan işlem sayısının, önceki 30 gün için devam eden ortalama işlem sayısının %105'ini geçmemesi beklenebilir.
Bütünlük	Veri Bütünlüğü (veya Uyumu), noksansızlık, doğruluk ve tutarlılık ile ilgili fikirleri içerir. Veride bütünlük, genellikle ya referans bütünlüğü (her iki nesnede bulunan bir referans anahtarı aracılığıyla veri nesneleri arasındaki tutarlılık) ya da bir veri seti içinde boşluk veya eksik parça olmayacak şekilde dahili tutarlılık anlamına gelir. Bütünlüğü olmayan veri kümeleri bozuk olarak görülürler veya veri kaybı vardır anlamına gelir. Referans bütünlüğü olmayan veri kümelerinde "yetimler" - geçersiz referans anahtarları veya "tekrarlananlar" - toplama fonksiyonlarını olumsuz yönde etkileyebilecek aynı satırlar bulunur. Yetim kayıtların seviyesi, ham sayı olarak veya veri setinin yüzdesi olarak ölçülebilir.
Makullük	Makullük, bir veri modelinin beklentileri karşılayıp karşılamadığını sorar. Örneğin, bir coğrafi bölge genelinde satışların dağılımının, o bölgedeki müşteriler hakkında bilinenlere dayalı olarak anlamlı olup olmadığıdır. Makullüğün ölçümü farklı şekillerde olabilir. Örneğin, makullük, kıyaslama verileriyle karşılaştırmaya veya benzer bir veri setinin geçmiş örneklerine (örneğin, önceki çeyreğe ait satışlar) dayanabilir. Makullük ile ilgili bazı fikirler öznel olarak algılanabilir. Durum buysa, nesnel karşılaştırmalar formüle etmek için veri beklentilerinin temelini açıklamak için veri tüketicileriyle birlikte çalışın. Makullüğe ilişkin kıyaslama ölçümleri oluşturulduktan sonra, bunlar, değişikliği tespit etmek için aynı veri setinin yeni örneklerini nesnel olarak karşılaştırmak için kullanılabilir (Bkz. Bölüm 4.5).
Zamanlılık	Veri Zamanlılığı kavramı, verilerin çeşitli özelliklerini ifade eder. Zamanlılık ölçütleri, beklenen volatilite açısından anlaşılmalıdır- verilerin ne sıklıkla ve hangi nedenlerle değişme olasılığı ile ilgilidir. Veri zamanlılığı, veri değerlerinin bilginin en güncel versiyonu olup olmadığının ölçüsüdür. Nispeten statik veriler, örneğin ülke kodları gibi bazı Referans Veri değerleri, uzun bir süre güncel kalabilir. Uçucu veriler kısa bir süre için güncel kalır. Bazı veriler, örneğin finansal web sayfalarındaki hisse senedi fiyatları, genellikle bir an itibariyle gösterilir, böylece veri tüketicileri, verilerin kaydedildiğinden bu yana değişmesi riskini anlar. Gün içerisinde piyasalar açıkken bu tür veriler sık sık güncellenecektir. Piyasalar kapandığında, veriler değişmeyecek, ancak piyasanın kendisi aktif olmadığı için güncel olmaya devam edecektir. Gecikme, verilerin oluşturulduğu ve kullanıma hazır hale getirildiği zaman arasındaki süreyi ölçer. Örneğin, gece boyunca toplu işleme, önceki gün sisteme girilen veriler için sabah 8'de 1 gün gecikme süresi verebilir, ancak toplu işleme sırasında oluşturulan veriler için yalnızca bir saat gecikme verebilir (Bkz. Bölüm 8).
Benzersizlik / Tekilleştirme	Benzersizlik, veri kümesi içinde hiçbir varlığın birden fazla kez bulunmadığını belirtir. Bir veri kümesindeki varlıkların benzersizliğini iddia etmek, bir anahtar değerin, veri kümesi içindeki her benzersiz varlıkla ve yalnızca o belirli varlıkla ilgili olduğu anlamına gelir. Anahtar yapısına karşı test ederek benzersizliği ölçün (Bkz. Bölüm 5).

Kalite Boyutu	Açıklama
Geçerlilik	Geçerlilik, veri değerlerinin tanımlanmış bir değerler alanıyla tutarlı olup olmadığını ifade eder. Bir değerler alanı, tanımlanmış bir geçerli değerler kümesi (bir referans tablosunda olduğu gibi), bir değerler aralığı veya kurallar aracılığıyla belirlenebilen değer olabilir. Veri türü, formatı ve beklenen değerlerin kesinliği, konu alanını tanımlarken hesaba katılmalıdır. Veriler ayrıca yalnızca belirli bir süre için geçerli olabilirler, örneğin RFID'den (radyo frekansı kimliği) veya bazı bilimsel veri kümelerinden oluşturulan veriler. Verileri konu alanı kısıtlamalarıyla karşılaştırarak doğrulayın. Verilerin geçerli olabileceğini (yani, etki alanı gereksinimlerini karşılayabileceğini) ve yine de doğru olmayabileceğini veya belirli kayıtlarla doğru şekilde ilişkilendirilemeyebileceğini unutmayın.

Şekil 92, veri kalitesi boyutlarını ve bu boyutlarla ilişkili kavramları uyumlandırır. Oklar, kavramlar arasındaki önemli örtüşmeleri gösterir ve ayrıca belirli bir küme üzerinde anlaşma olmadığını gösterir. Örneğin, doğruluk boyutu, "gerçek dünyayla aynı fikirde" ve "mutabık kalınan kaynağa uygun" ve ayrıca " doğru türetim" gibi geçerlilikle ilişkili kavramlarla ilişkilidir.

1.3.4 Veri Kalitesi ve Metaveri

Metaveriler, verilerin kalitesini yönetmek için kritik öneme sahiptir. Verilerin kalitesi, veri tüketicilerinin gereksinimlerini ne kadar iyi karşıladığına bağlıdır. Metaveriler, verilerin neyi temsil ettiğini tanımlar. Verilerin tanımlandığı sağlam bir sürece sahip olmak, bir kuruluşun veri kalitesinin ölçülebileceği standartları ve gereksinimleri resmileştirme ve belgeleme yeteneğini destekler. Veri kalitesi beklentileri karşılamakla ilgilidir. Metaveriler, beklentileri netleştirmenin ana yoludur.

İyi yönetilen metaveriler, veri kalitesini iyileştirme çabalarını da destekleyebilir. Bir metaveri deposu, veri kalitesi ölçümlerinin sonuçlarını barındırabilir, böylece bunlar kuruluş genelinde paylaşılır ve Veri Kalitesi ekibi, öncelikler ve iyileştirme için etkenler hakkında fikir birliği için çalışabilir (Bkz. Bölüm 12).

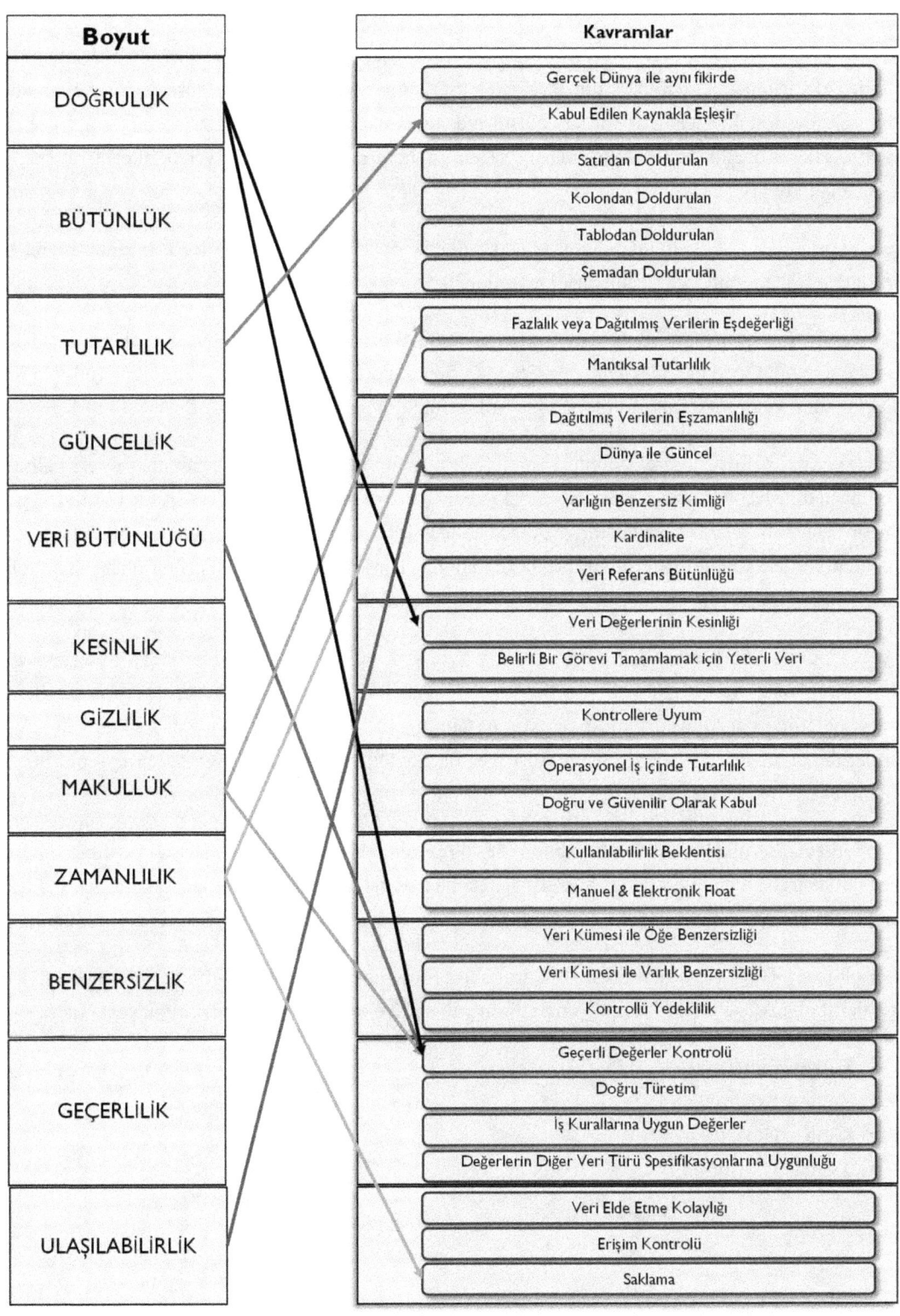

Şekil 92 Veri Kalitesi Boyutları Arasındaki İlişkiler[52]

---

[52] Myers'dan (2013) uyarlanmıştır, izin alınarak kullanılmıştır.

1.3.5 Veri Kalitesi ISO Standardı

Veri kalitesi için uluslararası standart olan ISO 8000, karmaşık verilerin uygulamadan bağımsız bir biçimde değişimini sağlamak için geliştirilmektedir. Standardın girişinde, ISO şunları ileri sürer: "İş süreçlerini zamanında ve uygun maliyetli bir şekilde desteklemek için verileri oluşturma, toplama, depolama, sürdürme, aktarma, işleme ve sunma yeteneği hem verilerin özelliklerinin anlaşılmasını gerektirir hem de kalitesini ve veri kalitesini ölçme, yönetme ve raporlama becerisini belirler."

ISO 8000, verilerin ISO 8000'e uygunluğunu objektif olarak belirlemek için veri tedarik zincirindeki herhangi bir kuruluş tarafından test edilebilecek özelliklerini tanımlar.[53]

ISO 8000'in ilk yayınlanan bölümü (2008'de yayınlanan bölüm 110), sözdizimi, anlamsal kodlama ve Ana Verilerin veri belirtimine uygunluk üzerine odaklanmıştır. Standart için öngörülen diğer bölümler, bölüm 100- Giriş, bölüm 120- Kaynak, bölüm 130- Doğruluk ve bölüm 140- Noksansızlığı içerir.[54]

ISO, kalite verilerini "belirtilen gereksinimleri karşılayan taşınabilir veriler" olarak tanımlar. Veri kalitesi standardı, ISO'nun veri taşınabilirliği ve korunması konusundaki genel çalışmasıyla ilgilidir. Veriler, bir yazılım uygulamasından ayrılabiliyorsa 'taşınabilir' olarak kabul edilir. Yalnızca belirli bir lisanslı yazılım uygulaması kullanılarak kullanılabilen veya okunabilen veriler, yazılım lisansının koşullarına tabidir. Bir kuruluş, bu veriler, onu oluşturmak için kullanılan yazılımdan ayrılamadığı sürece, oluşturduğu verileri kullanamayabilir.

Belirtilen gereksinimleri karşılamak için bu gereksinimlerin açık ve net bir şekilde tanımlanması gerekir. ISO 8000, Ana Verileri tanımlamak ve değiştirmek için bir standart olan ISO 22745 aracılığıyla desteklenir. ISO 22745, veri gereksinimi ifadelerinin nasıl oluşturulması gerektiğini tanımlar, XML'de örnekler sağlar ve kodlanmış veri alışverişi için bir format tanımlar. ISO 22745, ECCMA Açık Teknik Sözlük (eOTD) gibi ISO 22745 uyumlu bir Açık Teknik Sözlük kullanarak verileri etiketleyerek taşınabilir veriler oluşturur.

ISO 8000'in amacı, kuruluşların kaliteli verinin ne olup olmadığını tanımlamalarına yardımcı olmak, standart sözleşmeleri kullanarak kaliteli veri talep etmelerini sağlamak ve aynı standartları kullanarak kaliteli verileri aldıklarını doğrulamaktır. Standartlara uyulduğunda, gereksinimler bir bilgisayar programı aracılığıyla teyit edilebilir.

ISO 8000- Bölüm 61 Bilgi ve veri kalitesi yönetimi süreci referans modeli geliştirme aşamasındadır.[55] Bu standart, aşağıdakiler dahil olmak üzere veri kalitesi yönetiminin yapısını ve organizasyonunu tanımlayacaktır:

- Veri Kalitesi Planlaması
- Veri Kalitesi Kontrolü
- Veri Kalitesi Güvencesi
- Veri Kalitesi İyileştirme

---

[53] http://bit.ly/2ttdiZJ.

[54] http://bit.ly/2sANGdi.

[55] http://bit.ly/2sVik3Q.

1.3.6 Veri Kalitesi İyileştirme Yaşam Döngüsü

Veri kalitesini iyileştirmeye yönelik yaklaşımların çoğu, fiziksel ürünlerin imalatında kalite iyileştirme tekniklerine dayanmaktadır.[56] Bu paradigmada veri, bir dizi sürecin ürünü olarak anlaşılır. En basit tanımıyla süreç, girdileri çıktılara dönüştüren bir dizi adım olarak tanımlanmaktadır. Veri oluşturan bir süreç, tek adımdan (veri toplama) veya birçok adımdan oluşabilir: veri toplama, veri ambarına entegrasyon, veri martında toplama vb. Herhangi bir adımda veriler olumsuz etkilenebilirler. Yanlış olarak toplanabilir, sistemler arasında kaybolabilir veya tekrarlanabilir, yanlış uyumlandırılabilir veya birleştirilebilir. Bir sürecin çıktıları diğer süreçlerin girdileri haline geldiğinden, gereksinimler tüm veri zinciri boyunca tanımlanmalıdır.

Şekil 93'te gösterilen veri kalitesi iyileştirmeye yönelik genel bir yaklaşım, Shewhart / Deming döngüsünün bir versiyonudur.[57] Bilimsel yönteme dayanan Shewhart / Deming döngüsü, 'planla-uygula-kontrol et-önlem al' olarak bilinen bir problem çözme modelidir. İyileştirme, tanımlanmış bir dizi adımdan geçer. Verilerin durumu standartlara göre ölçülmeli ve standartları karşılamıyorsa, standartlardan farklılığın kök neden(ler)i tanımlanmalı ve düzeltilmelidir. Kök nedenler, sürecin teknik veya teknik olmayan herhangi bir adımında bulunabilir. Düzeltildikten sonra, gereksinimleri karşılamaya devam etmesini sağlamak için veriler izlenmelidir.

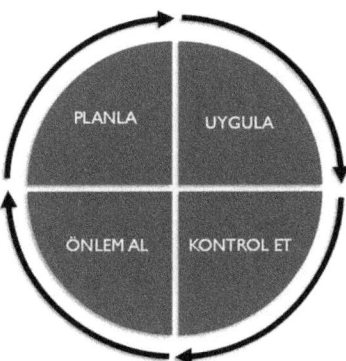

Şekil 93 Shewhart Grafiği

Eldeki veri kümesi için, veri tüketicilerinin gereksinimlerini karşılamayan verileri ve iş hedeflerine ulaşılmasına engel olan veri sorunlarını belirlemek bir Veri Kalitesi Yönetimi döngüsü ile başlar. Verilerin, kalitenin temel boyutlarına ve bilinen iş gereksinimlerine göre değerlendirilmesi gerekir. Paydaşların iyileştirme maliyetlerini ve sorunları giderememe risklerini anlayabilmeleri için sorunların temel nedenlerinin belirlenmesi gerekecektir. Bu çalışma genellikle Veri Sorumluları ve diğer paydaşlarla birlikte yapılır.

Planla aşamasında, Veri Kalitesi ekibi bilinen sorunların kapsamını, etkisini ve önceliğini değerlendirir ve bunlara yönelik alternatifleri de değerlendirir. Bu plan, sorunların temel nedenlerine ilişkin sağlam bir analiz temeline dayanmalıdır. Sorunların nedenleri ve etkilerinin bilgisinden fayda/maliyet anlaşılabilir, öncelikler belirlenebilir ve bunları ele almak için temel bir plan formüle edilebilir.

---

[56] Bakınız Wang (1998), English (1999), Redman (2001), Loshin (2001), ve McGilvray (2008). Bir ürün olarak veri kavramıyla ilgili literatüre genel bir bakış için Pierce'e (2004) bakınız.

[57] Amerikan Kalite Derneği'ne bakın: http://bit.ly/1lelyBK Plan-Do-Check-Act, Walter Shewhart tarafından oluşturuldu ve W. Edwards Deming tarafından popüler hale getirildi. 6 Sigma Measure, Analyze, Improve, Control (DMAIC) bu döngünün bir çeşididir. http://en.wikipedia.org/wiki/Shewhart_cycle

Uygula aşamasında, veri kalitesi ekibi sorunların temel nedenlerini ele alma çabalarına öncülük eder ve verilerin sürekli izlenmesi için planlama yapar. Teknik olmayan süreçlere dayanan kök nedenler için veri kalitesi ekibi, değişiklikleri uygulamak için süreç sahipleriyle birlikte çalışabilir. Teknik değişiklik gerektiren kök nedenler için, veri kalitesi ekibi, gereksinimlerin doğru bir şekilde uygulandığından ve teknik değişikliklerin hatalara yol açmadığından emin olmak için teknik ekiplerle birlikte çalışmalıdır.

Kontrol et aşaması, gereksinimlere göre ölçülen verilerin kalitesinin aktif olarak izlenmesini içerir. Veriler, kalite için tanımlanmış eşikleri aşmadığı sürece, ek eylemler gerekli değildir. Süreçler kontrol altında değerlendirilecek ve iş gereksinimlerini karşılayacaktır. Ancak, veriler kabul edilebilir kalite eşiklerinin altına düşerse, kabul edilebilir seviyelere getirmek için ek önlemler alınmalıdır.

Önlem Al aşaması, ortaya çıkan veri kalitesi sorunlarını ele almak ve çözmek için faaliyetleri içerir. Sorunların nedenleri değerlendirildiği ve çözümler önerildiği için döngü yeniden başlar. Sürekli iyileştirme, yeni bir döngü başlatılarak sağlanır. Yeni döngüler şu şekilde başlar:

- Mevcut ölçümler eşik değerlerin altına düşer
- Yeni veri setleri araştırılır
- Mevcut veri kümeleri için yeni veri kalitesi gereksinimleri ortaya çıkar
- İş kuralları, standartları veya beklentileri değişir

Verileri ilk seferde doğru almanın maliyeti, verileri yanlış alıp daha sonra düzeltmenin maliyetlerinden daha ucuzdur. Baştan itibaren veri yönetimi süreçlerine kaliteyi dahil etmek, onu yenilemekten daha az maliyetlidir. Veri yaşam döngüsü boyunca yüksek kaliteli verileri korumak, mevcut bir süreçte kaliteyi iyileştirmeye çalışmaktan daha az risklidir. Ayrıca organizasyon üzerinde çok daha düşük bir etki yaratır. Bir sürecin veya sistem yapısının başlangıcında veri kalitesi için kriterler belirlemek, olgun bir Veri Yönetimi Organizasyonunun bir işaretidir. Bunu yapmak, yönetişim ve disiplinin yanı sıra fonksiyonlararası iş birliğini de gerektirir.

1.3.7 Veri Kalitesi İş Kuralı Türleri

İş kuralları, başarılı olmak ve dış dünyayla uyumlu olmak için işin dahili olarak nasıl çalışması gerektiğini tanımlar. Veri Kalitesi İş Kuralları, bir kuruluş içinde yararlı ve kullanılabilir olması için verilerin nasıl var olması gerektiğini tanımlar. Bu kurallar kalite boyutlarıyla uyumlu hale getirilebilir ve veri kalitesi gereksinimlerini tanımlamak için kullanılabilirler. Örneğin, tüm eyalet kodu alanlarının ABD Eyaleti Kısaltmalarına uyması gereken bir iş kuralı, veri girişi listelerinde ve veri entegrasyonlarında uygulanabilir. Geçerli veya geçersiz kayıtların miktarı daha sonra ölçülebilir. İş kuralları genellikle yazılımda veya veri girişi için belge şablonları kullanılarak uygulanır. Bazı yaygın temel iş kuralı türleri şunlardır:

- **Tanımsal uyumluluk**: Aynı veri tanımları anlayışının kuruluş genelindeki süreçlerde uygun şekilde uygulandığını ve kullanıldığını onaylayın. Onaylamalar, herhangi bir zamanı veya lokal kısıtlamaları ve durumsal bağımlılık kuralları dahil olmak üzere hesaplanan alanlar üzerinde algoritmik uzlaşıyı içerir.

- **Değer varlığı ve kayıt noksansızlığı**: Eksik değerlerin kabul edilebilir veya kabul edilemez olduğu koşulları tanımlayan kurallardır.

- **Biçim uyumluluğu**: Bir veya daha fazla model, telefon numaralarını biçimlendirme standartları gibi bir veri öğesine atanan değerleri belirtir.

- **Değer alanı üyeliği**: Bir veri öğesinin atanan değerinin, bir EYALET alanı için 2 Karakterli Birleşik Devletler Posta Kodları gibi tanımlanmış bir veri değeri alanında sıralananlara dahil edildiğini belirtin.

- **Aralık uyumluluğu**: Bir veri öğesine atanan değer, sayısal bir aralık için 0'dan büyük ve 100'den küçük gibi tanımlanmış bir sayısal, sözlükbilimsel veya zaman aralığı içinde olmalıdır.

- **Eşleme uyumluluğu**: Bir veri öğesine atanan değerin, diğer eşdeğer karşılık gelen değer alan(lar)ına eşlenen bir değer alanından seçilen değere karşılık gelmesi gerektiğini belirtir. Eyalet değerleri farklı değer alanları (USPS Posta kodları, FIPS 2 haneli kodlar, tam adlar) kullanılarak temsil edilebildiğinden ve bu tür kurallar, 'AL' ve '01'in her ikisinin de 'Alabama' olduğunu doğruladığından, EYALET veri alanı yine iyi bir örnek sağlar.

- **Tutarlılık kuralları**: Bu niteliklerin gerçek değerlerine dayalı olarak iki (veya daha fazla) nitelik arasında bir ilişkinin sürdürülmesine atıfta bulunan koşullu iddialardır. Örneğin, posta kodlarının belirli Eyaletlere veya İllere karşılık geldiği adres doğrulaması.

- **Doğruluğun doğrulaması**: Değerlerin eşleştiğini doğrulamak için bir veri değerini, bir kayıt sistemindeki veya doğrulanmış başka bir kaynaktaki (örneğin, bir tedarikçiden satın alınan pazarlama verileri) karşılık gelen bir değerle karşılaştırın.

- **Benzersizlik doğrulaması**: Hangi varlıkların benzersiz bir temsile sahip olması gerektiğini ve temsil edilen her gerçek dünya nesnesi için bir ve yalnızca bir kaydın bulunup bulunmadığını belirten kurallardır.

- **Zamanlılık doğrulaması**: Erişilebilirlik ve verilerin kullanılabilirliğine ilişkin beklentilerle ilişkili özellikleri gösteren kurallardır.

Diğer kural türleri, veri örnekleri kümelerine uygulanan toplama işlevlerini içerebilir (bkz. Bölüm 4.5). Toplama kontrollerinin örnekleri şunları içerir:

- Bir dosyadaki kayıt sayısının makul olup olmadığını doğrulayın. Bu, trendleri oluşturmak için zaman içinde istatistiklerin tutulmasını gerektirebilir.

- Bir dizi işlemden hesaplanan ortalama bir tutarın makul olup olmadığını doğrulayın. Bu, karşılaştırma için eşikler oluşturulmasını gerektirir ve zaman içindeki istatistiklere dayanabilir.

- Belirli bir zaman çerçevesindeki işlem sayısındaki beklenen farkları doğrulayın. Bu, zaman içinde istatistikleri tutmayı ve bunları eşikler oluşturmak için kullanmayı gerektirebilir.

1.3.8 Veri Kalitesi Sorunlarının Yaygın Nedenleri

Veri kalitesi sorunları, oluşturmadan imhaya kadar veri yaşam döngüsünün herhangi bir noktasında ortaya çıkabilir. Analistler, temel nedenleri araştırırken, veri girişi, veri işleme, sistem tasarımı ve otomatik süreçlere manuel müdahale ile ilgili sorunlar gibi potansiyel suçluları aramalıdırlar. Birçok sorunun birden fazla nedeni ve katkıda bulunan faktörleri olacaktır (özellikle insanlar bunları aşmak için yollar yarattıysa). Bu sorunların nedenleri aynı zamanda sorunları önlemenin yollarını da içerir: arayüz tasarımında iyileştirme, işlemenin bir parçası olarak veri kalitesi kurallarının test edilmesi, sistem tasarımında veri kalitesine odaklanma ve otomatikleştirilmiş süreçlere manuel müdahaleye karşı sıkı kontroller yerleştirme.

1.3.8.1 Liderlik Eksikliğinden Kaynaklanan Sorunlar

Birçok kişi, çoğu veri kalitesi sorununun veri girişi hatalarından kaynaklandığını varsaymaktadır. Daha karmaşık bir anlayış, iş ve teknik süreçlerdeki zayıf yürütmenin, yanlış dizinlemeden çok daha fazla soruna neden olduğunu kabul eder. Ancak sağduyu ve araştırmalar gösteriyor ki, birçok veri kalitesi sorununun hem yönetişim hem de yönetim biçimindeki liderlik eksikliğinden kaynaklanan yüksek kaliteli verilere kurumsal taahhüt eksikliğinden kaynaklandığıdır.

Her kuruluş, operasyonları için değer taşıyan bilgi ve veri varlıklarına sahiptir. Gerçekten de her organizasyonun faaliyetleri bilgi paylaşma yeteneğine bağlıdır. Buna rağmen, çok az kuruluş bu varlıkları titizlikle yönetir. Çoğu kuruluşta, veri eşitsizliği (veri yapısı, formatı ve değerlerin kullanımındaki farklılıklar) basit hatalardan daha büyük bir sorundur; verilerin entegrasyonunun önünde büyük bir engel olabilir. Veri yönetimi programlarının terimleri tanımlamaya ve dili veriler etrafında birleştirmeye odaklanmasının nedenlerinden biri, bunun daha tutarlı verilere ulaşmanın başlangıç noktası olmasıdır.

Birçok yönetişim ve bilgi varlığı programı, bir varlık olarak verilerden elde edilecek potansiyel değerden ziyade yalnızca uyumluluk tarafından yönlendirilir. Yönetim tarafında tanınma eksikliği, bir kuruluş içinde verinin kalitesinin yönetimi de dahil olmak üzere bir varlık olarak yönetilmesine yönelik taahhüt eksikliği anlamına gelir (Evans ve Price, 2012) (Bkz. Şekil 94).

Veri kalitesinin etkin yönetiminin önündeki engeller şunları içerir:[58]

- Yönetim ve çalışanlar tarafında farkındalık eksikliği
- Liderlik, yönetim ve yönetişim eksikliği
- İyileştirmelerin gerekçelendirilmesinde zorluklar
- Değeri ölçmek için uygun olmayan veya etkisiz araçlar

Bu engeller müşteri deneyimi, üretkenlik, moral, organizasyonel etkinlik, gelir ve rekabet avantajı üzerinde olumsuz etkilere sahiptir. Organizasyonu yürütme maliyetlerini arttırır ve riskleri de beraberinde getirir (Bkz. Bölüm 11).

1.3.8.2 Veri Giriş İşlemlerinden Kaynaklanan Sorunlar

- **Veri girişi arayüzü sorunları**: Kötü tasarlanmış veri girişi arayüzleri, veri kalitesi sorunlarına neden olabilir. Bir veri girişi arayüzünde yanlış verilerin sisteme yerleştirilmesini önlemek için düzenlemeler veya kontroller yoksa, veri işlemcilerinin, zorunlu olmayan alanları atlamak ve varsayılan alanları güncellememek gibi kısayollar kullanması muhtemeldir.

- **Liste verileri yerleşimi**: Bir açılır liste içindeki değerlerin sırası gibi veri girişi arayüzlerinin basit özellikleri bile veri girişi problemlerine katkıda bulunabilir.

- **Alan aşırı yüklemesi**: Bazı kuruluşlar, veri modelinde ve kullanıcı arabiriminde değişiklik yapmak yerine zaman içinde alanları farklı iş amaçları için yeniden kullanır. Bu uygulama, alanların tutarsız ve kafa karıştırıcı şekillerde dolmasına neden olur.

---

[58] *The Leader's Data Manifesto*'dan uayrlanmıştır. https://dataleaders.org/.

- **Eğitim sorunları**: Süreç bilgisi eksikliği, kontroller ve düzenlemeler yapılsa bile yanlış veri girişine yol açabilir. Veri işlemcileri, yanlış verilerin etkisinin farkında değilse veya doğruluktan ziyade hıza yönelikse, verilerin kalitesi dışındaki etkenlere dayalı seçimler yapmaları muhtemeldir.

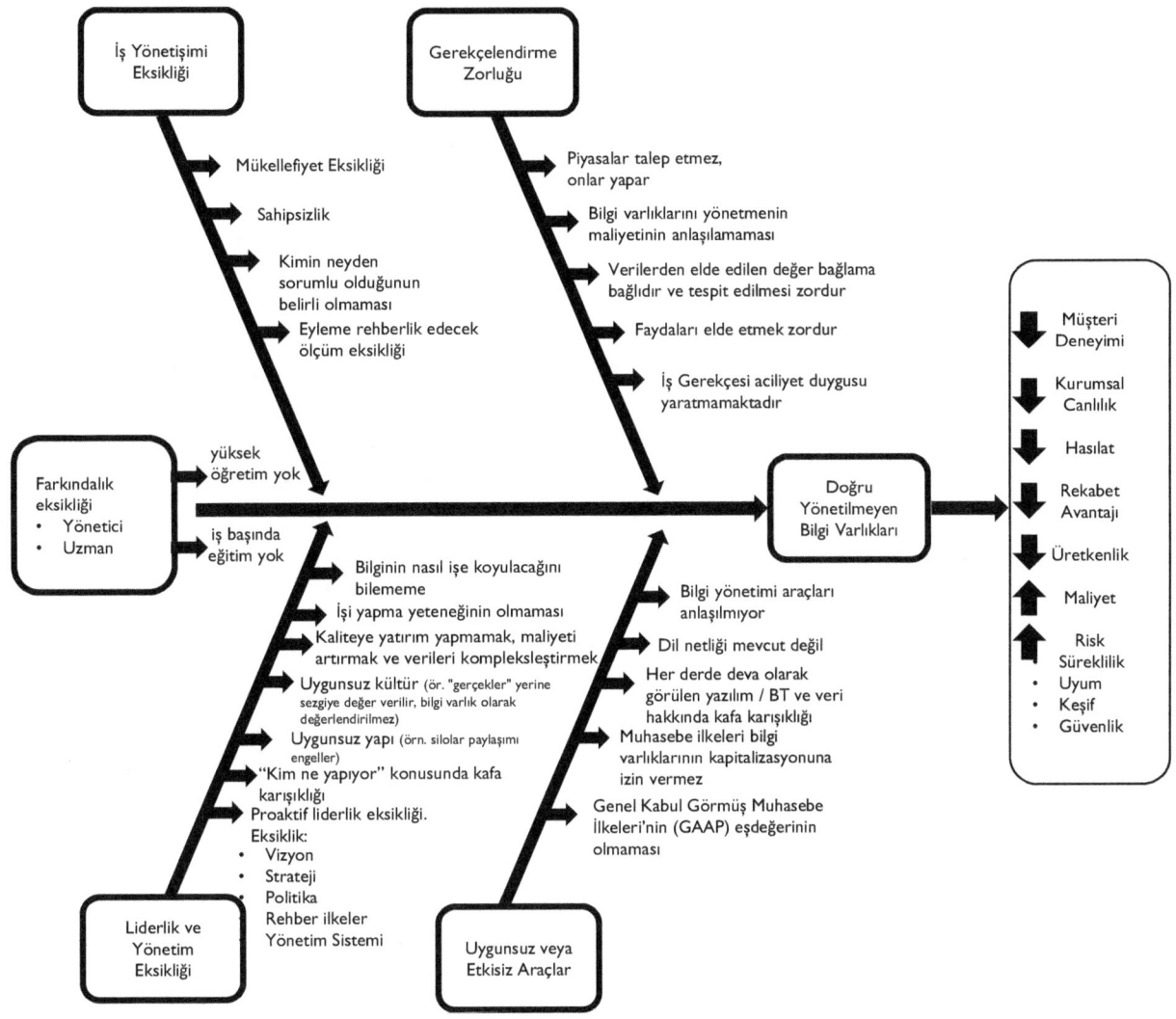

Şekil 94 İş Varlığı Olarak Bilginin Yönetiminin Önündeki Engeller [59]

---

[59] Diyagram, Danette McGilvray, James Price ve Tom Redman tarafından geliştirilmiştir. İzin alınarak kullanılmıştır. https://dataleaders.org/.

- **İş süreçlerindeki değişiklikler**: İş süreçleri zamanla değişir ve bu değişikliklerle birlikte yeni iş kuralları ve veri kalitesi gereksinimleri de ortaya çıkar. Ancak, iş kuralı değişiklikleri her zaman sistemlere zamanında veya kapsamlı bir şekilde dahil edilmez. Bir arabirim yeni veya değiştirilmiş gereksinimleri karşılamak için yükseltilmezse veri hataları ortaya çıkar. Ayrıca, iş kurallarındaki değişiklikler tüm sisteme yayılmadıkça verilerin etkilenmesi muhtemeldir.

- **Tutarsız iş süreci yürütmesi**: Tutarsız bir şekilde yürütülen süreçler aracılığıyla oluşturulan verilerin tutarsız olması muhtemeldir. Tutarsız yürütme, eğitim veya dokümantasyon sorunlarının yanı sıra değişen gereksinimlerden kaynaklanabilir.

1.3.8.3 Veri İşleme Fonksiyonlarından Kaynaklanan Sorunlar

- **Veri kaynaklarıyla ilgili yanlış varsayımlar**: Hatalar veya değişiklikler, yetersiz veya eski sistem belgeleri veya yetersiz bilgi aktarımı (örneğin, alan uzmanlarının bilgilerini belgelemeden işten ayrılması) nedeniyle veri sorunları ortaya çıkabilir. Birleşme ve devralmalarla ilişkili olanlar gibi sistem konsolidasyon faaliyetleri, genellikle sistemler arasındaki ilişki hakkında sınırlı bilgiye dayanır. Birden çok kaynak sistemi ve veri akışının entegre edilmesi gerektiğinde, özellikle de değişen düzeylerde kaynak bilgisi ve kısıtlı zaman çizelgeleri ile ayrıntıların kaçırılması riski her zaman vardır.

- **Eski iş kuralları**: Zamanla iş kuralları değişir. Dolayısıyla periyodik olarak gözden geçirilmeli ve güncellenmelidirler. Kuralların otomatik ölçümü varsa, kuralların ölçülmesine yönelik teknik süreç de güncellenmelidir. Güncellenmezse, sorunlar tespit edilemeyebilir veya yanlış pozitifler ortaya çıkabilir.

- **Değişen veri yapıları**: Kaynak sistemler, alt tüketicileri (hem insan hem de sistem) bilgilendirmeden veya değişiklikleri hesaba katmak için yeterli zaman vermeden yapıları değiştirebilirler. Bu, geçersiz değerlere veya veri hareketini ve yüklenmesini engelleyen diğer koşullara veya hemen algılanamayan daha ince değişikliklere neden olabilir.

1.3.8.4 Sistem Tasarımının Neden Olduğu Sorunlar

- **Referans bütünlüğünün uygulanmaması**: Bir uygulama veya sistem düzeyinde yüksek kaliteli veri sağlamak için referans bütünlüğü gereklidir. Referans bütünlüğü zorunlu kılınmazsa veya doğrulama akışı kapatılırsa (örneğin, yanıt sürelerini azaltmak için), çeşitli veri kalitesi sorunları ortaya çıkabilir:
    - Benzersizlik kurallarını ihlal eden tekrarlayan veriler
    - Bazı raporlara dahil edilebilen, diğerlerinden hariç tutulabilen ve aynı hesaplama için birden çok cevap değer alınmasına yol açan yetim satırlar
    - Geri yüklenen veya değiştirilen referans bütünlüğü gereksinimleri nedeniyle yükseltme yapamama
    - Eksik verilere varsayılan değerler atanması nedeniyle oluşan hatalı veriler

- **Benzersizlik kısıtlamalarının uygulanamaması**: Benzersiz örnekler içermesi beklenen bir tablo veya dosya içindeki veri örneklerinin birden çok kopyası bulunması. Örneklerin benzersizliği için yetersiz kontroller varsa veya performansı artırmak için veritabanında benzersiz kısıtlamalar kapatılırsa, veri toplama sonuçları büyüyebilir.

- **Kodlama hataları ve farkları**: Veri eşlemesi veya düzeni yanlışsa veya verilerin işlenmesine ilişkin kurallar doğru değilse, işlenen verilerde hatalı hesaplamalardan uygun olmayan alanlara atananlardan referans verilen hatalı verilere kadar değişen veri kalitesi sorunları olacaktır.

- **Veri modeli hataları**: Veri modeli içindeki varsayımlar gerçek veriler tarafından desteklenmiyorsa, gerçek veriler tarafından alan uzunluklarının aşılması nedeniyle veri kaybından, verilerin yanlış ID'lere veya anahtarlara atanmasına kadar değişen veri kalitesi sorunları olacaktır.

- **Alan aşırı yüklemesi**: Veri modelini veya kodunu değiştirmek yerine alanların zaman içinde farklı amaçlarla yeniden kullanılması, kafa karıştırıcı değer kümelerine, belirsiz anlamlara ve yanlış atanmış anahtarlar gibi potansiyel olarak yapısal sorunlara neden olabilir.

- **Geçici veri uyumsuzlukları**: Birleştirilmiş bir veri sözlüğünün yokluğunda, birden fazla sistem farklı tarih formatları veya zamanlamalar gerçekleyebilir ve bu da farklı kaynak sistemler arasında veri senkronizasyonu gerçekleştiğinde veri uyumsuzluğuna ve veri kaybına neden olabilir.

- **Zayıf Ana Veri Yönetimi**: Olgunlaşmamış Ana Veri Yönetimi, veriler için güvenilir olmayan kaynakların seçilmesine yol açabilir, bu da veri kaynağının doğru olduğu varsayımı çürütülene kadar bulunması çok zor olan veri kalitesi sorunlarına neden olabilir.

- **Veri tekrarı**: Gereksiz veri tekrarı, genellikle yetersiz veri yönetiminin bir sonucudur. İstenmeyen tekrar sorunlarının iki ana türü vardır:

    - **Tek Kaynak – Çoklu Yerel Örneklemler**: Örneğin, aynı müşterinin aynı veritabanındaki birden çok (benzer veya özdeş) tablodaki örneklemleri. Hangi örneğin kullanım için en doğru olduğunu bilmek, sisteme özel bilgi sahibi olmadan zor olabilir.
    - **Çoklu Kaynaklar – Tek Örneklem**: Birden çok yetkili kaynağa veya kayıt sistemine sahip veri örneklemleri. Örneğin, birden çok POS sisteminden gelen tek müşteri örneklemleri. Bu verileri kullanım için işlerken, tekrarlanan geçici depolama alanları olabilir. Birleştirme kuralları, kalıcı üretim verisi alanlarında işlenirken hangi kaynağın diğerlerine göre önceliğe sahip olduğunu belirler.

1.3.8.5 Sorunları Düzeltmenin Neden Olduğu Sorunlar

Manuel veri yamaları, uygulama arayüzlerinde veya iş kuralları aracılığıyla değil, doğrudan veritabanındaki veriler üzerinde yapılan değişikliklerdir. Bunlar, genellikle aceleyle oluşturulan komut dosyaları veya manuel komutlardır ve kasıtlı olarak hatalı veri enjeksiyonu, güvenlik ihlali, dahili dolandırıcılık veya harici kaynaklardan iş kesintileri gibi acil durumlarda verileri "düzeltmek" için kullanılırlar.

Test edilmemiş herhangi bir kod gibi, gerekenden daha fazla veriyi değiştirerek veya yamayı orijinal sorundan etkilenen tüm geçmiş verilere yaymayarak istenmeyen sonuçlarla daha fazla hataya neden olma riski yüksektir. Bu tür yamaların çoğu, önceki durumu korumak ve düzeltilmiş satırlar eklemek yerine verileri yerinde değiştirir.

Değişiklikleri göstermek için yalnızca veritabanı logları olduğundan, bu değişiklikler genellikle yedeklemeden tam bir geri yükleme olmadan geri alınamaz. Bu nedenle, bu kısayollar kesinlikle önerilmez- bunlar, uygun bir düzeltmenin neden olacağından daha uzun süre güvenlik ihlalleri ve iş kesintileri için fırsatlardır. Tüm değişiklikler, yönetilen bir değişiklik yönetimi sürecinden geçmelidirler.

1.3.9 Veri Profili Oluşturma

Veri Profili Oluşturma, verileri incelemek ve kaliteyi değerlendirmek için kullanılan bir veri analizi biçimidir. Veri profili oluşturma, bir veri koleksiyonunun gerçek yapısını, içeriğini ve kalitesini keşfetmek için istatistiksel teknikleri kullanır (Olson, 2003). Bir profil oluşturma motoru, analistlerin veri içeriği ve yapısındaki desenleri belirlemek için kullanabilecekleri istatistikler üretir. Örneğin:

- **Boş sayısı**: Boş değerlerin varlığını tanımlar ve bunlara izin verilip verilmediğinin incelenmesine izin verir
- **Maksimum/Minimum değeri**: Negatifler gibi aykırı değerleri tanımlar
- **Maksimum/Minimum uzunluk**: Belirli uzunluk gereksinimleri olan alanlar için aykırı değerleri veya geçersizleri tanımlar
- **Sütunlar içindeki değerlerin dağılımı**: Makullüğün değerlendirilmesini sağlar (örneğin, işlemler için ülke kodlarının dağıtımı, sık veya seyrek olarak meydana gelen değerlerin incelenmesi ve ayrıca varsayılan değerlerle doldurulmuş kayıtların yüzdesi)
- **Veri türü ve formatı**: Beklenmeyen formatların tanımlanmasının yanı sıra format gereksinimlerine uyumsuzluk düzeyini tanımlar (ör. ondalık basamak sayısı, yerleşik boşluklar, örnek değerler)

Profil oluşturma, çakışan veya tekrarlayan sütunları tanımlayabilen ve yerleşik değer bağımlılıklarını ortaya çıkarabilen sütunlar arası analizi de içerir. Tablolar arası analiz, çakışan değer kümelerini araştırır ve yabancı anahtar ilişkilerinin belirlenmesine yardımcı olur. Çoğu veri profili oluşturma aracı, daha fazla araştırma için analiz edilen verilerin detayına inmeye izin verir.

Profil oluşturma motorundan elde edilen sonuçlar, verilerin kurallara ve diğer gereksinimlere uygun olup olmadığını belirlemek için bir analist tarafından değerlendirilmelidir. İyi bir analist, bilinen ilişkileri doğrulamak ve iş kuralları ve kısıtlamalar dahil olmak üzere veri kümeleri içindeki ve arasındaki gizli özellikleri ve desenleri ortaya çıkarmak için profil oluşturma sonuçlarını kullanabilir. Profil oluşturma genellikle projeler (özellikle veri entegrasyonu projeleri; bkz. Bölüm 8) için veri keşfinin bir parçası olarak veya iyileştirilmesi hedeflenen verilerin mevcut durumunu değerlendirmek için kullanılırlar. Veri profili çıkarmanın sonuçları hem verilerin hem de metaverilerin kalitesini iyileştirme fırsatlarını belirlemek için kullanılabilir (Olson, 2003; Maydanchik, 2007).

Profil oluşturma, verileri anlamanın etkili bir yolu olsa da veri kalitesini iyileştirmenin yalnızca ilk adımıdır. Kuruluşların olası sorunları belirlemesini sağlar. Sorunları çözmek, iş süreci analizi, veri kökeni analizi ve sorunların temel nedenlerini yalıtmaya yardımcı olabilecek daha derin veri analizi dahil olmak üzere diğer analiz biçimlerini gerektirir.

1.3.10 Veri Kalitesi ve Veri İşleme

Veri kalitesi iyileştirme çabalarının odak noktası genellikle hataların önlenmesi olsa da veri kalitesi bazı veri işleme biçimleriyle de geliştirilebilir (Bkz. Bölüm 8).

1.3.10.1 Veri Temizleme

Veri Temizleme, verileri veri standartlarına ve konu alanı kurallarına uygun hale getirmek için dönüştürür. Temizleme, veri kalitesini kabul edilebilir bir düzeye getirmek için veri hatalarını tespit etmeyi ve düzeltmeyi içerir.

Maliyetlidir ve temizleme yoluyla verileri sürekli olarak düzeltmek bir risk oluşturur. İdeal olarak, veri sorunlarının temel nedenleri çözüldüğü için veri temizleme ihtiyacı zamanla azalmalıdır. Veri temizleme ihtiyacı şu şekilde ele alınabilir:

- Veri girişi hatalarını önlemek için kontrollerin gerçeklenmesi
- Kaynak sistemdeki verilerin düzeltilmesi
- Verileri oluşturan iş süreçlerinin iyileştirilmesi

Bazı durumlarda, verilerin bir ara akış sisteminde yeniden işlenmesi diğer alternatiflerden daha ucuz olduğundan, sürekli olarak düzeltme gerekli olabilir.

1.3.10.2 Veri Geliştirme

Veri geliştirme veya zenginleştirme, kalitesini ve kullanılabilirliğini artırmak için bir veri kümesine yeni nitelikler ekleme sürecidir. Bazı geliştirmeler, bir kuruluşun içindeki veri kümelerini entegre ederek elde edilir. Kurumsal verileri geliştirmek için harici veriler de satın alınabilir (bkz. Bölüm 10). Veri geliştirme örnekleri şunları içerir:

- **Saat/Tarih damgaları**: Verileri iyileştirmenin bir yolu, geçmiş veri olaylarını izlemeye yardımcı olabilecek veri öğelerinin oluşturulduğu, değiştirildiği veya kullanımdan kaldırıldığı saat ve tarihi belgelemektir. Verilerle ilgili sorunlar tespit edilirse, analistlerin sorunun zaman çerçevesini izole etmelerini sağladığı için zaman damgaları kök neden analizinde çok değerli olabilir.

- **Denetim verileri**: Denetim, doğrulamanın yanı sıra geçmiş izleme için önemli olan veri kökenini belgeleyebilir.

- **Referans sözlükleri**: İşe özel terminoloji, ontolojiler ve sözlükler, özelleştirilmiş iş bağlamı getirirken anlayışı ve kontrolü geliştirir.

- **Bağlamsal bilgiler**: Konum, ortam veya erişim yöntemleri gibi bağlam ekleme, inceleme ve analiz için verileri etiketleme.

- **Coğrafi bilgiler**: Coğrafi bilgiler, bölgesel kodlama, belediye, mahalle haritalama, enlem/boylam çiftleri veya diğer konum tabanlı veri türlerini içeren adres standardizasyonu ve coğrafi kodlama yoluyla geliştirilebilir.

- **Demografik bilgiler**: Müşteri verileri, yaş, medeni durum, cinsiyet, gelir veya etnik kodlar gibi demografik bilgiler aracılığıyla geliştirilebilir. Ticari varlık verileri, yıllık gelir, çalışan sayısı, kullanılan alanın boyutu vb. ile ilişkilendirilebilir.

- **Psikografik bilgiler**: Ürün ve marka tercihleri, kurum üyelikleri, boş vakit aktiviteleri, işe gidiş geliş ulaşım tarzı, alışveriş zamanı tercihleri vb. gibi belirli davranışlara, alışkanlıklara veya tercihlere göre hedef kitleleri bölümlere ayırmak için kullanılan veriler.

- **Değerleme bilgileri**: Varlık değerlemesi, envanter ve satış için bu tür bir geliştirmeyi kullanın.

1.3.10.3 Veri Ayrıştırma ve Biçimlendirme

Veri Ayrıştırma, içeriğini veya değerini tanımlamak için önceden belirlenmiş kuralları kullanarak verileri analiz etme sürecidir. Veri ayrıştırma, veri analistinin geçerli ve geçersiz veri değerlerini ayırt etmek için kullanılan bir kural motoruna beslenen desen kümelerini tanımlamasını sağlar. Belirli desenleri eşleştirmek, çeşitli eylemleri tetikler.

Veri ayrıştırma, bir veri örneğinde görünen veri değerlerine özellikler atar ve bu özellikler, ilave faydalar için potansiyel kaynakların belirlenmesine yardımcı olur. Örneğin, "ad" adlı bir özelliğin içinde "işletme adı"na ait değerlerin bulunduğu belirlenebilirse, veri değeri bir kişinin adı yerine bir işletmenin adı olarak tanımlanır. Veri değerlerinin parçalar ve alt parçalar gibi anlamsal hiyerarşiler halinde düzenlendiği herhangi bir durum için de aynı yaklaşımı kullanın.

Birçok veri kalitesi sorunu, benzer kavramları temsil eden veri değerlerindeki varyasyonun belirsizliğe yol açtığı durumları içerir. Geçerli bir model oluşturmak için ayıklanabilen ve standart bir temsilde yeniden düzenlenebilen ayrı bileşenleri ayıklayın ve yeniden düzenleyin. Geçersiz bir desen tanındığında, uygulama geçersiz değeri kurallara uyan bir değere dönüştürmeye çalışabilir. Bazı kaynak modellerinden gelen verileri karşılık gelen bir hedef temsile eşleyerek standardizasyon gerçekleştirin.

Örneğin, bir numaralandırma planına uyması beklenen telefon numaralarının biçimlendirilmesinin farklı yollarını düşünün. Bazılarında rakamlar varken, bazılarında alfabetik karakterler vardır ve hepsi ayırma için farklı özel karakterler kullanır. İnsanlar her birini bir telefon numarası olarak tanıyabilir. Ancak, bu sayıların doğru olup olmadığını belirlemek (belki bir ana müşteri dizini ile karşılaştırarak) veya her tedarikçi için yalnızca bir tane olması gerektiğinde mükerrer sayıların var olup olmadığını araştırmak için, değerlerin bileşen segmentlerine ayrıştırılması ve ardından standart bir formata dönüştürülmesi gerekir.

Bir başka iyi örnek de bir müşteri adıdır, çünkü isimler binlerce farklı biçimde gösterilebilir. İyi bir standardizasyon aracı, bir müşteri adının verilen ad, ikinci ad, soyadı, baş harfler, unvanlar gibi farklı bileşenlerini ayrıştırabilir ve daha sonra bu bileşenleri diğer veri hizmetlerinin manipüle edebileceği şekilde standart bir temsilde yeniden düzenleyebilir.

İnsanın tanıdık desenleri tanıma yeteneği, aynı soyut değer sınıfına ait değişken veri değerlerini karakterize etme yeteneğine katkıda bulunur; insanlar, sık kullanılan desenlere uydukları için farklı türdeki telefon numaralarını tanırlar. Bir analist, Kişi Adı, Ürün Açıklaması vb. gibi tümü bir veri nesnesini temsil eden biçim desenlerini tanımlar. Bir veri kalitesi aracı, bu desenlerden herhangi birine uyan veri değerlerini ayrıştırır ve hatta bunları değerlendirme, benzerlik analizi ve iyileştirme süreçlerini basitleştirecek tek, standartlaştırılmış bir forma dönüştürür. Model tabanlı ayrıştırma, anlamlı değer bileşenlerinin tanınmasını ve ardından standartlaştırılmasını otomatikleştirebilir.

1.3.10.4 Veri Dönüşümü ve Standardizasyon

Normal işleme sırasında, veri kuralları verileri tetikler ve hedef mimari tarafından okunabilen bir biçime dönüştürür. Ancak okunabilirlik her zaman kabul edilebilir anlamına gelmez. Kurallar, doğrudan bir veri entegrasyonu akışı içinde oluşturulur veya bir araca yerleştirilmiş veya bir araç içinden erişilebilen alternatif teknolojilere dayanır.

Veri dönüşümü, bu tür standardizasyon teknikleri üzerine kuruludur. Veri değerlerini orijinal biçimlerinde ve modellerinde bir hedef temsile eşleyerek kural tabanlı dönüşümlere rehberlik edin. Bir desenin ayrıştırılmış bileşenleri, bilgitabanındaki kurallar tarafından yönlendirildiği gibi yeniden düzenlemeye, düzeltmeye veya herhangi bir değişikliğe tabi tutulur. Aslında, standardizasyon, kural analisti veya araç tedarikçisi tarafından tekrarlanan analiz yoluyla, zaman içinde ortak olarak kabul edilen bağlamı, dilbilimi ve deyimleri yakalayan kuralları kullanan özel bir dönüşüm durumudur (Bkz. Bölüm 3.).

2. Faaliyetler

2.1 Yüksek Kaliteli Verilerin Tanımlanması

Birçok kişi kalitesiz verileri gördüklerinde tanısa da pek azı yüksek kaliteli verilerle ne demek istediklerini tanımlayabiliyordur. Alternatif olarak, bunu çok genel bir terimle tanımlarlar: "Veriler doğru olmalı." "Doğru verilere ihtiyacımız var." Yüksek kaliteli veriler, veri tüketicilerinin amaçlarına uygundur. Bir Veri Kalitesi programını başlatmadan önce, iş ihtiyaçlarını anlamak, terimleri tanımlamak, organizasyonel sorunlu noktaları belirlemek ve veri kalitesinin iyileştirilmesi için etkenler ve öncelikler hakkında fikir birliği oluşturmaya başlamak faydalıdır. Mevcut durumu anlamak ve veri kalitesini iyileştirmeye yönelik kurumsal hazırlığı değerlendirmek için bir dizi soru sorun:

- Paydaşlar 'yüksek kaliteli veriler' ile neyi ifade ediyor?
- Düşük kaliteli verilerin iş operasyonları ve stratejisi üzerindeki etkisi nedir?
- Daha yüksek kaliteli veriler iş stratejisini nasıl mümkün kılacak?
- Veri kalitesinin iyileştirilmesi ihtiyacını hangi öncelikler yönlendiriyor?
- Düşük kaliteli veriler için tolerans seviyesi nedir?
- Veri kalitesinin iyileştirilmesini desteklemek için ne seviyede yönetişim mevcut?
- Hangi ek yönetişim yapılarına ihtiyaç duyulacak?

Bir kuruluştaki mevcut veri kalitesi durumunun kapsamlı bir resmini elde edebilmek, sorulara farklı perspektiflerden yaklaşmayı da gerektirir:

- İş stratejisi ve hedeflerin anlaşılması
- Problem noktalarını, riskleri ve iş etkenlerini belirlemek için paydaşlarla görüşmeler
- Profil oluşturma ve diğer analiz biçimleri aracılığıyla verilerin doğrudan değerlendirilmesi
- İş süreçlerinde veri bağımlılıklarının belgelenmesi
- İş süreçleri için teknik mimari ve sistem desteğinin belgelenmesi

Bu tür bir değerlendirme, önemli miktarda fırsatları ortaya çıkarabilir. Bunlar, kuruluşa potansiyel faydaya dayalı olarak önceliklendirilmelidir. Veri Kalitesi ekibi, Veri Sorumluları ve iş ve teknik konu alanı uzmanları dahil olmak üzere paydaşlardan gelen girdileri kullanarak, veri kalitesinin anlamını tanımlamalı ve program öncelikleri önermelidir.

2.2 Veri Kalitesi Stratejisinin Tanımlanması

Veri kalitesini iyileştirmek, yapılması gereken işi ve insanların bunu yürütme şeklini açıklayan bir strateji gerektirir. Veri kalitesi öncelikleri iş stratejisiyle uyumlu olmalıdır. Bir çerçeve ve metodolojinin benimsenmesi veya geliştirilmesi, ilerlemeyi ve etkileri ölçmek için bir araç sağlarken hem stratejiye hem de taktiklere rehberlik etmeye yardımcı olacaktır. Bir çerçeve, aşağıdakilere yönelik yöntemleri içermelidir:

- İş ihtiyaçlarını anlama ve önceliklendirme
- İş ihtiyaçlarını karşılamak için kritik olan verilerin belirlenmesi
- İş gereksinimlerine dayalı olarak iş kurallarının ve veri kalitesi standartlarının tanımlanması
- Verilerin beklentilere göre değerlendirilmesi
- Bulguların paylaşılması ve paydaşlardan geri bildirim alınması
- Sorunların önceliklendirilmesi ve yönetilmesi
- İyileştirme fırsatlarının belirlenmesi ve önceliklendirilmesi
- Veri kalitesinin ölçülmesi, izlenmesi ve raporlanması
- Veri kalitesi süreçleri aracılığıyla üretilen metaverilerin yönetilmesi
- Veri kalitesi kontrollerinin iş ve teknik süreçlere entegre edilmesi

Bir çerçeve, veri kalitesi için nasıl organize edileceğini ve veri kalitesi araçlarından nasıl yararlanılacağını da açıklamalıdır. Bölümün girişinde belirtildiği gibi, veri kalitesinin iyileştirilmesi, bir Veri Kalitesi program ekibinin iş ve teknik personelin katılımını ve kritik sorunları ele alan, en iyi uygulamaları tanımlayan ve sürekli veri kalitesi yönetimini destekleyen operasyonel süreçleri uygulamaya koyan bir çalışma programı tanımlamasını gerektirir. Genellikle böyle bir ekip, Veri Yönetimi Organizasyonunun bir parçası olacaktır. Veri kalitesi analistlerinin her düzeyde Veri Sorumluları ile yakın bir şekilde çalışması gerekecektir. Ayrıca, iş süreçleri ve sistem geliştirme ile ilgili politikalar da dahil olmak üzere politikayı etkilemelidirler. Ancak böyle bir ekip, bir kuruluşun tüm veri kalitesi zorluklarını çözemez. Veri kalitesi çalışması ve yüksek kaliteli verilere taahhüt, kurumsal uygulamalara dahil edilmelidir. Veri kalitesi stratejisi, en iyi uygulamaların nasıl genişletileceğini açıklamalıdır (Bkz. Bölüm 17).

2.3 Kritik Verilerin ve İş Kurallarının Tanımlanması

Tüm veriler eşit öneme sahip değildir. Veri Kalitesi Yönetimi çabaları, öncelikle kuruluştaki en önemli verilere odaklanmalıdır: eğer daha yüksek kalitede olsalardı, kuruluşa ve müşterilerine daha da fazla değer sağlayacak verilerdir. Veriler, yasal gereklilikler, finansal değer ve müşteriler üzerindeki doğrudan etki gibi faktörlere göre önceliklendirilebilir. Çoğu zaman, veri kalitesi iyileştirme çabaları, tanımı gereği herhangi bir kuruluştaki en önemli veriler arasında yer alan Ana Verilerle başlar. Önem analizinin sonucu, Veri Kalitesi ekibinin iş çabalarına odaklanmak için kullanabileceği sıralanmış bir veri listesidir.

Veri Kalitesi analistlerinin kritik verileri belirledikten sonra, verilerin kalite özellikleriyle ilgili beklentileri tanımlayan veya ima eden iş kurallarını belirlemesi gerekir. Genellikle kuralların kendileri açıkça belgelendirilmez. Mevcut iş süreçleri, iş akışları, regülasyonlar, politikalar, standartlar, sistem düzenlemeleri, yazılım kodu, tetikleyiciler ve prosedürler, durum kodu atamaları ve kullanımı ve eski usul sağduyu analizi yoluyla tersine mühendislik yapılması gerekebilir. Örneğin, bir pazarlama şirketi belirli bir demografideki insanları hedeflemek istiyorsa, potansiyel veri kalitesi dizinleri, doğum tarihi, yaş, cinsiyet ve hane geliri gibi demografik alanlarda veri kümesinin düzeyi ve makullüğü olabilir.

Çoğu iş kuralı, verilerin nasıl toplandığı veya oluşturulduğuyla ilişkilidir, ancak veri kalitesi ölçümü, verilerin kullanıma uygun olup olmadığına odaklanır. İkisi (veri oluşturma ve veri kullanımı) ilişkilidir. İnsanlar verileri neyi temsil ettikleri ve neden oluşturuldukları nedeniyle kullanmak isterler. Örneğin, bir organizasyonun belirli bir çeyrek veya zaman içindeki satış performansını anlamak, satış süreci hakkında güvenilir verilere sahip olmaya bağlıdır (satılanların sayısı ve türü, mevcut müşterilere satılan hacim ve yeni müşteriler, vb.).

Verilerin nasıl kullanılabileceğini bilmek mümkün değildir, ancak verilerin oluşturulduğu veya toplandığı süreci ve kuralları anlamak mümkündür. Verilerin kullanıma uygun olup olmadığını tanımlayan ölçümler, anlamlı ölçümler için temel oluşturan veri kalitesi boyutlarına (noksansızlık, uygunluk, geçerlilik, bütünlük vb.) dayalı olarak bilinen kullanımlar ve ölçülebilir kurallarla ilgili olarak geliştirilmelidir. Kalite boyutları, analistlerin hem kuralları (X alanı zorunludur ve doldurulmalıdır) hem de bulguları (örneğin, kayıtların %3'ü doldurulmamışsa; veriler yalnızca %97 seviyesinde tamamlanmıştır) karakterize etmelerini sağlar.

Alan veya sütun düzeyinde kurallar basit olabilir. Noksansızlık kuralları, bir alanın zorunlu mu yoksa isteğe bağlı mı olduğunun ve isteğe bağlıysa doldurulması gereken koşulların bir yansımasıdır. Geçerlilik kuralları, geçerli değerlerin etki alanını ve bazı durumlarda alanlar arasındaki ilişkiyi şart koşmaya bağlıdır. Örneğin, bir ABD Posta Kodunun kendi içinde geçerli olması ve ABD Eyalet koduyla doğru şekilde ilişkilendirilmesi gerekir. Kurallar ayrıca veri seti düzeyinde tanımlanmalıdır. Örneğin, her müşterinin geçerli bir posta adresi olmalıdır.

Çoğu insan verileri kurallar açısından düşünmeye alışkın olmadığı için veri kalitesi kurallarını tanımlamak zordur. Paydaşlara bir iş sürecinin girdi ve çıktı gereksinimleri hakkında sorular sorarak kurallara dolaylı olarak ulaşmak gerekebilir. Ayrıca sorunlu noktalar, veriler eksik veya yanlış olduğunda ne olduğu, sorunları nasıl belirledikleri, kötü verileri nasıl tanıdıkları vb. hakkında sorular sormaya yardımcı olur. Verileri değerlendirmek için tüm kuralları bilmenin gerekli olmadığını unutmayın. Kuralların keşfi ve iyileştirilmesi devam eden bir süreçtir. Kurallara ulaşmanın en iyi yollarından biri, değerlendirme sonuçlarını paylaşmaktır. Bu sonuçlar genellikle paydaşlara, veriler hakkında bilmeleri gerekenleri söyleyen kuralları dile getirebilecekleri veriler üzerinde yeni bir bakış açısı sağlar.

2.4 Ön Veri Kalitesi Değerlendirmesinin Gerçekleştirilmesi

En kritik iş ihtiyaçları ve bunları destekleyen veriler belirlendikten sonra, veri kalitesi değerlendirmesinin en önemli kısmı aslında bu verilere bakmak, veri içeriğini ve ilişkilerini anlamak için sorgulamak ve gerçek verileri kurallar ve beklentilerle karşılaştırmaktır. Bu ilk yapıldığında, analistler birçok şeyi keşfedeceklerdir: verilerdeki belgelenmemiş ilişkiler ve bağımlılıklar, ima edilen kurallar, gereksiz veriler, çelişkili veriler ve ayrıca gerçekten kurallara uyan veriler. Veri sorumlularının, diğer alan uzmanlarının ve veri tüketicilerinin yardımıyla veri kalitesi analistlerinin bulguları sıralamaları ve önceliklendirmeleri gerekecektir.

Ön veri kalitesi değerlendirmesinin amacı, iyileştirme için eyleme geçirilebilir bir plan tanımlamak için veriler hakkında bilgiler edinmektir. İyileştirme sürecinin nasıl çalıştığını göstermek için küçük, odaklanmış bir çabayla – temel bir kavram kanıtıyla – başlamak genellikle en iyisidir. Adımları aşağıdakileri içerir:

- Değerlendirmenin hedeflerini tanımlayın; bunlar işi yönlendirecektir
- Değerlendirilecek verileri tanımlayın; odak, küçük bir veri seti, hatta tek bir veri öğesi veya belirli bir veri kalitesi sorunu üzerinde olmalıdır
- Verilerin kullanım alanlarını ve veri tüketicilerini tanımlayın
- Veri sorunlarının kurumsal süreçler üzerindeki potansiyel etkisi de dahil olmak üzere, değerlendirilecek verilerle ilgili bilinen riskleri belirleyin
- Bilinen ve önerilen kurallara dayalı olarak verileri inceleyin
- Uyumsuzluk düzeylerini ve sorun türlerini belgeleyin
- Aşağıdakileri gerçekleştirmek için ön bulgulara dayalı ek, derinlemesine analiz gerçekleştirin:
    - Bulguları nicelleştirmek
    - İş etkisine göre sorunları önceliklendirmek

- - o   Veri sorunlarının kök nedenleri hakkında hipotezler geliştirmek
- Sorunları ve öncelikleri doğrulamak için Veri Sorumluları, alan uzmanları ve veri tüketicileri ile görüşün
- Bulguları, aşağıdakileri planlamak için bir temel olarak kullanın:
  - Kök nedenlerinde sorunların düzeltilmesi
  - Sorunların tekrarlanmasını önlemek için kontroller ve süreç iyileştirmeleri
  - Süregelen kontroller ve raporlama

2.5 Potansiyel İyileştirmelerin Belirlenmesi ve Önceliklendirilmesi

İyileştirme sürecinin işe yarayabileceğini kanıtladıktan sonraki hedef, onu stratejik olarak uygulamaktır. Bunu yapmak, potansiyel iyileştirmelerin belirlenmesini ve önceliklendirilmesini gerektirir. Tanımlama, mevcut sorunların genişliğini anlamak için daha büyük veri kümelerinin tam ölçekli bir veri profilinin çıkarılmasıyla gerçekleştirilebilir. Paydaşları etkileyen veri sorunları hakkında görüşmeler yapmak ve bu sorunların iş üzerindeki etkisinin analizini takip etmek gibi başka yollarla da gerçekleştirilebilir. Sonuç olarak, önceliklendirme, veri analizi ve paydaşlarla tartışmanın bir karışımını gerektirir.

Tam bir veri profili oluşturma ve analizi gerçekleştirme adımları, temelde küçük ölçekli bir değerlendirme gerçekleştirme adımlarıyla aynıdır: hedefleri tanımlayın, veri kullanımlarını ve riskleri anlayın, kurallara göre ölçün, bulguları konu alanı uzmanlarıyla belgeleyin ve doğrulayın, bu bilgileri iyileştirmeye ve düzeltme çabaları öncelik vermek için kullanın. Ancak, bazen tam ölçekli profil oluşturmanın önünde teknik engeller vardır. Çabaların bir analist ekibi içerisinde koordine edilmesi gerekecektir ve eğer etkili bir eylem planı uygulamaya konulacaksa, genel sonuçların özetlenmesi ve anlaşılması gerekecektir. Daha küçük ölçektekiler gibi büyük ölçekli profil çıkarma çabaları, yine de en kritik verilere odaklanmalıdır.

Verilerin profillenmesi, veri kalitesi sorunlarının analizindeki yalnızca ilk adımdır. Sorunların belirlenmesine yardımcı olur, ancak kök nedenleri belirlemez ve sorunların iş süreçlerine etkisini belirlemez. Etkiyi belirlemek, veri zinciri boyunca paydaşlardan girdiler gerektirir. Büyük ölçekli profil oluşturmayı planlarken, sonuçları paylaşmak, sorunları önceliklendirmek ve hangi sorunların derinlemesine analiz gerektirdiğini belirlemek için zaman ayrıldığından emin olun.

2.6 Veri Kalitesini İyileştirme Hedeflerinin Tanımlanması

Ön değerlendirmeler yoluyla elde edilen bilgiler, belirli bir Veri Kalitesi programı hedeflerinin temelini oluşturur. İyileştirme, basit düzeltmelerden (örneğin, kayıtlardaki hataların düzeltilmesi) kök nedenlerin düzeltilmesine kadar farklı biçimler alabilir. İyileştirme ve düzeltme planları, çabuk kazanımları (düşük maliyetle hemen ele alınabilecek sorunlar) ve uzun vadeli stratejik değişimleri hesaba katmalıdır. Bu tür planların stratejik odak noktası, sorunların kök nedenlerini ele almak ve sorunları önlemek için çeşitli mekanizmaları devreye sokmak olmalıdır.

İyileştirme çabalarının önüne birçok şeyin geçebileceğini unutmayın: sistem kısıtlamaları, verilerin yaşı, şüpheli verileri kullanan devam eden proje çalışmaları, veri ortamının genel karmaşıklığı, değişime karşı kültürel direnç. Bu kısıtlamaların programı durdurmasını önlemek için, veri kalitesindeki iyileştirmelerin iş değerinin tutarlı bir şekilde ölçülmesine dayalı olarak belirli, ulaşılabilir hedefler belirleyin.

Örneğin, hedeflerden biri, süreç iyileştirmelerine ve sistem düzenlemelerine dayalı olarak müşteri verilerinin eksiksizliğini %90'dan %95'e çıkartmak olabilir. Açıkçası, gelişmeyi gösterebilmek, ön ölçümleri ve iyileştirilmiş sonuçlarını karşılaştırmayı gerektirecektir. Ancak değeri, iyileştirmenin faydalarıyla birlikte gelir: daha az müşteri şikâyeti, hataları düzeltmek için daha az zaman harcanması vb. İyileştirme çalışmasının değerini açıklamak için bunları ölçün. Bir iş etkisi olmadığı sürece, hiç kimse alanların noksansızlık düzeylerini önemsemez. Verilerdeki iyileştirmeler için pozitif bir yatırım getirisi olmalıdır. Sorunlar bulunduğunda, aşağıdakilere dayalı olarak düzeltmelerin yatırım getirisini belirleyin:

- Etkilenen verilerin kritikliği (önem sıralaması)
- Etkilenen veri miktarı
- Verinin yaşı
- Sorundan etkilenen iş süreçlerinin sayısı ve türü
- Sorundan etkilenen müşteri, tedarikçi veya çalışan sayısı
- Konuyla ilgili riskler
- Kök nedenlerin giderilmesine ilişkin maliyetler
- Olası geçici çözümlerin maliyetleri

Sorunları değerlendirirken, özellikle kök nedenlerin belirlendiği ve teknik değişikliklerin gerekli olduğu durumlarda, sorunların tekrarlanmasını önlemek için her zaman fırsatları araştırın. Sorunları önlemek genellikle onları düzeltmekten daha az maliyetlidir- bazen katbekat daha azdır (Bkz. Bölüm 11).

2.7 Veri Kalitesi Operasyonlarının Geliştirilmesi ve Kurulması

Birçok Veri Kalitesi programı, veri kalitesi değerlendirmesinin sonuçlarıyla belirlenen bir dizi iyileştirme projesi aracılığıyla başlatılır. Veri kalitesini sürdürmek için, bir veri kalitesi programı, ekibin veri kalitesi kurallarını ve standartlarını yönetmesine, verilerin kurallarla süregelen uygunluğunu izlemesine, veri kalitesi sorunlarını belirlemesine ve yönetmesine ve kalite seviyeleri hakkında rapor vermesine olanak tanıyan bir plan oluşturmalıdır. Bu faaliyetleri desteklemek için veri kalitesi analistleri ve Veri Sorumluları, veri standartlarını ve iş kurallarını belgeleme ve tedarikçiler için veri kalitesi gereksinimleri oluşturma gibi faaliyetlerde bulunacaklardır.

2.7.1 Veri Kalitesi Kurallarının Yönetilmesi

Verileri profilleme ve analiz etme süreci, bir kuruluşun iş ve veri kalitesi kurallarını keşfetmesine (veya tersine mühendislik yapmasına) yardımcı olacaktır. Veri kalitesi uygulaması olgunlaştıkça, bu tür kurallar, sistem geliştirme ve iyileştirme sürecine dahil edilmelidir. Kuralların önceden tanımlanması:

- Veri kalitesi özellikleri için net beklentiler belirler
- Veri sorunlarının ortaya çıkmasını önleyen sistem düzenlemeleri ve kontrolleri için gereksinimleri sağlar
- Tedarikçilere ve diğer harici taraflara veri kalitesi gereksinimleri sağlar
- Süregelen veri kalitesi ölçümü ve raporlaması için temel oluşturur

Kısacası, veri kalitesi kuralları ve standartları metaverinin kritik bir biçimidir. Etkili olmaları için metaveri olarak yönetilmeleri gerekir. Kurallar şöyle olmalıdır:

- **Tutarlı bir şekilde belgelenmiş olma**: Tutarlı bir biçim ve anlama sahip olmaları adına kuralları belgelemek için standartlar ve şablonlar oluşturun.

- **Veri Kalitesi boyutları açısından tanımlanma**: Kalite boyutları, insanların neyin ölçüldüğünü anlamalarına yardımcı olur. Boyutların tutarlı bir şekilde uygulanması, ölçüm ve sorun yönetimi süreçlerine yardımcı olacaktır.

- **İş etkisine bağlı olma**: Veri kalitesi boyutları ortak sorunların anlaşılmasını sağlarken, bunlar başlı başına bir hedef değildir. Standartlar ve kurallar, kurumsal başarı üzerindeki etkileriyle doğrudan bağlantılı olmalıdır. İş süreçlerine bağlı olmayan ölçümler yapılmamalıdır.

- **Veri analiziyle desteklenme**: Veri Kalitesi Analistleri, kuralları tahmin etmemelidir. Kurallar gerçek verilere karşı test edilmelidir. Çoğu durumda, kurallar verilerle ilgili sorunlar olduğunu gösterecektir. Ancak analiz, kuralların kendilerinin eksik olduğunu da gösterebilir.

- **Alan uzmanları tarafından doğrulanma**: Kuralların amacı, verilerin nasıl görünmesi gerektiğini açıklamaktır. Kuralların verileri doğru bir şekilde tanımladığını doğrulamak için genellikle kurumsal süreçler hakkında bilgi gerekir. Bu bilgi, konu alanı uzmanları veri analizinin sonuçlarını doğruladığında veya açıkladığında ortaya çıkar.

- **Tüm veri tüketicilerinin erişimine açık olma**: Tüm veri tüketicilerinin belgelenmiş kurallara erişimi olmalıdır. Bu tür erişim, verileri daha iyi anlamalarını sağlar. Ayrıca kuralların doğru ve eksiksiz olmasını sağlamaya yardımcı olur. Tüketicilerin kurallar hakkında soru sorma ve kurallar hakkında geri bildirim sağlama araçlarına sahip olduğundan emin olun.

2.7.2 Veri Kalitesini Ölçülmesi ve İzlenmesi

Operasyonel Veri Kalitesi Yönetimi prosedürleri, veri kalitesini ölçme ve izleme yeteneğine bağlıdır. Operasyonel veri kalitesi ölçümlerini uygulamak için eşit derecede önemli iki neden vardır:

- Veri tüketicilerini kalite seviyeleri hakkında bilgilendirmek
- İş veya teknik süreçlerdeki değişimler yoluyla değişimin getirebileceği riski yönetmek

Bazı ölçümler her iki amaca da hizmet eder. Ölçümler, veri değerlendirmesi ve kök neden analizinden elde edilen bulgulara dayalı olarak geliştirilmelidir. Veri tüketicilerini bilgilendirmeyi amaçlayan ölçümler, sağlam olmadıkları takdirde iş süreçlerini doğrudan etkileyecek olan kritik veri öğelerine ve ilişkilere odaklanacaktır. Risk yönetimiyle ilgili ölçümler, geçmişte yanlış giden ve gelecekte yanlış gidebilecek ilişkilere odaklanmalıdır. Örneğin, veriler bir dizi ETL kuralına dayalı olarak türetiliyorsa ve bu kurallar iş süreçlerindeki değişimlerden etkilenebiliyorsa, verilerdeki değişiklikleri tespit etmek için ölçümler yapılmalıdır.

Riski yönetmek için geçmiş problemlerden gelen bilgiler kullanılmalıdır. Örneğin, çok sayıda veri sorunu karmaşık türetimlerle ilişkilendiriliyorsa, tüm türetimler- veri sorunlarıyla ilişkilendirilmemiş olanlar bile- değerlendirilmelidir. Çoğu durumda, sorun yaşayanlara benzer işlevleri izleyen ölçümler yapmaya değer.

Ölçüm sonuçları iki düzeyde tanımlanabilir: bireysel kuralların uygulanmasıyla ilgili ayrıntılar ve kurallardan toplanan genel sonuçlar. Her kuralın karşılaştırma için bir standart, hedef veya eşik seviyesi olmalıdır. Bu fonksiyon çoğunlukla, kullanılan formüle bağlı olarak doğru verilerin yüzdesini veya istisnaların yüzdesini yansıtır. Örneğin:

$$Geçerli\ Veri\ Kalitesi\ Oranı(r) = \frac{(Test\ Koşumları(r) - Bulunan\ İstisnalar(r))}{Test\ Koşumları(r)}$$

$$Geçersiz\ Veri\ Kalitesi\ Oranı(r) = \frac{(Bulunan\ İstisnalar(r))}{Test\ Koşumları(r)}$$

R, test edilen kuralı temsil eder. Örneğin, bir iş kuralının (r) 10.000 testinde 560 istisna bulundu. Bu örnekte, Geçerli Veri Kalitesi oranı 9440/10.000 = %94,4 ve Geçersiz Veri Kalitesi oranı 560/10.000 = %5,6 olacaktır.

Ölçüleri ve sonuçları Tablo 30'da gösterildiği gibi düzenlemek, rapor genelinde ölçüleri ve göstergeleri yapılandırmaya, olası özetleri ortaya çıkarmaya ve iletişimi geliştirmeye yardımcı olabilir. Rapor daha resmileştirilebilir ve sorunları çözecek projelerle ilişkilendirilebilir. Filtrelenmiş raporlar, trendleri ve yapılan katkıları arayan veri sorumluları için faydalıdır. Tablo 30, bu şekilde oluşturulan kuralların örneklerini sunar. Uygulanabiliyor ise, kuralların sonuçları hem pozitif yüzdeler (verinin kurallara ve beklentilere uyan kısmı) hem de negatif yüzdeler (verinin kurala uymayan kısmı) olarak ifade edilir.

Veri kalitesi kuralları, veri kalitesinin operasyonel yönetimi için bir temel sağlar. Kurallar, ya Ticari Kullanıma Hazır (COTS) veri kalitesi araçları, kural motorları ve izleme ve raporlama için raporlama araçları ya da özel geliştirilmiş uygulamalar aracılığıyla veri yaşam döngüsünü tamamlayan uygulama hizmetlerine veya veri hizmetlerine entegre edilebilirler.

Tablo 30 Veri Kalitesi Metrikleri Örnekleri

Boyut ve İş Kuralı	Ölçüm	Metrikler	Durum Göstergesi
Noksansızlık İş Kuralı 1: Alanın doldurulması zorunludur	Verilerin doldurulduğu kayıt sayısını sayın, toplam kayıt sayısıyla karşılaştırın	Verilerin doldurulduğu elde edilen kayıt sayısını tablodaki veya veritabanındaki toplam kayıt sayısına bölün ve tamamlanma yüzdesini elde etmek için 100 ile çarpın	Kabul edilemez: %80'in altında dolu, %20'nin üzerinde boş
Örnek 1: Posta Kodu adres tablosunda doldurulmalıdır	Dolu sayısı: 700.000 Boş sayısı: 300.000 Toplam sayı: 1.000.000	Pozitif ölçüm: 700.000/1.000.000*100 = %70 dolu Negatif ölçüm: 300.000/1.000.000 *100 = %30 boş	Örnek sonuç: Kabul edilemez
Benzersizlik İş Kuralı 2: Bir tabloda varlık örneği başına yalnızca bir kayıt olmalıdır	Tanımlanan tekrarlayan kayıtların sayısını sayın; kopyaları temsil eden kayıtların yüzdesini raporlayın	Tekrarlayan kayıt sayısını tablodaki veya veritabanındaki toplam kayıt sayısına bölün ve 100 ile çarpın	Kabul edilemez: %0'ın üzerinde
Örnek 2: Posta Kodları ana listesinde posta kodu başına tek bir geçerli satır olmalıdır	Tekrarlayanların sayısı: 10.000 Toplam Sayı: 1.000.000	10.000/1.000.000*100 = posta kodlarının %1'i birden fazla geçerli satırda mevcut	Örnek sonuç: Kabul edilemez
Zamanlılık İş Kuralı 3: Kayıtlar, planlanan bir zaman dilimi içerisinde gelmelidir	Tamamlanmayı bekleyen işlemler için bir veri hizmetinden zamanında gelmeyen kayıtların sayısını tutun	Tamamlanmamış işlem sayısını, bir zaman diliminde denenen toplam işlem sayısına bölün ve 100 ile çarpın	Kabul edilemez: %99'un altında zamanında tamamlandı %1'in üzerinde zamanında tamamlanmadı

Boyut ve İş Kuralı	Ölçüm	Metrikler	Durum Göstergesi
Örnek 3: Hisse senedi piyasası kaydı, işlem yapıldıktan sonra 5 dakika içinde gelmelidir	Eksik işlem sayısı: 2000 Denenen işlem sayısı: 1.000.000	Pozitif: (1.000.000 – 2000) / 1.000.000*100 = işlem kayıtlarının %99,8'i tanımlanan zaman aralığında geldi Negatif: 2000/1.000.000*100 = işlemlerin %0.20'si tanımlanan zaman aralığı içinde gelmedi	Örnek sonuç: Kabul edilir
Geçerlilik İş Kuralı 4: X alanı = 1 değeri ise, o zaman Y alanı = 1-asal değer olmalıdır	Kuralın karşılandığı kayıtların sayısını tutun	Koşulu karşılayan kayıt sayısını toplam kayıt sayısına bölün	Kabul edilemez: Kurala %100 altında uyum
Örnek 4: Yalnızca sevk edilen siparişler faturalandırılmalıdır	Sevkiyat durumunun = Sevk edildi ve faturalandırma durumunun = Faturalandı olduğu kayıtların sayısı: 999.000 Toplam kayıt sayısı: 1.000.000	Pozitif: 999.000/1.000.000*100 = Kayıtların %99,9'u kurala uygundur Negatif: (1.000.000-999.000) / 1.000.000 *100 = %0,10 kurala uymuyor	Örnek sonuç: Kabul edilemez

Kontrol ve ölçüm süreçlerini bilgi işlem akışına dahil ederek sürekli izleme sağlayın. Veri kalitesi kurallarına uygunluğun otomatik olarak izlenmesi, akış içi veya toplu işlemler yoluyla yapılabilir. Ölçümler üç ayrıntı düzeyinde alınabilir: veri öğesi değeri, veri örneklemi (veri kaydı) veya veri kümesi. Tablo 31, veri kalitesi ölçümlerinin toplanmasına yönelik teknikleri açıklamaktadır.

Tablo 31 Veri Kalitesi İzleme Teknikleri

Ayrıntı Düzeyi	Akış İçi (Süreç İçi Akış) İşlem	Toplu İşlem
Veri Öğesi	Uygulamadaki düzenleme kontrolleri Veri öğesi doğrulama hizmetleri Özel programlanmış uygulamalar	Doğrudan sorgular Veri profilleme veya analiz aracı
Veri Kaydı	Uygulamadaki düzenleme kontrolleri Veri kaydı doğrulama hizmetleri Özel programlanmış uygulamalar	Doğrudan sorgular Veri profilleme veya analiz aracı
Veri Kümesi	İşleme aşamaları arasına eklenen inceleme	Doğrudan sorgular Veri profilleme veya analiz aracı

Veriler oluşturulurken veya işleme aşamaları arasında veri dağıtılırken akış içi ölçümler alınabilir. Toplu sorgular, genellikle kalıcı depolamada, bir veri kümesinde bir araya getirilen veri örneklemleri koleksiyonları üzerinde gerçekleştirilebilir. Veri seti ölçümleri genellikle akış içi alınamaz, çünkü ölçüm tüm sete ihtiyaç duyabilir. Kontrol ve ölçüm süreçlerinin sonuçlarının hem operasyonel prosedürlere hem de raporlama çerçevelerine dahil edilmesi, veri üretme/toplama faaliyetlerinde geri bildirim ve iyileştirme için veri kalitesi seviyelerinin sürekli izlenmesini sağlar.

2.7.3 Veri Sorunlarını Yönetmek için Operasyonel Prosedürler Geliştirilmesi

Veri kalitesini izlemek için kullanılan araçlar ne olursa olsun, sonuçlar Veri Kalitesi ekip üyeleri tarafından değerlendirildiğinde, bulgulara zamanında ve etkili bir şekilde yanıt vermeleri gerekir. Ekip, aşağıdakiler için ayrıntılı operasyonel prosedürler tasarlamalı ve uygulamalıdır:

- **Sorunları teşhis etme**: Amaç, veri kalitesi olayının belirtilerini gözden geçirmek, söz konusu verilerin kökenini izlemek, sorunu ve nereden kaynaklandığını belirlemek ve sorunun olası kök nedenlerini saptamaktır. Prosedür, Veri Kalitesi Operasyonları ekibinin aşağıdakileri nasıl yapacağını açıklamalıdır:
    - Veri sorunlarını uygun bilgi işleme akışları bağlamında gözden geçirin ve süreçte kusurun ortaya çıktığı yeri izole edin
    - Sisteme giren hatalara neden olacak herhangi bir çevresel değişiklik olup olmadığını değerlendirin
    - Veri kalitesi olayına katkı veren başka süreç sorunlarının olup olmadığını değerlendirin
    - Verilerin kalitesini etkileyen harici verilerle ilgili sorunlar olup olmadığını belirleyin

    NOT: Kök neden analizi çalışması, teknik ve iş alanı uzmanlarından girdiler gerektirir. Veri kalitesi ekibi bu tür bir çalışma çabasını yönetebilir ve kolaylaştırabilirken, başarı, fonksiyonlararası iş birliği gerektirir.

- **Düzeltme için seçenekleri formüle etme**: Teşhise dayalı olarak, sorunu ele almak için alternatifleri değerlendirin. Bunlar aşağıdakileri içerebilir:
    - Eğitim eksikliği, yönetim desteği eksikliği, belirsiz mükellefiyet ve sahiplik vb. gibi teknik olmayan kök nedenlerin ele alınması
    - Teknik kök nedenleri ortadan kaldırmak için sistemlerin değiştirilmesi
    - Sorunu önlemek için kontroller geliştirilmesi
    - Ek denetim ve izlemenin başlatılması
    - Kusurlu verilerin doğrudan düzeltilmesi
    - Düzeltmenin maliyetine ve etkisine karşı herhangi bir veri düzeltme işleminin yapılmaması

- **Sorunları çözme**: Sorunu çözmek için seçenekleri belirledikten sonra, Veri Kalitesi ekibi sorunu çözmenin en iyi yolunu belirlemek için iş verisi sahipleriyle görüşmelidir. Bu prosedürler, analistlerin aşağıdakileri nasıl detaylandırmaları gerektiğini belirler:
    - Alternatiflerin göreceli maliyetlerinin ve getirisinin değerlendirilmesi
    - Planlanan alternatiflerden birinin önerilmesi
    - Çözümün geliştirilmesi ve gerçeklenmesi için bir plan sağlanması
    - Çözümün gerçeklenmesi

Sorun yönetimi sürecinde alınan kararlar bir olay takip sisteminde takip edilmelidir. Böyle bir sistemdeki veriler iyi yönetildiğinde, veri sorunlarının nedenleri ve maliyetleri hakkında değerli bilgiler sağlayabilir. Sorunun ve kök nedenlerin bir açıklamasını, düzeltme seçeneklerini ve sorunun nasıl çözüleceğine ilişkin kararı ekleyin.

Olay takip sistemi, sorun çözümü, görev atamaları, sorunların hacmi, oluşma sıklığı ve ayrıca yanıt verme, tanılama, bir çözüm planlama ve sorunları çözme zamanı ile ilgili performans verilerini toplayacaktır. Bu ölçümler, mevcut iş akışının yanı sıra sistemler ve kaynak kullanımının etkinliği hakkında değerli bilgiler sağlayabilir ve bunlar, veri kalitesi kontrolü için sürekli operasyonel iyileştirme sağlayabilen önemli yönetim veri noktalarıdır.

Olay izleme verileri de veri tüketicilerine yardımcı olur. Düzeltilmiş verilere dayalı kararlar, verilerin değiştirildiği, neden değiştirildiği ve nasıl değiştirildiği bilgisi ile alınmalıdır. Bu, modifikasyon yöntemlerini ve bunların gerekçesini kaydetmenin önemli olmasının bir nedenidir. Bu belgeleri, kod değişikliklerini araştıran veri tüketicilerinin ve geliştiricilerin kullanımına sunun. Değişiklikler onları gerçekleyen kişiler için açık olsa da, belgelenmedikçe değişikliklerin geçmişi, gelecekteki veri tüketicilerinde kaybolacaktır. Veri kalitesi olay takibi, personelin sorunların nasıl sınıflandırılması, loga kaydedilmesi ve izlenmesi gerektiği konusunda eğitilmesini gerektirir. Etkili izlemeyi desteklemek için:

- **Veri kalitesi konularını ve etkinliklerini standartlaştırın**: Veri sorunlarını tanımlamak için kullanılan terimler iş kolları arasında değişebileceğinden, kullanılan kavramlar için standart bir sözlük tanımlamak gereklidir. Bunu yapmak, sınıflandırmayı ve raporlamayı basitleştirecektir. Standardizasyon ayrıca sorunların ve faaliyetlerin hacmini ölçmeyi, sistemler ve katılımcılar arasındaki desenleri ve karşılıklı bağımlılıkları belirlemeyi ve veri kalitesi faaliyetlerinin genel etkisi hakkında raporlamayı kolaylaştırır. Bir sorunun sınıflandırması, soruşturma derinleştikçe ve kök nedenler ortaya çıktıkça değişebilir.

- **Veri sorunları için bir atama süreci sağlayın**: Operasyonel prosedürler, analistleri teşhis için bireylere veri kalitesi olaylarını atamaya ve çözüm için alternatifler sağlamaya yönlendirir. Belirli uzmanlık alanlarına sahip kişileri önererek olay izleme sistemi içindeki atama sürecini yönlendirin.

- **Sorun eskalasyon prosedürlerini yönetin**: Veri kalitesi sorununun ele alınması, bir sorunun etkisine, süresine veya aciliyetine dayalı olarak iyi tanımlanmış bir eskalasyon sistemi gerektirir. Veri kalitesi Hizmet Düzeyi Sözleşmesi'nde eskalasyon sırasını belirtin. Olay takip sistemi, veri sorunlarının verimli bir şekilde ele alınmasını ve çözülmesini hızlandırmaya yardımcı olan eskalasyon prosedürlerini gerçekleyecektir.

- **Veri kalitesi çözümleme iş akışını yönetin**: Veri kalitesi SLA'sı, tümü bir operasyonel iş akışları koleksiyonunu tanımlayan izleme, kontrol ve çözümleme hedeflerini belirtir. Olay izleme sistemi, sorunların teşhisi ve çözümü ile ilerlemeyi izlemek için iş akışı yönetimini destekleyebilir.

2.7.4 Veri Kalitesi Hizmet Düzeyi Sözleşmelerinin Oluşturulması

Bir veri kalitesi Hizmet Düzeyi Sözleşmesi (SLA), bir kuruluşun her sistemdeki veri kalitesi sorunlarına yönelik yanıt ve iyileştirme beklentilerini belirtir. SLA'da planlandığı şekilde veri kalitesi denetimleri, düzeltilecek sorunların belirlenmesine yardımcı olur ve zamanla sorun sayısını azaltır. Veri kusurlarının izolasyonunu ve kök neden analizini mümkün kılarken, operasyonel prosedürlerin üzerinde anlaşmaya varılan bir zaman çerçevesi içinde kök nedenlerin düzeltilmesi için bir plan sunacağı beklentisi vardır. Veri kalitesi denetimi ve izlemenin yerli yerinde olması, önemli bir problem meydana gelmeden önce veri kalitesi sorununun saptanması ve düzeltilmesi olasılığını artırır. Bir veri kalitesi SLA'sında tanımlanan operasyonel veri kalite kontrolü şunları içerir:

- Sözleşmenin kapsadığı veri öğeleri
- Veri kusurlarıyla ilişkili iş etkileri
- Her bir veri öğesiyle ilişkili veri kalitesi boyutları
- Veri değer zincirindeki her uygulamada veya sistemde tanımlanan boyutların her birindeki her veri öğesi için kalite beklentileri
- Beklentilere karşı ölçüm yöntemleri
- Her ölçüm için kabul edilebilirlik eşiği
- Kabul edilebilirlik eşiğinin karşılanmaması durumunda bilgilendirilecek sorumlu(lar)
- Sorunun beklenen çözümü veya düzeltilmesi için zaman çizelgeleri ve zaman sınırları
- Eskalasyon stratejisi, olası ödüller ve cezalar

Veri kalitesi SLA'sı ayrıca operasyonel veri kalitesi prosedürlerinin performansıyla ilişkili rolleri ve sorumlulukları tanımlar. Operasyonel veri kalitesi prosedürleri, tanımlanmış iş kurallarına uygun raporlar sağlamanın yanı sıra, veri kalitesi olaylarına tepki vermede personel performansının izlenmesini sağlar. Veri görevlileri ve operasyonel veri kalitesi personeli, veri kalitesi hizmeti düzeyini korurken, veri kalitesi SLA kısıtlamalarını göz önünde bulundurmalı ve veri kalitesini bireysel performans planlarına bağlamalıdır.

Sorunlar, belirtilen çözüm süreleri içinde ele alınmadığında, yönetim ve yönetişim zincirinde hizmet düzeyine uyulmadığını bildirmek için bir eskalasyon süreci mevcut olmalıdır. Veri kalitesi SLA'sı, bildirim oluşturma için zaman sınırlarını, bu yönetim zincirindekilerin adlarını ve ne zaman eskalasyonun yapılması gerektiğini belirler. Veri kalitesi kuralları seti, uygunluğu ölçme yöntemleri, müşteriler tarafından tanımlanan kabul edilebilirlik eşikleri ve hizmet düzeyi sözleşmeleri göz önüne alındığında, Veri Kalitesi ekibi, verilerin iş beklentilerine uygunluğunu ve ekibin, veri hatalarıyla ilgili prosedürleri gerçekleştirmede ne kadar iyi olduğunu izleyebilir.

SLA raporlaması, iş ve operasyonel gereksinimler tarafından yönlendirilen planlı bir temelde olabilir. Bu tür kavramların SLA çerçevesine dahil edilmesi durumunda, periyodik ödüller ve cezalara odaklanan durumlarda özellikle trend analizi raporuna odaklanılacaktır.

2.7.5 Veri Kalitesi Raporlamasının Geliştirilmesi

Verilerin kalitesini değerlendirme ve veri sorunlarını yönetme işi, veri tüketicilerinin verilerin durumunu anlaması için bilgiler raporlama yoluyla paylaşılmadıkça kuruluşa fayda sağlamayacaktır. Raporlama şunlara odaklanmalıdır:

- Çeşitli metriklerle ilişkili puanların üst düzey bir görünümünü sağlayan, eşikler dahilinde organizasyonun farklı seviyelerine raporlanan veri kalitesi puan kartı
- Zaman içinde veri kalitesinin nasıl ölçüldüğünü ve eğilimin yukarı veya aşağı yönde olup olmadığını gösteren veri kalitesi eğilimleri
- Operasyonel veri kalitesi personelinin veri kalitesi olaylarını zamanında teşhis edip etmediği ve bunlara zamanında yanıt verip vermediği gibi SLA metrikleri
- Problemlerin ve çözümlerin durumunu izleyen veri kalitesi sorun yönetimi
- Veri Kalitesi ekibinin yönetişim politikalarına uyumu
- BT ve iş birimlerinin Veri Kalitesi politikalarına uyumu
- İyileştirme projelerinin olumlu etkileri

Raporlama, ekibin hedeflerinin müşterilerininkilerle uyumlu olması için veri kalitesi SLA'sındaki metriklerle mümkün olduğunca uyumlu olmalıdır. Veri Kalitesi programı, iyileştirme projelerinin olumlu etkileri hakkında da rapor vermelidir. Verilerin müşteriler üzerindeki doğrudan etkisini organizasyona sürekli olarak hatırlatmak için bunu iş terimlerini kullanarak yapmak en iyisidir.

3. Araçlar

Kurumsal Veri Kalitesi programının planlama aşamasında araçlar seçilmeli ve araç mimarileri netleştirilmelidir. Araçlar, başlangıçta kısmi bir kural seti sağlar, ancak kuruluşların kendi bağlamlarına özel kurallarını ve eylemlerini herhangi bir araç içerisinde oluşturması gerekir.

3.1 Veri Profili Oluşturma Araçları

Veri profili oluşturma araçları, analistlerin verilerdeki desenleri tanımlamasına ve kalite özelliklerinin ilk değerlendirmesini yapmasına olanak tanıyan üst düzey istatistikler üretir. Bazı araçlar, verilerin sürekli izlenmesini gerçekleştirmek için de kullanılabilir. Profil oluşturma araçları, büyük veri kümelerinin değerlendirilmesini mümkün kıldıkları için veri keşfi çabaları için de özellikle önemlidir. Veri görselleştirme yetkinlikleriyle zenginleştirilmiş profil oluşturma araçları, keşif sürecine yardımcı olacaktır (Bkz. Bölüm 5 ve 8 ve Bölüm 1.3.9.).

3.2 Veri Sorgulama Araçları

Veri profili oluşturma, veri analizindeki yalnızca ilk adımdır. Potansiyel sorunları belirlemeye yardımcı olur. Veri Kalitesi ekip üyelerinin ayrıca sonuçların profilini çıkararak ortaya çıkan soruları yanıtlamak ve veri sorunlarının temel nedenlerine ilişkin iç görü sağlayan desenleri bulmak için verileri daha derinlemesine sorgulaması gerekir. Örneğin; benzersizlik ve bütünlük gibi veri kalitesinin diğer yönlerini keşfetme ve ölçme için sorgulamalardır.

3.3 Modelleme ve ETL Araçları

Verileri modellemek ve ETL süreçleri oluşturmak için kullanılan araçlar, veri kalitesi üzerinde doğrudan bir etkiye sahiptirler. Veriler göz önünde bulundurularak kullanılırsa, bu araçlar daha da yüksek kaliteli veriler sağlayabilirler. Veriler hakkında bilgi sahibi olmadan kullanılırlarsa, zararlı etkileri de olabilir. Veri kalitesi ekip üyeleri, veri kalitesi risklerinin ele alındığından ve kuruluşun etkin modelleme ve veri işlemenin daha yüksek kaliteli veriler sağlayabileceği yollardan tam olarak yararlandığından emin olmak için geliştirme ekipleriyle birlikte çalışmalıdırlar (Bkz. Bölüm 5, 8 ve 11).

3.4 Veri Kalitesi Kuralı Şablonları

Kural şablonları, analistin verilere ilişkin beklentileri anlamasına olanak tanır. Şablonlar ayrıca iş ve teknik ekipler arasındaki iletişim boşluğunu kapatmaya da yardımcı olur. Bu kodun bir kural motoruna, bir veri profili oluşturma aracının veri çözümleyici bileşenine veya bir veri entegrasyon aracına yerleşik olup olmadığına bakılmaksızın, kuralların tutarlı formülasyonu iş ihtiyaçlarını koda dönüştürmeyi kolaylaştırır. Bir şablonun, gerçeklenecek her bir iş kuralı türü için bir tane olmak üzere birkaç bölümü olabilir.

3.5 Metaveri Depoları

Bölüm 1.3.4'te belirtildiği gibi, veri kalitesinin tanımlanması metaverilerin kullanımını gerektirir ve yüksek kaliteli veri tanımları, değerli bir metaveri türüdür. Veri kalitesi ekipleri, veri kalitesi gereksinimlerinin, kurallarının, ölçüm sonuçlarının ve sorunların belgelendirilmelerinin veri tüketicilerinin kullanımına sunulmasını sağlamak adına metaverileri yöneten ekiplerle yakından çalışmalıdırlar.

4. Yöntemler

4.1 Önleyici Eylemler

Yüksek kaliteli veriler oluşturmanın en iyi yolu, düşük kaliteli verilerin bir kuruluşa girmesini önlemektir. Önleyici eylemler, bilinen hataların oluşmasını engeller. Verileri üretime girdikten sonra incelemek, veri kalitesini iyileştirmeyecektir. Yaklaşımlar şunları içerir:

- **Veri girişi kontrolleri oluşturun**: Geçersiz veya hatalı verilerin bir sisteme girmesini önleyen veri girişi kuralları oluşturun.

- **Veri üreticilerini eğitin**: Yukarı akış sistemlerindeki personelin, verilerinin alt kullanıcılar üzerindeki etkisini anlamasını sağlayın. Teşvikler verin veya yalnızca hız yerine veri doğruluğu ve eksiksizliği üzerine de değerlendirmeler yapın.

- **Kuralları tanımlayın ve uygulayın**: Veri ambarı gibi bir uygulamada kullanılmadan önce, veri kalitesinin iyi olup olmadığını kontrol etmek için kullanılan tüm iş veri kalite kurallarının bulunduğu bir tabloya sahip bir "veri güvenlik duvarı" oluşturun. Bir veri güvenlik duvarı, bir uygulama tarafından işlenen verilerin kalite seviyesini denetleyebilir ve kalite seviyesi kabul edilebilir seviyelerin altındaysa, analistler sorun hakkında bilgilendirilebilir.

- **Veri tedarikçilerinden yüksek kaliteli veriler talep edin**: Yapılarını, tanımlarını ve veri kaynaklarını ve veri kaynağını kontrol etmek için harici veri sağlayıcının süreçlerini inceleyin. Bunu yapmak, verilerinin ne kadar iyi entegre edileceğinin değerlendirilmesini sağlar ve yetkili olmayan verilerin veya sahibinden izin alınmadan edinilen verilerin kullanılmasını önlemeye yardımcı olur.

- **Veri Yönetişimini ve Sorumluluğunu Gerçekleyin**: Veri ve bilgi varlıklarının etkin yönetimi için katılım kurallarını, karar haklarını ve mükellefiyet sorumluluklarını tanımlayan ve uygulayan rollerin ve sorumlulukların tanımlandığından emin olun (McGilvray, 2008). Veri oluşturma, gönderme ve alma sürecini ve mekanizmalarını gözden geçirmek için veri sorumluları ile birlikte çalışın.

- **Resmi değişim kontrolünü kurun**: Depolanan verilerdeki tüm değişimlerin gerçeklenmeden önce tanımlandığından ve test edildiğinden emin olun. Kontrol süreçleri oluşturarak, normal işleme dışındaki verilerde doğrudan değişim yapılmasını önleyin.

4.2 Düzeltici Eylemler

Düzeltici eylemler, bir sorun oluştuktan ve tespit edildikten sonra gerçeklenirler. Düzeltici eylemlerin maliyetlerini ve risklerini en aza indirmek için veri kalitesi sorunları sistematik olarak ve kök nedenlerinden ele alınmalıdır. 'Sorunu bulunduğu yerde çözmek, Veri Kalitesi Yönetimindeki en iyi uygulamadır. Bu genellikle, düzeltici eylemlerin kalite sorunlarının nedenlerinin tekrarlanmasını önlemeyi içermesi gerektiği anlamına gelir.

Veri düzeltmesini şu üç genel yolla gerçekleştirin:

- **Otomatik düzeltme**: Otomatik düzeltme teknikleri, kural tabanlı standardizasyon, normalizasyon ve düzeltmeleri içerir. Değiştirilen değerler, manuel müdahale olmaksızın elde edilir veya oluşturulur ve işlenir. Örnek olarak, teslimat adreslerini kuralları, ayrıştırmayı, standardizasyonu ve referans tablolarını kullanarak uyumlandıran ve düzelten bir adres standartlaştırıcıya gönderen otomatik adres düzeltme düşünülebilir. Otomatik düzeltme, iyi tanımlanmış standartlara, yaygın olarak kabul edilen kurallara ve bilinen hata desenlerine sahip bir ortam gerektirir. Bu ortam iyi yönetilirse ve düzeltilen veriler yukarı akış sistemleriyle paylaşılırsa, otomatik düzeltmenin miktarı zamanla azaltılabilir.

- **Manuel olarak yönlendirilen düzeltme**: Verileri düzeltmek için otomatik araçları kullanın, ancak düzeltmeleri kalıcı depolamaya aktarmadan önce manuel incelemeyi zorunlu tutun. Ad ve adres düzeltmesini, kimlik çözümlemesini ve desene dayalı düzeltmeleri otomatik olarak uygulayın ve düzeltmelerde bir güven düzeyi oturtmak için bazı puanlama mekanizmalarını kullanın. Belirli bir güven düzeyinin üzerinde puanlara sahip düzeltmeler, gözden geçirilmeden gerçekleştirilebilir, ancak güven düzeyinin altında puanlara sahip düzeltmeler, gözden geçirilmek ve onaylanmak üzere veri sorumlusuna sunulur. Tüm onaylanmış düzeltmeleri yapın ve uygulanan temel kuralların değiştirilip değiştirilmeyeceğini anlamak için onaylanmayanları gözden geçirin. Hassas veri kümelerinin insan gözetimi gerektirdiği ortamlar (ör. Ana Veri Yönetimi), manuel yönlendirmeli düzeltmenin uygun olabileceği iyi örneklerdir.

- **Manuel düzeltme**: Bazen, araçların veya otomasyonun olmadığı durumlarda veya değişikliğin insan gözetimi yoluyla daha iyi yönetildiği belirlenirse, manuel düzeltme tek seçenektir. Manuel düzeltmeler en iyi, değişiklikler için bir denetim izi sağlayan kontroller ve düzenlemeler içeren bir arayüz aracılığıyla yapılır. Düzeltmeler yapmak ve güncellenen kayıtları doğrudan üretim ortamlarında işleme almak son derece riskli bir iştir. Bu yöntemi kullanmaktan kaçının.

4.3 Kalite Kontrol ve Denetim Kodu Modülleri

Geliştiricilerin bir kütüphaneden alabileceği yinelenen veri kalitesi kontrollerini ve denetim süreçlerini yürüten paylaşılabilir, entegre edilebilir ve yeniden kullanılabilir kod modülleri oluşturun. Modülün değişmesi gerekiyorsa, o modüle bağlı tüm kodlar güncellenecektir. Bu tür modüller bakım sürecini basitleştirir. İyi tasarlanmış kod blokları, birçok veri kalitesi sorununu önleyebilir. Daha da önemlisi, süreçlerin tutarlı bir şekilde yürütülmesini sağlarlar. Yasaların veya politikaların belirli kalite sonuçlarının raporlanmasını zorunlu kıldığı durumlarda, sonuçların kökeninin genellikle tanımlanması gerekir. Kalite kontrol modülleri bunu sağlayabilir. Herhangi bir sorgulanabilir kalite boyutu olan ve yüksek puanlı veriler için, paylaşılan ortamlardaki bilgileri kalite notları ve güven dereceleri ile niteleyin.

4.4 Etkili Veri Kalitesi Metrikleri

Veri kalitesini yönetmenin kritik bir bileşeni, veri tüketicilerini veri kullanımları için önemli olan kalite özellikleri hakkında bilgilendiren ölçümler geliştirmektir. Birçok şey ölçülebilir, ancak hepsi zaman ve çabaya değmez. Veri kalitesi analistleri metrikleri geliştirirken şu özellikleri hesaba katmalıdır:

- **Ölçülebilirlik**: Bir veri kalitesi metriği ölçülebilir olmalıdır – nicel bir şey olması gerekir. Örneğin, verileri neyin alakalı kıldığı konusunda net kriterler belirlenmedikçe, veri uygunluğu ölçülebilir değildir. Veri tutarlılığının bile ölçülebilmesi için nesnel olarak tanımlanması gerekir. Beklenen sonuçlar ayrı bir aralıkta ölçülebilir olmalıdırlar.

- **İş uygunluk düzeyi**: Pek çok şey ölçülebilir olsa da, bunların hepsi yararlı ölçütlere dönüşmez. Ölçümlerin veri tüketicileri için uygun olması gerekir. İş operasyonlarının veya performansın bazı yönleriyle ilgili olamıyorsa, metriğin değeri sınırlıdır. Her veri kalitesi metriği, verilerin temel iş beklentileri üzerindeki etkisiyle ilişkili olmalıdır.

- **Kabul edilebilirlik**: Veri kalitesi boyutları, veri kalitesi için iş gereksinimlerini çerçeveler. Belirlenen boyut boyunca nicellemek, veri kalitesi düzeylerine ilişkin somut kanıtlar sağlar. Belirtilen kabul edilebilirlik eşiklerine dayalı olarak verilerin iş beklentilerini karşılayıp karşılamadığını belirleyin. Puan eşiğe eşit veya eşik değeri aşarsa, verilerin kalitesi iş beklentilerini karşılar. Skor eşiğin altındaysa, karşılamıyordur.

- **Mükellefiyet/ Sorumluluk**: Metrikler, kilit paydaşlar (ör. işletme sahipleri ve Veri Sorumluları) tarafından anlaşılmalı ve onaylanmalıdır. Metrikler için yapılan ölçümler, kalitenin beklentileri karşılamadığını gösterdiğinde sorumlular bilgilendirilirler. Veri sorumlusu uygun düzeltici eylemi gerçekleştirirken, iş verilerinin sahibi bunlardan mükelleftir.

- **Kontrol Edilebilirlik**: Bir metrik, işin kontrol edilebilir bir yönünü yansıtmalıdır. Başka bir deyişle, metrik aralık dışındaysa, verileri iyileştirmek için eylemi tetiklemelidir. Bunun bir yolu yoksa, metrik muhtemelen yararlı değildir.

- **Trend Oluşturma**: Metrikler, bir kuruluşun zaman içinde veri kalitesindeki iyileşmeyi ölçmesini sağlar. İzleme yapılması, Veri Kalitesi ekip üyelerinin bir veri kalitesi SLA'sı ve veri paylaşım sözleşmesi kapsamındaki faaliyetleri izlemesine ve iyileştirme faaliyetlerinin etkinliğini göstermesine yardımcı olur. Bir bilgi süreci kararlı hale geldiğinde, ölçüm sonuçlarının öngörülebilirliğindeki değişiklikleri ve bunun hakkında bilgi sağladığı iş ve teknik süreçlerdeki değişiklikleri tespit etmek için istatistiksel süreç kontrol teknikleri uygulanabilir.

4.5 İstatiksel Süreç Kontrolü

İstatistiksel Süreç Kontrolü (SPC), süreç girdileri, çıktıları veya adımlarındaki varyasyon ölçümlerini analiz ederek süreçleri yönetmeye yönelik bir yöntemdir. Teknik 1920'lerde imalat sektöründe geliştirilmiştir ve diğer sektörlerde, Altı Sigma gibi iyileştirme metodolojilerinde ve Veri Kalitesi Yönetiminde uygulanmıştır. Basitçe tanımlanmış olan süreç, girdileri çıktılara dönüştürmek için yürütülen bir dizi adımdır. SPC, tutarlı girdilere sahip bir süreç tutarlı bir şekilde yürütüldüğünde tutarlı çıktılar üreteceği varsayımına dayanır. Bir süreç içindeki varyasyon toleransları oluşturmak için merkezi eğilim ölçülerini (ortalama, medyan veya mod gibi merkezi bir değer etrafında değerlerin nasıl kümelendiği) ve merkezi bir değer etrafında değişkenlik ölçülerini kullanır.

SPC için kullanılan ana araç, ortalama (merkezi eğilim ölçüsü) için merkezi bir çizgi içeren ve hesaplanan üst ve alt kontrol limitlerini (merkezi bir değer etrafındaki değişkenlikler) gösteren bir zaman serisi grafiği olan kontrol grafiğidir (Şekil 95). Kararlı bir süreçte, kontrol limitlerinin dışındaki ölçüm sonuçları özel bir nedene işaret ederler.

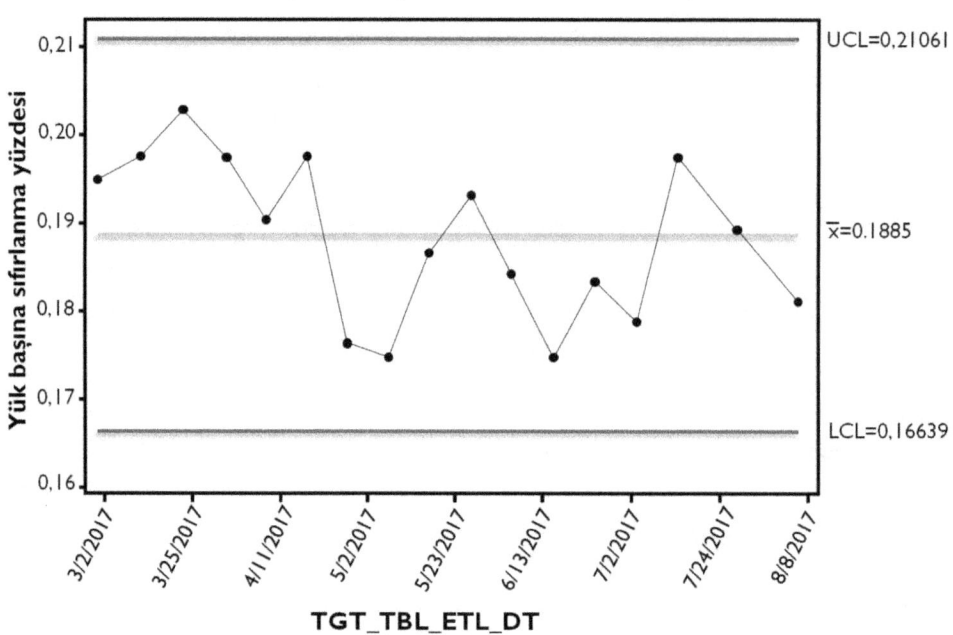

Şekil 95 İstatistiksel Kontrolde Bir Sürecin Kontrol Şeması

SPC, bir süreç içindeki varyasyonu tanımlayarak süreç sonuçlarının öngörülebilirliğini ölçer. Süreçlerin iki türü vardır: Sürecin doğasında bulunan Genel Nedenler ve öngörülemeyen veya kesintili Özel Nedenler. Varyasyonun tek kaynağı yaygın nedenler olduğunda, bir sistemin (istatistiksel) kontrolde olduğu söylenir ve bir normal varyasyon aralığı oluşturulabilir. Bu, değişimin tespit edilebileceği temel çizgidir.

Veri kalitesi ölçümüne SPC'nin uygulanması, üretilen bir ürün gibi verilerin de bir sürecin ürünü olduğu varsayımına dayanır. Bazen veri oluşturan süreç çok basittir (örneğin, bir kişi bir form doldurur). Diğer zamanlarda, süreçler oldukça karmaşıktır: belirli klinik protokollerin etkinliği ile ilgili eğilimleri takip etmek için bir dizi algoritma tıbbi talep verilerini toplar. Böyle bir sürecin tutarlı girdileri varsa ve tutarlı bir şekilde yürütülürse, her çalıştırıldığında tutarlı sonuçlar üretecektir. Ancak, girdiler veya süreç akışı değişirse, çıktılar da değişecektir. Bu bileşenlerin her biri ölçülebilir. Ölçümler özel nedenleri tespit etmek için kullanılabilir. Özel nedenlerin bilgisi, veri toplama veya işleme ile ilgili riskleri azaltmak için de kullanılabilir.

SPC, kontrol, tespit ve iyileştirme için kullanılır. İlk adım, özel nedenleri belirlemek ve ortadan kaldırmak için süreci ölçmektir. Bu aktivite, sürecin kontrol durumunu belirler. Sıradaki, beklenmedik varyasyonları tespit edilebilir hale gelir gelmez tespit etmek için ölçümler yapmaktır. Sorunların erken tespiti, temel nedenlerinin araştırılmasını kolaylaştırır. Sürecin ölçümleri, yaygın varyasyon nedenlerinin istenmeyen etkilerini azaltmak için de kullanılabilir ve bu da verimliliğin artmasını sağlar.

4.6 Kök Neden Analizi

Bir sorunun kök nedeni, ortadan kaldırılırsa sorunun kendisini ortadan kaldıracak olan bir faktördür. Kök neden analizi, sorunlara katkıda bulunan faktörleri ve bunların nasıl katkıda bulunduklarını anlama sürecidir. Amacı, ortadan kaldırılırsa sorunların ortadan kalkacağı anlamına gelebilecek temel koşulları belirlemektir.

Bir veri yönetimi örneği, tanımı netleştirebilir. Diyelim ki her ay çalışan bir veri süreci, girdi olarak müşteri bilgilerini içeren bir dosya gerektiriyordur. Verilerin ölçümü Nisan, Temmuz, Ekim ve Ocak aylarında verilerin kalitesinin düştüğünü göstermektedir. Teslim zamanına bakıldığında, dosyanın Mart, Haziran, Eylül ve Aralık aylarında ayın 30'unda, diğer zamanlarda ise 25'inde teslim edildiği görülüyor. Daha fazla analiz, dosyayı teslim etmekten sorumlu ekibin, üç aylık mali süreçleri kapatmaktan da sorumlu olduğunu gösteriyor. Bu süreçler diğer işlere göre önceliklidir ve dosyalar o aylarda geç teslim edilerek kaliteyi etkiler. Veri kalitesi sorununun temel nedeninin, rekabet eden bir önceliğin neden olduğu bir süreç gecikmesi olduğu ortaya çıkıyor. Dosya teslimini zamanlayarak ve kaynakların program dahilinde teslim edilmesini sağlayarak bu sorun ele alınabilir.

Kök neden analizi için yaygın teknikler arasında Pareto analizi (80/20 kuralı), balık kılçığı (Ishikawa) diyagramı analizi, süreç analizi ve 5 Neden Analizi (McGilvray, 2008) bulunmaktadır.

5. Gerçekleme Yönergeleri

Veri kalitesi iyileştirme çabaları, bir veri yönetişim programı içinden ve üst yönetimin desteğiyle başlatılsa bile, bir kuruluş içerisinde veri kalitesini iyileştirmek kolay bir iş değildir. Klasik bir akademik tartışma, bir Veri Kalitesi programını yukarıdan aşağıya mı yoksa aşağıdan yukarıya mı gerçeklemenin daha iyi olduğudur. Tipik olarak, hibrit bir yaklaşım en iyi sonucu verir- sponsorluk, tutarlılık ve kaynaklar için yukarıdan aşağıya, ancak gerçekte neyin bozulduğunu keşfetmek ve artan başarılara ulaşmak için aşağıdan yukarıya gidilmelidir.

Veri kalitesinin iyileştirilmesi, insanların veriler hakkında nasıl düşündüklerini ve verilerle ilgili nasıl davrandıklarının değişimini gerektirir. Kültürel değişim zorludur. Planlama, eğitim ve takviye gerektirir (Bkz. Bölüm 17). Kültürel değişimin özellikleri kuruluştan kuruluşa farklılık gösterecek olsa da çoğu Veri Kalitesi programı uygulamasının aşağıdakiler için planlama yapması gerekir:

- **Verilerin değeri ve düşük kaliteli verilerin maliyetine ilişkin metrikler**: Veri Kalitesi Yönetimi ihtiyacına ilişkin kurumsal farkındalığı artırmanın bir yolu, verilerin değerini ve iyileştirmelerden elde edilen yatırım getirisini tanımlayan metrikler aracılığıyladır. Bu metrikler (veri kalitesi puanlarından farklıdır), iyileştirmelerin finanse edilmesi ve hem personelin hem de yönetimin davranışının değişimi için temel sağlar (Bkz. Bölüm 11).

- **BT/İş etkileşimleri için işletim modeli**: İş birimleri, önemli verilerin ne olduğunu ve ne anlama geldiğini bilirler. BT'deki Veri Sorumluları, verilerin nerede ve nasıl depolandığını anlarlar ve bu nedenle, veri kalitesi tanımlarını, uymayan belirli kayıtları tanımlayan sorgulara veya kodlara dönüştürmek için iyi bir konumdadırlar (Bkz. Bölüm 11).

- **Projelerin yürütülme biçimindeki değişimler**: Proje gözetimi, proje finansmanının veri kalitesiyle ilgili adımları (örneğin, profil oluşturma ve değerlendirme, kalite beklentilerinin tanımı, veri sorununu iyileştirme, önleme ve düzeltme, bina kontrolleri ve ölçümler) içermesini sağlamalıdır. Sorunların erken tespit edildiğinden emin olmak ve projelerde veri kalitesi beklentilerini önceden oluşturmak önemlidir.

- **İş süreçlerindeki değişimler**: Veri kalitesinin iyileştirilmesi, verilerin üretildiği süreçlerin iyileştirilmesine bağlıdır. Veri Kalitesi ekibinin, veri kalitesini etkileyen teknik olmayan (teknik olanlar da dahil) süreçlerdeki değişimleri değerlendirebilmesi ve önerebilmesi gerekir.

- **İyileştirme ve düzeltme projeleri için finansman**: Bazı kuruluşlar, veri kalitesi sorunlarının farkında olsalar bile verileri iyileştirmeyi planlamazlar. Veriler kendi kendine düzelmeyecektir. İyileştirme ve düzeltme projelerinin maliyetleri ve faydaları, verilerin iyileştirilmesine yönelik çalışmalara öncelik verilebilmesi için belgelendirilmelidirler.

- **Veri Kalitesi Operasyonları için Finansman**: Veri kalitesinin sürdürülmesi, veri kalitesinin izlenmesi, bulgular hakkında raporlama ve ortaya çıkan sorunları yönetebilmek için süregelen operasyonları gerektirir.

5.1 Hazırlık Değerlendirmesi / Risk Değerlendirmesi

Verilere bağımlı olan çoğu kuruluş, iyileştirme için birçok fırsata sahiptir. Bir Veri Kalitesi programının ne kadar resmi ve kuvvetli destekleneceği, kuruluşun veri yönetimi açısından ne kadar olgun olduğuna bağlıdır (Bkz. Bölüm 15). Veri kalitesi uygulamalarını benimsemeye yönelik kurumsal hazırlık, aşağıdaki özellikler dikkate alınarak değerlendirilebilir:

- **Yönetimin verileri stratejik bir varlık olarak yönetme taahhüdü**: Bir Veri Kalitesi programı için destek istemenin bir parçası olarak, üst yönetimin verilerin kuruluşta oynadığı rolü ne kadar iyi anladığını belirlemek önemlidir. Üst yönetim, verilerin stratejik hedefler için değerini ne ölçüde kabul ediyor? Düşük kaliteli verilerle hangi riskleri ilişkilendiriyorlar? Veri yönetişiminin faydaları hakkında ne kadar bilgililer? Kalite iyileştirmeyi desteklemek için kültür değişimi yeteneği konusunda ne kadar iyimsersiniz?

- **Kuruluşun verilerinin kalitesine ilişkin mevcut anlayışı**: Çoğu kuruluş, kalite iyileştirme yolculuğuna başlamadan önce, genellikle düşük kaliteli verileri gösteren engelleri ve sıkıntılı noktaları anlamaya çalışır. Bunlar hakkında bilgi sahibi olmak önemlidir. Bunların aracılığıyla, düşük kaliteli veriler, kuruluş üzerindeki doğrudan ve dolaylı maliyetler dahil olmak üzere olumsuz etkilerle doğrudan ilişkilendirilebilir. Sorunlu noktaların anlaşılması, iyileştirme projelerinin belirlenmesine ve önceliklendirilmesine de yardımcı olur.

- **Verilerin gerçek durumu:** Problemlere neden olan verilerin durumunu tanımlamanın nesnel bir yolunu bulmak, verileri iyileştirmenin ilk adımıdır. Veriler, profil oluşturma ve analiz yoluyla ve ayrıca bilinen sorunların ve sorunlu noktaların nicelleştirilmesi yoluyla ölçülebilir ve tanımlanabilir. Veri kalitesi ekibi verilerin gerçek durumunu bilmiyorsa, iyileştirme fırsatlarına öncelik vermek ve harekete geçmek zor olacaktır.

- **Veri oluşturma, işleme veya kullanımıyla ilişkili riskler**: Verilerde neyin yanlış gidebileceğini ve düşük kaliteli verilerden bir kuruluşa gelebilecek olası zararı belirlemek, riskleri azaltmak için bir temel sağlar. Kuruluş eğer bu riskleri tanımıyorsa Veri Kalitesi programı için destek almak zor olabilir.

- **Ölçeklenebilir veri kalitesi izleme için kültürel ve teknik hazırlık**: Veri kalitesi, iş ve teknik süreçlerden olumsuz etkilenebilir. Veri kalitesinin iyileştirilmesi, iş ve BT ekipleri arasındaki iş birliğine bağlıdır. İş ve BT ekipleri arasındaki ilişki iş birliğine dayalı değilse, ilerleme kaydetmek zor olacaktır.

Bir hazırlık değerlendirmesinden elde edilen bulgular, nereden başlayacağınızı ve ne kadar hızlı ilerleyeceğinizi belirlemeye yardımcı olacaktır. Bulgular aynı zamanda yol haritası ve program hedefleri için temel sağlayabilir. Veri kalitesinin iyileştirilmesi için güçlü bir destek varsa ve kuruluş kendi verilerini biliyorsa, tam bir stratejik program başlatmak mümkün olabilir. Kuruluş, verilerinin gerçek durumunu bilmiyorsa, tam bir strateji geliştirmeden önce bu bilgiyi oluşturmaya odaklanmak gerekebilir.

5.2 Organizasyonel ve Kültürel Değişim

Verilerin kalitesi, bir dizi araç ve kavramla değil, çalışanların ve paydaşların, her zaman verilerin kalitesini ve işletmenin ve müşterilerinin neye ihtiyacı olduğunu düşünerek hareket etmelerine yardımcı olan bir zihniyet yoluyla iyileştirilecektir. Bir organizasyonun veri kalitesi konusunda vicdanlı olmasını sağlamak genellikle önemli kültürel değişimler gerektirir. Böyle bir değişim vizyon ve liderlik gerektirir (Bkz. Bölüm 17).

İlk adım, verilerin kuruluş için rolü ve önemi hakkında farkındalığı arttırmaktır. Tüm çalışanlar sorumlu davranmalı ve veri kalitesi sorunlarını gündeme getirmeli, tüketiciler olarak kaliteli veri talep etmeli ve başkalarına kaliteli bilgiler sağlamalıdır. Verilere dokunan her kişi bu verilerin kalitesini etkileyebilir. Veri kalitesi, yalnızca veri kalitesi ekibinin veya BT grubunun sorumluluğunda değildir.

Çalışanların yeni bir müşteri ediniminin veya mevcut bir müşteriyi elde tutmanın maliyetini anlamaları gerektiği gibi, düşük kaliteli verilerin organizasyonel maliyetlerini ve verilerin kalitesiz olmasına neden olan koşulları da bilmeleri gerekir. Örneğin, müşteri verileri eksikse, müşteri yanlış bir ürünü alabilir ve kuruluşa doğrudan ve dolaylı maliyetler yaratabilir. Müşteri sadece ürünü iade etmekle kalmayacaktır, aynı zamanda çağrı merkezi zamanını kullanarak ve şikâyette bulunarak kuruluşun itibarına zarar verme potansiyeli de bulunabilir. Kuruluş net gereksinimler belirlemediği için müşteri verileri eksikse, bu verileri kullanan herkesin gereksinimleri açıklığa kavuşturma ve standartları takip etmede görev payı vardır.

Sonuç olarak, çalışanların daha kaliteli veri üretmeleri ve verileri kaliteyi sağlayacak şekilde yönetmeleri için farklı düşünmeleri ve davranmaları gerekir. Bu, eğitim ve takviye gerektirir. Eğitim şunlara odaklanmalıdır:

- Veri problemlerinin yaygın nedenleri
- Kuruluşun veri ekosistemi içindeki ilişkileri ve veri kalitesini iyileştirmenin neden kurumsal bir yaklaşım gerektirdiği
- Düşük kaliteli verilerin sonuçları
- Sürekli iyileştirme gerekliliği (neden iyileştirmenin tek seferlik bir şey olmadığı)
- Verilerin kurumsal strateji ve başarı, regülasyon raporları, müşteri memnuniyeti üzerindeki etkisini ifade etmek üzere 'veri-dilli' (datalingual) hale gelinmesi

Eğitim ayrıca, değişimlerin veri kalitesini nasıl iyileştirdiğine dair iddialarla birlikte herhangi bir süreç değişimine bir giriş içermelidir.

6. Veri Kalitesi ve Veri Yönetişimi

Bir Veri Kalitesi programı, bir veri yönetişim programının parçası olduğunda daha etkilidir. Genellikle veri kalitesi sorunları, kurumsal çapta veri yönetişimi kurmanın nedenidir (bkz. Bölüm 3). Veri kalitesi çabalarını genel yönetişim çabasına dahil etmek, Veri Kalitesi program ekibinin bir dizi paydaş ile çalışmasına olanak tanır:

- Verilerle ilgili kurumsal güvenlik açıklarının belirlenmesine yardımcı olabilecek risk ve güvenlik personeli
- Ekiplerin süreç iyileştirmelerini gerçeklemesine yardımcı olabilecek iş süreci mühendisliği ve eğitim personeli
- Kritik verileri tanımlayabilen, standartları ve kalite beklentilerini tanımlayabilen ve veri sorunlarının düzeltilmesine öncelik verebilen iş ve operasyonel veri sorumluları ve veri sahipleri

Bir Yönetişim Organizasyonu, bir Veri Kalitesi programının çalışmasını şu yollarla hızlandırabilir:

- Öncelikleri belirleme
- Veri kalitesiyle ilgili çeşitli karar ve faaliyetlerde yer alması gereken kişilerin erişimini belirleme ve koordine etme
- Veri kalitesi için standartlar geliştirme ve sürdürme
- Kurum çapında veri kalitesine ilişkin ilgili ölçümlerin raporlanması
- Personel katılımını kolaylaştıracak rehberliği sağlama
- Bilgi paylaşımı için iletişim mekanizmaları kurma
- Veri kalitesi ve uyum politikalarının geliştirilmesi ve uygulanması
- Performansın izlenmesi ve raporlanması
- Farkındalık oluşturmak, iyileştirme fırsatlarını belirlemek ve iyileştirmeler için fikir birliği oluşturmak adına veri kalitesi denetimi sonuçlarının paylaşılması
- Farklılıkları ve çatışmaları çözme; yön verme

6.1 Veri Kalitesi Politikası

Veri Kalitesi çabaları, veri yönetişim politikaları tarafından desteklemelidir. Örneğin, yönetişim politikaları periyodik kalite denetimlerine yetki verebilir ve standartlara ve en iyi uygulamalara uyumu zorunlu kılabilir. Tüm Veri Yönetimi Bilgi Alanları belli düzeyde politikalar gerektirir, ancak veri kalitesi politikaları, genellikle düzenleyici gereksinimlere değindiklerinden özellikle önemlidir. Her politika şunları içermelidir:

- Politikanın amacı, kapsamı ve uygulanabilirliği
- Terimlerin tanımları
- Veri Kalitesi programının sorumlulukları
- Diğer paydaşların sorumlulukları
- Raporlama
- Risk ilişkileri, önleyici tedbirler, uyumluluk, veri koruma ve veri güvenliği dahil olmak üzere politikanın gerçeklenmesi

6.2 Metrikler

Bir Veri Kalitesi ekibinin çalışmalarının çoğu, kaliteyi ölçmeye ve raporlamaya odaklanacaktır. Üst düzey veri kalitesi metrikleri kategorileri şunları içerir:

- **Yatırım Getirisi**: İyileştirilmiş veri kalitesinin faydalarına karşı iyileştirme çabalarının maliyetine ilişkin ifadeler

- **Kalite seviyeleri**: Bir veri seti içindeki veya veri setleri arasındaki hataların veya gereksinim ihlallerinin sayısı ve yüzdesi ölçümleri

- **Veri Kalitesi trendleri**: Eşiklere ve hedeflere veya dönem başına düşen kalite olaylarına karşı zaman içinde kalitenin iyileştirilmesi

- **Veri sorunu yönetimi metrikleri**:
  - Veri kalitesi boyutlarına göre sorun sayıları

- İş fonksiyonuna ve durumlarına göre sorunlar (çözümlenmiş, bekleyen, eskale)
- Öncelik ve önem derecesine göre sorunlar
- Sorunların çözüm süresi

- **Hizmet seviyelerine uygunluk (SLA)**: İlgili organizasyon birimleri ve sorumlu personel, veri kalitesi değerlendirmeleri için projeye müdahaleler, genel süreç uygunluğu

- **Veri Kalitesi planının kullanıma sunulması**: Mevcut durum ve genişlemeler için yol haritası

7. Alıntılanan / Önerilen Çalışmalar

Batini, Carlo, and Monica Scannapieco. *Data Quality: Concepts, Methodologies and Techniques*. Springer, 2006. Print.

Brackett, Michael H. *Data Resource Quality: Turning Bad Habits into Good Practices*. Addison-Wesley, 2000. Print.

Deming, W. Edwards. *Out of the Crisis*. The MIT Press, 2000. Print.

English, Larry. *Improving Data Warehouse and Business Information Quality: Methods For Reducing Costs And Increasing Profits*. John Wiley and Sons, 1999. Print.

English, Larry. *Information Quality Applied: Best Practices for Improving Business Information, Processes, and Systems*. Wiley Publishing, 2009. Print.

Evans, Nina and Price, James. "Barriers to the Effective Deployment of Information Assets: An Executive Management Perspective." *Interdisciplinary Journal of Information, Knowledge, and Management* Volume 7, 2012. Accessed from http://bit.ly/2sVwvG4.

Fisher, Craig, Eitel Lauría, Shobha Chengalur-Smith and Richard Wang. *Introduction to Information Quality*. M.I.T. Information Quality Program Publications, 2006. Print. Advances in Information Quality Book Ser.

Gottesdiener, Ellen. *Requirements by Collaboration: Workshops for Defining Needs*. Addison-Wesley Professional, 2002. Print.

Hass, Kathleen B. and Rosemary Hossenlopp. *Unearthing Business Requirements: Elicitation Tools and Techniques*. Management Concepts, Inc, 2007. Print. Business Analysis Essential Library.

Huang, Kuan-Tsae, Yang W. Lee and Richard Y. Wang. *Quality Information and Knowledge*. Prentice Hall, 1999. Print.

Jugulum, Rajesh. *Competing with High Quality Data*. Wiley, 2014. Print.

Lee, Yang W., Leo L. Pipino, James D. Funk and Richard Y. Wang. *Journey to Data Quality*. The MIT Press, 2006. Print.

Loshin, David. *Enterprise Knowledge Management: The Data Quality Approach*. Morgan Kaufmann, 2001. Print.

Loshin, David. *Master Data Management*. Morgan Kaufmann, 2009. Print.

Maydanchik, Arkady. *Data Quality Assessment*. Technics Publications, LLC, 2007 Print.

McCallum, Ethan. *Bad Data Handbook: Cleaning Up the Data So You Can Get Back to Work*. 1st Edition. O'Reilly, 2012.

McGilvray, Danette. *Executing Data Quality Projects: Ten Steps to Quality Data and Trusted Information*. Morgan Kaufmann, 2008. Print.

Myers, Dan. "The Value of Using the Dimensions of Data Quality", *Information Management*, August 2013. http://bit.ly/2tsMYiA.

Olson, Jack E. *Data Quality: The Accuracy Dimension*. Morgan Kaufmann, 2003. Print.

Redman, Thomas. *Data Quality: The Field Guide*. Digital Press, 2001. Print.

Robertson, Suzanne and James Robertson. *Mastering the Requirements Process: Getting Requirements Right*. 3rd ed. Addison-Wesley Professional, 2012. Print.

Sebastian-Coleman, Laura. *Measuring Data Quality for Ongoing Improvement: A Data Quality Assessment Framework*. Morgan Kaufmann, 2013. Print. The Morgan Kaufmann Series on Business Intelligence.

Tavares, Rossano. Qualidade de Dados em Gerenciamento de Clientes (CRM) e Tecnologia da Informação [Data Quality in Management of Customers and Information Technology]. São Paulo: Catálise. 2006. Print.

Witt, Graham. *Writing Effective Business Rules: A Practical Method*. Morgan Kaufmann, 2012. Print.

BÖLÜM 14

Büyük Veri ve Veri Bilimi

1. Giriş

2000'li yılların başından beri, Büyük Veri ve Veri Bilimi terimleri ne yazık ki modaya uygun kelimeler olarak tartışıldı. Kavramlar ve çıkarımları yanlış anlaşılmıştır- veya en azından anlamları konusunda sınırlı bir fikir birliği vardır. 'Büyük' kelimesinin anlamı bile görecelidir. Bununla birlikte hem Büyük Veri hem de Veri Bilimi, insanların giderek daha büyük miktarlarda veri üretmesine, depolamasına ve analiz etmesine izin veren önemli teknolojik değişimlerle bağlantılıdır. Daha da önemlisi, insanlar bu verileri davranışları tahmin etmek ve etkilemek ve ayrıca sağlık uygulamaları, doğal kaynak yönetimi ve ekonomik kalkınma gibi bir dizi önemli konu hakkında fikir edinmek için kullanabilmektedirler.

Büyük Veri, yalnızca verinin hacmini değil, aynı zamanda çeşitliliğini (yapılandırılmış ve yapılandırılmamış, belgeler, dosyalar, ses, video ve akış verileri vb.) ve üretilme hızını ifade eder. Tahmine dayalı, makine öğrenimi ve bunlardan modeller ve analitikler çıkaran ve geliştiren ve ilgili taraflarca analiz için sonuçları dağıtan kişilere Veri Bilimcisi denir.

Veri Bilimi uzun süredir vardır; eskiden 'uygulamalı istatistikler' olarak adlandırılırdı. Ancak veri kalıplarını keşfetme yeteneği, Büyük Veri ve onu destekleyen teknolojilerin ortaya çıkmasıyla yirmi birinci yüzyılda hızla gelişti. Geleneksel İş Zekâsı, 'dikiz aynası' raporlaması sağlar- geçmiş eğilimleri tanımlamak için yapılandırılmış verilerin analizidir. Bazı durumlarda, iş zekâsı desenleri gelecekteki davranışları tahmin etmek için kullanılabilir, ancak yüksek güvenle kullanılamazlar. Yakın zamana kadar, muazzam veri setlerinin derinlemesine analizi teknoloji ile sınırlıydı. Analizler, desenleri tahminleme için örneklemeye veya diğer soyutlama araçlarına dayanmıştır. Büyük veri kümelerini toplama ve analiz etme kapasitesi arttıkça, Veri Bilimcileri, Büyük Veri kümelerine dayalı davranışları tahmin ederek iç görü ve bilgi elde etmek için matematik, istatistik, bilgisayar bilimi, sinyal işleme, olasılık modelleme, örüntü tanıma, makine öğrenimi, belirsizlik modelleme ve veri görselleştirmeden yöntemleri entegre ettiler. Kısacası, Veri Bilimi, verileri analiz etmenin ve bunlardan değer elde etmenin yeni yollarını buldu.

Büyük Veri, veri ambarı ve İş Zekâsı ortamlarına getirildiğinden, kuruluşun ileriye dönük ('ön cam') bir görünümünü sağlamak için Veri Bilimi teknikleri kullanılır. Farklı veri kaynakları türlerini kullanan gerçek zamanlı ve model tabanlı tahmine dayalı yetkinlikler, kuruluşlara nereye gittikleri konusunda daha iyi bilgi sağlar (Bkz. Şekil 96).

Ancak Büyük Veriden yararlanmak için verilerin yönetilme biçiminde değişiklik yapılması gerekir. Çoğu veri ambarı ilişkisel modellere dayanır. Büyük Veri genellikle ilişkisel bir modelde organize edilmez. Çoğu veri ambarı, ETL (Çıkar, Dönüştür ve Yükle) kavramına bağlıdır. Veri gölleri gibi Büyük Veri çözümleri, yükleme ve ardından dönüştürme- ELT kavramına bağlıdır. Daha da önemlisi, verilerin hızı ve hacmi, entegrasyon, Metaveri Yönetimi ve Veri Kalitesi değerlendirmesi gibi veri yönetiminin kritik yönlerine farklı yaklaşımlar gerektiren zorluklar sunar.

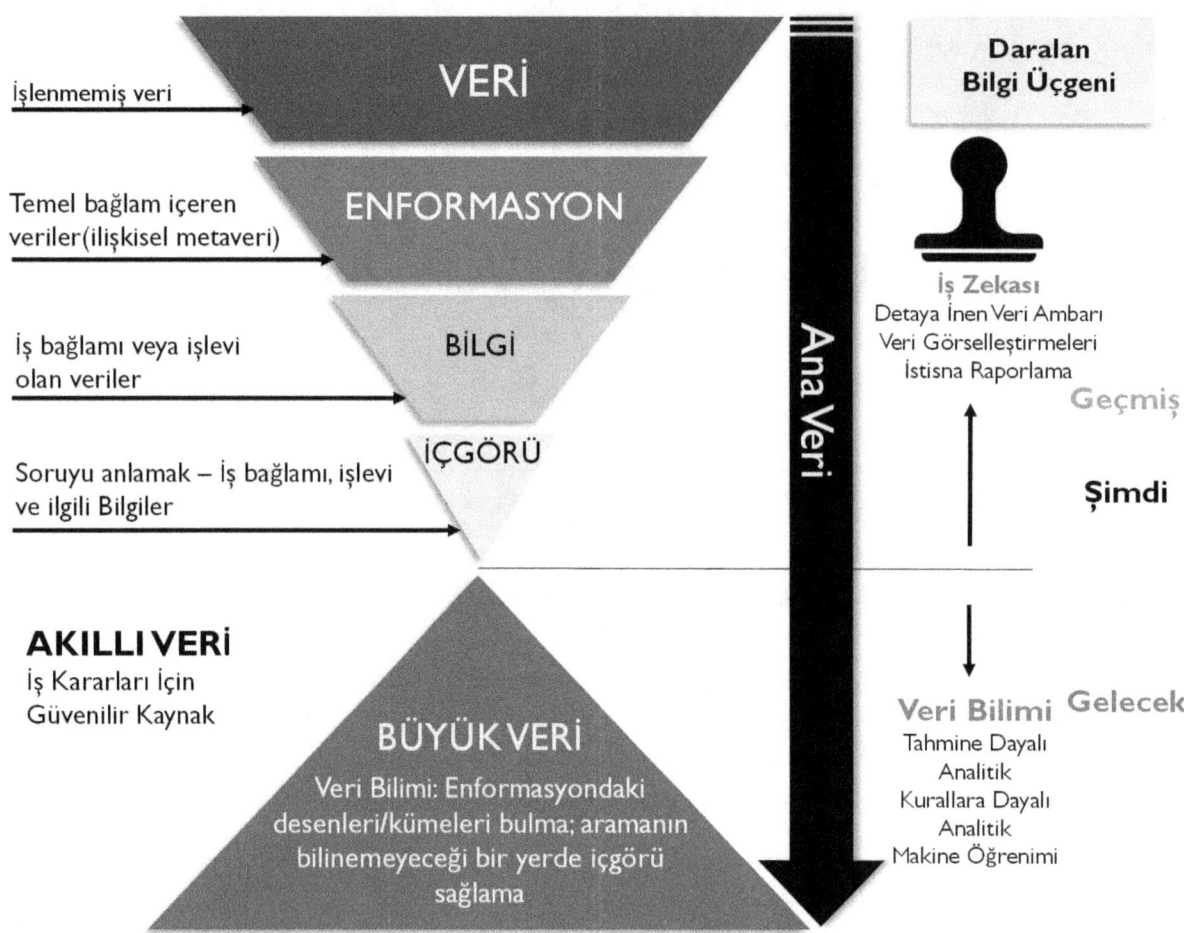

Şekil 96 Daralan Bilgi Üçgeni

1.1 İş Etkenleri

Büyük Veri ve Veri Bilimi çevresinde kurumsal yetkinlikler geliştirmek için en büyük iş gücü, çeşitlendirilmiş bir dizi süreçle oluşturulan veri kümeleri aracılığıyla keşfedilebilecek iş fırsatlarını bulma ve bunlara göre hareket etme arzusudur. Büyük Veri, keşif için daha fazla ve daha büyük veri setlerini kullanıma sunarak yeniliği teşvik edebilir. Bu veriler, müşteri ihtiyaçlarını öngören ve ürün ve hizmetlerin kişiselleştirilmiş sunumunu sağlayan tahmine dayalı modelleri tanımlamak için kullanılabilir. Veri Bilimi operasyonları iyileştirebilir. Makine öğrenimi algoritmaları, karmaşık zaman alan etkinlikleri otomatikleştirebilir, böylece kurumsal verimliliği artırır, maliyetleri düşürür ve riskleri azaltır.

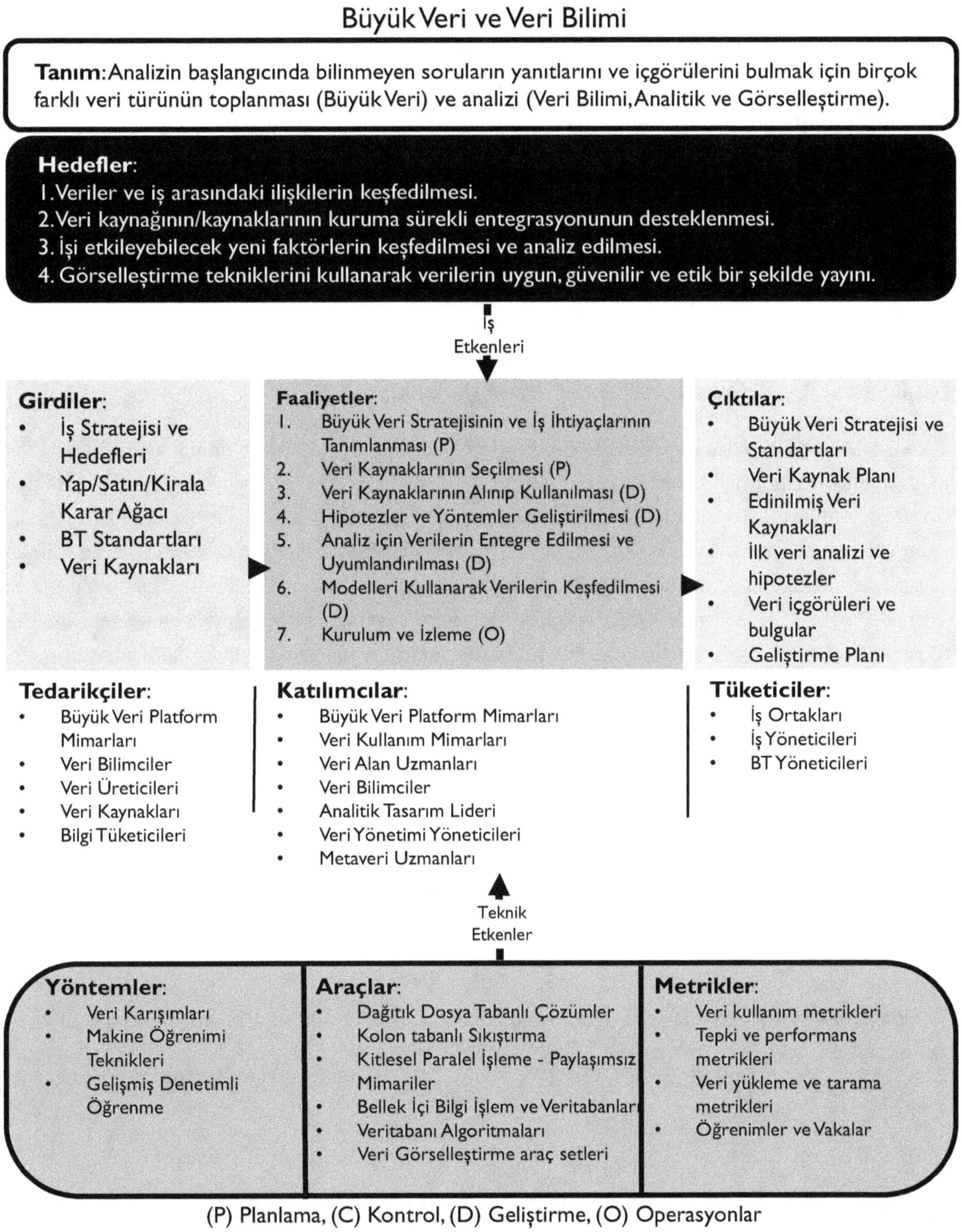

Büyük Veri ve Veri Bilimi

Tanım: Analizin başlangıcında bilinmeyen soruların yanıtlarını ve içgörülerini bulmak için birçok farklı veri türünün toplanması (Büyük Veri) ve analizi (Veri Bilimi, Analitik ve Görselleştirme).

Hedefler:
1. Veriler ve iş arasındaki ilişkilerin keşfedilmesi.
2. Veri kaynağının/kaynaklarının kuruma sürekli entegrasyonunun desteklenmesi.
3. İşi etkileyebilecek yeni faktörlerin keşfedilmesi ve analiz edilmesi.
4. Görselleştirme tekniklerini kullanarak verilerin uygun, güvenilir ve etik bir şekilde yayını.

↓ İş Etkenleri

Girdiler:
- İş Stratejisi ve Hedefleri
- Yap/Satın/Kirala Karar Ağacı
- BT Standartları
- Veri Kaynakları

Faaliyetler:
1. Büyük Veri Stratejisinin ve İş İhtiyaçlarının Tanımlanması (P)
2. Veri Kaynaklarının Seçilmesi (P)
3. Veri Kaynaklarının Alınıp Kullanılması (D)
4. Hipotezler ve Yöntemler Geliştirilmesi (D)
5. Analiz için Verilerin Entegre Edilmesi ve Uyumlandırılması (D)
6. Modelleri Kullanarak Verilerin Keşfedilmesi (D)
7. Kurulum ve İzleme (O)

Çıktılar:
- Büyük Veri Stratejisi ve Standartları
- Veri Kaynak Planı
- Edinilmiş Veri Kaynakları
- İlk veri analizi ve hipotezler
- Veri içgörüleri ve bulgular
- Geliştirme Planı

Tedarikçiler:
- Büyük Veri Platform Mimarları
- Veri Bilimciler
- Veri Üreticileri
- Veri Kaynakları
- Bilgi Tüketicileri

Katılımcılar:
- Büyük Veri Platform Mimarları
- Veri Kullanım Mimarları
- Veri Alan Uzmanları
- Veri Bilimciler
- Analitik Tasarım Lideri
- Veri Yönetimi Yöneticileri
- Metaveri Uzmanları

Tüketiciler:
- İş Ortakları
- İş Yöneticileri
- BT Yöneticileri

↑ Teknik Etkenler

Yöntemler:
- Veri Karışımları
- Makine Öğrenimi Teknikleri
- Gelişmiş Denetimli Öğrenme

Araçlar:
- Dağıtık Dosya Tabanlı Çözümler
- Kolon tabanlı Sıkıştırma
- Kitlesel Paralel İşleme - Paylaşımsız Mimariler
- Bellek İçi Bilgi İşlem ve Veritabanları
- Veritabanı Algoritmaları
- Veri Görselleştirme araç setleri

Metrikler:
- Veri kullanım metrikleri
- Tepki ve performans metrikleri
- Veri yükleme ve tarama metrikleri
- Öğrenimler ve Vakalar

(P) Planlama, (C) Kontrol, (D) Geliştirme, (O) Operasyonlar

Şekil 97 Bağlam Şeması: Büyük Veri ve Veri Bilimi

1.2 Prensipler

Büyük Verinin farklı bir iç görü sağlayacağı vaadi, Büyük Veriyi yönetebilmeye bağlıdır. Birçok yönden, kaynaklar ve formatlardaki geniş çeşitlilik nedeniyle Büyük Veri yönetimi, ilişkisel veri yönetiminden daha fazla disiplin gerektirecektir. Büyük Veri yönetimiyle ilgili ilkeler henüz tam olarak oluşmamıştır, ancak bir tanesi çok açıktır:

Kuruluşlar, veri dosyalarının, kökenlerinin ve değerlerinin doğru bir envanterine sahip olmak için Büyük Veri kaynaklarıyla ilgili metaverileri dikkatli bir şekilde yönetmelidir.

1.3 Temel Kavramlar

1.3.1 Veri Bilimi

Bölümün girişinde belirtildiği gibi, Veri Bilimi, veri içeriği modellerini keşfeden tahmine dayalı modeller oluşturmak için veri madenciliği, istatistiksel analiz ve makine öğrenimini veri entegrasyonu ve veri modelleme yetkinlikleriyle birleştirir. Tahmine dayalı modeller geliştirmeye bazen Veri Bilimi de denir, çünkü veri analisti veya veri bilimcisi bir modeli geliştirmek ve değerlendirmek için bilimsel yöntemi kullanır.

Veri bilimcisi, belirli bir eylemden önce verilerde gözlemlenebilen davranış hakkında bir hipotez geliştirir. Örneğin, bir tür öğenin satın alınmasını genellikle başka bir tür öğenin satın alınması izler (bir ev satın alımını genellikle mobilya satın alımı izler). Ardından, veri bilimcisi, hipotezin geçmişte ne sıklıkta doğru olduğunu belirlemek ve modelin olası doğruluğunu istatistiksel olarak doğrulamak için büyük miktarda tarihsel veriyi analiz eder. Eğer bir hipotez yeterli sıklıkta geçerliyse ve öngördüğü davranış faydalıysa, o zaman model, olası satış reklamları gibi muhtemelen gerçek zamanlı olarak bile gelecekteki davranışı tahmin etmek için operasyonel iş zekâsı sürecinin temeli olabilir. Veri Bilimi çözümleri geliştirmek, veri kaynaklarının iç görüler geliştiren modellere yinelemeli olarak dahil edilmesini içerir. Veri Bilimi şunlara bağlıdır:

- **Zengin veri kaynakları**: Kuruluş veya müşteri davranışında başka türlü görünemeyen desenleri gösterme potansiyeline sahip veriler

- **Bilgi uyumluluğu ve analizi**: Veri içeriğini anlama ve anlamlı desenleri hipotezlemek ve test etmek için veri kümelerini birleştirme teknikleri

- **Bilgi teslimi**: Modelleri ve matematiksel algoritmaları verilere karşı çalıştırma ve davranışa ilişkin iç görü elde etmek için görselleştirmeler ve diğer çıktılar üretme

- **Bulguların ve veri iç görülerinin sunumu**: İç görülerin paylaşılabilmesi için bulguların analizi ve sunumu

Tablo 32, geleneksel Veri Ambarı/İş Zekâsı (DW/BI)) rolünü, Veri Bilimi teknikleriyle elde edilebilecek tahmine ve kurallara dayalı analitikle karşılaştırır.

Tablo 32 Analitiğin İlerlemesi

DW / BI		Veri Bilimi
Tanımlayıcı	Tahmine Dayalı	Kurala Dayalı
Dar görüş	İç görü	Öngörü
Tarihe göre: Ne oldu? Neden oldu?	Tahmine dayalı modellere dayalı: Ne olması muhtemel?	Senaryolara göre: Olayların gerçekleşmesi için ne yapmalıyız?

1.3.2 Veri Bilimi Süreci

Şekil 98, Veri Bilimi sürecinin artımlı aşamalarını göstermektedir. Her adımın çıktıları, bir sonraki adımın girdileri olur (Bkz. Bölüm 2).

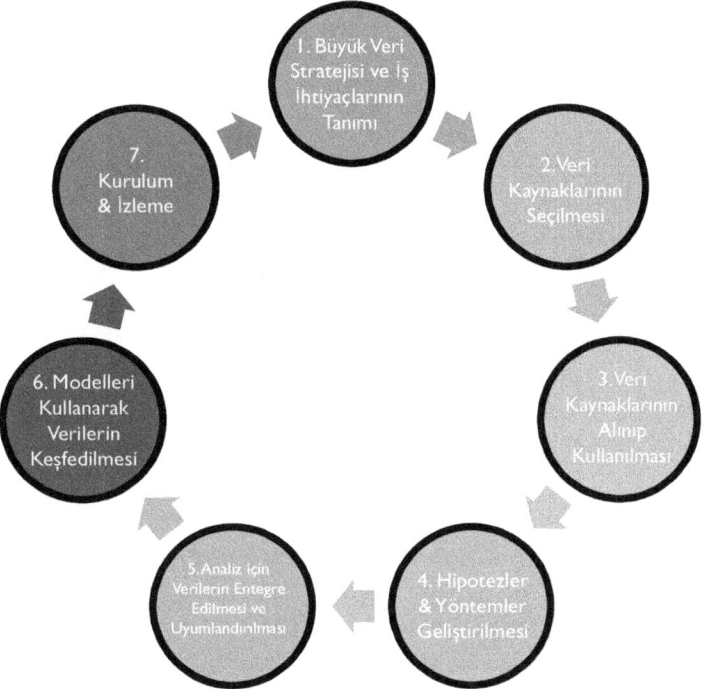

Şekil 98 Veri Bilimi Süreci

Veri Bilimi süreci, gözlemler yaparak, hipotezler formüle ederek ve test ederek, sonuçları gözlemleyerek ve sonuçları açıklayan genel teorileri formüle ederek bilgiyi iyileştirmenin bilimsel yöntemini takip eder. Veri Biliminde bu süreç, verileri gözlemleme ve davranış modelleri oluşturma ve değerlendirme biçimini alır:

- **Büyük Veri stratejisini ve iş ihtiyaçlarını tanımlayın**: Ölçülebilir somut faydalarla istenen sonuçları belirleyen gereksinimleri tanımlayın.

- **Veri kaynaklarını seçin**: Mevcut veri varlığı tabanındaki farkları belirleyin ve bu farkları doldurmak için veri kaynakları bulun.

- **Veri kaynaklarını edinin ve yükleyin**: Veri setlerini edinin ve bunları devreye alın.

- **Veri Bilimi hipotezleri ve yöntemleri geliştirin**: Profil oluşturma, görselleştirme, madencilik vb. yoluyla veri kaynaklarını keşfedin; gereksinimleri hassaslaştırın. Model algoritma girdilerini, türlerini veya model hipotezlerini ve analiz yöntemlerini tanımlayın (yani, kümeleme yoluyla bulunan verilerin gruplandırılması, vb.)

- **Analiz için verileri entegre edin ve uyumlandırın**: Model fizibilitesi kısmen kaynak verilerin kalitesine bağlıdır. Güvenilir kaynaklardan yararlanın. Sağlanan veri kümelerinin kalitesini ve kullanışlılığını artırmak için uygun veri entegrasyonu ve temizleme tekniklerini uygulayın.

- **Modelleri kullanarak verileri keşfedin**: Entegre verilere karşı istatistiksel analiz ve makine öğrenimi algoritmaları uygulayın. Modeli doğrulayın, eğitin ve zaman içinde geliştirin. Eğitim, varsayımları doğrulamak ve aykırı değerlerin belirlenmesi gibi ayarlamalar yapmak için modelin gerçek verilere karşı tekrar tekrar çalıştırılmasını gerektirir. Bu süreç sayesinde, gereksinimler rafine edilecektir. İlk fizibilite metrikleri, modelin evrimine rehberlik eder. Ek veri setleri gerektiren yeni hipotezler ortaya konabilir ve bu keşfin sonuçları gelecekteki modelleme ve çıktıları şekillendirecektir (hatta gereksinimleri değiştirir).

- **Devreye alın ve izleyin**: Yararlı bilgiler üreten modeller, değer ve etkinliğin sürekli izlenmesi için üretime yerleştirilebilir. Genellikle Veri Bilimi projeleri, daha güçlü geliştirme süreçlerinin (ETL, Veri Kalitesi, Ana Veri, vb.) uygulandığı veri ambarı projelerine dönüşür.

1.3.3 Büyük Veri

Büyük Verinin anlamını tanımlamaya yönelik ilk çabalar, onu Üç V: (Volume) Hacim, (Velocity) Hız, (Variety) Çeşitlilik açısından nitelendirmiştir (Laney, 2001). Daha fazla kuruluş Büyük Verinin potansiyelinden yararlanmaya başladıkça, V'lerin listesi genişlemiştir:

- **Hacim**: Veri miktarını ifade eder. Büyük Veri genellikle milyarlarca kayıtta binlerce varlık veya öğeye sahiptir.

- **Hız**: Verilerin yakalanma, oluşturulma veya paylaşılma hızını ifade eder. Büyük Veri genellikle üretilebilir ve ayrıca dağıtılabilir ve hatta gerçek zamanlı olarak analiz edilebilir.

- **Çeşitlilik / Değişkenlik (Variability)**: Verilerin tutulduğu veya iletildiği formları ifade eder. Büyük Veri, birden çok biçimin depolanmasını gerektirir; veri yapısı genellikle veri kümeleri içinde veya arasında tutarsızdır.

- **Viskozite**: Verinin kullanılmasının veya entegre edilmesinin ne kadar zor olduğunu ifade eder.

- **Volatilite**: Veri değişikliklerinin ne sıklıkta gerçekleştiğini ve dolayısıyla verilerin ne kadar süreyle işe yarar halde kaldığını ifade eder.

- **Doğruluk payı (Veracity)**: Verinin ne kadar güvenilir olduğunu ifade eder.

Büyük Veri hacimleri son derece büyüktür (100 Terabayttan büyük ve genellikle Petabayt ve Exabayt aralığındadır). Depolama ve analitik çözümlerinde, çok büyük miktarda veri, veri yükleme, modelleme, temizleme ve analitik için ek zorluklar yaratır. Bu zorluklar genellikle büyük ölçüde paralel işleme ve dağıtık veri çözümleri kullanılarak çözülürler. Ancak, bunların çok daha geniş etkileri vardır. Veri kümelerinin boyutu, verilerin nasıl anlaşıldığının ötesinde (örneğin, veri hakkındaki mevcut düşünce biçimimizin çoğu ilişkisel veritabanı yapılarına dayalıdır), verilerin nasıl depolandığı, erişildiği ve yönetildiğine göre etraflıca değişiklikler gerektirir (Adams, 2009). Şekil 99, Büyük Veri teknolojileri aracılığıyla kullanıma sunulan veri aralığının ve veri depolama seçenekleri üzerindeki etkilerin görsel bir özetini sunar.

1.3.4 Büyük Veri Mimarisi Bileşenleri

Büyük Veri ve Veri Bilimi ortamının seçimi, kurulumu ve yapılandırılması özel uzmanlık gerektirir. Mevcut veri keşif araçlarına ve yeni kazanımlara karşı uçtan uca mimariler geliştirilmeli ve rasyonalize edilmelidir. Şekil 100, DW/BI ve Büyük Veri Mimarisini tanımlar (DW/BI bileşenleriyle ilgili ayrıntılar Bölüm 11'de açıklanmaktadır). DW/BI ve Büyük Veri işleme arasındaki en büyük fark, geleneksel bir veri ambarında verilerin ambara getirilirken (ETL) entegre edilmesidir. Büyük Veri ortamındayken, veriler entegre edilmeden önce alınır ve yüklenir (ELT). Bazı durumlarda, veriler geleneksel anlamda hiç entegre olmayabilir. Kullanıma hazırlanırken entegre edilmek yerine, genellikle belirli kullanımlar yoluyla entegre edilir (örneğin, tahmine dayalı modeller oluşturma süreci belirli veri kümelerinin entegrasyonunu yönlendirir).

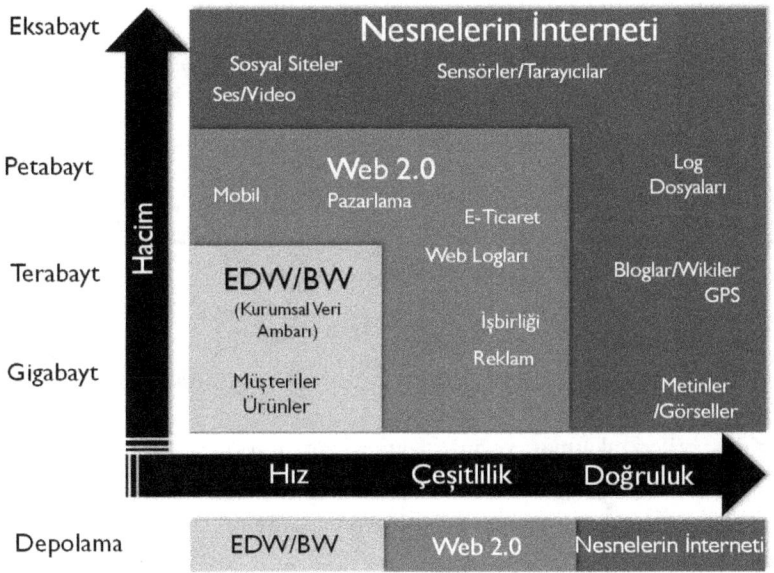

Şekil 99 Veri Depolama Zorlukları[60]

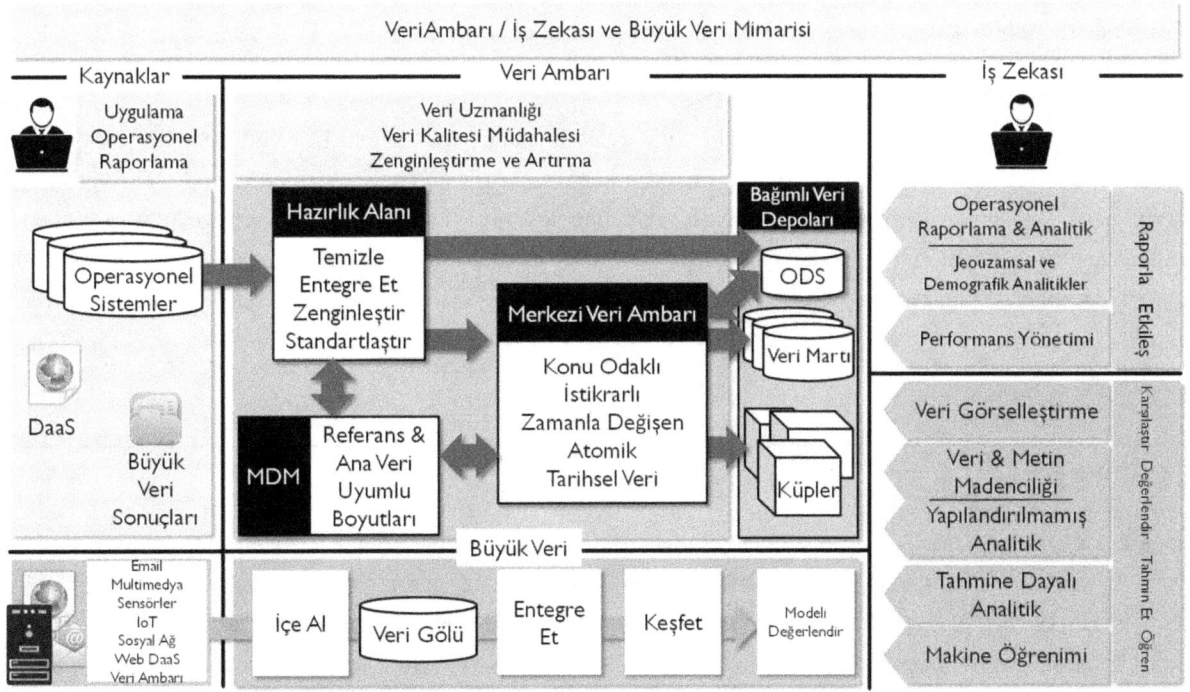

Şekil 100 Kavramsal DW/BI ve Büyük Veri Mimarisi

---

[60] Robert Abate / EMC Corporation'ın izniyle alınmış ve kullanılmıştır.

1.3.5 Büyük Veri Kaynakları

İnsan faaliyetlerinin çoğu elektronik olarak yürütüldüğünden, biz dünyada hareket ettikçe, birbirimizle etkileşime girdikçe ve iş yaptıkça her gün çok büyük miktarda veri birikiyor. Büyük Veri, e-posta, sosyal medya, çevrimiçi siparişler ve hatta çevrimiçi oyunlar aracılığıyla üretilir. Veriler yalnızca telefonlar ve POS cihazları tarafından değil, aynı zamanda kamera sistemleri, ulaşım sistemlerindeki sensörler, tıbbi izleme sistemleri, endüstriyel izleme sistemleri, uydular ve askeri teçhizat tarafından da üretilir. Örneğin, bir havayolu uçuşu bir terabayt veri üretebilir. Doğrudan internet ile etkileşime giren cihazlar, Büyük Veri'nin büyük bir bölümünü oluşturur. Cihazlar ve İnternet arasındaki bağlantılara bazen Nesnelerin İnterneti (IoT) denir.

1.3.6 Veri Gölü

Veri gölü, çeşitli türlerde ve yapılarda çok miktarda verinin alınabildiği, depolanabildiği, değerlendirilebildiği ve analiz edilebildiği bir ortamdır. Veri gölleri birçok amaca hizmet edebilir. Örneğin, şunları sağlar:

- Veri Bilimcilerinin verileri çıkarması ve analiz etmesi için bir ortam
- Ham veriler için minimum dönüşümle (varsa) merkezi bir depolama alanı
- Veri ambarı verileri için alternatif depolama
- Kayıtlar için çevrimiçi bir arşiv
- Otomatik desen tanımlama ile akış verilerini almak için bir ortam

Bir veri gölü, Hadoop veya diğer veri depolama sistemleri, küme (cluster) hizmetleri, veri dönüşümü ve veri entegrasyonu dahil olmak üzere veri işleme araçlarının karmaşık bir yapılandırması olarak uygulanabilir. Bu işleyiciler, konfigürasyonları bir araya getirmek için altyapı ve analitik kolaylaştırma yazılımları sunarlar.

Bir veri gölünün riski, hızla bir veri bataklığı haline gelebilmesidir- dağınık, kirli ve tutarsız. Bir veri gölünde ne olduğuna dair bir envanter oluşturmak için, veriler alınırken metaverileri yönetmek çok önemlidir. Bir veri gölündeki verilerin nasıl ilişkilendirildiğini veya bağlantılı olduğunu anlamak için, veri mimarları veya veri mühendisleri genellikle benzersiz anahtarlar veya diğer teknikler (anlamsal modeller, veri modelleri, vb.) kullanırlar, böylece veri bilimcileri ve diğer görselleştirme geliştiricileri veri gölü içinde saklanan bilgileri nasıl kullanılacağını bilirler (Bkz. Bölüm 9).

1.3.7 Hizmet Tabanlı Mimari

Hizmet tabanlı mimari (SBA), aynı kaynağı kullanarak (tamamen doğru veya eksiksiz değilse de) anında veri sağlamanın yanı sıra eksiksiz, doğru bir geçmiş veri setini güncellemenin bir yolu olarak ortaya çıkmaktadır (Abate, Aiken, Burke, 1997). SBA mimarisi, anında erişim için verileri doğrudan bir ODS'ye ve ayrıca tarihsel birikim için DW'ye gönderen DW mimarilerine benzer. SBA mimarileri, toplu iş katmanı, hız katmanı ve hizmet katmanı olmak üzere üç ana bileşene sahiptir (Bkz. Şekil 101).

- **Toplu iş katmanı**: Bir veri gölü hem son hem de geçmiş verileri içeren toplu iş katmanı görevi görür
- **Hız katmanı**: Yalnızca gerçek zamanlı verileri içerir
- **Hizmet katmanı**: Toplu iş ve hız katmanlarından gelen verileri birleştirmek için bir arayüz sağlar

Veriler hem toplu iş hem de hız katmanlarına yüklenir. Tüm analitik hesaplamalar, büyük olasılıkla iki ayrı sistemde gerçekleme gerektiren hem toplu hem de hız katmanlarındaki veriler üzerinde gerçekleştirilir. Kuruluşlar, hizmet katmanında tanımlanan birleştirilmiş görünümlerin eksiksizliği, gecikmesi ve karmaşıklığı arasındaki ödünleşim aracılığıyla senkronizasyon sorunlarını ele alır. Gecikmeyi azaltmanın veya veri noksansızlığını iyileştirmenin ilgili maliyet ve karmaşıklığa değip değmeyeceğini belirlemek için maliyet/fayda değerlendirmesi gereklidir.

Toplu iş katmanı genellikle zamanla oluşan yapı bileşeni olarak adlandırılır (burada her işlem bir eklemedir), oysa hız katmanında (genellikle Operasyonel Veri Deposu veya ODS olarak adlandırılır), tüm işlemler güncellemelerdir (veya yalnızca gerektiğinde eklemelerdir). Bu şekilde mimari, eşzamanlı olarak bir mevcut durum ve bir geçmiş katmanı oluştururken senkronizasyon sorunlarını önler. Bu mimari genellikle verilerini, metaverileri kullanarak verileri soyutlayan bir hizmet veya veri hizmetleri katmanı aracılığıyla sağlar. Bu hizmetler katmanı, verilerin nereden "hizmet edileceğini" belirler ve istenen verileri uygun şekilde sağlar.

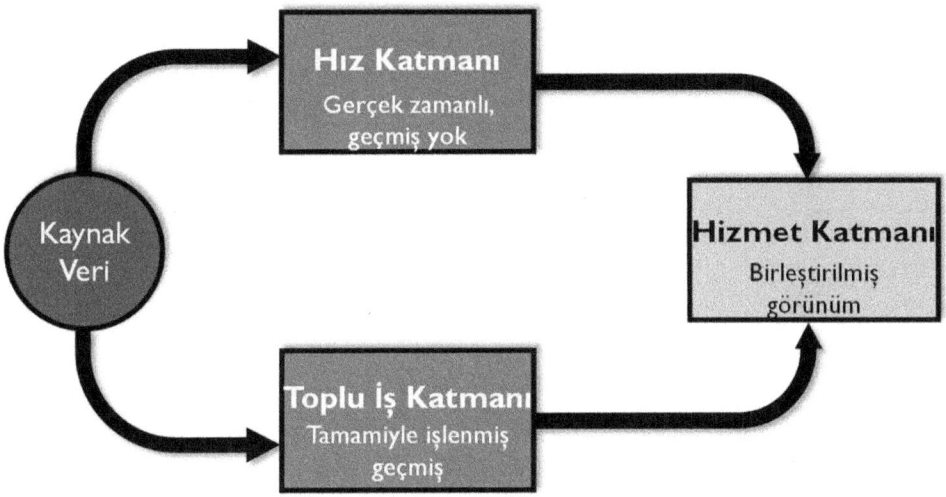

Şekil 101 Hizmet Tabanlı Mimari

1.3.8 Makine Öğrenmesi

Makine Öğrenmesi, öğrenme algoritmalarının yapısını ve çalışmasını araştırır. Daha yaygın olarak veri madenciliği olarak adlandırılan denetimsiz öğrenme yöntemleri ile matematik teorisine, özellikle istatistik, kombinatorik ve optimizasyona dayanan denetimli öğrenme yöntemlerinin bir birleşimi olarak görülebilir. Hedef performansının kazanıldığı ancak özellikle öğretmen tarafından tanınmayan, örneğin bir araç kullanan, pekiştirmeli öğrenme adı verilen üçüncü bir dal oluşmaktadır. Sorgulardan hızlı bir şekilde öğrenmek ve değişen veri kümelerine uyum sağlamak için makinelerin programlanması, Büyük Veri içinde makine öğrenmesi olarak adlandırılan tamamen yeni bir alana yol açmıştır.[61] Süreçler çalıştırılır ve sonuçlar saklanır, bunlar daha sonra süreci yinelemeli olarak bilgilendirmek ve sonuçları iyileştirmek için sonraki çalıştırmalarda kullanılırlar.

Makine Öğrenmesi, öğrenme algoritmalarının yapısını ve çalışmasını araştırır. Bu algoritmalar üç türe ayrılır:

- **Denetimli öğrenme**: Genelleştirilmiş kurallara dayalı; örneğin, spam e-postaları ayırma
- **Denetimsiz öğrenme**: Gizli desenlerin keşfine dayalıdır (veri madenciliği)
- **Pekiştirmeli öğrenme**: Bir hedefe ulaşmaya dayalıdır (örneğin, satrançta bir rakibi yenmek)

---

[61] Makine öğrenimi geliştiricisi, bilim adamı ve pratisyeni için kullanılabilen farklı platformlara ilişkin etkileşimli bir kılavuz için http://bit.ly/1DpTrHC adresindeki Makine Öğrenimi kaynakları periyodik tablosuna bakın.

İstatistiksel modelleme ve makine öğrenmesi, geniş bir veri kümesi üzerinde birkaç deneme yanılma geçişi gerçekleştirerek, toplanan, analiz edilen ve düzeltilen sonuçlarla denemeleri tekrarlayarak, aksi takdirde maliyetli araştırma ve geliştirme projelerini otomatikleştirmek için kullanılmıştır. Bu yaklaşım, yanıt verme süresini önemli ölçüde azaltabilir ve uygun maliyetli tekrarlanabilir süreçlere dayalı iç görülerle kurumsal girişimlere rehberlik edebilir. Örneğin, CIVDDD (Bilgiyi Görselleştirme ve Veriye Dayalı Tasarımda İnovasyon Merkezi), devlet kurumlarının ve barışı koruma görevlilerinin tehditle ilgili bilgi yığınlarıyla başa çıkma zorluğunun üstesinden gelmesine yardımcı olmak için makine öğrenmesi ve karmaşık bilimsel veri görselleştirme tekniklerini kullanır.[62]

Verilerden yeni yollarla yararlanırken, makine öğrenmesinin özellikle şeffaflık ilkesi açısından etik imaları vardır. Kanıtlar, derin öğrenme sinir ağlarının (DLNN) çalıştığını gösteriyor. Bir şeyler öğreniyorlar. Ancak, nasıl öğrendikleri her zaman net değildir. Bu süreçleri yöneten algoritmalar daha karmaşık hale geldikçe, aynı zamanda daha opak hale gelir ve "kara kutular" olarak işlev görür. Daha fazla sayıda değişkeni hesaba kattıklarından ve bu değişkenlerin kendileri daha soyut olduğundan, algoritmalar insanın makineyi yorumlama yeteneğinin sınırlarını test etmektedir (Davenport, 2017). Şeffaflık ihtiyacı- kararların nasıl alındığını görme yeteneği- bu işlevsellik geliştikçe ve daha geniş bir dizi durumda kullanılmaya başlandıkça muhtemelen artacaktır (Bkz. Bölüm 2).

1.3.9 Duygu Analizi

Medya izleme ve metin analizi, işlem verileri, sosyal medya, bloglar ve web haber siteleri gibi büyük yapılandırılmamış veya yarı yapılandırılmış verilerden iç görü elde etmek için kullanılan otomatik yöntemlerdir. Bu, insanların markalar, ürünler veya hizmetler veya diğer konu türleri hakkında söylediklerini ve hissettiklerini anlamak için kullanılırlar. Doğal Dil İşlemeyi (NLP) kullanarak veya tümceleri veya cümleleri ayrıştırarak anlambilimsel analiz, duyguları algılayabilir ve ayrıca olası senaryoları tahmin etmek için duygulardaki değişiklikleri ortaya çıkarabilir.

Bir gönderide anahtar kelimeleri arama durumunu düşünün. İyi ya da harika sözcükleri varsa, bu olumlu bir yanıt olabilir, kötü ya da korkunç görmek, bunun olumsuz bir yanıt olabileceğinin işaretleri olabilir. Verileri yanıt türlerine göre kategorize ederek, tüm topluluğun veya gönderilerin (Twitter, bloglar vb. sosyal medya) 'duygusu' ortaya çıkar. Bununla birlikte, kelimeler tek başına tüm hikâyeyi anlatmadığından duygular kolayca kazanılmaz (yani, müşteri hizmetleriyle ilgili büyük bir sorunum vardı). Duygu, kelimeleri bağlam içinde yorumlamalıdır. Bu, gönderinin anlamını anlamayı gerektirir- bu yorumlama genellikle IBM'in Watson'ı gibi sistemlerde bulunan NLP işlevlerini kullanarak çalışmayı gerektirir.

1.3.10 Veri ve Metin Madenciliği

Veri Madenciliği, çeşitli algoritmalar kullanarak verilerdeki desenleri ortaya çıkaran özel bir analiz türüdür. Yapay Zekanın bir alt alanı olan Makine Öğrenmesinin bir dalı olarak başlamıştır. Teori, algoritmaların istenen sonucun bilgisi veya amacı olmadan bir veri kümesine uygulandığı denetimsiz öğrenme olarak bilinen istatistiksel analizin bir alt kümesidir. Standart sorgulama ve raporlama araçları belirli sorular sorarken, veri madenciliği araçları desenleri ortaya çıkararak bilinmeyen ilişkileri keşfetmeye yardımcı olur. Veri madenciliği, çalışılan veri öğelerinin hızlı bir şekilde

---

[62] Bilgi ve Veriye Dayalı Tasarımda Yenilik Merkezi olan CIVDDD, yeni hesaplama araçları, temsil stratejileri ve arayüzler için yeni nesil veri keşfi, tasarımı ve görselleştirme teknikleri geliştirmek için büyük veri analitiği ve görselleştirme alanında bir araştırma hibesidir.

tanımlanmasını kolaylaştırdığı, daha önce bilinmeyen, belirsiz veya sınıflandırılmamış yeni ilişkileri belirlediği ve çalışılan veri öğelerinin sınıflandırılması için bir yapı sağladığı için keşif aşamasında önemli bir faaliyettir.

Metin madenciliği, içeriği otomatik olarak iş akışı güdümlü ve konu alanı uzmanı güdümlü ontolojiler olarak sınıflandırmak için metin analizi ve veri madenciliği teknikleriyle belgeleri analiz eder. Böylece, elektronik metinler, yeniden yapılandırma veya yeniden biçimlendirme olmaksızın analiz edilebilir. Ontolojiler, arama motorlarına bağlanabilir ve bu belgelere karşı web-etkin sorgulamaya izin verir (Bkz. Bölüm 9).

Veri ve metin madenciliği, aşağıdakiler dahil bir dizi teknik kullanır:

- **Profil Oluşturma**: Profil oluşturma, bir bireyin, grubun veya popülasyonun tipik davranışını karakterize etmeye çalışır. Profil oluşturma, dolandırıcılık tespiti ve bilgisayar sistemlerine izinsiz girişlerin izlenmesi gibi anormallik tespit uygulamaları için davranış normları oluşturmak için kullanılır. Profil sonuçları, birçok denetimsiz öğrenme bileşeni için girdilerdir.

- **Veri azaltma**: Veri azaltma, büyük bir veri kümesini, daha büyük kümedeki önemli bilgilerin çoğunu içeren daha küçük bir veri kümesiyle değiştirir. Daha küçük veri setini analiz etmek veya işlemek daha kolay olabilir.

- **İlişkilendirme**: İlişkilendirme, incelenen öğeler arasındaki ilişkileri, bunları içeren işlemlere dayalı olarak bulmak için denetimsiz bir öğrenme sürecidir. İlişkilendirme örnekleri şunları içerir: Sık görülen öğe seti madenciliği, kural keşfi ve pazara dayalı analiz. İnternetteki öneri sistemleri de bu süreci kullanır.

- **Kümeleme**: Bir çalışmadaki grup öğelerini ortak özelliklerine göre bir araya getirme. Müşteri segmentasyonu, kümelemeye bir örnektir.

- **Kendi kendini organize eden haritalar**: Kendi kendini organize eden haritalar, küme analizinin bir sinir ağı yöntemidir. Bazen Kohonen Haritaları veya topolojik olarak düzenlenmiş haritalar olarak anılırlar, çok boyutlu ölçeklemeye benzer şekilde, mesafe ve yakınlık ilişkilerini mümkün olduğunca korurken değerlendirme alanındaki boyutluluğu azaltmayı amaçlarlar. Boyutluluğu azaltmak, sonucu bozmadan denklemden bir değişkeni çıkarmak gibidir. Bu, çözmeyi ve görselleştirmeyi kolaylaştırır.

1.3.11 Tahmine Dayalı Analitik

Tahmine Dayalı Analitik, kullanıcıların veri öğelerini modellemeye ve olasılık tahminlerinin değerlendirilmesi yoluyla gelecekteki sonuçları tahmin etmeye çalıştığı denetimli öğrenmenin alt alanıdır. Özellikle istatistikte matematiğe derinlemesine dayanan tahmine dayalı analitik, arzu edilen bir tahmine dayalı sonucun ölçümünde öngörülen farkla, denetimsiz öğrenmeyle birçok bileşeni paylaşır.

Tahmine Dayalı Analitik, olası olaylarla (satın almalar, fiyat değişiklikleri vb.) ilgili geçmiş veriler de dahil olmak üzere değişkenlere dayalı olasılık modellerinin geliştirilmesidir. Model, başka bilgi parçalarını aldığında, organizasyon tarafından bir tepkiyi tetikler. Tetikleyici faktör, müşterinin çevrimiçi alışveriş sepetine ürün eklemesi gibi bir olay veya haber akışı veya yardımcı sensör verileri gibi bir veri akışındaki veriler veya artan hizmet talebi hacmi olabilir. Tetikleyici faktör harici bir olay da olabilir. Bir şirket hakkında rapor edilen haberler, hisse senedi fiyatındaki değişimin büyük bir tahmincisidir. Hisse senedi hareketini tahmin etmek, haberleri izlemeyi ve bir şirket hakkındaki haberlerin hisse senedi fiyatı için iyi mi yoksa kötü mü olacağını belirlemeyi içermelidir.

Sıklıkla tetikleyici faktör, aşırı yüksek sayıda işlem veya hizmet talebi veya ortamın değişkenliği gibi büyük miktarda gerçek zamanlı verinin birikmesidir. Bir veri olayı akışının izlenmesi, modelde tanımlandığı gibi bir eşiğe ulaşılana kadar doldurulan modeller üzerinde aşamalı olarak oluşturmayı içerir.

Tahmine dayalı bir modelin tahmin ile tahmin edilen olay arasında sağladığı süre genellikle çok küçüktür (saniye veya bir saniyeden az). Bellek içi veritabanları, yüksek hızlı ağlar ve hatta veri kaynağına fiziksel olarak yakınlık gibi çok düşük gecikmeli teknoloji çözümlerine yatırım, bir kuruluşun tahmine tepki verme yeteneğini optimize eder.

Regresyon analizine dayalı trend belirleme veya tahmin için birçok teknik mevcuttur ve yumuşatmadan yararlanır. Verileri yumuşatmanın en basit yolu, hareketli bir ortalama, hatta ağırlıklı bir hareketli ortalamadır. Uygulanacak bir yumuşatma faktörünü tanıtan üstel hareketli ortalama gibi daha gelişmiş teknikler faydalı olabilir. En küçük karelerden kalan hatayı en aza indirmek bir başlangıç noktası olabilir, ancak yumuşatma faktörünü belirlemek ve optimize etmek için birkaç çalışma gereklidir. Trend ve mevsimsellik bileşenlerini ele almak için çift ve üçlü üstel yumuşatma modelleri mevcuttur.

1.3.12 Kurallara Dayalı Analitik

Kurallara dayalı analitik, yalnızca meydana gelen eylemlerden sonuçları tahmin etmek yerine, sonuçları etkileyecek eylemleri tanımlamak için tahmine dayalı analitiği bir adım öteye taşır. Kurallara dayalı analitik ne olacağını ne zaman olacağını tahmin eder ve neden olacağını ima eder. Kurallara dayalı analitik, çeşitli kararların sonuçlarını gösterebildiğinden, bir fırsattan nasıl yararlanılacağını veya bir riskten nasıl kaçınılacağını önerebilir. Kurallara dayalı analitik, yeniden tahmin etmek ve yeniden kuralları belirlemek için sürekli olarak yeni veriler alabilir. Bu süreç, tahmin doğruluğunu iyileştirebilir ve daha iyi kurallarla sonuçlanabilir.

1.3.13 Yapılandırılmamış Veri Analitiği

Yapılandırılmamış veri analitiği, büyük veri kümelerini kodlamak için metin madenciliği, ilişkilendirme, kümeleme ve diğer denetimsiz öğrenme tekniklerini birleştirir. Denetimli öğrenme teknikleri, gerektiğinde belirsizliği çözmek için insan müdahalesinden yararlanarak kodlama sürecinde yönlendirme, gözetim ve rehberlik sağlamak için de uygulanabilir.

Yapılandırılmamış veri analitiği, daha fazla yapılandırılmamış veri üretildiğinden daha önemli hale gelmektedir. Yapılandırılmamış verileri analitik modellere dahil etme yeteneği olmadan bazı analizler imkansızdır. Bununla birlikte, yapılandırılmamış verilerin, ilgilenilen öğeleri yabancı öğelerden ayırmanın bir yolu olmadan analiz edilmesi de zordur.

Tarama ve etiketleme, yapılandırılmamış verilere, ilgili yapılandırılmış verilere bağlanmaya izin veren "kancalar" ve filtreler eklemenin bir yoludur. Ancak, hangi koşullara bağlı olarak hangi etiketlerin oluşturulacağını bilmek zordur. Bu, önerilen etiket koşulları tanımlandığında, veriler alındıkça etiketler atandığında, ardından analizler bu etiketleri etiket durumunu doğrulamak için kullanır ve etiketli verileri analiz eder, bu da potansiyel olarak değişen etiket koşullarına veya daha fazla etikete yol açan yinelemeli bir süreçtir.

1.3.14 Operasyonel Analitik

Operasyonel analitik kavramı (operasyonel BI veya akış analizi olarak da bilinir), gerçek zamanlı analitiklerin operasyonlara entegrasyonundan ortaya çıkmıştır. Operasyonel analitik, kullanıcı segmentasyonu, duygu analizi, jeokodlama ve pazarlama kampanyası analizi, satış penetrasyonu, ürün benimsenme, varlık optimizasyonu ve risk yönetimi için veri kümelerine uygulanan diğer teknikler gibi faaliyetleri içerir.

Operasyonel analitik, gerçek zamanlı bilgi akışlarını izlemeyi ve entegre etmeyi, tahmine dayalı davranış modellerine dayalı sonuçlar çıkarmayı ve otomatik yanıtları ve uyarıları tetiklemeyi içerir. Başarılı analiz için gereken model, tetikleyiciler ve yanıtları tasarlamak, verilerin kendisi üzerinde daha fazla analiz gerektirir. Bir operasyonel analitik çözümü, davranış modellerinin önceden doldurulması için geçmiş verilerin hazırlanmasını içerir. Örneğin, bir perakende ürün modelinde, genellikle birlikte satın alınan ürünleri tanımlayan bir alışveriş sepeti analizinin doldurulması. Finansal piyasaların davranışlarını tahmin etmede, tarihsel fiyat bilgisi ve tarihsel fiyat değişim oranı düzenli olarak kullanılmaktadır. Yükleme öncesi hesaplamalar, tetikleyici olaylara zamanında yanıt verilmesini sağlamak için genellikle önceden gerçekleştirilirler.

Tahmine dayalı modellerin hem yararlı hem de uygun maliyetlileri belirlendikten sonra, tahmine dayalı modelleri doldurmak ve tahminlere dayalı eylemleri tetiklemek için geçmiş ve güncel verileri (gerçek zamanlı ve akış verileri dahil, yapılandırılmış ve yapılandırılmamış) birleştiren çözümler uygulanır. Çözüm, model kurallarını kullanan gerçek zamanlı veri akışlarının doğru bir şekilde işlenmesini ve verilerdeki anlamlı olaylara otomatik yanıtların doğru şekilde üretilmesini sağlamalıdır.

1.3.15 Veri Görselleştirme[63]

Görselleştirme, resimleri veya grafik temsilleri kullanarak kavramları, fikirleri ve olguları yorumlama sürecidir. Veri görselleştirme, bir grafikte veya grafik gibi görsel bir özette sunarak temel verilerin anlaşılmasını kolaylaştırır. Veri görselleştirmeleri, karakteristik verilerini bir araya getirir ve odaklar, böylece daha kolay görülmelerini sağlar. Bunu yaparken fırsatları ortaya çıkarabilir, riskleri belirleyebilir veya mesajları vurgulayabilirler.

Veri görselleştirmeleri, yayınlanmış bir rapor gibi statik bir biçimde veya daha etkileşimli bir çevrimiçi biçimde sunulabilir ve bazıları, detaylandırma veya filtreleme yeteneklerinin görselleştirme içindeki verilerin analizini kolaylaştırdığı durumlarda son kullanıcı etkileşimini de destekler. Diğerleri, veri haritaları ve zaman içinde değişen eden veri ortamları gibi yenilikçi görüntüler aracılığıyla görselleştirmenin kullanıcı tarafından isteğe bağlı olarak değiştirilmesine izin verir.

Görselleştirme, veri analizi için uzun süredir kritik bir öneme sahiptir. Geleneksel BI araçları, tablolar, pasta grafikler, çizgi grafikler, alan grafikleri, çubuk grafikler, histogramlar ve mum grafikleri gibi görselleştirme seçeneklerini içerir. Artan verileri anlama ihtiyacını karşılamak için görselleştirme araçlarının sayısı artmış ve teknikler de gelişmiştir.

Veri analitiği olgunlaştıkça, verilerin yeni yöntemlerle görselleştirilmesi stratejik avantajlar sağlayacaktır. Verilerde yeni desenler görmek, yeni iş fırsatlarıyla sonuçlanabilir. Veri görselleştirme gelişmeye devam ettikçe, kuruluşların giderek daha fazla veri odaklı bir dünyada rekabet edebilmek için İş Zekası ekiplerini büyütmeleri gerekecektir. İş

---

[63] Veri görselleştirme gelişen bir alandır. Veri görselleştirmede uygulanan ilkeler tasarım ilkelerine dayanmaktadır. Bkz. Tufte, 2001 ve McCandless 2012. Örnekler ve karşıt örneklerle birlikte çok sayıda web tabanlı kaynak mevcuttur. Visual Literacy.Org'da Görselleştirme Yöntemlerinin Periyodik Tablosuna bakın http://bit.ly/IX1bvI.

analitiği departmanları, özellikle yanıltıcı görselleştirmeyle ilgili riskler göz önüne alındığında, geleneksel bilgi mimarları ve veri modelleyicilerine ek olarak veri bilimcileri, veri sanatçıları ve veri vizyonu uzmanları dahil olmak üzere görselleştirme becerilerine sahip veri uzmanları arayacaktır (Bkz. Bölüm 2).

1.3.16 Veri Karması

Karmalar, iç görü veya analiz için görselleştirme oluşturmak üzere verileri ve hizmetleri birleştirir. Birçok sanallaştırma aracı, başlangıçta bir adı veya açıklayıcı metni depolanan bir kodla ilişkilendirmek için kullanılan ortak veri öğeleriyle veri kaynaklarını ilişkilendiren işlevsellik aracılığıyla karma oluşturmayı mümkün kılar. Bu müşteri sunumu karma tekniği, anında fayda sağladıkları için keşif aşamalarında idealdir. Bu teknik, güvenli veri karmalarının, kişisel veya gizli bilgilerin tedarikçiler veya sağlayıcılar arasında paylaşılmasını sağladığı web'e kolaylıkla uygulanabilir. Bunlar, internet tabanlı hizmetleri doğal dil arayüzleriyle ortaya çıkarmak için yapay zekâ öğrenme algoritmalarıyla birleşebilirler.

2. Faaliyetler

2.1 Büyük Veri Stratejisinin ve İş İhtiyaçlarının Tanımlanması

Bir kuruluşun Büyük Veri stratejisinin, genel iş stratejisi ve iş gereksinimleriyle uyumlu olması ve bunları desteklemesi ve veri stratejisinin bir parçası olması gerekir. Bir Büyük Veri stratejisini değerlendirebilmek için aşağıdakileri kriterleri içermelidir:

- **Kuruluşun çözmeye çalıştığı sorunlar. Analitik neye ihtiyaç duyar**: Veri Biliminin bir avantajı, bir kuruluşa yeni bir bakış açısı sunabilmesi olsa da kuruluşun yine de bir başlangıç noktasına sahip olması gerekir. Bir kuruluş, verilerin işi veya iş ortamını anlamak için kullanılacağını belirleyebilir, örneğin; yeni ürünlerin değeri hakkında fikirleri kanıtlamak, bilinmeyen bir şeyi keşfetmek; ya da iş yapmak için yeni bir yol bulmak. Uygulama sırasında bu girişimleri çeşitli aşamalarda değerlendirmek için bir değerlendirme süreci oluşturmak önemlidir. Girişimlerin değeri ve fizibilitesinin zaman içinde birkaç noktada değerlendirilmesi gerekir.

- **Hangi veri kaynaklarının tüketileceği veya alınacağı**: Dahili kaynakların kullanımı kolay olmakla birlikte, ancak kapsamı da sınırlı olabilir. Dış kaynaklar yararlı olabilir, ancak operasyonel kontrolün dışındadır (başkaları tarafından yönetilir veya sosyal medya durumunda olduğu gibi kimse tarafından kontrol edilmez). Birçok tedarikçi bu alanda rekabet halindedir ve genellikle istenen veri öğeleri veya kümeleri için birden çok kaynak mevcuttur. Mevcut kullanım öğeleriyle entegre verilerin elde edilmesi, genel yatırım maliyetlerini azaltabilir.

- **Sağlanacak verilerin zamanlaması ve kapsamı**: Birçok öğe, gerçek zamanlı beslemelerde, belirli bir zaman aralığındaki anlık görüntülerde veya hatta entegre edilip özetlenerek sunulabilir. Düşük gecikmeli veriler idealdir, ancak çoğu zaman makine öğrenmesi yetenekleri pahasına gelirler; durağan verilere yönelik hesaplama algoritmaları ile akışa yönelik hesaplama algoritmaları arasında büyük bir fark vardır.

- **Diğer veri yapıları üzerindeki etkisi ve ilişkisi**: Diğer veri yapılarının Büyük Veri kümeleri ile entegrasyona uygun hale getirilmesi için yapı veya içerik değişiklikleri yapılması gerekebilir.

- **Mevcut modellenmiş verilere olan etkiler**: Müşteriler, ürünler ve pazarlama yaklaşımları hakkındaki bilgilerin genişletilmesi de dahil.

Strateji, bir kuruluşun Büyük Veri yetkinliği yol haritasının kapsamını ve zamanlamasını yönlendirecektir.

2.2 Veri Kaynaklarının Seçilmesi

Herhangi bir geliştirme projesinde olduğu gibi, Veri Bilimi çalışması için veri kaynaklarının seçimi, kuruluşun çözmeye çalıştığı problemler tarafından yönlendirilmelidir. Büyük Veri / Veri Bilimi geliştirmesinin farkı, veri kaynaklarının yelpazesinin daha geniş olmasıdır. Veri formatları sınırlı değildir ve bir kuruluşun hem dışındaki hem de içindeki verileri içerebilir. Bu verileri bir çözüme dahil etme yeteneği de risklerle birlikte gelir. Verilerin kalitesi ve güvenilirliği değerlendirilmeli ve zaman içinde kullanım planı oluşturulmalıdır. Büyük Veri ortamları, çok sayıda veriyi hızlı bir şekilde almayı mümkün kılar, ancak bu verileri kullanmak ve zaman içinde yönetmek için yine de temel olguları bilmek gerekir:

- Menşei
- Formatı
- Veri öğelerinin neyi temsil edeceği
- Diğer verilere nasıl bağlanacağı
- Ne sıklıkla güncelleneceği

Daha fazla veri elde edildikçe (ABD Sayım Bürosu İstatistikleri, alışveriş demografisi, hava durumu uydu verileri, araştırma veri setleri gibi), verilerin değer ve güvenilirlik açısından değerlendirilmesi gerekir. Mevcut veri kaynaklarını ve bu kaynakları oluşturan süreçleri gözden geçirin ve yeni kaynaklar için planı yönetin.

- **Temel veriler**: Bir satış analizinde POS (Satış Noktası) gibi temel veri bileşenlerini göz önünde bulundurun.
- **Ayrıntı düzeyi**: İdeal olarak, verileri en ayrıntılı biçimde (toplanmamış) elde edin. Bu şekilde bir dizi amaç için toplanabilir.
- **Tutarlılık**: Mümkünse, görselleştirmeler arasında uygun ve tutarlı görünecek verileri seçin veya kısıtlamaların farkında olun.
- **Güvenilirlik**: Zaman içinde anlamlı ve güvenilir olan veri kaynaklarını seçin. Güvenilir, yetkili kaynakları kullanın.
- **Yeni kaynakları inceleyin/profilleyin**: Yeni veri kümeleri eklemeden önce değişiklikleri test edin. Yeni veri kaynaklarının dahil edilmesiyle, görselleştirme sonuçlarında beklenmedik önemli değişiklikler meydana gelebilir.

Veri kaynaklarıyla ilişkili riskler, gizlilik endişelerini içerir. Çeşitli kaynaklardan gelen verileri geniş ölçekte hızlı bir şekilde alma ve entegre etme yeteneği, topluluklara, aksi takdirde erişilemeyen veri kümelerini yeniden birleştirme yeteneği sağlar. Benzer şekilde, yayınlanan analiz, özet, birleştirilmiş veya modellenmiş durum aracılığıyla, onu aniden tanımlanabilir kılan bir açık veri alt kümesini tanımlayabilir; bu, çok büyük popülasyonlar üzerinde toplu hesaplama gerçekleştirme, ancak çok özel bir yerel veya bölgeye yayınlama yeteneğinin bir yan etkisidir. Örneğin, ulusal veya ülke düzeyinde hesaplanan demografik bilgiler hızlı bir şekilde tanımlanamaz hale gelirler, ancak posta kodu veya hane düzeyinde filtrelendikten sonra yayınlanabildiğinde gelmezler.[64]

Verileri seçmek veya filtrelemek için kullanılan kriterler de bir risk oluşturmaktadır. Bu kriterler, önyargılardan veya çarpıklıklardan kaçınmak için nesnel olarak yönetilmelidirler. Filtrelemenin görselleştirme üzerinde önemli bir etkisi olabilir. Aykırı değerleri kaldırırken, veri kümelerini dar bir etki alanıyla kısıtlarken veya seyrek öğeleri çıkartırken ihtiyat gereklidir. Sağlanan verilere odaklanmak, izolasyon sonuçlarını vurgulamak için yaygın bir uygulamadır, ancak bunun tarafsızca ve tekdüze bir şekilde yapılması gerekir (Bkz. Bölüm 2).

2.3 Veri Kaynaklarını Edinme ve İçe Alımı

Kaynaklar belirlendikten sonra, bulunmaları, bazen satın alınmaları ve Büyük Veri ortamına yüklenmeleri gerekir. Bu işlem sırasında, kaynağı, boyutu, güncelliği ve içerikle ilgili ek bilgiler gibi kaynakla ilgili kritik metaverileri yakalayın. Birçok besleme motoru, verileri alındıkça profillendirerek analistlere en azından kısmi metaveriler sağlar. Veriler bir veri gölünde olduğunda, çoklu analiz çalışmaları için uygunluk açısından değerlendirilebilir. Veri Bilimi modelleri oluşturmak artımlı bir süreç olduğundan, veri alımı da öyledir. Mevcut veri varlığı tabanındaki farkları artımlı olarak belirleyin ve kaynaklara dahil edin. Model algoritma girdilerini veya model hipotezlerini tanımlamak için profil oluşturma, görselleştirme, madencilik veya diğer Veri Bilimi yöntemlerini kullanarak bu veri kaynaklarını keşfedin.

Verileri entegre etmeden önce kalitesini değerlendirin. Değerlendirme, kaç tane alanın boş değer içerdiğini bulmak için basit bir sorgulama olabilir veya bir veri kalitesi araç seti veya veri analizi yardımcı programını verilere karşı profillendirmek, sınıflandırmak ve veri öğeleri arasındaki ilişkileri belirlemek kadar karmaşık olabilir. Bu tür bir değerlendirme, verilerin çalışmak için geçerli bir örnek sağlayıp sağlamadığı ve eğer öyleyse verilerin nasıl depolanabileceği ve erişilebileceği (mantıksal işlem birimlerine [MPP] federe, anahtarla dağıtık vb.) hakkında fikir verir. Bu çalışma, konu alan uzmanlarını (genellikle veri bilimcilerin kendileri) ve platform mühendislerini içerir.

Değerlendirme süreci, verilerin Ana Veriler veya geçmiş ambar verileri gibi diğer veri kümeleriyle nasıl entegre edilebileceği konusunda değerli bilgiler sağlar. Ayrıca model eğitim setlerinde ve doğrulama faaliyetlerinde kullanılabilecek bilgiler de sağlar.

2.4 Veri Hipotezleri ve Yöntemlerinin Geliştirilmesi

Veri Bilimi, verilerde anlam veya iç görü bulabilen yanıt kümeleri oluşturmakla ilgilidir. Veri Bilimi çözümlerinin geliştirilmesi, veri öğeleri ve veri kümeleri içinde ve arasında korelasyonları ve eğilimleri bulan istatistiksel modeller oluşturmayı gerektirir. Bir modele yapılan girdilere dayalı olarak bir soruya birden fazla cevap gelecektir. Örneğin, bir finansal portföyün gelecekteki değerini hesaplamak için bir getiri oranı seçilmelidir. Modeller genellikle birden fazla değişkene sahiptir, bu nedenle en iyi uygulama deterministik sonuçları bulmaktır- veya başka bir deyişle, beklenen değerlere ilişkin en iyi tahminleri kullanmaktır. Ancak, en iyi tahminlerin kendileri eğitilmelidir. Her model, seçilen analiz yöntemine bağlı olarak çalışacaktır. En az olası görünenler de dahil olmak üzere bir dizi sonuç için test edilmelidir.

---

[64] Bkz. Martin Fowler, Datensparsamkeit. Blog, 12 Aralık 2013. Fowler, her zaman mümkün olduğunca fazla veri toplamamız gerektiği varsayımını sorguluyor. "Her şeyi yakala" yaklaşımının gizlilik riskleri getirdiğine dikkat çekiyor. Bunun yerine, veri minimizasyonu veya veri seyrekliği (Almanca Datensparsamkeit teriminden) fikrini ortaya koyuyor http://bit.ly/1f9Nq8K.

Modeller hem girdi verilerinin kalitesine hem de modelin kendisinin sağlamlığına bağlıdır. Veri modelleri genellikle bulunan bilgilerin nasıl ilişkilendirileceği konusunda fikir verebilir. Bunun bir örneği, daha fazla analiz edilecek veri gruplarının sayısını belirlemek için K-Means kümelemeyi kullanmaktır (Bkz. Bölüm 13).

2.5 Analiz için Verilerin Entegre Edilmesi ve Uyumlandırılması

Verileri analiz için hazırlamak, verilerde ne olduğunu anlamayı, çeşitli kaynaklardan gelen veriler arasındaki bağlantıları bulmayı ve ortak verileri kullanım için uyumlandırmayı içerir.

Çoğu durumda, veri kaynaklarını birleştirmek bir bilimden çok bir sanattır. Örneğin, günlük güncellemelere dayalı bir veri seti ve aylık güncellemelere dayalı başka bir veri seti düşünün. Günlük verilerin, Veri Bilimi araştırmasında kullanılabilecek bir uyum modelinin olması için toplamlarının alınması gerekir.

Bir yöntem, verileri ortak bir anahtar kullanarak entegre eden ortak bir model kullanmaktır. Başka bir yol, veritabanı motorlarındaki dizinleri kullanarak verileri tarayıp birleştirmek ve bağlantı algoritmalarını, yöntemlerini kaydetmektir. Verilerin nasıl analiz edilebileceğini anlamak için genellikle veriler ilk aşamalarda incelenirler. Kümeleme, veri çıktılarının gruplandırılmasını belirlemeye yardımcı olur. Diğer yöntemler, sonuçları görüntülemek için modeli oluşturmak için kullanılacak bağıntıları bulabilir. İlk aşamalarda, modelin yayınlandıktan sonra sonuçları nasıl göstereceğini anlamaya yardımcı olacak teknikleri kullanmayı düşünün.

Çoğu çözüm, analitik sonuçlarını yorumlamak için Ana Veriler ve Referans Verilerinin entegrasyonunu gerektirir (Bkz. Bölüm 10).

2.6 Modelleri Kullanarak Verilerin Keşfedilmesi

2.6.1 Tahmine Dayalı Modelin Doldurulması

Tahmine dayalı modellerin konfigürasyonu, modelin müşteri, pazar, ürünler veya tetikleyici faktör dışında modele dahil edilen diğer faktörlerle ilgili geçmiş bilgilerle önceden doldurulmasını içerir. Doldurma öncesi hesaplamalar, tetikleyici olaylara en hızlı yanıtı sağlamak için genellikle önceden gerçekleştirilirler. Örneğin, bir sepet öneri modelini önceden doldurmak için müşteri satın alma geçmişine ihtiyaç duyulacaktır. E-ticaret sitelerinin davranışını tahmin ederken, geçmiş fiyat ve fiyat değişikliği bilgileri müşteri, demografik ve hava durumu bilgileriyle birleştirilir.

2.6.2 Modelin Eğitilmesi

Modeli 'eğitmek' için modeli verilere karşı çalıştırın. Eğitim, varsayımları doğrulamak için modelin verilere karşı tekrar tekrar çalıştırılmasını içerir. Eğitim, modelde değişikliklere neden olacaktır. Eğitim denge gerektirir. Sınırlı bir veri kümesine karşı eğiterek aşırı uydurmadan kaçının.

Model doğrulama, üretime geçmeden önce tamamlanmalıdır. Eğitilmiş ve doğrulanmış model ofsetleriyle nüfus dengesizliklerini veya veri önyargılarını ele alın; bu, üretimde, başlangıçtaki sapma, gerçek nüfus etkileşimleri yoluyla kademeli olarak ayarlandığından, ince ayar yapılabilir. Özellik karışımını optimize etme, Bayes seçimi, ters sınıflandırıcı veya kural tümevarımı ile gerçekleştirilebilir. Modeller, daha basit modellerin toplanan güçlü yönlerinin birleştirilmesiyle tahmin edici modelin oluşturulduğu kolektif öğrenme için de birleştirilebilir.

Aykırı değerlerin veya anormalliklerin (incelenen öğeler tarafından sergilenen genel davranışa uymayan veri nesneleri) belirlenmesi, modelin değerlendirilmesi için kritik öneme sahiptir. Daha değişken veri kümeleri için ortalama ve standart sapmaya dayalı bir varyans testi uygulayın. Her iki test de profilli sonuçlara kolayca uygulanabilir. Verilerin çoğunda eğilimleri bulmak ve doğrulamak yerine, alıştırmanın hedefi aykırı değerler olabilir.

Tahmine dayalı analitik için, tahmine dayalı modelin doldurulmasını tamamlamak ve bir alarm veya olay olabilecek bir yanıtı tetiklemek için gerçek zamanlı bir veri akışı kullanın. Veri akışı, aşırı düşük gecikmeli işleme yeteneğinin tasarımına ve geliştirilmesine özel olarak odaklanmayı gerektirebilir. Bazı modellerde, bir saniyenin kesirleri arasındaki tahminlerin değerindeki fark aşırı yüksektir ve çözümler, ışık hızı limitlerinde yenilikçi teknolojiler gerektirebilir.

Modeller, biri 'R' olan açık kaynak kütüphanelerinde bulunan birçok istatistiksel fonksiyonu ve tekniği kullanabilir. İstatistiksel Hesaplama için R Projesi, istatistiksel hesaplama için ücretsiz bir yazılım ortamıdır; servis çağrıları gibi birçok fonksiyonu içerir.[65] Özel fonksiyonlar, betik dilinden yararlanılarak geliştirilebilir ve araçlar, platformlar ve kuruluşlar arasında paylaşılabilir.

Çözüm tasarımı oluşturulduktan ve geliştirme ve operasyon tahmin edildikten sonra kuruluş, davranışı tahmin etmek için çözümü geliştirip geliştirmemeye karar verebilir. Gerçek zamanlı operasyonel analitik çözümleri, sıklıkla önemli miktarda yeni mimariler ve geliştirme gerektirir ve muhtemelen uygun maliyetli olmayabilir.

2.6.3 Modelin Değerlendirilmesi

Veriler bir platforma yerleştirilip analize hazır hale getirildikten sonra Veri Bilimi başlar. Model oluşturulur, eğitim setlerine göre değerlendirilir ve doğrulanır. Bu noktada iş gereksinimlerinde iyileştirmeler yapılması beklenir ve erken fizibilite metrikleri, yönetim çabalarını daha fazla işleme veya ıskartaya çıkarma yönünde yönlendirebilir. Yeni bir hipotezi test etmenin ek veri setleri gerektirmesi gayet mümkündür.

Veri bilimcileri, herhangi bir iç görünün ortaya çıkıp çıkmadığını görmek için verilere karşı sorgular ve algoritmalar çalıştırır. Çoğu zaman, herhangi bir iç görünün bulunup bulunmadığını görmek için bir dizi farklı matematiksel fonksiyon çalıştırılacaktır (verideki kümeler, veri öğesi grupları arasında ortaya çıkmaya başlayan desenler, vb.). Bu dönemde, veri bilimcileri genellikle artımlı gruplarda bulunan iç görüler üzerine inşa ederler. Bunlardan, veri öğeleri ve iç görüler arasındaki ilişkiyi gösteren modeller geliştirilebilir.

Veri Bilimi uygulamasının etik bir bileşeni vardır ve modelleri değerlendirirken uygulanması gerekir. Modeller beklenmedik sonuçlara sahip olabilir veya istemeden onları yaratan kişilerin varsayımlarını ve önyargılarını yansıtabilir. Tüm yapay zekâ (AI) uygulayıcıları için etik eğitim gerekli olmalıdır. İdeal olarak, yapay zekâ, bilgisayar bilimi veya Veri Bilimi öğrenen her öğrencinin müfredatı etik ve güvenlik konularını içermelidir. Ancak etik tek başına yeterli değildir. Etik, uygulayıcıların tüm paydaşlara karşı sorumluluklarını anlamalarına yardımcı olabilir, ancak bir sistem kurulup test edildiğinden teknik önlemler alarak iyi niyetleri uygulamaya koymak için etik eğitimin teknik yetkinliklerle güçlendirilmesi gerekir (Executive Office, 2016) (Bkz. Bölüm 2).

---

[65] Daha fazla bilgi için R-Project web sitesini ziyaret edin: http://bit.ly/19WExR5.

2.6.4 Veri Görselleştirmelerinin Oluşturulması

Modele dayalı veri görselleştirme, modelin amacı ile ilgili özel ihtiyaçları karşılamalıdır. Her görselleştirme bir soruyu yanıtlamalı veya bir iç görü sağlamalıdır. Görselleştirmenin amacını ve parametrelerini belirleyin: eğilimlere karşı istisnalar, hareketli parçalar arasındaki ilişkiler, coğrafi farklılıklar vb.

Bu amacı gerçekleştirmek için uygun görseli seçin. Görselleştirmenin bir hedef kitleye hitap ettiğinden emin olun; buna göre vurgulamak ve basitleştirmek için düzenini ve karmaşıklığını ayarlayın. Tüm izleyiciler karmaşık bir etkileşimli çizelge görmeye hazır değildir. Açıklayıcı metinlerle görselleştirmeleri destekleyin.

Görselleştirmeler bir hikâye anlatmalıdır. Veri 'hikâye anlatımı', yeni soruları veri keşfi bağlamına bağlayabilir. En iyi etkiyi elde etmek için veri hikayeleri ilgili veri görselleştirmeleri ile desteklenmelidir.

2.7 Kurulum ve İzleme

İş ihtiyaçlarını uygun bir şekilde karşılayan bir model, sürekli izleme için üretime yerleştirilebilir. Bu tür modeller, iyileştirme ve bakım gerektirecektir. Gerçekleme için çeşitli modelleme teknikleri mevcuttur. Modeller, toplu işlemlerin yanı sıra gerçek zamanlı entegrasyon mesajları da sunabilir. Ayrıca, karar yönetim sistemlerine, geçmiş analizlere veya performans yönetimi panolarına girdi olmak üzere analitik yazılımına da yerleştirilebilirler.

2.7.1 İç Görülerin ve Bulguların Ortaya Çıkarılması

Genellikle veri görselleştirme yoluyla bulguların ve veri iç görülerinin sunulması, Veri Bilimi araştırmasındaki son adımdır. Kuruluşun Veri Bilimi çalışmasından yararlanabilmesi için öngörüler eylemlerle ilişkilendirilmelidir.

Veri görselleştirme teknikleri aracılığıyla yeni ilişkiler keşfedilebilir. Bir model kullanıldıkça, temel verilerdeki ve ilişkilerdeki değişiklikler ortaya çıkabilir ve veriler hakkında yeni bir hikâye anlatabilir.

2.7.2 Ek Veri Kaynaklarıyla Yineleme

Bulguların ve veri iç görülerinin sunumu genellikle yeni bir araştırma sürecini başlatan sorular üretir. Veri Bilimi yinelemelidir, bu nedenle Büyük Veri geliştirme de onu desteklemek için yinelemelidir. Belirli bir dizi veri kaynağından bu öğrenme süreci, genellikle hem bulunan sonuçları desteklemek hem de mevcut model(ler)e iç görü sağlamak için farklı veya ek veri kaynaklarına ihtiyaç duyulmasına yol açar.

3. Araçlar

Teknolojideki gelişmeler (Moore Yasası, elde tutulan cihazların yaygınlaşması, IoT, bunlardan birkaçıdır) Büyük Veri ve Veri Bilimi endüstrisini yaratmıştır. Sektörü anlamak için, onun etkenlerini anlamak gerekir. Bu bölüm, Büyük Veri Biliminin ortaya çıkmasını sağlayan araçları ve teknolojileri açıklayacaktır.

Kitlesel Paralel İşlemenin (MPP) ortaya çıkışı, büyük miktarda bilgiyi nispeten kısa sürede analiz etme araçlarını sağladığı için Büyük Veri ve Veri Biliminin ilk olanaklarından biriydi. Bilgi samanlığında iğneyi bulmak ya da altın külçelerini bulmak için tonlarca toprağı sürecek makine kullanmak bugün yaptığımız şeydir. Bu trend devam edecektir.

Verilere ve bilgilere bakışımızı değiştiren diğer gelişmeler arasında şunlar yer almaktadır:

- Gelişmiş veritabanı içi analitik
- Yapılandırılmamış veriler üzerinde analitik (Hadoop, MapReduce)
- Analitik sonuçların operasyonel sistemlerle entegrasyonu
- Birden fazla medya ve cihaz genelinde veri görselleştirmeleri
- Yapılandırılmış ve yapılandırılmamış bilgileri anlambilim kullanarak ilişkilendirme
- IoT kullanan yeni veri kaynakları
- Gelişmiş görselleştirme yetkinlikleri
- Veri zenginleştirme yetkinlikleri
- İş birliği teknolojileri ve araç setleri

Mevcut veri ambarları, veri martları ve operasyonel veri depoları (ODS), Büyük Veri iş yükünü taşımak için genişletilmektedir. NoSQL teknolojileri, yapılandırılmamış ve yarı yapılandırılmış verilerin depolanmasına ve sorgulanmasına olanak tanır.

Önceden yapılandırılmamış verilere erişim, büyük ölçüde, yavaş programlanmış yürütme ve yetersiz yanıt süreleriyle sonuçlanan bir toplu sorgu arabirimi aracılığıyla gerçekleşirdi. Bu edinim sürecindeki belirli kısıtlamaları ele alan tasarımlara sahip NoSQL veritabanları artık mevcuttur. Ölçeklenebilir dağıtık veritabanları, paralel sorgu yürütme için otomatik olarak parçalama yetenekleri (sunucular arasında yerel olarak ölçeklendirme yeteneği) sağlar. Elbette, diğer tüm veritabanlarında olduğu gibi, yapısal tanımlama ve yapılandırılmamış veri kümelerine eşleme, büyük ölçüde manuel süreçler olarak kalmıştır.

Anında sorgulama, raporlama ve analiz yetenekleri, son kullanıcıların yapılandırılmamış verilere erişmek için SQL benzeri sorgular oluşturmasına olanak tanıyan Büyük Veri bellek içi teknolojileriyle karşılanabilir. Kısıtlamalarla birlikte, bir NoSQL sürecini iletecek ve SQL uyumlu bir sorgu döndürecek bazı araçlar için SQL bağdaştırıcıları da vardır. Bağdaştırıcı teknolojileri, yapılandırılmamış veri sorgusu için mevcut araçların kullanılmasına izin verebilir.

Karar kriterleri araç setleri, süreç uygulama araçları ve profesyonel hizmet teklifleri, ilk araç setini seçme sürecini hem kolaylaştırabilir hem de hızlandırabilir. BI araçlarını edinirken olduğu gibi, tüm seçenekleri değerlendirmek çok önemlidir: yap, satın al veya kirala (SaaS). Bölüm 11'de belirtildiği gibi, bulut kaynağı araçları ve ilgili uzmanlıklar, sıfırdan oluşturma veya tedarikçilerden satın alınan ürünleri devreye alma maliyetine karşı tartılmalıdır. Devam eden yükseltme ve olası değiştirme maliyetleri de dikkate alınmalıdır. Belirli bir operasyonel düzey sözleşmesine uyum, tahmin edilen maliyetleri doğrulayabilir ve sözleşme ihlalleri ücret ve cezalarını belirlemek için girdi sağlayabilir.

3.1 Kitlesel Paralel İşleme Paylaşımsız Teknolojileri ve Mimarisi

Kitlesel Paralel İşleme (MPP) Paylaşımsız Veritabanı teknolojileri, Büyük Veri kümelerinin Veri Bilimi odaklı analizi için standart platform haline gelmiştir. MPP veritabanlarında, veriler, verileri yerel olarak işlemek için her sunucunun kendi ayrılmış belleğine sahip olacak şekilde, birden çok işlem sunucusu (hesaplama düğümleri) arasında bölünür (mantıksal olarak dağıtılır). İşleme sunucuları arasındaki iletişim genellikle bir ana sunucu bilgisayar tarafından kontrol edilir ve bir ağ ara bağlantısı üzerinden gerçekleşir. Disk paylaşımı veya bellek çekişmesi yoktur, bu nedenle 'paylaşımsız' adı verilmiştir.

MPP, geleneksel bilgi işlem paradigmalarının (dizinler, dağıtık veri kümeleri, vb.) büyük tablolarda kabul edilebilir yanıt süreleri sağlamaması nedeniyle gelişmiştir. En güçlü bilgi işlem platformlarının (Cray) bile trilyon satırlık bir tabloya karşı karmaşık bir algoritma hesaplaması saatler hatta günler almaktadır.

Şimdi hepsi arka arkaya dizilmiş ve bir ana bilgisayar aracılığıyla kontrol edilen bir dizi emtia donanım sunucusunu düşünün. Her biri, bu bölümlere ayrılmış veya dağıtık trilyon satırlık tabloya karşı çalıştırılmak üzere sorgunun bir parçası gönderilir. Örneğin, 1000 işlem sunucusu varsa, sorgu bir tablodaki trilyon satıra erişmekten 1000 milyar satırlık tabloya erişmeye değişir. Bu tür bilgi işlem mimarisi doğrusal olarak ölçeklenebilir, bu da veri bilimcisi ve büyümeyi dahil etmek için ölçeklenebilir bir platforma ihtiyaç duyan Büyük Veri kullanıcıları için çekiciliği artırır.

Bu teknoloji aynı zamanda veritabanı içi analitik fonksiyonları da etkinleştirmiştir – analitik işlevleri (K-Means Kümeleme, Regresyon vb.) işlemci düzeyinde yürütme yeteneği. İş yükünün işlemci düzeyine dağıtılması, analitik sorguları büyük ölçüde hızlandırarak Veri Biliminde yeniliği körükler.

Verileri otomatik olarak dağıtan ve sorgu iş yüklerini mevcut (yerelleştirilmiş) tüm donanımlar arasında paralel hale getiren bir sistem, Büyük Veri analitiği için en uygun çözümdür.

Veri hacimleri hızla büyümektedir. Şirketler, yeni sunucular ekleyerek zaman içinde sistemlerinin kapasitesini ve performansını artırabilir. MPP, sürekli büyüyen bir makine havuzunda yüzlerce veya binlerce çekirdeğin paralelliğini genişletmeyi kolaylaştırır. Büyük ölçüde paralel, paylaşımsız mimari, doğrusal ölçeklenebilirlik ve büyük veri kümelerinde artırılmış işleme performansı ile her bir çekirdeği tam olarak kullanır.

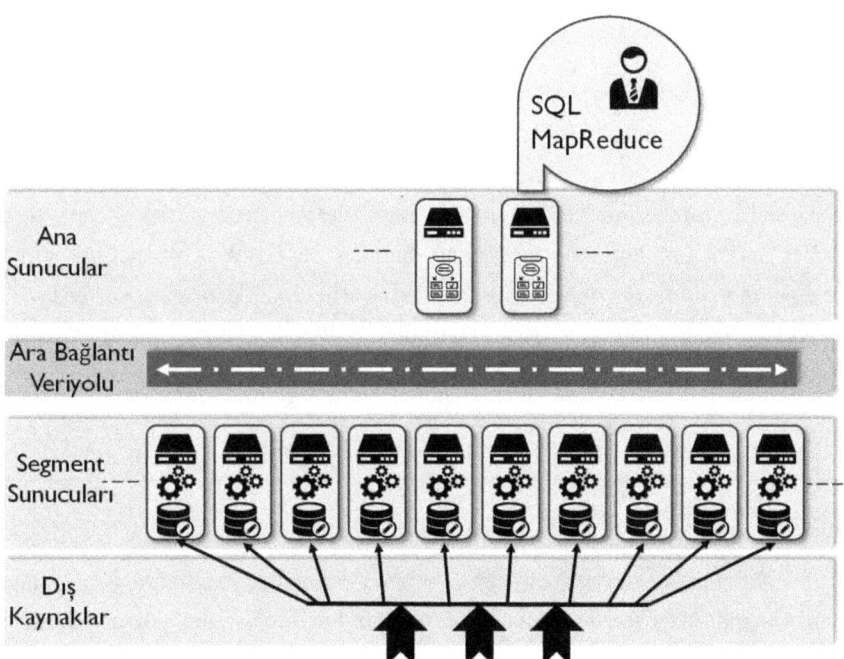

Şekil 102 Sütunsal Bütünleşik Sistem Mimarisi [66]

---

[66] Resmin kaynağı: "Greenplum Database 4.0: Critical Mass Innovation", White Paper, Ağustos 2010.

3.2 Dağıtık Dosya Tabanlı Veritabanları

Açık kaynak Hadoop gibi dağıtık dosya tabanlı çözüm teknolojileri, büyük miktarda veriyi farklı biçimlerde depolamanın ucuz bir yoludur. Hadoop, yapılandırılmış, yarı yapılandırılmış ve yapılandırılmamış her türden dosyayı saklar. MPP paylaşımsıza (dosya depolama için bir MPP temeli) benzer bir yapılandırma kullanarak, dosyaları işleme sunucuları arasında paylaşır. Verileri güvenli bir şekilde depolamak için idealdir (birçok kopya yapıldığından), ancak yapılandırılmış veya analitik mekanizma (SQL gibi) aracılığıyla verilere erişime izin vermeye çalışırken zorluklar yaşar.

Nispeten düşük maliyeti nedeniyle Hadoop, birçok kuruluş için tercih edilen konfor alanı haline gelmiştir. Hadoop'tan veriler, algoritmaların buna karşı çalıştırılması için MPP paylaşımsız veritabanlarına taşınabilir. Bazı kuruluşlar Hadoop'ta karmaşık Veri Bilimi sorguları çalıştırır ve yanıt süreleriyle (eski mimari için dakikalar yerine) saat ve gün sırasına göre ilgilenmezler.

Dosya tabanlı çözümlerde kullanılan dile MapReduce adı verilir. Bu dilin üç ana adımı vardır:

- **Eşle**: Analiz edilecek verileri belirleyin ve edinin
- **Karıştır**: Verileri istenen analitik modellere göre birleştirin
- **Azalt**: Elde edilen veri kümesinin boyutunu yalnızca gerekli olan seviyeye indirmek için çoğaltmayı giderin veya birleştirme uygulayın

Bu adımlar, karmaşık manipülasyonlar yapmak için hem sırayla hem de paralel olarak birçok farklı araçta farklı şekillerde birleştirilebilir.

3.3 Veritabanı İçi Algoritmalar

Bir veritabanı içi algoritma, bir MPP paylaşımsız platformundaki işlemcilerin her birinin sorguları bağımsız olarak çalıştırabilmesi ilkesini kullanır, böylece hesaplama düğümü düzeyinde matematiksel ve istatistiksel fonksiyonlar sağlanarak yeni bir analitik işleme biçimi gerçekleştirilebilir. Makine öğrenmesi, istatistik ve diğer analitik görevler için ölçeklenebilir veritabanı içi algoritmaların açık kaynaklı kütüphaneleri hem çekirdek içi hem de çekirdek dışı yürütme için ve modern paralel veritabanı motorları tarafından sunulan paylaşımsız paralelliği için tasarlanmıştır, bu da hesaplamanın verilere yakın yapılmasını sağlar. Hesaplamayı verilere yaklaştırarak, karmaşık algoritmalar (K-Means Kümeleme, Lojistik veya Lineer regresyon, Mann-Whitney U Testi, Eşlenik Gradyan, Kohort Analizi vb.) için hesaplama süresi önemli ölçüde azaltılır.

3.4 Büyük Veri Bulut Çözümleri

Analitik yetkinlikler de dahil olmak üzere Büyük Veri için bulut depolama ve entegrasyon sağlayan tedarikçiler vardır. Müşteriler, tanımlanmış standartları temel alarak verilerini bir bulut ortamına yükler. Tedarikçi, verileri açık veri kümeleri olarak veya diğer kuruluşlar tarafından sağlanan şekilde geliştirir. Müşteri, birleştirilmiş veri setini kullanarak analitik ve Veri Bilimi yapabilir. Bir uygulama, verilerin konusu olarak müşteri tekliflerini kullanır, bunları coğrafi veriler ve satış verileriyle birleştirir ve verilerinin bu şekilde kullanılmasını kabul eden müşterilere havayolu milleri sunar.

3.5 İstatistiksel Hesaplama ve Grafiksel Diller

R, istatistiksel hesaplama ve grafikler için açık kaynaklı bir betik dili ve ortamıdır. Doğrusal ve doğrusal olmayan modelleme, klasik istatistiksel testler, zaman serisi analizi, sınıflandırma ve kümeleme gibi çok çeşitli istatistiksel teknikler sağlar. Bir betik dili olduğu için, geliştirilen modeller çeşitli ortamlarda, farklı platformlarda ve çoklu coğrafi ve organizasyonel sınırlar arasında iş birliği geliştirmede kullanılabilir. R ortamı, son kullanıcının kontrolünde matematiksel semboller ve formüller dahil yayın kalitesinde grafikler de üretebilir.

3.6 Veri Görselleştirme Araçları

Veri görselleştirmedeki geleneksel araçların hem veri hem de grafik bileşeni vardır. Gelişmiş görselleştirme ve keşif araçları, kullanıcıların verilerle etkileşime girmesine izin vermek için bellek içi mimariyi kullanır. Büyük bir veri kümesindeki desenleri sayılarla dolu bir ekranda algılamak zor olabilir. Binlerce veri noktası sofistike bir ekrana yüklendiğinde görsel bir model hızla alınabilir.

Bilgi grafikleri veya infografikler, etkili etkileşim ve anlama için stilize edilmiş grafik temsillerdir. Pazarlama, bunları sunumlara görsel çekicilik sağlamak için benimsemiştir. Gazeteciler, blog yazarları ve öğretmenler, trend analizi, sunum ve paylaşım için bilgi grafiklerini yararlı bulmuşlardır. Radar çizelgeleri, paralel koordinat çizelgeleri, etiket çizelgeleri, ısı haritaları ve veri haritaları gibi bilgi görselleştirme yöntemleri artık birçok araç seti tarafından desteklenmektedir. Bunlar, kullanıcıların zaman içinde verilerdeki değişiklikleri hızla fark etmelerine, ilgili öğeler hakkında bilgi edinmelerine ve etkiler meydana gelmeden önce olası neden-sonuç ilişkilerini anlamalarına olanak tanır. Bu araçların geleneksel görselleştirme araçlarına göre çeşitli avantajları vardır:

- Küçük katlar, kıvılcım çizgileri, ısı haritaları, histogramlar, şelale grafiği ve madde işareti grafikleri gibi gelişmiş analiz ve görselleştirme türleri
- En iyi görselleştirme uygulamalarına yerleşik uyum
- Görsel keşif sağlayan etkileşim

4. Yöntemler

4.1 Analitik Modelleme

Model geliştirme, görsel geliştirme süreci, web kazıma ve doğrusal programlama optimizasyonu için bulut veri işlemenin yanı sıra geliştirme için çeşitli açık kaynak araçları mevcuttur. Modelleri diğer uygulamalar tarafından paylaşmak ve yürütmek için, XML tabanlı bir dosya biçimi olan tahmine dayalı model biçimlendirme dilini (PMML) destekleyen araçları kullanın.

Gerçek zamanlı erişim, toplu işlemeden kaynaklanan birçok gecikme sorununu çözebilir. Apache Mahout, bir makine öğrenmesi kütüphanesi oluşturmayı amaçlayan açık kaynaklı bir projedir. Mahout, öneri madenciliği, belge sınıflandırması ve öğe kümeleme yoluyla Büyük Veri keşfini otomatikleştirecek şekilde konumlandırılmıştır. Geliştirme çabalarının bu dalı, geleneksel toplu sorgu MapReduce veri erişim tekniklerini baypas eder. Doğrudan depolama katmanı HDFS'ye bir API arabiriminden yararlanarak, SQL, içerik akışı, makine öğrenmesi ve veri görselleştirme için grafik kütüphaneleri gibi çeşitli veri erişim teknikleri sağlanabilir.

Analitik modeller, farklı analiz derinlikleriyle ilişkilendirilir:

- **Tanımlayıcı modelleme**, veri yapılarını özetler veya temsil eder. Bu yaklaşım her zaman nedensel bir hipotezi doğrulamaz veya sonuçları tahmin etmez. Ancak, bu tür analizlere girdi sağlayabilecek şekilde değişkenler arasındaki ilişkileri tanımlamak veya iyileştirmek için algoritmalar kullanır.

- **Açıklayıcı modelleme**, teorik yapılar hakkında nedensel hipotezi test etmek için istatistiksel modellerin verilere uygulanmasıdır. Veri madenciliği ve tahmine dayalı analitiklere benzer teknikler kullanıyor olsa da amacı farklıdır. Sonuçları tahmin etmez; model sonuçlarını yalnızca mevcut verilerle eşleştirmeye çalışır.

Tahmine dayalı analitiğin anahtarı, modeli eğiterek örnek olarak öğrenmedir. Bir öğrenme yönteminin performansı, tahmin yeteneklerini bağımsız test verileriyle ilişkilendirir. Değerlendirme, öğrenme seçimine rehberlik eder ve seçilen modelin kalitesini ölçer. Model seçimi, değerlendirmenin yeni veriler üzerindeki genelleme hatasını değerlendirdiği yerde performansı tahmin eder.

Aşırı uydurmadan kaçının- modeli temsil etmeyen veri kümelerine karşı eğitildiğinde, model verilere aşırı derecede karmaşık olduğunda veya ilişki(ler) yerine gürültüyü tanımladığında ortaya çıkan bir durumdur. Eğitimin artık daha iyi genellemeyle sonuçlanmadığını belirtmek için K-Fold doğrulaması gibi ek teknikleri kullanın.

Eğitim hata payı, model karmaşıklığı ile tutarlı bir şekilde azalır ve sıfıra kadar düşebilir. Bu nedenle, test hatasının yararlı bir tahmini değildir. Eğitim, test ve doğrulama kümelerini oluşturmak için veri kümesini rastgele üç parçaya bölün. Eğitim seti modele uyması için kullanılır, doğrulama seti seçim için hatayı tahmin etmek için kullanılır ve test seti nihai modelin genelleme hatasının değerlendirilmesi için kullanılır.

Aynı test setini tekrar tekrar kullanmak, gerçek test hatasını hafife almaya neden olabilir. İdeal olarak, veri kümesini bir dizi K-Fold veya çapraz doğrulama grubuna rasgele bölerek çapraz doğrulama gerçekleştirin. Güçlü bir şekilde ilişkili tahmin değişkenlerine dayalı olarak, biri hariç tüm veriler üzerinde eğitim gerçekleştirin. Modeli kalan parça üzerinde test edin ve tüm K-Fold'larına göre genelleme hatasını belirleyin. Bağlamsal model geçerliliğini sayısal olarak değerlendirmek için çeşitli istatistiksel testler uygulanabilir ve gerçekleştirilebilir.

4.2 Büyük Veri Modelleme

Büyük Veriyi modellemek teknik bir zorluktur ancak verilerini tanımlamak ve yönetmek isteyen bir kuruluş için kritik öneme sahiptir. Geleneksel Kurumsal Veri Mimarisi ilkeleri geçerlidir; verilerin entegre edilmesi, belirtilmesi ve yönetilmesi gerekir.

Bir veri ambarını fiziksel olarak modellemenin ana etkeni, sorgu performansı için veri nüfusunu etkinleştirmektir. Bu etken Büyük Veri için geçerli değildir. Aynı zamanda modelleme sürecini terk etmek veya bir geliştiriciye devretmek için bir mazeret değildir. Verileri modellemenin değeri, insanların veri içeriğini anlamalarını sağlamasıdır. Çeşitli kaynakları hesaba katarken kanıtlanmış veri modelleme tekniklerini uygulayın. Konu alanı modelini en azından özet bir şekilde geliştirin, böylece uygun bağlamsal varlıklarla ilişkilendirilebilir ve diğer herhangi bir veri türü gibi genel yol haritasına yerleştirilebilir. Buradaki zorluk, bu büyük veri kümelerinden makul bir maliyetle anlaşılır ve kullanışlı bir resim çıkarmaktır.

Veri kümeleri arasındaki veri bağlantılarının nasıl olduğunu anlayın. Farklı ayrıntı düzeyine sahip veriler için, veri öğelerini veya değerlerini birden fazla sayan kombinasyonları önleyin; örneğin, hücresel ve birleştirilmiş küme verilerini bir araya getirmeyin.

5. Gerçekleme Yönergeleri

Ambar verilerini yönetmenin genel ilkelerinin çoğu, Büyük Veriyi yönetmek için geçerlidir: veri kaynaklarının güvenilir olmasını sağlamak, veri kullanımını sağlamak için yeterli metaveriye sahip olmak, veri kalitesini yönetmek, farklı kaynaklardan gelen verilerin nasıl entegre edileceğini bulmak ve verilerin güvenli ve korumalı olmasını sağlamak (Bkz. Bölüm 6, 7 ve 8). Bir Büyük Veri ortamını gerçeklemedeki farklılıklar bir dizi bilinmeyenle bağlantılıdır: verilerin nasıl kullanılacağı, hangi verilerin değerli olacağı, ne kadar süreyle saklanması gerektiği.

Veri hızı, insanların kontrolleri uygulamak için zamanları olmadığını düşünmelerine neden olabilir. Bu tehlikeli bir varsayımdır. Daha büyük veri kümeleriyle, bir göldeki veri içe alımını ve envanterini yönetmek, gölün bataklığa dönüşmesini önlemek için kritik öneme sahiptir.

İçe alım, her zaman incelenmekte olan veri kümesine kurumsal sahiplik veya taahhüt gerektirmeyebilir. İlgi çekici verileri keşfetmek için sınırlı süreler için bir Büyük Veri platformu kiralamayı düşünün. Keşif, hangi alanların potansiyel değer gösterdiğini hızlı bir şekilde belirleyebilir. Bunu, kurumsal veri gölüne, veri deposuna veya veri hazırlama alanına girmeden önce yapın; bir kez girdiğinde, çıkarmak garip olabilir.

5.1 Strateji Uyumu

Herhangi bir Büyük Veri / Veri Bilimi programı, kurumsal hedeflerle stratejik olarak uyumlu olmalıdır. Bir Büyük Veri stratejisi oluşturmak, kullanıcı topluluğu, veri güvenliği, köken dahil metaveri yönetimi ve Veri Kalitesi Yönetimi ile ilgili faaliyetleri yönlendirir.

Strateji, hedefleri, yaklaşımı ve yönetişim ilkelerini belgelemelidir. Büyük Veriden yararlanma yeteneği, organizasyonel beceriler ve yetkinlikler oluşturmayı gerektirir. İş ve BT girişimlerini uyumlu hale getirmek ve bir yol haritası tasarlamak için yetkinlik yönetimini kullanın. Strateji çıktıları aşağıdakileri yönetmeyi hesaba katmalıdır:

- Bilgi yaşam döngüsü
- Metaveri
- Veri kalitesi
- Veri edinimi
- Veri erişimi ve güvenliği
- Veri yönetişimi
- Veri gizliliği
- Öğrenme ve benimseme
- Operasyonlar

5.2 Hazırlık Değerlendirmesi / Risk Değerlendirmesi

Herhangi bir geliştirme projesinde olduğu gibi, Büyük Veri veya Veri Bilimi girişiminin gerçeklenmesi, gerçek iş ihtiyaçları ile uyumlu olmalıdır. Kritik başarı faktörleriyle ilgili olarak kurumsal hazırlığı değerlendirin:

- **İş uyumu**: Büyük Veri / Veri Bilimi girişimleri ve bunlara karşılık gelen kullanım durumları şirketin işiyle ne kadar uyumlu? Başarılı olmak için, bir iş sürecini güçlü bir şekilde zorlamaları gerekir.
- **İş hazırlığı**: İş ortağı, uzun vadeli artımlı teslimat için hazır mı? Ürünü gelecekteki sürümlerde sürdürmek için mükemmellik merkezleri kurmaya kendilerini adadılar mı? Hedef topluluk içindeki ortalama bilgi veya beceri eksiği ne kadar geniş ve bu, tek bir artımla aşılabilir mi?
- **Ekonomik uygulanabilirlik**: Önerilen çözüm somut ve soyut faydaları mantıklı bir şekilde değerlendirdi mi? Sahiplik maliyetlerinin değerlendirilmesi, sıfırdan inşa etmeye karşı öğeleri satın alma veya kiralama seçeneğini hesaba kattı mı?
- **Prototip**: Önerilen çözümün, önerilen değeri göstermeye yönelik son kullanıcı topluluğunun bir alt kümesi için sınırlı bir zaman çerçevesinde prototipi oluşturulabilir mi? Büyük patlama şeklinde gerçeklemeler, büyük parasal etkilere neden olabilir ve kanıtlama zemini bu teslimat risklerini azaltabilir.

Muhtemelen en zorlu kararlar, veri tedariki, platform geliştirme ve kaynak sağlama ile ilgili olacaktır.

- Dijital veri depoları için birçok kaynak mevcuttur ve hepsinin şirket içinde sahiplenilmesi ve işletilmesi gerekmez. Bazıları satın alınabilir, bazıları ise kiralanabilir.
- Piyasada birden fazla araç ve teknik bulunmaktadır; genel ihtiyaçlarla eşleştirmek zor olacaktır.
- Belirli becerilere sahip personeli zamanında güvenceye almak ve bir gerçekleme sırasında en iyi yetenekleri elde tutmak, profesyonel hizmetler, bulut kaynak kullanımı veya iş birliği gibi alternatiflerin değerlendirilmesini gerektirebilir.
- Şirket içi yetenek oluşturma süresi, teslimat süresini aşabilir.

5.3 Organizasyonel ve Kültürel Değişim

Gelişmiş analitikten faydalar elde etmek için yöneticiler tam olarak etkileşimde olmalıdır. Bunu sağlamak için bir iletişim ve eğitim programına ihtiyaç vardır. Bir Mükemmeliyet Merkezi, iş kullanıcılarını self servis bir modele doğru güçlendirmeye yardımcı olmak için eğitim, başlangıç setleri, tasarım en iyi uygulamaları, veri kaynağı ipuçları ve püf noktaları ve diğer nokta çözümleri veya yapıları sağlayabilir. Bu merkez, bilgi yönetimine ek olarak geliştirici, tasarımcı, analist ve veri tüketicisi toplulukları arasında zamanında iletişim sağlayabilir.

DW/BI'da olduğu gibi, bir Büyük Veri uygulaması, aşağıdakiler de dahil olmak üzere bir dizi temel fonksiyonlar arası rolü bir araya getirecektir:

- **Büyük Veri Platformu Mimarı**: Donanım, işletim sistemleri, dosya sistemleri ve hizmetler.
- **İçe Alım Mimarı**: Veri analizi, kayıt sistemleri, veri modelleme ve veri eşleme. Sorgu ve analiz için kaynakların Hadoop kümesine eşlenmesini sağlar veya destekler.
- **Metaveri Uzmanı**: Metaveri arayüzleri, metaveri mimarisi ve içerikleri.
- **Analitik Tasarım Lideri**: Son kullanıcı analitik tasarımı, ilgili araç setlerinde en iyi uygulama kılavuzu gerçeklemesi ve son kullanıcı sonuç kümesi kolaylaştırması.
- **Veri Bilimcisi**: İstatistik ve hesaplanabilirlik teorik bilgisine, uygun araçlarda teslimata ve fonksiyonel gereksinimlere teknik uygulamaya dayalı mimari ve model tasarımı danışmanlığı sağlar.

6. Büyük Veri ve Veri Bilimi Yönetişimi

Büyük Veri, diğer veriler gibi yönetişim gerektirir. Kaynak bulma, kaynak analizi, içe alma, zenginleştirme ve yayınlama süreçleri, aşağıdaki gibi soruları ele alan teknik kontrollerin yanı sıra iş kontrolleri de gerektirir:

- **Kaynak bulma**: Neye kaynak sağlanacak, ne zaman kaynak sağlanacak, belirli bir çalışma için en iyi veri kaynağı hangisi?
- **Paylaşım**: Kuruluş içinde ve dışında hangi veri paylaşım anlaşmaları ve sözleşmelerinin imzalanacağı, hüküm ve koşullar
- **Metaveri**: Verinin kaynak tarafında ne anlama geldiği, çıktı tarafında sonuçların nasıl yorumlanacağı
- **Zenginleştirme**: Verilerin zenginleştirilip zenginleştirilmediği, verilerin nasıl zenginleştirileceği ve verileri zenginleştirmenin faydaları
- **Erişim**: Neyi, kime, nasıl ve ne zaman yayınlamalı

Verilere olan kurumsal bakış açısı, veri işleme konusundaki kararları yönlendirmelidir.

6.1 Görselleştirme Kanalları Yönetimi

Bir Veri Bilimi yaklaşımını gerçeklemede kritik bir başarı faktörü, uygun görselleştirme araçlarının kullanıcı topluluğuyla uyumlu hale getirilmesidir. Organizasyonun büyüklüğüne ve doğasına bağlı olarak, çeşitli süreçlerde uygulanan birçok farklı görselleştirme aracı olması muhtemeldir. Kullanıcıların görselleştirme araçlarının göreceli karmaşıklığını anladığından emin olun. Gelişmiş kullanıcıların giderek daha karmaşık talepleri olacaktır. Portföy içindeki ve genelindeki görselleştirme kanallarını kontrol etmek için kurumsal mimari, portföy yönetimi ve bakım ekipleri arasındaki koordinasyon gerekli olacaktır. Değişen veri sağlayıcıları veya seçim kriterlerinin, görselleştirme için mevcut öğeler üzerinde, araçların etkinliğini etkileyebilecek aşağı yönde etkilerinin büyük olasılıkla olacağını unutmayın.

6.2 Veri Bilimi ve Görselleştirme Standartları

Görselleştirme standartlarını ve yönergelerini tanımlayan ve yayınlayan ve belirli bir teslim yöntemi dahilinde yapıtları inceleyen bir topluluk oluşturmak en iyi uygulamadır; bu, özellikle müşteriye ve mevzuata yönelik içerik için hayati önem taşır. Standartlar şunları içerebilir:

- Analitik paradigmaya, kullanıcı topluluğuna, konu alanına göre araç standartları
- Yeni veri talepleri
- Veri seti süreç standardı
- Taraflı sonuçlardan kaçınmak ve dahil edilen tüm unsurların adil ve tutarlı bir şekilde yapılmasını sağlamak için tarafsız uzman sunum süreçleri:
    - Veri dahiliyeti ve hariciyeti
    - Modellerdeki varsayımlar
    - Sonuçların istatistiksel geçerliliği
    - Sonuçların yorumlanmasının geçerliliği
    - Uygun yöntemlerin uygulanması

6.3 Veri Güvenliği

Verilerin güvenliğini sağlamak için güvenilir bir sürece sahip olmak, başlı başına bir kurumsal varlıktır. Büyük Veriyi işlemek ve güvenceye almak için politikalar oluşturulmalı ve izlenmelidir. Bu politikalar, kişisel verilerin kötüye kullanımının nasıl önleneceğini ve genel yaşam döngüsü boyunca güvenliğinin nasıl sağlanacağını açıklamalıdır.

Yetkili personel için uygun düzeyde verileri güvenli bir şekilde sağlayın ve abone olunan verileri üzerinde anlaşılan düzeylere göre erişilebilir hale getirin. Hizmetleri kullanıcı topluluklarına göre uyumlandırın, böylece onu almasına izin verilen topluluklar için özel veriler sağlamak ve verileri başkaları için maskelemek üzere özel hizmetler oluşturulabilir. Genellikle kuruluşlar, ihlal edilmemesi gereken bilgilere erişim için politikalar oluşturur (ad, adres veya telefon numarasıyla erişim olmaması gibi). Son derece hassas bilgilerin (sosyal güvenlik numarası, kredi kartı numaraları vb.) güvenliğini sağlamak için, bilgileri gizleyen şifreleme teknikleri kullanılarak veriler saklanacaktır. Örneğin, şifrelendiğinde aynı 'içeriğe' sahip olan şifreleme seçilebilir, böylece desenler gerçek değerler bilinmeden açığa çıkarılabilir.

Yeniden Birleştirme, hassas veya özel verileri yeniden oluşturma yeteneğini ölçer. Bu yetkinlik, Büyük Veri güvenlik uygulamasının bir parçası olarak yönetilmelidir. Analizin sonuçları, gerçek veri öğeleri yalnızca çıkarsama yapılabilse bile, gizliliği ihlal edebilir. Bu ve diğer olası güvenlik ihlallerinden kaçınmak için Metaveri Yönetimi düzeyindeki sonuçları anlamak çok önemlidir. Bu, amaçlanan tüketim veya gerçekleştirilecek analiz ve hangi rol ile ilgili olduğuna dair bilgi gerektirir. Kuruluş içindeki bazı güvenilir kişilere, gerektiğinde bu verileri okuma yeteneği verilecektir, ancak herkese değildir ve kesinlikle derin analiz için de değildir (Bölüm 2 ve 7'ye bakınız).

6.4 Metaveri

Bir kuruluş, Büyük Veri girişiminin bir parçası olarak, farklı yaklaşımlar ve standartlar kullanılarak oluşturulmuş veri kümelerini bir araya getirecektir. Bu tür verilerin entegrasyonu zordur. Bu veri kümeleriyle ilgili metaveriler, başarılı kullanımları için kritik öneme sahiptir. Veri içe alımının bir parçası olarak metaverilerin dikkatli bir şekilde yönetilmesi gerekir, aksi takdirde veri gölü hızla bir veri bataklığına dönüşür. Kullanıcı topluluğu, verinin yapısını, içeriğini ve kalitesini, verinin kaynağı ve kökeni ile varlıkların ve veri elementlerinin tanımı ve amaçlanan kullanımları dahil olmak üzere, verinin yapısını, içeriğini ve kalitesini karakterize eden metaveri ile veri kümelerinin ana listesini oluşturmalarını sağlayan araçlara sahip olmalıdır. Teknik metaveriler, veri depolama katmanları, veri entegrasyonu, MDM ve hatta kaynak dosya sistemleri dahil olmak üzere çeşitli Büyük Veri araçlarından toplanabilir. Kaynak tarafı kökeni tamamlamak için gerçek zamanlı beslemelere karşı durağan verilere karşı hesaplamalı veri öğelerinin dikkate alınması gereklidir.

6.5 Veri Kalitesi

Veri Kalitesi, beklenen bir sonuçtan sapmanın bir ölçüsüdür: fark ne kadar küçükse, veriler beklentiyi o kadar iyi karşılar ve kalite o kadar yüksek olur. Tasarlanmış bir ortamda, kalite standartlarının tanımlanması kolay olmalıdır (ancak uygulama öyle olmadığını veya birçok kuruluşun bunları tanımlamak için zaman ayırmadığını gösteriyor). Bazı insanlar, veri kalitesinin Büyük Veri için bile önemli olup olmadığı sorusunu gündeme getirdi. Sağduyu öyle olduğunu gösteriyor. Analitiğin güvenilir olması için, temel alınan verilerin güvenilir olması gerekir. Büyük Veri projelerinde verinin kalitesini belirlemek çok zor görünebilir ancak analize güven duymak için kaliteyi değerlendirmeye çaba sarf edilmesi gerekir. Bu, verileri anlamak için gerekli olan bir ön değerlendirmedir ve bu sayede veri setinin sonraki örnekleri için ölçümlerin tanımlanması yoluyla da yapılabilir. Veri kalitesi değerlendirmesi, verileri bütünleştirme çabalarına gerekli girdi olacak değerli metaveriler üretecektir.

Çoğu olgun Büyük Veri kuruluşunun, içerdiği bilgileri anlamak için veri kalitesi araç setlerini kullanarak veri giriş kaynaklarını taradığını düşünün. Gelişmiş veri kalitesi araç setlerinin çoğu, bir kuruluşun varsayımları test etmesine ve verileri hakkında bilgi oluşturmasına olanak tanıyan fonksiyonalite sunar. Örneğin:

- **Keşif**: Bilginin veri kümesi içinde bulunduğu yer
- **Sınıflandırma**: Standartlaştırılmış desenlere dayalı olarak ne tür bilgilerin mevcut olduğu
- **Profil oluşturma**: Verilerin nasıl doldurulduğu ve yapılandırıldığı
- **Eşleme**: Bu değerlerle başka hangi veri kümelerinin eşleştirilebildiği

DW/BI'da olduğu gibi, veri kalitesi değerlendirmesini en sona koymak cazip tir. Ancak bu olmadan, Büyük Verinin neyi temsil ettiğini veya veri kümeleri arasında nasıl bağlantı kurulacağını bilmek zor olabilir. Entegrasyon gerekli olacaktır ve veri akışlarının aynı yapılar ve öğelerle sağlanma olasılığı neredeyse sıfıra yakındır. Bu, örneğin, kodların ve diğer olası bağlantı verilerinin, veri sağlayıcıdan veri sağlayıcıya büyük olasılıkla değişeceği anlamına gelir. Ön değerlendirme olmadan, bu tür koşullar, bu sağlayıcıları birleştirmeye çalışan bir analitik ihtiyaç ifade edilene kadar fark edilmeyecektir.

6.6 Metrikler

Metrikler, herhangi bir yönetim süreci için hayati öneme sahiptir; sadece faaliyetleri ölçmekle kalmaz, aynı zamanda gözlemlenen ile istenen arasındaki farkı da tanımlayabilirler.

6.6.1 Teknik Kullanım Metrikleri

Büyük Veri araçlarının çoğu, kullanıcı topluluğu tarafından sorgulanan içeriklerle doğrudan etkileşime giren yönetici raporlama yetenekleri sunar. Teknik kullanım analizi, veri dağıtımını yönetmek ve performansı korumak için veri etkin noktalarını (en sık erişilen veriler) arar. Büyüme oranları aynı zamanda kapasite planlamasını da besler.

6.6.2 Yükleme ve Tarama Metrikleri

Yükleme ve tarama metrikleri, içe alım oranını ve kullanıcı topluluğuyla etkileşimi tanımlar. Her yeni veri kaynağı içe alındıkça, yükleme metriklerinin ani bir artış göstermesi ve ardından bu kaynak tamamen alındıkça aynı seviyeye gelmesi beklenir. Gerçek zamanlı yayınlar, hizmet sorguları aracılığıyla sunulabilir, ancak aynı zamanda planlanmış alıntılar işlenirken de görünebilir; bu yayınlar için veri yüklemesinde sabit bir artış bekleyin.

Uygulama katman(lar)ı muhtemelen yürütme loglarından en iyi veri kullanım ölçümlerini sağlayacaktır. En sık gerçekleşen sorgu yürütme planlarını göstererek kullanım analizine rehberlik edebilen kullanılabilir metaveriler aracılığıyla tüketimi veya erişimi izleyin.

Tarama metrikleri, analitik işlemenin kendisinin dışında meydana gelebilecek herhangi bir sorgu işleme ile birleştirilmelidir. Yönetici araçları, genel hizmet sağlığının yanı sıra bu düzeyde raporlama sağlayabilmelidirler.

6.6.3 Öğrenimler ve Hikayeler

Değerini göstermek için Büyük Veri / Veri Bilimi programı, çözüm geliştirmenin ve süreç değişikliklerini yönetmenin maliyetini haklı çıkaran somut sonuçları ölçmelidir. Metrikler, faydaların nicelleştirilmesini, maliyet önleme veya kaçınmanın yanı sıra başlangıç ile gerçekleşmiş faydalar arasındaki süreyi içerebilir. Ortak ölçümler şunları içerir:

- Geliştirilen model ve desenlerin sayıları ve doğruluğu
- Belirlenen fırsatlardan elde edilen gelir
- Belirlenen tehditlerden kaçınarak maliyetlerin düşürülmesi

Bazen analitiklerin sonuçları, organizasyonun yeniden yönlendirilmesine, yeniden canlanmasına ve yeni fırsatlara yol açabilecek hikayeler anlatır. Bir ölçüm, pazarlama ve üst düzey yöneticiler tarafından oluşturulan yeni projelerin ve girişimlerin sayısı olabilir.

7. Alıntılanan / Önerilen Çalışmalar

Abate, Robert, Peter Aiken and Joseph Burke. *Integrating Enterprise Applications Utilizing A Services Based Architecture*. John Wiley and Sons, 1997. Print.

Arthur, Lisa. *Big Data Marketing: Engage Your Customers More Effectively and Drive Value*. Wiley, 2013. Print.

Barlow, Mike. *Real-Time Big Data Analytics: Emerging Architecture*. O'Reilly Media, 2013. Kindle.

Davenport, Thomas H. "Beyond the Black Box in analytics and Cognitive." *DataInformed* (website), 27 February, 2017. http://bit.ly/2sq8uG0 Web.

Davenport, Thomas H. *Big Data at Work: Dispelling the Myths, Uncovering the Opportunities*. Harvard Business Review Press, 2014. Print.

EMC Education Services, ed. *Data Science and Big Data Analytics: Discovering, Analyzing, Visualizing and Presenting Data*. Wiley, 2015. Print.

Executive Office of the President, National Science and Technology Council Committee on Technology. *Preparing for the Future of Artificial Intelligence*. October 2016. http://bit.ly/2j3XA4k.

Inmon, W.H., and Dan Linstedt. *Data Architecture: A Primer for the Data Scientist: Big Data, Data Warehouse and Data Vault*. 1st Edition. Morgan Kaufmann, 2014.

Jacobs, Adam. "Pathologies of Big Data." *AMCQUEU*, Volume 7, Issue 6. July 6, 2009. http://bit.ly/1vOqd80. Web

Janssens, Jeroen. *Data Science at the Command Line: Facing the Future with Time-Tested Tools*. O'Reilly Media, 2014. Print.

Kitchin, Rob. *The Data Revolution: Big Data, Open Data, Data Infrastructures and Their Consequences*. SAGE Publications Ltd, 2014. Print.

Krishnan, Krish. *Data Warehousing in the Age of Big Data*. Morgan Kaufmann, 2013. Print. The Morgan Kaufmann Series on Business Intelligence.

Lake, Peter and Robert Drake. *Information Systems Management in the Big Data Era*. Springer, 2015. Print. Advanced Information and Knowledge Processing.

Lake, Peter. *A Guide to Handling Data Using Hadoop: An exploration of Hadoop, Hive, Pig, Sqoop and Flume*. Peter Lake, 2015. Kindle. Advanced Information and Knowledge Processing.

Laney, Doug. "3D Data Management: Controlling Data Volume, Velocity, and Variety." *The Meta Group* [Gartner]. 6 February 2001. http://gtnr.it/1bKflKH.

Loshin, David. *Big Data Analytics: From Strategic Planning to Enterprise Integration with Tools*, Techniques, NoSQL, and Graph. Morgan Kaufmann, 2013. Print.

Lublinsky, Boris, Kevin T. Smith, Alexey Yakubovich. *Professional Hadoop Solutions*. Wrox, 2013. Print.

Luisi, James. *Pragmatic Enterprise Architecture: Strategies to Transform Information Systems in the Era of Big Data*. Morgan Kaufmann, 2014. Print.

Marz, Nathan and James Warren. *Big Data: Principles and best practices of scalable realtime data systems*. Manning Publications, 2014. Print.

McCandless, David. *Information is Beautiful*. Collins, 2012.

Provost, Foster and Tom Fawcett. *Data Science for Business: What you need to know about data mining and data-analytic thinking*. O'Reilly Media, 2013. Print.

Salminen, Joni and Valtteri Kaartemo, eds. *Big Data: Definitions, Business Logics, and Best Practices to Apply in Your Business*. Amazon Digital Services, Inc., 2014. Kindle. Books for Managers Book 2.

Sathi, Arvind. *Big Data Analytics: Disruptive Technologies for Changing the Game*. Mc Press, 2013. Print.

Sawant, Nitin and Himanshu Shah. *Big Data Application Architecture Q&A: A Problem - Solution Approach*. Apress, 2013. Print. Expert's Voice in Big Data.

Slovic, Scott, Paul Slovic, eds. *Numbers and Nerves: Information, Emotion, and Meaning in a World of Data*. Oregon State University Press, 2015. Print.

Starbird, Michael. *Meaning from Data: Statistics Made Clear* (The Great Courses, Parts 1 and 2). The Teaching Company, 2006. Print.

Tufte, Edward R. *The Visual Display of Quantitative Information*. 2nd ed. Graphics Pr., 2001. Print.

van der Lans, Rick. Data Virtualization for Business Intelligence Systems: Revolutionizing Data Integration for Data Warehouses. Morgan Kaufmann, 2012. Print. The Morgan Kaufmann Series on Business Intelligence.

van Rijmenam, Mark. *Think Bigger: Developing a Successful Big Data Strategy for Your Business*. AMACOM, 2014. Print.

BÖLÜM 15

Veri Yönetimi Olgunluk Değerlendirmesi

1. Giriş

Yetkinlik Olgunluk Değerlendirmesi (CMA), bir sürecin özelliklerinin geçiciden optimale nasıl geliştiğini tanımlayan bir çerçeveye - bir Yetkinlik Olgunluk Modeli (CMM) - dayalı süreç iyileştirmeye yönelik bir yaklaşımdır. CMA konsepti, Amerika Birleşik Devletleri Savunma Bakanlığı'nın yazılım tedarikçilerini değerlendirmek için kriterler belirleme çabalarından doğmuştur. 1980'lerin ortalarında, Yazılım için Yetkinlik Olgunluk Modeli, Carnegie-Mellon Üniversitesi Yazılım Mühendisliği Enstitüsü tarafından yayımlanmıştır. İlk olarak yazılım geliştirmeye uygulanmış olsa da CMM'ler veri yönetimi de dahil olmak üzere bir dizi başka alan için geliştirilmiştir.

Olgunluk modelleri, süreç özelliklerini tanımlayan seviyeler boyunca ilerleme açısından tanımlanırlar. Bir kuruluş, süreç özellikleri hakkında bir anlayış kazandığında, olgunluk seviyesini değerlendirebilir ve yetkinliklerini geliştirmek için bir plan uygulayabilir. Ayrıca gelişimini ölçebilir ve modelin seviyeleri tarafından seviyelendirilen rakipleri veya ortaklarıyla kendini karşılaştırabilir. Her yeni seviyede, süreç yürütme daha tutarlı, öngörülebilir ve güvenilir hale gelir. Süreçler, seviyelerin özelliklerini üstlendikçe gelişir. İlerleme belirli bir sırada gerçekleşir. Hiçbir seviye atlanamaz. Seviyeler genellikle şunları içerir:[67]

- **Seviye 0**: Yetkinliğin yokluğu
- **Seviye 1**: Başlangıç veya Geçici: Başarı, bireylerin yetkinliğine bağlıdır
- **Seviye 2**: Tekrarlanabilir: Minimum süreç disiplini mevcuttur
- **Seviye 3**: Tanımlanmış: Standartlar belirlenir ve kullanılır
- **Seviye 4**: Yönetilen: Süreçler sayısallaştırılır ve kontrol edilir
- **Seviye 5**: Optimize Edilen: Süreç iyileştirme hedefleri sayısallaştırılır

Her seviyede, kriterler süreç özellikleri boyunca tanımlanır. Örneğin, bir olgunluk modeli, bu süreçlerin otomasyon düzeyi de dahil olmak üzere süreçlerin nasıl yürütüldüğüyle ilgili kriterleri içerebilir. Politikalara ve kontrollere ve ayrıca süreç ayrıntılarına odaklanabilir.

Böyle bir değerlendirme, neyin iyi çalıştığını, neyin iyi çalışmadığını ve bir kuruluşun nerede eksikleri olduğunu belirlemeye yardımcı olur. Bulgulara dayanarak, kuruluş aşağıdakileri hedeflemek için bir yol haritası geliştirebilir:

- Süreçler, yöntemler, kaynaklar ve otomasyonla ilgili yüksek değerli iyileştirme fırsatları
- İş stratejisiyle uyumlu yetkinlikler

---

[67] Select Business Solutions'dan uyarlanmıştır, "What is the Capability Maturity Model?" http://bit.ly/IFMJI8 (2016-11-10'de erişilmiştir).

- Modeldeki özelliklere dayalı olarak kurumsal ilerlemenin periyodik değerlendirmesi için yönetişim süreçleri

Veri Yönetimi Olgunluk Değerlendirmesi

Tanım: Veri yönetiminin mevcut durumunu ve bunun kurum üzerindeki etkisini karakterize etmek için içerideki verileri işleyen uygulamaları derecelendirmeye yönelik bir yöntem

Hedefler:
1. Bir kurum genelinde kritik veri yönetimi etkinliklerini kapsamlı bir şekilde keşfetmek ve değerlendirmek.
2. Paydaşları veri yönetimi kavramları, ilkeleri ve uygulamaları hakkında eğitmek ve veri kaynakları ve yöneticileri olarak daha geniş bir bağlamda rollerini ve sorumluluklarını belirlemek.
3. Operasyonel ve stratejik hedefleri desteklemek için kurumsal çapta sürdürülebilir bir veri yönetimi programı oluşturmak veya geliştirmek.

İş Etkenleri

Girdiler:
- İş Stratejisi ve Hedefleri
- Kültür ve risk toleransı
- Olgunluk Çerçeveleri ve DAMA-DMBOK
- Politikalar, süreçler, standartlar, işletme modelleri
- Değerlendirme Ölçütleri

Faaliyetler:
1. **Değerlendirme Faaliyetlerinin Planlanması (P)**
   1. Kapsam ve Yaklaşım Oluşturulması
   2. İletişimin Planlanması
2. **Olgunluk Değerlendirmesinin Yapılması (C)**
   1. Bilgi Toplanması
   2. Değerlendirmenin Gerçekleştirilmesi
   3. Sonuçların Yorumlanması
3. **Önerilerin Geliştirilmesi (D)**
4. **İyileştirmeler için Hedeflenen Programın Oluşturulması (P)**
5. **Olgunluğun Yeniden Değerlendirilmesi (C)**

Çıktılar:
- Derecelendirmeler ve Seviyeler
- Olgunluk Temel Çizgisi
- Hazırlık Değerlendirmesi
- Risk Değerlendirmesi
- Kadrolaşma Kabiliyeti
- Yatırım ve Sonuçlar Opsiyonları
- Öneriler
- Yol Haritası
- Yönetici Brifingleri

Tedarikçiler:
- Yöneticiler
- Veri Sorumluları
- Veri Yönetimi Yöneticileri
- Konu Alan Uzmanları
- Çalışanlar

Katılımcılar:
- CDO/CIO
- İş Yönetimi
- Veri Yönetimi Yöneticileri & Veri Yönetişim Organları
- Veri Yönetişim Ofisi
- Olgunluk Değerlendiricileri
- Çalışanlar

Tüketiciler:
- Yöneticiler
- Denetim / Uyum
- Denetleyiciler
- Veri Sorumluları
- Veri Yönetişim Organ
- Kurumsal Verimlilik Grubu

Teknik Etkenler

Yöntemler:
- Veri Yönetimi Olgunluk Çerçeveleri Seçimi
- Topluluk katılımı
- DAMA-DMBOK
- Mevcut Değerlendirme Ölçütleri

Araçlar:
- Veri Yönetimi Olgunluk Çerçeveler
- İletişim Planı
- İşbirliği araçları
- Bilgi Yönetimi ve Metaveri Depoları
- Veri Profili Oluşturma Araçları

Metrikler:
- Veri Yönetimi Olgunluk Değerlendirmesi Yerel ve Toplam Puanlar
- Kaynak Kullanımı
- Risk Maruziyeti
- Gider Yönetimi
- Veri Yönetimi Olgunluk Değerlendirmesi Girdileri
- Değişim Oranı

(P) Planlama, (C) Kontrol, (D) Geliştir, (O) Operasyonlar

Şekil 103 Bağlam Şeması: Veri Yönetimi Olgunluk Değerlendirmesi

Bir Veri Yönetimi Olgunluk Değerlendirmesi (DMMA), veri yönetimini genel olarak değerlendirmek için kullanılabilir veya tek bir Bilgi Alanına veya hatta tek bir sürece odaklanmak için de kullanılabilir. Odak noktası ne olursa olsun, bir

DMMA, veri yönetimi uygulamalarının sağlığı ve etkinliğine ilişkin iş ve BT bakış açıları arasındaki farkı kapatmaya yardımcı olur. Bir DMMA, Veri Yönetimi Bilgi Alanlarında ilerlemenin nasıl göründüğünü tasvir etmek için ortak bir dil sağlar ve bir kuruluşun stratejik önceliklerine göre uyarlanabilen, aşamaya dayalı bir iyileştirme yolu sunar. Bu nedenle hem organizasyonel hedefleri belirlemek hem de ölçmek için ve ayrıca organizasyonun diğer organizasyonlar veya endüstri kriterleri ile karşılaştırması için kullanılabilir.

Herhangi bir DMMA'ya başlamadan önce, bir kuruluşun mevcut durum yetkinlikleri, varlıkları, hedefleri ve öncelikleri hakkında temel bir anlayış oluşturması gerekir. Değerlendirmeyi ilk etapta yürütmek ve ayrıca hedefler belirleyerek, bir yol haritası oluşturarak ve ilerlemeyi izleyerek değerlendirme sonuçlarına etkin bir şekilde yanıt vermek için belirli bir kurumsal olgunluk düzeyi gereklidir.

1.1 İş Etkenleri

Kuruluşlar, çeşitli nedenlerle yetkinlik olgunluğu değerlendirmeleri yapar:

- **Regülasyon**: Regülasyonel gözetim, veri yönetiminde belirli düzeyde bir olgunluk gerektirir.
- **Veri Yönetişimi**: Veri yönetişimi fonksiyonu, planlama ve uyumluluk amaçları için bir olgunluk değerlendirmesi gerektirir.
- **Süreç iyileştirme için organizasyonel hazırlık**: Bir kuruluş, uygulamalarını iyileştirme ihtiyacının farkına varır ve işe mevcut durumunu değerlendirerek başlar. Örneğin, Ana Verilerini yönetmeyi taahhüt eder ve MDM süreçleri ve araçlarını devreye almaya hazır olup olmadığını değerlendirmesi gerekir.
- **Kurumsal değişim**: Birleşmeler gibi kurumsal bir değişim, veri yönetimi zorluklarını beraberinde getirir. Bir DMMA, bu zorlukların üstesinden gelmek için planlamaya girdiler sağlar.
- **Yeni teknoloji**: Teknolojideki gelişmeler, verileri yönetmek ve kullanmak için yeni yollar sunar. Kuruluş, başarılı bir şekilde benimseme olasılığını anlamak ister.
- **Veri yönetimi sorunları**: Veri kalitesi sorunlarını veya diğer veri yönetimi zorluklarını ele alma ihtiyacından dolayı kuruluş, değişikliğin nasıl gerçekleyeceği konusunda daha iyi kararlar almak adına mevcut durumunu temel almak ister.

1.2 Hedef ve Prensipler

Bir veri yönetimi yetkinlik değerlendirmesinin ana amacı, iyileştirmeyi planlamak için kritik veri yönetimi faaliyetlerinin mevcut durumunu değerlendirmektir. Değerlendirme, belirli güçlü ve zayıf yönleri netleştirerek organizasyonu olgunluk ölçeğine yerleştirir. Kuruluşun iyileştirme fırsatlarını belirlemesine, öncelik vermesine ve uygulamasına yardımcı olur. Ana hedefini karşılarken, DMMA kültür üzerinde de olumlu bir etkiye sahip olabilir. Aşağıdaki konularda destek olur:

- Paydaşları veri yönetimi kavramları, ilkeleri ve uygulamaları hakkında bilgilendirir
- Kurumsal verilerle ilgili olarak paydaş rollerini ve sorumluluklarını netleştirir
- Verileri kritik bir varlık olarak yönetme ihtiyacını vurgulamaya yardımcı olur
- Kuruluş genelinde veri yönetimi faaliyetlerinin tanınmasını kolaylaştırır
- Etkili veri yönetişimi için gerekli olan iş birliğinin geliştirilmesine katkıda bulunur

Değerlendirme sonuçlarına dayanarak, bir kuruluş Veri Yönetimi programını, kuruluşun operasyonel ve stratejik yönünü destekleyecek şekilde geliştirebilir. Tipik olarak, Veri Yönetimi programları organizasyonel silolarda gelişir.

Nadiren verilerin kurumsal bir görünümüyle başlarlar. Bir DMMA, organizasyonu genel organizasyon stratejisini destekleyen uyumlu bir vizyon geliştirmek için donatabilir. Bir DMMA, organizasyonun öncelikleri netleştirmesini, hedefleri netleştirmesini ve iyileştirme için entegre bir plan geliştirmesini sağlar.

1.3 Temel Kavramlar

1.3.1 Değerlendirme Seviyeleri ve Özellikleri

CMM'ler genellikle, her biri bulunmayandan veya geçiciden optimize edilmiş veya yüksek performansa kadar uzanan kendi özelliklerine sahip beş veya altı olgunluk düzeyi tanımlar. Örnek bir görselleştirme için Şekil 104'e bakınız.

Aşağıda, veri yönetimi olgunluğunun makro durumlarının genel bir özeti yer almaktadır. Ayrıntılı bir değerlendirme, Bilgi Alanlarının her birinde strateji, politika, standartlar, rol tanımı vb. gibi alt kategoriler için kriterler içerecektir.

- **Seviye 0: Yetkinlik Yokluğu**: Verileri yönetmek için organize veri yönetimi uygulamaları veya resmi kurumsal süreçler yoktur. Seviye 0'da çok az kuruluş vardır. Bu düzey, tanım amacıyla bir olgunluk modelinde kabul edilir.

- **Seviye 1 Başlangıç / Geçici**: Çok az veya hiç yönetişim olmadan sınırlı bir araç seti kullanan genel amaçlı veri yönetimi. Veri işleme, birkaç uzmana bağlıdır. Roller ve sorumluluklar silolar içinde tanımlanır. Her veri sahibi, verileri bağımsız olarak alır, üretir ve gönderir. Kontroller, varsa, tutarsız bir şekilde uygulanır. Verileri yönetmeye yönelik çözümler sınırlıdır. Veri kalitesi sorunları yaygındır ancak ele alınmamıştır. Altyapı destekleri iş birimi düzeyindedir.

Değerlendirme kriterleri, veri kalitesi sorunlarının loglara kaydedilmesi gibi herhangi bir süreç kontrolünün varlığını içerebilir.

- **Seviye 2 Tekrarlanabilir**: Süreçsel yürütmeyi desteklemek için tutarlı araçların ve rol tanımının ortaya çıkışıdır. 2. Seviyede, kuruluş merkezi araçları kullanmaya ve veri yönetimi için daha fazla denetim sağlamaya başlar. Roller tanımlanır ve süreçler yalnızca belirli uzmanlara bağlı değildir. Veri kalitesi sorunları ve kavramları hakkında kurumsal farkındalık vardır. Ana ve Referans Verileri kavramları tanınmaya başlar.

Değerlendirme kriterleri, iş tanımları, süreç dokümanlarının varlığı ve araç setlerinden yararlanma kapasitesi gibi yapılardaki resmi rol tanımlarını içerebilir.

- **Seviye 3 Tanımlı**: Gelişmekte olan veri yönetimi yetkinliğidir. Seviye 3, ölçeklenebilir veri yönetimi süreçlerinin tanıtılmasını ve kurumsallaştırılmasını ve kurumsal bir etkinleştirici olarak veri yönetiminin bir görünümünü sağlar. Karakteristikler, koordineli politika tanımı ve yönetimi ile birlikte, bazı kontrollerin yürürlükte olduğu kuruluş genelinde verilerin replikasyonunu ve veri kalitesinde genel bir artışı içerir. Daha resmi süreç tanımı, manuel müdahalelerde önemli azalmalara yol açar. Bu, merkezi bir tasarım süreciyle birlikte, süreç sonuçlarının daha öngörülebilir olduğu anlamına gelir.

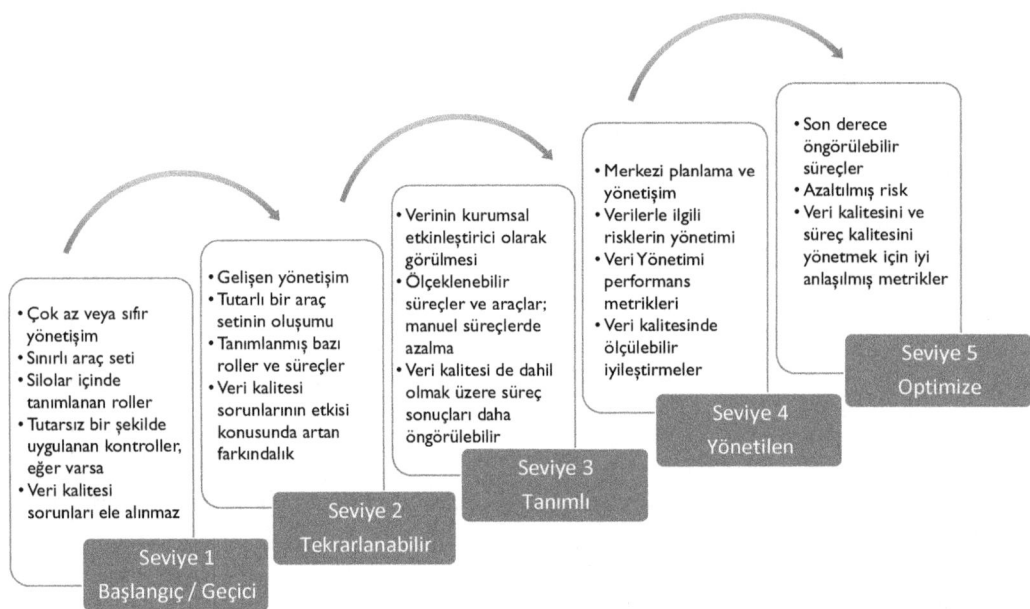

Şekil 104 Veri Yönetimi Olgunluk Modeli Örneği

Değerlendirme kriterleri, veri yönetimi politikalarının varlığını, ölçeklenebilir süreçlerin kullanımını ve veri modelleri ile sistem kontrollerinin tutarlılığını içerebilir.

- **Seviye 4 Yönetilen**: Seviye 1-3'teki büyümeden elde edilen kurumsal bilgi, kuruluşun yeni projelere ve görevlere yaklaşırken sonuçları tahmin etmesini ve verilerle ilgili riskleri yönetmeye başlamasını sağlar. Veri yönetimi, performans ölçümlerini içerir. Seviye 4'ün özellikleri, iyi biçimlendirilmiş bir merkezi planlama ve yönetişim fonksiyonuyla birlikte masaüstünden altyapıya veri yönetimi için standartlaştırılmış araçları içerir. Bu düzeyin ifadeleri, veri kalitesinde ve uçtan uca veri denetimleri gibi kuruluş çapında yetkinliklerde ölçülebilir bir artıştır.

Değerlendirme kriterleri proje başarısı ile ilgili metrikleri, sistemler için operasyonel metrikleri ve veri kalitesi metriklerini içerebilir.

- **Seviye 5: Optimize**: Veri yönetimi uygulamaları optimize edildiğinde, süreç otomasyonu ve teknoloji değişimi yönetimi nedeniyle oldukça öngörülebilirdir. Bu olgunluk düzeyindeki kuruluşlar sürekli iyileştirmeye odaklanır. Seviye 5'te araçlar, süreçler arasında veri görüntülemeyi sağlar. Gereksiz tekrarları önlemek için verilerin çoğalması kontrol edilir. İyi anlaşılmış metrikler, veri kalitesini ve süreçlerini yönetmek ve ölçmek için kullanılırlar.

Değerlendirme kriterleri, değişim yönetimi yapılarını ve süreç iyileştirmeye ilişkin ölçümleri içerebilir.

1.3.2 Değerlendirme Kriterleri

Her yetkinlik seviyesi, değerlendirilmekte olan süreçlerle ilgili belirli değerlendirme kriterlerine sahip olacaktır. Örneğin, veri modelleme fonksiyonunun olgunluğu değerlendiriliyorsa, seviye 1 bir veri modelleme uygulamasının var olup olmadığını ve kaç sisteme uzandığını sorabilir; seviye 2, kurumsal veri modellemeye yönelik bir yaklaşımın tanımlanıp tanımlanmadığını sorabilir; seviye 3, yaklaşımın uygulanma derecesini soracaktır; seviye 4, modelleme standartlarının etkin bir şekilde uygulanıp uygulanmadığını soracaktır; ve seviye 5, modelleme uygulamalarını iyileştirmek için mevcut süreçler hakkında sorular soracaktır (Bkz. Bölüm 5).

Herhangi bir seviyede, değerlendirme kriterleri, 1 – Başlamamış, 2 – Devam eden, 3 – Çalışan, 4 – Etkili, o seviyede ilerlemeyi ve bir sonraki seviyeye doğru hareketi gösteren bir ölçek üzerinden değerlendirilecektir. Mevcut ve istenen durum arasındaki varyansın anlaşılmasını sağlamak için puanlar birleştirilebilir veya görsel olarak görüntülenebilir. DAMA-DMBOK Veri Yönetimi Bilgi Alanına eşlenebilecek bir model kullanılarak değerlendirme yapılırken, Bağlam Şemasındaki kategorilere dayalı olarak kriterler formüle edilebilir:

- **Faaliyet**: Faaliyet veya süreçler ne ölçüde oturmuş? Etkili ve verimli uygulama için kriterler tanımlanmış mı? Faaliyet ne kadar iyi tanımlanmış ve yürütülmüştür? En iyi uygulama çıktıları üretiliyor mu?

- **Araçlar**: Faaliyet ne ölçüde ortak bir araç seti tarafından desteklenip otomatikleştirildi? Ekip eğitimi belirli roller ve sorumluluklar dahilinde sağlanıyor mu? Araçlar ihtiyaç duyulduğunda mevcut mu? En etkili ve verimli sonuçları sağlamak için en uygun şekilde yapılandırılmışlar mı? Gelecekteki durum yetkinliklerine uyum sağlamak için uzun vadeli teknoloji planlaması ne ölçüde yapılıyor?

- **Standartlar**: Faaliyet, ortak bir standartlar seti tarafından ne ölçüde destekleniyor? Standartlar ne kadar iyi belgelenmiştir? Standartlar yönetişim ve değişim yönetimi tarafından uygulanıp destekleniyor mu?

- **İnsanlar ve kaynaklar**: Kurum, faaliyeti yürütmek için ne ölçüde personele sahiptir? Faaliyeti yürütmek için hangi özel beceriler, eğitim ve bilgi gereklidir? Roller ve sorumluluklar ne kadar iyi tanımlanmıştır?

Şekil 105, bir DMMA'dan elde edilen bulguların görsel bir özetini sunmanın bir yolunu göstermektedir. Yetkinliklerin (Yönetişim, Mimari, vb.) her biri için, ekranın dış halkası, kuruluşun başarılı bir şekilde rekabet etmek için ihtiyaç duyduğu yetkinlik düzeyini gösterir. İç halka, değerlendirme yoluyla belirlenen yetkinlik seviyesini gösterir. İki halka arasındaki mesafenin en büyük olduğu alanlar, kuruluş için en büyük riskleri temsil eder. Böyle bir rapor, önceliklerin belirlenmesine yardımcı olabilir. Zaman içindeki ilerlemeyi ölçmek için de kullanılabilir.

Şekil 105 Örnek Veri Yönetimi Olgunluk Değerlendirmesi Görseli

1.3.3 Mevcut DMMA Çerçeveleri[68]

Bir veri yönetimi olgunluk değerlendirme çerçevesi, ayrı ayrı veri yönetimi konularına ayrılmıştır. Çerçeve odağı ve içeriği, genel mi yoksa sektöre özel mi odaklandıklarına bağlı olarak değişir. Ancak, çoğu DAMA-DMBOK Bilgi Alanları ile eşleştirilebilen konuları ele alır. Aşağıdaki örnekler, veri yönetimi alanında geliştirilmiş olan Yetkinlik Olgunluk Modelleri yelpazesini göstermeyi amaçlamaktadır. Birçok tedarikçi kendi modellerini geliştirmiştir. Kuruluşlar, bir tedarikçi seçmeden veya kendi çerçevelerini geliştirmeden önce birkaç modeli değerlendirmelidirler.

1.3.3.1 CMMI Veri Yönetimi Olgunluk Modeli (DMM)

CMMI (Yetkinlik Olgunluk Modeli Enstitüsü), aşağıdaki veri yönetimi alanları için değerlendirme kriterleri sağlayan CMMI-DMM'yi (Veri Yönetimi Olgunluk Modeli) geliştirmiştir:

- Veri Yönetimi Stratejisi
- Veri Yönetişimi
- Veri Kalitesi
- Platform ve Mimari
- Veri Operasyonları
- Destek Süreçleri

Bu süreçlerin her biri içinde model, değerlendirme için alt süreçleri tanımlar. Örneğin, Veri Kalitesi bölümü, Veri Kalitesi Stratejisi ve Veri Kalitesi Değerlendirmesi, Profil Oluşturma ve Veri Temizlemeyi içerir. Model ayrıca veri yönetimi alanları arasındaki ilişkiyi de içerir. Örneğin, paydaş uyumu ihtiyacı ve iş süreçleri ile Veri Kalitesi Yönetimi arasındaki ilişki.[69]

1.3.3.2 Kurumsal Veri Yönetimi Konseyi DCAM[70]

Merkezi Amerika Birleşik Devletleri'nde bulunan finansal hizmetler için bir endüstri savunuculuğu kuruluşu olan Kurumsal Veri Yönetimi Konseyi, DCAM'i (Veri Yönetimi Yetkinlik Değerlendirme Modeli) geliştirmiştir. Veri yönetimi en iyi uygulamaları üzerinde fikir birliğine varmak için üye odaklı bir çabanın sonucu olan DCAM, sürdürülebilir bir Veri Yönetimi programının geliştirilmesiyle ilişkili 37 yetkinlik ve 115 alt yetkinlik tanımlar. Puanlama, paydaş katılımı düzeyine, sürecin formalitesine ve yetkinliklerin başarıldığını gösteren yapıların varlığına odaklanır.

---

[68] Ek bilgiler ve mevcut Veri Yönetimi CMM'lerinin incelemesi için bkz. Alan McSweeney, Review of Data Management Maturity Models, SlideShare.net, 2013-10-23'te yayınlandı. http://bit.ly/2spTCY9. Jeff Gorball, Introduction to Data Management Maturity Models, SlideShare.net, 2016-08-01'de yayınlandı. McSweeney, DMBOK bu şekilde yapılandırılmamış olsa da, olgunluk modellerinden biri olarak DAMA-DMBOK'u içermektedir.

[69] http://bit.ly/1Vev9xx 2015-07-18'de erişilmiştir.

[70] http://bit.ly/2sqaSga 2015-07-18'de erişilmiştir.

1.3.3.3 IBM Veri Yönetişim Konseyi Olgunluk Modeli[71]

IBM Veri Yönetişim Konseyi Olgunluk Modeli, 55 kuruluştan oluşan bir konseyden alınan girdilere dayanmaktadır. Konsey üyeleri, kuruluşların kendi veri yönetişim programlarını değerlendirmek ve tasarlamak için kullanabilecekleri ortak bir gözlemlenebilir ve istenen davranışlar kümesi tanımlamak için iş birliği yapmıştır. Modelin amacı, kanıtlanmış iş teknolojileri, işbirlikçi yöntemler ve en iyi uygulamalar aracılığıyla kuruluşların yönetimde tutarlılık ve kalite kontrolü oluşturmasına yardımcı olmaktır. Model dört ana kategori etrafında düzenlenmiştir:

- **Sonuçlar**: Veri risk yönetimi ve uyumluluğu, değer yaratma
- **Etkinleştiriciler**: Organizasyon yapısı ve farkındalık, politika, sorumluluk
- **Temel disiplinler**: Veri Kalitesi Yönetimi, bilgi yaşam döngüsü yönetimi, bilgi güvenliği ve gizlilik
- **Destekleyici Disiplinler**: Veri Mimarisi, sınıflandırma ve metaveri, denetim bilgileri, loglama ve raporlama

IBM modeli hem Olgunluk Çerçevesi olarak hem de olgunluk seviyelerini belirtmek üzere oluşturulmuş yanıtlarla birlikte bir dizi değerlendirme sorusu olarak sunulur.

1.3.3.4 Stanford Veri Yönetişimi Olgunluk Modeli[72]

Stanford Veri Yönetişimi Olgunluk Modeli, Üniversite tarafından kullanılmak üzere geliştirilmiştir; bir endüstri standardı olması amaçlanmamıştır. Yine de rehberlik ve bir ölçüm standardı sağlayan bir modelin sağlam bir örneği olarak hizmet eder. Model, veri yönetimine değil, veri yönetişimine odaklanır, ancak yine de genel olarak veri yönetimini değerlendirmek için bir temel sağlar. Model, temel (farkındalık, resmileştirme, metaveri) ve proje (veri sorumluluğu, veri kalitesi, ana veri) bileşenlerini ayrı ayrı tanımlar. Her birinin içinde, insanlar, politikalar ve yetkinlikler için etkenleri ifade eder. Daha sonra her bir olgunluk seviyesinin özelliklerini ifade eder. Ayrıca her seviye için niteliksel ve niceliksel ölçümler sağlar.

1.3.3.5 Gartner'ın Kurumsal Bilgi Yönetimi Olgunluk Modeli

Gartner, vizyon, strateji, metrikler, yönetişim, roller ve sorumluluklar, yaşam döngüsü ve altyapıyı değerlendirmek için kriterler belirleyen bir EIM olgunluk modelini yayınlamıştır.

2. Faaliyetler

Veri Yönetimi Olgunluk Değerlendirmeleri planlama gerektirir. Pratik, eyleme geçirilebilir sonuçlar sağlamak için, içeriklerin hazırlanması ve sonuçların değerlendirilmesi için plan dahilinde zaman tanıyın. Değerlendirmeler kısa, tanımlanmış bir zaman aralığında yapılmalıdır. Değerlendirmenin amacı, sorunları çözmek değil, mevcut güçlü yönleri ve iyileştirme fırsatlarını ortaya çıkarmaktır.

---

[71] https://ibm.co/2sRfBIn (2016-12-04'de erişilmiştir).

[72] http://stanford.io/2sBR5bZ (2016-12-04'de erişilmiştir) ve http://stanford.io/2rVPyM2 (2016-12-04'de erişilmiştir).

Değerlendirmeler, işletme, veri yönetimi ve bilgi teknolojisi katılımcılarından bilgi talep edilerek yapılır. Amaç, mevcut durum yetkinlikleri hakkında kanıtlarla desteklenen bir fikir birliği görüşüne ulaşmaktır. Kanıt, dokümanların incelenmesinden (veritabanı yedeklerinin olup olmadığı gibi), görüşmelerden (birinin yeniden kullanım için kayıt sistemi değerlendirmesini gerçekleştirdiğini doğrulama) veya her ikisinden gelebilir.

Değerlendirmeler, kuruluşun ihtiyaçlarına uyacak şekilde ölçeklendirilebilir ve ölçeklendirilmelidir de. Ancak, dikkatle değiştirin. Modeller kısaltılırsa veya düzenlenirse orijinal amaca yönelik titizliği veya izlenebilirliği kaybedebilir. Özelleştirirken modelin bütünlüğünü sağlam tutun.

2.1 Değerlendirme Faaliyetlerinin Planlanması

Bir değerlendirmenin planlanması, genel yaklaşımı tanımlamayı ve katılımlarını sağlamak için değerlendirme öncesinde ve sırasında paydaşlarla iletişim kurmayı içerir. Değerlendirmenin kendisi, girdilerin toplanmasını ve değerlendirilmesini ve sonuçların, tavsiyelerin ve eylem planlarının iletilmesini içerir.

2.1.1 Hedeflerin Tanımlanması

Kendi veri yönetimi olgunluk düzeyini değerlendirmesi gerektiğine karar veren herhangi bir kuruluş, halihazırda uygulamalarını iyileştirme çabasına girmiştir. Çoğu durumda, böyle bir kuruluş değerlendirme için etkenleri belirlemiş olacaktır. Bu etkenler, odak noktasını tanımlayan ve değerlendirmenin kapsamını etkileyen hedefler olarak açıklığa kavuşturulmalıdır. Değerlendirmenin hedefleri, kuruluşun stratejik yönü ile uyumun sağlanmasına yardımcı olabilecek yöneticiler ve iş kolları tarafından açıkça anlaşılmalıdır.

Değerlendirme hedefleri ayrıca, hangi değerlendirme modelinin benimseneceğini, hangi iş alanlarının değerlendirme için önceliklendirileceğini ve sürece kimlerin doğrudan girdi sağlaması gerektiğini değerlendirmek için kriterler sağlar.

2.1.2 Çerçeve Seçimi

Bölüm 1.3.3'te açıklandığı gibi, mevcut çerçeveler veri yönetiminin farklı yönlerine odaklanır. Kuruluşu anlamlı şekillerde bilgilendirecek bir tanesini seçmek için bu çerçeveleri mevcut durum ve değerlendirme hedefleri hakkındaki varsayımlar bağlamında inceleyin. Değerlendirme modelinin odak alanları, organizasyonel kapsama göre özelleştirilebilir.

Çerçeve seçimi, değerlendirmenin nasıl yapıldığını etkiler. Üzerinde çalışan ekip, model ve modelin bağlı olduğu metodoloji konusunda uzmanlığa sahip olmalıdır.

2.1.3 Organizasyonel Kapsamın Tanımlanması

Çoğu DMM Çerçevesi, bir kuruluşun tamamına uygulanacak şekilde tasarlanmıştır. Ancak, kuruluş çapında bir kapsam pratik olmayabilir. İlk değerlendirme için, genellikle tek bir iş alanı veya program gibi yönetilebilir bir kapsam tanımlamak en iyisidir. Seçilen alanlar, organizasyonun anlamlı bir alt kümesini temsil eder ve katılımcılar, kapsam dahilindeki veri varlıklarını etkileyen temel iş süreçlerini etkileyebilmelidir. Aşamalı bir yaklaşımın parçası olarak, değerlendirme organizasyonun diğer bölümleri için tekrar edilebilir. Yerel ve kurumsal değerlendirmeler arasında ödünleşimler vardır:

- Lokal değerlendirmeler ayrıntılarda çok daha derine inebilir. Kapsam dar tutulduğu için daha hızlı da yapılabilirler. Lokal bir değerlendirme yapmak için, halka açık bir şirkette finansal raporlama gibi yüksek düzeyde düzenlemeye tabi bir işlev seçin. Girdiler, roller, araçlar ve tüketiciler, değerlendirilmekte olan işlevlerin dışında olabilir ve bu da değerlendirmenin kapsamının belirlenmesini ve yürütülmesini karmaşıklaştırabilir. Pek çok veri varlığı paylaşıldığından, iyi planlanmış lokal değerlendirmeler genellikle bir kurumsal değerlendirme oluşturmak için bir araya getirilebilir ve ağırlıklandırılabilirler.

- Kurumsal değerlendirmeler, bir organizasyonun geniş ve bazen bağlantısız bölümlerine odaklanır. Lokal DMMA'lardan bir kurumsal değerlendirme oluşturulabilir veya ayrı bir girişim olabilir. Örneğin, bir kuruluş aynı kriterlere dayalı olarak farklı işlevleri (araştırma ve geliştirme, üretim ve finansman) değerlendirebilir. Girdiler, roller, araçlar ve tüketiciler tipik olarak kurumsaldır ve çok seviyelidir.

2.1.4 Etkileşim Yaklaşımının Tanımlanması

Bir DMMA yürütürken, bir kuruluş seçilen model için olan tavsiyeleri takip etmelidir. Bilgi toplama faaliyetleri, çalıştayları, röportajları, anketleri ve yapıları incelemelerini içerebilir. Organizasyon kültürü içinde iyi işleyen yöntemler kullanın, katılımcıların zaman taahhüdünü en aza indirin ve değerlendirmenin hızlı bir şekilde tamamlanmasını sağlayın, böylece süreç katılımcıların zihninde tazeyken değerlendirmeden elde edilen eylemler tanımlanabilir.

Her durumda, katılımcıların değerlendirme kriterlerini derecelendirmesini sağlayarak yanıtların resmileştirilmesi gerekecektir. Çoğu durumda, değerlendirme, yapıların ve diğer kanıtların fiili incelemesini ve değerlendirilmesini de içerecektir.

Değerlendirmenin tamamlanmasında gecikmeler olursa, paydaşların Veri Yönetimi programına ve olumlu değişime katkıda bulunmaya yönelik heveslerini kaybetmeleri muhtemeldir. Ayrıntılı ve kapsamlı analizden kaçınılması ve değerlendirme liderlerinin uzmanlığına dayalı sağlam bir yargıya vurgu yapılması tavsiye edilir. DMM Çerçeveleri, ölçüm kriterleri ve iyileştirmeye yönelik yerleşik bir yol sağlar. Bunlar, mevcut Veri Yönetimi programının ve bölümlerinin tam bir resminin sentezini sunar.

2.1.5 İletişim Planlaması

İletişimler, değerlendirmenin genel başarısına ve ondan çıkan eylem öğelerine katkıda bulunur. İletişim, katılımcılara ve diğer paydaşlara yönelik olacaktır. Bulgular, metodoloji ve organizasyonel uyumdaki değişiklikler yoluyla insanların işlerini etkileyebilir, bu nedenle amaç, süreç ve bireyler ve gruplar için belirli beklentiler hakkında net bir şekilde iletişim kurmak önemlidir. Katılımcıların değerlendirme modelini ve bulguların nasıl kullanılacağını anladığından emin olun.

Değerlendirmeye başlamadan önce, paydaşlar değerlendirmeye ilişkin beklentiler hakkında bilgilendirilmelidir. İletişim aşağıdakileri açıklamalıdır:

- Veri Yönetimi Olgunluk Değerlendirmesinin amacı
- Nasıl yürütüleceği

- Katkılarının ne olacağı
- Değerlendirme faaliyetlerinin programı

Değerlendirmenin herhangi bir faaliyeti sırasında (örneğin, bir odak grup toplantısı), takip eden soruları yanıtlamak için bir plan da dahil olmak üzere net bir gündem olduğundan emin olun. Katılımcılara sürekli olarak amaç ve hedefleri hatırlatın. Katılımcılara her zaman teşekkür edin ve sonraki adımları açıklayın.

Direnç / iş birliği, rahatsız edici farklar bulunursa dış denetime maruz kalmaya ilişkin olası dahili yasal endişeler veya olası İnsan Kaynakları endişeleri dahil olmak üzere, planlanan yaklaşımın hedeflenen iş kapsamı genelinde başarılı olup olmayacağını belirleyin.

İletişim planı, genel raporlar ve yönetici özetleri de dahil olmak üzere her düzeydeki bulgular ve tavsiyeler hakkında rapor vermek için bir program içermelidir.

2.2 Olgunluk Değerlendirmesinin Gerçekleştirilmesi

2.2.1 Bilgi Toplama

Bir sonraki adım, etkileşim modeline dayalı olarak değerlendirme için uygun girdileri toplamaktır. En azından, toplanan bilgiler, değerlendirme kriterlerinin resmi derecelendirmelerini içerecektir. Ayrıca görüşmelerden ve odak gruplarından gelen girdileri, sistem analizi ve tasarım belgelerini, veri araştırmasını, e-posta dizilerini, prosedür kılavuzlarını, standartları, politikaları, dosya depolarını, onay iş akışlarını, çeşitli çalışma ürünlerini, metaveri depolarını, veri ve entegrasyon referans mimarilerini, şablonları ve formları içerebilir.

2.2.2 Değerlendirmenin Gerçekleştirilmesi

Genel derecelendirme ve yorumlama süreci genellikle çok aşamalıdır. Katılımcılar, değerlendirme konuları arasında farklı derecelendirmelerle neticelenen farklı görüşlere sahip olacaktır. Derecelendirmeleri uzlaştırmak için tartışmak gerekecektir. Girdiler, katılımcılar tarafından sağlanır ve daha sonra, yapı incelemeleri veya değerlendirme ekibi tarafından yapılan inceleme yoluyla rafine edilir. Amaç, mevcut durum hakkında fikir birliğine varmaktır. Bu görüş kanıtlarla desteklenmelidir (yani, davranış ve yapılar tarafından gösterilen uygulamanın kanıtı). Paydaşların mevcut durum hakkında fikir birliği yoksa, organizasyonun nasıl iyileştirileceği konusunda fikir birliğine varmak zordur.

Rafine etme süreci genellikle aşağıdaki gibi işler:

- Sonuçları derecelendirme yöntemine göre gözden geçirin ve her çıktı veya faaliyete bir ön derece atayın.
- Destekleyici kanıtları belgeleyin.
- Her alan için nihai bir derecelendirme üzerinde fikir birliğine varmak için katılımcılarla gözden geçirin. Uygunsa, her bir kriterin önemine göre ağırlık katsayıları atayın.
- Model kriter açıklamalarını ve değerlendirici yorumlarını kullanarak derecelendirmeyi belgeleyin.
- Değerlendirmenin sonuçlarını göstermek için görselleştirmeler kullanın.

2.3 Sonuçların Yorumlanması

Sonuçların yorumlanması, organizasyon stratejisiyle uyumlu iyileştirme fırsatlarının belirlenmesinden ve bu fırsatlardan yararlanmak için gerekli eylemlerin önerilmesinden oluşur. Başka bir deyişle, yorumlama, bir hedef duruma doğru sonraki adımları tanımlar. Değerlendirme tamamlandığında, kuruluşların veri yönetiminde ulaşmak istedikleri hedef durumu planlaması gerekir. İstenen hedefe ulaşmak için gereken zaman ve çaba miktarı, başlangıç noktasına, organizasyonun kültürüne ve değişimin etkenlerine bağlı olarak değişecektir.

Değerlendirme sonuçlarını sunarken, kuruluş için derecelendirmelerin anlamıyla başlayın. Derecelendirmeler, kurumsal ve kültürel etkenlerin yanı sıra müşteri memnuniyeti veya artan satışlar gibi iş hedeflerine göre ifade edilebilir. Kuruluşun mevcut yetkinlikleri ile destekledikleri iş süreçleri ve stratejileri arasındaki bağlantıyı ve hedef duruma geçerek bu yetkinlikleri geliştirmenin faydalarını gösterin.

2.3.1 Değerlendirme Sonuçlarının Raporlanması

Değerlendirme raporu şunları içermelidir:

- Değerlendirme için iş etkenleri
- Değerlendirmenin genel sonuçları
- Farkları da belirtecek şekilde konuya göre derecelendirmeler
- Farkları kapatmak için önerilen bir yaklaşım
- Gözlemlenen organizasyonun güçlü yönleri
- Riskler
- Yatırım ve getiri seçenekleri
- İlerlemeyi ölçmek için yönetişim ve metrikler
- Kaynak analizi ve gelecekteki potansiyel kullanım
- Kuruluş içinde kullanılabilen veya yeniden kullanılabilecek yapılar

Değerlendirme raporu, Veri Yönetimi programının bir bütün olarak veya Veri Yönetimi Bilgi Alanı bazında geliştirilmesine yönelik bir girdidir. Kuruluş buradan veri yönetimi stratejisini geliştirebilir veya ilerletebilir. Strateji, süreçlerin ve standartların iyileştirilmiş yönetimi yoluyla iş hedeflerini ilerleten girişimleri içermelidir.

2.3.2 Yönetici Özetlerinin Geliştirilmesi

Değerlendirme ekibi, yöneticilerin hedefler, girişimler ve zaman çizelgeleri hakkındaki kararlara girdi olarak kullanacakları bulguları (güçlü yönler, farklar ve tavsiyeler) özetleyen yönetici özetleri hazırlamalıdır. Ekip, her bir yönetici grubu için olası etkileri ve faydaları netleştirmek için mesajları uyarlamalıdır.

Yöneticiler genellikle değerlendirme tavsiyelerinden daha fazlasını hedeflemek isterler. Başka bir deyişle, olgunluk modelinde seviyeleri atlamak istiyorlardır. Daha yüksek bir olgunluk düzeyinin hedeflenmesi, öneriler için etki analizine yansıtılmalıdır. Bu tür bir hızlandırmanın bir maliyeti vardır ve maliyetler faydalara karşı dengelenmelidir.

2.4 İyileştirmeler için Hedefli Bir Program Oluşturulması

DMMA, Veri Yönetimi programı ve stratejisinin yanı sıra veri stratejisi ve BT yönetişimi üzerinde doğrudan bir etkiye sahip olmalıdır. DMMA'dan gelen öneriler uygulanabilir olmalıdır. Bunlar, organizasyonun gerektirdiği yetkinlikleri tanımlamalıdır. Bunu yaparken, bir değerlendirme, BT ve üst yönetimin kurumsal öncelikleri belirlemeleri ve kaynakları tahsis etmeleri için güçlü bir araç olabilir.

2.4.1 Eylemleri Belirlenmesi ve Bir Yol Haritası Oluşturulması

DMMA derecelendirmeleri, yönetimin dikkat etmesi için öğeleri vurgular. Başlangıçta, bir derecelendirmenin, bir kuruluşun belirli bir faaliyeti ne kadar iyi yaptığını belirlemek için bağımsız bir ölçüm olarak kullanılması muhtemeldir. Bununla birlikte, derecelendirmeler, özellikle değişimin istendiği faaliyetler için, hızla süregelen ölçümlere dönüştürülebilir. Değerlendirme modeli sürekli ölçüm için kullanılıyorsa, kriterleri yalnızca kuruluşu daha yüksek olgunluk seviyelerine yönlendirmekle kalmaz, aynı zamanda kriterleri iyileştirme çabasına da dikkat çeker.

DMM değerlendirme sonuçları, kuruluş en iyi uygulamaları benimsedikçe veri yönetimi yetkinliği oluşturacak girişimler de dahil olmak üzere, çok yıllık bir veri yönetimi iyileştirme programını destekleyecek kadar ayrıntılı ve kapsamlı olmalıdır. Değişim büyük ölçüde kuruluşlarda projeler aracılığıyla gerçekleştiğinden, daha iyi uygulamaları benimsemek için yeni projelerin etkilenmesi gerekir. Yol haritası veya referans alınacak plan şunları içermelidir:

- Belirli veri yönetimi fonksiyonlarında iyileştirmeler sağlamak için faaliyetler
- İyileştirme faaliyetlerinin uygulanması için bir zaman çizelgesi
- Faaliyetler gerçeklendikten sonra DMMA derecelendirmelerinde beklenen iyileştirmeler
- Gözetimin zamanla olgunlaştırılması da dahil olmak üzere gözetim faaliyetleri

Yol haritası, öncelikli iş akışlarında değişim için hedefler ve bir ivme sağlar ve buna ilerlemeyi ölçmek için bir yaklaşım ile eşlik eder.

2.5 Olgunluğun Yeniden Değerlendirilmesi

Yeniden değerlendirmeler düzenli aralıklarla yapılmalıdır. Sürekli iyileştirme döngüsünün bir parçasıdırlar:

- İlk değerlendirme yoluyla bir temel derecelendirme çizgisi oluşturun
- Organizasyon kapsamı da dahil olmak üzere yeniden değerlendirme parametrelerini tanımlayın
- Programda gerektiği şekilde veri yönetimi olgunluğu değerlendirmesini tekrarlayın
- İlk temel çizgisine göre eğilimleri takip edin
- Yeniden değerlendirme bulgularına dayalı öneriler geliştirin

Yeniden değerlendirme, çabaları yeniden canlandırabilir veya yeniden odaklayabilir. Ölçülebilir ilerleme, kuruluş genelinde bağlılığı ve coşkuyu sürdürmeye yardımcı olur. Düzenleyici çerçevelerdeki, iç veya dış politikadaki değişimler veya yönetişim ve stratejilere yaklaşımı değiştirebilecek yenilikler, periyodik olarak yeniden değerlendirme yapılması için ek nedenlerdir.

3. Araçlar

- **Veri Yönetimi Olgunluk Çerçevesi**: Bir olgunluk değerlendirmesinde kullanılan ana araç, DMM çerçevesinin kendisidir.

- **İletişim Planı**: Bir iletişim planı, paydaşlar için bir etkileşim modeli, paylaşılacak bilgi türü ve bilgi paylaşımı takvimini içerir.

- **İş Birliği Araçları**: İş birliği araçları, değerlendirmeden elde edilen bulguların paylaşılmasına olanak tanır. Ek olarak, veri yönetimi uygulamalarının kanıtları e-postalarda, tamamlanmış şablonlarda ve iş birliği içeren tasarım, operasyonlar, olay izleme, incelemeler ve onaylar için standart süreçler aracılığıyla oluşturulan inceleme belgelerinde bulunabilir.

- **Bilgi Yönetimi ve Metaveri Depoları**: Veri standartları, politikalar, yöntemler, gündemler, toplantı veya karar tutanakları ve uygulamanın kanıtı olarak hizmet eden iş ve teknik dokümanlar bu depolarda yönetilebilirler. Bazı CMM'lerde, bu tür depoların olmaması, kuruluştaki daha düşük olgunluğun bir göstergesidir. Metaveri depoları, katılımcılar için açık olmayabilecek çeşitli yapılarda bulunabilirler. Örneğin, bazı İş Zekâsı uygulamaları, görünüm ve raporlarını derlemek için tamamen metaverilere güvenirken, buna ayrı bir depo olarak referansta bulunmaz.

4. Yöntemler

Bir DMMA'nın yürütülmesiyle ilgili birçok yöntem, seçilen DMM çerçevesinin metodolojisi ile tanımlanır. Daha genel olan yöntemler burada açıklanmaktadır.

4.1 Veri Olgunluk Modeli Çerçevesi Seçimi

Bir DMM çerçevesi seçerken aşağıdaki kriterler dikkate alınmalıdır.

- **Erişilebilirlik**: Uygulamalar, faaliyetin fonksiyonel özünü anlatan teknik olmayan terimlerle belirtilirler.
- **Kapsayıcılık**: Çerçeve, geniş bir veri yönetimi faaliyetleri kapsamını ele alır ve yalnızca BT süreçlerini değil, iş etkileşimini de içerir.
- **Genişletilebilir ve esnek**: Model, sektöre özgü veya ek disiplinlerin geliştirilmesine olanak sağlayacak şekilde yapılandırılmıştır ve kuruluşun ihtiyaçlarına bağlı olarak tamamen veya kısmen kullanılabilir.
- **İlerleme yolu yerleşimi**: Belirli öncelikler kuruluştan kuruluşa farklılık gösterse de, DMM çerçevesi açıkladığı fonksiyonların her biri içinde ileriye doğru mantıklı bir yol sunar.
- **Sektörden bağımsız ve sektöre özel**: Bazı kuruluşlar sektöre özel bir yaklaşımdan, diğerleri ise daha genel bir çerçeveden yararlanacaktır. Herhangi bir DMM çerçevesi, sektörleri aşan veri yönetimi en iyi uygulamalarına da uymalıdır.
- **Soyutlama veya ayrıntı düzeyi**: Uygulamalar ve değerlendirme kriterleri, kuruluş ve gerçekleştirdiği işle ilgili olabilmelerini sağlamak için yeterli ayrıntı düzeyinde ifade edilir.
- **Reçetesiz**: Çerçeve, nasıl yapılması gerektiğini değil, ne yapılması gerektiğini tanımlar.

- **Konuya göre düzenleme**: Çerçeve, veri yönetimi faaliyetlerini uygun bağlamlarına yerleştirir ve bağımlılıkları tanımlarken her birinin ayrı ayrı değerlendirilmesini sağlar.
- **Tekrarlanabilir**: Çerçeve tutarlı bir şekilde yorumlanabilir, bir kuruluşu kendi sektöründeki diğer kuruluşlarla karşılaştırmak ve zaman içindeki ilerlemeyi izlemek için tekrarlanabilir sonuçları destekler.
- **Tarafsız, bağımsız bir kuruluş tarafından destek**: Model, çıkar çatışmalarından kaçınmak için tedarikçiden bağımsız olmalı ve en iyi uygulamaların geniş bir temsilini sağlamak için geniş çapta erişilebilir olmalıdır.
- **Teknolojiden bağımsız**: Modelin odak noktası araçlardan ziyade uygulamalar olmalıdır.
- **Eğitim desteği mevcudiyeti**: Model, profesyonellerin çerçeveye hakim olmalarını ve kullanımını optimize etmelerini sağlamak için kapsamlı eğitim ile desteklenir.

4.2 DAMA-DMBOK Çerçevesi Kullanımı

DAMA-DMBOK, bir DMMA'ya hazırlanmak veya bir DMMA için kriterler oluşturmak adına kullanılabilir. Yürütücüler, bölümlere ayrılmış fonksiyonlar (Bilgi Alanları) ve ilgili görevler (faaliyetler) arasında doğrudan bir bağlantı göreceklerdir. DMBOK Bilgi Alanları, faaliyetler ve çıktılar (çalışma çıktıları), ölçülen alanlara, destekleyici faaliyetlerine, uygunluğuna ve mevcut zamana dayalı olarak belirli bir DMM çerçevesine yapılandırılabilir. Bu hızlı, kontrol listesi yaklaşımı, daha derin analiz gerektiren, farkları temsil eden veya iyileştirme için önemli noktalara işaret eden alanları belirlemek için kullanılabilirler. DMBOK, bir değerlendirme-planlama aracı olarak ek bir avantaj sunar: DMBOK'u birden fazla sektörde bir kılavuz olarak kullanan ve kullanımı etrafında bir uygulama topluluğu yaratan geniş bir bilgi uzmanları topluluğu vardır.

5. Veri Yönetimi Olgunluk Değerlendirmesi için Yönergeler

5.1 Hazırlık Değerlendirmesi / Risk Değerlendirmesi

Bir olgunluk değerlendirmesi yapmadan önce, potansiyel riskleri ve bazı risk hafifletme stratejilerini belirlemek yardımcı olur. Tablo 33, riskleri ve hafifletme yaklaşımlarını özetlemektedir.

Tablo 33 Bir DMMA için Riskler ve Hafifleticiler

Risk	Hafifletici
Kurumsal kabul eksikliği	Değerlendirme ile ilgili kavramların iletişimi. Değerlendirmeyi yapmadan önce fayda beyanları oluşturun. Makaleleri ve başarı hikayelerini paylaşın. Çabaları desteklemesi ve sonuçları gözden geçirmesi için üst yönetimden sponsor edinin.
DMMA uzmanlığının olmaması Zaman veya kurum içi uzmanlık eksikliği İletişim planlaması veya standartlarının olmaması	Üçüncü taraf kaynakları veya uzmanları kullanın. Etkileşimin bir parçası olarak bilgi aktarımı ve eğitim gerektirir.
Organizasyonda 'Verisel Konuşma' eksikliği; Verilerle ilgili konuşmalar, hızla sistemler hakkındaki tartışmalara dönüşür	DMMA'yı belirli iş sorunları veya senaryolarıyla ilişkilendirin. İletişim planında adresleyin. DMMA, geçmiş ve teknik deneyimden bağımsız olarak tüm katılımcıları eğitecektir. Katılımcıları DMMA'dan önce temel kavramlara alıştırın.

Risk	Hafifletici
Analiz için eksik veya güncel olmayan varlıklar	Derecelendirmeyi buna göre dengeleyin. Örneğin, 1 yıldan daha uzun süredir güncel olmayan her şeye -1 puan verin.
Dar odak	Sorgulama derinliğini sade bir DMMA'ya indirgeyin ve daha sonraki bir karşılaştırmalı temel çizgi için derecelendirmeler oluşturmak üzere hızlı bir değerlendirme için diğer alanlara gidin. İlk DMMA'yı pilot olarak yürütün, ardından daha geniş bir kapsamı ele almak için öğrenilen dersleri uygulayın. DAMA-DMBOK Bilgi Alanları bağlamında önerilen değerlendirmenin kapsam içi odağını sunun. Neyin kapsam dışında bırakıldığını gösterin ve dahil dip etmeme gereğini tartışın.
Ulaşılamayan personel veya sistemler	Yalnızca mevcutta erişilebilir Bilgi Alanlarına ve personele odaklanarak DMMA'nın yatay kapsamını daraltın.
Yönetmelik değişiklikleri gibi sürprizlerin ortaya çıkması	Değerlendirme iş akışına esneklik katın ve odaklanın.

5.2 Organizasyonel ve Kültürel Değişim

Bir Veri Yönetimi programı oluşturmak veya geliştirmek, süreçlerde, yöntemlerde ve araçlarda yapılan değişimleri içerir. Bu değişimlerle birlikte kültürün de değişmesi gerekmektedir. Organizasyonel ve kültürel dönüşüm, işlerin daha iyi olabileceğini kabul etmekle başlar. Ölçüm fonksiyonları tipik olarak anlamlı bir değişime öncülük ederler. DMMA, organizasyonu bir olgunluk ölçeğinde konumlandırır ve iyileştirme için bir yol haritası sunar. Bunu yapmak, bir organizasyonu değişim yoluyla ileriye götürebilir. DMMA sonuçları, bir kuruluş içindeki daha büyük bir tartışmanın parçası olmalıdır. Etkili veri yönetişimi ile uygun şekilde desteklendiğinde, DMMA sonuçları farklı bakış açılarını birleştirebilir, ortak bir vizyonla sonuçlanabilir ve kuruluşun ilerlemesini hızlandırabilir (Bkz. Bölüm 17).

6. Olgunluk Yönetimi Yönetişimi

Tipik olarak, bir DMMA, her biri bir yaşam döngüsüne sahip olan genel bir veri yönetişim faaliyetleri dizisinin parçasıdır. Bir DMMA'nın yaşam döngüsü, ilk planlama ve ilk değerlendirmeden başlayarak, ardından öneriler, bir eylem planı ve periyodik yeniden değerlendirmelerden oluşur. Yaşam döngüsünün kendisi yönetilmelidir.

6.1 Veri Yönetimi Olgunluk Değerlendirmesi Süreç Gözetimi

Veri Yönetimi Olgunluk Değerlendirmesi (DMMA) sürecinin gözetimi, Veri Yönetimi ekibine aittir. Resmi bir Veri Yönetişimi mevcut değilse, gözetim sorumluluğu DMMA'yı başlatan yönlendirme komitesine veya yönetim katmanına düşer. Veri yönetimi faaliyetlerindeki iyileştirmelerin doğrudan iş hedefleriyle eşleşmesini sağlamak için sürecin üst yönetim sponsoru, ideal olarak Veri Direktörü olmalıdır.

Gözetimin genişliği ve derinliği, DMMA'nın kapsamına bağlıdır. Sürece dahil olan her bir fonksiyonun, genel değerlendirmeden gelen yürütme, yöntem, sonuçlar ve yol haritalarında söz hakkı vardır. İlgili her veri yönetimi alanı ve organizasyon fonksiyonu bağımsız bir görünüme, aynı zamanda da DMM çerçevesi aracılığıyla ortak bir dile sahip olacaktır.

6.2 Metrikler

Herhangi bir iyileştirme stratejisinin temel bir bileşeni olmanın yanı sıra, metrikler önemli bir iletişim aracıdır. İlk DMMA metrikleri, veri yönetiminin mevcut durumunu temsil eden derecelendirmelerdir. Bunlar, iyileştirme eğilimlerini göstermek için periyodik olarak yeniden değerlendirilebilirler. Her kuruluş, hedef durum yol haritasına göre uyarlanmış metrikler geliştirmelidir. Örnek metrikler şunları içerebilir:

- **DMMA derecelendirmeleri**: DMMA derecelendirmeleri, kuruluşun yetkinlik seviyesinin bir anlık görüntüsünü sunar. Derecelendirmelere bir açıklama, belki de bir değerlendirme veya belirli bir konu alanı genelinde derecelendirme için özel bir ağırlıklandırma ve önerilen bir hedef durum eşlik edebilir.

- **Kaynak kullanım oranları**: Veri yönetiminin maliyetini kişi sayısı biçiminde ifade etmeye yardımcı olan güçlü metrik örnekleridir. Bu tür bir metriğe bir örnek şudur: "Kuruluştaki her kaynak, zamanının %10'unu verileri manuel olarak toplamak için harcıyor."

- **Riske maruz kalma** veya risk senaryolarına yanıt verme yeteneği, bir kuruluşun DMMA derecelendirmelerine göre yetkinliklerini ifade eder. Örneğin, bir kuruluş yüksek düzeyde otomasyon gerektiren ancak mevcut işletim modeli manuel veri yönetimine (Seviye 1) dayanan yeni bir işe başlamak isterse, teslim edememe riskiyle karşı karşıya kalabilir.

- **Harcama yönetimi**, veri yönetimi maliyetinin bir kuruluş genelinde nasıl dağıtıldığını ifade eder ve bu maliyetin sürdürülebilirlik ve değer üzerindeki etkilerini tanımlar. Bu metrikler, veri yönetişimi metrikleriyle örtüşürler.

    o Veri yönetimi sürdürülebilirliği
    o Girişimin amaç ve hedeflerine ulaşılması
    o İletişimin etkinliği
    o Eğitim ve öğretimin etkinliği
    o Değişimin benimsenme hızı
    o Veri yönetiminin değeri
    o İş hedeflerine katkılar
    o Risklerde azalma
    o Operasyonlarda iyileştirilmiş verimlilik

- **DMMA'ya yapılan girdiler**, kapsamın noksansızlığı, araştırma düzeyi ve puanlama sonuçlarının yorumlanmasıyla ilgili kapsamın ayrıntıları hakkında bilgi verdikleri için yönetilmesi önemlidir. Temel girdiler şunları içerebilir: adet, kapsam, kullanılabilirlik, sistem sayısı, veri hacimleri, dahil olan ekipler vb.

- **Değişim Oranı** bir organizasyonun yetkinliğini geliştirme hızıdır. DMMA aracılığıyla bir temel çizgi oluşturulur. İyileştirmeyi yönlendirmek için periyodik yeniden değerlendirmeler kullanılır.

7. Alıntılanan / Önerilen Çalışmalar

Afflerbach, Peter. *Essential Readings on Assessment*. International Reading Association, 2010. Print.

Baskarada, Sasa. *IQM-CMM: Information Quality Management Capability Maturity Model*. Vieweg+Teubner Verlag, 2009. Print. Ausgezeichnete Arbeiten zur Informationsqualität.

Boutros, Tristan and Tim Purdie. *The Process Improvement Handbook: A Blueprint for Managing Change and Increasing Organizational Performance*. McGraw-Hill Education, 2013. Print.

CMMI Institute (website). http://bit.ly/1Vev9xx.

Crawford, J. Kent. *Project Management Maturity Model*. 3rd ed. Auerbach Publications, 2014. Print. PM Solutions Research.

Enterprise Data Management Council (website).

Freund, Jack and Jack Jones. *Measuring and Managing Information Risk: A FAIR Approach*. Butterworth-Heinemann, 2014. Print.

Ghavami, Peter PhD. *Big Data Governance: Modern Data Management Principles for Hadoop, NoSQL and Big Data Analytics*. CreateSpace Independent Publishing Platform, 2015. Print.

Honeysett, Sarah. *Limited Capability - The Assessment Phase*. Amazon Digital Services LLC., 2013. Social Insecurity Book 3.

IBM Data Governance Council. https://ibm.co/2sUKIng.

Jeff Gorball, *Introduction to Data Management Maturity Models*. SlideShare.net, 2016-08-01. http://bit.ly/2tsIOqR.

Marchewka, Jack T. *Information Technology Project Management: Providing Measurable Organizational Value*. 5th ed. Wiley, 2016. Print.

McSweeney, Alan. *Review of Data Management Maturity Models*. SlideShare.net, 2013-10-23. http://bit.ly/2spTCY9.

Persse, James R. *Implementing the Capability Maturity Model*. Wiley, 2001.Print.

Saaksvuori, Antti. *Product Management Maturity Assessment Framework*. Sirrus Publishing Ltd., 2015. Print.

Select Business Solutions. "What is the Capability Maturity Model?" http://bit.ly/IFMJI8 (Accessed 2016-11-10).

Stanford University. *Stanford Data Governance Maturity Model*. http://stanford.io/2ttOMrF.

Van Haren Publishing. *IT Capability Maturity Framework IT-CMF*. Van Haren Pub, 2015. Print.

BÖLÜM 16

Veri Yönetimi Organizasyonu ve Rol Beklentileri

1. Giriş

Veri ortamı hızla gelişmektedir ve bununla birlikte kuruluşların verileri yönetme ve yönetme yöntemlerini geliştirmesi gerekmektedir. Günümüzde çoğu kuruluş, çeşitli biçimlerde çok çeşitli süreçler aracılığıyla toplanan artan miktarda veriyle karşı karşıyadır. Hacim ve çeşitlilikteki artış, veri yönetimine ek karmaşıklık katar. Aynı zamanda, veri tüketicileri artık verilere hızlı ve kolay erişim talep etmektedirler. Verileri anlayabilmek ve kritik iş sorunlarını zamanında ele almak için verileri kullanabilmek istemektedirler. Veri yönetimi ve veri yönetişimi kuruluşları, bu gelişen ortamda etkin bir şekilde çalışmak için yeterince esnek olmalıdır. Bunu yapmak için sahiplik, iş birliği, mükellefiyet ve karar verme ile ilgili temel sorunları netleştirmeleri gerekmektedir.

Bu bölüm, bir veri yönetimi veya veri yönetişimi organizasyonunu bir araya getirirken göz önünde bulundurulması gereken bir dizi ilkeyi açıklayacaktır. Veri yönetimi, Veri Yönetimi Organizasyonu tarafından yürütülen faaliyetler için rehberlik ve iş bağlamı sağladığı için hem veri yönetişimi hem de veri yönetimine atıfta bulunur. Her ikisi için de mükemmel bir organizasyon yapısı yoktur. Veri yönetişimi ve veri yönetimi etrafında örgütlenmek için ortak ilkeler uygulanmalıdır, ancak ayrıntıların çoğu, o işletmenin sektörünün etkenlerine ve işletmenin kurumsal kültürüne bağlı olacaktır.

2. Mevcut Organizasyonel ve Kültürel Normların Anlaşılması

Farkındalık, sahiplik ve mükellefiyet, insanları veri yönetimi girişimleri, politikaları ve süreçlerine dahil etmenin ve etkileşimin anahtarıdır. Herhangi bir yeni organizasyonu tanımlamadan veya mevcut olanı iyileştirmeye çalışmadan önce, kültür, mevcut işletme modeli ve insanlarla ilgili bileşenlerin mevcut durumunu anlamak önemlidir. Bkz. Şekil 106. Örneğin:

- **Verinin kuruluştaki rolü**: Hangi temel süreçler veriye dayalıdır? Veri gereksinimleri nasıl tanımlanır ve anlaşılır? Verilerin kurumsal stratejide oynadığı rol ne kadar iyi biliniyor?

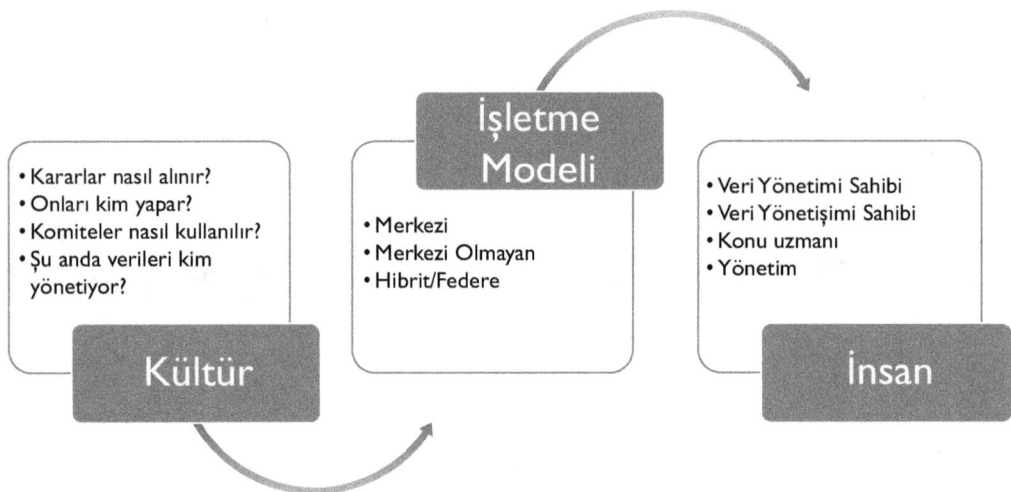

Şekil 106 Bir İşletim Modelini Oluşturmak için Mevcut Durumun Değerlendirilmesi

- **Verilerle ilgili kültürel normlar**: Yönetim ve yönetişim yapılarının gerçeklenmesi veya iyileştirilmesine yönelik potansiyel kültürel engeller var mı?
- **Veri yönetimi ve veri yönetişimi uygulamaları**: Veriyle ilgili işler nasıl ve kim tarafından yürütülür? Verilerle ilgili kararlar nasıl ve kimler tarafından alınır?
- **İşler nasıl organize edilir ve yürütülür**: Örneğin, proje odaklı ve operasyonel yürütme arasındaki ilişki nedir? Veri yönetimi çabasını destekleyebilecek hangi komite yapıları mevcuttur?
- **Raporlama ilişkileri nasıl düzenlenir**: Örneğin, kurum merkezi mi yoksa merkezi olmayan bir yapıda mı, hiyerarşik mi yoksa değil mi?
- **Beceri seviyeleri**: Konu alanı uzmanlarının ve iş birimi personelinden yöneticilere kadar diğer paydaşların veri bilgisi ve veri yönetimi bilgisinin seviyesi nedir?

Mevcut durumun bir resmini oluşturduktan sonra, kuruluşun veri yönetimi ihtiyaçları ve öncelikleri hakkında fikir edinmek için mevcut durumdaki memnuniyet düzeyini değerlendirin. Örneğin:

- Kuruluş, sağlam ve zamanında iş kararları alabilmek için ihtiyaç duyduğu bilgilere sahip mi?
- Kuruluş, muhasebe raporlarına güveniyor mu?
- Kurumsal anahtar performans göstergelerini takip edebiliyor mu?
- Kuruluş, verilerin yönetimi ile ilgili tüm yasalara uyum sağlıyor mu?

Veri yönetimi veya yönetişim uygulamalarını iyileştirmeye çalışan çoğu kuruluş, yetkinlik olgunluk ölçeğinin ortasındadır (yani, CMM ölçeğinde ne 0'lar ne de 5'ler) (Bkz. Bölüm 15). İlgili bir Veri Yönetim Organizasyonu oluşturmak için mevcut şirket kültürünü ve organizasyonel normları anlamak ve bunlara uyum sağlamak önemlidir. Veri Yönetimi Organizasyonu mevcut karar verme ve komite yapılarına uyumlu değilse, bunu zaman içinde sürdürmek zor olacaktır. Bu nedenle, radikal değişimler dayatmak yerine bu organizasyonları geliştirmek mantıklıdır.

Bir Veri Yönetimi Organizasyonu, bir şirketin organizasyonel hiyerarşisi ve kaynakları ile uyumlu olmalıdır. Doğru insanları bulmak, bir organizasyon içindeki veri yönetiminin hem işlevsel hem de politik rolünün anlaşılmasını gerektirir. Amaç, çeşitli iş paydaşlarından işlevler arası etkileşim olmalıdır. Bunu gerçekleştirmek için:

- Halihazırda veri yönetimi işlevlerini yerine getiren çalışanları belirleyin; önce onları tanıyın ve işe dahil edin. Yalnızca veri yönetimi ve yönetişim ihtiyaçları büyüdükçe ek kaynaklar alın.
- Kuruluşun verileri yönetmek için kullandığı yöntemleri inceleyin ve süreçlerin nasıl iyileştirilebileceğini belirleyin. Veri yönetimi uygulamalarını iyileştirmek için ne kadar değişim gerekebileceğini belirleyin.

- Gereksinimleri daha iyi karşılamak için organizasyonel bir bakış açısıyla yapılması gereken değişimlerin yol haritasını çıkarın.

3. Veri Yönetimi Organizasyon Yapıları

Veri Yönetimi Organizasyonu tasarımındaki kritik bir adım, kurum için en uygun işletim modelini belirlemektir. İşletim modeli, rolleri, sorumlulukları ve karar verme süreçlerini ifade eden bir çerçevedir. İnsanların ve fonksiyonların nasıl iş birliği yapacaklarını açıklamaktadır.

Güvenilir bir işletim modeli, kuruluş içinde doğru fonksiyonların temsil edilmesini sağlayarak mükellefiyetin oluşturulmasına yardımcı olur. İletişimi kolaylaştırır ve sorunları çözmek için bir süreç sağlar. Organizasyon yapısının temelini oluştururken; işletim modeli bir organizasyon şeması değildir- isimleri kutulara koymakla değil, organizasyonun bileşen parçaları arasındaki ilişkiyi açıklamakla ilgilidir.

Bu bölüm, merkezi olmayan, ağ, hibrit, federe ve merkezi işletim modellerinin artıları ve eksileri hakkında üst düzey bir genel bakış sunacaktır.

3.1 Merkezi Olmayan İşletim Modeli

Merkezi olmayan bir modelde, veri yönetimi sorumlulukları farklı iş kollarına ve BT'ye dağıtılır (bkz. Şekil 107). İş birlikleri komite tabanlıdır; tek bir sahibi yoktur. Birçok Veri Yönetimi programı, kuruluş genelinde veri yönetimi uygulamalarını birleştirmeye yönelik temel bir çaba olarak başlar ve bu nedenle merkezi olmayan bir yapıya sahiptir.

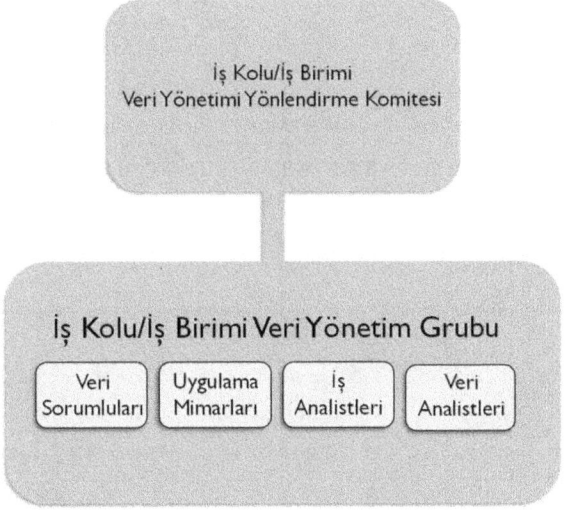

Şekil 107 Merkezi Olmayan İşletim Modeli

Bu modelin faydaları, görece düz yapısını ve veri yönetiminin iş kollarına veya BT'ye uyumlanmasını içerir. Bu uyumlanma, genel olarak, veri gereksinimlerinin net bir şekilde anlaşıldığı anlamına gelir. Ayrıca gerçeklenmesi veya iyileştirilmesi nispeten kolaydır.

Dezavantajlar arasında, yönetişim organlarına ve karar alma süreçlerine dahil olan çok sayıda katılımcıya sahip olmanın zorluğu yer alır. İşbirliğine dayalı kararları gerçeklemek, merkezileştirilmiş tebliğlerden genellikle daha zordur. Merkezi olmayan modeller genellikle daha az resmidir ve bu nedenle zaman içinde sürdürülmesi daha zor olabilir. Başarılı olmak için, uygulamaların tutarlılığını sağlamanın yollarına sahip olmaları gerekir. Bunu koordine etmek zor olabilir. Ayrıca, merkezi olmayan bir modelle veri sahipliğini tanımlamak da genellikle zordur.

3.2 Ağ İşletim Modeli

Merkezi olmama durumu, bir RACI (Sorumlu, Mükellef, Danışılan ve Bilgilendirilen) matrisi aracılığıyla belgelenmiş bir dizi bağlantı ve mükellefiyet aracılığıyla daha resmi hale getirilebilir. Bu, insanlar ve roller arasında bilinen bir dizi bağlantı olarak çalıştığı ve bir 'ağ' olarak şemalandırılabileceği için ağ bağlantılı model olarak adlandırılır (Bkz. Şekil 108).

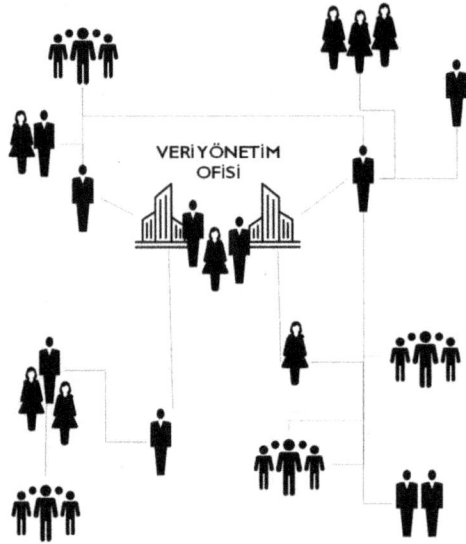

Şekil 108 Ağ İşletim Modeli

Bir ağ modelinin faydaları, merkezi olmayan bir modelin faydalarına benzer (yatay yapı, uyum, hızlı kurulum). Bir RACI'nin eklenmesi, organizasyon şemalarını etkilemeden mükellefiyetin oluşturulmasına yardımcı olur. Dezavantajı, RACI ile ilgili beklentileri sürdürme ve uygulatma ihtiyacıdır.

3.3 Merkezi İşletim Modeli

En resmi ve olgun veri yönetimi işletim modeli, merkezi bir modeldir (bkz. Şekil 109). Burada her şey Veri Yönetimi Organizasyonuna aittir. Verilerin yönetimi ve yönetişimiyle ilgili olanlar, doğrudan Yönetişim, Yönetim, Metaveri Yönetimi, Veri Kalitesi Yönetimi, Ana ve Referans Veri Yönetimi, Veri Mimarisi, İş Analizi vb.'den sorumlu bir veri yönetimi liderine rapor verirler.

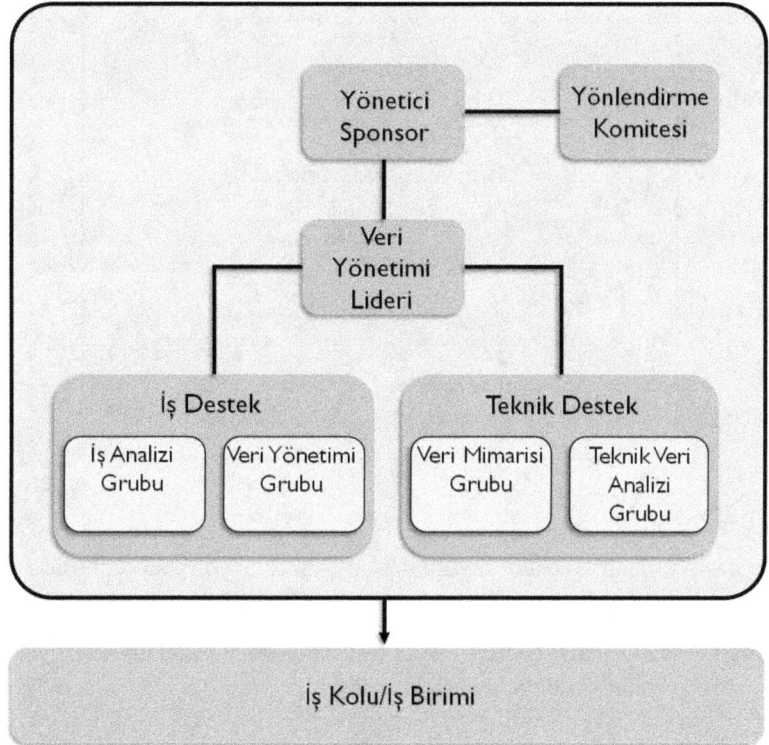

Şekil 109 Merkezi İşletim Modeli

Merkezileştirilmiş bir modelin faydası, veri yönetimi veya veri yönetişimi için resmi bir yönetici pozisyonu oluşturmasıdır. En üstte tek kişi vardır. Mükellefiyet açık olduğu için karar vermek daha kolaydır. Kuruluş içinde veriler, türe veya konu alanına göre yönetilebilir. Dezavantajı, merkezileştirilmiş bir modelin gerçeklenmesinin genellikle önemli bir organizasyonel değişimler gerektirmesidir. Ayrıca, veri yönetimi rolünün resmi olarak ayrılmasının, onu temel iş süreçlerinden uzaklaştırması ve zamanla bilginin kaybolmasıyla sonuçlanması riski de vardır.

Merkezileştirilmiş bir model genellikle yeni bir organizasyon yapısı gerektirir. Şu soru ortaya çıkmaktadır: Veri Yönetim Organizasyonu, genel işletme içerisinde nereye oturuyor? Kim yönetiyor ve lideri kime rapor veriyor? Bir Veri Yönetimi Kuruluşunun, verilere ilişkin BT'den ziyade bir işi sürdürme arzusu nedeniyle CIO'ya rapor vermemesi daha yaygın hale gelmektedir. Bu kuruluşlar aynı zamanda genellikle paylaşılan bir hizmet veya operasyon ekibinin veya Veri Direktörünün organizasyonunun bir parçasıdır (Bkz. Bölüm 6.1).

3.4 Hibrit İşletim Modeli

Adından da anlaşılacağı gibi, hibrit işletim modeli hem merkezi olmayan hem de merkezileştirilmiş modellerin faydalarını kapsar (bkz. Şekil 110). Hibrit bir modelde, merkezi bir veri yönetimi Mükemmeliyet Merkezi, merkezi olmayan iş birimi gruplarıyla, genellikle hem ana iş kollarını temsil eden bir yürütme yönlendirme komitesi hem de belirli sorunları ele alan bir dizi taktik çalışma grubu aracılığıyla çalışır.

Bu modelde, bazı roller merkezi olmayan şekilde kalır. Örneğin, Veri Mimarları bir Kurumsal Mimari grubu içinde kalabilir; iş kollarının kendi Veri Kalitesi ekipleri olabilir. Hangi rollerin merkezileştirildiği ve hangilerinin merkezi olmadığı, büyük ölçüde organizasyon kültürüne bağlı olarak büyük ölçüde değişebilir.

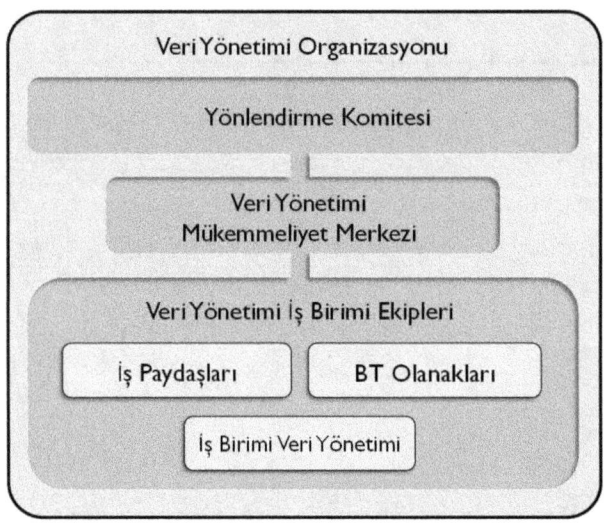

Şekil 110 Hibrit İşletim Modeli

Hibrit modelin ana faydası, organizasyonun tepesinden uygun bir yön belirlemesidir. Veri yönetimi ve/veya yönetişimden sorumlu bir yönetici vardır. İş Birimi ekiplerinin geniş bir sorumluluğu vardır ve daha fazla odaklanma sağlamak için iş önceliklerine uyum sağlayabilirler. Belirli zorluklara odaklanmaya yardımcı olabilecek özel bir veri yönetimi Mükemmelliyet Merkezi'nin desteğinden yararlanırlar.

Belli başlı zorluklar, organizasyonun kurulmasını içerir, çünkü bunu yapmak genellikle bir Mükemmelliyet Merkezi personeli için ek personel alımı gerektirir. İş Birimi ekiplerinin farklı öncelikleri olabilir ve bunların kurumsal bir bakış açısıyla yönetilmesi gerekecektir. Ayrıca, bazen merkezi organizasyonun öncelikleri ile merkezi olmayan organizasyonların öncelikleri arasında çatışmalar olabilir.

3.5 Federe İşletim Modeli

Hibrit işletim modelinin bir varyasyonu olan federe model, genellikle büyük küresel işletmelerde gerekli olan ek merkezileştirme / yerelleştirme katmanları sağlar. Bölüme veya bölgeye göre tanımlanmış birden çok hibrit veri yönetimi modeline sahip bir kurumsal Veri Yönetimi Organizasyonu olarak hayal edilebilir (Bkz. Şekil 111).

Federe bir model, merkezi olmayan yürütme ile merkezi bir strateji sağlar. Bu nedenle, büyük işletmeler için çalışabilecek tek model olabilir. Kuruluş genelinde sorumlu olan bir veri yönetimi yöneticisi, kurumsal Mükemmelliyet Merkezi'ni yönetir. Elbette, farklı iş kolları, ihtiyaçları ve önceliklerine göre gereksinimleri karşılamaya yetkilidir. Federasyon, kuruluşun belirli veri varlıklarına, birimlerin zorluklarına veya bölgesel önceliklere göre öncelik belirlemesine olanak tanır.

Ana dezavantaj karmaşıklıktır. Pek çok katman vardır ve iş kollarının özerkliği ile işletmenin ihtiyaçları arasında bir denge olması gerekir. Bu denge, kurumsal öncelikleri etkileyebilir.

Şekil 111 Federe İşletim Modeli

3.6 Organizasyon İçin En İyi Modeli Belirleme

İşletim modeli, veri yönetimi ve veri yönetişim uygulamalarını geliştirmek için bir başlangıç noktasıdır. Bunu tanıtmak, mevcut organizasyonu nasıl etkileyebileceğini ve zaman içinde nasıl gelişmesi gerekeceğinin anlaşılmasını gerektirir. İşletim modeli, politikaların ve süreçlerin tanımlanacağı, onaylanacağı ve yürütüleceği yapı olarak hizmet edeceğinden, bir kuruluş için en uygun olanı belirlemek kritik önem taşır.

Mevcut organizasyon yapısının merkezileştirilmiş, merkezi olmayan, hiyerarşik veya nispeten yatay olup olmadığını değerlendirin. Birimlerin veya bölgelerin ne kadar bağımsız olduğunu analiz edin. Neredeyse kendi kendilerine yeterli bir şekilde çalışıyorlar mı? İhtiyaçları ve hedefleri birbirinden çok farklı mı? En önemlisi, kararların nasıl alındığını (örneğin, demokratik veya hükmen) ve bunların nasıl gerçeklendiğini belirlemeye çalışın.

Cevaplar, organizasyonun merkezi olan ve olmayan arasındaki spektrumdaki yerini anlamak için bir başlangıç noktası vermelidir.

3.7 Veri Yönetimi Organizasyonu Alternatifleri ve Tasarım Hususları

Çoğu kuruluş, resmi bir Veri Yönetim Organizasyonuna (DMO) geçmeden önce merkezi olmayan bir modelle başlar. Bir kuruluş, veri kalitesindeki iyileştirmelerin etkisini gördükçe, bir veri yönetimi RACI matrisi aracılığıyla mükellefiyeti resmileştirmeye başlayabilir ve bir ağ modeline dönüşebilir. Zamanla, dağıtık roller arasındaki sinerji daha belirgin hale gelecek ve bazı rolleri ve insanları organize gruplara çekecek ölçek ekonomileri belirlenecektir. Sonunda, bu hibrit veya federe bir modele dönüşebilir.

Bazı kuruluşların bu olgunluk sürecinden geçme lüksü yoktur. Piyasa değişimi veya yeni kamu regülasyonları nedeniyle hızla olgunlaşmaya zorlanırlar. Böyle bir durumda, başarılı ve sürdürülebilir olması için organizasyonel değişimle ilişkili rahatsızlığı proaktif olarak ele almak önemlidir (Bkz. Bölüm 17).

Hangi model seçilirse seçilsin, kabul ve sürdürülebilirlik için basitlik ve kullanılabilirliğin şart olduğunu unutmayın. İşletim modeli bir şirketin kültürüne uyuyorsa, veri yönetimi ve yönetişim operasyonlara dahil edilebilir ve stratejiyle uyumlu hale getirilebilir. Bir İşletim Modeli oluştururken bu ipuçlarını aklınızda bulundurun:

- Mevcut durumu değerlendirerek başlangıç noktasını belirleyin
- İşletim modelini organizasyon yapısıyla ilişkilendirin
- Dikkate alın:
    - Organizasyonel Karmaşıklık + Olgunluk
    - Alan Karmaşıklığı + Olgunluğu
    - Ölçeklenebilirlik
- Üst yönetim sponsorluğu bulun– sürdürülebilir bir model için şarttır
- Herhangi bir yönetim forumunun (yönlendirme komitesi, danışma konseyi, yönetim kurulu) bir karar alma organı olduğundan emin olun
- Pilot programları ve gerçekleme aşamalarını göz önünde bulundurun
- Yüksek değerli ve yüksek etkili veri alanlarına odaklanın
- Halihazırda var olanı kullanın
- Asla her şeye uyan çözüm yaklaşımını benimsemeyin

4. Kritik Başarı Faktörleri

Yapıları ne olursa olsun, etkin Veri Yönetimi Organizasyonlarının başarısında on faktörün sürekli olarak kilit bir rol oynadığı gösterilmiştir:

1. Üst yönetim sponsorluğu
2. Net vizyon
3. Proaktif değişim yönetimi
4. Liderlik uyumu
5. İletişim
6. Paydaş etkileşimi
7. Oryantasyon ve eğitim
8. Benimseme ölçümü
9. Rehber ilkelere bağlılık
10. Devrim değil evrim

4.1 Üst Yönetim Sponsorluğu

Doğru yönetim sponsoruna sahip olmak, bir Veri Yönetimi programından etkilenen paydaşların, yeni veri odaklı organizasyonu bir araya getirmek ve uzun vadede sürdürmek için gereken değişimler yoluyla verimli ve etkili bir şekilde geçiş yapmak için gerekli rehberliği almasını sağlar. Sponsor, girişimi anlamalı ve buna inanmalıdır. Değişimleri desteklemek için diğer liderleri etkin bir şekilde işe dahil edebilmelidir.

4.2 Net Vizyon

Veri Yönetimi Organizasyonu için net bir vizyon ve onu yönlendirmek için bir plan, başarı için kritik öneme sahiptir. Organizasyonun liderleri, veri yönetiminden etkilenen tüm paydaşların- hem iç hem de dış- veri yönetiminin ne olduğunu, neden önemli olduğunu ve çalışmalarının bundan nasıl etkileneceğini ve bundan etkileneceğini anlamasını ve içselleştirmesini sağlamalıdır.

4.3 Proaktif Değişim Yönetimi

Bir Veri Yönetim Organizasyonu oluşturmayla ilişkili değişimi yönetmek, değişimi planlamayı, yönetmeyi ve sürdürmeyi gerektirir. Bir Veri Yönetim Organizasyonunun kurulumunda organizasyonel değişim yönetimini uygulamak, insanların yaşadığı zorluklara dokunabilme ve istenen Veri Yönetimi Organizasyonunun zaman içinde sürdürülebilir olma olasılığını arttırır (Bkz. Bölüm 17).

4.4 Liderlik Uyumu

Liderlik uyumu, bir Veri Yönetimi programına duyulan ihtiyaç konusunda anlaşma ve buna yönelik birleşik destek ve başarının nasıl tanımlanacağı konusunda anlaşma olmasını sağlar. Liderlik uyumu, hem liderlerin hedefleri ile veri yönetimi sonuçları arasındaki uyumu hem de liderler arasındaki amaç ve değer arasındaki uyumu içerir.

Liderler birbirleriyle uyumlu değilse, sonunda direnişe yol açabilecek ve sonunda değişimi rayından çıkarabilecek karmaşık mesajlar göndereceklerdir. Bu nedenle, bağlantı kopukluklarını belirlemek ve bunları hızla ele almak için adımlar atmak için her düzeydeki liderleri düzenli olarak yeniden değerlendirmek çok önemlidir.

4.5 İletişim

İletişim erken başlamalı, açık ve sık sık devam etmelidir. Kuruluş, paydaşların veri yönetiminin ne olduğu ve şirket için neden önemli olduğu, neyin değiştiği ve davranışta hangi değişimlerin gerekli olduğu konusunda net bir anlayışa sahip olmasını sağlamalıdır. İnsanlar, neyi farklı şekilde yapmaları gerektiğini bilmiyorlarsa, verileri yönetme yöntemlerini iyileştiremezler. Veri yönetimi girişimi etrafında bir hikâye oluşturmak ve onun da etrafında önemli ana mesajlar oluşturmak bu süreçlere yardımcı olur.

Mesajlar, veri yönetiminin önemini vurgulayarak tutarlı olmalıdır. Ayrıca, paydaş grubuna göre özelleştirilmelidirler. Örneğin, farklı grupların veri yönetimine ilişkin ihtiyaç duyduğu eğitim düzeyi veya eğitim miktarı farklılık gösterecektir. Mesajlar gerektiği kadar tekrarlanmalı ve etkin bir şekilde amacına ulaştıklarından ve farkındalık ve anlayış oluşturduğundan emin olmak için zaman içinde düzenli olarak test edilmelidirler.

4.6 Paydaş Etkileşimi

Bir veri yönetimi girişiminden etkilenen bireylerin yanı sıra gruplar, yeni programa ve bu programdaki rollerine farklı tepkiler vereceklerdir. Kuruluşun bu paydaşları nasıl ilişkilendirdiği – nasıl iletişim kurdukları, bunlara nasıl yanıt verdikleri ve onları nasıl dahil ettikleri – girişimin başarısı üzerinde önemli bir etkiye sahip olacaktır.

Paydaş analizi, kuruluşun veri yönetimi değişimlerinden etkilenenleri daha iyi anlamasına yardımcı olur. Bu bilgiyle ve paydaşların kuruluş içindeki etki düzeyine ve veri yönetimi uygulamasına olan ilgi (veya bundan kaynaklanan etki) düzeyine göre haritalayarak, kuruluş farklı paydaşları değişim sürecine dahil etmek için en iyi yaklaşımı belirleyebilir (Bkz. Bölüm 5.3).

4.7 Oryantasyon ve Eğitim

Farklı gruplar farklı eğitim türleri ve seviyeleri gerektirse de veri yönetiminin gerçekleşmesi için eğitim şarttır.

Liderler, veri yönetiminin daha geniş yönlerine ve şirket için değerine yönelmeye ihtiyaç duyacaklardır. Veri sorumluları, sahipleri ve muhafızları (yani değişimin ön saflarında olanlar), veri yönetimi girişiminin derinlemesine anlaşılmasını gerektirecektir. Odaklanmış eğitim, rollerini etkili bir şekilde yerine getirmelerini sağlayacaktır. Bu, yeni politikalar, süreçler, teknikler, prosedürler ve araçlar hakkında yeni eğitimler anlamına gelir.

4.8 Benimseme Ölçümü

Veri yönetimi yönergelerinin ilerlemesi ve benimsenmesi etrafında ölçümler oluşturmak ve veri yönetimi yol haritasının çalıştığını ve çalışmaya devam edeceğini bilebilmeyi planlamak önemlidir. Ölçümü planlayın:

- Benimsenme
- İyileşme miktarı veya önceki bir durumdan farkı
- Veri yönetiminin etkinleştirici yönleri – veri yönetimi ölçülebilir sonuçlarla çözümleri ne kadar iyi etkiler?
- İyileştirilmiş süreçler, projeler
- İyileştirilmiş risk teşhisi ve tepkisi
- Veri yönetiminin yenilikçi yönü – veri yönetimi, işin yürütülme şeklini temelde ne kadar iyi değiştiriyor?
- Güvenilir analitikler

Veri yönetiminin etkinleştiren yönü, ay sonu kapanışı, risklerin belirlenmesi ve proje yürütmenin verimliliği gibi veri merkezli süreçlerin iyileştirilmesine odaklanabilir. Veri yönetiminin yenilikçi yönü, iyileştirilmiş ve güvenilir veriler aracılığıyla karar verme ve analitiklerde iyileştirmeye odaklanabilir.

4.9 Rehber İlkelere Bağlılık

Rehber bir ilke, paylaşılan kurumsal değerleri ifade eden, stratejik vizyon ve misyonun altında yatan ve entegre karar verme için bir temel olarak hizmet eden bir ifadedir. Rehber ilkeler, bir kuruluşun uzun vadede günlük faaliyetlerinde uyduğu kuralları, kısıtlamaları, ağır basan kriterleri ve davranışları oluşturur. Merkezi veya merkezi olmayan bir işletim modeli ya da bunların arasında herhangi bir şey olup olmadığına bakılmaksızın, tüm katılımcıların senkronize bir şekilde hareket etmesi için rehber ilkeler oluşturmak ve üzerinde anlaşmak çok önemlidir. Rehber ilkeler, tüm kararların alınacağı referans noktaları olarak hizmet eder. Bunları oluşturmak, davranıştaki değişimleri etkin bir şekilde yönlendiren bir Veri Yönetimi programı oluşturmanın önemli bir ilk adımıdır.

4.10 Devrim Değil Evrim

Veri yönetiminin tüm yönlerinde, "devrim değil evrim" felsefesi, büyük değişimleri veya büyük ölçekli yüksek riskli projeleri en aza indirmeye yardımcı olur. Zamanla gelişen ve olgunlaşan bir organizasyon kurmak önemlidir. Verilerin yönetilme ve iş hedeflerine göre önceliklendirilme şeklinin aşamalı olarak iyileştirilmesi, yeni politikaların ve süreçlerin benimsenmesini ve davranış değişiminin sürdürülmesini sağlayacaktır. Artımlı değişimin gerekçelendirilmesi de çok daha kolaydır, bu nedenle paydaş desteği ve katılımı elde etmek ve bu kritik katılımcıları dahil etmek daha kolaydır.

5. Veri Yönetimi Organizasyonunun Oluşturulması

5.1 Mevcut Veri Yönetimi Katılımcılarının Belirlenmesi

İşletim modelini gerçeklerken, veri yönetimi faaliyetlerinde bulunan ekiplerle başlayın. Bu, kuruluş üzerindeki etkiyi en aza indirecek ve ekibin odak noktasının İK veya politika değil veri olmasını sağlamaya yardımcı olacaktır.

Verileri kimin oluşturduğu ve yönettiği, veri kalitesini kimin ölçtüğü ve hatta kimin iş unvanında "veri" olduğu gibi mevcut veri yönetimi faaliyetlerini inceleyerek başlayın. Halihazırda gerekli rolleri ve sorumlulukları kimlerin yerine getiriyor olabileceğini öğrenmek için kurumu araştırın. Bu kişiler farklı unvanlara sahip olabilir. Muhtemelen dağıtık bir organizasyonun parçasıdırlar ve organizasyon tarafından tanınmıyor olabilirler. 'Veri insanları' listesini derledikten sonra farkları belirleyin. Veri stratejisini yürütmek için hangi ek roller ve beceri setleri gereklidir? Çoğu durumda, organizasyonun diğer bölümlerindeki kişiler benzer, aktarılabilir becerilere sahiptir. Halihazırda kuruluşta bulunan kişilerin bir veri yönetimi çabasına değerli bilgi ve deneyimler katabildiğini unutmayın.

Bir envanter tamamlandığında ve kişiler rollere atandığında, ücretlerini gözden geçirin ve veri yönetiminin beklentileriyle uyumlu hale getirin. Büyük olasılıkla, İnsan Kaynakları departmanı unvanları, rolleri, ücretleri ve performans hedeflerini doğrulamak için dahil olacaktır. Rollerin kuruluş içinde doğru seviyedeki doğru kişilere atandığından emin olun, böylece karar verme sürecine dahil olduklarında, kalıcı kararlar alma güvenilirliğine sahip olurlar.

5.2 Komite Katılımcılarının Belirlenmesi

Bir kuruluş hangi işletim modelini seçerse seçsin, bazı yönetişim çalışmalarının bir Veri Yönetişimi Yönlendirme Komitesi ve çalışma grupları tarafından yapılması gerekecektir. Yönlendirme Komitesine doğru kişileri almak ve zamanlarını iyi kullanmak önemlidir. Onları iyi bilgilendirin ve iyileştirilmiş veri yönetiminin stratejik hedefler de dahil olmak üzere iş hedeflerine ulaşmalarına yardımcı olacak yöntemlere odaklanın.

Halihazırda çok fazla sayıda mevcut olduğundan, birçok kuruluş başka bir komite daha kurmaya isteksizdir. Veri yönetimi konularını ilerletmek için mevcut komitelerden yararlanmak, yeni bir tane başlatmaktan genellikle daha kolaydır. Ancak bu rotayı dikkatli kullanın. Mevcut bir komiteyi kullanmanın ana riski, özellikle erken aşamalarda veri yönetiminin gereken ilgiyi göremeyebilmesidir. Üst düzey bir yönlendirme komitesine veya daha taktiksel bir çalışma grubuna personel alma süreci, paydaş analizinin yapılmasını ve bu sayede yönetici sponsorların belirlenmesini gerektirir.

5.3 Paydaşların Belirlenmesi ve Analiz Edilmesi

Paydaş, Veri Yönetimi programını etkileyebilecek veya bundan etkilenebilecek herhangi bir kişi veya gruptur. Paydaşlar kuruluş içinden veya dışından olabilir. Bireysel konu alanı uzmanlarını, kıdemli liderleri, çalışan ekiplerini, komiteleri, müşterileri, kamu veya düzenleyici kurumları, komisyoncuları, aracıları, tedarikçileri vb. içerir. İç paydaşlar BT, operasyon, uyum, hukuk, İK, finans veya diğer iş kollarından gelebilir. Dış paydaşlar da etkili olabilir ve ihtiyaçlarının Veri Yönetimi Organizasyonu tarafından dikkate alınması önemlidir.

Paydaş analizi, organizasyonun, katılımcıları veri yönetimi sürecine dahil etmek ve işletim modelindeki rollerinden yararlanmak için en iyi yaklaşımı belirlemesine yardımcı olabilir. Analizden elde edilen iç görü, zamanın ve diğer sınırlı kaynakların en iyi şekilde nasıl tahsis edileceğini belirlemede de yardımcı olur. Bu analiz ne kadar erken yapılırsa o kadar iyidir, çünkü organizasyon değişime yönelik tepkileri ne kadar önceden tahmin edebilirse, onlar için o kadar fazla plan yapabilir. Paydaş analizi aşağıdaki gibi soruların yanıtlanmasına yardımcı olacaktır:

- Veri yönetiminden kimler etkilenecek?
- Roller ve sorumluluklar nasıl değişecek?
- Etkilenenler değişimlere nasıl tepkiler verebilir?
- İnsanların ne gibi sorunları ve endişeleri olacak?

Analiz, paydaşların bir listesini, amaçlarını ve önceliklerini ve bu hedeflerin onlar için neden önemli olduğunu ortaya çıkaracaktır. Analize dayalı olarak paydaşlar için hangi eylemlerin gerekli olduğunu belirleyin. Bir kuruluşun veri yönetimi başarısını sağlayabilecek veya bozabilecek kritik paydaşları, özellikle de ilk önceliklerini bir araya getirmek için yapılması gerekenlere özellikle dikkat edin. Aşağıdakileri göz önünde bulundurun:

- Kritik kaynakları kimlerin kontrol ettiği
- Veri yönetimi girişimlerini doğrudan veya dolaylı olarak kimlerin engelleyebileceği
- Diğer kritik bileşenleri kimlerin etkileyebileceği
- Paydaşların yaklaşan değişimleri ne kadar desteklediği

Şekil 112, paydaşların etkilerine, programa ilgi düzeylerine veya programın onları ne ölçüde etkileyeceğine göre öncelik sırasına koymaya yardımcı olacak temel bir harita sağlar.

5.4 Paydaşların Dahil Edilmesi

Paydaşları ve iyi bir Üst Yönetim Sponsoru veya aralarından seçim yapabileceğiniz kısa bir listeyi belirledikten sonra, her bir paydaşın neden dahil olması gerektiğini açıkça belirtmek önemlidir. Fırsatı görmezden gelebilirler. Veri yönetimi çabasını yürüten kişi veya ekip, programın başarısı için her bir paydaşın gerekli olmasının nedenlerini açıkça belirtmelidir. Bu, kişisel ve profesyonel hedeflerini anlamaları ve doğrudan bir bağlantı görebilmeleri için veri yönetimi süreçlerinden elde edilen çıktıları hedeflerine bağlayabilmeleri anlamına gelir. Bu doğrudan bağlantıyı anlamadan, kısa vadede yardım etmeye istekli olabilirler, ancak uzun vadeli destek veya yardım sağlamayacaklardır.

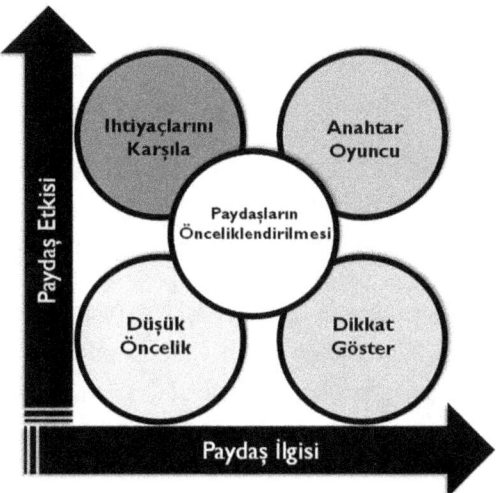

Şekil 112 Paydaş İlgi Haritası

6. DMO ve Diğer Veri Odaklı Organizasyonlar Arasındaki Etkileşimler

İşletim modeli oluşturulduktan ve katılımcılar belirlendikten sonra, kişileri yeni yetkilendirilen rollere taşımanın zamanıdır. Organizasyonu operasyonel hale getirmek, komitelerin kurulması ve paydaşlarla etkileşim kurulması anlamına gelir. Merkezi bir modelde, veri yönetimi etkinliğinin çoğu tek bir organizasyon içinde kontrol edilecektir. Bununla birlikte, merkezi olmayan veya ağ modeliyle, Veri Yönetimi Organizasyonunun, verilerin yönetilme şekli üzerinde önemli bir etkisi olan diğer gruplarla birlikte çalışması gerekecektir. Bu gruplar tipik olarak:

- Veri Direktörü Organizasyonu
- Veri Yönetişim Organları
- Veri Kalitesi
- Kurumsal Mimari

6.1 Veri Direktörü

Çoğu şirket belli bir düzeyde verinin değerli bir kurumsal varlık olduğunu kabul ederken, yalnızca birkaçı teknoloji ve iş birimleri arasındaki farkı kapatmaya yardımcı olmak ve üst düzeyde kurumsal çapta bir veri yönetimi stratejisini yaymak için bir Veri Direktörü (CDO) atamıştır. Ancak Gartner'ın 2017 yılına kadar regülasyona tabi şirketlerin yarısının bir CDO istihdam edeceğini tahmin etmesiyle birlikte bu rol artmaktadır (Gartner, 2015).

Bir CDO'nun gereksinimleri ve fonksiyonları, her şirketin kültürüne, organizasyon yapısına ve iş ihtiyaçlarına özel olsa da birçok CDO, kısmen iş stratejisti, danışman, veri kalitesi sorumlusu ve her yönüyle veri yönetimi elçisi olma eğilimindedir.

2014'te Dataversity, bir CDO için ortak yetkileri özetleyen bir araştırma yayınlamıştır.[73] Bunlar:

- Kurumsal bir veri stratejisi oluşturma
- Veri merkezli gereksinimleri mevcut BT ve iş kaynaklarıyla uyumlu hale getirme
- Veri yönetişimi standartları, politikaları ve prosedürleri oluşturma
- İş analitiği, Büyük Veri, veri kalitesi ve veri teknolojileri gibi verilere bağlı girişimler için kuruma tavsiyeler (ve belki de hizmetler) sunulması
- İç ve dış iş paydaşlarına iyi bilgi yönetimi ilkelerinin öneminin anlatılması
- Analitik ve İş Zekâsında veri kullanımının denetimi

Dataversity'nin bulguları, farklı sektörler arasında değişen odak noktalarının da altını çizmiştir.

Sektörden bağımsız olarak, bir Veri Yönetim Kuruluşunun CDO aracılığıyla raporlama yapması yaygındır. Daha merkezi olmayan bir işletim modelinde, veri stratejisinden CDO sorumludur, ancak BT, operasyon veya diğer iş kollarındaki kaynaklar bu stratejiyi yürütür. Bazı DMO'lar başlangıçta yalnızca stratejiyi belirleyen CDO ile kurulur ve zamanla, verimlilikler ve ölçek ekonomileri tanımlandıkça veri yönetimi, yönetişim ve analitiklerin diğer yönleri CDO şemsiyesi altında toplanırlar.

6.2 Veri Yönetişimi

Veri Yönetişimi, kurumsal verileri etkin bir şekilde yönetmek için strateji, hedefler ve politika oluşturmaya yönelik düzenleyici bir çerçevedir. Verilerin kullanılabilirliğini, bütünlüğünü, tutarlılığını, denetlenebilirliğini ve güvenliğini yönetmek ve sağlamak için gereken süreçler, politikalar, organizasyon ve teknolojilerden oluşur. Veri Yönetişim Programı, strateji, standartlar, politikalar ve verilerle ilgili iletişimin iç içe çalışmasından oluştuğundan, veri yönetimi ile sinerjik bir ilişkisi vardır. Yönetişim, veri yönetiminin iş öncelikleri ve paydaşlarla ilişki kurması ve bunlara uyum sağlaması için bir çerçeve sağlar.

Merkezi bir model içinde, Veri Yönetişim Ofisi, Veri Yönetimi Organizasyonuna rapor verebilir veya bunun tersi de geçerlidir. Bir Veri Yönetişimi programı, verileri bir varlık olarak yönetmek için gereken ilkeleri ve yönergeleri oluşturmaya odaklandığında, Veri Yönetişim Ofisi lider olarak hareket edebilir ve Veri Yönetim Organizasyonu, Veri Yönetişim Ofisine rapor verir (veya matris yapıda olurlar). Bu, politika ve mükellefiyetin vurgulandığı yüksek düzeyde regülasyona tabi ortamlarda birçok kez gerçekleşir.

Çok merkezi olmayan bir modelde bile, verilerin nasıl yönetilmesi gerektiğine ilişkin yönergeleri ve politikaları oluşturan Veri Yönetişim Ofisi ile bunları uygulayan Veri Yönetimi Organizasyonu arasında sıkı bir ortaklık olmalıdır. John Ladley bu ilişkiyi kısa ve öz bir şekilde açıklar: veri yönetişimi "doğru şeyleri yapmak" ile ilgilidir ve veri yönetimi "işleri doğru yapmak" ile ilgilidir (Ladley, 2012). Bunlar, değerli veriler üretmek için gereken denklemin iki tarafıdır. Bu şekilde, veri yönetişimi, veri yönetimi için yürütücü emirleri verir.

En önemlisi, bu sinerjinin anlaşılması ve veri yönetişimi kılavuzlarını ve veri yönetiminin verimliliklerini destekleyen roller, sorumluluklar ve mükellefiyetler üzerinde anlaşmaya varılması gerekir. Bir Veri Yönetişimi Çalışma Grubundaki katılımcılar, bir Veri Yönetimi Kuruluşundan alınabilir ve bir Veri Yönetimi Kuruluşu, yönetişim gözetimi tarafından sağlanan yetki ve kollamayla desteklenebilir.

---

[73] http://bit.ly/2sTf3Cy.

6.3 Veri Kalitesi

Veri Kalitesi Yönetimi, bir veri yönetimi uygulamasının ve organizasyonunun önemli bir yetkinliğidir. Birçok Veri Yönetimi Kuruluşu, kuruluş genelinde veri kalitesini ölçme ve iyileştirme arzusu olduğundan, veri kalitesine odaklanarak başlar. Veri Kalitesini bir iş birimi içinde, hatta bir uygulama içinde, diğer grupları dahil etmek veya fonksiyonlararası karmaşıklıkları yönetmek zorunda kalmadan ele almak mümkündür. Ancak, bir veri kalitesi uygulaması olgunlaştıkça, kuruluş veri kalitesine yönelik birleşik bir yaklaşımdan faydalanacaktır; örneğin, bir Mükemmeliyet Merkezi kurarak. Hedef, genellikle Ana Veri Yönetimine odaklanarak, iş kolları veya uygulamalar arasında paylaşılan verilerin kalitesini iyileştirmeye doğru kayar. Veri kalitesini iyileştirmeye yapılan yatırım kurum genelinde değer kattığından ve kaliteyi iyileştirmeyle ilgili çabalar Ana, Referans ve Metaveri Yönetimi gibi diğer disiplinlere de yayıldığından, bir Veri Yönetimi Kuruluşunun bir Veri Kalitesi girişimi sayesinde organik olarak gelişmesi yaygın bir durumdur.

Bir Veri Kalitesi programı, kapsamlı bir Veri Yönetimi programı gibi benzer işletim modellerine dönüşebilir, ancak Veri Kalitesi fonksiyonlarının herhangi bir büyük kurumda tamamen merkezi hale gelmesi nadir bir durumdur, çünkü veri kalitesinin çoğu zaman bir iş birimi veya uygulama düzeyinde yürütülen yönleri vardır. Bir Veri Kalitesi program, merkezi olmayan, ağ veya hibrit (Mükemmelliyet Merkezi yaklaşımı kullanılarak) olabileceğinden, tutarlı paydaşlar, ilişkiler, mükellefiyetler, standartlar, süreçler ve hatta araçlar kullanmak için Veri Kalitesi çalışma modelini genel Veri Yönetimi Organizasyonunun modeliyle uyumlu hale getirin.

6.4 Kurumsal Mimari

Bir Kurumsal Mimari grubu, bir kuruluşun stratejik hedeflerine nasıl ulaşacağını ifade etmesi ve optimize etmesi için ana planları tasarlar ve belgeler. Bir Kurumsal Mimari uygulamasındaki disiplinler şunları içerir:

- Teknoloji Mimarisi
- Uygulama Mimarisi
- Bilgi (ya da Veri) Mimarisi
- İş Mimarisi

Veri Mimarisi, etkili bir Veri Yönetimi Organizasyonunun önemli bir yetkinliğidir. Bu nedenle, Veri Mimarları diğer grupla da ilişkiyi koparmadan her iki grupta da durabilirler. Veri Mimarları bir Veri Yönetimi Organizasyonunda yer aldığında, tipik olarak mimari standartlarının proje ve programlardan nasıl uygulandığını veya bu standartlardan nasıl etkilendiğini gözden geçiren ve bu konuda rehberlik eden komiteler olan Mimari İnceleme Kurulları (ARB) aracılığıyla diğer mimari meslektaşlarıyla iletişimde kalırlar. Bir ARB, mimari standartlara uyum düzeylerine göre yeni projeleri ve sistemleri onaylayabilir veya reddedebilir. Bir kurumda Veri Mimarları bulunmadı taktirde, Veri Yönetimi Kurumsal Mimari ile birkaç şekilde iletişim kurabilir:

- **Veri Yönetişimi Yoluyla**: Hem Veri Yönetimi hem de kurumsal mimari bir Veri Yönetişimi programına katıldığından, yönetişim çalışma grubu ve komite yapısı, hedeflerin, beklentilerin, standartların ve faaliyetlerin hizalanması için bir platform sağlayabilir.

- **ARB aracılığıyla**: Veri yönetimi projeleri ARB'ye getirilirken, kurumsal mimari grubu, rehberlik, geri bildirim ve onayları sağlayacaktır.

- **Geçici:** Resmi komiteler yoksa, Veri Yönetimi Lideri, diğer tarafı etkileyen projeler ve süreçler hakkındaki bilgilerin paylaşıldığından emin olmak için kurumsal mimari ile periyodik olarak bir araya gelmelidir. Zamanla, bu geçici süreci yönetmenin zorluğu, tartışmaları ve kararları kolaylaştırmak için resmi bir rolün veya komitenin geliştirilmesine yol açacaktır.

Eğer Veri Mimarları bulunsaydı, yönetişim tartışmalarında mimariyi temsil edecek ve ARB'deki tartışmalara öncülük edeceklerdi.

6.5 Küresel Bir Organizasyonu Yönetmek

Küresel şirketler, özellikle belirli veri türlerinin gizliliği ve güvenliği ile ilgili olanlar olmak üzere, ülkeye özgü yasa ve yönetmeliklerin hacmine ve çeşitliliğine bağlı olarak karmaşık veri yönetimi zorluklarıyla karşı karşıyadırlar. Bu sorunlar, küresel bir organizasyonun tipik yönetim zorluklarına (dağıtık iş gücü, sistemler, zaman dilimleri ve diller) eklenir ve verileri verimli ve etkili bir şekilde yönetme görevi, ucu bucağı olmayan bir iş gibi görünebilir. Küresel kuruluşların aşağıdakilere özellikle dikkat etmeleri gerekir:

- Standartlara bağlı kalma
- Süreçleri senkronize etme
- Mükellefiyetin uyumluluğu
- Eğitim ve iletişim
- Etkin izleme ve ölçme
- Ölçek ekonomisi geliştirme
- Efor tekrarlarını azaltma

Veri Yönetimi programları ve Organizasyonları daha küresel hale geldikçe, ağ bağlantılı veya federe modeller, mükellefiyetlerin uyumlu hale getirildiği, standartların takip edilebildiği ve bölgesel farklılıkların hala barındırılabildiği yerlerde daha önemli hale gelmektedir.

7. Veri Yönetimi Rolleri

Veri yönetimi rolleri, fonksiyonel veya bireysel düzeyde tanımlanabilirler. Roller için isimler kuruluşlar arasında farklılık gösterecek ve bazı kuruluşların bazı rollere daha fazla veya daha az ihtiyacı olacaktır.

Tüm BT rolleri, veri yaşam döngüsündeki noktalara eşlenebilir, bu nedenle bunların tümü, ister doğrudan (bir veri ambarı tasarlayan bir Veri Mimarında olduğu gibi) ister dolaylı olarak (bir web sitesini programlayan bir Web Geliştiricisinde olduğu gibi) verilerin yönetimini etkiler. Benzer şekilde, birçok iş rolü veri üretir, bunlara erişir veya bu verileri işler. Veri Kalitesi Analisti gibi bazı roller, teknik beceri ve iş bilgisinin bir karışımını da gerektirir. Aşağıda açıklanan fonksiyonlar ve roller, veri yönetimiyle etkileşimde olanlara odaklanmaktadır.

7.1 Organizasyonel Roller

BT Veri Yönetimi Organizasyonları, veri, uygulama ve teknik mimariden veritabanı yönetimine kadar bir dizi hizmet sunar. Merkezi bir Veri Yönetim Hizmetleri Organizasyonu, yalnızca veri yönetimine odaklanır. Bu ekip, Veri Yönetimi

Liderini, diğer Veri Yönetimi Yöneticilerini, Veri Mimarlarını, Veri Analistlerini, Veri Kalitesi Analistlerini, Veritabanı Yöneticilerini, Veri Güvenliği Yöneticilerini, Metaveri Uzmanlarını, Veri Modelleyicilerini, Veri Yöneticilerini, Veri Ambarı Mimarlarını, Veri Entegrasyon Mimarlarını ve İş Zekâsı Analistlerini de içerebilir.

Birleşik Veri Yönetim Hizmetleri yaklaşımı, her biri bir veri yönetimi yönüne odaklanan bir dizi BT birimini içerecektir. Özellikle büyük kuruluşlarda, BT fonksiyonları genellikle merkezi değildir. Örneğin, her iş fonksiyonunun kendi Yazılım Geliştiricileri ekibi olabilir. Hibrit bir yaklaşım da benimsenmiştir. Örneğin, her işletme fonksiyonunun kendi geliştiricileri olabilirken, veritabanı yönetimi fonksiyonu merkezileştirilebilir.

Veri yönetimine odaklanan iş birimleri, çoğunlukla Veri Yönetimi veya Kurumsal Bilgi Yönetimi ekipleriyle ilişkilendirilirler. Örneğin, Veri Sorumluları genellikle bir Veri Yönetişim Organizasyonunun parçasıdır. Böyle bir organizasyon, Veri Yönetişim Konseyi gibi Veri Yönetişim organlarını rahatlatacaktır.

7.2 Bireysel Roller

Bireysel roller iş birimi veya BT altında tanımlanabilir. Bazıları, sistemler ve iş süreçleri hakkında bilgi gerektiren hibrit rollerdir.

7.2.1 Yönetici Rolleri

Veri Yönetimi yöneticileri kurum içerisinde iş veya teknoloji tarafında olabilir. Bilgi İşlem Direktörü (CIO) ve BT Direktörü (CTO), BT'deki köklü rollerdir. İş tarafında Veri Direktörü (CDO) kavramı son on yılda çok fazla güvenilirlik kazanmıştır ve birçok kuruluş CDO'lar istihdam etmiştir.

7.2.2 İş Birimi Rolleri

İş birimi rolleri, büyük ölçüde veri yönetimi fonksiyonlarına, özellikle yönetime odaklanır. Veri Sorumluları genellikle metaveriler ve iş varlıklarının, konu alanlarının veya veritabanlarının veri kalitesiyle mükellef tanınmış konu uzmanlarıdır. Sorumlular, organizasyonel önceliklere bağlı olarak farklı roller oynarlar. Yönetimin ilk odak noktası, genellikle iş terimlerini ve konu alanları için geçerli değerleri tanımlamaktır. Birçok kuruluşta, Sorumlular ayrıca atanan veri nitelikleri için veri kalitesi gereksinimlerini ve iş kurallarını tanımlar ve sürdürür, veri sorunlarının belirlenmesine ve çözülmesine yardımcı olur ve veri standartları, politikaları ve prosedürlerine girdi sağlarlar. Sorumlular kurumsal, iş birimi veya fonksiyonel düzeyde görev yapabilirler. Rolleri resmi ("veri sorumlusu" unvanını içerir) veya gayri resmi olabilir (verileri yönetirler, ancak başka bir unvana sahiptirler). Veri Sorumlularına ek olarak, İş Süreci Analistleri ve Süreç Mimarları, iş süreci modellerinin ve veri oluşturan gerçek süreçlerin sağlam olmasını ve alt kullanımları desteklemesini sağlamaya katkıda bulunurlar. Kurum için verilere değer katan iş analistleri gibi diğer iş tabanlı bilgi çalışanları da verilerin genel yönetimine katkıda bulunurlar.

7.2.3 BT Rolleri

BT Rolleri, farklı türde mimarları, farklı düzeylerdeki geliştiricileri, veritabanı yöneticilerini ve bir dizi destekleyici fonksiyonu içerir.

- **Veri Mimarı**: Veri mimarisi ve veri entegrasyonundan sorumlu kıdemli bir analisttir. Veri Mimarları, kurumsal düzeyde veya fonksiyonel düzeyde çalışabilir. Veri Mimarları, veri ambarı, veri martları ve bunlarla ilişkili entegrasyon süreçlerinde uzmanlaşabilirler.

- **Veri Modelleyici**: Veri gereksinimlerinin, veri tanımlarının, iş kurallarının, veri kalitesi gereksinimlerinin ve mantıksal ve fiziksel veri modellerinin toplanmasından ve modellenmesinden sorumludur.

- **Veri Modeli Yöneticisi**: Veri modeli sürüm kontrolünden ve değişiklik kontrolünden sorumludur.

- **Veritabanı Yöneticisi**: Yapılandırılmış veri varlıklarının tasarımından, gerçeklenmesinden ve desteklenmesinden ve verileri erişilebilir kılan teknolojinin performansından sorumludur.

- **Veri Güvenliği Yöneticisi**: Farklı koruma seviyeleri gerektiren verilere kontrollü erişimi sağlamaktan sorumludur.

- **Veri Entegrasyon Mimarı**: Kurumsal veri varlıklarını entegre etmek ve kalitesini iyileştirmek için gereken teknolojiyi tasarlamaktan sorumlu kıdemli bir veri entegrasyonu geliştiricisidir.

- **Veri Entegrasyon Uzmanı**: Veri varlıklarını toplu olarak veya gerçek zamanlı olarak entegre etmek (replikasyon, çıkarma, dönüştürme, yükleme) için sistemleri gerçeklemekten sorumlu bir yazılım tasarımcısı veya geliştiricisidir.

- **Analitik / Rapor Geliştiricisi**: Raporlama ve analitik uygulama çözümleri oluşturmaktan sorumlu bir yazılım geliştiricisidir.

- **Uygulama Mimarı**: Uygulama sistemlerinin entegrasyonundan sorumlu kıdemli geliştiricidir.

- **Teknik Mimar**: BT altyapısının ve BT teknolojisi portföyünün koordinasyonundan ve entegrasyonundan sorumlu kıdemli teknik mühendistir.

- **Teknik Mühendis**: Bilgi teknolojisi altyapısının bir kısmını araştırmak, gerçeklemek, yönetmek ve desteklemekten sorumlu kıdemli teknik analisttir.

- **Yardım Masası Yöneticisi**: Bilgi sistemleri veya BT altyapısının kullanımıyla ilgili sorunların ele alınmasından, izlenmesinden ve çözülmesinden sorumludur.

- **BT Denetçisi**: Veri kalitesi ve veri güvenliği dahil olmak üzere BT sorumluluklarının dahili veya harici denetçisidir.

7.2.4 Hibrit Roller

Hibrit roller, işsel ve teknik bilgilerin bir karışımını gerektirirler. Kuruluşa bağlı olarak, bu rollerdeki kişiler BT veya iş birimi tarafına raporluyor olabilirler.

- **Veri Kalitesi Analisti**: Verilerin kullanıma uygunluğunun belirlenmesinden ve verilerin devam eden durumunun izlenmesinden sorumludur; veri sorunlarının kök neden analizine katkıda bulunur ve kuruluşun daha yüksek kaliteli verilere katkıda bulunan iş sürecini ve teknik iyileştirmeleri belirlemesine yardımcı olur.

- **Metaveri Uzmanı**: Metaveri depolarının yönetimi de dahil olmak üzere metaverilerin entegrasyonu, kontrolü ve kullanımından sorumludur.

- **İş Zekâsı Mimarı**: İş Zekâsı kullanıcı ortamının tasarımından sorumlu kıdemli bir İş Zekâsı analistidir.

- **İş Zekâsı Analisti / Yöneticisi**: İş Zekâsı verilerinin iş profesyonelleri tarafından etkin kullanımını desteklemekten sorumludur.

- **İş Zekâsı Program Yöneticisi**: Şirket genelinde İş Zekâsı gereksinimlerini ve girişimlerini koordine eder ve bunları uyumlu, öncelikli bir program ve yol haritasına entegre eder.

8. Alıntılanan / Önerilen Çalışmalar

Aiken, Peter and Juanita Billings. *Monetizing Data Management: Finding the Value in your Organization's Most Important Asset*. Technics Publications, LLC, 2013. Print.

Aiken, Peter and Michael M. Gorman. *The Case for the Chief Data Officer: Recasting the C-Suite to Leverage Your Most Valuable Asset*. Morgan Kaufmann, 2013. Print.

Anderson, Carl. *Creating a Data-Driven Organization*. O'Reilly Media, 2015. Print.

Arthur, Lisa. *Big Data Marketing: Engage Your Customers More Effectively and Drive Value*. Wiley, 2013. Print.

Blokdijk, Gerard. *Stakeholder Analysis - Simple Steps to Win, Insights and Opportunities for Maxing Out Success*. Complete Publishing, 2015. Print.

Borek, Alexander et al. *Total Information Risk Management: Maximizing the Value of Data and Information Assets*. Morgan Kaufmann, 2013. Print.

Brestoff, Nelson E. and William H. Inmon. *Preventing Litigation: An Early Warning System to Get Big Value Out of Big Data*. Business Expert Press, 2015. Print.

Collier, Ken W. Agile *Analytics: A Value-Driven Approach to Business Intelligence and Data Warehousing*. Addison-Wesley Professional, 2011. Print. Agile Software Development Ser.

Dean, Jared. *Big Data, Data Mining, and Machine Learning: Value Creation for Business Leaders and Practitioners*. Wiley, 2014. Print. Wiley and SAS Business Ser.

Dietrich, Brenda L., Emily C. Plachy and Maureen F. Norton. *Analytics Across the Enterprise: How IBM Realizes Business Value from Big Data and Analytics*. IBM Press, 2014. Print.

Freeman, R. Edward. *Strategic Management: A Stakeholder Approach*. Cambridge University Press, 2010. Print.

Gartner, Tom McCall, contributor. "Understanding the Chief Data Officer Role." 18 February 2015. http://gtnr.it/1RIDKa6.

Gemignani, Zach, et al. *Data Fluency: Empowering Your Organization with Effective Data Communication*. Wiley, 2014. Print.

Gibbons, Paul. *The Science of Successful Organizational Change: How Leaders Set Strategy, Change Behavior, and Create an Agile Culture*. Pearson FT Press, 2015. Print.

Harrison, Michael I. *Diagnosing Organizations: Methods, Models, and Processes*. 3rd ed. SAGE Publications, Inc, 2004. Print. Applied Social Research Methods (Book 8).

Harvard Business Review, John P. Kotter et al. *HBR's 10 Must Reads on Change Management*. Harvard Business Review Press, 2011. Print. HBR's 10 Must Reads.

Hatch, Mary Jo and Ann L. Cunliffe. *Organization Theory: Modern, Symbolic, and Postmodern Perspectives*. 3rd ed. Oxford University Press, 2013. Print.

Hiatt, Jeffrey and Timothy Creasey. *Change Management: The People Side of Change*. Prosci Learning Center Publications, 2012. Print.

Hillard, Robert. *Information-Driven Business: How to Manage Data and Information for Maximum Advantage*. Wiley, 2010. Print.

Hoverstadt, Patrick. *The Fractal Organization: Creating sustainable organizations with the Viable System Model*. Wiley, 2009. Print.

Howson, Cindi. *Successful Business Intelligence: Unlock the Value of BI and Big Data*. 2nd ed. Mcgraw-Hill Osborne Media, 2013. Print.

Kates, Amy and Jay R. Galbraith. *Designing Your Organization: Using the STAR Model to Solve 5 Critical Design Challenges*. Jossey-Bass, 2007. Print.

Kesler, Gregory and Amy Kates. *Bridging Organization Design and Performance: Five Ways to Activate a Global Operation Model*. Jossey-Bass, 2015. Print.

Little, Jason. *Lean Change Management: Innovative practices for managing organizational change*. Happy Melly Express, 2014. Print.

National Renewable Energy Laboratory. *Stakeholder Analysis Methodologies Resource Book*. BiblioGov, 2012. Print.

Prokscha, Susanne. *Practical Guide to Clinical Data Management*. 2nd ed. CRC Press, 2006. Print.

Schmarzo, Bill. *Big Data MBA: Driving Business Strategies with Data Science*. Wiley, 2015. Print.

Soares, Sunil. *The Chief Data Officer Handbook for Data Governance*. Mc Press, 2015. Print.

Stubbs, Evan. *The Value of Business Analytics: Identifying the Path to Profitability*. Wiley, 2011. Print.

Tompkins, Jonathan R. *Organization Theory and Public Management*. Wadsworth Publishing, 2004. Print.

Tsoukas, Haridimos and Christian Knudsen, eds. *The Oxford Handbook of Organization Theory: Meta-theoretical Perspectives*. Oxford University Press, 2005. Print. Oxford Handbooks.

Verhoef, Peter C., Edwin Kooge and Natasha Walk. *Creating Value with Big Data Analytics: Making Smarter Marketing Decisions*. Routledge, 2016. Print.

Willows, David and Brian Bedrick, eds. *Effective Data Management for Schools*. John Catt Educational Ltd, 2012. Print. Effective International Schools Ser.

BÖLÜM 17

Veri Yönetimi ve Organizasyonel Değişim Yönetimi

1. Giriş

Pek çoğu kuruluş için veri yönetimi uygulamalarını iyileştirmek, kişilerin birlikte çalışma şeklini ve kuruluşlarındaki verilerin rolünü nasıl anladıklarının yanı sıra kurumsal süreçleri desteklemek için verileri kullanma ve teknolojiyi kullanma biçimlerinin değiştirilmesini gerektirir. Başarılı veri yönetimi uygulamaları, diğer faktörlerin yanı sıra şunları gerektirir:

- Mükellefiyeti bilgi değer zinciri boyunca uyumlandırarak yatayda yönetmeyi öğrenme
- Odağı dikey (silo) mükellefiyetten paylaşılan bilgi sorumluluğuna değiştirme
- Bilgi kalitesini niş bir iş kaygısından veya BT departmanının görevinden organizasyonun temel bir değerine dönüştürme
- Bilgi kalitesi hakkındaki fikirleri "veri temizleme ve puan kartlarından" daha temel bir organizasyonel yetkinliğe kaydırma
- Kötü veri yönetiminin maliyetini ve disiplinli veri yönetiminin değerini ölçmek için süreçlerin gerçekleme

Yazılım araçlarının uygun kullanımı teslimatı destekleyebilse de bu değişim düzeyine teknoloji ile ulaşılamaz. Bunun yerine, organizasyondaki değişimin yönetimine dikkatli ve yapılandırılmış bir yaklaşımla ulaşılır. Değişim her düzeyde gerekli olacaktır. Ölü girişimleri, güven kaybını ve bilgi yönetimi fonksiyonunun ve liderliğinin güvenilirliğinin zarar görmesini önlemek için değişimi yönetmek ve koordine etmek çok önemlidir.

Resmi değişim yönetiminden anlayan veri yönetimi uzmanları, kuruluşlarının verilerinden daha fazla değer elde etmesine yardımcı olacak değişimleri gerçekleştirmede daha başarılı olacaktır. Bunu yapmak için aşağıdakileri anlamak önemlidir:

- Değişimin neden başarısız olduğu
- Etkili değişimin tetikleyicileri
- Değişimin önündeki engeller
- İnsanların değişimi nasıl deneyimlediği

2. Değişim Yasaları

Organizasyonel değişim yönetimindeki uzmanlar, değişimin neden kolay olmadığını açıklayan bir dizi temel "Değişim Yasası"nı tanır. Bunları değişim sürecinin başında tanımak başarıya ulaştırır.

- **Organizasyonlar değişmez, insanlar değişir**: Değişim, yeni bir organizasyon duyurulduğunda veya yeni bir sistem gerçeklendiği için oluşmaz. İnsanlar farklı davrandıklarında, bunu yapmanın değerini bildikleri için gerçekleşir. Veri yönetimi uygulamalarını iyileştirme ve resmi veri yönetişimi uygulama süreci, bir kuruluş üzerinde geniş kapsamlı etkilere sahip olacaktır. İnsanlardan verilerle nasıl çalıştıklarını ve verileri içeren faaliyetlerde birbirleriyle nasıl etkileşime girdiklerini değiştirmeleri istenecektir.

- **İnsanlar değişime direnmezler. Değiştirilmeye direnirler**: Değişim, keyfi veya diktatörce olarak görülürse değişim benimsenmez. Değişimi tanımlamaya dahil olmuşlarsa ve değişimi yönlendiren vizyonun yanı sıra değişimin ne zaman ve nasıl gerçekleşeceğini anlarlarsa, kişilerin değişme olasılıkları daha yüksektir. Veri girişimleri için değişim yönetiminin bir kısmı, iyileştirilmiş veri yönetimi uygulamalarının değerine ilişkin kurumsal bir anlayış oluşturmak için ekiplerle çalışmayı içerir.

- **Böyle gelmiş, böyle gider**: Bir şeylerin böyle gelmiş olmasının iyi tarihsel nedenleri olabilir. Geçmişte bir noktada, biri iş gereksinimlerini tanımlamıştır, süreci tanımlamıştır, sistemleri tasarlamıştır, politikayı yazmıştır veya şu anda değişim gerektiren iş modelini tanımlamıştır. Mevcut veri yönetimi uygulamalarının kökenlerini anlamak, kurumun geçmişteki hatalardan kaçınmasına yardımcı olacaktır. Personele değişimde söz hakkı verilirse, yeni girişimleri iyileştirmeler olarak anlamaları daha olasıdır.

- **Değişime gayret olmadığı sürece, her şey muhtemelen aynı kalacaktır**: Eğer bir gelişim istiyorsanız, bir şeyler farklı yapılmalıdır. Einstein'ın meşhur dediği gibi: "Bir sorunu, onu yaratan düşünme düzeyiyle çözemezsiniz."

- **Tüm insanlar için olmasaydı, değişim kolay olurdu**: Değişimin 'teknolojisi' çoğu zaman kolaydır. Zorluk, kişilerde ortaya çıkan doğal çeşitlilikle başa çıkmaktan gelmektedir.

Değişim, sadece sistemlere değil, kişilere de dikkat eden Değişim Temsilcileri gerektirir. Değişim Temsilcileri, sorunları ortaya çıkmadan önce yakalamak ve değişimi daha sorunsuz halde yürütmek için çalışanları, müşterileri ve diğer paydaşları aktif olarak dinlerler.

Nihayetinde değişim, zorluklar ortaya çıktığında etkileşim, katılım, takviye ve (önemli olarak) sürekli destek almak için paydaşlara canlı ve düzenli olarak iletilen açık bir Değişim Hedefleri VİZYONUNU gerektirir.

3. Bir Değişimi Yönetmemek: Bir Geçişi Yönetmek

Değişim yönetimi uzmanı William Bridges, değişim yönetimi sürecinde geçişin merkeziliğini vurgulamaktadır. Geçişi, insanların yeni durumla uzlaşmak için geçirdikleri psikolojik süreç olarak tanımlar. Birçok kişi değişimi yalnızca yeni bir başlangıç olarak düşünürken, Bridges değişimin mevcut durumun sona ermesiyle başlayan üç farklı aşamadan geçmeyi içerdiğini ileri sürer. Sonlar zordur çünkü insanların mevcut koşullardan vazgeçmesi gerekir. İnsanlar daha sonra mevcut durumun tam olarak bitmediği ve yeni durumun tam olarak başlamadığı Tarafsız Bölge'ye girerler. Yeni durum kurulduğunda değişim tamamlanmıştır (bkz. Tablo 34). Bu üçünden Tarafsız Bölge en az tahmin edilebilir ve en kafa karıştırıcı olanıdır, çünkü eski ve yeninin bir karışımıdır. Kurumdaki kişiler Tarafsız Bölge'den geçmezse, kurum eski alışkanlıklara geri dönme ve değişimi sürdürememe riskiyle karşı karşıya kalabilir.

Bridges, organizasyonel değişimin başarısız olmasının en büyük nedeninin, değişimi yönlendiren kişilerin nadiren sonları düşünmeleri ve bu nedenle sonların kişiler üzerindeki etkisini yönetememeleri olduğunu savunmaktadır. "Çoğu kurum bitirmek yerine başlamaya çalışır. Sonlara dikkat etmezler. Tarafsız bölgenin varlığını kabul etmezler ve sonra kişilerin değişimle neden bu kadar çok zorluk çektiklerini merak ederler" (Bridges, 2009). Bir değişim yaşarken, tüm bireyler üç aşamadan da geçer, ancak farklı hızlarda geçerler. İlerleme, geçmiş deneyimler, kişisel tercih edilen tarz, sorunu tanıma ve olası çözümler geliştirme konusundaki katılım derecesi ve gönüllü olarak bir değişime doğru ilerlemek yerine bir değişime ne ölçüde zorlandıklarını hissettikleri gibi faktörlere bağlıdır.

Tablo 34 Bridges'in Geçiş Aşamaları

Geçiş Aşaması	Tanım
Bitiş	<ul><li>Bırakmamız gereken şeyler olduğunu kabul ettiğimizde.</li><li>Bir şeyi kaybettiğimizi fark ettiğimizde.</li><li>Örnek: İş değiştirme – bir kişi iş değiştirmeyi seçse bile, yakın çalışma arkadaşlarını kaybetme gibi kayıpları olabilir.</li></ul>
Tarafsız Bölge	<ul><li>Eski yöntemler bırakıldığında ama yenileri henüz başlamadığında.</li><li>Her şey değişip, kimse ne yapması gerektiğini bilmiyormuş gibi hissettiğinde.</li><li>İşler kafa karıştırıcı ve düzensiz olduğunda.</li><li>Örnek: Yeni bir eve taşınmak. Taşındıktan sonraki ilk birkaç gün hatta aylar, yeni ev henüz ev gibi değildir ve her şey büyük olasılıkla kargaşa içindedir.</li></ul>
Başlangıç	<ul><li>Yeni yol rahat, doğru ve tek yol olarak hissedildiğinde.</li><li>Örnek: Bebek sahibi olmak. Kargaşanın tarafsız bölgesinde geçen birkaç aydan sonra, yeni bebeğiniz olmadan hayatı hayal bile edemediğiniz bir aşamaya gelirsiniz.</li></ul>

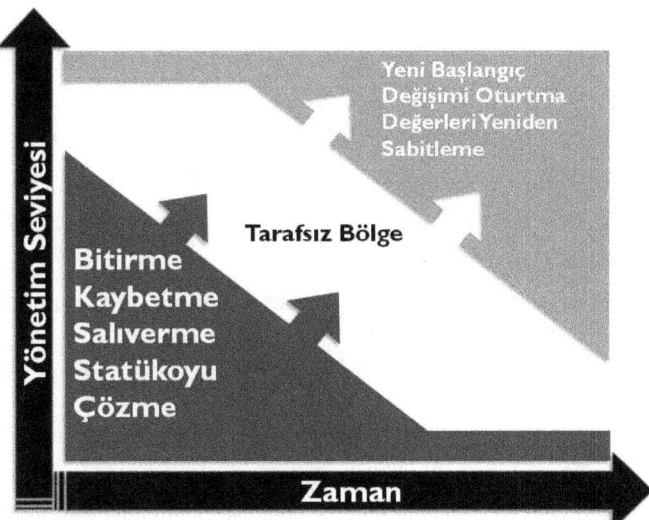

Şekil 113 Bridges'in Geçiş Aşamaları

Bridges, Değişim Yöneticisinin ilk görevinin Varış Noktasını (veya VİZYONU) ve oraya nasıl gidileceğini anlamak iken, geçiş yönetiminin nihai amacının insanları yolculuğa başlamaları gerektiğine ikna etmek olduğunu vurgular. Değişimi ve geçişi yönetirken, Değişim Temsilcisinin ve süreçteki herhangi bir yöneticinin veya liderin rolü, kişilerin sürecin ve geçiş aşamalarının tamamen doğal olduğunu anlamalarına yardımcı olmaktır.

Geçişi yönetmek için aşağıdaki kontrol listesi, bireylerin geçişi yapmasına yardımcı olurken yöneticilerin bilmesi gereken kilit noktaları özetlemektedir.

- Bitiş

    - Herkesin mevcut sorunları ve değişimin neden gerekli olduğunu anlamasına yardımcı olun.
    - Kimin neyi kaybetmesinin muhtemel olduğunu belirleyin. Arkadaşların ve yakın çalışma arkadaşlarının kaybının, bazıları için statü ve güç kaybının diğerleri için önemli olduğu kadar önemli olduğunu unutmayın.
    - Kayıplar özneldir. Birinin üzüldüğü şeyler bir başkası için hiçbir şey ifade etmeyebilir. Öznel kayıpların önemini kabul edin. Kaybı nasıl algıladıkları konusunda başkalarıyla tartışmayın ve diğer insanların kayba tepkilerine şaşırmayın.
    - Yas belirtilerini bekleyip kabul edin ve kayıpları açık, sempatik bir şekilde kabul edin.
    - Neyin bitip neyin bitmediğini tanımlayın. İnsanlar bir noktada durmak zorunda kalıyor ve eski yollara tutunmaya çalışmak zorlukları uzatıyor.
    - Geçmişe saygıyla davranın. İnsanlar muhtemelen çok zor olabilecek koşullarda son derece sıkı çalıştılar. Bunun farkına varın ve çalışmaya değer verildiğini gösterin.
    - Bir şeyi sonlandırmanın, insanlar için önemli olan şeylerin devam etmesini ve geliştirilmesini nasıl sağladığını gösterin.
    - İnsanlara bilgi verin. Sonra bunu çeşitli şekillerde tekrar tekrar yapın – gidip okunabilecek yazılı bilgiler, ayrıca konuşma ve soru sorma fırsatı.
    - Farklı bireylere en iyi nasıl yaklaşılacağını belirlemek için paydaş analizini kullanın – değişimi başlatmak için bakış açılarının nasıl dahil edilmesi gerektiğini ve olası direnç noktalarının neler olabileceğini anlayın.

- Tarafsız Bölge

    - Bunu zor bir aşama olarak kabul edin (eski ve yeninin karışımı), ancak herkesin bu aşamadan geçmesi gerektiğini de kabul edin.
    - İnsanları dahil edin ve birlikte çalışın; onlara yeni fikirleri denemeleri ve test etmeleri için zaman ve yer verin.
    - İnsanların hala değerli olduklarını hissetmelerine yardımcı olun.
    - Her iyi fikir beklendiği gibi çalışmasa bile, iyi fikirleri olan insanları övün. Planla, Uygula, Kontrol Et, Önlem Al (PDSA) modeli, yeni bir şeyleri denemeyi ve her döngüden öğrenmeyi teşvik eder.
    - İnsanlara bilgi verin; çeşitli şekillerde tekrar tekrar vermeye devam edin.
    - Test edilen fikirlerin sonuçları ve alınan kararlar hakkında geri bildirim sağlayın.

- Başlangıç

    - Zamanından önce bir başlangıca zorlamayın.
    - İnsanların yeni sistemde hangi rolü oynayacaklarını bilmelerini sağlayın.
    - Politikaların, prosedürlerin ve önceliklerin açık olduğundan emin olun; karışık mesajlar göndermeyin.
    - Yeni başlangıcı kutlamayı ve değişimi yapanlara hakkını vermeyi planlayın.
    - İnsanlara bilgi verin; çeşitli şekillerde tekrar tekrar vermeye devam edin.

4. Kotter'in Değişim Yönetiminin Sekiz Hatası

Değişim Yönetimi alanında en saygın araştırmacılardan biri olan John P. Kotter, *Leading Change*'de, organizasyonun değişimi gerçekleştirememesinin sekiz nedenini özetlemektedir. Bunlar, bilgi ve veri yönetimi bağlamında yaygın olarak ortaya çıkan sorunlara bakış açısı sağlarlar.

4.1 Hata #1: Çok Fazla Rehavete İzin Vermek

Kotter'e göre, insanların organizasyonları değiştirmeye çalışırken yaptıkları en büyük hata, akranları ve üstleri arasında yeterince aciliyet duygusu oluşturmadan ilerlemeye çalışmaktır (Bu, Gleicher formülünde tanımlanan statükodan memnuniyetsizliği artırma ihtiyacıyla ilgilidir; bkz. Bölüm 6). Kotter'ın analizi, başkalarının hatalarından kaçınmak isteyen Değişim Yöneticileri için değerli ipuçları sağlar. Değişim Temsilcileri aşağıdakileri sık yaparlar:

- Kurumda büyük değişimler yapmaya zorlama yeteneklerini abartmak
- İnsanları konfor alanlarından uzaklaştırmanın ne kadar zor olabileceğini hafife almak
- Eylemlerin ve yaklaşımların savunmacılığı artırarak statükoyu nasıl güçlendirebileceğini görmemek
- Hangi değişimin gerekli olduğu veya değişimin neden gerekli olduğu konusunda yeterli iletişim olmadan değişim faaliyetlerini başlatmak (Vizyon)
- Paydaşlar silolarında daha derinlere konuşlandıkça korku ve dirense yol açan aciliyet ile kaygı kavramlarını birbirine karıştırmak

Organizasyonel kriz karşısında rehavetin bir sorun olmayacağını düşünmek cazip gelse de, çoğu zaman durum tam tersidir. Paydaşlar, çok fazla (çoğu zaman çatışan) değişim talebi karşısında (genellikle "her şey önemliyse, o zaman hiçbir şey önemli değildir" şeklinde düşünülür) statükoya sahip çıkarlar.

4.1.1 Bilgi Yönetimi Bağlamında Örnekler

Tablo 35, bilgi yönetimi bağlamında rehavetin nasıl ortaya çıkabileceğinin örneklerini açıklar:

Tablo 35 Rehavet Senaryoları

Örnek Senaryo	Nasıl Ortaya Çıkabileceği
Mevzuat Değişimine Tepki	"Biz iyiyiz. Mevcut kurallara göre ceza almadık."
Ticari Değişime Tepki	"Yıllardır işi başarıyla destekliyoruz. İyi olacağız."
Teknoloji Değişimine Tepki	"Bu yeni teknoloji kanıtlanmadı. Mevcut sistemlerimiz kararlı ve sorunları nasıl çözeceğimizi biliyoruz."
Sorunlara veya Hatalara Tepki	"Bunun için bir sorun giderme ekibi atayabilir ve sorunları düzeltebiliriz. [Buraya Departman veya Ekibin adını girin]'de bazı kişiler olması lazım."

4.2 Hata #2: Yeterince Güçlü Bir Rehber Koalisyon Oluşturmada Başarısızlık

Kotter, organizasyonun liderinin aktif desteği olmadan ve değişime rehberlik etmek için bir araya gelen diğer liderler koalisyonu olmadan büyük bir değişimin neredeyse imkânsız olduğunu belirtiyor. Liderlik etkileşimi, önemli davranış değişimleri gerektirdiğinden, veri yönetişimi çabalarında özellikle önemlidir. Üst düzey liderlerin taahhüdü olmadan, kısa vadeli kişisel çıkarlar, daha iyi yönetişimin uzun vadeli faydaları konusundaki argümanlardan daha ağır basacaktır.

Bir Rehber Koalisyon, yeni stratejilerin hayata geçirilmesine ve organizasyonun dönüştürülmesine yardımcı olan, kurum genelinde güçlü ve hevesli bir gönüllüler ekibidir. Bir Rehber Koalisyon geliştirmenin temel zorluklarından biri, kimin işe dahil olması gerektiğini belirlemektir (Bkz. Bölüm 5.2).

4.3 Hata #3: Vizyonun Gücünü Hafife Almak

Aciliyet ve güçlü bir rehber ekip, değişime dair net ve mantıklı bir vizyon olmadan işe yaramaz. Vizyon, değişim çabasının bağlamını sağlar. İnsanların herhangi bir bileşenin anlamını anlamalarına yardımcı olur. İyi tanımlanmış ve iletilmiş bir vizyon, değişimi uygun şekilde gerçeklemek için gereken enerji düzeyinin yönlendirilmesine yardımcı olabilir. Karar verme sürecini yönlendirecek bir vizyon beyanı olmadan, her seçim bir tartışmaya dönüşme riski taşır ve herhangi bir eylem, değişim girişimini rayından çıkarabilir veya onu baltalayabilir.

Vizyon, planlama veya program yönetimi ile aynı şey değildir. Vizyon, proje planı veya proje başlatma belgesi veya değişimin tüm bileşenlerinin ayrıntılı bir dökümü değildir.

Vizyon, değişimin nereye gittiğine dair açık ve kesin bir beyandır.

Vizyonu paylaşmak, insanlarla bağlantı kurmak anlamına gelir. Veri yönetimi girişimleri için vizyon, mevcut veri yönetimi uygulamalarıyla ilgili zorlukları, iyileştirmenin faydalarını ve daha iyi bir geleceğe ulaşmanın yolunu ifade etmelidir.

4.3.1 Bilgi Yönetimi Bağlamında Örnekler

Bilgi yönetiminde çok sık olarak, belirli bir projenin vizyonu yeni bir teknolojinin uygulanması olarak sunulur. Teknoloji, önemli olmakla birlikte, değişim ya da vizyon değildir. Kurumun teknoloji ile neler yapabileceği vizyonu oluşturur.

Örneğin, "Birinci çeyrek sonuna kadar [buraya teknolojinin adını girin] üzerine inşa edilmiş yeni bir entegre finansal raporlama ve analitik paketi uygulayacağız" ifadesi övgüye değer ve ölçülebilir bir hedeftir. Ancak, değişimin nereye varacağına dair net ve ikna edici bir ifade anlamında çok az şey söyler.

Öte yandan, "Finansal raporların doğruluğunu ve güncelliğini iyileştireceğiz ve tüm paydaşların kullanımına daha kolay hale getireceğiz. Verilerin raporlama süreçlerimize nasıl girip çıktığını daha iyi anlamak, sayılarımıza olan güveni destekleyecek, zamandan tasarruf sağlayacak ve dönem sonu süreçleri sırasındaki gereksiz stresi azaltacaktır. Bunu başarmak için ilk adımımızı Q1'in sonunda [Sistem X]'i gerçekleyerek atacağız" ne yapılacağını ve neden yapılacağını açıklıyor. Değişimin faydalarını kuruma gösterebilirseniz, değişim için destek oluşturmuş olursunuz.

4.4 Hata #4: Vizyon için Gereken İletişimin 10'da 100'de 1000'de 1'ini Gerçekleştirmek

Herkes mevcut durumun tatmin edici olmadığı konusunda hemfikir olsa bile, insanlar değişimin faydalarını statükonun üzerinde önemli bir gelişme olarak algılamadıkça değişmeyeceklerdir.

Vizyonun tutarlı, etkili iletişimi ve ardından eylem, başarılı değişim yönetimi için kritik öneme sahiptir. Kotter, iletişimin hem kelimelerle hem de eylemlerle gerçekleştiğini belirtmektedir. İkisi arasındaki uyum, başarı için çok önemlidir. Hiçbir şey, insanların "Dediğimi yap, yaptığımı yapma" mesajını aldığı bir durum kadar hızlı bir şekilde değişim çabasını öldüremez.

4.5 Hata #5: Vizyona Mâni Olan Engellere Müsaade Etmek

Yeni girişimler, önerilen değişimin ihtiyacını ve yönünü tam olarak benimseseler bile, insanlar yollarındaki devasa engeller tarafından güçsüz bırakıldıklarını hissettiklerinde başarısız olurlar. Dönüşümünün bir parçası olarak kurum, farklı türdeki engelleri belirlemeli ve bunlara yanıt vermelidir:

- **Psikolojik**: İnsanların kafasında var olan engeller, nedenlerine göre ele alınmalıdır. Korkudan mı, bilgi eksikliğinden mi yoksa başka bir nedenden mi kaynaklanıyor?

- **Yapısal**: Dar meslek kategorileri veya insanları Vizyon ile kendi çıkarları arasında seçim yapmaya zorlayan performans değerlendirme sistemleri gibi organizasyonel yapılardan kaynaklanan engeller, değişim yönetimi sürecinin bir parçası olarak ele alınmalıdır. Değişim yönetimi, yapısal teşvikleri ve değişime yönelik caydırıcıları değerlendirmelidir.

- **Aktif direniş**: Yeni koşullara uyum sağlamayı reddeden ve Dönüşüm ile tutarsız taleplerde bulunan insanlardan kaynaklı ne gibi engeller var? Kurumun kilit üyeleri, değişim vizyonu hakkında doğru şeyler söyler, ancak davranışlarını değiştirmez veya beklenen davranışları ödüllendirmez veya uyumsuz şekillerde çalışmaya devam ederlerse, vizyonun yürütülmesi sekteye uğrayıp başarısız olabilir.

Kotter, organizasyonlardaki "akıllı insanları" bu engellerle yüzleşmeye çağırmaktadır. Eğer yüzleşmezlerse, diğerleri kendilerini güçsüz hissedecek ve değişim zayıflayacaktır.

4.6 Hata #6: Kısa Vadede Kazanımlar Yaratamamak

Gerçek değişim zaman alır. Bir spor rejimine veya kilo verme planına başlamış olan herkes, devam etmenin sırrının, ilerlemeyi işaretleyerek ivme ve motivasyonu koruyan düzenli kilometre taşı hedeflerine sahip olmak olduğunu bilir. Uzun vadeli bir taahhüt, çaba ve kaynak yatırımı içeren herhangi bir şey, erken ve düzenli başarı geri bildirimi bekler.

Karmaşık değişim çabaları, uzun vadeli hedefleri destekleyen kısa vadeli hedefler gerektirir. Bu hedeflere ulaşmak, ekibin momentumu kutlamasına ve sürdürmesine olanak tanır. Anahtar şey, sadece umut etmekten ziyade kısa vadede kazanımlar yaratmaktır. Başarılı dönüşümlerde yöneticiler aktif olarak ön hedefler belirler, bu hedeflere ulaşır ve ekibi ödüllendirir. Başarıyı garanti etmek için sistematik çabalar olmadan, değişimin başarısız olması ihtimaldir.

4.6.1 Bilgi Yönetimi Bağlamında Örnekler

Bir bilgi yönetimi bağlamında, kısa vadede kazanımlar ve hedefler genellikle tanımlanmış bir sorunun çözülmesinden kaynaklanır. Örneğin, bir İş Sözlüğünün geliştirilmesi, bir veri yönetişim girişiminin temel çıktısıysa, verilerin tutarsız olarak anlaşılmasıyla ilgili bir sorunun çözülmesi kısa vadede bir kazanım sağlayabilir (yani, iki iş birimi, hesaplamalarında farklı kurallar kullandıkları için farklı KPI sonuçları raporlar). Sorunu belirlemek, çözmek ve çözümü genel uzun vadeli değişim vizyonuyla ilişkilendirmek, ekibin bu hedefi kutlamasına ve vizyonu eylemsel olarak göstermesine olanak tanır. Aynı zamanda vizyon hakkında iletişim için değerli teminatlar sağlar ve değişim mesajını güçlendirmeye yardımcı olur.

4.7 Hata #7: Erken Zafer İlan Etmek

Değişim projelerinde, özellikle de birkaç yıla yayılan projelerde, ilk büyük performans iyileştirmesinde başarıyı ilan etme eğilimi vardır. Hızlı galibiyetler ve erken galibiyetler, ivmeyi ve morali korumak için güçlü araçlardır. Ancak, işin bittiğine dair herhangi bir öneri genellikle bir hatadır. Değişimler organizasyonun kültürüne yerleşene kadar yeni yaklaşımlar kırılgandır ve eski alışkanlıklar ve uygulamalar kendilerini yeniden ortaya çıkarabilir. Kotter, tüm bir kurumu değiştirmenin üç ila on yıl sürebileceğini öne sürmektedir.

4.7.1 Bilgi Yönetimi Bağlamında Örnekler

'Görev Tamamlandı' sendromunun klasik örneği, bir teknolojinin gerçeklenmesinin, bilgi yönetimini iyileştirmeye veya verilerin kalitesi veya güvenilirliğiyle ilgili bir sorunu çözmeye giden yol olarak görüldüğü senaryodur. Teknoloji bir kez kurulduktan sonra, özellikle genel vizyon yetersiz tanımlanmışsa, projenin hedefe doğru ilerlemesini sağlamak zor olabilir. Tablo 36, erken zafer ilan etmenin sonuçlarıyla ilgili birkaç örnek sunmaktadır.

Tablo 36 Erken Zafer İlan Etme Senaryoları

Örnek Senaryo	Nasıl Ortaya Çıkabileceği
Veri Kalitesini Ele Alma	"Bir Veri Kalitesi aracı satın aldık. Bu iş artık düzeldi." • Kurumda hiç kimse veri kalitesi raporlarını gözden geçirmiyor veya bunlara göre hareket etmiyor
Yetkinlik teslimini gerçekleme ve operasyonla karıştırma	"Yönetmelik X için raporlamaları gerçekledik. Artık mevzuata uyumluyuz." • Regülasyon gereksinimleri değişir • Hiç kimse, raporlamada tanımlanan sorunları incelemiyor veya bunlara göre hareket etmiyor
Verilerin taşınması	"Sistem X'teki tüm veriler artık Sistem Y'dedir." • Kayıt sayıları eşleşiyor, ancak Sistem Y'deki veriler eksik veya geçiş sürecindeki hatalar nedeniyle kesilmiş. Manuel müdahale gerekiyor.

4.8 Hata # 8: Değişimleri Kurum Kültürüne Sağlam Bir Şekilde Demirlemeyi İhmal Etmek

Kurumlar değişmez, insanlar değişir. Yeni davranışlar, bir organizasyonun sosyal normlarına ve ortak değerlerine dahil edilene kadar, değişim çabasının odağı ortadan kalkar kalkmaz bozulmaya ve yıpranmaya maruz kalırlar. Kotter net bir şekilde belirtiyor: Herhangi bir değişim faaliyetine girişirken, tehlikede olan kültürü görmezden gelmektesiniz.

Kuruluşun kültüründeki değişimi sabitlemenin iki anahtarı şunlardır:

- İnsanlara belirli davranış ve tutumlarının performansı nasıl etkilediğini bilinçli olarak göstermek.
- Değişim yaklaşımını yeni nesil yönetime yerleştirmek için yeterli zaman ayırmak.

4.8.1 Bilgi Yönetimi Bağlamında Örnekler

Bu risk, veri yönetişimi yürütme, metaveri yönetimi ve kullanımı veya veri kalitesi uygulamalarında iyileştirmeler sağlamak için gerçeklenebilecek genel değişimlerde insan faktörlerinin önemini vurgulamaktadır.

Örneğin, bir kuruluş, içerik yönetim sistemlerinde otomatik sınıflandırma ve arşivleme süreçlerini desteklemek için tüm belgelere bir metaveri etiketleme gereksinimi getirmiş olabilir. Personel ilk birkaç hafta içinde uymaya başlar, ancak zaman geçtikçe eski alışkanlıklara dönerler ve belgeleri doğru şekilde etiketlemezler, bu da onları, belgenin teknoloji çözümü gereksinimlerine uygun hale getirmek için manuel olarak gözden geçirilmesi gereken büyük bir sınıflandırılmamış kayıt yığınına yol açar.

Bu, Bilgi Yönetimindeki iyileştirmelerin süreçler, insanlar ve teknolojinin bir kombinasyonu yoluyla sağlandığı olgusunu vurgular. Çoğu zaman da bu ara bileşen gözden kaçırılır, bu da optimal olmayan teslimata ve kaydedilen ilerlemede gerilemeye yol açar. Yeni teknolojiyi veya yeni süreçleri tanıtırken, insanların değişimi nasıl ileriye taşıyacağını ve kazanımları nasıl sürdüreceğini düşünmek önemlidir.

5. Kotter'in Büyük Değişim İçin Sekiz Aşamalı Süreci

Değişim Yönetiminin Sekiz Hatasına ek olarak, Kotter değişimin önündeki bir dizi yaygın engelin farkındadır:

- İçe dönük kültürler
- Bürokrasi
- Kıt görüşlü politikalar
- Güvensizlik
- İş birliği eksikliği
- Kendini beğenme
- Yönetim eksikliği veya başarısızlığı
- Bilinmeyen korkusu

Bunlarla mücadele etmek adına, büyük değişim için sekiz adımlı bir model önermektedir. Kotter'in modeli, bu konuların her birinin sürdürülebilir uzun vadeli değişimi destekleyecek şekilde ele alınabileceği bir çerçeve sağlar. Her adım, dönüşüm çabalarını baltalayan temel hatalardan biriyle ilişkilidir.

Modelin ilk dört adımı, yerleşik statüko pozisyonlarını yumuşatır. Kotter'in dediği gibi, bu çaba sadece değişim kolay olmadığı için gereklidir.

Sonraki üç adım (5-7) yeni uygulamaları ve çalışma yollarını tanıtmaktadır. Son adım, değişimi yerine sabitler ve gelecekteki kazanımlar ve iyileştirmeler için bir platform sağlar.

Kotter, bu adımları izlemenin bir kestirme yolu olmadığını belirtmektedir. Tüm başarılı değişim çabaları sekiz adımın hepsinden geçmelidir. 5., 6. ve 7. adımlara odaklanmak cazip gelir. Ancak bu, değişimi sürdürmek için sağlam bir temel sağlamaz (vizyon yok, Rehber Koalisyon yok, statükodan memnuniyetsizlik yok). Aynı şekilde, vizyon ve iletişimi desteklemek ve mevcut durumla ilgili sorunları vurgulamak için hızlı kazanımları kullanarak süreç boyunca ilerlerken her adımı güçlendirmek de önemlidir.

Şekil 114 Kotter'in Büyük Değişim İçin Sekiz Aşamalı Süreci

5.1 Aciliyet Duygusu Oluşturma

İnsanlar gereksiz olduğunu düşündükleri bir şeyden iş birliğini alıkoymak için binlerce yol bulacaklardır. Bir değişim çabasını desteklemek için yeterli sayıda kritik insanı motive etmek için açık bir aciliyet duygusu gereklidir. Kazandıracak iş birliği, bir toplanma çağrısını gerektirir.

Aciliyetin zıttı rehavettir. Kendini beğenmişlik yüksek olduğunda, değişim vizyonunu yaratmak ve değişim çabasına rehberlik etmek için yeterince güçlü bir grubu bir araya getirmek imkânsız değilse de zordur. Nadir durumlarda, bireyler rehavet karşısında bir miktar ilerleme kaydedebilir, ancak bu neredeyse sürdürülebilir değildir.

Bilgi yönetimi bağlamında, birkaç faktör aciliyet duygusu yaratabilir:

- Regülasyon değişiklikleri
- Bilgi güvenliğine yönelik tehditler
- İş sürekliliği riskleri
- İş stratejisindeki değişimler
- Birleşme ve devralmalar
- Düzenleyici kurum denetimleri veya dava tehditleri
- Teknolojideki değişimler
- Pazardaki rakiplerin yetkinliklerindeki değişimler
- Bir kurumun veya bir endüstrinin bilgi yönetimi sorunları hakkındaki yorumlar

5.1.1 Rehavetin Kaynakları

Kotter, organizasyonların ve insanların rehavetinin dokuz nedenini belirler (Bkz. Şekil 115).

- Görünür bir krizin yokluğunda, aciliyet duygusu uyandırmanın zorluğu.
- Başarı tuzağı bazı durumlarda aciliyeti bastırması.
- Personeli düşük performans standartlarına, dış ölçütlerle veya dahili uzun vadeli eğilimlerle kıyaslanamayan standartlara göre ölçmek.
- Farklı işlevsel birimler için farklı performans ölçütleri içeren aşırı dar işlevsel hedefler, genel kurumsal performansın zayıf olduğu veya sıkıntılı olduğu durumlarda hiç kimsenin sorumlu olmadığı bir duruma yol açması.

- Dahili planlama ve kontrol sistemleri, herkesin hedeflerine ulaşmasını kolaylaştırmak için hileliyse (veya düzenlenebilirse), rehavete düşmenin kolay olması.
- Performans geri bildiriminin tek kaynağı hatalı iç sistemlerden geldiğinde, rehavetin doğruluğuna dair bir mantık kontrolünün olmaması.
- Sorunların tanımlandığı veya harici performans geri bildiriminin toplandığı durumlar, genellikle moral bozduğu, başkalarına zarar verdiği veya tartışmaya yol açacağı için hoş karşılanmaz. Bilgiyi organizasyon performansının değerlendirmesine girdi olarak almak yerine, kültürün 'haberciyi öldürmek' üzerine olması.
- Çok basit psikolojik nedenlerle duyulmak istenmeyen şeyler kabul edilmezler. Büyük bir problemin kanıtı ortaya çıktığında, insanların genellikle bilgiyi görmezden gelmesi veya daha az acı verici bir şekilde yeniden yorumlamaları.
- İlk sekiz zorluğun önemli olmadığı kuruluşlarda bile, üst yönetimden veya kuruluştaki üst düzey kişilerden gelen 'mutlu konuşmaların' yersiz bir güvenlik ve başarı duygusu yaratması riski vardır. Genellikle bu "mutlu konuşma", geçmişteki başarıların bir sonucudur. Geçmişteki başarılar, bireylere bir ego verebilir ve kibirli bir kültür yaratabilir. Her iki faktör de aciliyet duygusunu düşük tutabilir ve değişimi engelleyebilir.

Herhangi bir değişim girişiminde iyi bir kural, rehaveti pekiştirebilecek ve statükoyu destekleyebilecek güçlerin gücünü asla küçümsememektir. Rehavet sorunu ciddiye alınmalıdır. Bir kuruluş, gerçek sorunları ciddiye almadan önemli kararlar alamaz.

5.1.2 Aciliyet Seviyesini Yükseltmek

Aciliyet seviyesini yükseltmek, rehavetin kaynaklarının ortadan kaldırılmasını veya etkilerinin azaltılmasını gerektirir. Güçlü bir aciliyet duygusu yaratmak, liderlerin cesur ve hatta riskli eylemlerde bulunmasını gerektirir. Deming'in 14 Dönüşüm Noktasının bir parçası olarak liderliği kurma konusunda yönetimi nasıl tembihlediğini hatırlamakta fayda vardır.[74]

---

[74] *Out of the Crisis* (1982)'de, W. Edwards Deming, Yönetim Dönüşümü için 14 Nokta'yı yayınlamıştır. http://bit.ly/1KJ3JIS.

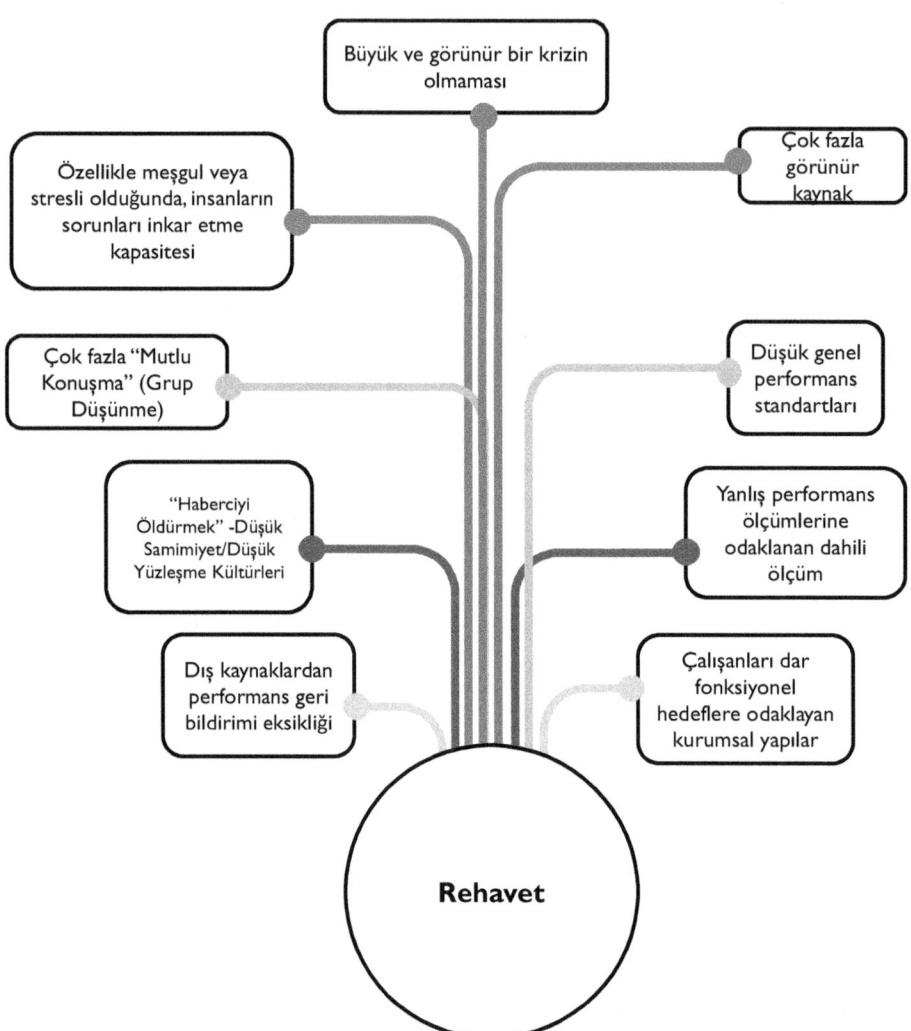

Şekil 115 Rehavetin Kaynakları

Cesur, yalnızca bir pazarlama e-postasında iyi görünen bir şey olmaktan öte, kısa süreli acıya neden olabilecek bir şey yapmak anlamına da gelir. Başka bir deyişle, yeni felsefenin benimsenmesini gerektirir (yine Deming'den ödünç). Rehaveti azaltacak kadar cesur hareketler, kısa vadeli çatışma ve endişeye neden olma eğilimindedir. Bununla birlikte, eğer çatışma ve endişe değişim vizyonuna yönlendirilebilirse, o zaman bir lider, uzun vadeli hedefler oluşturmak için kısa vadeli rahatsızlıktan yararlanabilir.

Desteklenen ve destekleyici liderliğin yokluğunda cesur hamleler zordur. Aciliyet duygusunu artıramayan temkinli üst düzey yöneticiler, bir organizasyonun değişim yeteneğini azaltacaktır.

5.1.3 Krizi Dikkatli Kullanmak

Aciliyet seviyelerini yükseltmenin bir yolu, görünür bir krize tutunmaktır. Bazen, kuruluşun ekonomik olarak hayatta kalması risk altında olana kadar büyük bir değişimin mümkün olmadığı söylenir. Ancak, değişimin o zaman bile gelmesi şart değildir. Bir kuruluştaki ekonomik veya finansal kriz, genellikle değişim vizyonunu desteklemek için gerekli kaynakların bulunmasının zor olmasına neden olabilir.

Organizasyonu potansiyel problemler ve potansiyel fırsatlar hakkında bilgi bombardımanına tutarak veya statükoyu bozan iddialı hedefler belirleyerek algılanan bir kriz yaratmak mümkündür. Kotter, (tesadüfen) ele almayı planladığınız bir sorun yaratmanın genellikle daha kolay olduğunu öne sürmektedir.

5.1.4 Orta ve Alt Düzey Yöneticilerin Rolü

Değişim hedefinin ölçeğine bağlı olarak (örneğin, bir departman veya iş birimine karşı tüm organizasyon), kilit oyuncular o birimden sorumlu yöneticiler olacaktır. Doğrudan kontrolleri altındaki ekiplerdeki rehaveti azaltabilmeleri gerekecektir. Yeterli özerkliğe sahiplerse, bunu organizasyonun geri kalanındaki değişimin hızından bağımsız olarak yapabilir durumdadırlar.

Yeterli özerklik yoksa, o zaman küçük bir birimdeki bir değişim çabası bile, dış atalet kuvvetlerinin ortaya çıkmasıyla en baştan karanlığa mahkûm olabilir. Genellikle üst düzey yöneticilerin bu güçleri azaltması gerekir. Ancak orta veya alt düzey yöneticiler, stratejik bir şekilde hareket ederlerse bu tür bir değişimi yönlendirebilirler. Örneğin, önemli bir stratejik proje üzerinde gerekli değişimi yapmamanın etkisini açıkça göstermek için analiz kullanılabilir. Bu, özellikle, tartışma, analize yardımcı olabilecek harici bir danışman gibi harici bir gruba yönlendirilerek yayıldığında daha etkilidir.

5.1.5 Ne Kadar Aciliyet Yeterlidir?

Bir sorunla ilgili aciliyet duygusu, insanları statükonun kabul edilemez olduğu sonucuna götürür. Dönüşümü uzun vadede sürdürmek için kritik bir yönetici kitlesinin desteği gereklidir. Kotter %75 olarak önermektedir. Ancak, çok fazla aciliyet yaratmak da ters tepebilir. Çok fazla aciliyet, rekabet halindeki değişim vizyonlarına neden olabilir veya "yangınla mücadeleye" odaklanmaya neden olabilir.

Yeterince zorlayıcı bir aciliyet duygusu, değişim sürecini başlatmaya ve ona ivme kazandırmaya yardımcı olacaktır. Yeterli aciliyet, Rehber Koalisyonunda doğru düzeyde liderlik elde edilmesine de yardımcı olacaktır. Nihayetinde, aciliyet duygusunun, ilk başarılar elde edildikten sonra kendini tekrar öne sürmesini önleyecek kadar güçlü olması gerekir. Anahtar yaklaşımlardan biri, 'müşterinin sesine' dokunmak ve dış müşteriler, tedarikçiler, hissedarlar veya diğer paydaşlarla yaratılan aciliyet düzeyine ilişkin bakış açıları hakkında konuşmaktır.

5.2 Rehber Koalisyon

Hiç kimse bir vizyon yaratmak için gerekli tüm cevaplara veya tüm sezgilere sahip değildir veya bir vizyonun etkili iletişimini desteklemek için doğru bağlantı yelpazesine ve çeşitliliğine sahip değildir. Başarılı bir değişim için iki senaryodan kaçınılmalıdır:

- Yalnız CEO / Yalnız Şampiyon
- Düşük Güvenilirlikli Komite

Yalnız CEO senaryosu, değişim çabasının başarısını veya başarısızlığını bir kişinin ellerine bırakır. Bugünlerde çoğu organizasyondaki değişimin hızı, bir kişinin hepsini yönetmesiyle mümkün değildir. Konular tam olarak değerlendirilmeden kararlar alınmadıkça, karar verme ve iletişim hızı yavaşlar. Her iki seçenek de başarısızlık için birer reçetedir.

Düşük Güvenilirlikli Komite, yetenekli bir şampiyona çeşitli fonksiyonel departmanlardan (ve belki de bazı dış danışmanlardan) temsilcilerden oluşan bir "görev gücü" verildiğinde ortaya çıkar. Görev gücünün eksikliği, yönetici hiyerarşisinde üst düzeydeki kişilerden (eğer varsa) yeterli miktarda temsilidir. "Önemli ama o kadar da önemli değil" olarak görülüyorsa (yine, üst düzey yöneticilerden taahhüt eksikliği nedeniyle), insanlar durumu gerçek bir şekilde anlamak için motive olmazlar. Kaçınılmaz olarak, görev gücü de başarısız olur.

Değişim ihtiyacının aciliyetini desteklemek için gerekli yönetim taahhüdüne sahip uygun bir Rehber Koalisyon oluşturmak önemlidir. Ek olarak, ekip, ekip içinde yüksek düzeyde güven gerektiren etkili karar verme yetkinliğini desteklemelidir. Ekip olarak çalışan bir Rehber Koalisyon, daha fazla bilgiyi daha hızlı işleyebilir. Ayrıca, gücü elinde bulunduran karar vericiler gerçekten bilgili ve önemli kararlara bağlı oldukları için fikirlerin gerçeklenmesini hızlandırırlar.

Etkili bir Rehber Koalisyonun dört temel özelliği vardır:

- **Konum Gücü**: Özellikle iş birimi yöneticileri olmak üzere, dışarıda kalanların ilerlemeyi kolayca engelleyememesi için yeterli sayıda kilit oyuncu var mı?
- **Uzmanlık**: Bilgilendirilmiş ve akıllı kararların alınması için ilgili bakış açıları yeterince temsil ediliyor mu?
- **Güvenilirlik**: Ciddiye alınması için organizasyonda iyi itibara sahip yeterli sayıda insan var mı?
- **Liderlik**: Ekip, değişim sürecini yönlendirmek için yeterince kanıtlanmış liderlere sahip mi?

Liderlik temel bir endişe kaynağıdır. Rehberlik Koalisyonunda yönetim ve liderlik becerileri arasında iyi bir denge olmalıdır. Yönetim tüm süreci kontrol altında tutar. Liderlik, değişimi yönlendirir. Biri olmadan diğeri sürdürülebilir bir sonuç elde edemez.

Rehber Koalisyonunuzun yapılandırılması bağlamında ortaya çıkan temel sorunlar şunları içerir:

Bu değişimi tanımlamama ve yönlendirmeme yardım etmesi için kaç kişiye ihtiyacım var?

Bunun cevabı, danışmanvari bir şekilde "Duruma göre değişir", ancak koalisyonun büyüklüğü ve etkilenen genel grubun büyüklüğü ile de ilgilidir. Çok büyük bir gruba sahip olmak ile kilit paydaşları 'çadırın dışında' bırakan bir gruba sahip olmak arasında bir denge kurulmalıdır.

Rehberlik Koalisyonuna kimler katılmalı veya katılmaya davet edilmelidir?

Rehber Koalisyon, resmi bir proje veya program yönlendirme komitesinden, organizasyon genelinde etki vermek için bir platform sağlaması gerektiğinden dolayı farklıdır. Bu nedenle, koalisyonun farklı paydaş topluluklarından temsilciler içermesi gerekir. Ancak, genel bir paydaş gereksinimleri toplama forumu da değildir. Kuruluşun bilgi değer zincirinden etkilenebilecek kişilerin bakış açıları araştırılmalıdır.

Rehber Koalisyon üyelerinin kilit özelliklerinden biri, hiyerarşideki resmi otorite yoluyla veya kuruluştaki statüleri ve deneyimleri yoluyla akranlarını etkileme yetenekleridir.

Tutum, Rehberlik Koalisyonunda anahtar öneme sahiptir.

Rehber Koalisyonun formülasyonunda, değişim liderlerinin ekibin etkinliğini, işlevini ve erişimini zayıflatan davranışlardan kaçınması gerek. Örneğin, şunlardan kaçınılmalıdır:

- **Karşıt Görüşlülük**: Karşıt görüşlüler, Rehber Koalisyonun yaratıcı fikirler geliştirmesi, değişim vizyonunu iyileştirmesi, gerçeklemesi ve geliştirmesi ve büyüme fırsatlarını belirlemesi için ihtiyaç duyulan olumlu ve açık diyaloğu engelleyebilir.

- **Dikkati dağıtma**: Koalisyona rehberlik eden ekip üyelerinin değişim faaliyetine odaklanması gerekir. Odaklanmayan kişiler takımı rotadan çıkarabilir, bu da gecikmelere veya kazanımlardan yararlanmada başarısızlığa yol açabilir.
- **Bencillik**: Rehber Koalisyonun çabaları organizasyonu bir bütün olarak hareket ettirir ve herkesi etkiler. Gizli gündemlerin ekibin çabalarını rayından çıkarmasına izin verilmemelidir.

5.2.1 Koalisyonda Etkili Liderliğin Önemi

Yönetim ve liderlik arasında bir fark vardır. İyi yöneticileri olan ancak liderleri olmayan bir Rehber Koalisyon başarılı olamaz. Lider eksikliği, dışarıdan işe almak, içeriden liderleri teşvik etmek ve personeli liderlik etme zorluğuna adım atmaya teşvik etmek suretiyle ele alınabilir.

Koalisyonunuzu bir araya getirirken Kotter'in "Egolar", "Yılanlar" ve "İsteksiz Oyuncular" olarak adlandırdığı şeylere karşı dikkatli olmanız gerekir. 'Egolar' odayı dolduran ve başkalarının katkıda bulunmasına izin vermeyen bireylerdir. 'Yılanlar' şüphe ve kuşku yaratan ve yayan insanlardır. 'İsteksiz Oyuncular' (genellikle) değişim için orta düzeyde bir ihtiyaç gören ancak aciliyeti tam olarak kavrayamayan kıdemli kişilerdir.

Bu kişilik tiplerinden herhangi biri, değişim çabasını gasp edebilir veya baltalayabilir. Onları takımdan uzak tutmak için yakından yönetmeye çaba gösterilmelidir.

5.2.2 Bilgi Yönetimi Bağlamında Örnekler

Bir bilgi yönetimi değişimi girişimi bağlamında, Rehber Koalisyon, kuruluşun aynı genel değişiminin farklı yönleriyle meşgul olan farklı alanlardaki girişimleri birbirine bağlama fırsatlarını belirlemesine yardımcı olabilir.

Örneğin, bir regülasyon gerekliliğe yanıt olarak, bir firmanın kurum içi danışmanı, kuruluştaki veri akışlarının ve süreçlerinin bir haritasını geliştirmeye başlamış olabilir. Aynı zamanda, bir veri ambarı girişimi, raporlama doğruluğunun ve kalitesinin doğrulanması için verilerin kökenini haritalamaya başlamış olabilir.

Bir veri yönetişimi değişim lideri, veri yönetişimi bağlamında bilgi süreçlerinin dokümantasyonunu ve kontrolünü iyileştirmek için Hukuk Bölümü Başkanını ve Raporlama Başkanını Rehber Koalisyonunda bir araya getirebilir. Bu da, önerilen değişimlerin etkilerini anlamak için verileri kullanan ve oluşturan ön saflardaki ekiplerden girdi gerektirebilir.

Nihayetinde, bilgi değer zincirinin iyi anlaşılması, Rehber Koalisyona dahil edilecek potansiyel adayların belirlenmesine yardımcı olacaktır.

5.2.3 Etkili Bir Ekip Oluşturma

Etkili bir ekip iki basit temele dayanır: güven ve ortak bir hedef. Güven eksikliği, genellikle iletişim eksikliğinden ve yanlış yerleştirilmiş rekabet gibi diğer faktörlerden kaynaklanır. Klasik "İş ve BT" ayrımı, güvenin nerede bozulduğuna iyi bir örnektir. Güven oluşturmak için karşılıklı anlayış, saygı ve özen yaratan ve teşvik eden ekip oluşturma faaliyetlerine katılın. Ancak bu karşılıklı anlayışa ulaşırken, "Grup Düşüncesi"nden kaçınmaya özen gösterilmelidir.

5.2.4 Grup Düşüncesiyle Mücadele

'Grup Düşüncesi', son derece tutarlı ve uyumlu gruplarda, özellikle kendi fikirleriyle çelişebilecek bilgi kaynaklarından izole edilmiş veya insanları tartışmaya açmak yerine kendi konumuyla aynı fikirde olmaya teşvik eden bir liderin egemen olduğu gruplarda ortaya çıkan psikolojik bir etkidir.

Grup Düşüncesinde herkes, çekinceleri olsa bile bir teklife katılırlar. Grup Düşüncesi muhtemelen şu durumlarda var olmaktadır:

- Hiç kimse itiraz etmiyordur
- Alternatif sunulmuyordur
- Farklı bakış açıları hızla reddedilip ve sonsuza dek ölüyordur
- Düşünmeye zorlayabilecek bilgiler aktif olarak aranmıyordur

Grup Düşüncesini önlemek için şunlar önemlidir:

- Tüm katılımcıları, bir sorunun doğasını ve nedenlerini anlamaya yardımcı olmak için bilimsel veri toplama yöntemini izlemeye teşvik edin
- Tüm kararları değerlendirmek için bir kriterler listesi geliştirin
- Grup Düşüncesinin işleri daha hızlı bitirmenin kısayolu olmaması için birlikte verimli bir şekilde çalışmayı öğrenin
- Beyin fırtınasını teşvik edin
- Liderler en son konuşmalıdırlar
- Dışarıdan gelen bilgileri aktif olarak araştırın ve toplantılara girdi sağlayın
- Bir çözüm belirlendikten sonra, ekibin yalnızca bir plan değil, aynı zamanda bir 'B Planı' geliştirmesini sağlayın (bu, onları orijinal plandaki varsayımlarını yeniden düşünmeye zorlar)

5.2.5 Bilgi Yönetimi Bağlamında Örnekler

Grup Düşüncesi çeşitli bağlamlarda ortaya çıkabilir. Potansiyel alanlardan biri, organizasyonun farklı bölümlerinin diğerinin önerdiği değişimlere dirençli olduğu geleneksel "İş ve BT ayrımı"dır. Diğer bir olası senaryo ise, kuruluşun amacının, genel çalışma planındaki bilgi yönetimiyle ilgili olarak gizlilik, güvenlik veya etik sorunlarla sonuçlanabilecek şekilde, analitik ve veri toplamaya odaklanarak veri odaklı olmasıdır.

Kuruluşlarda veri yönetişimi disiplinini uygulamak için birçok neden vardır. Anahtar fonksiyonlardan biri, uygulanacak modeller ve yöntemler hakkında netlik sağlamaktır. Bu netlik, İş / BT ayrımı veya rekabet halindeki önceliklerin dengelenmesi gibi konuların uygun ve tutarlı bir şekilde ele alınmasını sağlayacaktır.

5.2.6 Ortak Hedefler

Rehber Koalisyonun her bir üyesi farklı bir yöne çekilirse güven bozulur.

İnsanları birbirine bağlayan tipik hedefler, mükemmellik taahhüdü veya organizasyonun belirli bir alanda mümkün olan en yüksek düzeyde performans gösterdiğini görme arzusudur. Bu hedefler değişim vizyonuyla karıştırılmamalı, onu tamamlayıcı nitelikte olmalıdır.

5.3 Vizyon ve Strateji Geliştirme

Değişim yönetimi çabalarında yapılan yaygın bir hata, değişimi harekete geçirmek için ya otoriter kararlara ya da mikro yönetime güvenmektir. Değişim durumu karmaşıksa, her iki yaklaşım da etkili değildir.

Amaç davranış değişimi ise, patronun çok güçlü olmadığı durumlarda, basit durumlarda bile otoriter kararname yaklaşımları yetersiz kalmaktadır. Arkasında "kralların gücü" olmadan, otoriter bir kararnamenin tüm direniş güçlerini kırması olası değildir. Değişim Temsilcileri genellikle görmezden gelinir, zayıflatılır veya etrafından dolaşılır. Neredeyse kaçınılmaz olarak, bazı değişim direnişçileri, yetkiyi ve değişim sürecinin arkasındaki nüfuzu test etmek için Değişim Temsilcisinin blöfünü arayacaktır.

Mikro yönetim, çalışanların ne yapması gerektiğini ayrıntılı olarak tanımlayarak ve ardından uyumluluğu izleyerek bu zayıflığı gidermeye çalışır. Bu, değişimin önündeki bazı engellerin üstesinden gelebilir, ancak zamanla, yönetim, değişimle ilişkili karmaşıklık düzeyi arttıkça, yeni değişen davranışlar için iş uygulamalarını ve yöntemlerini detaylandırmak için daha fazla zaman harcamak zorunda kalacağından, daha da fazla zaman alacaktır. Değişim Temsilcilerinin statükoyu aşmasına sürekli olarak izin veren tek yaklaşım, değişimi ivme sağlayan açık bir vizyona dayandırmaktır.

Şekil 116 Vizyon, Statükoyu Aşar

5.3.1 Vizyon Neden Önemlidir

Vizyon, insanların neden bu geleceği yaratmak için çabalamaları gerektiğine dair örtük veya açık yorumlar içeren geleceğin bir resmidir. İyi bir vizyon üç önemli amacı paylaşır: Netleştirme, motivasyon ve uyum.

- **Netleştirme**: İyi bir vizyon, değişimin yönünü netleştirir ve temel parametreleri ayarlayarak bir dizi daha ayrıntılı kararı basitleştirir. Etkili bir vizyon (ve destekleyici stratejiler), yön konusundaki anlaşmazlıklardan veya değişimin motivasyonu veya etkenleriyle ilgili kafa karışıklığından kaynaklanan sorunların çözülmesine yardımcı olur. Basit bir soruyla bitmeyen tartışmalardan kaçınılabilir: Planlanan eylem vizyona uygun mu? Benzer şekilde, vizyon, ekibin çabalarını dönüşüm çabasına katkıda bulunan öncelikli projelere odaklamasına izin vererek, dağınıklığı gidermeye yardımcı olabilir.

- **Motivasyon**: Net bir vizyon, ilk adımlar kişisel olarak acı verici olsa bile insanları doğru yönde adımlar atmaya motive eder. Bu, özellikle insanların düzenli olarak konfor alanlarından çıkmaya zorlandıkları kuruluşlar için geçerlidir. Gelecek iç karartıcı ve moral bozucu olduğunda, doğru vizyon insanlara uğrunda mücadele etmeleri için çekici bir sebep verebilir.

- **Uyum**: Teşvik edici bir vizyon, bireyleri uyumlamaya ve motive olmuş kişilerin eylemlerini verimli bir şekilde koordine etmeye yardımcı olur. Alternatif, ayrıntılı direktifler telaşı veya bitmeyen toplantılardır. Yaşanan deneyimler, ortak bir yön duygusu olmadan birbirine bağımlı insanların sürekli çatışma ve kesintisiz toplantı döngülerine girebileceğini göstermektedir.

5.3.2 Etkili Bir Vizyonun Doğası

Bir vizyon sıradan ve basit olabilir. Büyük veya kapsayıcı olması gerekmez. Değişim için araçlar ve süreçler sisteminin bir unsurudur; bu sistem ayrıca stratejiler, planlar, bütçeler ve daha fazlasını içerir. Yine de vizyon çok önemli bir faktördür çünkü ekiplerin somut iyileştirmelere odaklanmasını gerektirir.

Etkili bir vizyonun birkaç temel özelliği vardır:

- **Hayal edilebilir**: Geleceğin nasıl göründüğünün bir resmini iletir.
- **İstenen**: Çalışanların, müşterilerin, hissedarların ve diğer paydaşların uzun vadeli çıkarlarına hitap eder.
- **Uygulanabilir**: Gerçekçi ve ulaşılabilir hedefler içerir.
- **Odaklanmış**: Karar vermede rehberlik sağlamak için yeterince açıktır.
- **Esnek**: Bireylerin inisiyatif almasına ve koşullar veya kısıtlamalar değiştiğinde alternatif planlara ve tepkilere izin vermesine izin verecek kadar geneldir.
- **İletilebilir**: Beş dakika veya daha kısa sürede paylaşmak kolaydır.

Bir vizyonun etkililiği için anahtar test, onu hayal etmenin ne kadar kolay olduğu ve arzu edilebilir olmasıdır. İyi bir vizyon fedakârlık gerektirebilir, ancak kapsam dahilindeki kişilerin uzun vadeli çıkarlarını korumalıdır. Uzun vadede insanlara fayda sağlamaya odaklanmayan vizyonlara eninde sonunda meydan okunur. Aynı şekilde, vizyon, ürün veya hizmet pazarının gerçekliğine dayanmalıdır. Çoğu pazarda gerçek şudur ki, son müşteri sürekli olarak göz önünde bulundurulmalıdırlar.

Sorulacak anahtar sorular şunlardır:

- Bu gerçekleşirse, müşterileri (iç ve dış) nasıl etkiler?
- Bu gerçekleşirse, hissedarları nasıl etkiler? Onları daha mutlu edecek mi? Onlar için daha uzun vadeli değer sağlayacak mı?
- Bu gerçekleşirse çalışanları nasıl etkiler? İş yeri daha iyi, daha mutlu, daha az stresli, daha tatmin edici olur mu? Çalışmak için daha iyi bir yer haline gelebilecek miyiz?

Bir diğer önemli test, vizyonun stratejik fizibilitesidir. Uygulanabilir bir vizyon, bir dilekten daha fazlasıdır. Kaynakları ve yetkinlikleri esnetebilir, ancak insanlar bunun ulaşılabilir olduğunu kabul eder. Ancak uygulanabilir, kolay anlamına gelmez. Vizyon, temelden yeniden düşünmeye zorlamak için yeterince zorlayıcı olmalıdır. Hangi kapsamlı hedefler belirlenirse konsun, kuruluş bu vizyonu pazar eğilimlerinin ve kuruluşun kapasitesinin rasyonel bir anlayışına dayandırmalıdır.

Vizyon, insanları yönlendirecek kadar odaklanmış olmalı, ancak personeli giderek irrasyonel davranış biçimlerine kelepçeleyecek kadar katı olmamalıdır. Çoğu zaman en iyi yaklaşım, vizyonun basitliğini hedeflerken aynı zamanda vizyonun hala değerli bir köşe taşı ve karar verme için referans noktası olmasını sağlayacak kadar belirli kancaları yerleştirmektir:

Hedefimiz 5 yıl içerisinde sektörümüzde dünya lideri olmaktır. Bu bağlamda liderlik, daha fazla gelir, daha fazla kâr ve çalışanlarımızın çalışması için daha ödüllendirici bir yer sağlamak için bilgiyi daha etkili bir şekilde yönetmek anlamına gelir. Bu amaca ulaşmak, karar verme yeteneğimize sağlam bir güven temeli, iç ve dış iletişimlerimizde netlik, faaliyet gösterdiğimiz bilgi ortamının daha iyi anlaşılması ve bir veriyi desteklemek için uygun araç ve veri odaklı kültürü destekleyen teknolojilere rasyonel yatırımlar gerektirecektir. Bu kültür hissedarlar, müşteriler, çalışanlar ve topluluklar tarafından güvenilecek ve beğenilecektir.

5.3.3 Etkili Vizyon Oluşturma

Kotter, etkili bir vizyon yaratmanın, başarılı olmak için birkaç net unsura sahip olması gereken yinelemeli bir süreç olmasını tavsiye ediyor.

- **İlk taslak**: Tek bir kişi, hayallerini ve pazarın ihtiyaçlarını yansıtan bir ilk açıklama yapar.
- **Rehber Koalisyonun Rolü**: Rehber Koalisyon, daha geniş bir stratejik perspektife uyması için ilk taslağı yeniden işler.
- **Takım çalışmasının önemi**: Grup süreci, takım çalışması olmadan asla iyi çalışmaz. İnsanları katılmaya ve katkıda bulunmaya teşvik edin.
- **Baş ve kalbin rolü**: Faaliyet boyunca hem analitik düşünme hem de umut gereklidir.
- **Sürecin karmaşıklığı**: Bu basit bir prosedür olmayacak; pek çok tartışma, yeniden düzenleme ve değişim olacaktır. Aksi takdirde, vizyonda veya ekipte bir sorun vardır.
- **Zaman çerçevesi**: Faaliyet tek bir toplantı değildir. Haftalar, aylar ve hatta daha uzun sürebilir. İdeal olarak, vizyon sürekli gelişmelidir.
- **Nihai ürün**: Gelecek için arzu edilen, uygulanabilir, odaklanmış, esnek ve beş dakika veya daha kısa sürede iletilebilen bir yöndür.

Şekil 117 Yönetim/Liderlik Tezatı

5.4 Değişim Vizyonunun İletişimi

Vizyon, yalnızca değişim faaliyetinde yer alanlar, hedefler ve yön hakkında ortak bir anlayışa, arzu edilen geleceğe ilişkin ortak bir bakış açısına sahip olduğunda güç sahibidir. Vizyonun iletişiminde yaygın olarak ortaya çıkan sorunlar şunları içerir:

- **İletişim kuramamak** veya yeterince iletişim kuramamak.
- **Zayıf iletişim**: Aciliyet duygusunu gizleyen hantal ifadeler; sonuç olarak, insanlar dikkatlice dinlemezler.
- **Yeterince uzağa iletişim kurmamak**: Yöneticiler yukarı ve aşağı yönde iletişim kurmak için eğitilmiştir. Liderlerin dışarıya ve daha geniş kitlelerle iletişim kurması gerekmektedir. Bu iletişim yelpazesi, liderlerin sorunlar ve nasıl çözülebileceği konusunda net bir anlayışa sahip olmasını gerektirir.

Diğer bir zorluk, paydaşlardan, Rehber Koalisyondan ve değişimin kendisini gerçekleyen ekipten gelen vizyonla ilgili sorularla ilgilenmektir. Rehberlik Koalisyonu genellikle bu soruları çözmek ve yanıtları hazırlamak ve bunları yalnızca bir seferde (bir SSS sayfası, brifing notları) kuruluşa dökmek için çok zaman harcar. Ortaya çıkan aşırı bilgi yüklemesi vizyonu bulanıklaştırır, kısa süreli panik ve direnç yaratır.

Ortalama bir organizasyonda, değişim mesajının bir çalışana giden toplam iletişimin yüzde birinin yarısından fazlasını oluşturmayacağı göz önüne alındığında, basitçe bilgi boşaltmanın etkili olmayacağı açıktır. Mesajın etkinliğini artıracak ve iletişimi güçlendirecek şekilde iletilmesi gerekir.

Kotter, vizyonun etkili iletişiminde yedi temel unsur tanımlar:

- **Basit tutun**: Jargonu, özel terimleri ve karmaşık cümleleri çıkarın.
- **Metafor, analoji ve örnek kullanın**: Sözlü bir resim (hatta grafiksel bir resim) bin kelimeye bedel olabilir.
- **Birden çok forum kullanın**: Mesajın, kısa özetlerden bildirim yayınlarına, küçük toplantılardan herkesin katıldığı bir brifinge kadar çeşitli farklı forumlarda iletilebilir olması gerek.
- **Tekrarla, tekrarla, tekrarla**: Fikirler içselleştirilmeden ve anlaşılmadan önce birçok kez duyulmalıdır.
- **Yaparak gösterin**: Önemli kişilerin davranışlarının vizyonla tutarlı olması gerek. Tutarsız davranış, diğer tüm iletişim biçimlerine baskın gelir.
- **Görünen tutarsızlıkları açıklayın**: Net olmayan ve adreslenmemiş konular, tüm iletişimin güvenilirliğini baltalar.
- **Verin ve alın**: İki yönlü iletişim her zaman tek yönlü iletişimden daha güçlüdür.

5.4.1 Bilgi Yönetimi Bağlamında Örnekler

Bilgi yönetimi bağlamında, bir değişim için açık ve etkili bir vizyon tanımı veya iletimi konusundaki başarısızlık, genellikle teknoloji kurulumuna odaklanarak yeni bir teknolojinin veya yetkinliğin kullanıma sunulduğu girişimlerde görülebilir. Yeni teknoloji veya yöntemlerden potansiyel bilgi işleme faydalarının anlaşılmaması veya takdir edilmemesi durumunda, paydaşlar tarafında yeni çalışma yöntemlerini benimseme konusunda direnç oluşabilir.

Örneğin, bir kuruluş metaveriye dayalı doküman ve içerik yönetimi süreçleri uyguluyorsa, iş paydaşları, kuruluşa ve onlara faydasının nasıl olacağına dair açıkça iletilmiş bir vizyon yoksa metaveri etiketleme veya kayıtların sınıflandırılmasını anlama veya uygulama konusunda çaba göstermeyebilir. Aksi takdirde değerli olabilecek bir girişim, beklenenden daha düşük benimseme ve uyumluluk düzeyleriyle çıkmaza girebilir.

5.4.2 Basit Tutmak

Doğal olmayan, yoğun bir şekilde yazılmış veya anlaşılması zor bir dille duygusal olarak bağlantı kurmak zordur.

Bu örnekler, vizyon basit tutulmadığında ortaya çıkabilecek iletişim sorunlarını göstermektedir. Aşağıdaki örnek bu noktayı göstermektedir.

Amacımız, hedef coğrafi ve demografik pazarlarımızdaki tüm büyük rakiplerden belirgince daha düşük olacak şekilde ortalama "onarım süresi" parametremizi azaltmaktır. Benzer şekilde, değişim için yeni ürün geliştirme döngü sürelerini, sipariş işleme sürelerini ve müşteriyle ilgili diğer süreç vektörlerini hedefledik.

Tercüme: "Müşteri ihtiyaçlarını karşılamada sektörümüzdeki herkesten daha hızlı olacağız."

Vizyon basit bir şekilde ifade edildiğinde ekiplerin, paydaşların ve müşterilerin önerilen değişimi, kendilerini nasıl etkileyebileceğini ve bu konudaki rollerini anlamaları daha kolaydır. Bu da akranlarına daha kolay iletişim kurmalarına yardımcı olur.

5.4.3 Birçok Farklı Forum Kullanın

Vizyon iletişimi, genellikle farklı kanallar kullanıldığında daha etkilidir. Bunun, bazı kanalların bilgi veya önceki değişim girişimlerinin "bagajı" ile aşırı yüklenmesinden, farklı kişilerin bilgiyi farklı şekilde yorumlamasına ve işlemesine kadar çeşitli nedenleri vardır. İnsanlara farklı kanallardan aynı mesajla ulaşılıyorsa, mesajın duyulma, içselleştirilme ve eyleme geçirme olasılığı artar. Bu 'çok kanallı / çok formatlı' yaklaşımla ilgili olarak, vizyonu tekrar etmeye ve ilerlemeyi iletmeye devam etme ihtiyacı var.

5.4.4 Tekrar, Tekrar, Tekrar

Pek çok açıdan değişim vizyonu ve değişim mesajları, nehirdeki su gibidir ve üstesinden gelinmesi gereken bir kaya ile karşılaşır. Su barajdan hemen taşmaz (arkasında çok fazla kuvvet olmadığı sürece, ki bu durumda bunu yıkıcı bir şekilde yapma eğilimde olur), ancak zamanla, yinelemeli erozyon yoluyla su kayayı aşındırır, böylece etrafından akabilir.

Aynı şekilde, değişim girişimleri, "kalıcı" bir değişim yaratmak için farklı forumlarda ve formatlarda değişim vizyonunun yinelemeli yeniden anlatımlarını uygulamak zorundadır. Bu senaryolardan hangisi daha etkili olurdu?

- Üst yönetim, değişim hakkında herkesi bilgilendirmek için tüm personele bir video mesajı ve sesli posta bırakma duyurusu yayınladı. Yürütmeyle ilgili ayrıntılar, bölüm yöneticilerinden takip edilecektir. İntranet önümüzdeki altı ay boyunca Vizyon hakkında üç makale yayınlar ve üç ayda bir yapılan yönetim konferansında (günün sonunda verilir) bir brifing oturumu vardır. Plan, ayrıntıların dışına çıkmadan altı iletişim örneği içermektedir.

- Üst yönetim, her gün bir değişim sohbeti yapmak için dört fırsat bulmayı ve bunu 'Büyük Resim'e geri bağlamayı taahhüt eder. Dolayısıyla, herkesin altında çalışanlara ve raporladıklarına dört şans bulma göreviyle görevlendirirler. Bu yüzden Frank, Ürün Geliştirme ile buluştuğunda, onlardan planlarını Büyük Vizyon bağlamında gözden geçirmelerini ister. Mary bir durum güncellemesi sunarken bunu Vizyona yapılan katkıya bağlar. Garry olumsuz iç denetim bulgularını sunduğunda, etkiyi Vizyon açısından açıklar.

Yönetimin her düzeyinde, yönetici başına, vizyona başvurulabilecek her yıl sayısız iletişim fırsatı vardır (Bu aynı zamanda W. Edwards Deming'in Kalite Yönetiminde Dönüşüme Yönelik 14 Noktada kilit noktalar olan "Yeni Felsefeyi Benimseme" ve "Liderliği Kurma" olarak da bilinir).

5.4.5 Dediğini Yapmak

Örnek olmanın yerini hiçbir şey tutamaz. İstenen değişimin değerlerini ve kültürel boyutlarını kelimelerle anlatılamayacak kadar somut hale getirir. Üst düzey yöneticilerin dediklerini yapmaları başka bir nedenden dolayı vizyonla ilgili hikayelerin gelişmesini ve vizyona muhalefeti tetiklemiyorsa, bu son derece güçlü bir araçtır. Bunun doğal sonucu, insanlara bir şey söyleyip tersini yapmanın vizyonun o kadar da önemli olmadığı ve zorlama söz konusu olduğunda göz ardı edilebileceğine dair net bir mesaj göndermesidir. Hiçbir şey değişim vizyonunu ve çabalarını Rehber Koalisyonunun kıdemli bir üyesinin vizyona aykırı hareket etmesinden daha fazla baltalayamaz.

5.4.6 Bilgi Yönetimi Bağlamında Örnekler

Bilgi yönetimi bağlamında, Dediğini Yapmamak' başarısızlığı, üst düzey bir yöneticinin, bilgi güvenliği politikasına aykırı olarak güvenli olmayan veya şifrelenmemiş bir e-posta kanalıyla müşteriler hakkında kişisel bilgiler içeren dosyaları göndermesi, ancak herhangi bir yaptırım almaması kadar basit olabilir.

Ayrıca, bir bilgi yönetişimi girişimine liderlik eden ekibin, kuruluşun geri kalanının kendi faaliyetlerine, bilgi işlemeye, raporlamaya ve sorunlara ve hatalara yanıtlarına benimsemelerini istedikleri ilkeleri ve titizliği aynen uygulamak kadar basit olabilir.

Ekip, metaveri standartlarını ve uygulamalarını kendi dahili proje kayıtlarına uygularsa, bir metaveri yönetimi projesinin gerçeklenmesindeki etkiyi göz önünde bulundurun. Başka bir şey olmasa bile, değişimin pratikliğini anlamalarına yardımcı olacak, aynı zamanda uygun şekilde etiketlenmiş ve sınıflandırılmış kayıtların ve bilgilerin başkaları için iyi bir gösterimini sağlayacaktır.

5.4.7 Tutarsızlıkları Açıklamak

Bazen tutarsızlık kaçınılmazdır. Taktiksel veya operasyonel nedenlerle veya genel organizasyon sistemi içinde işlerin yürümesini sağlamak için, bir Değişim Temsilcisinin belirlenen vizyonla farkını inceleyen bir eylemde bulunması gerekebilir. Bu olduğunda, rotada öngörülen bir kayma yaşansa bile vizyonun sürdürülmesini sağlamak için dikkatle ele alınmalıdır. Ortaya çıkabilecek tutarsızlıklara örnek olarak, kuruluş maliyetleri veya personel sayısını azaltmaya çalışırken harici danışmanların kullanımını içerebilir. "Biz yazıcı kağıdını paylaştırırken organizasyon neden bu pahalı takımları getiriyor?" diye insanlar sorabilir. Görünür tutarsızlıkla başa çıkmanın iki yolu vardır. Bunlardan birinin vizyonunuzu öldürmesi garantilidir. Diğeri size işleri yolunda tutabilmeniz için bir mücadele şansı verir.

İlk seçenek ya soruyu görmezden gelmek ya da savunmaya geçerek haberciyi vurmaktır. Bu her zaman, tutarsızlığın ortadan kalktığı ancak değişimin uzun vadeli hedeflerine faydalı olmayan, utanç verici bir inişle sonuçlanır. İkinci seçenek, soruyla ilgilenmek ve tutarsızlığın gerekçesini açıklamaktır. Açıklama basit, açık ve dürüst olmalıdır. Örneğin, danışmanları getiren bir kuruluş şöyle yanıt verebilir:

Yalın, orantılı ve sürdürülebilir kârlı olma vizyonumuza ulaşmak için diğer her yerde maliyetleri kısarken danışmanlara para harcamanın tuhaf göründüğünü anlıyoruz. Ancak tasarrufları sürdürülebilir kılmak için eski düşünme alışkanlıklarından kurtulmamız ve yeni beceriler öğrenmemiz gerekiyor. Bu da bilgiye yatırım yapmamızı gerektiriyor. Ve içsel olarak bu bilgiye sahip olmadığımız yerde, onu kısa vadede satın almalı ve gelecek için bilgiyi içsel olarak inşa etmek için bu fırsatı kullanmalıyız. Her danışman belirli bir projeye atanır. Ve her proje ekibi, danışmanları resmi eğitim için kullanarak yeni fonksiyonları hakkında mümkün olduğunca çok şey öğrenmekle görevlendirildi. Bu şekilde, gelecekte sürdürülebilir iyileştirmeler yapacağımızdan emin olacağız.

Kilit nokta, tutarsızlık konusunda açık olmak ve tutarsızlığın neden geçerli olduğu ve yalnızca geçici bir tutarsızlık ise ne kadar süreceği konusunda açık olmaktır.

5.4.8 Bilgi Yönetimi Bağlamında Örnekler

Tutarsızlıkları açıklamak, karar verme için üzerinde anlaşmaya varılmış protokoller oluşturan ve kural istisnalarının resmi olarak tanınmasını ve kontrolünü teşvik eden veri yönetişim modellerinin önemine çok iyi bir örnektir.

Örneğin, bir yönetişim standardı, canlı üretim verileriyle hiçbir test yapılmamasını gerektiriyorsa ancak bir proje, veri eşleştirme algoritmalarını doğrulamak veya veri temizleme rutinlerinin etkinliğini kanıtlamak için bunu gerektiriyorsa, beklenen standarttan bu farkın açık ve net bir açıklaması olmalıdır. Buna uygun yönetişim kontrolleri yoluyla ulaşılır. Bu projenin, uygun onaylar ve risk değerlendirmeleri yapılmadan canlı verileri kullanarak test yaptığı durumlarda, yaptırım veya yaptırımın uygulanmamasının nedeni eşit derecede açık ve net bir şekilde açıklanmalıdır.

5.4.9 Dinle ve Dinlen

Stephen Covey, son derece etkili olmak isteyenlere "Önce anlamaya, sonra anlaşılmaya çalışın" tavsiyesinde bulunmaktadır. Başka bir deyişle dinleyin ki dinlenesiniz (Covey, 2013).

Üst yönetim ekibi genellikle vizyonu tam olarak doğru anlayamazlar ya da daha iyi bilgilendirilmiş olsalardı kaçınılabilecekleri bir engelle veya darboğazla karşılaşırlar. Bu bilgi eksikliği, pahalı hatalara yol açar ve Vizyona katılımı ve Vizyona bağlılığı zayıflatır. İki yönlü konuşmalar, insanların bir değişim veya değişim vizyonu hakkında sahip oldukları endişeleri belirleme ve yanıtlamanın temel bir yöntemidir. Müşterinin Sesi, verilerin kendisindeki herhangi bir kalite ölçütü için olduğu kadar vizyonun tanımlanması ve geliştirilmesi için de önemlidir. Ve her konuşma, vizyonu tartışmak ve yasadışı geri bildirim almak için bir fırsat olarak kabul edilirse, insanları toplantılarda resmi olarak bağlamak zorunda kalmadan, binlerce saat tartışma yapmak ve vizyonu geliştirmek ve onu etkili bir şekilde nasıl uygulayacağınızı geliştirmek mümkündür.

5.4.10 Bilgi Yönetimi Bağlamında Örnekler

Bilgi yönetimi bağlamında, iki yönlü iletişim, BT fonksiyonunun görüşünün, kilit iş paydaşları tarafından ihtiyaç duyulan tüm verilerin zamanında ve uygun bir şekilde mevcut olduğu bir senaryo ile en iyi şekilde gösterilebilir. Ancak iş paydaşları, işlerini yapmak için ihtiyaç duydukları bilgileri almadaki gecikmelerden sürekli olarak hayal kırıklıklarını dile getiriyorlar ve bu nedenle elektronik tablo tabanlı raporlama ve veri martlarında derme çatma bir yapı geliştirmişlerdir. BT fonksiyonunun bilgi ortamına bakışı ile iş paydaşlarının bilgi ortamına ilişkin algısı arasındaki algıdaki farkı belirlemeyen ve ele almayan bilgi yönetimi ve yönetişim kabiliyetini geliştirmeye yönelik bir vizyon, kaçınılmaz olarak aksayacak ve etkili ve sürdürülebilir değişimin sağlanması için ihtiyaç duyulan geniş kapsamlı destek kazanımı elde edemeyecektir.

6. Değişimin Formülü

Etkili değişim için gerekli olan "tarifi" tanımlamanın en ünlü yöntemlerinden biri olan Gleicher Formülü, organizasyondaki değişime karşı direncin üstesinden gelmek için yürürlükte olması gereken faktörleri tanımlar.

$$C = (D \times V \times F) > R$$

Gleicher Formülüne göre, Değişim (C), statükodan memnuniyetsizlik düzeyi (D), daha iyi bir alternatif vizyon (V) ve oraya ulaşmak için bazı eyleme geçirilebilir ilk adımlar (F) ile birleştiğinde ortaya çıkar. Bu üçü, organizasyondaki direncin (R) üstesinden gelmek için yeterince caziptir.

Gleicher formülündeki dört değişkenden herhangi birini etkilemek, değişim çabasının etkinliğini ve başarısını artırır. Bununla birlikte, herhangi bir karmaşık makinede olduğu gibi, düğmelere basmanın ve kolları çekmenin doğasında bulunan risklerin farkında olmak önemlidir:

- Kurum içinde işlerin yürüme şekliyle ilgili artan memnuniyetsizlik güçlü bir araçtır ve direnci artırmaması için dikkatle kullanılması gerekir.
- Gelecekle ilgili bir vizyon geliştirmek, insanların neleri farklı yapacaklarına, neleri yapmayı bırakacaklarına veya şu anda yapmadıkları neleri yapmaya başlayacaklarına dair somut ve canlı bir vizyon gerektirecektir. İnsanların gerekli olacak yeni becerileri, tutumları veya çalışma yöntemlerini takdir etmelerini sağlayın. Bunları insanları korkutmayacak veya insanların statükoyu savunmasına neden olarak değişime siyasi engeller oluşturmayacak şekilde sunun.
- Değişime yönelik ilk adımları tanımlarken, bunların ulaşılabilir olduğundan emin olun ve bunları vizyona açıkça bağlayın.
- Direnci azaltmak için hareket edin ve değişime karşı direnci artırmaktan kaçının. Açık konuşmak gerekirse: İnsanları yabancılaştırmaktan kaçının. Bu da Paydaşların iyi anlaşılmasını gerektirir.

7. Yeniliklerin Yayılması ve Değişimi Sürdürmek

Nihayetinde, bir kuruluşta sürdürülebilir bir bilgi kalitesi ve veri yönetimi değişimi sağlamak için eğitim ve öğretim yapılmalıdır. Değişimi gerçeklemek, yeni fikirlerin kuruluşta nasıl yayıldığını anlamayı gerektirir. Değişimin bu yönü, Yeniliklerin Yayılması olarak bilinir.

Yeniliklerin Yayılması, yeni fikirlerin ve teknolojinin kültürler arasında nasıl, neden ve ne oranda yayıldığını açıklamaya çalışan bir teoridir. 1962'de Everett Rogers tarafından formüle edilen bu kavram, Seth Godin tarafından popüler hale getirilen Fikir Virüsünün (http://bit.ly/2tNwUHD) pop kültürü kavramıyla ilgilidir. Yeniliklerin Yayılması, tıbbi reçete yazmaktan, çiftlik hayvancılığı yöntemlerindeki değişimlere ve tüketici elektroniğinin benimsenmesine kadar çok çeşitli alanlarda tutarlı bir şekilde uygulanmıştır.

Yeniliklerin Yayılması teorisi, değişimlerin toplam nüfusun çok küçük bir yüzdesi (%2,5) tarafından başlatıldığını, yenilikçilerin (incelenen toplum bağlamında) genç, sosyal sınıfı yüksek ve mali açıdan kötü seçimlerdeki kayıpları absorbe edecek kadar güvenli olma eğiliminde olduğunu ileri sürer. Teknolojik yenilikçilerle ve yüksek risk toleransıyla temas halindedirler. Bunları, daha sonra, Yenilikçilerle aynı özellikleri paylaşan, ancak riske daha az toleranslı olan, nüfusun %13,5'lik bir bölümü olan Erken Benimseyenler izlemektedir. Erken Benimseyenler, seçimi doğru yapmanın, saygı duyulacak insanlar olarak toplumda merkezi bir rol sürdürmelerine nasıl yardımcı olabileceğini anlarlar. Değişim, nüfusun en büyük kesimleri olan ve toplamda %68'i oluşturan Erken ve Geç Çoğunluklar tarafından benimsenmiştir. Geç Kalanlar, herhangi bir özel yeniliği en son benimseyen kişilerdir (Bkz. Şekil 118 ve Tablo 37).

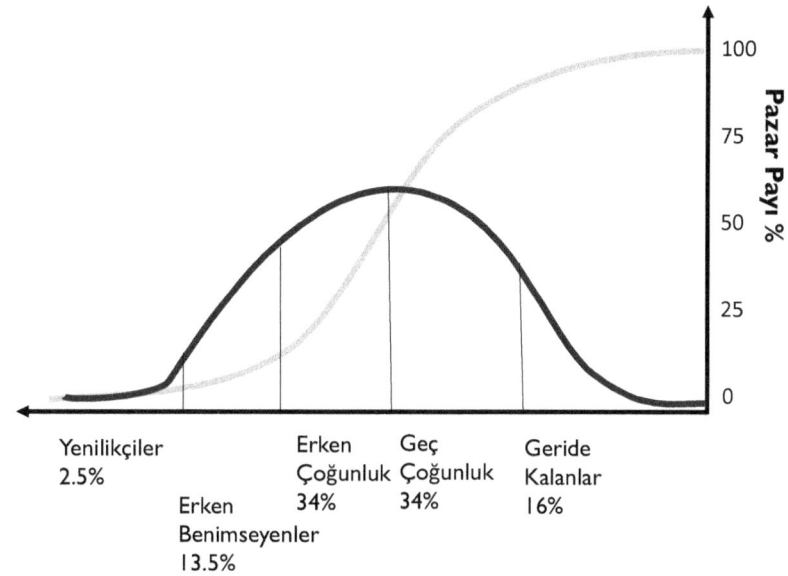

Şekil 118 Everett Rogers Yeniliklerin Yayılması

Tablo 37 Yeniliklerin Yayılması Kategorilerinin Bilgi Yönetimine Uyarlanması[75]

Benimseyen Kategorisi	Tanım (Bilgi Yönetimi Perspektifi)
Yenilikçiler	Yenilikçiler, bilgi kalitesiyle ilgili sorunları çözmenin daha iyi bir yolunu bulan ilk kişilerdir. Verilerin profilini çıkarmaya, geçici puan kartları oluşturmaya ve işletmenin yaşadığı semptomları Bilgi Yönetimi diline sokmaya çalışırken risk alırlar. Genellikle bu yenilikçiler, en iyi uygulamalar hakkında bilgi almak ve becerilerini geliştirmek için kendi kaynaklarını kullanırlar.
Erken Benimseyenler	Erken Benimseyenler, bir yeniliği benimsemek için en hızlı ikinci grup kategorisidir. Bu bireyler, diğer benimseyen kategoriler arasında en yüksek düzeyde fikir liderliğine sahiptir. Bilgi kalitesi konularının başarılarının önünde bir engel olduğunu fark eden 'vizyoner' yöneticiler (veya deneyimli yöneticiler veya yeni ortaya çıkan iş stratejisi alanlarından sorumlu yöneticiler) olarak algılanırlar. Genellikle iş durumlarını geliştirmek ve bilgi uygulamalarını resmileştirmeye başlamak için Yenilikçilerin ilk çalışmalarına geri dönerler.
Erken Çoğunluk	Erken Çoğunluğun bir yeniliği benimsemesi, Erken Benimseyenlere göre önemli ölçüde daha uzun sürer. Erken Çoğunluk, benimseme sürecinde daha yavaş olma eğilimindedir, ortalamanın üzerinde sosyal statüye sahiptir, erken benimseyenler ile temas halindedir ve nadiren bir sistemde fikir liderliği pozisyonlarına sahiptir. Düşük kaliteli verilerin etkisinin "iş maliyeti" olarak maskelendiği, kuruluşun "geleneksel çekirdek" alanlarında olabilirler.
Geç Çoğunluk	Geç Çoğunluktaki bireyler bir yeniliğe yüksek derecede şüphecilikle ve çoğu toplum yeniliği benimsedikten sonra yaklaşırlar. Geç Çoğunluk tipik olarak ortalamanın altında sosyal statüye, çok az

---

[75] © 2014 Daragh O Brien. İzin alınarak kullanılmıştır.

	finansal berraklığa, geç çoğunlukta ve erken çoğunlukta başkalarıyla temas halinde, çok az fikir liderliğine sahiptir. Bilgi Yönetimi terimlerinde, bunlar, sıkı bütçelerin direnç oluşturmak için önerilen değişimler hakkındaki şüphecilikle birleştiği organizasyon alanları olabilir.
Geç Kalanlar	Gecikenler bir yeniliği en son benimseyen kişilerdir. Bu kategorideki bireyler fikir liderliğini çok az gösterirler veya hiç göstermezler. Tipik olarak değişim temsilcilerine karşı isteksizdirler ve yaşları ilerlemiş olma eğilimindedirler. Geride kalanlar 'geleneklere' odaklanma eğilimindedir. Bilgi Yönetiminde, terimler genellikle, "yeni şey", "eski şeyi" farklı şekilde yapmak veya hiç yapmamak anlamına geldiği için direnen iş insanları veya alanlarıdır.

7.1 Yenilikler Yayılırken Üstesinden Gelinmesi Gereken Zorluklar

Yeniliklerin organizasyon yoluyla yayılmasıyla ilgili iki önemli zorluk alanı mevcuttur. İlki, Erken Benimseyen aşamasını geçmektir. Bu, Erken Benimseyenlerin yapacakları statükodan yeterli düzeyde memnuniyetsizlik tespit edebilmelerini ve değişimde ısrar etmelerini sağlamak için değişimin dikkatli bir şekilde yönetilmesini gerektirir. Bu adım, yeniliğin yeterince insan tarafından benimsendiği ve ana akım olmaya başladığı 'Devrilme Noktasına' ulaşmak için gereklidir.

İkinci önemli zorluk noktası, yeniliğin Geç Çoğunluk aşamasından Geç Kalanlar aşamasına geçmesidir. Ekibin, nüfusun %100'ünü yeni iş yapma yöntemine dönüştürmenin zorunlu olmadığını kabul etmesi gerekiyor. Grubun belirli bir yüzdesi değişime direnmeye devam edebilir ve kuruluşun grubun bu unsuru hakkında ne yapacağına karar vermesi gerekecektir.

7.2 Yeniliğin Yayılmasındaki Temel Unsurlar

Bir yeniliğin bir organizasyonda nasıl yayıldığına bakarken dört temel unsurun dikkate alınması gerekir:

- **Yenilik**: Bir birey veya diğer benimseme birimi tarafından yeni olarak algılanan bir fikir, uygulama veya nesne
- **İletişim kanalları**: Mesajların bir kişiden diğerine ulaşma yolları
- **Zaman**: Yeniliğin sosyal sistemin üyeleri tarafından benimsenme hızı
- **Sosyal sistem**: Ortak bir amaca ulaşmak için ortak problem çözme ile uğraşan birbiriyle ilişkili birimler seti

Bilgi yönetimi bağlamında, bir yenilik, bir Veri Sorumlusu rolü fikri kadar basit bir şey olabilir ve Sorumluların geleneksel "silo" düşüncesinden ziyade ortak veri sorunları üzerinde fonksiyonlararası çalışması gerekliliği olabilir.

Bu yeniliğin iletildiği süreç ve en etkin şekilde iletildiği kanallar, dikkate alınması ve yönetilmesi gereken iletişim kanallarıdır.

Son olarak, Sosyal Sistem fikri, bir ortak girişime girişen birbiriyle ilişkili birimler kümesidir. Bu, W. Edwards Deming'in tanımladığı ve tek tek, parça parça yerine bir bütün olarak optimize edilmesi gereken sistemi gösterir. Tek bir iş biriminin veya ekibin dışına yayılmayan bir yenilik, iyi yayılmış bir değişim değildir.

7.3 Benimsenmenin Beş Aşaması

Herhangi bir değişimin benimsenmesi, beş aşamalı bir döngüyü takip etme eğilimindedir. Bireylerin yeniliğin farkına varmaları, yeniliğin değeri ve kendileri ile ilgisi konusunda ikna olmaları ve yenilikle ilişkileri hakkında bir karar verme noktasına gelmeleri ile başlar. Yeniliği reddetmezlerse, yeniliğin benimsenmesini onaylarlar ve uygulamaya geçerler (Bkz. Tablo 38 ve Şekil 119).

Tabii ki, bir fikir benimsenmek yerine her zaman reddedilebilir olduğundan, Erken Benimseyenler ve Erken Çoğunluğun kritik kütlesinin Devrilme Noktası önemlidir.

Tablo 38 Benimsenmenin Aşamaları (Rogers, 1964'ten uyarlanmıştır)

Aşama	Tanım
Bilgi	Bilgi aşamasında birey ilk olarak bir yeniliğe maruz kalır ancak yenilik hakkında bilgiden yoksundur. Bu aşamada birey, yenilik hakkında daha fazla bilgi bulmak için henüz ilham almamıştır.
İkna	İkna aşamasında birey yenilikle ilgilenir ve yenilik hakkında aktif olarak bilgi arar.
Karar	Karar aşamasında birey, yeniliği kullanmanın avantajlarını ve dezavantajlarını tartar ve onu benimsemeye veya reddetmeye karar verir. Rogers, bu aşamanın bireysel doğasının, onu ampirik kanıtlar elde etmek için en zor aşama haline getirdiğine dikkat çekiyor.
Gerçekleme	Gerçekleme aşamasında, birey yeniliği kullanır ve faydasını belirler veya onun hakkında daha fazla bilgi arar.
Onaylama	Onaylama aşamasında, birey yeniliği kullanmaya devam etme kararını kesinleştirir ve sonunda onu tüm potansiyeliyle kullanabilir.

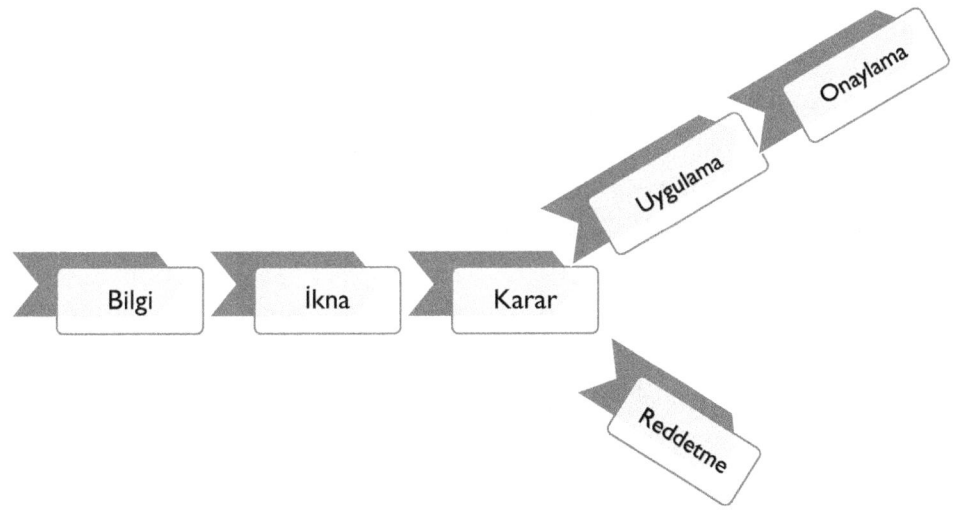

Şekil 119 Benimsenmenin Aşamaları

7.4 Bir Yeniliğin veya Değişimin Kabulünü veya Reddini Etkileyen Faktörler

İnsanlar bir yeniliği veya değişimi kabul ederken veya reddederken büyük ölçüde rasyonel seçimler yaparlar. Bunların anahtarı, yeniliğin önceki iş yapma yöntemine göre herhangi bir göreceli avantaj sağlayıp sağlamadığıdır.

Modern akıllı telefonu düşünün. Kullanımı kolay, şık bir görünüme sahip olması ve ürünün özelliklerinin hızla ve kolayca genişletilebileceği bir App Store'a sahip olması nedeniyle önceki akıllı telefonlara göre açık bir avantaj sağlamıştır. Benzer şekilde, veri yönetimi araçlarının, teknolojilerinin ve tekniklerinin gerçeklenmesi, verilerin manuel olarak yeniden dizinlenmesi, özel kodlama veya yoğun manuel veri arama ve keşif faaliyetlerine göre göreceli avantajlara sahiptir.

Örneğin, birçok kuruluşta, bağlam sağlamak için dosyaları metaveri ile etiketleme gibi basit doküman ve içerik yönetimi değişimlerine karşı dirençler olabilir. Bununla birlikte, bu metaverilerin kullanılması, güvenlik kontrollerini, saklama programlarını ve bilgi arama ve alma gibi basit görevleri destekleme açısından göreceli bir avantaj sağlar. Etiketlemenin zorluğunu, bilgi arama veya bilgilerin izinsiz paylaşıldığı veya ifşa edildiği sorunlarla uğraşırken kazanılan zamana bağlamak, bu göreceli avantajın gösterilmesine yardımcı olabilir.

Kişiler bir iyileştirme önerildiğini gördüklerinde, iyileştirmenin yaşamları, çalışma biçimleri vb. ile uyumlu olup olmadığını soracaklardır. Akıllı telefon örneğine dönersek, yüksek kaliteli bir mp3 çalar, e-posta, telefon ile birleştirilmiş olması şu anlama geliyor: hedef kullanıcılarının yaşam tarzı ve çalışma biçimleriyle uyumlu olduğuna.

Uyumluluğu anlamak için, bir tüketici (bilinçli veya bilinçsiz olarak) çeşitli faktörleri dikkate alacaktır, örneğin; değişimin karmaşıklığı veya basitliği. Yeniliğin kullanılması çok zorsa, benimsenmesi daha az olasıdır. Yine, akıllı telefon ve tablet platformlarının evrimi, basit bir kullanıcı arayüzü hedefine ulaşamayan başarısız girişimlerle doludur. Yapabilenler, pazarın beklentisini yeniden tanımladı ve diğer cihazlarda benzer arayüzlere ilham verdiler.

Denenebilirlik, tüketicinin yeni araç veya teknolojiyi denemesinin ne kadar kolay olduğunu ifade eder. Dolayısıyla araçlar için "freemium" teklifleri. Denemek ne kadar kolaysa, kullanıcının yeni aracı veya yeniliği benimseme olasılığı o kadar yüksek olur. Bunun önemi, göreli avantaj anlayışının, organizasyonun yaşam tarzı ve kültürüne uygunluğunun ve değişimin basitliğinin anlaşılmasına yardımcı olmasıdır. Bir değişim vizyonuna doğru atılan bir dizi ilk adım olarak, yinelemeli prototipleme ve paydaşlarla "deneme" esastır ve Rehberlik Koalisyonunun sağlamlaştırılmasına ve aynı zamanda erken benimseyenlerin gemide olmasını sağlamaya yardımcı olabilir.

Gözlenebilirlik, yeniliğin görünür olma derecesidir. Yeniliği görünür kılmak, resmi ve kişisel ağlar aracılığıyla onunla ilgili iletişimi yönlendirecektir. Bu, olumlu tepkilerin yanı sıra olumsuz tepkileri de tetikleyebilir. Olumsuz geri bildirimlerin nasıl ele alınacağını planlayın. İnsanların yeni bir teknolojiyi kullandıklarını veya belirli bir şekilde bilgiyle çalıştığını görme deneyimi (örneğin, geleneksel olarak "kuru" sayıların görselleştirilmesi), deneyimin nasıl daha iyi iletileceğini etkileyebilir.

8. Değişimi Sürdürmek

Değişimi başlatmak, net bir vizyon, aciliyet veya statükodan memnuniyetsizlik duygusu, bir Rehber Koalisyon ve Değişim Temsilcilerinin değişim yolculuğu görevlerine başlarken düşebilecekleri tuzaklardan kaçınmak için de bir plan gerektirir.

Bununla birlikte, bilgi yönetimi girişimlerinde (örneğin, Veri Yönetişimi programları) yaygın bir sorun, bunların kuruluştaki belirli bir etkene veya belirli bir zayıf yetkinlik semptomuna yanıt olarak başlatılmalarıdır. Semptom giderildikçe, memnuniyetsizlik ve aciliyet duygusu azalır. Özellikle diğer projelerle rekabet ederken, siyasi veya mali desteği sürdürmek zorlaşır.

Bu karmaşık konuların nasıl ele alınabileceğine ilişkin ayrıntılı analiz veya araçlar sağlamak bu çalışmanın kapsamı dışındadır. Bununla birlikte, bir Bilgi Birikimi bağlamında, çözümlerin nasıl bulunabileceğine dair bazı bilgiler sağlamak için bu bölümde ana hatları verilen değişim yönetimi ilkelerine geri dönmek uygundur.

8.1 Aciliyet Duygusu / Memnuniyetsizlik

Aciliyet duygusunu korumak önemlidir. Bunun doğal sonucu, kuruluşta ortaya çıkan memnuniyetsizlik alanlarına ve bilgi yönetimi değişiminin iyileştirmeyi desteklemeye nasıl yardımcı olabileceğine karşı tetikte olmaktır.

Örneğin, bir veri gizliliği regülasyon gereksinimini desteklemek için gerçeklenen bir veri yönetişim girişiminin kapsamı, kişisel verilerle ilgili bilgi kalitesi sorunlarını ele alacak şekilde genişletilebilir. Çoğu veri gizliliği regülasyonu bir veri kalitesi bileşenine sahip olduğundan ve bireylere verilere erişim hakkı sağladığından, bu nedenle düşük kaliteli verilerin ifşa olma riski bulunduğundan, girişimin ana kapsamıyla ilişkilendirilebilir. Bununla birlikte, veri yönetişimi programının vizyonunu, temel veri gizliliği yönetişim kontrolleri yürürlüğe girdikten sonra 'ikinci dalga' olarak gerçeklenebilecek bilgi kalitesi yöntemlerini ve uygulamalarını içerecek şekilde açar.

8.2 Vizyonu Çerçeveleme

Yaygın bir hata, proje kapsamını değişim vizyonuyla karıştırmaktır. Vizyonu gerçekleştirmek için birçok projeye ihtiyaç duyulabilir. Vizyonun, geniş tabanlı eyleme izin verecek ve ilk düşük efor/yüksek getiri projeleri teslim edildikten sonra değişim liderleri için bir çıkmaz sokak oluşturmayacak şekilde belirlenmesi önemlidir.

Şunu söyleyen bir vizyonla aşağıdaki arasında bir fark vardır:

AB Veri Gizliliği kurallarına uyumu sağlamak için kişisel veriler için yapılandırılmış bir yönetişim çerçevesi uygulayacağız.

ve şunu söyleyen:

Kâr sağlamak, riskleri azaltmak, hizmet kalitesini iyileştirmek ve kişisel bilgilerin koruyucuları olarak etik yükümlülüklerimizi dengelemek için kritik bilgi varlıklarımızı yönetmek için tekrarlanabilir ve ölçeklenebilir yaklaşımlar ve yöntemlerde sektörümüze öncülük edeceğiz.

Birincisi, aşağı yukarı bir amaçtır. İkincisi, organizasyon için bir yön sağlar.

8.3 Rehber Koalisyon

Rehber Koalisyon üyeliğini en çok etkilenen paydaşlarla sınırlamak, değişimin etkinliğini kısıtlayacaktır. Vizyonda olduğu gibi, belirli çıktıların teslimini denetleyen proje yönlendirme gruplarını, organizasyonda değişim vizyonunu yönlendiren ve geliştiren koalisyonla karıştırmamak önemlidir.

8.4 Göreceli Avantaj ve Gözlenebilirlik

Bir değişim girişiminin özel bir uygulaması veya dar bir odağı olsa da, çoğu durumda uygulanan ilkeler, uygulamalar ve araçlar diğer girişimlere aktarılabilir. Yaklaşım ve yöntemlerin kuruluştaki diğer girişimlere nasıl göreceli bir avantaj sağlayabileceğini gösterebilmek, Rehber Koalisyonu genişletmeye ve değişim girişiminin destekleyebileceği yeni aciliyet veya memnuniyetsizlik alanlarını belirlemeye yardımcı olabilir. Örneğin, bir kamu hizmeti şirketinde, müşteri gerçeklemesinin tek bir görünümü için gerçeklenen veri kalitesi profili oluşturma ve puan kartları yöntemleri ve araçları, doğrudan bir yasal faturalandırma uyum programına aktarılabilir. Bu ikisini birbirine bağlamak, özellikle manuel veri temizleme gibi optimal olmayan yaklaşımların faturalama verileri için varsayılan seçenek olabileceği durumlarda, Kurumsal Veri Kalitesi Puan Kartına ve ilişkili veri yönetişimi ve iyileştirme girişimlerine katkıda bulunabilir.

9. Veri Yönetiminin Değerinin İletişimi

Bir kuruluşun veri yönetiminin önemini anlamasına yardımcı olmak, genellikle bu bölümde açıklandığı gibi resmi bir kurumsal değişim yönetimi planı gerektirir. Böyle bir plan, kuruluşun verilerinin değerini ve veri yönetimi uygulamalarının bu değere katkısını tanımasına yardımcı olur. Bununla birlikte, bir Veri Yönetimi programı oluşturulduktan sonra, devam eden desteğin geliştirilmesi de gereklidir. Devam eden iletişim, anlayışı teşvik eder ve desteği sürdürür. İletişim iki yönlü bir kanal olarak yapılandırılırsa, bir iletişim planı, paydaşların endişelerini ve fikirlerini paylaşmalarını sağlayarak ortaklıkları güçlendirmeye yardımcı olabilir. Bu tür bir iletişim çabası ek planlama gerektirir.

9.1 İletişim İlkeleri

Herhangi bir iletişimin amacı, bir alıcıya mesaj göndermektir. İletişimi planlarken, mesajı, onu iletmek için kullanılan medyayı ve hedeflenen izleyicileri hesaba katmak gerekir. Bu temel yapıyı desteklemek için, konudan bağımsız olarak herhangi bir resmi iletişim planında belirli genel ilkeler uygulanır. Bunlar, veri yönetimi hakkında iletişim kurarken çok önemlidir, çünkü birçok kişi veri yönetiminin kurumsal başarı için önemini anlamaz. Genel bir iletişim planı ve her bir bireysel iletişim:

- Net bir hedef ve arzu edilen bir sonuca sahip olmalı
- İstenen sonucu desteklemek için önemli mesajlardan oluşmalı
- Hedef kitleye / paydaşlara uygun hale getirilmeli
- Hedef kitleye / paydaşlara uygun medya aracılığıyla iletilmelidir.

İletişim çeşitli konularda olabilirken, iletişimin genel amaçları aşağıdaki gibidir:

- Bilgilendirme
- Eğitim
- Hedef veya vizyon belirleme
- Bir soruna çözüm tanımlama
- Değişimi teşvik etme
- Eylemleri etkileme veya motive etme
- Geri bildirim alma
- Destek oluşturma

En önemlisi, net bir şekilde iletişim kurabilmek için insanlarla paylaşılacak anlamlı mesajlara sahip olmak gerekir. Veri yönetimi ekibi, veri yönetimi uygulamalarının mevcut durumunu anlarsa ve veri yönetimi uygulamalarındaki iyileştirmeyi doğrudan kuruluşun stratejik hedeflerine bağlayan bir vizyon ve misyon beyanına sahipse, veri yönetimiyle ilgili genel iletişim daha başarılı olacaktır. Veri yönetimi iletişimleri aşağıdakileri sağlamaya çalışmalıdır:

- Veri yönetimi girişimlerinin somut ve soyut değerini paylaşın
- Veri yönetimi yetkinliklerinin iş stratejisine ve sonuçlarına nasıl katkıda bulunduğunu açıklayın
- Veri yönetiminin maliyetleri nasıl azalttığına, gelir artışını nasıl desteklediğine, riski nasıl azalttığına veya karar kalitesini nasıl iyileştirdiğine dair somut örnekler paylaşın
- Kuruluş içinde veri yönetimine ilişkin bilgi birikimini artırmak için kişileri temel veri yönetimi kavramları konusunda eğitin

9.2 Hedef Kitle Değerlendirmesi ve Hazırlığı

İletişim planlaması, geliştirilecek iletişimler için hedef kitlenin belirlenmesine yardımcı olacak bir paydaş analizi içermelidir. Analizin sonuçlarına dayanarak, içerik ilgili, anlamlı ve paydaş ihtiyaçlarına göre uygun düzeyde olacak şekilde uyarlanabilir. Örneğin, iletişim planının amacı bir girişim için sponsor bulmaksa, iletişimi mümkün olan en yüksek yöneticilere, genellikle finanse ettikleri herhangi bir programın kârlılığını bilmek isteyen yöneticilere hedefleyin.

İnsanları iletişim konusunda harekete geçmeye ikna etme taktikleri, insanların çıkarlarının programın hedefleriyle nasıl örtüştüğünü görmelerini sağlamanın çeşitli yollarını içerir.

- **Sorunları çözün**: Mesajlar, veri yönetimi çabasının ele alınan paydaş ihtiyaçlarına uygun sorunları çözmeye nasıl yardımcı olacağını açıklamalıdır. Örneğin, bireysel katkıda bulunanların, yöneticilerden farklı ihtiyaçları vardır. BT'nin iş birimlerinden farklı ihtiyaçları vardır.

- **Sorunlu noktaları ele alın**: Farklı paydaşların farklı sıkıntıları olacaktır. İletişim içeriklerinde bu sıkıntılı noktaların hesaba katılması, hedef kitlenin önerilen şeyin değerini anlamasına yardımcı olacaktır. Örneğin, bir uyumluluk paydaşı, bir Veri Yönetimi programının riski nasıl azaltacağıyla ilgilenecektir. Bir pazarlama paydaşı, programın yeni fırsatlar yaratmalarına nasıl yardımcı olduğuyla ilgilenecektir.

- **Değişimleri iyileştirmeler olarak sunun**: Çoğu durumda, veri yönetimi uygulamalarının tanıtılması, insanların çalışma şekillerini değiştirmesini gerektirir. İletişim, insanları önerilen değişimleri arzu etmeye motive etmelidir. Başka bir deyişle, değişimleri fayda sağlayacakları iyileştirmeler olarak tanımaları gerekir.

- **Bir başarı vizyonuna sahip olun**: Gelecekteki durumda yaşamanın nasıl olacağını açıklamak, paydaşların programın kendilerini nasıl etkilediğini anlamalarını sağlar. Başarının nasıl göründüğünü ve nasıl hissettirdiğini paylaşmak, hedef kitlenin Veri Yönetimi programının faydalarını anlamasına yardımcı olabilir.

- **Jargondan kaçının**: Veri yönetimi jargonu ve teknik detayların vurgulanması, bazı insanları rahatsız edecek ve verilmek istenen ana mesajdan uzaklaştıracaktır.

- **Hikayeleri ve örnekleri paylaşın**: Analojiler ve hikayeler, insanların Veri Yönetimi programının amaçlarını hatırlamalarına yardımcı olmanın etkili yollarıdır.

- **Korkuyu motivasyon olarak kabul edin**: Bazı insanlar korku tarafından motive edilir. Verileri yönetmemenin sonuçlarını (ör. para cezaları) paylaşmak, verileri iyi yönetmenin değerini ima etmenin bir yoludur. Veri yönetimi uygulamalarının eksikliğinin bir iş birimini nasıl olumsuz etkilediğine dair örnekler yankı uyandıracaktır.

Etkili iletişim sunumu, hedef kitlenin mesaja verilen tepkilerini izlemeyi içerir. Belirli bir taktik çalışmıyorsa, uyum sağlayın ve farklı bir açıdan deneyin.

9.3 İnsan Öğesi

Bir Veri Yönetimi programı hakkında paylaşılan olgular, örnekler ve hikayeler, paydaşların değeri hakkındaki algılarını etkileyecek tek şey değildir. İnsanlar meslektaşlarından ve liderlerinden etkilenir. Bu nedenle iletişim, grupların benzer ilgi ve ihtiyaçlara sahip olduğunu bulmak için paydaş analizini kullanmalıdır. Veri yönetimi çabası için destek genişledikçe, destekleyenler mesajı meslektaşları ve liderleriyle paylaşmaya yardımcı da olabilirler.

9.4 İletişim Planı

Bir iletişim planı, planlama öğelerini bir araya getirir. İyi bir plan, çalışmayı hedeflere doğru yönlendirmek için bir yol haritası işlevi görür. İletişim planı, Tablo 39'da listelenen unsurları içermelidir.

Tablo 39 İletişim Planı Öğeleri

Öğe	Tanım
Mesaj	Aktarılması gereken bilgiler.
Amaç / Hedef	Bir mesajın veya bir mesaj dizisinin iletilmesinin beklenen sonucu (yani mesajın neden iletilmesi gerektiği).
Hedef Kitle	İletişim tarafından hedeflenen grup veya kişi. Planın farklı hedef kitleler için farklı hedefleri olacaktır.
Stil	Mesajlardaki formalite ve detay seviyesi hedef kitleye göre ayarlanmalıdır. Yöneticiler, projelerin gerçeklenmesinden sorumlu ekiplerden daha az ayrıntıya ihtiyaç duyarlar. Stil aynı zamanda kurum kültüründen de etkilenir.
Kanal, Yöntem, Araç	Mesajın iletileceği araç ve format (örneğin, web sayfası, blog, e-posta, toplantılar, küçük grup veya büyük gruplarla sunumlar, öğle yemeği ve eğitim oturumları, çalıştaylar vb.) Farklı medyaların farklı etkileri vardır.
Zamanlama	Bir mesajın nasıl alındığı, ne zaman alındığından etkilenebilir. Çalışanların Pazartesi sabahı ilk gelen bir e-postayı, Cuma öğleden sonra son gelen bir e-postayı okuma olasılığına göre daha yüksektir. Bir iletişimin amacı, bir bütçe döngüsüne önceden destek sağlamaksa, o zaman bütçe döngüsüne göre zamanlanmalıdır. Süreçlerde yapılacak değişimlerle ilgili bilgiler, zamanında ve bir değişim meydana gelmeden önce paylaşılmalıdır.
Frekans	Tüm paydaşların onları duymasını sağlamak için çoğu mesajın tekrarlanması gerekir. İletişim planı, mesajların paylaşımını, tekrarlamanın mesajın iletilmesine yardımcı olacak ve can sıkıcı olmayacak şekilde planlamalıdır. Ek olarak, devam eden iletişimler (örneğin bir haber bülteni) üzerinde anlaşmaya varılan bir programa göre yayınlanmalıdır.
İçerikler	İletişim planı, planı yürütmek için oluşturulması gereken tüm içerikleri tanımlamalıdır. Örneğin, sunum ve diğer yazılı iletişimlerin kısa ve uzun versiyonları, yönetici özetleri ve posterler, kupalar gibi pazarlama içerikleri ve diğer görsel markalaşma araçları.
İletişimciler	İletişim planı, iletişimi sağlayacak kişi veya kişileri tanımlamalıdır. Genellikle mesajı ileten kişinin hedef kitle üzerinde derin bir etkisi vardır. Veri yönetimi sponsoru veya başka bir yönetici bir mesaj iletirse, paydaşların daha düşük seviyeli bir yöneticinin ilettiğinden farklı bir yanıtı olacaktır. Kimin hangi mesajı hangi paydaşlara ileteceğine ilişkin kararlar, mesajın amaçlarına dayalıdır.
Beklenen Yanıt	İletişim planı, farklı paydaş gruplarının ve bazen bireysel paydaşların iletişime nasıl yanıt vereceğini öngörmelidir. Bu çalışma, soruları veya itirazları tahmin ederek ve yanıtları formüle ederek gerçekleştirilebilir. Potansiyel yanıtları düşünmek, hedefleri netleştirmenin ve onları destekleyecek sağlam mesajlar oluşturmanın iyi bir yoludur.

Öğe	Tanım
Metrikler	İletişim planı, kendi etkinliğinin ölçümlerini içermelidir. Amaç, insanların plandaki mesajları anladığından ve bu mesajlara göre hareket etmeye istekli ve yetenekli olduğundan emin olmaktır. Bu, anketler, görüşmeler, odak grupları ve diğer geri bildirim mekanizmaları aracılığıyla gerçekleştirilebilir. Davranıştaki değişimler, bir iletişim planının başarısının nihai testidir.
Bütçe ve Kaynak Planı	İletişim planı, belirli bir bütçe dahilinde hedefleri gerçekleştirmek için hangi kaynakların gerekli olduğunu açıklamalıdır.

9.5 İletişimin Sürdürülmesi

Bir Veri Yönetimi programı, tek seferlik bir proje değil, devam eden bir çabadır. Devam eden başarı için programı destekleyen iletişim çabalarının ölçülmesi ve sürdürülmesi gerekir.

Yeni çalışanlar işe alınır ve mevcut çalışanlar rollerini değiştirirler. Değişimler meydana geldikçe, iletişim planlarının yenilenmesi gerekir. Paydaş ihtiyaçları, Veri Yönetimi programları olgunlaştıkça zaman içinde değişirler. İnsanların mesajları özümsemesi için zamana ihtiyaç vardır ve mesajları defalarca duymak, paydaşların bu bilgiyi muhafaza etmelerine yardımcı olur. Anlayış arttıkça iletişim ve mesajların yöntemlerinin de zaman içinde uyarlanması gerekecektir.

Bütçe finansmanı için rekabet asla ortadan kalkmaz. Bir iletişim planının bir amacı, paydaşlara Veri Yönetimi programının değerini ve faydalarını hatırlatmaktır. İlerleme göstermek ve başarıları kutlamak, çaba için sürekli destek kazanmak için hayati önem taşır.

Etkili planlama ve sürekli iletişim, veri yönetimi uygulamalarının zaman içinde kuruluş üzerindeki etkisini gösterecektir. Zamanla, verilerin önemine ilişkin bilgi, kuruluşun veriler hakkındaki düşünce biçimini değiştirir. Başarılı iletişim, veri yönetiminin bilgi varlıklarından iş değeri üretebileceğinin ve kuruluş üzerinde uzun süreli bir etkisi olabileceğinin daha iyi anlaşılmasını sağlar.

10. Alıntılanan / Önerilen Çalışmalar

Ackerman Anderson, Linda and Dean Anderson. *The Change Leader's Roadmap and Beyond Change Management*. Two Book Set. 2nd ed. Pfeiffer, 2010. Print.

Ackerman Anderson, Linda, Dean Anderson. *Beyond Change Management: How to Achieve Breakthrough Results Through Conscious Change Leadership*. 2nd ed. Pfeiffer, 2010. Print.

Ackerman Anderson, Linda, Dean Anderson. The *Change Leader's Roadmap: How to Navigate Your Organization's Transformation*. 2nd ed. Pfeiffer, 2010. Print.

Barksdale, Susan and Teri Lund. *10 Steps to Successful Strategic Planning*. ASTD, 2006. Print. 10 Steps.

Becker, Ethan F. and Jon Wortmann. *Mastering Communication at Work: How to Lead, Manage, and Influence*. McGraw-Hill, 2009. Print.

Bevan, Richard. *Changemaking: Tactics and resources for managing organizational change*. CreateSpace Independent Publishing Platform, 2011. Print.

Bounds, Andy. *The Snowball Effect: Communication Techniques to Make You Unstoppable*. Capstone, 2013. Print.

Bridges, William. *Managing Transitions: Making the Most of Change*. Da Capo Lifelong Books, 2009. Print.

Center for Creative Leadership (CCL), Talula Cartwright, and David Baldwin. *Communicating Your Vision*. Pfeiffer, 2007. Print.

Contreras, Melissa. *People Skills for Business: Winning Social Skills That Put You Ahead of The Competition*. CreateSpace Independent Publishing Platform, 2013. Print.

Covey, Stephen R. Franklin Covey Style Guide: *For Business and Technical Communication*. 5th ed. FT Press, 2012. Print.

Covey, Stephen R. *The 7 Habits of Highly Effective People: Powerful Lessons in Personal Change*. Simon and Schuster, 2013. Print.

Franklin, Melanie. *Agile Change Management: A Practical Framework for Successful Change Planning and Implementation*. Kogan Page, 2014. Print.

Garcia, Helio Fred. Power of Communication: The: Skills to Build Trust, Inspire Loyalty, and Lead Effectively. FT Press, 2012. Print.

Godin, Seth and Malcolm Gladwell. *Unleashing the Ideavirus*. Hachette Books, 2001.

Harvard Business School Press. *Business Communication*. Harvard Business Review Press, 2003. Print. Harvard Business Essentials.

HBR's 10 Must Reads on Change Management. Harvard Business Review Press, 2011. Print.

Hiatt, Jeffrey, and Timothy Creasey. *Change Management: The People Side of Change*. Prosci Learning Center Publications, 2012. Print.

Holman, Peggy, Tom Devane, Steven Cady. *The Change Handbook: The Definitive Resource on Today's Best Methods for Engaging Whole Systems*. 2nd ed. Berrett-Koehler Publishers, 2007. Print.

Hood, J H. *How to book of Interpersonal Communication: Improve Your Relationships*. Vol. 3. WordCraft Global Pty Limited, 2013. Print. "How to" Books.

Jones, Phil. *Communicating Strategy*. Ashgate, 2008. Print.

Kotter, John P. *Leading Change*. Harvard Business Review Press, 2012. Print.

Locker, Kitty, and Stephen Kaczmarek. *Business Communication: Building Critical Skills*. 5th ed. McGraw-Hill/Irwin, 2010. Print.

Luecke, Richard. *Managing Change and Transition*. Harvard Business Review Press, 2003. Print. Harvard Business Essentials.

Rogers, Everett M. *Diffusion of Innovations*. 5th Ed. Free Press, 2003. Print.

Teşekkür

DAMA-DMBOK'un ikinci baskısını geliştirmek birçok insan için bir sevgi emeği oldu. Çalışma, 2012'de yayınlanan çerçeve dokümanın ilk revizyonu ile 2011'in sonlarında başladı. DAMA-DMBOK Yayın Komitesi, DMBOK2 taslağını oluşturmak için saatler ayırdı. İçerikler:

Patricia Cupoli (DAMA Philadelphia), bu çalışmanın çoğunluğunun baş editörüydü, yazarları bulup ilgili bölümlerini geliştirmelerine yardımcı oldu. Ne yazık ki Pat, 2015 yazında hala projeyle meşgulken vefat etti.

Deborah Henderson (IRMAC – Toronto DAMA), 2005 yılındaki başlangıcından bu yana DAMA-DMBOK ürünleri için Program Direktörüydü, projenin özel sponsoruydu ve Pat'in vefatından sonra tamamlanmasını sağlamak için çalıştı.

Susan Earley (DAMA Chicago), DAMA-DMBOK2 çerçevesini hazırlayan kişidir, DMBOK2 taslağının ana editörüydü. İçeriği düzenledi ve DAMA Üyelerinin genel yorumlarını dahil etti.

Eva Smith (DAMA Seattle), İş Birliği Aracı Yöneticisi, DAMA üyelerinin bölümlere erişmesini ve bu bölümler hakkında yorum yapmasını sağlamak da dahil olmak üzere lojistikle ilgilendi.

Elena Sykora (IRMAC – Toronto DAMA), Bibliyografyacı Araştırmacı, DMBOK2'nin kapsamlı bibliyografyasını derledi.

Yayın Komitesi ayrıca Sanjay Shirude, Cathy Nolan, Emarie Pope ve Steve Hoberman'ın özel desteğini takdir eder.

Laura Sebastian-Coleman (DAMA New England), DAMA Yayın Sorumlusu ve Prodüksiyon Editörü, yazımı yayın için şekillendirdi, cilaladı ve sonlandırdı. Bu çabasına, Peter Aiken, Chris Bradley, Jan Henderyckx, Mike Jennings, Daragh O Brien ve benim de dahil olduğum bir danışma komitesi tarafından, Lisa Olinda'nın çok büyük yardımıyla rehberlik edildi. Danette McGilvray'e ayrıca teşekkürler.

DMBOK2, Çerçevede tanımlanan vizyona madde katan ana katkıda bulunan yazarlar olmadan mümkün olmazdı. Tüm katkıda bulunanlar, yalnızca bilgilerini değil aynı zamanda zamanlarını da paylaşan gönüllülerdir. Aşağıdaki katkılarından dolayı kredilendirilirler. Bölümler hakkında geri bildirimde bulunan birçok DAMA Üyesi de listelenmiştir.

DAMA International, DAMA International Foundation ve DAMA Meclisi Başkanlar Konseyi, DMBOK projesine sponsor oldu. Vizyonları, iç görüleri, sabırları ve sürekli destekleri bu projenin başarılı olmasını sağladı.

Son olarak, bu çalışmayı tamamlamak için kişisel zamanlarını veren bu projedeki tüm gönüllülerin ailelerini tanıtmak istiyoruz.

Sue Geuens, Başkan, DAMA International

Ana Yazarlar

#	Bölüm	Ana Yazarlar
1	Giriş: Veri Yönetimi	Yayın Danışma Kurulu, DMBOK editörleri, Chris Bradley, Ken Kring
2	Veri İşleme Etiği	
3	Veri Yönetişimi ve Sorumluluğu	John Ladley, Mark Cowan, Sanjay Shirude
4	Veri Mimarisi	Håkan Edvinsson
5	Veri Modelleme ve Tasarımı	Steve Hoberman
6	Veri Depolama ve Operasyonlar	Sanjay Shirude
7	Veri Güvenliği	David Schlesinger, CISSP
8	Veri Entegrasyonu ve Uyumluluğu	April Reeve
9	Doküman ve İçerik	Pat Cupoli
10	Referans ve Ana Veri	Gene Boomer, Mehmet Orun
11	Veri Ambarı ve İş Zekâsı	Martin Sykora, Krish Krishnan, John Ladley, Lisa Nelson
12	Metaveri	Saad Yacu
13	Veri Kalitesi	Rossano Tavares
14	Büyük Veri ve Veri Bilimi	Robert Abate, Martin Sykora
15	Veri Yönetimi Olgunluk Değerlendirmesi	Mark Cowan, Deborah Henderson
16	Veri Yönetimi Organizasyonları ve Rolleri	Kelle O'Neal
17	Veri Yönetimi ve Organizasyonel Değişim Yönetimi	Micheline Casey, Andrea Thomsen, Daragh O Brien
	Bibliyografya	Elena Sykora

İnceleyenler ve Yorumlayanlar

Aşağıdaki kişiler, DMBOK2'nin çeşitli aşamalarında değerli geri bildirimler sağladı:

Khalid Abu Shamleh
Gerard Adams
James Adman
Afsaneh Afkari
Zaher Alhaj
Shahid Ali
Suhail Ahmad AmanUllah
Nav Amar
Samuel Kofi Annan
Ivan Arroyo
Nicola Askham
Juan Azcurra
Richard Back
Carlos Barbieri
Ian Batty
Steve Beaton
Cynthia Dionisio
Shaun Dookhoo
Janani Dumbleton

Mike Beauchamp
Chan Beauvais
Glen Bellomy
Stacie Benton
Leon Bernal
Luciana Bicalho
Pawel Bober
Christiana Boehmer
Stewart Bond
Gene Boomer
Taher Borsadwala
Antonio Braga
Ciaran Breen
LeRoy Broughton
Paul Brown
Donna Burbank
Nicholene Kieviets
Jon King
Richard King

Susan Burk
William Burkett
Beat Burtscher
Ismael Caballero
Peter Campbell
Betty (Elizabeth) Carpenito
Hazbleydi Cervera
Indrajit Chatterjee
Bavani Chaudhary
Denise Cook
Nigel Corbin
James Dawson
Elisio Henrique de Souza
Patrick Derde
Tejas Desai
Swapnil Deshmukh
Susana Navarro
Gautham Nayak
Erkka Niemi

TEŞEKKÜR • 585

Lee Edwards
Jane Estrada
Adrianos Evangelidis
William Evans
Mario Faria
Gary Flye
Michael Fraser
Carolyn Frey
Alex Friedgan
Lowell Fryman
Shu Fulai
Ketan Gadre
Oscar Galindo
Alexandre Gameiro
Jay Gardner
Johnny Gay
Sue Geuens
Sumit Gupta
Gabrielle Harrison
Kazuo Hashimoto
Andy Hazelwood
Muizz Hassan
David Hay
Clifford Heath
Jan Henderyckx
Trevor Hodges
Mark Horseman
Joseph Howard
Monica Howat
Bill Huennekens
Mark Humphries
Zoey Husband
Toru Ichikura
Thomas Ihsle
Gordon Irish
Fusahide Ito
Seokhee Jeon
Jarred Jimmerson
Christopher Johnson
Wayne Johnson
Sze-Kei Jordan
George Kalathoor
Alicia Slaughter
Eva Smith
Tenny Soman
José Antonio Soriano Guzmán
Donald Soulsby

Bruno Kinoshita
Yasushi Kiyama
Daniel Koger
Katarina Kolich
Onishi Koshi
Edwin Landale
Teresa Lau
Tom LaVerdure
Richard Leacton
Michael Lee
Martha Lemoine
Melody Lewin
Chen Liu
Manoel Francisco Dutra Lopes Jr
Daniel Lopez
Karen Lopez
Adam Lynton
Colin Macguire
Michael MacIntyre
Kenneth MacKinnon
Colin Maguire
Zeljko Marcan
Satoshi Matsumoto
George McGeachie
Danette McGilvray
R. Raymond McGirt
Scott McLeod
Melanie Mecca
Ben Meek
Steve Mepham
Klaus Meyer
Josep Antoni Mira Palacios
Toru Miyaji
Ademilson Monteiro
Danielle Monteiro
Subbaiah Muthu Krishnan
Mukundhan Muthukrishnan
Robert Myers
Dean Myshrall
Krisztian Nagy
Kazuhiro Narita
Mohamad Naser
Akira Takahashi
Steve Thomas
Noriko Watanabe
Joseph Weaver
Christina Weeden

Andy O'Hara
Katherine O'Keefe
Hirofumi Onozawa
Mehmet Orun
Matt Osborn
Mark Ouska
Pamela Owens
Shailesh Paliwal
Mikhail Parfentev
Melanie Parker
John Partyka
Bill Penney
Andres Perez
Aparna Phal
Jocelyn Sedes
Mark Segall
Ichibori Seiji
Brian Phillippi
R. Taeza Pittman
Edward Pok
Emarie Pope
David Quan
K Rajeswar Rao
April Reeve
Todd Reyes
Raul Ruggia-Frick
Scott Sammons
Pushpak Sarkar
John Schmidt
Nadine Schramm
Toshiya Seki
Rajamanickam Senthil Kumar
Sarang Shah
Gaurav Sharma
Vijay Sharma
Stephen Sherry
Jenny Shi
Satoshi Shimada
Sandeep Shinagare
Boris Shuster
Vitaly Shusterov
Abi Sivasubramanian
Roy Verharen
Karel Vetrovsky
Gregg Withers
Michael Wityk
Marcin Wizgird

Erich Stahl
Jerry Stembridge
James Stevens
Jan Stobbe
Santosh Subramaniam
Motofusa Sugaya
Venkat Sunkara
Alan Sweeney
Martin Sykora

Alexander Titov
Steven Tolkin
Toshimitsu Tone
Juan Pablo Torres
David Twaddell
Thijs van der Feltz
Elize van der Linde
Peter van Nederpelt
Peter Vennel

Benjamin Wright-Jones
Teresa Wylie
Hitoshi Yachida
Saad Yacu
Hiroshi Yagishita
Harishbabu Yelisetty
Taisei Yoshimura

www.ingramcontent.com/pod-product-compliance
Lightning Source LLC
LaVergne TN
LVHW081529060526
838200LV00049B/2262